책의 두께에 놀라지 말라. 각각의 글들에는 오랫동안 이론과 현장에서 검증된 저자들의 통찰이 녹아 있다. 독자들은 기회가 되는 대로 아무데나 펴서 한 편씩 천천히 읽어도 된다. 초판이 나왔을 때 이슬람 선교에 대한 균형 잡힌 지식이 거의 없던 한국 선교계에 이 책은 등대와 같았다. 이 개정증보판은 변화되고 있는 이슬람의 모습을 더 가깝게 담으려고 노력했을 뿐 아니라 한국 이슬람에 대한 소개를 더했다. 그리고 이와같은 변화 속에서 국제 선교계의 노력이 현재 어떻게 진행되는지를 담았다. 누구든지 이슬람 선교를 배우고 싶어 하는 사람들은 결국 이 책을 손에 쥐게 될 것이다.
김마가_ 지오선교회 해외본부장

이슬람 선교에 정말 필요한 교과서 같은 책이다. 역사와 문화, 세계관과 교리 분석을 바탕으로 이슬람 선교 현장을 분석하고 과거의 선교 방법을 성찰하며 오늘의 선교 전략을 논하는 모든 내용이 각 분야의 선교 전문가와 선교학자, 이슬람 선교 지도자의 주옥 같은 글에 잘 반영되어 있다. 이슬람에 대한 심층적 이해 없이 편견과 극단적 신학, 십자군으로 상징되는 호전적, 적대적 이슬람 선교를 지양하는 데 이 책이 크게 쓰이길 바란다. 한국 교회가 무슬림을 바로 이해하고 그리스도의 심장으로 품으며 이슬람 선교를 감당하는 데도 요긴하게 쓰이길 기도한다. 이슬람 선교에 관심이 있는 모든 사람이 꼭 읽어야 할 대표적인 도서다.
김성태_ 한국 오픈도어 선교회 공동대표

근래 들어 이슬람 세계와의 선교적, 비선교적 교류가 증가하고 있다. 유학과 취업, 정치적, 경제적 난민 등 다양한 이유로 국내 거주 무슬림 공동체가 성장하고 있는 상황에서 이슬람 세계와의 만남은 더 이상 특별한 소명을 가진 이들의 전유물이 아니라 이 시대를 살아가는 우리 모두의 일상이 되어 가고 있다. 이런 환경 속에서 이 책은 이슬람의 역사와 문화, 종교를 이해하고 관대함과 사랑으로 무슬림을 대하는 태도 전환을 통해 복음을 나누는 좋은 도구가 되어 줄 것이다. 이미 전 세계의 다양한 언어로 번역되어 무슬림과 복음을 나누는 일에 훌륭한 교재로 사용되고 있다. 특히 이번 한국어 개정증보판에는 한국의 이슬람에 대한 장이 추가되어 지리적 경계선을 넘지 않고도 우리 가운데 있는 무슬림들을 향한 복음 증거의 삶에 도전을 더해 준다.
김아영_ 한국이슬람연구소 소장, 횃불트리니티신학교 선교학 교수

한국 교회의 선교 운동력이 약화되는 것을 우려하는 목소리가 높아지고 있다. 잃어버린 영혼에 대한 하나님의 마음 없이는 선교라는 무거운 십자가는 외면당할 수밖에 없다. 이러한 때에 『인카운터 이슬람』은 마지막 남은 미복음화 과업에 대한 하나님의 마음을 알게 하고 열정을 일으키기에 충분하다. 이미 10여 년 동안 한국 교회에서 이슬람 선교에 관한 최고의 자료로 쓰임받았지만, 이번 개정증보판에서는 좀 더 균형 잡힌 기사들과 실제적인 지침을 제공한다는 점에서 더욱 요긴한 도구가 될 것이다. 가히 이슬람 선교의 브리태니커라 할 수 있다. 더욱이 이 책은 무슬림을 선교 대상이나 두려운 세력이 아니라 우리 형제로 맞아들여 그들의 소리에 귀 기울이게 한다는 점에서 귀하다. 우리의 옳은 것을 강요하지 않으면서도 그들이 진리 앞에 나올 수 있도록 안내한다는 점에서 논리를 넘은 감동으로 독자들을 이끄리라고 확신한다.
도육환_ TIM 선교회 본부장

범세계적 선교 공동체들과의 호환성을 갖춘 사역 철학과 사역 방법의 통합, 검증된 이론과 풍부하고 다양한 실제의 통합, 그리고 신학적 통찰과 사역 방법의 창조적 축적을 통해 이슬람권 선교의 정석을 제시한 책이다. 이슬람권 선교에 대한 소명과 지식, 열정으로 무장하길 원한다면 이 책과 함께 조용히 숙고하는 시간을 가지라. 이와 같이 획기적인 책을 또 만날 수 있을까?
엄주연_ 한국선교훈련원(GMTC) 원목/교수

1,400여 년의 역사를 가진 이슬람에 대한 우리의 단편적인 이해와 얼개에 깊이를 더해 줄 수 있다는 점에서 『인카운터 이슬람』은 분명 큰 도움이 된다. 무슬림의 삶을 공유하고 그들 가운데 진리를 따르는 자의 삶을 살았던 이들이 눈으로 본 것, 가슴으로 이해한 것, 치열하게 연구한 내용이 녹아 있다. 그들에게 어떻게 진리를 전할 것인가에 대한 선명한 제안들이 가득하다. 무슬림을 사역 대상으로 보기에 앞서 우리 이웃이자 지구촌에서 함께 삶을 영위하는 사람들이라고 생각해 보면 어떨까? 그리스도의 복음이 절실한 그들에게 강도 만난 이웃을 돌보았던 사마리아인의 마음을 갖는다면 어떨까? 충만한 복음의 영향력을 흘려 보낼 수 있지 않을까? 지피지기를 반영해 이 책을 읽는다면 그 영향력은 30배, 60배, 100배의 열매로 자라날 것이다.
이대행_ 선교한국 상임위원장

성경을 연구하고 선교 역사를 살필 때마다 한 가지 질문이 늘 떠오른다. "왜 하나님은 그분의 백성을 대적하는 선교의 장애물을 두셨는가?" 이런 도전 앞에서 교회는 외적 상황이 아니라 내적 자기성찰을 할 수밖에 없었고, 당면한 선교의 위기가 하나님이 허락하신 새로운 선교의 기회임을 배워 왔다. 지중해 세계의 남과 북, 북아프리카와 유럽에서 중세 교회 선교의 승전보가 울려 퍼질 때 이 지역을 강타한 이슬람의 모래폭풍은 14세기가 지난 지금도 계속되고 있다. 이 책은 우리 시대가 직면한 이슬람 선교의 도전에 대한 답을 제공하는 길라잡이다. 이 책에 수록된 여러 필자들의 통찰은 지난 15년간 교회의 무릎을 강하게 일으켜 세워 왔다. 그래서 주저없이 추천한다.
이재환_ GMP 선교회 대표

이슬람 선교의 목적은 하나님의 말씀을 통해 무슬림의 눈과 귀가 열리는 것이다. 무슬림에게 말씀을 전하려면 먼저 그들을 깊이 알고 이해해야 한다. 무슬림의 참 모습에 무지하다면 그들에게 좋은 이웃이 될 수 없음은 물론 사랑의 복음도 전할 수 없기 때문이다. 『인카운터 이슬람』은 서아프리카에서 동남아시아에 이르는 지역에 거주하며 무슬림 문화를 경험한 다수의 사역자들이 참여해 만든 훈련 교재다. 무슬림 신앙과 관습에 대한 정보, 하나님의 사랑을 전하는 방법을 상세하게 소개한다. 또 무슬림 사역을 하는 사람이라면 꼭 알아야 할 배경 지식을 풍성하게 제공한다. 전 세계의 선교사, 목회자, 신학생, 성도 모두가 이슬람 세계를 온전히 이해하고 그에 합당한 선교 관점을 갖게 되길 소망하며 이 탁월한 교재의 일독을 적극 권한다.
정필도_ 수영로교회 원로목사

이슬람에 대한 이해와 정보는 매우 제한되어 있거나 단편적으로 소개되는 현실이다. 그런 점에서 이 책의 출간이 반갑다. 이 책은 이슬람의 역사와 신학, 문화를 객관적인 관점으로 소개한다. 기독교와 이슬람이 만나는 과정에서 일방적인 태도가 아니라 성육신적이며 문화적인 민감성을 가지고 접근하고, 그리스도의 복음을 소개하는 구체적인 방법을 제시한다. 서구 저자들 중심으로 쓰였지만 여기에 소개되는 이슬람 선교에 대한 이해와 전략은 성경적, 역사적, 상황적으로 매우 적절한 대안이라 볼 수 있다. 공동체 훈련뿐 아니라 개인 학습에도 큰 도움이 될 것이다. 이슬람을 지식과 정보 수준으로 이해하는 데서 그치지 않고, 실제 삶 속에서 이슬람에 다가가도록 돕는 훌륭한 훈련 도구다.
한철호_ 미션파트너스 대표

무슬림에 대한 역사적, 문화적, 선교적 관점을 주는 무슬림 선교의 교과서 같은 책이 시대의 요구에 맞게 새 항목들을 추가하고 통계 수치를 업데이트 하여 새롭게 출간되어 너무나 감사하다. 무슬림을 섬기고 세우는 시대적 요구는 더 커져 가는데 테러와 폭력에 대한 막연한 두려움으로 가까이 다가가기를 꺼려하는 오늘 같은 시기에, 이 책이 조국 교회의 선교를 사모하는 많은 이들의 마음에 불을 붙이고 주의 나라와 이름이 그곳에서도, 그들의 삶을 통해서도 높여지고 영광 받으시는 일이 일어나게 되기를 기대한다. 얼른 실물로 직접 읽고 싶어 견딜 수 없는 마음으로 모든 이들에게 즐거이 추천한다.
화종부_ 남서울교회 담임목사

이슬람은 기로에 서 있다. 앞으로 무슬림 공동체 안에 전면적인 변화와 기독교를 증거할 기회가 전례 없이 많아질 것이다. 우리는 무슬림에게 복음을 전하기 위해 이슬람을 성경적, 역사적으로 이해하여 준비하지 않으면 안 된다. 『인카운터 이슬람』은 이러한 기초를 제공하고 있다.
스티브 리처드슨_ 파이오니아 미국 대표

이 책이 다루는 내용의 방대함은 타의 추종을 불허한다. 그 내용을 충분히 소화할 수 있도록 각 과마다 학습 목표와 지침을 제시하고 있다. '용어 풀이'에는 필수 어휘가 풍성하게 담겨 있으며, 다양한 접근법과 실천 사항도 풍부하게 소개하고 있다. 복음 전도에 요긴한 조언도 빠뜨리지 않는다. 무엇보다 고정관념을 깨고 무슬림 이웃들에게 사랑과 존경의 마음을 가지고 나아가게 한다.
돈 맥커리_ 미니스트리투무슬림 대표

『인카운터 이슬람』을 출간한 키스 스와틀리와 동료들은 많은 칭찬을 받아 마땅하다. 이 책은 이슬람을 이해하고 영광스러운 예수 그리스도의 복음을 들고 무슬림에게 다가가려는 그리스도인에게 단연코 가장 포괄적이며 유용한 도구다.
개리 코윈_ 선교학자, SIM국제선교회, 〈복음주의 선교 계간〉 부편집장

연일 나라 안팎에서 무슬림과 이슬람 관련 뉴스가 들려온다. 모든 그리스도인들은 무슬림과 어떻게 관계를 맺을지 알고 그들의 신앙과 삶을 더 이해할 필요가 있다. 교회의 각 구성원들이 '인카운터 이슬람'의 검증된 프로그램에 참여한다면, 교회가 더 큰 관심과 용기를 가지고 무슬림에게 다가가는 데 도움이 될 것이다.
콜린 채프만_ 작가, 근동신학교 전(前) 강사

『인카운터 이슬람』은 내가 본 이런 종류의 책 중에서 가장 중요한 훈련 도구다. 무슬림을 사랑하는 사람이라면 누구나 이 책을 연구하고 이 강좌와 책을 더 널리 알리고 싶을 것이다. 하나님의 백성이라면 누구나 이 위대한 연구와 도전을 접해야 한다.
조지 버워_ OM 국제선교회 설립자

요즘은 많은 저자들이 무슬림과 장기적, 개인적으로 접촉하는 경우가 부족하고 많은 이야기들이 검증이 필요한 실정이다. 그런 만큼 『인카운터 이슬람』 책자와 강좌를 통해 실무자의 현실 감각을 갖추는 것이 얼마나 중요한지 모른다. 무슬림 선교에 대해 진지하게 생각하거나 이미 몸담고 있는 사람들의 필독서다.
그렉 리빙스턴_ 프론티어스 공동 설립자, 『리비아는 네 거야』 저자

『인카운터 이슬람』은 전 세계 그리스도인과 교회를 훈련시켜 중동, 동남아시아, 유럽 등지의 무슬림 공동체를 이해하고 그들과 관계 맺도록 돕는다. 이 개정증보판은 이스마엘 자손을 하나님나라로 데려오는 도구가 되길 간절히 원하는 이들에게 귀중한 자료가 될 것이다.
제리 랜킨_ 즈웨머 무슬림 연구소

『인카운터 이슬람』은 무슬림을 하나님나라로 부르시는 하나님의 역사에 오늘날 그리스도인들이 동참하도록 이끄는 가장 훌륭한 자료다. 이 책을 직접 읽고 훈련에 참여해 본 사람으로서 자신 있게 말할 수 있다. 이 책은 주저하던 그리스도인들을 자신 있고 열정적이며 유능한 하나님의 도구로 변화시켜 무슬림들을 예수 그리스도의 복음의 빛으로 인도하게 만들 것이다.
데이비드 게리슨_ 『이슬람의 집에 부는 바람』 저자

『인카운터 이슬람』은 예수님을 따라 무슬림 세계를 이해하는 모험에 나서고자 하는 모든 이들을 위한 굉장한 자료다. 예수님을 중심으로 무슬림과 우정을 나누는 멋진 시작이 될 것이다.
칼 메디어리스_『무슬림, 그리스도인, 그리고 예수』 저자

이슬람에 관한 가장 종합적인 개론서이자 매우 요긴한 이 책의 개정증보판을 보게 되어 흥분을 감출 수 없다. 키스 스와틀리는 유익한 정보가 가득한 여러 글들을 선택하고 소화하기 적당한 분량으로 다듬어 모든 그리스도인들이 쉽게 다가갈 수 있도록 편집했다. 내 제자들이 이 책을 통해 이슬람의 문화를 깊이 이해하는 모습을 보며 그 진가를 직접 확인했다.
케일린 맥고완 호퍼_ 달라스 침례 대학교 조교수

『인카운터 이슬람』은 무슬림을 그리스도께 인도하는 사역을 원하는 모든 이들에게 현재 가장 유용한 책이다. 키스 스와틀리와 그의 팀은 복음 증거를 위한 전략적 선택을 밝히는 일에 전문가다운 능력을 발휘했다. 이스마엘의 자녀들에게 복음을 전하길 원하는 모든 이들에게 이 책을 주저없이 권한다.
필 파샬_ 선교학자, SIM 선교사

이슬람과의 만남은 하나의 선택사항이 아니다. 이미 우리는 어떤 식으로든 이슬람 세계를 만나고 있다. 이 책에 수록된 글들은 하나같이 모든 민족을 향한 하나님의 목적 성취를 위해 무슬림 종족과 역사를 소개하고 있다. 이 책은 사실 '리인카운터(re-encounter) 지저스', 즉 '예수 다시 만나기'라고 할 수 있다. 언젠가 세계 곳곳의 무슬림들이 그리스도를 사랑하고 따를 것이라는 소망의 빛이 각 장을 채우고 있다. 이 책을 통해 우리는 무슬림을 만난다기보다, 무슬림 세계가 그리스도를 만날 날을 소망 가운데 바라보게 될 것이다.
스티브 호돈_『퍼스펙티브스 2』 저자

그리스도가 교회에 모든 민족을 제자로 삼으라는 사명을 주셨는데 오늘날 대부분의 무슬림들이 복음을 듣지 못하고 있는 상황이라면, 그리스도의 제자들은 마땅히 그들을 전도하기 위해 세심한 노력을 기울여야 한다. 그러나 많은 교회가 어디서 시작해야 할지 모른다. 하나님이 이미 당신의 교회에 무슬림에 대한 부담감을 선물하셨든 아직 그 열망을 깨우고 계시든 이 책을 필독서로 추천한다.
매튜 엘리전_ 16:15 처치 미션스 코칭 총재

'인카운터 이슬람' 강좌는 학위 수준의 연구를 제외하고 특정 국가 내 이슬람뿐 아니라 다양한 무슬림 문화의 서로 다른 양상을 연구하는 최고의 과정임을 자부한다. 이 과정을 통해 무슬림과 어떻게 관계를 맺을지, 더 나아가 그들에게 예수님을 어떻게 소개해야 하는지 배울 수 있다. 이 책은 무슬림 주위에서 살거나 사역하는 그리스도인이 알아야 할 모든 것을 설명하고 있다.
캐논 필 롤링스_ 잉글랜드 교회 목사

추수의 주님은 많은 무슬림 중에서 극적으로 역사하고 계신다. 『인카운터 이슬람』은 경험 많은 사역자든, 그저 편견 없이 무슬림을 알고 싶은 사람이든 우리 모두를 위한 종합적이고도 귀한 자료다. 이 책을 읽고 나면 무슬림이 그들을 너무나 사랑하시는 구주를 소개받아야 할 대상으로 보이게 될 것이다.
제리 트라우스데일_ 시티팀 인터내셔널 국제사역 책임자

인카운터 이슬람

역사적, 종교적, 문화적, 선교적 관점에서 바라본 무슬림

인카운터 이슬람

키스 스와틀리 엮음
정옥배·김보람 옮김

ENCOUNTERING
THE WORLD OF
ISLAM

좋은씨앗

Encountering the World of Islam

Copyright © 2014 by Encountering the World of Islam
Originally published in English under the title
Encountering the World of Islam
by BottomLine Media an imprint of Pioneers
10 West Dry Creek Circle, Littleton CO 80120, USA
All rights reserved.
Korean Copyright ⓒ 2020 by Goodseed Publishing Company

인카운터 이슬람

초판 1쇄	2008년 7월 31일
개정증보판 1쇄	2020년 2월 14일
엮은이	키스 스와틀리
옮긴이	정옥배, 김보람
펴낸이	신은철
펴낸곳	좋은씨앗
출판등록	제4-385호(1999. 12. 21)
주소	서울시 서초구 바우뫼로 156, 402호
주문전화	02-2057-3041 주문팩스 02-2057-3042
이메일	good-seed21@daum.net
홈페이지	www.gsbooks.org
페이스북	facebook.com/goodseedbook

ISBN 978-89-5874-329-3   03230

ⓒ 좋은씨앗 2020

본 저작물의 한국어판 소유권은 이슬람파트너십을 통해 Pioneers와 독점 계약한 좋은씨앗에 있습니다.
신저작권법에 의해 한국 내에서 보호받는 저작물이므로 무단 전제와 무단 복제를 금합니다.

아름다운 아내이며 동역자인 에델,
그대는 내게 매우 소중하며 내 인생에 둘도 없는 존재입니다.

내가 좋아하는 두 딸 마가렛과 카리스,
아빠는 너희 둘이 무척 자랑스럽구나.

사랑하는 부모님 딕과 앤 스와틀리,
두 분의 후원과 인내가 없었다면 이 책을 결코 내지 못했을 겁니다.

마지막으로 지금은 고인이 된 릭 미드,
당신이 없었으면 나는 1983년에 케냐로 가지 않았을 것이고,
그곳에서 처음으로 무슬림을 만나지도 못했을 겁니다.

■ **일러두기**

이 책에 실린 간행물, 강좌, 웹사이트의 견해와 의견은 전적으로 원작자 및 기타 기고자의 것으로서 Encountering the World of Islam이나 미국 파이오니아 또는 그 협력기관, 회원, 후원자, 강좌 주최 단체, 강사, 이 책과 강좌 및 웹사이트 관계자의 견해와 의견을 대표하지 않습니다. 이 자료들은 이전에 인쇄물, 인터넷, 기타 다른 매체에 소개된 내용을 포함하고 있습니다. 특히 논문, 토론 포럼, 수업 중에 표현된 견해는 토론을 촉진하기 위한 것이지 특정한 관점을 옹호하기 위한 것이 아님을 밝힙니다.

차례

한국어 개정증보판 서문_ 키스 스와틀리 ········· 21
감사의 글_ 키스 스와틀리, 사라 E. 홈즈 ········· 24
감수자의 글_ 이현수 ········· 26
서문_ J. 더들리 우드베리 ········· 28
강좌 소개 ········· 31
아랍어 발음 안내 ········· 42
자주 나오는 단어 ········· 43

1부 이슬람의 발전

1과 이슬람의 시작
서론 ········· 51
은혜와 진리에 충만하라_ 무슬림을 사랑하는 그리스도인 글로벌 네트워크 ········· 58
이슬람은 어떻게 시작되었는가?_ 윌리엄 밀러 ········· 62
기독교와 초기 이슬람_ 새뮤얼 모펫 ········· 81

2과 이슬람의 확장
서론 ········· 94
무슬림 문명의 간략한 역사_ 브루스 사이드보탐 ········· 98
이슬람의 전파와 발전_ 콜린 채프만 ········· 101
이슬람과 지식의 발전_ 사우디아라비아 대사관 ········· 118

3과 이슬람의 교리
서론 ········· 132
꾸란, 하디스, 샤리아_ 키스 스와틀리 ········· 136
이슬람의 종교적 실천: 믿음의 기둥들_ 조지 프라이, 제임스 킹 ········· 142
이슬람 신앙의 기본 조항들_ 함무다 압달라티 ········· 153

2부 이슬람의 표현들

4과 오늘날의 이슬람
서론 170
무슬림의 다양성: 분석_ 자비드 악테르 176
솔직한 대면: 무슬림 움마, 기독교 교회_ 데이비드 솅크 188
이슬람 근본주의: 선교에 대한 시사점_ 나빌 T. 자부어 198
지하드란 무엇인가?_ 키스 스와틀리 209
한국 이슬람의 시작과 발전 그리고 전망_ 김아영 214

5과 무슬림의 일상생활
서론 226
무슬림의 사회적 관습_ 필 파샬 229
금식과 축제_ 마티 웨이드 238
외인을 존중함_ 그렉 디트와일러 243
공동체와 풍습_ 갈렙 프로젝트 245
베이루트의 여러 얼굴_ 수잔 몰너 256

6과 무슬림의 영적 세계
서론 266
민속 이슬람: 초자연적 능력에 이르는 무슬림의 길_ 무슬림사역센터 ... 271
민속 이슬람에서의 능력 사역_ J. 더들리 우드베리 278
민속 무슬림과 능력 대결_ 릭 러브 287
신비주의: 율법에서 벗어남_ 돈 맥커리 296

3부 기독교와 이슬람

7과 넘어야 하는 장벽들

서론 306
결단의 골짜기_ 린디 파샬 토머스 312
무슬림 전도의 열 가지 걸림돌_ 왈리드 나사르 317
하나님의 사자_ 필 파샬 320
상황화와 공동체_ 롤랜드 뮬러 327
화해의 걷기_ 순 온라인 매거진 337
이스라엘, 팔레스타인 그리고 중동_ 존 파이퍼 340
이스라엘-팔레스타인 분쟁의 역사_ 팸 올슨 348
평화를 위한 호소_ 엘리아스 샤쿠르 352

8과 신학적 문제들

서론 358
왜 무슬림을 포함한 모든 사람에게 복음을 나누는가? 361
신학적 차이_ 브루스 맥도웰, 아네스 자카 364
긴급 변증학: 일반적 반대에 대한 대답_ 에드워드 J. 호스킨스 ... 367
무슬림의 사고방식 안에서 시작하기_ 패트릭 O. 케이트 369
반드시 대답해야 할 질문_ 델 킹스리터 381
하나님의 아버지 되심에 대한 이슬람과 기독교의 견해_ R. C. 스프라울, 압둘 살리브 ... 387
우리의 믿음을 무슬림과 나눔_ 찰스 마시 392

9과 복음 증거 접근 방식

서론 402
무슬림 전도에 대한 온정적 접근법_ 벤자민 헤게만 405
새뮤얼 즈웨머_ 루스 A. 터커 421
기독교 박해지수_ 오픈도어 427
무슬림에 대한 태도 선언_ 국제선교전략협회 431
무슬림 여성은 왜 그리스도에게 끌리는가?_ 미리엄 애드니 ... 434
열매 맺는 사역_ 돈 앨런, 레베카 해리슨, 에릭·라우라 애덤스, 밥 피쉬, E. J. 마틴 편집 ... 438

4부 이슬람에 대한 우리의 반응

10과 교회개척운동

서론 456
오늘날 선교를 위한 가정교회의 사도적 전략_ 래드 지대로 462
21세기 무슬림 세계를 향한 새로운 교회개척운동_ 이현수 469
교회개척운동이란 무엇인가?_ 데이비드 개리슨 476
교회개척의 새로운 유형_ 데이비드 헌트 483
교회 증식의 요소_ 스티븐 스테인하우스 486
교회개척운동은 지도력 운동이다_ 스탠 파크스 492
무슬림 여성을 포함하는 교회개척_ 프랜 러브 499

11과 이슬람에 대한 우리의 반응

서론 514
섬김으로 복음 전하기_ 제리 트라우스데일 518
간격을 메움: 부르심에 응답한 신혼부부_ 프론티어스 523
홈스테이에서 만난 무슬림 학생들_ 조엘 윌 528
어느 무슬림 구도자의 편지_ 필립 얀시 531
갈망하는 이슬람의 마음속으로_ 에리히 브릿지스 534
증거 형태: 여기서 나는 어떻게 그리스도를 나누고 있는가?_ J. 더들리 우드베리 편집 537
현장에 들어가기 전 준비 단계, 고국에서의 사역_ 조슈아 마세이 550
나는 왜 무슬림 선교사가 되었는가?_ E. J. 마틴 555

12과 무슬림 세계를 위한 기도

서론 562
기도를 통해 무슬림에게 전도함_ 크리스티 윌슨 주니어 565
무슬림이 말한다: "나는 왜 예수님을 선택했는가?"_ J. 더들리 우드베리, 러셀 슈빈 576
무슬림 여성을 위한 기도_ 킴 그레이그 585
기도와 예배: 이슬람에 반응하는 우리의 도구_ 존 헤인즈 588
아랍 무슬림에게 전도하는 이베로-아메리칸_ 스티븐 다우니 593
천 년의 증오를 넘어_ 루이스 부시 596

부록

가장 아름다운 하나님의 이름 99가지	601
연대순으로 꾸란 읽기	604
이 책에 수록된 여성 관련 내용	605
용어 풀이	608
참고문헌	643
성경색인	656
꾸란색인	662
주제색인	664

지도

오늘날 무슬림 종족의 여덟 개의 유사권역	69
6세기 아라비아 반도와 주변 지역	76
우마이야 왕조의 정복기(632-732년)	98
아바스 왕조의 강화기(732-1250년)	99
오스만 제국의 부활기(1250-1700년)	99
식민 시대의 쇠퇴기(1700-1979년)	100
아랍어권	104
중동은 어디인가?	105
무슬림 세계의 중심	133
동남아시아	206
쿠르디스탄과 주변 지역	247
코카서스 산지	268
사하라 사막 이남 아프리카의 무슬림 인구 비율	332
팔레스타인에 일어난 변화: 1946-2005년	342
투르크 종족의 세계	371

그림과 도표

꾸란의 첫 장, 알파티하	53
꾸라이쉬 가계도	67
무함마드의 생애	78
독립과 서구 제국주의의 종말	95
무슬림의 기도 자세	147
문화에 대한 도해	173
수니파와 시아파	178
그림으로 보는 무슬림 세계관	181
무함마드의 길과 예수의 길	196
세계관 비교	230
무슬림 달력	232
대중 이슬람 세계관에서 볼 수 있는 능력과 존재의 위계	272
마술의 종류	280
그리스도에 대한 반응의 차원	307
구도자를 외면하는 문화적, 사회적 장벽들	309
상황화 과정	329
꾸란에 나오는 예수님	384
교회개척 모델 비교	458

시선 집중

 주요 개념

그리스도인들은 성경 번역에서 '알라'라는 말을 사용해야 하는가?	70
중동은 어디인가?	106
무슬림에게 주신 하나님의 약속	113
성경은 이슬람의 다섯 기둥에 대해 뭐라고 말하는가?	148
당신은 세상을 어떻게 보는가?	172

15

명예와 수치	180
그림으로 보는 무슬림 세계관	181
종교 표현 양식의 스펙트럼	184
아랍의 봄	190
냉전 시대의 패러다임을 넘어	194
폭력에 이르는 단계	201
일상생활에 표현된 세계관	234
능력의 밤	239
트라우마의 공유	258
디크르 – 하나님의 이름을 반복하는 것	276
종교적 경험의 영적인 면	285
성육신적 복음 증거	290
전도는 과정이다	310
무슬림의 인식에 영향을 미치는 문제들	318
상황화란 무엇인가?	324
화해의 제사장	339
편견을 가지지 말라	347
이슬람의 인권선언	362
변호 준비를 함	365
다원주의와 다양성	403
복음의 증인이 꾸준히 감소하고 있다	408
그리스도 안에서 온전해짐	411
이슬람의 집에 부는 바람	459
교회란 무엇인가?	464
연합, 순종, 공동체	494
10단계로 이야기하기	506
고난받을 자유	548
가기 전에 준비하라	553
기도로 마음을 준비하라	578

꾸란

꾸란은 뭐라고 말하는가?	54
거룩한 책	108
허용된 것은 무엇인가?	138
금지된 것은 무엇인가?	158
무슬림 공동체	252
바라카가 왜 필요한가?	289
무슬림은 왜 "인샤알라"라고 말하는가?	314
예수님의 죽음	429
꾸란이 말하는 이상적인 여성	504
조건적인 사랑	519
낙원과 지옥	572

전도 방법

지금 필요한 일	86
아가페 사랑	102
먼저 다가가 말을 걸라	140
있는 모습 그대로	193
희생제	244
무슬림을 위한 기도	254
좋은 질문을 하라	293
무슬림에게 복음을 나눌 때 유용한 정보	333
용서 구하기	335
무슬림과 복음을 나누는 또 다른 비결들	390
하나님이 당신에게 하신 일을 나누라	432
우리 주위의 무슬림들	488
맨체스터의 다양한 사람들에게 예수님 드러내기	517
그들의 손에 성경을	546
무슬림 친구에게 예수님을 믿으라고 권면하기	569

산책 기도를 위한 조언 … 570

여성

차 한잔 … 64
히잡 … 109
가족과 자녀 … 160
여성과 기독교에 관한 견해 … 191
명예를 보호하는 여성 … 235
여성과 능력 … 273
여성의 눈을 통해 … 344
복음을 막는 장애물 … 385
여성의 권리 … 418
결혼과 이혼 … 487
전도하기 … 541
손님 대접 … 595

이야기

라시드 이야기 … 75
"영원에 대해 생각하지 않을 수 없어요" … 124
과거를 극복하기 … 186
용서하는 법 배우기 … 240
"꿈에서 그를 보았습니다" … 275
또 다른 능력의 근원 … 282
"어떤 피르를 따르세요?" … 294
누가 북인도에 복음을 전할 수 있는가? … 323
결혼의 압력 … 379
믿음을 위한 값비싼 대가 … 412
친절하고 신실한 사람들 … 435
멀리 계시지 않는 하나님 … 481

육체와 영혼의 치유	501
문맹과 빈곤에 대한 반응	503
그리스도 신앙을 가지고 돌아오다	526
새롭게 문을 열고 있는 대중매체	535
신실한 증인	564
무슬림 과부가 하나님의 약속을 바라보고 나아오다	589

인용문

무함마드는 누구인가?	66
인용문	100
폭력을 용인하는 데 꾸란을 이용하다	135
알라는 하나님인가?	139
서로 다른 가치관	174
무슬림 삶의 리듬	236
문화적인 가정(假定)	248
믿음과 관습	270
가시 철조망	308
그리스도 안에서 나아가는 중	360
누가 사람의 구원에 책임이 있는가?	370
어떻게 계속 증거할 수 있는가?	423
어린양을 따름	437
성경을 외워서 말하기	539
무슬림의 마음에 다가가는 법	542
왜 무슬림을 위해 기도하는가?	563

종족 집단

무슬림은 어디에 사는가?	69
아랍어권	104
남아시아 종족	133

말레이 종족	206
페르시아-메디아 종족	247
유라시아 종족	269
사하라 사막 이남 종족	331
투르크 종족	372
중국의 무슬림들	443
무슬림이 그리스도께로 나아오다	493
북미의 무슬림들	544
유럽 이민자들	567

지금 기도하라

1과	83
2과	120
3과	146
4과	187
5과	250
6과	281
7과	315
8과	373
9과	446
10과	468
11과	521
12과	597

한국어 개정증보판 서문

1989년부터 1991년까지 나는 한국에 거주하는 소중한 특권을 누렸다. 아내와 나는 무한한 애정을 가지고 그 시간을 추억한다. 우리 두 딸도 한국을 다시 방문하는 멋진 여행에 함께하는 기쁨을 누렸다. 한 가족으로서 우리는 한국인에게 특별한 유대감을 느낀다. 그러기에 『인카운터 이슬람』이 한국에서 번역 출간되었다는 사실이 더욱 감사하고 영광스럽다.

한국인이 그리스도의 증인으로 무슬림 세계에 들어갈 때 어떤 장점이 있느냐는 질문을 종종 받는데, 나는 한국인이 무슬림에게 복음을 잘 전할 수 있는 특별한 자질을 받았다고 믿는다.

한국인은 끈기가 있다
한국인은 기도에 열심을 내는 것으로 칭찬받는다. 나는 한국인이 사역을 하면서 기도에 우선순위를 두기 때문에 성공하는 부분이 있다고 믿는다. 한국인 친구들을 보며 내가 가족의 구원을 위해 열심히 기도하지 않았음을 깨닫기도 했다. 오직 그리스도만이 그분의 나라를 세우실 수 있고, 죽은 자를 살리실 수 있으며, 믿지 않는 이들의 마음을 바꾸실 수 있다. 그러나 아직도 많은 그리스도인들이 이런 일들의 실현을 위해 그리스도께 간구하지 않는다. 이와 관련해 한국 그리스도인들을 본받아 기도해야겠다는 도전을 받는다.

한국인은 기도뿐 아니라 교육과 비즈니스에서도 끈기가 있다. 그들은 근면하고 결연하며 집요하고 결단력이 있다. 뜻을 굽히거나 굴복하거나 쉽게 그만두지 않는다. 실제로 무슬림의 언어와 문화를 익히고, 그들을 겸손히 사랑하고 받아들이며, 복음 증거를 위해 그리스도의 본을 따르는 자로 살아가며 그들의 세계에 뿌리내리는 것은 오랜 시간이 걸리는 일이다. 나는 한국인이 그리스도의 은혜에 힘입어 무슬림 가운데서 문화적으로 적절하면서도 재생산이 가능하고 자립할 수 있는 공동체를 세울 수 있으며 그것을 수년 간, 심지어는 수십 년 간 유지하는 데 필요한 능력과 자질이 있음을 믿는다. 안타깝게도 다른 나라 사역자들은 끈기가 부족해서 복음의 증인으로 부르심 받은 일에 견고하게 서지 못하는 경우가 가끔 있다. 자녀 교육 때문에, 의료나 주거 형편 때문에, 고통스러운 박해 때문에 부르심을 외면하고 자신의 항복과 퇴각을 정당화한다.

한편, 나는 끈기 있는 한국인에게 증인된 삶에서 지혜로울 것과, 넘치는 근면함 때문에 온유함과 사랑이 부족해지지 말 것을 권면하고 싶다. 끈기 있는 사람들의 직설적인 성격과 고집은 자칫 공격적인 성향으로 비칠 수 있다. 그리스도의 부르심을 받은 우리의 성향이나 증거 방법이 무슬림들이 그리스도

를 만나는 데 결코 방해가 되어서는 안 된다.

한국인은 미국인이 아니다
미국 교회가 선교에 막 집중했을 때는 미전도 지역에 우선순위를 두는 선교단체가 극히 적었다. 더욱이 무슬림 가운데로 들어가 그리스도의 사랑을 드러내는 일에 헌신하려는 사람들이나 자원은 더더욱 희소했다. 그나마 무슬림 가운데로 들어가도 미국인은 그리스도를 닮은 진실한 증인이라기보다는 미국의 문화 제국주의의 앞잡이자 경제 약탈꾼 정도로 인식되었다.

게다가 많은 무슬림들의 눈에는 이른바 '그리스도의 추종자들'이 세운 기독교 공동체의 양식이 대단히 미국식으로 보인다. 그들이 입는 옷, 먹는 음식, 듣고 연주하는 음악에서 풍기는 외연적인 면면뿐 아니라 내면에서 드러나는 개인주의, 물질주의, 지배적인 리더십, 여성이나 가난한 자들을 대하는 태도 등이 성경의 가치보다는 미국적 가치를 대변한다. 미국 교회는 쇼핑몰이나 헬스장, 고급 사교클럽, 심지어는 나이트클럽이나 (리더 개인의 성향에 따라 휘둘리는) 권력기관 같은 느낌을 준다. 돈, 수적 성장, 호화로운 건물, 대규모 프로그램 및 직원, 특히 위계에 따른 강압적인 통제 등이 연합, 공동체, 치유, 신앙, 참된 영적 성장 및 성품보다 더 가치 있는 것으로 비치고 있다. 많은 그리스도인들이 겸손히 사람들을 섬기며 그리스도를 전하는 일보다, 자기 이름과 명예가 드러나고 사람들을 일으켜 교회에서 거리로 나가도록 하는 일에 더 큰 자부심을 가지고 있는 것처럼 보인다.

영국인, 캐나다인, 그리고 다른 서구인들도 자신이 정치적 의제나 문화 식민주의가 아니라 그리스도를 대표하고 있음을 설명하는 데 미국인과 비슷한 어려움에 직면해 있다. 바로 이 점 때문에 무슬림에게 한국인 선교사들이 꼭 필요하다. 한국인은 미국인 사역자들에게 심각한 '우월의식'에 물들지 않았다. 더욱이 제국주의로 다른 나라에 고통을 주지 않았고, 오히려 제국주의 아래서 고통을 받았다.

그럼에도 나는 한국인이 미국인처럼 영적 비만에 걸려 그리스도를 위한 희생과 인내를 못 견디게 될까 봐 염려되기도 한다. 미국식 부와 성공은 한국에는 진심으로 퍼지지 않길 바랐던 '자기애'라는 질병을 불러왔다. 한국인들이 감사를 잃지 않고 나태하지 않으며 잃어버린 자들을 향한 마음을 계속해서 붙잡을 수 있길 기도한다.

다행스럽게도 우리의 궁극적인 소망은 그리스도 안에 있지 결함 많은 그리스도인들에게 있지 않다. 우리는 무슬림에게 그리스도를 드러내는 일에 실패할 때가 많을 것이다. 그러나 우리의 약함에도 불구

하고 그리스도가 그분의 목적을 성취하실 것임을 우리는 안다. 무슬림은 결국 그리스도께 영광을 돌리게 될 것이다. 이것이 성경의 약속이다. 이것이 우리가 불완전함에도 불구하고 그리스도를 위해 다시 일어서고 사과하며 계속 복음을 전할 수 있게 해주는 약속이다.

여기 『인카운터 이슬람』으로 공부하는 당신을 위한 두 가지 기도 제목이 있다. 첫째는 당신이 끈기 있게 되는 것이고, 둘째는 한국인이 되는 것이다. 또한 나는 당신을 향한 비전을 가지고 있다. 2007년 4월, 나는 아홉 살인 딸과 서울의 외국인 묘지에 서 있었다. 한국에 왔던 선교사들의 무덤 사이를 걸으며 딸에게 한 세기 전에는 한국인들이 그리스도를 따르는 것이 가능하다고 생각한 사람이 아무도 없었지만, 그럼에도 선교사들이 이곳에 왔음을 이야기해 주었다. 우리는 교회마다 달려 있는 십자가를 올려다보았다. 나는 이어서 말했다. "무슬림에게도 이런 사람들이 필요하단다. 그들 가운데서 살다가 필요하다면 죽을 수도 있는, 그리스도를 닮은 종들 말이야. 그리스도는 우리를 위해 죽으셨어. 서울에는 한국인에게 그리스도의 사랑을 전하며 살다 간 이들의 무덤이 있지. 저 교회 위의 십자가는 그들이 치른 희생의 결과란다."

무슬림이 자신들도 그리스도를 예배하게 될 것이라는 약속을 믿기 위해서는 한국의 그리스도인들이 필요하다. 무슬림의 도시에서 그리스도가 예배받기 위해서는 그들의 묘지에 많은 선교사들의 무덤이 생겨야 할지도 모른다. 그리스도가 무슬림을 위해 기꺼이 죽으셨다는 가장 밝은 복음의 빛을 보여 줄 때가 바로 지금이 아니겠는가?

2019년 10월
키스 스와틀리

감사의 글

이 책처럼 방대한 작업은 팀의 노력 없이 이루어질 수 없다. 우리는 재능 있는 여러 동역자와 일하는 축복을 누렸다. 프랜시스 패트와 미국 세계선교센터에게 큰 도움을 받았다. 그들의 비전 덕분에 2001년 9월 11일 이전 수년간 이 프로젝트를 진행할 수 있었다. 1992년에 이 강좌를 처음 준비 형태로 운영했던 크레이그 시모니안에게도 크게 신세를 졌다. 미국 세계선교센터의 퍼스펙티브스 연구 프로그램은 본 강좌와 자료의 모델이 되었으며 우리에게 힘을 북돋워 주었다. 에델 스와틀리에게 경의를 표한다. 에델은 각 과의 목표를 더 발전시킬 것을 촉구하고 통합 과제를 개발하면서 사람들을 더욱 잘 불러 모을 수 있도록 도와주었다. 돈과 앤 로저스, 필 브루너, 조앤 닙메이어, 수잔 깅그리치, 그리고 나의 부모님 딕과 앤 스와틀리도 이 자료를 이전에 『이슬람 세계에 대한 전망』(Perspectives on the World of Islam)이라는 이름으로 제작하고 편집하는 데 귀한 공헌을 했다.

처음 원고를 가지고 씨름해 준 학생들과, 인내하며 이 일을 계속해 가도록 격려해 준 많은 이들에게 감사를 표한다. 내(키스)가 무슬림을 대상으로 사역하던 초기에 멘토 역할을 해준 이들에게 특별히 감사한다. 나는 이 책이 독자들에게 힘과 격려가 되길 소망하는데, 마찬가지로 그들은 이슬람 연구가 주목받기 전인 1990년대에 내가 이 일을 하는 데 힘과 격려가 되어 주었다. 고(故) 하비 콘 박사, 짐 쿠퍼, 고 윌리엄 맥켈위 밀러 박사, 고 우디 필립스, 래리 포스턴, 데이비드 솅크 박사, 크리스티 윌슨 박사, 더들리 우드베리 박사, 특히 돈 맥커리 박사 등이 그들이다.

이 사역은 2002년에 갈렙 프로젝트로 이양되었다. 그래서 많은 사람들의 수고로 일을 진척시킬 수 있었고 여러 헌신적인 재정 협력자들 덕분에 이 책을 펴낼 수 있었다. 그중에서도 특히 프론티어스와 조지아 애틀랜타의 마운트 파란 하나님의 교회가 초기에 상당한 재정을 후원해 주었고, 그 후 벤자민과 그웬 버크, 제임스와 캐슬림 콜러, 에드와 벡키 와트, 메릴랜드 콜롬비아의 그레이스 커뮤니티 교회, 미시간 앤아버의 녹스 장로교회, 미시간 그랜드빌의 마스 힐 바이블 교회, 북부 캘리포니아의 퍼스펙티브스 강좌 등이 후원을 해주었다. 키스의 모교회인 펜실베이니아 웨인의 구세주 교회가 기도와 풍성한 재정 지원으로 키스와 그의 가족을 도와준 것에도 감사한다.

미국 세계선교센터가 〈국제 전방개척선교 저널〉에 나온 글을 사용할 수 있도록 기꺼이 허락해 준 것과, 빌리그레이엄센터의 복음주의 선교 정보 서비스에서 〈복음주의 선교 계간〉에 나온 글들을 사용하도록 허락해 준 것에 특별히 감사를 전한다.

갈렙 프로젝트에서 애비 반스, 존과 에이미 배튼필드, 해럴드 브리튼, 알테어 패튼, 그웬 한나, 캐서린

혼, 조앤 닙메이어, 브래드 코니히, 완다 콜바, 폴 메릴, 데이지 슈윈, 마티 스미스, 딕과 앤 스와틀리, 에델 스와틀리, 캐리사 워드, 폴 알야히아, 짐 즐로거 모두가 이 책의 초판을 완성하는 데 꼭 필요한 역할을 맡아 주었다. 각 사람의 노력으로 보자면 저자명에 이름을 올릴 가치가 충분한 이들이다. 레너드 바르트로티, 젤레타 에크하르트, 오마르 이스칸더, 데이비드 킹, 마이크 쿤, 프랜 러브, 파우드 마스리, 리차드 맥컬럼 등 각 과의 내용을 검토해 준 이들에게도 감사한다. 오랜 현장 지식과 사역에 기초한 그들의 통찰은 대단히 귀중했다. 초판 출판팀 어센틱 미디어/비블리카의 팀원 안젤라 덕슨, 미카엘라 도드, 볼니 제임스, 그리고 IVP에게 감사를 전한다.

2007년부터 『인카운터 이슬람』은 여러 조직과 협력 관계를 유지하고 있지만, 그중에서도 미국 파이오니아 선교동원 기지와 이사회의 후원에 감사한다.

『인카운터 이슬람』 개정증보판 편집에 참여한 이들은 다음과 같다. 캐서린 아담슨, 리비 벅스트롬, 데이비드 쿡, 엘리엇 코윈, 게리 코윈, 앤 마리 하디 스펠먼, 케이린 호퍼, 나빌 자부어, 베스 젠킨스, 데이브 릴리, 폴 메릴, 수잔 몰너, 콜린 로이체, 마라 R. H. 새크리, 밥 세이어, 커스틴 셰드, 데니 스피터스, 데이비드 스톡웰, 할리 탈먼, L. D. 워터맨, 파이오니아의 테드 에슬러, 맷 그린, 짐 가이슬러, 놈 리덕, T. J. 맥레슬리, 라이언 맥대니얼, 프랭크 프레스턴, 데이비드 슈팩, 브루스와 데보라 워렌이다.

'인카운터 이슬람' 팀은 이 책 외에도 온라인 교실, 강사 교육 및 관련 자료를 지원하고 있는데, 이러한 시스템 개발의 핵심을 켄과 루시 브룩, 켈리 햄블턴이 맡고 있다.

'인카운터 이슬람'은 20개국 이상의 동문을 둔 세계적인 공동체가 되었고, 중국어 간체와 번체, 한국어, 포르투갈어, 러시아어, 스페인어로 번역본이 출간되었다. 2005년에 『인카운터 이슬람』 초판이 출간된 이후로 2만 명이 넘는 동문들과 더불어 300개 이상의 교회와 단체에서 이 강좌가 진행되었다. 그리스도와 이땅에 있는 그분의 교회, 그리고 모든 무슬림 가운데 있는 하나님의 영광에 이 개정증보판을 헌정하게 되어 영광이다.

편집장_ 키스 스와틀리
부편집장_ 사라 E. 홈즈

감수자의 글

『인카운터 이슬람』의 초판이 나온 지도 꽤나 오래되었다. 이제 개정증보판을 내놓게 되었다. 이슬람 그 자체에 대한 변화보다는 이슬람 선교의 전략적인 면에서 다양한 변화를 거듭하고 있는 지금 개정증보판에서는 변화에 부응하는 선교적 전략의 주제들을 다룰 수 있게 되었다. 정치 사회적으로 이슬람 세계가 격동적으로 변화를 거듭하고 있는 것이 사실이다. '아랍의 봄' 이후 이슬람 세계는 이루 말할 수 없는 변화 속에 있다고 할 수 있다. 내전과 테러로 생겨난 수많은 이슬람 난민들과 그들의 문제가 이제 피할 수 없는 우리 모두의 현실적 이슈가 되었다. 이들을 향한 복음의 도전도 우리에게 큰 선교적 과제로 다가온다. 실제로 21세기에 들어 이슬람 세계는 복음을 진지하게 받아들이고 있고 복음의 엄청난 수확을 올리고 있다. 현재 60여 개의 이슬람 세계에서 '예수운동'이 일어나고 있다고 보고된다. 이번 개정증보판은 이러한 현실의 변화를 잘 담아 내고 있다. 더욱이 한국어판에는 한국인 저자들의 글도 들어간다. 서구의 시각으로만 이슬람을 이해할 것이 아니라 다양한 각도에서 이슬람의 문제를 풀어야 한다는 요구가 반영된 것이다.

감수자로서 내용 전체를 보면서 다듬기는 했지만, 생소하기만 한 무슬림 관련 내용이나 표현을 한국 독자가 쉽게 이해할 수 있도록 다듬기란 쉽지 않았다. 감수를 하면서 그러한 것들을 세심히 보고 눈높이를 맞추려고 노력했다. 이해하기 쉬운 내용과 표현을 사용해야 한국 그리스도인이 무슬림들에게 더 쉽게 다가갈 수 있을 것이라는 믿음 때문이었다.

무슬림과 이슬람에 관련된 어려운 용어들은 대개 아랍어에서 유래한 것들이다. 이러한 용어들은 발음하기가 어려울 뿐 아니라 그 자체에 뜻이 담겨 있어 되도록 아랍 세계에서 공용으로 발음하는 대로 용어를 표기하고자 했다. 부록에 수록된 '용어 풀이' 역시 이러한 면을 최대한 반영했다.

『인카운터 이슬람』은 그냥 읽고 이해해도 좋지만『미션 퍼스펙티브스』처럼 세미나를 통해 배우고 이해하도록 만들어진 교재다. 편집자인 스와틀리도 이 책의 목적은 지적으로 이슬람을 이해하는 것을 넘어 무슬림을 품고 그들에게 다가가는 데 있다고 분명히 말했다. 나 역시 이러한 목적에 전적으로 동의한다. 한국에서 2007년부터 시작한 '인카운터 이슬람' 강좌와 함께 이 책이 사용되기를 바란다. 경험 있는 강사들의 강의와 무슬림들을 직접 만나고 삶을 나누는 것이야말로『인카운터 이슬람』의 목적에 가장 부합하는 일이다.

감수자로서 이번『인카운터 이슬람』의 출판을 보는 것은 형언할 수 없는 감격 그 자체다. 하나님은 이미 아프간 사태를 통해 한국 교회가 21세기에 감당해야 할 일이 있음을 분명히 말씀하셨다. 그런 맥

락에서 이 책은 정말 소중히 쓰일 것이다. 먼저 한국어 개정증보판의 출판을 고대하고 기도했던 키스 스와틀리와 이 버거운 일을 감사와 비전으로 결정해 준 좋은씨앗 출판사에 고마움을 전한다. 감수를 했음에도 불구하고 부족함이 많을지 모르겠다. 그래도 무슬림을 향한 사랑과 열정으로 이해하며 이 책을 읽어 주시기 바란다.

  이 책이 나올 수 있도록 허락하시고, 이 책을 통해 한국 교회에 무슬림들을 향한 분명한 과업이 있다는 것을 확인시켜 주신, '이싸 알마시' 되신 주님께 영광을 돌린다.

프론티어스 대표_ 이현수

서문

이 책을 통해 처음 이슬람 세계를 만날 때, 주요 이슬람 선교사 훈련 센터인 알아즈하르 이슬람 사원과 카이로 대학에서 지난 천 년 이상 무슬림 신앙을 어떻게 가르쳤는지 보면서 당신이 어떤 일을 해야 할지 마음속에 그려 보라.

학생들은 기둥 앞 의자에 앉아 있는 교수를 가운데 두고 원형으로 모여 있다. 가르치는 주제에 따라 교수가 앉은 의자에 이름에 붙어 있다. 예를 들면 '꾸란 주석 의자' 하는 식이다. 수세기 동안 사람들은 그런 의자에 앉은 교수들의 급료를 지불하라고 기부금을 내왔다. 그래서 '석좌제'라는 게 생겨났고 전 세계 대학 및 신학교 석좌 교수직의 모델이 되었다. 이러한 이미지는 이 책의 안내를 받아 무슬림을 연구할 때 우리의 과업을 마음속에 그려 보는 데 도움이 된다.

네 개의 다리가 의자를 받치고 균형을 잡아 주듯이 우리의 연구도 네 가지 관점이 받치고 균형을 잡아 주어야 한다. 먼저, 정통 무슬림이 그들의 신앙과 관습을 어떻게 이해하는지 살펴보아야 한다. 그러려면 그들의 경험 속으로 들어가 보아야 한다. 정신적 세정식으로 선입관을 씻어 버리고 그들의 발 앞에 앉아 그들이 하는 말을 들어야 한다. 그리스도인은 무슬림이 규정하는 이슬람과 그것이 신봉하는 이상을 이해하고 이해한 것을 바탕으로 복음을 전해야 한다.

두 번째 다리는 여러 학문 분야에서 비무슬림이 내놓은 최고의 학문 결과를 살펴보는 것이다. 서구의 동양학자들은 행동보다 문헌적 전거를 강조하면서 역사적, 언어학적 도구를 사용해 이슬람을 심층 분석했다. 선교사와 신학자들은 서구의 기독교적 경험이라는 신학 범주에 따라 이슬람을 분석하는 경향이 있었으며 종종 이슬람에 맞지 않게 억지로 분류했다. 인류학자 같은 행동과학자들은 무슬림을 이해하고자 참여 관찰이라는 기술을 사용했으나 문헌에 대한 기술은 부족할 때가 많았다. 무슬림을 제대로 이해하려면 이 모든 도구가 필요하다.

세 번째 다리는 일반 무슬림이 대중적으로 지닌 신앙과 관습에 대한 연구다. 일반적으로 이슬람은 이전의 토착 종교 혹은 부족 종교가 가지고 있던 신앙 및 관습과 혼합된 경우가 많다. 거룩한 사람들, 신전, 보호용 부적 등을 통해 능력이나 복을 구하는 것이 여기에 포함된다. 이러한 민속 무슬림이 절실히 바라는 것은 공식 무슬림의 필요와는 다소 다르다. 그들은 죄에서 구해 줄 구세주보다 마귀 같은 존재 혹은 해로운 세력에 대한 두려움에서 구해 줄 구세주의 필요를 더 많이 느낄 수 있다. 복음은 그들의 절실한 필요에 적절한 것이 되어야 한다.

의자가 균형을 잡으려면 네 번째 다리가 필요하다. 그것은 우리가 무슬림과 함께하면서 그들에게 증

인이 되는 것이다. 처음 세 개의 다리에는 반드시 네 번째 다리가 필요하다. 헌신 없는 이해는 무책임으로 이어지기 때문이다. 이슬람 사원의 뾰족탑에는 이슬람의 상징인 초승달이 달려 있다. 이 초승달은 빛을 반사한다. 이슬람이 성경의 빛을 약간 반사하는 것처럼 말이다. 하지만 초승달은 가운데가 비어 있거나 어둡다. 우리의 임무는 그 부분을 "예수 그리스도의 얼굴에 있는 하나님의 영광"(고후 4:6)으로 채우는 것이다.

앞서 본 알아즈하르 이슬람 사원과 대학 장면에서 셰이크(족장, 부족 지도자) 혹은 교수는 손이나 머리에 책을 들고 있는데, 이는 전하려는 정보를 나타낸다. 학생들은 상호 작용과 성찰을 위해 둥그렇게 앉아 있다. 그들의 신발은 현관에 있다. 이슬람 사원은 연구뿐 아니라 예배를 위한 장소이기 때문이다. 신발은 현실 세계에서 그들이 겪는 경험과 실천을 나타낸다. 이 세 가지, 즉 정보, 상호 작용과 성찰, 경험과 실천은 언제나 함께 있어야 한다.

『인카운터 이슬람』은 이것들을 잘 조화하고자 노력했다. 이 책과 인도자가 매주 제시하는 정보, 당신과 다른 학생들이 배우면서 경험하는 상호 작용과 성찰, 그 사이사이에 무슬림과 만나면서 갖게 될 경험 말이다. 이러한 것들이 함께 영향을 미친다면 이슬람과의 이 만남은 당신의 삶뿐 아니라 당신이 만나는 무슬림의 삶에도 풍성한 결실을 선물할 것이다.

J. 더들리 우드베리

참고문헌_ Evelyne A. Reisacher, ed. *Toward Respectful Understanding and Witness Among Muslims: Essays in Honor of J. Dudley Woodberry*(Pasadena, CA: William Carey Library, 2012).

강좌 소개

'인카운터 이슬람'은 당신이 지금 읽고 있는 책의 제목이자 이 책을 주 교재로 사용하는 강좌의 이름이다. 여기서는 이 책의 특징과 '인카운터 이슬람' 강좌에서 일반적으로 제시하는 과제에 대해 설명하겠다. 강좌에 참석하지 않고 책만 읽더라도 각 과의 특징을 파악할 수 있을 것이다. 강좌 중에 과제로 제시되는 몇 가지 활동을 실제로 해볼 수도 있다. encounteringislam.org와 encounteringislam.kr에서 인카운터 이슬람 강좌에 관한 자세한 정보를 제공하고 있다.

기도하는 무슬림들

기본 전제

우리는 몇 가지 기본 전제 아래 이 자료를 만들고 취합했다.

1. 우리는 예수 그리스도가 성육신하신 하나님이심을 믿는다. 우리의 모든 일은 예수 그리스도를 위한 것이다. 우리 모두는 그분이 보여 주신 본과 순종을 따른다. 예수 그리스도가 우리의 소망이 되시기에 우리 또한 미래에 대해, 무슬림과 우리의 관계에 대해 희망적인 견해를 가지고 있다. 본 강좌를 평가할 때, 이 책이 주님이자 구세주이신 그리스도의 성품을 얼마나 잘 반영했는지 평가해 주기 바란다.

2. 우리는 무슬림과 대등한 존재로 관계 맺길 원한다(빌 2:3). 무슬림과 논쟁을 벌이는 것은 좋지 않다고 생각한다. 그들은 우리의 원수가 아니다(딤후 2:24-26). 우리는 그들을 두려워하거나 비난하거나 악하다고 말하지 않는다. 그리

스도와 비교하면 어느 누구도 의롭지 않다. 하나님의 기준을 충족시키는 사람은 아무도 없다. 우리는 우리 사이에 벽을 만들어 온 여러 유형의 사회적 관계를 극복하고자 한다. 이런 유형에 얽매여 우리는 이데올로기, 정치, 민족주의를 근거로 결론 내리지 않았던가.

우리는 이해와 공감의 기초를 확립하고 서로 지속적인 관계를 맺음으로써 장애물을 극복하고자 한다. 그리스도가 솔선해 우리와 관계를 맺으신 것처럼 말이다. 이슬람을 평가해야 할 때는 우리 자신에게 적용하는 것과 동일한 기준을 사용하려고 애썼다. 가장 중요한 판단 기준은 그리스도라고 믿는다. 우리가 무슬림에게 얼마나 공정한지 그리스도의 공정한 모범과 비교 평가하기 바란다.

3. 우리는 복음주의자다. 우리는 주 예수 그리스도를 통한 구원의 복된 소식을 나누길 원한다. 우리는 그리스도에 대해 나누는 동시에 모든 사람에게 저마다 고유한 가치가 있음을 지지한다. 우리에게는 예수 그리스도에 대한 믿음을 나눌 의무가 있다고 믿으며, 그 믿음을 나누기 위해 우리의 기본 인권을 행사하기로 한다.

4. 우리는 예수 그리스도의 사랑을 직접 드러내는 것에는 사람들의 모든 필요를 다루는 일도 포함된다고 믿는다. 그리스도는 우리를 새로운 피조물로 변화시키시면서, 믿음과 더불어 다른 사람들을 향한 체휼의 마음을 주셨다. 그렇기에 우리는 다른 사람들과 공동체에 우정과 복음 전도와 선한 행실로 다가가지 않을 수 없으며, 의료, 교육, 사회, 경제, 정치 면에서 그들의 필요를 다루는 것이다.

5. 우리는 실제적이다. 본 강좌의 모든 주제가 신학교에서 한 학기 내내 배워야 할 정도의 내용이지만 그렇게 자세히 다루지 않을 것이다. 우리의 목표는 다른 데 있다. 그리스도인들이 지금 바로 무슬림을 이해하고 사귀는 데 필요한 실제적인 지식과 경험을 구비하길 원한다. 무슬림과 더불어 살고 싶은 사람들은 이슬람, 무슬림 문화, 특히 언어 등을 더 연구해야 한다. 무슬림은 탁월한 교사이며, 무슬림을 대상으로 사역하는 그리스도인을 위한 다른 훈련 프로그램도 있다.

이 책을 읽는 무슬림 독자에게

당신이 이 책을 읽게 되어 기쁘다. 우리는 그리스도인이 무슬림 이웃과 직장 동료, 학생들을 이해하는 것이 매우 중요하다고 생각한다. 유감스럽게도 무슬림에 편견을 가지고 있는 그리스도인이 너무 많다. 아마 개인적으로 이슬람을 배우거나 무슬림과 관계를 맺어 본 적이 없기 때문일 것이다. 토론이나 논쟁은 권하지 않는다. 우리는 무함마드, 이슬람, 무슬림에 대한 건설적이고 편견 없는 견해를 증진시키고자 한다.

'인카운터 이슬람'은 복음주의권에서 시행하는 사역이지만, 우리는 개종이나 그 밖의 형태로 사람들을 강압하거나 유도하는 것을 지지하지 않는다. 논쟁적이거나 상대방의 전통과 의견을 존중하지 않는 부정적인 방식은 모두 적극적으로 막는다.

우리는 복음주의자다. 바로 그 때문에 우리의 믿음을 다른 사람들과 나누어야 한다고 생각한다. 단, 친절과 사랑과 존중하는 마음으로 해야 하며 여기에 조건을 달아서는 안 된다. 베드로전서 3장 15절은 "너희 마음에 그리스도를 주로 삼아 거룩하게 하고 너희 속에 있는 소망에 관한 이유를 묻는 자에게는 대답할 것을 항상 준비하되 온유와 두려움으로 하[라]"고 말한다. 우리의 증거에 사람들이 어떻게 반응할지는 하나님께 달려 있으며, 그리스도인은 어떤 면에서든 위협적이어서는 안 된다.

이 강좌에서 우리는 무슬림의 인간다운 삶의

향상을 위해 그리스도인이 기도하고 애쓸 것을 요청한다. 알다시피 많은 무슬림들이 인권, 기본 교육, 보건, 깨끗한 물, 적절한 음식 등을 접하지 못하고 있다. 더욱이 자신의 종교나 일도 마음대로 결정하지 못하고 있다.

우리의 접근 방식이 인종차별, 반(反) 이민 또는 증오 발언에 대한 대중의 반응과 우리 사회 모든 구성원의 평등한 권리를 차별하려는 일부 기독교 단체의 반응과 다를 수 있음을 안다. 안타깝게도 너무 많은 그리스도인들이 테러에 대한 반응으로 모든 무슬림들에 대한 두려움을 갖게 되었다. 팔레스타인-이스라엘 문제에 대해 친이스라엘의 견해만 들어 본 사람이 많을 것이다. 어떤 이들은 이슬람 사원이 훼손되거나 꾸란이 불탈 때 가담하거나 방관했을지도 모른다. 또 어떤 이들은 현대 사회가 이슬람 문명에 깊이 빚지고 있음을 인정하지 않고 이슬람을 폄하하기도 한다. 우리는 비록 실수였으나 그리스도의 이름으로 무슬림에게 행한 잘못들, 즉 십자군, 노예제도, 제국주의, 나아가 현재의 정치적, 경제적 억압을 정죄한다. 그리스도인은 이런 문제들에 침묵해서는 안 되며, 이른바 기회주의적인 그리스도인들의 죄 때문에 예수 그리스도의 이름이 불명예스럽게 되는 것을 허용해서는 안 된다.

우리는 수많은 교회가 각 지역과 전 세계 무슬림 공동체에 건설적으로 반응하도록 돕는 것을 매우 기쁘게 여긴다. 우리가 개최한 수많은 강좌에서 각 지역의 무슬림 지도자들을 강사로 초청해 따뜻하게 환영했다. 강좌를 듣는 학생들은 꾸란과 무슬림 저자들의 글을 읽었다. 우리는 팔레스타인 그리스도인을 초청해 중동에 관한 더욱 균형 잡힌 견해를 전하게 했으며, 그리스도인으로 회심시키기 위해서가 아니라 우정을 쌓기 위해 안면 있는 무슬림과 진솔한 대화를 나누어 볼 것을 학생들에게 권면했다.

우리는 그리스도인이 무슬림의 말에 귀 기울여야 한다고 절실히 느낀다. 무슬림은 우리가 할 수 있는 것보다 자신들의 견해를 훨씬 더 잘 설명하기 때문이다. 그리스도인이나 세속 저자들이 쓴 자료 가운데서 무함마드의 일생, 무슬림이 세계 문명에 기여한 바, 무슬림 공동체의 다양한 견해 등을 설명하는 자료들을 택할 수도 있었다. 그러나 무슬림 저자가 쓴 자료들이 자신들의 주제에 대해 훨씬 더 뛰어나고 권위 있는 설명을 해줄 수 있다고 확고히 믿는다. 또한 그리스도인들이 이슬람에 대한 배경 지식이 어느 정도이든 이런 글을 읽음으로써 유익을 얻을 것이라고 생각한다.

본 강좌는 그리스도인이 무함마드, 이슬람, 무슬림을 올바르게 인식하는 데 도움이 되리라고 믿는다. 서로의 공통점을 보게 될 것이고, 자신의 믿음을 사려 깊고 합리적으로 설명하는 무슬림을 아마 처음 보게 될 것이다. 사우디아라비아 대사관과 아마나 출판사와 자비드 악테르가 그들의 글을 사용할 수 있게 해준 것에 특별히 감사한다. 우리의 모든 자료가 처음부터 끝까지 무슬림에게 예수 그리스도에 대한 우리의 믿음을 공손히 나누고 싶은 마음을 분명하게 나타내길 진심으로 바란다.

강좌 진행자에게

본 강좌를 통해 지역별로 훈련 강좌를 진행하는 것을 환영한다. 그래서 강좌를 진행하고 주관하는 것을 돕고 싶다. 본 강좌의 웹사이트에서는 홍보 자료 견본, 강사 선정에 대한 조언, 강좌 계획 보기, 각 과별 설명, 유인물, 채점, 그 밖의 활동 등 유용한 정보들을 소개하고 있다. 진행자 교육 및 수업 등록, 과제 제출, 채점, 공지 사항 등을 체계적으로 돕는 지침도 찾아볼 수 있다. 온라인 코스웨어(교육용 소프트웨어)에는 수업에 빠짐 없이 참여할 수 없는 학생들을 위한 오디오 및 비디오 수업도 들어 있다.

강사에게

이 자료를 공부하는 학생들에게 당신의 경험을 전달해 줄 수 있어 기쁘다. 본 강좌는 대부분 각 과마다 다른 강사가 가르친다.

강의를 준비할 때 해당 과의 목표와 서론을 잘 살펴보라. 가르쳐야 할 내용을 빠른 시간 내에 개관할 수 있다. 또한 다른 강사들, 특히 당신이 강의하기 바로 전과 후의 강사들이 다룬 내용을 살펴서 가르치는 내용이 중복되지 않게 하라. 교수 계획, 학생 유인물, 시청각 자료는 웹사이트에 있으며 편의대로 사용할 수 있다. 각 과를 가르친 다른 강사들의 시청각 자료도 있다. 그것을 참고하되 자신의 경험과 이야기를 포함시키라. 당신의 관점은 소중하며 자료를 우리가 제시한 그대로 다룰 필요는 없다. 사실 당신의 관점을 학생들의 학습 경험에 통합시킬 때 학생들이 더 잘 참여하게 될 것이다.

과별 구조: 교육 요소

본 강좌는 성인 학습 향상을 위해 교수체제개발 유형을 통합했다. 로버트 가네, 월터 웨거, 캐서린 골라스, 그리고 존 켈러의 『수업 설계의 원리』(아카데미프레스)를 참고했다. 특별히 각 과의 목표를 학생의 세계관과 생활 방식에 통합시키는 것을 강조했으며, 각 목표는 다음과 같은 수단을 통해 이룰 수 있다.

1. 주의 집중: 목표와 관련된 서두의 질문('깊이 생각해 보기')과 읽기 과제
2. 수업 목표: 각 과의 주제
3. 선수 개념 복습: 지난 과 소개와 복습
4. 새로운 정보 제시: 해당 강의와 읽기 과제
5. 학습 안내: 강의 및 온라인 토론회
6. 수행 유도: 퀴즈, 기말시험, 온라인 토론회
7. 피드백 제공: 과제 및 온라인 공개 토론회 점수
8. 수행 평가: 기말시험 및 과제
9. 기억 및 학습 통합 증진: 무슬림과의 관계, 이슬람 사원 견학, 온라인 공개 토론회, 기도

본 강좌의 강사나 진행자는 encounteringislam.org에서 그 밖에 다른 활동, 강의 계획, 발표, 유인물 등을 얻을 수 있다. 이런 자료들을 얻으려면 처음에 간략한 등록 절차를 거쳐야 한다.

과제

본 강좌에 참석하지 않고 이 책을 읽는 경우에는 스스로 학습을 관리할 수 있다.

이 책을 읽으면서 우리가 제공하는 다른 자료들을 통해 유익을 얻고 싶다면 encounteringislam.org에 들어가 당신이 사는 지역에 해당 강좌가 있는지 확인해 보라. 강좌가 없다 해도 본 강좌 웹사이트에 있는 학습 강화를 통해 도움을 받거나 온라인 강좌를 신청해 들을 수 있다. 일부 자료는 무료이지만 경우에 따라 명목상 회비를 한 차례 받을 수도 있다. 강좌를 신청해 듣고 있다면 등록금 안에 웹사이트 사용료가 포함되어 있을 것이고, 진행자가 처음 웹사이트에 방문할 때 필요한 등록 키(key)를 제공할 것이다.

본 강좌의 과제에는 일반적으로 글 읽기, 온라인 토론, 온라인 퀴즈, 무슬림 만나기, 이슬람 사원 견학, 기말시험(기말 보고서나 구두 보고, 혹은 둘 다)이 포함될 수 있다. 일반 과제에 대한 자세한 설명은 뒤에 나와 있다. 학점을 얻기 위해 이 강좌를 듣고 있다면, 이 책에 나오는 과제 설명 대신 강의 요강에 나온 지침을 반드시 따라야 한다. 이 책과 관련된 강좌를 듣고 있지 않더라도 우리가 제공하는 온라인 자료를 이용하고 선택 활동과 과제를 일부라도 해보는 것이 유익하다.

읽기 과제

각 과의 읽을거리는 각 과 강의에서 배운 지식을

강화하고 확장하기 위함이다. 해당 과의 강의를 듣기 전에 읽는 것이 가장 좋다. 읽기 과제는 각 과의 '읽을거리'라는 제목 아래에 나온다. 이 책에 그 글들을 다 싣지는 않았고, 온라인 읽을거리는 *encounteringislam.org*에서만 볼 수 있다. 50쪽에 나오는 1과 읽을거리의 예를 보라. 다른 추가 활동이나 링크들도 위의 웹사이트에서 무료로 이용할 수 있다.

각 과의 '깊이 생각해 보기'에 나오는 서두의 질문과 '서론', '이 과의 목표'는 학습의 초점을 잡는 데 도움이 될 것이다. 아무리 시간이 없더라도 해당 강의를 듣기 전에 이 세 가지만큼은 읽고 들어가기 바란다.

어떤 읽을거리는 논쟁의 여지가 있다. 이 글들은 동의를 강요하기보다는 사고를 자극하기 위해 실은 것이다. 읽을거리는 교재와 온라인, 두 부분으로 나뉜다.

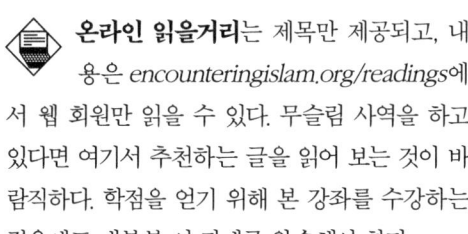

교재 읽을거리는 각 과마다 40-50쪽 내외로 구성되고, 이 강좌를 수강하는 모든 학생들에게 읽기를 적극 권장한다. 수업 주제를 전반적으로 이해할 뿐 아니라 요점을 파악할 수 있다. 본 강좌의 수료증 취득에 필수 과정이다.

온라인 읽을거리는 제목만 제공되고, 내용은 *encounteringislam.org/readings*에서 웹 회원만 읽을 수 있다. 무슬림 사역을 하고 있다면 여기서 추천하는 글을 읽어 보는 것이 바람직하다. 학점을 얻기 위해 본 강좌를 수강하는 경우에도 대부분 이 과제를 완수해야 한다.

- 수강자: 수료증이나 학점을 받기 위해 이 강좌를 듣고 있다면 온라인 토론회, 퀴즈 및 기말시험을 근거로 점수를 받게 될 것이다.
- 진행자와 강사: 학점을 받기 위해 이 강좌를 듣는 학생들이 각 학교에서 요구하는 학점 규정을 따르도록 '추천 도서와 활동'이나 '참고문헌'에 나오는 추가 읽을거리를 과제로 내줄 수 있다.

추가 학습

깊이 생각해 보기는 서두의 질문을 통해 해당 과의 주제에 대해 사고의 틀을 형성하도록 돕는다. 각 과를 시작할 때 잠시 시간을 내어 이 질문들에 답해 보라.

참고문헌은 각 과에서 논의한 주제들을 더 깊이 연구하는 데 도움이 될 추가 읽을거리를 제시한다. 이 책을 교재로 이용하는 교수들은 그중 일부를 과제로 낼 수 있다. 참고문헌은 관련 주제에 대해 더욱 상세한 사항과 배경을 제공한다.

토론 문제는 각 과의 내용을 바탕으로 다른 사람들과 토론할 기회를 제공한다. 이 질문으로 강의실에서 토론하거나 토론회 공지를 위한 아이디어를 낼 수 있다. 스스로 깊이 생각하기 위한 요점 역할을 할 수도 있다.

추천 도서와 활동은 독자(수강자)가 흥미를 가질 만한, 혹은 강사가 과제로 내줄 만한 추가 읽을거리 및 활동을 제시한다. 여기에는 읽기, 관람하기, 기도하기, 방문하기, 먹기, 듣기, 만나기, 쇼핑하기 혹은 인터넷 검색하기 같은 활동이 포함된다. 추천 도서와 활동은 각 과 끝에 나오며 해당 주제에 대한 자료들을 더 제공한다.

관련 웹사이트

이 책과 관련된 웹사이트들이 있다. 이곳에서 추가 읽을거리, 학습 활동, 과제 완성을 위한 컴퓨터 코스웨어, 교재 사용법, 수강자와 강사 및 진행자를 돕는 여러 자료를 찾아볼 수 있다. *encounteringislam.org*에 들어가 이 부분에 대해 더 알아보라.

온라인 토론회

본 강좌에서 배운 지식보다 더 중요한 것은 그것이 무슬림에 대한 당신의 견해와 그들과의 상호작용에 영향을 미치는 방식이다. 강의와 읽을거리를 통해 알게 된 개념을 통합하고 적용했음을 보여 주기 위해 온라인 토론회에 참석할 필요가 있다. 토론회에서는 이슬람 세계에 대해 당신이 발견한 경험과 반응에 대해 논하고, 강의 내용을 자신의 삶에 통합하게 될 것이다. 교과 과정 말고도 이슬람 및 무슬림과 접촉한 일에 대한 글을 올려야 한다. 세계 뉴스에 대한 생각, 직접 보거나 만난 무슬림에 대한 인상, 과거에 무슬림과 관련해 경험한 일에 대한 새로운 통찰, 무슬림 친구와의 대화에서 느낀 점 등을 글로 적을 수 있다.

당신이 올린 글이 점수가 매겨지는 과제인 경우가 있다. 그렇다면 각 과마다 글을 하나씩 써서 제출해야 한다. 진행자는 당신이 올린 글을 읽고 그에 대한 피드백을 줄 텐데, 당신이 강의 내용을 사려 깊게 생각하고, 그것을 자신의 행동과 사고에 어떻게 통합시키고 있는지 살펴볼 것이다. 얼마나 깊이 생각하고 성찰했는지에 따라 점수가 매겨진다. 글은 다음 강의 시간 전까지 늦지 않게 올려야 한다.

토론회 게재 글에 반응하기

각 과별 토론회를 위해 새로운 글을 올리는 것 말고도 함께 강의를 듣는 사람들이 올린 글을 읽어 보고 그에 대한 응답으로 논평이나 격려의 글 혹은 통찰을 남겨야 하는 경우도 있다. 진행자는 응답 글에 대한 점수를 매기고, 다음 강의 시간에 제출하도록 요구할 수 있다.

강의를 듣는 사람이 많으면 소그룹별로 글을 낼 수 있다. 진행자가 그룹을 정해 줄 것이며, 당신은 소그룹에서 이루어진 토론에 대한 반응을 글로 써서 제출해야 한다. 다른 통합 활동이나 프로젝트도 소그룹별로 할 수 있다.

온라인 퀴즈

진행자가 과제로 내줄 네 개의 퀴즈가 준비되어 있다. 이 퀴즈들은 오픈북 형식으로 치러지는데, 질문에 대해 잘 생각해 보았음을 보여 줄 수 있도록 요점을 분명하게 요약, 정리해야 한다. 질문에 빠짐없이 대답하라. 예를 두 가지 들라고 했으면 반드시 두 가지 예를 들라. 퀴즈를 푸는 비결은 반응을 쓰기 전에 각 질문을 읽고 그에 대해 생각해 보는 것이다. 대답은 길면 안 된다. 몇 문장 혹은 짧은 한 단락으로 충분하다. 퀴즈의 범위는 한 과에서 세 과 정도다. 요강에 달리 명시되어 있지 않다면, 각 퀴즈 마감일은 3과, 6과, 9과, 12과의 과제 제출 시기를 따른다.

무슬림과의 관계

무슬림을 만나 대화하지 않고 그들에 대해 책으로 배우기만 한다면 이 강좌에서 바라는 가장 풍성한 경험 중 하나를 놓치고 말 것이다. 본 강좌에서 가장 중요한 과제 중 하나는 무슬림과의 만남이다. 무슬림 친구의 삶이 어떤지, 그의 가치관은 어떤지, 그가 무슨 생각을 하는지 등을 물어보면서 상호 관계를 맺고 배우기 위해서는 적어도 두 번 이상은 만나는 것이 좋다. 이 강좌를 듣고 있다는 사실은 무슬림에게 다가가 함께 점심을 먹거나 커피를 마시자고 초대하는 좋은 구실이 될 수 있다. 먼저 이렇게 말을 꺼낼 수 있다. "저는 요즘 이슬람과 무슬림에 대해 공부하고 있어요. 무슬림이 된다는 것이 어떤 건지 무슬림의 관점에서 들어보는 것이 과제인데 도와주실 수 있나요?"

세 번째 강의와 아홉 번째 강의 사이에 첫 만남을 가지고, 두 번째 만남은 본 강좌를 마치기 전에 가지는 것이 가장 좋다. 각 만남 후 진행자가 토론회나 일지에 그 만남에 대한 개인의 의견을 기록하라고 요구할 수도 있다.

무슬림과 함께 시간을 보내는 목적은 그에게

서 듣고 배우기 위함이다. 그의 견해, 의견, 믿음, 문화에 대해 주의 깊게 들으라. 처음에 상대방은 당신이 자신을 '회심'시키기 위해 접근했다고 의심할지 모른다. 이전에 다른 그리스도인에게 얻은 부정적인 경험 때문에 당신을 경계할 수 있으며 실망감을 드러낼 수 있다.

대화할 때는 기독교와 이슬람 간의 차이에 초점을 맞추지 말라. 토론이나 논쟁에 말려들지 않도록 주의하라. 당신이 만난 사람이 따지기를 좋아하거든 참을성 있게 들으라. 질문을 할 수 있다면 그에게 배우고 싶다는 마음을 표현하라. 상대방이 이민자이거나 유학생이라면 고국의 삶은 어떠했는지 물어보라. 거기서는 사람들이 무엇을 먹는지, 어떻게 자녀를 교육하는지, 고국의 무엇이 그리운지, 타국에서 살면서 어려운 점이 무엇인지 등을 물어보라. 이 책에 나오는 찰스 마시의 글 "우리의 믿음을 무슬림과 나눔"(392쪽)을 읽어 두면 새로 알게 된 무슬림과의 만남을 준비할 때 도움이 될 것이다.

만나서 얼마나 시간을 보낼지 특별히 정해진 규칙은 없다. 그러나 잠깐 몇 마디를 나누었다고 해서 만남을 가졌다고 보기는 어렵다. 약속을 정하기 위해 먼저 무슬림 친구에게 한번 연락한 다음에 정식으로 만나는 것이 좋다.

무슬림 친구 찾기

이야기를 나눌 무슬림을 어디서 어떻게 만날지 막막하다면 다음 몇 가지 제안을 참고하라. 평소 잘 인식하지 못해도 생각지 못한 곳에서 무슬림을 만날 수 있다. 주유를 하거나 커피를 사려고 들른 가게의 주인이 다른 언어로 가족과 대화하는 것을 본 적은 없는가? 대학 캠퍼스를 거닐며 오가는 사람들의 말투를 잘 들어보라. 머리에 스카프를 두른 여성과 같이 색다른 옷차림을 한 사람들이 주위에 있는지 둘러보라. 영어 학원 교사에게 대화를 나눌 만한 무슬림 학생이 있는지 물어보라. 아니면 동네에 있는 무슬림 공동체나 이슬람 사원 사무실에 전화를 걸어 당신의 과제를 설명하고 도움을 구하라. 어디에 있든지 잠시 멈춰 서서 가까이 있는 사람들을 관찰하면서 당신이 이미 많은 무슬림들과 접촉하고 있음을 보여 주는 단서를 찾아보라.

무엇보다 먼저, 우정을 나눌 무슬림을 만나게 해달라고 하나님께 구하라. 그리고 하나님이 누구를 보내 주시는지 지켜보라.

어떻게 시작할 것인가

평소 자주 보는 사람을 대하듯 무슬림과 대화를 시작하라. 그는 독특한 억양이나 옷차림 때문에 사람들의 시선을 받는 데 지쳐 있을 수 있다. 상대방이 대화를 거부한다고 해서 당신을 개인적으로 거부하는 것으로 받아들이지 말라. 또한 그의 상황을 배려하라. 그가 응대해야 하는 고객들이 줄 서 있다면 일이 다 끝날 때까지 주변에서 기다린 다음에 대화를 시작하라. 상대방이 황급히 강의실로 가고 있으면 즉시 대화하려 하지 말고 다음 약속을 정하라. 대화를 자연스럽게 시작하는 몇 가지 방법이 있다.

"실례합니다만 방금 친구와 어떤 언어로 이야기하셨어요?"

"말씀하실 때 약간 억양이 다르던데 혹시 어느 나라에서 오셨는지 물어봐도 될까요?"

"실례합니다. 머리에 뭘 쓰고 계신데 혹시 무슬림이신가요?"

이렇게 대화를 시작한 후 왜 그런 질문을 했는지 설명하고 도움을 청하라.

"저는 이슬람에 관심이 있어요. 요즘 이슬람 강좌를 듣고 있는데, 무슬림과 이야기를 나누면서 이슬람 문화와 신앙에 대해 더 많이 알아 오는 과제를 받았어요. 잠시 이야기를 나눌 수 있을까요? 도와주시면 정말 감사하겠습니다."

상대방이 승낙하면 만날 시간과 장소를 정한

다. 반드시 전화번호를 교환하라. 첫 약속 때 그가 오지 않을 경우 서로 연락할 다른 방법을 확보하라. 그는 당신의 의도를 오해하거나 장난으로 생각할 수 있다.

만나기 전에 약속을 확인하는 전화를 걸어보라. 다른 사람의 과제 수행에 자신이 '이용'당한다는 생각이 들지 않게 최선을 다하라. 무슬림은 대개 매우 친절하고 손님 대접을 잘한다. 그들에게 존중하는 태도를 보이면 어느새 그들의 염려가 사라질 것이다.

여자는 여자와, 남자는 남자와

이슬람은 성역할을 분명하게 나누므로 되도록 동성 무슬림을 파트너로 택하라. 당신이 남자인데 무슬림 여자를 만나게 되면 당신과 기꺼이 이야기를 나누어 줄 남자형제나 친구가 있는지 물어보라. 당신이 여자인데 무슬림 남자를 만나게 되면 그에게 여자 친척이나 친구가 있는지 물어보라.

또 다른 중요한 자원은 당신이 만날 수 있는 비무슬림 유학생이나 이민자들이다. 외국에서 온 사람들은 자기 나라나 다른 나라 출신의 외국인을 아는 경우가 많기 때문이다. 어떤 사람에게 무슬림이냐고 물었는데 아니라고 해도 당황하지 마라. 그냥 양해를 구하고 왜 그렇게 물었는지 설명한 다음, 지인 중에 무슬림이 있으면 소개해 달라고 부탁하라.

무슬림 친구와 관계를 이어 가기

강좌가 끝난 후 당신이 알게 된 무슬림과 관계를 지속하지 못할 수도 있다. 하지만 무슬림 친구와 관계를 계속 이어 간다면 언젠가 그에게 당신의 믿음을 이야기할 기회를 가지게 될 것이다. 그 친구는 몇 번의 만남 후 당신의 믿음에 대해 물어 보기 시작할 것이다. 설령 그가 원한다 해도 그를 바로 교회로 초청하지는 말라. 사전 준비가 없으면 그리스도인의 여러 문화 풍습이 그에게 거슬릴 수 있다.

처음에는 집에서 성경공부를 하거나 그리스도인 친구와 저녁식사를 하는 편이 더 낫다. 무슬림 친구가 불편해할 교리나 가르침보다는 기독교 공동체, 교제, 사랑을 보여 주라. 그 친구와의 관계는 복음 전체를 나눌 수 있을 만큼 길게 지속되거나 깊이 있게 이루어지지 않을지도 모른다.

하나님은 그저 당신이 성장하도록 잠시의 관계를 사용하실 수 있고, 아니면 당신과의 우정을 통해 복음의 씨를 심은 후 다른 사람들로 하여금 물을 주고 추수하게 하실 수도 있다. 분명 이 과제는 부담스럽게 느껴질 수 있다. 하지만 용기를 내기 바란다. 이전에 이 훈련을 받고 무슬림과 친구가 되었던 학생들은 언제나 긍정적인 경험을 했다. 무슬림에 대해 알기 위해 이 강좌를 듣거나 책을 사지 않았는가? 어쩌면 그들을 위해 더 효과적으로 기도할 수 있길 바랄지도 모르고, 아니면 당신에게 특별한 어떤 사람이 무슬림과 함께 사역을 하고 있거나 무슬림이기 때문일지도 모르겠다. 앞으로 무슬림 가운데서 살 계획이 있는지도 모르겠다. 언젠가 당신은 실제로 무슬림과 함께 있어 본 경험과 통찰이 필요할 것이다. 지금 그렇게 해보지 않겠는가?

이슬람 사원 견학

실제로 무슬림을 만나지 않으면서 그들에 대해 공부만 하는 것이 태만한 일이듯 무슬림을 제대로 이해하려면 그들이 영성을 어떻게 표현하는지 직접 보아야 한다. 이슬람 사원(모스크)에서 무슬림 공동체와 함께 드리는 기도 의식 말이다. 본 강좌의 또 다른 과제는, 이슬람 사원이나 이슬람 공동체 센터를 방문해 이슬람식 기도를 직접 관찰하는 것이다. 견학 후 소감을 보고서로 제출할 수 있다.

견학의 첫 번째 목적은 이슬람 사원에서 무슬림들을 관찰하고 듣고 예배와 대화를 통해 그들에 대해 배우는 것이다. 그들의 견해와 의견, 믿음,

문화에 민감하게 주의를 기울이라. 처음에 그들은 당신이 그저 논쟁을 하고 싶어 한다고 오해할 수 있다. 이 책에 나오는 찰스 마시의 글 "우리의 믿음을 무슬림과 나눔"(392쪽)이 이슬람 사원 방문을 준비할 때 도움이 될 것이다.

사원을 방문할 때는 기독교와 이슬람의 차이에 대해 집중적으로 질문하지 말라. 예배자나 지도자와 토론이나 논쟁을 벌이지 말라. 당신이 동의할 수 없는 내용을 그들이 독단적으로 주장하면 가만히 들으라. 질문할 기회가 있으면 무슬림이 된다는 것이 어떤 것인지, 그들이 어떻게 이슬람을 믿는지, 이슬람이 그들에게 어떤 의미가 있는지 물어보라. 견학을 기회로 무슬림과의 만남 과제를 위한 약속을 잡을 수도 있다.

견학을 하는 동안 행동에 주의하라. 무슬림이 어떻게 행동하는지 지켜보고 그들의 지시를 따르라. 실수했거나 그들을 불쾌하게 했다면 얼른 사과하라. 변명하지 마라. 그 대신 어떻게 행동했어야 했는지 겸손히 물어보라. 특히 이슬람 사원의 기도실에 들어가기 전에 적절한 장소에서 신발을 벗도록 신경 쓰라.

점잖고 정숙한 옷차림을 하라. 여자들은 짧은 치마, 소매 없는 옷, 노출이 심한 옷을 삼가야 한다. 머리카락도 완전히 가려야 한다. 남자와 여자는 이슬람 사원에서 서로 떨어져 앉아야 한다.

기도실에서는 조용하고 정중하라. 기도실에 들어가기 전에 손을 씻거나 특정한 장소에 앉으라는 요청을 받으면 기꺼이 응하라. 지시 사항이 무엇인지 물어볼 수 있으며 의식에 참여하지 않아도 된다. 당신의 목적은 정중하게 관찰하는 것이다. 이슬람 경전인 꾸란은 정중하게 다루어야 하고, 꾸란에 글씨를 쓰거나 꾸란을 허리 아래에 두면 안 된다.

기도가 끝난 후 식사에 초대받았는데 거절하는 것은 무례한 일이다. 배고프지 않더라도 차린 음식을 조금이라도 먹고 마시라. 몸이 아프거나 특정 식품에 알레르기가 있다면 설명하라. 하지만 감사의 마음을 분명하게 표현하라. 식사를 하는 동안 모인 사람들과 조용히 이야기를 나누며 대화를 가로채거나 독점하지 않도록 주의하라. 같이 강의를 듣는 사람들끼리만 대화를 나누지 말고 당신을 초청한 사람들과 대화하는 데 집중하라. 자기 이야기를 하기보다는 질문하라. 식사 시간 동안 그리고 이후의 대화 시간에는 무슬림 주인이 하는 대로 따르라. 특히 무슬림 남자들이 특정한 장소에 앉으면, 당신과 같이 강의를 듣는 남자들은 그들 사이에 앉아 함께 이야기를 나누어야 한다. 여자들도 마찬가지다.

혹시 무슬림이 선물을 준다면 감사히 받으라. 판매용 물건을 내놓을 경우 원하면 사되 억지로 살 필요는 없다. 이슬람 사원을 떠날 때는 초청한 사람에게 환대해 준 것과 그들의 믿음을 기꺼이 설명해 준 것, 그리고 그들의 예배에 참석하게 해 준 것에 개인적으로 감사를 표하라.

기말시험

'인카운터 이슬람' 강좌를 마치면서 수강자별로 서로 다른 기말시험을 치를 수 있다. 수료증을 원하는 사람은 적어도 11과 수업을 하는 동안 진행자에게 구두 보고서를 제출해야 한다. 학점을 받으려는 학생은 강의 요건에 따라 공식 기말시험을 치르거나 보고서를 내야 한다. 혹은 둘 다 해야 한다. 구두 보고서와 기말 보고서에 대한 구체적인 지침은 다음과 같다.

구두 보고서

강의실에서 간략하게 보고하든, 진행자를 따로 만나서 보고하든 본 강좌에서 배운 것과 경험한 것을 당신의 가치관이나 태도, 행동과 어떻게 통합할지 논의하라. 새로 습득한 지식과 통찰을 당신의 세계관이나 생활 방식에 어떻게 녹여 넣을지 모색하라.

진행자를 만나서 이야기하는 경우 그 형식은

비공식적인 토론이 될 것이다. 진행자는 당신이 올린 글과 무슬림 친구와의 만남, 견학, 읽을거리, 강의, 퀴즈 활동에 대해 이야기할 것이다. 본 강좌를 듣는 동안 자신이 개인적으로 얼마나 성장했는지 평가할 준비를 하라. 진행자에게 질문할 내용도 미리 준비하라.

기말 보고서

학점을 받기 위해 본 강좌를 듣고 있다면(온라인 수강자라도) 보고서를 써야 한다. 강의에 대해 구두로 간략하게 개관하거나 진행자와 함께 당신이 제출한 보고서에 대해 좀 더 길게 토의해야 하는 경우도 있다. 강의 요강에 달리 나와 있지 않다면 과제는 10-15쪽 분량의 사역 계획을 쓰는 것이다.

당신이 이 강좌의 목표를 얼마나 성취했는지 보고서에 나타내고, 무슬림에게 복음을 전하기 위한 개인의 사역 계획을 밝혀야 한다. 본 강좌를 듣고 나서 무슬림에 대한 개인의 가치관과 믿음, 그들에 대한 태도와 행동이 어떻게 변화되었는지 돌아보라. 무슬림권에 복음을 전하기 위해 당신의 영적 은사, 재능, 기도 생활을 어떻게 사용할지 (혹은 사용할 수 있을지) 실제 예를 들어야 한다.

보고서를 제출한 다음에는 진행자와 비공식 토론을 하는 가운데 그에 대한 답변을 하라. 본 강좌를 들으면서 자신이 개인적으로 얼마나 성장했는지, 새롭게 알게 된 지식과 통찰을 당신의 세계관과 생활 방식에 어떻게 통합했는지 평가할 준비를 하라.

필기시험을 치를 경우 준비를 얼마나 잘했는지, 주어진 목표를 얼마나 완수했는지에 따라 점수가 매겨질 것이다. 토론할 때 당신이 올린 글과 무슬림 친구와의 만남, 견학, 읽을거리, 강의, 퀴즈 활동에 대해서도 이야기할 것이다. 진행자에게 질문할 내용을 미리 준비하라. 진행자는 당신이 이슬람에 대해 배운 것을 어떤 식으로 통합하거나 적용할지 조언해 줄 것이다.

강좌를 마친 후

본 강좌가 끝난 뒤에도 개인적으로 계속해서 배우고 적용하고 싶다면 조직적인 양육 활동에 참여할 것을 권한다. 다음과 같은 활동들이 있다.

1. 개인 기도 계획(12과 참조)
2. 무슬림과 계속 만남
3. 무슬림 국가를 여행하면서 친구를 사귀고, 언어를 배우며, 기회가 된다면 무슬림 가족과 함께 살아 봄
4. 무슬림 대상의 여러 전도 활동에 참여함

강좌 평가

'인카운터 이슬람' 강좌는 항상 보완되고 있다. 내용, 강조점, 강의, 읽을거리, 과제 등을 개선시키는 방법에 대한 논평과 제안을 보내 주기 바란다. 설령 모든 비판이 부정적이라 해도 더 나은 학습을 위해 건설적으로 사용될 수 있다고 믿는다. 좀 더 적절한 읽을거리나 훌륭한 강사를 발견하면 알려 주기 바란다. 또한 이 책에 실린 어떤 내용에 이의가 있다면 이메일(info@encounteringislam.org)로 의견을 보내 주기 바란다.

성경 및 꾸란 인용문

성경 번역본

영문판 원서는 기본적으로 NIV를 사용했고, 한국어판의 모든 인용문은 특별한 언급이 없다면 대한성서공회의 개역개정 4판 성경을 사용했다.

꾸란 번역본

영문판 원서에 쓰인 대부분의 꾸란 구절은 피크탈, 샤키르, 유수프 알리의 번역본에서 인용했고 그 밖의 경우는 따로 표시했다(미르 아흐마드 알리의 『Koran』, 마우라나 무함마드 알리의 『The Holy

Qur'an』, 모함메드 마르마두크 피크탈의 『The Meaning of the Glorious Qur'an』, 존 메도우스 로드웰의 『The Koran』, 무함마드 하비브 샤키르의 『The Qur'an: Translation』, 압둘라 유수프 알리의 『The Meaning of the Holy Qur'an』). 꾸란의 구절 구분은 표준화되어 있지 않다. 꾸란 번역에서 참조문을 찾아보았을 때 원문과 다르면 앞뒤 구절을 살펴보라. 한국어판의 꾸란 인용문은 최영길 번역의 『성 꾸란, 의미의 한국어 번역』(파하드 국왕 성 꾸란 출판청)을 사용했다.

시선 집중 아이콘

학습의 길잡이 역할을 하도록 '시선 집중'의 주제에 따라 다른 아이콘을 사용했다. 각 아이콘의 의미는 다음과 같다.

 교재 읽을거리. 기본이 되는 핵심 읽을거리로서 반드시 읽기를 권한다.

 온라인 읽을거리. 책에는 수록되어 있지 않다. 필수 과제는 아니지만 *encountering-islam.org/readings*에서 무료로 읽을 수 있다.

 주요 개념. 중요한 성경적, 문화적 개념에 대해 이야기한다.

 전도 방법. 무슬림에게 다가가는 적절한 방법에 대해 이야기한다.

 종족 집단. 무슬림 주요 유사권역에 대한 개요와 각 권역에서 찾아볼 수 있는 종족 그룹의 특징을 설명한다.

 지금 기도하라. 각 과를 진행하는 동안 잠시 시간을 내서 기도하는 시간을 가진다.

 인용문. 수업의 요점을 드러내 주는 간략한 인용문이다.

 꾸란. 꾸란의 중요한 구절과 개념에 대해 알아본다.

 이야기. 무슬림과 무슬림 배경 신자의 삶을 들여다볼 수 있는 이야기를 제공한다.

 여성. 특히 이슬람 여성에게 적용되는 문제들을 논한다.

용어 풀이 사용법

생소한 용어나 개념이 나오면 '용어 풀이'와 '자주 나오는 단어' 목록을 찾아보라. 관련 용어와 개념도 함께 파악할 수 있도록 정리해 놓았다. 주제 색인을 활용하는 것도 좋은 방법이다.

아랍어 발음 안내

모음

- car와 같은 단음 a → **ah**(kahr)
- ran과 같은 단음 a → **a**(ran)
- bake와 같은 장음 a → **ay**(bayk)

- bee와 같은 장음 e → **ee**(bee)
- get과 같은 단음 e → **eh**(geht)

- hit과 같은 단음 i → **ih**(hiht)
- like와 같은 장음 i → **ie**(liek)

- on과 같은 단음 o → **ah**(ahn)
- go와 같은 장음 o → **oh**(goh)

- but과 같은 단음 uh → **uh**(buht)
- rupee와 같은 oo → **oo**(roo-pee)
- butte와 같은 장음 u → **yoo**(byoot)
- skirt와 같은 er, ir 혹은 ur → **uhr**(skuhrt)
- cow와 같은 ow → **ahw**(cahw)

자음

- **q**는 cough의 c와 같이 목 뒤 깊은 곳에서 발음된다(약간 모호한 음색).
- **kh**는 스코틀랜드 영어 ch처럼 목 뒤 깊은 곳에서 발음된다.
- **gh**는 아랍어 아인(ayn['])과 비슷한 소리가 난다. 하지만 경음인 g 소리는 목 뒤에서 죄어드는 듯한 소리가 난다. 예를 들어 가지(ghazi)는 **ghah**-zee.
- 다른 모든 자음들은 영어처럼 발음한다.

발음 부호

- 아인(ayn['])은 아인슈타인(Einstein)처럼 장음 i로 발음되지만 목 뒤에서 죄어드는 소리다.
- 함자(hamza['])는 스코틀랜드식 영어에서 볼 수 있는 것처럼 성문(聲門)의 중단 혹은 끊김을 의미하며 bi'er(bitter 대신) 혹은 Sco'ish(Scottish 대신)에서 보듯 t를 대신한다.
- 알리프(alif['])는 함자의 예외다. 알리프는 Qur'an(kohr-**aahn**)의 경우처럼 소리를 늘여 준다.

자주 나오는 단어

ㄱ

가브리엘 - 알라가 꾸란을 계시하려고 무함마드에게 보낸 천사장.
거룩한 도시 - 메카.
거룩한 집 - 카아바.
거룩한 흑석 - 카아바 성벽에 있는 신성한 돌.
기독교 국가 - 지리적 실재로서의 기독교.
꾸라이쉬(Quraysh) - 메카에서 재정적으로 우위를 차지하고 있던 아랍 부족(무함마드의 부족).
꾸란(Qur'an, Koran) - 이슬람의 신성한 경전.

ㄴ

낙원 - 죽음 이후의 보상. 천국.
네스토리우스교 - 예수 그리스도가 신성과 인성을 개별적으로 가지고 있다는 교리를 믿은 기독교 종파.
능력 대결 - 기도를 통해 악한 능력과 대결함.

ㄷ

다르 알이슬람(Dar al-Islam) - 평화의 집. 이슬람의 법이 주권을 행사하는 영토.
다르 알하릅(Dar al-Harb) - 전쟁의 집. 비무슬림의 정치적 지배권 아래 있는 영토.
다와(da'wa) - 초청. 모든 사람들이 신적 인도를 받도록 알라의 길로 부름.
단성론자(Monophysite) - 예수 그리스도의 인성과 신성이 분리될 수 없는 하나의 본성이라고 믿는 사람.
대중 이슬람 - 일반 무슬림들이 실제로 믿는 것으로서 두려움, 권능, 영적 존재의 문제를 다룸.
두아(du'a) - 부르다. 간구. 비공식적 기도.
딤미(dhimmi) - 이슬람 정부 아래서 보호받는 국민. 보통 유대인과 그리스도인을 가리킴.

ㄹ

라마단(Ramadan) - 신성한 금식의 달.
라슐(rasul) - 사도. 사자 또는 선지자. 무함마드의 호칭.
라카트(rakat) - 일련의 기도 의식.

ㅁ

마드라사(madrasah) - 이슬람 학교.
마스지드(masjid) - 이슬람 사원(아랍어).
마흐디(Mahdi) - 올바로 인도를 받은 자. 앞으로 올 이맘. 다시 올 메시아 같은 세계 지도자.
메디나(Medina) - 이슬람에서 두 번째로 거룩한 도시.

메카(Mecca) – 이슬람에서 가장 거룩한 도시. 카아바가 있는 곳.
모스크(mosque) – 무슬림이 예배하고 기도하는 집.
무슬림(Muslim) – 복종하는 사람. 이슬람을 따르는 사람.
무자히드(mujahid, mujahideen) – 성전(지하드)의 전사(들).
무함마드(Muhammad) – 마지막 선지자이자 이슬람 창시자(570-632년).
물라(mullah) – 시아 무슬림 종교 지도자. 성직자.
미나렛(minaret) – 기도하라고 부르는 이슬람 사원의 탑.
민속 이슬람 – 대중 이슬람.
믿음의 다섯 기둥 – 무슬림의 다섯 가지 종교 의무.
MBB(Muslim-background Believers) – 무슬림 배경의 신자.

ㅂ

베두인 – 유목 생활을 하는 사막의 아랍족.
복음 – 예수의 메시지. 인질(Injil).
부적(amulet) – 호부.
비스밀라(Bismillah) – "알라의 이름으로." 알라에게 도움을 기원하는 말.
비잔티움 – 고대 헬라 도시(이스탄불).
비잔틴 제국 – 후기 동로마 제국.

ㅅ

살라트(salat) – 매일 다섯 번씩 드리는 기도 의식. 믿음의 두 번째 기둥.
상황화(contextualization) – 성경적, 문화적으로 적절한 토착적 복음 증거 과정.
싸움(saum) – 믿음의 네 번째 기둥인 금식. 특히 라마단 기간에 하는 금식.
쌀람(salaam) – 평화. 평화의 인사.
샤리아(Shari'a, Shari'ah) – 이상적인 이슬람 율법.

꾸란과 하디스와 순나에 표현된 하나님의 뜻.
샤하다(Shahada) – 신조. 증거. 믿음의 첫 번째 기둥.
선지자(prophet) – 신적 영감을 받은 경고자.
선지자(The Prophet) – 하나님의 사자. 무함마드.
세계관 – 가치 체계나 실재에 대한 견해.
셰이크(sheik, sheikh, shaykh) – 족장. 부족이나 종파의 지도자.
수니(Sunni, 복수: Sunnis) – 이슬람의 다수 정통 분파(약 85%). 순나에서 유래함.
수라(Sura) – 꾸란의 장(障).
수피, 수피즘(Sufi, Sufism) – 이슬람 신비주의[자]. 하나님의 임재를 인식함. 관계.
순나(Sunna) – 확립된, 규범적 전례. 하디스에 나온 무함마드의 모범에 기초함.
시르크(shirk) – 알라를 다른 신들과 연합시키는 것. 이는 다신교로 간주된다.
시아(Shi'i, 복수: Shi'a) – 이슬람의 소수 종파(15%). 알리의 열성 지지자.
신드(Sind) – 파키스탄 남동부 인더스 강 하류 지역.
신자 – 유일신론자. 꾸란에서는 알라를 믿는 사람.
신조(Creed) – 증거. 샤하다. 믿음의 첫 번째 기둥.
십자군 – 거룩한 땅, 특히 예루살렘을 무슬림들로부터 탈환하기 위해 일으킨 대원정군(1200-1300년대).

ㅇ

아라비아 – 서남아시아 반도.
아랍어 – 셈어. 꾸란의 언어.
아랍인 – 아랍어를 모국어로 사용하는 사람.
아부 바크르(Abu Bakr) – 최초로 이슬람을 받아들인 사람. 무함마드의 후원자. 초대 칼리프.
아야(aya) – 꾸란에 나오는 장(Sura)의 절(節).
아야톨라(Ayatollah) – 알라의 표적. 시아파 고위 율법학자에 대한 경칭.
아이샤(Aisha) – 무함마드가 가장 총애한 셋째 아내.
알라(Allah) – 하나님(아랍어).

알라후 아크바르(Allahu Akbar) – "알라는 가장 위대한 분이시다."

알리(Ali) – 무함마드의 사촌이자 후계자(시아파).

알파티하(al-Fatihah) – 기도(살라트)할 때 반복하는 꾸란의 첫 장.

야스립(Yathrib) – 히즈라(이주)의 목적지. 후에 메디나로 이름이 바뀜.

에스네(ethne) – 모든 열방. 종족 집단(그리스어).

오스만 – 터키 제국(약 1300-1922년).

와하비(Wahhabi) – 수니 이슬람의 보수 종파.

우마르(Umar) – 무함마드의 장인. 후에 제2대 칼리프가 됨.

우스만(Uthman) – 무함마드의 사촌. 제3대 칼리프가 됨.

울라마(Ulama) – 이슬람 율법 훈련을 받은 무슬림 학자 집단.

움마(umma, ummah) – 무슬림 공동체. 하나로 통합되고 대등한 이슬람 사람들.

이교도 – 불신자. 다신론자. 우상 숭배자.

이드 알아드하, 에이드 알아드하(Id al-Adha, Eid al-Adha) – 희생제. 핫즈의 끝.

이드 알피트르, 에이드 알피트르(Id al-Fitr, Eid al-Fitr) – 파제절. 라마단의 끝.

이맘(imam) – 영적 지도자. 성직자.

이맘(Imam) – 탁월한 율법학자(수니). 신적 임명을 받은 후계자(시아).

이싸(Isa) – 예수(아랍어).

이스마엘(Ishmael) – 아랍인의 조상. 아브라함의 아들.

이슬람(Islam) – 복종. 유일신론적 무슬림 신앙.

이슬람주의자(Islamist) – 급진적인 이슬람의 정치·사회적 행동주의자.

이즈마(ijma) – 율법학자들의 합의.

인질(Injil) – 원래의 부패하지 않은 복음서. 현재의 신약.

ㅈ

자이드(Zaid) – 무함마드가 입양한 아들.

자카트(zakat) – 법으로 정한 구제 세금(궁핍한 사람들을 위한 것). 믿음의 세 번째 기둥.

전승 – '하디스'를 보라.

정령신앙(animism) – 피조물이 영과 함께 살아 있다는 믿음. 영을 숭배함.

중동 – 서남아시아.

지하드(jihad) – 투쟁. 내부적으로는 거룩함을 위하고, 외부적으로는 움마를 확장시키기 위한 것. 언론에서 성전(聖戰)을 가리키는 말로 널리 사용됨.

진(jinn) – 영들의 종류. 악한 영과 유용한 영을 모두 가리킴.

진리 대결 – 성경으로 불신과 대결함.

ㅊ

책의 사람들(People of the Book) – 유대인과 그리스도인(꾸란).

ㅋ

카디자(Khadija) – 무함마드의 첫째 아내.

카리스마파(charismatic) – 개인의 종교 체험과 초자연적 은사를 강조하는 기독교 종파.

카아바(Ka'aba) – 메카의 거룩한 집으로 그 안에 거룩한 흑석이 있음. 이슬람의 중심.

카이로(Cairo) – 이집트 수도. 이슬람 중심지.

카피르(kafir) – 감사하지 않는 자. 불신자. 이교도.

칼리프(caliph) – 이전의 정치적, 영적 이슬람 통치자.

칼리프 제도(Caliphate) – 칼리프가 이끄는 무슬림 국가.

콘스탄티노플(Constantinople) – 이스탄불의 옛 이름.

ㅌ

타우히드(tawhid) – 유일하신 하나님인 알라의 단일성을 표현하는 용어.

ㅍ

파트와(fatwa) – 종교적 법령.
파티마(Fatima) – 무함마드와 카디자의 딸.
페르시아 – 서남아시아에 사는 고대 제국의 남은 자들.
평화의 사람(man of peace) – 기독교의 증거를 환영하는 공동체 지도자(눅 10:5-9).
피르(pir) – 장로. 지혜로운 사람. 성자. 영적 인도자(수피).

ㅎ

하갈 – 이스마엘의 어머니.
하나님의 사자(The Messenger of God) – 선지자. 무함마드.
하니프(hanif) – 이슬람 이전 시대 아랍의 유일신론자.
하디스(hadith, Hadith) – 전통. 이슬람을 해석하는 문헌 모음. 선지자의 전승.
하람(haram) – 불법적인 것, 금지된 것.
하산(Hasan) – 알리의 장자. 무함마드의 손자.
할랄(halal) – 허용된 것. 합법적인 것.
핫즈(Hajj) – (메카로 가는) 순례 여행. 믿음의 다섯 번째 기둥.
후사인(Husayn, Husain, Hussein) – 알리의 아들. 무함마드의 손자. 시아파가 그를 애도함.
흉안(evil eye) – 악을 가져오는 시기의 눈초리.
히즈라(Hijra) – 메카에서 야스립(메디나)으로 무슬림이 이주한 일.

1부 이슬람의 발전

1과
이슬람의 시작

깊이 생각해 보기

- 무함마드가 지도자로 성장하도록 영향을 끼친 것은 무엇인가?
- 무함마드에 대해 우리가 고맙게 여길 부분이 있다면 무엇인가?
- 무함마드의 삶은 그리스도가 택한 길과 방향이 어떻게 달랐는가?
- 무함마드에 대해 그리스도인은 어떤 태도를 가져야 하는가?

이 과의 목표

1. 무함마드의 생애와 이슬람의 기초에 대해 설명한다.
2. 무함마드에 대해 선입견이 있었음을 인정한다.
3. 무함마드를 존중한다.
4. 통찰력을 가지고 무슬림 세계를 위해 기도한다.

핵심 요점

1. 그리스도를 통해 모든 민족을 구속하시는 하나님의 계획
2. 이러한 노력의 영적 본질
3. 무함마드의 생애와 이슬람의 기초를 바라보는 무슬림의 시각
4. 무함마드와 그리스도의 차이
5. '알라'는 하나님을 가리키는 아랍어로서 이슬람이 생기기 전부터 있었다.

과제

온라인 읽을거리를 찾아서 보라. 온라인 강좌를 듣고 있다면 encounteringislam.org에서 커뮤니티에 들어가 각 과별 온라인 토론회에 참여하라. 이해와 적용이 더 풍성해질 것이다. 바람직한 토론회의 예를 36쪽에서 보라.

이 과의 읽을거리

 교재 서론
은혜와 진리에 충만하라: 그리스도 방식으로 관계 맺기
이슬람은 어떻게 시작되었는가?
기독교와 초기 이슬람

 온라인 선지자 무함마드(The Prophet Muhannad, 이스마일 R. 알파루키) - 한 무슬림의 입을 통해 그와 모든 무슬림이 무함마드의 본을 존중하고 따르려고 애쓰는 이유를 듣는다.

서론

"믿음의 주요 또 온전하게 하시는 이인 예수를 바라보자 그는 그 앞에 있는 기쁨을 위하여 십자가를 참으사 부끄러움을 개의치 아니하시더니 하나님 보좌 우편에 앉으셨느니라 너희가 피곤하여 낙심하지 않기 위하여 죄인들이 이같이 자기에게 거역한 일을 참으신 이를 생각하라"(히 12:2-3).

터키 여성과 어린이

우리는 무슬림과 그리스도인 모두의 생명을 멸하려는 사탄의 전 세계적 계략 때문에 망가진 세상에서 살고 있다. 그는 우리를 속이고 조종하며 공포에 질려 꼼짝 못하게 하기 위해서라면, 우리가 예수님과 그분의 목적과 사랑과 소망을 바라보지 못하게 하기 위해서라면 어떤 일도 서슴지 않는다. 세계 곳곳에서 들려오는 재난, 전쟁, 죽음 등에 관한 나쁜 소식을 날마다 듣다 보면 우리에게 소망은 멀고 이상적이며 비현실적으로 보인다. 그러한 상황에서 우리는 무심코 방어벽을 높여 그리스도 안에서 사는 기쁨을 차단하고, 그리스도가 주신 복음이 필요한 사람들을 향해 그분의 사랑이 흘러가는 것을 막기 쉽다. 눈앞의 일시적이고 개인적인 필요만 바라보며 우리의 현실을 제한하는 것이다.

이 과의 목적은 마음을 열어 다시 소망을 붙들게 하려는 데 있다. 그 소망은 무슬림과 우리 모두를 향한 것이다. 소망은 오늘날과 미래를 향한 넘치는 기쁨으로 우리를 되살아나게 할 것이다. 소망은 사탄의 반문화적인 저항 속에서도 우리로 하여금 기꺼이 헌신하는 특권을 붙들게 할 것이다. 소망은 미래의 언젠가가 아니라 오늘날에도 오직 그리스도께 복종함을 통해 하늘의 모든 부와 능력을 누릴 수 있음을 선포하는 공동체를 세울 것이다.

무슬림을 향한 하나님의 마음을 탐구하고 성경의 진리를 연구할 때, 성령님이 당신의 마음을 새롭게 하시길 기도한다. 또한 사탄에게서 인류를 구원하고 그리스도의 사랑으로 무슬림을 포용하려는 하나님의 계획 속에서 당신의 뜻을 새롭게 하시길 기도한다.

새로운 렌즈

보편적으로, 타락한 존재인 우리는 자신의 문화적 틀, 곧 편견 혹은 세상을 바라보는 렌즈를 가지고 세상에 나아간다. 그 렌즈를 사용해 우리의 경험을 편집하고 해석하며 평가한다. 일반적으로 사람들은 문화적 배경이 다른 사람을 만나지 않는 한 자신이 끼고 있는 문화적 렌즈를 인식하지 못한다.

이슬람을 이해하려면 다른 렌즈로 세상을 바라볼 필요가 있다. 그럴 때 무슬림과 그들의 세계를 더 잘 이해하고 인식하며 그들의 정서도 함께 느낄 수 있다. 이전에는 제대로 알지 못했던 점들을 바로잡으며 해석의 틀이 확장될 것이다. 그렇다고 우리가 보는 모든 것에 동의하거나 그것을 받아들이라는 뜻은 아니다. 그것은 우리의 목표가 아니다.

이 책은 무슬림의 관점을 이해하고 존중할 뿐 아니라 무슬림과 깊고 지속적인 관계를 맺을 준비를 하기 위해 만들어졌다. 무슬림과 이슬람에 관한 많은 것이 우리를 주저하게 할지 모르지만, 그들과 신뢰할 수 있고 친밀한 관계를 형성하려면 꼭 듣고 배워야 하는 내용이다.

무함마드의 첫 번째 계시

먼저, 이슬람교를 탄생시킨 무함마드의 초자연적 경험을 살펴보자. 그의 아내 중 한 명이 하디스라고 알려진 무함마드에 대한 전승 모음집에서 그 사건을 분명히 기술한다.

알라의 사도가 받은 신의 계시는 밝은 대낮처럼 환하고 멋진 꿈의 형식으로 시작되었다. 그 후 사도는 은둔을 좋아하게 되었다. 사도는 자주 히라산 동굴로 가서 은둔했다. 가족을 보고 싶은 마음이 생기기 전까지 그곳에서 여러 날 동안 (알라만을) 예배했다. 그곳에 머물기 위해 여행 음식을 챙겨 가지고 갔으며, 음식이 다 떨어지면 음식을 가지러 (아내) 카디자에게 돌아왔다.

사도가 히라산 동굴 안에 있을 때 갑자기 진리가 임했다. 천사가 그에게 와서 읽으라고 명했다. 선지자는 "나는 읽을 줄 모릅니다"라고 대답했다. 선지자는 그때의 일에 대해 이렇게 말한다. "천사가 나를 (강제로) 붙잡고 꽉 눌러 도저히 견딜 수 없었다. 그러고 나서 나를 놓아주더니 다시 읽으라고 명했다. 나는 "읽을 줄 모릅니다"라고 대답했다. 그는 즉시 나를 다시 한 번 붙잡고 더는 견딜 수 없을 때까지 눌렀다. 그리고 다시 놓아 주며 읽으라고 명했다. 하지만 나는 다시 "읽을 줄 모릅니다"(또는 무엇을 읽으란 말입니까?)라고 대답했다. 그러자 그는 세 번째로 나를 꽉 붙잡고 눌렀다가 풀어 주더니 말했다. "만물을 창조하신 주님의 이름으로 읽으라 그분은 한 방울의 정액으로 인간을 창조하셨노라 읽으라 주님은 가장 은혜로운 분으로"(꾸란 96:1-3). 알라의 사도는 그렇게 영감을 받고 쿵쾅거리는 가슴을 안고 돌아왔다.

그는 카디자에게 "나를 덮어 주시오! 덮어 주시오!"라고 말했다. 그들은 그의 두려움이 사라질 때까지 그를 덮어 주었다. 그 후 그는 자신에

꾸란의 첫 장, 알파티하

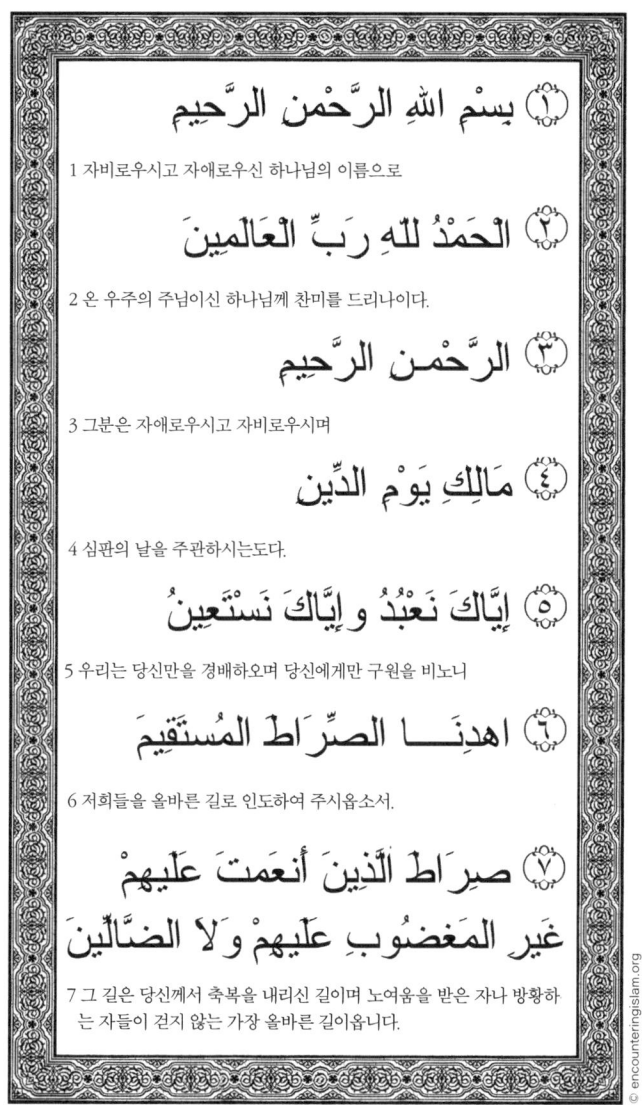

게 일어난 일을 카디자에게 전부 들려 주었고, "내게 무슨 일이 일어날 것 같아 두렵소"라고 말했다. 카디자는 대답했다. "알라의 이름으로 맹세코 그런 일은 일어나지 않을 거예요. 알라는 당신에게 수치를 주지 않으실 거예요. 당신은 일가 친척들과 좋은 관계를 맺고, 가난한 사람들을 도와주었고, 손님들을 정중히 대접했으며, 재난당한 사람들을 도와주었잖아요."

그런 후 카디자는 그와 함께 그녀의 사촌이자 압둘 웃자의 증손이며 아사드의 손자이며 나우팔의 아들인 와라까에게 갔다. 와라까는 이슬람 이전 시대에 그리스도인이었고, 히브리어로 글을 쓰던 사람이었다. 그는 알라가 그에게 쓰기를 원하는 만큼 히브리어로 복음서를 썼다. 그는 늙어서 앞을 보지 못했다. 카디자가 와라까에게 "사촌이여, 당신 조카의 이야기를 들어 보세요!"라고 하자 그는 "오, 조카여, 무엇을 보았느냐?"라고 물었다. 알라의 사도는 자기가 본 것을 모두 말했다. 와라까는 말했다. "그 천사는 알라가 모세에게 보내셨던 그 비밀을 간직한 분(천사 가브리엘)이시다. 내가 젊었더라면 자네 백성들이 자네를 쫓아내는 그날까지 살 수 있으련만." 그러자 알라의 사도가 "그들이 나를 배척할까요?"라고 물었다. 와라까는 그럴 것이라고 말했다. "자네가 받은 것과 같은 것을 받는 자들은 누구든 배척을 받을 것이다. 자네가 배척을 받게 될 날까지 내가 살아 있다면 내가 자네를 강력히 도와주겠다"라고 말했다. 그러나 며칠 후 와라까는 죽었고, 신의 계시도 잠시 중단되었다.[1]

메카 근처에 있는 히라산 동굴에서 무함마드에게 뭔가 엄청난 일이 일어난 듯하다. 그 일로 그의 삶의 방향이 크게 바뀌었다. 성경의 다른

꾸란은 뭐라고 말하는가?

꾸란의 114장(수라) 중에 첫 장을 알파티하(al-Fatihah)라고 하는데 '시작'이라는 의미다. 어떤 면에서 신약에 나오는 주기도문과 유사하다. "두 기도문을 나란히 놓고 연구하면 우리가 이슬람 기도에 대해 느끼는 이질감이 제거되고, 기독교와 무슬림 영성의 공통되는 부분을 어느 정도 인식할 수 있다. 우리는 기도하는 무슬림에 대해 생각하면서 그들의 입장이 되고 그들과 하나님과의 관계를 어느 정도 이해할 수 있다."[1] 알파티하는 하루에 다섯 번씩 기도 시간에 암송된다. 아랍어에서 유수프 알리가 번역한 알파티하는 다음과 같다.

>   가장 은혜로우시고 가장 자비로우신 알라의 이름으로
>   세상을 사랑하시고 유지하시는 알라에게 찬양을 드리나이다.
>   가장 은혜로우시고 가장 자비로우신 심판 날의 주님이시여,
>   당신을 예배하고 당신의 도움을 구하오니
>   우리에게 바른 길을 보여 주소서.
>   그 길은 당신의 진노를 산 자들의 길도 아니고
>   방황하는 자들의 길도 아닌,
>   당신이 은총을 베푸신 자들의 길이니이다.

첫 장 시작부의 이 말은 꾸란에서 가장 자주 반복된다. 첫째 줄인 비스밀라(Bismillah)는 언제 어디서나 인용된다. 예를 들면 저주를 막기 위해, 아이를 축복하기 위해, 음식을 먹기 전에, 아니면 뭐든 새로운 일을 시작하기 전 등에 언급된다.

1. Colin Chapman, "Biblical Foundations of Praying for Muslims", in Dudley Woodberry , ed., *Muslims and Christians on the Emmaus Road*(Monrovia, Calif.: Missions Advanced Research and Communications Center, 1989), 306쪽.

출처_ *Encountering the World of Islam.*

인물들도 비슷한 경험을 했다. 야곱은 자신이 만난 영적 존재와 더불어 밤새도록 씨름했고(창 32장), 사무엘은 엘리의 격려를 받고 나서야 하나님의 음성을 알아들었다(삼상 3장). 성경에 기록된 천사 방문기는 대부분 천사의 "두려워하지 말라"는 말로 시작된다. 이 본문에서 무함마드는 분명 떨었다. 하지만 무함마드의 이야기에는 "두려워하지 말라"는 말이 나오지 않는다.

당신은 선지자 무함마드를 어떻게 생각하는가?

무슬림은 우리와 친구가 되기 시작할 무렵에 시험 삼아 이런 질문을 한다. 이에 대한 우리의 대답은 관계의 방향에 영향을 미치는 경우가 많다. 무함마드는 정신병 혹은 간질에 걸렸거나 심지어 귀신이 들렸다는 비난을 받았다. 여자와 유대인을 대하는 행동 때문에 사람들은 그를 부정적으로 보았다. 하지만 그는 역사상 가장 크고 오래 지속되며 강력한 운동 중 하나를 창시한 인물이다. 정직한 사람이라면 역사에서 가장 영향력 있는 위인들의 목록을 작성할 때 무함마드를 포함시킬 것이다. 하지만 우리는 이 이슬람 선지자에 대해, 그의 존재에 대해 무엇을 알고 있는가?

이슬람이 탄생하고 발전한 환경을 이해할 때, 무함마드를 더 깊고 공정하게 이해할 수 있을 것이다. 우리는 당시 그리스도인들과 교회의 약점 및 실패를 인정할 필요가 있다. 또한 초기 이슬람이 개혁 운동으로 시작해 성장하고 메카에서 핍박을 받으면서 메디나에서 새롭고 독특한 사회를 만들어 낸 변화를 살펴볼 것이다.

가난한 고아였던 무함마드는 신뢰할 만한 분쟁 협상가이자 성공한 상인이 되었고, 훗날에는 종교 및 사회 개혁가이자 유능한 정치 지도자가 되었다. 무함마드는 우주의 창조주이자 한 분이신 참된 하나님을 예배하라고 사람들에게 명했다. 그는 우상 숭배, 가난한 자와 고아와 과부를 학대하는 것, 부자들의 고리대부업을 반대했다. 그는 다가오는 하나님의 심판을 받지 않으려면 하나님께 복종하고 그분의 공급하심에 감사하라고 사람들에게 명했다. 이러한 입장 때문에 그와 그의 추종자들은 동족들에게 심한 핍박을 받았다.

메카에서 메디나로

무함마드와 그를 따르던 소수의 추종자들은 12년 동안이나 핍박을 받았다. 그 후 메디나로 알려진 야스립으로 도망갔으며, 그때부터 이슬람 발전에 중대한 변화가 일어났다. 무함마드는 핍박과 고난을 대단히 싫어했으며, 성공 추구를 자신의 길로 보게 되었고, 성공을 하나님이 축복하시는 표시로 보았다. 이슬람력은 무함마드의 출생이나 죽음 혹은 그가 히라산 동굴에서 최초로 신의 계시를 받은 날에서 시작하지 않고, 그가 메디나로 도망한 날에서 시작된다. 무함마드는 경쟁 부족들을 처리해 달라는 야스립의 초청을 하나님이 자신을 고난에서 해방시키시는 것으로 보았다. 메디나로 이주하면서 새롭게 번창하는 이슬람 사회가 시작되었다. 메디나에 최초의 이슬람 사원이 세워지고 무슬림 기도가 확립되었다. 오늘날 전 세계 무슬림 공동체가 매일 다섯 번씩 기도하라고 명할 때, "하나님은 위대하시다! 와서 기도하라! 와서 성공하라!"는 말이 울려 퍼진다.

새 무슬림 사회의 권세가 점점 커지는 동안, 무함마드도 영향력이 커지면서 점차 타락의 조짐을 보이기 시작했다. 그는 첫 번째 아내 카디자가 살아 있는 동안 그녀에게 매우 충실했지만, 그녀가 죽은 후에는 아홉 명에서 열한 명 정도의 여자들과 결혼했다. 초기에 그를 따르던 추종자들 및 그가 보호하던 사람들의 미망인이 대부분이었다. 아랍 부족들의 충성을 확인하기 위한 정략 결혼도 했다. 한 명은 어린 소녀, 여러 명은 노예, 다른 한 명은 자신이 입양한 아들의 아내였다.

처음에 무함마드는 메디나에 있던 세 유대 부족과 한편이 되어 보려고 애썼다. 그러나 그들이 자신을 반대하자 두 부족은 추방하고, 한 부족은 남자 800명을 죽이고 여자와 어린아이들은 당시의 일반 관습에 따라 노예로 팔았다(신 20:10-15 참조). 무함마드와 그의 추종자들은 또한 적군 꾸라이쉬 부족에게 보복하고자 그들의 대상(隊商)을 약탈했고, 협정을 어겼다는 비난을 받았으며, 굴복하지 않으려는 아랍 부족들과 전쟁을 벌였다. 이것은 장차 이슬람 세계가 어떤 모습으로 확장되고 성공할지를 보여 준다. 하지만 몽골 침략, 십자군 전쟁 또는 근대에 들어 벌어진 세계대전과 대량학살에 비하면 그 폭력의 수위는 그다지 높지 않다. 무함마드의 통제권이 확장되면서 모두가 강압적으로 개종했다거나 회심했을 것이라고 예단해서는 안 된다.

그가 살던 시대에 비추어

무함마드의 업적을 오늘날의 기준이 아니라 그가 살던 시대에 비추어 평가한다면 어떨까? 현대 사회는 노예제를 폐지하고 여성에게 투표권과 그 밖의 권리들을 주는 데 얼마나 오래 걸렸는가?

사람을 소유물로 취급하는 것은 대부분의 문화 역사에서 공통되게 나타나는 현상이다. 무슬림 세계만 그런 것이 아니다. 솔로몬의 아내들 중 얼마나 많은 이들이 어린 노예 소녀들이었던가? 마리아는 몇 살에 요셉과 결혼했는가? 얼마나 많은 다윗과 기드온 같은 유대 그리스도인 지도자들이 타락했고 자신의 신실하지 못함과 부패함으로 고통당했는가? 바로 왕 앞에 선 아브라함이나 전투에 직면한 여호수아를 평가해 보면, 그들과 그들의 시대에 대해 무엇을 알게 되는가? 오늘날 우리 영적 지도자들의 실패는 어떠한가?

또 우리는 어떠한가? 당신은 반대자들에게 어떻게 반응하는가? 시험은 받았으나 죄는 짓지 않은 사람을 찾는다면 그리스도만이 우리의 모범이 될 수 있다.

그리스도인들은 인간의 본성을 따라 무함마드의 강점은 인정하지 않고 실패에 초점을 맞추며 그의 약점을 강조한다. 무함마드를 우상 숭배 및 여자와 고아 학대를 반대하는 설교에 심혈을 기울인 진보 개혁가로 볼 수 있을까? 봉건적 부족 사회를 통합해 법이 통치하는 공동체로 만든 지도자로 볼 수 있을까? 우리와 같은 인간이자 죄인으로 볼 수 있을까?

유대인과 그리스도인의 상호 관계

진리를 추구한 무함마드는 어째서 당시 그리스도인들 안에 나타난 그리스도를 보지 못했는가? 당시에 그리스도인들은 분열되어 있었으며, 주위에 그리스도를 전하기보다는 그들의 제국을 정치적으로 지배하는 일에 혈안이 되어 있었다. 7세기 그나마 기독교 선교에 존재하던 약간의 긍정적인 부분, 즉 네스토리우스교도들이 인도와 중국에 복음을 가지고 간 일이라든지, 켈트족이 독일 민족에게 그리스도를 소개한 일 등도 아라비아와는 거리가 멀었다.

무함마드 시대 그 지역의 그리스도인들이 인종차별을 덜 하고 덜 이기적이었다면 어떻게 되었을까? 무함마드가 하나님의 진리를 더 알도록 도와주었다면 어떻게 되었을까? 이런 질문들은 오늘날 우리에게 시사하는 바가 있다. 그리스도인에게는 주위 사람들이 하나님을 어떻게 생각하는지에 대한 책임이 있는가? 우리와 다른 사람들과의 상호 관계는 그리스도를 전하는 데 얼마나 긍정적이기보다는 부정적인 증거가 되고 있는가?

이슬람이 시작되었을 때, 아라비아에는 성경의 증거가 부족했다. 무함마드와 아랍인들은 그들의 언어로 된 성경이 없었다. 그 지역의 얼마 안 되는 그리스도인조차 이교적 관습을 따르고 있었으며, 그래서 무함마드가 바로잡고자 했던 사회악을 해결하는 성경적인 방법을 보여 줄 수 없었다. 성경은 주후 837년까지 아랍어로 번역되지 않았으며 1516년까지 출판되지 않았다(몇몇 학문적 사본은 제외한다). 지난 14세기 동안 무슬림을 대상으로 사역한 그리스도인들은 거의 없었다. 오늘날에도 전체 비그리스도인의 3분의 1이 무슬림인데도, 선교사 열두 명 중 한 명 정도만 무슬림을 대상으로 사역하고 있다.

무함마드는 주위 유대인들이 자신의 메시지를 지지해 주리라고 기대한 것 같다. 그러나 그들이 지지하지 않자 유대 기독교 전통에서 점차 멀어졌다. 그 후 예루살렘이 아니라 메카를 향해 기도하고, 속죄일 대신 라마단 금식을 제정하라는 계시가 그에게 주어졌다. 이후로 해마다 아랍인들이 메카에 참배하러 왔다. 메카 순례는 아랍 부족들을 이슬람 이름 아래 연합시키는 데 사용되었다.

이 과를 공부하면서 우리는 스스로에게 물어야 한다. "우리 기독교의 역사뿐 아니라 이슬람 창시자에 대해서도 보다 균형 잡힌 접근을 하려면 어떻게 해야 할까?" 그리스도가 유일무이한 우리의 구주이심이 분명하지만(행 4:12), 안타깝게도 무슬림과 그리스도인을 비교했을 때 그리스도인의 행실이 언제나 더 훌륭했다고 보기는 어렵다. 자신을 남보다 낮게 여기는 것은 적절한 태도가 아니다. 그것은 그리스도의 본을 따르는 태도가 아니기 때문이다(빌 2:3).

이 책으로 공부하는 동안, 우리가 피곤해서 낙심하지 않도록 하나님 보좌 우편에 앉으신 예수님을 바라보아야 한다는 점을 기억하자(히 12:2-3). 그리스도는 살아 계신다. 그리스도만이 승리하신다. 지난 1,350년 동안보다 최근 40여 년 동안 더 많은 무슬림이 그리스도께로 돌아왔다. 최근 15년 동안 총 69개의 무슬림 배경의 신자들[3]의 운동이 확인되었다. 머지않아 "각 나라와 족속과 백성과 방언에서 아무도 능히 셀 수 없는 큰 무리가 나와 … 보좌 앞과 어린 양 앞에" 서게 될 것이다. 그리고 우리는 함께 큰소리로 외칠 것이다. "구원하심이 보좌에 앉으신 우리 하나님과 어린 양에게 있도다"(계 7:9-10). ❖

— 엮은이

주

1. Sahih Bukhari, *The Collection of Hadith*, narrated by Aisha, trans. M Muhsin Khan, vol. 1, bk.1, no.3. 아이샤는 무함마드가 노년에 총애한 아내다.
2. Jason Mandryk, *Operation World*, 제7판(Downers Grove, IL: InterVarsity Press, 2010), p. 22.
3. 이 책에서 우리는 무슬림 배경의 신자(Muslim background believers, MBB)라는 용어를 사용한다. 어떤 사람들은 무슬림 출신의 신자(Believers from a Muslim background, BMB), 무슬림 배경의 그리스도인(Christians from a Muslim background, CMB), 예수의 제자들(followers of Jesus), 이싸 알마시(Isa al-Masih) 등의 용어를 선호한다. 저마다 불리고 싶은 이름이 다르므로 그들이 선호하는 용어로 부르길 권한다. 이 책에서는 일관성을 유지하기 위해 한 가지 용어로 통일했다.

은혜와 진리에 충만하라: 그리스도 방식으로 관계 맺기

무슬림을 사랑하는 그리스도인 글로벌 네트워크

 예수님은 하나님의 사랑을 경험하고 그 사랑을 나누며 살라고 제자들을 부르신다. 모든 사람이 그 사랑을 얻을 수 있게 된 것은 그리스도가 이 세상에 오셨기 때문인데, 그분은 "은혜와 진리가 충만"하셨다. 그러나 문화적 차이와 테러 위협, 무슬림에 대한 부정적 고정관념 등으로 인해 많은 하나님의 백성이 모든 사람을 사랑하라는 예수님의 명령을 이루지 못한 채 뒷걸음질치고 있다. 성경을 통해 우리는 그리스도를 영화롭게 하는 방식으로 무슬림과 관계 맺는 방법을 배울 수 있다.

알다시피 이슬람 세계는 상당한 신학적, 이데올로기적 다양성을 포함하고 있다. 무슬림의 시각과 관습의 스펙트럼은 세속주의, 현대주의, 전통주의에서 지하드를 일으키는 극단주의에 이르기까지 넓게 형성되어 있다. 이러한 다양성을 인지한 가운데 다음 아홉 가지 성경적 지침을 살펴보자. 이 지침은 예수님의 제자들이 온갖 종파의 무슬림과 관계를 맺을 때 예수님의 대리인으로서 그들을 섬기는 데 도움이 될 것이다.

1. 하나님의 진리 전체에 충실하라

우리는 기독교의 핵심 신념에 기초를 두고, 즉 신념을 숨기거나 약화시키지 않은 채 무슬림과 관계 맺길 원한다. 존중과 이해와 사랑으로 무슬림과 관계 맺는 데는 복음의 핵심 진리를 충실하게 증거하는 것도 포함된다. 예수님은 주님이시다. 용서, 구원, 영생은 예수님의 죽음과 부활을

전 세계 복음주의 지도자 모임의 편집팀에서 작성한 글로서 70명 이상의 지도자들에게 자문을 구하고 20번이 넘는 수정을 거쳤다. 원문에는 상세한 설명이 실려 있으나 여기에 소개한 글은 축약된 선언문이며, 전 세계 기독교 지도자들의 동참을 기다린다. "Grace and Truth: Towards Christlike Relationships with Muslims: An Exposition," *International Journal of Frontier Missions* 26, no. 4(Oct. 2009), 189-194쪽에 나온 것으로, 허락을 받고 실었다. ijfm.org.

믿고 회개하는 모든 이에게 값없이 주시는 하나님의 선물이다. 우리는 삶의 모든 영역에서 하나님의 뜻 전체에 순종하기 위해 애쓴다(마 22:37, 39; 28:20; 미 6:8).

2. 상호 관계의 중심에 예수님을 두라

우리는 예수님께 초점을 맞추어야 한다. 예수님 이야말로 복음의 정수시다. 하나님은 인간의 몸을 취해 자신을 우리에게 계시하셨다. 우리는 바울과 함께 이렇게 고백한다. "내가 너희 중에서 예수 그리스도와 그가 십자가에 못 박히신 것 외에는 아무것도 알지 아니하기로 작정하였음이라"(고전 2:2).

단언컨대 우리는 예수님을 중심에 두면서 무슬림과 접촉해야 한다. 그래야 복음의 진가를 드러낼 수 있고, 복음을 애국심이나 문명화와 혼동하지 않을 수 있다. 예수님은 우리의 모델이시다. 우리는 모든 말과 행동 가운데 그분의 생명을 구현한다.

3. 복음을 전할 때 진실하고 정중하라

우리는 무슬림과 그들의 신앙에 대해 이야기할 때 정확하기 위해 애쓴다. 예수님의 제자는 과장하거나 허풍을 떨거나 맥락을 무시한 채 말을 옮겨서는 안 된다. 예수님은 우리가 하는 말에 주의하라고 명령하셨다(마 12:36). 하나님은 이웃에 대해 거짓 증거하지 말고(출 20:16), 남에게 대접받고자 하는 대로 남을 대접하라고(마 7:12) 명령하셨다. 그러므로 우리는 무슬림들에게 진실하게 말하기 위해 애쓴다. 복음을 전할 때 분명하고 긍정적인 언어를 사용하기 위해 애쓴다.

우리는 할 수 있는 한 모든 사람과 평화롭게 지내기 위해 애쓴다. 그러나 아무리 은혜롭게 해도 진리를 말할 때 누군가의 마음이 상할 수 있음을 인정한다. 우리는 정중하고 부드럽게 말한다고 해서 논란거리를 모른 체하거나 침묵해야 하는 것이 아님을 인정한다. 우리는 사랑 안에서 진리를 말하도록 부르심을 받았다. 그와 동시에 우리는 오직 소수만이 지지하고 있는 폭력적 지침을 모든 무슬림들에게 투사하기를 거부한다. 무슬림과 관계를 맺을 때 우리가 가지고 있는 '무슬림'이라는 고정관념에 그들을 끼워 맞추기보다는 아주 특별한 개인으로 그들을 만나기로 선택한다. 뿐만 아니라 이웃 사랑(마 22:39)과 같은 성경의 명령보다 정치 권력과 방위에 대한 염려를 우선시하지 않기로 선택한다. 단언컨대 그리스도의 사랑의 복음을 선포하는 것은 우리 문화를 보호하는 것보다 중요하다.

4. 말과 증거에 지혜를 담으라

성경은 우리에게 믿음을 지혜롭게 나누라고 가르친다. "외부 사람들에게는 지혜롭게 대하고 기회를 선용하십시오"(골 4:5, 새번역). 지혜란 실제로 어떻게 드러나는가? 야고보는 지혜에 대해 다음과 같이 말한다. "오직 위로부터 난 지혜는 첫째 성결하고 다음에 화평하고 관용하고 양순하며 긍휼과 선한 열매가 가득하고 편견과 거짓이 없나니 화평하게 하는 자들은 화평으로 심어 의의 열매를 거두느니라"(약 3:17-18).

각종 기사와 서적과 논평을 대할 때 우리는 위로부터 난 지혜를 반영한 글과 세속적인 접근법을 취하는 글을 구별할 필요가 있다. 공정하고 진실한 내용은 받아들이되 명백한 사실을 어물쩍 넘기거나 이야기의 한 단면만 전달하는 글은 거부해야 한다.

5. 복음을 증거할 때 정중한 동시에 용감하라

평화의 왕의 영 안에서 정중한 증거란 복음을 긍정적으로 제시하는 데 초점을 맞춘다. 그러한 태도는 상대방을 공격하지도, 진리를 제시하길 회피하지도 않는다. 이는 베드로 사도의 말에서도 알 수 있다. "너희 마음에 그리스도를 주로 삼아 거룩하게 하고 너희 속에 있는 소망에 관한 이유를 묻는 자에게는 대답할 것을 항상 준비하되 온유와 두려움으로 하고"(벧전 3:15). 성경은 복음을 나눌 때 초기 신자들의 용기를 본받으라는 권면으로 가득하다(행 4:31; 9:27-28; 13:46; 14:3; 17:30-31; 19:8). 말씀에 순종하는 가운데 우리는 정중하고도 용기 있게 증거하기 위해 애쓴다.

6. '구글화'된 세상에서 신중하라

과거에는 한 종교 공동체의 지도자가 발언하면, 그 발언을 그 공동체 내에서만 들을 수 있었다. 그러나 오늘날은 사정이 다르다. 누군가 한 발언은 전 세계를 날아다닌다. 우리 자신이 누구인지, 무엇을 믿는지, 무엇을 하는지, 그 일을 하는 이유가 무엇인지 설명할 때, 이러한 발언은 눈앞의 청중을 넘어 전 세계 아이디어의 장으로 흘러간다. 평소 거리낌없이 말하는 지도자의 경우, 논란이 되는 발언을 한 후에 정확한 의미를 전달하기 위해 노력할 수는 있지만 이미 퍼져 나간 악영향을 주워 담을 수는 없다. 말의 힘은 강력하다. 그것이 말에 신중하고 또 신중해야 하는 이유다. "말을 아끼는 자는 지식이 있고"(잠 17:27).

7. 끈질기게 종교의 자유를 요구하라

우리는 모든 사람과 공동체에 종교의 자유를 요구할 권리가 있음을 주장한다. 우리는 무슬림이 그리스도인 가운데서, 그리스도인이 무슬림 가운데서 자기 신앙을 정중하게 표현할 권리를 옹호한다. 뿐만 아니라 무슬림이든 그리스도인이든 자기 양심에 따라 종교적 신앙과 관례, 소속 단체 등을 바꿀 권리가 있음을 주장한다(고후 4:2). 그러므로 우리는 무슬림이나 그리스도인 누구에게든 행하는 종교적 박해를 단호히 반대한다.

8. 대화할 때 평화를 추구하되 타협하지 말라

무슬림과 그리스도인이 나누는 대화는 무슬림을 이해하고 그들과 관계를 증진시키며 평화를 도모하고 우리의 신앙을 나누는 기회다. 우리는 바울이 사람들과 "변론"했듯이(디알레고마이, 행 17:2, 17) 정중하고도 용기 있게, 타협하지 않으면서 복음을 나누길 원한다. 대화를 통해 상호 존중하는 관계를 쌓고, 우리의 신앙을 친절하게 증거하며, 종교의 자유를 위해 노력한다. 궁극적으로 우리는 되도록 많은 사람들이 그리스도를 통해 하나님과 화해하는 모습을 보길 원한다.

9. 모든 사람을 사랑으로 대하라

예수님의 표현을 빌리자면(눅 10:29-37) 전 세계 무슬림은 우리의 이웃이다. 자기 백성을 향한 하나님의 명령은 영원히 유효하다. "네 이웃 사랑하기를 네 자신과 같이 사랑하라"(레 19:18; 눅 10:27b). 이웃을 사랑하라는 예수님의 명령을 진지하게 받아들이는 그리스도의 제자라면 (우리의 원수라고 자처하는 자들이 저지르는) 테러의 위협을 어떻게 상대해야 할까? 원수를 사랑하라는 예수님의 가르침(눅 6:35)은 성경에서 가장 급진적이면서도 외면당하는 명령이다. 우리는 책임을 회피하지 않길 바란다. 즉 예수님의 명령을 해석하는 방법을 찾으면서도 삶에는 적용하지 않는 일을 하지 않길 바란다. "책임 회피를 위한 해석", 즉 예수님의 명령이 우리 삶에 적용되지 않도록 해석하는 오류를 범하지 않길 바란다.

평화롭게 하는 자와 원수를 사랑하는 자를 성경은 "하나님의 자녀"로 묘사하고 있다(마 5:9, 45; 눅 6:35). 그들이 평강의 하나님(빌 4:9, 살전 5:23)이신 아버지처럼 행동하기 때문에 하나님의 자녀라고 부르는 것이다. 달리 말해, 평화롭게 하는 자와 원수를 사랑하는 자는 평화의 말과 행동을 통해 하나님의 자녀 됨을 내보인다. 예수님은 "우리가 원수 되었을 때에"(롬 5:10; 참조 골 1:21) 우리를 사랑하사 자기 생명을 내주심으로 이러한 본을 보이셨다. 자신을 내어 주는 희생적인 사랑으로 원수를 대할 때 우리는 복음을 드러낼 수 있다.

결론

우리는 화목케 하는 직분을 맡았다(고후 5:18-19). "모든 민족을 제자로 삼으라"는 명령은 철회되지 않았다. 자기 희생적인 사랑을 하고 평화를 도모하라는 명령 또한 그렇다. 전시(戰時)를 위한 복음과 평화의 때를 위한 복음이 따로 있지 않다. 그리스도 안에 나타난 하나님의 사랑의 메시지는 언제든 어디서든 누구에게든 적용할 수 있다. 여기 소개된 아홉 가지 성경적 지침을 통해 모든 그리스도의 제자가 그리스도께 여전히 신실하면서도 무슬림과의 관계에서 열매를 더욱 얻게 될 것을 믿는다. ❖

참고문헌

Peace Catalyst International, *Full of Grace and Truth: Toward Christ-like Relationships with Muslims*. peacecatalyst.org.

이슬람은 어떻게 시작되었는가?

윌리엄 밀러

편집자 주: 밀러 박사는 나의 멘토다. 나는 그가 지상에 있던 마지막 몇 년 동안 그에게 배웠고, 무슬림을 향한 그의 사랑을 엿볼 수 있는 축복을 누렸다. 그는 신실한 기도의 사람으로, 색인 카드에 자신이 만난 무슬림들의 이름을 적어 놓고 그들 한 사람 한 사람을 위해 수십 년 동안 계속 기도했다. 이슬람을 부당하게 비판하지 않고 그리스도의 은혜에 집중하며 그 은혜를 신뢰한 밀러 박사의 모습은 지금도 내게 감동적이다. 특히 95세가 넘은 나이로 히브리서 12장 1-3절을 암송하던 모습이 기억난다.

이러므로 우리에게 구름같이 둘러싼 허다한 증인들이 있으니 모든 무거운 것과 얽매이기 쉬운 죄를 벗어 버리고 인내로써 우리 앞에 당한 경주를 하며 믿음의 주요 또 온전하게 하시는 이인 예수를 바라보자 그는 그 앞에 있는 기쁨을 위하여 십자가를 참으사 부끄러움을 개의치 아니하시더니 하나님 보좌 우편에 앉으셨느니라 너희가 피곤하여 낙심하지 않기 위하여 죄인들이 이같이 자기에게 거역한 일을 참으신 이를 생각하라.

무슬림 친구와 친지들에게 그리스도를 전하고자 하는 그리스도인들, 무슬림을 제대로 알고 기도하기 원하는 사람들, 말과 행동으로 무슬림에게 그리스도를 알리고 있는 사람들은 무함마드가 누구이며 무엇을 가르쳤는지 분명히 알아야 한다. 이슬람 역사와 가르침에 대해 그리스도인 학자들이 쓴 탁월한 책이 많지만,

---

윌리엄 밀러는 1919년부터 1962년까지 장로교 선교사로 이란에서 사역했다. 1995년에 101세를 일기로 세상을 떠났으며 학생자원자운동의 마지막 선교사 중 한 명이다. 이 글은 William M. Miller, *A Christian's Response to Islam* (Phillipsburg, N.J.: presbyterian and Reformed, 1980), 13-40쪽에 나온 것으로, 허락을 받고 실었다. prpbooks.com.

일부 그리스도인들은 이슬람이라는 종교·정치적 제도가 어떻게 시작되었는지, 어떤 교리와 의식을 기반으로 제정되었는지를 막연하게 알고 있는 듯하다. 이 글에서는 초기 무슬림 역사가들이 아라비아 선지자에 대해 진술한, 대단히 흥미로운 이야기를 간략히 하고자 한다. "사랑 안에서 참된 것"(엡 4:15)을 말하도록 진지하게 노력하겠다. 하지만 무함마드의 생애에 대한 이야기를 역사적으로 흠잡을 데 없이 정확하게 말하기란 불가능하다. 구할 수 있는 자료들은 대체로 전승 형태로 되어 있으며, 그중 일부는 무함마드가 죽고 나서 한참 뒤에 작성되었기 때문이다. 가장 믿을 만한 자료는 꾸란이다. 다음 사실들은 대부분의 무슬림과 비무슬림이 함께 동의하는 내용이다.

무함마드 시대의 아라비아

주후 570년 무렵, 하나님의 섭리 가운데 아라비아 서부 메카에서 한 남자아기가 태어났다. 그 아기에게 무함마드(찬양받을 자)라는 이름이 주어졌다. 아이의 이름을 지은 사람들은 그가 앞으로 누구보다 세상에 큰 영향을 끼칠 것이며, 실제로 수십 세기 동안 무수한 사람들의 찬양을 받으리라는 것을 알지 못했다.

아라비아는 광대한 땅으로 그중 많은 부분이 사막이다. 사막 지역의 베두인 유목민들은 검은 장막에 살면서 양 떼와 가축 떼를 데리고 이동했다. 도시에서는 부유한 상인들이 무역을 하기도 했는데, 그중 가장 중심지는 메카였다. 대상들은 낙타에 상품을 싣고 메카를 통해 남쪽의 예멘과 북쪽의 시리아 사이를 다녔다. 메카는 중요한 상업 중심지이자 신전 도시였다. 예로부터 메카에는 카아바(정육면체)가 있었는데, 그것은 알라의 집으로 알려진 정육면체 건물이다. 이 거룩한 집이 홍수로 무너졌을 때, 아브라함(이브라힘)과 그의 아들 이스마엘(이스마일)이 그것을 재건축했다는 전승이 있다. 아랍어로 알라(Allah)는 하나님(The God)을 의미하며, 아랍인들은 알라를 최고의 신으로 인식했던 것 같다. 그들이 유대인을 통해 알라를 알게 되었는지, 그 지식을 조상 아브라함에게 물려받았는지는 분명하지 않다. 무함마드 아버지의 이름은 압둘라였는데, 이는 '알라의 종'이라는 의미다.

아랍인들은 알라를 최고로 인식하기는 했지만 유일신으로 생각하지 않았고, 알라에게 예배드리는 것도 중요하게 여기지 않았다. 그들은 수많은 신들을 예배했다. 무함마드가 어렸을 때 카아바는 여러 신과 여신의 신상으로 가득 차 있었다. 아랍인들은 해마다 무역을 하려고 메카에 왔을 때 관례적으로 카아바 순례 의식을 행했다. 신전 주위를 일곱 번 걸어서 돌고 벽에 끼워진 거룩한 흑석(알하자르 알아스와드)에 입을 맞추거나 그것을 만졌다. 그것은 종교적으로 대단한 의미를 지닌 운석이다. 아랍인들은 그다지 종교적인 사람들이 아니었지만 메카의 신전과 의식은 그들에게 귀중한 문화 유산이었다.

아라비아의 하니프, 유대인, 그리스도인

메카의 모든 사람이 자국의 상태에 만족한 것은 아니었다. 정치적 상황은 좋지 않았다. 여러 작은 부족들이 서로 전쟁을 하고 있었으며 연합하지 못해 페르시아, 비잔티움, 에티오피아 등 주위의 대제국들에게 정복당할 위험에 처해 있었다. 대중 종교는 하나님을 알고자 하는 소수의 개인들을 만족시키지 못했다. 하니프라는 소수의 지성인들이 이러한 정치적, 종교적 문제를 놓고 토론하고자 모였다.

아라비아에는 유일하고 참되신 하나님에 대해 말해 줄 사람이 아무도 없었는가? 아니다. 고대로부터 많은 유대인이 아라비아에 살고 있었으며 그중 일부는 메카에 있었다. 메카에서 북쪽으로 450킬로미터 정도 떨어진 메디나에는 회당과 성경이 있는 세 개의 큰 유대인 부족이 있었다. 그들은 물질적으로 번창했으며 낙타, 집, 땅을 소유했고 그 도시의 상업을 좌지우지했다. 그들의 교육과 생활 수준은 주위의 이교도 아랍인들보다 높았다. 유대인들이 우상을 숭배하지 않고 알라, 즉 보이지 않는 하나님을 예배한다는 것을 아랍인들은 잘 알았다. 하지만 유대인들이 자신의 성경에 있는 영적 보물을 이교도들에게 잘 알려 주었을 것 같지 않다.

아라비아에는 그리스도인들도 있었다. 북쪽에는 그리스도인이 된 아랍 부족이 서넛 있었다. 남쪽 네즈란에는 감독과 제사장, 시리아어 성경을 소유한 그리스도인들이 많이 있었다. 동방의 네스토리우스 교회는 전에 아라비아에 선교사들을 보냈는데, 아랍인을 회심시키려는 그들의 노력은 별다른 성공을 거두지 못하고 아랍인들 대부분이 여전히 이교도로 남았다. 아라비아에서 효과적인 선교 매체가 되는 사랑과 성결한 삶과 영적 능력이 그 그리스도인들에게 부족했던 것 같다.

무함마드의 젊은 시절

무함마드의 아버지 압둘라는 무함마드가 메카에서 태어나기 전에 죽었다. 어머니 아미나는 무함마드가 6세 때 죽었다. 고아가 된 소년은 할아버지에게 맡겨진다. 그러나 할아버지도 곧 죽고, 결국 삼촌 아부 탈립이 소년을 맡아 기르게 된다. 아부 탈립은 무함마드에게 친절했다. 무함마드의 가족은 꾸라이쉬라는 대단히 유력한 부족

차 한 잔

젊은 무슬림 여인 할리마가 당신을 지켜본다.
할리마는 당신의 삶에 흥미를 느낀다. '이 사람은 왜 고국을 떠나 우리나라에 왔을까? 왜 이곳에 오고 싶어 했을까? 왜 이 사람은 TV에 나오는 여자들과 같지 않을까?' 할리마는 당신과 사귀고 싶어 한다.
하지만 당신은 마음속으로 할리마가 혹시 자신을 이해하지 못하거나 받아들이지 않으면 어떡하나 걱정한다. 할리마는 당신이 말하길 기다린다. 당신은 이렇게 생각한다. '할리마에게 뭐라고 말할까?'
할리마에게 다가가자 놀랍게도 자연스레 말이 나온다. "안녕하세요? 우리 집에 와서 차 한 잔 하실래요?"
할리마가 집에 왔다 간 후, 당신은 미소를 지으면서 생각한다. '차 한 잔만 대접하면 되는 걸 그랬네.'
오늘날 뉴스에는 무슬림 여성들이 종종 등장한다. 보통은 극단적인 상황에 처한 사람들뿐이다. 탈레반 통치 아래에서 베일을 두르고 있는 아프간 여성들처럼 동정의 대상이거나 인도네시아, 방글라데시, 이집트의 강력한 정치 활동가들처럼 경탄의 대상이거나 둘 중 하나다. 우리는 베일을 쓴 여성들은 뭔가 신비롭다고 생각할지 모르지만 알면 알수록 그들이 우리와 비슷한 사람들임을 깨닫게 된다. 상처와 꿈, 하나님에 대한 경외, 가족에 대한 의무, 직업과 경력 등을 지닌 사람들 말이다. 많은 무슬림 여성들이 우리처럼 예수님을 아는 사람들의 말과 행동을 통해 예수님을 만났으며, 자신들을 향한 예수님의 사랑을 느꼈다. 그들은 그리스도 중심의 공동체에 꼭 필요한 사람들이 되었다.

출처_ frontiers.org.

참고문헌_ Geraldine Brooks, *Nine Parts of Desire: The Hidden World of Islamic Women* (New York: Anchor Books, 2004).

에 속했다. 그 부족은 카아바를 책임지고 있었다. 아부 탈립도 영향력이 있기는 했지만 가난했다. 한동안 무함마드는 사막에서 목동으로 일했다고 한다. 12세 때는 삼촌을 따라 시리아로 무역 여행을 갔다고 한다.

결혼

능력 있고 성품이 좋은 청년으로 성장한 그는 25세 때, 메카에서 카디자라는 부유한 미망인에게 고용되어 그녀의 대상을 이끌고 시리아로 갔다. 그가 이 사업을 크게 성공시켜 돌아오자 40세였던 카디자는 그에게 청혼했다. 무함마드는 동의했고, 카디자는 그에게 사랑과 재물, 메카 사회 내의 영향력 있는 지위를 선물했다.

무함마드와 카디자 사이에는 두 아들과 네 딸이 태어났으며, 무함마드는 25년 후 그녀가 죽을 때까지 다른 아내를 두지 않았다. 그들은 두 아들이 모두 유아일 때 죽는 큰 슬픔을 겪었다. 이 시기에 무함마드는 메카의 주요 인사들과 교분을 맺었으며 그곳의 종교적, 정치적 상황에 정통했다. 카디자에게는 그리스도인이 된 하니프 친척이 한 명 있었으며, 무함마드는 아마 그와 또 다른 하니프들과 아라비아의 문제들을 논의했을 것이다. 무함하드는 유대인과 그리스도인이 알라(하나님)를 예배하며 우상들을 섬기지 않는다는 것을 알았다. 그는 여전히 카아바에서 예배를 드렸지만, 그곳에 있는 형상들이 신이 아님을 깨닫게 되었을 것이다.

커지는 영향력

무함마드의 역사를 보면, 그는 진지하게 하나님을 추구하는 자였던 것 같다. 그는 이제 여행할 만한 시간과 돈이 있었다. 그는 성경이 하나님에 대해 무엇을 가르치고 있는지 학식 있는 그리스도인들에게 물어보기 위해 네즈란이나 시리나아 에티오피아로 가야겠다는 생각을 하지 못했을까? 무함마드는 성경이 유대인과 그리스도인의 수중에 있음을 알았지만 성경에 뭐라고 적혀 있는지 알려고 진지하게 노력한 적이 없는 듯하며, 그도 훗날에 그것이 사실임을 밝혔다.

성경 내용에 대해 그가 들었던 이야기는 성경의 정확한 정보를 제공할 의사가 없던가, 그럴 능력이 없던 사람에게서 나온 것이었음이 분명하다. 그 결과 무함마드는 생을 마칠 때까지 참된 복음이 무엇인지 전혀 알지 못했다. 교회의 여러 분파 간에 벌어진 심한 다툼을 보았기 때문에 그리스도인 선생들에게 가지 않은 것일까? 메카 출신의 아랍인이라는 인종적 자부심 때문에 겸손하게 소수 민족인 유대인이나 그리스도인에게 가르침을 받으려 하지 않은 것일까? 원인이 무엇이었든 그 때문에 무함마드는 하나님께로 가는 길을 놓쳤을 것이다. 하나님 아버지께로 가는 길인 그리스도를 제시해 줄 만한 사람으로부터 그는 아무 영적 도움도 받지 못했다.

알라의 선지자로 임명된 무함마드

무함마드와 하나님을 추구하는 다른 사람들은 이따금 메카에서 5킬로미터 떨어진 동굴에 가서 묵상하고 예배를 드렸다고 전해진다. 무함마드가 40세였던 610년 무렵 라마단이 있는 달 어느 날 밤, 무함마드는 가족들과 이 동굴에 있었다. 전승에 따르면 무함마드가 자고 있을 때 가브리엘 천사가 그에게 와서 "읽으라"고 명했다. 그 명령은 두 번 반복되었으며, 무함마드는 "무엇을 읽어야 하느냐"고 물었다. 천사는 대답했다. "만물을 창조하신 주님의 이름으로 읽으라 그분은 한 방울의 정액으로 인간을 창조하셨노라"(꾸란 96:1-2)고 대답했다. 무함마드는 잠에서 깨자 이 체험이 무슨 의미인지 큰 의문에 빠졌다. 그것은 점쟁이에게 영감을 주는 존재인 진(jinn)에게서 온 것인가, 아니면 알라에게서 온 것인가? 무함마드는 알라가 이스라엘 백성에게 보내신 선지자들에 대해 유대인들로부터 들은 적이 있었다. 하지만 아랍인들에게는 선지자를 보내신 적이 없었다. 이것은 그가 그의 백성의 선지자이자 사도가 되어야 한다는 알라의 메시지일까? 그는 신실한 아내에게 이 사실을 털어놓았다. 아내는 그를 위로하며 이는 실로 그를 선지자로 임명하는 것이 분명하다고 말했다. 하지만 몇 달 동안 더 이상의 계시가 임하지 않자 무함마드는 대단히 우울해 했고 자살까지 생각한 듯하다.

약 2년 후 다른 계시들이 다양한 형태로 무함마드에게 임하기 시작했다. 때론 천사 가브리엘이 보였고, 때론 오직 그에게만 어떤 목소리가 들렸으며, 때론 종소리가 들리며 천사의 음성이 전해지기도 했다. 때론 꿈에서 메시지가 임했으며, 때론 그의 생각 속에 임하기도 했다. 계시가 임했을 때 그는 온몸을 심하게 떨었고 얼굴에서 땀을 비 오듯 흘렸다. 그는 종종 땅에 엎드러졌으며 입에 거품을 물기도 했다. 메시지는 언제나 아랍어로 임했다. 무함마드는 자신이 받은 내용을 그대로 전했고, 그의 말을 들은 사람들이 그것을 기록했다. 무슬림들은 일반적으로 무함마드가 문맹이었다고 생각한다. 이 메시지들은 그가 죽은 후에 꾸란으로 만들어졌다. 꾸란은 암송이라는 의미다. 무함마드는 자신에게 임한 계시가 자신의 말이 아니라 하나님의 말씀이며, 자신은 그저 '암송자'일 뿐이라고 확신했다. 그래서 무슬림들은 꾸란이 무함마드의 책이 아니라 하나님의 책이라고 믿는다.

무함마드에게 임한 메시지

무함마드가 받은 메시지의 핵심은 유일하며 참되신 하나님, 곧 하늘과 땅과 그 안에 있는 모든 것을 창조한 알라 외에는 신이 없다는 것이다. 사람은 하나님의 종이다. 그리고 하나님께 복종하고 순종하는 것이 사람의 첫 번째 의무다. 하나님의 선하심과 자비는 사람들에게 필요한 모든 것을 공급해 주는 데서 찾아볼 수 있으며, 사람들은 이에 감사를 표해야 한다. 크고 무서운 심판날이 오고 있다. 그때에는 땅이 흔들리고, 하나님이 모든 죽은 자를 다시 살리사 심판하실 것이다. 하나님은 자신을 예배하고 선을 행한 사람들에게는 낙원의 쾌락이라는 상을 줄 것이고, 악을 행한 사람들은 지옥 불로 정죄할 것이다. 악 중에서 가장 나쁜 것은 다른 신들을 하나님과 연관시키는 것이다.

무함마드는 이 메시지를 어디서 얻었을까? 그는 그것이 하나님의 직접 계시로 임했다고 주장한다. 하지만 그는 아마 유대인들과 접촉하면서

무함마드는 누구인가?

무함마드가 자기 신념을 위해서라면 기꺼이 핍박받을 준비가 되었다는 것, 그를 믿고 지도자로 섬겼던 자들이 도덕적으로 훌륭했다는 것, 그가 매우 뛰어난 성취를 이루었다는 것 등은 그에 대한 평가를 근본적으로 다시 생각해 보게 한다. 무함마드를 사기꾼이라고 생각하면 문제를 해결하기는커녕 더 많은 문제를 일으키게 된다. 역사상 위대한 인물들 중 서구에서 제대로 평가받지 못한 사람은 무함마드일 것이다.

출처 W. Montgomery Watt, *Muhammad at Mecca* (Oxford: Oxford University Press, 1953), 52쪽.

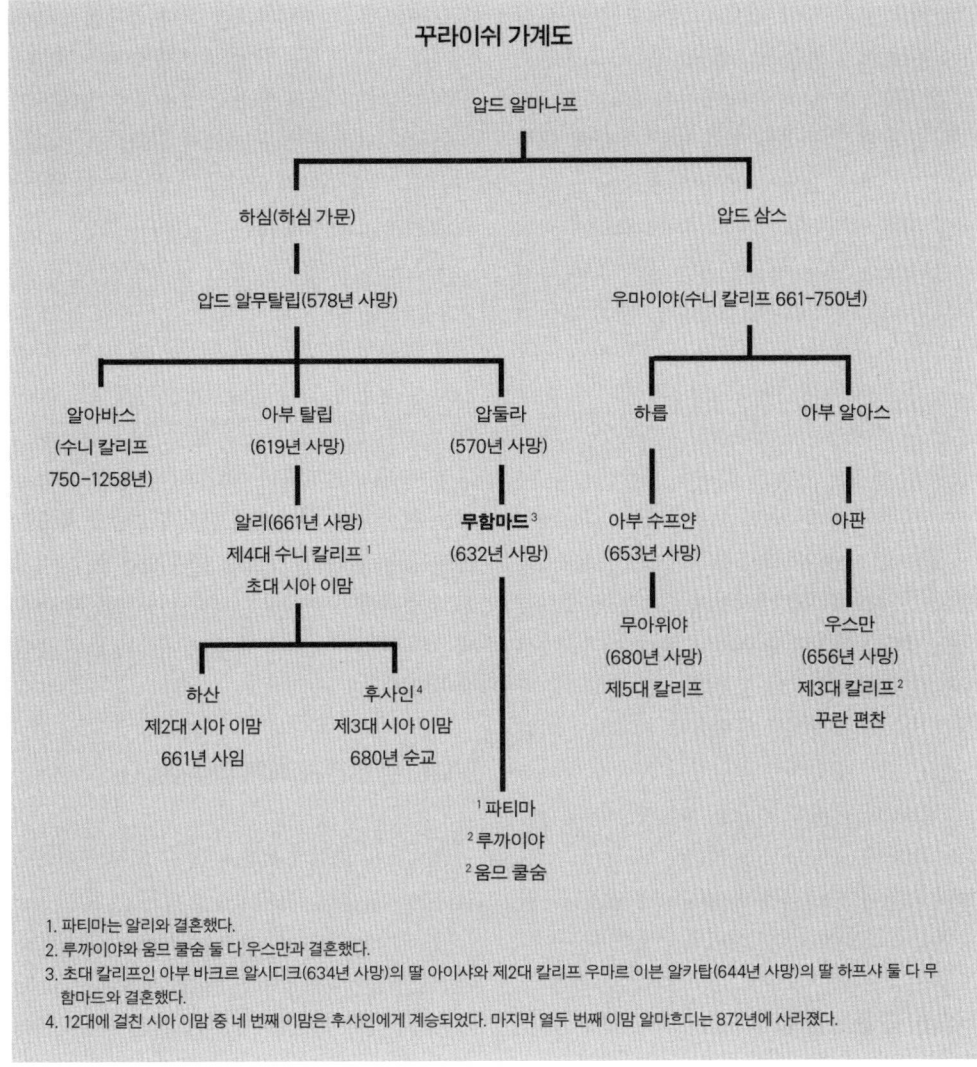

하나님이 한 분이시라는 진리에 깊은 인상을 받았을 것이다. 물질주의적인 아랍인들을 불쾌하게 만드는 교리, 곧 부활과 최후의 심판이 있으리라는 생각은 아마도 그리스도인 선교사의 설교를 듣고 알게 되었을 것이다. 이런 진리들이 그에게 어떤 식으로 임했든, 무함마드는 대단히 진지하게 그 교리들을 선포하면서 메카 사람들이 회개하고 유일하신 하나님을 믿도록 하기 위해 애썼다.

메카에서 무함마드가 설교한 결과

무함마드가 스스로를 하나님이 보내신 선지자라고 주장했을 때, 그 말을 즉시 믿은 사람이 몇 명 있었다. 아내 카디자와 나중에 사위가 된 어린 조카 알리, 양자 자이드다. 후에 아부 바크르로 알려진 한 존경받는 상인은 친척도 아닌데 무함마드에 대한 믿음을 고백했다. 그 밖에 비천한 신분 출신의 몇몇이 그 운동에 합류했다. 하지만 무함마드가 꼭 자기 편으로 만들고 싶어 했던 도시의 유력 인사들은 그를 무시하고 조롱했다. "일개 평범한 사람에 불과한 무함마드가 도대체 누구길래 그런 주장을 펼치는가? 부활에 대한 그의 메시지는 믿을 수 없다. 어떻게 죽은 뼈가 다시 생명을 얻는단 말인가?" 그들은 무함마드가 마술을 부리고 사기를 친다고 비난했다. 무함마드는 카아바의 신들은 신이 아니라고 말하면서 그들을 공격하기 시작했다. 그러자 메카 사람들은 점점 더 화가 나서 100명 정도밖에 되지 않는 그의 추종자들을 핍박하기 시작했다. 그러나 무함마드에게는 손댈 수 없었다. 삼촌인 아부 탈립이 항상 보호해 주었기 때문이다.

핍박이 너무 심해지자 무함마드는 추종자 80명을 기독교 국가인 에티오피아로 보냈다. 그들은 거기서 후한 대접을 받았고, 후에 메디나에서 무함마드와 다시 만났다. 무함마드는 아무리 극심한 반대에 부딪혀도 원수들을 신랄하게 비판했으며, 그들에게 하나님의 진노를 받을 것이라고 경고했다. 이윽고 새로운 회심자들이 생겨나기 시작했다. 무함마드는 이전의 선지자와 신자들이 고난의 때에 어떻게 용감하게 대처했는지 말하면서 그들에게 강건하라고 권면했다.

무슬림 공동체의 발달

이 기간에 무함마드는 아랍 사회처럼 혈연으로 결속하는 게 아니라, 알라와 그의 사도(무함마드)에 대한 믿음으로 결속하는 공동체를 건설하는 일에 몰두했다. 후에 그들의 신조(샤하다)가 된 기본 믿음은 "알라 외에는 신이 없다. 무함마드는 알라의 사도(선지자)다"이다. 알라와 그의 사도에 대한 믿음에 복종하는 사람들은 '무슬림'이라는 이름으로 알려졌다. 무슬림은 아랍어로 '복종하는 자'라는 뜻이다. 같은 아랍어 어원에서 나온 '이슬람'은 '복종'이라는 뜻이다. 이슬람은 처음부터 교회 국가, 정치적·사회적으로 표현되는 종교로 여겨졌다. 무함마드는 하나님 아래서 종교 문제와 사회 문제를 모두 통치하는 인물이었다. 그의 지위는 이스라엘 신정 정치에서 모세가 차지한 위치와 비슷했다. 메카의 꾸라이쉬는 그들의 국가 안에 하나의 국가가 탄생하고 있음을 인식했으며, 그 존재에 대해 대단히 분개했다.

무함마드는 사명을 받은 지 10년째 되는 해(620년)에 두 번의 큰 상실을 겪는다. 먼저 삼촌 아부 탈립이 죽었다. 아부 탈립은 친절했던 사람으로 무슬림이 되지는 않았지만 무함마드가 어릴 때부터 그를 돕고 보호했다. 또한 충실하고 유능한 아내 카디자도 죽었다. 몇 달 뒤 무함마드는 한 신자의 미망인과 결혼해 위안을 찾으려 했다. 친구 아부 바크르의 딸인 일곱 살 아이샤와도 결혼했다. 하지만 그녀가 너무 어렸기 때문에 3년 후에 데려와 살았다. 아이샤는 그의 총애를 받았다.

메디나로 히즈라 혹은 이주 (622년)

메카에서 더 이상 진전을 이룰 수 없자 무함마드는 자신에게 더욱 호의적인 곳으로 선교 사업을 옮길 수밖에 없었다. 그는 메카에서 북쪽으로 450킬로미터 정도 떨어진 야스립으로 가기로 했다. 그가 간 후 그곳은 메디나, 곧 선지자의 도시로 알려졌다. 야스립 사람들은 카아바를 지키는 사람들보다 마음이 더 열려 있었으며, 그 지역 주민의 절반 정도는 유대인이었다. 이교도 아랍인들은 유대인들의 우월한 문화와 재물을 부러워했으나 그들의 경제적 성공은 못마땅해 했다. 621년에 무함마드는 매년 있는 순례 여행을 위해 야스립에서 메카로 온 12명을 만나 이슬람으로 개종시켰다고 한다. 그들은 자기가 사는 도시에 돌아가 더 많은 사람들을 개종시켰다. 그 다음 해 순례 여행 때는 야스립에서 온 72명의 남자와 2명의 여자가 무함마드를 만나 충성을 맹세했으며 목숨을 바쳐 그를 지키겠다는 약속을

오늘날 무슬림 종족의 여덟 개의 유사권역

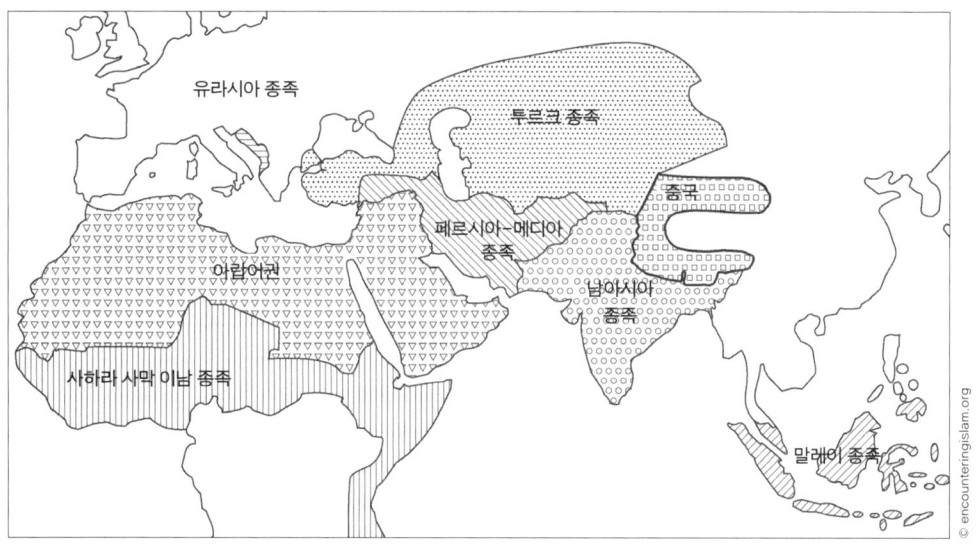

* 각 유사권역은 각 종족 집단에 대한 글에서 자세히 설명해 놓았다. 19-20쪽의 목록을 참조하라.

무슬림은 어디에 사는가?

무슬림은 아랍인이며 중동에 산다고 생각하는 사람이 많다. 그러나 무슬림은 훨씬 더 다양한 장소에서 산다. 오늘날 16억 이상의 무슬림이 전 세계에 살고 있으며 세계 인구의 23%를 차지한다. 아랍어는 북아프리카, 아라비아 반도, 중동 전역에 사는 2억 2천 3백만 이상의 무슬림, 혹은 무슬림 전체의 15% 미만이 모국어로 사용하는 언어다. 아랍어는 세계에서 다섯째로 널리 쓰이고 있다.

무슬림 인구가 가장 많은 4개국은 인도네시아(1억 8천 7백만 명), 파키스탄(1억 7천 7백만 명), 인도(1억 7천 2백 만 명), 방글라데시(1억 4천 6백만 명)다. 이란, 터키, 이집트, 나이지리아에도 각각 7천만에서 7천 4백만 명의 무슬림이 살고 있다. 무슬림이 다수를 차지하는 나라는 모두 49개국에 이른다. 또 다른 27개국에는 1백만 명 이상의 무슬림이 있다. 중국에는 2천 5백만 명이 있으며, 러시아에는 1천 4백만 명이 있다. 대부분의 무슬림은 아시아와 태평양(9억 8천 6백만 명)과 아랍 세계(3억 1천 7백만 명), 아프리카(2억 4천 8백만 명)에 살지만 프랑스, 독일, 영국, 미국 등에 사는 무슬림 수도 점차 늘어나고 있다. 유럽에는 4천 3백만 명, 북미에는 350만 명의 무슬림이 있다. 세계의 무슬림 인구는 주로 높은 출산율을 통해 매년 1.9%씩 증가하고 있다.

2,100개의 무슬림 인종-언어 집단에는 현지 문화에 맞는 교회개척운동(스스로 증식하고 유지되는)이 없다. 세계 선교사의 약 10%가 무슬림을 대상으로 선교한다. 많은 무슬림이 음식과 깨끗한 물의 부족, 문맹과 불충분한 교육, 부족한 건강관리, 빈곤, 자연 재해, 기본 인권의 부재 등으로 고통받고 있다. 그들의 복지에 따뜻한 관심을 가지고 복음을 전하며 그들을 도와야 한다.

출처_ *operationworld.org; ethnologue.com; pewforum.org; imb.org; thefutureoftheglobalchurch.org.*

했다. 무함마드 역시 그들을 위해 싸우겠다고 약속했다. 이러한 충성을 통해 무함마드가 세우고자 했던 사회가 어떤 것인지 보게 된다.

야스립으로 떠날 때가 가까워오면서 무함마드는 환상을 하나 보았다. 고향 사람들을 자기 편으로 만들려고 13년 동안이나 애썼으나 실패한 그였기에 그 환상을 곰곰이 생각해 볼 때 기운이 났을 것이다. 환상에서 그는 자신이 메카에서 예루살렘으로 옮겨지는 것을 보았다. 무함마드와 추종자들은 유대인들처럼 예루살렘을 향해 예배를 드렸다. 그는 다시 예루살렘에서 하늘로 옮겨졌는데, 거기서 과거의 사도 및 선지자

그리스도인들은 성경 번역에서 '알라'라는 말을 사용해야 하는가?

'하나님'을 '알라'로 번역하는 문제는 비아랍권 국가들에서 열띤 논란의 주제다. 그곳의 수많은 진지한 그리스도인은 알라가 거짓 신이라고 확신한다. 하지만 기이하게도 이는 아랍 그리스도인에게 전혀 논란거리가 되지 않는다. 그들은 가장 최초로 알려진 8세기 아랍어 성경 번역에서부터 오늘날에 이르기까지, 엘로힘과 데오스(성경 히브리어와 그리스어에서 하나님을 나타내는 주된 용어)를 계속해서 '알라'로 번역해 왔다.

대부분의 학자들은 '알라'가 성경에 나오는 아람어 '엘라'를 아랍어화했다는 데 동의한다. 이 말은 히브리어 엘로힘의 단수형인 엘로아에 해당되는 말로서, 엘로힘은 구약 전체에서 하나님을 나타내는 포괄적인 말이다. 영어와 마찬가지로, 성경은 '지극히 높으신 하나님'과 '거짓 신들'을 나타내는 말로 엘라와 엘로힘을 둘 다 사용한다. 영어에서는 이 둘을 구분하기 위해 대문자 'G' 혹은 소문자 'g'를 사용한다. 그에 반해 무슬림은 거짓 신을 칭할 때는 '알라'라는 말을 절대 사용하지 않으며, 오직 유일하며 참되신 하나님, 아브라함과 이삭과 야곱의 하나님을 칭할 때만 사용한다.

무슬림 저자들은 9세기부터 기독교의 성경을 인용할 때 '알라'라는 말을 사용해 왔다. 유대인 학자들 역시 가장 이른 시기로 알려진 9세기의 토라(Torah) 아랍어 번역에서부터 현재에 이르기까지 엘로힘과 엘라를 '알라'로 번역해 왔다. 그래서 성경과 꾸란의 내용이 하나님의 인격을 명백하게 서로 다르게 이해하고 있음에도, 아랍어를 사용하는 유대인, 그리스도인, 무슬림은 지난 14세기 동안 하나님을 '알라'라고 불러 왔다.

그런데도 많은 진지한 선교사들은 성경적이 되려고 애쓰면서 그들이 '이슬람적'이라고 간주하는 무슬림의 모든 용어와 문화와 종교 형식을 거부하는 경향이 있다. 심지어 성경적 유대교와 기독교에서 기원한 요소까지 거부한다. 하나님을 어떤 용어로 부를 것인지에 대한 문제는 아랍어를 사용하지 않는 나라의 무슬림과 일할 때 상당히 문제가 된다. 그런 나라들에서 그리스도인들은 하나님을 나타낼 때 다른 용어를 사용한다. 수많은 아랍 및 비아랍권의 그리스도인(예를 들어, 인도네시아에 있는 3천만의 자바족과 순다족 그리스도인)은 하나님을 '알라'로 경배하지만, 또 다른 비아랍권 그리스도인은 그리스도의 몸인 교회가 '알라'라는 말을 사용한 역사와 그 말의 광범위한 용례를 알지 못할 경우 하나님께 '알라'라는 말을 사용하는 것에 강한 반감을 갖는다. 어떤 용어든 그 언어나 광범위한 용례적 배경을 모르면 오해하기가 매우 쉽다.

마찬가지로 그리스도인들은 하나님을 말할 때 사용하는 많은 비아랍어 용어들의 미심쩍은 역사를 그럴싸하게 얼버무리고 지나가기도 쉽다. 영어의 '하나님'(God)이라는 말은 이교도들의 게르만어 '고트'(Gott)에서 나온 것으로, 튜턴족 신의 우두머리인 오딘(Odin)을 나타내는 말로 사용되었다. 오딘은 세계수(world tree) 꼭대기에 사는 신으로, 금발에 푸른 눈을 한 사랑과 다산과 미의 여신인 아내 프레야와 함께 최초의 인간들을 창조했다. 그렇다면 영어 사용자들은 지극히 높으신 분을 더 이상 '하나님'이라고 불러서는 안 되는 걸까? '하나님'(God)이라는 말은 이교적 기원을 가지고 있으며 현재 거짓 신들과 지극히 높으신 분 둘 다에게 사용되고 있음에도, 대문자로 썼을 경우 영어 사용자들은 일반적으로 그 말을

들과 이야기를 나누었으며 그들은 그를 인정하고 존중해 주었다. 몇 가지 전승을 보면, 이 밤하늘의 여행(라일랏 알미라즈)에서 하늘로 육체가 올라갔다고 나온다. 하지만 다른 전승을 보면, 그의 아내 아이샤는 무함마드가 그의 침대를 떠나지 않았다고 전한다. 메카에서 비교적 실패를 거듭한 이 기간에 무함마드가 용기와 믿음을 가지고 있었던 것, 그리고 최종 승리를 확신했던 것은 칭찬할 만하다. 예수 그리스도를 섬기는 일에서도 그렇게 인내했더라면 하는 아쉬움이 있지만 말이다.

무함마드는 메카 사람들에게 주는 마지막 메

성경의 하나님으로 이해한다. 따라서 영어권 그리스도인들은 충분히 그 말을 받아들일 수 있다.

그에 반해 '알라'라는 말은 성경적 히브리어 및 아람어와 같은 셈어 어원을 가지고 있는데, 현재는 거짓 신들에 대해서는 사용하지 않으며, 모든 아랍 그리스도인과 무슬림은 그 말을 성경의 하나님으로 분명하게 이해한다. 그러므로 '알라'는 아랍어를 사용하는 그리스도인과 무슬림이 충분히 받아들일 수 있는 용어다.

'알라'라는 말의 사용은 아랍권 그리스도인들에게는 아무 문제가 되지 않는다. 그러나 비아랍어권의 많은 그리스도인은 이슬람 가르침에서 규정한 의미와 그 용어를 분리하는 데 어려움을 겪는다. 우리가 새로운 용어를 사용하지 않는다면, 무슬림들은 성경에 나오는 하나님의 본질을 오해할지도 모른다. 이에 대해 비아랍어권 나라의 무슬림에게 '알라'라는 말의 사용을 옹호하는 그리스도인들은, 하나님을 나타내는 외국어를 도입하면 의사소통상 엄청난 장애가 생겨날 것이라고 반대한다. 심지어 진정한 토착 교회 설립 운동이 일어나지 않을 것이라고 장담한다. 그들은 그렇게 쉽게 교체할 수 있는 용어들을 버릴 것이 아니라 그것에 성경적 의미를 새롭게 부여해야 한다고 주장한다. 무슬림이 '알라'라는 말을 성경에 근거해서 이해할수록 하나님에 대해 더 성경적인 신학을 갖게 될 것이다.

익숙한 단어를 구제불능이라고 내던져 버리기보다는 그 단어에 새로운 의미를 부여하는 일이야말로 교회가 처음부터 지혜롭게 해온 일이다. 예를 들어, 로고스(말씀)는 이교인 스토아 학파 사람들이 '세상의 신성한 영혼'을 나타내는 말로 오랫동안 사용해 온 말이었다. 엘로힘 및 엘라와 마찬가지로 그리스어 '데오스'도 비유대인들이 사용할 때는 1세기의 특정한 신이 아니라, 제우스를 신들과 인간들의 조상으로 보는 다신론적 신들 전체를 의미했다(성경이 입증하듯이, 행 14:11-12). 그런데도 신약 기자들은 신약에 1,343번 나오고, 1,320번에 걸쳐 '하나님'으로 번역된 로고스(요 1:1, 14), 혹은 데오스라는 말의 사용을 피하지 않았다.

그러므로 무슬림 독자들이 성경을 복된 소식으로 받아들이도록 하는 것이 번역자의 목표라면, 언어학적 곤경을 해결하기 위해 '알라'라는 말을 피하는 것만이 능사가 아님을 알아야 한다. 일부 비아랍어권 그리스도인들이 아무리 격렬하게 반대해도 '알라'라는 말은 1천 년이 넘도록 수많은 아랍과 비아랍 그리스도인을 위한 성경을 번역할 때 온전히 받아들일 수 있는 용어였으며, 오늘날 무슬림 독자들에게도 그러하다.

저자_ 조슈아 매세이는 중동에 거주하는 문화 인류학자로서, '예수를 따르는 무슬림'을 돕기 위한 토착 매체 개발을 주관하며 하나님나라를 선포하고 제자 삼는 일에 힘쓰고 있다.

출처_ Joshua Massey, "Should Christians Use Allah in Bible Translation?" in *Serving in Mission Together*(104), 15쪽. sim.org의 허락을 받고 사용했다.

시지에서 그들의 불신을 엄중히 비난했고, 그들이 이생에서나 내세에서나 끔찍한 벌을 받게 될 것이라고 말했다. 그러고는 적은 무리를 이루어 야스립으로 가라고 추종자들에게 명했다. 그것은 낙타를 타고 가도 몇 주나 걸리는 여행이었다. 자신이 떠나지 못하게 꾸라이쉬 부족이 막으려 한다는 것을 알게 된 무함마드와 아부 바크르는 메카에서 도망쳐 나와 사나흘 정도 동굴에 숨어 있다가 안전한 길을 통해 야스립으로 갔다. 아랍어로 '히즈라'라고 하는 이 일은 622년 여름에 일어났다. 무슬림들은 그때를 그들 역사의 원년으로 정했다. 선지자와 그의 추종자들이 메디나에 공동체를 세웠을 때, 진정으로 이슬람이 시작되었다고 여기기 때문이다. 오늘날 무슬림 국가들은 문서, 편지, 신문 등에서 히즈라를 기점으로 날짜를 계산한다(헤지라 기원[anno Hegirae, A.H.] - 무슬림 음력의 시작 날짜).

유대 기독교 전통과의 단절

메카에 있는 동안 무함마드는 자신이 선지자임을 증명하기 위해 기적을 행했다고 주장한 적이 한 번도 없다. 하지만 하나님이 그를 보내셨음을 사람들에게 확신시키기 위해 어떤 표적을 보여줄 수 있느냐고 물으면, 자신의 기적은 꾸란이라고 대답했다(꾸란 각 장의 구절들을 아랍어로 '아야', 즉 표적이라고 부른다). 어느 누구도 그런 것을 만들어 낼 수 없기 때문이다. 무함마드는 유대인과 그리스도인의 성경이 진실하다고 생각했다. 하지만 그들이 성경을 잘못 해석했으며 종교를 타락시켰다고 생각했다. 그는 하나님을 다시 참되게 예배하라고 명하고자 하나님이 자신을 보내셨다고 주장했다. 그것이 바로 아브라함의 종교다. 그는 예배를 인도하면서 유대인들처럼 예루살렘을 향해 예배를 드렸으며 그들의 충성과 지원을 받으려 애썼다. 무함마드는 자신이 신적 존재라는 주장을 한 번도 펴지 않았으며, 사람들에게 "나도 당신과 같은 사람"이라고 말했다. 그는 자신이 다른 사람들과 마찬가지로 죄를 고백하고 하나님께 용서를 구해야 한다는 것을 알았다.

무함마드가 낙타를 타고 야스립으로 들어갈 때 여러 부족의 많은 사람들이 나와 자기 동네에서 묵으라고 강권했다. 그는 그들의 권유를 거절해 마음을 상하게 하고 싶지 않았기 때문에 낙타에게 대신 선택하도록 했다. 등에 탄 사람이 내릴 수 있도록 낙타가 자진해서 무릎을 굽히고 앉을 경우, 무함마드는 거기에 거처를 정하고 예배를 드릴 최초의 사원을 세웠다. 그는 금요일에 첫 설교를 했다고 한다. 그 결과 이슬람에서는 금요일이 회중 집회 날이 되었다. 그는 아들 자이드를 메카로 보내 무함마드 가족들을 새로운 집으로 데려오게 했다. 메디나의 정치 상황은 혼란스러웠다. 여러 부족들 간에 평화를 유지할 중심 세력이 없었기 때문이다. 점점 더 많은 사람들이 무함마드에게 복종하고 무슬림이 되면서 그는 그 도시의 종교 통치자를 넘어 사회 통치자가 되었다. 그는 지혜롭게 다스렸고, 새로 세운 수도에 법과 질서를 정착시킨 것 같다.

무함마드는 처음에 메디나의 유대인들이 그의 주장을 입증하고 지지해 줄 것이라고 기대했다. 아마 이 무렵 그에게 계시가 임했던 것 같다. 그 내용은 그를 믿지 않는 사람들에게 회유적인 태도를 취하고, 이슬람을 강요하지 말라는 것이다. "종교에는 강요가 없나니"(꾸란 2:256). 후에 이 구절은 폐기되었다. 비록 일부 유대인들은 무함마드에게 그가 온 것이 자기들 성경에 예언되어 있다고 확인해 주었으나(그는 바로 그런 확인을 받고 싶어 했다) 대부분의 유대인들은 냉담했다. 유대인들은 무함마드가 그들의 메시아가 아님을 알았다. 메시아는 다윗(다우드) 가문에서 나와야 했기 때문이다. 그런 태도를 탐지한 무함마드는 그들을 위선자라고 불렀다.

그러자 그들은 성경에 무함마드가 예언되어 있지 않다고 솔직하게 말했으며, 무함마드는 그들이 신성한 책을 잘못 해석했다고 비난했다. 그들이 성경 본문을 바꾸었다고 비난한 것이 아니라 자기에 대한 언급을 빼 놓았다고 비난한 것이다.

독자적인 종교-정치 체계

무함마드는 히즈라 제2년에 유대인들과 완전히 단절했다. 처음에는 유대인의 거룩한 속죄일을 지켰으나 이제는 속죄일 대신 라마단 금식월을 제정했다. 또한 아브라함이 자기 아들(그는 그를 이스마엘이라고 생각했다) 대신 양을 제물로 바친 것을 기념해 희생제(이드 알아드하)를 제정했다. 이제까지 그와 그의 추종자들은 북쪽 예루살렘을 향해 예배를 드렸으나 기도 방향을 메카로 바꾸라는 계시가 그에게 임했다. 어느 날 그가 사원의 신자들 앞에서 예루살렘을 향해 서서 기도를 인도하다가 갑자기 남쪽으로 방향을 바꾸더니 메카를 향해 예배를 마쳤다고 한다. 유대인들의 지지를 얻지 못하자 그는 이런 식으로 꾸라이쉬의 호의를 얻으려 했다. 무함마드는 카아바가 아브라함이 봉헌한 곳이자 원래 하나님을 예배하던 중심지였다는 말로 이러한 급격한 변화가 정당하다고 주장했다.

예배 드리는 방향을 바꾼 행동은 대단히 중대한 의미를 지닌다. 그것은 유대 기독교 전통을 버리고, (성경의 전통과 관련되기는 했으나) 여러 본질적인 면에서 그 가르침과 충돌하는 새로운 길을 시작했음을 나타내기 때문이다. 이슬람은 이제 독자적인 종교-정치 체계를 확립했다.

무력 사용을 결정함

메디나에서 이듬해를 보내는 동안 메카에서 이주해 온 사람들의 삶은 대단히 곤궁했다. 돈은 다 떨어졌고, 메디나 신자들의 손님 대접도 이제는 억지로 이어지는 형편이었을 것이다. 공동체가 계속 존재하려면 뭔가를 해야 했다. 알라는 어떤 해결책을 제공해 주었는가? 무함마드에게 이러한 계시가 임했다. "예언자여 불신자들과 위선자들에게 성전(聖戰)하며 그들에게 대항하라 지옥이 그들의 안식처이며 종말이 저주스러우리라"(꾸란 9:73). 그래서 무함마드는 일반적으로 베두인 족장들이 재정의 어려움에 처할 때 하는 행동을 취했다. 신의 승인을 얻어 메카에 있는 원수들의 대상을 습격하기 시작한 것이다. 그는 지난 13년 동안 평화로운 방법으로 그들을 굴복시키려고 애썼으나 실패하고 이제 무력을 사용하기로 했다. 대상을 포획해 그들에게 피해를 입히는 한편 자기에게는 도움이 되는 길을 택한 것이다.

그에 따라 무함마드는 전쟁을 하지 않는 것이 관례였던 성스러운 달에 메카의 대상을 포획하기 위해 군대를 파견했다. 그들은 성공을 거두고 전리품을 나누었다. 무함마드에게 계시가 임했다는 이유만으로 성스러운 달을 범한 일이 정당화되었다.

승리에 고무된 무함마드는 상품을 싣고 시리아에서 돌아오는 대규모의 대상을 포획하려는 계획을 세웠다. 그는 직접 350명의 무장 병력을 이끌고 나가 바드르라는 곳에서 대상을 호위하던 1천 명의 메카군을 물리쳤다. 메카군은 49명이 죽었고, 무함마드는 추종자 14명을 잃었다고 한다. 전리품은 전사들끼리 나누었으며 그중 5분의 1은 궁핍한 사람들을 돕기 위해 무함마드가 가졌다. 이것은 전리품을 분배하는 선례가 되었다.

바드르(바드르 전투)의 승리는 이슬람에게 대단히 중요했다. 이를 통해 무함마드는 하나님이 자기와 함께하신다고 확신하게 되었다. 또한 추종자들은 자신들이 승자의 편이며, 앞으로도 많은 승리를 거두어 이익을 누리게 될 것을 확신하게 되었다. 그것은 꾸라이쉬에게 경종을 울렸다. 그들은 결국 자신들이 무함마드에게 패하고 말 것이라고 두려워하기 시작했다. 그로 인해 많은 이교도 아랍인들이 메디나로 와서 무함마드를 통치자로 받들게 되었다. 이슬람 개종자를 얻는 데 무력이 (말로 하는 설득보다) 가장 효과적임을 보여 준 셈이다.

메디나 유대인들을 공격함

유대인들은 무함마드가 바드르에서 승리를 거두자 기분이 좋지 않았으며, 몇몇 메디나 사람들이 전투에서 자기 동족을 죽인 사람에게 복종하는 것을 조롱하는 노래를 지어 불렀다. 무슬림 역사가들은 이 일로 여자 한 명을 포함해 적어도 네 명의 유대인이 무함마드의 열성 추종자들에게 암살을 당했다고 말한다. 무함마드는 암살자들이 한 일을 꾸짖지 않았다.

무함마드는 유대인들이 자신의 적임을 깨닫고 그들을 제거하기로 했다. 무함마드는 바누 까이누까 부족이 협정을 어겼다고 비난하고, 그들에게 이슬람을 받아들이라고 통지했다. 그들이 거부하자 보름 동안 그들을 포위 공격해 진압하고 집에서 쫓아냈으며 재산을 몰수했다.

그런 직후 1천 명의 군대가 무함마드를 처부수기 위해 메카에서 파병되었다. 그들은 메디나 부근의 우후드에서 무슬림 군대를 만났으며 그들에게 패배를 안겨 주었다. 이때 무함마드도 부상을 당했다. 하지만 무슨 이유에서인지 메카 사람들은 승리의 여세를 몰아 계속 진군하지 않고 집으로 돌아갔다. 이 패배는 무함마드에게 수치를 안겨 주었다. 그러나 그는 명령에 불순종한 무슬림 군사들이 잘못한 것이며, 이 패배는 그들의 믿음을 시험하기 위해 하나님이 허락하신 것이라는 계시를 받고 위안을 얻었다. 최종 승리가 약속되었으며, 무함마드는 고난당하고 사망자가 생기는 슬픔 가운데서도 참고 견디라며 추종자들을 격려했다.

무함마드는 적대적인 여러 부족과 싸워 그들을 물리친 다음, 또 다른 유대 민족인 바누 나디르를 공격했다. 그 부족은 무함마드의 일부 적들에게 우호적이었다. 무함마드는 그들에게 전 재산을 두고 떠나라고 명령했다. 그들이 거절하자 무슬림 병력을 보내 그들의 대추야자나무를 베어 버리고 재산을 망쳐 놓았다. 그들이 더 이상 저항하지 못하는 것을 본 후에야 낙타 등에 실을 수 있을 정도만 가지고 떠나게 했다. 그들의 무기와 농작물은 무슬림들이 나눠 가졌다.

얼마 후에 무함마드는 바누 꾸라이자라는 다른 유대 부족을 공격했다. 이 부족은 무함마드에게 우호적인 태도를 취했지만 최근 전투에 한 번도 참여하지 않았다는 것이 공격의 이유였다. 전승에 따르면 가브리엘이 무함마드에게 와서 "일어나 그 책을 가지고 있는 우상 숭배자들, 곧 바누 꾸라이자"를 치라고 명령했다고 한다. 식량이 떨어지고 더 이상 저항할 수 없게 되자 그들은 바누 나디르처럼 자기들도 다른 곳으로 이주하게 해달라고 청했다. 무함마드는 그 요청을 거부하고 무조건 항복하라고 명했다. 그들은 어쩔 수 없이 그렇게 해야 했다. 여자와 어린아이들은 노예로 팔리고, 재산은 무슬림 군사들이 나눠 가졌으며, 800명의 남자들은 메디나로 끌려가 모두 죽임을 당했다. 이렇게 메디나와 그 부근의 유대인들은 제거되었다.

무함마드의 아내들

무함마드는 카디자가 죽은 후에 다른 아내를 몇 명 더 두었다. 여섯 번째 아내와 결혼한 후 그는 양자 자이드의 아내인 아름다운 자이납과 결혼하고 싶어졌다. 아랍 관습에 따르면, 양자가 아내와 이혼했어도 그의 아내와 결혼하는 것은 불법이었다. 하지만 자이납을 취해도 좋다는 하나님의 계시가 무함마드에게 임했다. 그래서 자이드와 자이납은 이혼했고, 그녀는 무함마드의 일곱 번째 아내가 되었다. 무슬림 역사가들에 따르면, 무함마드는 죽을 당시 아홉 명에서 열한 명 정도의 아내와 예닐곱 명의 첩을 두었다고 한다. 그중 한 명인 마리아는 이집트 통치자가 무함마드에게 준 콥트족 그리스도인 노예였다. 아내들은 방을 하나씩 가지고 있었으며 무함마드는 번갈아가며 그들의 방에서 잤다. 당연히 선지자 무함마드의 집안은 언제나 평화롭지만은 않았다.

메카와의 마지막 전투

히즈라 제5년, 꾸라이쉬 부족은 무함마드와 그의 메디나 통치를 무너뜨리고자 마지막으로 결사 항쟁을 했다(트렌치 전투). 꾸라이쉬 부족은 병사 1만 명을 데리고 메디나에 접근했다. 무슬림들은 성 주위를 둘러 참호를 파서 방어했다. 꾸라이쉬 부족은 그 참호를 돌파해 성을 점령할 수 없었다. 그들은 식량이 다 떨어지자 메카로 돌아갔으며 다시는 무함마드와 싸우려 하지 않았다.

하지만 무함마드는 메카를 진압하기로 했다. 그곳은 무함마드가 가장 소유하고 싶어 하는 곳이었다. 무함마드는 다시 한번 알라의 집으로 순례 여행을 떠나길 간절히 바랐고, 628년에 무슬림 순례자들과 함께 메카를 향해 갔다. 하지만 꾸라이쉬 부족은 그들이 성에 들어오는 것을 거절했다. 무함마드는 꾸라이쉬 부족과 협상한 끝에 앞으로 10년 동안 전쟁을 하지 않기로 동의했다. 무함마드와 그의 추종자들은 다음 해에 무장하지 않고 메카에 들어갈 수 있는 협정을 맺었다. 추종자들은 자신들이 패배했다고 생각했으나 무함마드는 그것이 큰 승리임을 확신시켰다. 진리의 종교인 이슬람이 "모든 다른 종교 위에 있도록"(꾸란 48:28) 하는 계시가 임했다. 이제 유대교와 기독교의 지위를 이슬람이 대신하게 된 것이다.

반역을 일으키는 다른 부족들과 싸워 여러 번 승리를 거둔 후, 무함마드와 2천 명의 추종자

라시드 이야기

라시드는 자기 손에 있는 책이 모국어의 고대 문자 티피나그(Tifinagh)로 쓰인 것을 깨닫자 얼굴이 밝아진다. 그 글을 읽을 수는 없지만 베르베르족인 그에게 그 상징들은 귀중한 것이다.
"이게 제게 얼마나 의미 있는 건지 모르실 거예요!" 이렇게 외친 그는 몇 분간 글자들을 유심히 보더니 들고 있던 불가사의한 작은 책의 나머지 부분을 들여다본다. 그러고는 그가 좀 더 쉽게 읽을 수 있는 아랍어로 된 또 한 권의 책을 집어 든다. 다시 한 번 그는 감격한다. 그 책은 요한복음이었다. "인질(Injil)이군요! 인질을 읽고 싶다는 생각을 늘 했어요. 꾸란에서 인질에 대해 이야기하고 있거든요. 제게 정말 귀한 선물을 주셨군요."
라시드는 북부 모로코 출신의 베르베르족이다. 그는 몇 년 전 은퇴한 후 이슬람 연구에 몰두했다. 그는 기도할 때를 빼고는 거의 집을 떠나지 않고 조용하게 살고 있으며, 종교 서적을 읽으면서 시간을 보낸다. 리피 베르베르족 중에는 그와 같이 사는 사람들이 많다. 그들은 직장에서 은퇴하고 자녀들이 장성하고 나면 영적인 것에 대해 더 생각하기 시작한다. 어떤 사람들은 그저 점잖게 행동하려 애쓰고, 어떤 사람들은 젊은 날 지었던 죄를 벌충하고 싶어 한다. 하지만 많은 사람들은 라시드처럼 영적 진리를 찾고 싶어 한다. 그들이 찾는 것을 구하길 기원한다.

출처_ Marti Wade, *pioneers.org*.

6세기 아라비아 반도와 주변 지역

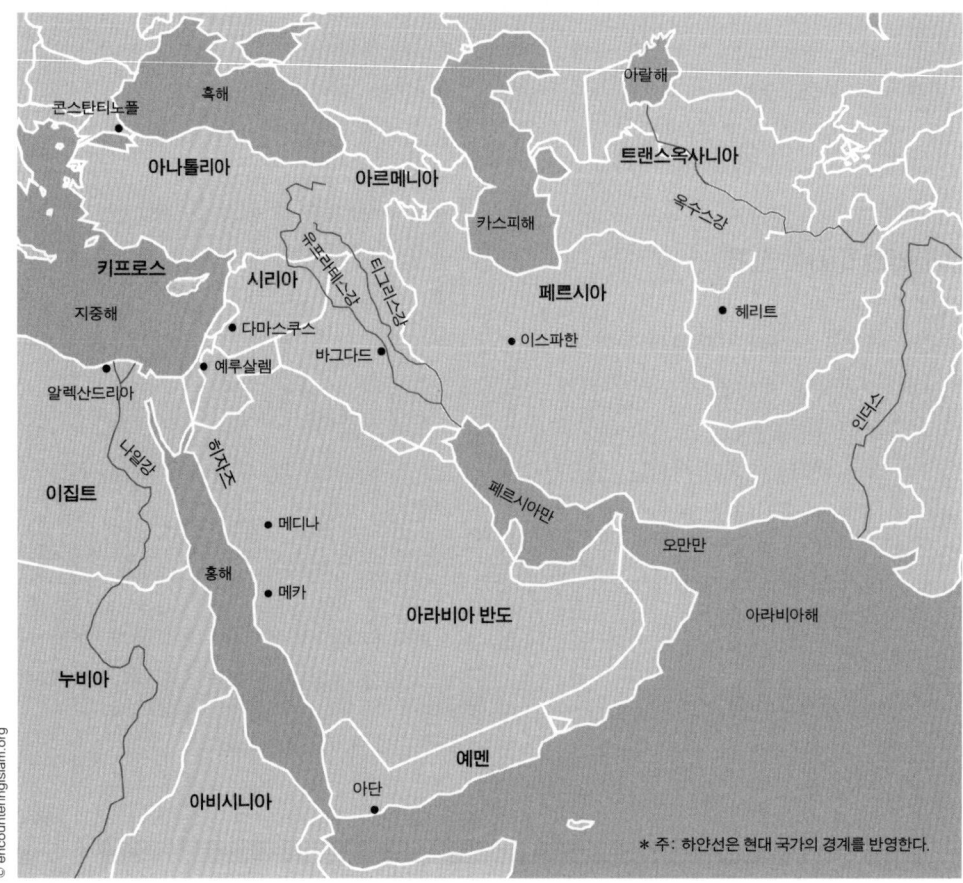

* 주: 하얀선은 현대 국가의 경계를 반영한다.

들은 협정으로 얻은 접근권을 이용해 메카로 소순례(Lesser Hajj)를 떠났다(629년). 꾸라이쉬 부족은 무함마드 군대가 다가오자 도시를 비워 두고 떠나 버렸으며, 무슬림들은 비무장 상태로 성에 들어갔다. 무함마드는 거기서 모든 이교 의식을 행했다. 온갖 형상들로 가득 차 있는 카아바 신전 주위를 일곱 바퀴 돌고 거룩한 흑석에 입을 맞추고 제사를 지냈다. 또한 열한 번째 아내를 맞이했으며, 전에는 원수였던 사람들을 자기 편으로 만들었다.

이슬람의 중심지 메카

10년 동안은 전쟁을 하지 않기로 합의했지만, 무함마드는 아라비아를 완전히 장악하기 위해 메카를 정복해야겠다고 확신했다. 그래서 순례 여행을 마치고 메디나로 돌아가자마자 1만 명의 군대를 일으켜 다시 메카로 향했다. 꾸라이쉬 부족의 지도자이며 무함마드의 최고 정적 중 한 명인 아부 수피안은 더 이상 저항해도 소용없음을 깨닫고 정복자를 맞이하러 나와 무슬림이 되었다. 군대는 아무런 저항도 받지 않고 그 도시로 들어갔다. 무함마드는 카아바 신전으로 가서 우상의 형상들을 꺼내 부숴 버리라고 명했다. 그는 자신이 8년 전 도망쳐 나온 바로 그 도시의 지배권을 획득했다. 특정 범죄로 처형을 선고받은 몇몇 사람을 빼고는 메카 사람들에게 특별 사면을 선포했다. 메카는 이제 이슬람의 중심지가 되었으며 무함마드는 최고 통치자가 되었다. 실로 무함마드와 추종자들에게 승리의 날, 큰 기쁨의 날이었다. 새로 신자가 된 메카 사람들에게는 반항적인 후나인 몇 부족을 진압하며 얻은 많은 전리품을 후하게 나눠 주어 복종에 대한 보상을 해주었다. 하지만 일부는 이를 그리 좋게 보지 않았다.

무력에 의한 회심

히즈라 제9년에 많은 부족이 무함마드에게 더는 저항할 수 없음을 깨닫고 그에게 항복했다. 이때 한 계시가 임했는데, 사람들을 회심시키기 위해 무력을 사용하지 말라는 이전의 명령, "종교에는 강요가 없나니"(꾸란 2:256)를 폐지하는 것이었다. 그것은 다음과 같다.

> 금지된 달이 지나면 너희가 발견하는 불신자들마다 살해하고 그들을 포로로 잡거나 그들을 포위할 것이며 그들에 대비하여 복병하라 그러나 그들이 회개하고 예배를 드리며 이슬람세를 낼 때는 그들을 위해 길을 열어 주리니 실로 하나님은 관용과 자비로 충만하심이라(꾸란 9:5).

이 명령의 목적은 우상 숭배를 종식시키는 것이었으며 적어도 외적으로는 대단히 성공했다. 이교도들이 무력에 밀려 강압적으로 무슬림이 되기만 한 것은 아니었다. 아라비아 북부의 우카이델이라는 한 그리스도인 군주는 자기가 이슬람을 받아들인다면 목숨을 내놓겠다고 약속했고 후에 그렇게 했다. 이로부터 그리스도인들은 그리스도를 예배한다는 이유로 당시에 다신교도로 여겨졌다고 추론할 수 있다.

하지만 아라비아 남부의 네즈란 그리스도인들에게는 다른 정책을 시행했다. 전승에 따르면 이 큰 기독교 공동체는 무슬림이 되라고 명하는 무함마드의 편지를 받자 당황하며 어쩔 줄 몰라 했다. 굴복할 것인가, 아니면 무함마드와 싸울 것인가? 그들은 대규모 대표단을 파견해 그와 이야기하기로 했다. 감독 한 명이 지도자 여러 명이 메디나로 먼길을 떠났다. 그들은 사원에서 무함마드를 만났으며, 무함마드는 그들을 환영하면서 그들이 거기서 기독교 예배를 드리는 것을 허락했다. 사흘 뒤 무함마드는 그들에게 이슬람을 받아들이라고 권했다. 이싸(Isa, 예수)에 대한 토론이 이어졌는데, 무함마드는 예수는 자기 형제이며 그저 하나님의 종으로서 하나님의 허락을 받아 병든 자를 살리고 죽은 자를 일으켰다고 말했다. 하지만 그리스도인들은 예수가 하나님의 아들이라고 주장했으며, 예수에 대한 믿음을 버리고 무슬림이 되길 거부했다.

이때 무함마드에게 계시가 임했다. 그리스도인들에게 저주로 재판해 보자고 도전하라는 것이었다. 서로 저주하여 누가 옳고 그른지 하나님께 결정을 맡기라는 것이다. 무함마드는 딸 파티마와 사위 알리(무함마드의 사촌), 그들의 아들인 하산, 후세인과 함께 나가 외투를 깔고 그 위에 앉았다. 그리스도인들은 최고급 비단 옷으로 장식하고 그들을 만나러 왔다. 이슬람의 전승에 따르면 그들은 이슬람의 거룩한 가족이 검소하게 사는 모습에 깊은 감동을 받았으며, 무함마드의 저주를 받아 멸망할 것이 두려워 그 재판에 참석하지 않기로 했다고 한다. 그러나 이 대단한 대결에 대해 그리스도인들이 쓴 글은 없다.

무함마드는 그리스도인들이 자기 종교를 계속 유지하면서 그의 보호 아래 있도록 허용했다. 많은 공물을 지불한다는 조건이었다. 그들은 이런 협정을 받아들이고 자기 집으로 돌아갔다. 무

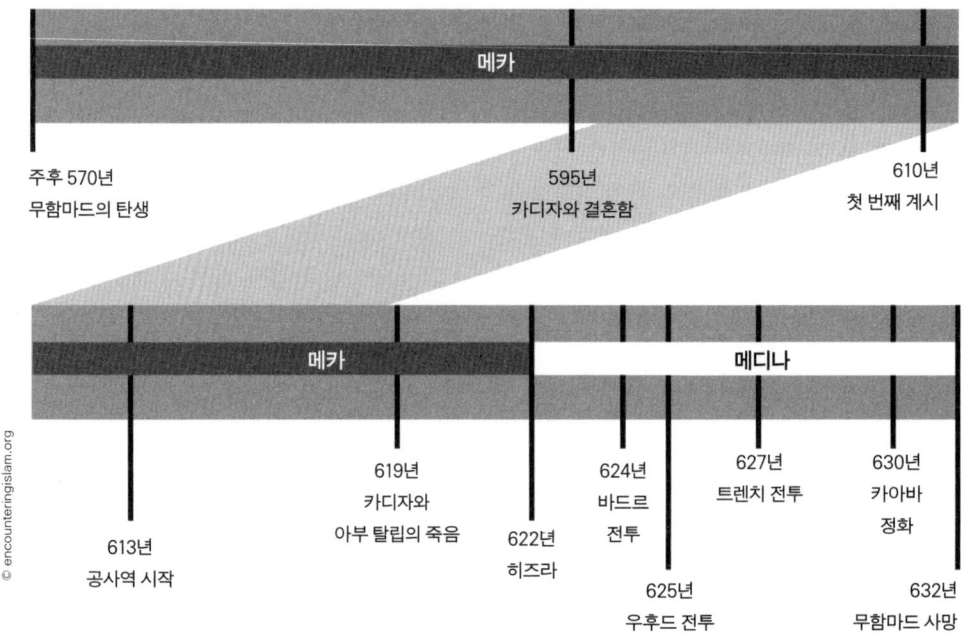

함마드에게 이것은 아마 교육받고 영향력 있는 그리스도인들과 직접 대면한 첫 경험이었을 것이다. 하지만 무함마드는 그들 종교의 참된 가르침을 배우려는 노력을 전혀 하지 않았고, 그저 그들을 진압하고 싶어 했던 것 같다. 그런 점에서 그는 성공했다.

대순례과 무함마드의 죽음(632년)

히즈라 제10년에 무함마드는 대순례(핫즈)를 위해 메카로 갔다. 마지막 순례 여행이었다. 그는 아내들을 모두 데려갔으며 수십만 명이 함께했다. 그는 고대 이교의 관습에 따라 모든 의식들을 수행해 자신의 종교와 통합시켰으며, 장차 올 모든 순교자들에게 본을 보였다. 거기서 연설을 하면서 "오늘날 너희에게 좋은 것들이 허락되었으니"(꾸란 5:5)라고 말했다.

시아파 무슬림의 전승에 따르면, 메디나로 돌아오는 길에 무함마드가 사막의 매우 더운 곳에서 대상들을 멈추게 하고 주위에 모이게 했다고 한다. 그러고는 사위 알리를 곁에 세워 후계자로 임명하며 사람들에게 그를 따르라고 명했다. 다른 무슬림들은 이 전승이 사실이 아니라고 무시한다.

무함마드는 메디나로 돌아오고 나서 얼마 지나지 않아 병에 걸렸다. 그는 자신이 죽은 후 추종자들 사이에 분란이 일어날 것을 우려해 지도자들에게 서로 충성하고 후계자에게 순종할 것을 권했다. 너무 아파서 예배를 인도할 수 없을 때면 아부 바크르에게 예배를 인도하라고 지시했다. 이를 본 어떤 사람들은 그가 곧 무함마드의 후계자가 될 것이라고 생각했다. 마침내 632년 6월 8일, 무함마드는 아내 아이샤의 방에서 그녀의 무릎에 누워 죽음을 맞는다. 바로 그 자리에 무덤을 파서 이 아라비아 선지자를 매장했다고 한다. 후에 선지자의 사원이 건립되었으며, 무덤은 순례지가 되었다.

이슬람의 진보

무함마드가 죽자마자 권력 투쟁이 일어났다. 무함마드가 정말로 알리를 후계자로 임명했다고 해도 지도자들은 그를 후계자로 뽑지 않고, 최종적으로 아부 바크르에게 충성을 바쳤다. 아부 바크르는 초대 칼리프(대리인 혹은 알라의 대리자)가 되었다. 그 후로 칼리프가 세 명 더 있었는데, 모두 다른 무슬림들에게 암살당했다. 네 번째 칼리프가 알리였다. 전쟁이 이어졌고 무슬림들끼리 서로를 죽였다. 이렇게 심각한 내부의 어려움에도 불구하고 무슬림 군대는 세계를 정복하러 나서서 엄청난 성공을 거두었다. 그들은 그것을 하나님이 자신들과 함께하신다는 증거라고 믿었다.

종교적 열심과 함께 노략하고 정복하려는 열정으로 타오르는 무슬림 군대는 단기간에 페르시아 제국과 비잔틴 제국의 군대를 쳐부수었다. 그들은 시리아와 이집트를 정복했고, 북아프리카를 누비면서 강력한 기독교 국가들을 정복했으며, 스페인을 점령했다. 서쪽으로 향하던 그들의 정복은 732년에 들어와 프랑스의 투르 전투에서 카를 마르텔의 저지를 받아 중단되었다. 그들은 동쪽으로도 옥수스 강과 인더스 강까지 모든 땅을 정복했다. 이슬람은 평화적 수단에 의해서든 전쟁에 의해서든 계속 전진해 마침내 아시아와 아프리카 전역에 자리를 잡았다. 지금은 세계 인구의 23퍼센트가 무슬림으로 불리는 것을 자랑스러워한다.

사우디아라비아, 메카의 카아바

평가와 부족한 점

지금까지 이슬람 창시자인 무함마드의 이야기를 정확하고 공정하게 이야기해 보려 했다. 우리는 그를 어떻게 평가해야 하는가? 그에 대해서는 온갖 의견이 표명되었다. 그는 한편으로는 하나님의 가장 완벽하고 거룩한 선지자로 묘사된다. 다른 한편으로는 마귀의 화신으로(단테에 따르면, 멸망받을 자의 우두머리로) 여겨지기도 한다. 많은 사람들을 미혹했기 때문이다.

그가 극복할 수 없는 어려움에 맞서 놀라운 성공을 거둔 대단한 능력자였다는 것에는 의심의 여지가 없다. 그는 지도자로서 사람들의 충성을 이끌어 내고 유지하는 탁월한 능력을 가졌다. 그는 우상을 매우 싫어했다. 유일하며 참된 하나님이라고 여긴 알라에게 열정적으로 헌신한, 대단히 종교적인 사람이다. 하나님의 유일성 교리를 선포한 그의 용기와 불굴의 인내는 실로 감동적이다.

하지만 이 위대한 사람의 삶을 예수 그리스도의 기준에 비추어 평가해 보면 뭔가 부족하다. 그는 자신이 발견한 진리를 진지하고 순종하는 마음으로 선포하는 자로서 임무를 시작한 듯하다. 하지만 삶의 어딘가에서 길을 잃어버렸다. 자신을 인도해 줄 만한 사람들에게 하나님께 이르는 길을 물어보지 않았기 때문에 잘못된 길을 택했다. 그로 인해 자신과 자신을 따르는 무수한 무리가 진리에서 멀어졌다. 의도적이든 무지 때문이든 그리스도의 가르침을 무시했기 때문에 그는 하나님이 세상을 구원하기 위해 그분의 아들을 주실 정도로 자신과 인류를 사랑하신다는 사실을 전혀 알지 못했다.

무함마드는 하나님을 제대로 알지 못했기 때문에 정치적 방편은 물론 개인적 취향까지 자신이 가르친 도덕적, 윤리적 원리 위에 두었다. 심지어 이교도인 아랍인들조차 잘못이라고 생각하는 행동들을 정당화하기 위해 자신이 하나님께 받았다는 계시를 이용한 듯하다. 그리고 이슬람이 기독교를 대신하고, 선지자의 인(印)으로서 자신이 그리스도를 대신한다고 말함으로써 오직 그리스도를 통해 세상을 구원하려는 하나님의 거룩한 목적을 거부했다. 하나님의 모든 참된 선지자의 메시지는 그보다 앞서 온 선지자들의 메시지와 일치해야 한다. 그런데 무함마드의 메시지는 여러 중요한 점에서 이전의 선지자나 사도들에게 계시된 하나님의 말씀, 특히 예수 그리스도의 진리와 모순되므로 그리스도인들은 무함마드가 하나님의 선지자였다고 생각하지 않는다. 오히려 많은 사람들을 미혹시킬 것이라고 예수님이 예언하신 사람들 중 한 명으로 그를 본다(마 24:24-25). 우리는 무슬림들의 구원을 위해 애쓰고 기도해야 한다. ❖

기독교와 초기 이슬람

새뮤얼 모펫

7세기 중반 무슬림의 정복으로 아시아 교회 역사에서 페르시아 시대는 갑자기 종식되었으나 페르시아 기독교가 완전히 없어지지는 않았다. 당시 제국들의 대격변이 일어나기는 했지만 흔히 생각하듯 교회가 종교적 박해와 대학살을 겪은 것은 아니다. 반대로 페르시아의 네스토리우스교도들은 아랍인들이 조로아스터교의 억압에서 자신들을 해방시켜 줄 것이라고 환영했으며, 아랍인 정복자들은 그들을 전멸하기보다 격리시켜 이용하는 편이 더 유리하다고 생각했다는 증거가 상당히 있다.

그리스도인들이 "한 손에는 검을, 다른 한 손에는 꾸란을 든 무함마드"와 대결했다는 영국의 역사학자 기본(Gibbon)의 인상적인 비유는 이중으로 오해를 불러일으킨다. 무함마드에게 거룩한 책은 성경이었다. 꾸란은 무함마드가 죽은 후에야 만들어졌다. 무슬림과 그리스도인의 관계를 더 잘 보여 주는 비유는 검보다는 그물일 것이다. 정복당한 후 그리스도인들은 자신들이 이슬람의 그물에 걸린 것을 알았지만 그들의 검 아래 놓이지는 않았다. 그물이 마냥 편안하지는 않아도 검보다는 안전했다.

9세기경에 저술된 네스토리우스교 역사인 『시어트 연대기』(Chronicie of seert)의 무명 저자는 승리자들에 대한 페르시아 그리스도인들의 반응을 매우 긍정적으로 묘사한다. 그리스도인이나 유대인이나 모두 자신들의 종교를 버리지 않아도 되었고, 무거운 세금을 내기는 했지만 심

새뮤얼 모펫은 한국에서 미국인 부모 아래 태어났다. 1951년까지 4년 동안 중국 국민당 및 공산당 치하에서 가르쳤으며, 프린스턴 신학교에서 오랫동안 선교사(史) 교수로 봉직했다. 이 글은 Samuel H. Moffett, *A History of Christianity in Asia*, vol. 1,(New York: Orbis Books, 1998), 324-332쪽에 나온 것으로, *orbisbooks.com*의 허락을 받고 실었다. 『아시아 기독교회사』(장로회신학대학교 출판부)

한 학대는 당하지는 않았다. 그리스도인인 이 연대기 저자는 말한다. "아랍인들은 그들을 관대하게 대했으며, 하나님의 은혜로 (그분이 높임을 받을지어다) 그들은 번성하게 되었고 아랍인의 지배에 기뻐했다. 하나님이 그것을 확언하고 승리하게 해주시길!"[1]

무함마드와 그리스도인들

아랍의 물결이 밀려들어 오면서 그리스도인들은 초기부터 무함마드의 권위를 빌어 그들의 종교적 권리를 지키려 했다. 기독교 자료나 아랍 자료 할 것 없이 그 선지자와 네즈란(북부 예멘) 그리스도인 및 다른 모든 기독교 종파들이 맺은 협정서 사본 혹은 초록이 보존되어 있다.[2] 그가 실제로 네즈란 교회와 특별한 협정을 맺었을 수도 있다. 네즈란은 아랍인들에게 남부 아라비아의 주요 기독교 중심부로 잘 알려진 곳이었으며,[3] 이것은 후에 이루어질 협정들의 대략적 본보기가 되었을 것이다. 하지만 무함마드의 생애에 대한 상세한 사항들은 너무나 불확실해[4] 그가 기독교 공동체와 공식적으로 어떤 법적 체결을 맺었다는 이야기들에 신빙성을 부여하기는 어렵다. 이슬람 지배 아래서 그리스도인들이 어떤 상태에 있었는가에 대한 최초의 포괄적 기술은 우마르 조약일 것이다. 우마르(오마르)는 무함마드의 장인으로서 무함마드가 죽고 2년 후(634년)부터 10년 후 아랍인들이 페르시아 제국의 수도 셀류키아-크테시폰을 점령할 때(644년)까지 그의 두 번째 후계자로 다스렸다.

하지만 무함마드는 자신의 후계자들이 그리스도인들을 완전히 정복하기 전에 이미 그들과 개인적으로 접촉하고 그들에게 대체로 호의적인 생각을 가지고 있었다. 그가 그리스도인을 처음 만난 이야기는, 그의 생애 초기 대부분의 일화들이 그렇듯 믿을 만한 것이 못 된다. 하지만 아랍인 역사가나 그리스도인 역사가는 종종 그 이야기를 그대로 되풀이해서 말한다.

무함마드의 전기를 쓴 최초의 가장 믿을 만한 무슬림 전기 작가는 8세기의 이븐 이스학(Ibn-Ishaq)이다. 그는 어린 무함마드가 12세 때 삼촌과 함께 대상을 이끌고 시리아로 가면서 바스라에서 바히라라는 네스토리우스 수도승을 만났다고 말한다. 바스라는 아랍 사막의 단성론자 수도승이 있는 곳이었다. 그 늙은 수도승은 소년에게 위대한 인물이 될 징후가 있음을 알아보고는 그를 해칠 만한 사람들에게서 보호해 주었다.[5] 이븐 이스학은 야브라는 또 한 명의 그리스도인이 그 선지자에게 큰 영향을 미쳤다고 말한다. 그는 아마 에티오피아인이었을 것이다. "내가 알기로 그 사도는 종종 알마르와(메카가 내려다 보이는 산)에서 알하드라미[족]의 종인 야브라는 젊은 그리스도인의 오두막에 앉아 있곤 했다. 그들은 '자신이 가져온 대부분의 것을 무함마드에게 가르쳐 준 사람은 야브라는 그리스도인이다'라고 말하곤 했다."[6]

또 다른 전승을 보면 그 선지자의 첫째 아내의 사촌이 그리스도인이었다고 한다. 그의 이름은 와라까 빈 나우팔인데, 무함마드의 지인 중에서 기독교에 대해 가장 잘 아는 사람이었다. 그는 하니프라고 했다. 하니프란 이교에 불만을 느끼고 막연히 유일신론 사상에 매력을 느끼게 된 사람을 가리킨다.[7] 어떤 사람들은 그가 죽기 전에 그리스도인이 되었다고 말한다.[8] 하지만 꾸라이쉬 부족에 속해 있던 무함마드 가문인 하심은 이교 내 기득권자였다. 그의 증손자 하심은 꾸라이쉬족이 메카의 거룩한 집 카아바에 오는 순례자들에게 음식과 물을 공급하는 권리를 획득했다. 이후의 무슬림 전통에 따르면 카아바는 광야에서 천사가 하갈에게 나타나 아랍인들의 조상인 아기 이스마엘(이스마일, 창 21:15-20 참고)을 구해 준 장소라고 한다. 하지만 무함마드가 태어날 당시 그 거룩한 집은 아직 우상으로 가득 차 있었으며, 거기서 가장 거룩한 것은 (일부 전승에 따르면 낙원에서 내려왔다는) 거룩한 흑석과, 메카 여러 신들의 우두머리인 호발 상(像)이었다.

무함마드는 지도자가 될 만한 사람이 아니었다. 그의 가정은 가난했으며 쇠락하고 있었다. 그의 아버지는 그가 태어나기 전에 죽었다. 아랍의 관습에 따르면 그는 아버지의 재산을 물려받을 수조차 없었기에 하심 가문의 수장인 삼촌에게 맡겨져 양육되었다. 하지만 25세가 되면서 그의 운명이 바뀌기 시작했다. 그는 15년 연상의 부유한 과부와 결혼했으며, 그로 인해 여유 있는 생활을 누리게 되면서 신비한 체험과 묵상의 시기에 들어갔다. 610년경 페르시아가 의기양양하게 오데사를 거쳐 안디옥과 지중해까지 콘스탄티노플 군대를 밀어붙이는 동안, 40세였던 무함마드는 묵상을 하는 중간 중간에 자신을 하나님의 사자(使者)로 부른다고 느껴지는 환상과 음성을 보고 듣게 된다.[9]

사회적, 종교적 변화

당시 아라비아 반도는 사회적으로 불안한 시기였다. 로마와 페르시아는 100여 년 동안(540-629년) 거의 끊임없이 전쟁을 하면서 서로를 서서히, 그러나 효과적으로 멸망시키고 있었다. 전쟁이 7세기까지 계속되면서 지칠 대로 지친 제국들은 점점 사막 변방의 속국들을 보호할 수 없게 되었다. 그 속국들은 로마에 충성을 다해야 할 북서쪽의 가산 왕조, 페르시아를 의지했던 동쪽 및 남쪽의 라흠 왕조와 예멘족이었다. 그 나라들 안에서 기독교 단성론자들은 로마 남부 국경 지방에, 네스토리우스교도들은 페르시아 부근에 기독교 아랍 공동체들을 만들었다. 기독교 아랍 공동체가 번성하기 시작한 아랍 왕국의 외부와, 아프리카에서 로마 시리아를 잇는 남북 간의 전략적인 대상 무역로를 따라 정치적 중립의 중심부에 새로운 부가 축적되고 있었다. 이제 경제적, 정치적 권세는 복음화된 제국의 변경에서 빠져 나와, 아프리카에서 시리아로 가는 대상 무역로 및 사막의 이교도 무역 도시인 메디나와 메카를 따라 서서히 이동해 갔다.[10]

이러한 격변 속에서 무함마드의 계시는 대단히 골치 아프고 분열을 일으키는 두 가지 선포를 했는데 하나는 종교적이고, 다른 하나는 사회적인 것이었다. 그는 이교도들에게 우상을 반대하는 설교를 하면서 오직 한 분, 선하고 전능하신 하나님만이 계신다고 선포했다. 이것은 메카의 자부심의 원천인 거룩한 집, 즉 신들의 신전을 위협했다. 또한 그는 대상과 순례자들로부터 이익을 얻고 있던 부자들에게 가난한 사람들

지금 기도하라

1. 많은 무슬림들이 그리스도를 알게 되도록 계획하신 하나님을 찬양하라(엡 3:6).
2. 우리 마음에 하나님의 자비하심이 드러나게 해달라고 기도하라. 그래서 무슬림과 정중히 교제하는 가운데 그들에게 중요한 일을 나눌 수 있게 되길 간구하라(벧전 3:15).
3. 무슬림의 마음과 우리의 마음에 벌어지는 영적 전투를 통찰할 수 있게 해달라고 간구하라(엡 6:10-13).
4. 무슬림이 하나님의 가족으로, 하나님의 백성으로 새로운 정체성을 찾게 되길 기도하라(엡 2:19).

과 재물을 나누라고 선포했다. 이러한 가르침은 당연히 부자들에게 인기가 없었다. 그것은 사람들을 가문별로 분류하지 않고 소유에 따라 분류함으로 씨족에 대한 충성도를 약화시켰다. 또한 도시 전체를 엉망으로 만들었으며 잊을 수 없는 한 사건을 통해 그의 종족인 꾸라이쉬 부족 중 부유하고 권세 있는 사람들이 무함마드를 말썽꾼으로 몰아 메카에서 내쫓았다.[11]

무함마드는 약 70명의 추종자들과 함께 야스립으로 피난을 갔다. 야스립은 그를 기념해 메디나라고 이름을 바꾼 곳으로[12] 메카에서 북쪽으로 500킬로미터 정도 떨어져 있었다. 모든 무슬림 역사는 622년에 있었던 히즈라(혹은 헤지라, 이는 방향의 변화를 나타낸다. '이주', 덜 정확하게는 '도주'를 뜻한다)라는 이 중대한 순례 여행을 기점으로 한다.[13]

무함마드는 메디나에서 다신론 타파 운동을 계속한다. 그때 가장 중대한 종교적 접촉은 유대인과의 접촉으로, 메디나에는 상당히 큰 유대인 공동체가 있었다. 그는 상대방의 종교를 인정하기로 유대인들과 협약을 맺었다. 그가 생각하기에 유일신을 믿는 두 집단이 서로 힘을 합하는 것이 훨씬 논리적이었기 때문이다.[14] 그는 자신의 추종자들을 위한 예배 규칙을 만들기 시작했으며, 유대인들이 하는 것처럼 나팔을 이용해 기도 시간을 알릴 생각까지 했다. 하지만 무슬림과 유대인의 동맹은 아주 금세 깨져 버렸다. 그렇게 된 것은 메디나의 너무 많은 유대인들이 무함마드를 자신들의 메시아가 강림한 것처럼 여겨 메카에서 온 순례자 대열에 합류하기 시작했기 때문이라고 무슬림 전승에 암시되어 있다.[15]

지도자로 받아들여진 무함마드

결국 무함마드는 유대인과의 동맹이 아니라 메디나 아랍인들의 이교도 공동체에서 지도자 자리를 차지한다.[16] 바로 여기서 그는 마침내 종교적 선지자로 받아들여지고 추종자들을 선동해 전쟁을 일으키는 법을 배웠다. 또한 성읍을 분열시키는 부족 간의 경쟁을 해결하는, 전략적이고도 정치적으로 중립을 유지하는 중재인으로서 정치 기술을 연마했다. 그는 먼저 서로 다투고 있던 메디나 사람들을 하나로 연합시켜 메카에 있는 상업적 경쟁자(그리고 자신의 대적)인 아랍인들에게 대항하게 했으며, 메카의 대상들을 노략해 완전히 짓밟아 버렸다. 그 다음에 자신이 유대인 공동체와 사이가 멀어진 것을 이용해 아랍인들로 하여금 유대인들에게 맞서 종교적으로 하나가 되게 했다. 그는 아랍인들에게 자기들만이 '하나님의 자녀'라는 유대인들의 주장을 거부하라고 촉구하며 그들의 번영을 질투하도록 조장했다. 후에 무함마드에게 비난의 화살이 돌아간 일련의 비극적인 사건들 때문에 메디나의 유대인들은 추방 및 암살, 처형을 당하면서 그 도시에서 밀려났다.[17]

무함마드는 한때 자신이 예루살렘을 향해 예배드렸던 그곳에서, 자기 백성에게 예루살렘 대신 거룩한 도시 메카와 거룩한 곳 카아바를 향해 기도하게 하고, 속죄일 대신에 라마단 금식월을 지키게 했다. 그 무렵인 630년이 되면서 메카 사람들에게 조롱과 거부를 당했던 종교 지도자 무함마드가 이끄는 메디나 연합군이 의기양양하게 메카를 정복했다.

이슬람은 아라비아 반도 통일을 향한 첫걸음을 넘어서는, 유대 종교의 변형 그 이상의 것이 되었다. 그것은 세계 정복이라는 훨씬 더 큰 목표를 지니게 될, 새롭고 전 세계적인 비전의 시작이었다. 무함마드는 같은 해 하반기에 3만 명의 병력을 이끌고 북쪽으로 가서 페르시아 남쪽 국경에서 싸운다. 그러면서 대체로 기독교 단성론자인 두 아랍 부족 바크르 바누 와일과 타글립 부족에게 (훗날 대단히 중대해지는) 도움을 받는다. 하지만 무함마드는 2년 후에 죽는다.

기독교와 꾸란

초기 무슬림의 태도가 어떠했는지 보여 주는 가장 믿을 만한 자료는 무엇보다 꾸란이다.[18] 꾸란의 114개의 장(수라)은 무함마드가 죽은 이후까지 글모음의 형태를 갖추지 못했다. 꾸란은 선지자 무함마드의 후계자들이 다스리는 동안 그의 서기관이 모아 편집한 것이다. 우마르 칼리프 때 처음 글을 모으기 시작했고, 우스만 칼리프(644-656년) 때 표준 경전으로 받아들인 글모음이 만들어졌다. 여러 환상과 예언을 받은 날짜가 언제인지 정하는 일은 논란의 여지가 대단히 많으며, 어떤 장이 무함마드의 초기 메카 시절 것이고 어떤 장이 후기 메디나 시절 것인지 학자들 간에 의견이 분분한 경우가 많다. 하지만 무함마드가 기독교 신앙을 이해하는 면에서 어느 정도 점진적 변화를 보였다는 점을 받아들이고 꾸란 전체에 비추어 판단해 보건대 놀랄 만큼 기독교를 용인하면서도 놀랄 만큼 기독교에 대해 무지했다고 말할 수 있다.

구약과 신약에 나오는 기독교 계시에 관해 무함마드가 일반적으로 제시하는 원리는 유대 선지자들 및 예수님과 사도들에게 임한 하나님의 말씀과 자신에게 직접 계시된 하나님의 말씀 사이에 어긋나는 점이 전혀 없다는 것이다.[19] 꾸란에는 구약의 영향이 두드러진다. 신약의 가르침에 대한 언급은 중요하기는 해도 여기저기 흩어져 있고 균일하지 않다. 이것은 무함마드의 잘못은 아니다. 브라운의 말처럼 아라비아인들이 간신히 글을 깨치고 있던 그 시절, 그리스도인들이 기회를 잘 포착해 "꾸란이 아니라 성경이 아랍어로 나온 최초의 책이 되도록 했더라면 동방의 종교 역사 전체는 달라졌을 것이다."[20] 하지만 그로부터 적어도 300년이 지난 후에도 아라비아에서 그리스도인들은 칼케돈주의자이건 단성론자 혹은 네스토리우스교도들이건 아무도 신약을 아랍어로 번역하지 않았다.[21] 그래서 무함마드는 유일하며 참되신 하나님, 그리스도인과 유대인도 예배할 것이라고 여긴 바로 그 하나님을 나타낼 이름을 찾을 때, 하나님을 나타내는 히브리나 그리스어를 사용하지 않고 "다소 주저하면서" 아랍인들이 가장 높은 이교 신에게 사용하던 알라(Allah)라는 말을 택했다.[22] 자신의 종교에서 혼란스러운 아랍의 신들과 미신을 제거해 버림으로써 엄격한 유일신론을 유지하는 동시에 그것을 아랍 전통에 확고히 끼워 넣은 것은 대단한 수완이었다.

예수 그리스도

무함마드는 예수 그리스도에 대해 대단히 존경하는 태도로 말했지만 그를 그저 위대한 선지자 중 한 명으로 보았다. 꾸란에서 최초로 예수를 언급한 부분(전통적인 연대 산정에 따르면)[23]은 19장이다. 거기서 예수는 모세처럼 "책의 선지자"로 나와 있다. 모세가 더 자주 언급되지만, 무함마드는 자신의 '참 종교' 이슬람의 역사에서 다른 누구보다 예수에게 영예로운 칭호를 더 많이 붙인다. 무함마드는 예수에 대해 한 번도 비판하지 않는다. 그에 따르면 예수는 사자, 선지자, 종, 진리의 말씀, 하나님의 영, 마리아의 아들, 메시아다. 동정녀에게서 났으며 기적을 행했고 산 채로 하늘에 들려 올라갔다.[24] 하지만 지상에서 예수의 주된 사명은 자기보다 먼저 온 선지자들이 아브라함의 후손에게 준 율법을 확증하고, 자기 뒤에 올 "아흐마드[무함마드]란 이름을 가진"(꾸란 61:6) '사도의 기쁜 소식'을 전하는 것이었다.

꾸란이 예수의 생애와 사역 이야기에 덧붙이는 여러 세세한 사항은 판타지가 된다. 이는 3세기에 나오는 묵시적 기독교 문서를 흉내낸 것이다. 예를 들어 그리스도는 사막의 야자나무 아래서 탄생하며 천사가 마리아에게 나무를 흔들어 야자열매를 먹으라고 명한다. 그가 잔치를 내려 달라고 하늘에 빌자 하늘에서 식탁이 내려온다. 신학적 함축이라는 면에서 좀 더 심각한 것은, 꾸란에 나오는 십자가 처형 기사가 신약의 기사에서 벗어나 있다는 점이다. 꾸란은 예수가 죽은 것이 아니라 책략으로 구조되었으며 자신을 대신할 형상을 만들어 가져다 놓았다고 말한다(꾸란 19:22-26; 또한 3:49; 4:157; 5:112-118).[25]

기독교 교리를 거부함

무함마드가 자신과 그리스도인 사이의 차이를 언제, 어떻게, 점차 더 분명하게 깨닫게 되었는지 연대순으로 정확히 지적하기란 불가능하다. 꾸란 각 장의 연대가 매우 불확실하기 때문이다. 하지만 꾸란이 기록된 형태를 띠기 시작했을 때, 무함마드가 죽기 얼마 전 무렵인 632년에는 주요 논쟁점이 상당히 분명해졌다. 앞에서 보았듯 최초의 글모음은 우마르 칼리프(634-644년) 때까지 수집되지 않았다. 전승에 따르면, 그것은 "대추야자 잎사귀와 흰 돌판, 그리고 사람들의 가슴에 쓰인 글에서" 모았다고 한다. 마지막 정경 편찬은 그 다음 칼리프인 우스만(644-656년) 때에야 완성되었다.[26]

그 무렵 무함마드는 삼위일체나 예수 그리스도의 신성과 같은 기독교의 핵심 교리들을 노골적으로 거부한다. 예수의 승천을 받아들였으나 십자가는 무시했다. 기독교 성경의 통합성을 거부함으로써 자신이 아직 '책의 사람들'이라고 부르는 사람들과의 차이를 설명하며 그리스도인들이 하나님의 계시 기록을 바꿔 버렸다고 비난한다. 하나님은 변하지 않으시며, 그들에게 주신 그분의 말씀은 원래 마지막이자 가장 위대한 선지자인 무함마드에게 주신 계시와 완전히 조화를 이루기 때문이라는 것이다. "하나님과 선지자들을 믿되 삼위일체설을 말하지 말라 … 실로 하나님은 단 한 분이시니 그분에게는 아들이 있을 수 없노라"(꾸란 4:171). "나 예수와 나의 어머니를 경배하라 하였느뇨 하시니 … 결코 그렇게 말하지 아니했으며 그렇게 할 권리도 없나이다"(꾸란

지금 필요한 일

"무리를 보시고 불쌍히 여기시니"(마 9:36).
오늘날 많은 무슬림은 그리스도를 믿는 신자들과 우정을 나누거나 그들의 섬김을 받을 기회를 갖지 못했고, 따라서 그들의 긍휼을 체험하지 못했다. 지금 그리스도인들이 해야 할 일은 무슬림에게 긍휼을 베푸는 것이다. 첫 단계로, 우정을 보여 주어야 한다. 무슬림 직장 동료에게 다가가 친구가 되어 주거나 이웃에 사는 무슬림과 인사를 나누라. 어떻게 하면 될까? 예수님이 길을 보여 주실 것이다.
예수님은 솔선해서 긍휼과 섬김의 본을 보이셨다. 예수님은 인간과 함께하고 인간을 섬기기 위해 하늘을 떠나오셨다(빌 2:5-11). 하나님은 우리를 긍휼히 여기셨기 때문에 사랑과 소망, 구원의 메시지를 가지고 솔선해서 우리에게로 오셨다. 예수님이 사람들에게 긍휼히 여기는 마음을 가지셨던 것처럼 하나님은 우리가 다른 사람들에게 공감하고 그들을 돕고 관용을 베풀 수 있도록, 그래서 그들의 상황을 함께 나눌 수 있도록 긍휼히 여기는 마음을 주신다. 우리도 그와 같은 사랑과 섬김의 태도로 주위의 무슬림에게 먼저 손을 내밀 수 있게 해달라고 기도하자.

출처_ Fouad Masri, *crescentproject.org*.

5:116). "그들 중에 죄 지은 자들[그리스도인]이 있나니 하나님의 말씀을 다른 것으로 바꾸더라"(꾸란 7:162). "성서의 백성들이여 너희들은 왜 진실과 허위를 혼동시키며 알고 있으면서도 그 진실을 감추려 하느뇨"(꾸란 3:71).[27]

그런데도 그는 아라비아에서 만나는 기독교 공동체들에게 계속 우호적이었다. 이것은 유대인을 대하는 그의 태도와 명백히 대조된다. "그대는 믿는 신앙인들에게 대적하는 이들을 유대인과 이교도들[다신교도들] 가운데서 발견하리라 또한 그대는 우리는 기독교인들[나자렛인]이요 라고 말하며 믿는 신앙인들에게 사랑을 표시하는 그들을 발견하리니 이는 오만하지 않는 성직자들과 배움에 열중하는 학자들이라"(꾸란 5:82).

하지만 꾸란 여기저기에는 믿음과 가르침의 차이가 점점 더 명백해지면서 이슬람적 사고방식이 굳어지고 있다는 암시가 점차 나타난다. 그러고 나서 그리스도인과 유대인을 똑같이 호되게 꾸짖는다. "믿는 자들이여 유대과 기독교인들을 친구로 그리고 보호자로서 택하지 말라 그들은 서로가 친구들이라 그들에게로 향하는 너희가 있다면 그는 그 무리의 일원이거늘 하나님은 이 우매한 백성들을 인도하지 아니하시니라"(꾸란 5:51).

무함마드는 죽을 때쯤 자신이 처음에 품었던 희망, 곧 유대인과 그리스도인을 자신이 새로 받은 계시로 끌어들이려던 희망이 환상에 불과했음을 매우 분명하게 깨달았다. 그 무렵이 되자 이슬람을 기독교 유일신론으로 회심시키고자 하는 실제 기독교의 소망 역시 사라졌다.

무함마드는 왜 그리스도인이 되지 않았는가?

처음에는 신구약의 증거에 마음이 열려 있던 무함마드는 왜 그리스도인이 되지 않았는가?

첫 번째 이유는 이미 시사한 대로 아랍어 성경이 없었기 때문일 것이다. 그는 제대로 받아들일 수 있는 형태의 성경을 접할 기회가 한 번도 없었으며, 단편적으로 들은 성경의 내용은 설득력을 갖기에 충분치 못했다. 페르시아 제국과 비잔틴 시리아 내 그리스도인들이 아랍인들에게 둔감했다는 사실은 기저에 깔려 있는 관련 요소였을 것이다. 아시아 선교사들은 왜 성경을 더 잘 알려진 문화권의 언어들로, 시리아어로, 일부는 중국어로 번역하면서 아랍어로는 번역하지 않았는가? 왜 그들은 아랍어를 그런 노력을 할 가치가 없는 언어로 여겼는가? 심지어 그들은 성경의 일부를 중앙아시아의 몇몇 부족어로 번역하면서도 아랍어로는 번역하지 않았다. 이것이 문화적, 인종적 편견을 암시한다면 자기 정체성에 대단히 자부심을 갖고 있는 아랍인들이 분개하지 않았을 리 없다.

두 번째 이유는 유감스럽게도 그리스도인들이 하나 되지 못했기 때문일 것이다. 무함마드는 중동 기독교의 심각한 분열(이교 종파들의 분열은 물론 네스토리우스교도, 단성론자, 칼케돈주의자들)을 알게 되면서 아랍 연합과 종교적 개혁을 추구하는 일이 기독교 틀 안에서는 절대 이루어질 수 없으리라는 결론을 내렸을 것이다.

세 번째 이유는 아마도 기독교가 아라비아 인근의 제국주의자들과 정치적 연관을 맺은 것이 부정적인 영향을 미쳤기 때문일 것이다. 비잔티움은 칼케돈 정통파였으며, 페르시아의 가장 큰 종교적 소수 집단은 네스토리우스교도였고, 에티오피아는 단성론자였다. 비잔틴 시리아에도 상당수의 단성론자들이 있었다. 몽고메리 와트가 썼듯이, "꾸란은 아랍인들에게 유대교와 기독교에 견줄 만한 유일신론을 제안했지만 그들과 정치적 유대 관계는 없었다."[28]

하지만 무함마드가 왜 그리스도인이 되지 않았는지에 대한 모든 합리화와 추측을 압도하는 답은 분명히 유일하며 참되신 하나님, "자비로우시고 자애로우신 분"이 모든 선지자들 위에 자신을 택하시고, 이전이나 이후로나 어떠한 사람에게도 결코 말씀하지 않은 방식으로 자신에게 직접 말씀하셨다는 그의 불타는 영혼의 확신이다. 무함마드의 권능은 다른 믿음들, 다른 사회 유형들, 혹은 다른 정부들에 대한 그의 반응에서 나온 것이 아니다. 그의 권능은 자신의 종교적 확신에 대한 솔직한 진지함에서 나왔다. 그는 스스로를 인증한 선지자였고, 그것이 그의 강점이었다. 그러나 그런 불타는 확신은 그를 따르지 않은 사람들에게는 그의 약점이었다. ❖

주

1. *Histoire Nestorienne(Chronicle of Seert)*, A. Scher, ed., in PO t. 13, fasc. 4, no. 65, p. 581f. *Chronicle*의 연대는 확실하지 않다. 내부 증거로 보아 주후 828년 혹은 1228년 이후인 듯하다.
2. 기독교 편에서는 『시어트 연대기』가 길게 인용한(pp. 601ff.) 그 협정들이 모든 기독교 분파들에게 확대된다. 12세기 네스토리우스교 역사가인 마리 이븐 술라이만은 그 협정이 무함마드(그가 주후 632년에 죽기 전에)와 네스토리우스교 주교 예수얍(Yeshuyab II, 628-643년)이 직접 만나 맺은 것이라는 새로운 의견을 내놓는다. L. E. Browne, *The Eclipse of Christianity in Asia from the Time of Muhammad till the Fourteenth Century*(Cambridge: Cambridge University Press, 1933), 41쪽에서 인용. 아랍 편에서는, 협정에 대한 언급을 9세기 페르시아 역사가 발라두리에게서 찾아볼 수 있다(*Kitab al-farq bain al-firaq*, P. K. Hitti, 번역 [Cairo, 1924]). "Covenant of the Prophet." 여섯 부가 지금도 시내산 기슭의 성 캐더린 수도원에 보존되어 있다. A. S. Atiya, *A History of Eastern Christianity*(London: Methuen, 1968), 268쪽에서 인용.
3. 무함마드의 초기 전기에는 기독교 네즈란에 대한 언급이 수없이 나온다. 특히 이븐 이스학(ibn-Ishaq, 707-773년)의 *Sirat Rasul Allah*(9세기에 이븐 히샴 편집), 14쪽. A. Guillaume, *The Life of Muhammad*(Oxford: Oxford University Press, 1955)로 번역됨. 기욤의 논평 p.xviii을 보라. 또한 그리스도인들이 네즈란에서 메디나에 있는 무함마드에게 대표단을 파견한 것에 대해 이븐 이스학이 쓴 긴 기사를 보라. 이것은 아마 훗날 기억에 근거해 쓴 글일 것이다. 270쪽 이하.
4. 무함마드가 죽고 125년이 지나서야 그의 생애에 대한 역사적 전승을 수집한 모음이 처음 나타나기 시작했다.
5. 앞의 책, 79-81쪽. 이븐 이스학의 전기는 최초이자 가장 훌륭한 초기 전기다. 그것은 주후 622년의 히즈라 이후 시기는 잘 입증해 주지만, 그 이전 시기에 대해선 무비판적으로 다룬다. 무슬림 역사가들은 전설을 인용하면서 한 그리스도인이 무함마드의 거룩함을 인정했다고 말하는 반면에, 그리스도인들은 그것을 기독교의 가르침이 그 선지자가 지닌 영감의 원천이라는 증거로 언급한다.
6. 앞의 책, 180쪽. 이 초기 일화들은 무비판적인 메카 초기 시대에 대한 부분에서 나온다.
7. R. Bell, *The Origin of Islam in Its Christian Environment*(London: Cass, 1926; reprint, 1968), 57쪽.
8. K. Cragg, *Muhammad and the Christian*(Maryknoll, N.Y.: Orbis, 1984), 18쪽.
9. 꾸란 53:1-18에 나오는 그의 환상에 대한 글을 보라.
10. "7세기의 범상치 않은 사건들이 아랍인의 역할을 완전히 뒤집어 버렸다. 그들은 역사에서 주변적이고 종속적인 역할을 하던 반도인이었으나 제국의 민족으로 발전했으며, 근동의 인도-유럽 임시 정부를 종식시키는 데 성공하고, 그 지역에서 셈족의 정치적 입지를 재단언하며 전 세계적 국가를 설립함으로써 중세 세계에 셈족의 정치적인 요소를 도입했다."; Irfan Shahid, in P. M. Holt, et al., eds., *The Cambridge History of Islam*, vol. 1(Cambridge: Cambridge University Press, 1970), 25쪽.
11. Ibn-Ishaq, 112-231쪽.
12. 메디나 알나비(Madinat al-Nabi), 즉 '선지자의 도시.'
13. 그러므로 A.H.(anno Hegirae, 헤지라 기원) 1년은 주후 622년이다. 꾸란 달력과 서양 달력을 서로 연관시키고 날짜를 고치는 문제에 대해서는 E. J. Brill, *First Encyclopedia of Islam*, "Hidjra"(Hijra)(Leiden, 1987)를 보라.
14. "유대인들에게는 그들의 종교가 있고, 무슬림들에게는 그들의 종교가 있다. … 각각은 상대방을 도와 이 문서에 나온 사람들을 공격하는 모든 사람에게 대항해야 한다." Ibn-Isahq, 233쪽.
15. 앞의 책, 239-270쪽.
16. 이 시기에 대한 가장 훌륭한 비판적 분석은 W. M. Watt, *Muhammad at Medina*(Oxford: Clarendon, 1956)다. 나는 그의 해석을 따른다.
17. Watt, 204-220쪽에 나오는 기사와 분석을 보라. Ibn-Ishaq, 239-247쪽도 보라.
18. 하지만 골드치어가 오래전에 주목했듯 이슬람 후기에는 "순나[전통]가 코란[꾸란]을 판단하며 코란이 순나를 판단하지 않는다"는 점을 기억해야 한다. I. Goldziher, *Mohammedanische Suidien*, vol. 2(Halle:

Niemeyer, 1889), 19쪽.

19. 기독교와 유대교가 무함마드에게 미친 영향에 대한 Bell의 논의를 보라. 100쪽 이하.

20. Browne, 14쪽. 역사가들은 무함마드가 어느 정도 글을 읽고 쓸 수 있었는지 확실히 알지 못한다. 그는 서기관을 고용했다. 그의 아내 중 한 명(하프사)은 읽고 쓸 줄 알았다. 다른 두 명은 읽을 수는 있었지만 쓰지는 못했다.

21. 최초로 복음서를 아랍어로 번역한 것이 언제인지는 알려져 있지 않다. 바르 헤브라에우스(아부 알파라즈)가 13세기에 되풀이해서 말한 전승에 따르면, 한 아랍 왕자가 '요한이라는 단성론자'에게 주후 635년경 번역을 명했다. 하지만 남아 있는 가장 초기의 단편들도 9세기 이전 것으로는 볼 수 없다. B. Spuler, *The Muslim World*, pt. I(Leiden: Bill, 1960), 26쪽, n. 1을 보라. 무함마드가 기독교 성경에서 직접 배운 것은 다 구술로 전달된 것임이 분명하다. Brill, *First Encyclopedia of Islam*(Leiden, 1987), 1913-1936쪽 이하의 인질(Injil, 복음)에 대한 항목을 보라. 꾸란에서 인질은 첫째로는 하나님이 예수님에게 주신 계시를, 둘째로는 기독교 성경을 말한다.

22. Spuler, 117쪽.

23. 꾸란 참조문과 인용문들은 헌신된 무슬림 알리 유수프가 쓴 A. Yusuf Ali, *The Meaning of the Glorious Quran: Text* [아랍어 판], *Commentary*(Cairo, Beirut and Lahore, 1938 이하)[영문판]에서 나온 것이다. 알맞은 영어 표현을 보려면 A. J. Arberry, in Oxford's World's Classics series, *The Koran Interpreted*(Oxford, London, New York: Oxford University Press, 1964)와 비교해 보라. 다른 번역본들에서는 구절 번호가 조금 다르다.

24. 특히 예수님과 관련된 사건들을 가리키는 꾸란 3장, 5장, 19장을 보라. 흩어져 있는 다른 참고문들도 살펴보아야 한다. 특히 꾸란 2:87, 253; 4:157-159, 171; 9:30-31; 43:57-65; 57:26-27; 61:6이다. 꾸란에 묘사되어 있는 예수님을 길게 다룬 것으로는 G. Parrinder, *Jesus in the Qur'an*(New York: Sheldon, 1965); S. M. Zwemer, *The Moslem Christ, An Essay on the Life, Character, and Teachings of Jesus Christ According to the Koran and Orthodox Tradition*(New York: American Tract Society, 1912), and Cragg, 100-120 쪽을 보라.

25. 무슬림 주석가들은 예수님이 죽지 않았다는 꾸란 4:157의 진술을 하나님이 "내가 너를 죽게 하겠다"라고 말씀하시는 꾸란 3:55(문자적 번역)와 도저히 서로 관련시킬 수 없었다. 무슬림 번역가들은 이 말을 영어로는 "내가 너를 취하겠다(take)"라고 완곡하게 표현했다.

26. Muir, *The Life of Mohammed*(Edinburgh: Grant, 1923), pp. xxff.

27. T. P. 휴스(Hughes) 같은 사람들은 *A Dictionary of Islam*(Lahore: Premier Book House, 1885; reprint, 1964)에서 꾸란은 신약 본문이 진정 영감을 받았다는 것을 절대 논박하지 않으며, 그저 그리스도인들이 그것을 해석하면서 왜곡시켰다고만 말한다고 주장한다. '인질'에 대한 글을 보라.

28. Holt, et al., eds., *The Cambridge History of Islam*, vol. 1, 33-35쪽. 또한 Bell, 12쪽 이하를 보라.

 1과를 위한 교재 읽을거리를 끝냈다면 90쪽의 '추천 도서와 활동'을 보라.

 온라인 읽을거리는 *encounteringislam.org/readings*에서 볼 수 있다.

토론 문제

1. 무함마드에 대해 배운 것을 생각해 보라. 무함마드와 이슬람에 대해 더 잘 이해할 수 있게 된 것은 무엇인가? 그에 대한 인식이나 태도에 변화가 생겼는가?

2. 무함마드 시대의 기독교에 대해 생각해 보라. 무함마드는 유대인, 그리스도인, 그리고 그들의 거룩한 책과 어떤 상호 영향을 주고받았는가? 그들은 그에게 어떤 인상을 주었으며, 그 이유는 무엇인가?

3. 이 과에서 배운 내용이 오늘날 기독교에 시사하는 바는 무엇인가?

추천 도서와 활동

읽기	Tariq Ramadan, *In the Footsteps of the Prophet: Lessons from the Life of Muhammad*(Oxford: Oxford University Press, 2009).
	Faial Malick, *Here Comes Ishmael: The Kairos Moment for the Muslims People*(Belleville, Ontario: Essence Publishing, 2005).
보기	〈The Life of Muhammad〉(패리스 케르마니 감독, 2013). *pbs.org*
	〈예언자 마호메트〉(The Message, 무스타파 아카드 감독, 1976, 영국),
기도하기	무슬림 기도 카드를 사용해 미전도 종족을 위해 기도하라. *encounteringislam.org/resources*에서 기도 카드를 무료로 다운로드 받을 수 있다.
주문하기	*quranproject.org*에서 무료본 꾸란을 신청할 수 있다.
검색하기	*pbs.org/muhammad* – 무함마드와 이슬람에 대한 풍부한 정보를 대화 형식으로 제공한다.
	al-islam.org/life-muhammad-prophet-sayyid-saeed-akhtar-rizvi – 시아파의 관점으로 무함마드의 삶을 조명한다.

* 더 자세한 내용은 *encounteringislam.org/learnmore*를 보라.

2과
이슬람의 확장

깊이 생각해 보기

- 이슬람의 확장은 해당 지역에 어떤 유익을 가져다주었는가??
- 사람들이 이슬람에게 끌린 몇 가지 역사적 이유는 무엇인가?
- 이슬람이 세계 문명화에 기여한 바를 통해 세계는 어떤 유익을 얻었는가?
- 과거 '이슬람' 사회와 '기독교' 사회의 대립은 오늘날 두 진영의 충돌에 어떤 영향을 주었는가?

이 과의 목표

1. 이슬람의 확장과 무슬림이 세계 문명화에 기여한 바를 설명한다.
2. 무슬림이 그들의 문화와 역사를 통해 세상을 어떻게 바라보는지 이해한다.
3. 무슬림 강사에게 기꺼이 이슬람에 대해 배운다.
4. 앞 과에 기초한 목표: 무슬림이 세계 문명화에 기여한 바에 대해 가지고 있던 선입견을 인정한다.
5. 앞 과에 기초한 목표: 무슬림의 역사적, 지적 업적을 존중한다.
6. 앞 과에 기초한 목표: 긍휼한 마음으로 무슬림을 위해 기도한다.

＊ '앞 과에 기초한 목표'란 앞 과에서 이미 시작된 학습 목표가 이어지는 것을 말한다.

핵심 요점

1. 이슬람의 확장을 바라보는 무슬림의 관점
2. 초기에 무슬림 통치가 빠르게 확장됨
3. 후기로 갈수록 무슬림의 영향력이 교역과 문화 업적을 통해 확장됨
4. 이슬람 신앙이 점차 성장함
5. 무슬림 제국에서 때로 이슬람으로의 회심을 요구하지 않고 사람들을 받아들임
6. 십자군이 세상에 미친 지속적 영향을 바라보는 무슬림의 관점
7. 우리의 목적은 하나님나라이지 이 세상 나라가 아니다. 아무리 기독교 국가라도 그 자체가 목적이 되어서는 안 된다.

과제

토론회를 잘 활용하려면 동료 학생들이 올린 글에 사려 깊게, 적극적으로 반응하라. 단순히 "좋은 의견이네요!"라고 반응하는 정도를 넘어서야 깊은 학습으로 들어갈 수 있다. 다음의 예시를 보라.

제 마음과 삶에 준비가 필요하다는 사실을 이제야 깨닫습니다. 특별히 이 수업을 하면서 준비 과정이 이루어지고 있음을 느낍니다. 사도행전 10장에서 하나님께서 이방인들을 향해 마음을 열도록 베드로를 어떻게 준비시키셨는지 볼 수 있는데, 저 역시 무슬림에게 진정으로 마음을 열려면

하나님의 준비 과정이 필요합니다. 그들과의 관계를 막는 어떤 장애물도 허용하면 안 되겠지요. 제 안의 선입견과 오해를 없애고, 그 자리를 사랑의 능력으로 채우는 것이야말로 제가 할 일입니다. 그동안 가지고 있던 이슬람에 대한 감정이 무슬림에게 다가가는 데 장애가 되게 둘 순 없습니다. 사실 저는 무슬림 친구가 없습니다. 그들과 의미 있는 우정을 나눠 본 적도 없습니다. 하지만 변화가 시작되길 바랍니다. 저는 기꺼이 배우고 변화되기 위해 이 자리에 있습니다. 저는 하나님께서 하실 일을 고대하고 있습니다.

온라인 읽을거리를 찾아서 보라. 더 많은 정보를 위해 31-41쪽의 강좌 소개와 *encountering-islam.org*를 찾아보라.

무슬림 강사

이 책의 2과 "이슬람의 확장"과 3과 "이슬람의 교리"는 무슬림에게 직접 배우는 즐거움을 누리길 권한다. 무슬림만이 그들의 업적과 역사와 믿는 바를 제대로 가르칠 수 있다고 우리는 믿는다. 비무슬림이 이 내용을 가르친다면 무슬림에 대한 진정한 이해를 얻기 어려울 것이다.

온라인 토론회에 반드시 글을 올리라. 무슬림 강사와 무슬림과의 상호작용에 대한 더 많은 정보를 얻으려면 31-41쪽의 강좌 소개를 보라.

이 과의 읽을거리

 교재
서론
무슬림 문명의 간략한 역사
이슬람의 전파와 발전
이슬람과 지식의 발전

 온라인
십자군의 공포(The Terror of the Crusade, 크리스토퍼 캐서우드) – 무슬림과 그리스도인이 십자군에 대해 극도로 다르게 반응하는 이유를 자세히 살펴보라.

서론

무함마드가 죽고 나서 100년이 지나지 않아 무슬림은 스페인에서부터 아프가니스탄까지 다 스렸다. 이슬람은 어떻게 그렇게 빨리 팽창했으며 이슬람 사회는 어떤 모습이었을까? 세계사 시간에는 그들의 정복 활동을 지나치게 강조하는 경우가 매우 많다. 그러다 보니 종종 무슬림의 정치적, 경제적 지도력 및 과학, 기술, 법, 예술 분야의 진보는 간과되었다. 세계사 교과서를 보면, 무슬림 군대가 스페인과 프랑스에 진격한 것을 고트족이 로마를 약탈하고 불태운 것과 비교해 놓았다.

학생 때는 내가 배운 것에 의문을 품지 않았다. 르네상스 시기에 '재발견'될 그리스어 지식을 누가 보존하고 있었는지, 콜럼버스는 왜 인도

도빠(모자)를 쓰고 있는 우즈벡 남성

와 중국으로 가는 새로운 항로를 찾을 생각을 했는지 곰곰이 생각해 본 적이 없다. 델리, 하우사, 수아누시야, 투르케스탄, 유난 등을 포함한 아프리카와 아시아의 광대한 이슬람 문명에 대해 배운 적이 한 번도 없다. 나중에 동아프리카에 가고 터키에서 공부하게 되었을 때에야 비로소 내가 무엇을 배우지 못했는지 알게 되었다.

다른 사람들과 마찬가지로 나는 이슬람이 '무력으로 확장'되었다는 말을 들을 때마다 무슬림 정복이 매우 피비린내 나고 대대적인 파괴를 수반했을 것이라 생각했다. 물론 초기의 무슬림 정복이 실제로 전쟁이었고, 무슬림들이 심지어 그것을 성전(聖戰)이라고 부르는 것은 사실이다.

하지만 십자군 전쟁과 몽골 침략에 비하면 그것은 자비로운 편이었다. 초기 무슬림 군대의 장군들은 그리스도인과 유대인을 난폭하게 다룰 경우 칼리프에게 추방당했다. 많은 무슬림 군대들은 심지어 이교도들도 죽이지 않고 경제적, 정치적 압력을 가해 그들을 점차 개종시켰다. 이슬

독립과 서구 제국주의의 종말

무슬림이 사는 무수히 많은 나라들이 20세기까지 식민 정권에서 독립하지 못했다. 다음은 그 나라들이 독립한 해와 점령국 명단이다.

Be - 벨기에   Is - 이스라엘   P - 포르투갈   US - 미국
Br - 영국   It - 이탈리아   R - 러시아   Y - 유고슬라비아
F - 프랑스   M - 모로코   S - 스페인
G - 독일   N - 네덜란드   T - 터키

1918년	사우디아라비아(Br, T)
1921년	터키(F. R. It)
1925년	이란(Br)
1932년	이라크(Br)
1936년	이집트(Br)
1943년	레바논(F)
1945년	알바니아(It)
1946년	요르단(Br), 필리핀(US), 시리아(F)
1947년	인도, 파키스탄과 방글라데시 포함(Br)
1948년	미얀마(Br), 스리랑카(Br)
1949년	인도네시아(N)
1951년	리비아(F)
1953년	캄보디아(F)
1954년	라오스(F), 베트남(F)
1956년	모로코(F, S), 수단(Br), 튀니지(F)
1959년	기니(F)
1960년	베냉(F), 부르키나 파소(F), 카메룬(F), 차드(F), 중앙아프리카 공화국(F), 콩고(F), 아이보리코스트(F), 키프로스(Br), 가나(Br), 마다가스카르(F), 말리(F), 모리타니(F), 니제르(F), 나이지리아(Br), 세네갈(F), 소말리아(Br, It), 토고(F), 콩고민주주의 공화국(Be)
1961년	쿠웨이트(Br), 시에라리온(Br), 탄자니아(G)
1962년	알제리(F), 부룬디(Be), 르완다(Be), 우간다(Br)
1963년	케냐(Br), 말레이시아(Br)
1964년	말라위(Br), 몰타(Br), 잠비아(Br)
1965년	감비아(Br), 몰디브(Br), 싱가포르(Br)
1967년	예멘(Br)
1968년	적도 기니(S)
1971년	바레인(Br), 카타르(Br), 아랍에미리트(Br)
1974년	기니비사우(P)
1975년	가봉(P), 모잠비크(P), 서사하라(S), 코모로(F)
1976년	세이셸(Br)
1977년	지부티(F)
1983년	브루나이(Br)
1989년	아프가니스탄(R)
1991년	아제르바이잔, 카자흐스탄, 키르기스스탄, 타지키스탄, 투르크메니스탄, 우즈베키스탄(R)
1992년	슬로베니아, 크로아티아, 보스니아 헤르체고비나(Y)

＊ 지금도 식민지로 있는 곳 : 웨스트뱅크 및 가자 지구(Is), 서사하라(M), 마요트(F)

출처_ Don McCurry, *Healing the Broken Family of Abraham*(Colorado Springs, Colo.: Ministry to Muslims, 2001), 349-350쪽.

람은 또한 무력 통치 대신 교역 관계와 전도를 통해서도 전파되었다. 예를 들어, 몽골 사람들은 전쟁에서 패했기 때문이 아니라 전도를 받아 이슬람으로 회심했다.

무슬림 역시 그들 나름의 편견을 가지고 있어 자신들이 그리스 철학과 과학, 천문학 등에 힘입은 바가 크다는 것을 인정하지 않는 경향이 많지만, 세계는 무슬림 문명이 이룬 문화 업적에 큰 덕을 보았다. 이러한 성취에 대한 인식이 오늘날 무슬림과 우리의 관계에 영향을 미쳐야 한다. 세상을 바라보는 무슬림의 관점을 이해하기 위해 우리의 신화와 편견을 기꺼이 내려놓고 있는가? 이것은 공정함의 문제일지도 모른다.

오늘날 영어를 사용하는 사람들은 여전히 아랍어 용어를 많이 사용하고 있다. 이를테면 연금술(alchemy), 알코올(alcohol), 대수학(algebra), 연산(algorithm), 알칼리(alkali), 안티모니(antimony), 방위각(azimuth) 등이 그러하다. A로 시작하는 용어들만 보아도 한두 가지가 아니다! 우리가 사용하는 전문 용어에는 영(zero)에서 절정(zenith)에 이르기까지 아랍어 용어가 널려 있다. 개인적으로 나는 수표를 쓸 때 로마 숫자를 쓰지 않고 아라비아 숫자를 쓰는 것에 매우 감사한다.

크리스토퍼 콜럼버스는 신세계로 항해할 때 무슬림 과학 기술에서 유래된 지도와 도구를 사용했다. 유럽 르네상스와 과학적 방법의 아버지로 알려진 로저 베이컨(1214-1294년)은 이슬람 사회가 그의 가장 귀중한 정보원이라고 치하했다. 그가 유럽인들에게 설명한 것을 무슬림들은 이미 발견했던 것이다. 그리고 대중이 생각하는 것과 달리 튤립은 네덜란드에서 처음 생겨난 꽃이 아니라 터키에서 왔다.

무슬림 통치가 세계 도처로 확장될 때, 사람들이 즉시 떼 지어 회심하지는 않았다. '딤미'라고 불리던 비무슬림들은 종종 보호를 받았으나 높은 세금을 내어 이러한 보호에 대한 대가를 지불했다. 이는 당시 체제에서 흔한 관행이었다.

무슬림 통치 아래 있던 많은 사람들은 기독교인 비잔틴 제국 아래서 겪어야 했던 억압보다 상대적으로 자비로운 이 체제를 더 선호했다. 분명 이들 비무슬림들은 권리라고는 거의 없는 이류 시민이었다. 세금을 덜 내기 위해서든 억압을 덜 받기 위해서든 계속 많은 사람들이 회심했다. 다른 사람들은 무슬림 지배자에게 보호받는 소수 집단의 지위를 누리기 위해 계속 '기독교의' 통치를 피했다(예를 들어, 유대인들이 스페인 종교재판에서 탈출했다).

이슬람은 유럽의 암흑기 동안에도 학문, 예술, 의학, 법학, 공학, 무예 등에서 진보를 이루며 번창했다. 무슬림 학자들은 고대에 이룬 업적을 다시 드러내고 자신들의 이론을 진보시켰다. 오늘날 많은 사람들의 기억에서 사라진 알바타니, 이븐 알바이타르, 알비루니, 알이드리시, 후나인 이븐 이스학, 알카와라즈미, 오마르 카이얌, 이븐 라수드(아베로스), 알라지, 이븐 시나, 아부 알카심 알카라위, 알자르칼리 등이 그들이다.

한 역사학자는 유럽 르네상스의 참된 기원에 대해 이렇게 말한다.

> 진정한 르네상스는 15세기에 일어나지 않았다. 르네상스는 아라비아와 무어 문화 부흥의 영향을 받아 일어났다. 이탈리아가 아니라 스페인이 유럽 재탄생의 요람이다. 기독교의 유럽은 야만의 바다로 점점 더 가라앉은 끝에 마침내 가장 어두운 미개와 무지함의 심연에 다다랐다. 그러는 사이 바그다드, 카이로, 코르도바, 톨레도 같은 사라센 세계의 도시들은 문명과 지적 활동의 중심지가 되어가고 있었다. 바로 그곳에서 인간 발전의 새로운 국면으로 자랄 새생명이 탄생했다. 그들의 문화적 영향력이 감지되던 때부터 새 생명은 꿈틀거리기 시작했다.[1]

이슬람은 심지어 십자군 전쟁 기간과 몽골인이 무슬림 국가를 점령하는 동안에도 무역상과 신비주의자들의 선교 활동으로 계속 전파되었다. 무슬림은 세계의 재물과 권세를 많이 차지하게 되었고 비단, 노예, 향료 등을 독점하고 무역로를 지배했다. 코르테스가 신세계에 가서 자신이 찾아낼 수 있는 금을 모조리 손에 넣자 경제가 비로소 유럽에 유리한 쪽으로 기울었다. 아시아에서 터키 황제 술탄의 지도력이 주춤하는 동안에도 오스만 제국은 400년 동안 패권을 더 유지했다. 사하라 사막 이남의 아프리카, 남아시아, 중국, 인도네시아 등지의 다른 무슬림 지도자들 역시 마찬가지였다.

유럽 강국들은 19세기 후반에 들어서야 비로소 경제적으로, 군사적으로, 문화적으로 무슬림 사회를 따라잡았다. 불행히도 유럽 제국주의는 무슬림 사회에 강한 흔적을 남겼다. 지금까지도 기독교 사회와 무슬림 사회 사이에는 종교적인 간극뿐 아니라 정치적이고 문화적인 간극이 계속 남아 있다.

대부분의 무슬림은 1960년대까지 유럽 식민 열강에게 자치권을 얻지 못했다. 마지막 무슬림 국가들은 1990년대까지 식민 통치에서 해방되지 못했다. 오늘날 무슬림의 3분의 2가 평균 수명, 교육, 생활 수준에서 세계 최하위권에 속한 나라에 살고 있다.[2] 세계 난민의 70%가 무슬림이다.[3] 무슬림 국가의 75%는 자유선거가 없다.[4]

이유가 무엇이든 무슬림 사회는 현재, 이전과 같은 영화를 누리지 못하고 있다. 일부 무슬림들은 이것이 전적으로 서구의 탐욕과 권력 때문이라고 비난한다. 또 어떤 사람들은 무슬림이 이슬람에 신실하지 않았던 점이 무엇인지 찾아보고, 그것이 하나님의 징계가 아닌지 묻는다. 그런 도전에 직면해 오늘날의 무슬림은 개혁과 부흥을 경험해 왔다.

우리는 그리스도가 다스리시는 나라의 시민으로서 역사를 어떻게 해석하고 그에 반응하는가? 한 가지 분명하게 받아들이는 사실은, 예수 그리스도가 세상의 논리를 뒤엎고 하나님의 신령한 나라를 세우기 위해 오셨다는 것이다. 권력과 재물과 성공, 심지어 지식조차 그것이 하나님이 우리를 축복하시며 우리가 하나님 편이라는 확실한 징표가 될 수 없다. 그러나 안타깝게도 그리스도인 사회나 무슬림 사회나 둘 다 이런 잘못된 판단을 한다. 예수님은 이렇게 말씀하셨다. "내 나라는 이 세상에 속한 것이 아니니라 만일 내 나라가 이 세상에 속한 것이었더라면 내 종들이 싸워 나로 유대인들에게 넘겨지지 않게 하였으리라"(요 18:36). ❖

— 엮은이

주

1. Robert Briffault, *Rational Evolution: The Making of Humanity*(New York: MacMillan, 1930), 138쪽.
2. "Human Development Report 2013."(New York: United Nations Development Programme, 2013). hdr.undp.org
3. unhcr.org
4. freedomhouse.org

참고문헌

Tamim Ansary, *Destiny Disrupted: A History of the World Through Islamic Eyes*(New York: PublicAffairs, 2010). 『이슬람의 눈으로 본 세계사』(뿌리와이파리)

Amin Maalouf, *The Crusades Through Arab Eyes*(New York: Schocken Books, 1984).

무슬림 문명의 간략한 역사

브루스 사이드보탐

우마이야 왕조의 정복기(632-732년)

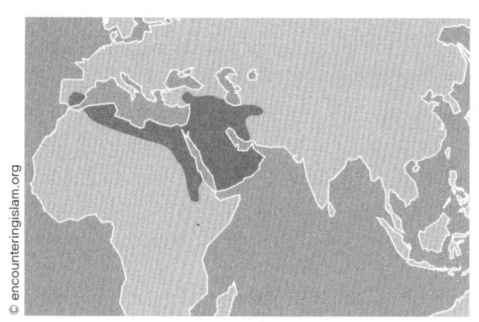

이슬람은 무함마드가 죽은 후 급속히 전파되었다. 정치적 통치는 시리아, 메소포타미아, 페르시아, 팔레스타인, 이집트, 북아프리카, 이베리아 반도까지 확장되었다. 안디옥, 알렉산드리아, 예루살렘, 카르타고 같은 주요 기독교 문화 중심지는 무슬림의 지배를 받게 되었다.

특정 시기, 몇몇 지역에서 이슬람의 통치는 기독교의 통치보다 많은 것을 제공했다. 내분으로 얼룩진 경쟁자 비잔틴 제국과 페르시아 제국은 그들의 불화를 공평하게 중재할 수 있는 새로운 지배자들에게 빠르게 자리를 내주었다. 로마와 콘스탄티노플은 여전히 기독교 통치의 중심이었으나 유럽의 많은 지역은 암흑기를 맞이했다.

아바스 왕조의 강화기(732-1250년)

이슬람의 영향은 스페인에서 강하게 느낄 수 있었지만 프랑스와 주변 유럽까지 확장되지는 않았다. 프랑크 장군 카를 마르텔이 프랑스 푸아티

브루스 사이드보탐 박사는 인도네시아에서 7년 동안 타문화 사역을 했다. 미전도종족 선교회 오퍼레이션 레벌리(Operation Reveille)의 분과 책임자로 타문화 사역을 할 사람들을 훈련하고 있다. 이 글은 The Reveille Shofar, 6, No. 1(first quarter 2002)에 게재된 것으로, 허락을 받고 실었다. oprev.org.

오스만 제국의 부활기(1250-1700년)

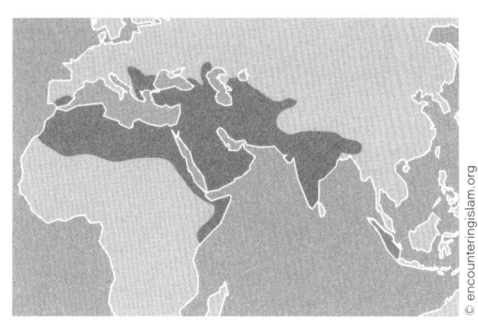

에와 투르에서 무슬림인 베르베르족의 진격을 저지했기 때문이다.

이슬람 문명은 수백 년 동안 황금기를 누렸다. 아랍과 페르시아와 코르도바 같은 도시 및 세계에서 가장 큰 도시 중 하나가 된 바그다드 같은 신흥 도시들에서 학문이 융성했다. 또 과학, 법학, 철학, 의학, 예술, 건축, 시 등에서 그리스가 이룬 업적에 기초해 문화적 진보가 크게 이루어졌다. 정치적 권력은 아라비아에서 이집트, 바그다드, 페르시아, 궁극적으로는 터키에 확산되었다.

동쪽으로는 급속히 확장되고 있는 몽골 제국 아래에서 많은 사람이 고생하고 있었다. 그로 인해 투르크족은 비잔틴 소아시아와 오늘날의 중앙아시아로 가게 되었다. 몽골족과 투르크족은 둘 다 결국에는 이슬람으로 개종했으며, 그 후 이슬람을 인도와 중국에 전파해 그 다음 시기에 제국들을 건설했다.

십자군 전쟁(1095-1272년) 동안 그리스도인들은 예루살렘과 팔레스타인 주요 지역을 점령했다. 십자군 전쟁을 둘러싸고 무슬림과 그리스도인 사이에 큰 상처가 남았으나 전반적인 무슬림 통치가 무너지지는 않았다. 전쟁에서 돌아오면서 가져온 무슬림 문명의 새로운 지식과 진보에 영향을 받아 유럽에서 르네상스가 시작되었다.

오스만 투르크족의 무슬림 제국은 당시 가장 큰 제국으로 650년 동안 그 지역을 지배했다. 오스만 사람들은 십자군 전쟁이 일어난 도시들을 차지했다. 1268년에 안디옥을, 1291년에 아크레(시리아)를, 1453년에 비잔틴 제국의 콘스탄티노플을 차지한 것이다. 오스만의 유럽 정복은 1683년에 비엔나에서 멈추었다. 이슬람이 이 시기 동안 발칸 반도에 들어간 것은 제1차 세계대전 및 현대의 코소보와 보스니아 사태의 배경이 되었다.

이슬람은 10세기에서 12세기까지 정복과 무역을 통해 인도와 동아프리카에 들어갔다. 서아프리카에서는 팀북투가 이슬람 학문의 중심지가 되었다. 13세기에서 15세기까지는 선교사, 신비주의자, 상인들이 이슬람을 말레이 반도와 인도네시아로 가져갔다. 몽골 정복으로 중앙아시아, 남아시아, 동아시아 지역 전체에 이슬람이 전파되고 강화되었다. 남아시아에서 무굴이라고 알려진 중앙아시아 통치자들은 19세기까지 인도의 여러 지역을 주관했다. 인도의 첫 무굴 통치자인 바부르(1483-1530년)는 중앙아시아의 티무르(1336-1405년)와 칭기즈칸의 후예였다. 또 다른 무굴 통치자인 샤자한은 인도에서 이슬람이 번영의 극에 달했을 때 타지마할을 건축했다.

무슬림들은 이 시기에 증가했던 세계 무역의 많은 부분을 차지했다. 그들이 향료 무역을 독점했기 때문에 콜럼버스는 1492년에 다른 무역로를 찾다가 미대륙을 발견했다. 그리하여 스페인, 포르투갈 및 다른 경쟁 서구 유럽 제국들의 성장을 가져왔다. 같은 해에 무슬림 무어족이 스페인과 포르투갈에서 쫓겨났다.

식민 시대의 쇠퇴기 (1700-1979년)

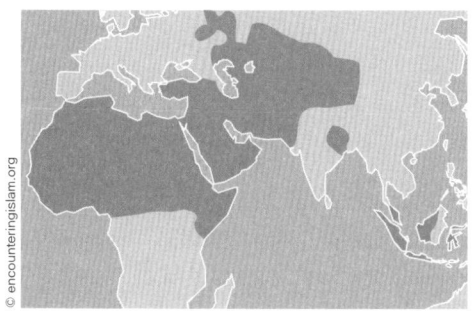

17세기와 18세기에는 한때 무적이었으나 이제 부패하고 관료적이 된 오스만 제국은 더욱 분권화되어 결국 붕괴되었다. 오스만 제국은 1차 세계대전 때 독일과 동맹을 맺은 후 1922년 공식적으로 종언을 고했다. 제국주의를 앞세운 서구 열강이 거의 모든 세계를 지배하게 되었다. 이로 인해 '기독교' 서구가 국제 관계를 좌지우지하고 현대 세계의 정치적 경계를 정하게 되었다.

일부 무슬림은 무슬림권이 정치적 쇠퇴에 빠지게 되었을 때 '기독교' 서구가 무슬림권의 분열과 불안정을 가져왔고, 상대적으로 그들을 약하게 만들었다고 비난한다. 많은 이슬람 지역의 인구 급등, 석유로 인한 부, 서구에 대한 원한은 이슬람의 선교 및 정치 활동에 불을 지폈다. 이렇게 확고하게 굳어진 감정 위에 경제적 불안정이 더해져, 무슬림권 일부에서 부흥과 개혁, 재기, 심지어 혁명을 통한 변화가 촉발되었다.

현대의 내부적 위기 (1979년-현재)

1979년 이란의 온건파 샤 왕이 보수 세력 때문에 폐위된 일은 현대 무슬림 역사의 전환점이 되었다. 많은 나라의 '이슬람주의자' 무슬림들은 샤리아 법으로 무슬림 공동체를 재연합하려 애썼으며 어느 정도 성공을 거두었다. 이슬람주의자들은 무슬림을 외국의 사상과 영향력에서 지키고 해방시키려 했으며, 이를 위해 때로는 극단적인 수단을 사용했다.

하지만 많은 무슬림이 온건한 혹은 세속적인 이상을 선호했다. 알제리에서 필리핀, 체첸공화국에서 수단에 이르기까지 이슬람 집단들은 세속 정부 및 온건파 형제들과 싸우고 있다. 많은 이슬람주의자에게 투쟁이란 종교 운동이라기보다는 정치적 집결의 부르짖음이며 과거 영광의 상징에 더 가깝다. ❖

인용문

아부 바크르가 말하자 우마르가 앉았다. 아부 바크르는 알라를 찬양하고 찬미하면서 말했다. "분명코 누가 무함마드를 숭배하든 무함마드는 죽었다. 하지만 누가 알라를 숭배하든 알라는 살아 있으며 절대 죽지 않을 것이다."
—Sahih Bukhari, *The Collection of Hadith*, trans. M. Mubsin Khan; vol.1, bk. 57, no. 19. 아이샤가 낭독함.

"추기경의 모자보다 술탄의 터번이 낫다"(십자군 전쟁 당시 한 그리스 정교회 지도자의 말).
—Michael Llewellyn Smith, "The Fall of Constantinople", in *History Makers* (London: Marshall Cavendish, Sidgwick & Jackson, 1969), 189쪽.

이슬람의 전파와 발전

콜린 채프만

첫 번째 이슬람 정복

무함마드가 사망했을 때, 아라비아 몇몇 부족이 무슬림 통치자들에게 공물을 더 이상 바치지 않기로 했다. 무함마드의 죽음과 함께 그들이 맺은 협정도 끝났다고 주장한 것이다. 이러한 반역은 이슬람에 대한 배교로 여겨졌으며 '배교의 전쟁' 동안 이들을 이슬람 통치 아래로 끌어오기 위해 무력이 사용되었다. 이 시기에 가장 두드러진 군사 지도자를 꼽자면 칼리드 이븐 알왈리드를 들 수 있다. 그는 "무함마드를 제외한 그 누구보다 이슬람이 하나의 강대국으로 탄생하는 데 기여한 인물"[1]이다. 그는 죄수들을 가혹하게 대한 일로 비판받아 훗날 칼리프 우마르에 의해 파면된다. 윌리엄 몽고메리 와트는 아라비아 반도가 이슬람의 통치 아래 들어간 과정을 다음과 같이 설명한다.

> 동맹이 깨지면서 모든 부족은 다른 모든 부족과 맞서는 상황이었다. 무함마드가 메카를 점령한 후 각 부족은 무함마드 편에 설지, 그에 대항할지 결정해야 했다. 무함마드의 권력이 아라비아 반도 대부분에서 느껴질 무렵 중립을 지키기란 불가능했다. 무함마드 편에 설지, 그에게 대항할지 결정하는 것은 기본적으로 정치적 결정이었다. 이 결정이 종교적 의미를 갖게 된 것은, 무함마드가 자신의 동맹이 되길 원한다면 자신을 예언자로 받아들여야 한다고 주장했기 때문이다. 이는 곧 무슬림이 되는 것을 의미했다.[2]

콜린 채프만은 이슬람 분야의 권위자로 영국뿐 아니라 중동 전역에서 교사와 강사로 일했다. 이 글은 *ivpress.com*의 허락을 받아 Colin Chapman, *Cross and Crescent: Responding to the Challenge of Islam*(Downers Grove, IL: InterVarsity Press, 2007), 127-142쪽에서 가져왔다.

무함마드가 살아 있을 당시 비잔틴 제국과 페르시아 제국이 세계를 지배하고 있었다. 두 제국은 서로 전쟁을 치르면서 세력이 약해지기는 했지만 여전히 이슬람과 아랍 세계 확장에 커다란 위협이 되었다. 이슬람 전승에 따르면 무함마드는 죽기 전 비잔틴 제국, 페르시아 제국, 아비시니아, 이집트의 통치자들에게 사신을 보내 이슬람을 받아들이라고 권했다.

그가 헤라클리우스 황제에게 보낸 서신의 내용은 다음과 같다.

자비로우시고 자애로우신 하나님의 이름으로, 무함마드 이븐 압둘라가 비잔틴 제국의 헤라클리우스 황제에게.

옳은 길을 따르는 자들에게 평화가 깃들기를. 나는 당신을 이슬람교로 초청합니다. 당신이 회심한다면 구원을 받고, 하나님이 당신에게 두 배의 보상을 베푸실 것입니다. 거절한다면 당신 백성의 구원에 대한 책임까지 당신이 져야 할 것입니다.[3]

632년	무함마드의 죽음
632-661년	"올바른 길로 인도된" 칼리프(아부 바크르, 우마르, 우스만, 알리)
632-634년	배교의 전쟁; 아라비아 반도가 이슬람 통치 아래로 돌아감(637년)

아가페 사랑

하나님은 모든 백성을 위해 죽으시고 그들을 구속하시려 자기 아들을 보내심으로, 그들에 대한 끝없는 사랑을 보여 주셨다. 이 행동은 하나님이 모든 사람을 사랑하신다는 사실을 증명해 주었다. 하나님의 아가페 사랑은 무조건적인 사랑, 보상을 요구하거나 기대하지 않는 사랑이다. 하나님의 사랑은 우리 또한 하나님이 그리스도 안에서 보여 주신 것과 같은 헌신적 사랑으로 다른 사람들을 사랑하게 한다.

사랑은 반응이나 감정이 아니라 선택이고 행동이므로 우리는 이 사랑을, 무슬림 이웃들을 존중함으로 보여 줄 수 있다. 무슬림들과 똑같은 견해를 가지고 있지 않다고 해서 무함마드나 이슬람의 가르침, 혹은 이슬람의 종교 지도자들을 얕잡아 보아서는 안 된다. 우리는 말과 행동(인사, 의복, 태도)으로 무슬림 친구들, 그들의 문화, 그들의 세계관을 존중한다는 것을 표현할 수 있다. 그들의 고유함에 대해 배울 수도 있다. 정치, 종교, 국적 문제를 배제함으로써 우리는 서로 관계를 맺는 법을 찾아낼 수 있다.

꾸란은 하나님이 자비롭고 자애로우시다고 말하지만 많은 무슬림들이 하나님을 주로 심판자이자 왕으로 본다. 그 결과 이슬람은 율법과 규칙들의 종교가 되었다. 무슬림들은 하나님이 자신들을 돌보는지 확신하지 못해 두려움 속에서 살며 하나님의 사랑을 체험하길 갈망한다. 그들에게 아가페 사랑은 참된 하나님을 아는 좋은 기회가 될 수 있다.

성령님은 우리가 사랑하도록 도와주신다. 성령님의 내주하시는 능력으로 얻는 첫 열매는 아가페 사랑(갈 5:22-23), 하나님이 우리를 사랑하시는 바로 그 사랑, 우리의 특징이 되어야 하는 바로 그 사랑이다(요 13:35). 성령님께 무슬림을 향한 특별한 사랑의 마음을 일으켜 달라고 구하라. 무슬림들은 우리를 통해 그리스도의 사랑을 체험할 수 있다. 우리가 그리스도를 사랑한다고 말한다면 그리스도가 사랑하시는 것처럼 우리도 사랑해야 한다.

출처_ Fouad Masri, crescentproject.org.

635-637년	다마스쿠스가 공격을 당하고 결국 항복함
636년	야르무크 전투
636-646년	이라크와 페르시아가 항복함
638년	예루살렘이 항복함
642년	알렉산드리아와 이집트가 항복함
647년	튀니지를 향한 첫 번째 습격
656-661년	무슬림 공동체에 내전이 일어남; 카리지파가 알리의 지도력에 도전하고 분리 독립함; 수니파와 시아파가 나뉨
661-750년	다마스쿠스에서 우마이야 왕조가 수립됨
661년	다마스쿠스의 통치자 무아위야가 칼리프 알리를 물리침; 권력의 중심이 메디나에서 다마스쿠스로 이동함
670년	이슬람 성지 카이르완을 세움
691년	칼리프 압드 알말리크에 의해 예루살렘에 바위의 돔이 세워짐
711년	무슬림 군대가 인더스 강(파키스탄의 신드)에 도달함; 타리끄 장군이 지브롤터에서 스페인으로 건너감
732년	카를 마르텔이 푸아티에와 투르에서 무슬림을 물리쳐 무슬림 군대의 진군이 중단됨
750년	다마스쿠스의 우마이야 왕조가 반란에 의해 타도됨; 권력의 중심이 다마스쿠스에서 아바스 왕조 통치 아래 있던 바그다드로 이동함(750-1258년).
756년	우마이야 왕조의 후손이 스페인 코르도바에 칼리프 왕국을 세움

이러한 초청에는 특별한 의미가 있었다. 전통적 이슬람 사고에서는 어떤 집단이든 이슬람을 받아들이길 거부할 경우 그들을 공격할 명분이 생긴다고 여겼기 때문이다. 상대가 이슬람을 받아들이라는 초청을 거부할 경우 무슬림들은 그들과 전쟁을 치를 명분을 얻었다. 634년 예루살렘의 총대주교였던 소프로니우스는 설교 도중 예루살렘 근처에서 약탈을 일삼는 아랍인들이 "곧 온 세상을 정복할 것이라고 자랑하고 있다"[4]라고 말했다.

몇몇 경우 그리스도인들은 무슬림이 들어오는 것을 환영했다. 예를 들어 시리아에서는 이슬람의 통치가 비잔틴의 통치에서 그들을 구해 주었으며, 이집트에서는 콥트족이 꼭두각시 족장을 폐위시키고 추방되었던 자신들의 족장을 다시 불러올 수 있게 해주었다. 콥트족은 무슬림과 힘을 합해 비잔틴을 쫓아냈다.

이슬람에게 통치받는 모든 비무슬림은 토지세(카라즈)를 냈다. 유대인과 그리스도인은 딤미, 곧 보호받는 공동체 구성원의 대우를 받았으며 추가로 인두세(지즈야)를 냈다. 그들은 군 복무를 하거나 무슬림들의 구제세를 내지는 않았다. 딤미 제도는 강제 존속하다가 19세기 오스만 제국이 도입한 밀레트(millet) 제도로 보완되었고, 훗날 민족 국가들이 탄생하면서 점차 없어진다.

"이슬람의 전파는 검으로 이루어졌다"는 말은 사람들을 호도하는 반쪽 진리다. 아라비아 반도가 이슬람의 지배 아래 들어간 것이 부분적으로는 평화적인 설교에 의해, 부분적으로는 정복에 의해 이루어졌음은 무슬림들도 부인하지 못한다. 무슬림 군대는 팔레스타인, 시리아, 이라크, 페르시아, 북아프리카 등지까지 뻗어 갔다. 칼리드 장군은 인도 북서부 지방의 펀자브를 이슬람의 통치 아래 두기 위해 치열한 전투를 벌였다. 무슬림들은 이슬람의 통치가 정복 전쟁을 통해 확장될 때에도 강제로 회심시키는 사례는 거의 없었다고 주장한다. 그리스도인 이슬람 학자 존 테일러는 초기 이슬람 확장 때 어떤 일이 일어났는지를 공정한 자세로 설명하려 노력한다.

이슬람이 문명화된 세상에 빠르게 확장될 때 처음에는 군사적, 정치적 성공 사례처럼 퍼져 갔다. 그러나 이는 정복된 지역의 주민들이 자

아랍어권

아랍어권

많은 사람들이 무슬림을 아랍어권과 연관시킨다. 전 세계 대다수의 무슬림들은 아랍인이 아니지만, 이슬람은 설립자 무함마드의 아랍 문화와 언어에 뿌리를 두고 있다. 해마다 수백만 무슬림이 순례 여행을 가는, 이슬람의 가장 거룩한 두 도시 메카와 메디나는 아라비아 반도에 있다.

북아프리카, 아라비아 반도, 서남아시아에는 20개의 아랍어 사용국이 있으며, 인구는 거의 3억 4천만 명에 달한다. 이 지역 국민의 약 91%인 3억 명 이상이 무슬림이다. 아랍어권을 구성하는 나라들에는 다양한 종족 집단이 살고 있는데 아랍족, 베르베르족, 베두인 집단, 투아레그족, 이집트인을 포함해 모두 518개에 달한다.

이집트는 이슬람이 시작된 지 몇백 년이 지날 때까지도 그리스도인이 다수 집단이었으나, 오늘날에는 87%가 무슬림이다. 8천 4백만 명에 달하는 인구의 대부분은 비옥한 나일강 유역에 사는데, 세계에서 가장 높은 인구 밀도를 자랑한다. 이집트인 다수는 여전히 팔라흐(fellah, 농업에 종사하는 정착민)다. 일부 이집트인들은 전통 의상(발목 길이의 긴 웃옷)을 입지만 도시의 많은 남자는 청바지와 운동화를 신는다.

아랍인이 많이 몰려 있는 다른 곳으로 차드(100만 명 이상), 코모로(50% 이상), 이란(100만 명 이상), 이스라엘(20% 이상), 미국(100만 명 이상) 등을 들 수 있다.

출처_ *operationworld.org; imb.org.*

중동은 어디인가?

발적으로 무슬림이 되기 전의 상황일 뿐이다. 다른 한편, 군사적 확장을 바라보는 칼리프들의 마음속 동기는 궁극적으로 이슬람으로 개종하는 자들이 있어야 한다는 것이었다. 군인들의 마음에는 다른 모든 세대와 마찬가지로 전리품에 대한 욕망이 있기 마련이다. 그러나 무슬림 정복자들은 무분별한 파괴 행위를 거의 하지 않는 절제력으로 유명했다.[5]

지하드가 이슬람 확장 기저에 깔려 있던 주요 동기 중 하나이기는 했지만, 오늘날 많은 무슬림은 지하드를 성전(聖戰)으로 번역하는 것이 오해를 만들고 있다고 느낀다. 앤드류 리핀은 이슬람 학자들이 지하드의 개념을 어떻게 이해하게 되었는지 다음과 같이 설명한다.

꾸란에는 불신자들에 대항한 무력 투쟁의 필요성이 분명하게 언급된다. 꾸란 22장 39절에서 보듯이 말이다. "침략하는 자들에 대항하여 투쟁하는 것이 너희에게 허락되나니 모든 잘못은 침략자들에게 있노라 하나님은 전지전능하사 너희에게 승리를 주시니라." 여기서 투쟁이 방어적인지 공격적인지는 중요하지 않다. 이슬람에 대한 거부는 때로 이슬람에 대한 공격과 다름없게 여겨지기 때문이다. 지하드의 최종 목표는 온 세상이 이슬람의 지배 아래 들어와 결국 평화를 이루는 것이다.

지하드의 개념에는 연합된 무슬림 공동체, 즉 움마가 포함되어 있다. 움마는 이슬람을 확장시키는 데 집단적인 의무를 가지고 있다. … 확장주의 전쟁은 먼저 불신자들에게 이슬람을 받아들이라고 초청하지 않고서는 일어나지 않는다. 그러한 초청을 거절할 경우 전쟁은 정당화된다. 지하드의 개념 아래 연합 공동체에 대한 생각이 깔려 있음을 이해하는 것이 중요하다. 이것이 교리가 가지고 있는 (종교적이 아닌) 정치적 의미를 강조하기 때문이다.[6]

아프리카와 아시아에 이슬람이 확장됨

무슬림 군대는 인도 북서부 지방을 무력으로 정복했다. 터키의 마흐무드 장군은 자기가 펀자브에서 일으킨 전쟁을 이교도와 우상숭배자들과의 전쟁으로 인식했다. 힌두교 우상들은 박살났고 몇몇 힌두교 사제들은 처형당했다. 그러나 앞서 유대인과 그리스도인들에게 관용을 베풀었던 무슬림 군대는 이후에 인도 아대륙의 조로아스터교인, 힌두교인, 불교인들에게도 관용을 베푼다.

이슬람은 사하라 사막을 건너는 상인들을 통해 처음 서아프리카까지 뻗어 갔다. 무역 관계가 수세기 이어진 후 몇몇 왕과 술탄들이 이슬람으로 개종한다. 자크 조미에는 이렇게 말한다. "이슬람은 재정의 이슬람, 문인들의 이슬람, 군사들의 이슬람, 무역업자들의 이슬람을 뛰어넘었다. 통치자들의 메카로의 성지 순례, 아랍어를 가르치는 학교의 존재 등이 초기 단계에서 발휘한 역할을 간과해서는 안 된다. 아랍어가 채택되고, 북아프리카, 메카, 카이로 등 무슬림 중심지와의 문화적 관계가 수립되었다."[7]

900년 이후	무슬림 상인들이 사하라 사막을 건너 서아프리카까지 도달함; 이들이 동아프리카 해안 지대에 정착함; 1400년에 잔지바르가 이슬람화됨
약 1000-1250년	가즈나(아프가니스탄)의 터키인 통치자인 마흐무드의 지휘 아래 북인도를 군사적으로 점령함; 인도에서 첫 번째 무슬림 술탄이 임명됨
약 1000-1100년	무슬림 상인들이 사하라 사막 남쪽에 있는 서아프리카로 들어가고 수세기 후 몇몇 술탄들이 이슬람으로 개종함
1054년	모리타니의 알모라비드 왕조가 니제르강 북쪽 서아프리카 가나 지역을 점령함

중동은 어디인가?

극동, 인도 아대륙, 근동, 중동, 이 용어들은 각각 아시아와 아프리카의 지역들을 자세히 설명할 때 쓰인다. 하지만 그러한 호칭은 일반적으로 이 지역에 사는 사람들에 대한 부정적 함축을 지닌 경우가 종종 있다. '극동'보다는 '동아시아', '인도 아대륙'보다는 '남아시아'라는 호칭이 더 낫다. 하지만 '근동', 특히 '중동'은 분명한 대안이 될 만한 이름이 없다.

때로 '근동'은 중앙아시아('~스탄'이 들어가는 나라들)와 이란(페르시아)을 포함한다. 때로는 이란, 파키스탄, 아프가니스탄이 '중동'의 일부로 포함되기도 한다. 그들은 언어학적, 역사적, 문화적으로 뚜렷이 다른데도 말이다. 북아프리카의 언어학적 유대와 터키의 역사적 함축 때문에(오스만 제국을 통한) 그 나라들 역시 '중동'이라고 잘못된 이름이 붙어 있다. 하지만 터키인(그리고 이란인)은 일반적으로 중동 사람이라고 불리는 것에 신경 쓰지 않는다.

현대 터키는 아나톨리아라는 명확한 지리적 이름을 가지고 있다. 아라비아, 예멘, 다른 아랍만 국가들 역시 아라비아 반도라는 이름을 가지고 있다. 아나톨리아, 아라비아 반도, 중앙아시아, 북아프리카, 페르시아 같은 용어들은 이 지역을 정확하게 나타내며 그곳 주민들도 받아들일 수 있는 이름이다. 시대에 맞게 명명법을 바꾸는 것이 옳다. (예를 들어 서구인들은 더 이상 동남아시아를 '인도차이나'라고 부르지 않는다.) 이라크(고대 메소포타미아), 이스라엘, 요르단, 레바논, 팔레스타인, 시리아를 '서남아시아'라고 부르는 것이 어색하기는 하지만 이 호칭이 '중동'보다는 정확하다.

출처_ *Encountering the World of Islam*.

거룩한 인질(Injil)

아랍어 성경 표지

1200–1300년	이슬람이 인도네시아에 도착함; 자바 섬이 이슬람으로 개종함
1206년	또 다른 터키 왕조가 북부와 북동부 인도에 이슬람을 전파함; 델리 지역도 술탄의 지배 아래 들어감
1220년	칭기스칸이 페르시아를 침입함
1258년	바그다드가 함락됨
약 1700–1800년	대서양과 홍해 사이에는 사하라 이남의 이슬람 국가들이 줄지어 있음
1800–1880년	서아프리카의 지하드 전쟁은 이슬람 부족을 이슬람에 보다 충실히 추종하게 함; 무슬림이 동아프리카 내륙으로 침투하기 시작함

이슬람이 아프리카와 아시아에 확장되는 과정에서 매력적으로 작용한 주된 요인들을 나열할 때, 무엇보다 중요하게 생각해야 할 부분은 다음과 같다. 외세 통치로부터의 자유, 이슬람의 관용 정신, 기독교 믿음과 근접함, 기꺼이 현지 종교와 문화를 포용하려는 마음, 단순성과 합리성, 이슬람 문화와 문명의 윤리적 우월성 등.[8]

이슬람이 서아프리카에 확장되는 후기 단계에서는 무슬림형제단과 카디리야 같은 단체가 중요한 역할을 담당했다. 예를 들어 우스만 단 포디오가 주도한 일련의 지하드 전쟁 또한 대규모 지역을 무슬림 통치 아래에 들어오게 하고 이슬람을 보다 엄격히 준수하게 만드는 데 큰 역할을 했다. 조미에에 따르면, "이슬람이 대다수 민중에게 영향을 미치기까지 오랜 시간이 걸렸다. 한편으로는 무슬림형제단을 통해, 다른 한편으로는 18, 19세기의 풀라니 왕조가 벌인 여러 성전을 통해 이슬람이 오지와 시골까지 들어가게 되었다."[9]

아프리카에 전파되는 과정에서 이슬람은 때로 표면적으로만 받아들여지기도 했다. 아프리카의 전통 신앙의 세계관과 관습까지 급진적으로 바꾸지는 못했던 것이다. 이로 인해 대부분 아프리카 지역에서 탄생한 민속 이슬람은 전통적인 정통 이슬람과는 거리가 멀다. 조미에는 그에 대해 이렇게 말한다. "이슬람이 새로운 개종자에게 간단한 신앙고백만을 요구하기 때문에 개종자와 그 후손들은 매우 애매한 사고방식과 행동양식을 고수하기도 한다."[10] 그러나 이슬람이 권력을 얻은 후 전통적인 관습과 체계는 금지, 말살되었다.

아시아의 많은 지역에서 이슬람은 상인, 교사, 성인들에 의해 확장되었으며, 물론 국지전도 제외할 수 없다. 파즐라 라흐만에 따르면, "이슬람을 확산시킨 이들은 주로 수피들이었다. 이들은 영적인 활동뿐만 아니라 무슬림과 비무슬림을 가리지 않고 모든 사람에게 인도주의적 봉사를 펼침으로써 이슬람이 매력적으로 다가가게 만들었다."[11] 무슬림들은 글을 읽고 쓸 줄 알며, 치유 사역에 관여하고, 보다 부유한 탓에 우월하게 여겨졌다.

이슬람 확장 초기에 시작되었고 중동과 아라비아에서 성행한 노예무역은 동아프리카와 서아프리카 모두에서 이슬람의 영향력과 힘이 확대되는 데 중요한 역할을 했다. 이로 인해 많은 아프리카인들이 중동 지역으로 유입되어 결국 이슬람으로 개종하게 되었다. 이와 유사하게 아프리카 내에서도 지하드 기간 동안 노예무역과 노예화가 확대되었고, 그 결과 전통 종교를 실천하는 아프리카인들이 무슬림 동포들에 의해 대규모로 노예화되는 일이 발생했다. 노예화로 야기된 사회적 혼란은 노예라면 마땅히 주인의 종교와 생활 방식을 따라야 한다는 사실과 연결되어 아프리카인들이 이슬람으로 개종하는 데 중요한 역할을 한다.[12]

750년 바그다드의 아바스 왕조 초기에도 이슬람 세계는 여전히 연합되어 있었고, 그 제국은

거룩한 책

무슬림은 꾸란과 하디스, 토라, 시편, 복음서를 거룩한 책으로 여긴다. 꾸란은 또한 이 초창기 책들의 가르침을 확증한다.

우리는 하나님을 믿고 우리에게 내려진 계시와 아브라함과 이스마엘과 이삭과 야곱과 그 자손들에게 내려진 율법을 믿으며 모세와 예수와 예언자들에게 내려진 율법을 믿으며 예언자들을 구별하지 아니하며 하나님만을 믿는다 말하라(꾸란 3:84).

하나님이 그대에게 계시한 것에 그대가 의심한다면 그대 이전에 성서를 읽은 자들에게 물어보라 실로 주님으로 부터 그대에게 진리가 이르렀나니 의심하지 말라(꾸란 10:94).

하지만 무슬림은 성경을 신뢰하지 않는다. 성경이 변질되었다고 생각하기 때문이다.

그들이 그들의 성약을 깨뜨림으로 말미암아 하나님은 그들을 저주하였고 그들의 마음을 거칠게 하였노라 그들은 말씀을 위조하고 그들에게 계시된 진실의 말씀을 망각하고 있나니 너희는 그들 가운데 소수를 제외하고는 모든 것이 위조됨을 발견하리라 그러나 그들을 용서하고 관대할지니 하나님은 사랑을 베푸는 자를 사랑하심이라 그들 가운데 우리는 기독교인들이라 말하는 그들과도 하나님께서는 성약을 하셨노라 그들은 그들에게 계시된 것을 망각하매 하나님은 심판의 날까지 그들 가운데 적의와 증오가 있게 하리라 하나님은 곧 그들이 행한 것을 그들에게 보여 주시리라 성서의 백성이여 너희에게 하나님의 선지자가 오셨나니 너희들이 성서에서 은닉했던 많은 것과 설명되지 아니한 많은 것들을 밝혀 주리라 이렇게 하여 하나님으로부터 빛과 성서가 너희에게 이르렀노라(꾸란 5:13-15).

그럼에도 그들은 자신의 유익을 위해 성경을 읽으라고 권면받는다.

주님께서 계시한 말씀을 낭송하라 어느 누구도 그분의 말씀을 변경할 수 없으며 그분 외에는 어떤 안식처도 발견치 못하리라(꾸란 18:27).

출처_ *Encountering the World of Islam*.

여전히 명성과 권력을 누리고 있었다. 특히 두 칼리프 하룬 알라시드(Harun al-Rashid, 786-809년)와 알마으문(al-Ma'mun, 813-833년)은 화려한 궁궐과 통치 기간 동안 이룬 과학, 문화적 업적으로 기억되고 있다. 이러한 황금기는 10세기 말까지 지속된다. 그러나 이 시기 동안 각 지방이 차례차례 독립을 얻으면서 제국의 정치적 연합이

버스를 기다리고 있는 자바족

히잡

믿는 여성들에게 일러 가로되 그녀들의 시선을 낮추고 순결을 지키며 밖으로 나타내는 것 외에는 유혹하는 어떤 것도 보여서는 아니되니라 그리고 가슴을 가리는 머릿수건을 써서…(꾸란 24 : 31).

그 여성은 길게 늘어진 검은 겉옷으로 온몸을 완전히 감싸고 있었다. 눈밖에 보이지 않았지만 왠지 나와 잘 통할 것 같았다. 나는 미소를 지었고 더듬거리며 인사했다. 그 여성의 눈이 빛났으며 우리는 서로 마음이 통했다. 우리는 남편과 결혼을 주제로 이야기를 주고받으며 웃었다. 나는 또 하나님을 믿는 것에 대해 말했다. 내가 다른 사람들처럼 베일에 가려진 무슬림 여성을 제대로 바라보지 않고 그냥 지나쳤다면 이런 기회를 놓쳤을 것이다. 두려워하거나 그들에게 뭐라 말해야 할지 모르기 때문인가? 어쩌면 그저 그들이 왜 다른 옷차림을 하고 있는지 이해하지 못해서일 수도 있다.

여성은 정숙해야 한다고 강하게 믿는 무슬림 여성들은 자랑스럽게 베일을 착용한다. 히잡, 부르카, 차도르 혹은 아바야라고 부르는 그것은 머리, 때로는 얼굴을 가린다. 현지 풍습에 따라 다르지만 무슬림들은 발끝까지 늘어지는 사우디의 카드리스를 입을 수도 있고, 이집트에서 흔히 볼 수 있듯 현대적인 옷을 입고 머리에 단단히 조여 맨 머리 덮개(얼굴만 보이는)를 할 수도 있으며, 파키스탄 사람이 입는 것처럼 머리에 느슨하게 두른 부드러운 숄(헐렁한 바지와 긴 여성용 상의인 살와르 카미즈와 함께)을 걸칠 수도 있다. 여자들은 정치적 표현으로, 종교적 혹은 문화적 정체성을 나타내는 표시로, 가문의 영광을 나타내는 것으로, 혹은 안전하고 존경받는 방법으로 베일을 쓴다.[1] 사우디아라비아 출신으로 런던에서 교육을 받은 29세 여성은 이렇게 말한다.

> 서구 사람들이 믿듯이 베일을 … 억압, 방해, 혹은 복종의 표시라고 생각하는 것은 매우 잘못입니다. … 나는 개인의 종교 선택을 나타내기 위해 베일을 씁니다. 서구에 살면서 온갖 부패와 부도덕을 보기 때문입니다. … 이제 나는 우리 고장의 전통을 보다 더 확신하며 더욱 애착을 느낍니다. 나는 아랍인-이슬람이라는 정체성을 지키고 싶습니다. 그 방법 중 하나가 내게는 베일을 쓰는 것입니다.[2]

1. Phil and Julie Parshall, *Lifting the Veil: The World of Muslim Women* (Waynesboro, Ga.: Gabriel Publishing, 2002), 58쪽.
2. Mona Al Munajed, *Women in Saudi Arabia Today* (New York: St. Martin Press, 1997), 57쪽.

출처_ Annee W. Rose, frontiers.org.

참고문헌_ Randa Abdel-Fattah, *Does My Head Look Big In This?* (Danbury, CT: Scholastic Paperbacks, 2008).

약화된다. 이 시기부터 칼리프는 무슬림 세계에서 그저 명예상의 지도력만 발휘하게 된다.

이슬람과 유럽의 관계

오늘날까지 무슬림들은 이슬람이 800년 가까이 스페인을 통치했던 것을 자랑스럽게 여긴다. 이 시기에 무슬림, 그리스도인, 유대인은 평화롭게 공존하며 문화, 과학, 의학이 꽃피우는 데 기여한다. 오늘날까지 이슬람과 스페인 건축 양식이 혼합된 건물들이 남아 있다. 이븐 하즘과 이븐 아라비 같은 유명한 이슬람 학자와 마이모니데스 같은 신비주의 유대 철학자가 탄생했다. 살만 루시디의 소설, 『무어의 마지막 한숨』이라는 제목은 1492년에 그라나다의 마지막 무어인 왕 보아브딜이 스페인에 항복한 후 도시를 마지막으로 바라보았던 언덕의 이름에서 가져온 것이다.

스페인에서 무슬림과 그리스도인이 평화적으로 공존했음에도 불구하고 중세 시대 동안 이슬람을 대하는 유럽인의 태도는 무시, 공포, 의심, 적대 등과 같은 단어로 요약할 수 있다. 1143년에 꾸란은 라틴어로 처음 번역되었다. 그러나 대부분 유럽인들은 이슬람에 대해 거의 알지 못했다. 그들이 아는 것은 이슬람의 믿음과 관습에 대해 매우 악의적으로 왜곡된 내용뿐이었다. 그들은 이슬람을 두려워하고 경멸하는 동시에, 자기들 것보다 많은 면에서 우월한 그들의 문명을 시기했다.[13]

711년	무어족이 지브롤터에서 스페인으로 건너감
732년	카를 마르텔이 푸아티에에서 무슬림 군대를 물리침
1060년	무어족을 스페인에서 몰아내려는 국토회복운동(레콘키스타, Reconquista)이 시작됨

1096-1291년	십자군 운동
1095년	교황 우르바누스 2세가 프랑스 클레르몽에서 십자군 원정을 호소함
1096년	십자군이 예루살렘을 탈환함
1169년	살라딘(살라 알딘)이 예루살렘을 재탈환함
1291년	아크레가 함락되고 십자군 통치의 막이 내림
1396년	오스만 투르크 제국이 동유럽에 진출함
1453년	콘스탄티노플이 오스만 투르크 제국에게 함락됨
1565년	투르크 제국이 몰타를 공격하지만 격퇴당함
1683년	투르크 제국이 비엔나를 공격하나 격퇴당함

십자군 운동은 당시 무슬림들에게 종교 전쟁으로 인식되지 않았으며 팔레스타인과 시리아에 대한 무슬림의 지배에 심각한 영향을 미치지도 않았다. 그럼에도 십자군 운동은 두 가지 측면에서 지속적인 충격을 남겼다. 첫째, 십자군 운동은 수세기에 걸쳐 그리스도인과 무슬림 사이의 관계를 악화시켰다. 이 시기 이후로 이슬람 통치 아래 살아가던 그리스도인들과 유럽의 그리스도인들을 대하는 태도가 강경해졌다. 둘째, 십자군 운동은 동방 기독교를 크게 약화시켰다. 이로 인해 비잔틴 제국은 12세기 이후 서쪽으로 세력을 확장하던 투르크 제국에게 공격을 당했다. 1453년 비잔틴 제국이 투르크 제국에 멸망당한 것은 십자군 전쟁의 간접적인 영향으로 보인다.

1492년 십자군이 쫓겨났지만 오늘날 많은 무슬림들의 마음속에 십자군 운동은 아직 끝나지 않았다. 1492년 콜럼버스가 신세계를 찾아 서쪽으로 항해했을 때, 그는 무슬림 세계와의 전쟁에 사용될 새로운 부의 원천을 찾고 있었다. 1917년 구로 장군은 프랑스 군을 이끌고 다마스쿠스에 진출해 살라딘 무덤 앞에 섰을 때 이렇게 말한다. "살라딘이여, 우리가 돌아왔소. 나는 여기 서서 기독교가 이슬람에 승리했음을 입증하는 바이오."[14] 많은 무슬림들이 최근 중동 지역에서 일어난 전쟁들을 십자군 운동의 연장선으로 인식하고 있다. 즉 서방의 그리스도인이 동방의 무슬림을 지배하려는 것으로 느끼는 것이다.

역대 이슬람 제국과 왕조

여기서는 무슬림들이 "세계 무대에서 지배적인 힘을 발휘하고, 하나의 국제적 공동체 안에서 연합해 언어, 문화, 세계관 등의 차이에 영향받지 않았던"[15] 시기와 장소를 명시하겠다.

750-1258년	바그다드의 아바스 왕조
969-1171년	이집트에서 파티마 왕조(시아파)가 통치함
969년	카이로가 파티마 왕조의 수도가 되면서 동시에 이슬람 세계의 중심지가 됨
1254-1517년	이집트의 맘루크 왕조
1453년	오스만 투르크 제국이 비잔틴 제국(콘스탄티노플)을 점령함; 무슬림의 발칸 반도 진군이 시작됨
1492년	그라나다 함락; 무슬림이 스페인에서 결국 쫓겨남
1503-1722년	페르시아의 사파비 왕조; 시아파 이슬람이 페르시아의 국교가 됨
1512-1917년	터키에 근거지를 둔 오스만 제국이 소아시아, 시리아, 팔레스타인, 이라크, 아라비아 반도, 이집트, 북아프리카 일부, 발칸 반도 등을 통치함
1529, 1683년	오스만 투르크 제국이 빈을 공

	격하다가 퇴각함
1526-1853년	북인도의 무굴 제국

서구의 제국주의가 어떤 방식으로든 기독교와 관련되어 있었다고 비판하는 무슬림이 있다면, 이슬람에도 제국이 있었음을 지적해야 공정할 것이다. 예를 들어 무슬림이 안달루시아(스페인)를 통치한 것과 영국이 인도를 통치한 것 사이에 유사성이 조금도 없다고 할 수 있는가? 서구 기독교 제국주의에 대한 기록과 이슬람 제국주의에 대한 기록을 비교할 때 얻을 수 있는 것이 없는가? 두 종교 모두 제국을 만들어 냈다. 두 공동체 모두 과거를 돌아보면 복잡한 감정이 생기는 것은 어쩔 수 없다. 과거에 성취한 업적을 보며 자부심을 느끼다가도 제국 확장과 관련해 저지른 폭력을 보며 수치심을 느끼는 것이다. 예를 들어 서구 그리스도인들이 두 세기에 걸쳐 인도 아대륙이나 인도네시아의 무슬림들이 서구 기독교의 지배 아래에서 어떻게 살았을지 이해하려 노력해야 한다면, 무슬림 또한 14세기 동안 중동의 그리스도인들이 이슬람 통치 아래에서 어떻게 살았을지 스스로 질문해야 한다.

유럽 제국주의

18세기 중반과 20세기 중반 사이의 시기를 가리켜 콜린 터너는 이렇게 부른다. "무슬림 세계가 문화적, 경제적, 정치적으로 천천히 그러나 가차 없이 쇠락하는 시기." 그는 계속해서 말한다.

중세 무슬림 세계를 지배한 세 개의 제국, 즉 소아시아의 오스만 제국, 이란의 사파비 왕조, 인도 아대륙의 무굴 제국은 18세기에 들어 점진적인 쇠퇴와 환멸, 불만과 맞서면서 어쩔 수 없이 '황금기'에서 구세대로 넘어갔다.[16]

1757년	인도로 영국의 확장이 시작됨
1792년	윌리엄 캐리가 인도에서 사역을 시작함
1798-1801년	나폴레옹이 이집트를 차지함; 무슬림 국가를 유럽이 통치한 첫 번째 시기
1800-1812년	헨리 마틴이 인도와 페르시아에서 사역함
1854년	인도 아그라에서 판더가 공개적으로 논쟁함
1857년	인도 독립 전쟁
1881년	우라비 혁명 이후 영국이 이집트를 점령함
1910년	에딘버러 세계선교대회
1917년	알렌비 장군의 예루살렘 입성
1918년	오스만 투르크의 패배와 오스만 제국의 몰락
1922년	터키의 아타튀르크가 칼리프 제도를 폐지함
1948년	이스라엘 국가 수립

(아라비아 반도, 터키, 이란, 아프가니스탄 등을 제외한) 무슬림 세계 전체는 서구 제국주의 세력에 한두 차례씩 지배당했으며, 어떤 경우 200년이나 지배당하기도 했다. 이 점이 시사하는 바는 수세기에 걸친 이슬람 제국의 통치와 "이슬람이 지배해야 한다"는 기본 신념과 비교할 때 제대로 이해할 수 있다. 케네스 크래그는 무슬림이 비무슬림에게 지배당하는 것을 받아들이기 어려워하는 이유를 다음과 같이 설명한다.

이슬람은 넓은 지역에서 비무슬림 정부 아래 있었다. 서구 제국주의 지배 세력은 대체로 종교 관습에 영향을 미치지는 않았다. 모스크를 폐쇄한다든지 라마단과 성지 순례를 금지하지 않았다. 이 모든 종교적 시금석에서 이슬람은 통제로부터 자유로웠다. 그러나 정치적으로 많은 사례에서 무슬림들은 자치하지 못했다. 이슬람이 지배해야 한다는 기본 신념을 떠올려 보자. 이슬람이 지배할 당시 오래 유지되었던 칼리프의 역사를 떠올려 보자. 히즈라 이후로 이슬람은 종교와 정치를 하나로 묶어 두었다. 그렇기에 무슬림이 다스릴 수 없다면 아무리 종교 의식이 자유롭다 하더라도 온전한 의미에서 이슬람이 될 수 없다. 이는 망명 상태와 같으며 이로 인한 혼란과 고통은 19세기에 많은 논쟁을 불러일으켰다. 예를 들어 인도에서…이슬람은 당혹감과 실망감을 겪었다.[17]

무슬림은 서구 제국주의를 기독교 선교와 연관 짓는 경향이 있다. 많은 경우 선교사들이 상인과 군인을 따라와 기독교 메시지를 전파하는 데 제국주의 권력과의 관계를 이용했기 때문이다. 무슬림은 이 두 운동이 기본적으로 같은 원천, 즉 세계를 지배하려는 서구 그리스도인의 열망에서 출발한다고 인식한다. 역사가들은 선교와 제국주의의 관계가 이보다 훨씬 복잡하며, 이슬람 선교와 이슬람 확장 간의 관계에 대해 역시 이와 유사한 분석을 할 수 있다고 말할 것이다.

무슬림 세계의 정치적, 경제적 하락을 겪으며 무슬림들은 스스로를 진지하게 성찰하게 되었다. 그들은 이렇게 질문한다. "이슬람이 승리하게 되어 있다면, 제국의 통치와 번영을 통해 하나님이 이슬람을 지지하심을 알 수 있다면, 하나님이 무슬림 세계가 이토록 쇠퇴하게 두시는 이유가 무엇인가?" 서구인들이 무슬림 세계에 가져온 것에 대한 반응으로 일부 무슬림들은 서구 세계의 성공과 번영의 이유를 알아내 거기서 모든 것을 배우기로 결심했다. 예를 들면 1839년 오스만 제국에서 시작된 탄지마트 개혁 정책은 매우 의미 있는 변화들을 도입해 모든 종교 단체가 법 앞에 평등하도록 했다. 그 정책은 "지금껏 무슬림 세계에서 시도된 가장 폭넓고 가장 개혁적인 정책"이었다.[18] 어떤 무슬림들은 그들이 얻는 물질적 혜택은 고마워하면서도 신앙에 대해 의구심을 갖거나 종교와 정치를 분리하는 등 서구적 사고와 연관된 몇몇 발상은 거부하기도 했다. 앤드류 리핀은 무슬림이 처한 기본적인 딜레마를 다음과 같이 요약한다.

유럽이 식민지 세력으로 급부상하자 이는 무슬림에게 깊이 뿌리박혀 있는 생각을 뒤흔들었다. 이슬람의 존재에 대한 기본 가정 중 하나를 뒤흔든 셈이다. 서구화라는 시류에 편승하지 않고 이 문제의 뿌리를 탐구하기를 원하는 사람들이 정체성 혼란이라는 문제에 직면했다. 그러므로 현대 상황은 이슬람에게 근본적인 과제 중 하나로 인식되고 있다. 현대 상황에 대한 대응의 실패는 곧 종교 이슬람의 실패와 같다. 세계에서 정치적 영향력을 발휘할 수 없을 때 이슬람은 어떤 위치에 있는가?[19]

1948년 이스라엘 국가 수립은 대부분의 아랍인과 무슬림들에게 서구식 제국주의가 가져온 최악의 결과이자 가장 쓰라린 사례로 비쳤다. 그들의 관점에서 (대부분 유럽에서 온) 유대인들은 수 세기 동안 팔레스타인에 이미 거주하고 있던 소

무슬림에게 주신 하나님의 약속

위대한 세계 종교인 유대교, 기독교, 이슬람의 시조는 강한 믿음의 사람 아브라함이다(히 11:11, 17-19). 하나님은 아브라함과 언약을 맺으면서 그를 통해 그의 후손과 땅의 모든 백성에게 복을 주겠다고 약속하셨다(창 12:1-3; 15:1-19). 신약에 보면 우리는 예수님을 믿는 믿음을 통해 "아브라함의 자손이요 약속대로 유업을 이을 자"(갈 3:26-29)들이다. 성경에 보면 아브라함은 하나님의 벗이라고 불린다(대하 20:7; 사 41:8; 약 2:23). 그는 이슬람에서 같은 이름인 칼릴룰라(Khalil Ullah)라고 알려져 있다(꾸란 4:125). 무함마드의 아라비아 부족들과 오늘날의 무슬림들은 자기 조상을 사라가 낳은 아브라함의 아들 이삭이 아니라 하갈이 낳은 아브라함의 아들 이스마엘로 본다.

불행한 상황으로 인해 하갈은 집에서 도망쳐야 했다. 그러나 하나님은 하갈에게 큰 자비를 베푸셨다. 이스마엘이 태어났을 때 하나님은 하갈의 후손이 곧 셀 수 없이 많아질 것이라고 약속하셨다(창 16:9-11; 17:20; 21:8-21; 25:13-16). 오늘날 16억 이상의 무슬림(다섯 명 중 한 명 꼴)이 하갈과 결부되어 있다.

하갈이 부르짖었을 때, 하나님은 하갈의 아들에게 이스마엘이라는 이름을 지어 주셨다. 이는 하나님이 들으신다는 의미다(창 16:11). 더구나 "하나님이 그 아이와 함께 계시매 그가 장성하"(창 21:20)였다. 하나님과 하갈 및 이스마엘과의 관계는 인류를 향한 하나님의 끝없는 사랑을 예시한다. 오늘날까지도 하나님은 수많은 하갈과 이스마엘을 잊지 않으셨다. 하나님은 여전히 그들의 부르짖음을 들으신다.

이사야는 (60장과 61장에서) 영광스러운 장면을 묘사한다. 땅의 모든 민족이 하늘로 모여드는 장면이다. "네 눈을 들어 사방을 보라 무리가 다 모여 네게로 오느니라"(사 60:4). 이 본문과 다른 많은 본문들은 무슬림 친구들에게 소망을 약속한다. 이스마엘의 자손들이 부활하신 그리스도를 경배하기 위해 그들의 양 떼를 데리고 올 것이다. "게달[아라비아 사막의 한 지역]의 양 무리는 다 네게로 모일 것이요 느바욧[이스마엘의 장자]의 숫양은 네게 공급되고 내 제단에 올라 기꺼이 받음이 되리니"(사 60:7).

출처_ Don McCurry, *Healing the Broken Family of Abraham* (Colorado Springs: Ministry to Muslims, 2001).

꾸란을 공부하고 있는 마두라족 소년

규모 유대인 공동체 곁을 비집고 들어오는 식민지 개척자처럼 보였다. 그들은 그 과정에서 팔레스타인 수천 명의 자리를 꿰찼다. 이 모든 일이 이슬람의 심장부에서 서구 세력(특히 영국과 미국)의 비호 아래 일어났다. 세계의 다른 지역에서는 서구의 제국주의가 독립 국가(대부분 이슬람 국가) 탄생에 길을 내줄 때에도 시온주의자들이 세운 이스라엘은 아랍과 무슬림 세계에 육체의 가시처럼 남아 있었다. 그것은 이슬람 세계의 심장에 자라는 암이자 원치 않게 이식받은 장기 같았다. 서구인들은 이러한 인식에 이의를 제기할 것이다. 그러나 최근 수십 년간 무슬림 세계에 자라난 분노를 이해하고 싶다면, 이스라엘 수립이 무슬림에게 무엇을 의미하는지 이해하는 것이 중요하다.[20]

개혁과 갱신 운동

거대 이슬람 제국들의 쇠퇴와 많은 무슬림 세계에 대한 서구 세력 통치로 인한 절망과 패배감을 배경으로 18세기와 20세기 사이에 이슬람의 개혁과 갱신 운동을 주도한 열 명을 살펴보려 한다. 그들은 서구 제국주의의 지배라는 심각한 충격에 어떤 식으로든 대응하려 애썼다. 그들은 무슬림 세계의 쇠퇴를 진단하고 선지자 시대의 순전한 이슬람을 어떻게 회복할 것인지 충고했다. 그들은 서구 세력이 제공하는 모든 것에 얼마나 긍정적으로 반응했는가? 그리고 얼마나 부정적으로 반응해야 했는가? 19세기 초반에 무슬림은 서구 세계에 보다 긍정적인 경향이 있었다. 그러나 유럽 제국이 그들 세상에 행하는 것을 보고 식민주의자들의 동기가 전혀 이타적이지 않음을 깨달으면서 그들의 반응은 점차 부정적으로 변했다.

샤 왈리 알라(Shah Wali Allah, 1702-1762년)는 델리에서 활동한 인물로서 예언자 시대의 순수한 이슬람과 수피즘의 이상으로 회귀함으로써 인도의 이슬람 갱신을 위해 일했다. 그에게 이것은 이슬람에 스며든 힌두교적 요소를 제거하고 무슬림 정부가 다시 복원되리라는 소망을 장려하는 것이었다. 이슬람에 대한 그의 견해는 다음과 같다. "사회적, 경제적 정의 교리에 따른, 광범위하고 인도주의적인 사회학적 토대가 이슬람에 자리하고 있으며, 그 꼭대기에는 수피 세계관이 있다"(파즐루 라흐만). 파키스탄 역사가 이크람은 이에 대해 "인도 이슬람의 종교적 쇄신에 가장 크게 기여한 사람이 바로 그다"라고 말했다.

무함마드 이븐 압둘 알와하브(Muhammad ibn Abd al-Wahhab, 1703-1791년)은 한발리 학파와 이븐 타미야(1328년 사망)의 가르침을 받은 아랍의 셰이크로서 이라크와 페르시아를 오랫동안 여행한 후 40세 때 아라비아로 돌아와 이슬람 정화 운동을 시작했다. 그는 주로 1)성자 숭배, 성자 무덤 방문, 선지자 무함마드와 성자들의 중보에 대한 믿음, 그리고 그가 '미신'이라고 여기는 다른 형식 등의 대중 이슬람적 요소들, 2)무슬림이 도덕적 기준을 낮추는 것, 3)수피, 철학자, 신학자들이 기본적인 이슬람 신앙과 실천에 뭔가를 덧붙이는 것 등을 공격했다. 그는 꾸란과 순나를 유일한 권위의 근원으로 보고, 메디나의 선지자가 세운 이슬람 국가를 이슬람의 황금시대를 대표하는 모델로 간주하면서 이후의 모든 이슬람의 권위를 거부했다. 이 운동은 사우디아라비아가 1932년에 건국되었을 때 이슬람의 공식 표지가 되었으며, 그때부터 이슬람 세계로 퍼져 나갔다. 오사마 빈 라덴과 오늘날 많은 이슬람 급진주의자들이 이 전통에 뿌리를 두고 있다.

사이드 아흐마드 칸(Sayyid Ahmad Khan, 1817-1898년)은 델리에서 활동한 인물로서 다른 많은 무슬림보다 현대 과학 지식에 적극적인 관심을 가졌으며, 이는 이슬람과 충분히 양립할 수 있다고 주장했다. 또한 이슬람과 기독교가 많은 것을 공유하고 있음을 납득시키려 애썼다. 트레버링에 따르면, "인도의 무슬림들이 현대 세계에서 이슬람 종교가 차지하는 위치에 대해 새롭게 이해하게 된 것은 상당 부분 그의 공로다."[21]

자말 알딘 알아프가니(Jamal al-Din al-Afghani, 1839-1897년)는 무슬림이 직면한 사회적, 정치적 문제에 관심을 더 가졌으며 정치, 문화, 종교 분야에 이질적 요소들이 침입하는 것에 항의했다. 그는 무슬림권을 하나로 연합하는 일에 관심을 가져 범이슬람 운동의 지도자가 되었다. 이 운동은 이슬람권 국가를 만들어야 한다고 주장한다.

무함마드 압두흐(Muhammad 'Abduh, 1849-1905년)는 카이로의 알아즈하르 대학에서 가르치는 이집트 신학자였다. 그는 현대 사회의 모든 것에 마음을 닫은 것처럼 보이는 많은 정통 신학자의 완고함과 보수적 성향을 비판했다. 자유롭고 열린 이슬람을 대표했으며, 믿음과 이성이 양립할 수 있고 믿음과 현대적 지식 사이에 모순을 느낄 필요가 없다고 주장했다. 이슬람 율법을 더 융통성 있게 표현하길 원했으며, 어떤 경우에는 전통 율법들을 사회적으로 더 적절한 새로운 율법으로 대체해야 한다고 믿었다. 하지만 그는 현대의 비평적 방법들을 꾸란 연구에 적용할 준비가 되어 있지 않았다. 그러한 가르침의 결과, 새로운 세속적 모더니즘이 중동에서 자라났으며, 그것을 신봉하는 일부 사람들은 종교와 국가의 분리를 요구했다. 동시에 꾸란과 순나로 돌아가기 원하는 근본주의자들은 반대했다.

무함마드 이크발(Muhammad Iqbal, 1873-1938년)은 오랫동안 무슬림연맹의 지도자였다. 무슬림연맹은 1906년에 인도 무슬림의 정치적 열망에 초점을 맞추어 창설된 운동이다. 그의 지대한 영향으로 인해 그는 일반적으로 '파키스탄 국가의 영적 설립자'로 여겨진다. 그는 이슬람 율법에 대해 논의하면서 율법 해석을 급진적으로 할 필요가 있다고 믿었다. 시인이며 철학자로도 유명하다.

마울라나 아불 알라 마우두디(Mawlana Abul A'la Mawdudi, 1903-1979년)는 기자로서 독학으로 이슬람 학자가 된 인물이다. 1941년에 '자마아티 이슬라미'라는 이슬람 정당을 세웠다. 무슬림 국가를 별도로 설립한다는 생각에 반대했지만, 1947년 파키스탄 국가가 생기자 "파키스탄 정부를 철저히 이슬람화하고 서구의 모든 도덕적, 영적, 정치적 가치관과 관행을 몰아내는 것"이 그의 주요 목표가 되었다. 그의 글은 많은 언어로 널리 보급되었고, 그가 만든 운동을 통해 그는 진정한 이슬람 사회의 설립을 원하는 전 세계 무슬림에게 계속해서 깊은 영향을 미치고 있다.

하산 알반나(Hasan al-Banna, 1906-1949년)는 이집트 나일강 삼각주의 작은 마을에서 자랐으며, 이슬람에 대해 많은 부분을 카이로의 알아즈하르

터키인 남성

대학을 나온 아버지에게 배웠다. 수에즈 운하 도시인 이스마일리야에서 교사로 일하면서 정치적, 문화적, 경제적으로 억압된 무슬림권의 상태를 뼈저리게 느꼈다. 그와 몇몇 친구들은 맹세로 서로 결의하고 자신들을 '무슬림형제단'(이크와눌 무슬리문)이라 불렀다. 이 운동은 1930년대와 1940년대에 급속히 성장했다. 한때 샤리아를 나라의 법으로 정해야 한다고 요구해 정부가 이를 공식적으로 금지했다. 그럼에도 한 회원이 그 운동을 금지한 수상을 암살한 후 반나는 비밀경찰에게 암살당했다. 무슬림형제단은 일부 아랍 국가에서는 공식적으로 금지되었지만, 여전히 매우 활발하게 활동하며 때론 평화적으로, 때론 혁명과 폭력을 통해 계속해서 샤리아 법의 회복을 요구하고 있다.

사이드 쿠틉(Sayyid Qutb, 1906~1966년)은 수년간 이집트의 학교 교사와 교육부 공무원으로 일했다. 그는 1948년부터 1950년까지 미국에서 2년 간 지내면서 서구 사회의 많은 것들을 존경하면서도 그곳의 타락상을 강하게 비판했다. 무슬림형제단과 함께 일했으며 이집트 나세르 혁명에 대한 세속주의자들의 접근에 비판적이었다. 감옥에서 보낸 9년 동안, 주요 저서 중 하나인 『진리를 향한 이정표』(Signposts on the Way)를 썼다. 이 책은 그가 석방된 후 1964년에 출판되었고, 알반나와 마우두디의 가르침을 '거부파, 혁명적인 무장투쟁'으로 바꿔 놓았다. 그는 오늘날 이슬람 국가에 자힐리야(무지의 시대)의 개념을 적용했고, 충분히 이슬람적이지 않은 기존의 정부를 전복하기 위해 지하드에서 폭력과 테러가 정당화된다고 믿었다. 그는 이집트 정부에 의해 처형당하면서 오히려 인기와 영향력이 높아져 이른바 '이슬람 부흥을 위한 순교자'가 되었다. 그의 글은 이슬라믹 지하드, 탁피르 왈-히즈라, 알카에다 등의 이슬람 극단주의 단체들을 고무시켰다.

아야톨라 루홀라 호메이니(Ayatollah Ruhollah Khomeini, 1900~1989년)는 아버지와 할아버지가 둘 다 종교학자인 집안에 태어났다. 19세에 시아파 학자들 아래서 종교학을 공부하기 시작했으며, 주로 테헤란 남쪽의 종교 도시인 콤에서 공부했다. 그는 깊은 영성과 신비주의를 사회적, 정치적 문제에 대한 열정적인 관심과 결합해 곧 선생과 동료들의 주의를 끌었다. 그는 이란 군주제에 반대 입장을 취했고, 그것이 문화적, 사회적, 정치적 세력인 이슬람을 제거하기로 결정한 전체주의적 독재 정권이라고 보았다. 1943년에 처음으로 정부에 반대하는 공개 성명을 낸 다음, 그는 국민들의 열망을 표현하는 대중 지도자가 되었다. 그는 1963년 나라가 외국의 영향을 더 받도록 만들 것이라고 믿었던 일련의 조치에 항의한 후 체포되었으며 후에 석방되었다. 터키, 이라크, 프랑스(1964-1979년)에서 망명 생활을 하는 동안 그의 설교와 강의들은 이란 내 이슬람 사원 연락망을 통해 인쇄물과 카세트테이프로 널리 보급되었다. 1979년 샤가 나라를 떠난 후, 그는 테헤란으로 돌아왔고 열광적인 환영을 받았다. 그는 1988년 『악마의 시』가 출간되고 나서 몇 달 후, 특별 판결을 통해 그 책의 작가인 살만 루시디에게 사형 선고를 내렸다. 그는 정치인이 아니라 종교인이 나라를 이끌어야 한다는 이슬람법학자통치론(벨러야테 파키, Velayat-e Faqih)을 소개하고, 1989년 죽을 때까지 이란의 이슬람 혁명 지도자로 남았다. ❖

주

1. Michael Nazir-Ali, *Islam: A Christian Perspective*(Bletchley, UK: Paternoster, 1983), 35쪽.
2. William Montgomery Watt, *Islamic Political Thought: The Basic Concepts*(Edinburgh: Edinburgh University Press, 1968), 16-17쪽.
3. Muhammad I-Iusayn Haykal, *The Life of Muhammad*(Indianapolis, IN: American Trust Publications, 1976), 364쪽에서 인용함.
4. Antonie Wessels, "The Significance of Jerusalem for Muslims," in *Jerusalem: What Makes for Peace: A Palestinian Christian Contribution to Peacemaking*, ed. N. Ateek, C. Buaybis and M. Schrader(London: Melisende, 1997), 48쪽.
5. John Taylor, *Introducing Islam*(Cambridge, UK: Lutterworth, 1971), 33쪽.
6. Andrew Rippin, *Muslims: Their Religious Beliefs and Practices*(New York: Routledge, 2005), 65-66쪽.
7. Jacques Jomier, *How to Understand Islam*(London: SCM Press, 1989), 31쪽.
8. 참조. "Islamic mission in the past: persuasion without compulsion?" in my *Islam and the West: Conflict, Coexistence or Conversion?*(Bletchley, UK: Paternoster, 1998), 29-56쪽.
9. Jacques Jomier, *How to Understand Islam*, 31쪽.
10. 같은 책, 37쪽.
11. Fazlur Rahman, "Non-Muslim Minorities in an Islamic State," *Journal of the Institute of Muslim Minority Affairs* 7(1986), 22-23쪽.
12. 참조. John Azumah, *The Legacy of Arab-Islam in Africa: A Quest for Inter-religious Dialogue*(Oxford, UK: Oneworld, 2001).
13. 참조. Albert Hourani, *Europe and the Middle East*(London: Macmillan, 1980), 4쪽.
14. James Reston, *Warriors of God: Richard the Lionheart and Saladin in the Third Crusade*(New York: Anchor, 2002), p. xviii.
15. Colin Turner, *Islam: The Basics*(London: Routledge, 2006), 176-177쪽.
16. 같은 책, 164쪽.
17. Kenneth Cragg, *Islam and the Muslim*(Maidenhead, UK: Open University Press, 1978), 78-79쪽.
18. Turner, *Islam: The Basics*, 172쪽.
19. Rippin, *Muslims: Their Religious Beliefs and Practices*, 182쪽.
20. 참조. 나의 책 "Zionism and Islam," in *Whose Promised Land?*(Oxford, UK: Lion, 2002), 289-298쪽.
21. Trevor Ling, *A History of Religion: East and West*(London: Macmillan, 1982), 300쪽.

이슬람과 지식의 발전

사우디아라비아 대사관

이슬람은 지식에 기초한 종교다. 사람을 구원하는 것은 궁극적으로 하나님의 유일성에 대한 지식과 믿음, 그분에 대한 전적인 헌신이 결합된 것이라고 보기 때문이다. 꾸란 본문은 사람들이 자신의 지성을 사용하고 곰곰이 사고하며 알도록 권유하는 구절로 가득하다. 인생의 목표는 진리를 발견하는 것이며, 그 진리는 다름 아닌 유일하신 하나님을 경배하는 것이기 때문이다.

하디스 문헌 역시 지식의 중요성을 매우 많이 언급한다. "중국에 있을 때에라도 지식을 구하라", "요람에서 무덤까지 지식을 구하라", "지식의 사람은 참으로 선지자의 후계자다"와 같은 선지자 무함마드의 말은 이슬람 역사 내내 울려 퍼지면서 무슬림이 어디에서든 지식을 추구하도록 자극했다. 이슬람 문명은 대부분의 역사 속에서 진정한 지식의 장이 되어 왔다. 그 때문에 모든 전통적인 이슬람 도시에는 공공 도서관과 사립 도서관이 있고, 코르도바와 바그다드 같은 도시의 도서관들은 4만 권 이상의 장서를 자랑한다. 그런 도시에는 서점도 있었는데, 그중 일부는 대단히 많은 종류의 책을 팔았다. 그 때문에 학자들은 언제나 이슬람 사회에서 최고의 존경을 받았다.

이슬람 이전의 과학 지식을 받아들임

이슬람은 북쪽으로 시리아, 이집트, 페르시아 제국으로 퍼져 가면서 고대 과학과 마주하게 되었다. 현재 이슬람권 일부가 된 중심지에는 그러한

이 글은 "Islam and Knowledge", *Islam: A Global Civilization*(Washington DC: The Royal Embassy of Saudi Arabia, n.d.), 20-27쪽에 나온 것으로, 허락을 받고 실었다.

과학 유산이 보존되어 있다. 알렉산드리아는 수세기 동안 과학과 학문의 중심지였다. 알렉산드리아에서 개발된 그리스 학문은 비잔티움의 반대를 받았다. 그들은 이슬람이 출현하기 오래전에 그 도서관을 불태워 버렸다. 하지만 알렉산드리아의 학문적 전통은 죽지 않고 안디옥으로 옮겨 갔으며, 거기서 더 동쪽으로 에데사(터키에 있는 우르파) 같은 도시

우즈베키스탄 사마르칸드에 있는 쉬르 다르 마드라사. 1619-1636년에 설립된 종교 학교다.

로 옮겨 갔다. 비잔틴 문화와 극명하게 대립하고 있었으며 그들만의 독립적인 학문 중심지를 갖길 원했던 동방 그리스도인들이 그렇게 한 것이다. 하지만 페르시아의 왕 샤푸르 1세는 안디옥에 필적하는 두 번째로 큰 학문의 중심지 준디샤푸르를 페르시아에 설립했다. 심지어 팔라비 문자로 가르치는 페르시아인들뿐 아니라 시리아에서 가르쳤던 그리스도인 학자, 심지어 인도인 의사와 수학자까지 초청해 이곳의 학문 중심지에서 가르치게 했다.

무슬림들은 일단 우마이야 왕조 시기에 새로운 이슬람 체제를 확립하자 보존되어 있는 학문 중심지들로 주의를 돌려 거기서 가르치고 개발된 지식을 숙달하려고 애썼다. 그들은 구할 수 있는 철학 및 과학 저술들을 번역하는 일에 힘을 모았다. 그리스어와 시리아어(동방 그리스도인 학자들의 언어) 저술뿐 아니라 이슬람 이전 페르시아의 학문용 언어인 팔라비어, 심지어 산스크리트어(인도의 전통적인 문학 언어) 저술까지 번역했다. 숙달된 번역자 중 많은 이들이 탁월한 의사이기도 했던 후나인 이븐 이스학(Hunayn ibn Ishaq) 같은 그리스도인 아랍인들, 철학적 과학적 글 표현에 도움이 되는 새로운 아랍어 산문체를 만들어 내는 데 주요 공헌을 한 이븐 무카파(Ibn Muqaffa) 같은 페르시아인들이었다. 이 위대한 번역 운동은 8세기 초부터 9세기 말까지 지속되었으며, 칼리프 알마으문이 9세기 초 '지혜의 집'(바이트 알히크마)을 설립하면서 절정에 이르렀다.

이슬람 공동체가 이처럼 고대의 다양한 철학 및 과학의 도전에 직면하고 그것을 자신의 용어와 세계관에 따라 이해하고 소화하려는 광범위한 노력을 한 결과, 엄청난 분량의 전집이 아랍어로 번역되었다. 아리스토텔레스와 그의 학파의 중요한 철학 및 과학 작품 대부분, 플라톤과 피타고라스 학파 글의 많은 부분, 그리스 점성술, 수학, 주요 의학 저술(톨레미의 "알마게스트", 유클리드의 원소론, 히포크라테스와 갈렌의 저술들과 같은) 등이 모두 아랍어로 번역되었다. 게다가 팔라비어와 산스크리트어로 된 천문학, 수학, 의학 분야의 중요한 저술들이 아랍어로 번역되기도 했다. 그 결과 아랍어는 여러 세기 동안 세계에서 가장 과학적인 언어가 되었으며, 고대의 많은 지혜와 과학의 저장소가 되었다.

무슬림들이 다른 문화권의 과학 및 철학 책들을 번역한 것은 그들에게 정치적, 경제적으로 지배를 당할까 봐 두려워서가 아니라 이슬람 자체의 구조가 지식의 우월성에 기초하기 때문이었다. 또한 그들은 이런 지식 형태들이 하나님의 유일성이라는 교리(이슬람이 하나님으로부터 온 모든 진정한 계시의 핵심이었다고 간주하는)를 확증하는 한 '비이슬람적'으로 여기지도 않았다. 일단 과학과 철학이 유일성의 원리를 확증하면 무슬림은 그

것을 자신들의 지식으로 여겼다. 그들은 그것을 세계관의 일부로 삼고 자신들이 번역하고 분석하고 비판하고 받아들인 것에 기초해 이슬람의 관점과 맞지 않는 것은 거부하면서 이슬람의 과학을 개발하기 시작했다.

수학적 과학

무슬림들은 언제나 수학적 과학에 끌렸는데, 이는 유일성 교리의 관념적인 특성과 일치한다. 수학적 과학 전통에는 전통적으로 천문학, 수학 자체, 그리고 오늘날의 물리학 중 많은 부분이 포함된다. 천문학에서 무슬림들은 인도인, 페르시아인, 고대 근동인, 특히 그리스인의 천문학적 전통을 하나로 통합해 8세기부터 천문학 역사의 새로운 장을 쓰기 시작했다. 톨레미의 "알마게스트"(천문학, 지리학, 수학에 대한 논문, 150년)가 철저히 연구되었으며, 거기에 나온 행성 이론은 이슬람 동부 및 서부 국가 몇몇 천문학자들에게 비판을 받았다. 그들 중 주된 비판자는 13세기의 나시르 알딘 알투시(Nasir al-Din al-Tusi)와 그의 학생들, 특히 쿠틉 알딘 알시라지(Qutb al-Din al-Shirazi)였다.

무슬림들은 또한 하늘을 주의 깊게 관찰하고 새로운 별들을 여러 개 발견했다. 압드 알라흐만 알수피(Abd al-Rahman al-Sufi)가 별들에 대해 쓴 책은 실제로 알폰소 엑스 엘 사비오(Alfonso X el Sabio)가 스페인어로 번역했으며, 유럽어 별 지명 연구에 깊은 영향을 끼쳤다. 영어로 된 많은 별 이름, 이를 테면 알데바란(아랍어로 '다바란' 혹은 [플레이아데스 성단을] '뒤따름'에서 유래함)은 그 기원이 아랍어에 있음을 상기시킨다. 무슬림들은 지즈(zij)라는 천체표에 포함된 많은 새로운 천측 활동을 했다. 가장 예리한 관측자 중 한 명이 알 바타니(al-Battani)다. 수많은 사람들이 그의 뒤를 이어 관찰을 계속했다. 알마문의 지즈(바그다드에서 관측됨), 카이로의 하키마이트 지즈, 알자르칼리(al-Zarqali)와 그의 동료들의 톨레단 표, 나시르 알딘 알투시의 일 칸디드 지즈(마라가에서 관측됨), (사마르칸드의) 울루그벡 지즈 등이 이슬람의 가장 유명한 천문학 표들이다. 그 표들은 덴마크 천문학자 티코 브라헤 시대에 이르기까지 서구 천문학에 지대한 영향을 끼쳤다. 무슬림들은 사실상 과학 시설 목적의 천문 관측소를 최초로 만들었다. 알투시가 설립한 페르시아 마라가의 이 관측소는 간접적으로 후에 유럽 관측소들의 모델이 되었다. 무슬림들은 관측을 위해 많은 천문학 기기들을 개발했는데, 가장 유명한 것이 천측구다(천체의 위치를 관측하고 높이를 결정한다). 이븐 삼(Ibn Samh)이 완성한 기계식 천측구까지 있었는데, 이는 기계로 된 시계의 시조로 보아야 한다.

지금 기도하라

1. 세계 문명에 이슬람이 공헌한 바를 통해 우리에게 선물을 주신 하나님을 찬양하라(약 1:17).
2. 무슬림에 대해 가지고 있는 편견에 대해 하나님께 용서를 구하라(약 2:1-29).
3. 무슬림을 향한 자비와 사랑을 달라고 하나님께 구하라(엡 5:1).
4. 전 세계 학자들이 그들의 지혜와 지성을 그리스도의 십자가라는 "미련한 것" 앞에 내려놓길 기도하라(고전 1:18-25).

천문학 관측소들은 실생활에도 도움이 되었다. 기도를 위해 메카의 방향을 알아낼 뿐 아니라 달력(알마낙[almanac]이라는 단어 자체가 아랍어에서 유래함)을 고안했다. 무슬림들은 또한 그들의 천문학 지식을 시간 측정과 달력에 적용시켰다. 오늘날까지 존재하는 가장 정확한 태양력은 자랄리력으로, 12세기에 오마르 카이얌(Omar Khayyam)의 지시로

시리아 알레포의 양치기

만들어졌으며 페르시아와 아프가니스탄에서 지금도 사용된다. 천문학과 마찬가지로 수학은 꾸란이 직접적인 자극이 되었다. 신성한 책의 본문이 수학적 구조로 되어 있기 때문만이 아니라 꾸란에 기술된 상속법이 다소 복잡한 수학적 해법을 요구하기 때문이다. 이 분야에서도 역시 무슬림들은 먼저 그리스와 인도의 수학을 통합시켰다.

최초의 위대한 무슬림 수학자 알콰리즈미(Al-Khwarizmi)는 9세기 인물로 산수에 대한 논문을 썼다. 그 논문의 라틴어 번역을 통해 아라비아 숫자가 서구에 전달되었다. 오늘날까지 그의 이름에서 유래된 스페인어 과리스모(guarismo)는 숫자 혹은 아라비아 숫자를 의미하며, 한편 영어에서는 알고리즘(algorithm, 연산)이라는 말이 지금도 사용된다.

알콰리즈미는 또한 최초로 대수학에 관한 책을 썼다. 이 학문은 기본적인 자연 현상에 대한 그리스와 인도의 초기 연구에 기초해 무슬림들이 발전시킨 것이다. 대수학(algebra)이라는 말 자체가 알콰리즈미의 책 『적분과 방정식의 책』(Kitab al-jabr wa'l-muqabalah)이라는 이름의 첫 부분에서 유래했다. 아부 카밀 알슈자(Abu Kamil al-Shuja)는 다섯 개의 미지수가 있는 대수학 방정식을 논했다. 대수학은 알카라지(al-Karaji) 같은 사람들에 의해 더욱 발전되었으며, 종류 및 등급별로 대수 방정식을 3차까지 분류했던 카이얌 때 절정에 달했다.

무슬림들은 미술 작품에서 볼 수 있듯이 기하학에서도 뛰어났다. 바누 무사(Banu Musa) 형제는 9세기에 살았던 사람들로 최초의 탁월한 무슬림 기하학자라고 할 수 있다. 반면 그들과 동시대 인물인 사빗 이븐 쿠라(Thabit ibn Qurrah)는 철저한 검토 방법을 사용했는데 그것이 후에 적분법이 된 것을 얼핏 볼 수 있다. 카이얌과 알투시 같은 많은 무슬림 수학자들은 또한 유클리드의 다섯 번째 가정과 유클리드 기하학의 한계 내에서 이 가정을 입증하려 할 때 따르는 문제들을 다루었다.

무슬림들이 발전시킨 수학의 또 다른 분야는 삼각법이다. 알비루니(al-Biruni)는 이를 수학의 독립된 한 분야로 확립했다. 또한 무슬림 수학자들, 특히 알바타니(al-Battani), 아불와파(Abu'l-Wafa), 이븐 유누스(Ibn Yunus), 이븐 알하이삼(Ibn al-Haytham) 등은 천체 천문학을 발전시켰으며 천문학 문제를 해결하는 데 이를 적용했다.

마방진과 우호수(어떤 수의 약수의 합이 상대방 수가 되는 한 쌍의 수. 예를 들어 220과 284 — 옮긴이) 연구를 좋아하던 무슬림들은 수(數) 이론을 발전시켰다. 알쿠잔디(Al-Khujandi)는 "두 정육면체의 합은 또 다른 정육면체가 될 수 없다"라는 페르마 이론의 특별한 경우를 발견한 반면, 알카라지

는 산술적 기하학적 등차수열과 등비수열을 분석했다. 이를테면 $1^3+2^3+3^3+\cdots+n^3=(1+2+3+\cdots+n)^3$과 같은 것이다.

알비루니 역시 수열을 다루었으며, 반면 기야스 알딘 잠쉬드 알카샤니(Ghiyath al-Din Jamshid al-Kashani)는 무슬림의 수 이론 연구를 절정에 올려놓았다.

물리학

무슬림들은 물리학 영역에서 특별히 세 분야에 기여했다. 첫 번째 분야는 물체의 정확한 무게 측정과 균형에 대한 연구로서 아르키메데스의 연구를 따른 것이다. 이 분야에서는 알비루니와 알카지니(al-Khazini)의 연구가 두드러진다.

둘째, 그들은 아리스토텔레스 학파의 추진 운동 이론을 비판했으며 이런 운동 유형을 수량으로 표시하려 했다. 이븐 시나(Ibn Sina), 아불바라캇 알바그다디(Abu'l-Barakat al-Baghdadi), 이븐 바자(Ibn Bajjah) 등의 비판은 추진력과 운동량이라는 개념을 발전시켰으며, 갈릴레오의 초기 저술에 이르기까지 서구에서 아리스토텔레스 학파 물리학을 비판하는 데 중요한 역할을 했다.

셋째, 광학 분야가 있다. 이슬람 과학은 그 분야에서 이븐 알하이삼(Ibn al-Haytham, 라틴어로 '알하젠')을 배출했다. 그는 11세기 사람으로 톨레미 이후 위텔로 이전까지 가장 위대한 광학 연구자였다. 광학에 대한 이븐 알하이삼의 주요 저서인 『광학의 서』(Kitab almanazir)는 서구에서도 『광학보전』(Thesaurus opticus)으로 잘 알려져 있다. 이븐 알하이삼은 많은 광학적 문제를 해결했으며(그중 하나는 그의 이름을 따르고 있다), 렌즈의 속성을 연구했고, 카메라 옵스큐라를 발견했으며, 해와 달이 수평선에서는 왜 더 크게 보이는지를 처음으로 설명했다. 광학에 대한 이러한 관심은 두 세기 후에 쿠틉 알딘 알시라지와 카말 알딘 알파리시(Kamal al-Din al-Farisi)가 계속 이어갔다.

무지개 형성에 대해 최초로 정확한 설명을 한 사람은 쿠틉 알딘이었다.

다른 많은 과학 분야와 마찬가지로 물리학에서도 무슬림들이 관찰하고 실험했음을 상기하는 것이 중요하다. 후에 실험적 방법으로 알려진 것들은 그들이 발전시킨 것이다.

의학

선지자 무함마드의 하디스에는 식습관을 포함해 건강에 대한 많은 지침이 담겨 있다. 이것들은 후에 선지자 의학의 기초가 되었다. 이슬람은 신체와 위생을 잘 돌보아야 한다는 사실을 매우 강조했기 때문에 이슬람 역사 초기부터 무슬림들은 의학을 연구하기 시작했다. 이번에도 그리스와 페르시아, 인도 등지의 자료에서 구할 수 있는 모든 지식에 의존했다.

처음에 무슬림 내 위대한 의사들은 대부분 그리스도인이었다. 하지만 9세기 무렵이 되자 이슬람 의학은 정확히 말하면 알리 이븐 라반 알타바리(Ali ibn Rabban al-Tabari)의 주요 개론서 『지혜의 낙원』(The Paradise of Wisdom)이 등장하면서 탄생했다. 그는 히포크라테스와 갈레노스의 의학 전통을 인도와 페르시아의 전통과 통합했다. 그의 학생 무함마드 이븐 자카리야 알라지(Muhammad ibn Zakariyya al-Razi, 라틴어로 '라제스')는 그중 가장 위대한 의사로서 임상 의학과 진찰을 강조했다. 예후 및 정신 신체 의학의 대가였으며 해부학의 대가이기도 했다. 최초로 천연두를 밝혀 내고 치료했으며 알코올을 소독제로 사용했고, 수은을 의학용 하제(下劑)로 사용했다. 그의 저서 『백과사전』(Kitab al-hawi)은 이슬람 의학 저술 중 가장 길며, 그는 18세기까지 서구에서 의료 권위자로 인정받았다.

하지만 무슬림 의사 중 가장 위대한 사람은 서구에서 '의사의 왕자'라고 불렸던 이븐 시나다. 그는 역사상 가장 유명한 의학서인 그의 걸작

『의학 규범』(al-Qanun fi'l-tibb)에서 이슬람 의학을 집대성했다. 이 책은 거의 6세기 동안 유럽의 의료 문제에 관한 최종 권위서였으며, 오늘날까지도 파키스탄이나 인도처럼 이슬람 의학이 남아 있는 곳이라면 어디서나 가르치고 있다. 이븐 시나는 많은 약을 발견했고, 수막염 같은 몇 가지 질병들을 밝히고 치료했다. 그가 가장 크게 기여한 분야는 의료 철학 분야다. 그 안에서 의료 시술이 이루어질 수 있었고 신체적 심리적 요소들, 약, 식이요법이 결합된 의료 체계를 만들어 냈다.

이븐 시나 이후로 이슬람 의학은 서너 분파로 나뉘었다. 아랍권에서 이집트는 여전히 의학 연구의 주요 중심지였다. 특히 이슬람 사원 알하킴은 절정에 이른 안과학의 중심지였다. 카이로에는 일류 병원들이 있었기 때문에 다른 나라에서 의사들이 모여들었다. 그중에는 유명한 『건강력』(Calendar of Health)의 저자 이븐 부트란(Ibn Butlan)과 소순환 혹은 폐순환의 발견자로 여겨지는 스페인 사람 미카엘 세르베투스(1511-1553년)보다 훨씬 전에 그것을 발견한 이븐 나피스(Ibn Nafis)가 포함되어 있다.

스페인을 포함한 서부 이슬람 국가들은 부인과 의학에 대한 논문을 썼던 코르도바의 사드 알카팁(Sa'd al-Katib), 수술 분야에서 가장 탁월한 무슬림으로 서구에서 『컨세시오』(Concessio)로 잘 알려진 걸작 의학서 『의학 백과사전』(Kitab al-tasrif)의 저자 아불카심 알자라위(Abul-Qasim al-Zahrawi, 라틴어로 '알부카시스') 같은 탁월한 의사들의 출현으로 유익을 얻었다. 또한 서너 명의 탁월한 의사를 배출한 이븐 주흐르(Ibn Zuhr) 가문, 마그레브의 가장 탁월한 임상의였던 아부 마르완 압드 알말리크(Abu Marwan 'Abd al-Malik)도 빼놓을 수 없다. 유명한 스페인 철학자 이븐 투파일(Ibn Tufayl)과 이븐 루쉬드(Ibn Rushd) 역시 탁월한 의사였다. 이슬람 의학은 샤라프 알딘 알주르자니(Sharaf al-Din al-Jurjani)의 『보고』('Treasury), 파크르 알딘 알라지(Fakhr al-Din al-Razi)와 쿠틉 알딘 알시라지가 쓴 『기본 원리』(Canon)에 대한 해설 등과 같은 주요 페르시아 의학 개론의 등장과 함께 이븐 시나의 영향 아래 페르시아 및 다른 이슬람권 동방 국가들에서 계속되었다. 심지어 몽골의 침략 이후에도 의학 연구는 계속되었다. 라시드 알딘 파드랄라(Rashid al-Din Fadlallah)의 연구와 처음으로 중국 의학 번역본 및 무슬림 간에 침술에 대한 관심이 등장한 것에서 볼 수 있듯 이슬람의 의학 전통은 사파비 왕조 때 되살아났다. 그 시기는 백일해 같은 몇 가지 질병들을 진단하고 치료했으며, 약리학에도 많은 관심이 생긴 때였다. 쉬라즈의 아인 알무르크(Ayn al-Murk) 같은 많은 페르시아 의사들은 이 시기에 인도를 여행해 인도 대륙에 이슬람 의학의 황금 시대를 소개하고, 오늘날까지 그 땅에서 계속 융성하고 있는 이슬람 의학 전통의 씨를 뿌렸다.

오스만 세계는 또한 이븐 시나의 유산을 물려받은 위대한 의료 활동의 무대이기도 했다. 오스만 터키는 주요 병원 및 의료 중심지들을 세운 것으로 특히 유명했다. 여기에는 신체적 질병을 돌보는 병동뿐 아니라 심리적 질병을 가진 환자들을 위한 병동도 있었다. 오스만족들은 또한 의학에서나 약학에서나 최초로 현대 유럽 의학의 영향을 받았다. 이슬람의 병원을 언급할 때는, 모든 주요 이슬람 도시들에 병원이 있었음을 지적할 필요가 있다. 바그다드의 병원과 같은 일부 병원들은 의과대학 부속 병원이었던 반면에, 카이로의 나시리 병원 같은 곳에는 거의 모든 질환자들을 위한 수천 개의 병상이 있었다. 알라지가 병원의 위생 상태에 대해 쓴 논문에서 알 수 있듯 이 병원들은 위생을 대단히 강조했다. 어떤 병원은 심리학적 병을 포함한 특정한 질병을 전문적으로 다루었다. 카이로에는 불면증 환자를 전문적으로 돌보는 병원까지 있었다.

이슬람 의료 당국은 언제나 약리학의 중요성에 관심이 있었으며, 『기본 원리』같은 많은 저술들을 보면 그 주제만을 다루는 책들이 여러 권 있다. 무슬림들은 디오스코리데스의 저술에 실린 그리스의 약리학적 지식뿐 아니라 페르시아인과 인도인의 광대한 약초 조제서도 물려받았다. 그들은 많은 약품, 특히 약초의 의학적 효능을 연구했다. 이 분야에서 가장 크게 기여한 사람들은 이븐 줄줄(Ibn Juljul), 이븐 알살트(Ibn al-Salt) 같은 마그레비족 과학자들, 무슬림 약리학자 중 가장 원조인 12세기 과학자 알가피끼(al-Ghafiqi) 등이다. 가피끼의 『간단한 약물서』(Book of Simple Drugs)는 무슬림들이 알고 있는 약초의 의학적 속성을 가장 잘 기술한 책이다. 이슬람 의학은 의학 목적의 약물 사용과 식이요법을 결합했다. 이슬람 가르침에서 유래된 건강한 생활 방식은 대부분의 이슬람권에 현대 의학이 소개되었음에도 불구하고 오늘날까지 사라지지 않았다.

박물학과 지리학

이슬람 세계가 널리 팽창함으로써 무슬림들은 그리스 박물학자들처럼 지중해권뿐 아니라 유라시아 대부분과 심지어 아프리카 대륙을 기초로 박물학을 발전시킬 수 있었다. 광석, 식물, 동물들에 대한 지식은 저 멀리 말레이권(본토에서 호주까지 이르며 인도와 태평양을 가르고 있는 동남아시아 섬 집단)에서도 수집되었으며, 이븐 시나가 『치유의 책』(Kitab al-Shifa)에 최초로 집대성해 놓았다. 알마수디(al-Mas'udi) 같은 주요 박물학자들은 자연과 인간의 역사를 연관 지었다. 알비루니는 인도 연구에서 마찬가지로 박물학과 심지어 그 지역 지리까지 참고해 갠지스 강 유역의 퇴적 성질을 정확하게 묘사했다. 또한 광물학에 대한 가장 탁월한 무슬림 저술을 남겼다.

식물학에 관한 가장 중요한 논문들은 알가피

"영원에 대해 생각하지 않을 수 없어요"

무랏은 우즈베키스탄의 무슬림 가정에서 태어났다. 젊었을 때 몇몇 외국인 그리스도인들과 축구를 하다가 결국 그들과 함께 성경을 공부하게 되었다. 무랏이 심하게 아파서 병원에 있을 때, 그리스도인 친구들이 병문안을 왔다. "그들이 예수님의 이름으로 저를 위해 기도해 준 덕분에 병이 다 나았습니다." 무랏은 말했다. "저는 여전히 이슬람이 좋습니다. 하지만 예수의 이름에 능력이 있다는 것을 압니다."

무랏은 그리스도를 점차 더 많이 이해하고 그리스도께 헌신하기 시작했지만 아버지가 돌아가셨을 때 좌절을 경험했다. 아들인 무랏은 가족으로서 현지 이슬람식으로 성대하게 아버지의 장례식을 치를 의무가 있었다. 그는 집에서 살면서 이슬람만을 연구하고 실천하라는 강한 압력을 받았다. 과부가 된 무랏의 어머니는 무랏이 계속 그리스도에 관심을 갖는 것을 반대했다. 이전의 무랏은 어머니를 기쁘게 하는 일이라면 뭐든 하고 싶어 했다. 어머니가 자기보다 더 지혜롭다는 것을 알기 때문이었다. 몇 년 전 그의 어머니는 그가 사랑하는 같은 학교 학생과 결혼하지 말라고 경고했고, 그들의 결혼은 결국 이혼으로 끝났다. 이제 어머니는 무랏에게 그리스도를 따르지 말라고 말했다.

무랏은 그리스도를 따르는 일이 가족에게 고통과 근심을 가져다준다 할지라도 그리스도를 따라야 한다는 생각이 들었다. "제가 어머니의 길을 따른다면 어머니는 행복하겠지만 저는 지옥에 갈 겁니다. 저는 영원에 대해 생각하지 않을 수 없어요. 이생에서는 어머니를 따르더라도 그 다음 영원을 위해서는 뭘 해야 하지요?"

출처_ Marti Wade, *pioneers.org*.

끼의 연구가 등장하면서 12세기 스페인에서 작성되었다. 이때는 농업에 대한 가장 유명한 아라비아 연구서 『농부의 책』(Kitab alfalahah)이 저술된 시기이기도 하다. 알자왈리끼(al-Jawaliqi)의 고전 본문에서 보듯 무슬림들은 동물학, 특히 말, 그리고 송골매와 다른 수렵조에 관심을 보였다. 알자히즈(al-Jahiz)와 알다미리(al-Damiri)의 연구는 동물학 분야에서 특히 유명하며, 동물 연구의 문학적, 도덕적, 심지어 신학적 차원, 그 주제의 순전히 동물학적 측면들을 다룬다. 이것은 창조의 경이에 대한 전체 저술의 경우도 마찬가지다. 그중에서 아부 야히아 알까즈위니(Abu Yahya al-Qazwini)의 책 『창조의 경이』(Aja'ib almakhluqat)가 가장 유명할 것이다.

마찬가지로 무슬림들은 지리에서도 톨레미보다 훨씬 넓은 세계까지 시야를 넓힐 수 있었다. 육로와 해로로 여행한 덕에, 그리고 하나로 통합된 이슬람권의 구조 덕에 아이디어를 손쉽게 교환할 수 있었다. 또한 핫즈 때 이슬람권 전체에서 온 순례자들이 함께 모여 사상을 교환할 수 있었기에 (하나님의 집을 방문하는 것 외에) 태평양에서 대서양 지역에 이르기까지 광대한 양의 지식이 모였다. 9세기 무슬림들 사이에 과학의 기초를 놓은 알콰리즈미로부터 시작해 무슬림 지리학자들은 사실상 아메리카 대륙만 빼고 지구 전체의 지리를 연구했다. 그들은 전체를 전통적인 일곱 개의 지방으로 나누어 각 지방을 지리적이고 점층적인 관점에서 주의 깊게 연구했다.

그들은 또한 지도를 그리기 시작했는데, 그중 어떤 것을 보면 서구에서는 훨씬 후대에까지 발견되지 않았던 나일강의 기원 같은 많은 특징이 놀랄 만큼 정확히 나타나 있다. 무슬림 지리학자 가운데 선두에 선 사람은 아부 압달라 알이드리시(Abu Abdallah al-Idrisi)로서, 시실리 로저 2세(1093-1154년)의 왕실에서 일했으며 자신의 유명한 책 『로저의 책』(Kitab al-rujari)을 그에게 헌정했다. 그가 만든 지도들은 이슬람 과학의 가장 위대한 업적 중 하나다. 마젤란은 사실상 무슬림 지리학자와 항해가의 도움을 빌려 희망봉을 지나 인도양까지 갈 수 있었다.

화학

연금술(alchemy)이라는 말 자체가 파생어 '화학'(chemistry)이라는 말과 함께 아랍어 '알키미야'(al-kimiya)에서 나왔다. 무슬림들은 알렉산드리아(그리고 중국의 특정 요소들까지)의 화학에 정통했으며, 역사의 아주 초기인 8세기에 위대한 화학자 자비르 이븐 하이얀(Jabir ibn Hayyan, 라틴어로는 '게베르')을 배출했다. 연금술의 우주론적인 측면과 상징적인 측면을 빼면 이 기술을 통해 수많은 물질을 가지고 많은 실험을 하게 되었으며, 무함마드 이븐 자카리야 알라지(Muhammad ibn Zakariyya al-Razi)가 그것을 화학이라는 과학으로 탈바꿈시켰다고 주장할 수 있다.

오늘날까지 증류기(증류에 사용되는 안비크[al-anbiq]) 같은 화학 기구들은 여전히 원래의 아랍어 이름을 간직하고 있으며 이슬람 연금술의 수은-황 이론은 여전히 화학의 산-염기 이론의 기초가 되고 있다. 물질을 동물, 식물, 광물로 나눈 알라지의 분류는 여전히 널리 보급되어 있으며, 이슬람 연금술사들과 화학자들이 축적해 놓은 물질에 대한 방대한 지식은 동서양을 막론하고 오랜 세월 동안 남아 있다. 예를 들어 카펫이나 채색 장식 혹은 유리 제작에 이르기까지 이슬람의 예술품에서 사용하는 염색 기술은 서구가 전적으로 이슬람에 출처를 두고 있는 이런 학문 분야와 상당한 관련이 있다. 연금술은 11세기 아랍어 문서들이 라틴어로 번역되기 전까지는 서구에서 연구되거나 시행되지 않았기 때문이다.

과학 기술

이슬람은 이슬람교 안에 들어온 사람들과 '이슬

스페인 남부 소도시 코르도바의 메스키타(786년 건축)

루었다. 무슬림 과학 기술의 몇 가지 공적(1천 년 이상 남아 있는 댐, 지진에도 견딜 수 있는 둥근 천장, 놀라운 야금 기술을 보여 주는 강철 등)은 무슬림이 여러 과학 기술 분야에서 빼어난 업적을 이루었음을 보여 준다. 사실상 십자군이 성지(聖地)를 공략하려다 실패했을 때 그들의 탁월한 과학 기술에 깊은 인상을 받아 그중 많은 것을 유럽으로 다시 가져왔다.

람의 집'(다르 알이슬람)의 일부가 된 국가들에서 1천 년 동안 쌓아 온 여러 형태의 과학 기술 경험을 물려받았다. 로마인의 양수차 건설에서부터 페르시아인의 지하 상수도에 이르기까지 광범위한 과학 기술 지식은 새로운 사회 내 과학 기술의 필수적인 부분이 되었다. 무슬림들은 또한 극동에서 특정한 과학 기술을 수입했다. 한 예로 그들이 중국에서 가져와 훗날 서구에 전달한 종이를 들 수 있다. 그들은 또한 기존 지식에 기초해 여러 형태의 과학 기술을 발전시켰다. 유명한 다메섹(다메섹에서 만든 대단히 화려한 장식의 금속 세공품) 칼을 만드는 야금 기술을 예로 들 수 있는데, 그 기술은 이란 고원에서 수천 년 전에 강철을 만들던 때부터 가지고 있던 것이다. 마찬가지로 무슬림들은 둥근 천장을 만드는 새로운 건축 기술, 통풍법, 염색 조제, 직조 기술, 관개와 관련된 기술, 지금도 일부가 남아 있는 수많은 다른 형태의 응용과학들을 발전시켰다.

일반적으로 이슬람 도시의 전통 디자인에서 볼 수 있듯이 이슬람 문명은 사람과 자연의 조화를 강조했다. 자연적 요소와 힘을 최대한 이용했으며 자연과 대립하는 것이 아니라 조화를 이

건축

이슬람 문명의 주요 업적 중 하나는 과학 기술과 예술을 결합시킨 건축이다. 코르도바의 이슬람 사원과 예루살렘의 바위 돔에서 인도의 타지마할에 이르기까지 이슬람 건축의 위대한 걸작들은 이슬람의 예술적 원리와 놀라운 과학 기술의 완벽한 결합을 보여 준다. 서구 중세의 여러 탁월한 건축물들은 실제로 이슬람 건축 기술에 신세진 바가 크다. 파리의 노트르담이나 그 밖의 고딕식 성당을 보면 코르도바에서 북쪽으로 전수된 건축 기술들이 떠오른다. 고딕식 아치와 수많은 중세 및 르네상스 유럽 구조의 안마당은 그 기원이 된 이슬람 건축의 투시 장치를 떠오르게 한다. 사실상 위대한 중세 유럽 건축의 전통은 이슬람권과 가장 직접적으로 연결된 서구 문명의 요소 중 하나다. 이슬람식 건축은 스페인과 남미는 물론 미국 남서부에서도 발견되는 무어 양식에서 직접 볼 수 있다.

이슬람 과학과 학문이 서구에 미친 영향

설립된 지 1,100년이 지난 후에도 여전히 운영되고 있는 세계에서 가장 오래된 대학은, 모로코에 있는 페즈 이슬람 대학으로서 카라위인 이슬람 사원으로도 알려져 있다. 이슬람 학문은 무슬림, 그리스도인, 유대인이 수세기 동안 대부분 평화롭게 함께 살았던 스페인을 통해 서구에 영향을 미쳤다.

11세기에 주로 톨레도에서 이슬람 저술들을 라틴어로 옮기는 번역이 시작되었다. 아랍어를 알고, 종종 아랍어로 글을 쓰던 유대인 학자들이 중간 역할을 했다. 이렇게 번역한 결과, 이슬람 사상과 많은 그리스 사상이 서구에 알려지고 서구 학파들이 융성하기 시작했다. 유럽에서는 심지어 이슬람 교육 제도까지 흉내냈다. 오늘날까지 대학의 '교수직'(chair)은 마드라사(학교)에서 선생이 학생을 가르치기 위해 앉았던 '쿠르시'(문자적으로 자리를 가리키는 아랍어)를 반영한 말이다. 유럽 문명은 성장해 중세에 이르렀으며, 학문 분야나 예술 형태 중 문학이든 건축이든 이슬람의 영향이 미치지 않은 분야가 거의 없었다.

이슬람 학문은 이렇게 서구 문명의 필수 요소가 되었다. 그때 마침 르네상스의 도래와 함께 서구는 과거의 중세로부터 등을 돌렸을 뿐 아니라 이슬람권과 누려 온 오랜 관계를 더는 인정하지 않으려 했다. 그 관계는 종교적으로 반대 입장이었으나 지적으로 상대방을 존중해서 이루어진 것이었다. ❖

참고문헌
Muslim Heritage, *muslimheritage.com*

 2과를 위한 교재 읽을거리를 끝냈다면 128쪽의 '추천 도서와 활동'을 보라.

 온라인 읽을거리는 *encounteringislam.org/readings*에서 볼 수 있다.

토론 문제

1. 이슬람이 원래 있던 곳에서 확장되었을 때 다른 문화들은 이를 수용했다. 이슬람은 그 문화들을 어떻게 바꾸었는가?

2. 이슬람은 어떤 식으로 그 문화들과 세계 전체를 보존하고 유익을 끼쳤는가?

3. 비무슬림권 사람들이 오늘날 이슬람에 끌리는 이유는 무엇인가?

4. 당신의 문화에서 '정숙함'은 어떤 의미이며 어떻게 실천되고 있는가?

5. 당신의 사회가 외국의 지배를 받는다면 그에 따른 유익과 관계없이 어떻게 반응하겠는가?

추천 도서와 활동

읽기	Arthur Goldschmidt Jr. and Lawrence Davidson, *A Concise History of the Middle East*(Boulder, CO: Westview Press, 2006).
	Philip Jenkins, *The Lost History of Christianity: The Thousand-Year Golden Age of the Church in the Middle East, Africa, and Asia — and How It Died*(New York: HarperCollins Publishers, 2008).
보기	〈Islam: Empire of Faith〉(로버트 H. 가드너 감독, 2001). *pbs.org*.
	〈An Islamic History of Europe〉(폴 사핀 감독, 2009). *bbc.co.uk*.
	〈킹덤 오브 헤븐〉(Kingdom of Heaven, 리들리 스콧 감독, 2009).
	〈아라비아의 로렌스〉(Lawrence of Arabia, 데이비드 린 감독, 1962).
기도하기	이웃 민족, 특히 무슬림들을 위해 기도하라(570-571쪽을 참조하라).
듣기	유튜브에서 아랍의 전통 악기를 찾아 연주를 들어보라.
검색하기	*historyofislamtimeline.com* – 이슬람의 주요 사건들을 대화 형식으로 설명한다.

* 더 자세한 내용은 *encounteringislam.org/learnmore*를 보라.

3과
이슬람의 교리

깊이 생각해 보기

- 무슬림과 그리스도인의 공통된 신앙은 무엇인가?
- 무슬림에게 가장 중요한 신앙의 요소는 무엇인가?
- 그리스도인으로서 당신에게 가장 중요한 신앙의 요소는 무엇인가?
- 무슬림의 어떤 신앙이 그들로 하여금 복음을 받아들일 준비를 하게 하는가?

이 과의 목표

1. 새로운 목표: 이슬람의 기본 교리를 설명한다.
2. 새로운 목표: 무슬림의 기본 신앙을 해석하고 존중한다.
3. 새로운 목표: 무슬림의 영적인 삶을 이해한다.
4. 앞 과에 기초한 목표: 무슬림이 자신의 신앙을 통해 세상을 어떻게 보는지 이해한다.
5. 앞 과에 기초한 목표: 무슬림 강사에게 기꺼이 배운다.
6. 앞 과에 기초한 목표: 긍휼히 여기는 마음으로 무슬림을 위해 기도한다.

핵심 요점

1. 샤리아와 지하드를 포함한 이슬람의 믿음과 실천
2. 종교는 우리가 실제로 실천하는 믿음보다는 이론적인 개념으로 묘사될 때가 있다.
3. 이슬람과 기독교의 공통점과 유사점
4. 무슬림은 운명을 강조한다.
5. 이슬람은 외적인 실천이 의를 행하는 것이라고 여기며 이를 강조한다.
6. 이슬람은 죄, 대속, 구속 등에 대한 성경적 이해를 묵살한다.
7. 하나님에 대한 무슬림의 개념에는 그리스도가 빠져 있다.

과제

이 책의 과제에는 네 개의 퀴즈가 포함되는데, 그중 첫 번째 퀴즈가 이 과에 나온다. 이 퀴즈는 3과의 내용으로 구성되어 있으며, 여러 사실과 인물을 암기하거나 이슬람에 관한 지식을 반복하기보다는 내용을 곱씹어 볼 수 있도록 오픈북 형식으로 진행된다. 학습 내용을 우리의 삶과 무슬림과의 관계에 통합하는 것을 돕기 위해서다.

계속해서 온라인 읽을거리를 찾아서 보고, 온라인 토론회에 글을 올리라.

더 많은 정보를 위해 31-41쪽의 강좌와 *encounteringislam.org*를 찾아보라.

이 과의 읽을거리

 교재   서론
꾸란, 하디스, 샤리아
이슬람의 종교적 실천: 믿음의 기둥들
이슬람 신앙의 기본 조항들

 온라인   이슬람의 기본 개념(Basic Concepts of Islam, 함무다 압달라티) – 하나님을 기쁘게 하려는 무슬림의 가치관과 열망이 그리스도인과의 연결점과 대화 거리를 제공한다.

서론

무슬림 친구들에게 내 신앙을 처음 나누었을 때, 기독교가 진리임을 입증하면 친구들이 변화될 것이라고 믿었다. 나는 사람들이 논리적 논증 때문에 변화하는 경우가 드물다는 사실을 깨닫지 못했다. 마찬가지로 내가 무슬림 역사와 문화에 대해 점점 더 이해하고 그 진가를 인정하게 되었을 때, 무슬림 친구들은 분명 내 노력은 인정했으나 내가 여전히 논리에 설득당하지 않고 무슬림이 되지 않는 것을 의아해 했다. 그만큼 우리는 대부분 마음의 변화가 영적인 것임을 이해하지 못한다. 실제로 내 무슬림 친구들은 다른 사람의 믿음을 바꿀 수 없다는 데 동의한다. 꾸란은 이렇게

안사리족 직조공

말한다. "종교에는 강요가 없나니"(꾸란 2:256). 어느 한 스포츠 팀의 팬이 자기 팀의 기록이 저조하다고 해서 등돌리고 다른 팀을 응원할 것이라고 나는 생각하지 않는다. 자기 팀에 대한 후원은 승패의 논리에 흔들리지 않기 때문이다.

우리는 각자 자신이 확신하는 바(특히 우리가 믿는 영적 믿음)에 다른 사람도 동의해 주기를 바라지만, 나로서는 내 친구들의 문화와 역사를 평가하는 것이 그들의 종교적 신념과 논거를 이해하는 것보다 쉬웠다. 그것이 어려운 이유 중 하나는, 내가 이슬람의 믿음 체계와 논리와 어휘에 익숙하지 않기 때문이었다. 또한 나는 무슬림 친구들이 이슬람의 가르침을 진지하게 받아들인다는 사실을 미처 인식하지 못했다. 또 한 가지 장애물은 내 입장을 계속 이상적인 모습으로 묘사하고 있었으나(그들이 자신들의 입장을 그렇게 한 것처럼) 실제로는 서로가 서로에게서 이상적인 모습을 잘 볼 수 없었다는 것이다. 이제 각자 상대방을 애써 설득하기를 멈추고, 우리 삶이 우리 종교의 완벽한 모습을 보여 준다고 주제넘게 단정하지 않는 일이 필요했다. 어쨌든 이른바 무

슬림과 그리스도인은 대부분 자기 종교의 가르침에 따라 살지 못한다. 오직 하나님의 넘치는 은혜와 의의 선물을 받았기에 우리가 생명 안에서 왕 노릇할 뿐이다(롬 5:17). 이렇게 태도를 바꾸고 나면 서로 대등한 사람으로 관계를 맺을 수 있다.

사려 깊은 무슬림을 만남

이 과의 목표 중 하나는 포괄적이고 설득력 있는 논리를 가진, 매력적이고 합리적인 종교로 이슬람을 인식하는 것이다. 무슬림들은 인류를 향한 하나님의 요구를 성취하는 데 있어 사람들이 따라야 할 단순하고 분명한 지침을 이슬람이 제공한다고 생각하며 이슬람의 관행에서 큰 의미를 발견한다. 게다가 꾸란과 하디스

무슬림 세계의 중심

는 그들의 일상에 영향을 미친다. 그것이 일상생활과 관련된 모든 질문에 답변해 주기 때문이다. 말하자면, 우리가 무슬림의 자리에 서지는 않겠지만 적어도 그들의 종교를 더 많이 이해하면 서

남아시아 종족

남아시아 종족은 인구가 15억 명이 넘고, 1,439개의 종족 집단을 형성하면서 방글라데시, 인도, 네팔, 파키스탄 등지에 살고 있다. 이 네 나라는 무슬림이 4%에서 96%에 이르며 총 5억 명가량 된다. 남아시아는 무슬림 인구가 가장 많은 네 나라 중 세 나라가 있는 무슬림 사회의 핵심부. 힌두교도와 마찬가지로 남아시아의 무슬림들도 카스트 제도로 나뉘어 있다.

이 지역의 주요 무슬림 종족 집단 중 하나는 안사리족(Ansari)으로 인구는 1,150만 명가량으로 추산된다. 역사적으로 안사리족은 베짜는 직공들이다. 그들은 비단과 카펫을 만들며 다른 수공예품으로도 유명하다.

안사리족은 대부분 인도 북부 주의 소읍과 촌락에 살면서 긴밀하게 맺어진 안정된 공동체를 이루고 있다. 어떤 사람들은 놋제품이나 목제품과 같이 숙련이 필요한 공예품을 만드는 반면에, 어떤 사람들은 농지를 경작하거나 작은 사업체를 운영한다. 대부분의 인도 무슬림과 마찬가지로 그들은 대체로 가난하며 낮은 계층에 속해 있고, 악을 물리치기 위해 심령술 의식을 수행한다. 전통적으로 안사리 집안은 최고 연장자인 남자가 이끌며 아들, 며느리, 손자들과 관련된 결정을 내린다.

출처_ *operationworld.org; imb.org*.

한 여성이 가난한 사람에게 자카트를 주고 있다.

로 의사소통하는 데 도움이 될 것이다. 우리 신앙을 무슬림에게 설명하는 데 도움이 될 새로운 다리를 발견할 수도 있을 것이다.

살다 보면 언젠가 매력적이고 사려 깊은 무슬림을 만날 것이다. 우리가 바라는 것은 그 사람을 칭찬하고 존중하며, 정중하게 대화를 나누고, 동의할 수 있는 점에서는 동의하고, 설령 이슬람에 대해 상대방과 똑같이 인식하지는 않는다 해도 불편해 하거나 상대방을 무례하게 대하지 않을 마음의 준비를 하는 것이다. 그렇게 해야만 한다. 나는 무슬림 친구들이 내게 그렇게 예의를 지키길 기대했다. 유감스럽게도 그들이 나보다 더 잘하는 경우가 종종 있었다.

기독교와 무슬림의 율법주의

어떤 형태의 이슬람은 엄격하고 율법주의적일 수 있으며 인간이 마음속에 지닌 진짜 문제, 곧 하나님과의 깨어진 관계라는 문제를 제대로 다루지 않는다. 우리 그리스도인들도 기독교의 대전제와 종교 행위들을 무슬림의 그것과 하나하나 대조하면서 어쩌면 그들과 다르지 않게 엄격함과 하나님에 관한 피상적인 개념들만 투사할 수 있다. 하지만 우리의 신앙은 철저히 다르며 명백히 달라야 한다. 우리의 신앙은 우리의 외적 행동이 아니라 우리의 죄악된 마음의 상태를 다루시는 하나님의 해결책에서 시작된다.

우리의 신앙을 표현하는 방식을 바꾼다면 무슨 일이 일어날까? "내가 이렇게 하는 이유는 나를 자녀로 입양해 주신 하나님께 감사를 드리고 싶기 때문입니다. 나는 그분의 아들 예수 그리스도를 닮고 싶습니다. 주님을 따를수록 나는 그분이 요청하시는 일을 하고 싶어집니다"라고 말하는 것이다. 성경적인 기독교는 한마디로 복종의 규율 체계가 아니라 신뢰 관계다. 우리 하나님은 "이성이 아니라 마음으로 감지할 수 있는 분"이다(블레즈 파스칼). 이런 의미에서 무슬림 친구와 나의 차이는 행동의 문제가 아니라 구세주의 문제다. 실제로 무슬림을 비롯한 많은 사람들이 그리스도 그분 자체를 직시하지 못한 채 우리의 행동만을 보고 기독교를 형편없는 것으로 인식하고 있다.

효과적인 나눔

그렇다 하더라도 그리스도에 대한 (무슬림이 동의하지 않는) 여러 확신들을 빨리 말하고 싶은 충동이 여전히 들 것이다. 이에 대해서는 8과에서 다루겠다. 너무 오래 지체하는 듯이 보일지 모르지만 다 이유가 있다. 무슬림 친구들에게 우리의 견해를 표현하기에 앞서 효과적으로 믿음을 나눌 준비가 되어 있길 바라기 때문이다.

이슬람에 대해 배우고 무슬림의 세계관을 이해할 때, 우리의 믿음과 그리스도의 부드러운 사랑이 필요한 곳을 잇는 다리를 발견하게 될 것이다. 이슬람의 믿음은 대부분 외적 행동에 초점을 맞춘다. 우리는 무슬림 친구들의 기본적인 관행과 그들이 진술하는 종교적 신념들에 대해 관찰할 것이다. 하지만 그러는 과정에서 우리는 보다 깊은 이해를 추구해야만 한다. 그들은 왜 그렇게 행동하는가? 그들은 무엇을 귀중하게 여기는가? 그들은 자신과 주위 세계, 심지어 실재 자체를 어떻게 인식하는가? 그들의 종교를 연구하다 보면 이 여행을 시작하게 해줄 지도가 펼쳐진다. 이어지는 과에서는 겉으로 드러나는 외연을 지나 그들의 세계 깊숙한 곳으로 들어가볼 것이다.

서로의 의견이 엇갈리는 부분들을 살펴볼 때즈음에는, 우리의 오해가 바로잡히고 그들의 삶에 대한 이해가 넓어지며 서로의 차이가 좁아지길 바란다. 오해뿐 아니라 이론에 머물던 대화 수준을 넘어서고 나면, 그들의 가치관 및 관점을 충분히 이해한 단계에서 새로운 우정을 쌓을 준비가 되어 있을 것이다. 이번 과에서 우리가 탐구하려는 무슬림의 종교에 관한 내용들은 사실상 그들이 직접 들려줄 것이다. 이상적으로는 이번 과의 강의는 무슬림에게 듣는 것이 가장 좋다.

우리는 그리스도인이 무슬림에게 귀 기울여야 한다고 믿는다. 비무슬림인 우리보다 무슬림인 그들이 자신의 관점을 잘 설명할 수 있기 때문이다. 우리는 당신이 만난 무슬림 강사가 이슬람에 대해 통찰력 있고 진실하게 증거하리라 믿는다. 실제로 이 책과 온라인에 소개된 이슬람 신앙의 기본 개념에 대한 글들은 무슬림인 함무다 압달라티가 썼다. 아메리카 원주민 속담처럼 "그들의 신발을 신고 걸어 봐야" 그들을 진정 이해할 수 있을 것이다. 그리스도가 우리 가운데 성육신해 모든 일에 우리와 똑같이 시험을 받으시되 죄는 짓지 않으셨음을 기억하라(히 4:15). ❖

— 엮은이

폭력을 용인하는 데 꾸란을 이용하다

언뜻 보기에 다른 종교 집단 구성원에게 무자비한 태도를 취하도록 권하는 것 같은 꾸란의 많은 구절도 맥락을 고려해 보면 자제, 인내, 존중 등을 권하는 경우가 많다. … 성경 구절과 마찬가지로 꾸란의 특정 구절만 취해 그 의미를 왜곡시켜 특정 이데올로기에 맞추기란 어렵지 않다. 그러한 접근법은 그 본문에 의미상 폭력을 가할 뿐 아니라 특정 종교를 순수하게 따르는 자들에게 폭력을 가하는 근거가 된다.

출처_ Zaid Shakir, "Qur'an defeats Muslim Barbarism," *Emel* (December 2010). emel.com.

꾸란, 하디스, 샤리아

키스 스와틀리

 무슬림 사회에서 샤리아 법의 위치를 개념적으로 설명하려면 그 의미와 영향력뿐 아니라 그 근원이 무엇인지부터 이해해야 한다. 물론 가장 중요한 출처는 꾸란이다.

꾸란, 하나님의 기적

모든 무슬림의 경전인 꾸란은 영원하고 창조되지 않은 존재인 하나님에게서 온 기적으로, 하늘에서(이자즈 알꾸란) 아랍어로 직접 구술된 것으로 여겨진다. 무함마드는 꾸란의 존재가 곧 자신이 사도라는 증거라고 주장했다(꾸란 10:37-39을 보라). 그 내용은 신실한 무슬림의 행위에 구속력을 갖는다.

꾸란은 주로 구술 문화에서 생겨났기 때문에 무함마드 생전에 책의 형태로 만들어지지 않았다. 그 내용을 낭송하고 암기하고 실천하고 받아쓴 동료들이 보존했다. 초대 칼리프인 아부 바크르는 무함마드의 조수였던 자이드에게 명해 무함마드의 가장 절친한 동료들 및 가장 초창기의 회심자들이 글로 기록했거나 구술로 남긴 모든 자료를 모아 정리하게 했다(634년). 제3대 칼리프 우스만이 다스릴 때, 그 본문들은 편집되어 공식 꾸란으로 승인되었다. 657년, 그 이전에 기록된 모든 변형본은 폐기 처분되어 불태워졌다.

꾸란의 구조와 문제

꾸란은 수라(Sura, 장) 혹은 계시라고 하는 114개의 장으로 나뉘어 있는데, 각 장에는 고유한 이

키스 스와틀리는 이 책의 편집자다. 1983년에 처음으로 무슬림 친구를 사귄 이후로 인도네시아, 카자흐스탄, 케냐, 키르기스스탄, 한국, 터키, 영국, 미국 등의 무슬림에게서 배우고 그들과 함께 나누는 것을 즐긴다. kswartley@encounteringislam.org

름이 붙어 있다. 수라들은 주제별이나 연대별로 배열되어 있지 않고 가장 긴 것에서부터 가장 짧은 것으로 이루어져 있다. 첫 장만 예외다(54쪽의 "꾸란은 뭐라고 말하는가?"를 보라). 무함마드가 메카에 있던 시절에 기록된 최초의 장(수라)들이 가장 서정미가 있고 감수성이 풍부하다.

무슬림들은 꾸란이 하나님의 말씀이라는 내적 증거는 바로 그것이 지닌 문학적 장엄함이라고 주장해 왔다. "그것을 이해하고 아랍어로 낭송하는 것을 듣기만 한다면 그 말이 사실임을 알게 되리라."[1]

메디나 시절에 받은 계시들은 덜 시적이고, 윤리적 가르침을 더 강조하는 경향이 있다. 이전 수라들은 그리스도인과 유대인에 대해 좀 더 관대한 태도를 보이는 반면, 후기 수라들은 이슬람교가 유대인 및 그리스도인의 전통을 자신들의 것으로 동일시하던 데서 벗어나 독자적인 하나의 종교로서 (메카를 예배 중심지로 삼고) 자리잡아 가던 시점을 반영한다. 종종 꾸란 사본에는 어떤 수라가 어느 시기에 나온 것인지 보여 주는 색인 혹은 목차가 포함되어 있다.[2] 무슬림 학자들은 꾸란에 역사 비평이나 본문 비평을 하지 않는다. 그래서 그리스도인들이 성경을 검토하는 것과 동일하게, 꾸란의 역사성과 본문의 일관성을 검토하는 연구가 이슬람 내에서는 이루어지지 않았다.

꾸란 번역

무슬림들은 꾸란을 정확히 번역하는 것이 불가능하다고 생각한다. 다른 언어로 번역하면 원래의 완벽함은 결여되고 일반적인 의미만 전달될 수 있다는 것이다. 그래서 무슬림들은 자기 모국어가 무엇이든 아랍어로 꾸란을 읽는다. 그럼에도 여러 다른 언어로 된 꾸란 번역들이 있다. 이것들은 꾸란 주석 혹은 해석으로 여겨지며, 모하메드 마르마두크 피크탈(Mohammed Marmaduke Pickthall)의 『영광스러운 꾸란의 의미: 설명적 번역』(The Meaning of the Glorious Koran: An Explanatory Translation, 1936) 등의 제목을 달고 있다.

무슬림 대부분(전 세계적으로 80%)의 모국어는 아랍어가 아니며 많은 무슬림들이 문맹이다. 이러한 장애물에도 불구하고 신실한 무슬림들은 꾸란 전체를 아랍어로 듣고 암송한다. 무슬림 설교에서는 선생이 꾸란을 아랍어로 읽거나 인용한 다음에 해당 지역의 언어로 의미를 설명하는 경우가 흔하다. 이렇게 꾸란을 풀어서 설명하는 것을 듣고 청중은 그 아랍어 문구를 이해한다.

무슬림은 꾸란에 대해 대단한 경의와 다소 신비한 경외감을 가지고 있다. 꾸란을 숭배하다시피 한다. 보통은 화려한 단상 위에 올려 놓고 읽는다. 무슬림은 종종 아랍어 본문의 아름다움에 대해 말한다. 특히 그것을 낭송할 때 아름답다고 한다. 이해할 필요 없이 그저 꾸란을 낭송하거나 읽기만 해도 공덕을 얻는다고 여긴다.[3]

하디스

무슬림은 꾸란 외에도 하디스에 나오는 순나(올바른 길 또는 삶의 방식)에 의지한다. 하디스 모음은 무함마드와 초기 무슬림들(선지자의 동료들)의 행동이나 말을 전부 기록하고 있다. 무함마드의 삶은 이슬람 최고의 본보기로 여겨진다. 주요 하디스 모음집(전승들 혹은 선지자의 말씀)은 여섯 권이다. 각 모음집은 초기 이슬람 학자 알부하리, 알무슬림, 알티르미디, 아부 다우드 알시즈스타니, 알니싸이, 알까즈위니가 수집하고 전승의 신뢰성을 평가한 후 편찬했다.

여러 무슬림 집단들이 받아들이는 다른 하디스 모음집들도 있다. 그중에서 알부하리(810-870

년)가 만든 모음집이 가장 인정받고 자주 인용된다. 부하리는 60만 개 이상의 하디스가 될 만한 것들을 검토한 끝에 그중 7,397개가 신뢰할 만하다고 판정했다(그것을 97장으로 나누었다). 무슬림 설교자와 작가들은 하디스를 자유롭게 인용해 적절한 행동을 규정하거나 꾸란의 각 부분을 명료하게 설명하거나 신학적 요점들을 표현한다.

이슬람은 일상의 세세한 사안들에 대한 질문에 답을 찾고 지침을 마련하고자 하는데, 이 전승 모음집은 도덕적 가르침, 종교 의무, 법적 문제들을 망라한 모든 주제를 다룬다. 무슬림들은 대개는 하디스보다 꾸란이 우선이라고 믿지만, 일상의 지침을 얻기 위해 종종 하디스의 도움을 받는다. 예를 들어, 꾸란은 매일 다섯 번씩 드리는 기도 시간 중 두 개에 대해 설명하는데, 무슬림들은 나머지 세 개에 대한 설명을 하디스에서 찾는다.

허용된 것은 무엇인가?

아랍어로 할랄(halal)이라는 말 자체는 단순히 '느슨한'(loosed)이라는 의미다. 제한에 얽매이지 않는다는 것이다. 대부분의 무슬림들은 꾸란이나 하디스에서 특별히 금지한 것이 아니라면 모든 것이 할랄, 또는 허용된다는 가르침을 받아들인다.[1] 꾸란에는 어떻게 하면 하나님을 기쁘게 하기 위해 거룩하게 살 수 있는지에 대한 가르침이 많이 나와 있다. 무슬림은 악한 행위보다 선한 행위를 더 많이 쌓아서 심판 날에 자기 행위를 저울에 달 때 선행이 악행보다 더 무겁게 되도록 해야 한다.

> 그날 그의 선행이 무거운 자는 안락한 삶을 영위할 것이나 그의 선행이 가벼운 자는 불지옥의 함정에 있게 되리라(꾸란 101:6-8).

할랄은 음식이나 음료, 약, 화장품, 그 밖에 다른 것의 사용에 대한 것인 경우가 대부분이다. 이슬람에서 할랄의 지침은 유대교의 코셔(kosher, 적법한) 원리와 대단히 비슷하다. 하지만 꾸란은 무슬림들이 스스로 어찌할 수 없는 상황에서는 융통성을 허용한다.

> 하나님의 가르침에 따라 육식동물이 너희를 위해 사냥하여 온 것도 허락된 것이거늘(꾸란 5:4).

비이슬람 사회에서 일부 사람들은 학교 급식이나 공공 서비스에서 할랄 음식을 제공하는 것에 반대한다. 그러나 우리는 유대인이나 힌두교도와 같은 다른 종교 집단에게는 종종 많은 것들을 허용한다. 할랄 음식을 우상 숭배나 이교도 신에게 바쳐진 것으로 믿고 반대하는 일들도 있지만, 이는 사실이 아니며 고린도전서 8장에 대한 정확한 해석도 아니다. 이런 반대론의 근저에는 무슬림에 대한 차별이 있다.

> 너희와 함께 있는 거류민을 너희 중에서 낳은 자같이 여기며 자기같이 사랑하라 너희도 애굽 땅에서 거류민이 되었었느니라 나는 너희의 하나님 여호와이니라(레 19:34).

1. 158쪽의 "금지된 것은 무엇인가?"를 보라.

출처_ Annee W. Rose, frontiers.org and B. Warren, *Encountering the World of Islam*.

아부 바르자는 이렇게 말했다. "선지자는 (기도가 끝난 후) 자기 옆에 사람이 앉아 있는 것을 알아볼 수 있을 때 파즈르(기도)를 권했으며, 꾸란을 60아야(구절)에서 100아야 정도를 암송하곤 했다. 해가 기울자마자(정오에) 주흐르 기도를 권했으며, 사람들이 메디나의 가장 먼 곳으로 갔다가 돌아올 때 아직도 태양이 뜨거운 것을 발견하면 아스르를 권했다. (부해설자는 마그립[기도]에 대해 뭐라고 말했는지는 잊어버렸다.) 그는 이샤 기도는 밤의 3분의 1이 지날 때까지 혹은 한밤중까지 있다가 해도 상관없다고 보았다."[4]

샤리아

꾸란과 하디스에 나온 규율과 원칙은 이후에 사법 판례와 법률로 편찬되었는데, 이는 샤리아로 더 잘 알려졌다. 샤리아는 이슬람 기본법으로, 이슬람 공동체의 헌법이며 경제, 정치, 군사, 범죄, 전례, 가정 그리고 심지어 위생 문제에 이르기까지 삶의 모든 상황에 적용할 수 있는 신의 뜻으로 간주된다. 사우디아라비아와 이란 같은 몇몇 이슬람 국가는 샤리아에 기초해 나라의 헌법을 제정했다. 삶의 모든 상황에서 어떻게 반응할 것인가 하는 것은 이슬람의 법 해석(피끄흐)에 의해 결정된다. 피끄흐(법리적 판단 및 해석)를 통해 샤리아의 의미를 결정할 때 각 집단마다 서로 다른 방법과 자료에 의존한다.

샤리아의 의미를 결정할 때 의존하는 방법 및 자료로는 통상 꾸란 및 샤리아가 있고, 그 다음으로 공동체(종종 종교 학자들이나 재판관들이 대표하는)의 합의인 '이즈마', 과거의 사례들로부터 원리를 유추해 적용하는 끼야스, 이즈티하드 혹은 '독자적인 추론' 등이 있다. 일부 무슬림 집단에서는 종교 학자나 공식적으로 임명된 무프티만이 꾸란을 번역하거나 해석할 수 있다. 이를테면 수니파는 알아즈하르 대학교의 최고회의에서, 시아파에 속한 이스마일파를 위해서는 종교 지도자 아가 칸이 꾸란을 번역하거나 해석한다.

해석학파

대부분의 무슬림은 법의 통일과 준수를 강조하지만, 다른 종교의 여러 공동체와 마찬가지로 그 법의 해석에 있어서는 의견이 다양하게 나뉠 수 있다. 이슬람 안에는 네 개의 주요 해석학파 혹은 마드합이 있다. 각 학파 내에 수니, 시아, 수피가 존재하며 그 학파마다 다수의 하위집단이 존재한다.

1. 하나피 학파

가장 먼저 형성되고 가장 널리 퍼져 있다. 창시자는 알누만 이븐 타빗 이븐 주타 아부 하니파

알라는 하나님인가?

무슬림 배경의 신자들(MBB) 가운데서 자신이 이전에 예배하던 하나님을 완전히 거짓 신으로 간주하는 사람을 나는 한 명도 본 적이 없다. 대신에 그는 이제 우리 주 예수 그리스도 안에서 하나님의 진정한 모습을 알게 되었음을 경이롭게 여기며 감사한다.

출처_ John D.C. Anderson, "The Missionary Approach to Islam", *Missiology* 4, no. 3(1976), 295쪽.

(al-Numan ibn Thabit ibn Zuta Abu Hanifah, 767년)이며, 무슬림 인구의 3분의 1이 학파를 따른다. 특히 터키와 중앙아시아에 추종자가 많다. 이들은 꾸란을 '유추적 추론'(끼야스)에 따라 자유롭게 해석하는 것을 허용한다. 그 결과 보통 사람들의 개인 의견(라이)이나 선호도(이스티흐싼)에 따른 해석이 가능해졌으며 실제로도 종종 그런 식의 해석들이 도출된다.

2. 말리키 학파

창시자는 말리크 이븐 아나스 알아스바히(Malik ibn Anas al-Asbahi, 795년)이며, 몇몇 아라비아 만에 속한 국가와 북아프리카 지역에 퍼져 있다. 특별히 하디스, 그중에서도 무함마드와 절친했던 동료들이 기록한 하디스를 강조하는 법률을 발전시켰다. 실제로 법률을 발전시키는 과정에서 메니나 시절 동료들의 관행에 많이 의존한다. 이 학파는 라이와 끼야스를 사용한다.

3. 샤피 학파

창시자는 무함마드 이븐 이드리스 이븐 알아바스 이븐 우스만 이븐 샤피(Muhammad ibn Idris ibn al-Abbas ibn Uthman ibn Shafi'i, 819년)이며, 파키스탄, 인도, 인도네시아 등지에서 주된 영향력을 발휘할 뿐만 아니라 이집트, 팔레스타인 및 요르단에서도 그 권위를 인정받고 있다. 하나피 학파에 이어 두 번째로 규모가 큰 학파이다. 꾸란에 대해 보다 자유로운 해석을 적용하며 공동체 지도

먼저 다가가 말을 걸라

무슬림과 함께 일하거나 상점에서 그들과 마주치거나 비행기에서 옆자리에 나란히 앉을 때, 그들이 먼저 말을 걸어오기를 기다려서는 안 된다. 우리가 먼저 첫발을 내딛어야 한다. 그들의 독특한 옷차림과 행동 때문에 다소 주저함이 생길 수 있지만, 대개는 남성 무슬림보다 여성 무슬림과 더 쉽게 우정을 나눌 수 있다. 많은 무슬림들이 외로워하고 있으며, 그리스도의 사랑을 한 번도 체험한 적이 없다. 단, 여성 무슬림과는 여성만이 우정을 나누어야 한다. 첫 단계는 안면이 있는 무슬림을 점심이나 다과 시간에 초청하는 것이다. 다른 그리스도인들과 동석해도 된다.

무슬림을 만날 때마다 나는 조용히 기도한다. "주 예수님, 저는 당신에 대해 나눌 준비가 되어 있습니다. 제게 문을 열어 주십시오." 그리스도는 들어갈 길을 마련해 주시는 데 실패한 적이 한 번도 없으시다! 한번은 베이루트에서 이스탄불로 가는 비행기에서 한 레바논 학생 옆에 앉게 되었다. 나는 좌석 벨트를 매면서 "주 예수님, 저는 나눌 준비가 되어 있습니다. 문을 열어 주십시오"라고 기도했다. 물론 주님은 그렇게 해주셨다!

어쩌면 온 가족과 관계 맺을 기회를 갖게 될지도 모른다. 그들이 우리를 맞아들여 자신들의 생활 방식을 보여 주게 된다면, 우리의 우정은 깊고 의미 있게 될 것이다. 우리를 통해 하나님은 무슬림 친구들에게 그리스도를 믿는 믿음과 진정한 그리스도의 사랑이란 어떤 것인지 보여 주실 수 있다. 무슬림 문화와 생활은 온통 관계로 이루어져 있다. 이는 그들이 새로운 관계에 마음이 열려 있으며, 우리가 먼저 말을 걸어도 그들이 거절하지 않을 것이라는 의미다.

하나님은 우리에게 후히 대접하라고, 사람들을 우리의 삶과 가정과 집에 영접해 들이라고, 우리의 시간과 섬김과 경험을 나누라고 명하신다. 우리의 대접하는 행위, 친절한 행위는 그리스도에 대한 믿음을 나눌 때 큰 효과를 발휘할 것이다. 당신도 나와 같은 기도를 드리고 있다면 하나님께 응답받을 마음의 준비를 하라!

출처_ Fouad Masri, *crescentproject.org*.

자(울라마), 종종 종교적 재판관(꾸다)의 합의(이즈마)로 결정된 공동체(움마)의 권리를 강조한다. 이 지도자들은 법적 판결(파타위)을 내린다. 이 학파는 무함마드가 직접 쓴 것으로 간주되는 하디스를 무엇보다 선호하며, 이스티흐싼과 라이가 법의 근원이라는 데 반대한다.

4. 한발리 학파

창시자는 아부 압딜라 아흐마드 이븐 한발(Abu Abdillah Ahmad ibn Hanbal, 855년)이며, 사우디아라비아와 카타르의 공식 학파로 팔레스타인, 시리아, 이라크에 많은 신봉자를 두고 있다. 가장 규모가 작고 보수적인 학파다. 꾸란과 하디스의 문자적 사용을 넘은 새로운 해석에 배타적인 입장을 견지한다. 술탄과 칼리프조차 종교재판관들이 내린 결정에 맞설 수 없다. 사우디아라비아의 와하브파는 한발리 학파다.

그리스도인에게 시사하는 점

무슬림 친구들에게서 꾸란, 하디스, 샤리아에 대해 더 많이 배우면서 무슬림 사이에 서로 다른 해석이 제기되는 것을 알게 된다. 그러나 우리는 많은 그리스도인 역시 성경 해석 및 중대한 신학적 문제들에서 의견이 일치하지 않는다는 사실을 기억해야 한다. 우리의 믿음이 성경에 기초하고 있을지라도 성경을 이해하고 삶에 적용하는 문제에서는 무엇보다 겸손해야 한다는 사실이 중요하다. 반드시 겸손해야 한다. 그리스도인이라는 우리의 정체성은 예수 그리스도에 대한 믿음에서 비롯되는 것이지 기독교와 성경에 대한 특정한 해석에 대한 지지 여부에서 비롯되는 것이 아니다. 그러므로 우리는 예수 그리스도로 말미암아 그리스도인이 되었음을 밝혀야 한다. ❖

주

1. Greg Livingston, *Plant ing Churches in Muslim Cities*(Grand Rapids: Baker, 1993), 183쪽.
2. 604쪽의 부록 "연대순으로 꾸란 읽기"를 보라.
3. Bruce McDowell and Anees Zaka, *Muslims and Christians at the Table*(Phillipsburg, N.J.: P&R, 1999), 72쪽.
4. Sahib Bukhari, *The Collection of Hadith*, Abu al-Minhal이 구술함; vol. 1, bk. 10, no. 516.

참고문헌

Mateen Elass, *Understanding the Koran: A Quick Christian Guide to the Muslim Holy Book*(Grand Rapids, MI: Zondervan, 2004). zondervan.com.

Edward J. Hoskins, *A Muslim's Mind*(Colorado Springs, CO: Dawson Media, 2011).

Raouf Ghattas and Carol B. Ghattas, *A Christian Guide to the Qur'an: Building Bridges in Muslim Evangelism*(Grand Rapids, MI: Kregel Publications, 2009).

이슬람의 종교적 실천: 믿음의 기둥들

조지 프라이, 제임스 킹

 한 오래된 복음 찬송은 신자들에게 "믿고 순종하라"고 권면한다. 무슬림에게도 종교적 헌신에는 믿음(혹은 하나님이 계신다, 자신을 계시하신다, 인간을 돌보신다는 믿음)과 순종(하나님을 기쁘시게 하고 사람을 섬기며 가치 기준을 표현하는 선행)이 포함된다. 사실상 순복(순종)은 이슬람의 가장 핵심이다.

프리스조프 슈온이 말했듯 이슬람에는 '수직적 차원'의 이해력, 지력, 이성과 '수평적 차원'의 의지, 윤리, 그리고 헌신이 존재한다. 세상에는 힘이 존재하며 이는 정당하게 행사되어야 한다. 무슬림은 공동체에 대해 수행해야 할 의무가 있다. 세상에는 무슬림이 감지하고 표현해야 하는 조화, 질서 및 설계가 존재한다. 모든 사람에겐 느끼고 통제되어야 하는 육체적 욕구들이 있다.[1] 무슬림은 알라를 향한 헌신을 표현하고 자신이 속한 공동체를 세우고 지지하기 위해 선행(딘, din)을 실천할 수 있다.

모세오경에는 구약의 유대인을 위한 도덕법, 시민법, 의식법이 집약되어 있다. 산상수훈과 바울 서신에는 초기 그리스도인을 위한 법이 실려 있다. 무슬림이 실천해야 하는 도덕 및 의식적 의무들은 다섯 개(혹은 여섯 개)의 믿음 기둥(아르칸)에 집약되어 있으며, 그것은 이슬람 교리를 구성하는 여러 개의 신학 기둥과 균형을 이루는 도덕 및 윤리적 지침을 제공한다

조지 프라이는 컨콜디아 신학교의 역사 신학 부교수이며 선교교육 책임자다. 제임스 킹은 비텐베르크 대학의 영어 교수다. 두 사람은 『중동: 문명화의 교차로(The Middle East: Crossroads of Civilization)』의 공동 저자다. 이 글은 C. George Fry and James R. King, *Islam: A Survey of the Muslim Faith*(Grand rapids: Baker, 1982), 71-87쪽에 나온 것을 허락을 받고 실었다. bakerpublishinggroup.com.

신앙고백

아브라함이 관련된 모든 종교에서 (순서상으로든 중요도에 있어서든) 무엇보다 중요한 첫 번째 의무는 신앙고백이다. 신조를 암송하는 것은 신자가 그 신학적 메시지를 이해하고 인식하며 내면화했음을 나타낸다. 또한 신조를 암송하는 것은 일종의 정통성 검증이며 더불어 자기 자신, 신 그리고 공동체 사이에 언약을 체결했음을 나타낸다. 이러한 핵심 사안들은 이슬람, 유대교 및 기독교에 공통적으로 적용된다. 모든 것은 이런 신앙고백을 통해 표현되는 확신을 기반으로 한다.

여기에서 핵심이 되는 이슬람 개념은 아랍어 쉬흐드(sh-h-d)로서 '현재 존재하다' 혹은 '증거하다'라는 뜻이다. 타샤후드는 '증언하는 것' 혹은 '신앙을 고백하는 것'을 의미하며, 이란의 마슈하드(시아파 무슬림의 성지—옮긴이)는 특별한 방식으로 신앙을 고백하는 장소다. 공개적인 신앙고백, 즉 샤하드, 즉 샤하다는 전례문 형태로 표현되어 있는데 세계의 모든 종교 중 가장 유명한 전례적 표현 중 하나다.

그것은 라 일라하 일랄라 [와] 무함마드 라쑬룰라(알라 외에는 신이 없고, 무함마드는 알라의 선지자다)라는 것이다. 이 신앙고백을 암송하는 것 말고는 이슬람에 입문하는 공식 방법이 규정되어 있지 않으므로 이 고백 행위에 대해 상당히 엄격한 지침들이 있다. 즉 샤하다를 총체적으로 이해하고(즉 지적으로, 정서적으로, 의지적으로 이해해야 한다) 큰소리로 반복해야 한다. 진지함과 진정한 사랑을 가지고 마음속에 감추는 것이나 주저함 없이 암송해야 한다. 죽을 때까지 믿음을 지킬 것이라고 가정해야 한다. 정통적인 방식을 따라 조금의 변화나 가감 없이 정확하게 암송해야 한다. 이 신조를 진정성 있는 마음과 온전한 생각으로 고백할 수 있다면 그 사람은 무슬림이다. 개신교, 로마가톨릭 및 정교회에서 발전시킨 정교한 신앙고백서와 비교할 때 놀랍도록 단순하고 직설적인 고백이라고 할 수 있다.

신조는 하나님을 인정하는 진술로 시작한다. "하나님 외에는 신이 없다." 유일신론에 대한 단순하고도 단호한 이 진술은 이슬람을 아브라함의 전통 내에서 더 확고히 자리잡게 해준다. 그것은 창세기 첫 구절 "태초에 하나님이…"(창 1:1)와 사도신경 첫 문장인 "하나님을 내가 믿사오며…"를 생각나게 한다. 이슬람은 이 단순하고도 짧은 문장 하나로 기독교 신앙을 괴롭혀 온 수많은 이단을 쓸어 버린다. 그 이단들이란 무신론(하나님은 없다), 불가지론(하나님이 존재하는지 안 하는지는 확인할 수 없다), 물질주의와 자연주의(물질 세계만이 유일한 실재다), 범신론(세상이 곧 하나님이다), 이신론(하나님은 인간사에 관여하지 않는다), 다신론(많은 신들이 있다) 등이다. 이슬람의 신앙고백은 유신론을 가장 대범한 방식으로 주창한다. 곧 창조자, 자비로우신 분, 공급자, 심판자, 자신을 계시하는 분인 단 하나의 하나님이 계시다는 것이다. 유대인과 그리스도인도 샤하다의 이 부분은 분명하게 읊을 수 있을 것이다. 이 대목에서 무슬림이 단언하는 내용을 쉐마와 사도신경에서도 각자의 방식으로 확증하고 있기 때문이다.

무슬림 신조는 이어서 하나님이 사람에게 자신을 계시하시는 방식에 대한 설명을 이어간다. "그리고 무함마드는 알라의 선지자(즉 예언자, 메신저)다"라는 것이다. 우리는 하나님과 무함마드를 "하나님 외에는 신이 없으며 무함마드는 알라의 선지자다"라는 이 한 문장에서 다루는 이슬람의 대담무쌍함에 주목하게 된다. 그것은 너무나 대담해 서구의 많은 사람들은 이 믿음을 '무함마드주의'라는 이름으로 부르게 되었다. 하지만 이것은 심각한 잘못이다. 무슬림은 실제로 무함마드를 인간 역사에 하나님을 계시한 최고의 선지자로 존경하기는 해도 그를 예배하지는 않는다. 이슬람은 사람을 믿는 종교가 아니라 하나님께 복종하는 종교다. 하지만 무함마드가 사람에게 가

겨다준 메시지가 없었다면 하나님을 온전히 알기가 불가능하다고 그들은 생각한다.

신앙고백은 다양한 경우에 이루어진다. 태어날 때 아기의 귓가에 속삭이기도 하고, 임종을 맞은 고인의 귓가에 대고도 말한다. 그것은 전쟁할 때 용기를 북돋우는 말이며, 평화로울 때 도시의 이슬람 사원 첨탑에서 이른 아침과 늦은 밤에 흘러나오는 말이기도 하다. 무슬림의 생애에서 신조가 그의 입술이나 마음에서 멀어지는 때는 없다.

찬미와 기도

예배는 무슬림의 두 번째 큰 의무다. 예배는 하나님이 우주의 창조자, 구원자 및 심판자가 되셔야 마땅함을 하나님께 고백하는 것이다. 예배에는 설교, 가르침, 경전 읽기, 기뻐하기, 교제 등 많은 요소가 포함되는데, 모든 종교에서 예배의 진수는 찬미(혹은 하나님을 찬양하는 것)와 대화(혹은 기도)다. 기독교 예배는 성례(개신교에서는 세례와 성찬)를 대단히 중시한다. 하지만 이슬람에서는 그런 경험 대신 기도, 특히 기도 의식 혹은 하루에 다섯 번 드리는 살라트 기도가 중요한 위치를 차지한다. 모스크(공적으로 예배를 드리는 장소)에서나 사적으로 일정한 자세를 하고 전례식 본문을 읽는 것이다. 비공식적인 기도는 두아라고 하는데, 이는 '부르다'라는 어근에서 나온 말로 기원, 부탁, 청함이라는 뜻이 있다.

꾸란은 기도에 대해 명확한 규칙을 말하지 않는다. 우리는 무함마드가 다양한 방식의 기도를 실험했으며, 무슬림들이 아주 초창기부터 특정하게 정해진 기도 관습을 공유했다는 것을 안다. 현재는 알라가 그의 승천 혹은 밤의 여행, 라일랏 알미라즈 동안 무함마드에게 이러한 방식의 기도를 지시했다고 추정한다.

무슬림 기도의 한 가지 특징은 신중하게 짜여진 일정에 따라 이루어진다는 것이다. 정통 무슬림은 하루에 다섯 번 기도해야 한다. 무함마드는 원래 하루에 두 번(아침, 저녁) 기도했고, 예수님 시대의 유대인은 하루에 세 번(아침, 정오, 밤) 기도했으며, 중세 기독교 수도원에서는 하루에 여덟 번 기도했지만, 이슬람은 전통적으로 매일 다섯 번 기도하도록 규정해 놓았다. 해뜰 때, 정오, 오후 중반, 저녁, 밤이다. 이 기도들은 공적으로나 사적으로 드릴 수 있지만 신자는 가능하다면 인근에 있는 모스크에 가서 기도하는 것이 바람직하다. 금요일 정오 예배에 참석하는 것은 무슬림의 의무다. 이 예배는 한 시간 가량 계속되며, 모스크의 카팁(설교자)이 하는 설교가 포함된다. 무슬림들은 이 예배 전후로 세속적인 일들을 수행할 수 있고, 토요일 하루는 보통 안식의 날로, 이상적으로는 영적인 일들을 신실하게 묵상하는 날로 떼어 놓는다.

무슬림 기도의 또 다른 특징은 엄격한 의식 절차를 따른다는 것으로, 모든 특징이 전통에 따라 주의 깊게 확립되었다는 점이다. 기도를 시작하기에 앞서 선창자(무에진)가 모스크 첨탑에서 예배로의 부름(아단)을 선창한다. 오늘날에는 그 부름을 녹음해 확성기로 방송하는 경우가 아주 많다. 기도에 들어가기 전에 무슬림은 기도용 카펫이 더러워지지 않도록 신을 벗어야 한다. 물이 있으면 물로, 그렇지 않으면 모래로 정결 의식을 행한다. 발은 발목까지 팔은 팔꿈치까지 씻고, 귓속을 포함해 얼굴을 씻어야 한다.

정결 의식을 마치면 기도하는 무리에 합류한다. 기도 의식은 다양한 자세로 이루어지므로 남자와 여자는 따로따로 모여서 기도한다. 기도는 모스크 바닥에 펼쳐진 커다란 카펫 위에서 하고, 개인 집이나 사업체에서 기도 의식을 행하는 경우에는 작은 기도 깔개 위에서 하게 된다. 기도할 때는 메카를 향한다. 어느 쪽이 메카인지는 메카의 방향을 알도록 만들어 놓은 끼블라 벽을 보면 알 수 있는데, 벽에는 미흐랍(벽면을 우묵하게 파서 만든 공간)이 만들어져 있다. (무슬림 관광 안내자들은 그런 벽감을 단[壇]이라고 틀리게 말하는 경우가 많다.) 끼블라 벽에는 또한 민바르(조금 높은 설교단)가 있어 설교자가 거기서 금요일 설교를 한다.

예배로의 부르심(이슬람에서는 유대교처럼 수양의 뿔을 불거나 기독교에서처럼 종을 치지 않고 사람의 목소리를 사용한다)이 있은 후 사람들은 기도 인도자(이맘[아랍 국가들], 물라[이란], 호자[터키] 등으로 다양하게 알려져 있는) 뒤에 모이며 예배 의식이 시작된다.

정결 의식(우두)

기도에는 하나님께 영광을 돌리는 것, 신조 암송, 다양한 신체 움직임과 동작이 포함된다. 엎드림(수주드)과 절하기(루쿠)가 모여 라카가 되고, 많은 라카들이 모여 하나의 예배가 된다. 관련된 자세로는 1) 팔을 부분적으로 들고 서 있는 자세인 타크비르 이 타리마, 2) 절하는 자세인 루쿠, 3) 서 있는 자세인 타스미, 4) 무릎과 팔을 굽히고 엎드린 자세인 타크비르 앗시즈다, 5) 무릎 꿇는 자세인 쌀람, 6) 무릎을 꿇고 팔을 부분적으로 올린 자세인 무나잣 등이 있다.

서구 그리스도인의 눈에는 언뜻 기도 자세를 강조하는 것이 새롭게 보일 수 있다. 하지만 잠시만 생각해 보면 기도할 때 성공회는 무릎을 꿇고, 루터교는 서 있고, 장로교는 앉아 있고, 오순절파는 손을 드는 모습이 떠오를 것이다. 러시아 정교회와 로마 가톨릭교회는 특정한 의식을 행할 때 완전히 엎드릴 때도 있다. 이슬람이 규정하는 기도 자세가 낯설게 보일지 모르지만 기독교 내에도 이와 비슷한 것들이 있다.

사역과 구제

이슬람의 다섯 기둥 중 첫 번째 기둥은 신앙을 고백하고 선포할 인간의 필요를 채우고, 두 번째 기둥은 찬미와 예배의 필요를 채운다면, 세 번째 기둥은 또 다른 필요인 구제, 즉 다른 사람의 육체적 영적 필요를 채울 것을 말한다. 실제로도 사역 혹은 섬김은 아브라함을 기원으로 하는 세 종교에서 중심을 이룬다. 구약에 보면 가난한 자와 고난받는 자를 돌보라는 규정이 많이 나온다. 초대 기독교 교회는 가난한 사람들을 돌보기 위해 집사직을 제정했으며, 꾸란에는 하나님이 풍성하게 허락하신 것에 대해 그것을 가지지 못한 자들과 나누는 방식으로 응답해야 한다는 말이 거듭 나온다. 보통 '불신자'라고 번역되는 카피르라는 말의 어근이 '감사하지 않는 자'라는 것은 주목할 만하다. 아랍어에는 구제와 관련된 중요한 단어가 두 개 있다. 그중 좀 더 일반적으로 쓰이는 말은 자카트로서 '자라다' 혹은 '순결하다'라는 어근에서 유래하는데, 구제가 영혼을 순결하게 하는 수단(아마도 재산을 축적하는 데 불가피하게 수반되는 죄책감을 던다는 의미에서)이라는 의미인 듯하다. 다른 용어는 사다카트로서 '참된' 혹은 '진정한'이라 어근에서 유래하는데, 하나님을 섬기기 위해 정결해진 모든 것을 가리킨다. 어떤 자료들을 보면 이 두 단어가 의무적인 구제와 자발적인 구제를 구분하는 것이라고 나온다. 이것은 실제로 이슬람에서 중대한 문제다.

구제가 정말로 영혼에 유익이 있는가 하는 질문이 당연히 제기되기 때문이다. 그래서 일부 국가에서는 구제가 사실상 국세나 매한가지인 반면(우체국에서 자카트 우표를 살 수 있다), 또 어떤 곳에서는 모스크에서 일하는 사람들에게 자발적으로 헌금하거나 가난한 사람들에게 직접 기부한다. 구제하라는 명령을 반영하는 또 한 가지 중요한 사항은 와끄프(터키에서는 '에브카프')의 제정이다. 이 말의 아랍어 어근은 '멈추다'라는 의미로서 '헌신하다' 혹은 '봉헌하다'라는 뜻이 있다. 부유한(혹은 그다지 부유하지 않은) 무슬림이 죽을 때 특정한 목적(도서관에서 공부하는 학자들을 위한 펜과 종이, 짐승들이 물을 마실 수 있는 길거리 분수, 매년 선지자 무함마드의 생일날 초급 중학교 학생들에게 나눠 주는 선물, 병원, 대학 등)을 위해 남겨 놓는 기부금이 와끄프다. 기부금은 많을 수도 있고 적을 수도 있다. 하지만 현대 사회에서 그런 기부금을 관리하기가 너무 복잡하기 때문에 거의 모든 이슬람 국가들은 현재 와끄프 부서를 두고 있다. 이것은 미국의 보건복지부와 비슷한 기능을 하는데, 기금을 지혜롭게 투자하고 적절히 분배하도록 감독하는 기관이다.

구제 의무는 이슬람의 기둥 중 가장 소중히 여겨지는 것 가운데 하나다. 이로써 이슬람은 자신들이 둘 다 악이라고 여기는 자본주의와 공산주의 사이에서 중간 입장을 취할 수 있기 때문이다. 무슬림들은 구제금을 냄으로써 자본주의를 훈련시켜 사회적 책임 의식을 갖게 하고, 재물을 나누는 타당한 이유는 하나님의 관대하심에 대한 감사의 표현일 뿐임을 주장함으로써 공산주의를 바로잡을 수 있다고 생각한다. 무함마드는 이 점에서 "하나님 아버지 앞에서 정결하고 더러움이 없는 경건은 곧 고아와 과부를 그 환난 중에 돌보고 또 자기를 지켜 세속에 물들지 아니하는 그것이니라"(약 1:27)는 야고보의 말에 동의했을 것이다.

지금 기도하라

1. 무슬림들이 의식을 행할 때 예수님의 피를 통해서만 유효한 용서의 필요성을 하나님이 그들에게 보여 주시길 기도하라(엡 2:13).
2. 신앙생활 중에 하나님을 참되게 예배하기보다는 '신앙심을 과시하는 한 형태'가 되어 버린 부분이 있다면 회개하라(딤후 3:5; 요 4:24).
3. 예수님의 이름으로 기도했을 때 치유와 기적, 응답이 나타나는 것을 많은 무슬림들이 경험하고 있으며, 그 결과 많은 이들이 예수님을 믿게 된 것에 대해 하나님을 찬양하라(행 8:5-6).
4. 하나님이 무슬림에게 자신이 사랑 많은 하늘 아버지임을 밝히시길 기도하라(약 1:17).

무슬림의 기도 자세

1. 타크비르 이 타리마 (Takbir i-Tahrimah)
2. 루쿠 (Ruku)
3. 타스미 (Tasmi)
4. 타크비르 앗시즈다 (Takbir as-Sijdah)
5. 쌀람 (Salam)
6. 무나잣 (Munajat)

금식

모든 무슬림이 지켜야 하는 네 번째 의무는 "가장 좋은 달"인 라마단 한 달간 금식하는 것이다. 금식에 해당하는 아랍어 '싸움'(saum)은 금욕과 금욕이 가져올 수 있는 모든 도덕적 영감을 의미한다. 이슬람은 라마단에 대해 '무함마드가 꾸란 계시를 받기 시작한 달'이라고 믿는다. 하지만 이 때 거행되는 의식들은 기독교와 유대교 금욕주의(특히 유대의 속죄일)에도 뿌리를 두고 있는 듯 보인다. 게다가 아라비아 사람들은 이슬람이 생기기 전에도 거룩한 달이라는 개념을 알고 있었다.

라마단 기간의 낮에는 모범적인 무슬림이면 어떠한 고형 음식이나 액체도 목을 타고 내려가지 않도록 한다. 가능하다면 침조차 삼키지 않는다. 담배 연기를 들이마시는 것도 금지 사항에 포함되며 토하거나 피를 뽑는 것도 마찬가지다. 규칙을 어기면 다른 때에 그 금식 날을 벌충해야 한다. 밤에는 먹고 마실 수 있다. 이 시간에 잔치를 할 것인가, 그저 생존에 필요한 것만을 먹을 것인가는 신자 개인의 경건에 달린 문제다. 검은 실을 흰 실과 구분할 수 있을 때 날이 밝았다고 본다(꾸란 2:187을 보라).

무슬림 달력은 음력에 기초하고 있으므로 해에 따라 달이 바뀔 수 있다(한 달이 달력을 완전히 한 바퀴 도는 데 약 35년이 걸린다). 그래서 라마단은

성경은 이슬람의 다섯 기둥에 대해 뭐라고 말하는가?

성경에는 이슬람의 다섯 기둥과 유사한 기독교적 실천 지침이 있다. 이 실천들은 우리가 무슬림과 관계를 맺을 때 또 하나의 다리가 되어 준다.

1. 신앙고백(샤하다)
"예수께서 대답하시되 첫째는 이것이니 이스라엘아 들으라 주 곧 우리 하나님은 유일한 주시라 네 마음을 다하고 목숨을 다하고 뜻을 다하고 힘을 다하여 주 너의 하나님을 사랑하라 하신 것이요"(막 12:29-30. 인용 신 6:4-5).
"몸이 하나요 성령도 한 분이시니 이와 같이 너희가 부르심의 한 소망 안에서 부르심을 받았느니라 주도 한 분이시요 믿음도 하나요 세례도 하나 하나님도 한 분이시니 곧 만유의 아버지시라 만유 위에 계시고 만유를 통일하시고 만유 가운데 계시도다"(엡 4:4-6).

2. 기도(살라트)
"다니엘이…하루 세 번씩 무릎을 꿇고 기도하며 그의 하나님께 감사하였더라"(단 6:10).
"주의 의로운 규례들로 말미암아 내가 하루 일곱 번씩 주를 찬양하나이다"(시 119:164).
"제구시 기도 시간에 베드로와 요한이 성전에 올라갈새"(행 3:1).
"쉬지 말고 기도하라"(살전 5:17).

3. 금식(싸움)
"그때에 요한의 제자들이 예수께 나아와 이르되 우리와 바리새인들은 금식하는데 어찌하여 당신의 제자들은 금식하지 아니하나이까 예수께서 그들에게 이르시되…신랑을 빼앗길 날이 이르리니 그 때에는 금식할 것이니라"(마 9:14-15).
"주를 섬겨 금식할 때에 성령이 이르시되…이에 금식하며 기도하고 두 사람에게 안수하여 보내니라"(행 13:2-3).

때로는 서늘한 계절에, 때로는 더운 달에 걸린다. 라마단은 '몹시 뜨거운 것'이라는 의미이며, 이는 원래 라마단이 여름이었음을 시사한다. 실제로 그렇다면 아무것도 마시지 말라는 금지 사항은 신실한 자들에게 무척 힘겨운 일이 될 수 있다. 극한 상황까지 인내를 시험하고 그들을 대단히 성마르게 만들 것이다. 보통 이 기간에는 직장과 학교 시간을 단축해 되도록 집에서 시간을 보내며, 독실한 무슬림들은 그달 마지막 열흘을 모스크에서 보낸다.

금식월은 초승달을 관찰하면서 시작된다. 구름에 가려져 있으면 달의 출현이 지연될 수 있다. 라마단의 시작은 거리에 매단 등불과 호포(號砲)로 알린다. 라마단은 이드 알피트르, 곧 파제절과 함께 끝나는데, 그때는 대대적으로 축하를 나누면서 새 옷을 입고 카드와 선물을 교환하고 서로 방문하며 잔치를 벌이거나 영화를 보러 간다. 사람들은 대체로 "자기 부인을 통해 인내력을 시험하고 기초적인 본능을 극복했다"는 느낌을 갖는다. 이제 그들에게 악의 세력이 저지되었고 지옥문이 닫혔으며 낙원으로 가는 길이 활짝 열렸다고 본다. 많은 신자들은 금식을 지키지 않는 것을 매일 기도하지 않는 것만큼이나, 아니 그보다 더 심각하게 여긴다. 그것은 공공 도덕 규약에 어긋나는 행위이며 무신론을 주장하는 것이다.

4. 구제(자카트)

"오직 너희는…이 모든 일에 풍성한 것같이 이 은혜에도 풍성하게 할지니라"(고후 8:7).

"잔치를 베풀거든 차라리 가난한 자들과 몸 불편한 자들과 저는 자들과 맹인들을 청하라 그리하면 그들이 갚을 것이 없으므로 네게 복이 되리니 이는 의인들의 부활시에 네가 갚음을 받겠음이라 하시더라"(눅 14:13-14).

"천사가 [고넬료에게] 이르되 네 기도와 구제가 하나님 앞에 상달되어 기억하신 바가 되었으니"(행 10:4).

5. 순례(핫즈)

유대인의 절기 중에도 매년 예루살렘에 가야 하는 때가 많고, 예수님도 절기를 맞아 예루살렘에 가셨다.

"이러므로 우리에게 구름같이 둘러싼 허다한 증인들이 있으니 모든 무거운 것과 얽매이기 쉬운 죄를 벗어 버리고 인내로써 우리 앞에 당한 경주를 하며"(히 12:1).

"사랑하는 자들아 거류민과 나그네 같은 너희를 권하노니 영혼을 거슬러 싸우는 육체의 정욕을 제어하라 너희가 이방인 중에서 행실을 선하게 가져 너희를 악행한다고 비방하는 자들로 하여금 너희 선한 일을 보고 오시는 날에 하나님께 영광을 돌리게 하려 함이라"(벧전 2:11-12).

성경은 무슬림과의 관계에서 사용할 수 있는 다리를 포함하고 있지만 동시에 이러한 신앙고백, 기도, 금식, 구제, 순례가 잘못 사용될 수 있음도 경고한다(약 2:19; 마 6:1-18).

출처_ *Encountering the World of Islam*.

메카 순례

다섯 번째 책임은 경건한 무슬림이라면 평생에 적어도 한 번은 성취하려 애쓰는 것으로 핫즈 혹은 메카 순례의 의무다. 특정한 종교의 신전으로 순례 여행을 하는 현상은 모든 종족, 모든 종교(기독교, 힌두교, 불교, 유대교)에서 역사상 모든 시기에 나타난다. 심지어 이슬람이 생기기 전에도 메카는 거룩한 도시로서 이교도인 베두인들의 방문지였다. 하지만 꾸란은 그 관행을 더욱 강조하고 보다 분명하게 주의를 집중시켰으며, 순례자가 수행할 구체적인 의식을 무함마드 자신이 정했다. 그것이 수세기에 걸쳐 발전되면서 핫즈는 전 세계에서 순례자들이 오는 엄청나게 복잡한 사회 현상이 되었으며, 우리는 대강의 개략만 살펴볼 수 있을 뿐이다.[3] 핫즈에 대한 권위 있는 서술은 대단히 중요한 종교적 지침이 나오는 꾸란 2장(158절, 196-203절)에서 찾아볼 수 있다.

목적지는 메카 시(市)로서 무함마드가 탄생한 곳, 어린 시절을 보낸 현장, 그리고 꾸란의 계시가 시작된 곳이다. 이미 이슬람 시대 이전에도 유명하고 거룩한 흑석 및 그 돌이 있는 카아바 신전이 관심의 초점이었다. 이슬람 전통에 따르면 이 신전은 원래 아담이 건설한 것으로서 노아와 관련된 대홍수로 인해 손상되었거나 파괴되었을 것이라고 한다. 아마 아브라함과 이스마엘이 수리했을 것이라고 생각한다. 무함마드 시대 이전에는 카아바에 수많은 이교도 신들이 보관되어 있었는데 무함마드가 그것들을 부숴 버렸다. 현대 초기에는 광신적으로 우상 파괴에 몰두하는 이슬람의 한 분파에서 카아바 자체가 예배 대상이 되었다고 생각해 그 신전을 부숴 버리려 했다. 현대 학문은 그 돌을 운석으로 보고, 민속 종교는 초자연적 능력을 지닌 부적으로 여긴다. 무함마드는 생애 마지막 해에 메디나에서 메카로 가는 순례 여행을 했다. 무함마드가 죽은 후에도 관행은 계속되었으며 공식적인 것이 되었다. 결국에는 신전(알마스지둘 하람)으로 가는 길을 내기 위해 카아바 주위의 집들을 헐어야 했다. 이 신전은 수세기에 걸쳐 여러 번 확장되었다.

특별히 순례 여행을 하도록 정해 놓은 두 알힛자월에는 전 세계에서 메카로 순례자들이 떼를 지어 몰려온다. 부유한 사람들은 비행기를 타고 인근의 항구도시 지다로 온다. 다른 사람들은 수송기나 버스, 종종 트레일러를 타고 온다. 가난한 사람들은 힘들여 끈기 있게 걸어서 온다. 많은 사람들은 이 여행 동안 믿을 수 없을 만큼 고초를 겪는데 그 일은 수년간 지속될 수도 있다. 하지만 예상할 수 있듯이 메카로 가는 길에 혹은 메카에서 죽음을 맞이하게 되는 것을 그들은 특별한 축복으로 여긴다.

메카에서 약 64킬로미터 정도 떨어진 지다 해안에는 모두 남자인 순례자들이 부자나 가난한 자나 할 것 없이 두 개의 솔기 없는 홑이불(이자르와 리다)을 두르고 자기 자신 및 주위 사람들과 평화를 누리려 애쓴다. 솔기 없는 홑이불과 평화로운 상태를 가리켜 둘 다 이흐람이라고 한다. 이 시기에는 통상적인 즐거움이 금지된다.

메카로 가는 길에서는 사우디아라비아 경찰이 순례자 증명서를 조사해 진짜 무슬림만 거룩한 도시 메카에 들어갈 수 있다. 가장 검소한 곳에서부터 가장 사치스러운 곳까지 온갖 종류의 숙소를 구할 수 있다. 오랜 세월 동안 이 지역 토박이들의 주된 수입원이었던 순례자에게 바가지 씌우기는 이제 분명하게 정부의 통제를 받는다. 사우디 정부는 위생 상태도 엄격하게 관리하고 있다.

순례 여행 의식은 몸의 신성한 부분을 정결하게 하는 의식으로 시작된다. 순례자는 그 다음에 평화의 문(바브 앗쌀람)을 통해 아브라함의 장소를 지나 카아바 주위의 신성한 지역으로 들어간다. 그러고는 경외감을 불러일으키는 카아바 자체에 들어간다. 그곳은 순례 여행의 최종 목적지로서 순례자는 평생 그곳을 향해 기도를 드려

왔다. 어떤 순례자들은 카아바에 들어갈 수 있는 반면 다른 사람들은 벽에 얼굴을 찰싹 갖다 댄다. 모두가 거룩한 흑석에 입 맞추려 하는데 그 돌은 커다란 은받침에 적당한 높이로 놓여 있다.

그 다음에 타와프 의식을 행한다. 이는 카아바를 일곱 번 도는 것으로서 무슬림들이 알라만 생각하는 것을 상징한다. 타와프는 세 번 행하도록 되어 있는데, 순례자들은 첫 번째 타와프를 행한 후에 무함마드가 유명한 밤의 여행을 시작한 알히즈르를 방문한다.

타크비르 앗시즈다(엎드린 기도 자세)

그 다음에는 싸이라는 의식으로 메카 바깥에 있는 몇 개의 언덕 사이를 달린다. 이 독특한 의식은 사라 때문에 광야로 쫓겨난 아브라함의 여종이었던 아내 하갈과 아들 이스마엘(이스마일)을 기념하는 것이다. 하갈은 자신이 처한 곤경과 목말라하는 아들을 보면서 비탄에 빠져 알라가 하갈을 불러 현재 잠잠 우물이라고 알려진 곳에서 물이 솟아나게 해줄 때까지 이 언덕 사이를 뛰어다녔다고 한다.

순례자들은 순례 의식을 행하는 중간쯤에 메카 바깥의 장막으로 들어가 자비의 산기슭에 있는 아라파트 골짜기에서 '서 있는 집회 의식'을 행한다. 이 유명한 집회 의식은 오후 내내 계속되는데, 이를 통해 독실한 사람들의 마음속에 그들의 삶에 나타난 하나님의 임재 및 그들의 죄에 대한 신적 용서라는 깊은 느낌이 생겨난다. 그들은 또한 무함마드가 마지막 순례 여행 때 바로 이 지점을 방문해 설교했다는 것도 기억한다. 이 의식은 의미가 매우 깊어 많은 자료에서 이것을 순례 여행 전체의 절정 혹은 중심으로 여기고 있다.

저녁에는 순례자들이 49개의 작은 돌을 모은다. 그들은 다음 날 아침, 그 돌을 가지고 미나로 가서 마귀와 그의 시험하는 능력을 나타내는 세 개의 돌 기둥 중 하나에 던진다. 이 의식(자므라)을 통해 아브라함이 이스마엘(일부 무슬림 학자들은 아브라함이 제물로 바칠 뻔했던 아들이 이삭이 아니라 이스마엘이라고 말한다)을 희생 제물로 바치려 할 때, 도망가라는 이블리스(이슬람의 악마)의 제안을 물리쳤던 것을 상기한다.

제사 터에서 작은 짐승을 잡는 것은 알라가 아브라함의 아들 대신 숫양의 제물을 받으셨음을 기억하는 것이다. 이 의식 후 남자 순례자들은 머리를 자르고 순례 여행 초반부에 지켜야 했던 많은 금지 사항에서 벗어난다. 이제 모든 순례자들이 다시 메카로 와서 카아바를 두 번째로 돈 다음, 서둘러 다시 미나로 가서 악마에게 돌을 던지는 두 번째 의식을 행한다. 제13일에는 마지막으로 메카로 다시 돌아와 세 번째 타와프를 행하며 고별의 문을 통과하는 것으로 여행을 마친다.

하지만 순례자들에게 헤자즈에 있는 동안 메디나를 방문하라고 명하는 하디스가 있으며 많은 사람들이 그렇게 한다. 무함마드가 메디나 사원의 둥근 지붕 아래 묻혀 있기 때문이다. 순례자들은 메디나에 있는 동안 무함마드의 아내과 동료들의 묘지를 방문하며 그들을 위해 기도한다. 이렇게 한 뒤에 순례자는 가능하면 빨리 집으로 돌아가야 한다. 성물들을 지나치게 접해 그 힘이 약해지는 일이 생기지 않도록 하기 위해서다. 순례자는 집으로 돌아가 가족과 친구들의 진심 어린 축하를 받으며 이전에 누리지 못했던 명성을 누린다.

지하드

때로 무슬림의 또 다른 의무로, 심지어 여섯 번째 기둥으로 여겨지는 지하드는 일반적으로는 불신자들에 대항해 믿음의 싸움을 벌이는 행동으로 해석되지만, 더 기본적인 의미는 '믿음을 위한 투쟁'이다. 기본 조항은 꾸란에 개략적으로 나와 있다.

> 너희에게 도전하는 하나님의 적들에게 도전하되 그러나 먼저 공격하지 마라 하나님은 공격하는 자들을 사랑하지 않으시니라 그들을 발견한 곳에서 그들에게 투쟁하고 그들이 너희를 추방한 곳에서 그들을 추방하라 … 박해가 사라질 때까지 그들에게 대항하라 이는 하나님을 위한 신앙이니라 그들이 박해를 단념한다면 우매한 자들을 제외하고는 적대시 하지 말라(꾸란 2:190-193.).

다른 곳에서 보면, 두 종류의 사람이 특별히 그런 행동의 대상으로 인용된다. 첫째는 하나님을 전혀 믿지 않고 하나님이 금하신 것에 아랑곳하지 않는 사람들(꾸란 9:29)이고, 둘째는 "하나님의 협력자로 간주되는"(꾸란 2:135) 그리스도인들이다.

하지만 오랜 세월에 걸쳐 지하드라는 말의 군사적, 함축적 의미만큼이나 그 용어의 어원적 의미(알라식으로 투쟁하는 것 혹은 노력을 들이는 것)가 강조되어 왔다. 이슬람이 칼로 희생자들을 억지로 회심시킨다는 일반적인 이미지는 역사적으로 확인해 볼 수 없으며, 심지어 이스라엘과의 전쟁을 지하드로 보려는 최근의 노력마저 그리 열렬한 반응을 얻지는 못했다. 하지만 리비아와 이란 같은 나라에서 이슬람 근본주의가 부활하는 것은 현대에 와서 이 용어가 훨씬 군사적인 의미로 돌아가고 있음을 의미할 수 있다. 마지막으로, 많은 자료를 보면 지하드 자체를 하나의 독립된 의무로 보기보다 첫 번째 의무, 곧 믿음을 증언할 의무의 특정한 형태로 간주한다. ❖

주

1. Frithjof Schuon, *Understanding Islam*(Baltimore: Penguin Books, 1927), 29쪽. ('딘'에 대한 좀 더 자세한 설명은 부록의 '용어 풀이'를 보라.)
2. 중요한 이슬람 의식 몇 가지에 대한 유용한 설명을 Gustave von Grunebaum의 *Muhammadan Festivals*(New York: Henry Schuman, 1951)에서 볼 수 있다.
3. 무사히 순례 여행을 마친 서구인이 쓴 고전적인 글은 Richard Burton, *Personal Narrative of a Pilgrimage to Al-Madinah and Mecca*(1855-1856)다. 두 권으로 된 1893년 판은 도버 출판사에서 구할 수 있다. 〈아람코 월드〉 1974년 11-12월호는 순례 여행에 대해 다루고 있다. 〈내셔널 지오그래픽〉 1978년 11월호의 글도 읽어 보라. 가장 최근의 글은 Mohammed Amin's *Pilgrimage to Mecca*(London: Macdonald and Jane's, 1978)다.

이슬람 신앙의 기본 조항들

함무다 압달라티

 참되고 신실한 무슬림은 다음과 같은 신앙의 조항들을 믿는다.

1. 유일하신 하나님. 참된 무슬림은 지고하고 영원하고 무한하고 강력하고 자비롭고 동정심이 많으신, 창조주이자 공급자이며 유일하신 하나님을 믿는다. 이 신앙이 효력을 발휘하려면 하나님을 완전히 신뢰하고 소망하며 그분의 뜻에 굴복하고 그분의 도우심에 의지해야 한다. 그것이 사람의 존엄성을 확고히 해주고, 그를 두려움과 절망, 죄책감과 혼란에서 구해 준다.

2. 하나님의 사자들. 참된 무슬림은 하나님의 모든 사자(使者)들을 전혀 차별하지 않고 믿는다. 모든 나라에는 하나님이 보내신 경고자 혹은 사자가 있었다. 이 사자들은 선을 가르치는 위대한 교사요 참된 의의 옹호자였다. 그들은 인류를 가르치고 신의 메시지를 전달하고자 하나님이 택하신 사람들이다. 그들은 각기 다른 역사적 시기에 보내심을 받았으며, 모든 나라에는 한 명 이상의 사자가 있었다. 특정 기간에는 하나님이 동시에 같은 나라로 두 명 이상의 사자를 보내셨다. 그중 스물다섯 명의 이름이 꾸란에 나오며, 무슬림은 그들을 모두 믿고 하나님의 공인된 사자로 받아들인다. 무함마드만 빼고는 국가적인 혹은 지역적인 사자다. 하지만 그들의 메시지와 종교는 기본적으로 같으며 이슬람이라고 부른다. 그것은 하나의 동일한 원천, 즉 하나님으로부

함무다 압달라티는 앨버타의 캐나다이슬람센터 책임자이자 시러큐스 대학의 부교수였으며 인정받는 이슬람 전문가다. 알아즈하르 대학 및 북미와 해외의 개인들을 포함한 여러 기관에 풍부한 자료를 가지고 자문과 조언을 해주는 유명한 강사이자 학자이기도 하다. 이 글은 Hammudah Abdalati, *Islam in Focus*(Beltsville, Md.: Amana Publications, 1998), 11-22쪽에 나온 것으로, 허락을 받고 실었다. *amana-publications.com.*

터 왔으며, 하나의 동일한 목적, 곧 인류를 하나님께로 인도하는 목적을 가지고 있다. 모든 사자는 한 사람도 예외 없이 죽을 수밖에 없는 존재, 신의 계시를 받고 하나님이 특정한 과업을 수행하도록 정하신 인간이다.

그중에서 무함마드는 최후의 사자이며 선지자직의 토대를 이루는 최고의 영광을 얻었다. 이는 임의적으로 지어내거나 함부로 생각해 낸 믿음이 아니며, 이슬람의 다른 모든이슬람의 다른 모든 믿음과 마찬가지로 확실한 근거가 있는 논리적 사실이다. 여기에서 노아와 아브라함, 이스마엘과 모세, 예수님과 무함마드 같은 몇몇 위대한 사자들의 이름을 언급하는 것이 유용할 것이다. 하나님의 평강과 축복이 그들 모두에게 있기를. 꾸란은 무슬림들에게 다음과 같이 명한다.

말하라 우리는 하나님을 믿고 우리에게 계시된 것과 아브라함과 이스마엘과 이삭과 야곱과 그리고 그 자손들에게 계시된 것과 모세와 예수가 계시 받은 것과 선지자들이 그들의 주님으로부터 계시받은 것을 믿나이다 우리는 그들 어느 누구도 선별치 아니하며 오직 그분에게만 순종할 따름이라(꾸란 2:136. 참고 3:84; 4:163-165; 6:84-87).

게다가 꾸란은 이슬람 종교의 메시지가 이전에 주어진 모든 계시의 절정임을 분명하게 진술한다. 하나님이 말씀하신다.

그분은 노아에게 내려진 종교를 너희를 위해서 확립하였나니 그분이 그대에게 계시한 것이라 또한 그분은 아브라함과 모세와 예수에게도 명령하여 그 종교에 충실하고 그 안에서 분열하지 말라 하셨노라 하나님 아닌 다른 것들을 숭배한 자들을 그대가 그것으로 인도하려 하는 그 길은 어려운 것이라 하나님 스스로를 위하여 그분이 원하는 자를 선택하시며 그분께로 귀의하는 자를 인도하시니라(꾸란 42:13).

3. 성경과 계시. 참된 무슬림은 제2항의 결과, 모든 경전과 하나님의 계시를 믿는다. 그것들은 사자들이 그들 백성들에게 하나님께로 이르는 바른 길을 보여 주기 위해 받은 등불이다. 꾸란에 보면 아브라함, 모세, 다윗, 예수의 책이 특별히 언급된다. 하지만 무함마드가 꾸란의 계시를 받기 오래전에 그 책들과 계시들 일부가 사라지거나 손상되었고 다른 것들은 잊혀지거나 방치되거나 숨겨졌다. 오늘날 존재하는 것 중에서 믿을 만하고 완전한 책은 꾸란뿐이다. 원칙적으로 무슬림은 이전의 책들과 계시들을 믿는다. 하지만 완전한 원본이 어디 있겠는가? 그것은 아직 사해 밑바닥에 있을 수 있으며 더 많은 두루마리를 발견해야 할지도 모른다. 아니면 그리스도인 고고학자와 유대인 고고학자들이 성지에서 발굴 작업을 계속해서 발견한 완전한 원본을 대중에게 보여 줄 때, 그에 대한 정보를 더 얻을 수 있을 것이다.

그러나 무슬림에게는 그런 문제가 전혀 없다. 완전하고 권위 있는 꾸란이 주어졌다. 그중 어느 부분도 잃어버리지 않았으며 받으려고 기대할 것도 더 이상 없다. 그 책의 신빙성은 의심할 여지가 없으며 어떤 진지한 학자나 사상가도 그것이 진짜라는 것에 감히 의문을 제기한 적이 없다. 하나님이 꾸란을 그렇게 만드셨다. 하나님이 그것을 계시하셨으며 멋대로 새 어구가 삽입되거나 온갖 훼손을 당하지 않도록 그분 자신이 책임지신다. 그래서 그것은 다른 모든 책들을 판단하는 기준 혹은 표준으로 무슬림에게 주어진다. 그래서 꾸란과 일치되는 것은 무엇이든 신적 진리로 받아들여지며 꾸란과 다른 것은 뭐든 거부되거나 보류된다. 하나님은 이렇게 말씀하신다. "진실로 우리는 의심할 바 없이 꾸란을 내려 보냈으며, 우리는 확실히 그것을 지켜 준다"(꾸란 15:9. 참고 2:75-79; 5:13-14, 41, 45, 47; 6:91; 41:43).

4. 천사들. 참된 무슬림은 하나님의 천사들을 믿는다. 그들은 순수하게 영적이고 멋진 존재로서 먹을 것도, 마실 것도 필요 없고 잠도 필요 없는 존재다. 그들에게는 어떠한 육체적 욕구도 없으며 물질적인 것도 전혀 필요 없다. 그들은 밤낮으로 하나님을 섬긴다. 천사들은 매우 많으며 각 천사는 특정한 임무를 맡고 있다. 육안으로 천사를 볼 수 없다고 그들의 실재를 부인하면 안 된다. 세상에는 눈으로 볼 수 없거나 감각으로 느낄 수 없는 것들이 많이 있다. 하지만 우리는 그런 것들이 존재한다는 것을 믿는다. 한 번도 가 보지 못한 장소, 가스나 공기 등 눈에 보이지 않거나 냄새를 맡거나 만지거나 맛보거나 들을 수 없는 것이 있다. 하지만 우리는 그것들이 존재한다는 것을 실제로 믿는다. 천사에 대한 믿음은, 지식과 진리는 감각적 지식이나 인식에 국한되지 않는다는 이슬람의 원리에서 비롯된다 (꾸란 16:49-50; 21:19-20. 또한 앞의 제2항에 나온 참조문을 보라).

5. 심판 날. 참된 무슬림은 최후의 심판 날이 있다고 믿는다. 이 세상은 언젠가 끝날 것이고 죽은 자들은 최종적이고 공정한 재판을 받기 위해 부활할 것이다. 우리가 이 세상에서 행하는 모든 것, 우리의 모든 의도, 모든 활동, 모든 생각, 모든 말은 정확하게 기록되어 보관될 것이며 모두 심판 날에 드러날 것이다. 좋은 기록을 가지고 있는 사람들은 풍성한 보상을 받고 하나님이 계신 하늘로 따뜻하게 환영을 받을 것이며, 나쁜 기록을 가지고 있는 사람들은 벌을 받고 지옥으로 떨어질 것이다. 천국과 지옥의 진정한 본질과 그에 대한 정확한 묘사는 하나님만 알고 계신다. 꾸란과 무함마드의 전승에는 천국과 지옥에 대한 묘사가 나온다. 하지만 그것을 글자 그대로 받아들여서는 안 된다. 하늘나라에는 어떤 눈도 일찍이 보지 못하고 어떤 귀도 일찍이 듣지 못하며 어떤 마음도 일찍이 생각하지 못한 것들이 있다고 무함마드는 말했다. 하지만 무슬림은 분명 선한 행동에는 보상과 상이, 악한 행동에는 벌이 있다고 믿는다. 그날은 정의의 날, 모든 계산이 청산되는 날이다.

'나는 아주 민첩해서 때로 세속법의 형벌을 면하듯 나의 악행으로부터 벗어날 수 있다'고 생각하면 큰 오산이다. 심판 날에는 그렇게 할 수 없다. 그런 이들은 현장에서 무방비로 잡힐 것이다. 어떤 변호사나 법률 고문도 그들을 도울 수 없다. 그들의 모든 행동은 하나님의 눈에 보이며 하나님의 대리자들이 계산한다. 또한 경건한 사람들이 하나님을 기쁘시게 하기 위해 선행을 하는데, 이 덧없는 세상에서 어떤 치하나 인정도 받지 못하는 듯 보여도 그날에는 궁극적으로 충분히 보상을 받을 것이며 널리 인정받을 것이다. 절대적 정의가 모든 사람들에게 시행될 것이다.

심판 날에 대한 믿음은 이 세상의 많고 복잡한 문제들에 대한 최종적이고 안심되는 대답이다. 죄를 저지르고 하나님을 무시하고 비도덕적 활동에 탐닉하면서도 사업이 '겉보기에' 성공하고 인생에서 잘 나가는 듯한 사람들이 있다. 그리고 고결하고 하나님 같은 마음을 가졌는데도 이 세상에서 애써 노력한 것에 대한 보상보다는 고난을 더 많이 받는 것처럼 보이는 사람들이 있다. 이것은 당혹스러운 일로서 하나님의 정의에 맞지 않는 일 같다. 죄를 범한 사람이 세상 법을 무사히 빠져나가고 번영하기까지 한다면 덕 있는 사람은 어떻게 되는 것인가? 무엇 때문에 도덕과 선을 행해야 한단 말인가? 선을 보상하고 악을 저지할 방도가 있어야 한다. 여기 이 세상에서 그렇게 되지 않는다면(우리는 일정하게 혹은 즉각적으로 그렇게 되지는 않을 것임을 안다), 언젠가는 그렇게 되어야 하며 그때가 바로 심판 날이다. 이것은 이 세상의 불의를 너그럽게 보아 주거나 해악을 묵인하려는 것이 아니다. 불우한 사람들을 진정시키거나 그들을 착취하는 자들을 위로하려는 것도 아니다. 오히려 이는 바른 길에서 벗어난 자들에게 경고하고, 하나님의 정의가 조만간에 온전히 나타나리라는 것을 상기시킨다(앞에 나오는 참조문을 보라).

6. 하나님의 무한하신 능력과 계획. 참된 무슬림은 하나님이 초시간적인 지식과 계획을 세우고 집행하실 수 있는 능력이 있음을 믿는다. 하나님은 이 세상에 무관심하지도 중립적이시지도 않다. 하나님의 지식과 능력은 광대한 그분의 영역에서 질서를 지키고 피조물을 온전히 제어하기 위해 언제나 역사한다. 하나님은 지혜롭고 사랑이 많으시며, 그분이 하시는 일은 분명 무엇이든 선한 동기와 의미 있는 목적이 있다. 이것이 우리 마음속에 확인된다면, 우리는 그분이 하시는 모든 일을 선한 믿음으로 받아들여야 한다. 설령 그것을 완전히 이해하지 못하더라도, 심지어 나쁘게 생각되더라도 그래야 한다. 우리는 하나님을 확고히 믿고 그분이 하시는 일은 무엇이든 받아들여야 한다. 우리의 지식은 제한되어 있으며 생각은 개인적이고 사사로운 고찰에 근거하는 반면, 하나님의 지식은 무한하고, 그분은 보편적 근거에 의거해 계획을 세우신다.

이러한 사실은 어떤 식으로도 인간을 숙명론자 혹은 무력한 존재로 만들지 않는다. 단지 하나님의 관심사와 인간의 책임 사이에 경계선을 긋는다. 우리는 본질상 유한하고 제한되어 있기 때문에 유한하고 제한된 능력과 자유를 가지고 있다. 우리는 모든 것을 행할 수는 없다. 그리고 하나님은 은혜롭게도 우리가 하는 일에 대해서만 책임을 지도록 하신다. 우리가 할 수 없는 일, 혹은 하나님 자신이 하시는 일은 우리의 책임 영역 밖에 있다. 그분은 공정하시며 우리의 유한한 본성과 제한된 책임에 맞는 제한된 능력을 주셨다.

다른 한편, 하나님의 계획을 집행하는 그분의 초시간적 지식과 능력 때문에 우리가 제한된 능력 범위 안에서 계획을 세우는 것이 방해가 되지 않는다. 오히려 하나님은 우리가 생각하고 계획을 세우고 건전한 선택을 하도록 권하신다. 하지만 우리가 원하거나 계획한 대로 일이 돌아가지 않는다고 해서 믿음을 잃거나 우리를 긴장시키고 파괴하는 염려에 굴복해서는 안 된다. 계속 반복해서 노력해야 하며 결과가 만족스럽지 않아도 최선을 다했으면 결과에 책임을 지지 않아도 됨을 알아야 한다. 우리의 능력과 책임 밖에 있는 것은 하나님만의 일이기 때문이다. 무슬림은 이러한 믿음 조항을 까아다, 까다르에 대한 믿음이라고 부른다. 다른 말로 하면, 단지 하나님의 초시간적 지식이 사건들을 예상하며 그 사건들은 하나님의 정확한 지식에 따라 일어나는 것을 의미한다(꾸란 18:29; 41:46; 53:33-62; 54:49; 65:3; 76:29-31).

7. 인생의 목적. 참된 무슬림은 하나님의 창조가 의미 있으며 인생은 사람의 육체적 필요 및 물리적 활동을 넘어서는 숭고한 목적을 지녔다고 믿는다. 인생의 목적은 하나님을 경배하는 것이다. 이는 단지 계속 고립되어 묵상만 하면서 평생을 보내야 한다는 뜻이 아니다. 하나님을 경배하는 것은 그분을 아는 것, 그분을 사랑하는 것, 그분의 계명에 순종하는 것, 삶의 모든 측면에서 그분의 율법을 시행하는 것, 옳은 일을 행하고 악을 피함으로 그분의 대의를 위해 일하는 것, 그분과 우리 자신과 다른 인간들을 공정하게 대하는 것이다. 하나님을 경배하는 것은 삶에서 도망하는 것이 아니라 삶을 사는 것이다. 간단히 말해, 그분의 최고의 속성에 잠기는 것이다. 이는 결코 간단한 진술이 아니다. 문제를 지나치게 단순화하는 것도 아니다. 인생에는 목적이 있고 사람이 그 목적을 위해 창조되었다면, 그는 그 책임에서 벗어날 수 없다.

그는 자신의 존재를 부인하거나 자신이 해야 하는 중대한 역할을 무시할 수 없다. 하나님은 그에게 어떤 것이든 책임을 맡겨 주실 때 그에게 필요한 모든 도움을 제공하신다. 하나님은 그에게 자신의 행동 과정을 선택할 수 있는 지성과 힘을 주신다. 그래서 사람에게 자신의 존재 목적을 온전히 이루기 위해 최선을 다하라고 권하신다. 그렇게 하지 못하거나 자신의 삶을 오용하거나 의무를 소홀히 한다면 그는 자신의 잘못된 행동에 대해 하나님께 책임을 져야 한다(꾸란 21:17-18; 51:56-58; 75:37).

8. 사람의 고귀한 신분. 참된 무슬림은 사람이 모든 피조물 중에서 특별히 높은 위치에 있다고 믿는다. 이러한 고귀한 위치를 차지하는 것은 오직 사람만이 이성적 재능과 영적 열망, 행동할 수 있는 능력을 받았기 때문이다. 하지만 위치가 높아질수록 책임도 커진다. 그는 이 세상에서 하나님 다음가는 부왕 지위에 있다. 하나님이 그분의 대행자로 임명하시는 사람은 필연적으로 약간의 능력과 권위를 지니고 있어야 하며 최소한 잠재적으로라도 영예와 고결함을 부여받아야 한다. 이슬람에서는 사람의 위치에 대해, 태어날 때부터 죽을 때까지 정죄받은 인류가 아니라 선하고 고상한 업적을 이룰 수 있는 잠재력을 지닌 존엄한 존재로 본다. 하나님이 인류 가운데서 그분의 사자들을 택하신다는 사실은 사람이 믿을 만하고 유능하다는 것, 그리고 그가 선이라는 엄청난 보물을 획득할 수 있다는 것을 보여 준다 (꾸란 2:30-34; 6:165; 7:11; 17:70-72, 90-95).

9. 이슬람의 보편성. 참된 무슬림은 모든 사람이 무슬림으로 태어난다고 믿는다. 이는 탄생이라는 과정 자체가 하나님의 뜻에 따라 그분의 계획을 실현해 그분의 명령에 복종하여 일어난다는 의미다. 또한 모든 사람이 이슬람에 제대로 접근하고 자신의 타고난 본성을 개발하도록 허용된다면 선한 무슬림이 될 수 있는 영적 잠재력과 지적 성향을 부여받음을 의미한다. 많은 사람들은 이슬람을 적절하게 제시하면 쉽게 받아들일 수 있다. 그것은 그들의 자연적 열망뿐 아니라 도덕적 영적 필요도 만족시키길 원하는 사람들, 개인적으로든 사회적으로든 국가적으로든 국제적으로든 건설적이고 건전한 삶을 영위하고자 하는 사람들을 위한 신의 방식이기 때문이다. 그 이유는 이슬람이 인간의 본성을 만드신 분, 인간 본성에 무엇이 가장 좋은지 아시는 분인 하나님의 보편적인 종교이기 때문이다(꾸란 30:30; 64:1-3; 82:6-8).

10. 자유, 책임, 죄. 참된 무슬림은 모든 사람이 죄 없는 상태로 미덕을 물려받고 태어난다고 믿는다. 그는 아무것도 쓰여 있지 않은 백지와도 같다. 사람은 성년이 되면(발달이 정상이고 정신적으로 온전하다면) 자신의 행동과 의도에 책임을 지게 된다. 사람은 죄를 범할 때까지 죄가 없는 상태일 뿐 아니라 자신의 계획에 따라 자기 책임으로, 마음대로 어떤 일을 할 수 있다. 이러한 이중적 자유(죄에서의 자유 및 효과적인 일을 할 수 있는 자유)는 물려받은 죄라는 무거운 압력에서 무슬림의 양심을 떳떳하게 해준다. 그래서 그의 영혼과 마음은 원죄 교리의 불필요한 긴장감에서 벗어날 수 있다.

자유에 대한 이슬람의 개념은 하나님의 정의와 개인이 직접 하나님께 책임이 있다는 원리에 근거한다. 각 사람은 자신의 짐을 지고 자신의 행동에 책임을 져야 한다. 어느 누구도 다른 사람의 죄를 속할 수 없기 때문이다. 그래서 무슬림은 아담이 첫 번째 죄를 지었다 해도 그 죄를 속하는 것은 아담 자신의 책임이라고 믿는다. 하나님이 아담의 죄를 사할 수 없어 다른 누군가가 그의 죄를 속하도록 하셔야 했다거나 아담이 죄 사함을 위해 기도하지 않았다는, 혹은 그것을 위해 기도했으나 받지 못했다는 가정은 도저히 있을 법하지 않다. 이것은 하나님의 자비와 정의에 반대될 뿐만 아니라 죄를 사하시는 하나님의 속성 및 죄를 사하실 수 있는 하나님의 능력에도 반대될 것이다. 앞에서 말한 가설은 상식적으로 전혀 맞지 않으며 하나님이라는 개념 자체를 말도 안 되게 침해하는 것이다(앞의 제9항에 나오는 참조문을 보라. 꾸란 41:46; 45:15; 53:31-42; 74:38).

무슬림들은 이러한 합리적인 근거 및 꾸란의 권위에 근거해 아담이 다른 분별 있는 죄인과 마찬가지로 자신이 무슨 짓을 저질렀는지 깨달았으며 하나님께 용서를 구했다고 믿는다. 또한 같은 근거로 죄를 사하시고 자비로우신 하나님이 아담의 죄를 사해 주셨다고 믿는다(꾸란 2:35-37; 20:117-122). 그래서 무슬림은 예수님이 그들의 죄를 구속하러 오실 때까지 아담이 인류 전체와 함께 정죄받았다는 교리를 도저히 받아들이지 못한다. 따라서 모든 인간의 죄를 영원히 단번에 없애기 위해 예수님이 십자가에서 죽으셨다는 극적인 이야기도 받아들이지 못한다.

여기서 독자는 잘못된 결론에 이르지 않도록 주의해야 한다. 무슬림들은 예수님이 원수들의 손에 붙들려 십자가에 달리셨다고 믿지 않는다. 십자가 처형 교리의 근거는 인간의 논리와 존엄성에 반대될 뿐 아니라 신의 자비와 정의에도 맞지 않기 때문이다. 그 교리를 믿지 않는다 해서 예수님에 대한 무슬림의 존경심이 조금이라도 줄어들거나 이슬람에서 예수님이 지닌 높은 지위가 격하되거나, 심지어 예수님이 하나님의 탁월한 선지자라는 무슬림의 믿음이 흔들리는 것은 전혀 아니다. 그와 반대로 이 교리를 거부함으로 예수님을 더 존중하고 존경하는 마음으로 받아들일 뿐 아니라 그의 원래 메시지를 이슬람의 필수 부분으로 간주한다. 다시 말하지만, 무슬림이 되려면 하나님의 모든 선지자를 어떠한 차별도 없이 받아들이고 존중해야 한다.

금지된 것은 무엇인가?

구약 율법에 나오는 금지 사항과 마찬가지로 이슬람에도 금지된 관행(하람, haram)이 있다. 무슬림은 하나님의 인도하심을 통해 자신의 구원을 이루기 위해 신앙과 실천(믿음과 행동)을 결합해야 한다. 헌신적인 딘(din)에는 특정한 행동을 피하고, 다섯 기둥을 포함한 적극적인 관행에는 참여하는 것이 포함된다.

이슬람은 미치광이 같은 행위, 타락, 연약함, 방종, 상스러움, 유혹 등으로부터 사람을 보호하기 위해 먹을 것, 마실 것, 오락, 성과 관련된 특정한 것들을 금했다. 그중에는 다음과 같은 것들이 있다.

- 모든 종류의 취하게 하는 것(포도주, 독주, 맥주, 증류주, 마약 등)(꾸란 2:219; 4:43; 5:93-94).
- 돼지(돼지고기, 베이컨, 햄, 돼지기름), 발톱이나 이빨을 사용해 먹이를 죽이는 야생 짐승(호랑이, 늑대, 표범 등), 모든 육식조(매, 독수리, 까마귀 등), 설치류, 파충류, 벌레, 죽은 짐승, 올바른 절차에 따라 도살되지 않은 조류 등의 고기와 그 부산물(꾸란 2:172-173; 5:3-6).
- 모든 종류의 게임과 무익한 스포츠(꾸란 2:219; 5:93-94).
- 모든 혼외 성관계 및 유혹을 부추기거나 욕망이 일어나게 하거나 의심을 자극하거나 정숙하지 못하거나 음란함을 드러내며 말하고 걷고 보고 옷 입는 일체의 방식들(꾸란 23:5-7; 24:30-33; 70:29-31).[1]

1. Hammudah Abdalati, *Islam in Focus* (Beltsville, Md.: Amana Publication, 1998), 43쪽.

출처_ Annee W. Rose, *frontiers.org*.

11. 믿음과 실천에 의한 구원. 참된 무슬림은 사람이 하나님의 인도에 따라 자신의 구원을 이루어야 한다고 믿는다. 이는 구원을 얻으려면 신앙과 행동, 믿음과 실천을 결합시켜야 한다는 말이다. 행동 없는 믿음은 믿음 없는 행동만큼이나 불충분하다. 다시 말해 그 누구도 하나님에 대한 믿음이 삶에서 역동적으로 나타나지 않고 믿음이 현실로 표현되지 않는다면 구원을 얻을 수 없다. 이는 이슬람의 다른 믿음 조항들과 완벽하게 조화를 이룬다. 그것은 하나님이 입에 발린 말을 받지 않으시며, 참된 신자라면 누구나 믿음의 실제 요구에 무관심할 수 없음을 보여 준다. 또한 어느 누구도 다른 사람을 위해 행동하거나 그와 하나님 사이를 중재할 수 없다는 것을 보여 준다(꾸란 10:9-10; 18:30; 103:1-3).

꾸란 수업(인도 델리).

12. 전도받지 못한 사람들의 면책. 참된 무슬림은 하나님이 어떤 사람에게 올바른 길을 보여 주시기까지는 그 사람에게 책임을 묻지 않으신다고 믿는다. 이 때문에 하나님은 많은 사자와 계시를 보내셨으며, 안내하기 전 혹은 경보를 발하기 전에는 아무런 벌이 없을 것임을 분명히 하셨다. 그래서 신의 계시나 사자를 한 번도 만나지 못한 사람이나 정신이 온전하지 못한 사람은 신의 지시에 순종하지 않은 것에 대해 하나님께 책임이 없다. 그런 사람은 자신의 건전한 상식이 말하는 대로 행하지 않은 것에 대해서만 책임을 지게 될 것이다. 그러나 알면서 의도적으로 하나님의 율법을 어겼거나 하나님의 의로운 길에서 벗어난 사람은 그 악행에 대해 벌을 받을 것이다(꾸란 4:165; 5:16, 21; 17:15).

이 점은 모든 무슬림에게 매우 중요하다. 세상에는 이슬람에 대해 들어보지 못했고 알 길이 없는 사람들이 많다. 그런 사람들이 이슬람에 이르는 길을 발견한다면 정직하게 될 수 있고 훌륭한 무슬림이 될 수 있을 것이다. 그들이 이슬람을 알지 못하고 알 길이 없다면 무슬림이 되지 못한 것에 대한 책임은 없을 것이다. 그 대신 그런 사람들에게 이슬람을 제시할 수 있는 무슬림은 그들에게 이슬람을 받아들이도록 권하고 이슬람이 무엇인지 보여 주지 못한 책임을 져야 할 것이다. 그래서 전 세계 모든 무슬림은 말로 이슬람을 전파할 뿐 아니라 무엇보다 삶으로 실천하려 애쓴다(꾸란 3:104; 16:125).

13. 선한 인간의 본성. 참된 무슬림은 하나님이 창조하신 인간 본성 안에 악보다 선이 더 많이 있으며, 절망적으로 실패할 확률보다 성공적으로 개혁을 이룰 확률이 더 크다고 믿는다. 이 믿음은 하나님이 사람에게 특정한 임무를 부과하셨으며 그를 인도하고자 사자를 보내 계시를 전해 주셨다는 사실에서 비롯된다. 사람이 본성상 절망적이어서 개혁이 불가능하다면 어떻게 절대적인 지혜를 가지고 계신 하나님이 그에게 책임을 지게 하시고 그가 특정한 일을 하거나 피하도

록 하실 수 있단 말인가? 그 모든 일이 다 헛되다면 어떻게 하나님이 그렇게 하실 수 있는가? 하나님이 사람을 돌보시고 그를 위해 일하신다면 사람은 무력하지도 절망적이지도 않으며 선을 인식할 수 있고 행하고 싶어하는 존재다. 분명 하나님에 대한 건전한 믿음과 사람에 대한 적절한 확신이 있으면 우리 시대에도 기적은 일어날 수 있다. 이것을 제대로 이해하려면 꾸란의 관련 본문을 주의 깊게 연구하고 그 의미를 성찰해야 한다.

14. 믿음이 확신으로 완성됨. 참된 무슬림은 신자가 상당히 만족하지 않은 채 믿음을 맹목적으로 따르거나 아무런 재고 없이 받아들인다면 그 믿음은 완전한 것이 아니라고 믿는다. 믿음이 행동을 고쳐시키는 것이라면, 그리고 믿음과 행동이 우리를 구원으로 이끈다면, 믿음은 어떠한 속임수나 강요 없이 흔들리지 않는 확신에 근거한 것이어야 한다. 다시 말해 가족의 전통 때문에 스스로를 무슬림이라고 부르거나 강압이나 맹목적인 모방으로 이슬람을 받아들이는 사람은 하나님이 보시기에 완전한 무슬림이 아니다. 무슬림은 어떠한 의심이나 불확실함 없이, 근거가 충분한 확신을 기초로 믿음을 가져야 한다. 자신의 믿음에 대해 확신하지 못한다면, 하나님은 그에게 자연이라는 열린 책을 찾아보고, 그의 추론 능력을 사용하고, 꾸란의 가르침을 곰곰이 묵상해 보라고 권하신다. 그는 논박의 여지가 없

가족과 자녀

주님이 명령하사 그분 외에는 경배하지 말라 했으며 부모에게 효도하라 하셨으니 그들 중 한 사람 또는 두 사람이 나이들 때 그들을 멸시하거나 저항치 말고 고운 말을 쓰라 하셨노라 부모에게 공손하고 날개를 낮추며 겸손하라 그리고 기도하라 주여 두 분에게 은혜를 베푸소서 그 두 분은 어려서부터 저를 양육하였나이다(꾸란 17:23-24).

무슬림들은 가족과 공동체 내에서 서로 돕고 의지하는 것을 소중하게 여긴다. 대가족이 함께 살 수도 있으며 많은 무슬림이 가족 소유 사업체에서 일한다. 결정을 내릴 때는 집단적으로, 그리고 주로 남자가 내리는 경우가 많다. 가족의 리더와 다른 주장을 펼치지 않는다면 무슬림 여성도 자유롭게 독자적인 결정을 내릴 수 있다.

결혼은 대가족 안에서 정한다. 독신 여성들이 홀로 남지 않도록 하기 위해서다. 여자와 어린이 사이에는 모계 제도가 널리 보급되어 있는 경우가 많다. 집안에는 긴장감이 돌기도 하는데, 아들이 아내보다 자기 어머니를 더 존중하는 경우에 특히 그렇다.

많은 무슬림 여성들이 가족 전체의 필요를 돌보면서 집에서 시간을 보내는 것을 명예롭게 생각한다(180쪽의 "명예와 수치"를 보라). 여자들은 자녀를 이슬람식으로 키우는 데 지대한 영향력을 발휘한다. 한편 무슬림들은 딸보다는 아들을 선호한다. 아내가 자식을 낳지 못하면 남자가 모욕을 당하는 반면, 아들이 태어나면 크게 축하를 받는다.

겉으로는 제약이 많은 것 같지만 수많은 무슬림 어머니들은 노년에 이르기까지 남편과 자녀들에게 사랑과 존경을 받는다. 무슬림들은 왜 나이 든 여성들을 요양원에 보내 가족들과 떨어져 낯선 사람의 시중을 받게 하는지 이해하지 못한다. 무슬림 자녀들은 나이 든 부모를 돌보고 그들의 삶을 가능하면 편안하게 해줄 책임이 있다.

출처_ Annee W. Rose, frontiers.org.

참고문헌_ Miriam Adeney, *Daughters of Islam* (Downers Grove, Ill.: InterVarsity Press, 2002). ivpress.com 『이슬람의 딸들』(IVP)

는 진리를 찾을 때까지 구해야 하며, 그가 충분히 능력이 있고 진지하다면 분명 그것을 발견할 것이다(꾸란 2:170; 43:22-24).

이 때문에 이슬람은 건전한 확신을 요구하며 맹목적인 모방을 반대한다. 진정하고 진지한 사색가의 자질을 갖춘 모든 사람에게 이슬람은 자신의 능력을 최대한 사용하라고 명한다. 하지만 어떤 사람이 자격을 갖추지 못했거나 자신에 대해 확신하지 못한다면 자기 한계 내에서만 사고해야 한다. 그런 사람은 마땅히 자신이 할 수 없는 중대한 질문을 던지지 말고, 신빙성 있는 종교 자료에 의존하는 것이 좋다. 다시 말해 자신의 믿음이 강한 확신에 근거하고 있지 않거나 마음에서 의심의 구름이 깨끗이 걷히지 않았다면, 누구도 자신을 참된 무슬림이라고 부를 수 없다.

이슬람은 강한 확신과 선택의 자유에 기초하고 있기에 누구에게도 강요할 수 없다. 하나님은 강요된 믿음을 받지 않으실 것이다. 또한 자유롭고 건전한 확신 안에서 발전되었거나 비롯되지 않았다면, 하나님은 그것을 참된 이슬람으로 간주하지 않으실 것이다. 이슬람은 신앙의 자유를 보장하기 때문에, 무슬림이 아닌 많은 집단들이 완전한 신앙과 종교의 자유를 누리면서 무슬림 국가에 살아왔고 지금도 살고 있다. 무슬림이 이런 태도를 취하는 이유는 이슬람이 종교 강요를 금하기 때문이다. 그것은 안으로부터 발산되어야 하는 빛이다. 선택의 자유야말로 책임의 토대가 되기 때문이다. 그렇다고 해서 부모가 자기 자녀에 대해 책임지지 않아도 된다거나 부양 가족의 영적 복지에 무관심해도 된다는 말은 아니다. 사실상 부모는 자녀들이 강하고 영감을 일으키는 믿음을 갖도록 돕기 위해 무슨 일이든 해야 한다.

건전한 근거 위에 믿음을 확립시키는 방법은 여러 가지다. 주로 꾸란과 무함마드의 전승에 근거한 영적 접근법이 있다. 이성적 접근법도 있는데, 그것은 결국에 가서는 지고의 존재에 대한 믿음으로 우리를 이끈다. 이것은 영적 접근법에 건전한 합리성이 결여되었다거나 이성적 접근법에 영감을 일으키는 영성이 없다는 말이 아니다. 사실상 두 접근법은 서로 보완하며 상호 영향을 끼친다. 어떤 사람이 건전한 이성적 자질을 충분히 구비하고 있다면 이성적 접근이나 영적 접근, 혹은 둘 다에 의지할 수 있으며 자신의 결론이 옳다고 확신할 수 있다. 하지만 어떤 사람이 심오한 탐구를 할 수 없거나 자신의 이성적 능력을 확신하지 못한다면 영적 접근법만을 사용해 자신이 종교의 진정한 근원에서 끌어낼 수 있는 지식에 만족해야 한다. 중요한 것은, 영적 접근법을 사용하든 이성적 기술을 사용하든 둘 다를 사용하든 결국에 가서는 하나님에 대한 믿음에 이르게 되리라는 것이다. 이 모든 길은 똑같이 중요하고 이슬람에서 받아들여지며 방향을 제대로 잡기만 한다면 똑같은 결말, 즉 지고의 존재에 대한 믿음으로 우리를 이끈다(꾸란 5:16-17; 12:109; 18:30; 56:80-81).

15. 꾸란: 유일하고 완전한 하나님의 말씀. 참된 무슬림은 꾸란이 하나님의 말씀이며 가브리엘 천사의 중개로 무함마드에게 계시되었다고 믿는다. 꾸란은 특정 질문들에 대답하고, 특정 문제들을 해결하며, 특정한 토론을 결말짓고, 하나님의 진리와 영원한 행복으로 이끄는 최고의 지침으로 하나씩 계시되었다. 꾸란에 나오는 모든 글자는 하나님의 말씀이며, 그 안의 모든 소리는 하나님의 음성을 참되게 반영한다. 꾸란은 이슬람에서 가장 믿을 만한 자료다. 그것은 아랍어로 계시되었다. 지금도 여전히 처음에 기록되었던 완전한 아랍어로 되어 있으며 앞으로도 그럴 것이다. 하나님은 꾸란을 보존하시고, 그것을 언제나 사람의 최고 지침으로 삼으시며, 그것이 변조되지 않도록 안전하게 지키는 일에 관심을 가지고 계시기 때문이다(꾸란 4:82; 15:9; 17:9; 41:41-44; 42:7, 52-53).[1]

16. 무함마드의 전승: 이슬람의 두 번째 자료.

참된 무슬림은 꾸란과 무함마드의 전승이 분명하게 구분된다는 것을 믿는다. 꾸란은 하나님의 말씀인 반면에 무함마드의 전승은 꾸란을 실제적으로 해석한 것이다. 무함마드의 역할은 꾸란을 자신이 받은 대로 전달하고 해석하며 온전히 실천하는 것이었다. 그의 해석과 실천으로 무함마드의 전승이 생겨났다. 그것은 이슬람의 두 번째 자료로 여겨지며, 첫 번째 자료로서 기준과 표준이 되는 꾸란과 완전한 조화를 이루어야 한다. 전승과 꾸란 사이에 조금이라도 모순되거나 일관되지 않는 것이 있다면 무슬림은 꾸란만을 신봉해야 하며 다른 모든 것에는 의문을 제기할 수 있다. 진정한 무함마드의 전승이라면 꾸란과 절대 다를 수 없기 때문이다.

몇 가지 설명

이슬람 신앙의 기본 조항들을 논하면서 우리는 일부러 그 주제를 전통적으로 제시된 방법과는 다르게 다루었다. 우리는 그것을 다섯 개 혹은 여섯 개의 항목으로 국한하지 않고 되도록 많은 원리를 포함시키려 애썼다. 하지만 여기서는 앞에서 언급한 신앙의 모든 조항들이 꾸란의 가르침과 무함마드의 전승에 기초하고 있으며 거기서 나온 것임을 지적해야 한다. 이 조항들의 토대를 보여 주기 위해 꾸란의 더 많은 구절과 전승의 여러 부분을 인용할 수도 있었지만 지면의 제한상 그러지 못했다. 상세히 연구하려면 꾸란과 무함마드의 전승을 더 참조할 수 있다.

우리는 또한 '예정', '숙명론', '자유의지' 등과 같은 서구 용어와 전문 용어를 되도록 적게 사용하려고 했다. 지나친 전문성과 혼란을 피하기 위해 의도적으로 그렇게 했다. 비아랍어 사용자들이 종교에서 쓰고 있는 많은 전문 용어들을 이슬람에 사용하면 대부분 오해를 불러일으키며 잘못된 인상을 심어 줄 수 있기 때문이다. 외국의 종교 용어를 이슬람에 사용한다면 이 책의 목적을 이룰 수 없을 것이다. 여기에서 이국의 종교 용어를 사용해야 한다면 이슬람의 모습을 분명하게 전달하고자 많은 조건과 설명을 추가해야 했을 테고, 그러면 훨씬 더 많은 지면이 필요했을 것이다. 그래서 평범한 일상 용어로 설명하려고 애썼다. ❖

주

1. 하나님이 보존하셨다는 증거로, 꾸란은 인간 역사상 문체나 구두점까지 조금도 바뀌지 않은 채 완전히 원본대로 보존된 유일한 경전이다. 꾸란 각 장을 수집하고 그 본문을 보존하는 꾸란 기록의 역사는 무슬림뿐 아니라 정직하고 진지한 학자들이 생각하기에도 의심할 여지가 조금도 없다. 이것은 어떤 종교가 있는 사람이든, 자기 지식과 성실성을 존중하는 학자이든 아무도 의문을 제기한 적이 한 번도 없는 역사적 사실이다. 사실상 온 인류가 함께 노력한다 해도 꾸란과 같은 것을 단 한 장도 만들어 낼 수 없었다는 것은 무함마드의 변치 않는 기적이다(꾸란 2:22-24; 11:13-14; 17:88-99).

참고문헌

Sumbul Ali-Karamali, *The Muslim Next Door: The Qur'an, the Media, and That Veil Thing* (Ashland, OR: White Cloud Press, 2008)

 3과를 위한 교재 읽을거리를 끝냈다면 163쪽의 '추천 도서와 활동'을 보라.

 온라인 읽을거리는 *encounteringislam.org/readings*에 나와 있다.

토론 문제

1. 이 과에서 무슬림에 대해 배운 것 중 놀라운 사실이 있는가? 이 과의 어떤 내용이 무슬림을 더 잘 이해하는 데 도움이 되었는가?

2. 이슬람은 하나님 성품 중에서 어떤 면을 강조하는 것 같은가?

3. 인간의 본성에 대한 이슬람의 판단은 어떠한가?

추천 도서와 활동

읽기	Badru D. Kateregga, David W. Shenk, *A Muslim and a Christian in Dialogue*(Scottdale, PA: Herald Press, 2011).
	Hammudah Abdalati, *Islam in Focus*(Beltsville, MD: Amana Publications, 1998).
	Abraham Sarker, *Understand My Muslim People*(Newberg, OR: Barclay Press, 2004).
보기	〈Inside Mecca〉(아니사 메흐디, 타기 아미라니 감독, 2003).
	〈Turning Muslim in Texas〉(케이티 아이작스 감독, 2003). *youtube.com*.
	〈Journey to Mecca: In the Footsteps of Ibn Battuta〉(브루스 네이보르 감독, 2009).
기도하기	서로 다른 예배 자세에 대한 성경의 예를 찾아보라. 손들기(시 63:4), 경배하기(습 2:11), 무릎 꿇기(엡 3:15), 엎드리기(신 9:18) 등. 이 책 147쪽의 그림 "무슬림의 기도 자세"를 보라.
만나기	주변에 국제학생센터나 어학당이 있다면 한국어 교습을 원하는 무슬림 학생이 있는지 알아보라.
검색하기	*patheos.com/Library/Islam.html* – 이슬람 전반에 대해 신속히 살펴볼 수 있다. *understand-islam.net* – 살라피 관점에서 무슬림 신앙에 대한 광범위한 개요를 제공한다.

* 더 자세한 내용은 *encounteringislam.org/learnmore*를 보라.

2부 이슬람의 표현들

4과

오늘날의 이슬람

깊이 생각해 보기

- 7세기에 이슬람이 설립된 후 세계에 많은 변화가 일어났다. 무슬림은 이 변화에 어떻게 대응해 왔는가?
- 무슬림과 그들이 오늘날 직면한 도전들에 우리가 공감하고 있음을 어떻게 표현할 수 있는가?
- 그리스도인은 복음에 근거해 다른 사람의 고난에 어떻게 반응해야 하는가?
- 그리스도인은 다양한 문화와 사람과 견해에 대해 어떤 태도를 가져야 하는가?

이 과의 목표

1. 새로운 목표: 전 세계의 다양한 무슬림 집단의 기본 인구 구성을 설명한다.
2. 새로운 목표: 전 세계의 무슬림 종족에게 현재 사건들이 어떤 영향을 미치고 있는지 해석한다.
3. 새로운 목표: 주위 사람들이 무슬림에게 가지고 있는 선입견과 오해를 바로잡아 전 세계 무슬림의 다양성에 대해 보다 종합적인 시각을 가진다.
4. 새로운 목표: 무슬림과 우정을 나누고 이를 즐긴다.
5. 앞 과에 기초한 목표: 오늘날 무슬림의 정체성에 대해 가지고 있던 오해를 밝히고 인정한다.
6. 앞 과에 기초한 목표: 무슬림의 다양성을 존중하고 정중하게 대한다.
7. 앞 과에 기초한 목표: 통찰과 긍휼의 마음을 가지고 무슬림 세계를 위해 기도한다.

핵심 요점

1. 무슬림 공동체(움마)
2. 하나님의 유일성(타우히드)
3. 무슬림과 그들의 공동체를 깊이 지배하고 있는 명예와 수치에 대한 가치관
4. 무슬림 간의 다양성
5. 오늘날 발생하는 다양한 갈등
6. 사회적 불만과 압제가 폭력으로 이어질 수 있다.
7. 다양한 의미를 지닌 지하드: 개인 또는 공동체 차원에서 죄와 싸움, 외부 위협에 방어하는 의로운 전쟁, 무슬림 영역의 확대(다르 알이슬람), 극단주의 테러를 정당화하는 명분
8. 하나님의 계획에는 다양한 인간의 창조와 그리스도를 통해 그들을 구속하는 것 모두가 포함된다.

과제

본 강좌의 목표 중 하나는 문화의 장벽을 극복하고 다른 누군가와 관계를 맺는 것이다. 나와 다른 사람과 대화를 시작한다는 것은 혼란스럽고 공포스러운 일이 될 수 있다. 그러나 그런 불편을 감수할 때 더 큰 보상을 얻는다. 그리스도의 성육신 사역은 우리에게 익숙하고 자연스런 영역을 벗어나 다른 사람들이 있는 곳으로 가서 그곳 사람들을 사랑하고 그들에게 영향을 미치라고 명령한다. 당신의 과제는 무슬림 문화를 경험하기 위해 당신에게 익숙한 것과 거리가 먼 무언가를 적극적으로 시도해 보는 것이다. 무슬림 시장에 가서 물건을 사거나 소수 민족을 위한 식당에서 식사를 하거나 무슬림 지역사회에서 주최하는 행사에 참여할 수 있다. 열린 마음으로 가라. 눈과 귀를 열고 그 사람들과의 문화적 차이에 집중하라. 더 이해하고 싶은 점을 기록하라.

계속해서 encounteringislam.org/readings에 나온 온라인 읽을거리를 읽고, 온라인 토론회에 글을 올리라.

이 과의 읽을거리

 교재
서론
무슬림의 다양성: 분석
솔직한 대면: 무슬림 움마, 기독교 교회
이슬람 근본주의: 선교에 대한 시사점
지하드란 무엇인가?
한국 이슬람의 시작과 발전 그리고 전망

 온라인
무슬림 움마 내에 존재하는 다양성(Diversity Within the Muslim Umma, 필 파샬) – 무슬림 움마는 시아파와 수니파로 나뉘어 있다.

아프리카계 미국인 이슬람의 성장(The Growth of African-American Islam, 키스 스와틀리) – 이슬람이 많은 아프리카계 미국인에게 매력적으로 다가가고 있으나 그리스도만큼 그들의 마음을 만족시키지는 못하고 있다.

무슬림형제단과 칼리프 제도의 재수립(The Muslim Brotherhood and Reestablishment of the Caliphate, 프랑크 프레스톤) – 주권적 이슬람 국가의 부활을 바라는 많은 이들의 소망은 무슬림 사역에 대해 여러 가지를 시사한다.

무슬림 이민자: 안팎에서 느끼는 긴장(Muslim Immigration: Tensions Without and Tensions Within, 필 루이스) – 무슬림 이민자들은 그들과 그들을 받아들이는 국가 모두에게 특별한 도전이다.

서론

꾸란의 뿌리는 7세기 아랍 문화에 있다. 하지만 이슬람의 표현 방식은 무슬림 움마, 혹은 공동체가 성장하고 다른 문화권 안으로 확산되면서 다양화의 길을 걸었다. 무슬림 역시 마찬가지로 그들의 적절성이 도전받는 과정에서 다양성을 띠게 되었다. 이러한 변화와 반응을 거치며 움마는 여러 종파와 하위집단으로 갈라졌고 전 세계 무슬림은 다양성이라는 문화적 표현 방식을 가지게 되었다.

이슬람의 특성은 움마가 메카의 핍박을 피해 도망쳐 나와 메디나에서 성공적인 사회를 형성하기 시작하던 때 처음으로 변화를 겪었다. 새롭게 주도 세력으로 부상한 움마

기도하기 위해 모인 모로코 남성들

는 비무슬림들을 정복했는데, 여기에는 메디나의 유대 부족들도 포함된다. 이 시기에 움마는 초점을 이동시켜 아랍 중심의 종교가 되었다. 유대인의 속죄일을 기념하고 예루살렘을 향해 절하는 대신에 순례 여행(핫즈)을 하고 메카를 향해 기도하기 시작했다. 또 다른 변화는 무함마드가 죽은 직후, 지도자 선출 방식에 대한 문화적 차이와 의견의 불일치로 움마 내에 반역과 내란이 벌어졌을 때 일어났다. 무슬림은 오늘날도 이러한 긴장 속에서 싸우고 있다. 사실상 무함마드 이후 무슬림 역사 전체보다 지난 한 세기에 사회, 정치, 과학기술, 경제 변화가 더 많이 일어났다. 그 결과 어느 사회에서나 그렇듯 오늘날의 이슬람은 이전 어느 때보다 다양하며 변화의 기로에서 씨름하고 있다.

무슬림은 움마의 다양성에도 불구하고 영적 유대감을 지니고 있으며 형식상 유사성을 공유한다. 실천적인 면에서 무슬림은 예절, 청결, 옷차림 등에서 유사한 면을 보인다. 또한 대부분이 아랍어 이름을 사용한다. 그뿐 아니라 전 세계적으로 같은 축제와 절기를 지키며 같은 기도문을 외운다. 그들은 전 세계적인 이슬람 움마(즉 다르 알이슬람, 평화의 집)와의 연대감을 드러내며 자랑스러워한다. 공동체를 수호하고 확장하려는 그들의 단일성이라는 목표는 움마의 단일성뿐 아니라 한 분이신 하나님에 대한 무슬림의 공통된 신앙으로 구체적으로 드러난다.

타우히드(하나 됨)은 세속적인 것과 신성한 것을 이분법적으로 나누는 것을 거부한다. 무슬림은 하나님이 사람의 마음과 삶의 일부가 아니라 전체를 다스리셔야 한다고 믿는다. 삶의 개인적, 종교적, 경제적, 사회적, 정치적 영역 모두가 이슬람을 매개로 하나님께 굴복해야 한다는 것이다. 무함마드 이크발의 말을 빌리자면, "종교는 어느 한 부문에 국한되지 않는다. 그것은 그저 생각만도, 느낌만도 아니며 행동만도 아니다. 그것은 전인(全人)의 표현이다."[1]

하나 됨과 성공적인 움마에 대한 이러한 이상적 비전은 무슬림 다와(전도)를 하도록 고무시키지만, 많은 움마들이 이상에 미치지 못하는 억압적인 '이슬람' 정부의 치하에서 시달리고 있다. 이전 세기의 무슬림 제국들은 쇠퇴했고 칼리프직은 해체되었다. 많은 무슬림들이 다원주의 문화에서 살거나 서구 사회로 이민을 갔다. 이런 요소들에 비추어 볼 때 오늘날 움마란 정확하게 무엇인가?

실제로는 하나의 이슬람 혹은 한 가지 유형의 무슬림이 있는 것이 아니라 서너 개의 공통된 유형이 있다. 어떤 움마는 대단히 종교적이며 그들의 문화가 현대 사상 때문에 도덕적으로 표류하는 것을 깊이 염려하는 반면, 어떤 움마는 현대적이고 서구적인 성향을 지녔다. 어떤 무슬림은 민족주의자라는 자신의 정체성(그것은 곧 무슬림이라는 말과 동의어이다)에 자부심을 느끼고 있으나, 대부분은 의식주와 교육, 보건 시설과 더 많은 취업 기회가 필요한 그저 평범한 사람들이다. 이렇듯 광범위한 범주들은 유동적이며 이리저리 중복되기도 한다.

그래서 3과는 무슬림의 종교적 관행을 이해하는 데 도움이 되고 5과는 평범한 무슬림의 일상생활을 이해하는 데 도움이 되겠지만, 우리는 또한 오늘날 이슬람이 직면한 세계를 그들이 어떤 식으로 대하고 있는지 알아야 한다. 이슬람에는 신앙을 현대화하려고 애쓰는 종교적, 세속적 개혁 운동이 둘 다 있다. 움마를 재연합하고 원래의 이상으로 되돌아가려는 개혁 운동이 계속 새롭게 일어났다. 이러한 시도는 평범한 이슬람 추종자들에게는 너무 서구적이거나 너무 아랍적이거나 둘 중 하나일지 모르지만, 그들의 열망은 우리 세계에 영향을 끼치고 있다.

이러한 광범위한 주제를 다룰 때, 우리는 천편일률적으로 대답하거나 생각하는 것이 아니라 무슬림 친구의 의견을 듣고 그의 필요에 응답하는 방식으로 해야 한다.

무슬림은 민족주의, 자본주의, 사회주의, 현대주의, 물질주의, 세속주의, 인종차별주의 등으로 흔들리는 세상에서 산다. 그들은 이러한 철학들을 시험해 보고 실패한 뒤 환멸에 빠졌다. 그들 중 많은 사람들이 '하나님은 우리를 버리셨는가? 어쩌면 하나님은 우리가 이슬람으로 돌아가도록 벌을 내리고 계시는지도 모른다'라고 생각하게 되었다. 이런 메시지는 현대의 삶에 환멸을 느끼는 부유한 젊은이든, 아무 기회도 주어지지 않은 채 억눌려 사는 가난한 여성이든, 경제적 압박을 느끼는 중산층 사업가이든, 도시형 범죄로 감옥에 수감된 미국 흑인 남성이든 상관없이 여러 유형의 무슬림들에게 호소력을 가진다.

2010년 12월 10일, 그들의 불만을 상징하는 '아랍의 봄'으로 알려진 혁명 시위와 저항이 시작되었다. 이 책이 처음 출판되고 나서 현재 3개국의 정권 교체가 이루어질 때까지 이러한 봉기는 계속되었다.

　무슬림들이 느끼는 환멸은 때로 그들을 실패하게 만든 원인이라고 생각되는 사람들에 대한 분노로 바뀐다. 그들은 부유하고 소비지향적이며 사리사욕을 추구하는 서구 국가들이 그들에게 고난을 가한 책임이 있다고, 적어도 그 고난을 경감시키기 위해 주도적으로 노력하지 않은 책임이 있다고 생각할 수 있다. 많은 무슬림들이 보기에 20세기 제국주의는 오늘날에도 서구의 상업 및 수출된 텔레비전, 영화, 포르노 등을 통해 경제적, 문화적 억압 형태로 계속되고 있다.

무슬림들은 자녀들이 이러한 것들에 노출되어 불경스러운 서구적 가치관을 받아들이게 될까봐 우려한다. 그들은 자기 가족과 공동체의 미래를 걱정한다.

　일부 무슬림들은 국제통화기금(IMF)과 세계은행이 다국적 기업들의 꼭두각시 노릇을 하며 가난한 사람들에게 내핍 생활을 강요하고 자신들의 경제 이익을 추구하며 자신들이 독재 체제에서 잘못된 투자를 한 것에 대한 대가는 결코 지불하지 않는다고 단정짓는다. 많은 무슬림들은 민주주의 진영의 전 세계 국가들이 자신들의 이익에 부합하는 정책을 세워 재정적 원조를 제공하고 군사 장비를 수출하면서까지 독재 정부를

당신은 세상을 어떻게 보는가?

우리는 각자 문화의 눈을 통해 세상을 평가한다. 우리가 소유한 것에 대한 평가, 상호 작용하는 방식, 무엇을 받아들일 만하다고 느끼는가 등은 문화의 영향을 받는다.
외적인 행동의 기저에는 진짜 가치관과 믿음이 자리하고 있다. 가치관이란 '무엇을 존중하는가'의 문제다. 믿음이란 '무엇이 참된가'의 문제다. 이러한 가치관과 믿음은 우리의 이상(理想)과 다를 수 있다. 이상이란 우리가 인정하면서도 날마다 정확히 그에 따라 살아가지는 않는 기준들이다.
위로는 사회적 가치관과 믿음이 있고, 그 아래 우리 존재의 핵심에는 세계관, 실재에 대한 정의가 있다. 모든 선택, 반응, 결정은 세계관으로 결정된다. 언어 및 아름다움에 대한 감각도 마찬가지다. 어떤 행동을 설명하기는 쉬우나 왜 그렇게 하는지를 설명하기란 매우 어렵다. 세계관은 우리의 일부가 되어 버려 우리는 그것을 인식하지 않고 활동한다. 물 밖에서 살아 본 적이 한 번도 없어 물이란 것이 뭔지 분명하게 말하지 못하는 물고기와 같다.
일부 아프리카 사회에서는 아내를 한 명만 두어서는 자녀를 충분히 둘 수 없다. 많은 아이들이 어린 시절에 사망하기 때문이다. 이런 사회에서는 자녀를 그들의 재산이자 미래로 본다. 마찬가지로 다른 문화에서는 비싼 값을 들여서라도 각 자녀에게 자기 방을 마련해 준다. 이 세계관에서는 사생활과 개인의 자율을 중요하게 여기기 때문에 부모들이 더 큰 집을 마련하기 위해 일한다.
그리스도가 우리 삶에 들어오실 때 우리의 세계관을 바꾸기 시작하신다. 그리스도인이 마음을 바꾸지 않은 채 외적인 행동 변화만 추구할 때가 종종 있다. 선의에서 시작한 일이더라도 그 결과는 율법주의다. 그리스도가 오셔서 중동 문화 가운데서 사셨듯 우리는 그리스도의 증인이 되기 위해 무슬림 친구들의 세계관을 채택해야 한다. 또한 사람들의 마음과 삶을 변화시키기 위해 하나님이 모든 사회의 세계관 속에서 역사하실 수 있음을 믿어야 한다.

출처_ *Encountering the World of Islam.*

문화에 대한 도해

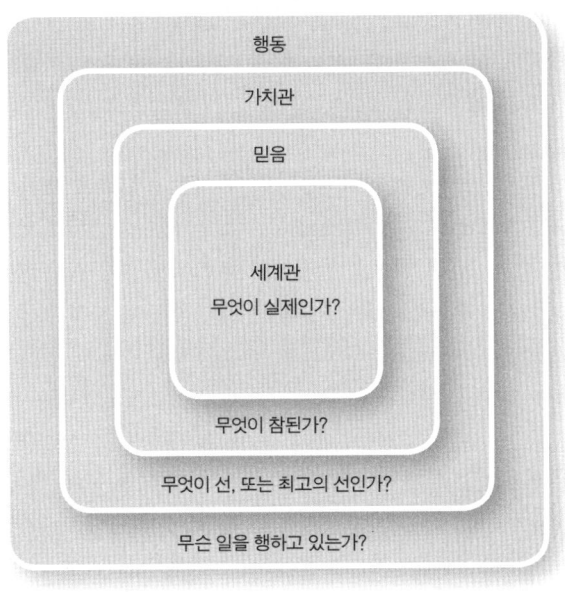

출처_ Lloyd E. Kwast, "Understanding Culture" in Ralph D. Winter and Steven C. Hawthorne, eds. *Perspectives on the World Christian Movement : A Reader*, 4th ed.(Pasadena, CA: William Carey Library, 2009), 397-399쪽. 『퍼스펙티브스 2』(예수전도단)

지원했다는 데 주목해 왔다. 많은 무슬림에게, 이스라엘에 대한 미국의 확고한 지원은 매우 불쾌한 사안이며 서구의 이중적인 기준과 간섭을 가장 잘 보여 주는 예다. 무슬림들은 고통을 겪고 있으며, 자신들의 정치적 문제를 해결하기 위한 어떠한 일도 행할 수 없을 만큼 비참하고 무기력하다. 그들은 도저히 감추지 못할 만큼의 수치심을 경험하며 복수가 이루어져야 한다고 느낀다.

그들과 같은 상황에 처한다면 우리는 어떻게 반응할까? 나는 개인적으로 현재 일어나는 사건들에 대한 무슬림들의 견해에 전부 동의하지는 않지만, 그들이 처한 곤경에는 안타까운 심정이다. 불경함, 배교, 불신앙 등이 현대의 특징일 때가 많다는 것에 동의한다. 작은 모욕이라도 당할 때 얼마나 화가 나는지도 인정하며 다른 대안이 없다면 폭력에 의지하게 되지 않을까도 생각한다. 하지만 무슬림 친구들이 여자와 어린이, 약자와 동료 무슬림을 죽이는 무차별적인 폭력에 환멸을 표현할 때, 그들 역시 대안을 간절히 바라고 있다는 사실을 느낀다.

민주주의의 진면목

런던의 벵골인 지역에 있을 때, "민주주의는 노예제다"라고 선언하는 포스터를 본 적이 있다. 그 포스터 밑에는 다음과 같이 적힌 전단들이 쌓여 있었다.

- 민주주의는 사람이 자주권을 갖는 생활방식을 나타낸다. 자기가 원하는 대로 자기 삶을 주관한다. 자신을 위해 법을 만들고 자기 욕

구에 따라 선과 악을 판단한다. 민주주의는 사람이 창조주로부터 독립되어 있음을 의미한다.
- 자유롭고 민주주의적인 서구 사회에서는 동성애, 성적 난잡함, 사생아 등을 정상적인 가치관으로 여긴다.
- 민주주의는 자기 이익만 확보하려 하는 무능한 정치가들이 만든 법에 사람들이 종속되는 것을 의미한다.
- 자유를 추구하는 문화와 민주주의는 무슬림과 유대인, 그리스도인, 힌두교인, 무신론자, 우상 숭배자 사이에 아무 차이가 없다고 가르친다.
- 서구는 민주주의를 믿도록 세뇌시킴으로써 이슬람의 강력한 진리에 가까이 가지 못하게 하려고 애쓴다.
- 이슬람은 사람의 법이 아닌 하나님의 율법만 따른다.
- 무슬림은 자신의 뜻을 하나님의 완전한 뜻에 복종시킨다.

당신은 여전히 민주주의를 믿는가?

이 특정한 무슬림 정치 집단은 민주주의에 대해 나와 다른 견해를 내세우지만, 나 역시 많은 민주주의 제도가 그 이상향에 미치지 못하며 예기치 못한 문제를 가져온다는 사실을 깨닫는다. 많은 무슬림들처럼 나 역시 불완전한 인간의 제도가 아닌 하나님의 뜻에 먼저 복종하려고 애쓴다.

하마스(HAMAS, 이슬람 저항운동 단체) 같은 급진 단체들은 종종 무슬림 공동체에 헌금을 하고, 가난한 자들에게 먹을 것을 주고, 고아와 과부를 돌봄으로 그들에게 호소력을 가진다. 성경도 우리에게 그와 같이 하라고 도선한다. 무슬림에게는 인권과 사회 복지, 경제적 기회, 종교의 자유가 필요하다. 이에 찬성하고 이를 추구하는 것은 그리스도인의 책임이다. 많은 무슬림들은 "예수를 따르는 그리스도인들은 어디 있는가?"라고 묻는다. 그 때문에 데이비드 셍크의 글 "솔직한 대면: 무슬림 움마, 기독교 교회"(188쪽)가 매우 중요하다.

우리는 정보에 근거해 반응해야 하지만 그전에 다음과 같은 사안들에 대해 평가를 내려야 한다. 기독교의 다양한 교파들은 분열되고 서로 충돌하는 그리스도의 이미지를 무슬림에게 보여 주고 있지 않은가? 이러한 기독교의 모습은 우리 문화와 어떻게 연결되어 있는가? 교회는 어떻게 해야 율법주의나 방종에 빠지지 않으면서도 세상의 변화에 적응할 수 있는가? 『미국 내 이슬람의 변화하는 얼굴』(The Changing Face

서로 다른 가치관

20세기 초(2차 세계대전 때까지)에 무슬림권 90%가 서구의 식민지 통치에 종속된 것은 무슬림의 마음속에 지울 수 없는 인상을 남겼다. 오늘날 무슬림권은 "어떻게 해야 배후에 깔린 철학적 전제들을 받아들이지 않으면서 서구의 과학 기술을 습득할 것인가" 하는 문제로 씨름한다. 이같이 서구의 문화적 가치관과 이슬람의 가치관이 상호 작용하면서 무슬림은 극단적인 적응에서 절대 거부에 이르기까지 대단히 다양한 반응을 보이게 되었다.

출처_ Don McCurry, *Healing the Broken Family of Abraham*(Colordo Springs: Ministry to Muslims, 2001), 103쪽.

of Islam in American)의 공동 저자 칼 엘리스(Carl Ellis)는, 우리가 종종 그리스도를 서구 문화라는 비닐에 포장해서 제시한다고 말한다. 그것을 받는 사람들이 생명의 떡에 목이 막혀 질식하는 것도 무리가 아니다!

    그리스도의 길은 이 세상의 길과 다르다. 예수님은 성공이나 부나 권세를 추구하시지 않았다. 그분은 겸손하게 우리를 위해 십자가를 지셨다. 이제 예수님은 우리도 그분의 발자취를 따르라고 부르신다. 지상의 공동체를 건설하는 것이 아니라 영원한 영적 나라를 건설하라는 것이다. 무슬림은 예수님을 절대 비판하지 않는다. 그분의 명성은 나무랄 데 없다. 문제는 우리가 예수님처럼 행동하지 못하는 데 있다. 무슬림의 눈에 예수님처럼 행동하는 그리스도인이 보이지 않는 것이 문제다. 이에 대해 우리는 어떻게 해야 하는가? ❖

— 엮은이

주

1. Muhammad Iqbal, *The Reconstruction of Religious Thought in Islam*(New Delhi, India: Kitab Bhavan, 2000).

무슬림의 다양성: 분석

자비드 악테르

이슬람의 주요 목표 중 하나는 하나님의 유일성을 통해 인류의 하나 됨을 이루는 것이다. 인류의 하나 됨을 위한 필수적인 첫 단계가 무슬림 공동체(움마)의 하나 됨이다.

꾸란은 무슬림에게 분명하고 명확한 말로 연합할 것을 권면하고 있다. "실로 종교를 분열시켜 파벌을 조성하는 자가 있도다 그러나 그대는 그들 안에 있지 아니하며 그들의 일이 하나님께로 이르니 그분께서 그들이 저질렀던 모든 사실을 그들에게 말하리라"(꾸란 6:159). "이슬람은 너희를 위한 유일한 종교이며 내가 너희의 주님이거늘 나만을 경배하라 그러나 그들은 분열하였으니 그들 모두는 하나님에게로 귀의하리라"(꾸란 21:92-93).

이슬람이 공동체의 하나 됨을 분열시키는 사람들, "하나의 종교에서 여러 종파로 분열한 후 각 종파에 만족"(꾸란 23:52-53)하는 공동체를 불쾌하게 생각하는 것은 틀림없다. 여러 종파로 갈라졌던 이전 공동체들에 대한 강력한 정죄도 여러 번 등장한다(꾸란 6:159; 21:92-93).

그렇기 때문에 무슬림 공동체가 얼마나 광범위하게 분열되어 있는지를 보면 놀랍고도 당혹스럽다. 이교 혹은 꾸란과 선지자 무함마드의 순나(길)에서 찾아볼 수 있는 원래의 종교적 관점에서 벗어나는 것은 예외가 아니라 보편적인 규칙처럼 보일 정도다. 정말로 꾸란의 교리를 대표하는 집단이 무엇인지 파악하기 어려운 경우도 많다. 그럼에도 불구하고 대부분의 학자들은 모

자비드 악테르는 1994년 미국 이슬람 단체가 세우고 시카고에 본부를 둔 국제전략정책연구소의 전무이사다. 『선지자 무함마드 생애의 일곱 단계』(The Seven Phases of Prophet Muhammad's Life)를 썼다. 이 글은 "Schisms and Heterodoxy among Muslims: An Etiological Analysis and Lessons from the Past"(2003년 11월 23일)에 나온 것으로, 허락을 받고 실었다. ispi-usa.org.

든 무슬림의 80% 이상을 차지하는 수니 공동체를 정통으로 볼 수 있다고 인정할 것이다. 현재 수많은 이슬람 및 유사 이슬람 분파들이 있다. 어떤 이교 분파는 완전히 새로운 종교인 바하이교로 발전된 경우도 있다. 이같이 오래전부터 있어 왔으며 지금도 계속되고 있는 불일치 및 이교 현상은 면밀히 검토하고 분석해 볼 만한 가치가 있다.

아슈라 절기에 자기학대 의식을 행하고 있는 시아 무슬림

여러 이슬람 분파 및 운동의 원인

이슬람 내의 여러 운동 및 분파를 연대순으로 서술할 수도 있겠지만 그 원인이 무엇인지 살펴보는 것이 더 유익하다고 본다. 규범에서 이탈하게 된 이유를 이해하는 것이 그들의 신앙과 실천을 나열하기만 하는 것보다 의미 있을 것이다. 여기서는 계속해서 각 범주에 대해 논하며 거기서 배울 수 있는 교훈을 이야기하겠다.

1. 후계자에 대한 정치적 이견: 카리지와 시아
2. 행동의 자유 vs 알라의 뜻: 아샤리와 무타질라
3. 신비주의 영향: 수피와 바렐비
4. 뿌리로 돌아가려는 운동: 와하비와 살라피
5. 개혁 운동: 인도의 사이드 아흐마드 칸이 세운 알리가르 무슬림 대학과 이집트에서 모함마드 압두가 조직한 원래의 살라피 운동
6. 카리스마 있는 지도자를 따르는 사람들 및 구세주를 찾는 집단: 하샤시안은 하산 살라의 추종자들이며, 아흐마디야는 미르자 굴람 아흐마드의 추종자들이다. 히즈브 알타흐리르처럼 구세주나 칼리프를 찾는 집단도 있다.
7. 자살 특공대
8. 전도자들: 타블리기
9. 기타: 까르마시안(Qarmatian)은 공산주의 신앙을 가진 사람들이다. 바하이교는 이슬람의 한 지파로 시작했으나 지금은 별개의 독특한 신앙을 가지고 있다.

후계자에 대한 정치적 이견

무슬림 최초의 내전인 669년(A.H. 37년, 다른 출처에 따르면 657년)에 시핀에서 일어난 전투에서, 알리와 무아위야는 중재에 따라 후계자에 대한 논쟁을 해결하기로 합의했다. 그런데 알리 추종자들 중 엄격한 무리가 이에 동의하지 않고 이탈해 이슬람 역사상 최초의 이교 집단을 형성했다. 그들은 오직 알라만이 후계 문제를 결정할 수 있다고 믿었다(이것이 어떻게 이루어질 수 있는지는 참으로 불가사의하다).

이 집단, 곧 퇴거자들(혹은 탈퇴자들)이 믿는 것 중 하나는 중대한 죄를 저지른 무슬림은 누구나 사실상 배교자가 되고 사형을 받아 마땅하다는 것이다. 그들의 신앙은 진지하기는 했지만 전혀 타협하지 않았고 교조적이며 초기 이슬람에서 많은 폭력을 불러일으켰다. 그들의 후손은 초기 지도자인 압둘라 빈 이바드의 이름을 따라 이바디라고 불리며 훨씬 더 온건한 견해를 보인다.

또한 후계자에 대한 정치적 이견으로 시아 알리 당이 형성되었으며, 현재는 그들을 그냥 시아파라고 부른다. 시아파는 무슬림의 10-15%를 차지한다. 그들은 자신들의 종교 지도자 혹은 이맘이 알리의 직계 후손이며 무오하다고 믿는다. 이맘만이 종교적 가르침을 주며 그들을 인도할 수 있다. 시아파에는 많은 분파가 있다. 그 분파들은 대체로 몇 대째 이맘에서 이맘의 직위가 끊겼다고 믿는지(이맘이 죽었다기보다는 사라짐으로써)에 따라 나뉜다. 이라니안(이스나 아샤리, 열두 이맘파)은 열두 번째 이맘에서 이맘의 위(位)가 끊겼다고 믿는다. 한편 이스마일리는 일곱 번째 이맘에서 그 위가 끊겼다고 주장한다. 이스마일리는 일곱이라는 숫자를 성별해 일곱 개의 하늘, 머리에 일곱 개의 구멍, 지식의 일곱 단계, 일곱 명의 주요 선지자가 있으며 세계가 7천 년 주기로 돌아간다고 말한다.

시아파의 철학은 '몸을 감춘 이맘'의 귀환을 기다리는 매우 천년설적(앞으로 오는 1천 년을 믿는다)이다. 이맘이 없을 때는 아야톨라와 같은 대리

수니파와 시아파

	수니파	시아파
이름의 의미	순나 – 전통, 관례	시아 – (알리의) 추종자
전체 무슬림에서 차지하는 비율	87-90%	10-13%
밀집 지역	넓음	시아파 대부분이 이란, 이라크, 바레인, 아제르바이잔에 거주; 파키스탄과 인도에 다수 거주; 소수의 인구가 넓은 지역에 분포
무함마드가 후계자를 선택했는가?	그렇다	아니다
무함마드의 후계자	아부 바크르 알시디크, 무함마드의 아내 아이샤의 아버지	알리 이븐 아부 탈리브, 무함마드의 딸 파티마의 남편
후계자의 요건	움마의 선택을 받음	알리와 파티마 계보를 잇는 남자아이
후계자의 칭호	칼리프	이맘
알마흐디(바르게 인도받은 자)	미래에 올 것이다.	이미 이땅에 내려왔으나 현재는 "숨은 이맘"이며, 종말의 때에 다시 나타날 것이다.
거룩한 도시	메카, 메디나, 예루살렘	메카, 메디나, 예루살렘, 나자프, 카르발라, 쿠파, 사마라, 카디미야
절기	이드 알아드하, 이드 알피트르	이드 알아드하, 이드 알피트르, 아슈라

일부 지역 시아 무슬림이 수니의 이슬람 관습에서 벗어나 있는 것은 사실이다. 무타(임시 결혼), 타끼야(순교를 피하기 위해 종교적 신념을 부인함), 아야톨라라는 칭호(하나님의 신호라는 뜻으로 고위 성직자에게 부여함) 등이 그러한 예다. 하지만 모든 시아파에게 이러한 관습이 보편적이라 할 수는 없다. 일부 시아 무슬림은 자기 등과 가슴을 검이나 칼 또는 사슬로 내리치는 라툼(lattum)을 행하기도 한다. 이는 아슈라 기간 동안 후사인의 순교를 기념하는 의식이다(177쪽의 사진을 보라). 시아파는 수니파 학자들과는 다른 하디스와 해석에 의존한다. 하지만 시아파와 수니파의 결정적 차이는 그들의 민족성과 문화, 역사에 있다.

인이 절대 권위를 갖는다. 시아파 무슬림 사이에는 이맘 후세인(알리의 아들이며 선지자 무함마드의 손자)과 카발라에 있던 그의 추종자들이 대량 학살을 당한 것 때문에 '순교'의 개념이 만연해 있다. 그들은 매년 이슬람 음력의 첫 번째 달인 무하르람월 첫 열흘 동안 이 대량 학살을 기념한다.

행동의 자유 vs 알라의 뜻

와실 이븐 아타(Wasil ibn Ata)는 유명한 선생인 그의 멘토 하산 알바사리와 손을 끊고 무타질라 운동을 일으켰다. 무타질라(mu'tazila)의 어근인 이탈라자(Italaza)는 탈퇴한다는 의미다. 현안은 중대한 죄를 범한 무슬림의 지위였다. 그는 카리지파가 주장한 것처럼 죽여야 하는 배교자인가, 아니면 하산 알바사리가 가르친 대로 그저 위선자일 뿐인가? 와실 이븐 아타는 그 죄인의 지위를 그 중간 어디쯤이라고 보았다.

무타질라는 본질적으로 합리주의자들이며 사람이 자유의지를 가지고 있다고 믿었다. 그들은 꾸란에 대해 "시간 속에서 창조된 것이며, 창조되지 않은 알라의 말씀이 아니다"라고 선포했다. 그들은 그리스(헬레니즘) 철학에 큰 영향을 받아 모든 문제를 해결하고자 이성을 사용했다. 그들은 주후 844년(A.H. 2112년) 칼리프 알마문 시대에 부상했으며 다른 파들을 핍박했다. 그 다음 칼리프 치세에는 아샤리파가 득세했는데, 이번에는 그들이 무타질라들을 핍박했다.

전에 무타질라파였던 알아샤리는 자신의 이름을 따서 반(反) 무타질라 운동을 만들었다. 이 학파는 "사람은 악에 대해 아무런 권세를 가지고 있지 않으나 자신의 책임은 통제할 수 있다. 비록 그것이 알라의 뜻이라 해도"라고 주장했다. 유명한 니자미야 학파는 아샤리의 관점을 선전하려고 세워졌다. 아샤리주의는 오늘날 이슬람에서 인간의 자유의지에 대해 널리 퍼져 있는 관점이다.

신비주의 영향

수피즘은 정통 이슬람의 엄격한 의식주의를 반박하고 완화하기 위해 생겨난 반작용적 운동이다. 신비주의를 상당수 도입했으며 이슬람의 '내적 차원'으로 널리 받아들여진다. 수피파는 금욕주의적 관행을 가지고 있으며, 그들의 언어는 명확하지 않고 암시적이다. 수피파에서는 포도주와 사랑에 관한 비유를 자유롭게 사용한다. 디크르(알라를 기억하는 황홀경)는 그들의 실천에서 중요하다. 남아시아, 중앙아시아, 이란에 많은 수피 분파가 있다. 수피들 대부분이 수니다. 어떤 수피의 관행은 페르시아 샤머니즘과 인도 힌두교의 영향을 받은 듯하다. 남아시아에서는 바렐비파가 많은 수피들의 관행을 따른다. 여기에는 선생, 즉 피르가 음악(까왈리)과 중보를 사용하는 것이 포함된다.

뿌리로 돌아가려는 운동

200여 년 전에 설립된 와하비파는 3세기 선지자 무함마드 시대 이후 이슬람의 모든 혁신을 거부한다. 성인 숭배를 공격하며 인간의 모든 노력에 신적 명령(까다아)이 있음을 믿는다. 그들은 샤리아(이슬람 법) 해석에 엄격하며, 수피즘과 혁신을 허용하지 않는 것으로 악명 높다. 와하비주의가 계속 영향을 미치는 한 가지 주된 이유는 사우디 왕가의 후원을 받고 있기 때문이다. 와하비주의는 사우디아라비아의 공식 교의(敎義)다. 와하비가 이슬람을 문자 그대로 해석하는 한 예는 "그들의 존엄성을 보호하기" 위해 여자에게 운전할 권리를 허용하지 않는 것이다. 남아시아의 데오반디(Deobandi) 운동은 와하비주의를 약간 희석시킨 것이다.

살라피 개혁 운동은 20세기 초에 침체를 극복하고 이즈티하드 접근법을 채택하기 위해 타끌리드의 마음가짐, 즉 선례에 자동적으로 순종하는 마음을 버리려는 목적으로 설립되었다(201쪽의 "폭력에 이르는 단계"에서 다섯 번째 단계를 보라).

무슬림형제단처럼 정치적으로 활발하게 많은 운동을 추진하는 힘은 뿌리로 돌아가자는 철학이다. 이러한 운동이 일어나는 근본 이유는, 무슬림 공동체가 현재의 몰락에서 빠져나오는 길은 근원으로 돌아가는 데 있다고 보기 때문이다.

개혁 운동

다른 개혁가들은 무슬림 르네상스가 현대화 및 옛 원리(이즈티하드)에 근거해 새로운 문제들에 대한 창의적 해결책을 찾음으로 올 것이라고 생각한다.

일반적으로 사이드 경으로 알려진 사이드 아흐마드 칸은 무슬림을 서구식으로 교육하려고 알리가르 무슬림 대학을 세웠다. 이 일은 당시만 해도 비방을 많이 받았으나 놀랄 만큼 큰 성공을 거두었다. 이 운동이 형성될 당시 파키스탄의 지배 엘리트 층 가운데 상당수가 그 대학의 졸업생이었다.

또 한 명의 중요한 개혁가는 이집트의 무함마드 압두(Mohammad Abduh)와 그의 제자 라시드 리다(Rashid Rida)로서 살라피 운동을 조직했다. 그들은 인간의 제도를 언급하는 꾸란의 구절들이 알라의 말이기보다 선지자 무함마드의 사상이라고 보았다. 살라피 운동은 꼭 빼닮은 와하비

명예와 수치

"수치를 씻는 길은 피밖에 없다"(아랍 속담).

모든 문화에서 가족과 공동체, 정부는 그들의 자녀들에게 어떤 행동은 용납되고 보상이 주어지는 반면에 어떤 행동은 받아들여질 수 없고 벌을 받아야 한다고 가르친다. 이러한 가치관과 그것을 가르치는 방식은 사회마다 다르다. 서구의 대다수 문화는 진리, 정직함, 옳고 그름, 유죄와 결백 등을 중시한다. 그들은 아이들을 야단칠 때는 "안 돼!"라고 말한다. 법적 제도는 자유와 권리를 보호한다. 속이는 것을 허용하지 않는데 공정하지 못하다고 생각하기 때문이다. 진실을 왜곡하거나 숨기는 것은 정중하거나 공손하거나 예의 바른 일이 아니다. 거짓말쟁이를 신뢰할 수는 없다.

그러나 대부분의 비서구 문화권에서는 아이들을 꾸짖을 때 그들에게 수치를 준다. 무례하게 행동하기보다 공손하게 진실을 숨기라고 가르친다. 범죄 행위에 대한 벌로 수치를 줄 수도 있다. 명예를 보호하기 위해 취한 행동은 법적 제도의 변호를 받을 수 있다. 명예 때문에 존경하는 마음으로 관계자에게 선물을 주게 될 수도 있다. 서구인의 눈에는 이런 행동이 거짓말이며 뇌물처럼 보일 수 있다. 그러나 비서구 공동체에서는 이런 의무를 소홀히 하면 무례하거나 실례를 범하는 것, 버릇없는 것으로 여겨질 수 있다. 명예롭지 못한 사람을 신뢰할 수 없다고 보기 때문이다.

명예와 수치는 강력한 사회적 동기부여제다. 많은 문화권에서 가족 혹은 공동체는 집단적으로 명예를 신봉한다. 수치스러운 행동은 모든 사람에게 범죄하는 것이므로 반드시 응징해야 한다. 가족의 명예를 더럽힌 사람은 다른 사람들과 접촉하지 못하거나 극단적인 경우에는 가문의 명예를 회복하기 위해 죽임을 당해야 한다. 성경의 여러 곳에서 명예와 수치의 문화를 반영하고 있다. "훈계를 저버리는 자에게는 궁핍과 수욕이 이르거니와 경계를 받는 자는 존영을 받느니라"(잠 13:18. 또한 민 12:14; 삼하 13:1-32; 히 12:1-3을 보라).

출처_ *Encountering the World of Islam*.

참고문헌_ Roland Muller, *Honor and Shame: Unlocking the Door*(Philadelphia, Pa.: Xlibris, 2000).

그림으로 보는 무슬림 세계관

전 세계 16억의 무슬림은 각각 자기만의 독특한 세계관을 가진 수천의 민족과 하위문화를 대표한다. 각 세계관은 복잡해서 일반화하기가 쉽지 않다. 다음 그림에서 세 가지 대표적 요소(언어, 가치관, 민족성)를 볼 수 있는데, 이는 예시로 등장하는 베두인 무슬림이라는 하나의 종족 집단의 세계관을 형성하고 있다.

대부분 무슬림이 사용하는 현지어는 차용된 아랍어와 뒤섞여 있다. 이러한 언어학적 영향은 문화적 특성으로 이어진다. 그렇기에 많은 무슬림의 세계관에 결정론 같은 이슬람의 가치관이 포함된 것은 놀라운 일이 아니다. 어떤 언어학적 요소들은 서로 끈끈한 상호관계에 있어 이들을 분리하기가 쉽지 않다.

외적 영향력과 함께 모든 무슬림 세계관은 각 민족 안에 깊이 뿌리내린 원칙을 포함하고 있다. 베두인의 경우 손님 대접과 집단의 연대는 그들의 삶을 형성하는 기본 윤리다. 다른 무슬림 민족들과 마찬가지로 이러한 특성은 이슬람교보다 앞서 형성되어 그들의 정체성에 일부가 되어 있다.

기억해야 할 점이 있다. 각각의 무슬림 세계관은 아래 요소를 포함해 여러 요소가 복잡하게 얽혀 형성되지만, 대부분의 무슬림 세계관이 명예와 수치라는 기본 개념에 바탕을 두고 있다는 점이다. 즉 언어, 가치관, 민족성 등 모든 요소가 가문의 명예를 드높이고 공동체(움마)의 명예 보호를 강조한다. (배에 난 구멍을 제대로 막지 않으면 배가 물에 뜰 수 없듯) 명예 없이는 누구도 공동체 안에서 "제대로 떠 있을" 수 없다. 마찬가지로 (지붕이 집 안을 보호하듯) 명예로운 가문은 그 집단 구성원을 보호한다.

출처: *Encountering the World of Islam*.

참고자료_ 〈블리스〉(Bliss, 압둘라 오구즈 감독, 2007).

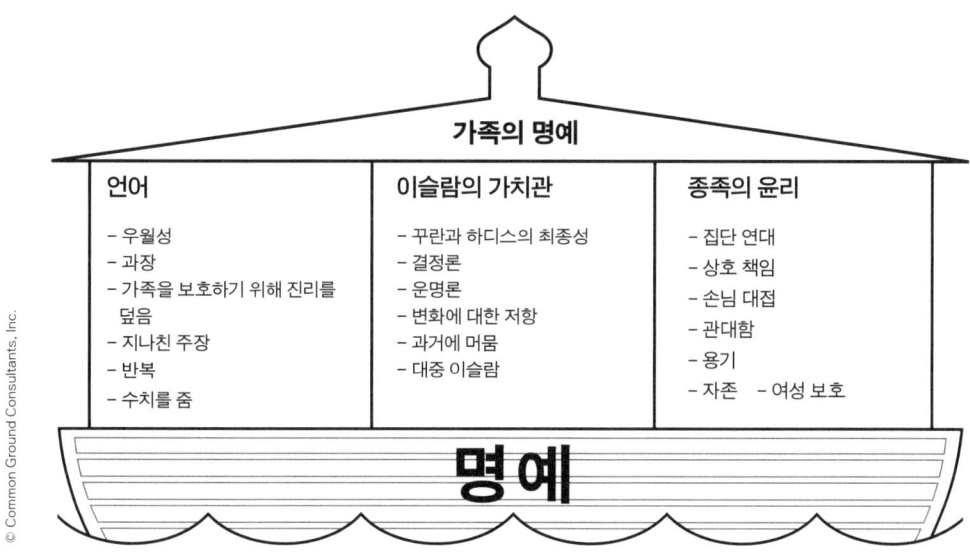

무슬림 공동체 '움마의 바다'에 떠 있음

주의로 변형되었다.

다른 개혁가들도 많이 있었다. 시아파 전통의 알리 샤리아티, 강연은 대단히 잘했으나 글은 거의 쓰지 않았던 자말루딘 아프가니, 파키스탄의 이슬람 사상학자로 시카고 대학에서 많은 연구를 했던 파즐루 라흐만, 현대 학자로 캘리포니아에 살고 있는 칼레드 아부 파들(Khaled Abu Fadl) 등이 이에 속한다. 하지만 이들은 민중에게 호소력 있는 개혁 운동을 일으키지 못하고 소수의 무슬림에게만 영향을 미쳤다.

카리스마 있는 지도자를 따르는 사람들 및 구세주를 찾는 집단들

하샤신(아사신 - 해시시를 피우는 자들)은 하산 알살라(Hasan al-Salah)의 추종자들이다. 이 신조를 추종하는 사람들은 이스마일리 시아 이슬람을 상당히 주입받았다. 사람들은 주후 1112년(A.H. 480년)에 활동했던 그들이 자기 지도자의 교훈을 죽기까지 따랐다고 믿었다. 그들에 대한 이야기를 살펴보면, 그들이 해시시(인도 대마로 만든 마약)를 지니고 암살과 자살의 임무를 주저 없이 수행할 것이라고 한다. 이 이야기의 대부분은 십자군이 퍼트린 허구인 듯하다. 십자군은 이 집단의 대담무쌍한 공격으로 끊임없이 괴로움을 당했기 때문이다. 하샤신의 생존자들을 호자스라고 부른다. 그들의 명목상 지도자는 아가 칸이다. 그들은 유사 이슬람 분파로 여겨진다.

미르자 굴람 아흐마드(1908년 사망)는 처음에는 개혁가로 출발했으나 특정 시기마다 자신을 다른 존재로 선언해 선지자라고도 했고 이슬람의 마흐디, 그리스도인의 메시아, 힌두교의 크리슈나라고도 했다. 아흐마디 운동은 한 인물을 숭배하는 유사종교였으며, 카디아니파와 라호리파로 나뉘었다. 파키스탄 정부는 이 운동을 비이슬람적이라고 선언했으나, 이들은 남아프리카 법원에 이의를 제기해 승소했다. 바하이가 전에 그랬듯이 아흐마디파도 자신들을 개별적인 종교로 선포할 가능성이 매우 높다.

히즈브 우트 타흐리르(이슬람해방당)는 비교적 새로운 집단으로, 무슬림의 구세주가 될 칼리프를 옹립하는 것이 주요 목표다. 그들은 무슬림이 샤리아의 지배를 받는 하나의 이슬람 정부로 연합해야 한다고 생각한다. 비이슬람 법의 지배를 받는 사람들을 모두 범죄자(파시크)나 불신자(카피르)로 여긴다. 그들의 경제 체제에 의하면 국가 세입을 전리품을 포함한 여러 공급원에서 모아야 한다. 그것은 중앙아시아 국가들(stans)에서 일어난 대체로 평화로운 저항 운동이었다. 미국과 서구의 히즈브 우트 타흐리르는 소수지만 자기 의견을 활발히 개진하는 추종자들이 있다. 그들은 자기들이 위선적이라고 여기는 다른 집단과 조직의 모임을 혼란시키는 것으로 유명하다.

자살 특공대

이슬람이 자살을 거부한다는 것은 명명백백하다. 이러한 거부는 생명이 하나님께 받은 신성한 선물로서 사람이 죽기 직전의 고통 상태에 있다 해도 그 선물을 끝내 버릴 수 없다는 신앙에 기초한다. 이슬람이 무고한 사람들을 죽이거나 심지어 위해를 가하는 일조차 거부하는 것 역시 너무나 분명하다.

> 이런 일로 말미암아 하나님은 이스라엘 자손에게 율법을 내렸나니 타인과 그리고 지상에 아무런 해악을 끼치지 아니한 자 가운데 한 사람이라도 살해하는 것은 모든 백성을 살해하는 것과 같으며 또한 한 사람을 구제하는 것은 모든 백성을 구제하는 것과도 같다 하였으매 그리하여 선지자들이 말씀을 가지고 너희에게 오셨노라 그 후에도 너희 가운데 대다수는 지상에서 과오를 저지르고 있더라(꾸란 5:32).

그렇기 때문에 21세기에 들어 억압과 싸우기 위해 무슬림 무장세력들이 자살 공격을 감행하는 것은 놀라운 일이 아닐 수 없다. 억압과 싸우려는 마음은 이해할 수 있다. 위선과 반성의 기미가 없는 잔인함에 맞서 무력함과 굴욕감을 느끼는 것도 이해할 수 있다. 하지만 많은 죄 없는 사람들을 덩달아 죽게 만드는 자살 공격은 이해하기 어렵다.

이 집단은 자신들의 공격 대상이 되는 집단이나 국가를 가리켜 이땅에 무질서(파사드)를 퍼트린다고 규정함으로써 군대 및 민간인 공격을 정당화한다. 한 학자는 살해된 많은 어린아이들을 포함한 팔레스타인 민간인 사망자 수를 인용하면서 이스라엘 내에서는 자살 공격을 해도 되지만 외부에서는 하지 말아야 한다고 말했다. 자살 공격을 하는 사람들은 스스로를 숭고한 대의를 위해 목숨을 바치는 순교자라고 여기며 자살 행위를 이타적인 것으로 생각한다. 그들은 변화를 이루기 위해 사용할 수 있는 다른 여러 정치적, 경제적, 비폭력적인 수단들을 거부했던 것 같다. 그들은 선지자 무함마드가 누구에게도 자살 임무를 부여하지 않았음을 잊었다. 이슬람은 용감한 행위와 순교를 존중한다. 하지만 선지자 무함마드는 언제나 전투를 하러 간 사람들의 무사 귀환을 기도했다.

전도자들

핫즈에 이어 두 번째로 큰 무슬림 회중은 타블리기 자마아트 추종자들의 모임이다. 19세기 중반 북인도 마을에서 새로운 무슬림을 전도하기 위해 결성된 그들은 엄청나게 인기를 끌었으며 수백만의 추종자가 따랐다.

타블리기는 매우 체계화된 반복적인 일상을 따르는데 힘들긴 하지만 단순하다. 그들은 특정하게 정해진 방식으로만 입고, 먹고, 자고, 사람들과 관계를 맺는다. 그들의 프로그램에는 여섯 단계가 있다. 증언하기(칼리마), 기도 의식 행하기(살라트), 알라에 대한 지식을 얻고 기억하기(일므 오 지크르), 모든 무슬림들을 존중할 것을 요구하는 사회적 행동(이크람 에 무슬리민), 진지한 의도(이클라스 에 니얏), 알라를 위해 시간을 내는 것(타프리그 에와끄트) 등이 포함된다. 마지막 사항은 추종자들이 한 번에 며칠 혹은 몇 주간 무리를 지어 멀리 가서 다른 무슬림들을 전도하고 자신의 신앙도 활기를 얻는 것이다. 타블리기 자마아트가 지역 마스지드를 방문 중이며 기도 의식을 마친 후 그 지도자들 중 한 명이 설교를 할 것이라는 광고를 흔히 들을 수 있다.

기타

무슬림 역사에는 그 밖에도 쉽게 분류할 수 없는 여러 운동이 있다. 한 가지 예는 공산주의 분파인 까르마시안이다. 그 집단에 입회하려면 재산과 아내를 공유해야 했다. 그들은 카아바의 흑석(알 하르자 알아스와드)을 훔쳐 20년 이상 숨긴 불명예스런 일을 저질렀다.

이슬람은 많은 지역 종교와 전통에 영향을 미쳤으며, 힌두교에 유일신론 운동을 불러일으켰다. 하지만 새로운 종교인 바하이교(바하이즘, 바비즘이라고도 부른다) 역시 거기서 나왔다. 바하이교의 카리스마적인 설립자 사이드 알리 모함마드(1850년 사망)는 무슬림 배경을 가지고 있었다. 후에 그는 자신이 신의 진리가 계시되는 관문이라고 선포했다. 그는 또한 자신을 마흐디(구세주), 불교의 미륵, 조로아스터교의 샤 베흐람이라고 불렀다.

교훈

여러 당파들을 거슬러 올라가 살펴보면, 다소 별난 것도 있지만 대부분 공동체가 성장하면서 생겼고 이해할 만한 결과라는 인상을 받는다. 그것은 다양하고 활발한 종교적 담화의 결과였으며, 이슬람이 전파되는 동안 접촉하게 된, 다양한 신앙과 전통의 영향으로 말미암은 것이다. 또한 이같이 규범에서 좀 벗어난 것에 대해 정통 무슬림 공동체가 얼마나 관용을 베풀지 못했는지 보면 놀랍기도 하다. 이교 집단 역시 때로는 극단적인 핍박을 받았다. 많은 경우 핍박 때문에 이교 집단이 주류에서 완전히 떨어져 나가 다른 분파 혹은 심지어 새로운 종교를 만들었다. 당시의 정통 공동체가 조금 더 관용하고 자비심을 가졌다면, 분명 이 분파들 대부분이 생기지 않았거나 적어도 분파들 간의 간극을 줄일 수 있었을 것이다.

후계자에 대한 정치적 이견

정치적 이견은 타협을 통해 피할 수 있다. 정치는 사실상 타협의 기술이기 때문이다. 시아파와 수니파 간의 알력은 역사의 우연이라고 해도 과언이 아니다. 두 공동체 사이에는 공통된 영역이 많다. 이런 공통점에 집중해 하나가 되는 것이 중요하다. 정치적 이견은 단지 역사적 현상만이 아니다. 오늘날 무슬림권에는 많은 분야에서 정치적 이견이 있다. 대의원제 정부가 있는 국가들이 정치적 이견을 가장 잘 다루는 것은 주목할 만한 일이다.

행동의 자유 vs 알라의 뜻

규모가 큰 종교 공동체에서 개념에 대한 의견 차이가 생기는 것이 당연하다. 많은 알력과 유혈 참사가 다른 사람의 관점을 관용하지 못할 때 일어난다. 이러한 알력은 의견 차이를 서로 솔직하게 존중함으로써 상당 부분 피할 수 있다. 어떤 공동체든 솔직한 의견 차이는 분명 그 공동체를 건강하게 성장시켜 줄 것이다. 문제는 앞에서 보았듯 상대방을 불쾌하게 만들지 않으면서 의견 차이를 나누는 것이다. 이 부분에 대해 무슬림들은 초기 선지자 무함마드의 동료들이 말한 의견 불일치의

종교 표현 양식의 스펙트럼

다음에 소개하는 각 범주는 상호 배타적이지 않다. 많은 무슬림이 하나 이상의 범주에 속할 수 있다. 여기서 모든 표현 양식을 다룰 수는 없지만 종교를 실천하는 방식이 얼마나 다양한지 대략 살펴보자.

- **명목상 종교인** – "나는 내 종교와는 동떨어진 삶을 산다."
- **민족주의자** – "나는 내 종교에 대해 잘 모르지만 종교 자체에 대한 자부심은 강하다."
- **실천하는 종교인** – "나도 한때는 명목상 종교인이었다. 그러나 이제는 '실천하고' 있으며 덕분에 내 삶은 나아졌다."
- **세속적인 종교인** – "종교는 개인적이고 사적인 것으로 내 공적인 삶과는 무관하다."
- **세계교회주의자** – "모든 신앙은 공존하며 타 종교를 용납해야 한다."
- **수정주의자** – "종교는 오늘날에 맞게 변화되어야 한다."
- **정치적 종교인** – "나는 정치적인 뜻을 펼치는 데 종교를 이용하고 있다."
- **전통주의자** – "나는 되도록 모든 것이 과거 모습 그대로이길 바란다."
- **신앙심 깊은 종교인** – "나는 오늘날 도덕적인 풍조가 몹시 염려된다."
- **군사주의자** – "우리 신앙을 지키기 위해서는 보다 과감하게 행동해야 한다."
- **복음주의자** – "내 신앙이 최선이다. 다른 이들이 회심해야 한다."

출처_*Encountering the World of Islam*.

논리에서, 그리고 의견 차이를 존중하는 서구의 대중 문화에서 귀중한 교훈을 배울 수 있다. 무슬림이 같은 무슬림보다 비무슬림에게 더 관용을 보였다는 사실은 그야말로 역설 중의 역설이다.

신비주의 영향

수피즘은 이슬람을 남아시아와 중앙아시아 대부분에 전파한 매개체다. 지금도 미국과 서구에 이슬람을 전파하는 중요한 역할을 하고 있다. 수피즘은 많은 사람들에게 영적 위안을 제공한다. 수피파가 이슬람에 기여한 바는 엄청나며 그것은 분명 이슬람의 일부분이다.

그럼에도 시인이자 철학자인 무함마드 이크발(1938년 사망)이 무슬림에게 영향을 미치는 주요 약점 중 하나로 수피파를 간주한 것은 주목할 만하다. 많은 정통 무슬림들도 그렇게 생각한다. 그럼에도 수피파는 이슬람의 주류로 받아들여져야 한다. 수피들은 모든 이슬람 사원(마스지드)에서 편안한 느낌을 가져야 하며 수피 지도자들도 다른 사람들과 함께 금요 강단에 설 수 있어야 한다. 수피들은 와하비 혹은 살라피 이슬람을 참고 견디지 못하는 경향이 있다. 수피들은 힌두교와 무당의 영향을 심하게 받은 그들의 일부 의식을 깊이 살펴보고, 중보와 헌신에 대한 교리들을 재평가해야 한다.

뿌리로 돌아가려는 운동

뿌리로 돌아가기 운동이 어떻게 전개되었는지는 이해하기 쉽다. 이것은 오랜 시간에 걸쳐 이슬람에서 일어난 변화에 대한 반발이며, 잘나가던 과거에 대한 열망이기도 하다. 그들의 극단주의를 완화시킬 수 있다면 무슬림 공동체의 발전에 건강한 역할을 할 수 있을 것이다. 수피와 살라피의 분열은 오늘날 무슬림 가운데 중대한 마찰 분야 중 하나다.

개혁 운동

와하비-살라피 운동과 정반대 접근법을 가지고 있긴 하지만, 현대화 운동은 공동체를 개혁하고 그 힘을 회복한다는 공동 목표를 가지고 있다. 이슬람을 개혁하려는 그들의 접근법은 와하비파와는 완전히 다르다. 그들은 직역주의 혹은 타끌리드(아무런 의문도 제기하지 않고 선례를 모방함)와는 반대로, 혁신적인 혹은 이즈티하드(독립적 추론) 접근법을 사용한다. 현대주의적 접근은 무슬림에게 다시 활력을 부여할 수 있는 가장 좋은 기회다. 하지만 이상하게도 현대주의 학자들은 대중적인 운동체를 만들어 내는 데 실패했으며, 대체로 엘리트주의 운동으로 남았다. 그들이 대중 운동을 일으키거나 학교를 세웠다면 이슬람과 무슬림들에게 엄청난 유익이 되었을 것이다.

카리스마 있는 지도자를 따르는 사람들

잘 속아넘어 가는 순진한 사람들이 있는 한, 카리스마 있는 지도자들은 독자적인 이데올로기를 전파할 비옥한 토양을 발견할 수 있다. 게다가 많은 무슬림들이 카리스마 있는 지도자(어떤 경우에는 칼리프)가 그들의 구세주가 되길 기다린다.

이러한 카리스마적 지도자와 분파는 자기 추종자들을 장악하면서 그들의 대중적 열망을 이용한다. 이것을 바로잡을 수 있는 유일한 길은 일반 대중의 교육과 지적 교양 수준을 높이는 것이다. 정통 주류는 비생산적인 대결에 에너지를 소비하기보다 이러한 주류 일탈파 집단과 의사소통을 할 수 있는 회선을 열어 놓아야 한다. 이 집단들을 거부하면 할수록 그들은 완전히 떨어져 나갈 가능성이 더 높다.

자살 특공대

자살 특공대는 전 세계에 무슬림을 억압하는 이들에 대해 끓어오르는 분노를 지닌 젊은이들 가운데서 나온다. 비폭력적인 이슬람 종교를 폭력적으로 추종하는 이들은 시대착오적인 발상을 가지고 있다. 그들의 자살 임무는 용인된 신학이나 철학의 결과가 아니라 그들이 직면한 불의에 대한 반발이다. 국내외적으로 정의와 공정함이 회복되면 자살 임무의 동기가 대체로 사라질 것이다.

전도자들

어떤 종교든 모종의 전도를 하게 되어 있다. 이 집단의 지성적인 지도자들은 그 엄청난 에너지를 노숙자를 위한 집 건축, 문맹인 교육, 식량은행과 쉼터 관리 등 실천적인 신앙행위에 들일 기회를 가지고 있다.

결론

과연 무슬림들은 분열을 피하는 데 필요한 교육과 교양에 이를 수 있을까? 대답은 불투명하다. 하지만 9·11 사건 이후 무슬림들은 한가하게 분열된 채 있을 수만은 없다.

무슬림끼리의 분열과 이단을 극복할 온건한 운동은 서구에서 등장할 가능성이 여전히 높다. 서구 무슬림의 교육 수준은 무슬림이 다수인 그 어떤 나라의 무슬림보다 높다. 그들은 문서와 다양한 의견을 자유롭게 접할 수 있다. 덕분에 여러 이데올로기를 무슬림이 다수인 대부분의 국가에 존재하는 필터(편견에 치우친 견해, 국가 검열,

과거를 극복하기

"십자가를 보면 소름이 돋아요." 매력적인 한 젊은 여성은 십자가라는 고대의 상징물만큼 자신을 예민하게 만드는 게 없다고 했다. 십자가는 그 여성의 종족인 타타르족을 망치려 하는 이국의 모든 것을 대표한다. 바로 그런 이유로 그 여성이 사는 러시아 도시 카잔에 복음이 영향을 미치지 못했는지도 모른다.

칭기즈칸 이래 외국 열강의 지배를 받아 온 카잔 사람들은 1552년 러시아의 초대 차르 이반(Ivan the Terrible)과 그의 선교사들이 사람들을 억지로 그리스도인으로 개종시켰을 때부터 상처를 견뎌 왔다. "그들은 겨울에 사람들을 언 강으로 끌고 가서 얼음에 구멍을 뚫은 다음, 세례를 받지 않으려 하는 사람은 누구든 자녀와 함께 물에 빠뜨렸습니다"라고 현지의 무슬림 지도자는 설명한다.

"이반은 나쁜 짓을 했습니다. 타타르족의 마음에 상처를 냈으니까요. 그 일은 예수 그리스도께로 가는 길에 장애물이 되었습니다." 무슬림 배경의 현지 신자 라힘은 말한다. "삼촌은 제가 예수 그리스도를 믿는 것을 알게 되자 찾아와 이렇게 말했습니다. '너는 동족의 배신자다. 예수 그리스도를 믿는 것은 우리의 조상과 종교를 배신하는 일이야. 너는 나를 배신했다.'"

뿔뿔이 흩어져 사는 '세례 받은' 타타르족은 자기들이 수세기 전에 회심한 이들의 후손이라고 주장하지만 러시아인과도 타타르족과도 잘 어울리지 못한다. 그들은 자기 문화를 배반한 자들이라고 여겨지기 때문에 소외되었고 그들의 이름은 욕으로 사용될 정도다. 명목상의 무슬림마저 그들과 어울림으로써 이슬람을 배반한다는 건 생각조차 할 수 없는 일이다. 러시아정교회에 방문하는 것조차 그들에게는 금지되어 있다. 그리스도인 타타르족으로 산다는 건 본질적으로 혼란스러운 일이다. 그렇게 살고자 애쓰는 사람을 한 번도 본 적이 없다면 더욱 그러하다. 라힘은 자기 백성이 이해할 수 있도록 그리스도를 따르는 새로운 모델들을 시험하면서 스스로를 개척자라고 생각한다.

출처_ Marti Wade, "The Volga Tatars", *Echo Magazine*(winter 1999).

공동체의 지적 억압) 없이 직접 검토해 볼 수 있다. 서구의 무슬림은 또한 현지 전통의 영향을 받아 표현의 자유와 다른 사람의 견해를 옹호해 주는 자유를 가지고 있다. 서구에서는 독립적인 입장을 취하는 지식인을 배척하기보다 관대하게 묵인하고 심지어 우러러보기까지 한다.

이단에 대한 해결책은 태도의 변화에서만 찾을 수 있지 않다. 정의롭고 다원적이고 경제적으로 성공했고, 국제 문제에 영향력이 있으며, '이슬람 원리에 근거한 민주주의'(Shuracracy)를 시행하는 모범적인 무슬림 국가의 등장이야말로 무슬림의 많은 극단적 성향에 대한 해결책이 될 것이다. 무슬림은 이러한 성공적인 역할 모델을 기대하면서 과거를 복제하는 일을 그만두게 될 것이다.

서구를 지배하는 정치 문화의 자기중심적이고 종종 권모술수적인 세계관은 과연 그런 일을 허용할 것인가? 오늘날 무슬림 국가는 내부의 도전을 극복하고 무슬림의 역할 모델로 등장할 것인가? 그 대답 역시 불투명하다. 현재 그 역할을 할 만한 국가는 말레이시아뿐이다. 터키도 지금 그 나라를 다스리는 반자유주의적인 세속 군사 지도부가 아니라 현대주의자 무슬림 지도부 아래서라면 기대해 볼 만하다. 무슬림이 인류 전체를 하나로 연합시키라는 꾸란의 명령을 성취하려면 먼저 연합된 무슬림 공동체(움마)를 건설해야 한다. ❖

지금 기도하라

1. 무슬림의 풍부한 다양성을 인해 하나님을 찬양하라. 은혜와 정의와 사랑과 긍휼의 도구가 될 수 있도록 무슬림의 필요와 기회에 눈뜨게 해달라고 하나님께 구하라(미 6:8).
2. 집과 재산과 사랑하는 사람을 잃은 무슬림들이 하나님의 큰 긍휼하심와 공급하심을 구하길 기도하라(시 146:6-9).
3. 이슬람에 열렬한 사람들이 그리스도의 권세와 마주하고 그의 이름에 대해서도 똑같이 열렬할 수 있도록 기도하라(빌 3:1-14).
4. 전 세계 그리스도인이 매일 많은 무슬림들이 부딪히는 불의와 고통을 외면하지 않길 기도하라(신 24:17-22).

솔직한 대면: 무슬림 움마, 기독교 교회

데이비드 솅크

 "그리스도인들은 왜 예수의 길을 따르지 않는 거야?" 친한 무슬림 친구와 워싱턴 DC의 블루나일 식당에서 저녁을 먹고 있을 때, 친구가 내게 이런 심란한 질문을 던졌다.

그는 이어서 생각에 잠긴 듯 천천히 말했다. "복음서를 읽으면서 나는 정말 기뻤어. 예수의 삶과 가르침은 정말 멋지고 대단해. 그리스도인들이 예수의 순나(길)를 기꺼이 따르는 모습을 좀 보여 주게."

우리는 생각에 잠겨 아무 말 없이 생강차를 홀짝였다. 그는 계속해서 말했다. "나는 예수를 따르려고 애쓰는 사람을 조금, 아주 조금밖에 만나지 못했어. 그나마도 개인의 삶에서만 예수를 따르고 있지. 그래서 자네들의 미국 사회가 그렇게 악하게 된 걸세. 자네 그리스도인들은 예수의 순나를 실제로 전혀 믿지 않는 것처럼 보여. 정말 안타까운 일이야."

그의 말을 듣다 보니 한 지인이 몇몇 동료 목사들과 함께 1979년 크리스마스에 아야톨라 호메이니와 나눈 비슷한 대화가 생각났다. 아야톨라는 그들에게 예수를 좀 더 진지하게 생각해 달라고 부탁했고, 미국의 그리스도인들이 정말로 예수를 믿고 따랐다면 미국이 이란에 불의를 저지르는 비극은 일어나지 않았을 것이라고 덧붙였다.

데이비드 솅크 박사는 펜실베이니아 살롱가의 이스턴 메노나이트 선교회 세계선교 자문이다. 탄자니아 선교사 가정에서 태어났으며 소말리아, 케냐, 미국 등지에서 일했고 리투아니아에서 가르쳤다. 선교 및 복음과 타종교와의 관계에 대한 책을 10여 권 이상 썼다. 이 글은 David W. Shenk, "Islam and Christianity: A Quest for Community", 미발간 논문(1983년 1월 14일)으로, 허락을 받고 실었다.

신학적이고 실제적인 문제들

무슬림 움마와 기독교 교회는 모두 하나님을 경외하는 신자의 공동체다. 다들 자신들이 하나님께 세상에서 감당해야 할 사명을 받았다고 믿는다. 이 두 공동체가 함께 만나는 자리에서, 우리는 서로에게 공통점이 있음을 느낄 뿐 아니라 고통을 경험한다. 사실상 이슬람은 그리스도인의 인식 및 하나님의 백성이 되겠다는 결심에 중대한 도전이 된다.

하나님을 경외하는 무슬림

이슬람은 기독교 이후에 일어난 하나님을 경외하는 사람들의 운동이다. 신약에서 하나님을 경외하는 이 이방인들은 다신론을 믿는 당시 사람들보다 진리에 더 가까이 간 사람들로 인정받았다(행 10:34-36; 13:26을 보라). 기독교 이전에 존재한 이들 하나님 경외자들은 기독교 신앙에 대단히 수용적이었다. 다른 한편 이슬람은 신약에 전례가 없는 신학적 문제를 제기한다. 이슬람은 기독교 이후에 생겨난 것으로서 기독교화된 환경에서 탄생한 유일신 신앙이다.

우리는 이슬람에 기독교 신앙의 몇 가지 측면이 선명하게 새겨진 것을 본다. 이슬람은 일종의 아리우스파 기독교 같다.[1] 하지만 아리우스주의와는 달리 이슬람은 그리스도인의 경험과 성경의 계시라는 한정된 계율과 증거를 뛰어넘어 번성했다. 그렇기 때문에 교회 내 아리우스파의 학설은 마침내 쇠퇴해 잊혔지만 이슬람은 교회 계율의 경계 밖에서 하나의 운동으로 번창했다.

이슬람의 포괄성

이슬람은 하나님의 백성에 속하려는 추구로 시작되었다. 이슬람은 하나님을 경외하는 모든 사람들을 받아들이고 그들에게 받아들여지고자 한다. 그것은 하나님의 백성에 속하고 싶어 하는 아랍 사람들의 추구로 시작되었으며, 지금은 모든 사람들이 포함되는 축복에 참여하라고 권한다.

7세기 아랍인의 집단 아라비아는 대체로 그리스도인들로 둘러싸여 있었다. 아라비아 주위의 진보된 기독교 문화권인 에티오피아와 이집트, 시리아 사람들은 모국어로 된 성경을 소유하고 있었다. 이교도인 유목 아랍인들은 무지(자힐리야) 속에서 살았다. '책의 사람들' 공동체에서 배제되어 영구적으로 무지하게 된 것이다. 아라비아어로 된 책(꾸란)과 아라비아 선지자는 이제 아랍 민족도 포함되었다는 좋은 소식을 선포했다. 이슬람의 다와(초청)는 다른 모든 민족들도 평화의 공동체, 하나님의 백성에 속하는 기쁨을 누리도록 초청받았다는 좋은 소식이다. 그 초청이 얼마나 포괄적인지는 다른 모든 형태의 배타주의에 대한 혐오와 모든 곳의 모든 사람이 무슬림으로 태어난다는 무슬림의 확신에서 볼 수 있다. 그렇기 때문에 이슬람 선교의 성공은 통계적으로 측량할 수 없다. 이슬람의 선교는 사람들에게 그들도 이미 무슬림에 포함되어 있음을 확증하라고 권하는 것이다.

기독교 지역에서 이슬람이 팽창함

이슬람 초기, 가장 급속한 선교 확장은 기독교화된 사회를 이슬람화하는 방식으로 이루어졌다. 이슬람은 생긴 지 한 세기도 안 되어 기독교화된 세계의 절반을 장악했다. 무슬림 정부가 통치하는 기독교화된 사회에서는 교회에서 이슬람으로 회심하는 사람들의 물결이 꾸준히 이어졌다. 교회가 딤미(보호받는) 지위를 차지하고 있다든가, 기독교로 개종하는 무슬림에게 배교법을 적용한다든가 하는 정치적 수법 때문에 언제나 이슬람에게 유리한 쪽으로 회심의 물결이 흘러갔다.

무슬림 정부가 다스리는 모든 나라에서는 기독교 공동체를 (이슬람과 관련해) 축소하는 것이 규범이 되었다. 무슬림은 자신들이 정치적으로 지배하는 지역을 다르 알이슬람(평화의 집)이라고 부른다. 교회는 다르 알이슬람이 세워지는 곳에서 역성장에 직면한다.

이슬람이 참된 선지자들의 신앙이라는 주장

무슬림은 이슬람이 모든 사람을 위해 자비로 주어진 인류의 최초의, 중간의, 최후의 종교라고 믿는다. 그것이 아담과 아브라함, 그리고 무함마드의 신앙이다. 모든 참된 선지자들은 사실 무슬림이며 필요한 진리는 모든 진리의 표준인 꾸란에 간결하게 요약되어 있다고 한다. 하나님을 경외하는 자들은 꾸란이 낭송되는 것을 들으면서 기쁨의 눈물을 흘린다. 이슬람의 관점에서, 어떤 사람이 신앙의 사람인지 아닌지 시험하는 최종 수단은 그가 개인적으로 꾸란에 어떻게 반응하고 과연 어떻게 이슬람 선지자를 믿는지 보는 것이다.

아랍의 봄

2010년 12월 모하메드 부아지지(Mohamed Bouazizi)는 청과물을 모두 빼앗긴 후 분신자살을 시도했다. 이 사건으로 튀니지 전체에 대규모 시위가 일어났으며, 결국 대통령이 피신하게 되었다. 2011년 봄 이 운동은 이집트, 리비아, 바레인, 시리아, 예멘까지 번져 갔다. 그 해가 저물기 전에 이집트 무바라크 대통령이 쫓겨나 수감되었고, 리비아의 카다피 대령은 죽임을 당했으며, 예멘의 살레 대통령은 자리에서 물러났다. 어떤 지역에서는 이 운동으로 압제적인 독재 정권이 물러나고 민주주의가 성장한 반면에(예: 튀니지와 이집트에서 실시된 보통 선거) 폭력이 확대된 곳도 있다(예: 시리아 내전). 사회적 불안 가운데 기독교 박해가 증가하고 이슬람 법에 대한 요구도 높아졌다.

이 일련의 사건들은 어떻게 해석해야 할까? 우리는 주요 사건이 그리스도인에게 어떤 영향을 미치는지 먼저 확인한 후, 그에 따라 특정 사건이 "좋다", "나쁘다"를 구분하는 경향이 있다. 그러나 이렇게 할 때 하나님의 보다 넓은 뜻을 놓칠 위험에 빠진다. 예를 들어, 많은 사람이 유가(油價)가 안정된 것은 "좋고" 치솟는 것은 "나쁘다"고 생각할 것이다. 이를 근거로 우리는 아랍의 봄이 우리에게 득이 되지 않는다고 판단한다. 아랍의 봄 때문에 석유 가격이 불안정해지지 않았는가? 그러나 하나님의 계획은 이보다 복잡하다. 어쩌면 그 계획 속에는 유가가 안정된다든가 기독교 박해가 줄어든다든가 하는 문제가 포함되지 않을 수도 있다. 하나님나라가 온 민족에게 선포될 것을 예언하실 때 예수님은 전 세계적으로 재난과 박해가 일어날 것이라고 말씀하셨다(마 24:4-14).

이와 비슷한 사건, 즉 인도네시아에서는 내전이, 이란에서는 이슬람 혁명이 일어나는 동안 100만 명이 넘는 무슬림이 그리스도를 따랐다! 이러한 사실을 염두에 두고 아랍의 봄을 통해 그리스도의 나라가 오게 되길 부르짖고 기뻐하겠는가? 아니면 가난한 자에게 복음을, 포로된 자에게 자유를, 눌린 자에게 해방을 주실 때 이방인까지 포함하신 것으로 인해 그리스도를 거부했던 나사렛 사람들처럼 반응할 것인가?(눅 4:16-29)

아랍의 봄이 진행되는 동안 가슴 아픈 폭력과 인명 손실이 동반되었다. 그러나 이러한 소요 사태를 비난하기에 앞서 우리는 그동안 이 지역 사람들이 감내해 온 압제의 세월을 기억해야 한다. 우리가 당연히 누리고 있는 자유를 얻기 위해 많은 이들이 자기 생명을 바쳤다. 우리가 당연히 누리는 것과 같은 권리를 얻고 싶어 하는 사람들을 지지할 수는 없는가? 우리는 다음 성경 구절의 의미를 깨달아야 한다. "사람아 주께서 선한 것이 무엇임을 네게 보이셨나니 여호와께서 네게 구하시는 것은 오직 정의를 행하며 인자를 사랑하며 겸손하게 네 하나님과 함께 행하는 것이 아니냐"(미 6:8).

출처_ *Encountering the World of Islam*.

참고자료_ 〈더 스퀘어〉(The Square, 예한느 노자임 감독, 2012).

하나님을 믿는다고 고백하는 사람들에게 무슬림은 가장 먼저 이렇게 묻는다. "당신은 꾸란과 선지자 무함마드에 관해 무엇을 믿습니까?" 선지자 무함마드와 꾸란에 헌신하지 않는다는 것은 신앙 고백이 진실하지 않음을 의미하며, 따라서 대화는 종종 단절된다(꾸란 84:20-25).

하나님의 유일성을 강조하는 이슬람
타우히드(하나님의 유일성)에 대한 이슬람의 헌신은 공동체에 대한 무슬림의 헌신에 깊은 영향을

여성과 기독교에 관한 견해

무슬림 여성은 서구 여성 혹은 그리스도인 여성과 자신들을 비교하면서 어떤 결론을 내리는가? 한 레바논 무슬림 여성의 생각은 다음과 같다.

> 무슬림 여성과 비교해서 그리스도인 (서구) 여성은 특권을 누리고 있습니다. 우리는 학교에 다니지 못했습니다. 대학에 갈 수 없었습니다. 직업을 얻을 수 없었습니다. 그래서 우리는 싸워야 할 이유가 있습니다. 이에 비해 그리스도인 여성은 '낙원'에서 태어났지요. 그들이 싸워서 얻을 게 무엇인가요? 서구의 많은 국가들은 여러 사람들을 대신해 목소리를 내지만 정작 우리를 대변해 주는 사람은 아무도 없습니다.[1]

하지만 무슬림 여성은 서구 여성들이 너무 많은 대가를 치르고 그런 특권을 얻었다고 생각한다. 한 아랍인 여성은 이렇게 말한다. "서구 여성은 자기 가정을 잃어버렸어요. 식사를 하기 위해 온 가족이 식탁에 둘러앉을 때, 저는 세상에서 제일 행복한 사람이라고 느낍니다. 서구 여성은 이런 귀중한 느낌을 놓쳤습니다.…저는 가족에게 많은 것을 줄 수 있어 행복합니다."[2]

그리스도인 여성은 서구 문화와 관련되어 있다는 점에서 잘못을 면할 길이 없다. 서구 문화의 낙태 권리, 이혼, 정부 지원에 의한 탁아, 남성과의 평등, 정숙하지 못한 옷차림과 행실로 인해 많은 무슬림 여성들은 자신들의 '해방'을 위한 서구의 노력을 거부하게 되었다. 서구 여성은 분명 남자와 여자의 구분을 모호하게 만들면서 많은 권리를 얻었다. 하지만 무슬림 여성이 보기에 서구 여성은 그들의 명예를, 궁극적으로는 그들이 고유한 방식으로 강력하게 사회에 공헌할 수 있는 바를 잃어버렸다. 무슬림은 이슬람이 여성을 대우하는 방식 때문에 비난받아야 한다는 서구인의 사고방식에 실망한다.

그리스도인 여성은 어떻게 하면 서구 여성이라는 부정적인 이미지에서 벗어날 수 있는가? 그리스도인 여성이 무슬림 여성과의 공통 관심사에 초점을 맞출 때 신뢰의 다리를 놓을 수 있다. 가족을 지켜 주지 못하는 사회에서 가족의 미래에 대해 이야기하는 것이다. "우리에게 말하세요. 우리를 보세요." 한 사우디 여성의 말이다. "우리가 많은 권리를 가지고 있지 못한 것은 사실이에요. 하지만 우리에게는 당신들이 고민하는 문제가 없답니다."[3]

1. Bouthaina Shaaban, *Both Right-and Left-Handed: Arab Women Talk about Their Lives* (Bloomington and Indianapolis: Indiana University Press, 1991), 97쪽.
2. 앞의 책, 113쪽.
3. "Voices from behind the Veil," *Christian Science Monitor* (cited 22 December 2001). csmonitor.com.

출처_ Fran Love.

참고문헌_ Leila Ahmed, *Women and Gender in Islam* (New Haven, Conn.: Yale University Press, 1992).

미친다. 하나님이 한 분이라는 무슬림의 신앙은 하나님의 율법 아래 사는 공동체의 연합과 조화에 실제로 반영된다. 알리 샤리아티 (이란인 시아파, 1977년 사망) 박사에 따르면, 타우히드에 대한 믿음은 불균형의 모든 측면을 몰아내려는 것이다. 온갖 형태의 부조화는 시르크, 즉 다른 신성을 더하는 것이다. 하나님은 움마에게 시르크로부터 믿음의 공동체를 보호하라고 명하신다. 공동체는 모든 형태의 부조화로부터 보호되어야 한다. 여기에는 통제되지 않은 종교 다원주의를 통한 불안정화, 혹은 삶을 세속 영역과 영적 영역으로 이분화하는 것 등이 포함된다. 타우히드의 틀 안에서, 어떤 의미에서든 움마의 온전함이나 다른 알이슬람의 정치적 권위를 위협하는 것처럼 보이는 교회 성장은 보통 부조화에 기여하는 것으로 인식된다. 그것은 일종의 시르크다.

서구 문화에 직면한 무슬림

교회는 위에서 간략히 말한 이슬람 세계관에 신학적으로 어떻게 반응해야 하는가? 문제에서 한걸음 옆으로 물러서고 싶은 생각이 든다. 현대 교회 성장에 대한 글들이 의사소통 이론과 인류학을 중시하는 반면, 신학적 성찰이 상대적으로 부족한 점은 매우 흥미롭다. '무슬림 복음화에 대한 콜로라도스프링스협의회'(1978년)는 열세 개의 기초 논문 중 단 한 개만 신학 문제를 심층적으로 조사하려 했고, 일곱 개는 문화적 역학과 관련된 것이었다. 기저에 깔린 가정은 복음에 대한 이슬람의 근본적인 반대가 서구 문화 때문이고, 복음이 적절한 문화 형태를 입으면 신학적 반대를 쉽게 극복할 수 있다는 것인 듯 보였다. 정말 그럴까? 콜로라도스프링스협의회의 모든 사례 연구가 약간 이슬람화된 종족들에게서 나온 것이라는 사실은 주목할 만하다. 그러나 정통 무슬림 정부 아래서 사는 독실한 무슬림들에게 어떻게 복음을 전할 것인가에 대한 진지한 성찰은 전혀 없었다.

움마가 교회에 던지는 질문

혹시 우리는 움마가 교회에 던지는 질문들이 당혹스러워 이슬람과 신학적으로나 공동체적으로 그들과 맞물리길 주저하는 게 아닐까? 하지만 귀를 기울인다면 이 질문들을 통해 복음에 대한 우리의 인식이 정화됨을 깨닫게 될 것이다. 복음 자체는 그 정화 과정에서 그리스도인들뿐 아니라 무슬림 친구들에게도 더 매력적이고 삶을 변화시키는 계기가 될 것이다.

움마가 교회에 많이 던지는 심란한 질문들이 있다. 서두의 대화에서 이미 암시한 것만 다루어 보겠다. "당신은 왜 예수를 따르지 않습니까?" 다른 식으로 말해, "예수를 믿는다는 당신은 왜 예수가 살고 실천했던 대로 하나님나라에 헌신하지 않습니까?"

많은 무슬림들은 그리스도인들이 예수님의 가르침을 실제로는 믿지 않을 것 같다는 생각을 한다. "어떻게 자기 원수를 사랑할 수 있습니까?" 나는 종종 그런 질문을 받는다. 동아프리카의 모스크에서 그들의 설교를 들은 적이 몇 번 있다. 놀랍게도 무슬림 설교자들은 기독교가 매우 관념적인데 반해 이슬람은 실제적인 신앙이라고 선포하는 경우가 많다. "당신은 왜 예수를 따르지 않습니까?"라는 질문은 일종의 무슬림식 증거로서 사실은 "실제적 선지자인 무함마드를 따르라"는 교묘한 초청이다.

그럼에도 그 질문은 타우히드, 곧 삶의 모든 측면이 하나님의 통치 아래서 하나 되는 것에 대한 무슬림의 헌신을 반영한다. 그리스도인을 아는 무슬림은 종종 많은 서구 그리스도인이 세속적인 것과 신성한 것, 공적인 것과 사적인 것, 현세적인 것과 영적인 것으로 삶을 신중히 나누어 타우히드를 쉽게 범하는 모습을 보고 언짢아한다.

예수님 역시 타우히드를 명하셨다. 사실 성경의 관점에서 보면 예수님은 타우히드의 완벽한 계시다. 충만한 하나님의 나라가 역사에 개입한 것이 예수님이시다. 무슬림의 관점에서 보면 하나님의 단일한 뜻은 꾸란에 놀랍게 계시되어 있는 반면에, 성경은 영원한 말씀이 예수님 자신 안에서 계시되었다고 증언한다. 책(꾸란의 인도)과 인격(구속자 예수) 사이의 상이점이라는 주제는 이슬람과 기독교를 신학적, 실천적으로 분리한다. 이러한 상이점은 이슬람을 율법적(율법에 기초한) 사회 조직으로 몰고 가는 반면, 신약 그리스도인은 성령(영) 지향적이다. 이슬람이 성문화된 인도하심에 복종하는 것에 엄청난 관심이 있는 반면,

있는 모습 그대로

마태복음 28장의 지상대명령은 그리스도인들에게 가서 제자를 삼으라고 명한다. 다른 모든 행동들, 즉 가고, 세례를 주고, 가르치는 일이 모두 '제자 삼기'라는 일차적인 초점에 걸려 있다.

우리는 가정과 학교, 직장의 일상 활동에서 우리가 그리스도의 가르침에 헌신하고 있음을 보여 주어야 한다. 구주 예수님을 사랑하고 그분께 순종하려는 열정을 다른 사람들에게 보여 줄 수 있으며, 그들이 복음에 어떻게 반응하든 그리스도의 사랑을 보여 주는 것을 목표로 삼을 수 있다.

어디를 가든 우리는 무슬림 친구들과 관계의 끈을 엮어야 한다. 소풍을 갈 때 함께 가자고 청하거나 자녀가 학교에서 연극을 할 때 그들을 초대하라. 같은 스포츠에 관심이 있으면 그들과 함께 경기를 하거나 중계방송을 보자고 청하라. 당신이 아는 무슬림을 감동시키는 아주 특별한 경건함이 필요하다고 생각하지 말라. 그저 있는 모습 그대로 당신의 삶을 나눌 방법을 찾으라.

동시에 무슬림 친구들에게 그들의 문화를 가르쳐 달라고 청해야 한다. 우리의 무지를 고백하는 것은 괜찮다. 질문을 하면 상대방의 관심을 끌게 되고 그들을 이해하며 서로의 공통점을 찾게 되기 때문이다. "어느 도시에서 태어났어요? 당신의 나라는 뭘로 유명해요? 그곳의 정부는 국민들을 위해 무엇을 해주나요? 이 나라엔 어떻게 오셨어요? 여기서 살면서 느끼는 문화 차이가 있나요? 뭐가 가장 그리우세요? 당신의 가족에 대해 이야기해 주세요."

무슬림은 자신의 종교보다 가족에 대해 더 많이 이야기하고 종교와 가족을 하나로 볼 것이다. 무슬림 친구들에게 배우는 동안 어떻게 복음을 전해야 할지 주님이 인도해 주시길 기원한다!

출처_ Fouad Masri, *crescentproject.org*.

그리스도인은 경험상 예수 그리스도의 영 안에서 살도록 부름받는다.

주님이신 예수님?

그러나 이슬람이 그리스도인의 삶과 헌신에 대해 당혹감을 감추지 못하는 것은 반드시 계시된 평화의 진수에 대한 견해가 달라서만은 아니다. 오히려 움마는 우리가 왜 주님이라고 고백하는 분과 그분이 계시하신 평강에 그처럼 헌신하지 못하는지 묻는다. 하나님나라의 극적 개입이신 예수님은 사역을 시작하면서 가난한 자에게 복음을, 포로된 자에게 자유를, 눈먼 자에게 다시 보게 함을, 눌린 자에게 자유를 주기 위해 자신이 왔다고 선포하셨다(눅 4:16-21). 예수님은 이 땅에 사실 때 이같이 급진적인 새로운 나라의 질서가 '십자가 처형과 부활에서 절정에 다다른, 구속적이고 고난받는 사랑'을 통해 실현된다는 것을 보여 주셨다. 예수님 안에 계시된 하나님의 나라는 사랑, 심지어 원수에 대한 사랑이다. 그런데 고난 없이는 그런 식으로 살 수 없다. 그것이 문제다.

특별히 서구 기독교는 신학적 탈출구를 교묘하게 발전시켰다. 수많은 그리스도인들이 하나님 나라의 삶을 개인 생활에만 적용한다. 그것을 공적인 생활에는 적용하지 않는다. 우리는 이중 시민권 신학을 발전시켰다. 영적인 것과 세속적인 것으로 삶을 이원화했다. 예수님은 영적인 것의 주님이지 세속적인 것의 주님은 아니시라는 것이다.

이슬람의 질문은 사실 그리스도인들에게 타우히드를 진지하게 여기라고, 정말로 삶의 모든 영역에서 하나님의 나라를 반영하라고 간청하고 권유하는 것이다. 뉴욕시 유엔 근처에서 열린 한 공개 토론회에서 무슬림과 그리스도인이 나눈 대화에도 나와 있듯이 이러한 권유가 종종 표현되고 있다.

알라 에딘 카라파 박사가 연설한 적이 있다. 당시에 그는 북미 무슬림세계연맹 책임자였으며,

냉전 시대의 패러다임을 넘어

구소련에서 공산주의가 정권을 잡은 오랜 기간 동안 그 정권이 악했던 것은 두말할 필요가 없다. 소비에트연방은 세계 제패에 열중했고, 국민에게 기본 인권조차 보장하지 않았으며 종교를 억압하고 전 세계적으로 무수한 반란과 게릴라전을 조장했다. 하지만 아무리 그래도 모든 러시아인이 악하기에 소비에트연방에 복음을 들고 들어갈 필요가 없다거나 그곳의 지하교회를 도울 필요가 없다고 결론을 내려서는 안 된다.

이와 유사한 맥락에서 하나의 정치 체제로서의 이슬람, 특히 근본주의를 표방한 이슬람 체제는 악한 전체주의 체제임이 분명하다. 그 체제는 대단히 반기독교적이며 세계 곳곳에서 테러를 조장하고 있다. 하지만 아무리 그래도 모든 무슬림이 악하다거나 그들과 아예 접촉하면 안 된다고 결론을 내려서는 안 된다. 오히려 그리스도가 그들 각 사람을 위해 죽으셨음을 기억해야 한다. 더욱더 그리스도의 사랑과 긍휼을 품고 그들에게 다가가 복음을 전해야 한다. 뿐만 아니라 무슬림 국가 내의 상황을 더욱 폭넓게 알아야 한다. 극심한 압박 가운데 있는, 어떤 경우에는 노골적인 박해를 견디고 있는 선교사들과 기독교 소수자들을 지원하는 일에 동참해야 한다.

David Zeidan, *The Sword of Allah: Islamic Fundamentalism from an Evangelical Perspective*(Downers Grove, IL: InterVarsity Press, 2003)에서 발췌.

그 연맹에서 유엔에 파견한 대표였다. 그는 연맹이 절대적으로 믿는 근본 사항은 움마가 민족주의를 뛰어넘는 것임을 지적했다. 그는 단 하나의 무슬림 국가만이 있음을 확신시켰다. 이슬람 국가의 연합을 깨뜨리는 민족주의는 이슬람의 실상에서 벗어난 것이다.

민족 국가는 최근에 무슬림에게 일어난 현상이다. 그것은 터키 혁명(1924년) 때 서구 제국주의가 이슬람 나라에 침입하고 칼리프직을 폐지한 결과로 남았다. 독립이 주는 여러 축복에도 불구하고 많은 무슬림들 사이에서 깊은 동요가 있었다. 민족 국가는 분열된 움마를 나타내기 때문이다. 카라파 박사는 무슬림들이 전체 신앙 공동체에 충성하고 헌신하는 대신에 특정 국가에 충성하는 것이 잘못임을 지적했다. 시아파 신학자 알리 샤리아티 박사는 움마 내의 민족주의적 분열을 시르크 혹은 우상 숭배라고 말한다. 타우히드는 조화다. 그것은 서로에게 형제처럼 헌신하는 것이다. 그것은 민족주의 때문에 분열되지 않은 다르 알이슬람에 참여하는 것이다.

성경의 믿음 역시 민족에 대한 충성이 감히 하나님나라에 대한 충성을 대신할 수 없다고 가르친다. 그 두 가지가 충돌할 때 예수님을 따르는 자는 단 한 가지 선택권만이 있다. 즉 예수님의 길이다. 정의, 평화, 의, 가난한 자들의 대의, 하나님과 믿음의 공동체와의 구속받고 즐거운 관계에 참여하는 것, 이 모두가 하나님나라 삶의 변화무쌍한 측면들이다. 예수님은 제자들에게 세상 백성이 구하는 것을 구하지 말고 하나님나라를 구하라고 하면서 하나님나라의 초민족적인 성격을 극적으로 선포하셨다(눅 12:30-31).

그리고 잡히시던 날 밤 이렇게 말씀하셨다. "내 나라는 이 세상에 속한 것이 아니니라 만일 내 나라가 이 세상에 속한 것이었더라면 내 종들이 싸워 나로 유대인들에게 넘겨지지 않게 하였으리라"(요 18:36).

이슬람이 타우히드를 진지하게 여기라고 간청할 때, 그리스도인들은 하나님이 "하늘에 있는 것이나 땅에 있는 것이 다 그리스도 안에서 통일되게 하려 하"(엡 1:10)신다는 사실에 비추어 살아가고 그 사실을 나타내는 일에 다시 진지하게 헌신해야 한다. 선교하는 교회는 하나님의 우주적 의도가 이미 역사 안에 개입했다는 진정한 표적이 되어야 한다. 교회는 전 세계 모든 민족과 국가에 회중 혹은 공동체가 있는, 가장 진정한 세계적 공동체다. 따라서 교회는 그리스도가 민족 국가의 분열을 초월하는 '구속받은 공동체'를 창조하고 계심을 나타내는 독특한 위치에 있다.

교회가 움마에게 보내는 초청

그리스도인과 무슬림은 이상적으로 하나님나라를 타우히드로 인식해야 한다. 그러나 선교, 공동체, 하나님나라의 본질에 대한 인식에는 상당한 차이가 있다. 간단히 표현하기 위해 이 차이를 히즈라 대 십자가에 계시된 차이라고 말하겠다.

히즈라는 메카의 고난에서 메디나의 승리로 도망하는 것이다. 무함마드가 아직 메카에 있을 때 메디나 사람들이 무함마드를 자기 도시의 정치가로 초청했다. 히즈라는 그가 이 초청을 받아들인 것을 말한다. 무함마드는 메카에서 핍박당한 외로운 선지자였다. 하지만 메디나에서는 선지자이자 정치가가 되었다. 움마는 메카에서 불완전했다. 거기서는 어떠한 권력의 상징도 가지고 있지 못했다. 그러나 메디나에서는 모든 정치적, 경제적, 문화적, 종교적 권세의 구조가 무함마드의 정치적 수완으로 하나님의 통치 아래 놓였다. 그 선지자는 메카에 있을 때 적들에게 괴로움을 당했다. 하지만 메디나에서는 적들을 이기고 승리했다. 적에게서 거둔 군사적 승리는 하나님의 은혜가 움마에 임했다는 표시가 되었다.

히즈라는 이슬람과 기독교 사이의 큰 신학적 분수령을 나타낸다. 그것은 6세기 전에 나사렛 예수가 택한 방향과는 정반대인 신학 운동이다.

무함마드의 길과 예수의 길

히즈라를 따름	십자가를 따름
핍박을 피함	핍박을 참고 견딤
고난은 비정상적인 것	고난은 정상적인 것
지위를 추구함	지위를 거부함
율법을 통해 개혁 추구	누룩, 소금, 빛의 역할을 통해 개혁 추구
권력을 필요로 함	구세주를 필요로 함
십자가를 부인함: 약함과 취약함을 거부함	십자가를 짐: 약함과 취약함을 통해 변화됨

히즈라는 하나님의 뜻이 악한 사람들의 간계에 공격받기 쉽다는 단언이다. 그것은 하나님이 사람을 다루시는 데 십자가 길은 없다고 깊이 부인한다. 예수님도 무함마드와 비슷하게 정치적, 경제적 권세에 편승하라는 갈릴리 열심당의 제안을 받으셨다. 그들은 또한 예수님을 초기 움마, 정치적 권세를 통해 자유와 하나님의 통치를 확립하는 데 헌신한 공동체의 수장으로 삼고자 했다. 하지만 예수님은 정치적 수완으로 하나님의 통치를 확립하는 것을 분명히 거부하셨다. 오히려 그 후에 예루살렘으로 가기로 "뜻을 정하셨다." 그분은 거기서 십자가를 맞이하셨다. 예수님은 정치적이거나 군사적 수단으로 자기 생명을 구하기보다는 완전히 취약한 행동(vulnerability)으로 자기 생명을 내어 주기로 하셨다. 십자가는 하나님의 전적인 구속의 취약성이 궁극적으로 드러나는 표시다. 하나님은 구속적 사랑을 통해 자신의 통치를 확립하신다.

십자가 vs 히즈라

이것은 이슬람과 기독교 사이에 놓인 근본적인 신학적 난관이다. 그 난관은 너무 심각해 이슬람은 그리스도의 십자가를 부인하려는 유혹에 빠져 들고 명백하게 그 유혹에 굴복한다. 십자가 처형에 대한 부인은 역사적 기준보다는 신학적 필요성에 근거한다.

이슬람도 예수님이 메시아임을 인정한다. 그러나 그가 메시아라면 악한 사람들에게 잡혀 그렇게 십자가에 처형당할 리 없다는 것이다. 한 친한 무슬림 친구는 최근에 이렇게 말했다.

"나는 예수가 십자가에서 죽었다는 사실을 도저히 받아들일 수 없어. 그렇게 죽으시기에는 정말 선한 분이거든. 내가 보기에 십자가는 하나님에 의해 야기된 연약함이나 취약함을 암시하는 듯하네. 하나님이 메시아를 그런 식으로 고난당하도록 허락하신다는 것은 정말로, 도저히 믿을 수 없어."

히즈라와 십자가는 무슬림의 움마와 기독교 교회가 스스로에 대해, 그리고 세상에서 자신들이 행할 선교에 대해 어떤 인식을 갖고 있는지 명시적으로나 암시적으로 알려 주는 기본 신학 방향이다. 몇 가지 예만 들어도 충분할 것이다. 움마는 정치 권력이라는 구조를 소유할 때까지는 불완전하다. 반면에 교회는 정의로서 정치적 과정에 영향을 끼칠 수는 있지만 신약에 나오는 교회의 개념은 정치적 구조의 소유를 거부한다. 움마는 이슬람 율법인 샤리아를 적용해 사회를 개혁하고자 애쓴다. 반면에 신약 교회는 사회에 누룩과 빛이 됨으로써 안에서부터 사회를 변혁시키려 애쓴다. 움마는 의로운 자가 고난받는 것을 비정상적인 것, 고쳐야 할 상황으로 간주한다. 반면에 교회는 사랑의 고난을 하나님이 열방을 구속하시는 방식의 중심으로 인식한다. 교회는 고난받는 사랑으로 자신을 내어 줄 때 사명에 가장 충실하게 된다.

하지만 어떤 회중도 예수님 안에 계시된 하나님 사랑의 충만함을 충분히 드러내지 못한다. 교회는 구속받은 죄인들의 공동체다. 우리 그리스도인의 증거는 우리가 용서받은 죄인이라는 것, 죄사함의 은혜를 기뻐한다는 것이다. 그 죄사함은 예수님이 십자가에 처형당하면서 자신을 십자가에 죽게 한 이들을 용서해 달라고 외치셨을 때 제시하신 것이다. 모든 인류는 예수님을 십자가에서 죽인 사건의 공범자다. 죄사함은 모두에게 제시된다.

우리는 '이슬람화된 그리스도인'이 되려는 유혹을 회개해야 한다. 두 공동체는 서로 다른 신학적 토대 위에 세워졌다. 기원이 근본적으로 다르기 때문에 인권과 자유, 종교와 국가, 가난하고 불우한 사람들에 대한 사역, 인간과 경제 개발, 세속화와 공동체의 적을 향한 태도, 선교와 회심에 대한 접근법, 진보와 변화, 심지어 결혼과 가정 등 다양한 주제를 다루는 방식도 다르다. 가장 중요하게는, 히즈라와 십자가는 인간 상황의 본질, 하나님나라의 본질, 그리고 죄사함과 구원의 본질을 말한다.

어린양의 표적

히즈라와 십자가는 정반대 방향을 향하지만, 이슬람 정신에는 십자가의 아야(표적)가 있다. 꾸란은 아브라함이 하나님의 명령에 순종해 아들을 제물로 바치려는 순간에 하나님이 대신할 것으로 '엄청난' 제물을 주셨다고 단언한다. 아브라함의 아들은 그 제물 덕에 죽음에서 구속되었다. 해마다 메카로 가는 연례 핫즈 때, 전 세계에서 온 순례자와 무슬림들은 아브라함의 아들이 대속 제물로 말미암아 죽음에서 구속된 것을 기념해 짐승을 제물로 드린다.

한때 무슬림이었던 사람에게 물었다. "당신은 왜 메시아를 믿는 신자가 되었나요?"

그는 이렇게 대답했다. "한 친구가 요한복음을 주었어요. 저는 첫 장에서 메시아 예수가 하나님의 어린양이라는 구절을 읽자마자 이슬람의 중심에 있던 신비가 풀리는 걸 느꼈습니다. 우리 이슬람이 해마다 순례 여행 때 바치는 수백만의 짐승처럼 어린양이 제물 되신 하나님의 메시아를 가리키는 표적임을 깨달았습니다."

"누가 그걸 당신에게 설명해 준 거죠?"

내 질문에 그는 간단하고 심오하게 대답했다. "성령님입니다!" ❖

주
1. 4세기 알렉산드리아에서 아리우스가 가르친 이단인 아리우스주의는 예수님이 하나님과 같은 본체가 아니고, 단지 피조물 중 최고의 존재라고 주장한다.
2. Bouthaina Shaaban, *Both Right-and Left-Handed: Arab Women Talk about Their Lives*(Bloomington and Indianapolis: Indiana University Press, 1991), 97쪽.
3. 앞의 책, 113쪽.
4. "Voices from behind the Veil", *Christian Science Monitor*(cite 22 December 2001), csmonitor.com

이슬람 근본주의: 선교에 대한 시사점

나빌 T. 자부어

 피카소 그림을 처음 보았을 때, 나는 그 그림이 엄청난 금액에 팔렸다는 이야기를 듣고 문화적 충격을 받았다. 대체 누가 그 '이상한' 그림에 그렇게 많은 돈을 쓰는 걸까? 투자 가치로 따지면 엄청난 작품임에 틀림없지만 그 작품에서 아름다움을 발견하기까지 나는 꽤 오랜 시간이 걸렸다. 피카소의 천재성을 이해하는 누군가의 작품 해석을 들어야 했다.

피카소 그림과 마찬가지로 이슬람 역시 대다수 서구 사람들에게는 '낯선' 현상이다. 더욱이 이슬람 근본주의는 이해하기 쉽지 않다. "근본주의자들의 헌신을 극단주의로, 신을 섬기고자 자기 생명을 기꺼이 내려놓는 그들의 태도를 광신으로, 그들의 전체론적 인생관을 체제에 대한 반역으로, 죄에 대한 그들의 혐오와 죄를 벌하려는 열망을 잔인함으로, 그들의 참회를 독단으로, 그들의 결속력을 배타성으로, 그들의 존엄과 명예의식을 오만함으로 판단하는" 경향이 우리에게 있다.[1]

이미 형성된 사고방식으로 무슬림을 대한다면 우리는 무슬림, 특히 무슬림 근본주의자들의 격렬한 적대감을 경험하게 될 것이다. 우리 앞에 놓인 도전 과제는 용기를 내어 그들의 세계관 속으로 들어가 그들의 생각을 공유하고 내부 사정

나빌 T. 자부어는 레바논계 미국인이다. 1975년에서 1990년까지 이집트 카이로에 거주했다. 1991년부터는 콜로라도주에 살면서 네비게이토와 함께 사역하고 있다. 네 군데 신학교에서 외래교수로 가르치기도 한다. 저서로 『십자가의 눈으로 본 이슬람교』(The Crescent Through the Eyes of The Cross), 『해방과 성장: 자유로의 여정에 오른 무슬림과 그리스도인』(Unshackled and Growing: Muslims and Christians on the Journey to Freedom), 『우르릉거리는 화산: 이집트의 이슬람 근본주의』(The Rumbling Volcano: Islamic Fundamentalism in Egypt) 등이 있다. 홈페이지는 nabeeljabbour.com이다. 이 글은 Nabeel T. Jabbour, "Islamic Fundamentalism: Implications for Missions", *International Journal of Frontier Missions* 11, no. 2(April 1994), 81–86쪽에 실린 것으로, 2013년 8월 저자에 의해 업데이트 되었으며, 허락을 받고 실었다. ijfm.org.

을 탐색하며 그들의 사고방식을 통해 세계를 보는 동시에 우리의 인식과 세계관을 유지하는 것이다.

이집트의 부흥운동

1990년에 출간된 책 『우르릉거리는 화산』[2]을 집필하면서 나는 이집트에 나타난 이슬람 근본주의 현상과 이 현상이 아랍 세계를 넘어 보다 넓은 무슬림 세계에 미칠 영향에 대해 연구했다. 이집트는 중동에서 전략상 중요한 나라다. 이집트가 이란 수준의 이슬람 국가가 된다면 머지않아 다른 많은 나라 역시 그 길을 따를 것이다.

모스크에서 기도하는 무슬림들

이 글에서 나는 청년들이 근본주의에 끌리는 정치적, 종교적, 경제적, 사회적, 심리적 요인이 무엇인지 간략히 다루려 한다. 이러한 요인은 주로 이집트 상황을 반영하고 있지만 그 원리는 많은 무슬림 세계에, 대다수 국가들과 특히 실패한 국가에 적용 가능할 것이다.

이집트에서는 세속주의 물결과 이슬람의 부흥운동 사이에 일진일퇴가 거듭되어 왔다. 첫 번째 물결은 19세기 말에 자말 알딘 알아프가니(Jamal al-Din al-Afghani)가 강력한 식민주의와 함께 나타난 서구화 과정에 반발하면서 시작되었으며, 이를 무함마드 압두가 계승했다. 두 번째 물결은 위와 같은 요인의 결과로 촉발되어 서구 문화와 교육에 대한 개방성을 특징으로 하는데, 두 전쟁 사이에 하산 알반나와 무슬림형제단에 의해 시작되었다.

세 번째 물결은 가말 압델 나세르(Gamal Abdel Nasser)의 혁명으로 일어난 세속주의에 대응하면서 시작되었는데, 이 혁명의 결과로 이집트는 1967년 이스라엘과 전쟁을 치르다가 굴욕적으로 패배하고 만다. 이 물결은 전쟁 직후에 시작되어 현재까지 이어지면서 대부분의 이집트인들이 누리지 못하는 인간의 기본적 필요뿐 아니라 사회주의와 자본주의의 잇따른 실패에 대응하고 있다.

이 이슬람 부흥운동의 특징은 이슬람의 포괄성에 있다. 이슬람은 교리이자 생명이자 정치이며 국가와 종교의 연합이다. 이슬람은 개인과 국가의 온갖 다양한 측면을 아우른다. 사법 제도뿐 아니라 경제, 정치, 신학 등이 모든 것을 아우르고 전체론적인 이슬람 체제의 일부다.[3]

이집트에서 근본주의자들은 주로 20-30대, 대학생과 졸업생 가운데 양심적이고 야심찬 청년 가운데서 모집된다. 더욱이 이들 구성원은 어린 시절을 자기가 태어난 마을과 소도시에서 보냈다. R. S. 아흐마드는 이집트의 근본주의가 주로 이 집단의 마음을 끌고 있음을 인정하면서도 발전 과정상 다음 단계가 되면 부흥운동이 이슬람 사회 다양한 계층에 침투할 것이라고 말했다. 실제로 이란에서 이슬람 개혁은 학생이나 젊은 대학 졸업자들에게 국한되지 않고 사회의 폭넓은 계층의 마음을 사로잡고 있다.[4] 이슬람 부흥운동이 인기를 끄는 이유는 구성원에게 우리 신앙이 유일한 진리라는 확신을 주기 때문만은 아니다. 구성원들은 현재 이 운동이 성장과 확산을 거듭하고 있기에 자신이 매력적이고 능력 있는 연대에 속해 있다고 느낀다.

칼리프 제도로 돌아가는 꿈

1924년 터키의 술탄 압둘 마지드 2세가 쫓겨난 이후로 칼리프직은 공석으로 남아 있다. 로마 가톨릭의 교황처럼 칼리프는 연합과 결속의 상징이었다. 칼리프의 통치 아래에 있던 이슬람의 움마는 서쪽의 모로코에서 동쪽의 인도네시아에 이르기까지, 북으로는 구 소련에서 남으로는 블랙 아프리카(사하라 이남 아프리카 대부분)에 이르기까지 퍼져 있었다. 그것은 하나의 거대한 움마였다.

칼리프가 다스리던 때, 즉 모든 무슬림이 연합해 위엄과 사회적 정의감을 품고 꾸란의 규율을 따르던 때로 돌아가려는 꿈은 무슬림 대부분의 감성을 자극하는 하나의 유토피아다.[5]

1952년 무슬림형제단은 카이로 외곽에 있는 무까탐 언덕의 토지를 매입했다. 이곳에서 3만 가정과 함께 살며 이슬람 유토피아를 건설할 의도였다. 이러한 계획은 1954년 나세르가 그 땅을 장악하면서 좌절되고 만다. 슈크리는 자기 추종자들을 데리고 사막으로 가서 유토피아적인 무슬림 사회를 만들려 했다. 그의 계획은 너무나 터무니없었으나 특히 청년들을 설득하는 데 성공했다.

칼리프 시절로 돌아가 이슬람 움마를 설립하려는 꿈은 합리적으로 판단하면 불가능한 일이다. 그러나 간절한 소망을 담아 신앙의 눈으로 보면 가능한 일이다. 쫓겨났던 호메이니가 이란으로 돌아와 이란 정부를 뒤흔들어 놓을 것이라고 누가 생각했겠는가? 그런 일이 이란에서 가능했다면 다른 나라에서도 성공하지 말라는 법이 없다. 언젠가 무슬림들이 서로의 차이를 극복하고 칼리프에 동의할 날이 올지 모른다.

걸프 지역 국가의 영향력

1970년대에 많은 이집트인들이 걸프 지역 국가에서 이집트로 대거 이동해 들어왔는데, 이들은 새로운 확신으로 가득 차 있었다. 걸프 지역에 있는 동안 그들은 "하나님이 무슬림에게 선물로 주신" 오일머니를 이용해 어떻게 이슬람을 선전해야 하는지 보았다. 그들은 꾸란을 인쇄, 배포하고 전 세계에 모스크를 건설하며 무슬림 선교사를 훈련, 파송하는 데 사우디의 자금이 훌륭하게 쓰인다는 것을 깨달았다. 그들의 신앙으로 보았을 때 하나님이 이들 나라를 석유로 축복하고 계신 것이 틀림없었다. 이집트는 한쪽으로는 사우디아라비아, 다른 한쪽으로는 리비아와 이웃하고 있는데 두 나라 모두 석유가 풍부하다. 리비아는 석유라는 '돈방석'에 앉아 있는 반면에 리비아 사막과 연결되어 있는 이집트의 서부 지역에는 왜 석유가 나오지 않는 걸까? 이것은 우연일까? 아니면 하나님이 이집트를 벌하시기 때문인가?

뿐만 아니라 안와르 사다트 대통령이 이스라엘과 평화 협정을 맺으면서 시나이 반도의 유전을 되찾아 온 노력마저 하나님께 축복받지 못했다. 이집트에서 유전을 차지한 이후에 유가가 급락했기 때문이다. 이집트가 그동안 하나님께 신실하지 못했기 때문에 하나님이 그들을 벌하고 계신 것은 아닌가? 이집트가 하나님께로 돌아온다면 그동안 당했던 수치와 불명예를 씻게 될 것이다. 무슬림이 회개하고 샤리아 법을 적용한다면 하나님은 분명히 긍휼을 베푸실 것이다.

이집트가 걸프 지역에서 받은 또 다른 영향은 바로 이란의 모델이었다. 아야톨라 루홀라 호메이니는 과감하게 '진리'를 살피고 위선을 가려냈으며 선지자 무함마드만큼이나 결단력을 타고난 선지자였다. 그는 타락과 불신에 반대했으며, 시대의 흐름에 맞섰다. 이슬람의 규율을 철저히 지키며 살았던 호메이니는 온건파인 샤 왕조가 무너진 후 이슬람 국가를 수립했다. 그는 홀로 초강대국들과 맞서면서도 두려워하지 않았다. 심지어 위선적으로 사는 주변 무슬림 국가의 지도자들과 그들 아래 있는 이맘들과도 주저 없이 맞섰다.6 그는 미국이 국내 은행에 있는 이란 자본을 묶어 두고 유가가 하락하며 전쟁의 피해로 석유 산업에 피해를 입었음에도 불구하고 8년 동안 이라크를 상대로 값비싼 전쟁을 치렀다. 호메이니는 오직 이슬람 신앙에 대한 철저한 충성심으로 독존할 수 있었으며 이슬람이 전 세계 신문 1면을 장식하게 만들었다.

현실과 이상 사이의 간극

무함마드를 비롯한 많은 무슬림들은 이슬람이야말로 지구상 최고의 경제, 사회, 종교, 법, 정치 체계라고, 즉 인류에게 허락된 '가장 좋은 공동체'라고 주장했다. 그러나 무슬림들이 주위를 둘러보면 이슬람과 실제 이슬람 사이에 간극이 있음을

폭력에 이르는 단계

역사적으로 함께 평화롭게 살던 사람들이 갑자기 어떻게, 왜 서로 폭력적이 되는가? 주민들이 억압적인 정부 아래서 살든지, 소수 집단이 자신들의 필요를 권력자들이 이해하지 못한다고 느끼든지, 다수 집단이 자신들의 문제에 대해 소수 집단을 인종적으로 비난하든지 간에 폭력에 이르는 단계는 다음과 같다.1

1. 외부 집단에 대해 고정관념을 갖는다.
2. 외부 집단에 대해 오랜 기간 불평불만을 늘어놓는다.
3. 외부 집단에 대한 차별이 점점 커진다.
4. 내부 집단이 경제적 궁핍이나 그 밖의 억압으로 인해 긴장을 겪는다.
5. 억압받는 사람들이 자신들의 문제를 해결해 줄 합리적인 수단을 불신하게 된다. 비합리적인 설명과 해결책이 호소력을 가지게 된다.
6. 불만을 가진 사람들이 조직을 결성한다.
7. 개인들이 그들의 폭력적 충동의 정당성을 인정해 주는 조직에게서 용기를 얻는다.
8. 폭력을 촉진하는 사건이 일어난다. 사소한 도발 때문에 폭력이 폭발한다.
9. 폭력에 참여하지 않던 개인들도 군중심리에 휩쓸리며 폭력이 지속된다.

영국이 미국 내 식민지들을 통제하던 1776년 이전에, 대부분의 식민주의자들은 조지 왕에 대항해 혁명을 일으키려 하지 않았다. 하지만 왕에게 공정한 대우를 해달라는 청원이 여러 번 거절당한 후, 혁명을 선호하는 사람들의 선동으로 많은 추종자들이 모였다. 이것은 결국 독립 선언 및 미국 혁명 전쟁으로 이어졌다. 독립 전쟁과는 달리 테러 행위(민간인 공격)는 변명할 수 없는 형태의 폭력이다. 하지만 폭력에 의존하는 사람들이 느끼는 절망을 보면서 가난한 자와 억압받는 자에 대한 연민이 일어난다.

1. Nabeel T. Jabbour, "Islamic Fundamentalism: Implications for Missions", *International Journal of Frontier Missions*, 11, no. 2(April 1994), 85쪽. 편견에 대한 고든 올포트의 고전적인 분석 *The Nature of Prejudice* (New York: Doubleday Anchor Book, 1958), 56-58쪽.

출처_ *Encountering the World of Islam*.

깨달을 수 있다. 이러한 간극을 줄이려는 노력이 알반나와 호메이니 같은 카리스마 넘치는 지도자, 사이드 꾸틉과 사이드 아부 알알라 마우두디 같은 이데올로기 주창자, 무함마드 아마라와 무함마드 알가잘리 같은 영향력 있는 이슬람 작가들에 의해 이루어졌다. 보다 최근의 인물을 예로 들자면 알카에다의 리더인 오사마 빈 라덴, 아이만 알자와히리, 안와르 알아울라키 등이 있다.

1990년대에 이집트 청년들은 자신들이 이 세상의 커다란 움마에 속해 있으며 타락과 위선, 헌신 부족으로 이슬람이 곤경에 처해 있다고 확신하게 되었다. 다음 세대를 준비시키기 위해 가장 시급한 것은 교육과 훈련과 충성심이다. 교육 장소는 충분하다. 모스크나 구성원의 집에서 보안경찰의 눈을 피해 흩어져서 하면 된다. 진정 중요한 것은 그들이 이러한 도전에 반응하고 교육과 준비 과정에 헌신하는 것이다.

1990년 5월 6일, 카이로 신문 〈알아흐람〉의 1면에는 다음과 같은 기사가 장식되었다. 알지하드 단체 구성원들이 화염병으로 경찰청을 공격하기 위해 십대들을 훈련시키고 있다고 내무부 장관이 선언했다는 것이다. 이토록 어린 청소년들이 근본주의 운동에 참여하게 된 동기는 무엇인가?

교육과 고용

이집트에서는 1952년 혁명이 시작된 이래로 군주들에게는 일격을 가하고 보다 낮은 계급 구성원들에게는 신분 상승을 통해 보다 나은 사회적, 경제적 상황을 누릴 기회를 제공하려는 노력이 이루어졌다. 대학 교육이 개방되어 고등학교를 졸업하면 누구나 대학에 들어갈 수 있게 되었다. 등록금도 최소화되어 거의 없다고 해도 무방할 정도였다. 게다가 정부나 공공 부문에서의 안정된 일자리 보장 역시 새로운 세대에게는 희망이자 동기였다. 그러나 훗날 학위나 일자리가 진정한 해결책이 될 수 없음이 밝혀지고 만다. G. 케펠은 실업 사태를 교묘히 감추는 정부에 대해 다음과 같이 설명한다.

> 법적으로 이집트의 모든 대학 졸업자는 공무원으로 일할 권리가 있다. 실업 사태에 대한 강력한 대응책인 이 방식은, 사실상 고용인들에게 주는 터무니없이 낮은 임금만큼이나 생산성이 낮은 행정부가 실업 상황을 교묘히 감추는 데 일조하고 있다. 이 임금 외에 추가 수입원이 없는 공무원이라면 정부의 보조금을 받아 할인 판매되는 상품을 협동조합에서 살 수는 있다. 그러나 겨우 연명하는 수준을 벗어나지는 못한다. 시장 경제에 따라 가격이 책정된 상품을 구매하는 것은 꿈도 꾸지 못한다. 그러다 보니 거의 모든 공무원이 두 개 내지는 세 개의 일자리를 가지고 있는 상황이다.[7]

나세르의 임기 동안 이집트 국민들이 이처럼 힘겨운 상황을 견뎠던 것은 팔레스타인 해방 전쟁이 벌어지고 있었기 때문이다. 국민들은 대개 기꺼이 희생을 감수했다. 적어도 그때는 이집트가 세계를 이끄는 나라 중 하나라는 명예와 위엄이 있었다.

1971년 사다트는 대통령직과 함께 무거운 책임을 떠안게 되었다. 취임 당시도 썩 좋은 상황은 아니었으나 사다트의 공약들이 이행되지 않자 상황은 최악으로 치달았다. 그는 이집트 국민들이 오래 기다려 온 '복수의 전쟁', 즉 1976년 전쟁 패배에 대한 보복을 연기해야 했다. 문제는 빈곤만이 아니었다. 이집트인 사이에는 자국에 대한 절망감이 팽배해 있었다. 결국 1973년 이스라엘과 전쟁을 벌였을 때, 이는 많은 이들에게 놀라운 뉴스였겠지만 사다트에게는 나세르와 자신의 공약을 드디어 이행한 셈이었다.

경제적, 사회적, 심리적 요인

근본주의 운동에 매력을 느끼는 사람들은 중하류층과 학생들이다. 근본적인 원인은 그들이 처한 사회적, 종교적인 절망감에서 찾을 수 있다. 그들은 자신이 속해 있는 사회 계층은 더 이상 미래가 보이지 않으며 자국의 역사에 별 영향력이 없다고 느낀다.

이집트의 중하류층은 자신들이 종교나 사회 영역에서 중요한 자리를 차지할 것이라고 전망하지 않는다. 그러니 염세적인 시각을 가질 수밖에 없다. 한 나라의 역사적인 사건들은 각 사람들을 통해 만들어진다. 중하류층 사람들은 도약의 발판이 될 권리와 자격을 빼앗겼기 때문에 근본주의라는 문을 통해 역사로 들어가는 유일한 길을 찾은 것이다. 근본주의는 이 불의한 사회 체계를 철저히 바꾸고 주변부 계층에게 역사의 심장부로 들어갈 기회를 제공하겠다고 약속한다. 이들 근본주의 집단은 사람들이 그동안 누리지 못한 평범한 역할을 감당할 수 있게 할 뿐 아니라 보다 큰 목적을 위해 섬기게 한다. 즉 그들에게 사회 구성력을 주어 기존 사회 체제의 가치와 근본을 거부하게 한다.[8]

이와 비슷한 경험을 하고 있는 집단이 대학생이다. 대학을 졸업하기까지 그들은 인생의 긴 기간을 공부에 매진한다. 그러나 의과대학이나 공과대학에 들어간 일부를 제외하면 공부에 열정을 쏟을 동기를 찾지 못한다. 대학을 졸업해도 주변부로 밀려날 것이 뻔하기 때문이다. 그들은 앞날을 내다보며 절망과 근심을 느낀다. 자신을 기다리는 것이 교묘하게 위장된 실업뿐임을 알기 때문이다. 그들은 확연히 다른 문화적 가치관을 가진 사회 속에서 하나의 사회 집단을 이룰 기회를 기꺼이 잡으려 한다. 신분 상승에 대한 아무런 희망이 없는 대학 졸업자들과 함께 그들은 참여와 중요성, 그리고 역사를 만들어 갈 역할 등을 약속하는 근본주의의 초대에 기꺼이 응하고 있다.

1952년 이집트 혁명이 일어난 후 무상 교육이 실시되면서 하층민들은 중산층으로 올라설 희망을 갖게 되었다. 그 결과 대학이 늘어나고 교육을 통해 중산층 시민이 되어야 할 젊은 남녀가 매년 50만 명 가까이 배출되었다. 이 중산층은 작은 머리와 몸통을 가진 동물에 붙은 거대한 꼬리 같은 존재였다.

이 꼬리에 속한 사람들은 기본적으로 중하류층이었다. 이들 중 많은 사람들이 시골 마을이나 소도시를 떠나 대도시 교외로 이주하면서 익숙했던 시골 문화도 함께 가져왔다. 이들 대부분은 남편과 아내가 맞벌이를 하면서 일종의 자아실현을 한다. 많은 사람이 생존을 위한 이 힘겨운 전투에서 성공하기가 어려움을 느끼고 있다. 이렇듯 환상이 깨진 사람들 역시 근본주의를 지지하는 훌륭한 자원이다. 이들 궁핍한 중하류층 집단이 충분히 커지면서 혁명은 불가피한 일이 되었다.[9]

카이로의 가난한 교외 지역과 나머지 도시 사이에는 엄청난 차이가 있다. 도로가 좁고 지저분할 뿐 아니라 인구 밀도가 높은 탓에 상하수도 시설, 통신, 전기, 그 밖의 모든 생필품이 턱없이 부족한 상황이다. 2천 만이 넘는 인구가 모여 있는 카이로 교외 지역에서 근본주의 메시지는 야망과 성실함을 갖추고 있으나 주변인으로 살아가고 있는 젊은이들에게 아주 매력적으로 다가가고 있다. 알자마 알이슬라미야나 알지하드 같은 근본주의자 조직에 가입한다 해도 그들은 잃을 것이 전혀 없다. 젊고 이상주의적인 탓에 그들은 여러 이슈를 흑백논리로 판단하려는 경향이 있다. 모든 문제를 샤리아 적용으로 해결할 수 있다는 것이다. 비록 가족은 그들의 이상주의적인 시각에 완전히 동의하지 않고 있지만, 언젠가 근본주의라는 대의를 적어도 지지하게 될 것이다.

곤경을 정당화함

이러한 경제적, 사회적, 심지어 심리적 요인들이 상호 연관되어 근본주의 후보자가 살아갈 환경을 형성한다. 사다트 대통령 시절 경제 개방 정책은 서구의 생활양식까지 들여와 불화를 야기하고 말았다. 그럼에도 불구하고 대학 학위를 딴 젊은 세대는 만족할 만한 급여를 제공하는 민간 부분의 소기업에서 일할 길을 찾지 못했다. 그들은 그런 직장에서 일하며 돈을 버는 서구화된 청년들을 보며 시기와 분노를 품지 않을 수 없었다. 그들은 서구화된 이들에게 열등감을 느끼고, 그럴수록 점차 사회에서 주변인으로 밀려나고 말았다.[10]

이렇듯 사회에서 주변인으로 밀려난 상태를 정당화하기 위해 그들은 그들 사회의 악과 부정, 타락 등을 규탄하기 시작했다. 순결하게 살기 위해서는 하나님께 신실해야 하고 이 더러운 사회로부터 자신을 분리시켜야 한다는 것이다.[11] 정부가 개방 정책을 편 결과 빈부의 격차는 더욱 극심해졌다. 값비싼 최신 모델의 벤츠를 모는 백만장자들이 새로운 계층을 이루어 수많은 가난한 자들과 한 도시에서 살고 있다.

가난한 사람들 중에는 중하류 계층뿐 아니라 하류층도 존재한다. 이들은 때로 최저 생활수준조차 누리지 못하며 살아간다. 이집트에서는 20명 이상이 한 아파트에 모여 사는 경우가 허다하다. 식구가 여덟 명 정도 되는 각 가정이 방 세 칸에 욕실은 하나인 아파트의 방 한 칸에서 산다. 아침이면 스무 명이 넘는 사람들이 욕실을 사용하려고 줄을 서서 기다린다. 생존 전쟁은 몸을 누일 공간을 찾을 때만 일어나지 않는다. 겨우 허기만 면하고 등교하기 위해 만원버스에 몸을 실을 때도 전쟁은 계속된다. 인생은 정글 같아서 가장 강하고 난폭한 자만이 살아남는다는 확신이 팽배해지고 있다. "인간의 가치는 돈이 얼마나 있느냐에 달렸다" 또는 "상대방을 점심거리로 삼으라. 그의 저녁거리가 되기 전에" 같은 속담이 새로운 세대에게 하나의 신념이 되어 가고 있다 해도 과언이 아니다.

폭력에 이르는 단계

이러한 정글에서 그들은 집요하게 질문한다. "하나님은 어디 계시는가? 이슬람의 정의는 어디 있는가?" 심리학자 고든 올포트는 그의 책 『편견의 본질』에서 폭력을 향한 과정이 다음과 같은 단계로 이루어진다고 말했다.

1. 오랜 기간 부자, 정부, 정부의 대변인 노릇을 하는 꼭두각시 이맘들에 대해 무조건적인 편견을 가진다.
2. 오랜 기간 말로 불평한다.
3. 차별이 극심해진다. 예를 들어 부자들은 연줄과 뇌물을 통해 최소한의 노력으로 원하는 모든 것을 얻는 반면, 가난한 자들은 사회의 쓰레기 취급을 받는다.
4. 경제적 박탈감, 소외감, 실업에 대한 두려움 등으로 사회적 압력이 고조된다.
5. 사람들이 억압에 넌더리를 내고 폭발 상태에 이른다. 더 이상 치솟는 물가, 굴욕, 혼란 등을 감당할 수 있다고, 아니 감당해야 한다고 느끼지 않는다. 비합리주의에 강한 매력을 느끼기 시작한다.
6. 불만이 축적된 사람들이 알지하드 등의 근본주의 단체처럼 조직화된 운동에 끌린다.
7. 공식적인 사회조직이든 비공식적인 사회조직이든 사람들이 거기서 용기와 지지를 얻는다. 자신의 짜증과 분노를 사회적으로, 심지어 심리적으로 인정받는다고 느낀다. 폭력에 대한 충동이 생활수준과 파트와(종교 지침)의 붕괴로 정당화된다.
8. 촉발제가 될 만한 사건이 일어난다. 예전 같으면 사소한 도발 정도로 지나갔을 일이 이제는

폭발을 일으킨다. 그 사건은 아예 일어나지 않은 일일 수도 있고 소문으로 부풀려진 일일 수도 있다. 예를 들어 한 그리스도인이 무슬림 청소년을 강간했다는 소문이 돌다가 완전히 왜곡된 내용의 전단지가 배포되고 결국 폭력이라는 큰 불을 일으킨다.

9. 폭력이 실제로 일어난다면 서로 반목하는 집단이 가까이에 있을 때 일어날 확률이 높다. 예를 들어 그리스도인과 무슬림이 한 동네에 산다거나 한 캠퍼스에 다니는 경우다. 촉발제가 되는 사건은 대개 그런 곳에서 일어난다.[12]

정체성, 대의, 그리고 적

청년들이 근본주의의 좋은 후보자가 되는 환경을 만드는 데 도움이 되는 요소들은 정치, 종교, 경제, 사회 또는 심리적일 수 있다. 이러한 고립 상태에서 젊은 세대는 정체성, 소속 집단, 자신의 적대감을 분출할 적을 찾는다. 근본주의 안에서 청년들은 하나님을 따르는 데서 정체성을, 다양한 근본주의 집단에 헌신한 구성원이 되면서 소속 집단을, 이른바 '무슬림 사회'라 불리는 위선과 사탄 안에서 적을 찾는다. 이집트인들과 정부, 그리고 이슬람을 믿는다는 사람이 젊은 근본주의자를 붙들고 진심으로 대화를 나누려 한다면 아마 이런 말을 듣게 될 것이다.

> 나는 두렵고 외롭습니다. 당신들은 모두 거짓말쟁이입니다. 슬프지만 나는 체념했습니다. 당신들은 실패자이자 위선자이죠. 나는 하나님께 헌신한 사람으로서 살아갈 기회와 권리가 필요합니다. 그러나 당신들 때문에 꼼짝달싹 못하게 묶여 있습니다. 어떤 식으로든 새롭거나 창의적인 방식으로 접근하면 당신들에게 이단으로 몰리거나 뜻이 꺾이고 말겠죠. 그렇기에 이미 확실히 증명된 것에 호소할 것입니다. 영감을 받아 기록된 꾸란 말입니다. 나는 구원받기 위해 한 마음으로 헌신하는 하나님의 제자 공동체에 책임을 다해야 한다는 믿음을 갖게 되었습니다. 따라서 나의 복수심과 분노는 당신 같은 위선자들을 직접 향할 것입니다. 비록 내가 성공하지 못한다 해도 그것은 중요하지 않습니다. 나는 순교자이자 본보기가 될 테지요. 내 앞에는 천국이 놓여 있습니다. 하지만 당신 앞에는 오직 지옥불이 기다리고 있습니다.

이러한 사람들은 자기 신념을 위해 죽는 일조차 바람직하게 생각한다. 무슬림 근본주의자들은 "이슬람이라는 나무가 순교자의 피를 양분 삼아 자란다"고 믿는다.

오늘날 알카에다와 무슬림형제단

2001년 9월 11일 이후 일촉즉발의 약 20년 동안 알카에다의 핵심이 타격을 입었음에도 불구하고 알카에다 회원과 그와 비슷한 성격의 집단들이 여전히 세계 곳곳에서 강력한 세력을 드러내고 있다. 레바논, 요르단강 서안 지역, 가자 지구, 아프가니스탄, 이라크 등에 대한 이스라엘의 습격, 아부 그라이브 교도소 사건, 오사마 빈 라덴 사망, 아랍의 봄 등은 하나같이 근본주의 운동에 피를 더했다. 근본주의자들은 칼리프 제도를 회복해 16억 무슬림을 하나로 묶어 '이슬람 합중국'을 만드는 것이야말로 여전히 매력적이고 가능한 꿈이라고 여긴다.

강력했던 무바락 대통령이 2011년에 쫓겨난 이후, 이집트인들은 대개 공포에서 벗어나 정치에 보다 적극적으로 참여하게 되었다. 세속적 무슬림과 무슬림형제단 둘 다 이러한 변화의 분위기의 덕을 보았다. 무슬림형제단은 합법적인 정당 내에서 가장 조직적인 집단이었다. 형제단 소속이었던 무함마드 모르시는 이집트에서 처음으로 민주적인 방식으로 대통령에 당선되었다. 그러나 윤리적 기초 없이 처러진 민주적인 선거는

동남아시아

말레이 종족

800개가 넘는 종족 집단으로 이루어진 3억 6천 명 이상의 말레이 종족은 브루나이, 인도네시아, 말레이시아, 필리핀 등의 동남아시아 섬나라 및 싱가포르와 태국 남부에 산다. 인구의 60% 이상이 무슬림이다.

이 나라들의 종교 정책은 놀랄 만큼 다양하다. 브루나이는 이슬람이 국교인 반면, 싱가포르 정부는 비교적 종교의 자유를 허용한다. 인구의 6%가 무슬림인 필리핀에서는 가톨릭교회의 영향력이 상당하다. 반도 서말레이시아에서는 수니파 이슬람이 공식 종교이지만, 동말레이시아에서는 무슬림이 소수 집단이다. 인도네시아 정부는 모든 시민들에게 불교, 개신교, 가톨릭, 힌두교, 중국 전통 종교, 이슬람교의 여섯 개 종교 중 하나를 선택하도록 명한다. 그러나 인도네시아는 최소한 명목상으로는 세계에서 가장 많은, 1억 8천 7백만 명의 무슬림 인구가 있다.

인도네시아 수마트라 섬의 북쪽 끝에 사는 4백만 아체 주민들은 거의 100%가 무슬림이다. 그들은 농촌에서 벼농사를 짓거나 어부로 살기도 하고, 도시에서 저임금 육체 노동자로부터 정부 고위 관료에 이르기까지 다양한 삶을 살기도 한다. 많은 사람들처럼 아체는 안팎의 압력에 직면하고 있다. 1976년에 일부 아체 주민들은 독립 국가를 세우기 위한 운동을 결성했고, 그 후 인도네시아 군부에 대항해 산발적으로 게릴라전을 일으켜 수천 명이 목숨을 잃었다. 최근 몇 년간 도덕 수준 및 공동체(이웃에 대한 적극적인 책임을 포함하는)를 귀중하게 여기는 전통적인 이슬람 문화와, 대중매체를 통해 점점 더 그들에게 친숙해지고 있는 물질주의적 서구식 생활방식 간에 긴장이 점차 증가되고 있다. 2004년 12월에 아체주는 쓰나미로 인해 20만 명의 사망자가 나는 큰 피해를 입었다.

출처_ Operation World, *imb.org*.

결국 독재 정치의 합법화로 이어지고 말았다. 권력을 가진 무슬림형제단은 독재뿐 아니라 이슬람 근본주의 신학을 향해서도 가속 페달을 밟았다. 어떤 형태로든 칼리프 제도를 회복하는 것이 그들의 최대 현안이었다.

2013년, 극심한 연료 부족 현상과 정전 등으로 인해 모르시 대통령 사임을 요구하는 대규모 집회가 일어났다. 이집트 군 당국은 모르시 대통령을 몰아내고 임시 정부를 세웠다. 이집트인 중에는 민주적 방식으로 당선된 대통령을 복귀시키고 쿠데타를 되돌리길 요구하는 이들도 있다.

시사점

1. 무슬림 국가에서 산다고 생각할 때, 우리는 청사진을 그리며 그들과 잘 소통할 것이라고 기대하는가? 우리 앞에 놓인 과제는 이슬람과 이슬람 근본주의를 하나의 현상으로 바라보고 편견 없이 탐구하는 것이다.
2. 우리의 방식과 수단이 지나치게 낯선 탓에 무슬림 세계에 외국 교회를 심는 것이 마치 우리가 외래종 식물을 (서구 스타일의 화분에 담아) 가지고 온 것처럼 보이지는 않을까? 우리의 과제는 복음을 연구해 우리가 싸 놓은 외국의 포장재를 벗기고 순수한 형태로 전달하는 것이다. 그리고 해당 민족에게 정확하고 진실한 모습 그대로 보이게 포장하도록 격려하는 것이다.
3. 우리의 복음은 가난과 불의 같은 문제에 대처하고 있는가? 우리의 과제는 성경을 철저히 연구해 우리가 접근하길 원하는 사람들의 진짜 필요에 답하는 것이다.
4. 우리는 정확한 정체성과 적절한 생활양식을 갖추고 사역에 들어가는가? 어떤 직업은 이해하기가 매우 어렵다. 대체 어떤 미국인이 고국을 떠나 이집트로 들어와 서점에서 책을 판매하겠는가? 이집트에서는 고등학교를 졸업한 사람이라면 누구나 이 일을 할 수 있다. 그러나 미국인이 카이로에서 이런 일을 한다면 그는 분명 신분을 숨긴 CIA거나 선교사일 것이다. 우리의 과제는 이 모든 정체성과 생활양식에 대해 고민해 보고 새롭고 창의적인 답을 고안하는 것이다. 테레사 수녀는 자신의 생활양식이나 정체성을 놓고 고민했을까?
5. 우리는 라디오와 텔레비전을 적절히 활용하고 있는가? 거기서 흘러나오는 메시지에는 진리가 담겨 있는가? 혹시 의사소통 스타일이 동양적이기보다는 서구적으로 들리지 않는가? 혹시 이스라엘에 편향된 내용을 담고 있지 않은가? 지나치게 그리스식 논리를 펼치고 있지 않은가? 우리의 과제는 우리 문화를 걷어 내고 수신자의 문화에서 죄와 상관없는 부분을 취해 걸치는 것이다. 그럴 때 비로소 그들은 우리가 전하려는 메시지를 이해할 수 있을 것이다.
6. 우리는 해당 민족의 잠재력을 알아볼 의지와 능력이 있는가? 낯선 외국 그리스도인인 우리 스스로를 예수님 때문에 그 민족의 종이 된 자로 여기고 있는가? 우리의 과제는 그 민족을 소중히 여기고 그들을 조종하거나 통제하지 않고 신뢰하는 것이다.
7. 바리새인 시몬은 객관적인 관찰자의 눈으로 예수님과 창녀를 평가했다. 반대로 예수님은 긍휼히 여기는 마음으로 개입해 창녀를 용서하시고, 결과적으로 그녀의 삶을 변화시키셨다. 우리의 과제는 무슬림 근본주의자들의 논리가 이상하게 들리더라도 진심으로 귀 기울여 듣는 것이다. 그저 듣기만 할 뿐 아니라 그들을 진지하게 이해하고 받아들이고자 노력하는 것이다. 그러다 보면 언젠가 우리와 철저히 다른 사람들에게도 긍휼한 마음을 가질 수 있으며, 그 과정에서 하나님의 사랑을 나눌 수 있음을 알게 될 것이다.

1990년에 이집트에 대한 글을 집필하면서 나는 무슬림형제단이 언젠가 이집트를 장악할 것

수마트라 소년

이라고 예언한 적이 있다. 그 글에서 말했듯 이집트의 무슬림들은 정체성의 혼란을 겪고 있다. 그들은 이렇게 자문하고 있다. "과연 어떤 사람이 진정한 무슬림인가?" 알카에다와 마찬가지로 무슬림형제단은 그에 대해 한 가지 답을 가지고 있다. 반면 이집트에 사는 다른 많은 무슬림들은 매우 다양한 답을 가지고 있다.

이집트의 이슬람은 역사상 매우 중요한 시점에 있다. 이집트에서 현재 일어나고 있는 일은 이슬람 세계 전체에, 그리고 다른 많은 무슬림 국가에 영향을 줄 것이다. 이집트의 정치, 종교 지도자들을 위해 기도하면서 하나님이 그곳에서 하고 계신 일에 기꺼이 동참하겠는가? ❖

주

1. Nabeel Jabbour, *The Rumbling Volcano: Islamic Fundamentalism in Egypt*(Pasadena, CA: Mandate Press, 1993), 8쪽.
2. 앞의 책.
3. S. Qutb, *Ma'alem Fi Tariq*(Cairo: Darsuruq, 1987), 36쪽.
4. R. S. Ahmad, *Al-Harakat Al-Islamiyya*(Cairo: Sina Linasr, 1989), 45쪽.
5. M. Amara, *Asahwa Al-Islamiyya Wa Tahaddi Al-Hadari*(Cairo: Dar Al-Mustaqbal Al' Arabi, 1985), 47-49쪽.
6. M. Amara, *Tayyarat Al-Fikr Al-Islami*(Beirut: Dar Al-Wihda Littiba'a Wa-Nasr, 1985), 230쪽.
7. G. Kepel, *The Prophet and Pharaoh*(London: Al-Saqi Books, 1985), 85쪽.
8. R. Habib, *Al-Ihtijaj A-Dini Wal-Sira' Al-Tabaqi*(Cairo: Sina Linasr, 1989), 130쪽.
9. 앞의 책, 133쪽.
10. Mahamed Abdul-Fadil, *Zahiratatta taruf Al-Islami, Anadwa Al-Rabi'a Libaht Al-Harakat: Al-Diniyya Al-Mutatarifa*(Cairo: 1982), 108쪽.
11. A. Husein, *Waraqat Mawaqef, Anadwa Al-Rabi'a Libaht Al-Harakat Al-Diniyya Al-Mutatarifa*(Cairo: 1982), 207쪽.
12. Gordon W. Allport, *The Nature of Prejudice*(New York: Doubleday Anchor Books, 1958), 56-58쪽.

지하드란 무엇인가?

키스 스와틀리

아랍어로 지하드는 전후 문맥에 따라 "투쟁하다, 노력하다, 분투하다, 싸우다" 등을 의미한다.[1] 원래의 종교적 의미는 "자신의 악한 성향에 대항해 투쟁하다" 혹은 "불신자를 회심시키기 위해 노력하다" 등이다.[2]

역사적으로 지하드는 복잡하고도 모순된 의미를 갖고 있다. 그러나 군사적 의미로 해석될 때조차 몇 가지 조건에 지배를 받는다. 첫째, 먼저 공격해서는 안 되며, 둘째, 국가나 종교 단체가 선포해야 하며, 셋째, 시민을 대상으로 해서는 안 된다.

무슬림에게 지하드라는 개념은 존엄성과 다른 이들을 위한 희생정신을 내포한다. 그러므로 지하드를 테러리즘과 혼용하는 것은 정확하지 않을뿐더러 역효과를 낳는다. 한 가지 분명한 사실이 있다. 뉴스 논평가들이 지하드라는 단어를 사용할 때 적용하는 개념은 하나밖에 없지만, 전 세계 무슬림 사이에서 그 단어는 보다 많은 걸 내포한다는 점이다.[3]

무함마드 시대 이후로 무슬림은 이슬람 공동체를 개선하고 모든 사람을 이슬람으로 데려오기 위해, 즉 하나님께 복종시키기 위해 애썼다.

참된 의미에서의 지하드는 적극적인 시민이 가져야 할 핵심 덕목이다. 그것은 사회 정의를 향한 노력, 빈곤과의 싸움, 또는 스스로를 개혁하기 위한 수고 등과 같은 윤리적 투쟁을 의미한다. 그것은 공동선을 추구하기 위해 사회를 개

키스 스와틀리는 이 책의 편집자다. 1983년에 처음으로 무슬림 친구를 사귄 이후로 인도네시아, 카자흐스탄, 케냐, 키르기스스탄, 한국, 터키, 영국, 미국 등의 무슬림에게서 배우고 그들과 함께 나누는 것을 즐긴다. *kswartley@encounteringislam.org*

선하며 윤리적으로 살고자 노력하는 매일의 싸움을 의미한다.[4]

노숙자 문제나 여성 인권 문제 등의 해결을 위한 지하드는 무슬림이 그 단어를 압제와 독재에 맞서 싸우는 긍정적인 의미에서 사용하고 있음을 보여 준다.

> 하나님의 길에서 성전하라 그 성전은 그분의 권리라…예배를 드리고 이슬람세를 바치라 그리고 하나님을 따르라(꾸란 22:78).

> 믿는 신앙인이란 하나님과 선지자를 믿되 의심하지 아니하고 하나님의 사업을 위해 그들의 재산과 생명으로 성전하는 자들이 바로 믿는 신앙인들이라(꾸란 49:15).

종종 정복 전쟁이나 강제적인 회심으로 이슬람을 확장시킨 사례가 있으나 무슬림은 대부분 전쟁을 방어용으로, 또한 이슬람 보호를 위해서만 해야 한다고 믿는다.

> 너희를 도전하는 하나님의 적들에게 도전하되[지하드] 그러나 먼저 공격하지 말라 하나님은 공격하는 자들을 사랑하지 않으시니라(꾸란 2:190-191).

> 그들을 발견한 곳에서 그들에게 투쟁하고 그들이 너희들을 추방한 곳으로부터 그들을 추방하라 박해는 살해보다 가혹하니라 그러나 그들이 하람 사원에서 너희들을 살해하지 않는 한 그들을 살해하지 말라 그러나 그들이 그곳에서 살해할 때는 살해하라 이것은 불신자들에 대한 보상이라 만약 그들이 싸움을 단념한다면 하나님은 그들을 관용과 은총으로 충만케 하시니라 박해가 사라질 때까지 그들에게 대항하라 이는 하나님을 위한 신앙이니라 그들이 박해를 단념한다면 우매한 자들을 제외하고는 적대시하지 말라 살생이 금지된 달은 성스러운 달이거늘 살생을 금하노라 그러나 너희를 공격할 때는 그들이 공격했던 것처럼 그들을 공격하라 그리고 하나님을 공경하라 하나님께서는 의로운 신앙인들과 함께하시니라(꾸란 2:191-194).

> 침략하는 자들에 대항하여 투쟁하는 것이 너희에게 허락되나니 모든 잘못은 침략자들에게 있노라 하나님은 전지전능하사 너희에게 승리를 주시니라 우리의 주님은 오직 하나님뿐이라고 말한 것 하나로 부당하게 고향으로부터 추방당한 이들이 있노라 만일 하나님의 보호가 없었더라면 불신자들의 지배한 수도원도 교회들도 유대교 회당들도 하나님을 염원하는 사원들도 파괴되었을 것이라 실로 하나님은 그분의 종교에 같이 하는 자를 승리하게 하시나니 하나님은 강하심과 능력으로 충만하심이라(꾸란 22:39-40).

지하드가 스스로를 보호하기 위해 합법적으로 힘을 사용하는 것을 의미할 때에도 그 상황에는 엄격한 제한이 있다.

> 비록 싫어하는 것이지만 너희에게 성전이 허락되었노라 그러나 너희가 싫어해서 복이 되는 것이 있고 너희가 좋아해서 너희에게 악이 되는 것이 있나니 하나님은 너희가 알지 못하는 것을 알고 계시니라 그들은 성스러운 달 동안에 살생에 관하여 그대에게 물을지니 그 기간에 살생은 죄악이라 하되 하나님의 길을 방해하고 하나님과 하람 사원에 가까이 있는 것을 방해하는 것과 그곳으로부터 그의 주민들을 추방하는 것은 더 큰 죄악이며 교사하고 박해하는 것은 살생보다 더 나쁜 죄악이라 그들은 너희가 너희의 종교를 배반할 때까지 너희들과 투쟁을 포기하지 않을 것이며 배반자가 되고 믿음을 갖지 않고

죽는다면 그들의 일은 현세와 내세에서 아무 열매도 맺지 못하고 불지옥의 거주자가 되어 그곳에서 영원히 기거할 것이라 믿음을 가진 자 이주를 한 자 하나님의 길에서 투쟁한 자 이들 모두는 하나님의 은혜를 갈구하나니 하나님은 관용과 은혜로 충만하심이라(꾸란 2:216-218).

그대가 그들과 계약을 하였으나 그들은 매번마다 그들의 계약을 깨뜨리니 그들은 하나님을 두려워하지 아니함이라 그대가 전쟁에서 승리한다면 그들을 따르는 자들을 욕되게 하라 아마도 그들에게 교훈이 되리라 그대가 한 백성으로부터 배반을 두려워한다면 그들의 계약은 같은 조건으로 되돌려 보내라 실로 하나님은 배반자들을 사랑하지 아니하시니라 불신자들이 우월하다 생각지 못하게 하매 그들은 주님을 좌절케 할 수 없노라 군대와 말로써 너희가 할 수 있는 한 그들에 대항할 준비를 하라 하셨으니 그것으로 하나님의 적과 너희들의 적들과 그들 외의 다른 위선자들을 두렵게 하라 너희는 그들을 알지 못하나 하나님은 그들을 아심이요 너희가 하나님을 위해 바친 하찮은 것이라도 그릇됨 없이 정당한 보상을 받노라 적이 평화 쪽으로 기울인다면 그쪽으로 향하라 그리고 하나님께 의탁하라 실로 그분은 들으심과 아심으로 충만하시니라(꾸란 8:56-61).[5]

전쟁을 하는 중에라도 지하드는 공정하며 제한적이다.

그러나 너희와 동맹을 맺고 있는 부족으로 피신을 오는 자나 또는 그들의 마음이 너희와 그 부족과 싸움을 억제하려는 그들과는 제외라 만일 하나님이 원하셨다면 너희를 제압할 수 있는 힘을 그들에게 주어 그들이 너희와 싸우도록 했으리라 그러므로 그들이 너희로부터 물러나 너희와 화평함을 원한다면 하나님께서 너희로 하여금 그들을 공격토록 길을 열어 주시지 아니하니라(꾸란 4:90).

너희가 전쟁에서 불신자를 만났을 때 그들의 목들을 때리라 너희가 완전히 그들을 제압했을 때 그들을 포로로 취하고 그 후 은혜로써 석방을 하든지 아니면 전쟁이 종식될 때까지 그들을 보상금으로 속죄하려 주라(꾸란 47:4a).

대중매체는 종종 지하드를 과격파와 테러리스트와 연결시켜 매우 부정적인 의미로 사용한다. 그러나 무슬림은 대부분 동료 무슬림과 시민들에게 폭력을 행사하지 않는다. 갤럽 조사에 따르면, 무슬림 가운데 7%가 정치적 급진주의자였다. 그 7% 가운데 13%, 즉 전체 무슬림 가운데 1%만이 일반 시민에 대한 공격 또한 "완전히 정당하다"고 대답했다.[6] "테러 행위를 용납하는 사람과 그렇지 않은 모든 사람 사이의 중요한 차이는 경건함이 아닌 정치에 있다."[7]

정치적 폭력은 대개 신앙과는 무관한, 지역적이고 이데올로기적인 불만과 연결되어 있다. 콜롬비아 무장혁명군(FARC)과 인도와 네팔의 모택동주의 반군은 팔레스타인, 카슈미르, 민다나오, 쿠르디스탄의 종교 운동과 갈등에 영향을 받지 않았다. 그들은 민족주의적 요구에 영향을 받았다. 물론 '이슬람'이 물리력 동원에 사용될 때가 있다. 이라크와 아프가니스탄에서 자살 폭탄 테러가 일어나 뉴스의 헤드라인을 장식할 때가 종종 있다. 그러나 그러한 사건은 일본이나 티베트, 스리랑카 등과는 다른 정치적 환경에서 발생했다. 쉽게 말해 종교적 갈등보다는 정치적 갈등 속에서 일어난 사건이다.[8]

여전히 정치적으로 급진적인 무슬림은 "같은 종교를 믿는 사람들과의 투쟁을 정당화하기 위해 그들에게 불신자라는 오명을 씌웠다. 그들이

이슬람의 특별한 해석을 신봉하고 시행하는 데 소홀하다는 이유에서였다."⁹⁾

알카에다 소속 지하드 보병인 마르완(20세)은 이렇게 말했다. "내가 테러리스트인 것을 인정합니다. 꾸란에는 원수에게 공포를 일으키는 것이 무슬림의 의무라고 되어 있습니다. 그러니 테러리스트가 되어야 나는 훌륭한 무슬림이 될 수 있습니다."¹⁰

금지된 달이 지나면 너희가 발견하는 불신자들마다 살해하고 그들을 포로로 잡거나 그들을 포위할 것이며 그들에 대비하여 복병하라 그러나 그들이 회개하고 예배를 드리며 이슬람세를 낼 때는 그들을 위해 길을 열어 주리니 실로 하나님은 관용과 자비로 충만하심이라(꾸란 9:5).

하나님과 내세를 믿지 아니하며 하나님과 선지자가 금기한 것을 지키지 아니하고 진리의 종교를 따르지 아니한 자들에게 비록 그들이 성서의 백성이라 하더라도 항복하여 인두세를 지불할 때까지 성전하라 그들은 스스로 저주스러움을 느끼리라(꾸란 9:29).

그러나 다른 무슬림은 이 구절을 다르게 해석한다.

예를 들어 하디스뿐 아니라 여러 해석본들은 "발견하는 불신자들마다 살해하라"는 명령이 무함마드 선지자가 살던 당시 아라비아 반도에 있던 적대적인 이교도 집단에 해당하는 것이라고 입을 모은다. 이 구절을 읽고 무슬림이 함께 종교적으로 승인된 살인 행각을 벌이길 기다리고 있다고 추정하는 것은 한마디로 무모하다.¹¹

꾸란은 또한 전쟁만이 유일한 선택 사항이 아니라고 가르친다. 하나님이 직접 이교도들을 다루실 것이다.

주님으로부터 그대에게 계시된 것을 따르라 그 분 외에는 신이 없노라 그리고 우상 섬기기를 그만두라 하셨노라 하나님의 뜻이 있었더라면 그들은 다른 것을 그분께 비유하여 거역하지 아니했으리라 하나님은 그대를 그들 위에 감시자로서 그리고 그들의 위탁자로서 두지 아니했노라(꾸란 6:106-107).

하나님은 그들이 말하는 모든 것을 알고 있나니 그대는 그들에게 강요하는 자 아니라 그러므로 하나님의 경고를 두려워하는 자들에게 이 꾸란을 낭송하라(꾸란 50:45).

좁게 해석하든 넓게 해석하든 지하드를 수행하다 죽는 무슬림은 구원과 낙원에 즉시 들어가는 것을 보장받는다. 이 순교자들은 그들의 선행이 악행보다 더 많은지 알기 위해 심판 날까지 기다릴 필요가 없다.

그러나 하나님의 길에서 살해된 자 있다면 그분은 그의 행위가 결코 손실되지 않게 하실 것이라 하나님은 그들을 인도하사 그들의 위치를 높여 주시고 그들에게 알려 준 천국으로 그들을 들게 하노라(꾸란 47:4b-6). ❖

주

1. John L. Esposito and Dalia Mogahed, *Who Speaks for Islam?: What a Billion Muslims Really Think*(New York: Gallup Press, 2007), 21쪽.
2. John L. Esposito, ed., *Oxford Dictionary of Islam*(Oxford: Oxford University Press, 2003), 159-160쪽.
3. Esposito and Mogahed, *Who Speaks for Islam?*, 75쪽.
4. "Contextualising Islam in Britain: Exploratory Perspectives"(Centre of Islamic Studies, University of Cambridge in association with the Universities of Exeter and Westminster, October 2009), 70쪽.
5. 또한 꾸란 2:191-194, 8:38-839을 보라.
6. Esposito and Mogahed, *Who Speaks for Islam?*, 70쪽.
7. Nicole Naurath, "Most Muslim Americans See No Jus-

tification for Violence,"(Gallup: World, August 2, 2011). *gallup.com*.
8. Cambridge, 70-71쪽.
9. *Oxford Dictionary of Islam*, 160쪽.
10. Aparisim Ghosh, "Inside the Mind of an Iraqi Suicide Bomber," *Time*(June 26, 2005), 19쪽.
11. Zaid Shakir, "Qur'an defeats Muslim Barbarism," *Emel*, Issue 75(December 2010). *emel.com*.

한국 이슬람의 시작과 발전 그리고 전망

김아영

 전통적으로 한국을 둘러싸고 있는 주변국의 종교 분포를 고려해 볼 때, 한국은 이슬람이라는 종교를 쉽게 접할 수 있는 환경은 아니다. 이웃한 일본은 이슬람을 비롯한 외래 종교가 크게 번성하지 못한 나라이고, 러시아의 극동 지역도 무슬림 조밀 지역은 아니다. 중국은 무슬림 인구가 러시아보다 많으나 대부분 중국 극서 지역이나 남서부 지역에 분포해 한국에 별 영향을 주지 못했다. 이러한 환경에서 한국은 수천 년간 불교, 유교 같은 외래 종교와 자생적 민속 종교에 몰두했고, 근대에 이르러 기독교가 가세해 빠르게 성장하며 주요 종교 중 하나로 자리 잡았다. 이런 가운데 이슬람 같은 그 밖의 세계 종교는 파고들 틈새가 보이지 않았다.

일제 강점기에 이루어진 접촉과 한국전쟁을 전후로 공식 출발하게 된 한국의 이슬람은 중동의 건설붐과 무슬림 배경을 가진 이주 노동자와 유학생과 주재원의 유입, 이슬람 관련 문화와 언어 전공학자의 증가, 아랍 시민혁명과 시리아 내전, 예멘 내전 이후의 난민 유입 등 다양한 요인의 복합 작용으로 최근 들어 차츰 국내에 기반을 마련해 가고 있다. 2015년 포교 60주년을 넘어선 한국의 이슬람은 한국인 무슬림 3만 5천 명에서 4만여 명과 이주 무슬림을 포함해 20만여 명의 신도를 보유한 종교로서 느리지만 점진적인 성장을 이루고 있다.

그러나 국내 무슬림은 그리스도인의 선교 차원의 노력과 접근이 미미했던, 말 그대로 우리

김아영 교수는 이화여대에서 철학을 전공하고, 동 대학원 기독교학과에 진학해 전재옥 교수의 지도 아래 석사학위를 취득했다. 미국의 풀러 신학교에서 이슬람 전문가인 더들리 우드베리 박사의 지도 아래 박사학위를 취득했고(Ph.D in Islamic Studies), 아시아의 S지역에서 무슬림과 함께 살았다. 현재 횃불트리니티신학교 선교학과 교수이며, 한국이슬람연구소 소장을 맡고 있고, 이슬람파트너십 실행위원으로 동역자들을 섬기고 있다.

안의 '미전도 종족'으로 존재해 온 것이 사실이다. 이러한 인식 아래 통일신라 시대로부터 이어져 온 한-이슬람 세계의 접촉에서 시작해 공식적인 한국이슬람교중앙협의회(현 한국이슬람교중앙회)의 창립을 거쳐 오늘에 이르기까지 한국 이슬람이 발전해 온 과정을 살펴보고, 현재 한국 이슬람이 우리 사회에 뿌리내리려는 다양한 시도들을 설명하고자 한다. 국내 무슬림을 선교 차원에서 적절히 이해하는 데 도움이 될 것이다.

이슬람과의 만남 (통일신라 시대-19세기 말)

무슬림이 인적 교류를 통해 한반도와 최초로 접촉한 시기는 기록상 9세기 중엽으로 거슬러 올라간다. 당시 아시아를 포함해 세계 문명의 다양한 교류가 이루어졌던 당(唐)의 수도 장안에는 이슬람 제국의 사절이 빈번히 왕래했다. 당의 개방적 태도와 해상 교역로의 확충에 힘입어 서역 이슬람계의 문화적 요소가 대량으로 유입되었던 것이다. 당과 제휴해 삼국을 통일하고 정치적, 문화적으로 긴밀한 관계를 유지하던 통일신라의 사신과 유학생 등은 자연스럽게 중국에서 이슬람 제국의 사신들이나 그곳에 거주하던 무슬림과 접촉하게 된다.

한국 측 기록에서 최초로 볼 수 있는 무슬림의 대규모 방한 시기는 11세기 초 고려 시대, 보다 정확히는 현종 15년인 1024년이다. 고려사에 의하면 이때 대식(大食)[1]으로 알려진 아랍 상인이 100명 이상의 대규모 구매 사절단을 이끌고 와서 간헐적으로 고려 조정과 교역을 시도했다. 이들 중 일부는 고려에 정착해 수도 개성을 중심으로 거주했으며, 그들의 공동체 안에 예궁(ritual hall)[2]이라는 이슬람 사원을 두었다고 전해진다.

조선 시대에는 궁중의 공식 행사에 무슬림 대표나 종교 지도자가 초청되었고, 이슬람식 의식에 따라 임금의 만수무강과 국가의 안녕을 기원했을 정도다. 그러나 원의 고려 지배를 상기시키는 무슬림의 존재 자체와, 고려 시대를 지나 조선 시대에 이르기까지 오랜 시간을 거주하면서도 여전히 자신들의 종교와 의복을 고집하던 그들의 태도는 세종을 비롯한 조선의 지도자들에게 거북한 요소가 되었다.[3] 더욱이 15세기 중엽 이후 조선 왕조의 새로운 건국 이념인 유교 사상의 영향으로 이슬람 문화와 종교가 배척되었다. 이러한 상태는 한동안 지속되어 19세기 말까지를 한-이슬람 교류의 공백기로 볼 수 있다.

시작과 발전

앞서 살펴본 대로 아랍 무슬림과 한국의 최초 접촉은 통일신라 시대(668-935년)까지 거슬러 올라가며, 이후로 고려 시대와 조선 시대에 이르도록 무슬림이 한반도에 정착해 살았다. 그러나 이것은 경제적, 문화적 접촉이었지 종교적 접촉은 아니었다. 그들은 그들의 공동체 안에서만 이슬람을 신봉했을 뿐 고려인이나 조선인에게 적극적으로 포교하지 않았으며 개종자가 나왔다는 기록도 존재하지 않는다.

공식적으로 한국 이슬람이 시작된 것은 한국 전쟁에 참전한 일단의 터키 병사들에 의해서였다. 1950년에 일어난 한국전에 참전했던 다국적 병사들 가운데 최초로 한국인에게 이슬람을 전파한 사람은 당시 터키 제6사단 사령부의 종군 이맘이었던 압둘가푸르 카라이스마일올루(Abdulgafur Karaismailolu)였다. 그의 노력으로 한국 무슬림 1세대가 형성되었다.[4]

당시 터키군 이맘을 도왔던 한국인 무슬림 중에 김진규와 김유도가 있다. 특히 김진규는 1938년 일제의 지배를 피해 만주로 갔다가 신실한 중국인 무슬림을 만나 1955년 이슬람으로 회심했다. 일제 강점기(정확히는 1895-1928년 사이)에 한국인 약 100만 명이 이주했던[5] 만주 일부 지역에는 다수의 무슬림이 거주하고 있었다.[6] 한국의 1세대 무슬림 지도자 윤두영, 서정길, 김진규 등은 이 시기에 만주에서 무슬림으로 개종한 한국인들이 있었다고 증언한다.

그들을 직접 만나 인터뷰하고 이를 토대로 하트포드 신학교에서 "한국 내 이슬람"(Islam in Korea)이라는 논문으로 박사학위를 취득한 선윤경에 의하면, 윤두영도 1940-1943년 만주에서 처음 이슬람 예배에 참석했으며, 이때 개종하지는 않았으나 한국인 개종자를 포함해 많은 무슬림 친구들을 사귀었다. 이 인터뷰 내용을 종합해 보면, 한국 이슬람을 이끌었던 한국인 1세대 무슬림 지도자들은 대부분 일제 강점기를 전후로 해외에서 이슬람을 접하고 자발적으로 개종했음을 알 수 있다. 1955년 이후 김진규와 김유도는 한국이슬람협회를 결성하고, 터키군 이맘 쥬베이르(Zuveyir, 2010년 5월 사망)를 도와 이슬람 전파 활동을 시작했다.

1960년대에 한국 무슬림은 좀 더 조직적으로 국내에서 이슬람 전파 활동을 펼치는 한편, 이슬람 국가들과의 유대 강화에 적극적으로 나섰다. 1965년에는 현재 한국이슬람교중앙회의 전신인 한국이슬람교중앙연합회가 발족했다. 파키스탄의 종교 지도자 사이드 무함마드 자밀(Saiyd Muhammad Jamil) 같은 선교사들이 내한해 체류하면서 이슬람 전파와 국내 무슬림 교육에 힘썼다. 그 결과 90여 명의 이슬람 개종자를 냈고, YMCA와 기독교 대학인 명지대에서 약 500명의 학생들을 대상으로 이슬람에 대한 강의를 했는데, 그 결과 명지무슬림연합회가 설립되었다.[7] 이러한 활동은 이어지는 1970년대에 이슬람이 한국에서 정착하고 성장하는 토대가 되었다.

정착과 성장 (1970-1980년)

1970년 9월 박정희 당시 대통령이 용산구 한남동 소재의 시유지 1,500평을 중앙성원 건립용 부지로 내주면서 무슬림 성원(모스크) 건립 계획이 구체화되었다. 정부가 기증한 땅에 아랍권의 재정 지원을 받은 서울 중앙 모스크가 1976년에 완공되었다. 중앙 모스크의 건립은 당시 중동 붐에 힘입어 한국인의 관심을 끌기에 충분했고, 중동에 진출하려는 기업과 일반인의 안내자 역할을 하면서 신자 수가 급증했다. 이러한 상황에서 중앙 모스크가 현지 아랍-이슬람 문화를 잘 알지 못하는 해외 건설 파견자들에게 이슬람 교육을 실시하면서 3,700명에 불과하던 무슬림 수가 거의 두 배로 증가했고, 개원 후 3년이 지나지 않아 15,000명으로 증가했다.[8]

이 시기에 보다 활발한 이슬람 포교와 한국 무슬림의 신앙 성숙을 위해 대표적인 한국인 무슬림 학자 김용선 교수(1990년)와 최영길 교수(1989년)가 꾸란의 한글 번역본인『성 꾸란: 의미의 한국어 번역』을 출판했다.

한편 이슬람의 전파 활동, 즉 기독교의 선교에 해당하는 다와(daʻwa)가 더욱 활발해졌는데, 대표적인 조직이 1977년에 대학생 중심으로 만들어진 이슬람학생회다. 이슬람학생회는 각 대학에서 순회 강연을 하며 이슬람을 전파했고, 주한 이슬람국 대사관들의 지원을 받아 매년 서울 시내 중심가에서 '이슬람 문화 전시회'를 열어 일반인들이 좀 더 쉽게 이슬람을 접할 수 있도록 했다. 사실 한국 이슬람은 초기부터 대학생들이 활발하게 참여하며 다와라는 중요한 역할을 수행해 왔다.[9] 이슬람을 한국 사회에서 젊은 종교라고 부를 수 있는 것은, 다른 외래 종교에 비해 가장 최근에 전래되기도 했지만 시작부터 지금까지 젊은 대학생들과 무슬림 학자들이 활발하게 포교에 참여하고 있기 때문이다.[10]

이희수에 의하면 한국의 이슬람은 1979-1981년에 외적으로 가장 성장했다.[11] 이 시기에 리비아의 지원으로 부산에 두 번째 모스크가, 쿠웨이트의 지원으로 광주에 세 번째 모스크가 건립되었고, 경기도 용인에 이슬람 대학을 건립하려는 구체적인 프로젝트가 마련되었다. 또한 한국인 선교와 교육을 위해 1978년에 사우디아라비아의 지다에 이슬람 교육원과 한국이슬람교중앙회 지회가 설치되었고, 쿠웨이트와 인도네시아에도 지회가 설치되었다. 중동 각국에 파견된 수십만 명의 한국인 근로자를 대상으로 활동한 해외 지회는 5-6년 안에 7천 명 이상을 이슬람으로 귀의시키는 업적을 남겼다. 그러나 사후 관리가 잘 이루어지지 않고 귀국 후 신앙생활을 계속하기 어려운 여건 속에서 많은 신도들이 이슬람교를 떠났다.[12]

1980년대 초반까지 이어진 한국 이슬람의 성장 곡선은 1980년대 중반 이후 중동 열기의 냉각과 이란-이라크 전쟁, 한국 이슬람 1세대 지도자들의 연이은 타계에 따른 조직 내부의 교권 분쟁 같은 내외적 요인들로 벽에 부딪힌다. 그 과정에서 유학이나 취업 등과 같은 현실적 필요 때문에 개종했던 계층의 이탈이 뚜렷해지면서 한국이슬람은 양적 성장이 둔화되고 질적 성장의 시기로 들어간다.[13]

변화와 질적 성숙 (1990년대-현재)

1990년대 이후 오늘날까지 한국의 이슬람은 점증하는 세계화와 이민의 증가 등과 같은 외부 요인과 교단의 내부 요인으로 변화를 맞이해 질적으로 성숙하기 위해 노력하고 있다.

특히 1990년대 이후 이루어진 무슬림 이주 노동자의 대규모 유입이 한국 무슬림 공동체 내부의 변화뿐 아니라 한국 사회를 다문화 사회로 변화시키는 요인으로 작용했다. 이러한 여파로 전국적으로 약 10만 명의 무슬림이 현재 10개의 모스크와 60여 개의 임시 예배소에서 종교생활을 하고 있는 것으로 한국이슬람교중앙회는 추산한다.

그동안 한국이슬람교중앙회에서는 한국 무슬림 35,000(~40,000)여 명을 포함해 국내 무슬림 수가 10만여 명에 이를 것이라고 밝혀 온 반면, 일부 기독교계에서는 국내에 15만 명에 달하는 국내외 무슬림이 거주하고 있고 그중 2천여 명이 이슬람 선교사로 '활동'하고 있다고 주장한다. 국내 무슬림 수를 두고 양쪽의 주장이 다른 것은, 그동안 국내에 체류하는 무슬림 이주민의 수를 파악하는 정확하고 공식적인 통계가 없었기 때문이다.[14]

이것은 국민 인구에 대해서는 종교를 변수로 한 인구조사를 실시하는 반면, 국내 체류 외국인에 대해서는 종교를 변수로 한 통계를 제공하지 않기 때문이다. 출입국·외국인정책본부에서 매년 발행하는 외국인 체류 관리 현황은 국적별 현황만 제공하고 있어 국내 체류 무슬림 이주민의 수를 정확히 파악하기가 쉽지 않다. 다만 이슬람회의기구(OIC국가)[15] 57개국 및 동남·남아시아[16]의 일부 국가를 포함한 총 65개국 출신의 합법 및 불법 체류자들 가운데 해당 국가의 무슬림 비율을 적용해 국내 총 무슬림 수를 추정할 따름이다. 명지대학교의 조희선 교수팀이 이러한 비율을 적용해 추정한 국내 체류 무슬림 인구총수는 1999년 현재 79,388명이며, 여기에 2008년도까지의 누적 무슬림 귀화자 수 1,288명을 더하면 국내 체류 무슬림 총수를 80,676명으로 추산해 볼 수 있다. 2009년 국내 외국인 체류자가 총 1,164,166명인 점을 감안하면 국내 무슬림 인구는 총 외국인의 6.82%에 이른다.[17]

한국이슬람교중앙회와 별도로 대한민국 문화체육관광부에서 2018년 발표한 한국의 종교현황 통계에 따르면, 현재 한국 이슬람은 독립적인 모스크 포함 18개의 교당과 10명의 성직자, 15만 명의 내외국인 신도를 보유하고 있는 것으로 조사되었다.[18]

국내에 체류하는 무슬림 이주 노동자와 더불어 2000년대 이후에는 결혼 이주 무슬림 여성의 수가 증가하는 양상이 나타났다. 노동자 신분으로 들어온 상당수의 무슬림 역시 한국에 정착하기 위한 수단으로 한국 여성과의 결혼을 선호한다. 무슬림과 한국인의 혼인은 무슬림 2세, 즉 코슬림[19]을 생산함으로써 미래의 한국 무슬림 공동체의 기초를 형성한다는 점에서 중요한 의미가 있다.

한국에 체류하고 있는 무슬림과, 그들과 한국인의 결혼으로 태어난 코슬림 수를 포함한 무슬림의 수적인 증가와 이에 따른 다문화 가정의 증가는 단일 문화에 익숙한 한국인들에게 '다름'에 대한 인식의 전환을 요구했다. 또한 이슬람권과 한국인이 직접 연관된 일련의 사건들로 인해 우리 사회에서 이슬람을 알고자 하는, 혹은 알리고자 하는 노력이 최근 들어 급증했다. 이슬람의 종교 및 문화와 관련된 전시회와 축제, 지상파 채널의 이슬람 관련 시리즈물의 증가가 이러한 경향을 반영한다.

한국이슬람연구소의 조사에 따르면, 2005년 이후부터 2015년까지 아랍 문화를 알리는 전시회, 축전과 도서전 등을 비롯해 이슬람 사상가인 이븐 할둔 전(展), 국립중앙박물관에서 개최된 이슬람의 보물전 등을 포함해 총 20여 건이 넘는 크고 작은 전시회와 축제가 정부와 대학의 지원을 받아 진행되었다.

2001년에는 MBC가 창사 40주년 기념 특별기획으로 4부작 〈이슬람〉을 방영했고, 2004년에는 EBS가 총 13부의 〈이슬람 시리즈〉를 방영했는데, 이 시리즈의 결론인 13부의 제목이 "이슬람의 또 다른 이름, 평화"였다. 2008년에는 SBS가 논란이 되었던 〈신의 길, 인간의 길 시리즈〉 네 편을 방영했고, KBS도 KBS 특선과 스페셜, 파노라마 등을 통해 다수의 이슬람 시리즈를 방영했다. 이러한 경향은 출판계에도 반영되었다. 1950년대에서 2000년대까지 약 50년 간 출판된 이슬람 관련 도서의 종수가 70여 권에 불과했는데 9.11 테러 이후 최근 2015년까지 출판된 도서는 기독교인이 출판한 150여 권을 포함해 500여 권이 넘는 것으로 추산된다.

한국 이슬람도 2001년 9.11 테러 이후 폐쇄적이던 이전의 태도에서 벗어나 보다 적극적으로 한국 사회에 이슬람을 알리고 이웃 종교인과의 관계 개선에 노력을 기울이고 있다. 2007년 아프가니스탄에 파송되었던 한국 교회의 단기 봉사팀이 피랍되었을 때 한국이슬람교중앙회가 적극적으로 중재에 나섰던 것이나, 2011년 한국에 와 있던 터키 출신의 선교사 파룩 준불이 향린교회와 조계사 등을 방문해 이슬람에 대한 강연을 한 것이 대표적인 예다.

국내 이슬람의 전망

국내 그리스도인들이 "이슬람 쓰나미"라는 표현까지 쓰며 한국의 무슬림들에 대한 두려움을 표현하는 것에 비해, 정작 무슬림 당사자들이 보는 한국 이슬람의 미래는 그다지 밝지 않다. 이슬람 안팎의 다양한 노력에도 불구하고 한국 사회에서 이슬람이 여전히 이질적인 외래 종교로 받아들여지고 있는 것을 근본 원인으로 들 수 있다. 1990년대 이후부터 급증한 이주 무슬림 노동자들의 유입으로 한국 이슬람이 가지고 있는 외국 종교의 이미지가 더욱 강화되었다.

자발적이든 동료의 압박에 의한 것이든 반드시 지켜야 하는 이슬람의 의례를 이슬람 국가가 아닌 한국 사회에서 지키기 어려운 것도 전망이 밝지 못한 또 하나의 이유다. 그러다 보니 국내 무슬림의 종교적 의무와 의례 수행 과정이 소극적이고 절충적인 모습을 띤다. 무슬림의 종교적 의무인 다섯 가지 신앙 실천 의례가 철저히 지켜지지 않으며, 공휴일이 아닌 금요일 오후에 모스크 공예배에 참석하기란 현실적으로 쉽지 않다.

한국 종교와 문화를 오랫동안 연구해 온 캐나다의 브리티시 콜럼비아 대학교의 한국학 연구소장 돈 베이커는 우상 숭배를 금지해 초상화와 조각 등과 같은 상징물을 일체 금지하는 이슬람의 전통도 한국인이 이슬람에 쉽게 접근하지 못하게 하는 이유가 되고 있다고 분석한다.[20] 한국인들은 오래 전부터 예배당이나 사당, 신전에 조각과 그림 등을 놓고 종교 생활을 하는 데 익숙하기 때문에 어떤 상징과 이미지가 전혀 없이 꾸란을 반복해서 암송하고 설교하는 이슬람식 예배에 쉽게 적응하지 못한다는 것이다.[21]

위와 같은 부정적인 전망에도 불구하고 한국 이슬람은 국내 사회에 뿌리 내리기 위한 다양한 노력을 기울이며 변화를 모색하고 있다. "이슬람이 1,400년의 역사를 가지고 꾸준하게 질적 양적 성장이 가능했던 이유는 시대마다, 민족마다 알라의 진리가 증거했기 때문"[22]이라는 굳은 믿음을 가지고 한국 사회에서 "이슬람 신자들이 보다 적극적으로 이슬람을 알리고 솔선수범하며, 사우디아라비아 중심의 지나치게 근본주의적인 종래의 청교도적 이슬람의 맥락에서 벗어나 한국 사회에 맞는 온건하고 합리적인 대안과 글로벌 인식을 끌어 안는 열린 이슬람의 자세를 통해"[23] 한국 사회의 주류에 들어가기 위해 노력하고 있다.

한국 교회가 지리적 경계선을 넘는 선교에 집중하는 동안 10만 명이 넘는 한국의 무슬림 공동체는 우리 안의 미전도 종족 혹은 미접촉 종족으로 조용히 성장해 가고 있다. 그들에 대한 근거 없는 두려움과 오해를 극복하고 정확하고 객관적인 이해를 기반으로 우리보다 앞서 이러한 상황을 겪었던 유럽 교회의 사례와 선교 방법론을 거울 삼아 한국 무슬림 공동체에 대한 적절한 선교의 노력을 기울여야 한다. 그것은 선교 패러다임이 다변화되어 가는 시대에 한국 교회가 마땅히 담당해야 할 또 하나의 과제다.

주

1. 대식(大食): 당, 송대에 아라비아를 일컫던 말로서 아라비아를 대식국, 아랍인을 대식인으로 칭했다.
2. 이능화의 『조선 불교 통사』(1918)에 의하면 "확실한 연대는 알 수 없지만, 고려 시대 원의 지배를 받으면서부터 무슬림이 이주해 취락을 이루고 살았다. 이들은 조선 때까지 그곳에 거주하며 고유의 의관과 종교를 버리지 않았다. 이슬람교의 예배당이라고 볼 수 있는 예궁이 존재했으며, 이슬람교의 예배 의식인 대조회송축을 조정에서 행하기도 했다"고 전해진다: 이희수, 이원삼 외, 『이슬람: 이슬람문명 올바로 이해하기』, 청아출판사, 2001, 358쪽.
3. Don Baker, Islam Struggles for a Toehold in Korea, in *Harvard Asia Quarterly* X no.1, Winter, 2006, 28쪽.
4. 한국이슬람교중앙회, 『한국 이슬람 50년사』, 한국 이슬람교 중앙회, 2005, 11쪽.
5. Alexander R. Mackenzie, *Church and Mission in Manchuria: A Survey of a Strategic Field*(London: World dominion Press, 1928), 52쪽, Ah Young Kim, *The Muslim Presence in Korea and Its Implilcations for Korean Evangelical Missiology*(Pasadena, CA: Fuller Theological Seminary, 2004), Ph.D Dissertation 276쪽에서 재인용함.
6. Sun Yun Kyung, *Islam in Korea*(Hartford, Connecticut: Hartford Seminary, 1971), Ph.D Dissertation, 38쪽.
7. Ah Young Kim, *The Muslim Presence in Korea and Its Implilcations for Korean Evangelical Missiology*(Pasadena, CA: Fuller Theological Seminary, 2004), Ph.D Dissertation, 279쪽.
8. 이희수, 『이슬람과 한국문화: 걸프해에서 경주까지 1200년 교류사』, 청아출판사, 2012, 350쪽.
9. Sun(1971), 123쪽.
10. Ah Young Kim(2004), 283쪽.
11. 이희수, "한국 이슬람의 어제와 오늘", 미간행. 한국 이슬람 연구소 공개 강좌 강의안, 2004, 4쪽.
12. 이희수, 같은 책.
13. 한국이슬람교중앙회(2005), 23쪽.
14. 조희선, "한국의 무슬림 정체성", *Muslim-Christian Encounter*, vol.3, no.2, 한국이슬람연구소, 2010, 95쪽.
15. Organization of the Islamic Conference.
16. 동남아 국가 중에서도 베트남이나 라오스는 무슬림이 거의 없기 때문에 통계에서 제외한다.
17. 조희선(2010), 96쪽.
18. 문화체육관광부, "2018 한국의 종교현황", 122쪽.
19. 코슬림(Koslim)이란, 한국에 거주하는 무슬림과 한국인 사이에 태어난 자녀, 즉 이주 무슬림 2세와 이주 무슬림 1.5세로서 한국의 무슬림 정체성 연구를 진행한 조희선 교수 연구팀에서 만든 신조어다. 1990년대 후반에 등장해 이미 널리 알려진 '코시안'이라는 용어가 지역적 개념에 근거한 반면, '코슬림'이라는 용어는 이주자의 종교를 중심으로 한 종교-문화적 개념의 용어라고 조희선 교수 팀은 밝히고 있다: 조희선, 같은 책.
20. Don Baker(2006), 30쪽.
21. 같은 책.
22. 미간행, 한국이슬람연구소와 한국이슬람선교교육국의 대화, #2. 2012. 12. 14. 수신.
23. 이희수(2004), 12쪽.

참고문헌

Alexander R. Mackenzie, *Church and Mission in Manchuria: A Survey of a Strategic Field*(London: World dominion Press, 1928).

Ah Young Kim, *The Muslim Presence in Korea and Its Implilcations for Korean Evangelical Missiology*(Pasadena, CA.: Fuller Theological Seminary, Ph.D Dissertation, 2004).

Don Baker, Islam Struggles for a Toehold in Korea, in *Harvard Asia Quarterly* X no.1, Winter, 2006.

Sun Yun Kyung, *Islam in Korea*, Hartford, *Connecticut: Hartford Seminary*, Ph.D Dissertation, 1971.

문화체육관광부, "2018 한국의 종교현황".

이희수, 이원삼 외, 『이슬람: 이슬람문명 올바로 이해하기』 청아출판사, 2001.

이희수, "한국 이슬람의 어제와 오늘", 미간행. 한국이슬람연구소 공개 강좌 강의안, 2004.

이희수, 『이슬람과 한국문화: 걸프해에서 경주까지 1200년 교류사』 청아출판사, 2012.

조희선, "한국의 무슬림 정체성", *Muslim-Christian Encounter*, vol. 3, no. 2. 한국이슬람연구소, 2010.

한국이슬람교중앙회, 『한국 이슬람 50년사』 한국이슬람중앙협의회, 2005.

 4과를 위한 교재 읽을거리를 끝냈다면 221쪽의 '추천 도서와 활동'을 보라.

 온라인 읽을거리는 *encounteringislam.org/readings*에서 볼 수 있다.

토론 문제

1. 수세기 동안 이슬람은 어떻게 변했으며, 어떤 면에서 같은 모습으로 남아 있는가? 또한 이슬람이 직면하고 있는 그들만의 특별한 도전은 무엇인가?

2. 기독교는 서로 다른 시대와 장소에 어떻게 적응할 수 있었는가? 그 순수함과 연합을 보존하기 위해, 또한 전 세계에서 퍼져 나가기 위해 어떤 식으로 더 적응할 필요가 있는가?

3. 무슬림은 기독교 내 여러 분파들을 어떻게 보는가? 기독교는 어떻게 율법주의나 방종에 빠지지 않고 더욱 하나가 될 수 있는가? 골로새서 1장 9-14절과 3장 12-17절을 보라.

추천 도서와 활동

읽기
Lee C. Camp, *Who is My Enemy? Questions American Christians Must Face About Islam and Themselves*(Grand Rapids, MI: Brazos Press, 2011).

John L. Esposito and Dalia Mogahed, *Who Speaks for Islam?*(Washington, DC: Gallup Press, 2008).

Peter Kreeft, *Between Allah and Jesus: What Christians Can Learn from Muslims*(Downers Grove, IL: InterVarsity Press, 2010).

보기
〈암리카〉(Amreeka, 쉐리엔 다비스 감독, 2009).

〈페르세폴리스〉(Persepolis, 빈센트 파로노드, 마르잔 사트라피 감독, 2007). *sonyclassics.com/persepolis*.

〈말콤 X〉(Malcolm X, 스파이크 리 감독, 1992).

기도하기
뉴스 웹사이트에서 무슬림이나 이슬람 국가에 대한 기사를 찾으라. 그러한 상황에 관련된 개인과 가족을 위해 특별히 기도하라. 뉴스에서 기도 응답을 확인하라.

검색하기
peoplemov.in – 전 세계 이민의 흐름을 보여 준다.

gapminder.org – 사실에 근거한 세계관

muslimness.blogspot.com – 무슬림의 블로그, 네트워킹, 그들의 관점에서 본 현재의 사건들

* 그 밖의 유용한 정보와 자료를 위해 *encounteringislam.org/learnmore*를 보라.

5과

무슬림의 일상생활

깊이 생각해 보기

- 전형적인 무슬림 공동체의 가정생활은 어떤 모습인가?
- 무엇이 무슬림 가정을 견고하게 만드는가?
- 무슬림 가정은 그리스도인 가정과 어떤 면에서 비슷한가?
- 명예와 수치는 무슬림 공동체에서 어떤 역할을 하는가? 당신의 공동체에는 어떤 영향을 미치는가?
- 지난 100년 동안 전 세계 여성의 역할은 어떻게 변해 왔는가?

이 과의 목표

1. 새로운 목표: 무슬림 가정의 역학에 대해 설명한다.
2. 새로운 목표: 무슬림 세계관을 이해하고 존중한다.
3. 앞 과에 기초한 목표: 무슬림 가정과 공동체의 가치를 더 존중한다.
4. 앞 과에 기초한 목표: 현재의 사건과 그 사건이 무슬림 가정에 미치는 영향을 해석한다.
5. 앞 과에 기초한 목표: 무슬림 여성과 가정에 대해 가지고 있는 오해를 바로잡는다.
6. 앞 과에 기초한 목표: 일상생활에서 무슬림과 관계를 갖기 시작한다.
7. 앞 과에 기초한 목표: 무슬림의 일상생활을 위해 기도한다.

핵심 요점

1. 세계관은 우리의 믿음, 가정, 행동 등을 형성한다.
2. 대가족과 지역 공동체 안에서의 명예와 수치
3. 가족과 무슬림 공동체의 정신적 지주
4. 일상생활에서 여성의 역할
5. 통과 의례
6. 가난, 불안, 폭력이 일상생활에 미치는 영향
7. 결혼, 자녀, 음식, 주거, 교육, 의료 혜택 등을 둘러싼 매일의 분투
8. 의사소통의 수단으로 본 이야기, 시, 노래
9. 성육신: 그리스도가 일상생활로 들어와 인간을 구속하심

과제

우리가 속해 있는 영역을 벗어나 무슬림 문화를 경험하기 위해서는 그들에게 직접 다가가야 한다. 본 강좌에서 가장 중요한 과제 중 하나는 무슬림을 직접 만나 그들에게 배우는 것이다. 이슬람 문화를 탐구하다 보면 이 과제를 위해 관계 맺을 기회를 얻을 수 있을 것이다. 이 만남의 목적은 전도나 토론이 아니라, 무슬림 친구의 삶, 가치관, 문화 등에 대해 질문하고 듣고 배우는 것이다. 무슬림은 호의적이고 친절한 민족이다. 진정한 관심과 존중을 보여라. 그래야 새 친구와 신뢰를 쌓고 관계를 지속해 가며 그에게 그리스도의 사랑을 보여 줄 수 있다.

무슬림 친구와의 만남이 당신에게 어떤 영향을 미쳤는지 온라인 토론회에 글을 남기라. 계속해서 *encounteringislam.org/readings*에서 온라인 읽을거리를 읽으라.

과제와 관련된 더 많은 정보를 위해 31-41쪽의 강좌 소개와 *encounteringislam.org*를 찾아보라.

이 과의 읽을거리

 교재   서론
무슬림의 사회적 관습
금식과 축제
외인을 존중함
공동체와 풍습
베이루트의 여러 얼굴

 온라인   무슬림 세계관(The Muslim Worldview, 필 파샬) – 그리스도인과 무슬림은 삶과 세상에 기본적으로 다른 방식으로 접근한다.

서론

대부분의 무슬림에게 이슬람은 신앙 체계인 동시에 삶의 방식이다. 사실상 무슬림 대부분의 일상생활은 이슬람의 공식적 관행과 공통점이 그다지 없을 수 있다. 이는 부분적으로 80%의 무슬림이 아랍어를 사용하지 않거나 아랍 출신이 아니기 때문일 것이다. 그런 사람들은 스스로 그리스도인이라 하면서 성경을 읽지 않고 성탄절이나 부활절, 결혼식, 장례식 때를 빼고는 교회에 출석하지 않는 것과 같다. 출생과 약혼, 결혼, 죽음, 연례 절기 등은 무슬림 공동체에 속한 사람들에게 핵심적인 종교적 경험이 될 수 있다. 하지만 대부분에게 일상은 주로 가족과 이웃,

학교 친구들

식사와 휴식, 일과 상업 활동, 그리고 남자, 여자, 어린이, 대가족, 공동체 지도자들의 통상적인 활동으로 구성된다. 이런 가운데 파종과 추수, 손님 대접, 상호 의존, 경쟁, 명예, 선물, 음악, 시 경연 대회, 스포츠 등이 이루어진다.

무슬림 가정의 특정한 민족성, 관습, 가치관, 언어는 이슬람 가르침과 혼합되어 지역 공동체의 문화를 형성한다. 다른 지역 이슬람과 매우 유사한 점도 많지만 지역마다 느껴지는 그 지역의 정취, 빛깔, 풍성함, 다양성은 다른 지역에서 보이는 이슬람과 모순되는 것처럼 보일 수도 있다. 무슬림에게 이슬람에 대해 묘사해 보라고 하면 그는 이슬람의 기본 교리를 정확하게 말할 것이다. 한편 그의 가족, 공동체 혹은 풍습에 대해 말해 보라고 하면 훨씬 더 많은 이야기를 들을 수 있다. 그는 그것이 자신이 앞서 말한 이슬람과 분리된 것이라고 보지 않는다.

우리는 무슬림을 부자라고 인식할지 모르지만 대부분은 그렇지 않다. 예를 들어 2012년 유엔의 인간개발지수에 따르면, 무슬림이 대다수인 49개국 중 오직 4개국만이 매우 높은 인간개발지수를 보이고 나머지 15개국은 낮은 수치를 보인다.[1] 거의 모든 무슬림이 경제적으로 궁핍하다. 평균적인 무슬림의 생활수준은 유럽이나 북미에 사는 사람들과 비교할 때 그 수준이 10분의 1도 안 된다. 그래서 그들은 물과 의식주 등 가족의 기본 필요를 채우기 위해 더 많은 시간과 에너지를 들인다. 또한 수많은 무슬림이 전쟁이나 질병이나 기근 혹은 자연 재해로 인해 언제라도 삶이 망가질 수 있는, 실제로 망가지고 있는 지역에서 살고 있다. 많은 사람들이 고국에서 도망쳐 나오지 않을 수 없었던 난민이다. 그나마 재산이 있는 사람들은 경제적으로 더 나은 여건을 찾아 도시나 부유한 나라로 이주했다. 그들의 소망과 꿈, 의심과 두려움, 필요와 바람은 여러 면에서 우리와 비슷하다.

일상생활이야말로 우리의 신앙을 삶으로 표현하는 틀임에 분명하다(눅 9:23). 이것은 무슬림에게도 마찬가지다. 그 때문에 무슬림을 참으로 이해하고 사역하려면 그들의 일상생활에 영향을 미치는 힘이 무엇인지 인식할 필요가 있다. 우리가 무슬림 친구들과 보내는 시간 중 대부분은 단체로 혹은 가족끼리 식사를 나누는 시간이 될 것이다. 무슬림 친구들의 가족 관계를 통해 그들과 관계 맺는 법을 배우는 것이 그저 신학적 믿음에 대해 토론하는 것보다 더 중요할지 모른다.

무슬림을 더 깊이 이해할 수 있는 실마리는 언어와 가족이다. 언어는 전문적인 정보를 교환하는 수단 그 이상이다. 모국어는 한 문화의 이야기, 관용구, 속담, 시, 음악, 동작을 표현한다. 여행 안내서는 영어 같은 국제어로 볼 수 있고, 물건을 살 때에는 스와힐리어 같은 지역의 교역어를 사용할 수 있지만, 우리가 가장 이해하고 싶은 세세한 관계들은 지역 방언으로만 나타낼 수 있다. 언어를 확고하게 파악하지 못하면 어떤 문화가 아름다운지, 그들이 즐겁게 여기는 것이 무엇인지, 암암리에 받아들이거나 금지하는 것이 무엇인지 제대로 이해하지 못할 것이다.

삶의 많은 부분은 인간 사회의 기본 단위인 가정에서 이루어진다.[3] 사랑, 충성, 존중, 진리, 영성, 기본 가치관에 대한 인식은 가정이라는 집단 안에서 형성된다. 또한 이 친밀한 유대 관계 속에서 불신, 거부, 험담, 학대, 용서받지 못함, 비통함, 이혼, 폭력, 죽음 등의 깊은 고통도 겪게 된다. 실업이나 알코올 중독, 도박, 부도덕이 모든 가정을 포위 공격하듯이 무슬림 가정들 역시 파괴한다. 그들이 시골에 살든, 도시에 살든, 전문 직업인이든, 종교 지도자이든, 정치 활동가이든, 유목민이든 마찬가지다.

대부분의 무슬림 문화에서 언어와 가족 못지않게 중요한 것이 명예와 수치다. 명예는 행위에 동기를 부여하고 정의를 잃지 않도록 하며 변화를 이끌어 낸다. 명예의 구속력은 개인과 가정과 공동체에 희망과 생명을 가져다준다. 개인의 명예는 집단과 연결되어 있고, 집단의 명예는 개인과 연결되어 있다. 집단은 자아 정체성을 깊이 결정해 주기 때문에 집단을 떠나서는 자신의 특성을 강하게 느낄 수 없다. 무슬림 공동체들은 현대의 영향을 받고 전통이 붕괴되면서 변화됨에 따라 심각한 상실감을 느끼게 되었다.

무슬림은 집단 정체성이 강하기 때문에 그리스도인은 무슬림의 생활방식을 단순하게 이해하는 것만으로는 부족하다. 우리가 낯선 언어를 사용하고 이상한 가족 구조를 지닌, 먼 곳의 이방인 이상의 존재임을 그들에게 보여 줄 필요가 있다. 우리도 비슷한 필요와 문제와 갈등을 가지고 있음을 무슬림 친구들이 보지 못한다면, 그들은 우리와 관계 맺을 필요를 느끼지 못할 것이다. 무슬림 친구들에게 기독교를 전하려면 그들

중국 투루판의 운송 수단

이 우리의 가치관을 관찰할 수 있어야 하고, 우리는 그것을 기꺼이 받아들여야 한다. 예를 들어 아무리 우리가 도와주고 싶어도 많은 이들이 우리에게 도움을 청하지 않을 것이다. 하지만 예수님이 우물가의 여인에게 물을 달라고 한 것처럼, 우리가 무슬림에게 도움을 청할 때 최고의 우정이 싹틀 수 있다(요 4:7). 우리는 이러한 관계를 통해 손님 대접, 충성, 명예에 대해 많은 것을 배울 수 있다. 주는 만큼 받는 법이다.

게다가 우리가 겉으로 드러난 종교적 행동의 벽 뒤에 숨은 채 우리의 진짜 삶과 갈등이 어떤 것인지 숨긴다면, 우리가 접근할 수 없는 이질적 존재로 무슬림을 보듯 그들 역시 우리를 그렇게 볼 것이다. 우리 삶에 나타난 그리스도의 구원의 역사와 능력을 보여 주고 싶다면, 그들이 우리의 불완전한 일상생활을 관찰할 수 있어야 한다. 인간관계란 그런 것이다. 말은 그것을 설명해 주는 삶이 없다면 거의 의미가 없다. 또한 말이 변화된 삶으로 나타나지 않는다면 위험한 것이 될 수 있다. 그런 점에서 바울의 접근법은 추천할 만하다.

형제들아 내가 너희에게 나아가 하나님의 증거를 전할 때에 말과 지혜의 아름다운 것으로 아니하였나니 내가 너희 중에서 예수 그리스도와 그가 십자가에 못 박히신 것 외에는 아무것도 알지 아니하기로 작정하였음이라 내가 너희 가운데 거할 때에 약하고 두려워하고 심히 떨었노라 내 말과 내 전도함이 설득력 있는 지혜의 말로 하지 아니하고 다만 성령의 나타나심과 능력으로 하여 너희 믿음이 사람의 지혜에 있지 아니하고 다만 하나님의 능력에 있게 하려 하였노라(고전 2:1-5). ❖

— 엮은이

주
1. *Human Development Report* 2013(New York: United Nations Development Programme, 2013), 144, 146쪽. hdr.undp.org.
2. "GDP per capita(Current US$)," The World Bank(2014). worldbank.org.
3. 무슬림 남성은 최대 네 명의 아내와 결혼하는 것이 허용되지만 실제로 이런 일은 매우 드물다.

참고문헌과 자료
Elizabeth Warnock Fernea, *Guests of the Sheik: An Ethnography of an Iraqi Village*(Anchor Books, 1995).
〈내 이름은 칸〉(My Name is Khan, 카란 조하르 감독, 2010).
〈연을 쫓는 아이〉(Kite Runner, 마르크 포스터 감독, 2007).
〈씨민과 나데르의 별거〉(A Separation, 아쉬가르 파르하디 감독, 2011).
〈우리는 지금 어디로 가고 있을까?〉(Where Do We Go Now?, 나딘 라바키 감독, 2011).

무슬림의 사회적 관습

필 파샬

절기

절기는 무슬림 사회의 중심에 있다. 특정 지역만의 대중적 의식이 지역의 연합을 높이는 반면, 이슬람권 전역에서 기념되는 기쁨의 시간은 사회적 정체성과 유대감을 더욱 키워 준다. 절기에는 이드 알아드하, 이드 알피트르, 마울리드 알나비, 라일랏 알바라 등이 포함된다.

- 희생제인 이드 알아드하(꾸르바니 이드)는 두 알 힛자월 10일에 거행하는 것으로 핫즈의 끝을 나타낸다. 아브라함이 이스마엘을 기꺼이 바친 것과 알라가 이스마엘 대신에 수양을 공급하신 것을 기념한다. 여유가 있는 무슬림이라면 누구나 수양이나 다른 짐승을 제물로 바쳐야 한다. 그것이 모든 무슬림 공동체에서 행하는 핫즈 의식의 일부다. 고기는 가난한 사람들과 나눠 먹는다.

- 금식을 중단하는 절기인 이드 알피트르는 라마단 한 달 동안의 금식이 끝났음을 알리는 사흘 간의 축제다. 사람들은 새 옷을 입고 서로의 집을 분주하게 방문한다.

- 선지자 무함마드의 생일을 기념하는 물리드 알나비는 라비 알아우월 12일이다. 이슬람 국가마다 축제의 규모가 다르다. 일반적으로는 공휴일이 아니다. 종교 단체들은 선지자 무함

필 파샬은 현대 무슬림 사역의 탁월한 권위자 중 한 명이다. 그와 그의 아내 줄리는 1962년부터 방글라데시와 필리핀의 무슬림들과 함께 살고 있다. 그는 무슬림을 대상으로 하는 기독교 사역에 대한 9권의 책을 썼다. 이 글은 Phil Parshall, *Muslim Evangelism: Contemporary Approaches to Contextualization*(Waynesboro, Ga.: Authentic Media, 2003), 223-231쪽에 나온 것으로, 허락을 받고 실었다.

마드의 삶에 대한 특별 세미나를 연다. 무함마드의 행동과 업적을 찬양하는 시(까시다)를 읽는다.
- 라일랏 알바라(샤브 이 바랏 – 페르시아어로 '기록의 밤')는 샤반월 14일에 지킨다. 무함마드는 매년 이날 밤에 하나님이 그 다음 해에 사람들이 행할 모든 행동들을 바랏(barat, 기록)에 기입하시며, 그해에 태어나고 죽을 모든 사람의 자녀들을 기록하신다고 말했다고 한다. 무함마드는 자신의 추종자들에게 "밤새 깨어 특정한 기도

세계관 비교

	무죄-유죄	권능-두려움	명예-수치
잣대	옳고 그름의 법칙 합법과 불법	자연적인 힘과 초자연적인 힘의 인과 관계	충성심과 전통을 지키고 보호하는 것
추구 방법	의 형벌	보호 통제	수치심 회피, 거부, 감춤 명예를 되찾음 복수함
초점	개인	초자연적 존재	집단
긍정적인 예	유죄 선고/무죄 선고 "유죄가 입증될 때까지는 무죄로 추정해야 한다."	마귀를 쫓아냄 기적 치유	손님 대접 겸손 너그러움
부정적인 예	"우리가 누구기에 감히 판단하겠는가?" "주위 사람에게 피해를 끼치지 않는 한 나는 무슨 일이든 할 자유가 있다."	금기 샤머니즘	체면을 지킴 "눈에는 눈, 이에는 이"
성경 속 이야기	자비로운 재판관의 비유(마 18:21-35) 이사야의 무죄를 선포하는 천사 (사 6:6-7)	무당을 찾아가는 사울(삼상 28:1-24) 못을 흔드는 천사를 통한 치유 (요 5:1-15)	벌거벗은 몸을 가리는 아담과 하와(창 3:7) 손님들을 환대하는 아브라함(창 18:1-8)
복음이 말하는 것	구속을 통한 하나님의 정의	속죄를 통한 하나님의 진노	화해를 통한 하나님의 영광
성경적 소망	우리 마음은 죄의식으로부터 깨끗해졌다(히 10:19-22). 우리는 하나님의 은혜로 값없이 의롭다 하심을 얻었다(롬 3:21-26).	무서워하는 영이 아닌 양자의 영을 받음(롬 8:15). 능력과 사랑과 절제하는 마음을 받음(딤후 1:7).	"주 앞에서 낮추라 그리하면 주께서 너희를 높이시리라"(약 4:10). "그를 믿는 자는 부끄러움을 당하지 아니하리라"(벧전 2:6).

를 반복하며, 그 다음날 금식하라"고 명한다(이 밤은 적어도 젊은이들에게는 금식의 시간이기보다는 축제이고 유쾌한 파티다).[1]

무슬림 절기에 대해 몇 가지를 살펴보고 넘어갈 필요가 있다.

- 절기들은 모두 종교적인 특성이 있다. 의식을 수행하는 사람들은 이런 의식을 금식, 축제, 구제 등으로 본다.
- 절기들은 사회적 기능을 수행한다. 사회 구성원들은 모두 그날을 손꼽아 기다린다. 오히려 명목상의 무슬림들이 더 열심히 의식에 참여한다. 명목상의 그리스도인들이 성탄절을 즐기는 것과 비슷하다.
- 무슬림이었다가 새로 기독교 신자가 된 사람(MBB)이라면 이런 절기 행사에 아예 불참하기가 어렵다. 이 기간에 적어도 겉으로는 무슬림 사회의 관습을 따라야 한다고 생각하는 그들을 이해해야 한다.
- 외국인이라 할지라도 무슬림 절기를 존중해야 한다. 예를 들어 금식하는 달에 공개적으로 음식을 먹는 것은 사려 깊은 행동이 아니다. 주요 기념일에는 사무실과 단체의 문을 닫는 편이 현명할 것이다.
- 무슬림의 종교적인 날들은 성탄절이나 성금요일, 부활절 등으로 그 기능을 대체할 수 있다. 이러한 날들은 문화적으로 적절하게 경축해야 한다. 무슬림 배경의 신자들은 사회 규범에 최대한 가까운 경축 형태를 갖추고 싶어 할 것이다. 특정한 의식의 종교적 의미를 강조해야 한다(예를 들어, 나는 무슬림이 대다수인 나라에서 그리스도인 현지 어린이들에게 산타클로스가 선물을 나눠 주는 것에 의문이 든다).
- 일부 무슬림 국가에서 그리스도인들은 정부 비용으로 성탄절 및 부활절에 라디오와 텔레비전 특별 방송을 할 수 있다. 그리스도를 무슬림의 마음에 가장 잘 전달할 수 있는 문화적, 영적 내용을 준비해야 한다.

출산 관습

아기를 출산할 때 지켜야 할 관습에 대해 꾸란이 특별히 지시하는 바는 없다. 할례는 전승에만 나온다. 다음은 무슬림이 흔히 시행하는 출산 관습들이다.

- 아이를 낳으면 배내옷으로 싸서 모인 가족과 친구들에게 건넨다. 무슬림 사제가 유아의 오른쪽 귀에 대고 기도를 명하는 말을 한다. 전승에 따르면, 아이 머리카락과 같은 무게의 은을 구제금으로 내야 한다. 친구와 이웃은 그 집을 방문해 아이를 위한 선물을 준다.
- 7일째에 아끼까라는 제사를 행한다. 남자아이의 경우 양 두 마리와 염소 한 마리, 여자아이의 경우 양 한 마리 혹은 염소 한 마리를 제물로 드린다. 모두 흠 없는 짐승이어야 한다.

제사를 드릴 때 아기의 아버지는 이렇게 기도한다. "오, 알라여! 제 아들 대신 이것을 드립니다. 그의 피 대신 이 짐승의 피를, 그의 살 대신 이 짐승의 살을, 그의 뼈 대신 이 짐승의 뼈를, 그의 가죽 대신 이 짐승의 가죽을, 그의 머리카락 대신 이 짐승의 털을 드립니다. 오, 하나님이시여! 위대하신 알라의 이름으로 이것을 제 아들을 위해 불을 통해 대속물로 드립니다."

짐승은 가죽을 벗기고 똑같이 3등분한다. 한 부분은 산파에게 주고, 한 부분은 가난한 사람에게 주며, 나머지 부분은 집안 식구들이 먹는다. 비번 존스는 이 의식을 행하는 이유에 대해 다음과 같이 말한다.

"무함마드는 부모들에게 이 의식을 수행하지 않으면 하나님이 마지막 날에 부모의 이름으로 그 아이를 부르지 않을 것이라고 경고했다고 한다. 그 의식을 소홀히 하면 아이의 '운'이

> ### 무슬림 달력
>
> 무함마드가 메디나로 이주한 때인 주후 622년 7월 16일을 기점으로 해를 계산한다. 그 날짜에 A.H. 1년이 시작된다. A.H.는 Anno Hegirae 혹은 히즈라의 해를 나타낸다. 무슬림력은 1년이 354일로 된 음력을 따르며 그레고리오력보다 11일이 더 짧다.
>
> | 달 | 이름 | 행사 |
> |---|---|---|
> | 1 | 무하르람 | 이슬람의 새해(1일)
아슈라(10일) |
> | 2 | 사파르 | |
> | 3 | 라비 알아우왈 | 마울리드 알나비(12일) |
> | 4 | 라비 알사니 | |
> | 5 | 주마다 알아우왈 | |
> | 6 | 주마다 아사니 | |
> | 7 | 라자브 | 라일랏 알미라즈(27일) |
> | 8 | 샤반 | 라일랏 알바라(15일) |
> | 9 | 라마단 | 라일랏 알까드르(27일) |
> | 10 | 샤왈 | 이드 알피트르(1일) |
> | 11 | 두 알까다 | |
> | 12 | 두 알힛자 | 핫즈(7-10일)
이드 알아드하(10일) |

통 일곱째 날에 이름을 짓는다. 가족의 가장 연장자인 남자가 이름을 지어 줄 수도 있고, 꾸란을 암송하는 경건한 남자가 거룩한 책 꾸란에서 이름을 하나 택할 수도 있다.

- 아이가 말을 할 수 있게 되면 즉시, 혹은 그 아이가 네 살 4개월 4일이 되면 비스밀라를 가르친다. "자비롭고 은혜로우신 하나님의 이름으로"라는 뜻이다.
- 수니파 의사들에 따르면, 어린아이는 일곱 살이 되는 해에 할례를 받아야 한다. 그 수술은 일반적으로 이발사가 한다. 할례 날짜는 지역마다 상당히 다르다. 아이가 사춘기에 이르기 전에는 무슬림 율법에 규정된 관습들을 모두 준수하지 않아도 된다. 하지만 아이에게 기도와 꾸란을 가르치는 것은 부모의 의무다.

한편 해산할 때는 정령 숭배적 풍습을 행하기도 한다.

처음 7일 동안 산모는 고양이를 때리면 안 된다. 그렇지 않으면 산모와 아기가 모두 죽을 것이다. 아기를 악한 영에게서 지키기 위해 7일째 되는 날, 양초에 불을 붙여 아기 머리 부근에 있는 물항아리에 담아 둔다. 아이가 태어나기 전에 특별한 부적을 준비해야 하는데 일곱 개의 낟알이 달린 곡물 일곱 개로 만든다. 그것을 주머니 안에 넣고 꿰매었다가 아기가 태어나면 아기에게 매단다. 산모 역시 흰 접시 안쪽에 꾸란의 특정한 구절들을 사향물이나 잉크로 쓴 다음, 여기에 물을 채우고 잉크를 씻어 내어 내용물을 약처럼 마신다.[3]

정령신앙은 제쳐두고서라도 무슬림 배경의 신자는 대대로 그의 사회에서 흔히 시행해 온 출생 의식들을 어떻게 해야 하는가?

- 무슬림의 출생 의식은 면밀히 따라야 한다. 이

평생 '좋지' 않을 것이다. 더구나 이 의식을 통해 저절로 얻을 수 있는 유익이 있다. 먼저 이 의식은 이생의 온갖 불행에서 효과적으로 벗어나도록 보장하며 사탄의 영향에서 보호해 준다. 몸은 이 의식으로 정결하게 되며 부활의 날에 정결하다는 판정을 받을 것이다. 또 의식을 치르지 않는다면 유아기에 죽었을 아이가 분명히 산다. 그 아이가 어린아이 때 죽는다면 하늘나라로 갈 것이며, 혹 부모는 지옥에 간다해도 부모를 위한 그 아이의 기도 덕분에 부모 역시 낙원에 들어갈 수 있을 것이다."[2]

- 아이의 이름을 짓는 것은 상당히 중요하다. 보

는 즐거운 축하의 때다. 하나님과 예수님의 이름을 아기의 귀에 속삭여 줄 수 있다. 어떤 선교사는 자기 첫 아이에게 이렇게 해주었다고 한다.
- 아끼까 제사는 더 문제가 많다. 하나님이 아기를 사탄으로부터 보호하시도록 짐승을 바치는 대신에 가족과 친구들을 위해 잔치를 벌일 수 있지 않을까? 잔치를 하는 동안 예수님이 단번에 드리신 제사에 대한 성경 구절을 읽을 수 있다. 그 다음에 아기를 위해 기도하고 그리스도께 공식적으로 드린다.
- 7일간의 축하 의식 중 구약에 나오는 이름으로 아기 이름을 지을 수 있다. 이 이름은 꾸란에 나오는 것처럼 철자를 쓰고 발음해 볼 수 있다.
- 할례는 모든 남자아이들에게 시행해야 한다. 이것은 무슬림 배경 신자의 자녀들이 무슬림과 동화되는 중요한 부분이다.

아체족의 결혼식

결혼 관습

결혼 관습과 의식은 무슬림권 내에서도 지역마다 다소 다르다. 대표적인 일반 관습들을 설명하자면 이렇다. 이슬람에서 여성은 남편에게 종속된다. 무함마드는 "가장 훌륭한 여성은 남편과 친척들에게 사랑받는 여성, 남편 앞에서 겸손하고 언제나 남편의 말을 듣는 여성, 자신을 단장하고 남편의 기쁨이 되는 것만을 즐거워하는 여성, 그리고 덕이 있고 정숙하며 다른 사람들 앞에서 조신한 여성이다"[4]라고 말했다고 한다.

거의 모든 무슬림 여성은 결혼을 한다. 대학생 나이가 지나서도 독신인 여성은 흔치 않다. 여성의 평균 결혼 연령은 약 21.5세로 무슬림 남성은 아내를 네 명까지 둘 수 있다.[5] 꾸란 4장 3절은 이에 대해 "좋은 여성과 결혼하라 두 번 또는 세 번 또는 네 번도 좋으니라 그러나 그녀들에게 공평을 베풀어 줄 수 없다는 두려움이 있다면 한 여성과 결혼하라"고 말한다. 결혼 관습에는 정교한 약혼 의식과 풍습이 포함될 수 있다.

- 실제 결혼을 하기 오래전에 양가가 법적으로 구속력 있는 결혼 합의를 할 수 있다. 때로 자녀가 가족의 의무를 이행하지 않으려고 반항하여 가족 간에 어려움이 생긴다.
- 무슬림 법에 따르면 결혼은 민사 계약이다. 증인 앞에서 양측이 동의해야 한다. 이맘이 남편과 아내의 상호 권리와 의무를 선언하는 설교를 한다. 설교가 끝난 후 남자와 여자는 새로운 관계를 받아들이겠느냐는 질문을 받고, 그러겠다고 대답하면 결혼 의식은 끝난다. 이어 남편 부모의 집에서 잔치를 벌인다.[6]
- 무슬림 결혼은 이슬람 사원보다는 가정이나 다른 편리한 장소에서 시행한다. 이맘은 신랑에게 다음과 같이 말하게 하며 종교적 내용을 주입한다.
  - "나는 하나님께 죄사함을 바랍니다."
  - 꾸란의 네 장(결혼과 아무 상관없는 장이지만 간결해서 선정된 듯하다).

- "하나님 외에는 신이 없고, 무함마드는 하나님의 선지자다."
- 하나님, 천사, 꾸란, 선지자, 부활, 선악의 절대 단계 등에 대한 신앙고백.[7]

무슬림 국가의 그리스도인과 무슬림의 결혼 관습은 비슷하지만 몇 가지 차이가 있다.

- 그리스도인들은 교회에서 결혼 예식하기를 선호한다. 기독교 사역자는 부부에게 함께 앉아 서약을 하라고 하겠지만, 무슬림의 경우 부부가 서로 다른 방에 앉는다. 이맘이 각 사람에게 따로 가서 서약을 받는다.
- 무슬림 신랑은 신부와 이혼하게 되면 일정 금액을 주겠다고 약속한다. 그리스도인은 몇몇 특수한 경우를 제외하고 그렇게 하지 않는다.[8]
- 결혼식은 심오하고 의미 있는 상징으로 가득 차 있다. 그런 의식은 계속 존속시킬 수 있다. 무슬림 배경의 신자는 무슬림 문화의 가장 좋은 부분과 성경의 진리를 통합하는 독창적인 결혼 예식을 고안할 수 있다. 그것은 문화마다 다양한 특성을 지닐 것이다. 무슬림 공동체에게 무의미하고 이해하기 어려운 서구식 관습으로 가득 찬 예식은 피해야 한다.

장례 관습

장례 관습 역시 지역마다 다르다. 하지만 다음과 같은 몇 가지 공통된 요소가 있다.

- 무슬림은 죽음이 가까이 왔을 때, 알라에 대한 믿음을 다시 고백하라는 권면을 받는다. 병

일상생활에 표현된 세계관

너희 중에 누가 벗이 있는데 밤중에 그에게 가서 말하기를 벗이여 떡 세 덩이를 내게 꾸어 달라 내 벗이 여행 중에 내게 왔으나 내가 먹일 것이 없노라 하면(눅 11:5-6).

대부분의 무슬림은 일상생활에서 어떤 일의 일정이나 성취보다 전통이나 관계를 유지하는 데 더 관심을 갖는다. 인사를 나누고 소식을 전하는 것을 성과와 발전보다 훨씬 더 중요하게 생각하다. 아무리 궁핍한 무슬림이라도 다른 사람을 방문하고 접대하는 일을 우선으로 여긴다. 우리 가운데 일부는 누가복음에 나오는 예수님의 말씀이 잘 이해되지 않을 것이다. 이웃이 한밤중에 우리집 문을 두드리며 빵을 달라고 소리치면 경찰을 부를지도 모른다. 일부 문화권에서는 이웃에게 도움을 구하는 일이 거의 없다. 하지만 무슬림의 삶에서는 그런 일이 비일비재하다. 이웃이 도움을 구하거나 음식을 청하거나 심지어 돈을 빌려 달라고 하는 경우가 다반사다. 이웃을 빈손으로 돌려보내는 경우도 별로 없다. 자기도 분명 언젠가 비슷한 도움을 청하게 될 것이기 때문이다.

이같이 다른 사람들에게 신의를 지키고 협력하는 일은 절기를 지키는 일 같은 대규모의 공동체 행사에서도 요구된다. 무슬림 지역에서는 여자들이 돈을 모아 대량 구매를 하고 공동체의 일을 다함께 하는 경우가 많다. 사업체들도 이와 비슷한 방식으로 운영하는 경우가 많다. 세심한 사업주는 일을 제대로 못하는 직원이라도 그냥 고용하고 있는 경우가 있다. 단지 그에 대한 보답으로 그 직원의 가족이 단골 고객이 되어 준다는 이유에서다.

출처_ *Encountering the World of Islam*.

이 너무 깊어 그렇게 할 수 없으면 친구나 친척이 그를 위해 대신 해줄 수 있다. 죽는 순간 근처에 있는 모든 사람들이 울부짖으며 꾸란을 낭송한다. 그때 고인의 발은 메카를 향하도록 돌려 놓는다. 입과 눈은 잘 감겨 주고 시체에 향수를 뿌린다.

- 시체를 씻는 것은 대단히 중요하다. 그것은 친척이나 특별히 정한 사람들이 할 수 있다. 시체의 어느 부분을 먼저 씻고 시체를 몇 번 뒤집어야 하는지 규정된 관습이 있다. 모든 일은 대단히 주의 깊게 해야 한다. 죽고 나서 몇 시간 동안은 고인이 여전히 고통을 느낄 수 있다고

명예를 보호하는 여성

무슬림 가정은 명예와 수치에 대한 공동체의 기준에 따라 일상생활을 한다. 정숙하지 못하거나 불순종처럼 보이는 행동은 가정을 약화시키고 그 온전함을 위험에 빠뜨린다. 한 가정의 명예는 그 가정에 속한 여성의 정숙함에 의해 좌우된다. 여성은 결혼 때까지 정절을 유지해야 하며 결혼 후에는 남편에게 충실해야 한다. 여성의 잘못된 행실로 가정의 명예가 손상되면, 그 가정은 가문의 명성을 다시 세우기 위해 그 여성과 의절하거나 그 여성을 불구로 만들거나 죽일 필요가 있다고 느낄 수도 있다. 여성들은 적절하게 행동했더라도 혹여 공동체가 자기를 불법적인 성행위에 연루되었다고 여기지 않을까 두려워하며 산다.

꾸란과 하디스에는 무슬림이 '결혼과 이상적인 아내에 대한 신의 지침'이라고 여기는 요소들이 나온다. 그에 따르면 남편은 아내를 사랑하고 부양하며 보호해야 한다. 아내는 가족을 최우선순위로 삼아야 한다. 각 가족은 다음과 같은 이슬람 율법을 따름으로 자신의 가족과 공동체의 명예를 높인다.

- 여성은 정숙하게 옷을 입고 행동한다.
- 여성은 절대 혼자서 친척이 아닌 남자와 함께 있지 않는다.
- 젊은 처녀는 가족이 바라는 대로 결혼한다.
- 자녀는 성인이 된 후에도 부모를 공경하고 순종해야 한다.
- 여성과 아이는 권위 있는 남성을 존중해야 한다.
- 아들을 낳으면 명예이고 낳지 못하면 수치다.
- 혼외 임신은 결정적인 수치다.

가족 중 누군가가 믿음과 전통을 저버릴 경우 그 가족이 너무나 수치를 당하기 때문에 어떤 사람들은 공동체에 계속 수치를 안겨 주느니 그가 차라리 빨리 죽는 게 낫다고 생각한다. 자신과 가족이 수치와 벌을 당할지 모른다는 두려움이 공동체에 순응하는 강력한 동기가 된다.

일부 외부인들에게는 이같이 밀접한 가족 간의 유대가 매우 구속적이고 개인의 선택과 정체성을 앗아가는 것처럼 보일 수 있다. 하지만 그것은 안정과 안전과 소속감도 준다.

출처_ Annee W. Rose, *frontiers.org*.

참고문헌_ Mary Ann Cate and Karl Downey, *From Fear to Faith: Muslim and Christian Women*(Pasadena, Calif.: William Carey Library, 2002). wclbooks.com.
참고자료_ 〈Veiled Voices〉(브리지드 마허 감독, 2009).

믿기 때문이다.
- 종교적인 장례 의식은 일반적으로 이슬람 사원에서 거행하지 않는다. 사원 근처나 고인의 집과 가까운 야외에서 의식을 치르며 고인의 영혼을 위해 기도한다.
- 사람이 죽을 때 천사들이 와서 그에게 이 세상에서 한 행동들에 대해 묻는다고 한다. 그러므로 천사들이 기다리지 않도록 그를 되도록 빨리 매장한다. 방향, 길이, 깊이에 관한 특정한 규정에 따라 무덤을 판다. 관을 사용하는 경우는 거의 없다. 고인은 흰색 수의를 입혀서 매장한다.

장례식이 끝난 후 유족은 집에 열흘 동안 머물며 친구와 친척을 맞이한다. 셋째 날에는 콜(kol)이라는 특별한 예식을 치른다. 고인의 영혼을 위해 많은 사람들이 일제히 큰소리로 꾸란을 읽는다. 그 다음 아이들에게 음식을 나눠 준다. 열흘째에 또 다른 의식을 치르며 40일째에도 의식을 치른다. 이 40일 동안 무슬림 사제에게 음식을 제공해야 한다. 그들은 그 음식이 죽은 사람에게도 간다고 믿는다.[9]

몇 년 전 친한 무슬림 친구의 어머니가 갑자기 돌아가셨다. 친구의 부탁을 받고 그와 함께 사흘 밤낮을 지냈다. 그의 어머니보다 몇 년 먼저 돌아가셨던 아버지가 정부의 고위직 관리였기 때문에 어머니의 부고는 모든 일간 신문 1면에 실렸다. 도시의 엘리트들이 집에 와서 애도를 표했다.

그들이 처음으로 한 일은 시체를 씻는 것이었다. 이후 '전문' 사제들을 고용해 집에서 40일간 꾸란을 낭송하고 기도하게 했다. 수고비로 얼마를 지불할지 오고가는 말이 많았다. 마침내 합의에 이르렀으며 그들은 매우 진지하게 죽은 영혼을 위해 기도하는 임무에 착수했다.

장례식은 그의 형이 영국에서 도착할 때까지 며칠간 연기되었다. 마당에는 관을 앞에 두고 약 100명이 줄지어 섰으며 돌아가신 어머니의 영혼을 위해 함께 기도했다. 이렇게 한 후 나는 픽업트럭에 관을 싣고 운전해서 공항까지 갔으며, 거기서 정부가 제공한 헬리콥터에 시체를 싣고 매장하기 위해 고향 마을로 갔다. 공항으로 가는 길에 친구와 그의 형제는 내게 차가 부딪히거나 덜컹거리지 않게 천천히 운전을 해달라고 부탁했다. 닷새째에는 죽은 자를 위해 125,000개의 기도를 하는 의식이 있었다. 200명 이상이 와서 이 특별한 예식에 참여했다.

무슬림 배경의 신자를 위한 장례식은 무슬림의 관습에 비추어 평가해야 한다.

무슬림 삶의 리듬

무슬림의 삶을 보면 네 가지 활동이 리듬을 이루고 있다. 첫 번째 활동은 모든 인간의 공통된 활동, 즉 먹기, 잠자기, 일하기 등 일상생활에서 일어나는 모든 일이다. 두 번째 활동은 하루에 다섯 번 기도하기, 1년에 한 번 금식하기, 일생에 한 번 순례 여행하기 등 의식으로 표현되는 무슬림 신앙이다. 세 번째 활동은 무슬림 절기 달력에서 나온다. 네 번째 활동은 탄생에서 사망에 이르기까지 무슬림 가정에서 행하는 통과의례다. 이 네 가지는 서로 얽혀 무슬림 삶의 리듬을 형성한다.

출처_ Roland Miller, *Muslim Friends: Their Faith and Feeling* (St. Louis, Mo.: Concordia Publishing House, 1995), 290쪽.

- 집과 가까운 야외에서 종교 의식을 거행하는 것과 같은 간단한 의식은 쉽게 채택할 수 있다. 고인을 위해 기도하는 것 같은 의식은 물론 하지 않을 것이다. 대신할 다른 적절한 의식을 찾을 수 있다.
- 고인을 기념해 모일 때는 무슬림이 전통적으로 의식을 행하는 날에 모일 수 있다. 이러한 모임은 사랑하는 사람의 삶과 증거를 존중하는 것이다. 이런 의식을 행하지 않는다면 무슬림 공동체는 그리스도인이 고인을 사랑하거나 존중하지 않는다고 오해할 수 있다.

인도의 무슬림 장례식

이러한 제안들은 구체적인 지침을 제시한다기보다는 그리스도인 전달자가 자신의 특정한 상황에서 적절히 적용해야 한다는 것을 보여 준다. ❖

주
1. L. Bevan Jones, *The People of the Mosque*(Whitefish, MT: Kessinger Publishing, LLC, 2005), 129쪽.
2. 앞의 책, 411-412쪽.
3. Samuel M. Zwemer, *Across the World of Islam*(New York: Fleming H. Revell, 1929), 127-128쪽.
4. Bess Donaldson, *The Wild Ruc: A Study of Muhammadan Magic and Folklore in Iran*(New York: Arno Press, 1978-1938년판을 재출판함), 48쪽.
5. The Future of the Global Muslim Population," The Pew Forum on Religion and Public Life, *pewforum.org/future-of-the-global-muslim-population-main-factors-fertility.aspx#ftn7_rtn*(2020년 1월 2일 마지막 접속).
6. Maulana Muhammad Ali, *The Religion of Islam*(Hong Kong: Forgotten Books, 2012), 628-629쪽.
7. Thomas Patrick Hughes, *A Dictionary of Islam*(Chicago: Kazi Publications, 2007), 318쪽.
8. Anwar M. Khan, "Strategy to Evangelize Muslim Jats in Pakistan"(Th.M. thesis, Fuller Theological Seminary, 1976), 22쪽.
9. 앞의 글, 29쪽.

금식과 축제

마티 웨이드

해마다 전 세계 무슬림들은 신성한 싸움월 혹은 종교적 금식월 라마단을 지킨다. 라마단은 음력을 따르는 이슬람력의 아홉 번째 달이며 해마다 열흘씩 빨라진다. 그래서 그 기간은 봄이 될 수도 있고 여름, 가을, 겨울이 될 수도 있다. 꾸란 2장 183-188절은 금식에 대한 지침을 제공하는데, 금식은 동트기 전에 영양가 있는 음식을 먹는 것으로 시작된다. "하얀 실이 검은 실과 구별되는 아침 새벽까지 먹고 마시라 그런 다음 밤이 올 때까지 단식을 지키고 그녀들과 잠자리를 같이하지 말 것이며 사원에서 경건한 신앙생활을 할 것이라 이것이 하나님께서 제한한 것이니"(꾸란 2:187).

한 해 중 가장 더운 달에 라마단이 있는 경우 금식이 하루에 열다섯 시간까지 계속될 수 있어 상당히 힘들다. 금식은 매우 엄격해 임신 중이거나 생리 중인 여성, 수유 중인 산모, 병자나 너무 연로한 사람을 제외하고 모든 성인이 낮 동안에는 아무것도 먹거나 마시는 것을 금한다. 흡연 역시 금지되며, 어떤 지역에서는 자기 침으로 입 안을 적시거나 침을 삼키는 것도 금한다. 어린아이와 여행 중인 사람은 금식이 면제될 수 있다. 하지만 그들 역시 나중에 빼먹은 날만큼 보충할 수 있거나 보충해야 한다. 해가 진 후에는 공동체가 다 같이 금식을 끝낸다. 이슬람 금식은 공적이고 공동체적인 행사이며 이후에 이어지는 축제 역시 그러하다. 특히 라마단 처음 사흘 동안은 가족이 함께 모일 수 있도록 학교와 사업체들이 문을 닫기도 한다.

라마단 기간에는 낮에 거리가 황량하다시

마티 웨이드는 전 세계 종족집단의 문화 가운데서 민족지학 연구를 수행하는 단기팀을 훈련시키며 섬기고 있다. 〈Missions Catalyst e-Magazine〉을 편집하고 있으며, 이슬람 세계 선교 여성의 삶을 다룬 책 『그녀의 눈을 통해』(Through Her Eyes)를 썼다. pioneers.org.

피 하다. 하지만 금식을 끝내는 저녁에는 무슬림 도시가 활기를 띤다. 평소에 너무 바빠서 함께 모이지 못하던 사람들이 이 기간에는 특별한 만남을 계획한다. 이 축제는 특히 아랍 국가에서 밤늦게까지 계속된다. 사정이 허락되면 다음 날 아주 늦게까지 잠을 잔다. 라마단 기간에는 생활 패턴을 완전히 바꾸고 힘든 금식 시간을 줄이려는 것이다. 낮이 밤같이 되고, 밤이 낮같이 된다.

훨씬 세속적인 공동체나 무슬림이 소수인 곳에서는 금식을 지키기가 더욱 힘들다. 금식을 하면서도 여느 때처럼 일상 과제를 해내야 하기 때문이다. 일을 하거나 일상생활을 해야 하는 사람들은 피로하고 예민해지는 경우가 다반사다. 짜증이 폭발할 수도 있다. 금식은 자부심을 가질 만한 것이 될 수 있으며, 이를 통해 자신의 약점을 드러내고 절제를 키우면서 인내와 겸손을 배울 수 있다. 금식하는 사람들은 함께 기도하고 격려할 수 있다. 슬그머니 물을 한 잔 마신

음식과 손님 대접

다든가 담배를 한 대 피고 싶은 생각이 들면 누군가 그것을 알아차릴 수 있기 때문이다.

능력의 밤

무슬림이 라마단 기간에 금식을 하는 이유는 이 달에 하나님이 무함마드에게 꾸란의 첫 구절을 계시하셨다고 믿기 때문이다. 그 사건이 일어난 정확한 날짜는 알려지지 않았지만, 무함마드가 한 말에서 비추어 보아 그 달의 마지막 열흘 중 홀수 날 저녁에 일어난 것으로 추정된다. 많은 학자들이 라마단의 26일과 27일을 잇는 그 밤을 '능력의 밤'(라일랏 알까드르)이라고 생각한다.

꾸란은 이 밤이 특별하다고, "천 개월보다 더 훌륭한 밤"(꾸란 97:1-5)이라고 선포한다. 많은 사람들은 이 밤에 하나님이 사람들의 다음 해 운명을 결정하신다고 생각한다. 그래서 그들은 하나님의 계획에 영향을 미치고자 관대하고 온유한 행동을 한다.

무슬림이 이날 모스크를 찾아가 기도하고 꾸란을 읽으며 밤을 지새우는 것은 흔한 일이다. 이 밤이 새도록 기도하면 과거에 지은 죄를 씻을 수 있다고 믿기 때문이다. 무함마드는 무슬림에게 라일랏 알까드르에 다음과 같이 기도하라고 격려했다. "오 하나님, 당신은 용서하시는 분이며 용서하기를 사랑하시는 분이니 나를 용서해 주소서."

출처_ *Encountering the World of Islam*.

거룩함을 위한 시간

라마단 의식과 금지 사항은 먹고 마시는 것에 국한되지 않는다. 모든 사람은 이 거룩한 달 동안 악한 생각과 행동을 하지 않도록 특별히 조심해야 한다. 남의 험담이나 분노, 이성 친구와의 남자 친구와의 교제, 특정한 영화를 보는 것 등 도덕적으로 문제가 될 만한 행동에 빠지지 않도록 자제해야 한다. 라마단은 자신을 성찰하고 기도하며 하나님과 무슬림 공동체에 더 가까이 가는 시간이다. 특히 나이 든 남자들은 세상적인 대화를 금하고 기도와 꾸란 암송에 전념할 필요가 있다고 느낀다. 어떤 무슬림은 라마단 기간에 하는 기도와 의로운 행동이 더 가치 있다고 믿는다. 더 많은 사람이 기도 의식에 참여하며 기도 시간을 더 가지기도 한다. 라마단 기간의 선행에 대해 하늘에서 상을 받게 될 것이라고 생각하며 무슬림들은 참고 버틴다.

이슬람의 다른 의무는 잘 지키지 않는 많은 세속 무슬림도 이 금식에 한해서는 적어도 그 일부라도 준수하려고 한다. 금식이라는 힘든 일을 함께하는 가운데 무슬림은 하나가 되며 공동체 의식을 키운다. 한편 보다 성실한 무슬림들은 1년 내내 경건하지 못하게 살다가 라마단 기간에만 거룩한 척하는 사람들, 혹은 속이고 금식에 참여하지 않는 것에 대해 변명을 늘어놓는 사람들을 멸시한다.

용서하는 법 배우기

투르크메니스탄 출신의 신자인 아이굴은 그리스도를 따를 때 그리스도의 성품을 삶에서 나타내는 법을 배우고 있는 중이다. 하지만 그것은 쉬운 일이 아니다. 아이굴은 이렇게 설명한다.

"저는 부모님이나 형제자매들이 사과하는 것을 한 번도 본 적이 없어요. 우리나라에서는 겸손해진다는 것이 누구에게나 어려운 일이에요. 교만이 가장 심하다고 할 수 있죠. 그들은 '절대 용서하지 않겠어. 고개를 숙이지 않을 거야'라고 말해요. 그래서 그들은 몇 달씩 서로 이야기를 하지 않죠. 결국에는 누군가 한 명이 고개를 숙이고 들어가야 하지만 그게 쉬운 일이 아니에요.

한동안 저는 외국 그리스도인인 크리스티나와 함께 살았어요. 한번은 크리스티나가 뭔가를 번역해 달라고 부탁해서 해주었는데 제가 워낙 악필이라 읽기 힘들어하더군요. '깔끔하게 쓰지 그랬어요?'라고 크리스티나가 말했어요. 저는 그 말에 정말 상처를 받아 아무 말도 하고 싶지 않았어요. 다음 날에도 화가 풀리지 않았는데 그녀가 제게 사과 카드와 초콜릿 상자를 건넸어요. 누군가가 내게 미안하다고 말하는 건 그때가 처음이에요.

그 다음 해에 저는 엄마와 다퉜어요. 결혼을 하고 싶지 않았거든요. 엄마는 화가 나서 저와 이야기를 하지 않으려 했고, 저는 옛 버릇이 되살아나 '사과 못해요!'라고 말했어요. 하지만 두세 시간이 지나면서 사과해야 할 것 같다는 생각이 들었어요. 그래서 기도하고 또 기도했어요. 그랬더니 하나님이 제게 사과하고 싶은 마음을 주셨어요. 제가 사과하자 엄마는 깜짝 놀라며 계속 우셨어요."

출처_ Marti Wade, *calebproject.org*.

참고문헌_ Nabeel Jabbour, *Unshackled and Growing: Muslims and Christians on the Journey to Freedom* (Colorado Springs, CO: Dawson Media, 2006).

손님 대접을 위한 시간

많은 무슬림 공동체에서는 정성껏 음식을 만들어 손님을 대접하는데 라마단 기간에 특별히 더 그렇게 한다. 보통 친구와 친척과 이웃을 초청해 함께 모여 기도한 다음 금식을 끝내는 식사를 한다. 이슬람으로 개종한 한 서구인은 그런 모임에 대해 다음과 같이 말한다.

> 무슬림 집에 저녁 식사 초대를 받은 처음 몇 번을 결코 잊지 못할 것이다. 관대함이 넘쳐 어떻게 다 받아들여야 할지 모를 정도였다. 그들은 정말로 "알라와 말일을 믿는 사람들은 누구나 자신을 방문하는 손님에게 관대하게 대해야 한다"라는 하디스의 가르침을 실천하는 것처럼 보였다.
>
> 라마단 기간에 무슬림이 무엇을 하는지 살펴보라. 정말 볼 만하다. 식탁에는 수프와 대추야자 열매가 놓여 있다. 양고기, 닭고기, 소고기, 카레, 밥, 파스타와 쿠스쿠스 등 서너 가지 주 요리와 샐러드, 후머스(이집트 콩을 삶아 양념한 중동 음식 - 옮긴이), 야채 등을 곁들인 요리가 올라온다. 디저트, 케이크와 과자, 차와 커피 등은 말할 것도 없다.
>
> 10년 전 처음, 움므 모함마드의 어머니 집에 들어갔을 때, 문앞에서 큰딸의 인사를 받고 난 뒤 환상적인 냄새, 밝은 미소, 옆 사람까지 웃게 만드는 웃음, 순수한 행복이 뒤섞인 모습에 휩싸였던 기억이 난다. 생기 넘치는 대화, 온갖 음식, 시원한 음료, 구석구석에 스며 있는 쾌활함과 더불어 여러 나라 말로 많은 대화가 오갔다. 사람들의 미소에서 내가 환영받고 있다는 느낌을 받았다.[1]

금식을 끝냄

무슬림은 라마단 끝에 이드 알피트르라는 아주 풍성한 절기와 함께 금식을 끝내는데, 그 축제는 며칠 동안 지속할 수 있다. 많은 무슬림 국가에서 이것은 1년 중 가장 큰 휴일이자 사교 모임이다. 이드 알피트르 관습은 문화마다 다르지만 보통은 축하하고 먹고 선물을 주고받는 일이 포함된다. 우즈베키스탄에서는 여자들이 그 나라 고유 요리인 일종의 필라프를 한 솥 준비해 이웃과 주고받는다. 중국과 중앙아시아의 위구르족은 집에서 국수를 만든다. 말레이시아에서는 다들 고향으로 간다. 이드 알피트르는 대개 가족들이 한데 모이는 때다. 인도네시아 무슬림인 투이는 다음과 같이 설명한다.

> 이드 알피트르는 다시 태어나거나 새로 시작하는 때입니다. 부모와 친구들을 방문해 그동안의 잘못에 대해 용서를 비는 때지요. 순종과 감사와 존경을 담아 그들에게 겸손한 자세로 다가가야 합니다. 용서받고 안심하며 더 순수하고 부담 없는 상태로 돌아가는 것입니다. 모든 사람이 각자 서로를 용서했으면 그 다음에는 하나님이 기꺼이 그들을 용서하십니다. 하지만 이 일의 효과는 영원히 지속되지는 않습니다. 일시적이지요. 그래서 매년 그렇게 해야 합니다.[2]

그리스도인의 반응

무슬림 국가의 일부 그리스도인들은 자신이 전도하려는 무슬림에게 공감하기 위해 금식을 한다. 금식은 그리스도인에게도 적절한 경건 훈련이 되기도 한다. 그러나 다른 한편, 금식에 대한 무슬림의 접근법은 여러 면에서 성경의 명령과 본보기에 충돌한다. 그리스도를 믿는 일부 신자들은 라마단 금식에 참여하는 것이 무슬림 친구들에게 잘못된 메시지를 줄 수 있다고 생각한다.

금식을 하든 안 하든, 어떤 식으로 하든 라마단은 그리스도인에게 무슬림 친구를 위해 그들과 함께 기도하고 사회적, 영적 모임에 참여하며,

영적인 일에 대해 토론할 수 있는 기회가 된다. 무슬림은 라마단 기간에 하나님을 추구하고 자기 마음을 살피고 있을 수도 있다. 또한 하나님이 주시는 꿈과 환상에 더 마음이 열려 있을 수도 있다. 그리스도인은 성탄절과 부활절이 무슬림이나 다른 믿지 않는 친구들을 전도할 수 있는 아주 좋은 때라고 본다. 라마단이나 그 밖의 무슬림 절기도 사람들의 마음문을 여는 계기가 될 수 있다. 그리스도인 친구들과 함께 기도하면서, 이 중요한 시기에 무슬림 공동체에서 일어나는 일을 이해하고 경험하며 대응하게 해달라고 하나님께 구하라. ❖

주
1. Debra Hewly, "Hosting amongst Muslim Homes", *Al Fumuah* 13, no. 4(July 2001), 14-15쪽.
2. Caleb Project, *The Madurese of Indonesia*(Littleton, Colo.: Caleb Project, 1996), 18쪽. *give.pioneers.org/products.aspx*.

참고자료
30 Days Prayer Network, *30-days.net*.

외인을 존중함

그렉 디트와일러

신명기 26장 1-13절에서 하나님은 애굽의 속박에서 새로 구속받은 백성에게 이전의 포로 상태를 기억할 의식을 주셨다. 이스라엘인은 첫 열매를 제사장에게 제물로 가져와야 했다. 그들은 구원의 역사를 큰소리로 선포하고 여호와가 주신 모든 좋은 것에 대한 기쁨을 표현해야 했다. 그 다음에 자기 제물을 레위인과 그들 가운데 있는 객들과 함께 나누어야 했다.

> 그것을 레위인과 객과 고아와 과부에게 주어 네 성읍 안에서 먹고 배부르게 하라 그리할 때에 네 하나님 여호와 앞에 아뢰기를 내가 성물을 내 집에서 내어 레위인과 객과 고아와 과부에게 주기를 주께서 내게 명령하신 명령대로 하였사오니(신 26:12-13).

객 혹은 외인은 유대인과 함께 살던 비유대인이었다. 자기 나라가 아닌 곳에 영주권을 갖고 있는 이민자에 비유할 수 있다. 체류자(sojourner, 일부 번역에서는 이 단어를 사용한다)란 외국에 임시로 거주하는 사람과 유사하다. 처음부터 하나님은 이방인(비유대인)이 그분의 백성이 되도록 하셨다. 이 개념은 신약에서 좀 더 충분히 표현하고 있지만 구약에서도 얼핏 볼 수 있다. 그중 하나가 객과 외인을 대접하고 섬기라는 하나님의 명령이다. 그러한 섬김은 감사와 순종의 표현이었다.

오늘날 신약에 비추어 볼 때 이 명령들 속에서 영적 상징을 발견한다. 우리 역시 한때는 포로로 잡힌 땅에서 종이었다. 우리 역시 죄의 속박으로 고통을 받았다. 우리는 어둠의 지배에서 해방되어 약속의 땅, 하나님나라로 인도받아 들

그렉 디트와일러는 매사추세츠 보스턴에 있는 임마누엘 가스펠 센터의 다문화 사역 담당자다. 이 글은 Gregg Detwiler, "Honoring Strangers", *Discipleship Journal*, 137(2003), 31쪽에 나온 것으로, 허락을 받고 실었다. navpress.com/dj.

어갔다. 그렇다면 하나님의 은혜로 이러한 여정을 거친 사람들은 어떤 특징을 지녀야 하는가?

마태복음 25장 31-46절에서 예수님은 "모든 민족을 그 앞에 모으고"(32절) 양과 염소를 분별하실 하늘의 심판 장면을 묘사하신다. 무엇으로 양과 염소를 구분하는가? 주린 자, 목마른 자, 나그네, 옷이 필요한 자, 병든 자, 감옥에 있는 자들을 그들이 어떻게 대했는지에 따라 구분된다. 의인들은 거의 무의식적으로 주린 자를 먹이고, 목마른 자에게 마실 것을 주고, 나그네를 영접하고, 궁핍한 자에게 옷 입히고, 병든 자를 돌보고, 옥에 갇힌 자를 방문했다. 그들은 권리를 빼앗긴 자와 객을 대접하고 섬겼다고 칭찬받으며 상을 받았다. 다른 한편, 악한 자들은 분명 주위의 기회와 필요는 안중에 없었기 때문에 하나님의 심판을 받는다.

예수님의 이야기에서 궁핍한 자들에 대한 묘사는 오늘날 난민과 이민자가 종종 경험하는 상태와 매우 유사해 보인다. 여기서 객이란 전 세계의 정치 불안과 경제적 곤란 때문에 주리고 목마르고 병들고 감옥에 갇힌 사람들이다. 설령 기본 의식주가 해결된다 해도 이국땅에서 사는 그들은 우리의 대접과 우정이 필요한 사람들이다. ❖

희생제

매년 전 세계 무슬림은 이드 알아드하 절기를 지킨다. 희생제 혹은 대축제(이드 알카비르)라고도 하는데, 남아시아에서는 바크르 이드, 터키권에서는 꾸르반 바이람으로 알려져 있다. 이때 많은 무슬림들이 꾸란에 기록된 대로 하나님이 어떻게 아브라함의 아들을 구속하셨는지 기념하기 위해 양이나 염소를 제물로 바친다(꾸란 37:99-113).

유대교도 같은 사건에 대해 가르친다. "손을 내밀어 칼을 잡고 그 아들을 잡으려 하니 여호와의 사자가 하늘에서부터 그를 불러…이르시되 그 아이에게 네 손을 대지 말라…아브라함이 눈을 들어 살펴본즉 한 숫양이 뒤에 있는데 뿔이 수풀에 걸려 있는지라…가져다가 아들을 대신하여 번제로 드렸더라"(창 22:1-19). 유대인은 이 특별한 사건을 축일로 삼아 기념하지는 않지만 그 의미는 유월절에 보존되어 있다. 유월절은 하나님이 장자를 애굽에서 죽임 당하지 않게 보존하신 밤을 축하하는 유대인의 절기다. 그날 죽음의 사자가 죽인 양의 피를 문설주에 바른 집은 '넘어갔다'(출 12:1-14).

그리스도인은 아브라함의 사건과 유월절을 둘 다 믿는데 왜 그 둘을 기념하지 않는가? 기독교적 유월절도 있는가? 인질(Injil)은 인간이 영적으로 죽어 있다고 말한다. 죄는 우리를 하나님과 분리하는 틈이다. 예수 그리스도는 인류를 위한 의로운 제물이 되어 십자가에 달리고 죽으셨다. 하나님은 자신이 제공하신 숫양의 피로 아브라함의 아들을 구속하신 것처럼 예수 그리스도의 피를 통해 세상을 구속하셨다. 예수님은 참된 아드하가 되셨다. 예수님은 우리를 죄에서 자유케 하려고 희생당하신, 우리와 하나님 사이의 간격을 메우기 위해 하나님이 보내신 그분의 어린양이었다.

아드하와 유월절 사건은 참된 구속을 이해할 수 있도록 하나님이 사용하신 실물 교훈이다. 성경은 황소와 염소의 피가 죄를 씻지 못할 것이며(히 10:4), 우리의 모든 선행은 하나님의 의에 비하면 더러운 옷과 같으리라고(사 64:6) 말한다. 어느 누구도 하나님께 진 큰 빚을 갚을 수 없다. 복된 소식은 하나님이 세상의 죄를 제거하는 온전한 어린양이 되도록 예수 그리스도를 보내셨다는 것이다. 아드하와 유월절은 예수 그리스도의 십자가 처형 및 부활이라는 하나의 영광스러운 사건에서 축하되고 기억된다. 그것은 부활절, 아랍어로는 이드 알끼야마다. 예수 그리스도는 모든 민족과 인류를 위한 아드하시다. 예수님을 통해 우리는 하나님과 교제를 누리며 그분의 사랑과 구속을 경험할 수 있다.

출처_ Fouad Masri, *Adha in the Injeel*(Book Villages, 2012). crescentproject.org.

공동체와 풍습

갈렙 프로젝트

무슬림 남자, 여자, 어린이의 진짜 일상생활은 어떤 모습일까? 가정과 공동체의 삶을 형성하는 가장 중요한 기저의 신앙이나 가치관, 전통은 무엇인가? 이러한 영향력은 문화마다 다르다. 심지어 한 문화 안에서도 교육 수준, 도시화, 그 밖의 다양한 요소에 따라 다양하게 나타난다. 하지만 어떤 풍습은 같은 영향을 받아 무슬림 문화권에서 공통되게 나타난다.

다음은 공통되면서도 다양한 이 풍습들의 일부를 보여 주는 단편적인 묘사들로서, 무슬림이 대다수인 두 국가 아제르바이잔과 인도네시아에서 활동한 민속지학 연구팀의 작업을 바탕으로 한다.

우리의 가장 큰 보물: 아제르바이잔의 가족과 공동체의 삶

토피크는 아제르바이잔의 전통적인 가정에서 태어난 청년이다.[1] 토피크의 가장 끈끈한 관계는 평생 같은 사람들과의 관계일 것이다. 즉 친척, 이웃, 학교 혹은 직장 친구들이다. 토피크의 부모와 조부모, 이웃도 그와 똑같은 태도를 가지고 있다. 그의 이야기를 들어 보자.

전통적인 가족의 모습

내가 사는 도시 간자는 아제르바이잔에서 두 번째로 큰 도시다. 많은 사람들이 도시 어디서나 볼 수 있는 회색 시멘트 아파트 단지에서 산다. 하지만 크기가 다양한 아름다운 빌딩과 집

갈렙 프로젝트는 미국 콜로라도 리틀턴에 본부를 둔 동원 사역으로, 지난 25년 동안 전 세계에 민족지학 연구 원정대를 보냈다.

손님을 대접할 때 일반적으로 내는 아제르바이잔식 빵

만, 내가 도시 한 구석에서 부모님 모르게 무슨 일인가를 하면 그 소식이 언제나 나보다 먼저 우리 집에 도착한다. 비밀은 어디에도 없다. 그래서 우리는 때로 "땅에도 귀가 있다"라고 말한다. 어릴 때는 먼저 아버지를, 그 다음으로 어머니를 존중한다. 하지만 나는 스물네 살이다. 스물다섯 살이 되면 어머니에 대해 권위를 갖게 된다. 뭔가를 요청하면 어머니는 내 말을 들어 주셔야 한다. 남동생과 여동생 역시 나를 존경해야 한다. 심지어 지금도 내가 누이동생에게 옷을 빨아 달라고 청하면 동생은 토를 달지 않고 그 일을 할 것이다.

나는 장남이기 때문에 아버지가 계시지 않을 때는 우리 집안과 여자들, 그리고 가족의 명예를 보호할 책임이 있다. 오빠인 나는 여동생의 명예를 지켜 주어야 할 특별한 책임이 있다. 여동생과 약혼하지 않은 남자가 거리에서 여동생에게 접촉하거나 심지어 말을 걸면, 나는 그 무례한 자를 찾아내 그와 싸워야 한다. 이 의무를 소홀히 하면 수치를 당할 것이며 다른 사람들은 내게 명예가 떨어졌다고 말할 것이다.

아버지 형제분들이 방문하면, 집안 여자들은 그가 들어설 때 서서 존중하는 마음을 보여야 한다. 그에게서 등을 돌리거나 이야기를 가로채거나 큰소리로 말하면 절대 안 된다. 반드시 존중하는 자세를 취하고 그들 앞에서 다리를 꼬거나 구부정하게 앉으면 절대 안 된다. 남자 중에서는 연장자가 우선이다. 할아버지는 연륜이 있고 지혜로우므로 존중하며 조언을 구해야 한다. 아버지의 남동생들은 아버지를 존경해야 하고, 내 남동생 사난은 나를 존경해야 한다.

도 많다. 흙과 자갈로 된 길을 따라 걷다 보면, 각 집에 돌이나 벽돌담이 둘려 있고 큰 철문이 달려 있는 것을 보게 될 것이다. 그렇다고 해서 우리가 뭔가를 숨기거나 서로에게 자신을 닫아 버리는 사람들이 아니냐고 생각하지는 말기 바란다. 실은 그와는 정반대다.

당신이 우리 집 안으로 들어오면 우리는 따뜻하게 포옹하며 당신을 반길 것이다. 당신이 여자라면 어머니와 누이가 당신 뺨에 입을 맞추면서 인사할 테고, 당신이 남자라면 아버지와 형제들이 손을 뻗어 당신을 환영할 것이다. 우리는 당신에게 신을 벗고 안으로 들어오라고 권한다. 우리가 이야기를 나누는 동안 어머니와 누이가 차를 준비할 것이다.

가족 관계 내에서의 책임

대부분의 문제는 크든 작든 아버지께 알려 조언을 구한다. 아버지께는 어떤 것도 숨기지 않으며 숨길 수도 없다. 이곳에는 20만 명 이상이 살지

친척들은 대부분 우리 집 부근에 산다. 삼촌 한 분과 그의 가족은 바로 옆집에 산다. 친척들은 보통 한 주에 두세 번씩 서로의 집을 방문하는데 얼굴을 매일 보는 친척들이 몇 분 계신다. 우

리는 차를 마시며 이야기를 나누고 새벽까지 함께하며 그 시간을 즐긴다. 가족은 우리의 가장 큰 보물, 우리의 최우선 순위다. 우리는 가능한 방법을 다 동원해 서로를 보호하고 지키며 후원한다.

멀리 사는 친척은 결혼식이나 장례식 때만 얼굴을 볼 수밖에 없지만 누군가가 도움을 원한다면 도와주려고 애쓴다. 전통적으로 가정의 자녀들은 나이순으로 결혼한다. 여자나 남자나 할 것 없이 스물다섯 살이 되기 전에 결혼할 가능성이 높으며, 가족들은 적절한 배우자를 찾기 위해 애쓴다.

수치와 사회적 문제
관계야말로 아제르바이잔인들의 가장 큰 보물이기 때문에 관계가 깨질 경우 그들은 크게 슬퍼한다. 가장 중대한 사회적 문제는 이혼, 범죄, 마약 중독 등과 같이 관계를 해치거나 신뢰를 저버리거나 가족의 명예를 파괴하는 것이다.

양가 부모가 모두 결혼을 승인하고 후원하는 것이 가장 이상적이지만 언제나 그렇게 되지는 않는다. 자녀 중 적어도 한 명 정도는 부모의 뜻을 거슬러 약혼과 결혼을 하기 마련이다. 그럴 때면 일시적으로 가족 관계가 깨질 수 있지만 그 관계를 돌이킬 수 없는 경우는 거의 없다. 한 여성은 자기 가족의 문제에 대해 말했다.

페르시아-메디아 종족

투르크 종족과 마찬가지로 페르시아-메디아 종족은 중앙아시아와 아라비아 반도, 즉 이란, 이라크, 터키, 타지키스탄, 아프가니스탄, 오만, 카타르 등에 퍼져 있다. 시리아, 우즈베키스탄, 인도, 아제르바이잔에도 페르시아-메디아 종족 그룹이 상당수 살고 있다.

페르시아-메디아 종족은 1억 5천만 명이 넘으며 파슈툰인, 쿠르드인, 페르시아인, 타지크인 등이 이에 포함된다. 총 211개의 페르시아 메디아 종족 집단 가운데 203개가 거의 무슬림이다. 이 종족의 거의 99%가 무슬림이다.

3천 4백만 인구로 추정되는 쿠르드인은 그들이 쿠르디스탄이라고 부르는 지역에 살고 있는데, 그 지역은 이란, 이라크, 터키, 시리아, 아르메니아, 아제르바이잔 등에 걸쳐 있다. 그들은 세계에서 고향이 없는 가장 큰 종족 집단이다. 대부분의 쿠르드인은 다른 이들과 떨어진 채 산악 지대에서 그들만의 문화와 전통, 언어를 유지하며 살고 있다. 전통적으로 이들은 유목민이었으나 현재는 반(半) 유목생활을 하거나 정착해 살고 있다. 대다수가 경건한 수니 이슬람이다. 하나의 민족으로서 이들은 정치적 단결력이 부족하며 자기만의 정체성을 잃은 채 다른 여러 나라에 예속되어 있다. 그러나 20세기 후반 자치권을 위해 싸우다 그들은 전쟁에서 볼모로 사용되었고, 해당 지역의 정부에 의해 여러 차례 집단 학살을 당했다. 현재 수천 명의 쿠르드인이 북미와 유럽에 살고 있다. 최근 복음을 향한 문이 개방되면서 이란 북부 지역 쿠르드인 사이에 교회개척운동이 조금씩 성장하고 있다.

쿠르디스탄과 주변 지역

출처_ operationworld.org: imb.org.

나는 이미 결혼해서 아들 하간을 돌보고 둘째 아이를 임신하고 있었는데, 그때 여동생 굴라가 집을 떠났습니다. 동생은 언제나 공부하는 것을 좋아했지요. 아버지는 내키지는 않았지만 동생이 바쿠에 있는 외국어 학원에 다니도록 허락했습니다. 거기서 동생은 술래만을 만나 사랑에 빠졌습니다. 그는 우리 지역 사람이 아니었어요. 알고 보니 그의 가족은 덜 전통적이고 우리 가족보다 교육 수준이 상당히 낮았습니다. 여러모로 생각하고 의논한 끝에 아버지는 굴라와 그의 결혼을 허락하지 않기로 했습니다. 하지만 둘은 결혼을 감행했지요. 우리 가족은 결혼식에 한 명도 가지 않았습니다. 2년 후(그리고 굴라가 두 자녀를 낳은 후) 술래만의 부모님이 우리 부모님을 찾아와 얼굴도 보지 못한 손자 둘이 생긴 것을 생각해 보라며 재고를 요청했습니다. 그런 상황에서 으레 그렇듯 우리 부모님이 양보했고, 동생 내외는 두 번째 결혼식을 올렸습니다.

술에 취하면 사회적으로 큰 오명을 얻는다. 아제르바이잔에서는 남자가 대중 앞에서 술에 취하면 절대 안 된다. 대부분이 아침에 현관 앞에서 술에 취해 누워 있는 모습을 사람들에게 들키느니 기어서라도 집으로 가려 한다. 아제르바이잔에서는 알코올 중독이라는 수치로 인해 소름 끼치는 일이 벌어지기도 한다. 남자들이 스스로 자제하지 못한 것에 화가 나서 아내와 가족에게 좌절감을 쏟아 내며 그들을 학대한다. 그러다 이혼하는 경우도 있어 온 가족이 명예와 존엄성을 잃게 된다.

전통을 전달함: 이야기, 시, 노래

대부분의 사회에서 아이들은 학교와 종교 교육을 통해서뿐 아니라 부모와 조부모에게 이야기와 격언을 듣고 암기하고 낭송하고 노래를 부르면서 가치관과 전통을 배운다. 세계의 많은 무슬림은 말로 배우는 것을 선호하는 가운데 자라며, 읽거나 듣는 것보다는 말로 들을 때(특히 이야기를 통해) 명제적 진리를 더 잘 이해하고 믿고 기억한다. 이러한 형식을 통해 그들은 다른 식으로는 표현하지 않을 생각과 감정도 표현할 것이다. 다음은 두 아제르바이잔인의 말이다.

우리는 나쁜 일에 대해선 이야기하기 싫어합니다. 다른 사람들에게 우는 모습을 보여 주지도 않지요. 울 일이 생기면 침실에 들어가 울음소리가 새나가지 않게 합니다. 우리는 음악 속에서만 웁니다. 우리의 음악은 다른 식으로 표현할

문화적인 가정(假定)

그리스도인이 무슬림을 이해하는 데 그들의 풍습과 예법에 관한 지침들을 보면 도움이 되기는 하겠지만 그것으로는 충분하지 않다. 오히려 그들의 외적 행동 뒤에 놓인 현실을 이해할 필요가 있다. 그리스도인과 무슬림의 관계에서 무슨 일이 일어나고 있는가에 대해 서로 다른 가정을 하고 있기 때문에 의사소통이 궤도에 오르지 못하거나 제대로 발전하지 못할 때가 종종 있다.

출처_ Bill Musk, "To Save a Soul", *Touching the Soul of Islam: Sharing the Gospel in Muslim Cultures*(East Sussex, UK: Monarch Publications, 1995), 18쪽.

수 없는 것을 표현하게 해줍니다.[2]

우리는 시를 대단히 사랑합니다. 시는 마음의 언어지요. 종이에 쓰지 않더라도 시는 아제르바이잔인 우리 모두의 마음에 쓰여 있습니다. 우리는 시를 통해 인생을 더 풍성하게 이해합니다.[3]

대부분 무슬림 문화권의 아이들은 격언과 이야기를 배울 뿐 아니라 시를 공부하고 암송한다. 특히 페르시아와 터키권 사람들은 자랑스럽게 '우리 국민 시인들' 및 다른 위대한 사상가들에 대해 말한다. 그들의 말을 자녀들에게 전달하는 것이 가정생활의 일부다. 아제르바이잔 여인 메르하바는 다음과 같이 설명한다.

우리는 그것을 아탈라 소즈(atalar soz)라고 부릅니다. '우리 조상의 말'이라는 의미지요. 어머니의 말씀이 지금 이 순간에도 제 귀에 쟁쟁하게 울리고 있습니다.[4]

새로운 방식으로 배우려고 애씀

경제 문제로 아제르바이잔인들은 자부심에 큰 타격을 입었다. 구 소련의 치하에 있을 때보다 현재 살기가 더 어렵다고 느끼는 사람이 훨씬 더 많다. 그들은 새로운 기회들을 반기기보다는 변화에 대해 슬퍼한다.

나는 트랙터 운전 기사였습니다. 그 일을 좋아했고 한 달에 70루블씩 받았지요. 아버지는 내가 어릴 적부터 운전을 가르쳐 주셨습니다. 그후로 계속 나는 운전을 좋아했고요. 하지만 소련이 붕괴되면서 일자리를 잃고 말았습니다. 아무도 내게 월급을 주지 않았습니다. 아제르바이잔이 독립한 이후로는 변변한 일자리를 구해 본 적이 없습니다. 이제는 시장에서 물건을 팔고 있습니다. 물건을 싼 값에 사서 좀 더 비싼 값에 되팝니다. 그런 일을 하는 것이 좀 부끄럽지만 달리 돈을 벌 방법이 없습니다. 탈출구가 보이지 않아요. 어떻게든 열심히 일하지만 가족의 입에 겨우 풀칠이나 하는 정도입니다.[5]

캄풍 안에서: 아체 사람들을 만남

인도네시아 아체주의 문화를 이해하려면,[6] '캄풍' 혹은 이웃에 대해 반드시 이해해야 한다. 캄풍은 그들의 가장 중요한 사회 구조 중 하나로 친목, 후원, 책임의 원천이다.

캄풍의 인원은 보통 100명에서 1천 명까지 다양하다. 캄풍은 농촌 지역에도 있고, 도시 지역에도 있다. 도시의 캄풍은 주택 지구를 닮은 반면 시골의 캄풍은 부락을 닮았다. 각 캄풍에는 이름이 있는데, 때로는 어떤 사람이나 경계표의 이름을 따라 짓는다.

모든 캄풍에는 무나사, 즉 기도와 이슬람교 가르침, 민간 모임 등을 하기 위한 공동체 건물이 있고, 또한 포스(높이 지어 놓은 작은 오두막), 즉 젊은 남자들이 앉아서 쉬거나 이야기를 나누거나 도미노 게임을 하기 위해 자주 가는 중요한 만남의 장소가 있다.

캄풍에서의 결혼

어제와 오늘, 데위가 사는 지역은 분주하다. 여느 때처럼 아침 5시에 기도하라는 부름으로 하루가 시작되었다. 하지만 모스크에 참석한 사람들의 수는 평소보다 적었다. 많은 사람들이 결혼 피로연 준비로 밤새 일했다.[7] 서로 끈끈하게 결합되어 있는 캄풍의 많은 사람들은 며칠 동안 이 특별한 날을 준비하기 위해 데위의 가족과 함께 일했다. 녹초가 되기는 했지만 밤새 준비하는 과정에 참여하는 것은 그들에게 축복이었다. 그것은 그들이 신랑 신부와 매우 친하다는 것을 보여 주기 때문이다. 신부인 데위는 아체의 전통에 따라 부모님이 주신 새 집에서 공주처럼 준비를 마치고 앉아 있다.

이보다 훨씬 더 많은 친한 친구와 친척들이 오늘 아침에 있을 큰 행사에 와 달라는 초청을 받았다. 그것은 신랑 이스마일이 친구 및 가족과 함께 자기 캄풍에서 오는 행사였다. 모든 사람이 새로운 집으로 영접받고 자리를 지정받았다. 오후 늦게 마을 전체에서 약 200명이 인상적인 잔치에 참석하기 위해 모여들었다. 주로 이스마일과 데위의 캄풍에서 온 사람들이었다. 당연히 데위 캄풍의 거의 모든 가족이 방문했다. 이들 중 거의 40%가 데위의 부모와 직접 관련이 있는 사람들이다.

모든 것이 잘 돌아가는지 확인하기 위해 데위의 캄풍에서 루라가 참석했다. 루라는 읍장 겸 보안관 같은 사람으로 처음부터 결혼 준비에 관여했다. 데위의 부모와 이스마일의 부모를 만나 신부 값에 대해 공식적으로 합의하도록 하고, 성대한 피로연을 계획하는 것도 도왔다. 적절하고 전통적인 결혼 피로연을 주최하는 것은 캄풍의 중요한 일이다. 이맘은 종교적인 세세한 사항을 잘 정리해 놓는다. 양가 모두 이런 조언과 도움을 고맙게 생각한다. 자녀가 멋진 무슬림식 결혼을 하는 것이 그들에게 중요하기 때문이다.

혹 데위와 이스마일의 부모가 조금이라도 수고나 비용을 덜려고 한다면 자녀뿐 아니라 공동체의 모든 사람들에게 인색한 사람이 될 것이다. 결국 그들이 데위와 이스마일을 돌봐 주기 때문이다. 남자들은 집 앞의 길과 도랑을 자기 일처럼 보수해 줄 것이다. 여자들은 오후에 방문해 데위에게 새신랑과 미래의 자녀를 위해 요리하는 법을 가르쳐 줄 것이다. 그러므로 이 젊은 부부가 함께하는 삶의 첫 순간부터 미래의 공동체를 반드시 포함시켜야 한다.

이 같은 처가 거주 사회(부부가 아내의 친족 집단과 함께 사는 것)에서는 여자의 관계가 가족적 유산의 의미를 보존한다. 그들은 대부분 할머니 또는 증조할머니와 같은 지역에 산다. 오늘날 특히 도시에서는 구성원들이 서로 관계가 없거나 심지어 인종이 저마다 다른 캄풍도 찾아볼 수 있다. 그럼에도 주민들은 여전히 밀접한 관계를 유지하며 이웃을 "가족 같다"고 말한다.

공동체 지도자

대학에서 한 학기를 마치고 돌아와 아버지 무함마드의 집에 사람들이 꽉 차 있는 모습을 본 하티는 자랑스러운 마음과 염려가 교차했다. 그녀의 아버지는 수요일 밤 모임에서 캄풍 여자들을 가르치고 있었다. 하티는 옆방에 짐을 풀러 갈 때, 꾸란 본문을 낭송하고 있는 열두 명 남짓한 여자들

지금 기도하라

1. 많은 무슬림들이 유지하고 있는 견고한 가정생활에 대해 하나님을 찬양하고, 온 가족이 함께 예수님께 나아오도록 기도하라(행 16:31-34).
2. 무슬림에게 예수님의 이야기를 힘있게 들려 주기 위해 문화적으로 적절한 노래와 춤, 이야기, 예술 작품에 대한 영감을 일으켜 달라고 하나님께 구하라(시 96:1-3).
3. 무슬림 여성이 스스로를 하나님이 지으신 그분 나라의 귀한 작품으로 볼 수 있게 해달라고 기도하라(엡 2:10).
4. 오늘 당신이 직면한 고민에 대해 생각해 보고, 그와 비슷한 짐을 지고 있는 무슬림을 위해 기도하라(시 34:17-18).

을 살짝 지나쳐 가면서 고개를 끄덕여 인사했다.

아버지는 작년부터 쇠약해지셨다. 그런데도 인근 중등학교에서 매일 이슬람과 아랍어를 가르치고 일주일에 나흘 저녁, 그리고 매주 토요일마다 두 번씩 공동체 강좌에서 가르치면서 바쁜 일정을 소화했다. 종종 이웃 사람들이 특별한 행사 때 자기 집에 와서 기도해 달라고 요청하기도 했다. 학교 측에서 매주 금요일 오후에는 일을 쉬게 해주었기 때문에 그는 모스크에서 기도를 인도하고 가르칠 수 있었다.

캄풍 사람들은 그를 찾아와 종종 종교에 대해, 그리고 사업체를 운영하는 법에서 육아에 이르기까지 온갖 일에 대해 물었다. 무함마드의 대답은 꾸란에 근거하기 때문에 두말 할 것 없이 가장 신뢰할 만한 것이었다. 실제로 무함마드는 공식적인 정부 직위는 없지만 캄풍 내에서 가장 영향력 있는 인물이다. 그는 이웃 사람들에게 타의 추종을 불허하는 존경과 영예를 받고 있다.

캄풍 내에 장례식, 할례, 유아 봉헌, 결혼식, 이슬람 축일이 있을 때면 사람들은 거의 언제나 무함마드가 함께하기를 원했다. 새로 부모가 된 사람들의 요청으로 그는 캄풍 내 대부분의 젊은 이들의 이름을 지어 주기도 했다.

캄풍의 가장 중요하고 인정받는 지도자들은 거의 다 훌륭한 무슬림 남자다.[8] 어떤 사람은 시민의 의무에 초점을 맞추는 반면에, 어떤 사람은 일차적으로 종교적 의무를 가지고 있다. 아체 주의 캄풍 문화는 세속 지도자와 종교 지도자들을 명확하게 구분하지 않는다. 삶의 전반에서 종교가 중심 역할을 하며 모두가 캄풍을 섬기기 때문일 것이다.

가난한 사람들

아흐마드는 날이 넓은 큰 칼을 휘두르면서 '딱 한 번만 더!'라고 생각했다. 획 하고 내리치자 요란한 소리와 함께 25미터 아래서 먼지와 잎사귀가 뒤섞인 구름이 일면서 아흐마드의 사냥감인 코코넛 한 다발이 떨어졌다. 아흐마드는 야자나무에서 천천히 내려와 수확물을 모으고 가슴과 팔에 묻은 나뭇조각들을 털어냈다. 먹고 살기 위해 오랜 세월 코코넛을 수확하느라 두꺼워진 피부 때문에 그는 나뭇조각이 붙은 것조차 거의 느끼지 못한다. 그래도 돈을 많이 벌지는 못했으며 여섯 식구 입에 간신히 풀칠할 수 있을 정도였다. 수확할 코코넛이 없거나 너무 아파서 나무에 올라갈 수 없는 힘든 시기에는 현지 모스크에서 이슬람의 가르침에 따라 그에게 음식과 돈을 주었다.

그날 수확한 것을 수레로 나르면서 그는 진흙탕 강가에서 커다란 콘크리트 판 위에 앉아 뻣뻣한 솔로 옷을 비비고 있는 아내를 지나쳐 갔다. 아내와 다른 캄풍 여자들이 일할 때 아이들은 강에서 놀았다.

아흐마드의 검소한 방 한 칸짜리 초가집은, 스페인식 기와지붕에 세라믹이 바닥에 깔린 아름다운 방이 다섯 칸이나 되는 벽토 집 근처에 있었다. 자기도 가족에게 그런 집을 마련해 주면 좋겠다고 생각했으나 결코 그럴 수 없다는 것을 그는 안다. 그 정도로 돈을 모으려면 연줄이 있어야 한다. 교육이 하나의 출구가 될 수도 있겠지만 그러기에는 자신이 너무 늙었음을 느끼며 그는 자신의 위치를 받아들이게 되었다. 더 많은 것을 얻으려고 몸부림치기보다는 운명을 받아들이는 편이 더 나았다.

아흐마드와 마찬가지로 많은 아체 남자들은 돈이나 연줄이 없고 교육도 받지 못했으며 더 나은 직업이나 더 많은 돈을 바랄 수 없는 상황에 있다.[9] 어떤 사람들은 공동체가 절대 자신을 굶게 하지는 않으리라는 것을 알기에 가난을 감수하고 받아들인다. 그들은 풍성한 음식이 있는 곳에 살며 이슬람은 돈이 있는 사람들에게 가난한 이웃들과 나누라고 촉구한다.

아흐마드의 친구들은 경건하게 사는 것이 부자가 되는 것보다 더 중요하다는 데 동의할 것이다. 아흐마드는 이슬람에 대한 자신의 이해가 상당히 제한되어 있다는 것을 안다. 꾸란을 읽고 이해하기 위해 아랍어를 배우는 것은 대학 교육과 마찬가지로 그의 능력을 벗어나는 일이다. 하지만 그는 기도와 금식과 신경 암송을 통해 하늘나라에 갈 수 있다고 생각한다. 그는 가난을 받아들인 것처럼 그리 깊이 생각해 보지 않은

무슬림 공동체

움마(공동체)는 이슬람 사회를 하나로 묶는 요소다. 그것은 언어와 문화, 지리적 장소를 넘어 무슬림의 정체성을 형성하는 주된 원천이다.[1] 꾸란은 움마가 가장 높고 보편적이라고 단언한다.

> 너희는 가장 좋은 공동체의 백성이라 계율을 지키고 악을 배제할 것이며 하나님을 믿으라 만일 성서의 백성들이 믿음을 가졌더라면 그들에게 축복이 더했으리라 그들 가운데는 진실한 믿음을 가진 자도 있었지만 그들 대부분은 사악한 자들이더라(꾸란 3:110).

> 너희에게 허락되지 아니한 것이 있으니 죽은 고기와 피와 돼지고기와 하나님의 이름으로 잡은 고기가 아닌 것 목졸라 죽인 것과 때려서 잡은 것과 떨어져서 죽은 것과 서로 싸워서 죽은 것과 다른 야생이 일부를 먹어 버린 나머지와 우상에 제물로 바쳤던 것과 화살에 점성을 걸고 잡은 것이거늘 이것들은 불결한 것이라 오늘 믿음을 거절한 자들이 너희의 종교를 체념하나니 너희는 그들을 두려워하지 말고 나만을 두려워하라 오늘 너희를 위해 너희의 종교를 완성했고 나의 은혜가 너희에게 충만하게 하였으며 이슬람을 너희의 신앙으로 만족케 하였노라 굶주림에 시달리는 사람이라 할지라도 죄악에 기울이지 아니한 자 하나님의 관용과 자비를 받을 것이라(꾸란 5:3).

움마는 모든 인류에게 증인이 되어야 한다.

> 그리하여 하나님은 너희에게 중용의 한 공동체를 선정했나니 너희는 그 공동체의 증인이 될 것이며 그 선지자가 너희들에게 한 증인이 되리라 또한 너희가 그전에 향했던 기도의 방향을 지정했나니 이는 선지자를 따르는 자와 따르지 않는 자를 구별코자 함이라 그것은 하나님의 인도를 받지 못한 자들에게는 커다란 시험이나 하나님께서 너희의 믿음을 좌절시키지 아니했으니 하나님은 실로 온 인류에게 사랑과 자비로 충만한 분이시라(꾸란 2:143).

움마는 그 구성원을 보호해야 한다.

> 남녀 신앙인들은 서로가 서로를 위한 보호자라 그들은 선을 행하고 사악함을 멀리하며 예배를 드리고 이슬람세를 바치라 하셨노라 또한 하나님과 그분의 선지자에게 순종하사 하나님께서 그들에게 은혜를 베풀 것이라 실로 하나님은 권능과 지혜로 충만하심이라(꾸란 9:71).

무슬림들은 공동체를 중시하면서도 이러한 높은 이상을 이루는 데 어려움을 겪는다. 그리스도인들이 종종 "서로 사랑"(요 13:34-35)하는 데 실패하는 것처럼 말이다. 그리스도의 몸이 하나 됨을 보여 주지 못할 때, 우리는 그리스도 안에 있는 소망을 보여 줄 기회를 놓친다. 하나 된 공동체를 통해 우리는 효과적으로 복음의 증인이 되고, 그리스도의 받아 주심과 보호하심을 경험하도록 무슬림을 초대할 수 있다.

1. John L. Esposito, *What Everyone Needs to Know About Islam* (London: Oxford University Press, 2002), 15쪽.

출처_ *Encountering the World of Islam*.

채 이슬람의 길에 자신을 맡겼다. 그가 아는 사람들도 모두 무슬림이었으며, 그중에 누구도 꾸란을 읽지 못했다.

젊은 세대

한 유명한 미국 록밴드가 텔레비전에서 소리를 높일 때, 이다는 기도하기 위해 사용하던 페이스북의 창을 닫았다. 이다는 정결 의식을 행한 후 길고 흰 베일로 몸을 덮었다. 이다가 능숙한 동작으로 기도를 암송하고 기도 동작을 따르고 있는데 전화벨이 울렸다.

이다는 기도를 마친 후 '친구'의 전화에 답신했다. 이다의 친한 친구들은 그가 실제로는 이다의 남자친구라는 것을 알지만, 이다는 가족이 그 사실을 알지 못하도록 조심했다. 다음 날 수업이 끝난 후 영화관에서 만나기로 한 뒤 이다는 대학 입시 공부를 하기 전에 다시 페이스북 창을 열었다.

이다의 오빠 아방은 방에서 동시에 울리던 라디오를 껐다. 아방은 웃옷을 걸치고 친구를 만나러 포스로 떠났다. 아방이 거기에서 카드놀이나 도미노 게임을 자주 하는 것은 아니다. 아방은 언제나 대학 강의 때문에 바쁘다. 바쁜 아방이 포스를 찾은 까닭은 그곳에서 강사 자리를 얻기 위해서다. 캄풍의 일부 젊은 아첸 남자들은 거의 매일 저녁을 포스에서 지낸다. 대부분은 직업이 없거나 학교를 마칠 만한 돈이 없는 사람들이다. 아방이 포스에서 만난 젊은이들은 그와 함께 기도하고 축구하고 공동체 봉사를 하던 사람들이다. 그들은 서로 다른 목표를 추구하고 있기는 하지만 여전히 이슬람과 공동체의 형제애로 함께 묶여 있다.

아방과 그의 친구들은 현대 사회에서 무슬림으로 사는 것에 편안함을 느낀다. 때로 그들은 꾸란과 다른 이슬람의 가르침에 대해 논하기도 한다. 하지만 율법의 요구 사항을 따르면서도 자기가 선호하는 현대 음악과 패션을 즐기는 것은 어려운 일이 아니라고 생각한다. 꾸란은 그들이 좋아하는 영화에 대해 아무 말도 하지 않기 때문이다.

다른 한편으로 이다는 좋은 무슬림이 된다는 것이 어떤 의미인지를 놓고 갈등하고 있다. 많은 친구들은 그렇게 배우지 않았지만, 이다는 남자들과의 잘못된 관계를 피하기 위해 질밥(머리 스카프)을 쓰라고 배웠다. 이다는 남자친구와의 은밀한 데이트를 포기할 마음이 없다. 하지만 친구들이 이다 자신보다 더 정직하다고 주장할 때, 그 친구들의 말이 맞는 게 아닌가 하는 생각이 든다.

이다와 아방은 둘 다 캄풍의 전형적인 십대인 듯하다. 존경받는 부모의 자녀인 그들은 가족의 명예를 지켜야 하는 책임을 이해하고 있다. 캄풍의 다른 젊은이들은 더 방황하는 듯 보인다. 때로는 무슬림의 생활방식에 등을 돌린 것처럼 보이기까지 한다.

전 세계 사회를 변화시키고 있는 힘이 아체의 젊은 세대에게도 영향을 미치고 있다.[10] 점점 더 많은 젊은 남녀들이 고등교육을 받고 있으며, 그로 인해 캄풍 바깥 세상을 더 많이 인식하게 되었다. 대학에 다니지 않은 사람들은 캄풍의 이웃과 가장 가까이 지내는 경향이 있지만, 교육받은 사람들만이 이해할 수 있는 내용에 대해 대화하고 싶은 대학 졸업자들은 직장에서도 친한 친구들을 사귈 것이다.

많은 아체 젊은이는 성적 부도덕과 음주가 현대적인 것이라고 믿는다. 일부 사람들은 부와 과학 기술과 성적 자유를 미화하는 텔레비전 프로그램을 보면서 이 세 가지를 마음속으로 통합해 그런 인상을 받는다. 현대화의 부정적인 측면은 신실하지 못한 무슬림에게 가장 두드러지게 나타난다. 아체 사람들 중에는 서구가 제공하는 것이 전부 좋은 것은 아니라고 생각하는 사람들이 많다. 그들은 자신의 도덕적 기준을 포기하지 않으면서 과학 기술을 흡수하고자 한다. 그래서 아체의 현대화는 아체 사람들의 마음이 좀 더 서구화되거나 세속화되고 있다는 의미를 내포하지는 않는다. 그들은 자신의 이슬람적 세계관을 현대 사회의 삶에 통합하고자 한다.

규칙을 앎

아체 사람들은 다른 인도네시아 사람들과 마찬가지로 공동체의 풍습 간에 차이가 있음을 인식하며 이러한 전통을 유지하려고 노력한다. 그들은 현지의 지침을 '아닷'이라고 한다. 그것은 법과 풍습 중간쯤 되는 것으로 그들의 의식, 축제, 성인식 등을 지배하는 제도다. 한 아체 사람은 "아닷을 깨면 모든 사람들이 서먹하게 굴 것이고 따돌리며 어쩌면 떠나라고 요구할 수도 있습니다. … 그러면 그는 불행해질 것입니다. 아무도 그와 함께 하지 않고 더는 그를 도와주지 않을 테니까요"[11]라고 설명했다. 대부분의 무슬림 공동체에서 그렇듯 아체 사람들의 삶에서도 아닷은 중요한 역할을 한다.

아랍어를 아는 사람이 거의 없는 곳에서 사람들은 자기 지역의 모든 전통이 이슬람의 일부라고 믿을 것이다. 혹시라도 전통에 대한 의견 불일치가 생기면 가장 연장자나 가장 경건한 사람, 혹은 꾸란을 잘 알고 있는 사람에게 의논한다. 누구나 공동체 지도자의 말에 순종하기에 전통은 유지된다. 하지만 현대화가 영향을 끼치고 있

무슬림을 위한 기도

처음 이란 식당을 방문했을 때 식당 주인의 아내가 아프다는 것을 알게 되었다. 아내의 몸이 낫기를 기도해도 되겠느냐고 묻자 주인은 고마워했다. 내가 예수님의 이름으로 기도할 것이라고 설명하자 그는 "전 예수가 치유자이심을 믿습니다"라고 대답했다. 주님은 위대한 분이시다. 주님은 식당 주인의 아내를 고쳐 주셨다. 일주일 후 그에게 신약을 건넸다.

우리는 지역 내 무슬림들을 위해 기도해야 한다. 그들의 이름을 안다면 날마다 그들을 위해 기도하고 주님께 '신적 약속'을 해달라고 청할 수 있다. 주님의 섭리 가운데 그분이 역사하심으로 우리가 증인이 되는 사건들이 일어날 때 우리는 즐거운 비명을 지르게 될 것이다.

지역 내 무슬림들의 이름을 모르면 어떻게 할까? 런던에 사는 한 친구는 창의적인 해결책을 가지고 있다. 그는 같은 요일마다 돌아가면서 무슬림 가운데 많이 쓰이는 이름을 놓고 기도한다. 예를 들어 월요일에는 '알리'라는 이름을 가진 모든 사람들을 위해 기도한다.

화요일에는 '무함마드'라는 이름을 가진 사람들을 위해 기도한다. 그는 그들 각각에게 예수님에 대해 말해 줄 사람을 보내 달라고 구한다. 얼마나 좋은 아이디어인가! 무슬림의 마음을 깨워 달라고 하나님께 간절히 구하는 것이다!

무슬림을 위해 기도하는 것 외에 그들과 함께 기도하는 방법도 있다. 이슬람 신학이나 관습에는 기도가 하늘에 계신 아버지와의 대화라는 개념이 없다. 하지만 다른 두 종류의 기도가 있다. 그것은 의식상의 기도(살라트)와 개인적 호소(두아)다. 살라트는 개인적으로 혹은 사원에서 하루에 다섯 번씩 드리는 기도다. 한편 두아는 축복과 보호를 구하는 비공식적인 요청이다. 이를테면 "당신의 집이 번성하길" 혹은 "우리 자녀들이 잘 자라길" 하는 식이다. 무슬림과 사귀면 그들은 자신의 필요를 우리와 나눌 것이다. 그러면 우리는 하나님이 이러한 필요를 채우시도록 그들과 함께 기도해도 되겠느냐고 물어볼 수 있다.

출처_ Fouad, Masri, *crescentproject.org*.

다. 무슬림권 전역을 보면 그곳에서 어떤 규칙을 따르고 있든 어떤 이들은 엄격하게, 어떤 이들은 다소 허용하며 따르는 모습을 볼 수 있다. 무슬림 도시라고 해서 단 하나의 생활방식만 있는 곳은 거의 없다.

결론

무슬림식 생활방식이 있는가? 꾸란과 하디스의 강력한 영향력은 분명 무슬림권 전역에서 찾아볼 수 있는 특정한 유형을 만들고 그들만의 가치관을 주입한다. 하지만 무슬림 문화의 다양성과 독특한 환경은 매우 다양한 현지 문화를 육성하고 발전시켰으며, 그것이 가족과 공동체의 형태를 결정한다. ❖

주

1. Caleb Project, *The Azerbaijanis: A Cultural Description and Strategy Report*(Littleton, Colo.: Caleb Project, 1995), 56-60쪽, 70쪽.
2. 앞의 책, 98쪽.
3. 앞의 책, 100쪽.
4. 앞의 책, 101쪽.
5. 앞의 책, 41쪽.
6. Caleb Project, *The Cross and the Rinceong*(Littleton, Colo.: Caleb Project, 1993), 31쪽.
7. Caleb Project, *A Prayer for Indonesia*(Littleton, Colo.: Caleb Project, 1993), 10-12쪽.
8. 앞의 책, 12-13쪽.
9. 앞의 책, 20-21쪽.
10. 앞의 책, 16-17쪽.
11. 앞의 책, 57쪽.

참고문헌

David W. Shenk, *Journeys of the Muslim Nation and the Christian Church*(Scottdale, Pa.: Herald Press, 2003). heraldpress.com

베이루트의 여러 얼굴

수잔 몰너

 인구 200만의 도시, 베이루트는 대조와 모순의 도시다. 당신이 이 도시에 언제, 어느 곳에 있느냐에 따라 그곳은 아랍의 파리가 될 수도, 유혈이 낭자한 전장이 될 수도 있다. 15년 동안 지속된 레바논 내전(1975-1990년)은 이 도시에 지울 수 없는 흔적을 남겼다. 총탄 구멍이 난 건물들과 쇠락한 동네들이 카페, 술집, 쇼핑 구역을 갖추고 새로 단장한 시내와 극명한 대조를 이룬다. 이 도시 한쪽에는 사람들이 초만원을 이루어 곧 무너질 듯한 팔레스타인 난민 수용소가, 다른 한쪽에는 아름다운 유럽식 레스토랑과 쇼핑몰이 자리하고 있다. 부와 가난, 그리고 폭력이 매일같이 충돌하는 사이 종교와 문화 역시 뒤섞여 충돌을 거듭하고 있다.

이 도시는 어느 길이든 차로 꽉 막혀 있다. 거리에는 차가 줄지어 서 있고 여기저기서 경적이 울린다. 아랍과 미국의 대중음악이 차와 집에서 요란스럽게 쾅쾅 울린다. 노점상들이 큰소리로 자기 물건을 소개하고 건물 위에서 떠드는 소리는 길가까지 울려 퍼진다. 얼핏 보면 대혼란 같지만 이것이야말로 이 도시의 분위기다. 베이루트는 도시 자체가 생명력이 있는 흔치 않은 장소 중 하나다.

레바논 헌법은 공식적으로 18개의 종교 집단을 인정하고 있다. 무슬림 분파가 넷, 드루즈파가 하나, 유대교가 하나, 기독교 분파가 열둘이다.[1] 레바논의 수도인 베이루트는 또한 팔레스타인 난민, 시리아 이주 노동자, 집시, 아르메니아 사람들로 붐빈다. 이들은 모두 비좁은 지구에 모여 산다. 진짜 베이루트 토박이는 전체 인구 중

수잔 몰너는 2004년에 레바논 베이루트의 난민 수용소에서 일하기 시작했다. 그녀는 팔레스타인 사람들을 향한 열정과 비전으로 '베이루트 비욘드 프로젝트'를 시작했다. 이를 통해 아랍 세계 전역에 걸쳐 팔레스타인 공동체에 유익을 끼치길 원한다. beirutandbeyond.org.

얼마 되지 않는다. 대부분이 일자리를 구하거나 전쟁을 피하기 위해 레바논 전역의 시골에서 올라온 사람들이다.

이 도시의 악명 높은 녹색 선은 이곳이 검문소, 저격수, 격전 등이 특징인 내전의 최전방이었음을 상징한다. 오늘날까지 베이루트는 이 선을 따라 동서로 나뉘어 있다. 동쪽은 그리스도인이, 서쪽은 무슬림이 차지하고 있다. 베이루트의 심장 같은 순교자의 광장은 베이루트 동부와 서부 사이에 중립 지대 역할을 한다. 이 광장에는 유명한 동상이 서 있는데, 여기저기 총탄의 흔적이 가득하다. 이 동상은 미래에 대한 소망뿐 아니라 과거에 잃어버린 모든 것을 상징하는 것이리라. 이곳은 그리스도인이나 무슬림 모두에게 시위, 콘서트, 마라톤, 집회 등을 위한 공간으로 사용된다.

레바논의 수도 베이루트, 지중해 연안에 위치해 있다.

가브리엘: 특권 계층의 생활방식

베이루트 동부, 그리스도인 지역에는 (스타벅스나 칠리스 같은 미국 체인점을 비롯해) 유명 디자이너 샵, 카페, 은행, 레스토랑 등이 줄지어 있어 상류계층이 살 것처럼 보인다. 각종 바와 클럽이 늘어선 지역에서는 뉴욕이나 런던에 견줄 만한 밤 문화를 즐길 수 있다. 좀 더 동쪽으로 가면 교외 지역에 가난한 아르메니아인과 그리스도인이 모여 사는데, 이 지역은 산악 지대까지 이어진다.

가브리엘은 열다섯 살 소녀로 베이루트 동부의 쇼핑몰 바로 옆 아크라피에 지구에 산다. 가브리엘은 3개 국어를 구사한다. 불어를 일상어로 쓰고 그 다음으로 영어를 사용하며 아랍어는 조금 하는 정도다. 그녀는 프랑스계 학교에 다니고 가족과 함께 마론파 교회에 정기적으로 출석한다. 개인 운전기사가 있어 그녀는 쇼핑몰이나 컨트리클럽 수영장, 산악 지대의 마구간이나 바닷가 리조트 등 원하는 곳은 어디든 마음 편히 다닐 수 있다. 여름이면 가족과 함께 베이루트를 떠나 산악 지대 마을에서 시간을 보낸다. 그 마을에 여전히 많은 친척이 살고 있기 때문이다. 가브리엘은 미국의 십대들과 마찬가지로 학교, 남학생, 쇼핑 등에 관심이 많고 편안한 십대 생활을 즐기고 있다.

아비르: 중산 계층의 염려

베이루트 서부에는 은행과 상가가 모여 있는 무슬림 수니파 상류계층 거주 지역, 소규모의 드루즈인 거주 지역, 그리고 아름답고도 광대한 베이루트 아메리칸 대학이 자리하고 있다. 더 남쪽으로 내려오면 시아파가 불법으로 점유하고 있는 거주 지역이 나온다. 1980년대와 1990년대에 이스라엘이 남부 지역에 있는 그들의 마을을 차지하면서 시아파는 이곳으로 쫓겨 왔다. 그들은 헤즈볼라와 아말 무장조직의 통제 아래 있다. 레바논 국경 안에 있으면서도 독립적인 주권을 가진 다른 나라의 지배를 받는 것 같은 상황이다. 이들은 여전히 불법 체류 중이며 전기를 비롯한 여러 공공 서비스를 무단으로 사용하고 있다. 이 도시에서 가장 가난한 공동체가 거주하는 곳이자 이

나라를 통제할 만한 힘을 가진 무장조직이 거주하는 곳이다.

아비르는 헤즈볼라의 근거지, 다히예에서 부모님과 세 명의 남자형제, 할머니, 삼촌과 함께 방 두 칸짜리 아파트에 살고 있다. 아비르가 외국인에게 아랍어를 가르치고 있는 어학원은 함라에 있는데, 이곳은 이른바 요즘 뜨는 지역으로 베이루트 아메리칸 대학 옆에 자리하고 있다. 그녀는 출근하는 데만 두 시간이 걸린다. 아침 일찍 일어나 밤늦게 집에 돌아오는데 퇴근해서도 해야 할 집안일이 그녀를 기다리고 있다. 아비르는 학교에 다니는 꿈을 꾸고 있다. 아비르의 가족은 학비를 댈 형편이 안 될뿐더러 적지만 아비르가 벌어다 주는 월급이 생계에 필요한 상황이다. 그래도 아비르는 가족을 사랑하고 도울 수 있어 행복하다.

아비르는 자기가 무슬림인 것을 자랑스러워하고, 무슬림 신앙이 자기 정체성의 핵심이라고 믿는다. 그녀는 정해진 양식에 따라 하나님께 기도하고 신앙심의 표현으로 머리를 가린다. 무슬림의 국경일이 되면 가족과 함께 남부 지역 마을에 있는 친척집을 방문한다.

아비르는 가끔 배우자 문제로 걱정한다. 혹시라도 그녀가 미혼일 때 아버지가 돌아가시면, 그녀는 남동생들의 보호 아래로 들어가 한 집에서 살아야 하기 때문이다. 그래도 아비르의 가족은 진보적인 편이어서 그녀는 다른 무슬림 친구들보다는 자유를 많이 누리고 있다. 그녀는 혼자

트라우마의 공유

물리적 충돌, 추방, 가난, 폭력으로 물든 사회에서 느끼는 매일의 트라우마는 한 공동체의 집단 정체성에 어떤 영향을 끼칠까? 바믹 볼칸 박사는 트라우마로 자신을 규정하는 "대규모 집단"에 이러한 요인들이 어떤 결과를 낳는지 설명한다. 발칸 박사는 (인종, 민족, 종교 등 무엇으로 묶여 있든) 대규모 집단의 정체성을 결정하는 것은, 수천 또는 수만 사람들이 오랫동안 동질감을 느끼면서 서로 끈끈하게 연결되었다고 느끼게 하는 경험이라고 말한다.[1] 이러한 집단의 구성원은 정체성을 유지하고 보호하며 회복할 의무를 공유한다. 역사상 조상들이 극심한 고통을 겪은 집단의 경우, 트라우마에 대한 인식이 때로 이들의 정체성을 구성하는 중요한 요인이 된다. 그러다가 새로운 위협을 만나면 트라우마에 대한 인식이 되살아나면서 이들의 집단 정체성이 확고해진다. 이렇게 되살아난 인식은 트라우마를 극대화시키고 이 집단에 큰 피해를 입힌다.[2]

심지어 그 공동체가 화를 자초한 면이 있다 하더라도 사회에 남은 트라우마는 심각한 심리적 문제를 낳는다. 그에 대한 예를 들어보자.

- 희생당하고 인간성을 박탈당했다는 느낌
- 무력감으로 인한 굴욕
- 다른 이들에게 상처를 준 것에 대한 수치심을 숨김
- 가족이나 친구 등은 죽었는데 자기만 살아남은 것에 대한 죄책감
- 굴욕감과 직면하지 않고/않거나 숨겨진 죄책감 없이 떳떳해지기 어려움
- 부정적인 편견을 과장함
- 집단 정체성에 내적으로 더욱 몰입함

일하러 다닐 뿐 아니라 주말이면 카페에서 친구들을 만나 주스를 마시고 아르길레(이슬람의 전통 물담배)를 피운다.

파디: 난민 수용소에서의 삶

베이루트 안팎에는 총 네 곳에 팔레스타인 난민 수용소가 있다. 이곳은 레바논 사람이 출입할 수 없으며 레바논 군대도 통제하지 않는다. 대신 중무장한 팔레스타인 민병대가 수용소를 지키고 있다. 난민 상태로 있은 지 6년이 지났지만[2] 팔레스타인인은 여전히 레바논 사회에 통합되지 못한 채 재산을 소유하는 것도, 70개의 다른 직종에서 일하는 것도 금지되어 있다.[3] 팔레스타인인이 레바논 인구의 10%를 차지하고 있지만[4] 이들에게는 영주권이 없다. 그저 불청객으로 인식될 뿐이다. 제대로 된 서류를 가진 시민이 아니기에 그들은 레바논을 비롯해 그 어디로든 자유롭게 여행할 수 없다. 이들은 교육과 의료 서비스를 국제연합 팔레스타인 난민 구호기구(UNRWA)로부터 제공받고 있다.[5]

파디는 북부의 한 난민 수용소에서 태어났다. 그의 부모는 6일 전쟁(1967년) 후에 레바논으로 왔는데, 팔레스타인 난민들이 가장 많이 유입된 시기에 온 셈이다. 그들이 처음 자리잡은 수용소가 레바논 군대와의 물리적 충돌로 파괴되면서, 파디와 그의 가족은 이곳 베이루트 난민 수용소로 오게 되었다. 그와 친척들은 작은 방 한 칸짜

- 가해자를 시기하고 억압하는 쪽과 방어적으로 동일시함
- 억압하는 편이 된 것에 대한 은밀한 죄책감과 힘을 잃는 것에 대한 은밀한 두려움을 느낌
- 트라우마가 지속되는 동안 소중한 것을 잃은 것에 대해 계속해서 슬퍼함

이러한 문제는 다음 세대로까지 이어져 그들은 그 트라우마를 자기 것인 양 받아들인다. 결국 정신적 상처가 그들의 문화적 정체성을 구성하는 매우 중요하고도 어쩌면 영구적일지 모르는 요소가 된다.[3] 슬프게도 정치 또는 종교 지도자들은 사람들을 고무시키기 위해 이전 세대의 상처와 그들의 상처를 동일시하곤 했다. 사람들은 뭔가 받아야 할 것이 있다고 느끼기 때문에 그것을 얻기 위해서라도 다른 이들에게 해를 가하는 선택을 하고 만다.[4]

미국에서 집단 트라우마가 세대에 걸쳐 전수된 예를 들자면, 북미 원주민에 대한 학대와 흑인에 대한 인종 차별 등이 있다. 최근 세계 역사에서는 보스니아와 세르비아의 충돌을 비롯해 아르메니아와 터키의 충돌 등이 있다. 현재 이스라엘과 팔레스타인 사이의 물리적 충돌은 양쪽 모두에게 반복되고 지속되는 트라우마에 대한 예가 될 것이다.

이제 치유와 화해라는 거대한 작업이 남아 있다. 그리스도의 은혜와 사랑의 대리인으로서 우리는 상처와 비통으로 가득한 시대에 온전함과 자유를 가져오기 위해 어떻게 반응해야 하는가?

1. Volkan, Vamik, "Chosen Trauma, The Political Ideology of Entitlement and Violence" (2004). *vamikvolkan.com*.
2. Volkan, Vamik, "Transgenerational Transmissions and Chosen Traumas: An Aspect of Large-Group Identity" (1998). *vamikvolkan.com*.
3. Volkan, Vamik, "Shared Trauma, Transgenerational Transmission, and Societal Well-Being" (2011). *vamikvolkan.com*.
4. Volkan, "Chosen Trauma."

출처_ *Encountering the World of Islam.*

리 집에서 함께 살고 있다.

파디는 지금까지 UNWRA 학교에 쭉 다녔다. 낙제를 해도 매년 다음 학년으로 올라갔다. 파디는 공부를 못하기 때문에 그냥 중퇴하고 싶은 마음뿐이다. 차라리 친구들과 거리에 있는 편이 낫다고 생각한다. 어차피 공부를 해봤자 대학에 진학하지 못할 테니 말이다. 파디는 어떻게든 일자리를 찾아보았지만 할 수 있는 일이라고는 멍하니 앉아 있다가 구호 단체가 오면 어머니와 함께 나가서 먹을 것과 입을 것을 받아오는 일 뿐이다. 그는 자신과 가족을 위해 더 나은 삶을 살고 싶지만 수용소를 빠져나갈 방법이 없다. 파디는 언젠가 다른 사람들처럼 평범하게 일하며 살 날을 꿈꾼다. ❖

주

1. Jason Mandyk, *Operation World*, 제7판(Downers Grove, IL: InterVarsity Press, 2010), 528쪽.
2. UNRWA, *unrwa.org*.
3. 앞의 글.
4. 앞의 글.
5. 앞의 글.

참고문헌

David W. Shenk, *Journeys of the Muslim Nation and the Christian Church*(Scottdale, PA: Herald Press, 2003). *heraldpress.com*.

 5과를 위한 교재 읽을거리를 끝냈다면 261쪽의 '추천 도서와 활동'을 보라.

 온라인 읽을거리는 *encounteringislam.org/readings*에서 볼 수 있다.

토론 문제

1. 서구의 세계관은 삶이 각각의 부분으로 쉽게 나뉜다고 본다. 서로 다른 공동체에 속해 있으며, 직장과 교회와 집에서 서로 다른 행동을 보인다. 한편 동양의 세계관은 삶을 통합된 하나의 것으로 본다. 전자가 후자보다 '성경적'이라고 생각하는가? 그렇다면, 혹은 그렇지 않다면 이유가 무엇인가?

2. 그리스도인이 전파하는 복음은 전도 대상인 무슬림의 삶과 어떻게 분리되어 있는가?

3. 당신의 삶은 어떤 점에서 당신의 신앙과 하나가 되지 못하고 있는가?

추천 도서와 활동

읽기 『미니스커트 어머니 그리고 모슬렘』(크리스틴 말루히 지음, 예수전도단, 1996).
『무슬림의 마음』(에드워드 호킨스 지음, 대장간, 2010).

보기 〈중매보다 연애〉(Arranged, 다이안 크레스포, 스테판 쉐퍼 감독, 2007).
〈시리아인 신부〉(The Syrian Bride, 에란 리클리스 감독, 2004).
〈Little Mosque on the Prairie Series〉(CBC TV프로그램, 2007-2012).

기도하기 무슬림 가족 내 특정한 식구(어머니, 아버지, 숙모 등)를 위해 기도하라. 가능하다면 비슷한 처지에 있는 가족을 위해 기도하라. 이를테면 당신의 가족과 자녀 수가 똑같은 무슬림 가족을 위해 기도할 수 있다.

먹기 중동, 인도네시아 혹은 아프리카 식당에 가서 한 번도 먹어 보지 않은 요리를 시도해 보라. 종업원에게 이 요리를 언제, 어떻게 먹는지 물어보라. 집에서 매일 해 먹는 음식인가? 어떤 절기나 가족 기념일에 먹는 특별한 음식인가?

검색하기 womeninislam.org – 인권과 사회 정의에 초점을 맞추어 이슬람 여성을 위한 자료를 제공한다.

* 그 밖의 유용한 정보와 자료는 *encounteringislam.org/learnmore*를 보라.

6과
무슬림의 영적 세계

깊이 생각해 보기

- 무슬림은 자기 문제에 대한 효과적인 영적 해결책을 어떻게 찾는가?
- 그리스도인은 초자연적 세계를 어떻게 통제하려 하는가?
- 복음은 두려움의 문제로 씨름하는 사람에게 무엇을 제공하는가?
- 자기 필요나 욕망을 채우기 위해 하나님을 조종하려는 어떤 행동이나 말을 한 적이 있는가?

이 과의 목표

1. 새로운 목표: 영적 영역에 대한 성경적 관점을 무슬림과 이야기한다.
2. 새로운 목표: 무슬림에게 나의 신앙을 나눌 때 그리스도를 통해 두려움에서 벗어난 경험을 이야기한다.
3. 앞 과에 기초한 목표: 우리 삶과 무슬림의 삶에 역사하는 영적 존재, 능력, 권위의 역학에 대해 설명한다.
4. 앞 과에 기초한 목표: 무슬림의 영적 세계관의 중요성을 이해한다.
5. 앞 과에 기초한 목표: 주위 사람들이 무슬림의 영적 삶에 대해 가지고 있는 오해를 바로잡는다.
6. 앞 과에 기초한 목표: 영적 통찰과 성경적 건전성을 갖추어 무슬림을 위해 기도한다.

핵심 요점

1. 성경적 세계관에는 영적 영역이 포함된다.
2. 무슬림의 신앙과 실천은 초자연적 세계와 연관되어 있으며, 이는 사회의 모든 영역에서 찾아볼 수 있다.
3. 무슬림 세계관에 나타나는 능력, 통제, 두려움
4. 무슬림 사이에 존재하는 초자연적 세계관의 예
5. 이슬람의 신비주의: 수피즘
6. 하나님의 초월성과 내재성
7. 그리스도의 바라카: 무슬림을 축복하는 것은 영원한 결과를 가져오는 영적 사역이다.
8. 무슬림을 위한 복음에는 죽음과 두려움, 압제, 악한 영, 악, 하나님의 진노로부터의 자유가 포함된다.

과제

두 번째 퀴즈는 6과까지 나온 내용에 해당한다. 퀴즈는 오픈북 형식이고 이 내용을 통해 당신이 개인적으로 어떠한 도전을 받았는지에 중점을 두고 있다. 퀴즈에 답하는 가운데 이슬람에 대한 지식을 늘어 놓기보다는 그동안 배운 내용이 당신의 마음과 삶에 의미하는 바를 나누길 바란다.
계속해서 *encounteringislam.org/readings*에 나오는 온라인 읽을거리를 읽고, 온라인 토론회에 글을 올리라.
더 많은 정보를 위해 31-41쪽의 강좌 소개와 *encounteringislam.org*를 찾아보라.

이 과의 읽을거리

 교재   서론
민속 이슬람: 초자연적 능력에 이르는 무슬림의 길
민속 이슬람에서의 능력 사역
민속 무슬림과의 능력 대결
신비주의: 율법에서 벗어남

 온라인   영적 영역: "천국의 장소"(The Spirit Realm: "The Heavenly Places", 릭 러브) – 무슬림의 진정한 필요를 채우는 사역에 대한 통찰을 얻으려면 영적 현실이 어떠한지 이해를 높여야 한다.
민속 이슬람의 흉안, 정령, 그리고 부적(The Evil Eye, Jinn, and Amulets in Folk Islam, 에이미 베넷) – 일부 무슬림이 부적, 점, 마술 등을 사용하는 것은 오직 그리스도만이 채우실 수 있는 필요의 영역을 드러낸다.

서론

대다수 무슬림은 하나의 세계관(우주에 대한 이해) 안에서 생활한다. 보이지 않으나 일상생활에 영향을 끼치는 초자연적 존재와 세력이 그 세계관에 포함된다. 무슬림은 "무엇 때문에 제가 아프죠? 어떻게 하면 나을 수 있나요?"라고 묻지 않고, "저를 아프게 한 이가 누구입니까? 왜 그런 겁니까?"라고 물을 것이다. 삶을 해석하는 이러한 방식을 무슬림은 널리 받아들이고 있지만 이 신앙을 적용하는 방식은 상당히 다르다. 대중 이슬람은 무슬림의 마음속 필요를 채워 주지 못하는 정통 이슬람의 메마름 때문에 발전했을 것이다. 대중 이

묵주로 반복 횟수를 세고 있다.

슬람의 신앙은 이슬람 이전의 정령신앙이나 힌두교의 신앙을 반영하고 있을 수도 있다. 어쨌거나 대부분의 무슬림은 필요를 채우기 위해 자기 행동을 통해 하나님과 그 밖에 보이지 않는 세력에 영향을 미치려 한다. 무슬림만 이런 세계관을 가지고 있지는 않다. 정령 숭배자나 다른 민족의 종교 역시 이와 비슷한 관점을 가지고 있다.

오해하기 쉬운 호칭들

많은 저자들이 대중 이슬람을 묘사하기 위해 '민속 이슬람'(folk Islam)이라는 용어를 사용해 왔다. 이것은 시골에 살거나 교육받지 못한 무슬림들이 주요 신봉자임을 암시하는, 오해하기 쉬운 호칭이다. 이슬람 문화를 고찰하는 인류학자와 그 밖의 전문가들은 민속 이슬람이라는 용어를 피하는 경향이 있다. 대중 이슬람은 시골 마을이나 특정 지역의 관습에 국한되지 않는다. 사실 모든 이슬

람 형식에는 지역 특유의, 혹은 비술적인(occultic) 요소가 포함된다. 교육받고 도시에 살거나 지적인 현대 무슬림조차 그들의 삶에 영향을 끼치는 초자연적 세력 및 존재에 관한 가정과 개선책에 몰두한다.

무슬림이 아닌 그리스도인은 그들의 이런 관습적 행동을 설명할 때 민속 이슬람, 정령 숭배자, 심령술사, 신비술사 같은 용어를 사용했다. 하지만 5과에서 말했듯 민족성과 민족 정체성이라는 개념(그와 관련된 토착적 풍습, 의미, 민간 전승)은 다른 어떤 '이슬람적' 특성보다 무슬림을 이해하고 그들과 관계 맺는 데 중요하다.

다른 선택들

빌 머스크(Bill Musk)는 대중 이슬람을 '보통 이슬람'이라고 부른다. '보통'이라는 말과 '대중적'이라는 말은 이런 이슬람적 형태의 본질을 정확하게 묘사하지만, 이 과에 선정된 글의 몇몇 저자들은 계속해서 이 다양한 표현들을 한데 묶어 '민속 이슬람'이라고 부른다. 그들이 사용하는 '민속'이라는 말이 정령 숭배, 신비주의, 이슬람의 독특한 지역별 표현이라는 독립된 세 개념을 융합시킨 것임을 유의하기 바란다.

정령신앙은 아마도 잘못된 명칭일 것이다. 그렇게 되면 이슬람이 정령 숭배의 종교가 되기 때문이다. 많은 무슬림들이 영적인 세계를 인식하고 심지어 발을 잠깐 들여놓기도 한다. 하지만 그들은 정령 숭배자가 아니다. 그들은 영을 신격화하지 않기 때문이다. 아무리 사교에 빠져 있다 해도 무슬림은 유일신론자다.

이슬람에서 신비주의는 대중 이슬람의 일부분을 포함하는데, 이 모든 대중적 표현을 신비주의라고 하면 이 과에서 다루는 일부 관습들을 제대로 설명할 수 없다. 게다가 어떤 관습을 신비주의로 분류할 때 우리는 무의식적으로 그것을 미신이라고 낙인찍고 있는지도 모른다. 그런 신앙은 비합리적, 비논리적, 반지성적이며 순진하고 속아넘어가기 쉬운 사람들이나 가지는 거라고 잘못 판단하는 것이다.

타당하지 못한 이원론

어떤 사람들은 대중 이슬람을 비공식적이거나 비정통적이거나 (수준) '낮은' 이슬람이라고 묘사한다. 하지만 활발하게 영적 활동을 하는 많은 무슬림들은 이슬람의 모든 공식적 요구 사항을 따른다. 분명 많은 무슬림들이 그들의 문화와 필요에 맞게 이슬람을 각색했다. '대중적' 표현과 전통적인 이슬람 사이에는 분명 차이가 있다. 하지만 '전통적인' 형식과 '대중적인' 형식 간의 이원론은 더 이상 인류학계나 이슬람 연구에서 받아들이지 않는다. 예를 들어 부적을 사용했다는 증거가 꾸란과 하디스에 나타났다면, 부적과 호부(護符)는 이슬람의 대중적 측면인가 전통적 측면인가? 더군다나 어떤 이슬람 양식이 대중적인지 혹은 정통적인지를 누가 결정하는가?

전반적으로 무슬림은 영적 세계 및 하나님과 연관을 맺으려고 애쓴다. 이슬람 신학에서 일차적으로 하나님은 초월하신 분이다. 그분은 멀리 계시며 인간사에 관여하지 않으신다. 하지만 우리는 창조주와 친밀한 관계를 맺으려는 내적 열망을 가지고 창조되었다. 하나님과 연관을 맺으려는 마음속 깊은 곳의 필요는 대중 이슬람을 추진하는 힘이다. 더군다나 많은 무슬림들이 그들의 일상생활에 영향을 미치는 압력, 이를테면 질병, 죽음, 질투, 부정함, 궁핍 등을 두려워한다. 그들은 초자연적 영향력이 이러한 세력을 막아주길 끝없이 추구한다. 그들의 삶에 나타나는 두려움과 영적 능력의 실상을 이해하는 것이 무슬림과 관계 맺는 데 중요하다.

코카서스 산지

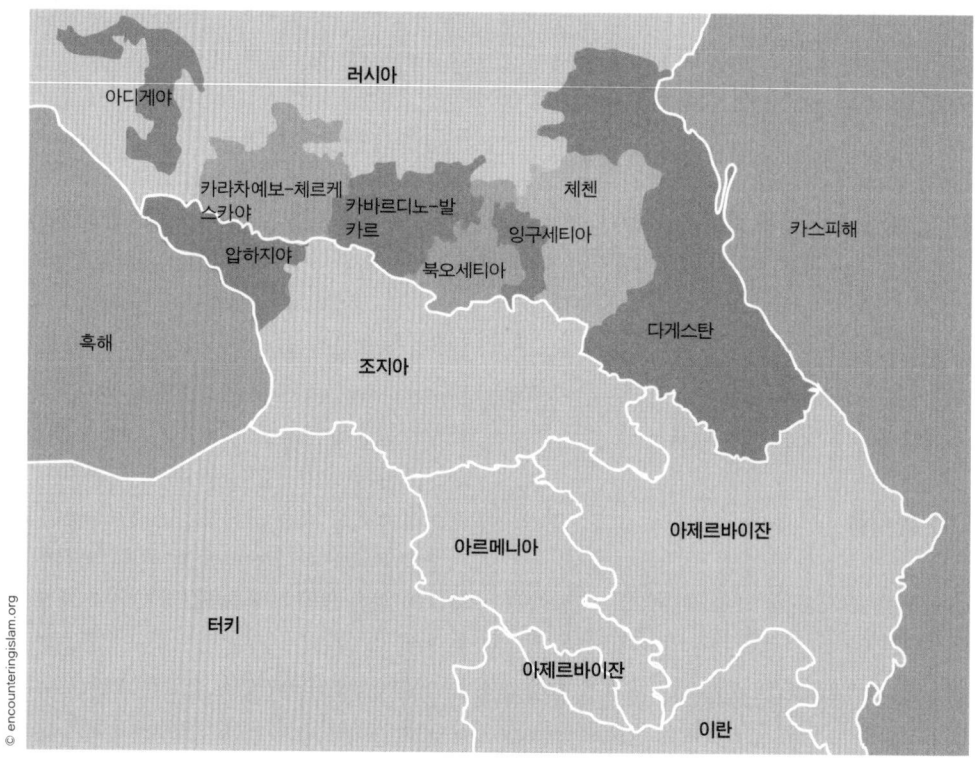

성경적 세계관

이러한 무슬림의 신앙 체계를 일컬을 만한 적절한 이름을 찾는 것이 한 가지 어려움이라면, 또 다른 어려움은 우리가 세계관을 제대로 이해하지 못한다는 것이다. 많은 그리스도인들이 성경에 묘사된 대로 우주에 대한 인식을 재조정할 필요가 있다. 거기에는 보이지 않는 영적 세력과 존재의 실상도 포함된다(고후 10:3-5; 엡 6:12). 아마 우리는 정령 숭배를 함으로써 하나님이 우리의 필요를 채우시도록 조종하려 들지는 않을 것이다. 하지만 우리는 모든 일에 하나님께 의지했는가? 영적, 감정적, 정신적, 육체적으로 우리 삶에 대한 하나님의 초자연적인 최고의 계명에 온전히 의지하는 모습을 보여 주고 있는가? 도처의 무슬림과 그리스도인[1]이 점쟁이와 다른 '영적으로 능력 있는' 사람들을 계속 찾는 이유 중 하나는 그렇게 함으로써 다른 종교적 체험에서는 채울 수 없을 것 같은 필요를 채우려는 것이다. 또 다른 이유는 자신의 죄성 때문에 그들이 주권자라고 고백하는 하나님께 묻거나 그분을 신뢰하거나 기다리는 것과는 반대되는 행동을 하는 것이다.

유감스럽게도 그리스도인이 실패한 일 중 하나가, 성경의 권위에 동의한다고 주장하면서도 성경이 묘사한 영적 존재와 세력을 받아들이거나 이해하지 않았다는 것이다. 마술, 무당, 기적, 마귀, 꿈 등은 계몽되지 않은 시대의 낡은 개념이며 자기 일과 밀접한 관계가 없다고 여겼다. 어떤 사람들은 그런 영향력과 인물들에 대한 성경의 기사가 역사적 실재이기보다는 '그저' 이야기일 뿐이라고 제한하기까지 했다. 또 어떤 사람들은 기도의 능력뿐 아니라 초자연적 영역의 참된 능력을 하찮게 여겨 광범위한 영적 은사(설교 외에)를 강조하지 않았다. 그러나 하나님의 섭리로 많은 그리스도인들이 진실되고 활동적인 정신세계와 우리 안에 있는 하나님의 친밀하고 무한한 능력에 관한 성경의 세계관을 되찾았다.

진짜 원수, 강력한 무기

이 과에서는 실재에 대한 우리의 가정에 의문을 제기할 것이다. 우리는 어떤 사고방식을 가지고 있는가? 지금까지 불완전하고 부적절한 성경적 세계관을 가지고 있지는 않은가? 그리스도의 죽음과 부활은 우리를 죄에서 구해 주고 수치에서 치유해 줄 뿐 아니라 어둠의 권세에서 끊어 하늘의 영역으로 옮기고 그리스도의 초자연적인 권위로 무장시킨다.

우리의 문화적 렌즈만을 통해 무슬림과 관련을 맺는다면 대중 이슬람의 우주론이 무엇을 나타내는지 깨닫지 못할 수 있다. 더욱이 무슬림 친구들의 진정한 세계관에 들어가려면, 먼저 우리 삶에도 영향을 미치는 힘과 존재의 세계를 인정하고 널리 퍼져 있는 악과 맞서 싸워야 한다는 것을 그들에게 이해시켜야 한다.

우리는 원수 사탄(무슬림에게는 샤이탄)이 살아 있고 강력하며 속임수와 억압과 조종과 유혹에 통달한 많은 마귀들을 조종하고 있다고 믿는다. 초대교회에서는 세례 때 통상 귀신을 쫓기도 했으며 사탄과의 관계를 끊는 것이 성찬식의 일부였다. 성경적 기독교는 영적 세계에 대해 방어적 신학과 공격적 신학을 둘 다 가지고 있다. 무슬

유라시아 종족

유라시아 종족은 8억 1천만 이상이 기독교를 믿는 반면에 무슬림 인구는 1억 850만 명이 넘는다. 보스니아, 알바니아, 코카서스 종족 집단이 무슬림 인구의 대다수를 차지한다. 흑해와 카스피해 사이에 있는 북부 코카서스 산맥 지역은 조지아, 아르메니아, 아제르바이잔 등 7개의 러시아공화국으로 이루어져 있다. 많은 코카서스 종족과 시베리아 종족이 스탈린 치하의 러시아 정복, 대량 학살, 추방 등으로 인구의 절반을 잃었다. 이 지역의 모든 무슬림들은 19세기와 20세기 동안 공산주의의 탄압과, 문화 통제, 러시아 정교 시행 등으로 심한 고통을 받았다. 무슬림이 대부분인 북부 코카서스 종족들은 오랫동안 러시아의 지배에 분개해 왔다.

체첸족은 산지 목동과 농부로 이루어진 토착 유라시아 종족으로 수천 년간 코카서스 지역에 살고 있다. 그들은 수니 신비주의를 시행하는 수니파 무슬림으로 독특한 코카서스어를 구사한다. 체첸 공동체는 전통적으로 씨족 구조를 중심으로 이루어져 있으며 인구는 거의 150만 명에 달한다.

1991년 분리주의 체첸 운동이 발한 독립 선언으로 체첸공화국과 러시아 사이에 수년간의 전쟁이 촉발되었다. 이 전쟁들은 1996년에 러시아가 퇴각하면서 공식적으로 끝났다. 하지만 러시아는 1999년에 통제권을 되찾았으며, 체첸공화국을 놓고 격렬한 전투가 재개되었다. 러시아는 2009년 이 지역에서 '반테러 작전'의 종료를 선언했다. 2010년 현재 러시아 밖의 체첸 출신의 난민이 여전히 10만 명에 이른다. 2013년까지 유럽인권법원은 체첸에서 일어난 인권 침해에 관한 210건 이상의 평결을 내렸다.

출처_ *imb.org; news.bbc.co.uk; hrw.org; ecre.org.*

림 친구들을 위한 기도는 초자연적인 능력이 있다. 그것은 예수님의 이름으로 그들에게 강력한 바라카, 곧 영적 축복을 주는 것이다. 다른 능력의 바라카는 제한되어 있고 경쟁해야 하며 속박을 가져온다. 그러나 그리스도의 축복은 속박에서 우리를 자유롭게 한다(요 8:32). 그리스도의 능력은 무궁무진하다. 아직까지 우리가 영적 전쟁에서 우리의 책임, 특권, 교회와의 협력을 이해하지 못했다면 담대하게 기도를 통해 스스로를 무장할 필요가 있다.

우리는 신적 권능이라는 무기를 다루는(예수 그리스도께 구원이나 치유, 기적, 꿈과 환상을 통한 말씀을 구하는) 경험이 없을 수도 있다. 하지만 대부분의 무슬림이 이러한 사건을 통해 그리스도께 나아온다. 우리는 여태까지 사람들과 이야기를 나눌 때, 어떤 장소에 들어갈 때, 혹은 물건을 받을 때 보호해 달라는 기도를 하지 않았을 수 있다. 하지만 이같이 보호를 구하는 기도에는 강력한 힘이 있다. "모든 기도와 간구를 하되 항상 성령 안에서 기도하고 이를 위하여 깨어 구하기를 항상 힘쓰며 여러 성도를 위하여 구하라 또 나를 위하여 구할 것은 내게 말씀을 주사 나로 입을 열어 복음의 비밀을 담대히 알리게 하옵소서 할 것이니 이 일을 위하여 내가 쇠사슬에 매인 사신이 된 것은 나로 이 일에 당연히 할 말을 담대히 하게 하려 하심이라"(엡 6:18-20). ❖

믿음과 관습

보통 무슬림의 믿음과 관습은 분명 이슬람 믿음의 여러 공식적 측면들과 모순되면서 그들이 대중 종교에 몰두하고 있음을 보여 준다. 유감스럽게도 무슬림을 대상으로 사역하는 서구 선교사들은 지금도 대부분 이러한 사실을 잘 보지 못하거나 부적절한 것으로 여기며 무시한다.

출처_ Bill Musk, *The Unseen Face of Islam* (Grand Rapids: Monarch Books, 2003), 202쪽. lionhusson.com.

민속 이슬람: 초자연적 능력에 이르는 무슬림의 길

무슬림사역센터

무슬림은 하나님이 위대하시다고 고백하지만 많은 이들이 악한 영을 두려워하면서 살고 있다. 그들의 종교는 한 분 하나님이 계시며 하나님과 인간 사이에는 중보자가 없다고 가르친다. 그러면서도 수많은 무슬림이 마술적인 힘을 발휘할 만한 누군가를 찾아 헤맨다.

꾸란은 알라가 우리 몸의 급소보다 더 가까이 계신다고 인정한다. 그러나 알라는 너무 멀리 있고 도달할 수 없고 도저히 접근할 수 없는 것처럼 보인다. 독실한 무슬림은 하루에도 여러 번 "비스밀라 알라흐만 알라힘"(자비로우시고 자애로우신 알라의 이름으로)이라는 구절을 암송한다. 그들은 하나님이 자비롭고 자애로우신 분이기를 간절히 원한다. 그러면서도 수많은 무슬림들은 하나님이 예측 불가능한 행동을 하실까 봐 두려워한다. 전 세계 이슬람 신자들은 "앗쌀람 알라이쿰"(평화가 그대에게 있길)이라고 서로 인사한다. 그들은 평화에 대해 많이 이야기한다. 그러나 예수님이 아니면 영혼은 안식을 누리지 못한다. 무력한 사람들은 초자연적인 능력을 필요로 한다.

전 세계 사람들은 (부자와 빈자, 지성인과 문맹인에 관계 없이) 때때로 인류에게 공통적으로 닥치는 엄청난 문제들 앞에서 절망적인 무력감을 느낀다. 무력하고 절망에 빠진 사람들은 때로 초자연적인 능력에 접촉하고자 필사적으로 애쓴다. 무슬림은 이런 현상을 자주 '민속 이슬람'이라 칭한다.

이 글은 The Center for Ministry to Muslims, "Folk Islam: The Muslim's Path to Supernatural Power", *Intercede* 18, no. 5(September-October 2002), 1쪽, 4-5쪽에 나온 것으로, 허락을 받고 실었다. yumpu.com/user/cmmequip.org.

대중 이슬람 세계관에서 볼 수 있는 능력과 존재의 위계

능력	존재 혹은 인격	영역
운명 꾸란	하나님 천사	다른(otherly) 우주 하나님의 영역(영원함)
마술, 마법 점성술, 점 바라카(축복) 디크르 흉안 징조 서원, 저주	사탄 진 선지자 죽은 성자 영 조상 최근에 죽은 자의 영혼	영적 우주 천사의 영역(영원함)
꿈 – 환상 – 잠		
약초 약 자연의 힘	거룩한 사람 인간 동물 식물	일시적인 우주 사람과 사물의 영역 (영원하지 않음)

대부분의 무슬림 세계관에 따르면 존재와 비인격적인 능력 혹은 세력이 우주의 다른 영역에서 작용한다. 우리의 꿈과 환상과 잠은 물리적 세계와 영적 세계 사이에 놓인 '얇은 덮개'이며, 영적 능력과 존재는 우리의 물리적 세계에 강한 영향을 미친다. 우리 삶에 여전히 더 강력한 영향을 미치는 것은 완전히 '다른' 하나님의 영역이며, 그것은 사람과 천사의 영역과 분리되고 영향을 받지 않는다. 이슬람의 세계관에서는 능력과 존재 둘 다 선할 수도 혹은 악할 수도 있다.

출처_ Bill Musk, *Unseen Face of Islam* (Grand Rapids, MI: Monarch Books, 2004), 174쪽.

민속 이슬람이란 무엇인가?

민속 이슬람은 공식적인 혹은 정통적인 이슬람 관습을 원시적이고 정령신앙적인 관습과 혼합하는 것을 가리키는 광범위하고 포괄적인 용어다. 정령신앙이란 피조물 전체에 영 혹은 영혼이 퍼져 있거나 살고 있다는 것, 어떤 의미에서 피조물 전체가 살아 있다는 믿음이다. 사람들은 이러한 영이 지닌 초자연적 능력을 인간의 목적에 이용하기 위해 마술이나 의식을 사용해 영들에게 영향을 미치려고 애쓴다. 영들을 달래거나 자기에게 복을 가져다주게 하거나 적에게 저주를 퍼붓게 하는 것이다.

정통 혹은 '이상적' 이슬람을 단정하게 정리된 가게들이 늘어서 있는 상점가라고 생각해 보자. 여러 색으로 분명히 표시된 안내판에 이름과 번호, 가격과 날짜가 깔끔하게 정리되어 적혀 있다. 이에 반해 민속 이슬람은 재래시장이나 저잣거리 같다. 별 계획 없이 우후죽순으로 생기나 유동적이고 제멋대로 이어지는 미로다. 이는 필요가 생길 때마다 발전해 온 것이다.

실제로 무슬림들은 모든 마술을 거부하는 엄격한 정통주의자에서부터 공공연하게 꾸준히 마술에 참여하는 사람들에 이르기까지 그 폭이

넓다. 아마도 대부분이 이러한 양극단 사이에 있을 것이다. 그들은 위기가 닥치면 은밀히 무당을 찾고 비밀스럽게 부적을 사용한다. 무슬림 대부분의 실제 생활은 이른바 '알려진' 이슬람과는 상당히 다르다. 민속 이슬람은 해결책에 관심이 있다. 사후의 삶에는 별로 관심이 없으며, 지금 (그들이 있는 그곳에서) 매일 닥치는 문제를 해결하는 데 초점을 맞춘다. 사람들은 어디서나 엄청난 고통을 받는 경우가 흔하므로 무슬림 대부분이 초자연적 해결책을 찾기 위해 어떤 식으로든 마술에 관여한다. 민속 이슬람은 능력 없는 사람들이 이생의 문제들을 극복할 능력을 구하려다가 생겼다. 이슬람의 영적 우물이 그들의 목마름을 채우고 절실한 필요를 채워 준다면, 무슬림은 정령신앙에 관여하지 않을 것이다.

여성과 능력

대중 이슬람은 무슬림 사회의 모든 지역과 사회 계층에 스며들어 있지만, 특히 공식 이슬람 가르침을 잘 접할 수 없는 사람들 가운데서 주로 거점을 이루고 있다. 여기에는 농촌 사람, 교육받지 못한 사람, 여성 등이 포함된다. 여성은 이슬람 사원에 가는 것이 제한되어 있으며 꾸란 교육을 받은 사람이 거의 없다. 그렇기 때문에 대부분 정통 신앙에서 벗어나도 그 사실을 인식하지 못하며 할머니가 가르쳐 준 민속 믿음을 따르면서도 스스로를 훌륭한 무슬림이라고 믿는다.[1] 일부 부유하고 교육받은 여성은 모든 형태의 마술을 거부하겠지만, 대다수의 무슬림 여성은 정령신앙 행위에 노골적으로 참여하거나 절망에 빠졌을 때 그것에 의지한다.[2]

보통 이런 신앙과 관습은 무슬림 여성들이 퍼뜨린다. 교육받은 남성은 대중 이슬람의 미신을 비웃을지 몰라도 그의 아내는 딸의 옷에 조심스레 핀으로 부적을 꽂는다. 아버지는 아들을 이슬람 사원에 데려가 기도하는 법을 가르치지만, 어머니는 아이들에게 신화에 나오는 신령과 흉안 이야기를 들려 주며 악한 세력으로부터 자신을 보호하는 법을 보여 준다. 이렇게 여성들은 공식 교육보다는 본보기와 이야기를 통해 대중 이슬람 신앙을 다음 세대에 물려준다.

이슬람에서는 공식적으로 남성만 지도자가 될 수 있으나, 많은 여성이 이슬람 대중으로부터 능력 있고 존경받으며 큰 권위를 가진 자로, 때로는 두렵기까지 한 존재로 인정받았다. 아주 나이가 많은 사람, 안마사, 점쟁이, 산파,[3] 귀신 쫓는 사람, 마술사, 시체에 염하는 사람, 셰이카[4] 등이 그들이다. 이런 능력을 가진 여성들은 대중 이슬람을 믿는 여성의 종교 생활과 삶의 여러 사건에서 매우 중요한 역할을 담당한다. 불임을 해결하는 의식, 태어나지 않은 아기를 보호하는 의식, 출산 의식 등은 많은 이들이 필수불가결한 것으로 여겼다. 대부분의 시골 여성들은 그들의 지시를 따르지 않으면 건강한 아이를 가질 수 없다고 믿는다.[5]

1. Bill Musk, *The Unseen Face of Islam*, 개정판(London: Monarch Books, 2003), 182쪽.
2. Rick Love, Muslims, *Magic, and the Kingdom of God: Church Planting among Folk Muslims*(Pasadena, Calif.: William Carey Llibrary, 2000), 24쪽.
3. 앞의 책, 29쪽.
4. Musk, *Unseen Face*, 108-109쪽.
5. Julia Colgate, "Muslim Women and the Occult: Seeing Jesus Set the Captives Free", *Ministry to Muslim Women: Longing to Call Them Sisters*, ed. Fran Love and Jeleta Eckheart(Pasadena, Calif.: William Carey Library, 2000), 41쪽.

출처_ Amy Bennett, christar.org.

참고문헌_ Reema Goode, *Which None Can Shut: Remarkable True Stories of God's Miraculous Work in the Muslim World*(Carol Stream, IL: Tyndale, 2010).

흉안을 막기 위한 부적들

민속 이슬람의 경험

무슬림이 일상생활에서 겪는 몇 가지 흔한 경험과 그들이 상황을 해결하기 위해 초자연적인 능력을 추구하는 모습을 잠시 살펴보자.

아이샤는 첫째 아이를 낳으려는 참이다. 그런데 갑자기 뚜렷한 이유 없이 뭔가 대단히 잘못되었다는 생각에 사로잡혔다. 아이샤는 아이가 태어나다가 죽을지도 모른다는 두려움에 사로잡혔다. 그녀는 다 잘될 것이라는 희망의 말을 너무나 듣고 싶은 나머지 이웃의 점쟁이를 정신없이 찾아갔다. 그 점쟁이는 나이든 여인인데, 신비하게도 아샤의 마음과 미래를 알아맞혔다.

아이샤의 이웃이자 친구인 파티마는 결혼한 지 6년이 다 되도록 임신을 하지 못했다. 모든 게 자기 탓이라는 생각에 파티마는 고통과 수치심을 느꼈다. 그녀는 신실하게 기도를 드렸으며 특별한 기도를 드리기 위해 성자들의 무덤을 정기적으로 방문했다. 그녀는 이 묘지가 능력의 장소라고 믿는다. 그럼에도 그녀는 여전히 불임이다. 그녀는 외롭고 연약하다. 그때 마침 초자연적 능력이 있는 한 거룩한 사람, 살아 있는 성자로 불리는 공동체 원로에 대한 이야기를 들었다.

그 원로는 종교 교육을 많이 받지는 않았지만 친구들은 그가 바라카, 곧 특별한 축복의 능력이 있다고 말했다. 파티마는 이 사람이 '명확한 영적 힘'으로 마술을 부려 다른 사람들을 도와주었다는 이야기를 들었다. 파티마는 생활비를 모아 그를 찾아가 손에 입을 맞추고 눈물을 흘리며 고민을 털어놓았다.

사미라는 다른 능력자에게 부적을 받았다. 질투하는 이웃의 흉안이 가져올 결과를 물리치기 위해서다. 그녀는 누군가가 자신과 갓 태어난 자신의 아기를 저주할지 모른다는 두려움 속에서 산다. 그중에서도 남편의 배신이 가장 걱정된다. 남편을 따라다니며 감시할 수도 없는 노릇이다. 그래서 그녀는 남편이 마시는 차에 자신의 소변 몇 방울을 떨어뜨렸다. 사미라는 특별한 축복을 받은 이 '사랑의 묘약', 능력의 물체가 지닌 마법으로 남편이 자신에게 충실하길 바란다.

다우드는 일류대학 출신으로 법학 학위를 받았으며 존경받는 대법원 판사다. 그런데 그의 장남 아흐메드는 발달장애가 있으며 말을 잘하지 못한다. 다우드는 낮에 근무할 때도 어린 아흐메드 생각을 떨치지 못하고, 저녁과 주말에는 아들에게 오롯이 시간과 에너지를 쏟아야 한다. 직장에서 그는 복잡한 범죄 사건과 관련해 어려운 결정을 내리는 권한을 행사한다. 하지만 집에 오면 너무나 무력감을 느낀다. 사랑하는 아들의 문제를 해결해 줄 능력이 없기 때문이다. 그는 여섯 살 된 아들이 학교에 가기에 정신연령이 낮다는 데 수치심을 느낀다. 다우드 판사는 남몰래 촌장을 찾아갔다. 촌장은 메카에 순례 여행을 다녀오고 이슬람의 위대한 전통을 설득력 있게 가르치는 존경받는 학자다. 이 영적 지도자는 신비한 통찰에 대해 한참 설명한 후 일정 기간 동안 금식하기, 특별 기도하기, 꾸란의 특정 구절 암기 및 낭송하기 등을 포함해 다우드에게 몇 가지 지시를 했다. 그런 다음 꾸란 구절이 적힌 쪽지를 신중하게 골라 그에게 주었다. 다우드는 그것을 작은 가죽 주머니에 집어넣었다. 아흐메드는 능력을 주는 물체인 이 부적을 몸에 지니고 있어야 한다. 하지만 사랑하는 아들이 정말로 나으려면 다우드가 서원을 하고 짐승을 잡아 희생 제물로 바쳐야 한다고 촌장은 말했다.

젊은 아자맛은 오랫동안 훌륭한 건축가가 되는 꿈을 꾸었다. 그는 아름다운 집과 실용적인 건물을 설계하는 자신의 모습을 상상했다. 하지만 마지막 시험을 통과하지 못하면 꿈은 결코 현실이 되지 못한다. 그래서 아자맛은 향을 태우면서 기도하는 거룩하고 능력 있는 사람을 찾아갔다. 아자맛은 물에 일곱 종류의 꽃을 넣고 자정에 목욕을 하라는 지시를 받았다. 목욕을 할 때에는 시험을 보려는 학교의 교장 이름을 반복해서 말해야 한다. 이 지시를 따르면 중요한 시험에서 반드시 좋은 결과를 얻게 된다고 했다.

무싸는 같은 악몽을 되풀이해서 꾸고 있다. 무싸는 두려움에 떨면서 잠에서 깬다. 그는 진(정령)이 자신을 괴롭히며 이런 두려움을 일으킨다고 믿는다. 그는 해마다 이 무렵이면 보이지 않는 세계에서 악한 영들 사이에 대소동이 일어난다고 확신하기도 한다. 이 시기에 그는 제대로 잠들지 못해 극도로 민감해지고 일하기 힘들어 한다. 여태 해오던 은행 일에 집중하지 못한다. 결국 그는 점쟁이를 찾아가 손목에 흰 끈을 매고 베개에는 부적을 달았다.

아이샤, 파티마, 다우드, 그 밖의 사람들은 세계 곳곳의 무슬림들을 대표한다. 그들은 초자연적 능력(능력자, 능력 있는 물체, 능력의 장소, 능력의 시간, 능력의 의식)을 믿는다. 이러한 사람들의 민족적, 사회적 배경은 매우 다를지 모르지만 공통적인 뭔가가 있다. 어려운 상황에 처할 때 초자연

"꿈에서 그를 보았습니다"

소크랏은 땀에 젖어 악몽에서 깨어났다. 꿈에서 그는 샤이탄(사탄)이 자기 영혼을 취하러 오는 것을 보았다. 그때 그는 자신과 마귀 사이에서 불타는 검을 보았다. 검에서 나오는 듯한 목소리가 이렇게 말했다. "소크랏, 나는 이싸다. 나를 믿기만 하면 너를 구원해 줄 수 있다."

소크랏은 중국의 큰 무슬림 공동체인 위구르 사람이다. 소크랏은 꿈에 어떻게 반응할지 아직 결정하지 않았다. 자신을 구원할 예수님의 능력을 받아들일 것인가? 꿈에 나왔던 그 사람에 대해 더 알고자 마음을 열 것인가?

소크랏의 동네에 사는 대부분의 그리스도인들은 성경의 가르침과 성품 계발을 감정적 경험보다 강조하지만 하나님이 초자연적으로도 역사하신다는 것을 인정한다. 그리스도께 나아온 많은 무슬림들이 꿈을 통해 그 진리를 인식했다고 말한다. 하나님의 영이 소크랏 같은 위구르 사람들과 전 세계 다른 무슬림에게 계속해서 그분의 사자를 통해, 또한 꿈으로도 말씀해 달라고 기도하라.

출처_ *The Uyghurs of Central Asia*(Littleton, Colo.: Caleb Project, 2003), 26쪽.

참고문헌_ Al Janssen, *Secret Believers: What Happens When Muslims Believe in Christ*(Grand Rapids, MI: Revell, 2007). revellbooks.com.

적 능력이 필요함을 인정하며 영적 세계와 접촉하는 누군가를 찾는다는 것이다.

그리스도의 복음을 해결책으로 제시함

보통의 무슬림들은 바로 이런 영적 세계 속에서 산다. 하지만 이런 현상은 그리스도의 복음을 무슬림에게 제시하는 데 놀라운 배경이 된다. 예수님을 따르는 사람이 사미라에게 "하나님의 눈이 지켜보는 한 어떤 흉안도 걱정할 필요가 없다"라고 말하며 안심시키면 얼마나 적절하겠는가?

어떤 사람은 고통이 너무 심한 나머지 회복할 수 있다는 소망을 모두 포기해 버렸다. 아마 당신 주위에도 절망에 빠져 있거나 이미 일어난 일을 염려하는 사람이 있을 것이다. 그들은 이렇게 자문할 것이다. "이것이 정말 삶의 목적인가? 하나님은 우리가 이렇게 염려하고 절망하며 악한 영을 두려워하면서 살도록 우리를 창조하셨을까? 이것이 인류의 운명인가? 해방이나 내적 평강을 누릴 소망이라고는 전혀 없는 삶? 이것이 '알라흐만 알라힘', 곧 자비롭고 자애로우신 분이 바라시는 바인가?" 그 대답은 물론 "아니다"다. 성령의 기름 부음을 받은 예수님의 제자들은 무슬림 친구들의 필사적인 추구에 대한 답을 가지고 있다. 궁극의 능력은 그리스도 안에 있기 때문이다.

꾸란은 예수님을 '알마시'(그리스도)라는 독특한 호칭으로 부른다. 하지만 그것이 기름 부음 받은 자라는 의미임은 설명하지 않는다. 우리는 무슬림 친구들에게 '하나님이 나사렛 예수에게 성령과 능력으로 기름 부으신 것, 그리고 하나님이 함께하셨기에 예수님이 두루 다니며 착한 일을 행하시고 마귀의 능력 아래 있는 모든 자들을 고치신 것'(행 10:38)에 대한 메시지를 전해야 한다.

앞에서 말한 모든 사람들은 무슬림이 현실의 문제에 대한 실제적이고 지속적인 해결책을 갈

디크르 – 하나님의 이름을 반복하는 것

꾸란은 무슬림에게 하나님을 기억하고 그분을 영화롭게 하라고 청한다(꾸란 2:152, 13:28, 33:41-42, 43:36-37). 디크르(dhikr)는 '기억'을 뜻하는 아랍어다. 하나님을 기억하기 위해 무슬림은 매일의 기도 의식을 마치고 나면 조용히 하나님의 이름을 암송한다(601쪽의 "가장 아름다운 하나님의 이름 99가지"를 보라). 어떤 이들은 정해진 순서에 따라 반복하고 암송하기 위해 기도용 묵주를 사용하기도 한다.

수피 예배에서 디크르는 음악, 경쾌한 찬가, 율동 등과 함께 공예배의 한 부분을 차지한다. 수피 집단마다 조금씩 다른 방식으로 디크르를 행하지만 공통된 점은 리듬감 있는 박자에 맞춰 반복적인 율동과 함께 알라의 이름을 열렬히 반복한다는 점이다. 참가자들은 내쉬는 숨과 함께 알라를 읊조리며 허리를 숙였다가 들이마시는 숨과 함께 한 음절을 읊조리며 몸을 똑바로 편다. 이러한 움직임과 소리는 리듬과 어우러져 그들을 황홀경에 들어가게 한다.

수피 예배에서 디크르의 목적은 예배자로 하여금 하나님과 깊은 연합에 들어가게 하는 것이다. 이러한 상태에 들어간 수피는 자기 삶에서도 변화를 경험하길 갈망한다. 그들은 공동체에 하나님의 선을 가져오는 보다 훌륭한 무슬림이 되길 원한다.

출처_ *Encountering the World of Islam.*

망한다는 사실을 보여 준다. 그러나 그들이 마술의 능력을 받으려고 중보자에게 갈 때 추구하는 바라카(결과를 가져오는 능력)는 오히려 사람을 혼미케 하고 속이며 일시적인 것에 불과하다.

예수님이 소유하고 계시며, 그의 제자들에게 전해 주시는 기름 부음은 사람들이 오늘날 자기 영혼의 절박한 필요를 채우려고 찾는 참된 바라카다. 무슬림은 예수님을 통해 흔들리고 불안정하며 적대적인 세상에서 마음의 평안을 찾을 수 있다. 참된 성경적 바라카(성령의 기름 부으심)를 보여 주는 하나님의 도구가 되겠는가? ❖

민속 이슬람에서의 능력 사역

J. 더들리 우드베리

 예수님은 능력에 관심이 많은 사회에 사셨다. 바로 앞에서 살펴본 민속 이슬람의 세계와 비슷한 사회다. 예수님은 영적 능력들을 내쫓으셨다(눅 9:37-43). 혈루병 앓는 여인은 예수님의 옷자락을 능력의 물체로 여겼다(눅 8:41-56). 베데스다 못은 능력의 장소였으며, 물이 동하는 때는 능력의 시간이었다(요 5:1-47). 병든 사람들에게 기름을 바르는 것(막 6:13) 혹은 믿음의 기도와 명령으로 귀신을 쫓아내는 것(막 9:14-29)을 우리는 능력 의식으로 볼 수 있다. 우리 주님은 능력의 인물이었다(눅 5:17-26).

예수님의 접근

누가복음 10장에서 예수님이 능력 사역을 하도록 제자들을 보내신 것을 보면, 그분이 민속 무슬림을 어떻게 대하실지 짐작할 수 있다. 그분의 본에서 우리는 능력 사역의 13가지 원리를 끌어낼 수 있다.

첫째, 예수님은 협력하며 일하신다. 주님은 그들을 '둘씩'(1절) 보내셨다. 그분은 원래 적들과 홀로 대면했지만 협력의 원리를 개발하셨다. 능력은 실제로 존재하며 분별이 필요하다. 남아시아 민속 무슬림을 대상으로 사역하는 대단히 중요한 한 선교 단체는 마을마다 사역자를 한 쌍씩 배치했다.

J. 더들리 우드베리의 무슬림에 대한 사랑과 (그들의 신앙 및 문화에 대한) 지식은 오래전부터 정평이 나 있다. 그는 레바논, 파키스탄, 아프가니스탄, 사우디아라비아에서 섬겼다. 이 글은 J. Dudley Woodberry, "The Relevance of Power Ministries for Folk Muslims", *Wrestling with Dark Angels*, ed. C. Peter Wagner(Ventura, Calif.: Regal Books, 1990), 321-331쪽에 나온 것으로, 허락을 받고 실었다.

둘째, 예수님은 갈 길을 준비하셨다. 누가복음 10장 본문은 이어서 주님이 각 곳에 도착하기에 앞서 그들을 보내셨다고 말한다(1절). 교회의 모든 중대한 진보에는 준비 기간, 사전 복음 전도의 기간이 있었다. 파키스탄에서 효과적으로 능력 사역을 하고 있는 이나얏은 보통 가르침으로 준비된 이후에 치유와 구원이 점차 이루어진다는 사실을 발견했다.[1]

셋째, 예수님은 영적 전쟁을 시작할 때 일꾼을 보강해 달라는 기도를 하신다. "주인에게 청하여 추수할 일꾼들을 보내 주소서 하라"(2절). 남아시아 민속 무슬림 가운데서 가장 효과적인 능력 사역은 팀 사역이다. 한 팀은 형제단, 로마가톨릭, 오순절교회, 성공회 출신의 신자 15명으로 구성된다.[2] 이것은 영적 전쟁이므로 기도가 매우 중요하다. 어느 나라에서는 강이 범람하고 강둑이 침식되었는데 한 벌거벗은 광인이 다섯 쌍의 그리스도인 부부에게 침식 작용이 멈추도록 기도해 줄 것을 요청했다. 그들은 강에 들어가 오전 8시 30분부터 정오까지 마을 사람들이 조롱하며 지켜보는 중에 기도했다. 그때 바람의 방향이 바뀌고 물이 잠잠해졌으며 침식 작용이 멈추었다. 그 일로 마을 사람 두 명이 그리스도를 영접했고, 다른 사람들 역시 둑의 침식 작용이 중단된 곳이 어디인지 지금까지 분명히 기억한다.

넷째, 예수님은 연약함(vulnerability)을 통해, 즉 십자가로 표현된 능력을 가지고 대결하신다. "내가 너희를 보냄이 어린 양을 이리 가운데로 보냄과 같도다"라고 예수님은 말씀하셨다(3절). 우리 주님은 십자가에서 우주의 권세들을 정복하셨으며(골 2:15), 우리는 "그리스도의 고난에 참여하는"(벧전 4:13) 자가 될 것임을 예상할 수 있다. 올해 남아시아의 어떤 국가에서 한 무슬림 지도자가 그리스도의 제자가 되었다. 그러자 그를 죽이려고 폭도들이 모여들었다. 그러나 그가 기도하자 갑자기 누군가 소리쳤다. "아무개가 심각한 부상을 입었다!" 그러자 폭도들은 해산해 부상을 입었다는 그 사람의 집으로 달려갔다.

다섯째, 예수님은 때와 상황에 따라 방식을 바꾸신다. 그리스도의 지시에는 '전대를 가지지 말라'(눅 10:4)는 것이 포함되어 있다. 하지만 다른 곳에서는 제자들에게 전대를 가지며 심지어 검을 가지라고 말씀하셨다(눅 22:35-36). 역사를 보면 특별한 표적과 기사가 주기적으로 나타난다. 교회가 크게 확대될 때 가장 집중적으로 나타난다.

여섯째, 예수님은 복음을 잘 받아들이는 사람에게 집중하시지만, 그렇지 않은 사람들에게도 여전히 증언하신다. 예수님은 이어서 제자들에게 말씀하신다. "어느 동네에 들어가든지 너희를 영접하거든…고치고 또 말하기를 하나님의 나라가 너희에게 가까이 왔다 하라." 영접하지 않는 곳은 떠나면서 "하나님의 나라가 가까이 온 줄을 알라"고 말하도록 이르셨다(눅 10:8-11). 현대의 민속 무슬림은 정통 무슬림보다 복음을 더 잘 받아들인다. 이는 정통 무슬림에게도 전도하되 민속 무슬림에게 더 집중해야 한다는 점을 시사한다.

일곱째, 예수님은 치유하고 하나님의 통치를 알리셨으며 보여 주고 선포하는 총체적 사역에 관여하신다. 그 사역에서 치유는 하나님나라의 표적이다. 제자들은 "병자들을 고치"(9절)고 하나님나라가 가까이 왔음을 말하라고 지시받았으며, 귀신들이 자신들에게 항복했다고 보고했다(17절). 남아시아의 세 살짜리 여자아이를 두고 의사들은 몇 시간 안에 죽을 것이라고 장담했다. 그러나 한 그리스도인 부부가 그 아이를 위해 기도하자 아이가 나았다. 그 일로 네 명이 예수님을 따랐다. 마을 사람들은 그 후 몇 달간 복음을 들었고 아홉 명이 더 예수님을 믿었다. 이후로 그 지역에서 표적이 보이고 복음이 선포되면서 기독교 신자 수가 갑자기 수천 명으로 늘었다.

여덟째, 예수님은 능력 대결이 사람들을 믿음으로 이끌 뿐 아니라 그 반대로도 이끈다고 말

마술의 종류

대중 이슬람을 믿는 사람들은 네 가지 유형의 마술을 통해 초자연적 능력을 추구한다.

마술의 유형	목적	방법
생산적	축복과 성공을 구한다.	기도문이나 꾸란의 구절을 사용한다.
보호적	그들을 두렵게 하고 아프게 하는 것으로부터 보호를 구한다.	보호를 위해 부적, 호부, 혹은 마시는 약을 사용한다.
파괴적	복수하고 원수에게 해를 끼치는 방법을 구한다.	어떤 사람이나 사물에 저주를 건다.
점(占)	미래 혹은 감춰져 있을 만한 것에 대해 알기를 구한다.	점쟁이에게 의논한다.
퇴마	귀신 씌움이나 질병에서 구한다.	무당을 방문한다.

발췌_ Rick Love, Muslims, *Magic, and the Kingdom of God* (Pasadena, CA: William Carey Library, 2000).

쏨하신다. 반응을 보이지 않는 사람들에게는 "화 있을진저…너희에게 행한 모든 권능을 두로와 시돈에서 행하였더라면 그들이 벌써 베옷을 입고 재에 앉아 회개하였으리라"(13절)고 말씀하신다. 주님의 시대와 마찬가지로 지금도 두 가지 상반된 반응을 모두 볼 수 있다. 수백 명이 그리스도를 믿은 남아시아의 한 지역에서는 1만 명 정도로 추산되는 폭도들이 순찰대와 함께 한 회심자를 죽이러 가다가 그 지역의 한 이맘도 예수님을 따르게 되었다는 말을 듣고 다들 이맘의 집으로 발길을 돌렸다. 그 이맘은 두 명을 제외한 모든 사람을 진정시킬 수 있었는데, 그 두 명이 갑자기 고통을 호소하며 땅에 뒹굴기 시작하더니 급기야 병원에 입원하게 되었다. 그 소식을 듣고 약 200명이 더 그리스도를 따르게 되었다.

아홉째, 예수님은 세계관을 확장해 영의 세계와 거기서 일어나는 우주적 전투를 볼 줄 알아야 한다고 지적하셨다. 제자들은 돌아와 말했다. "주의 이름이면 귀신들도 우리에게 항복하더이다"(17절). 예수님은 대답하셨다. "사탄이 하늘로부터 번개같이 떨어지는 것을 내가 보았노라"(18절). 대부분의 서구 세계관에 이 부분이 빠져 있는 것에 대해 폴 히버트는 "배제된 중간 영역의 결점"이라고 불렀다.[3]

열째, 예수님은 물리적 영역과 영적 영역, 이 두 가지에 권위를 주셨고 계속해서 주고 계신다. 예수님은 제자들에게 "뱀과 전갈을 밟으며 원수의 모든 능력을 제어할 권능"(19절)을 주셨다. 앞에서 언급한, 홍수와 침식이 중단되도록 기도한 그리스도인 이야기는 하나님이 물리적 요소와 관련된 기도에 어떻게 응답하시는지 보여 준다. 영들의 억눌림을 받는 그리스도인이 배워야 할 교훈 중 하나는, 우리가 그 영들에게 떠나라고 명할 수 있는 권세를 가지고 있다는 것이다.

열한째, 예수님은 전도를 축사보다 우선으로 삼으실 것이다. 예수님은 제자들에게 이렇게 경고하신다. "귀신들이 너희에게 항복하는 것으로 기뻐하지 말고 너희 이름이 하늘에 기록된 것으로 기뻐하라"(20절). 축사를 하는 일부 사람들은 그 사역을 하느라 전도 등 다른 사역을 할 시간을 내기가 힘들다고 생각한다.

열두째, 예수님은 우주가 잠재적으로 해로운 존재나 세력이 들끓는 곳이 아니라 인격적이고 사랑 많으신 하나님 아버지가 주관하시는 곳임을 보여 주실 것이다. 그 다음에 예수님은 하나님을 "천지의 주재이신 아버지여"(21절)라고 부르실 것이다. 앞서 민속 이슬람에 대해 분석하면서 민속 무슬림이 두려움 가운데 살고 있음을 살펴보았다.

마지막으로, 예수님은 그런 영적 실상을 이해하기 위해 단순한 믿음을 가지고 잘 배우는 것이 박식함보다 더 중요하다고 말씀하실 것이다. 그리스도의 기도는 하나님이 "이것을 지혜롭고 슬기 있는 자들에게는 숨기시고 어린아이들에게는 나타내심"(21절)을 인정한다. 학계나 해외 선교에 종사하는 사람들 대부분이 우리가 섬기는 보통 사람들에게서 영적 세계나 영적 전쟁에 대해 배워야 한다. 리처드 드리더는 전통적인 개혁 신학 훈련을 받을 때, 앞으로 자신이 섬길 사람들의 영적 세계를 다룰 준비를 전혀 하지 못했다고 말한다. 그는 이렇게 결론을 내린다. "이것은 개혁 신학에서 아직 쓰이지 않은, 그리고 아마 서구인들은 쓸 수 없을 장(障)이다."4

바울의 방식

사도행전 19장에 묘사된 대로 바울 시대의 에베소는 민속 이슬람에서 찾아볼 수 있는 주요 요소들을 가지고 있었다. 그곳에는 정령의 능력(11-20절), 아데미 은 신전의 능력의 물건(24절), 하늘에서 떨어진 신령한 돌(35절), 곧 메카의 카아바 신전에 있는 흑석 같은 운석이 있었다. 또한 능력의 장소인 아데미 신전(27절)과 여신에게 경의를 표하며 경축하는 능력의 시간이 있었다. 유대인 축사자들이 수행하는 능력 의식도 있었는데, 그들은 예수의 이름을 능력 있는 말로 사용했다(13절). 마술을 행하는 사람들은 다른 의식을 사용했을 것이다(18-19절). 바울이 에베소에서 했던 말과 행동에서 민속 무슬림들에게 적용할 만한 15가지 원리를 추론할 수 있다.

첫째, 바울은 가르치면서 능력 사역을 했다. 그는 에베소에서 "회당에 들어가 석 달 동안 담대히 하나님나라에 관하여 강론"했다. 그 다음에 "두란노 서원에서 날마다 강론하니라 두 해

지금 기도하라

1. 그리스도를 무덤에서 일으키신 일을 포함해 하나님이 행하시는 모든 능력을 찬양하라(엡 1:17-23).
2. 말과 행동, 기도를 통해 무슬림에게 그리스도의 바라카(영적 축복)를 줄 기회를 달라고 기도하라(고후 2:14-15).
3. 저주와 질투가 지닌 파괴적인 힘을 두려워하며 사는 무슬림들이 하나님의 전신갑주를 입음으로써 자유와 보호하심을 찾길 기도하라(엡 6:11-12).
4. 하나님이 꿈과 환상과 계시와 기적을 통해 많은 무슬림들로 하여금 예수님에 대한 진리를 확인하고 예수님을 믿게 해 달라고 기도하라(히 2:3-4).

동안 이같이 하니…다 주의 말씀을 듣더라"(8-10절). 앞서 말한 파키스탄에서 이나얏이 행한 능력 사역은 언제나 가르침과 함께했을 때 영적 효력을 발휘했다. 포괄적인 가르침과 함께 일어나지 않는 치유와 축사가 교회에 영구적인 영향을 미친 적이 거의 없다. 아프리카의 한 나라에서 민속 무슬림 마술사 한 명이 그리스도를 따랐을 때에도 그런 가르침이 필요했다. 그는 속이는 일이 다반사여서 버리기 어려운 습관이 되었다. 그래서 그것을 깨려면 가능한 모든 영적 강화가 필요했다.

둘째, 이미 누가복음 10장에서 본 내용인데, 바울은 수용적인 사람들에게 집중했다. "어떤 사람들은 마음이 굳어 순종하지 않고 (회당의) 무리 앞에서 이 도를 비방하거늘 바울이 그들을 떠나"(9절).

셋째, 하나님은 수많은 기적 속에서 바울을 사용하셨다. 하지만 그 과업을 행하시는 분은 오직 하나님이시다. 이야기는 계속된다. "하나님이 바울의 손으로 놀라운[문자적으로는 평범하지 않은] 능력[문자적으로는 능력의 행동]을 행하게 하시니"(11절). 민속 무슬림은 이와는 반대로 능력을 행한 도구인 인간에게 초점을 맞추는 경향이 있다.

넷째, '놀라운'(extraordinary)이라는 말은 하나님이 때로는 평범한 방식으로 역사하실 때도 있음을 상기시켜 준다. 그래서 하나님이 또한 바울을 평범한 방식으로도 사용하실 것임을 생각할 수 있다. 우리는 놀라운 일을 행하시는 하나님이

또 다른 능력의 근원

보쿰은 서아프리카 말리에서 40년이나 50년 전쯤 태어났다(확실히 아는 사람은 아무도 없다). 보쿰의 부모는 계시나 꿈을 통해 아이가 자라서 대단히 악한 사람이 될 것이라는 말을 들었다. 그래서 그들은 보쿰이 아기였을 때 보쿰의 눈 하나를 안 보이게 만들었다. 훗날 악당이 되더라도 장애가 있으면 아주 위험한 인물이 되지는 않으리라고 생각했기 때문이다. 부모는 두려움 때문에 아이를 냉정하게 대했고, 아이는 실제로 악당으로 자랐다. 성인이 된 보쿰은 덩치가 크고 힘이 셀 뿐 아니라 난폭했다.

마침내 그는 부르키나파소의 드지보에 갔다. 거기서 시장으로 가는 길에 자기 구역을 정해 놓고 누구든지 걸리기만을 기다렸다. 그는 한 번에 서너 명씩 공격해 그들을 때리고 강탈하고 죽게 내버려 두었다. 보쿰은 그 지역에서 가장 악명 높은 무법자가 되었다.

보쿰이 미쳐 날뛸 때마다 경찰은 그를 체포하려 했다. 그를 잡아서 가두려면 적어도 장정이 열 명에서 열두 명 정도는 필요했다. 경찰은 그를 약하게 만들기 위해 정맥에서 피를 뽑은 뒤 감옥에 넣었다. 하지만 피가 다시 채워지면 그는 힘이 돌아왔고 감옥에서 탈출해 다음 공격 대상을 물색했다.

보쿰은 능력을 준다는 부적과 주물을 믿었다. 그는 97개의 산에서 자갈을 모아서 무슬림 영적 지도자에게 그것들을 축복해 달라고 했다. 그렇게 하면 그 산지의 모든 땅에 대해 능력을 갖게 된다고 믿었기 때문이다.

하지만 보쿰은 시간이 지나면서 또 다른 능력의 근원을 점차 인식하게 되었다. 아내와 나는 드지보에서 소그룹의 그리스도인을 대상으로 사역하고 있었다. 우리가 교회를 짓고 있다는 말을 들은 보쿰은 호기심이 들었는지 공사 현장을 찾아와 자원봉사를 하던 그리스도인들과 이야기를 나누었다. 하나님이 이미 그의 마음을 다루기 시작하셨기에 그는 보통 때처

의약품을 통한 치유와 같이 자연 법칙을 통해서도 역사하시는 분임을 기억해야 한다. 심지어 변치 않는 고난을 참고 견디는 은혜의 선물도 하나님의 역사다.

다섯째, 하나님은 어떤 물체에 능력을 부여하실 수 있지만 능력은 그 물체에서 나오는 것이 아니라 하나님에게서 나온다. "사람들이 바울의 몸에서 손수건이나 앞치마를 가져다가 병든 사람에게 얹으면 그 병이 떠나고 악귀도 나가더라"(12절). 예수님이 눈먼 자의 눈을 뜨게 하고자 침을 사용하신 것처럼 이집트의 콥트교회 정통 사제는 병에 자기 침을 약간씩 담아 직접 찾아올 수 없는 병자에게 보내곤 했다. 그러면 하나님이 때로 그 병자

출입문에 서 있는 키르기스 남성

럼 난폭하게 교인들을 대하지 않았다. 사실상 그들에게 호의를 품기 시작했다.

우리는 건물을 짓기 위해 손으로 시멘트를 섞고 틀을 사용해 벽돌을 한 장 한 장씩 만들어야 했다. 보쿰은 그 일을 돕고 싶어 했다. 우리는 기쁘게 그를 고용했다. 그는 네 사람 분의 일을 해냈다. 우리는 함께 일하면서 보쿰에게 그의 영혼에 대해 이야기했다.

후에 짐 브라이언트 가족이 드지보 사역에 합류했다. 내가 거기서 수년간 살고 있었기 때문에 짐은 자기 가족을 위해 야간 경비원으로 일할 만한 사람을 아느냐고 물었다.

"압니다." 나는 대답했다. "독일산 셰퍼드나 도베르만, 핏불테리어보다 더 나은 사람을 알지요." 짐은 보쿰을 그의 집 야간 경비원으로 고용했으며, 브라이언트 가족은 계속해서 그에게 구원에 대해 이야기했다. 그들은 하나님이 그의 삶을 변화시키길 원하신다고 설명했다. 보쿰은 자신에게 변화가 필요하다는 것을 조금씩 깨달아 갔다. 마침내 브라이언트 부부는 그를 주님께 인도했다.

보쿰의 삶은 즉시 극적으로 변하기 시작했다. 그는 가지고 있던 부적들을 불태웠다. 지금은 그가 한때 범죄자로 두려움의 대상이었다는 사실을 아무도 알지 못할 것이다. 그는 현재 아내와 가족을 두고 있고, 모든 사람에게, 심지어 무슬림 지도자에게도 하나님이 그의 삶에 하신 일에 대해 말한다. 참된 능력은 부적이나 주물에서 오는 게 아니라 하나님의 영에서 오는 것임을 그는 안다.

출처_ Dale Fagerland, *Intercede* 17, no. 1(Jan.–Feb. 2001), 5쪽. 허락을 받고 씀. *globalinitiativeinfo.com*.

를 고쳐 주셨다.

여섯째, 하나님의 능력이 나타난다는 진짜 증거가 있으면 가짜 증거도 종종 수반된다. 누가는 이렇게 말한다. "돌아다니며 마술하는 어떤 유대인들이 시험 삼아 악귀 들린 자들에게 주 예수의 이름을 불러 말하되 내가 바울이 전파하는 예수를 의지하여 너희에게 명하노라 하더라"(13절). 여기서, 그리고 바울이 아닌 다른 사람들의 활동에 대한 기술에서 바울은 나오지 않고 원리들만 진술되어 있다. 민속 무슬림은 위조된 성령의 역사를 가지고 있다. 어떤 사람들은 자르 숭배에서 영을 쫓아내거나 방언을 하거나 미래를 예언하거나 '성령 안에서 죽임을 당한' 것 같은 상태로 무의식중에 쓰러진다. 무엇이 진짜이고 무엇이 착각인지, 무엇이 하나님으로부터 온 것이고 무엇이 마귀로부터 온 것인지, 무엇이 육체적인 원인이고 무엇이 심리적인 원인이고 무엇이 영적인 원인인지, 혹은 이 가운데 어느 것들의 결합인지 알아내려면 분별력이 필요하다.

일곱째, 영들은 예수님의 권위와 그분이 거하시는 사람들의 권위를 인정한다. 악귀가 귀신 쫓는 자에게 대답한다. "예수도 알고 바울도 알거니와 너희는 누구냐"(15절). 민속 무슬림은 영들을 달래거나 위협하려 애쓴다. 하지만 그리스도인은 권위 있게 말할 수 있다. 그리스도는 그런 모든 능력 위에 뛰어나신 분이기 때문이다(엡 1:20-21). 하나님의 뛰어난 능력은 아프리카 어느 나라에서 무슬림이 그리스도인 회심자를 저주하려 할 때 분명하게 드러났다. 오히려 그 무슬림이 심하게 아프게 된 것이다. 어떤 약도 듣지 않았다. 그래서 그는 그리스도인들을 만나야 했다. 그리스도인들이 그를 위해 기도해 주자 그는 나았으며 그리스도인이 되었다.

여덟째, 영들은 자기들이 거하는 몸을 이용해 진짜 능력을 발휘한다. 본문에서는 이어서 이렇게 말한다. "악귀 들린 사람이 그들에게 뛰어올라 눌러 이기니"(16절). 앞서 말한 아프리카의 한 나라에서 어떤 마술사가 세 사람에게 저주를 걸자 그들은 정신이 이상해졌다. 그러나 나중에 그리스도인들이 기도하자 제정신으로 돌아왔다.

아홉째, 능력이 역사한다는 증거는 두려움을 불러일으키며 그 두려움은 하나님을 사랑 많으신 아버지로 보아야만 사라질 수 있다. 에베소서에서 나타난 결과는 "다…두려워하[는]"(17절) 것이었다. 앞서 보여 주었듯 민속 무슬림들은 항상 두려움을 느끼며 살아간다.

열째, 하나님나라의 능력을 나타내는 표적들은 왕을 높이는 것이어야 한다. 그 구절은 이렇게 이어진다. "주 예수의 이름을 높이고"(17절). 그런데 그렇지 않은 경우가 종종 있다. 민속 무슬림은 그저 병 고침만을 원하고 보통 그것이 어디에서 오는 것인지는 신경 쓰지 않기 때문이다. 필리핀 민다나오에서 아픈 사람들은 무슬림 무당에게 가기도 하고 가톨릭 사제나 정부 병원, 개신교 선교사에게 가기도 한다.

열한째, 기독교로 회심했음에도 마술을 계속하는 사람이 종종 있다. 에베소에서 많은 새 신자들이 그동안 자신들이 했던 마술 행위를 고백하고 마술책을 불태웠다(18-19절). 파키스탄의 파이살라바드(이전에는 리알푸르)의 어느 전도 모임에서 사람들이 가지고 있던 무슬림 부적을 던져버렸다. 하지만 그들은 밖에 나가자마자 '더 힘센' 기독교 부적인 성 크리스토퍼의 메달을 샀다. 이슬라마바드 수도에 사는 한 거룩한 그리스도인 여성은 꾸란 구절이 아닌 성경 구절을 부적으로 사용한다.

열두째, 마술은 하나님의 뜻에 순종하기보다는 기계적으로 조종하려 한다. 이것은 무슬림뿐 아니라 그리스도인에게도 시험거리다.

열셋째, 마술 관련 용구를 파기해야 한다. 아프리카의 한 나라에서 이전에 무슬림 마술사였던 사람은 자신이 "마술 용구를 불태우지 않았다면, 나중에 그것을 찾아내 자기 배와 그물을 훔친 사람을 저주하는 데 사용했을 것"이라고 말했다. 그가 도둑맞은 것들은 그의 일자리와 집을 잃은 다른 회심자들을 부양하기 위한 유일한 수단이었다.

열넷째, 하나님의 능력이 나타나는 것 자체를 목적으로 삼기보다 더 많은 메시지를 전하는 계기로 삼아야 한다. 에베소에서 바로 그런 결과가 나타났다. "이와 같이 주의 말씀이 힘이 있어 흥왕하여 세력을 얻으니라"(20절). 바로 이런 이유로 의미 있는 교회 성장은 능력 사역과 가르침이 결합해야만 이루어진다.

마지막으로, 그리스도인이 맞서 싸워야 할 '권세'는 영들뿐 아니라 상업 제도, 종교 제도, 법적 제도, 정부 제도와 같은 인간의 제도들이다. 이는 '권세'에 대한 성경의 정의 안에 포함되어 있다.[5] 사도행전 19장은 은장색들의 이야기로 끝을 맺는다. 그들은 자신의 경제적 이익을 위해 민중의 종교적 관심과 시민으로서의 자부심에 호소해 선동한다. 그때 법적 제도와 정부 제도는 불

종교적 경험의 영적인 면

많은 무슬림들이 외적인 관습에 초점을 맞추지만 하나님을 경험하는 것이야말로 초기 시대부터 이슬람의 중요한 요소였음을 강조하는 이들도 있다. 내적 경험을 강조하는 태도는 외적 관습을 보다 중시하는 다른 무슬림 집단 사이에 긴장을 불러일으켰다. 아직도 아프리카, 중앙아시아, 남아시아, 동남아시아의 많은 곳에서는 영적 예배를 강조하는 무슬림 선교사들의 영향 아래서 이슬람을 받아들이고 있다. 13세기 페르시아인인 루미는 알라에 대한 열정으로 가득 찬 시를 여러 편 썼다. 오늘날에도 수피 교사들은 알라에게 "기도하는 경이로운 시간"을 가지며, 하나님과 더 가까워지길 열망해야 한다고, 알라는 우리가 손으로 행한 일보다 우리의 마음 상태에 더 관심이 많다고 가르친다.

기독교 역사에서도 경험을 추구하는 편과 체계를 강조하는 편 사이에 긴장이 존재해 왔다. 제프리 버튼 러셀(Jeffrey Burton Russell)은 교회는 늘 '영'과 '질서'라는 양 극단 사이에서 움직여 왔다고 말한다. 한쪽이 힘을 얻으면 다른 한쪽은 대개 고통을 받는다. 그러다 등한시된 편에 대한 주의를 환기시키는 움직임이 일어나면서 저울은 균형을 찾는다. 균형을 다시 맞추는 성경의 예를 사도행전 6장 1-6절에서 찾을 수 있다. 이 본문에서 열두 사도는 과부들을 섬길 일곱 사람을 세우는데, 이는 훗날 교회를 조직화하는 근거가 된다. 이와 대조되는 예로 수도원 운동, 로렌스 형제와 헨리 나우웬과 같은 영성 작가가 있다. 이들은 그리스도인이 세속적 노력이나 지성을 추구하는 대신에 그리스도의 영에 붙들린 삶으로 돌아가야 한다고 강조했다.

영이든 질서든 극단적으로 한쪽에만 초점을 맞출 때 신앙은 위태로워진다. 융통성 없는 체계와 전통은 하나님을 진정으로 경험하는 삶을 억누른다. 영성 추구를 통해 우리는 하나님과 인격적으로 다시 소통하며 외적인 체계를 뛰어넘는 데 도움을 얻는다. 그러나 아무리 살아 있는 표현이라도 잘 조절되지 않으면 개인의 경험에만 지나치게 의존하게 되면서 명확한 실재와 진리에서 벗어나기 쉽다. 이런 사람은 자기도 모르는 새로운 기만으로, 더 나아가 비술적인 요소로 빠지게 된다. 영이나 질서가 진정한 믿음을 판단하는 주요한 잣대가 될 때 신앙은 균형을 잃고 만다. 이것이 바로 다른 이들은 주술을 부리는 무당을 닮아 가고 있는 상황에서도 정통 신앙을 유지한 채 하나님과 마음 깊은 교제를 나누는 수피 무슬림이 존재하는 이유다.

그러면 어떻게 할까 내가 영으로 기도하고 또 마음으로 기도하며 내가 영으로 찬송하고 또 마음으로 찬송하리라(고전 14:15).

출처_ Bruce Warren, *Encountering the World of Islam*.

평을 표현하고 잘못을 시정하는 수단으로 드러난다(24-39절).

앞서 말한 나라들에서 현재 회심자들은 직장과 가족, 심지어는 생명을 잃었다. 그들은 불신자라고 불리고 재산을 몰수당할 수 있는 송사에 휘말리기도 했다. 그런 경우 생계 수단을 가지고 있는 그리스도인들이 다른 사람들을 부양했다. 다른 경우에 그들은 협동조합을 만들려고 애썼다. 신약을 보면 그리스도인이라고 해서 반드시 고난을 면하는 것은 아니지만, 하나님은 무슬림에게 핍박받는 그리스도인들이 살던 한 아프리카 마을에서 원수를 갚아 주셨다. 신뢰할 만한 판단력을 가진 한 친구가 직접 목격한 바에 의하면, 올해 들어 다섯 달 동안 대낮에 불덩어리가 그리스도인들을 핍박하는 무슬림의 담장에, 나중에는 집에까지 날아들었다고 한다. 하나님의 능력은 자비뿐 아니라 심판에도 임한다.

지난해 나와 아내와 막내아들은 에베소를 방문했다. 고대 7대 불가사의 중 하나인 아데미 신전은 늪에 완전히 가라앉고 기둥 하나만 남아 이전의 영광을 증거하고 있었다. 근처에 서 있는 이싸(예수) 사원은 정통 신앙이 옛 이교를 대신했음을 나타내고 있었다. 하지만 그 신전에는 흉안을 쫓아내기 위한 청안(나자르 본쥭) 유리 복제품들이 매달려 있었다. 이것은 민속 신앙과 관습이 정통 신앙과 뒤섞여 있음을 상기시킨다. 하지만 이전의 성전과 마찬가지로 이것 역시 사라질 것이다. 그 사원에 있는 예수라는 이름만 남을 것이다. 이전에 거기 있던 사람들이 들었듯이 그분은 '모든 능력 위에 뛰어나시기'(엡 1:21) 때문이다. ❖

주

1. Vivienne Stacey, "The Practice of Exorcism and Healing", Muslims and Christians on the Emmaus Road, ed. J. Dudley Woodberry(Monrovia, Calif.: Missions Advanced Research and Communications Center, 1988), 317-331쪽.
2. 앞의 글, 322쪽.
3. Paul Hiebert, "The Flaw of the Excluded Middle", Missiology 10(January 1982), 35-47쪽.
4. Richard R. DeRidder, Discipling the Nations(Grand Rapids: Baker Book House, 1975), 222쪽.
5. Walter Wink, Naming the Powers: The Language of Power in the New Testament(Philadelphia, Pa.: Fortress Press, 1984).

민속 무슬림과 능력 대결

릭 러브

그렉 리빙스턴(프론티어스 공동 설립자)은 프론티어스 초창기 시절의 재미있는 이야기를 즐겨 말한다. 그렉이 한 오순절파 선교사에게 무슬림에게 복음을 전하는 계획을 어떻게 세우고 있는지 물었다. 그 선교사는 "죽은 사람을 살릴 겁니다"라고 대답했다. 그렉은 고개를 저으며 물었다. "만약을 대비한 다른 계획은 있나요?" 사람들은 이 이야기를 들으면 보통 웃는다. 하지만 민속 무슬림을 대상으로 사역하는 대부분 선교사들은 자신이 마주한 초자연적 문제들을 붙잡고 씨름한다.

무슬림권의 4분의 3 이상, 약 12억 명은 민속 무슬림이다. 그들은 교리적으로 무슬림이지만, 실제로는 정령 숭배자다. 민속 무슬림은 알라에 대한 신앙을 고백하지만 영들을 숭배한다. 그들은 무함마드보다 마술에 관심이 더 많다. 나는 프론티어스 선교사들과 북아프리카, 중동, 중앙아시아, 남아시아, 동남아시아 등 섬기는 모든 지역에서 민속 이슬람에 대한 이야기를 나눈 적이 있다. 다른 선교단체의 사역자들과도 인터뷰를 했는데 그들은 이런 현상을 더 확증한다.

예를 들어 민속 무슬림들 사이에는 저주에 대한 두려움이 만연하다. 튀니지 사람들은 누군가 그들이 깎은 손톱을 주워서 자기들을 저주할까 봐 두려워한다. 예멘 사람들은 누군가의 머리카락을 이용해 저주하는 것을 선호한다(두 경우 모두 접촉성 마술의 예를 보여 준다). 요르단에서 사역하는 한 선교사는 사람들이 자주 행하는 '피의

릭 러브는 프론티어스의 국제총재였다. 프론티어스는 미전도 무슬림 종족 가운데 교회를 설립해 하나님께 영광 돌리는 일에 헌신하는 선교기관이다. 이 글은 Rick Love, "Power Encounter among Folk Muslims: An Essential Key of the Kingdom", *International Journal of Frontiers Missions* 13, no. 4(El Paso, Tex.: International Student Leaders Coalition for Frontier Missions, 1996), 193-195쪽에 나온 것으로, 허락을 받고 실었다. *ijfm.org*.

먹어 치운다.

한편 민속 이슬람에는 밝은 측면도 있다. 모로코의 미약(媚藥)은 남자들이 아내에게 충실하도록 하기 위해 사용된다. 이 마법의 약은 차로 만들어 마시는 것인데 아내의 소변이 들어간다. 한 아랍 사역자는 환하게 웃으면서 이렇게 말했다. "모로코 남자라면 왕에서부터 가장 가난한 농부에 이르기까지 아내의 소변을 마시지 않은 사람이 없을 겁니다!"

매주 벌이는 철야 축사 의식을 포함해 민속 무슬림이 시행하는 다양한 마술 풍습에 대해 이집트에서 온 한 사역자와 인터뷰했을 때, 그는 이렇게 소리쳤다. "달라스 신학교에서는 이런 걸 가르쳐 주지 않았어요!" 사실 대부분의 신학교는 그런 일들을 대비시켜 주지 않는다.

뱀을 길들이고 있는 남성(모로코 마라케시)

축복'에 대해 이야기한다. 어떤 사람이 차를 사면 어둠의 세력으로부터 보호를 받으려고 양을 제물로 잡아 차 범퍼에 그 피를 바른다. 새 집을 지을 때도 양을 잡아 그 피를 문틀에 바른다. 모로코에는 실제로 무우셈이라는 주술 축제가 열리는데 2만 명이나 되는 사람들이 모여든다!

사람들은 '사탄적 표적과 기사 수련회'가 열리는 동안 시골 구석구석에서 소그룹으로 모여 초자연적인 묘기를 보고 피 제사를 지내며 바라카(축복)를 받는다. 한 친구가 영들에게 사로잡힌 사람들의 이야기를 해주었다. 그들은 칼로 자기 몸을 난도질했는데 베인 상처도 없고 피도 나지 않았다. 또 어떤 사람들은 황홀경에 빠져 춤을 추고, 빵 조각을 집어 들고는 무리가 바라카를 받을 수 있도록 그것을 던졌다. 다른 두 고참 선교사는 짐승의 영(사자나 호랑이의 영)에 사로잡힌 사람들에 대해 말한다. 그들은 실제로 암소 같이 살아 있는 짐승을 맨손으로 죽이고 게걸스럽게

어느 신학교를 나왔든 어느 교단에 속해 있든 표적과 기사의 문제는 민속 무슬림을 전도하는 모든 사역자들에게 도전이 된다. 마귀와 마술사는 신학적 유산을 존중하는 자들이 아니다! 예를 들어 중앙아시아에서 사역하던 한 프론티어스 선교사는 비오순절 계열이었는데(교단은 침례교이며 CCC에서 훈련받았다) 무슬림 무당 한 명을 그리스도께 인도했다. 이 무슬림 회심자는 그리스도를 섬기고 싶어 하기는 했지만 여전히 무속 신앙에 끌렸다.

진리를 만나는 것만으로는 만족하지 못했다! 비오순절 출신의 프론티어스 리더 몇 명이 이 선교사를 격려하고 지도하러 왔을 때, 그는 영적 문제들에 대해 물어보았다. 그들은 이러한 문제를 다뤄 본 적이 없으므로 경험 있는 프론티어스의 다른 선교사에게 연락을 해보라고 권했다. 그는 우리 선교회의 많은 선교사들에게 이메일을 보냈으며, 24시간 안에 다섯 명의 다른 팀 리

더들에게 조언을 받았다. 이 중앙아시아 선교사는 최근 내게 무슬림 회심자 교회로 모일 때마다 치유 예배를 갖는다고 말했다!

중앙아시아에서 일하는 한 장로교 선교사는 자신이 능력 대결에서 경험한 일을 털어놓았다.

> 여기서 이전 어느 곳보다 '귀신 들린' 경우를 더 많이 보았다고 하면 여러분은 흥미를 느낄 것입니다(그는 다른 두 무슬림 국가에서 사역한 적이 있었다). 우리는 매주일 셀 모임에서 그런 경우를 봅니다. 제 이야기를 들으면 크게 충격받으실 분도 있을 것입니다. 하지만 여기서는 그것이 현실입니다. 우리는 복음이 한 번도 전해진 적이 없는 곳에 들어가고 있습니다.…누가 하나님의 말씀을 읽거나 말한다는 이유로 마귀 들린 사람이 옆에서 소리 지르고 고함치는 것을 본 적이 있나요? 우리는 본 적이 있습니다! (한 선교사의 기도 편지에서)

능력 대결의 문제는 한때 오순절파와 카리스마파 기독교가 독점하고 있었지만 지금은 더 광범위한 복음주의권의 주요 관심사다. 그것은 민속 무슬림을 대상으로 하는 전도에서 중요한 측면이다. 주로 치유와 축사에서 사탄에 대한 하나님의 능력을 보여 주는 것과 같은 능력 대결은 민속 무슬림 전도에서 중대한 역할을 한다. 표적과 기사가 흔히 일어나는 문화권에서 온 일부 사람들은 능력 대결이 하나님나라의 유일한 열쇠인 것처럼 생각하지만 그렇지는 않다. 하지만 그것은 민속 무슬림에게 전도의 문을 여는 중요한 열쇠임은 분명하다. 더욱 전통적인 복음주의권 출신들은 이 사실을 깨닫지 못하는 경우가 종종 있다.

하나님나라의 표적(능력 대결)은 궁극적으로 왕이신 하나님을 높이는 것이어야 한다고 생각할 것이다. 하지만 그렇지 않은 경우가 종종 있다. 민속 무슬림은 치유를 원하고, 보통은 그 치

바라카가 왜 필요한가?

무슬림은 하나님이 인간에게 바라카(축복)를 주신다고 믿는다. 어떤 개인은 바라카의 능력을 소유하고 있는데, 이는 영적 결과에 영향을 미칠 수 있는 능력으로 나타난다. 바라카에 반대되는 저주는 종종 장소, 사물, 말, 동작 등과 연관된다. "앗쌀람 알라이쿰"(당신에게 평화가 있기를)이라는 무슬림식 인사는 그들 사이에 가장 흔하게 나누는 축복의 말이다. 꾸란 각 장의 첫줄에 나오는 "비스밀라 알라흐만 알라힘"(자비로우시고 자애로우신 하나님의 이름으로)라는 말은 저주와 진(악한 영)으로부터 보호하고 그것을 물리치기 위해 사용되는 또 하나의 흔한 축복의 말이다.

많은 무슬림들이 늘 저주와 진을 두려워하며 산다. 그들은 하나님이 사람과 함께 진을 창조하셨다고 믿는다. "그분은 도자기를 만들듯 인간을 흙으로 빚으셨으며 영마를 창조하되 화염으로 만드셨노라"(꾸란 55:14-15).

무슬림은 하늘에서 쫓겨난 존재인 이블리스를 믿는다. 그는 아담과 하와를 불순종하도록 유혹한 존재다. 이블리스라는 이름은 아랍어로 '대적'을 뜻하는 샤이탄(혹은 사탄)과 혼용된다. "하나님이 천사들에게 명령하여 아담에게 부복하라 하였을 때 그들은 부복하였으나 이블리스는 그렇게 아니했더라 그는 영마의 부류로서 주님의 명령을 거역한 자라 그런데 너희는 나 아닌 그와 그의 자손을 보호자로 삼느뇨 그들은 너희의 적이니 하나님 아닌 우상을 숭배하는 죄인들에게 재앙이 있으리라"(꾸란 18:50).

출처_ Annee W. Rose, *frontiers.org*.

유가 어디서 온 것인지 신경 쓰지 않기 때문이다. 다시 말해, 능력을 구한다고 해서 반드시 구세주를 찾게 되는 것은 아니다. 하나님은 프론티어스의 많은 사람들을 표적과 기사 사역에 사용하셨다. 하지만 치유받은 사람들 중에 그리스도께 나아온 사람은 거의 없다! (그들이 그리스도에 대해 훨씬 더 수용적일 것이라는 점은 믿는다.) 나의 한 동역자는 치유받은 사람 열 명 중 한 명은 그리스도를 따를 것이라고 추산한다. 그는 이것을 열 명의 문둥병자가 치유받은 일에 비유한다. 치유받은 열 명의 문둥병자 가운데 한 명만 돌아와 예수님께 감사를 표했다. 이렇게 회심이 이루어지지 않는 이유 중 하나는 민속 무슬림의 세계관 때문이다. 그들은 마술과 기적의 세계에 살고 있기 때문에 하나님의 능력이 나타나도 언제나 그 위엄에 두려워하지는 않는다. 다른 한편, 우리가 아무 능력도 보여 주지 않는다면 그들은 더더욱 아무런 감명도 받지 않을 것이다!

처음 선교지에 갔을 때, 나는 순다인(인도네시아 자바 섬의 주요 세 부족 중 하나) 가운데서 중대한 돌파구가 될 극적인 능력 대결을 찾고 있었다. 몇 번 대결을 했지만 돌파는 이루어지지 않았

성육신적 복음 증거

> 말씀이 육신이 되어 우리 가운데 거하시매(요 1:14).

예수님은 종의 신분을 취해 공동체의 일부가 되어 문화적 규범과 관습을 따르셨으며, 우리는 그분의 본을 따르기를 간절히 원한다. 바울은 공동체 내에서 성육신적 복음 증거의 본을 보였으며(고전 9:19-23), 우리는 그의 모범을 따라 효과적인 그리스도인이 되기 위해 생활방식을 바꾸고자 한다. 어떻게 하면 문화적인 면에서, 또 생활방식에서 무슬림과 같이 되어 그들을 얻을 수 있을까?

아덴(아테네)에서 바울은 "그 성에 우상이 가득한 것을 보고 마음에 격분"(행 17:16)했지만, 아덴 사람들이 예수 그리스도를 이해할 수 있도록 이교의 신을 언급하고 그리스 시를 인용했다(행 17:16-34). 베드로는 아내들에게 가정에서 그리스도의 모습을 구현하라고 권면했다. "아내들아 이와 같이 자기 남편에게 순종하라 이는 혹 말씀을 순종하지 않는 자라도 말로 말미암지 않고 그 아내의 행실로 말미암아 구원을 받게 하려 함이니"(벧전 3:1). 마찬가지로 바울은 종들에게, 하나님에 대한 그들의 책임으로서 "각각 부르심을 받은 그대로 하나님과 함께 거하라"(고전 7:24)고 권면했다. 우리는 먼저 무슬림의 세계관과 문화를 인정하고 그들의 언어를 배울 수 있다. 하지만 우선은 그리스도가 누구신지 그들이 이해하길 원한다. 기도하며 곰곰이 생각해 봐도 어떻게 증거하는 것이 지혜로운지에 대해 사람마다 확신하는 바가 다르다. 하지만 우리의 증거로 반드시 그리스도가 분명하게 드러나야 한다. 이러한 차별성으로 인해 우리는 핍박을 받을 수도 있다. 성육신적 복음 증거는 이러한 결과를 감수한다. "우리가…범사에 참는 것은 그리스도의 복음에 아무 장애가 없게 하려 함이로다"(고전 9:12).

> 너희 안에 이 마음을 품으라 곧 그리스도 예수의 마음이니 그는 근본 하나님의 본체시나 하나님과 동등됨을 취할 것으로 여기지 아니하시고 오히려 자기를 비워 종의 형체를 가지사 사람들과 같이 되셨고 사람의 모양으로 나타나사 자기를 낮추시고 죽기까지 복종하셨으니 곧 십자가에 죽으심이라(빌 2:5-8).

출처_ *Encountering the World of Islam*.

다! 마침내 그 일이 '펜칵 실랏'이라는 무술 훈련 도중에 일어났다.

나는 미국으로 떠날 준비를 하고 있었으며, 아구스 씨가 내 개인 교사가 되어 주었다. 그는 먼저 호흡법을 가르쳐 주었는데, 그것은 떠미는 동작과 연관되어 있었다. 훈련을 하는 동안 그는 짬짬이 손을 대지 않고도 멀리서 사람들을 물리치는 능력(타나가 달람 - 내적 능력이라고 알려짐)과 치유 능력에 대해 이야기를 해주었다. 그는 이런 일을 직접 경험해 보았다고 했다.

나는 그에게 시범을 청했다. 그런 이야기는 많이 들었지만 실제로 경험해 본 적이 한 번도 없었기 때문이다. 그는 내게 특정한 자세로 있으라고 말했다. 그러고는 나를 타나가 달람으로 밀기 시작했다. 그때 나는 예수님의 이름으로 어둠의 권세에 대항하는 기도를 하고 있었다. 아무 일도 일어나지 않자 그는 내게 자세를 달리 해보라고 말했다. 그는 다시 같은 방법으로 밀었고, 나는 같은 기도를 했으며 결과 역시 같았다. 그는 여러 번 시도해 본 끝에 내게 한번 해보겠냐고 물었다.

한 번도 해본 적이 없던 나는 본 그대로 타나가 달람으로 밀기를 따라했다. 그는 1.5미터 정도 내 앞에 서 있었다. 나는 예수님의 이름으로 기도하면서 그를 밀었다. 그러자 놀랍게도 마이크 타이슨이 치기라도 한 것처럼 그가 뒤로 나가떨어졌다. 나는 그를 전혀 만지지 않았다. 그런데 내게서 힘이 나가 그를 뒤로 나가 떨어지게 만들었다. 이 일은 몇 번 더 일어났다. 마침내 그는 중단하고 머리를 흔들더니 기도했다. 그러고는 창백하고 당황한 표정으로 풀이 죽어서 말했다. "계속 연습합시다." (저자의 선교 일기에서)

이러한 대결을 하고도 아구스 씨는 그리스도께 나아오지 않았다. 하지만 이 체험을 통해 나는 고린도후서 12장 12절에서 큰 위안을 얻는다. "사도의 표가 된 것은 내가 너희 가운데서 모든 참음과 표적과 기사와 능력을 행한 것이라." 위대한 개척교회 설립자인 바울은 자신의 사역을 능력 대결이라는 관점에서 묘사하고 있다. 그의 사역은 초자연적 특징을 지니고 있었다. 그것은 또한 '모든 참음'이 특징이었다. 많은 사람들이 처음부터 우리의 메시지를 거부한다. 심지어 치유 받은 사람들조차 종종 그리스도를 거부한다. 하지만 능력과 '모든 참음'으로 우리는 민속 무슬림 가운데 교회가 설립되는 모습을 볼 것이다.

동남아시아에 있는 내 친한 친구와 동역자들도 비슷한 경험을 했다. 그들은 종종 병든 자를 위해 기도했다. 어떤 사람들은 치유되고 어떤 사람들은 치유되지 않았다. 하지만 능력이 나타날 때에도 사람들은 회개하지 않았다. 그래도 이 부부는 인내했으며, 지난 2년 동안 기사와 표적을 통해 돌파구를 찾았다. 한번은 그들을 위해 일하던 현지인 부부가 한 무슬림에게서 많은 귀신을 쫓아내자 그가 가족과 함께 나와 회개했다. 마귀에서 해방된 그 사람은 그 지역 사람들에게 다가가는 다리 역할을 했다.

그 지방의 무당 삼손은 자기 안에 들어와 있는 사교의 세력 때문에 잠을 잘 수 없어 이 무당 저 무당을 찾아다니며 그 권세에서 놓이길 구했습니다. 하지만 누구도 그를 자유케 해줄 수 없었지요. 어느 날 저녁 약간 늦은 시간에 삼손은 발작을 일으켜 자기 집을 부수고 격하게 소리를 질렀습니다. 우리 동료와 함께 일하고 있는 현지인 부부 브리스길라와 아굴라가 200미터 정도 떨어진 그의 집으로 달려가 '주 이싸 알마시'의 이름으로 마귀를 쫓아내기 시작했습니다. 이들 부부는 이런 일에 숙련되지 않아 각각의 이름과 음성을 가진 여러 존재가 그를 떠나가는 모습을 보고 놀랐습니다. 그날 밤 그가 가지고 있던 부적과 무기를 모두 불태운 후 땅에 묻었습니다. 날이 밝자 한때 모든 이웃이 두려워하고 과거에

편안한 대화는 더 깊은 관계로 들어가는 첫 걸음이다.

무시무시한 죄를 지었던 이 무당은 이제 이웃들에게 용서를 구하고 자기 가족에게 간증을 했습니다. 몇 달 뒤인 1993년 9월에 삼손과 그의 아내, 딸, 사위, 그리고 지금 아굴라와 함께 살고 있는 조카딸들이 세례를 받았습니다. 이제 그들은 작은… 교제권의 핵심이 되었습니다. (저자의 개인 편지에서)

능력 대결, 혹은 표적과 기사의 문제는 복음 전도의 돌파를 위해서만 필요한 것이 아니다. 그것은 또한 교회를 세워 나가는 데도 중대한 부분이다. 민속 무슬림 가운데서 사역하다 보면 능력 대결이 목회의 중심으로 들어오는 두 가지 경우가 자주 일어난다.

우선, 나는 축사(逐邪)가 세례 의식의 일부가 되어야 한다고 믿는다. 민속 이슬람 출신들은 영의 능력, 부적 등에 푹 빠져 있다. 우리는 그저 그들에게 일반적인 방식으로 회개하라고 요구하고, 그것으로 충분하다는 것을 믿을 수 없다. 초대교회에서 축사가 세례 준비의 일부였다는 것이 그저 흥미로운 역사적 사실만은 아니라고 생각한다.

1995년 4월에 나는 운 좋게도 한 민속 무슬림 회심자가 세례를 받을 때 영적으로 해방되는 모습을 보았다. 그 세례식은 실제로 세례를 받기 전에 이전의 관계를 끊는 기도를 드리는 것으로 시작되었다. 세례를 받는 사람들은 모두 어떤 마술이든 공개적으로 관계를 끊었다. 그들은 이렇게 단언했다. "나는 마술, 부적, 혹은 어떤 종류의 호부를 통해서든 나 스스로 능력을 구하는 모든 행동을 끊겠습니다." 그러고 나서 목사가 각 세례 대상자에게 어떤 마술에든 관여한 적이 있는지 물었다. 한 명만이 그렇다고 대답했다. (당시 세례를 받은 사람들 중 많은 이들이 마술에 관여하지 않은 십대였다.) 그 다음에 교회 지도자들은 그 사람을 다른 방으로 데리고 가서 그를 위한 특별한 축사 의식을 행했다. 목사는 그에게 "예수님은 내 삶의 주님이십니다"라고 말하도록 했다. 처음에 그는 그렇게 말하지 못했다. 우리는 어둠의 세력에 대항해 기도했으며 기도를 받고 있는 사람에게 계속해서 자신을 주님께 온전히 드리라고 말했다. 그러자 그는 예수님을 주님으로 고백했고, 그와 더불어 모든 형태의 사교적 관습을 버렸다. 마침내 그는 경련을 일으켰고 영들이 떠나가며 자유로워졌다.

이는 민속 무슬림이었다가 회심한 사람들에게 행하는 능력 사역에 대한 국면으로 이어진다. 민속 이슬람에서 회개한 사람들은 위기가 닥치면 다시 무당에게 돌아가는 아주 전형적인 모습을 보인다. 앞에서 말한 세례 대상자 중에 한 명은 세례식 직전에 무당을 찾아갔다. 그는 포기 기도와 구원의 간증을 들은 후에야 자기 죄를 고백하고 또 기도를 받았다.

동남아시아의 민속 무슬림들을 8년 이상 섬겼던 내 친한 친구 한 명은 많은 열매를 보았다.

하지만 나름대로 고난과 좌절도 맛보았다. 그는 네비게이토에서 훈련을 받았고 침례교 출신이었기 때문에 영적 대결에 대한 준비를 미처 하지 못했다. 그는 어둠의 세력이야말로 그가 사역에서 부딪쳐야 했던 가장 어려운 일이었다고 말한다. 그는 자신과 함께 일하는 대부분의 젊은 회심자들이 지금도 갖가지 형태의 귀신 들림으로 고생하고 있다고 생각한다. 이 때문에 지금은 거의 모든 공식 모임 끝에 회개하고 자유케 되기 위한 기도의 시간을 가진다.

민속 무슬림의 맥락에서 회개에는 사교적 관습을 끊고 이러한 세력들에서 해방되는 것이 둘 다 포함되어야 한다. 이 점에서 내게 가장 도움이 된 본문은 신명기 18장 9-15절과 사도행전 19장 18-20절이다. 신명기에서는 어떤 종류의 강신술도 가증한 것이라고 말하면서 완전히 관계를 끊으라고 명한다. 모세는 하나님의 백성들에게 무당을 찾아가는 대신에 앞으로 올 선지자

좋은 질문을 하라

우리가 만나는 무슬림의 세계관과 태도는 그들의 종교 및 교육 배경, 정치, 그리고 그들이 기독교 신앙을 얼마나 이해하는가에 영향을 받을 것이다. 좋은 질문을 던지면 무슬림 친구가 어떤 상태에 있는지 알게 되며 관계를 형성하는 데 도움이 된다. 우리의 질문들은 다른 사람의 세계관과 느낌과 열망을 이해하는 데 유용하며 그의 정신뿐 아니라 마음까지 움직일 것이다. 우리는 다음과 같은 질문을 할 수 있다.

- 어디 출신인지 말해 줄 수 있나요?
- 당신 나라에서 가장 좋은 것은 무엇인가요?
- 거기서 자라면서 좋았던 점과 싫었던 점은 무엇인가요?
- 이 나라에서는 어떤 점이 좋나요?
- 무슬림으로 자라는 것이 어떤 점에서 좋았나요?
- 예수님이 누구라고 생각하세요?
- 예수님에 대해 무엇을 들어보셨나요? 그것이 사실이라는 것을 어떻게 알 수 있나요?
- 예수님에게 주어진 계시인 인질(신약)을 읽어 보셨나요?
- 왜 서로 다른 종교들이 있다고 생각하세요?

나는 유럽에서 북아프리카로 가는 배를 기다리고 있는 승객들에게 인질을 나눠 주고 있었다. 한 사람에게 인질을 주려 하자 그는 자신이 무슬림이며 이맘이라고 말했다. 나는 흥분되는 마음을 누르며 한 가지 문제에 초점을 맞추어 이야기를 나누기 시작했다. 먼저, 이슬람이 선지자 예수에 대해 가르치는 것과 그의 메시지인 인질이 하나님이 보내신 것이라는 점을 지적했다. 그는 내게 꾸란을 읽어 봤느냐고 물었다. 나는 "네, 열두 번이나요"라고 대답했다. 그런 다음 그에게 인질을 읽어 봤느냐고 물었다. 그가 읽지 않았다고 말하자 나는 소리쳤다. "종교 지도자이면서 선지자 예수에게 주어진 메시지를 한 번도 읽어 보지 않았다고요?" 그는 자기 잘못을 깨닫고는 한 권을 가져 가서 읽겠다고 약속했다. 나는 하나님의 말씀이 헛되이 돌아오지 않을 것이며 그에게 역사할 것임을 믿는다.

출처_ Fouad Masro, *crescentproject.org*.

인 예수(나비 이싸)의 말을 들으라고 명한다. 사도행전 19장은 민속 무슬림을 위한 회개의 본질을 예시하며 이 문제를 보완적으로 다룬다. 사교 의식을 행했음을 공개적으로 고백하고, 더불어 모든 부적과 호부를 (가격이 얼마이든지) 모조리 없애 버려야 한다.

보다 적극적 형태의 능력 대결도 있다. 나는 선교지에 간 지 얼마 안 되어 포노라는 한 무슬림을 만났다. 포노는 복음을 들었으며 구원받고 싶다고 말했다. 나는 그에게 열심히 복음을 전했으나 그는 별로 감명받지 않았다. 그는 복음을 이해했다고 말했지만 자신이 구원받는지 확인하고 싶어 했다. 그래서 나는 그가 이미 그리스도를 받아들였을 가능성이 있다고 말했다. 하지만 그는 죄 문제로 씨름하고 있었다.

나는 신약에서 육신과 성령에 대해 말하는 본문을 찾아 그에게 설명해 주었다. 그는 그냥 머리를 흔들었다. 문득 이것이 진리 대결이 아니라는 생각이 들었다. 이것은 능력 대결의 문제였다. 나는 그를 위해 안수하고 성령이 충만하게 임하시도록 기도하겠다고 말했다. 포노에게 안수하고 기도하자 성령님이 그에게 임하셨다. 하나님의 능력과 임재가 그 방을 가득 채웠다. 포노는 그날 하나님을 만났으며, 그 후로 완전히 달라졌다(비슷한 경험에 대해서는 사도행전 19장 16절을 보라). 그는 능력 대결을 경험했다. 그 후에 나는 참을성 있게(때로는 참을성 없게) 그를 제자로 훈련했다. 그는 무슬림 회심자 교회의 목사가 되었다. "표적과 기사들, 모든 인내와 함께!"

민속 무슬림은 자신들이 영, 마귀, 흉안의 저주, 마술 등에 좌지우지되고 있다고 믿는다. 이 때문에 그들은 무함마드보다 마술에 더 몰두한다. 민속 무슬림은 능력 대결 문제를 최우선으로 여긴다. 병든 자에게는 치유가 필요하다. 그들은 마술을 통해 치유될 것인가, 그리스도를 통해 치유될 것인가? 귀신 들린 사람은 자유로워져야

"어떤 피르를 따르세요?"

헨리는 SIM 선교사들과 함께 아시아에서 구제 사역을 하며 섬기는 신자다. 어느 날 헨리가 자기 집 근처를 걷고 있을 때, 낯선 중년의 사내가 다가와 그에게 "형제여, 평안이 있을지어다"라고 말했다. "당신에게도 평안이 있기를!"이라고 헨리는 대답했다. 중년의 사내는 헨리에게 잠시 이야기를 나누자고 권했다. 차 한 잔을 놓고 우호적인 대화가 몇 마디 오갔다. 그러고 나서 사내는 말했다. "제가 오랫동안 지켜보았는데 당신은 남다르더군요. 행동도 다르고, 가족도 다르고, 생활방식도 다른데 당신은 어떤 피르를 따릅니까?"

'피르'(pir)란 민속 무슬림의 영적 지도자를 말한다. 피르는 살아 있는 사람일 수도 있고 죽은 사람일 수도 있다. 사람들은 많은 피르나 그들의 무덤에 마술의 능력이 있다고 생각한다. 이 나라 인구의 70% 이상이 피르를 신봉한다고 추산하는 이들도 있다.

사내는 헨리가 다른 선생을 따르기 때문에 그의 생활이 남다르다는 것을 제대로 추측해 냈다. 헨리는 그것이야말로 하나님이 주신 기회임을 감지하고서 그를 더 비밀스러운 곳으로 이끌었으며, 조금씩 그에게 '다른 거룩한 책들'(율법, 선지서, 복음서)에 대해 말해 주기 시작했다. 그 결과 친구가 된 그는 지금 매주 헨리와 만나 성경을 공부하고 있다.

출처_ *Serving in Mission Together*, 102(12 February 2003), 12쪽, sim.org.

한다. 무당이 그 일을 할 것인가, 선교사가 할 것인가? 두려움에 빠진 사람에게는 보호가 필요하다. 부적이 보호할 것인가, 아니면 마귀의 일을 멸하러 오신 분이 보호할 것인가?(요일 3:8) 능력 대결이 민속 무슬림의 마음을 여는 유일한 열쇠는 아니지만, 그것은 효과적으로 그들을 복음화하는 데, 그리고 그들 가운데 예수 그리스도의 교회를 세우는 데 필수 요소가 되어야 한다. ❖

신비주의: 율법에서 벗어남

돈 맥커리

 '수피즘'이란 신비주의를 나타내는 아랍어에서 유래한 단어다. 이 말은 흥미로운 역사를 가지고 있다. 대부분의 학자는 '수피'라는 말이 양털을 뜻하는 아랍어 '수프'(suf)에서 왔다는 데 동의한다. 수피는 불경한 무슬림 통치자들의 풍요로움에 반항하면서 검소한 생활방식을 택한 금욕주의자들이다. 어떤 의미에서 그들은 세상과 관계를 끊고 계속 하나님을 추구했다. 그들은 거친 양털로 된 옷을 입었는데, 그로 인해 '양털 옷 입은 사람들' 혹은 수피라는 별명이 생겼다.

수피파의 발전

이 운동이 탄생한 몇 가지 이유가 있다. 무슬림 칼리프들은 "권력은 부패한다. 절대 권력은 절대적으로 부패한다"라는 규칙에서 예외가 아니었다. 이슬람 초기 몇 세기 동안, 무슬림 군대가 대성공을 거둔 후 부패한 통치자들과 그들에 반대해 무력해진 경건과 학자들 간에 큰 간격이 생겼다. 경건한 학자들은 재산을 소유하고 정상적인 삶을 영위할 수 있다고 생각하는 사람들과, 세상을 버리고 육체적 자기 부인의 길을 따르며 하나님을 추구하는 사람들로 나뉘었다. 수피는 세상을 버리고 구도자가 된 사람들이다.

수피는 정통과 율법을 놓고 벌인 호된 전쟁들에서 더 자극을 받았다. 이러한 끝없는 논쟁들로 영이 메마르게 되자 이에 대한 반발로 많은 경건한 무슬림들은 하나님에 대해 토론하기보다 하

돈 맥커리는 이슬람에 관한, 그리고 무슬림을 그리스도께 인도하는 것에 관한 교회의 가장 노련하고 존경받는 권위자 중 한 명이다. 파키스탄과 중앙아시아에서 사역했으며, 현재 미국과 전 세계에서 이슬람 복음화를 위해 그리스도인들을 가르치고 훈련시키고 있다. 『복음과 이슬람』(The Gospel and Islam)을 편집하기도 했다. 이 글은 Don McCurry, *Healing the Broken Family of Abraham*(Colorado Springs: Ministries to Muslims, 2001), 89-94쪽에 나온 것으로, 허락을 받고 실었다.

나님을 직접 경험하길 추구했다. 무함마드가 하나님께 계시를 받을 수 있었다면 다른 사람들도 그럴 수 있을 것이라고 대담하게 생각했다. 그들은 새로운 경전을 만들지는 않고 무함마드가 하나님과 직접 만난 경험을 그대로 복제하고 싶어 했다. 마이클 나지르 알리가 지적하듯 "수피는 무슬림이 중동의 기독교 수도원 제도에서 자극을 받아 발전되었다."[1] 이슬람 신비주의는 바스라의 라비아 알아다위야(Rabia Al-Adawiyya, 801년 사망)의 말로 가장 잘 표현될 수 있을 것이다.

> 나는 하나님 안에 존재하며 전적으로 그분의 것이다. 나는 그분의 명령 아래 산다.…왕이신 남편과 약혼했으며 그분을 섬긴다. 그분을 섬기는 일을 그만두면 약혼자는 내게 진노하사 이혼 증서를 써 줄 것이며 나를 그의 집에서 쫓아내실 것이다.[2]

> 나는 두 가지 사랑으로 당신을 사랑했습니다. 이기적인 사랑과 당신께 합당한 사랑입니다. 이기적인 사랑으로 나는 다른 모든 사람을 제쳐 놓고 당신께 몰두했습니다. 하지만 당신께 합당한 사랑 안에서 당신은 내가 당신을 볼 수 있도록 베일을 벗겨 주셨습니다. 이러저러한 일에서 칭찬받을 자는 내가 아니며 이 모든 것에서 당신께 찬양을 돌립니다.[3]

수피의 신앙

수피는 점차 구조적으로 그리고 형이상학적으로도 발전했다. 처음에는 개개인이 채택해 소수의 무리에게 전달된 종교 형태였으나, 나중에는 계율과 경건의 규칙을 가진 수도원 제도, 성도들의 학파가 되었다. 수피 신참자(무리드)는 이것을 영적 지도자(피르, 우스테드 혹은 무르쉬드)에게 배웠는데, 그들은 지도자의 인도에 절대적으로 복종했다.[4]

이 운동에서 접신학적 사상이 발달했다는 점이 가장 주목할 만하다. 접신학이란 신의 성품에 대한 통찰이라고 여겨지는 것에 기초한 다양한 철학적 혹은 종교적 사고다. 파즐루 라흐만은 이렇게 설명한다.

> 동기의 내면화를 강조하던 초기의 금욕적 경건은 율법의 외적 발전에 대한 반발이었다. 9세기와 10세기 동안 수피파는 영지교, 내적 경험적 지식(마으리파)에 대한 교리를 발전시켰는데, 그것은 점차 같은 시대에 발달한 신학이라는 지적 지식(일므)과 대립되게 되었다.[5]

그래서 한 세기 만에 처음에는 금욕주의에 불과했던 수피파가 먼저는 신비주의적인 것, 그 다음에는 접신학적인 것이 되었으며, 심지어 범신론과 혼동되는 위험에 처하게 되었다.[6] 더 후에 수피는 무질서하고 격앙된 온갖 의식을 만들어 냈다. 자해, 의식을 잃고 바닥에 누워 몸을 흔들면서 영창을 부르는 것, 빙빙 돌면서 종교적 환각 상태에 빠지는 것, 그래서 다시 정신이 돌아올 때까지 발로만 매달려 있는 것 등이 이런 의식들에 포함된다. 존 수브한은 그런 장면을 직접 목격하고 생생하게 묘사해 놓았다.

수피파의 모든 종단이 같은 계율 단계를 따르지는 않는다. 각 종단은 나름대로 규칙을 정해 놓고 있다. 수브한은 자신이 이전에 속했던 수피 종단의 계율에 규정된 신비로운 여행 단계에 대해 다음과 같이 말한다.[8]

1. 회개: 악에 대한 무관심에서 각성하고 죄를 통회하는 감정을 개발한다.
2. 사랑: 열렬한 신자는 하나님의 이름에 몰두하고, 하나님을 제외한 모든 생각을 배제하려고 애쓴다.
3. 포기: 빈곤하게 살면서 세상의 모든 욕망을 포기한다. 궁극적으로 하나님 외에 모든 것을 포기한다.

4. 지식: 오로지 하나님만 생각하게 될 때까지 하나님의 본질과 속성과 역사를 묵상한다.
5. 황홀경: 하나님의 이름과 속성을 기억하고 암송하는 가운데 정신적 흥분 혹은 황홀경에 들어간다.
6. 현실: 마음은 이제 하나님의 참된 성품으로 밝게 빛나고 있을 것이다. 이 시점에서 열렬한 신자는 하나님께 전적으로 의존하고자(하나님을 신뢰하고자) 애쓴다.
7. 연합: 이 단계에서 이 신비주의자는 자신이 하나님의 얼굴을 맞대고 '본다'고 믿는다. 그는 자신의 옛 자아가 절멸되었다고 믿으며, 자신이 하나님으로 온전히 만족하고 하나님은 그에게 온전히 만족하신다고 믿는다.

내적 경험에 대해 수피가 강조하는 바는 자아로부터 도피하고자 하는 열망, 즉 자아를 절멸시켜 하나님께 흡수되게 하려는 깊은 열망과 결합되어 있다. 수피즘은 하나님을 '보는 것' 혹은 하나님과의 연합을 제공할 뿐 아니라 순회 설교자나 그 고장의 매우 경건한 신비주의자를 중심으로 현지 그룹이 자발적으로 생겨난다는 특징이 있다. 그것이 발전하는 과정에서 이 종단의 수장(혹은 그 추종자들)은 그들의 지도자(피르 혹은 셰이크) 안에 내재하는 신적인 빛이 무함마드에게서 유래한 것이라고 느낀다.9

수피는 정해진 모임 장소나 비공식적인 장소 어디든 편리한 곳에서 모인다. 자발적으로 자연스럽게 모임을 이루는 것이다. 시골 마을에서 모이는 농부들, 군대 단위로 모이는 남자들, 비슷한 직업과 직종의 남자들, 이웃 여자들, 도시의 동호회 등을 그 예로 들 수 있다. 간단히 말해 경건한 지도자를 중심으로 어디서든 자연스럽게 그룹이 형성된다.

음악의 회복

수피파는 시와 음악 사용을 장려했다. 재능 있는 작곡가들이 하나님께 드리는 사랑의 노래를 아름답게 작곡했다. 어떤 단체들은 예배의 일부로 춤을 추도록 권했다. 이슬람 사원에서는 음악과 춤을 절대 허용하지 않았으므로 수피는 자신들만의 오두막을 짓거나 옥외에서 만났다.

하나님이 노래하신다는 것을 계시해 준 사람은 하나님의 영으로부터 영감을 받은 스바냐 선지자였다. "너의 하나님 여호와가 너의 가운데에 계시니 그는 구원을 베푸실 전능자이시라 그가 너로 말미암아 기쁨을 이기지 못하시며 너를 잠잠히 사랑하시며 너로 말미암아 즐거이 부르며 기뻐하시리라"(습 3:17). 왜 안 그러시겠는가? 결국 우리는 하나님의 형상으로 만들어졌으며 노래를 한다. 하나님은 우리가 부르는 노래를 즐거이 들으신다. 하나님은 성령을 보내어 우리가 노래하는 것을 돕게 하셨다. "오직 성령으로 충만함을 받으라 시와 찬송과 신령한 노래들로 서로 화답하며 너희의 마음으로 주께 노래하며 찬송하며 범사에 우리 주 예수 그리스도의 이름으로 항상 아버지 하나님께 감사하며"(엡 5:18-20). 그래서 이 무슬림들은 낭만적이고 민속적인 음악으로 눈을 돌렸다. 그들은 이웃에서 종교적인 음악을 '빌려' 올 수밖에 없었다(하나님은 우리를 음악하는 존재로 만드셨다. 풍성한 음악 전통을 가지고 있는 우리 그리스도인은 수피에게 많은 것을 제공해 줄 수 있다).

'노래하는 수피들'은 수많은 이교도를 이슬람의 울타리 안으로 이끌었다. 이제 우리가 음악과 노래로 수피들을 예수님의 품안으로 이끌 차례다. "우리가 감사함으로 그 앞에 나아가며 시를 지어 즐거이 그를 노래하자"(시 95:2). 많은 악기에 맞춰서 추는 춤 역시 수피파를 따르는 사람을 구원하는 데 일익을 담당할 수 있다. 일부 수피 종단들이 황홀경을 추구하면서 춤을 추기 때문이다. 시편 기자는 이렇게 썼다.

춤추며 그의 이름을 찬양하며 소고와 수금으로 그를 찬양할지어다 여호와께서는 자기 백성을 기뻐하시며 겸손한 자를 구원으로 아름답게 하심이로다(시 149:3-4).

나팔 소리로 찬양하며 비파와 수금으로 찬양할지어다 소고 치며 춤추어 찬양하며 현악과 퉁소로 찬양할지어다 큰소리 나는 제금으로 찬양하며 높은 소리 나는 제금으로 찬양할지어다 호흡이 있는 자마다 여호와를 찬양할지어다 할렐루야(시 150:3-6).

수피들이 예수님 안에서 그들의 진정한 뿌리를 발견하도록 돕자. 음악과 노래에 대한 그들의 강점, 그것을 참되신 하나님을 추구하는 데 사용할 수 있게 하자.

수피즘의 전파

수피즘은 8세기와 9세기에 소박하게 시작되었으나 이후 수세기 동안 무슬림권을 휩쓸며 매우 성공적인 선교 운동을 이루었다. '노래하는 수피들'은 무슬림 군대가 한 것만큼이나 많은 이교도를 이슬람으로 회심시켰다는 인정을 받는다. 수피파는 고도로 조직적인 비밀 종단으로 존재할 수 있고, 개개인이 느슨하고 비조직적인 단체로 모일 수도 있다. 교인들은 함께 먹고 자며 자발적으로 모임에 참석할 수도 있다. 수피즘은 이 운동이 제공하는 모든 힘과 이점에 더불어 약점 또한 많이 가지고 있다. 사람들이 하나님께 직접 나아갈 수 있다고 함으로써 율법의 지위를 약화시키고 꾸란과 하디스의 지위를 낮추었으며 상당한 명목주의와 많은 도덕적 방종을 가져왔다.

수피즘과 관련해 주목할 만한 색다른 것 중 하나는 그것이 대단히 널리 퍼져 있다는 것이다. 이런저런 모양으로 변형된 수피즘을 무슬림권 전역에서 찾아볼 수 있다. 이론상으로는 무슬림 주요 분파에 속해 있으면서 동시에 수피파의 일원이 될 수도 있다.

구도자가 "하나님께 직접 접근"할 수 있다고 보기 때문에 시아파 유형의 이맘이나 아야톨라(시아파 지도자의 호칭–옮긴이)가 필요하지 않으니 말이다. 하나님께 직접 접근할 수 있다는 믿음 때문에 많은 시아파 교도가 이탈해 수피파와 이슬람의 수니파로 가게 되었다. ❖

주

1. Michael Nazir-Ali, *Frontiers in Muslim-Christian Encounter*(Oxford: Regnum Books, 1987), 22쪽.
2. Margaret Smith, *Studies in Early Mysticism in the Near and Middle East*(Oxford: Oneworld Publications, 1995), 186쪽.
3. 앞의 책, 223쪽.
4. R. A. Nicholson, *Studies in Islamic Mysticism*(Cambridge: University press, 1907), 392쪽.
5. Fazlur Rahman, *Islam*, 제2판(Chicago: University of Chicago Press, 1979), 141쪽.
6. Nicholson, *Studies*, 391쪽.
7. John A. Subhan, *Sufism: Its Saints and Shrines*(Lucknow, India: Lucknow Publishing House, 1938), 1-4쪽.
8. 앞의 책, 68-72쪽.
9. Phil Parshall, *Bridges to Islam*(Grand Rapids: Baker Book House, 1983), 57쪽.

참고문헌

Muriel Maufroy, *Rumi's Daughter*(London, UK: Random House, 2005).
Don McCurry, *Tales That Teach*(Colorado Springs, CO: Ministries to Muslims, 2009).

6과를 위한 교재 읽을거리를 끝냈다면 300쪽의 '추천 도서와 활동'을 보라.

온라인 읽을거리는 *encounteringislam.org/readings*에서 볼 수 있다.

토론 문제

1. 무슬림은 어떤 필요를 채우기 위해 대중 이슬람을 믿는가?

2. 당신이나 지인 중에 자기 필요와 소원을 이루기 위해 하나님을 조종하려 했던 적이 있는가?

3. 인생의 고난이나 초자연적 세력의 실재에 직면했을 때, 하나님의 사랑과 주권을 신뢰함을 어떻게 분명히 보여 줄 수 있는가?

추천 도서와 활동

읽기	Bill Musk, *The Unseen Face of Islam*, 개정판(Grand Rapids, MI: Kregel Publications, 2004).
	Rick Love, *Muslims, Magic, and the Kingdom of God*(Pasadena, CA: William Carey Library, 2003). *wclbooks.com*.
	Craig Thompson, *Habibi*(New York: Pantheon Books, 2011). *pantheonbooks.com*.
보기	〈Mystic Iran: The Unseen World〉(아리아나 파샤드 감독, 2002) – 꿈과 환상을 통해 하나님의 계시를 받고 삶이 변화된 무슬림들의 간증이 담긴 영상물이다. 많은 무슬림들이 보이지 않는 세계에 열려 있으며 초자연적인 만남을 진지하게 받아들이고 있다.
기도하기	라마단 기간 동안 매일 무슬림을 위해 기도하라. 매년 30일간의 라마단 기도 지침서가 출간되고 있다. *30-days.net*.
방문하기	외제 물건을 파는 가게에 가서 주인에게 낯선 식료품에 대해 물어보라. 외국 음식을 제공하는 식당에 가서 색다른 요리를 먹어 보고 그곳의 지배인이나 종업원과 친구처럼 대화를 나누어 보라.
검색하기	*naqshbandi.org* – 수피 종단 나끄쉬반디의 공식 웹사이트.

* 그 밖의 유용한 정보와 자료는 *encounteringislam.org/learnmore*를 보라.

3부 기독교와 이슬람

7과

넘어야 하는 장벽들

깊이 생각해 보기

- 무슬림과 그리스도인이 서로에 대해 가지고 있는 오해는 무엇인가?
- 당신이 그리스도께 나아오는 데 가족은 어떤 역할을 했는가?
- 한 사람이 그리스도를 따르는 데 무슬림 가족은 어떤 영향을 미치는가?
- 무슬림의 어떤 가치관이 마음에 드는가?
- 당신의 문화는 복음을 전하는 데 어떻게 장애물이 될 수 있는가?

이 과의 목표

1. 새로운 목표: 그리스도인과 무슬림 사이의 문화적 장벽을 인정하고 설명하며 극복하기를 시작한다.
2. 앞 과에 기초한 목표: 더 나아가 무슬림 세계관을 해석하고 존중한다.
3. 앞 과에 기초한 목표: 무슬림의 문화적 관점으로 현재의 사건을 해석한다.
4. 앞 과에 기초한 목표: 주위 사람들이 문화적 편견을 가지고 무슬림을 판단하는 것을 바로잡는다.
5. 앞 과에 기초한 목표: 무슬림이 그리스도께 반응하는 데 문화적 장벽이 방해가 되지 않도록 기도한다.

핵심 요점

1. 그리스도처럼 복음의 메시지를 다른 문화에 성육신화하는 것이 우리의 의무다.
2. 겸손은 무슬림을 대하는 우리 행동의 기초다.
3. 죄의 본질은 형식을 넘어 의미와 본질에까지 스며들어 있다.
4. 회심은 처음의 지적 반응을 넘어서는 과정이다.
5. 역사적, 정치적, 경제적, 사회적, 초자연적 장벽이 있다.
6. 언어, 음식, 음악, 이름, 애완동물 등도 적응해야 하는 문화에 포함된다.
7. 상황화란 그리스도 안에서 그 문화에 맞게 변형하는 것이지 어려움을 피하기 위해 복음 자체를 타협하는 것이 아니다.
8. 그리스도는 증인된 우리에게 역사적, 정치적, 문화적 장벽을 넘어 무슬림 가운데 복음을 나타내라고 명하신다.

과제

무슬림에 대해 아무리 열심히 공부해도 그들이 예배하는 장소에 찾아가 함께 모여 기도하는 의식을 직접 보지 않는다면 충분하지 않다. 이슬람 사원을 방문하는 목적은 무슬림을 만나고, 그들의 이야기를 듣고 이해하는 데 있다. (동행자가 있다면 그와 함께) 이슬람 사원에서 지켜야 할 예절과 규칙을 미리 익히라. 존중하는 마음을 담아 말하고 행동하라. 그들의 의식에 참여하지 않더라도 관찰하며 적절한 행동에 대해 배울 수 있다.

이슬람 사원을 방문한 경험을 온라인 토론회에서 나누라. 31-41쪽의 강좌 소개에 보다 자세한 지침과 정보가 나와 있다.

계속해서 encounteringislam.org/readings에 나와 있는 온라인 읽을거리를 읽으라.

이 과의 읽을거리

 교재
서론
결단의 골짜기
무슬림 전도의 열 가지 걸림돌
하나님의 사자
상황화와 공동체
화해의 걷기
이스라엘, 팔레스타인, 그리고 중동
이스라엘-팔레스타인 분쟁의 역사
평화를 위한 호소

 온라인
생명으로 이어지는 생활방식(A Lifestyle That Leads to Life, 푸아드 어카드) – 우리의 말뿐 아니라 생활방식을 통해 무슬림 친구들에게 복음의 진리가 전달된다.
회심에 대한 논의(Selections on Conversion, 데이비드 W. 솅크, 필 파샬, 하피 콘, 딘 길리랜드) – 무슬림이 그리스도 신앙으로 돌아서는 복잡한 과정에 대해 네 명의 선교학자들이 논의한다.
하나님의 가족으로 살기(Living as the Family of God, 크리스틴 말루히) –그리스도께 나아오는 무슬림에게 교회가 가족이자 공동체가 되어 주어야 한다.

서론

우리가 다시 자천하기를 시작하겠느냐 우리가 어찌 어떤 사람처럼 추천서를 너희에게 부치거나 혹은 너희에게 받거나 할 필요가 있느냐 너희는 우리의 편지라 우리 마음에 썼고 뭇 사람이 알고 읽는 바라 너희는 우리로 말미암아 나타난 그리스도의 편지니 이는 먹으로 쓴 것이 아니요 오직 살아 계신 하나님의 영으로 쓴 것이며 또 돌판에 쓴 것이 아니요 오직 육의 마음 판에 쓴 것이라 우리가 그리스도로 말미암아 하나님을 향

인도에서 친구 사귀기

하여 이 같은 확신이 있으니 우리가 무슨 일이든지 우리에게서 난 것같이 스스로 만족할 것이 아니니 우리의 만족은 오직 하나님으로부터 나느니라 그가 또한 우리를 새 언약의 일꾼 되기에 만족하게 하셨으니 율법 조문으로 하지 아니하고 오직 영으로 함이니 율법 조문은 죽이는 것이요 영은 살리는 것이니라(고후 3:1-6).

바울이 편지를 보낸 고린도인들처럼 무슬림과 깊이 있고 지속적인 우정을 쌓은 상태에서 주님을 전할 때 그들은 우리의 증거가 진리임을 인식할 것이다.

어떤 사람이 예수님을 믿고 싶어 하지 않는 것은 대개 신학적 의심 때문이 아니다. 기독교에 대해 깊이 생각해 본 무슬림은 이렇게 생각할 것이다.
'우리 가족은 어떤 반응을 보일까? 나의 결단이 우리 공동체 안에서 문화적으로, 정치적으로, 경제적으로 혹은 사회적으로 어떤 결과를 가져올까? 가족과 공동체에 대한 나의 충성에 어떤 영향을 미칠까? 나는 누구와 결혼하게 될까?'

이러한 의문들은 꼭 공동체 지향적인 사회가 아니라 하더라도 예수님을 따르려는 결정에 영향을 미친다. 마찬가지로 복음을 받아들이길 주저하는 마음은 보통은 그리스도를 따르겠노라는 단 한 번의 결정으로 극복할 수 없다. 새로운 메시지에 대한 태도는 점진적으로 변하기 때문에 이슬람 신앙을 새롭고 낯선 신학과 대조하는 일에 섣불리 초점을 맞추다 보면 순식간에 우리가 전하려는 대상들이 기독교에 대한 그들의 가설 속에 갇힐 수 있다.

평생 그리스도를 따르는 일은 개인의 결단으로 시작될 수 있으나 믿음과 가치관과 행동에 찬성하거나 반대하는 이성적인 논증에 대한 반응으로 일생일대의 선택이 이루어지는 경우는 거의 없다. 직접 의사소통하고 부인할 수 없는 증거를 강조하는 서구식 모델은, 간접적 의사소통이 상대방의 태도를 변화시키고 합의된 결정에 이르게 하는 데 훨씬 큰 설득력을 발휘하는 문화권에서는 상대방을 무시하는 것이 될 수 있다.

그리스도에 대한 반응의 차원

인식적 차원: 복음에 대한 지식
감정적 차원: 복음에 대한 태도
추정적 차원: 복음에 대한 평가
의지적 차원: 복음에 대한 결단

장애물

문화적, 사회학적, 역사적, 정치적, 경제적 관심사를 이해하는 것은 무슬림에게 다가갈 때 무엇보다 중요하다. 그들의 가장 깊은 문제와 절실한 필요는 무엇인가? 무슬림의 문화적 배경 및 그들과 우리 사이의 역사적 장애를 이해하고 나면 그 장벽들에 대해 다룰 수 있을 것이다. 그렇게 되면 무슬림에게 믿음을 나누는 중대한 기회를 얻게 될 수 있다. 하지만 무슬림과의 관계에서 사회적 문제를 다루는 데 실패한다면, 그들은 복음의 아름다움을 제대로 듣거나 보기도 전에 우리의 말과 행동을 거부할 수도 있다. 다행히 아직 인류는 관계 속에서 나타나는 사랑, 겸손, 취약성, 진정성 등에 반대할 만한 효과적인 변명을 개발하지 못했다. 이것은 그리스도의 방법이었으며 바울의 방법이었다.

무슬림은 우리 문화에 반발한 나머지 우리가 선포하려는 복음 메시지에 집중하지 못하는 경우가 많았다. 이러한 교훈은 다음과 같이 묻는다. "어떻게 하면 문화적으로 부담을 덜 주면서 더욱 분명하게 복음 메시지를 전달할 수 있는가?" "어떻게 하면 무슬림 사회의 긍정적인 면을 지지함으로써 이를 성경적 이해와 세계관을 확립하기 위한 다리로 삼고, 무슬림에게 믿음을 나누는 방법을 보완하고 바로잡아 달라고 성령님께 요청할 수 있는가?"

무슬림은 이른바 '그리스도인'이라고 불리는 사람들의 행위에 강하게 반발한다. 정숙하지 못한 옷차림, 거슬리는 식품, 술 취하는 것, 마약 복용, 역기능 가정, 낙태, 동성애, 그 밖에 무슬림 사회에 수출된 텔레비전과 영화, 포르노에 나타난 부도덕한 행동이 그것이다. 우리는 이런 것들이 단지 서구 문화의 부정적인 부산물이며 참된 기독교의 모습은 아니라고 무시하는 데서 그치면 안 된다. 많은 무슬림들은 이런 관행들을 혐오하고 그러한 자신의 견해를 효과적이고 분명하게 말하는 그리스도인, 자신의 문화를 솔직하게 비판할 줄 아는 그리스도인을 만나야 한다.

바울은 고린도전서 9장에서 우리가 모든 것을 참고 견디는 이유는 그리스도의 복음에 방해가 되지 않도록 하기 위함이라고 단언한다. 걸림돌이 될 수 있는 단 한 가지는 우리의 문화적 행동이 아니라 오직 그리스도다. 그러므로 바울은 유대인을 얻고자 할 때 문화적으로 유대인이 되었고, 헬라인을 얻고자 할 때는 문화적으로 헬라인이 되었다. 분명 우리도 무슬림을 그와 같이 대할 수 있다. 또한 바울은 갈라디아서와 다른 곳에서 그리스도인이 된다고 헬라인이 유대식 관행을 채택할 필요는 없다고 강하게 주장한다. 분명 우리는 무슬림이 그리스도에 의해 변화되면서도 그들의 문화권 안에 그대로 있도록 둘 수 있다.

당신이 교회 예배에 방문한 무슬림이라고 생각해 보라. 남자와 여자가 자유롭게 뒤섞여 있고, 예배자들은 하나님의 임재 안에서 구두를 신고 의자에 앉아 있다. 예배가 시작되었는데도 사람들은 이야기를 하고 록 음악이 나오는가 하면 정숙하지 못한 옷차림을 한 여성들이 율동에 맞춰 찬양을 한다. 성찬식 때는 포도주를 나눠 준다! 이런 모습을 본 무슬림이 "하나님, 저를 이 파티장에서 구해 주시옵소서!"라고 외치지 않겠는가? 우리의 옷차림과 음식, 무슬림 사이에서 살아온 기간, 그들의 문화에 대한 우리의 태도, 돈을 사용하는 방식, 자녀 양육 방식, 심지어 우리가 사는 집 등은 무슬림이 그리스도에 대해 가지는 인상에 영향을 미친다.

역사적 장애물 역시 기독교에 대한 무슬림의 인상에 영향을 끼친다. 우리에게는 십자군 운동과 식민지주의가 먼 과거의 이야기일지 모르지만 무슬림은 이스라엘, 보스니아, 코소보, 이라크 등지에서 일어나는 사건들을 해석하면서 지금도 이런 기억을 떠올린다. 우리는 먼저 민족주의자가 되고 난 다음에 성경적인 그리스도인이 되어야 하는가? 성경은 가난한 자와 정치적으로 억압받는 자를 위한 정의에 대해 뭐라고 말하는가? 우리는 열 배나 많은 무슬림들이 '무슬림' 독재자들에게 학대를 당하고 있는데도 그리스도인들이 핍박받을 때에만 반응하지 않는가? 많은 기독교 인도주의 단체들이 종교적 배경과 상관없이 곤경에 처한 모든 사람들에게 탁월한 도움을 제공해 왔다. 한 걸음 더 나아가 그리스도인들은 화해를 추구하고 용서를 구하며 정부에 압력을 가해 무슬림에게 영향을 끼치는 장기적인 여러 충돌을 해결할 수 있는가?

인류는 모두 저주 아래 놓여 있고 우리는 정의를 구현하기 위해 고군분투한다. 우리는 종종 경제와 정치 문제를 비종교적인 주제로 본다. 무슬림은 자신들이 경제적으로나 정치적으로 학대당한 것에 대해, 인권 문제로 부당한 판단을 받는 것에 대해, 대중문화와 상품이 범람하는 것에 대해 어떻게 느끼고 있는가? 우리는 이렇듯 민감한 사안에 세심하게 주의를 기울이지 않은 채 무슬림에게 그리스도를 제시해 왔을 수 있다. 우리는 이른바 '기독교적이라고 하는' 정부 정책에 재빨리 거리를 두려고 할 수 있고, 뉴스에 나오는 이른바 '기독교' 인사들과 의견이 다를 수도 있다.

그렇다면 우리는 이러한 것들에 좀 더 강경하게 반대를 해야 할까? "예수님이라면 어떻게 하

가시 철조망

선교사들이 선의를 가지고 있어도 지엽적 침해라는 가시 철조망을 치게 되는 경우가 종종 있다. 성경의 메시지가 경제, 정치, 종교에 대한 대단히 서구적인 접근과 뒤섞이게 되는 것이다.

출처_ Phil Parshall, *Muslim Evangelism* (Waynesboro, Ga.: Authentic Media, 2003), 85쪽.

실까?"라는 말은 그저 아이들이 부모에게 순종하도록 하기 위해 만든 말이 아니다. 기독교적 가치관은 그에 따른 경제적, 정치적 결과를 가져온다. 그것이 유대인을 착취하는 것이든, 팔레스타인 그리스도인과 무슬림을 착취하는 것이든, 우리를 착취하는 것이든 간에 말이다.

가장 절실한 필요, 가장 큰 능력

게다가 개인주의라는 서구의 문화적 가치관은 개인보다는 순응과 집단을 더 귀중히 여기는 사회에서 자주 마찰을 일으킨다. 무슬림은 종종 서구 그리스도인이 관계에 성의를 보이지 않고 냉담하다고 생각한다. 우리는 이미 독립적이거나 순응적이지 않거나 문화적으로 반항적인 사람들을 사귀고, 그들에게 복음에 반응하라고 권면하는 경향이 많다. 그렇기 때문에 공동체가 지닌 잠재적 힘이 무슬림 배경 신자들의 교회에서는 차단되고 만다. 게다가 무슬림이 그리스도인이 되었을 때 우리는 그들의 신앙이 입증될 때까지 세례 주기를 미루는 경우가 종종 있다. 그 때문에 세례가 공동체에 들어온 것을 환영하는 축하 의식이 되기보다는 하나의 통과의례가 되어 버렸다. 게다가 무슬림 배경의 신자는 서구 그리

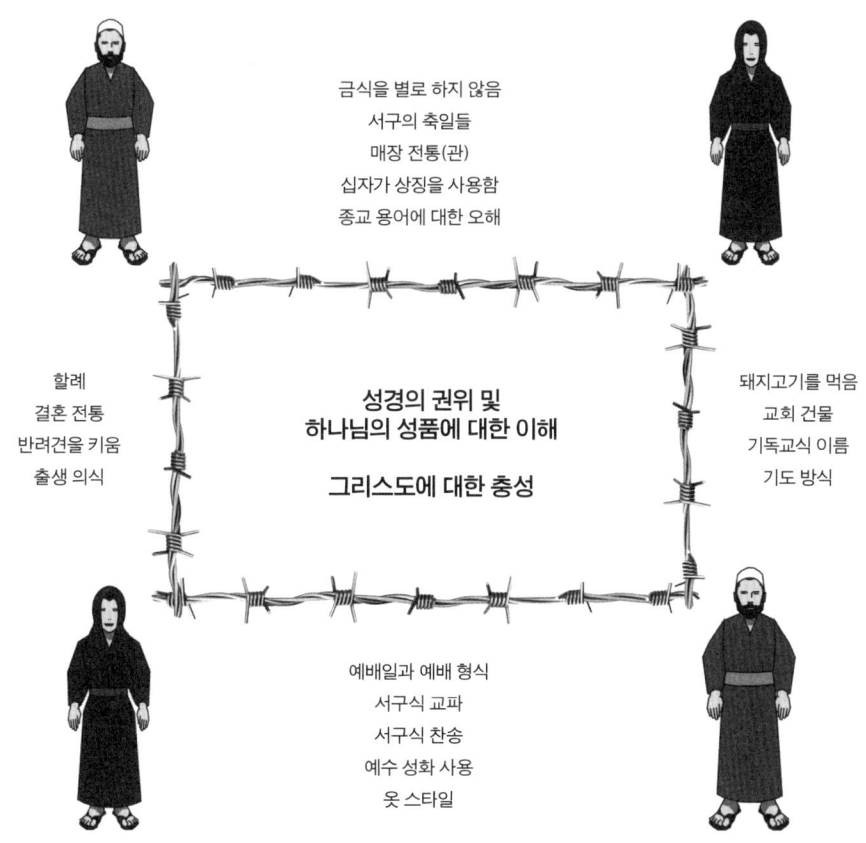

구도자를 외면하는 문화적, 사회적 장벽들

Source: Phil Parshall, © encounteringislam.org

스도인들이 이해하지 못하는 고립에 시달린다. 그들은 자신들이 포기한 것으로 말미암아 생긴 공허함을 채워 줄 공동체를 갈망한다. 특히 새로 갖게 된 신앙 때문에 가족에게 거부당한 경우라면 더욱 그러하다.

무슬림에게 좋은 친구가 되려면 그들의 정치적, 경제적 현실을 이해할 필요가 있다. 우리는 그들의 문화와 언어, 가치관을 배울 수 있게 도와달라고 부탁해야 한다. 신뢰를 쌓으려면 시간이 걸린다. 영적으로 민감하거나 하나님을 찾는 사람들을 발견하는 일이 그렇듯 말이다. 초대교회는 연합, 도덕, 권리, 받을 만한 음식, 자유, 표준, 예배 때 예절, 육체 생활, 사랑 등의 문제를 가지고 씨름했다. 고린도전후서는 새 신자가 이러한 딜레마를 안고 씨름하는 일을 돕는다. 이 모든 복잡한 일을 위해 제시된 중대한 해결책 가운데 하나가 신자 공동체에서 그리스도의 영이 행하시는 열정적인 활동과 우리 안에 나타난 성령 사역의 증거다. 우리는 그리스도에 대한 우리의 사랑과 성경에 나오는 구원의 진리를 무슬림 친구들에게 표현하길 원한다. 하지만 그저 말로 설득하는 것에 그쳐서는 안 된다.

그리스도께서 나를 보내심은 세례를 베풀게 하려 하심이 아니요 오직 복음을 전하게 하려 하심이로되 말의 지혜로 하지 아니함은 그리스도의 십자가가 헛되지 않게 하려 함이라(고전 1:17).

전도는 과정이다

우리는 흔히 "지난 선교 여행 때 몇 명이나 구원받았습니까?"라고 묻지 않는가? 아니면 "몇 명이나 세례받았어요?", "교회 출석 인원이 몇 명인가요?"라고 묻는다. 왜 이렇게 숫자에 집중하는가? 목표 지향적인 문화가 우리를 너무 속박하고 있다. 숫자와 행사야말로 '상황을 알려 주고 과업을 측량하는 기준'이라고 생각하게 만드는 경우가 너무 많다. 누군가가 우리에게 그런 목표에 대해 책임을 지라고 한다면 우리는 만족할까?

복음 전도는 친구가 되고 후원하며 사랑하는 하나의 과정이다. 이 과정은 그리스도를 더 닮아 간다는 목표에 따라 평가해야 한다. 하나님의 말씀, 특별히 하나님의 종 바울이 증거한 말씀이 격려가 된다. "나는 심었고 아볼로는 물을 주었으되 오직 하나님께서 자라나게 하셨나니"(고전 3:6). 우리는 모두 하나님의 밭에 '할당된 과업'을 가지고 있다. 하지만 씨앗을 자라게 하시고 그분의 때에 구원을 주시는 분은 하나님이시다. 무슬림 대상의 사역은 첫 열매를 보기까지 오랜 시간이 걸린다. 그 시간은 때로 몇 년이 될 수도 있다. 결과에 책임을 지시는 분은 하나님이시므로 우리는 그들과의 우정과 그 과정을 즐겨야 한다!

해외에서 사역할 때 동역자 피터는 마흐무드라는 무슬림과 친구가 되었다. 7년 후 피터는 이 관계를 이어 가는 것이 시간 낭비가 아닌가 하면서 좌절감을 표현했다. 피터는 마흐무드를 여러 번 도와주었지만(일자리를 찾아주었다) 마흐무드는 영적 관심을 조금도 보이지 않았다. 우리 팀은 그들 둘 다를 위해 기도하면서 피터에게 계속 잘해 보라고 격려했다. 그 다음 모임 때 피터는 신나는 소식을 가져왔다. 마흐무드가 이렇게 말했다는 것이다. "나는 7년 동안 자네와 알고 지냈네. 그러면서 자네가 정말 내 친구인지 아니면 그저 나를 또 한 명의 잠재적 회심자로 보는 것뿐인지 궁금한 적이 많았지. 난 자네가 정말 나를 잘 돌봐 주는 친구라는 결론을 내렸네. 그래서 이제 세례를 받고 싶네."

출처_ Annee W. Rose, *frontiers.org*.

형제들아 내가 너희에게 나아가 하나님의 증거를 전할 때에 말과 지혜의 아름다운 것으로 아니하였나니 내가 너희 중에서 예수 그리스도와 그가 십자가에 못 박히신 것 외에는 아무것도 알지 아니하기로 작정하였음이라 내가 너희 가운데 거할 때에 약하고 두려워하고 심히 떨었노라 내 말과 내 전도함이 설득력 있는 지혜의 말로 하지 아니하고 다만 성령의 나타나심과 능력으로 하여 너희 믿음이 사람의 지혜에 있지 아니하고 다만 하나님의 능력에 있게 하려 하였노라(고전 2:1-5). ❖

— 엮은이

참고문헌

Caleb Crider and others, *Tradecraft for the Church on Mission*(Portland, OR: Upstream Collective, 2013).

Sherwood G. Lingenfelter and Marvin K. Mayers, *Ministering Cross-Culturally: An Incarnational Model for Personal Relationship*(Grand Rapids, MI: Baker Academic, 2003).

David J. Hesselgrave, *Communicating Christ Cross-Culturally*(Grand Rapids, MI: Zondervan, 1991).

결단의 골짜기

린디 파샬 토머스

아름답고 화창한 날이었다. 닭 한 마리가 길을 가로질러 종종걸음을 치고 있었다. 아크바르 칸은 시골 장에 가는 길에 그 모습을 지켜보았다. 그는 먼지투성이 길을 걸어 내려갔으며 거기에는 세상의 온갖 이야깃거리가 있었다. 커다랗고 밝은 노란 건물이 말 그대로 불타는 듯한 아침 햇빛 속에서 빛나며 아크바르 앞에 웅대하게 서 있었다. 그는 모퉁이에 서서 무슨 일이 일어나고 있는지 지켜보았다. 가장 좋은 옷을 멋지게 차려 입은 사람들이 문 안으로 걸어 들어갔다.

바로 어제, 그의 아버지는 모두가 선교사라고 부르는 어떤 사람을 보고 웃었다. 아크바르는 그를 어떻게 생각해야 할지 잘 모르겠다. 그들이 '교회'라고 부르는 건물이 지어질 때 아크바르도 그를 본 적이 있다. 그 선교사는 언제나 깨끗한 옷을 입고 있었는데 그런 옷이 많은 것 같았다. 물론 그가 그 건물을 지을 돈을 댔다면 분명 지금도 남은 돈이 많을 것이다.

바로 그때 아크바르는 은세공사 모함메드가 교회 문으로 들어가는 것을 보았다. 아크바르는 호기심에 지켜보았다. 모함메드가 그 선교사의 설교를 듣고 그리스도인이 되었다는 소문이 돌고 있었다. 사람들은 모함메드의 태도가 변했다고 말했으며, 실제로 그는 전보다 더 참을성 많고 멋진 사람이 되었다.

아크바르는 호기심이 더욱 커졌다. 그 선교사는 뭐라고 말할까? 마을 사람들 대부분이 그 백인을 경멸했다. 사람들은 그 선교사의 돈을 부러워했고, 그 돈을 왜 자신들을 돕는 데 쓰지 않고

린디 파샬 토머스는 방글라데시 출신 선교사의 자녀로, 마닐라 페이스 아카데미 고등학교 학생 시절에 이 글을 썼다. 이 글은 Phil Parshall, ed., *The Last Great Frontier*(Philippines: Open Doors with Brither Andrew, 2001), 185-188쪽에 나온 것으로, 허락을 받고 실었다. opendoors.org.

저 우스꽝스러운 건물에 쓰는지 못마땅해 했다.

한 어린 소년이 옆길로 들어선 암소를 뒤쫓다가 아크바르 앞으로 뛰어들었다. 그 소년과 쿵 부딪히는 바람에 아크바르는 등불 가격을 알아봐야 한다는 사실이 기억났다. 곧 금식월이 다가올 텐데, 그는 이른 아침에 음식을 먹을 때 사용할 좋은 등불을 가지고 싶었다.

아크바르는 이 외국 교회 안에 들어가 무슨 일이 일어나고 있는지 직접 보고 싶은 유혹을 느꼈다. 그러면 아마 아내가 화를 낼 것이다. 아크바르는 서서히 문 쪽으로 걸어가면서,

우리의 행동은 무슬림이 받는 인상에 어떤 영향을 미치는가?

높은 벽 꼭대기를 따라 가시 철조망이 설치되어 있는 것을 보았다. 아마 거지아이들이 들어오지 못하게 하려고 쳐 놓았을 것이다. 그 다음, 건물 꼭대기에 높이 세워져 있는 십자가를 올려다 보았다. 얼마나 흉한가! 십자가라니! 그것은 아크바르에게 대단한 증오의 상징이었다. 십자가를 보면 학창 시절에 배운 기괴한 이야기, 십자군 운동이 떠올랐다. 무슬림 조상들이 십자가를 몸에 지닌 십자군에게 살해당한 이야기 말이다.

아크바르는 그런 생각은 접어 두고 교회에 그냥 들어가 보기로 했다. 일요일에 예배당에 가는 것이 좀 이상하기는 했다. 아크바르는 보통 금요일에 예배드리는 곳에 갔다. 그는 현지인 전도사가 가족과 함께 살고 있는 작은 시멘트 집을 지나 작은 벽돌이 깔린 인도를 따라갔다. 집 안의 천장에는 선풍기가 매달려 있었다. 얼마나 사치스러운가! 전기라니! 무슬림 성직자도 시멘트 집에서 살지 못한다. 전기도 은행가나 상류층만 사용한다. 아크바르는 교회 앞문으로 나아갔다.

아크바르는 교회 문 앞에서 샌들 끈을 풀었다. 안에 사람이 그렇게도 많은데 밖에는 벗어 놓은 신발이 거의 없었다. 이 또한 얼마나 불쾌

한 일인가! 이슬람 사원에서는 누구도 신발을 신으면 안 된다. 아크바르는 샌들을 벗고 문 안으로 들어갔다. 방 정면에는 높은 단이 하나 있고 그 위에 책이 몇 권 쌓여 있었다. 강단 뒤에는 십자가가 또 하나 있었다.

아크바르는 방을 휘익 둘러보았다. 의자가 가득 들어차 있었다. 새 것이었다. 그 백인은 돈이 다 어디서 났을까? 사람들이 바닥에 앉는 이슬람 사원과는 참 다르다는 생각이 들었다. 남자들은 한쪽에, 여자들은 다른 한쪽에 앉아 있는 모습이 보였다. 그건 마음에 들었다. 하지만 그것 역시 특이하기는 마찬가지였다. 여자들은 보통 이슬람 사원에 가지 않기 때문이다.

앞줄에는 선교사 가족이 함께 앉아 있었다. 남편, 아내, 두 딸이었다. 아크바르는 여자들이 앉는 자리에 온 가족이 앉아 있는 것을 보고 놀랐다. 아크바르는 누구도 자기처럼 기분이 상하지 않길 바랐다.

문득 벽에 걸린 그림을 쳐다보았다. 머리가 길고 턱수염을 기른, 점잖게 보이는 남자 그림이었다. 그 순간 아크바르는 그림 밑에 쓰인 글씨를 읽었다. "예수 그리스도." 믿을 수 없었다! 선지자

의 그림을 벽에 걸어 놓는 무슬림은 아무도 없을 것이다! 그런 일은 철저히 금지되어 있다. 한 어린 소년이 그의 곁을 뛰어 지나가는 바람에 생각은 거기서 멈추었다. 그는 주위를 둘러보면서 얼굴과 손발 씻을 곳을 찾아보았다. 이슬람 사원처럼 분명 이곳에도 씻는 곳이 있을 텐데. 하지만 없었다. 그는 아는 사람이 있나 보려고 중앙 통로로 걸어갔다. 아는 사람이 몇 명 보였다. 하지만 혼자 앉아서 예배 의식을 조용히 분석해 보기로 했다. 그는 자리를 잡고 앉았다. 책을 하나 집어 들어 보니 두껍고 제본이 잘 되어 있었다. 책을 펴서 읽으려 했으나 제대로 이해할 수 없었다. 그가 본 한 단어는 '성경'이었다. '아, 기독교 성경이구나. 그런데 여기저기 놓아둬도 되나? 더러워질 텐데. 누군가 책을 떨어뜨리거나 더러운 손으로 만져도 상관없단 말인가?'

아크바르는 고개를 들어 선교사 자녀들이 이리저리 뛰어다니는 것을 보았다. 이슬람 사원에서는 아이들이 장난치는 것을 용납하지 않는다. 아이들은 그가 들고 있는 것과 똑같은 책을 가지고 놀고 있었다. 성경이었다. 선교사들은 자녀들이 거룩한 책을 함부로 다루어도 상관없단 말인가?

아크바르는 풍금 옆에 있는 꽃들을 보면서 그

무슬림은 왜 "인샤알라"라고 말하는가?

무슬림은 인생의 모든 일이 하나님의 계획에 따른 것이라고 믿는다. 하나님이 뜻하시지 않으면 어떤 일도 일어나지 않는다. 그러므로 무슬림권 어디서나 날마다 삶의 모든 상황 속에서 인샤 알라(Insha Allah), 곧 "하나님의 뜻이라면"이라는 아랍어를 듣게 될 것이다. 때로 그 말은 완곡한 거절의 뜻으로 사용된다. 많은 사람들은 이런 견해가 너무 숙명론이며 비관주의와 자기 만족, 수동성으로 이끈다고 비판한다. 그런 점에서 보면 하나님이 주권적이시기 때문에 신실한 자들은 미래의 사건들을 바꿀 수 있는 수단이 없다. "하나님의 뜻이 있어 인도하고자 하는 자를 위해서는 그들의 가슴을 이슬람에로 열었으며 그분의 뜻이 있어 방황케 하고자 하는 자를 위해서는 그들의 가슴을 좁게 하시니 이는 하늘에 오르는 것과 같더라 이렇듯 하나님은 믿음을 거역하는 이들 위에 벌을 내리심이라"(꾸란 6:125).

꾸란 76장 30-31절에 대해 유수프 알리는 각주에서 이렇게 설명한다. "사람 자신은 약하다. 그는 하나님의 은혜를 찾아야 한다. 그 은혜가 없으면 아무것도 할 수 없다. 그것이 있으면 모든 것을 할 수 있다. 하나님은 모든 것을 아시고, 그분의 지혜는 모든 사람의 유익을 포함하기 때문이다. 그것은 그분의 의롭고도 지혜로운 계획에 따른 것이다. 그 뜻이 옳다면 하나님의 은혜와 자비를 얻는다. 사람의 뜻이 하나님을 거부한다면 그는 그 벌을 받아야 한다."[1] 여기서 말하는 구절은 다음과 같다. "너희가 원하는 것 하나님의 허락 없이는 아니되나니 실로 하나님은 아심과 지혜로 충만하시니라 하나님은 그분이 원하는 자를 그분의 은혜 속에 들게 하시나 사악한 자들을 위해서는 고통스러운 응벌을 준비하셨노라"(꾸란 76:30-31).

이에 반해 많은 그리스도인이은 날마다 내일을 위한 하나님의 인도를 구하지 않는다. "너희가 도리어 말하기를 주의 뜻이면 우리가 살기도 하고 이것이나 저것을 하리라 할 것이거늘"(약 4:15).

1. Yusuf Ali, *The Holy Qur'an*(Beltsville, MD: Amana Publications, 2001), 각주 5861, 5862.

출처_ Annee W. Rose, frontiers.org.

것이 장식용인지, 아니면 예수라는 사람에게 드리는 것인지 궁금했다. 그는 어떤 아이가 바닥에 떨어뜨린 종이 한 장을 얼핏 보았다. 그 종이에는 울타리가 있는 작은 마당 그림이 그려져 있었다. 마당에는 동물들이 몇 마리 있었다. 암소, 말, 돼지가 보였다. 돼지라니! 얼마나 소름끼치는 일인가. '맞아, 그 선교사는 돼지고기를 나쁘게 생각하지 않았어.' 이제 생각해 보니 선교사들이 기독교 푸줏간에서 돼지고기를 산다는 이야기를 들은 것 같았다. 그들은 더러운 고기를 정말로 먹고 있었다!

아크바르는 고개를 들어 선교사와 그의 가족을 다시 쳐다보았다. 아름다운 옷을 입고 있었다. 시계는 햇살을 받아 빛났다. 선교사의 아내가 소매 없는 긴 드레스를 입고 있는 것을 보았다. 상류층 여인도 사리를 입으면서 소매 없는 블라우스는 입지 않는다. 그가 보기에 그것은 볼썽사나운 옷차림이었다! 선교사의 아내는 기도할 때 머리도 가리지 않았다.

바로 그때 선교사가 앞에서 일어나 이야기를 하기 시작했다. 그는 모든 사람을 환영하고 몇 가지 광고를 했다. 그 다음에 노래 책 31쪽을 펴라고 말했다. 노래를 할 작정인가? 아니나 다를까 한 남자가 일어나더니 풍금 연주를 하기 시작했다. 아크바르에게는 이 모습은 아주 이상하게 보였다. 무슬림들은 노래를 그저 읊기만 하기 때문이다.

아크바르는 눈에 보이는 책에 손을 뻗어 그 페이지를 찾았다. 줄줄 따라 읽을 정도로 글을 잘 읽지 못하기 때문에 그냥 듣기만 했다. 노랫가락은 완전히 이국적이었다. 다들 그 노래를 하느라 끙끙대는 것이 역력했다. 무반주로 그냥 읊는 편이 더 나을 텐데.

노래가 끝난 다음 그 외국인이 일어나 성경의 한 구절을 읽었다. 세상에, 억양하고는! 이 나라에서 10년이나 살았는데도 저 정도밖에 못하다니. 아크바르는 또 다른 차이점을 알아차렸다. 대부분의 여자들은 머리를 가렸는데 백인 여자는 그렇지 않았다. 그 외국인은 성경 구절을 다 읽더니 앉았으며 예배는 계속 진행되었다. 그 다음에 그들은 헌금을 걷겠다고 했다. 남자들이 몇 명 일어나더니 접시를 돌려 그 안에 돈을 넣게 했다. 이슬람 사원이라면 이런 식으로 하지 않을 것이다. 그의 눈에 그것은 구걸하는 모습처럼 보였다. 대체 그 돈이 어디에 쓰일지 궁금했다. 백인들은 이미 돈이 많지 않은가.

다시 한번 선교사가 일어나 말하기 시작했다. 아크바르는 잠시 동안 들었다. 하지만 '예수'라는 말에 더 이상 앉아서 듣고 있을 수 없었다. 아크바르는 무슬림이기 때문에 예수를 '하나님의 아

지금 기도하라

1. 그리스도인이 일상 생활에서 무슬림을 만날 수 있는 기회가 늘어난 것에 대해 하나님을 찬양하라 (롬 15:1-2).
2. 우리가 그리스도의 복음에 반응하는 무슬림에게 걸림돌이 되지 않게 기도하라 (고후 6:3).
3. 무슬림이 선한 목자 되신 그리스도의 목소리를 듣고 인정하게 되길 기도하라 (요 10:14-16).
4. 무슬림 가운데서 일하는 그리스도인들이 분별력과 겸손함, 그들을 향한 깊은 사랑을 가지도록 기도하라. 그리스도를 통한 구원을 설명하고 자연스러운 문화의 다리가 되길 기도하라 (골 4:2-6).

들'이 아니라 오래전에 살았던 선한 선지자로 볼 뿐이다. 하나님이 마리아와 관계를 가져 아들을 낳고 그에게 예수라는 이름을 붙였다니 얼마나 불경한 생각인가!

선교사는 이야기를 중단하더니 기도를 하기 시작했다. 아크바르는 사람들이 모두 눈을 감는 것을 보았다. 하지만 자세는 바꾸지 않았다. 엎드린 사람은 아무도 없었다. 그들은 그냥 의자에 앉아 있었다. 이 종교는 얼마나 다른가!

예배가 끝나고 사람들이 줄지어 나가기 시작했다. 아크바르도 일어났다. 그가 문으로 걸어 나갈 때 선교사가 악수를 하면서 이해할 수 없는 말을 중얼거렸다. 그는 샌들을 신고 길을 나섰다. 모두에게 그날 밤 다시 오라고 당부하는 누군가의 목소리가 들렸다. 아크바르는 등불 가게로 가면서 자신이 보고 들은 것에 대해 생각했다.

그날 밤 아크바르는 불을 환히 밝힌 교회 앞에 서 있었다. 그는 사람들이 들어가는 것을 지켜보았다. 그는 가만히 서서 그날 아침에 있었던 사건들에 대해 곰곰이 생각해 보았다. 오른쪽을 보니 그가 다니는 이슬람 사원이 멀리 보였다. 작고 깜빡이는 촛불들로 불을 밝히고 있었다. 그는 다시 한번 교회를 뒤돌아보았다. 그러고는 이슬람 사원을 향해 먼지투성이 길을 천천히 걷기 시작했다. ❖

무슬림 전도의 열 가지 걸림돌

왈리드 나사르

공산주의가 몰락하고 동유럽과 구소련이 복음에 문을 연 이래, 많은 서구 교회 사람들이 이제 무슬림 전도에 주의를 돌리고 있다. 최근 들어 이 주제에 관한 책이 많이 나왔다. 어떤 사람들은 중동과 무슬림에 대해 협소한, '예언적' 아마겟돈식 관점을 제시하는가 하면, 어떤 사람들은 그 주제에 보다 적극적으로 접근해 영적 전쟁과 선교 전략을 강조한다. 하지만 내가 주목하는 바는, 우리의 태도와 행동이 철저히 바뀌지 않는다면 우리의 많은 노력이 무슬림에 대한 서구 교회 전도에 오히려 방해가 될 가능성이 있다는 것이다. 중동 사람으로서 이곳 서구에서 무슬림 회심자들을 제자훈련시키는 특권을 누린 나는 무슬림 전도에 방해가 되는 열 가지 주요 장애물들을 본다.

1. 교회가 정치적으로 이스라엘에 치우침

서구 교회는 중동의 분쟁을 아랍과 이스라엘의 분쟁 이상으로 보지 못할 때가 많다. 실상 무슬림과 유대인의 충돌은 7세기 무함마드와 아라비아 유대인 간의 마찰로 거슬러 올라간다. 무슬림에게 전도하길 원한다면 어느 한편을 드는 일은 삼가야 한다. 정치 문제는 하나님께 맡기고 사랑으로 편견 없이 무슬림에게 복음을 나누는 일에 집중해야 한다.

2. 예언에 대한 둔감한 가르침

무슬림을 '아마겟돈을 위한 땔감'으로 보는 가르침이다. 아랍 나라들을 이스라엘의 원수로, 무슬림을 지하드, 혹은 성전(聖戰)을 외치는 자들로 보는 성경 교사는 유익은커녕 해를 더 끼친다.

왈리드 나사르는 국제적인 복음주의 교사이며 미시간 디어본에 본부를 두고 있는 선교대회 강사다. 무슬림을 위한 복음주의적 자료를 쓰기도 했다. 이 글은 *Ministries Today*, July-August, 1994, 80쪽에 나온 것으로, 허락을 받고 실었다. *ministriestoday.com*.

성경을 해석할 때 무슬림을 모욕하면서 그들이 우리의 메시지에 반응하길 기대할 수는 없다.

3. 극단적인 민족주의

신자의 민족주의적 자부심이 그리스도인의 겸손을 대신하는 경우가 많다. 그리스도인은 주님에 대해서만 자랑해야 한다(고전 1:31). 협소하고 열성적인 '애국심'은 성경적으로 전혀 균형이 맞지 않으며 서구인이 아닌 모든 사람들, 특별히 서구 정책이 자신들에게 부당하다고 생각하는 무슬림에게 매우 거슬리는 것이다.

4. 해이한 도덕성

행동하지 않으면서 말만 하는 것만큼 무슬림에게 거슬리는 일도 없다. 그들의 종교는 도덕적 범죄를 반드시 벌하는, 무척이나 율법주의적인 종교다. 많은 무슬림들에게 그리스도인들의 뻔뻔하고 공공연한 죄는 매우 큰 걸림돌이 되고 있다. 우리는 그리스도 안에서 자유를 누릴 수 있지만, 그것이 마음대로 죄를 짓는 자유가 아님을 기억하고 보여 주어야 한다.

5. 정숙하지 못한 생활 방식

다른 걸림돌로 많은 서구 교회들의 '번영'에 대한 불균형한 가르침과 물질주의적 생활 방식이 있다. 또 다른 걸림돌은 정숙하지 못한 옷차림, 특히 그리스도인 여성들의 옷차림이다. 나와 제자 훈련했던 모든 무슬림들이 이 문제에 대해 좋게 말하면 불편해하고, 최악의 경우에는 혐오감을 느꼈다. 이들은 오랫동안 서구에서 살아온 사람들이다. 그러므로 단지 문화적 적응의 문제라고 볼 수 없다. 그들은 그저 교회가 일반 사회보다 더 고귀한 가치관을 가지길 기대할 뿐이다(롬 2:24를 보라).

6. 낮은 존경심

무슬림이 볼 때, 하나님과 하나님에 대한 것을 말하는 우리의 방식은 진정으로 하나님을 존경

무슬림의 인식에 영향을 미치는 문제들

1. 이스라엘과 팔레스타인 간의 분쟁
2. 리비아(2011년)와 말리(2012년)에서 유엔의 군사적 개입
3. 사우디아라비아, 아프가니스탄, 이라크 등지에 외국 군대 주둔
4. 무슬림 국가들에 대한 유엔의 제재
5. 국제통화기금(IMF)과 세계은행의 무슬림 경제 규제
6. 꾸란에 대한 비무슬림의 고정관념
7. 십자군과 식민지 시대의 유산
8. 세계 경제의 영향
9. 무슬림 언론 매체의 서구 공포증
10. 음모론

참고 문헌_ Peter G. Riddell and Peter Cotterell, *Islam in Context: Past, Present, and Future*(Grand Rapids: Baker Academic, 2003), 153-163쪽. bakeracademic.com에서 최신 정보를 구해 업데이트하고 각색했다.

하고 있는지 아닌지를 나타낸다. 서구인들은 사실상 엔터테인먼트에 중독되어 있으며, 불행히도 이런 현상이 실제적으로나 신학적으로 교회에 침입해 들어왔다. 이 같은 존경심의 결여로 무슬림이 우리와 멀어지고 있다. 강단에서 지나치게 유머를 구사하는 것조차 그들은 불편해 한다. 회심한 후 이전에 무슬림이었던 사람들은 하나님이 아버지라는 사실을 즐기면서도 그분을 계속 존경하려 할 것이다 (말 1:6을 보라).

무슬림의 필요를 위해 정기적으로 기도하고 있는가?

7. 이슬람에 대한 무지

많은 서구 그리스도인들이 이슬람이나 그 역사, 믿는 바, 관습에 대해 알더라도 대부분은 제대로 알지 못한다. 이렇게 무지한 결과, 사람들은 보도매체를 통해 호메이니, 사담 후세인, 이슬람 근본주의 등에 대해 받은 인상을 부당하게 모든 무슬림들에게 투영한다. 이러한 이해 부족은 강단에도 반영된다. 나는 설교자들이 "알라는 하나님이 아닙니다! 예수 그리스도가 하나님입니다!"라고 외칠 때 사람들이 기립해 열렬히 환호하는 것을 보았다. 그들은 '알라'가 아랍어로 하나님이라는 사실을 알지 못한다.

8. 동정심의 결여

대부분의 그리스도인들은 오늘날 무슬림에 대해 1세기 유대인이 사마리아인에게 가졌던 정도밖에 동정심을 가지고 있지 않다. 기껏해야 냉담하게 무시할 뿐이다. 무슬림을 전도하려면 그들의 영혼에 대한 무딘 민감성 혹은 관심의 결여가 성령님으로 인해 변화되어야 한다.

9. 기도와 전도의 부족

유감스럽게도 서구 교회들 중에 기도하지 않는 교회가 너무나 많다. 서구인들은 생활이 너무 바빠 도무지 기도할 시간을 내지 못하는 것 같다. 이러한 사실을 앞에서 말한 장애물들과 관련지어 생각해 볼 때, 왜 무슬림 전도가 모든 선교 활동 중에서 가장 약한지 이해할 수 있다.

10. 무슬림 문화에 대한 멸시

한 목사가 회중에게 이렇게 말하는 것을 들었다. "나는 이란이나 그런 나라 중 한 곳에서 태어나지 않은 걸 기쁘게 생각합니다." 어떤 면에서는 그의 기분을 이해하지만 그리스도인으로서 바람직한 태도라고 생각지 않는다. 그것은 분명 강단에서 보여 줄 만한 태도가 아니었다. 그날 그 자리에 이란 사람이 있었다면 어떻겠는가?

서구 교회는 모든 비서구 문화들을 얕보는 경향이 있다. 우리는 친밀한 관계와 손님 접대 같은 무슬림 전통의 긍정적인 측면들을 바로 알 필요가 있다. 궁극적으로 우리는 서구적으로 각색된 기독교를 무슬림 친구들에게 제시하도록 부르심받은 것이 아니다. 우리는 그들에게 그리스도를 보여 주어야 한다. 그러면 그들은 그리스도께 반응할 것이다. ❖

하나님의 사자

필 파샬

하나님의 소통자

선교사가 된다는 것은 위대한 부르심이며 특권이다. 나는 지난 수십 년간 수백 명의 선교사들과 교제하는 기쁨을 누렸다. 대체로 그들은 매우 긍정적이고 좋은 인상을 주었다.

선교사로 부르심받음은 독특한 특징이 있다. 선교사는 상당히 좋은 교육을 받고, 지리적 경계를 넘고, 사랑하는 사람들을 두고 떠나고, 때때로 재정적으로 희생하고, 다른 언어와 문화에 적응하고, 긴밀하게 맺어진 팀으로 일해야 한다. 동시에 친구와 적 양측에서 오는 비판에 마음을 열고 있어야 한다. 그들은 신성불가침의 방법론을 기꺼이 재평가해야 한다.

사이드 칸 쿠르디스타니 박사는 1942년에 사망한, 탁월한 이란 그리스도인이었다. 1960년에 어떤 사람이 사이드 박사가 살면서 사역하던 지역에 갔다. 방문객은 그 지역의 한 노인에게 사이드 박사를 아는지 물어보았다. 노인은 숨을 한번 내쉬더니 속삭였다. "사이드 박사는 그리스도 자체였지요!"

경건하게 말해, 그것이 바로 우리의 목표라고 말할 수 있다. 우리의 노력이 실효를 거두기 위해서는 선교사의 재정 문제, 주택 공급, 지적 생활, 교회와 함께하는 사역 등 실제적인 문제들을 빈틈없이 살펴보아야 한다.

필 파샬은 현대 무슬림 사역의 탁월한 권위자 중 한 명이다. 그와 아내 줄리는 1962년부터 방글라데시와 필리핀의 무슬림과 함께 살고 있다. 그는 무슬림을 대상으로 하는 기독교 사역에 대한 9권의 책을 썼다. 이 글은 Phil Parshall, "God's Communicator in the 80s", *Evangelical Missions Quarterly* 15, no. 4(Wheaton, Ill.: Evangelical Missions Information Service, October 1979), 215-221쪽에 나온 것으로, 허락을 받고 실었다. *emqonline.com*.

재정 생활

이 주제에 대해서는 엄청난 의견 차이가 있다. 어떤 사람들은 선교사는 "현지인과 같은 생활을 해야" 하며, 그들의 기준에 맞지 않는 것은 모두 비난받아야 한다고 생각한다. 반면에 어떤 사람들은 선교사가 자기 가족의 정신적, 육체적 건강을 위해 서구의 기준에 맞게 살아야 한다고 절실하게 느낀다. 그들은 현지인들이 선교사의 필요를 이해할 것이라는 말로 자기 입장을 변호한다. 또한 생각할 수 있는 온갖 견해들이 이 두 극단 사이에 다 들어 있다.

제3세계 많은 나라들은 경제적으로 빈곤에 허덕이고 있다. 이 사실은 서구 선교사와 현지인의 생활수준 차이에서 오는 갈등의 배경이 된다. 파키스탄에서 사역했던 한국인 전재옥 선교사는 이러한 긴장에 대해 다음과 같이 말한다.

> 오늘날 기독교 선교사들의 노력이 주는 인상은 받아들이는 아시아인의 관점에서 볼 때는 편안함과 특권이라는 이미지다. 이 사실은 매우 중요하다. 그래서 아시아인들은 선교사를 거부하고 그의 메시지를 오해하는 경향이 있다.[1]

7세기와 8세기의 아일랜드 수도사들은 금욕주의로 유명하다. 여행 채비라고 해봐야 순례자의 지팡이, 지갑 하나, 가죽 물병, 약간의 유물들이 다였다. 그들은 부자에게 돈을 받으면 그것을 얼른 가난한 사람들에게 주었다.[2] 이것이 현대 선교사의 적절한 모델인가? 이런 맥락에서 도널드 맥가브란 박사는 이렇게 말했다.

> 부유한 나라 출신의 선교사는 생활수준이 필요보다 훨씬 더 높다. 우리가 이 문제를 정면으로 다루려 할 때 필요한 것은, 독신이든 결혼은 했으나 자녀가 없든 방글라데시에서 한 달에 300루피(10달러)로 살아가는 선교사 집단이다. 하지만 유감스럽게도 그런 운동은 현재로서는 생각할 수 없다.[3]

논란을 불러일으킬 위험은 있지만, 매우 중요한 이 문제에 대해 몇 가지 생각을 한데 모아 보고자 한다.

1. 현지인이 선교사 공동체의 재정적 모습에 대해 어떻게 생각하는지가 중요하다. 일반적으로 그들은 자신의 생활수준이 서구 선교사의 생활수준과 크게 차이 나는 것에 소스라치게 놀란다. 우리가 이 문제를 간과한다면, 다른 사람들에게 걸림돌이 될까 봐 경계한 바울의 가르침에 둔감한 것이다.
2. 독신자이거나 자녀가 없는 부부는 검소한 생활 방식에 좀 더 쉽게 적응할 수 있다. 그렇게 하도록 권장은 하지만 그것을 법으로 정해서는 안 된다.
3. 실험을 해보아야 한다. 갓난아기가 있는 한 선교사 부부가 무슬림 농촌 지역에서 흙바닥의 대나무 오두막에 살고 있다. 그들에게 후원을 해주되 그들이 철수하는 게 좋겠다고 느낄 때는 언제든 마음 편히 그렇게 할 수 있도록 해야 한다.
4. 각 가정은 재정에 대해 주님 앞에 솔직해야 한다. 기도하면서 자신들의 육체적, 정서적 필요를 평가해야 한다. 목표는 가족 중 누구에게도 해를 끼치지 않고 가능하면 사역지의 현지인과 비슷한 생활 방식을 영위하는 것이다. 균형이 핵심이다.
5. 종종 선교사는 농촌 지역에서 매우 검소하게 살다가 이따금 주말에는 근처 도시로 나와 휴식을 취하고 필요한 물품을 살 수 있다. 문화적 배경에 이렇게 적응하는 것은 내가 생각하기에는 위선이 아니다. 우리의 필요나 외국 문화권 내에서 궁핍함을 견딜 수 있는 수준이 사람마다 다를 수 있음을 현실적으로 생각해

무슬림과 힌두교도를 갈라놓고 있는 북인도의 철도

야 한다.

6. 이 문제를 선교사들과 토의하는 주제로 삼는 것을 생각해 볼 수 있다. 하지만 쓸데없는 비판, 판단하는 태도, 자기 의 등은 신중하게 피해야 한다. 극단적으로 가난하게 사는 선교사나 대단히 풍요롭게 사는 선교사일수록 자기 주장이 강하고 자기방어적인 경우가 많다. 단체 내 연합을 위해 이 주제에 대해 그러한 특정 선교사들과의 심각한 토론은 피하는 것이 지혜롭다.

주거 생활

그리스도인들이 기도하기 위해 의도적으로 이웃 가운데로 이사를 들어갈 때 놀라운 일이 벌어진다. 그렇게 함으로써 그들 공동체의 일부가 된다. 단순히 방문하거나 봉사하고 떠나는 게 아니라 그들과 어울려 함께 기쁨과 어려움을 나눈다. 그들은 또한 소금과 빛으로 드러날 기회를 얻는다. 그들은 주택과 위치를 편리성이나 안전성이 아니라 부르심에 근거해 정한다. 복음 사역자의 복지와 무관하지 않지만 지저분하고 범죄율이 높고 매우 빈곤하며 생활수준이 낮은 이웃들은 전형적으로 그리스도에 대해 한쪽으로 치우친 개념을 가지고 있다. 그러한 지역에 들어가 사는 것이 "추수할 것은 많지만 일꾼이 적은"(마 9:37) 곳에 더 많은 일꾼들을 보내 달라는 기도가 말 그대로 이루어지는 일이 될 것이다.

우리는 첫 임기 5년 동안 방글라데시의 작은 읍에서 살았는데 그때 대단히 많은 것을 배우고 나눌 수 있었다. 세 들어 살고 있던 집 침실 창문 바로 바깥에는 남편과 별거 중인 한 무슬림 여인이 살았다. 그녀의 어린 두 딸도 함께 살았다. 우리는 곧 매우 친한 친구가 되었다. 그 집 딸들은 언제나 우리 집에 양념이나 계란을 빌리러 오곤 했다. 우리도 스스럼없이 그렇게 했다. 그중 작은 딸이 많이 아프고 열이 났을 때 우리는 그 아이를 데려와 간호해 주었다. 침실 창문가에서 우리는 무슬림 문화에 대해 수십 권의 책에서도 배우지 못했던 것들을 배웠다. 선교사 공관에서 살았더라면 그런 생활 방식을 배우지 못했을 테고, 지역사회 생활에 참여할 수도 없었을 것이다.

도시, 마을 또는 마을 생활을 선택할 수 있는 약간의 자유가 있어야 한다. 주된 관심사는 자신이 일하고 있는 그룹과 관계된 것이어야 한다. 대학 지역에서 일하는 학생들은 시골 마을과는 전혀 다른 시설이 필요할 것이다.

지적 생활

선교 사역은 식민지 시대가 종식된 이래 급격한 변화를 겪었다. 새로운 접근과 태도가 요구되어 왔다. 도널드 맥가브란 박사 같은 선구자들은 선교학이라는 학문을 대중화시켰다. 현재는 자료로 사용할 수 있는 사례 연구와 교재가 수없이 판매되고 있다. 여러 탁월한 대학원에서 선교학을 가르치며, 어떤 대학원은 현장에서 사역하고 있는 선교사들을 위한 통신 과정을 제공하기도 한다. 이 분야의 전문 저널들을 통해 현장 사역자들은 전 세계의 급속히 변화하는 개념이나 실제 전도 활동에 뒤처지지 않고 따라갈 수 있다.

조셉 맥코이는 선교사들에게 다음과 같이 적절한 조언을 한다. "열린 마음으로 '시대가 변했으며 적응을 해야 한다'는 사실을 깨달으라. 10년 전에 사용하던 방법들은 효과가 없을 것이며, 심지어 5년 전에 사용하던 방법들도 시대에 뒤처져 있다."[4]

판에 박히고 융통성 없는 선교사들의 모습을 보는 것은 언제나 슬픈 일이다. 나이든 선교사든 젊은 선교사든 일부는 이러한 전통적인 방법론을 지향하고 이에 충성한다. 그래서 민감한 실험이 필요한 새로운 영역으로 조심스레 이동하는 것은 진리를 부인하는 것이라고 생각하기도 한다. 그래서 모험심을 안고 선교지에 도착한 젊은 선교사들은 좌절한다. "몇 년만 자중하세요. 경험이 당신을 원숙하게 하고 투입 에너지를 성숙하게 할 것입니다"라고 선심 쓰듯 하는 말에 그들의 아이디어와 열심이 종종 사라지고 억제된다. 선후배 선교사 간의 새롭고도 위협적이지 않은 관계를 개발해야 한다. 선배는 경험을 더해 주고, 후배는 최신 이론과 열심을 가져다준다.

누가 북인도에 복음을 전할 수 있는가?

스티븐은 몇 대째 예수님을 믿는 가정 출신의 인도인 신자다. 이제 그는 북인도의 한 도시에서 무슬림을 대상으로 사역하는 선교사다.

"인도인들이 '외국인은 돌아가라. 우리가 더 잘할 수 있다'라고 흔히 말했잖아요. 이제 사람들은 '남인도인은 가라. 우리 북인도인이 너희보다 더 잘할 수 있다'고 말합니다. 외부인은 누구든 다소 일을 그르치는 것이 사실입니다. 사람들은 어디를 가든 자신의 문화를 가지고 다니니까요. 그래서 우리는 해당 지역 사람들을 동원하는 데 힘쓰고 있습니다.

우리가 일하는 도시는 대각선으로 가로지르는 철도로 나뉘어 있습니다. 무슬림은 이쪽 편에, 힌두교인은 저쪽 편에서 살지요. 그리스도인과 교회와 기독교 활동은 모두 힌두교인 쪽에 있습니다! 두 지역 사이에는 세 개의 다리가 놓여 있습니다. 하나는 인도교이고 두 개는 좀 더 큰 다리지요. 그리스도인과 복음은 이 다리를 건너야 합니다. 우리는 도시 전체가 그리스도께 돌아오도록 기도하고 있습니다.

아내는 현재 금요일마다 무슬림 여성들과 교제하는 모임을 가지고 있습니다. 그들은 꾸란과 하디스를 읽지만 이해하지는 못합니다. 아내는 우르두어를 배우고 있는데, 그들과 성경에 대해 이야기를 나눌 날이 오길 기다리고 있습니다. 현재 무슬림 여성들은 상당히 마음이 열려 있습니다. 그들은 우리에게 '우리도 자유롭게 세계를 탐험하고 당신들과 같이 되면 좋겠어요'라고 말합니다. 그들은 교육이 필요하다고 생각하지만 그들에게 정말 필요한 것은 그리스도 안에서 누리는 자유입니다.

남성은 여기서 많은 사역을 할 수 있습니다. 하지만 여성이 더 많이 필요합니다. 주요 장애물이요? 남편들이지요. 긴급한 필요를 보았을 때 기꺼이 자기 가족을 데려오고, 아내가 무슬림 여성들에게 사역하는 것을 허용하는 그리스도인 그리스도인 남성이 꼭 필요합니다."

출처_ Marti Wade, *pioneers.org*.

연합하면 무적이 되지만 나뉘면 모두 파멸이다. 이는 선교사 내부의 팀뿐 아니라 통찰력을 가지고 관찰하고 있는 현지인 공동체에도 적용된다.

예수 그리스도께 헌신한다는 것은 그분의 영광을 위해 가능하면 최고의 종이 되길 원한다는 의미다. 그것은 영적으로뿐 아니라 지적으로도 뻗어 나가는 것을 의미한다. 진정한 학문적 탁월함은 교만이나 속물 근성을 나타내게 하는 것이 아니라 더욱 효과적으로 사역할 수 있게 해준다. 우리는 선교지에서 무위도식하지 않도록 주의해야 한다. 우리의 마음과 지성이 둘 다 살아 있고 깨어 있어야 한다.

해럴드 쿡의 말이 아직까지 내 마음속에 생생히 남아 있다. 그는 오랫동안 무디성경학교의 교수로 있었는데, 1959년 선교학 수업 시간에 이렇게 말했다. "학생 여러분, 그대들의 삶과 사역에서 언제나 가장 중요한 것은 태도의 영역입니다. 바로 이 지점에서 그대들은 선교사로서 성공하기도 하고 실패하기도 할 것입니다. 태도는 삶의 모든 말초신경에 영향을 미칩니다. 그리스도와

상황화란 무엇인가?

특정 지역 무슬림이 그 지역의 교회를 관찰한다면 어떤 해석을 할까? 어떤 모임과 그곳에 모인 사람들의 삶을 관찰한 후 과연 그 교회가 복음을 전하고 있다고 결론내릴 수 있을까? 그들의 모임이 그리스도를 따르는 것으로 보아 그들의 증거가 '좋은 소식'일 것이라고 판단할 수 있을까?

사실상 무슬림 공동체에서 그리스도를 따르는 사람들에게 실행 가능한 선택지는 두 가지밖에 없다. 은밀하게 그리스도를 따르거나 무슬림 사회에서 추방당하는 것이다. 둘 중 무엇을 선택하더라도 무슬림 공동체 내에서 누구나 쉽고 분명히 이해할 수 있게 그리스도의 유일성을 증거할 기회를 놓치고 만다. 무슬림 중 86%가 성경적이고 논리적으로 복음을 나누어 줄 그리스도인을 개인적으로 알지 못하는 현실은 이와 무관하지 않다.

모로우는 상황화란 (형식, 내용, 관례, 관습 등) 우리 신앙 전체를 다양한 문화 환경에 조화시키는 과정이라고 정의한다.[1] 그리스도를 담대히 전하기 위해 우리는 각 지역의 문화적 상황을 깊이 이해해야 하며, 그 지역 사람들의 마음과 생각에 효과적으로 복음을 전달할 증인을 키워야 한다. 신자가 예수님에 대한 믿음을 감추는 것도, 지역사회에서 쫓겨나 마음의 언어(현지어)를 사용하지 않는 외국식 교회에 다니는 것도 우리의 목표가 아니다.

상황화의 목적은 그리스도를 통해 변화된 교회, 즉 공적으로 예수 그리스도를 주와 구주로 예배하며, 성경연구를 통해 그리스도 안에서 자라고, 이웃에게 효과적으로 복음을 전하는 교회다. 박해를 피하는 것이 동기가 되어서는 안 된다. 그리스도를 효과적으로 전하는 것이야말로 언제나 우리의 목표가 되어야 한다. 복음을 효과적으로 선포하려면 듣는 사람들이 토착화되고 유의미하며 적절한 방식으로 성경의 메시지를 듣고 정확히 이해할 수 있어야 한다.

오늘날 무슬림을 섬기는 사람들은 현지어를 사용하며 토착 형태의 음악, 음식, 의상을 사용하는 교회를 세우기 위해 애쓴다. 대부분의 사역자들은 또한 용납 가능한 무슬림 언어 및 관습을 성경적으로 신중하게 재구성해서 받아들이고 있다. 물론 자라게 하시는 이는 오직 하나님이시지만, 우리는 최상의 씨앗을 심고 가장 달콤한 물을 주기 위해 애써야 한다 (고전 3:6-9).

1. A. Scott Moreau, *Contextualization in World Mission: Mapping and Assessing Evangelical Models* (Grand Rapids: Kregel, 2012), 46쪽.

출처_ *Encountering the World of Islam.*

의 관계, 동료 선교사, 현지인 신자, 비그리스도인과의 관계는 적절하거나 부적절한 태도에 깊은 영향을 받을 것입니다."

현지인들에게 긍정적인 태도를 갖는 데는 수많은 요소가 있다. 그중 하나는 감정 이입이다. 한 가지 예를 들어 보자. 매일 해가 뜰 때 우리 마을의 한 힌두교인 이웃은 일어나 씻고 나가서 자기 암소 근처에 선다. 그러고 나서 해를 바라보고 서서 손 모아 해와 암소를 숭배하는 의식을 거행한다. 나는 그 친구가 이 의식을 수행하는 모습을 수십 번 보았다. 그러던 어느 날 갑자기 암소가 아파서 죽었다. 그 힌두교 집안은 슬픔에 휩싸였다. 그것은 실로 그들에게 비극적인 손실이었다. 개인적으로 나는 암소 숭배를 찬성하지 않는다. 하지만 그 힌두교인의 세계관에 왠지 공감이 갔고 그의 상처에 마음이 아팠다. 그 나라에 간 지 얼마 안 되었기 때문에 몇 마디 적절한 말을 급히 배워 그를 찾아갔다. 그러고는 암소가 죽어서 안 됐다는 말을 어눌한 발음으로 더듬더듬 전했다. 힌두교인 친구는 크게 감동했다. 그와 나의 문화와 종교는 하늘과 땅 차이지만, 그렇게 그에게 관심을 표했고 잠시나마 그의 삶에 발을 들여놓았다.

상당한 진리를 담고 있는 옛 속담이 하나 있다. "주는 사람이 없는 선물은 뭔가 허전하다." 선교사는 주는 사람들이다. 직업상 그런 역할을 해야 한다. 그들은 구제나 가르침이나 의료 사역이나 나누는 행위가 필요한 다른 사역에 종사할 수 있다. 하지만 주는 행위 자체만으로는 부족하다. 그 행동의 배후에 있는 힘은 무엇인가? 그것은 사랑인가? 다른 사람에 대한 깊은 관심이 있는가? 주는 일이 직업적 의무가 되지는 않았는가? 가난한 사람 혹은 미전도 종족이 판매용 상품이 되고 있지는 않았는가? 이것은 쉽지 않은 문제다.

사역

이제 선교사의 사역 초점에 대해 생각해 보겠다. 신약의 선교를 보면 바울은 아주 잠깐만 관여하고 있다. 그는 한 지역에 몇 주 혹은 몇 달, 혹은 기껏해야 몇 년만 머물고 새로운 지역으로 떠난다. 그가 개척한 교회는 더 이상 그의 주관 아래 있지 않다. 설령 교회에 이교의 영향이 들어오더라도 바울은 그저 그곳의 그리스도인들에게 진리 가운데 거하라고 권면할 뿐이다. 그에게는 끊을 재정 후원도 없었다. 신자들은 완전히 자유로웠다. 이런 점에서 현대 선교의 모습은 분명 바울 시대와는 다르다.

레슬리 뉴비긴은 바울이 현지인들의 손에 지도력을 완전히 맡겼다고 쓴다. 바울은 현대 선교사들이 했을 만한 일을 하지 않았다고 그는 신랄하게 말한다. "바울은 별장식 선교사 공관을 짓지 않았다."[5] 조지 피터스는 바울이 "여기에는 내가 할 일이 많다. 바로 여기서 일해야겠다"라고 말할 수도 있었을 것이라고 생각한다. 그러나 바울은 그런 유혹을 뿌리치고 계속 전진했다.[6] 롤랜드 알렌은 바울이 교회들을 방치하지 않았음을 지적한다. 그는 계속해서 교회들을 방문하곤 그들과 서신을 주고받았다. 하지만 기본적인 지도 책임은 모두 현지인들에게 있었다.[7]

선교사는 예배하는 집단이 구성되고 나면 가능한 한 빨리 다른 지역으로 가야 한다. 회심자들이 선교사를 의지하느라 주님과 멀어지면 안 된다. 선교사(타밀 사람이든, 필리핀 사람이든, 미국 사람이든, 호주 사람이든)는 어린 교회를 세우기 위해 산고를 겪고 그들을 탄생시키고 돌보고 나서는 현지 지도자들에게 권한을 넘겨 주어야 한다. 산고가 너무 오래 계속되면 안 된다. 그 다음에는 젖을 떼고 둥지에서 밀어내야 한다. 그러고 나서 그 과정을 계속 반복해야 한다.[8] 선교사는 새로운 미개척지로 나가야 한다는 의무를 끊임없이 느껴야 한다.

결론

폭풍이 몰아치는 바다 위에 배 한 척이 떠 있는 아름다운 그림이 내 침실 문을 장식하고 있다. 거기에는 이렇게 적혀 있다. "항구에 정착한 배는 안전하다. 하지만 배는 항구에 있으라고 만든 게 아니다." 전선은 위험하다. 하지만 적군의 사정거리보다 훨씬 더 먼 곳에 머물러 있는 후원병만으로 승리한 전쟁은 역사상 찾아볼 수 없다. 우리의 과업에는 반성과 결단과 참여가 요구된다. ❖

주

1. "An Exploration of the Community Model for Muslim Missionary Outreach by Asian Women," 미발간 D. Miss 학위 논문. Fuller Theological Seminary, Pasadena, 1977.
2. Sister Mary Just, *Digest of Catholic Mission History*(Maryknoll, N.Y.: Maryknoll Publications, 1957), 22쪽.
3. 필자에게 보낸 편지, 1979년 3월.
4. *Advice From the Field*(Baltimore, Md.: Helicon Press, 1962), 144쪽.
5. *The Open Secret*(London: SPCK, 1978), 144쪽.
6. "Issues confronting Evangelical Missions", *Evangelical Missions Tomorrow*(Pasadena, Calif.: William Carey Library, 1977), 162쪽.
7. *Missionary Methods: St. Paul's or Ours?*(Grand Rapids: Eerdmans, 1962), 151쪽.
8. Donald McGavran, *Ethnic Realities and the Church* (Pasadena, Calif.: William Carey Library, 1979), 130쪽.

상황화와 공동체

롤랜드 뮬러

복음의 메시지를 들고 한 나라에 들어갔을 때, 우리는 그 문화에서 이해하기 쉽게 전하려고 노력한다. 언젠가 한 복음 전도사가 이렇게 말하는 것을 들은 적이 있다. "복음은 아름다운 진주와 같습니다." 진주가 진흙 속에 던져져 있으면 사람들은 그게 무엇인지 알지 못한 채 발로 밟아 뭉갤 것이다. 하지만 진주를 깨끗이 닦아 우아한 상자 속 벨벳 위에 올려놓으면 모두들 바라보며 감탄을 아끼지 않을 것이다. 상황화란 상자를 제작하고 벨벳이라는 배경을 제공하는 것과 같다.

우리의 메시지를 상황화하는 첫 번째 단계는 우리가 전도하고자 하는 사람들의 문화와 세계관을 (할 수 있는 한) 이해하는 것이다. 한 나라, 또는 특정 도시의 모든 사람이 같은 세계관을 가질 수는 없음을 기억해야 한다. 우리는 인종과 부족 간의 차이, 각 가정의 분위기, 개인 이해 등에도 민감해야 한다.

문화적으로 불쾌한 요소를 없애라

상황화에서 가장 중요한 부분은 우리가 전달하고자 하는 메시지를 생활 방식을 통해 드러내고 심지어 강조하는 것이다.

어떤 미혼 여성이 자신은 죄에서 자유케 되었다고 말하면서도 대상 문화권에서 성매매 여성

롤랜드 뮬러는 중동에서 무슬림에게 그리스도를 전하는 실제적 방법에 대한 강의를 하는 것으로 잘 알려져 있다. 30년 넘게 선교사로 활동한 그는 선교사들의 고민을 누구보다 잘 이해하며 그들을 가르치고 있다. 그는 수치에 기초한 문화에 대한 여러 저서를 남겼는데, 이를 통해 수립된 새 전략은 지금도 10/40창 선교에 널리 적용되고 있다. 이 글은 Roland Müller, *The Messenger, the Message, and the Community*(Saskatchewan, Canada: Canbooks, 2010), 63-72쪽에 나온 것으로, 허락을 받고 실었다. rmuller.com.

으로 보일 법한 옷을 입고 행동을 한다면 아무도 그녀의 말을 믿지 않을 것이다. 어떤 남성이 자신의 신분을 교사라고 밝히면서도 거리를 빈둥거리며 돌아다니는 청년처럼 짧은 반바지와 티셔츠, 샌들을 착용하고 있다면, 누구도 그가 존경받을 만한 위치에 있음을 믿지 않을 것이다. 그런 그가 하나님을 구주로 믿는다고 해도 사람들은 모두 그가 거짓말을 하고 있다고 생각할 것이다.

십자가라는 불쾌한 것

상황화를 할 때 빠지기 쉬운 위험은, 문화적으로 불쾌한 요소를 제거하려다가 자칫 십자가라는 '불쾌한' 요소마저 없애는 것이다. 우리는 구원에 관해서라면 불쾌한 내용이 있을 수밖에 없음을 기억해야 한다. 구원은 공평하지 않다. 구원은 우리에게 주어진 선물이다. 공평하지 않은 건 하나님께도 마찬가지다. 많은 무슬림이 이 문제를 두고 갈등을 겪는다. 하나님이 그분의 본성과 다른 결정을 내리신 것처럼 느끼기 때문이다. 우리는 이러한 구원의 단면이 우리를 위해 표현된 하나님의 사랑임을 입증해야 한다.

우리의 정체성

무슬림 문화에서는 우리를 어떤 존재로 볼까? 우리는 자기만의 작은 세상을 돌아다니면서 우리 스스로가 주위 사람들에게 미치는 영향에 대해 의식하지 못할 때가 많다. 주위 사람들은 우리의 옷이나 행동, 말 등을 토대로 우리를 평가한다. 의사소통 전문가들은 말만으로는 의사소통의 7%밖에 이루어지지 않는다고 말한다. 나머지는 행동을 통해 이루어진다.

그렇기에 무슬림 공동체에 가면, 사람들은 즉시 당신이 어떤 사람인지 확인하려 할 것이다. 다음의 간단한 도식을 보라. 나는 이것을 무슬림의 정체성 라인이라고 부른다.

근본주의 ←————→ 서구주의

내가 사는 지역에는 두 가지 극단적인 부류의 무슬림이 있다. 하나는 무슬림 근본주의자이고, 다른 하나는 서구적인 명목상의 무슬림이다. 모든 무슬림은 두 극단 사이 어딘가에 존재한다. 당신이 입는 옷, 당신이 하는 행동, 당신이 사는 곳, 당신이 사용하는 언어 등을 보면 저울의 어느 쪽에 더 가까이 있는지 알 수 있다. 대부분의 무슬림은 빠르든 느리든, 이편을 향해서든 저편을 향해서든 움직이고 있다. 중간에서 미동 없이 있기란 불가능하다. 이런 일이 내가 사는 곳에서 일어나고 있기에 주위 사람들 역시 나를 그와 같은 기준으로 판단하고 있다.

상황화의 목적은 우리가 섬기고 있는 문화의 사람들이 쉽게 이해할 수 있게 메시지를 만들어 내는 것이다. 근본주의 극단과 지나치게 같은 입장을 취한다면 우리가 가지고 있는 기독교 메시지는 명확성을 잃게 될 것이다. 율법주의와 은혜가 뒤섞이는 것이다. 반대쪽 극단과 지나치게 같은 입장을 취한다 해도 메시지가 명확성을 잃기는 마찬가지다. 이번엔 허용주의와 은혜가 뒤섞일 것이다.

우리의 목표는 언제나 대상 문화를 향해 복음을 선명하게 전달하는 것이어야 한다. 분명한 메시지를 전하기 위해서는 다음 두 가지 정체성을 분명히 인식해야 한다.

- 그리스도 안에 있는 우리의 정체성
- 지역사회 안에 있는 우리의 정체성

상황화의 목표

상황화를 주제로 집필된 책들이 많이 있다(이 글 말미에 이러한 자료 목록을 첨부해 두었다). 무슬림을

상황화 과정

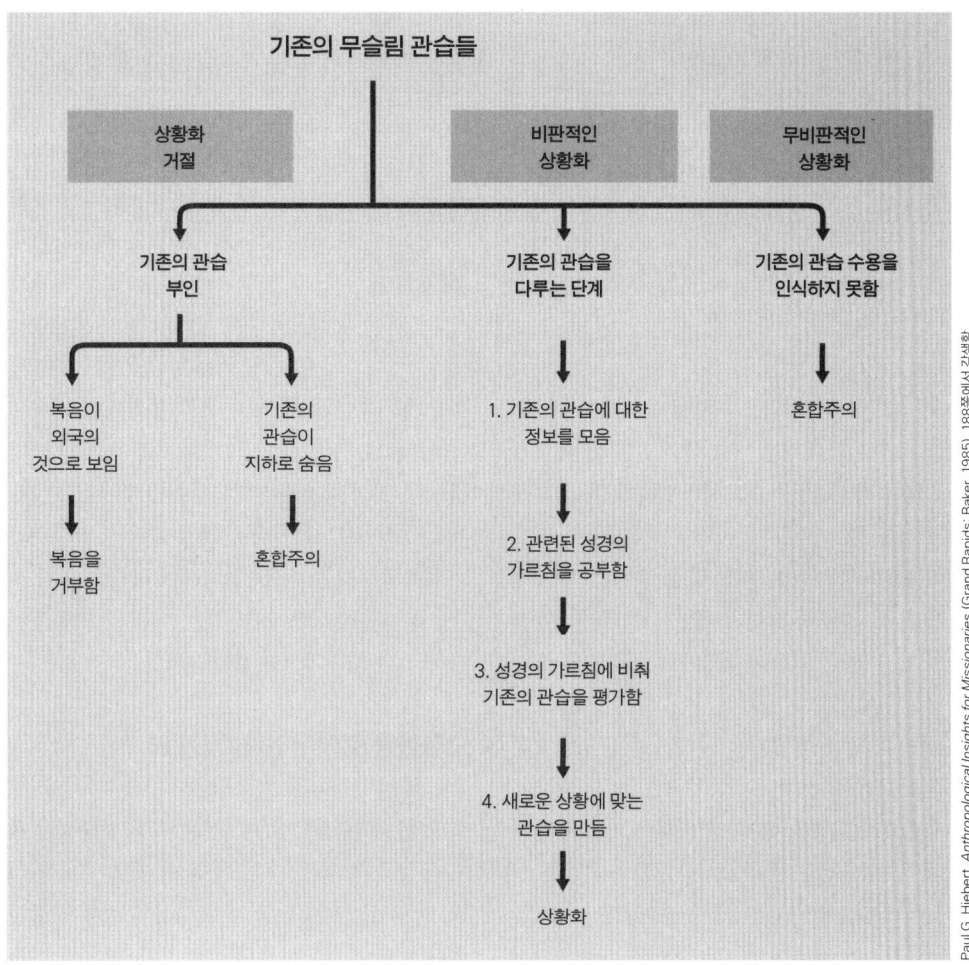

대상으로 전도하길 원한다면 이 책을 끝까지 읽기 바란다. 그래야 여러 진영에서 장려하는 사상과 개념을 알 수 있다. 실생활에서 이 주제를 연구하면서 나는 복음을 상황화하려고 애쓰는 사람들 가운데에도 다양한 학파가 존재한다는 사실을 깨달았다.

먼저, 무슬림 문화 내에서 무슬림에게 다가가기 위해 완전히 무슬림 식으로 살고자 노력하는 사람들이 있다. 몇 년 전 인도에서 이와 비슷한 방식을 시도하는 한 외국인 선교사 이야기를 들은 적이 있다. 그는 인도인처럼 입고 인도 음식을 먹으며 인도 식으로 지은 집에 살았다. 그럼에도 그는 사람들이 자신을 사히브(sahib, '주인, 나리' 등을 뜻하는 말로 과거 인도에서 유럽 남자에게 쓰던 호칭)라고 부를 때마다 낙담했다. 그래서 그는 그 시에서 가장 가난한 곳으로 집을 옮겨 가난한 사람들과 함께 살았다. 그는 도로공사 인부로 일했는데, 그래도 사람들은 그를 사히브라고 불렀다. 그는 사람들에게 왜 자신을 그렇게 부르는지 물어보았다. 그들은 잠시 생각하더니 그가 칫솔

무슬림의 어떤 형태가 성경적인가?

을 사용하기 때문이라고 대답했다. 그는 즉시 첫 솔을 버리고 막대기로 이를 닦기 시작했다. 그래도 사람들은 여전히 그를 사히브라고 불렀다. 절망한 그는 한 현자를 찾아가 왜 사람들이 자신을 인도인처럼 대하지 않는지 물었다. 현자는 대답했다. "그야 물론 당신의 어머니가 백인이기 때문이죠." 아무리 열심히 노력해도 우리는 무슬림 친구들과 완벽하게 같아질 수 없다. 눈으로 보이는 문화적 요인 때문이 아니라 사회환경적 요인 때문에 그러하다.[1]

다음으로, 무슬림 문화 속에 들어가 회심자들이 보여 주는 삶의 방식대로 살려고 노력하는 사람들이 있다. 이 방식은 꽤 훌륭하고도 사려 깊다. 하지만 이 방식이 실제로 통하는 사례를 거의 본 적이 없다. 외부에서 온 사람은 무슬림과 똑같은 책임을 지지 않는다. 무슬림은 사회적으로 독립적인 국외 거주자와는 완전히 다른 방식으로 가족과 지역사회와 연관되어 있다. 내가 만나 본 성공적인 복음 전도자들 가운데 이 방식을 지지하거나 장려하는 사람은 아무도 없었다. 대신 그들은 사히브나 선생이라는 지위를 최대한 이용하라고 격려했다.

마지막으로, 여러 문화가 혼재된 상황에서 한 문화에서 다른 문화로 복음을 전달하기 위해 노력하는 사람들이 있다. 이들은 대상 문화에서 문화적으로 불쾌하게 생각할 만한 요소를 메시지에서 제거해야 한다는 것을 알고 있다. 이들은 자기 문화에서 보다 쉽게 허용되거나 선호되는 것을 주장하지 않기 위해 매우 신중한 태도를 취한다. 이들은 복음을 분명히 전하기 위해 할 수 있는 한 최선을 다해 대상 문화로 들어간다. 그리고 회심자들이 그 문화 속에서 그리스도인으로서 어떻게 살아야 할지 깨닫도록 돕는다. 이들은 스스로 어떤 행동을 할 때, 이것이 자기 고향 문화에서 허용되는 일이라고 설명한다. 새로운 회심자 역시 자기 문화 속에서 복음을 따라 살아야 할 때 자유롭게 성령이 이끄시는 대로 해야 한다.

상황화하려는 온갖 노력에도 불구하고 우리가 다른 문화, 다른 언어 집단, 다른 종교 공동체에 완전히 들어가기란 불가능하다.

상황화를 보여 주는 성경의 예

성경에는 상황화를 보여 주는 두 가지 중요한 예가 등장한다. 물론 다른 예를 더 찾을 수도 있지만, 여기서는 예수님과 사도 바울의 예에 집중하겠다.

예수님

선교사들은 예수님이 인류를 위해 성육신하신 것을 묘사하기 위해 '성육신적 사역'이라는 표현을 사용한다. 예수님은 우리가 살면서 겪는 모든 일을 경험하셨다. 그러나 모든 일을 경험하면서도 우리의 죄 안으로 들어오지는 않으셨다. 그분은 율법 아래 있는 경건한 유대인 랍비처럼 사셨다. 율법이 우리 내면의 진짜 죄를 다룰 수 없음을 보여 주었으면서도 죄를 짓지 않으셨다. 그분은 우리를 죄의 속박에서 자유롭게 하기 위해 그 속박 안으로 들어오실 필요가 없었다.

상황화된 사역을 할 때 우리는 상황화의 정도를 신중하게 제한해야 한다. 기준은 죄 또는 죄의 외양이 되어야 한다. 이슬람은 엄격한 행동 규정에 얽매여 있는 행위의 종교와 다름없다. 우리는 물론 무례하지 않은 방식으로 행동하고 살기 위해 애써야 하지만 그 행위 체계 안으로 들어가지 않기 위해, 그 행위 체계에 얽매인 것처럼 보이지 않기 위해 조심해야 한다. 예수님은 율법 아래 계셨던 것은 맞지만 율법을 버리지 않고 내적 변화를 통해 율법을 이루셨다.

다음으로 생각해야 할 점은, 유대 사회에서 자기보다 지위가 낮은 사람들과 비교해 자기가 존경받을 만하다고 여기는 사람들에 대해 예수님이 자주 언급하셨다는 것이다. 여러 면에서 예수님은 불의-정의에 기초한 문화보다는 명예-수치에 기초한 문화 속에서 사는 사람들에게 복음을 나누셨다.[2]

사도 바울

사도 바울은 유대인의 혈통이었지만 이방의 도시에서 자랐다. 그는 유대인 교사 밑에서 배웠지만 그리스 철학과 사상에 대해서도 배웠다. 선교사로 사는 동안 바울은 외국어를 익히지 않았다. 그는 회당이라는 익숙한 환경에서 선포하고, 모국어로 설교하며, 청중이 이미 하나님의 말씀으로 받아들인 성경을 가르쳤다.

그와 동시에 바울은 이방인 회심자를 유대적 배경을 가진 그리스도인과 통합시키려 노력했다.[3] 바울은 청중이 누구든 자신과 자신의 메시지를 받아들일 수 있도록 가르치고 증거하려 노력했다. 유대인에게는 유대인처럼 설교했고, 이방인에게는 이방인처럼 설교했다.

사하라 사막 이남 종족

아랍어를 사용하는 북아프리카의 남쪽 지역인 사하라 이남 아프리카의 거의 8억 명에 이르는 사람들은 기독교와 정령 신앙을 포함해 온갖 다양한 종교를 가지고 있다. 무슬림은 전체 인구의 4분의 1 정도다. 수세기 동안 이슬람 선교 활동은 사하라 이남 아프리카 지역으로 확대되었으며, 현재 이슬람교는 아프리카 11개국에서 다수 종교가 되어 있다.

나이지리아는 아프리카 전체를 대표한다. 인구는 지리적 혹은 종교적으로 나뉜다. 인구의 45%가 무슬림이고 주로 북쪽에 있으며, 51%는 그리스도인이며 주로 남쪽에 있다.

풀라니족은 모리타니와 세네갈에서 수단에 이르기까지 사하라 사막 이남 지역 전역에서 살고 있으며, 19개국에서 소수 집단을 형성한다. 그들의 인구는 대략 3,300만 명으로 추산된다. 풀라니는 유목민으로서 오랜 역사를 가지고 있다. 그들은 7세기 전에 아프리카 부족 가운데 최초로 이슬람을 받아들인 부족 중 하나로, 그들의 유목 생활은 서부 아프리카 전역에 이슬람 종교를 전파하는 데 도움이 되었다. 그들은 세계에서 가장 큰 유목 문화 종족이지만 지금은 절반 이상이 한곳에 정착해 살고 있다. 교육받은 풀라니족에서 저명한 이슬람 학자와 교사가 많이 배출되었으며, 도시화되고 부유한 계층이 가장 정통적인 믿음을 소유하는 경향이 있다. 하지만 풀라니족 대다수는 전통 신앙 및 이슬람 신앙과 관습을 혼합해 믿고 있다.

출처_ *operationworld.org*; *imb.org*; *pewforum.org*; *princeton.edu*.

참고자료_ 〈블러드 다이아몬드〉(Blood Diamond, 에드워드 즈윅 감독, 2006), 〈르벨〉(*War Witch*, 킴 누엔 감독, 2012)

사하라 사막 이남 아프리카의 아이들

로마서에는 바울이 로마법 아래 살고 있는 유대인 청중에게 전했을 법한 가르침이 담겨 있다. 바울은 로마의 유대인을 방문하길 간절히 원했지만 그때까지 길이 막힌 탓에(롬 1:13-15) 그들에게 편지를 써서 보내기로 결심했다. 로마서에서 바울은 구약을 인용하고 유대인이 가지고 있던 성경 지식을 사용해 자신의 주장을 펼쳤다. 이와는 반대로 아레오바고 언덕에서는 순수 이방인 청중 앞에서 설교를 한다(행 17:16-34). 이때 한 설교는 색깔이 완전히 다르다. 아레오바고 언덕에서 바울은 그들이 알지 못하는 신이 있다는 말로 주의를 끌며 설교를 시작한다. 그는 자신이 전하는 교훈의 일부를 입증하기 위해 그들이 알고 있는 세속 철학자들의 가르침을 인용한다(롬 17:28). 성경을 제한적으로 사용하면서도 창조, 구원, 부활이라는 주제를 거침없이 선포한다. 바울은 비록 유대인이었지만 유대인과 이방인 사이의 간극을 채우면서 이방인도 쉽게 이해할 만한 방식으로 가르칠 수 있음을 우리에게 보여 주었다.

이런 일이 가능했던 것은 그가 어린 시절에 이방인 도시에서 자라 배경 지식을 갖추었기 때문이다. 하나님은 그가 다문화 속에서 의사소통을 할 수 있도록 준비시키신 것이다. 그는 유대인 공동체가 가지고 있는 가치관과 신념뿐 아니라 그리스와 로마의 이방인들이 가지고 있는 가치관과 신념 역시 잘 이해하고 있었다.

무슬림 문화

바울이 자신이 전도하고자 하는 사람들의 문화를 잘 알고 있었던 것처럼, 무슬림을 전도하고자 하는 우리 역시 그들의 문화를 잘 이해해야 한

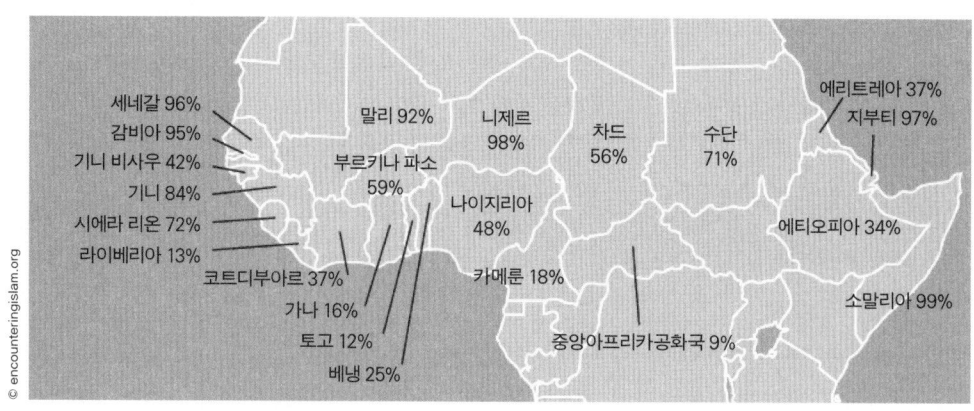

사하라 사막 이남 아프리카의 무슬림 인구 비율

다. 동양과 서양 문화는 많은 면에서 다르다. 가장 중요한 차이는 관계에 어느 정도의 중요성을 두느냐에 있다. 중동에서 절기 축제일은 깨진 관계를 회복하는 기회다. 휴가 기간 동안 무슬림 가족은 자기가 잘 알고 있는 모든 가정을 방문한다. 그 이유는 친구나 지인과 좋은 관계를 유지하고 있음을 모든 사람에게 인정받기 위해서다. 친구나 지인을 방문하지 않는다면 관계가 껄끄러워질 수 있다. 어쩌면 기분이 상한 쪽에서 상대방을 찾아가 둘 사이에 무슨 문제가 있는지 확인하려 할 수도 있다.

관계 쌓기

이처럼 관계를 중시하는 문화는 복음을 가르치는 입장에서 이점이 될 수 있다. 복음에서 가장 중요한 부분은, 예수님이 우리와 하나님의 관계를 회복하셨으며 이러한 회복을 통해 우리 서로의 관계 역시 나아질 수 있다는 소식이 아닌가?

성경은 우리가 서로 사랑할 때 세상이 우리가 그리스도인임을 알게 될 것이라고 분명하게 가르친다. 그러나 전형적인 서구 사역자의 생활 방식을 면밀히 관찰해 본다면 그들이 관계에 어려움을 겪고 있음을 분명히 알게 될 것이다. 그들은 각종 프로젝트와 사역에 얽매인 나머지 친구나 이웃과 보낼 시간이 거의 없다. 서구 문화는 때로

무슬림에게 복음을 나눌 때 유용한 정보

1. 시간을 두고 진정한 관계(무슬림은 이것을 매우 귀하게 생각한다)를 맺어 사람들이 당신의 행동과 태도, 날마다 씨름하는 일에서 그리스도를 볼 수 있도록 하라.
2. 손님 대접을 실천하라. 이것 역시 대단히 높이 평가한다. 커피를 마시거나 식사를 하면서 함께 시간을 보내라.
3. 경청하라. 잘 듣는 사람은 친구의 관심사와 필요에 집중한다. 그의 이해와 성경의 진리를 잇는 다리가 있는지 찾아보라.
4. 진리를 알려 줄 수 있는 창의적인 질문을 하고, 당신의 친구가 비판적으로 사고하여 구세주의 필요성을 인식할 수 있도록 도우라.
5. 의견이 갈라지는 주제가 아니라 서로 공유하는 주제를 가지고 이야기하여 의사소통이 계속 이루어지게 하라. 가능하면 언제나 동의하라. 특히 성경과 일관된 것이라면 무엇이든 그렇게 하라.
6. 하나님이 복음의 능력을 통해 당신의 삶을 어떻게 변화시켰는지 간증하라.
7. 하나님이 친구의 필요를 당신에게 보여 주시도록, 그리고 성령님이 친구의 삶에 초자연적으로 간섭하시도록 정기적으로 기도하라. 당신의 말은 하나님이 간섭하시는 한 부분일 뿐이다.
8. 다정한 좋은 친구가 되라. 조건 없는 사랑은 그를 우리의 가장 좋은 친구인 예수 그리스도께로 이끌 것이며, 결과는 그분의 손에 달려 있다.
9. 인내하라. 인내는 내주하시는 성령의 열매로서 성령님은 이 무슬림 여성 혹은 남성에게 예수님에 대해 더 알고자 하는 마음을 주실 것이다.

출처_ Fouad Masri, crescentproject.org.

관계가 결핍되어 있어 서구의 그리스도인은 이러한 결핍의 문제를 안고 사역 현장으로 나가곤 한다.

기독교 사역자가 목회를 시작하면 대개는 매주 한 번씩 만나는 성경공부, 제자 모임 등에 대해 생각할 것이다. 새로운 관심자나 회심자를 매일, 아니면 하루에 두 번씩 만나는 일은 생각지도 못할 것이다. 그러나 종교 교사로 일할 작정이라면 반드시 기억할 점이 있다. 무슬림 학생들은 정해진 시간에 강의실에서 만나는 것 말고도 밖에서도 교사와 관계를 가지고 싶어 한다. 처음 몇 번은 조용히 앉아서 강의를 들어 주겠지만, 관계가 진척되지 않으면 계속해서 찾아오지 않을 것이다.

공동체

무슬림 종교학자들이 움마에 대해 이야기할 때가 있다. 영어에서 움마와 가장 가까운 단어를 찾는다면 아마도 커뮤니티, 즉 공동체일 것이다. 이슬람에서 개종한 사람들이 겪는 가장 큰 어려움은 공동체의 긴밀한 지지를 떠나 서구의 고립되고 개인주의적인 생활 방식으로 들어가는 것이다.

기독교 사역자들은 무슬림 출신의 회심자들이 기독교로 들어오는 과정이 좀더 쉽게 이루어지도록 돕기를 원한다. 그들은 기독교에서 모든 외적이고 불필요한 부속물을 제거하고 무슬림 상황에 조화되고자 애쓴다. 그들은 덜 무례하고자 무슬림처럼 옷을 입고 예수님을 예배하는 모스크를 만들며 기독교에 무슬림 장식을 더한다. 그러나 그들은 대개 공동체를 키우는 일은 하지 않는다. 신학적으로 말해, 새로운 회심자는 복음을 보고 이해할 수 있고, 신앙 훈련을 하고 은사를 경험하며 사역자로 성장할 수 있다. 다만 그에게 가장 큰 어려움은 기존의 공동체를 떠나야 한다는 생각이다.

많은 무슬림이 그리스도께 돌아온 지역을 관찰하면서 나는 그들에게 매력적으로 다가간 요소가 상황화가 아니라 공동체의 존재였음을 깨달았다.

해외에서 온 사역자들은 그들끼리의 공동체를 형성하는가? 답은 "그렇다"이다. 그들은 때로 함께 모여 무엇을 샀으며, 가구가 얼마인지, 가사 도우미에게 얼마를 지불하는지 등에 대해 이야기한다. 그들은 자기 일에 대해 이야기하고 서로 일을 찾을 수 있게 도우며 조언도 나눈다. 성경 공부와 기도, 예배를 위해 만난다. 함께 휴가를 떠나 여행지를 둘러보고 편히 쉬기도 한다. 서로의 가정을 방문해 아이들이 함께 놀게 하기도 한다. 물론 이런 성격의 모임을 힘들어하는 선교사들도 있다. 그들은 보다 많은 시간을 지역 주민들과 보내고 싶어 한다. 그들은 자신이 이국땅에 와 있는 것은 복음을 나누고 증거하기 위해서라는 사실을 알고 있지만 공동체의 매력이 그들을 붙여 놓는다. 공동체의 매력은 (때로는 거부하기 힘들 만큼) 달콤하고 강하다.

웃기면서도 비극적인 사실이 하나 있다. 우리 중 많은 사람이 기독교 공동체로 인해 어려움을 겪고 거기서 떠나고 싶어 하는 데 반해, 이슬람에서 회심한 많은 사람들은 기독교 공동체가 부족해 어려움을 겪으면서 그런 공동체를 간절히 원한다는 점이다.

몇 년 전, 방글라데시에서 사역하는 한 선교사가 자기 이야기를 들려 준 적이 있다. 그는 사람들에게 그리스도를 전하고 싶은 마음에 종교 교사처럼 옷을 입기 시작했다. 그러다가 결국 가게 하나를 빌려 바닥에 러그를 깔고 거기 앉아 매일 몇 시간씩 기도를 했다. 무려 2년 동안 그렇게 앉아서 기도하고 묵상을 했다. 사람들이 가게 앞을 지나다가 슬쩍 안을 들여다보았다. 처음에는 열린 문 안으로 들어오는 사람은 아무도 없었다.

매일 그는 지역사회를 방문했다가 작은 가게

로 돌아와 기도하고 기다리며 사람들을 만날 준비를 했다. 2년 후 드디어 사람들이 가게 안으로 들어오기 시작했다. 잠시 앉아 있다가 나가는 사람들도 있었지만, 어떤 이들은 결혼이나 관계 등 자기 문제에 대해 도움을 얻고자 찾아왔다. 그는 그들에게 그리스도를 소개했다. 시간이 갈수록 점점 더 많은 사람들이 찾아와 그의 지혜에 귀를 기울였다. 결국 핵심적인 신자 그룹이 생기면서 공동체가 형성되었고 수천 명이 그리스도께 돌아왔다.

내가 그의 이야기에 매력을 느낀 이유는, 복음 전도를 할 때 교사로서 접근하는 방식과 공동체의 중요성 모두가 분명하게 드러나기 때문이다. 사람들은 서로 만나 자신들의 정체성을 형성했다.

그리스도께 나아오는 무슬림이라면 자신이 공동체를 떠나는 것이 아니라 공동체에 들어간다는 느낌을 받아야 한다. 자신이 떠나온 곳과 자신을 동일시하는 사람은 항상 상실감을 경험할 것이다. 한편 자신이 들어간 곳과 자신을 동일시하는 사람은 새로운 집단의 일원이 된 듯한 느낌을 받을 것이다. 많은 이들이 회심했다가 돌

용서 구하기

사이프러스에서 열린 선교대회에서 나는 세계 여러 나라에서 온 기독교계 지도자와 사역자들을 만났다. 하루는 강연을 부탁받고 앞에 나가 이야기를 나누었다. 나는 어린 시절 난민으로 살다가 열일곱 살에 집을 뛰쳐나온 일, 그러다 파타(아라파트가 조직한 무장단체)에 가입해 저격수로 활동한던 일, 그리고 미국으로 가기까지 겪은 이례적인 사건들을 나누었다. 찰리 샤프의 거실에서 나눈 잊지 못할 대화에 대해서도 이야기했다. 그리고 팔레스타인 동족이 예수님을 알고 믿게 되길 바란다고 말했다.

그러다 강연 중반쯤 강의실에 앉아 있는 아랍 목회자들 사이에서 불편한 기운을 느꼈다. 서구 출신의 선교사들은 편안히 앉아 내 이야기에 흥미를 보였지만 아랍 출신의 선교사들은 그렇지 않았다. 나는 이러한 암류를 무시할 수 없었다.

나는 강연을 중단하고 이렇게 말했다. "여기서 이야기를 멈추고 중요한 이야기를 해야 할 것 같습니다. 여기 계신 목사, 장로, 선교사 여러분. 우리 무슬림이 여러분에게 저지른 끔찍한 일들에 용서를 구하고 싶습니다. 개인적으로도 어린 시절 요르단 암만에서 그리스도인들을 심하게 괴롭혔음을 여러분 앞에서 인정합니다. 제가 저지른 일에 대해 정말 죄송한 마음입니다."

나는 계속해서 말을 이었다. "여러분은 제게 그리스도의 메시지를 전할 수 있는 토대를 마련해 주었습니다. 여러분 같은 사람이 예수님의 진리를 발견하고 제게 나눠 주었기에 오늘 제가 이 자리에 서게 된 것입니다. 정말이지 감사드립니다. 지난 세월 어렵게 사역해 온 여러분에게 진심으로, 진심으로 감사드립니다. 여러분에게 감당하기 어려운 일을 저질렀던 것이 너무나 후회스럽습니다. 저를 용서해 주십시오. 제발 이 사역을 포기하지 말아 주십시오! 많은 무슬림들이 수년 안에 그리스도의 부르심에 응답할 것입니다."

나는 흐느끼며 말했다. 그 순간 분위기가 완전히 달라졌다. 강의실 여기저기에 앉은 많은 사람들이 고개를 끄덕였다. 그제야 나는 하나님이 내 인생에 행하신 일에 대한 이야기를 마칠 수 있었다. 강연이 끝나고 사람들이 내게 찾아와 사과해 주어 고맙다면서 사랑과 용서의 마음을 표현했다.

이 글은 Tass Saada with Dean Merrill, *Once an Arafat Man* (Carol Stream, IL: Tyndale House, 2008), 144-145쪽에 나온 것으로, 허락을 받고 실었다. 『나는 팔레스타인의 저격수였다』(스토리셋). *seedsofhope.com*.

아서는 것은 이러한 상실감을 떨치지 못하기 때문이다.

　기독교 사역자로서 우리는 새 신자를 가리켜 '이슬람에서 돌아선 사람'이라고 칭하지 않도록 각별히 주의해야 한다. 그냥 '새 신자'라든가 하는 좀 더 포괄적인 명칭으로 불러야 한다. 개인적으로 나는 아랍 세계 전역에 일어난 새로운 운동을 통해 포괄적인 형태의 정체성이 형성되어 새 신자들이 이와 자신을 동일시하길 바란다.

　최근에 나는 무슬림 배경을 가진 신자들과 이러한 이야기를 나눈 적이 있다. 그러자 그들은 아랍어에서 여러 개념을 가져다 생각하기 시작했는데, 무홧다딘, 즉 '새 생명을 얻은 사람' 같은 표현을 떠올렸다. 보다 최근에 다른 이들은 히브리서 12장 23절에 나오는 "장자"라는 개념에서 새로운 단어를 만들자고 제안했다. 이는 특정 집단에 이름을 붙이기 위해서가 아니라 무슬림 배경의 신자들이 자기 것으로 여길 만한 정체성을 만들기 위해서다. 기독교는 이 세상에 존재하는 어떤 종교 출신의 새 신자라도 품어야 하며, 우리의 정체성은 우리가 떠나온 그 무엇이 아니라 그리스도 안에서 우리 모두 하나라는 생각을 해야 한다. ❖

참고문헌

Dean Flemming, *Contextualization in the New Testament: Patterns for Theology and Mission* (Downers Grove, IL: InterVarsity Press, 2005).

A. Scott Moreau, *Contextualization in World Mission: Mapping and Assessing Evangelical Models*(Grand Rapids: Kregel, 2012).

Phil Parshall, "Lifting the Fatwa," *Evangelical Missions Quarterly* 40, no. 3, 288-293쪽. emqonline.com.

Phil Parshall, *Muslim Evangelism: Contemporary Approaches to Contextualization*(Downers Grove, IL: InterVarsity Press, 2013).

Sam Schlorff, *Missiological Models in Ministry to Muslims*(Upper Darby, PA: Middle East Resources, 2006).

Harley Talman and John Jay Travis, eds., *Understanding Insider Movements: Disciples of Jesus within Diverse Religious Communities*(Pasadena, CA: William Carey Library, 2015).

Timothy Tennent, "Followers of Jesus(Isa) in Islamic Mosques: A Closer Examination of C-5 'High Spectrum' Contextualization" with responses, *International Journal of Frontier Missions*. 23, no. 3(Fall 2006), 101-126쪽.

Laurie Fortunak Nichols and Gary R. Corwin, eds., *Envisioning Effective Ministry: Evangelism in a Muslim Context*(Wheaton, IL: Evangelism and Missions Information Service, 2010).

화해의 걷기

순 온라인 매거진

1996년 부활절 주일 아침에, 독일 쾰른에서 화해의 걷기가 시작되었다. 900년 전 십자군 운동이 처음 시작되었던 바로 그 자리다. 많은 그리스도인 무리가 오래전 십자군 병사들이 갔던 큰 길을 따라 행진하기 시작했다. 그들은 서로 다른 길을 따라 가을에 구 유고슬라비아를 통해 터키 이스탄불에 이르기로 했다.

십자군은 200년 넘게 아랍인과 유대인에게 잔혹한 행위를 많이 저질렀다. 더 큰 문제는 이러한 일을 이른바 기독교라는 이름으로 저질렀다는 것이다. 이러한 일들은 결코 잊히지 않았다.

(1996년도의) 그리스도인들은 십자군이 걸었던 길을 따라 걸으며 계속 기도했으며, 가는 중에 만나는 무슬림들에게 십자군이 저지른 일에 대해 용서를 빌었다. 행진의 지도자인 린 그린이 이렇게 말했다.

그날 쾰른의 터키 이슬람 사원 및 학습 센터를 방문한 것이 가장 인상적이었다. 전날 그 지역 그리스도인 한 명이 이맘에게 연락해 인쇄된 사과 메시지를 건네며 우리가 이슬람 사원을 방문해도 될지 물었다. 우리는 남자들과 사내아이들이 200명 가량 모여 있는 널찍한 기도실로 안내를 받았다. 여자들과 여자아이들은 옆방에 있었는데 이맘은 그들에게도 사과 메시지를 읽으라고 지시했다.

모든 사람이 양탄자 위에 자리 잡고 앉자 이맘이 우리를 환영했다. 나는 십자군 운동 때 그리스도의 이름으로 저질러진 잔혹한 행위를 사죄하러 왔다고 설명했다. 사죄문을 독일어와

이 글은 SOON Online Magazine, "The Reconciliation Walk"(2003년 5월 6일)에 나온 내용으로, 허락을 받고 실었다. soon.org.uk.

터키어와 영어로 읽자 큰 박수가 계속해서 이어졌다.

그리고 나서 세 언어를 모두 할 줄 아는 이맘이 이렇게 말했다. "당신들이 읽은 메시지를 들으면서 놀라고 희망을 갖게 되었습니다. 그리고 이렇게 생각했습니다. '이런 생각을 품은 사람이 누구든 하나님이 그에게 나타나셨던 것이 분명하다.' 이 행사가 큰 성공을 거두길 바랍니다."

그는 개인적인 자리에서 많은 무슬림들이 그리스도인과 유대인에게 행한 죄를 검토해 보기 시작했다고 말했다. 그는 우리를 본받아 그들도 과거의 죄에 대해 어떻게 행동해야 할지 생각하게 되었다고 말했다. 그는 유럽 내에 있는 250개의 이슬람 사원에 그 메시지를 보내겠다고 약속했다.

십자군 시대에 쾰른 사람들은 많은 유대인을 죽였다. 그래서 그날 오후 우리는 회당 부근에 멈춰서 축복과 치유를 위해 기도했다. ❖

참고문헌

Christine A. Mallouhi, *Waging Peace on Islam*(Downers Grove, IL: InterVarsity Press, 2002). *ivpress.com*.

사과문 전문

900년 전, 우리 조상들은 예수 그리스도의 이름으로 중동 전역에서 전쟁을 벌였습니다. 그들은 두려움과 탐욕, 증오에 사로잡힌 나머지 그리스도가 바라는 바와, 그분의 성품과는 반대로 행동하여 그리스도의 이름을 저버렸습니다. 십자군은 여러분의 동족 위에 십자가의 깃발을 높이 들었습니다. 그래서 화해와 용서, 희생적 사랑의 참된 의미를 더럽히고 말았습니다.

십자군이 처음 출정했던 바로 그날, 우리 역시 그리스도의 이름을 들고 나아옵니다. 우리는 십자군이 저지른 행동을 사죄하는 마음으로 그 길을 따라 걷고자 합니다. 십자가의 참된 의미를 보여 주고자 십자군의 발자취를 따라 걷고자 합니다. 우리 선조들이 그리스도의 이름으로 저지른 만행을 매우 유감스럽게 생각합니다. 우리는 탐욕과 증오와 두려움을 버리고, 예수 그리스도의 이름으로 이루어진 모든 폭력을 정죄합니다.

그들이 증오와 편견으로 행동한 곳에서 우리는 사랑과 형제애를 제시합니다. 메시아 예수님은 생명을 주러 오셨습니다. 그분의 이름을 죽음과 연관지은 것을 용서해 주시기 바랍니다. 다시 한번 메시아가 전하신 말씀의 참된 의미를 받아 주시기 바랍니다. "주의 성령이 내게 임하셨으니 이는 가난한 자에게 복음을 전하게 하시려고 내게 기름을 부으시고 나를 보내사 포로된 자에게 자유를, 눈먼 자에게 다시 보게 함을 전파하며 눌린 자를 자유롭게 하고 주의 은혜의 해를 전파하게 하려 하심이라"(눅 4:18-19).

우리는 나아가면서 주 예수 그리스도의 이름으로 여러분을 축복합니다.

화해의 제사장

다른 사람들이 저지른 죄를 왜 사과하느냐며 반대하는 사람들도 있다. 그러나 의인 느헤미야는 자기 백성의 상태에 대해 울며 회개하는 기도를 드렸다. 그는 레위 지파 제사장과 마찬가지로 그리스도의 중보 역할에 대한 예시가 되었다. 그리스도는 흠이 전혀 없었지만 회개를 상징하는 세례를 직접 받으셨다(마 3:13-17). 뿐만 아니라 온 백성의 죄와 수치를 온 몸으로 감당하며 죽으셨다(히 7:26-27). 예수님은 십자가 위에서조차 자신을 못 박은 사람들을 위해 중보하셨다. 그들이 무지로 저지른 죄에 대해 용서를 구하신 것이다(눅 23:34). 그리스도가 우리 죄의 결과를 받아들이고 고통받으셨다면, 그분의 사자인 우리 역시 다른 이들의 죄의 결과를 기꺼이 감당해야 할 것이다(고후 5:18-21).

그리스도의 거룩한 제사장으로서(벧전 2:9) 우리는 그분의 중보 역할과 화해의 사역을 이어받은 셈이다. 우리는 용서와 구속을 가져오는 자로 부르심을 받았다. 그분의 본을 따라 우리 자신뿐 아니라 다른 이들의 죄에 대한 비난을 감당하고 회개하며 용서를 구해야 한다. 그리스도인에게 받은 상처, 또는 그리스도의 이름으로 준 고통은 구속되고 치유되어 하나님을 영화롭게 할 수 있다.

그리스도의 대속을 우리가 몸소 보일 때 이는 화해를 향한 첫걸음이 될 것이다.

출처_ B. Warren, *Encountering the World of Islam*.

참고문헌_ Ahmed Ali Haile, *Teatime in Mogadishu: My Journey as a Peace Ambassador in the World of Islam* (Harrisonburg, VA: Herald Press, 2011). heraldpress.com.

이스라엘, 팔레스타인 그리고 중동

존 파이퍼

 형제들아 너희가 스스로 지혜 있다 하면서 이 신비를 너희가 모르기를 내가 원하지 아니하노니 이 신비는 이방인의 충만한 수가 들어오기까지 이스라엘의 더러는 우둔하게 된 것이라 그리하여 온 이스라엘이 구원을 받으리라 기록된 바 구원자가 시온에서 오사 야곱에게서 경건하지 않은 것을 돌이키시겠고 내가 그들의 죄를 없이 할 때에 그들에게 이루어질 내 언약이 이것이라 함과 같으니라 복음으로 하면 그들이 너희로 말미암아 원수된 자요 택하심으로 하면 조상들로 말미암아 사랑을 입은 자라 하나님의 은사와 부르심에는 후회하심이 없느니라 너희가 전에는 하나님께 순종하지 아니하더니 이스라엘이 순종하지 아니함으로 이제 긍휼을 입었는지라 이와 같이 이 사람들이 순종하지 아니하니 이는 너희에게 베푸시는 긍휼로 이제 그들도 긍휼을 얻게 하려 하심이라 하나님이 모든 사람을 순종하지 아니하는 가운데 가두어 두심은 모든 사람에게 긍휼을 베풀려 하심이로다(롬 11:25-32).

나는 중동의 '약속의 땅'과 이스라엘의 관계 문제에 대해 이야기하려 한다. 이 글은 애초에 로마서 11장에 대한 주해 성격으로 쓴 글이 아니다. 다만 오늘날 세계에서 일어나고 있는 안타까운 문제에 대해 로마서 11장을 비롯한 성경에서 암시하고 있는 바를 이끌어 내고자 노력했다. 중동에서 이스라엘의 존재, 그리고 이스라엘의 국경과 주권의 범위 등은 세계 테러리즘에서 가장 폭발적인 요인이자 아랍-서구권의 관계에서 가

존 파이퍼는 디자이어링갓의 설립자이자 강사이며 베들레헴 신학교의 총장이다. 30년 넘게 미네소타 주 미니애폴리스에 있는 베들레헴침례교회에서 사역하고 있다. 이 글은 John Piper, *Israel, Palestine, and the Middle East*(March 7, 2004)에 나온 것으로, 허락을 받고 실었다. ©Desiring God Foundation. desiringgod.org/sermons/israel-palestine-and-the-middle-east.

장 불안한 요인일 것이다.

이 땅에 대한 아랍인의 뿌리와 유대인의 뿌리는 수천 년을 거슬러 올라간다. 양쪽 모두 역사적 주둔 사실뿐만 아니라 신적 권리 때문에 이 땅에 대한 권리를 주장하고 있다. 이 글에서 구체적인 평화 방안을 나누려는 것은 아니다. 다만 이 땅에서의 평화와 정의 문제를 생각할 때 우리 모두가 고려해야 할 성경적 진리를 몇 가지 나누고 싶다. 우리가 이 문제에 대해 어떤 생각을 하고 어떤 말을 하는지가 중요하다. 정치인들은 이처럼 종교적으로 과열된 상황에서는 누구보다 유권자의 영향을 받기 때문이다. 우리는 이 문제를 두고 어떻게 기도해야 할지 알아야 한다. 이 문제에 대해 다른 사람들과 이야기할 때 어떻게 하면 진리를 드러낼 수 있는지 알아야 한다. 이러한 이유로, 그리고 하나님이 이 상황에 깊이 관여하고 계신다는 이유로 로마서 11장을 배경으로 이 주제에 대해 이야기하려 한다.

우리가 로마서 11장에서 확인한 사실은 이스라엘 전체가, 즉 이스라엘 민족이 대대로 아브라함과 그 자손에게 하신 언약에 뿌리를 두고 있다는 점이다. 16절 하반절을 살펴보자. "뿌리가 거룩한즉 가지도 그러하니라." 이 그림을 28절에 비추어 해석해 보자. "복음으로 하면 그들(이스라엘)이 너희(이방인)로 말미암아 원수된 자요 택하심으로 하면 조상들로 말미암아 사랑을 입은 자라." 여기서 "조상들"은 16절의 "뿌리"에 해당한다. 조상들에게 하신 약속은 언젠가 나무 전체가 모든 가지와 함께 구원을 받으리라는 것이다.

그것은 '언젠가' 이루어질 일이다. 28절에서 지금은 "그들이…원수된 자"이기 때문이다. 28절 상반절을 보자. "복음으로 하면 그들이 너희로 말미암아 원수된 자요." 달리 말해 그들은 메시아를 거부하고 있고, 그로 말미암아 스스로를 하나님과 원수된 사이로 만들고 있다. 이것이 바로 요한복음 8장 42절에서 예수님이 이스라엘에게 하신 말씀이다. "하나님이 너희 아버지였으면 너희가 나를 사랑하였으리니." 예수님은 누가 참 하나님을 예배하고 있는지 분별하는 리트머스 시험지다. 이스라엘은 하나님의 아들이자 메시아인 예수님을 사랑하지 않는다. 그렇기에 그들은 지금 하나님의 원수다.

그러므로 "뿌리가 거룩한즉 가지도 그러하니라"는 16절 말씀을 우리는 다음과 같은 의미로 받아들일 수 있다. "하나님이 그 조상 아브라함, 이삭, 야곱을 택하셨다면, 그리고 그들을 구별해 약속의 땅을 그들에게 주셨다면, 언젠가 (증오와 단련의 현재 시간이 끝나고 나면) 그들의 후손은 예수 그리스도를 통해 하나님께 돌아와 하나님의 구별되고 거룩한 백성이 될 것이다. 불신과 경건하지 않은 것은 야곱에게서 영원히 사라질 것이다"(26절).

이제 우리가 던져야 할 질문은 다음과 같다. 이른바 약속의 땅은 "온 이스라엘"(26절)이 받을 기업과 구원의 일부인가? 그렇다면 이것이 오늘날 이스라엘이 그 땅에 대한 권리를 주장하는 근거인가?

이에 대한 답을 전개하는 과정에서 나는 성경에 기초한 다음 일곱 가지 진리를 기준으로 삼으려 한다.

1. 하나님은 세상 온 민족 가운데 이스라엘을 택해 자기 소유로 삼으셨다.

"너는 여호와 네 하나님의 성민이라 네 하나님 여호와께서 지상 만민 중에서 너를 자기 기업의 백성으로 택하셨나니"(신 7:6).

2. 그 땅은 하나님이 아브라함과 그 후손에게 약속하신 기업의 일부다.

"그날에 여호와께서 아브람과 더불어 언약을 세워 이르시되 내가 이 땅을 애굽 강에서부터 그 큰 강 유브라데까지 네 자손에게 주노니"(창 15:18).

그리고 창세기 17장 7-8절에서 하나님은 아

팔레스타인에 일어난 변화: 1946-1947년

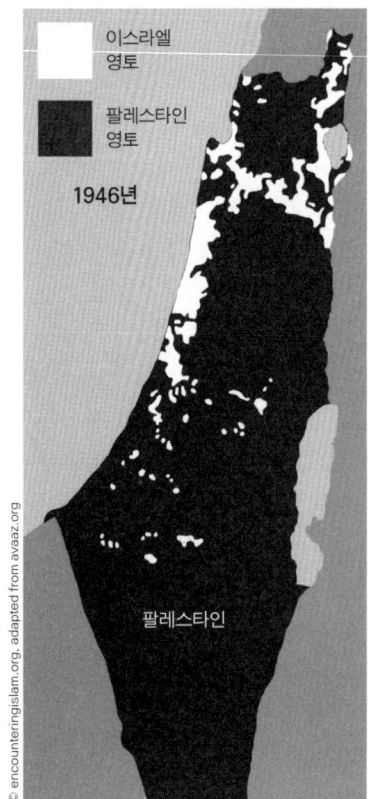

브라함에게 이렇게 말씀하신다. "내가 내 언약을 나와 너 및 네 대대 후손 사이에 세워서 영원한 언약을 삼고 너와 네 후손의 하나님이 되리라 내가 너와 네 후손에게 네가 거류하는 이 땅 곧 가나안 온 땅을 주어 영원한 기업이 되게 하고 나는 그들의 하나님이 되리라."

그런 후에 창세기 28장 13절에서는 아브라함의 손자 야곱에게 그 약속을 확인해 주신다. "또 본즉…이르시되 나는 여호와니 너의 조부 아브라함의 하나님이요 이삭의 하나님이라 네가 누워 있는 땅을 내가 너와 네 자손에게 주리니." 그리고 죽음을 앞둔 야곱은 요셉을 불러 이렇게 말한다(창 48:3-4). "이전에 가나안 땅 루스에서 전능하신 하나님이 내게 나타나사 복을 주시며 내게 이르시되 내가 너로 생육하고 번성하게 하여…내가 이 땅을 네 후손에게 주어 영원한 소유가 되게 하리라 하셨느니라."

물론 이 말씀과 관련해 하나님의 언약을 바라보는 이슬람의 관점과 유대인과 그리스도인이 바라보는 관점 사이에 커다란 간극이 존재한다. 그러나 우리가 믿기로 이것은 하나님 말씀이며, 예수님 역시 이에 동의하셨기에 이 땅은 이스라엘의 땅이 될 운명이라고 해야 한다. 그러나 이 문제는 그렇게 간단하지 않다. 결코 간단한 한마

팔레스타인에 일어난 변화: 1967–2005년

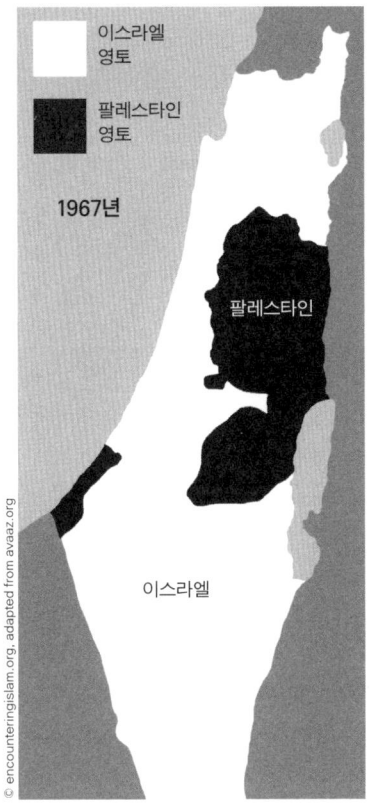

디로 다룰 수 있는 문제가 아니다.

3. 땅에 대한 약속을 포함해 아브라함에게 주어진 약속은, 순종하지 않고 불신하는 이스라엘이 아니라 진실하고 영적인 이스라엘만 상속받을 수 있는 영원한 선물이다.

이것이 바로 로마서 9장의 요점이다. 바울은 너무나 많은 유대인들이 예수님을 거부하다가 멸망당하는 상황을 슬퍼하며 6-7절에서 이렇게 말한다. "그러나 하나님의 말씀이 폐하여진 것 같지 않도다 이스라엘에게서 난 그들이 다 이스라엘이 아니요 또한 아브라함의 씨가 다 그의 자녀가 아니라 오직 이삭으로부터 난 자라야 네 씨라 불리리라 하셨으니."

다르게 말하면, 단지 유대인이라는 이유로 이 약속의 성취를 요구할 수는 없다. 유대 민족 자체가 하나님의 계획에서 중요한 위치를 차지하는 것은 사실이다. 그러나 그것만으로 무언가를 보장하기에는 충분하지 않다. 민족성 자체에는 누군가를 아브라함과 그 후손에게 주어진 약속의 상속자가 되게 할 능력이 없다. 로마서 9장 8절은 이 사실을 분명히 하고 있다. "곧 육신의 자녀가 하나님의 자녀가 아니요 오직 약속의 자녀가 씨로 여기심을 받느니라." 유대인으로 태어났다고 해서(땅에 대한 약속이든 그 밖의 다른 약속이든) 자동으로 약속의 상속자가 되는 것은 아니다.

이는 구약에서 명백한 사실이었으며, 예수님의 가르침에서도 마찬가지였다(이것은 네 번째 진리에서 다루겠다). 예를 들어 하나님은 이스라엘 백성이 언약을 지키지 않고 자신을 저버린다면 다음과 같은 끔찍한 저주를 내릴 것이라고 약속하셨다. "여호와께서 너희에게 선을 행하시고 너희를 번성하게 하시기를 기뻐하시던 것같이 이제는 여호와께서 너희를 망하게 하시며 멸하시기를 기뻐하시리니 너희가 들어가 차지할 땅에서 뽑힐 것이요"(신 28:63). 이스라엘 역사를 통틀어 언약을 깨뜨리고 불순종하며 우상을 숭배할 때 이스라엘은 그 땅에 대한 신적 권리를 박탈당했다(단 9:4-7; 시 78:54-61도 보라).

그렇다고 해서 (아랍을 포함해) 이방 나라들에게 이스라엘을 괴롭힐 권리가 있다고 추론해서는 안 된다. 하나님이 이스라엘을 심판하셨다고 해서 이스라엘을 향한 인간의 죄악을 허락하신 것은 아니다. 이스라엘이 그 땅에 대한 신적 권리를 박탈당할 때에도 여전히 인간적 권리를 가지고 있다. 이스라엘이 징계받을 때 이를 보고 흐뭇해하던 나라들을 결국 하나님이 벌하셨던 것을 기억하라(사 10:5-13; 욜 3:2).

아브라함의 후손이 땅을 상속받을 것이라는 언약은 모든 유대인이 그 언약을 상속받을 것임을 의미하지 않는다. 그 언약은 진정한 이스라엘, 즉 하나님과의 언약을 지키고 하나님께 순종하

여성의 눈을 통해

한 무슬림 여성의 눈을 통해 세상을 보는 것은 다른 사람들의 말을 통해 무슬림 여성에 대한 느낌을 듣는 것보다 도움이 될 수 있다. 무슬림 잡지나 다른 온라인 자료에서 사려 깊은 통찰을 조금씩 수집할 수 있다. 그들은 어떻게 생각하는가? 그들의 마음속에 있는 주제는 무엇인가? 그들의 관심사는 무엇인가? 그들은 어떻게 느끼는가? 그저 글들의 제목만 살펴봐도 무슬림 여성들의 관심 주제들을 볼 수 있다. 〈아지자〉(azizahmagazine)¹의 최근 독자들은 글의 제목만으로도 다음과 같은 추론을 할 수 있었다.

- 나는 정숙함과 추행에 관심이 있다: "왜 나는 베일을 쓰는가?"
- 나는 나의 종교를 잘 따르고 싶다: "그것은 할랄인가?", "경건한 행동과 값진 행위들."
- 나는 내가 물려받은 이슬람 유산이 자랑스럽다: "당신의 이슬람 사원은 이슬람의 인종적 다양성을 얼마나 반영하고 있는가?", "장식: 존재의 모든 순간에 대한 믿음", "페르시아 예술과 전통에서 기하학 바라보기."
- 나는 오늘날 이슬람의 지정학적인 위치에 관심이 있다: "평화 유지."
- 나는 다른 북미 여성들과 대단히 비슷하다: "웰빙: 당신의 의사에게 물어보라", "멋진 스타일: 재능 있는 디자이너 7인이 만든 세련된 옷", "도둑맞은 이름, 도둑맞은 삶: 개인정보 유출이 악몽이 될 수 있다."

현재 무슬림 공동체에서 일어나는 일에 눈을 뜨면, 우리는 첫눈에 보는 것보다 더 많은 것을 볼 수 있다!

1. sisters-magazine.com, aaila.org, emel.com.

출처_ frontiers.org.

는 이스라엘에게 결국 이루어질 것이다.

4. 예수 그리스도는 유대인의 메시아로 이 세상에 오셨는데, 그 백성은 그를 버리고 하나님과의 언약을 깨뜨렸다.

예수님이 제자들에게 "너희는 나를 누구라 하느냐"라고 물으셨을 때, 베드로는 이렇게 대답했다. "주는 그리스도(즉 유대인의 메시아)시요 살아 계신 하나님의 아들이시니이다." 그러자 예수님은 이렇게 반응하셨다. "바요나 시몬아 네가 복이 있도다 이를 네게 알게 한 이는 혈육이 아니요 하늘에 계신 내 아버지시니라"(마 16:16-17).

대제사장이 예수님께 "네가 찬송받을 이의 아들 그리스도냐"라고 물었을 때, 예수님은 이렇게 대답하셨다. "내가 그니라 인자가 권능자의 우편에 앉은 것과 하늘 구름을 타고 오는 것을 너희가 보리라"(막 14:61-62).

그러나 메시아이신 예수님이 수많은 능력을 행하시고 권능으로 가르치시고 구약의 여러 언약을 이루셨음에도 불구하고 이스라엘 민족은 하나같이 그분을 거부했다. 이는 이스라엘이 역사상 행했던 어떤 불순종보다 가장 심각하게 언약을 깨뜨리는 것이었다.

예수님이 소작농의 비유를 말씀하신 것도 이러한 이유에서였다. 이 비유에서 소작농들은 추수 때가 되어 주인의 아들이 오자 그를 죽였다. 마태복음 21장 43절에서 예수님은 이 비유를 마치며 이렇게 말씀하신다. "그러므로 내가 너희에게 이르노니 하나님의 나라를 너희는 빼앗기고 그 나라의 열매 맺는 백성이 받으리라." 뿐만 아니라 이방인 백부장의 믿음과 이스라엘의 불신을 보신 후 마태복음 8장 11-12절에서 예수님이 다음과 같은 말씀을 하신 것도 같은 이유에서였다. "동서로부터 많은 사람이 이르러 아브라함과 이삭과 야곱과 함께 천국에 앉으려니와 그 나라의 본 자손들은 바깥 어두운 데 쫓겨나 거기서 울며 이를 갈게 되리라."

이스라엘은 하나님과의 언약을 깨뜨렸고 현재 독생자이자 메시아에 대한 불신과 불순종 아래 살고 있다. 바울은 이에 대해 로마서 11장 28절에서 다음과 같이 말한다. "복음(메시아에 대한 좋은 소식)으로 하면 그들이 너희로 말미암아 원수된 자요."

5. 그러므로 오늘날 세속 상태에 있는 이스라엘은 그 땅에 대한 신적 권리를 주장해서는 안 된다. 그러나 그들과 우리는 신적 권리가 아닌 정의, 긍휼, 현실적 가능성이라는 국제 원칙에 기초해 평화의 합의를 모색해야 한다.

지금까지 살펴본 내용, 그리고 성경을 믿고 그리스도를 구주와 역사의 주인으로 믿는 우리에게 이 내용이 시사하는 바를 깨달았다면, 이제 우리는 이스라엘이든 팔레스타인이든 군사적 행동을 취하는 일에 전적으로 찬성하면 안 된다. 우리는 정의와 긍휼이라는 성경적 원리에 따라 찬성하든 비난하든 해야 한다. 우리 대표들이 양측 모두의 역사적, 사회적 주장을 고려한 합의를 도출하도록 격려해야 한다. 어느 한쪽도 그 땅에 대한 신적 권리를 주장하며 정의로운 판단을 방해해서는 안 된다. 이에 동의한다면 당신의 대표에게 그 사실을 적극적으로 알리길 바란다.

우리는 테러리즘을 모른 체하려는 것도, 유대인의 군사력을 못 본 체하려는 것도 아니다. 여기서 양측의 잘잘못을 저울질하고 싶은 생각도 없다.

그것은 내 목표가 아니다. 내 목표는 어느 한쪽도 국제 정의에 대한 주장보다 신적 권리에 대한 주장을 앞세우면 안 된다는 균형 잡힌 토대 위에서 토론을 시작하는 것이다. 정의가 어떤 모습을 갖추어야 하는가에 대한 답을 끌어내기란 여전히 거대하고 벅찬 작업이다. 나 역시 이 문제를 풀지 못했다. 그러나 내 생각에, 현재 분쟁 상황에서 하나님이 어느 한 민족에게 공격을 허락하셨다는 주장에 응하지 않기만 해도 훨씬 발전된 답을 찾을 수 있을 것이다.

6. 유대인의 메시아, 예수 그리스도에 대한 믿음으로 이방인들은 약속의 땅을 포함해 하나님이 아브라함에게 하신 모든 약속의 상속자가 되었다.

로마서 11장 17절을 읽어 보자. "돌감람나무인 네(이방인)가 그들 중에 접붙임이 되어 참감람나무 뿌리의 진액을 함께 받는 자가 되었은즉." 즉 이방인들은 구속받은 언약 백성 중 일부가 되어 아브라함의 믿음을 공유하게 되었다. 그 이유에 대해 바울은 로마서 4장 13절에서 이렇게 말한다. "아브라함이나 그 후손에게 세상의 상속자가 되리라고 하신 언약은 율법으로 말미암은 것이 아니요 오직 믿음의 의로 말미암은 것이니라." 아브라함의 진정한 자손, 그리스도와 연합된 모든 사람은 믿음으로 아브라함과 후손에게 약속된 언약의 일부가 된 것이다.

이 진리를 가장 철저하게 드러내는 말씀을 에베소서에서 찾을 수 있다. "그때에 너희(이방인)는 그리스도 밖에 있었고 이스라엘 나라 밖의 사람이라 약속의 언약들에 대하여는 외인이요 세상에서 소망이 없고 하나님도 없는 자이더니 이제는 전에 멀리 있던 너희가 그리스도 예수 안에서 그리스도의 피로 가까워졌느니라…그러므로 이제부터 너희는 외인도 아니요 나그네도 아니요 오직 성도들과 동일한 시민이요 하나님의 권속이라"(엡 2:12, 13, 19).

그러므로 예수님을 믿는 유대인 신자와 이방인 신자가 그 땅을 기업으로 받을 것이다. 이 사실을 확인하는 가장 쉬운 방법은, 이 땅을 포함해 세상을 기업으로 받는 것을 확인하는 것이다. 유대인 그리스도인과 이방인 그리스도인은 약속의 땅이라는 부동산을 놓고 옥신각신하지 않을 것이다. 새 하늘과 새 땅 전체가 우리 소유가 될 것이기 때문이다. "그런즉 누구든지 사람을 자랑하지 말라 만물이 다 너희 것임이라 바울이나 아볼로나 게바나 세계나 생명이나 사망이나 지금 것이나 장래 것이나 다 너희의 것이요 너희는 그리스도의 것이요 그리스도는 하나님의 것이니라"(고전 3:21-23). 그리스도를 따르는 모든 제자들, 아니 오직 그리스도를 따르는 제자들만이 약속의 땅을 포함한 세상 전체를 기업으로 받을 것이다.

7. 이러한 기업은 그리스도가 재림해 그분의 나라를 세우실 때 비로소 우리에게 주어진다. 그때까지 우리 그리스도인은 자기 소유를 주장하기 위해 무기를 들어서는 안 된다. 그보다는 할 수 있는 한 우리의 기업을 많이 나누기 위해 생명이라도 버릴 수 있어야 한다.

요한복음 18장 36절에서 예수님이 빌라도에게 하신 지극히 중요한 말씀을 기억할 것이다. "내 나라는 이 세상에 속한 것이 아니니라 만일 내 나라가 이 세상에 속한 것이었더라면 내 종들이 싸워 나로 유대인들에게 넘겨지지 않게 하였으리라 이제 내 나라는 여기에 속한 것이 아니니라." 그리스도인은 그리스도의 나라를 전진시키기 위해 검을 들지 않는다. 우리는 하늘에서 왕이 오셔서 능력으로 우리를 구원하시길 기다린다. 최후의 심판 날이 오면 그리스도를 귀하게 여겨 온 유대인과 이방인이 약속된 바를 얻을 것이다. 그날에는 위대한 역전이 일어날 것이다. 나중된 자가 먼저 되며 (하나님의 어린양을 닮아) 온 유한 자가 땅을 기업으로 받을 것이다.

그러므로 지금 온유하고 겸손한 그리스도께 나아와 죄 사함과 영광의 소망을 받으라. ❖

참고문헌과 자료
Challenge to "Holy Land" Theology(Grand Rapids, MI: Baker Academic, 2010).
Colin Chapman, *Whose Promised Land?*(Grand Rapids, MI: Baker, 2002).
Gary, M. Burge, *Jesus and the Land: The New Testament*
Randa Abdel-Fattah, *Where the Streets Had a Name*(New York: Scholastic Press, 2010).

Timothy P. Weber, *On the Road to Armageddon: How Evangelicals Became Israel's Best Friend*(Grand Rapids, MI: Baker, 2004).

Tony Maalouf, *Arabs in the Shadow of Israel: The Un-folding of God's Prophetic Plan for Ishmael's Line*(Grand Rapids, MI: Kregel, 2003).

『시온의 크리스천 군사들』(스테판 사이저 지음, 김정환 옮김, CLC, 2013).

〈다섯 대의 부서진 카메라〉(5 Broken Cameras, 에마드 부르낫, 기 다비디 감독, 2011).

〈레몬 트리〉(The Lemon, 에란 리클리스 감독, 2008)

〈부드루스〉(Ajami, 줄리아 바차 감독, 2009)).

〈아자미〉(Ajami, 스칸다르 코프티, 야론 샤니 감독, 2009).

〈하나님은 우리 편〉(With God on Our Side, 포터 스피크맨 주니어 감독, 2009). *withgodonourside.com*.

편견을 가지지 말라

서구의 많은 그리스도인이 하나님에게 선택된 백성이자 홀로코스트의 피해자였던 이스라엘에게 자연스레 공감한다. 그러나 이러한 태도로 인해 부당한 결과가 나타나는데, 때로 이스라엘에게 치우친 편견을 가지게 된다는 점이다. 아랍과 무슬림에 대한 선입견과 맞물려 이러한 편견은 그리스도인이 중동 지역의 정의와 평화 실현에 긍정적인 기여를 하지 못하게 만들었다. 이는 또한 많은 아랍인과 무슬림이 서구와 서구 기독교를 믿지 못하게 만드는 데 일조했다. 그러므로 중동 지역의 물리적 충돌에 대해 관심이 있다면(당연히 관심을 가져야 하지만) 이스라엘과 아랍에 대한 자신의 태도를 점검해 보아야 한다. 어느 한편에 지나치게 호의를 보인 나머지 다른 편에게 해를 끼치지 않도록 주의하라. "재판은 하나님께 속한 것이니, 재판을 할 때에는 어느 한쪽 말만을 들으면 안 되오. 말할 기회는 세력이 있는 사람에게나 없는 사람에게나 똑같이 주어야 하오. 어떤 사람 앞에서도 두려워하지 마시오"(신 1:17, 새번역).

이 글은 Chawkat Moucarry, *The Prophet and the Messiah: An Arab Christian's Perspective on Islam and Christianity*(Downers Grove, IL: InterVarsity Press, 2001), 275-282쪽에 나온 것으로, 허락을 받고 실었다. *ivpress.com*.

이스라엘-팔레스타인 분쟁의 역사

팸 올슨

역사가 흐르는 동안 거룩한 땅은 가나안으로부터 이스라엘, 바빌로니아, 로마, 십자군, 아랍, 오스만 제국, 영국 등에 이르기까지 여러 차례 주인이 바뀌었다. 그러나 이 분쟁의 현대적 국면은 1800년대 후반에 시작되었다. 빈 출신의 기자 테오도르 헤르츨(Theodor Herzl)이 유럽에서 반유대주의가 일어나는 것을 목격하고, 이에 대한 최선의 해결책은 유대인이 자기 땅이라 주장하는 그곳으로 대이동하는 것이라고 결론 내리면서부터다.

그가 주창한 운동은 서서히 추진력을 얻어 시오니즘이라 알려지기 시작했다. 알다시피 '시온'은 성경에서 예루살렘을 가리키는 단어다. 1897년 스위스 바젤에서 제1차 시오니스트 회의가 소집되어 세계시오니스트기구가 창설되었다. 이 기구의 목적은 당시 오스만 제국의 일부였던 팔레스타인 지역에 유대인이 정착하도록 경제 기반을 마련하는 것이었다. 헤르츨은 이 기구의 의장으로 선출되어 자기 꿈을 이루기 위한 재정적, 정치적 지원 마련에 힘쓰며 여생을 보냈다.

1904년 러시아 출신의 화학자 하임 바이츠만(Chaim Weizmann)이 영국 런던으로 가서 적극적으로 시오니즘 운동을 벌였다. 그는 유대인이 세계 열강의 지지 가운데 팔레스타인으로 대거 이주하는 것이야말로 헤르츨의 비전을 이루는 방법이라고 믿었다. 1차 세계대전이 진행되는 동안 영국은 정책상 시오니즘을 지지하는 쪽으로 기울었다. 이러한 정책은 실상 프랑스와 아랍 국가와 맺은 협약을 위반하는 것이었다. 1917년 밸푸어 선언이라고 알려진 서한이 발표되면서 이러

팸 올슨은 『팔레스타인에서의 빠른 시간』(Fast Times in Palestine)의 저자이며 팔레스타인에서 살았다. 현재는 뉴욕에 거주하고 있다. 이 글은 A Brief History of the Israeli-Palestinian Conflict로서 pamolson.org에서 검색할 수 있다.

한 정책은 공식화된다. 이 선언으로 시온주의자들이 열강의 첫 번째 공식 지지를 얻어낸 셈이다. 그 당시 유대인은 팔레스타인 인구의 10%도 안 되는 상황이었다.

몇 세기에 걸쳐 유대인은 중동에서 무슬림 이웃과 비교적 평화롭게 살았다. 그러나 나치 정권의 박해를 피해 많은 유대인이 유럽에서 팔레스타인으로 대거 이주하자 팔레스타인인은 1차 세계대전 이후 팔레스타인에 위임 통치권을 가지고 있던 영국이 팔레스타인 땅의 대부분을 새로운 손님들에게 내주겠다는 약속을 이행할까 봐 걱정하기 시작했다. 1936년에서 1939년까지 팔레스타인인은 억압적인 영국 법령과 유럽 출신 유대인의 식민지화에 반발해 시민 무장 단체를 조직해 대규모 봉기를 일으켰다. 폭동이 진압되는 과정에서 팔레스타인은 주요 군대와 지도자들을 잃었으며 유대인과 팔레스타인인은 더욱 소원해졌다.

시온주의 민병대 또한 팔레스타인인과 영국 점령군에 테러 공격을 감행했다. 가장 극악했던 테러로 1946년 예루살렘의 킹 데이비드 호텔 폭파 사건을 꼽을 수 있는데, 당시 이곳에는 팔레스타인을 위임 통치하던 영국 부처가 있었다. 이 테러로 영국인 28명, 아랍인 41명, 유대인 17명을 포함해 총 91명이 목숨을 잃었다.

영국은 결국 이 골치 아픈 땅의 운명을 유엔에 위탁했다. 1947년 유럽 국가와 그 식민지들의 지지 가운데 팔레스타인 분할안이 근소한 표차로 통과된다. 영국 위임 통치령인 팔레스타인의 땅을 나누어 55%는 유대 지구, 45%는 팔레스타인 지구로 나누기로 한 것이다. 당시까지 유대인은 팔레스타인 인구의 3분의 1을 차지하고 팔레스타인 땅의 7%를 점유하고 있었다. 유대인은 자기 것으로 선언된, 구불구불한 경계를 가진 지역 내에서 겨우 과반수를 차지했지만 앞으로 더 많은 유대인이 이 지역으로 이주해 올 것이 예상되었다. 시온주의자들에게 이 분할안은 수세기 동안 유럽에서 받은 박해로부터 벗어날 수 있는 안전한 피난처를 의미했다. 이스라엘은 유대인 삶의 새로운 중심이자 오랫동안 염원해 온 민족자결권을 가질 기회가 될 것이었다.

그러나 팔레스타인인이 보기에 이 분할안은 유럽인이 그동안 저지른 죄에 대한 보상으로 유럽인에게 그들의 땅을 내주고 유럽인의 목표를 진전시키는 것에 불과했다. 오랜 세월 맛보았던 쓰디쓴 유럽의 배신 가운데 하나로 느낀 것이다.

1948년, 영국은 철수하고 이스라엘이 독립을 선언했을 때 이 지역 전체에 전쟁이 일어났다. 아랍인이 유대인보다 수보다 훨씬 많았으나 시온주의자들은 더 좋은 무기, 더 많은 자본, 더 훌륭한 조직을 갖추고 있었다. 사태가 진정될 무렵, 이스라엘은 역사적으로 팔레스타인 땅이었던 지역의 78%를, 요르단은 서안 지구를, 이집트는 가자 지구를 차지하게 되었다.

당시 팔레스타인 원주민의 절반을 차지하는 75만 명의 팔레스타인인은 이스라엘 차지가 된 땅에서 쫓겨났고 무장군으로 인해 집으로 돌아갈 길조차 막혔다. 이제 이들 난민의 수는 백만 단위를 넘어섰다. 세계에서 가장 많은 사람들이 가장 오랫동안 난민으로 고통받는 사례가 되고 말았다.

1967년 6월 이집트의 나세르 대통령이 티란 해협(이스라엘이 홍해로 접근할 수 있는 유일한 지점)을 봉쇄하자 이스라엘은 이집트에 선제공격을 감행하며 시나이 반도에 병력을 집결시켰다. 요르단과 시리아 역시 전쟁에 휘말리게 되었다. 이른바 6일 전쟁이 끝날 즈음 이스라엘은 서안 지구, 가자 지구, 이집트의 시나이 반도, 시리아의 골란 고원까지 점령했다. (이 전쟁 뒤에 있는 동기와 술책에 대해 더 공부하고 싶다면, 6일 전쟁에 참여했던 이스라엘 장군의 아들이 저술한 『장군의 아들』[The Generala's Son]이라는 놀라운 책을 읽어 보라.)

이 전쟁의 세부 사항은 복잡하고도 뜨거운 논란거리다. 논쟁의 여지가 없는 부분이라면, 이스라엘인은 처음 그들의 정부가 먼저 공격을 감행하지 않았다면 자신들이 아직도 위협 아래 있었을 것이라고 믿고 있다는 것이다. 유엔 안전보장이사회는 이스라엘과 인접 국가 사이의 평화 정착을 위해 이스라엘이 6일 전쟁 당시 획득한 땅을 되돌려 줄 것을 요구하는 결의안 242호를 통과시켰다. 그러나 이 결의안을 어떻게 실행할지에 대한 협상안은 아무 성과도 보지 못했다. 1979년에 시나이 반도는 별도의 평화 협정으로 이집트에 반환되었으나 골란 고원과 팔레스타인 영토는 아직도 이스라엘의 점령 아래 있다.

서안 지구와 가자 지구에 자리 잡은 팔레스타인인은 이스라엘 시민으로 인정받지 못한 채 법률의 보호나 혜택을 받지 못하고 있다. 뿐만 아니라 이스라엘 정부는 제네바 협정을 어겨 가며 팔레스타인 땅을 몰수하고 서안 지역과 가자 지구에 수도 공급을 중단하고 정착지 건설을 막고 있다. 20년 넘게 서안 지구와 가자 지구의 팔레스타인인은 패배감과 트라우마에 시달리면서도 말 잘 듣는 주민으로 살아 왔다. 그들은 또한 군인들에게 지속적으로 굴욕을 당하면서 이스라엘 경제에 값싼 노동력을 제공했다.

그러다가 1987년 팔레스타인 주민은 이스라엘의 억압 정책에 대항해 집단 봉기를 일으켰다. 1차 인티파다로 알려진 이 반란은 대규모 시민 불복종, 총파업, 보이콧, 세금 납부 거부 등의 특징을 보였다. 그들은 이스라엘의 탱크와 군인들에게 돌을 던졌다. "제거하다"는 의미를 가진 인티파다는 팔레스타인 주민이 아랍군이나 유엔군의 조치를 기다리지 않고 민족적 정체성을 주장한 첫 번째 시도였다. 이후로 5년 동안 1,100명의 팔레스타인인과 150명의 이스라엘인이 사망했고, 1만 명이 넘는 팔레스타인 주민이 부상당하거나 체포되었다.

이러한 분쟁은 이스라엘의 자국 홍보에 악재로 작용했다. 기껏해야 깃발과 새총으로 무장한 팔레스타인 주민들이 탱크 앞에 엎드려 있고, 이스라엘 군인들이 팔레스타인 아이들을 때리는 장면이 전 세계에 중계되었다. 이스라엘은 아랍이라는 골리앗과 싸우는 다윗이라는 소중한 이미지를 잃기 시작했다. 오히려 팔레스타인이라는 다윗과 싸우는 골리앗처럼 비쳤다. 이스라엘은 이 땅을 아무런 대가 없이 무기한으로 점유하기가 불가능하다는 것을 깨닫기 시작했다. 이스라엘의 좌파 측에서는 이러한 점유를 반대하고 나섰다.

인티파다로 인해 팔레스타인 해방기구(PLO)의 수장 야세르 아라파트 또한 근심이 깊어졌다. 이 기구는 주류 온건파인 파타(Fatah)가 중심이 된 팔레스타인 민족주의 무장 조직 연합체다. 1964년에 창설된 이 기구는 1974년 유엔에서 옵서버 지위를 얻었고 팔레스타인의 유일한 합법 정부로 인정받았다. 처음에 이 기구는 요르단과 레바논을 기점으로 해서 군사력으로 팔레스타인을 되찾기 위해 게릴라 전투에 임했다. 그러다 1971년에 후세인 왕에 의해 요르단에서 쫓겨났고, 1982년에는 이스라엘에 의해 레바논에서 쫓겨나 튀니지에 자리를 잡았다. 이 무렵 인티파다가 일어나면서 PLO는 팔레스타인 영토 내의 현실과 멀어지고 말았다. 인티파다를 이끌거나 조직하는 데 아무 역할을 하지 못한 것이다.

1988년 아라파트는 PLO에 대한 승인을 얻고, 팔레스타인에서의 주도권을 회복하기 위해 이스라엘의 존재를 인정하고 테러를 포기하는 데 동의했다. 이는 역사적으로 획기적인 중재안이었다. 그는 팔레스타인 땅의 78%에 대한 권리를 일방적으로 포기하고 오로지 남은 22%, 즉 서안 지구와 가자 지구에서 팔레스타인 자치권을 획득하는 데 만족했다.

5년 후인 1993년, 아라파트와 이스라엘의 이츠하크 라빈 총리가 오슬로 협정에 서명했다. 이 협정은 두 민족 간의 평화 정착을 위한 청사진 역할을 했다. 이스라엘과 팔레스타인이 서로를 군사력으로 싸워 이겨야 할 적이 아니라 협상 파트너로 공식 인정한 것은 이때가 처음이다. (1994년 10월, 이스라엘이 요르단과 평화 협정을 맺으면서 이제 인접한 국가 가운데 시리아와 레바논과만 분쟁 상태에 남게 되었다.) 이후로 '2국가 해법'은 주류에서 내세우는 방침이 되었다.

이 협정으로 팔레스타인 자치정부(PA)가 출범하게 되었는데, 아라파트와 그의 동지들을 필두로 한 이 정부는 서안 지구 라말라에 근거지를 두었다. 이스라엘이 수도, 영공, 국경, 수입, 수출, 영주권, 여행, 조세, 화폐 등에 대한 통제를 지속하고 있어 서안 지구와 가자 지구는 보안과 행정 기반이 턱없이 부족한 상황이었다. 이 합의는 5년간 지속될 예정이었다. 그 기간 동안 이스라엘과 팔레스타인 자치 정부는 신뢰 구축 조치를 이행하고 동예루살렘, 난민, 국경, 정착 등의 최종 사태 해결에 대해 협상해 가기로 했다.

2년 후 라빈 총리가 오슬로 협정에 반대하는 이스라엘 극우 세력에게 암살을 당했다. 라빈의 후임자인 온건파 노동당의 시몬 페레스는 1년 후 우파인 리쿠드 당의 베냐민 네타냐후에게 자리를 내주고 말았다. 네타냐후는 오슬로 협정에 반대하고 팔레스타인 정부 구상안을 거부했으며 이스라엘이 점령한 영토 내에 정착촌을 철수하기는커녕 확대에 나섰다. 1993년에서 2000년에 이르는 '오슬로 평화 기간' 동안 380명의 팔레스타인인과 260명의 이스라엘인이 죽임을 당했으며, 정착촌 인구는 25만 명에서 40만 명으로 급증했다.

2000년 7월 노동당이 다시 권력을 잡았고 이스라엘 대중 여론은 아무런 성과 없이 서구와 아랍 세계 관계만 틀어지게 만든 네타냐후의 강경 노선에 등을 돌렸다. 그러나 이스라엘인은 오슬로 기간 동안 팔레스타인 무장단체 하마스와 이슬라믹 지하드가 14건의 자살 폭탄 테러를 자행했기 때문에 경계하고 있었다. 팔레스타인인은 약속대로 정착촌을 철수하는 것이 아니라 오히려 확대한 것에 배신감을 느꼈다. 양측의 긴장감이 높은 상황이었던 것이다.

빌 클린턴 대통령은 취임 후 5개월 만에 이스라엘의 에후드 바락 총리와 야세르 아라파트를 미국 대통령 전용 별장인 캠프데이비드에서 만났다. 2국가 해법 협상을 위한 필사의 노력을 펼치기 위해서였다. 그러나 이 회담은 보기 좋게 실패하고 말았다. 이스라엘의 관점에서 바락 총리는 '너그러운 제안'을 했다. 90%가 넘는 서안 지구와 동예루살렘 일부를 넘기겠다고 했으니 지금껏 다른 어떤 이스라엘 지도자보다 후한 제안을 한 셈이었다. 그러나 아라파트가 이 제안을 거절하면서 그는 더 이상 "평화를 위한 협상 파트너"가 아님을 스스로 입증했다.

팔레스타인 대표단의 관점에서 팔레스타인은 이미 자기 고향의 78%를 내준 상황이었다. 그들에게 바락의 '제안'은 (동예루살렘 대부분을 포함해) 서안 지구 나머지 지역을 합병하고, 팔레스타인의 진정한 주권을 거부하며, 정착촌 문제는 무시한 채 팔레스타인의 합법적인 권리를 국제법보다 약화시키는 것으로 보였다.

현실은 그 중간 어디쯤에 있을 것이다. (이 사건에 대한 보다 상세한 설명을 원한다면, Hussein Agha, Robert Malley, "Camp David: The tragedy of errors," *New York Review of Books*, August 9, 2001을 보라.) 어쨌든 양쪽은 서로를 비난하고 신뢰는 완전히 무너져 버렸다. 위태로운 분위기가 고조되다가 2000년 9월, 또 다시 인티파다가 일어나면서 상황은 일촉즉발의 위기로 치달았다. 그런 후 얼마 지나지 않아 이스라엘은 우파 리쿠드 당의 아리엘 샤론을 새로운 총리로 선출했다. 팔레스타인인의 시위, 폭동, 암살, 자살 폭탄 테러 등에 대한 이스라엘의 무자비한 진압, 이스라엘 군의 대규모 습격 등으로 인해 사회적 불안은 더욱 고조되었다. 이 분쟁을 2차 인티파다라고 부른다. ❖

평화를 위한 호소

엘리야스 샤쿠르

『피를 나눈 형제』가 28개 언어로 번역되어 전 세계에서 읽히고 있다는 사실에 나보다 더 놀란 사람이 있을까? 이 책이 편견과의 전쟁에 관한 고전으로 인정받고, 진실을 알고 진리대로 살기 원하는 많은 평범한 사람들뿐 아니라 미국 국회의원과 국왕들도 읽었다는 소식에 적잖이 충격을 받았다. 무수한 사람들이 공의와 정의 위에 평화를 세우기 위해 함께 일어서자는 이 책의 외침을 마음 깊이 받아들였다는 데 큰 기쁨을 느낀다. 평화를 위한 사역이 사상가가 아니라 손에 흙 묻히며 일하고 행동하는 사람들에 의해 이루어짐을 아는 믿음의 형제자매들에게 고마움을 느낀다. 아버지 마이클 샤쿠르는 내게 잊지 못할 말을 남기셨다. 그 말은 처음 내게 영감을 준 이후로 지금까지 내 인생의 방향을 결정해 왔고 지금도 내 영혼 속에 울리고 있다. "유대인은 우리와 피를 나눈 형제다."

이 진실은 내가 마음에 늘 품어야 할 증거이자 마지막까지 선포해야 할 메시지다. 또한 이스라엘과 팔레스타인의 분쟁이 얼마나 참담한 비극인지 드러내고 있다. 동족 간의 전쟁과 피 흘림보다 더 슬픈 일이 있겠는가? "인간은 인간에게 늑대다"라는 라틴어 속담이 있다. 선조의 지혜에 빗대어 보면, 팔레스타인인과 유대인 간의 전쟁은 이보다 훨씬 더 끔찍하다. 형제가 형제에게 늑대보다 더 나쁜 상황이 되었으니 말이다.

이곳 이스라엘에(이제는 해외에서도) 우리는 복수심에 찬 인간이 벌이는 동물 같은 잔혹 행위를 매달 보고 있다. 남자와 여자, 아이들이 해치워야 할 대상이자 찢어 없애야 할 고기가 되었

엘리야스 샤쿠르는 팔레스타인 출신이고, 마르 엘리야 교육기관의 대표로 이스라엘과 팔레스타인의 평화를 위해 일하고 있다. 이 글은 Elias Chacour with David Hazard, *Blood Brothers* (Grand Rapids, MI: Chosen Books, 2003), 229-231쪽에 나온 것으로, 허락을 받고 실었다. 『피를 나눈 형제』(예영커뮤니케이션). *chosenbooks.com*.

다. 게다가 무고한 살상을 양쪽 모두 정당화하고 있다. 유대인 순교자는 팔레스타인인의 눈에 테러리스트일 뿐이고, 팔레스타인 순교자는 유대인의 눈에 테러리스트일 뿐이다.

진실은 어디에 있는가? 양떼를 나누는 자가 바로 늑대다. 여기서 나는 형제 사이를 나누는 자들에게 대답을 꼭 들어야 할 질문을 던지겠다.

먼저 유대인 형제자매들에게 묻겠다. 당신의 민족이 그동안 미움받았던 것을 전 세계에 알리기 위해 수백만이 넘는 피해자를 더 만들어야 하겠는가? 전 세계가 알고 있고 당신 역시 알아야 할 사실이 있다. 히틀러를 권력에 눈멀게 하고 '신성한 권리'를 가진 것처럼 착각하고 교만하게 만든 것은, 바로 하나님이 '순수한 단일 민족'을 만드셨다는 믿음이었다. 오 이스라엘이여, 모든 죽은 자들이 울부짖는 소리가 들리지 않는가? "가인아, 네가 무엇을 하였느냐? 네 아우의 핏소리가 땅에서부터 내게 호소하느니라." 또한 당신은 이스라엘 왕 아합과도 같다. "나봇의 포도원, 곧 팔레스타인에서 네가 무엇을 하였느냐? 그를 죽이고 그 땅을 차지하리라 생각하였느냐? 여호와 하나님은 '안 돼!'라고 말씀하신다."

이제 내 민족 팔레스타인인에게 묻겠다. 전 세계가 진실에 눈뜨게 만들기 위해 더 많은 피해자, 더 많은 순교자, 더 많은 치욕을 만들어야 하는가? 물론 죄악은 우리의 저항이 아니라 그들이 우리 고향을 계속해서 점령하는 데 있다. 우리는 돌을 던지고 저항하기 때문에 점령당하는 것이 아니라 점령당하기 때문에 저항한다는 것을 알고 있다. 그러나 전 세계가 알리기 위해 더 많은 순교자를 만들어야 하겠는가?

이번에는 서구의 형제자매들, 특히 우리를 판단하려는 당신에게 묻겠다. 누가 테러리스트인지 결정할 수 있는 권리를 스스로 떠안은 이유가 무엇인가? 유럽이 2차 세계대전 전후에 야만적인 점령으로부터 자유를 얻고자 저항단체를 조직한 것은 나쁜 행위였는가? 보스턴 차 사건과 미국 독립혁명은 테러였는가? 그렇다면 과연 누가 테러리스트인가? 누가 자유를 위해 몸을 바친 전사인가? 그것을 판단할 권리가 당신에게 있다고 생각하는 이유는 대체 무엇인가?

마지막으로 전 세계의 '힘 있는 자'들에게 묻겠다. 군사력과 무기를 증강하는 것은 축복이 아니라 저주가 아닌가? 우리 같은 국민은 당신의 이런 발언을 듣고 있다. "우리는 이교도들을 무찌를 것입니다." "우리는 보복할 것이고 그들을 날려 버릴 것입니다." 이러한 말이 하나님과 사람을 향한 모욕이 아니란 말인가? 당신의 '힘'이 얼마나 보잘것없으며 당신이 하나님 앞에서 얼마나 작은 존재인지 알고 있는가?

하나님의 말씀과 예언자 이사야는 이 모든 질문에 대한 해답을 한꺼번에 들려준다. "정의와 공의를 행하라. 그리하면 너희가 평화를 누릴 것이다." 하나님나라는 결코 용기 없는 자, 무관심한 자, 미지근한 자의 것이 아니기 때문이다. 주님은 말씀하신다. "네가 이같이 미지근하여 뜨겁지도 아니하고 차지도 아니하니 내 입에서 너를 토하여 버리리라." 미지근한 사람들이야말로 악이 인간성을 파괴하도록 내버려두기 때문이다.

이 책을 처음 읽는 이에게, 이 책이 단순히 내 이야기라기보다는 정의와 평화를 위해 일어나 앞으로 나아가 뭔가를 해내고 위험을 감수하여 변화를 만들어 달라는 나의 초대이자 도전이고, 사실상 선동이라는 점을 덧붙여야 할 것 같다. 아직 이루어야 할 일이 많다. 진실로 피를 나눈 형제들 사이의 화해를 통해서만 이룰 수 있는 정의와 공의와 진정한 평화를 위해 일하는 충직한 자들 가운데서 당신을 만나길 바란다. ❖

 7과를 위한 교재 읽을거리를 끝냈다면 354쪽의 '추천 도서와 활동'을 보라. .

 온라인 읽을거리는 *encounteringislam.org/readings*에서 볼 수 있다.

토론 문제

1. 이 과의 핵심 주제는 무슬림과 그리스도인의 관계, 그중에서도 무슬림이 그리스도를 받아들이는 데 있어 문화와 문화적 이해의 역할이다. 골로새서 4장 2-6절을 읽으라. 바울은 스스로에 대해 무엇을 바라는가? 그는 우리에게 어떤 교훈을 주는가?

2. 클레인, 허바드, 블롬버그는 "성경의 진리를 현실에 맞게 해석하려면 해석적 초점 렌즈가 이중으로 필요하다. 먼저 성경에서 의도하는 의미를 알기 위해서는 성경 세계의 배경을 보는 렌즈가 필요하다. 다음으로, 그 진리를 오늘의 세계에 어떻게 가장 잘 표현할지(상황화) 결정하기 위해서는 전경(前景)을 보는 또 다른 렌즈가 필요하다"[1]라고 말한다. 무슬림을 위해 우리의 메시지를 상황화한다는 것은 무슨 의미인가? 그렇게 하려면 어떤 문화가 필요한가?

1. William W. Klein, Robert L. Hubbard Jr., and Craig L. Blomberg, *Introduction to Biblical Interpretation*(Nashville, Tenn.: Nelson Reference, 1993), 174쪽. 『성경 해석학 총론』(생명의말씀사)

추천 도서와 활동

읽기	Mike Kuhn, *Fresh Vision for the Muslim World*(Downers Grove, IL: InterVarsity Press, 2009).
	Bill Musk, *Touching the Soul of Islam*(Oxford, U.K.: Monarch Books, 2005).
보기	텔레비전 프로그램을 시청한 후 다음에 주목하라. 어떤 요소가 무슬림의 기분을 상하게 할 것 같은가? 그 프로그램은 서구 문화나 비무슬림 문화를 어떻게 묘사하고 있는가?
기도하기	무슬림이 라마단 기간에 하듯 아침 동이 틀 때부터 해가 질 때까지 금식을 해 보라. 배고프다는 느낌이 들 때 무슬림을 위해 기도하라.
기록하기	어느 한 날에 당신이 소비하는 모든 음식과 음료를 기록해 보라. 그중에는 무슬림이 할랄이라고 여기는 것이 얼마나 되는가? 다음 날에는 할랄인 것만 먹고 마셔 보라. 138쪽의 "허용된 것은 무엇인가?"를 보라.
검색하기	kwintessential.co.uk/resources/country-profiles.html – 해외 여행자나 해외 근무자를 위한 국가 정보를 제공한다.
	pbs.org/ampu – 일반적인 다문화 의사소통 문제를 돕는다.

* 그 밖의 유용한 정보와 자료를 위해 encounteringislam.org/learnmore를 보라.

8과
신학적 문제들

깊이 생각해 보기

- 무슬림 친구에게 복음을 전하는 데 가장 유용한 방법은 무엇인가?
- 우리의 믿음을 반대하는 사람들에게 어떻게 반응해야 하는가?
- 무슬림 가운데서 복음을 어떻게 성육신적으로 나타낼 수 있는가?
- 믿음에 대한 당신의 태도는 다른 사람들 눈에 어떻게 보이는가?
- 복음으로 변화되어야 할, 당신이 여전히 붙들고 있는 가치는 무엇인가?

이 과의 목표

1. 새로운 목표: 무슬림이 복음에 대해 오해하는 바를 설명한다.
2. 새로운 목표: 무슬림이 복음을 반대하는 문화적, 신학적 이유를 설명한다.
3. 새로운 목표: 기독교의 복음 증거에 인지적으로만 접근하는 것이 부적절함을 인정한다.
4. 앞 과에 기초한 목표: 무슬림과 관계를 쌓아 간다.
5. 앞 과에 기초한 목표: 존중하는 태도로 정중하게 무슬림에게 다가간다.
6. 앞 과에 기초한 목표: 무슬림에게 복음을 전하고 보여 준다.
7. 앞 과에 기초한 목표: 다른 사람들의 무슬림 전도 접근법에 영향을 준다..
8. 앞 과에 기초한 목표: 통찰과 긍휼, 성경적인 건전성을 갖추어 무슬림을 위해 기도한다.

핵심 요점

1. 그리스도에 대한 믿음을 나누어야 할 보편적 인권과 성경적 의무가 우리에게 있다.
2. 겸손한 자세로 오해의 문제를 다룬다.
3. 많은 무슬림들이 하나님께 헌신적이며 하나님을 두려워한다.
4. 무슬림은 하나님에 대해 부정확하고 불충분한 개념을 가지고 있다. 이는 그리스도가 빠져 있기 때문이다.
5. 하나님의 구원의 본질과 죄에 대한 성경적 이해를 바탕으로 그리스도를 전한다.
6. 흔한 오해를 무슬림에게 다가가는 다리로 삼는다.
7. 무슬림에게 그리스도를 나누는 방법의 예시.
8. 하나님은 영적인 생명을 창조하신다. 오직 하나님만이 마음과 생각을 변화시키신다.

과제

본 강좌에는 무슬림과 만나는 과제가 두 차례 주어진다. 가능하다면 한 사람을 계속 만나는 것이 좋다. 첫 번째 과제를 수행할 때 관계가 시작되었다면, 두 번째 만남에서는 피상적인 관계를 넘어설 기회가 올 것이다. 새 친구의 관점을 이해하기 위해 여러 질문을 던지라. 그의 삶과 세계관에 진정으로 관심을 보이라. 두 번째 만남이 당신에게 개인적으로 어떤 영향을 미쳤는지 온라인 토론회에 글을 써서 올리라.

계속해서 encounteringislam.org/readings에 나와 있는 온라인 읽을거리를 읽으라.

더 많은 정보를 위해서는 31-41쪽의 강좌 소개와 encounteringislam.org를 찾아보라.

이 과의 읽을거리

 교재
서론
왜 무슬림을 포함한 모든 사람에게 복음을 나누는가?
신학적 차이
긴급 변증학: 일반적 반대에 대한 대답
무슬림의 사고방식 안에서 시작하기
반드시 대답해야 할 질문
하나님의 아버지 되심에 대한 이슬람과 기독교의 견해
우리의 믿음을 무슬림과 나눔

 온라인
매력적인 예수(Jesus is So Attractive, 장-마리 고돌) – 무슬림은 우리 생각보다 예수님에게 훨씬 더 열려 있다.

예수님의 십자가 죽음(Jesus' Crucifixion, 브루스 A. 맥도웰, 애니스 자카) – 그리스도의 십자가 죽음은 무슬림에게 걸림돌이다. 그들이 극복하도록 도와야 한다.

다른 여행: 이슬람의 평화와 복음의 평화(Different Journeys: The Peace of Islam and the Peace of the Gospel, 데이비드 W. 셍크) – 예수님의 삶과 죽음이 드러내는 하나님의 사랑과 능력은 무슬림이 이슬람 안에서 경험한 것과 극명한 대조를 이룬다.

성 아타나시우스 신조(The Creed of Saint Athanasius) – 삼위일체에 관한 초대교회의 문서

서론

무슬림은 기독교 신앙에 대해 잘못된 가설을 많이 가지고 있다. 그중 일부는 이슬람의 가르침에서 나왔고, 다른 것들은 무슬림 가운데 널리 퍼진 풍문에서 나왔다. 예를 들어, 우리는 성경을 소중히 여기며 누구도 그것을 변질시키려 하지 않는다. 그렇지만 무슬림은 성경이 변질되었다는 말을 자주 듣는다. 이러저러한 오해에 대해 우리가 옳다는 사실을 무슬림 친구들에게 확신시킬 필요는 없다. 그러나 우리가 하나님의 말씀을 존중한다

무슬림에게 성경을 읽도록 권하고 있다.

는 사실을 친절하게 확인시켜 줄 필요는 있다. 처음에 서로 의견이 달랐다고 해서 우정까지 깨어져서는 안 된다. 우리는 하나님의 말씀에 능력이 있음을 믿는다. 그리고 직접 친구들의 손에 성경을 쥐어 주면서 한번 스스로 읽어 보라고 권할 때, 그리스도가 진리를 계시하실 것을 믿는다.

마찬가지로 무슬림 친구들은 우리가 세 명의 신을 숭배한다고 생각해 삼위일체를 이해하는 데 큰 어려움을 겪을 수 있다. 헛된 논쟁의 늪에 빠지기보다는 하나님이 한 분이심을 우리가 믿는다는 사실을 그들에게 확신시키고, 그들이 이 개념을 분별할 수 있도록 도와달라고 지속적으로 하나님께 기도해야 한다. 실제로 삼위일체 교리는 그리스도인조차 이해하기 어렵다. 그래서 무슬림과 우정을 나눌 때 삼위일체에 대한 이해를 조건으로 걸고 싶지는 않을 것이다.

그리스도가 십자가에서 죽으실 필요가 있었다는 것, 그분이 자신의 피와 의로 우리의 죄 값을 처러 주셨다는 것, 그분의 부활을 통해서만 얻을 수 있는 죽음과 죄, 수치, 두려움을 이기는 능력 등은 기독교를 이해하는 데 필수적이다. 하지만 무슬림이 이야기의 결론인 구속에 대해 파

악하기 전에, 하나님이 계시하신 나머지 부분에 대한 서론을 소개할 필요가 있다.

하나님의 참된 본질

무슬림은 하나님을 믿고 예배하며 하나님이 성경에서 말하는 것과 똑같은 속성을 가지고 계신다고 보기는 하지만 하나님의 구속적 본질을 완전히 이해하지 못할 수 있다. 우리는 구약에서 죄를 속하는 완전한 제사가 필요하다는 것을 확신한다. 그리스도가 오신다는 것과 그분의 사명, 하나님이 일관되게 자기 백성을 구해 주시고 필요를 채워 주신 일들이 여러 차례 기록되어 있다. 무슬림 친구들과 함께 이 이야기를 연구한다면 그들은 좀 더 쉽게 하나님이 신성을 버리지 않은 채 온전히 인간이 되실 수 있음을 받아들이고, 왜 우리 대신 자신을 희생하셨는지도 이해할 수 있을 것이다. 무슬림 친구들이 하나님의 본성에 대해 더 온전히 파악하도록 돕는다면 그들은 하나님이 우리를 위해 그리스도를 보내 죽게 하실 수 있고, 실제로 그렇게 하셨다는 사실을 받아들일 수 있을 것이다.

또한 거룩하신 하나님이 죄를 어떻게 보시는지, 그리고 우리 모두 어떻게 그분의 기준을 따르는 데 완전히 실패했는지 무슬림에게 올바르게 해석해 줄 필요가 있다. 하나님 백성의 삶에서 예시된 것처럼 우리에게 죄를 선호하는 마음이 있다는 사실을 현실적으로 대면하기 전에는 하나님이 우리에게 구세주를 보내 주실 필요가 있다는 결론을 내리지 않을 것이다. 무슬림 친구들이 먼저 하나님을 구속하시는 분으로 보지 못하고 죄의 치명적인 성질을 이해하지 못한다면, 그리스도를 통해 우리를 구속하시는 하나님의 특별한 조치를 어떻게 받아들일 수 있겠는가?

우리 복음 전도자들은 아직 신자가 아닌 사람들이 예수 그리스도를 믿기 위해서는 알아야 할 것 같은 신학적 사실들에 초점을 맞추고 싶은 유혹을 받는다. 하지만 많은 사람들이 실제로 복음의 많은 부분을 이해하기도 전에 예수님을 믿었다. 인식을 지나치게 강조하는 의사소통 방식은 우리를 관계에서 멀어지게 하고 이웃 사랑을 드러내는 일과 우리를 상관없이 만들 수 있다. 우리는 하나님이 사람들을 그분에게 데려오기 위해 사용하시는 바로 그 수단을 간과하고 있지는 않은가?

관계 전도

지식에 초점을 맞추는 사람은 가슴보다는 머리로 살 것이다. 그러면 상호작용은 추상적으로 흐르고 진정한 인간관계를 피하게 된다. 개인적으로 거리를 두기 위해, 혹은 약점이나 성경의 계획에 따라 살지 못하는 영역을 숨기기 위해 피하고 싶어질 수도 있다. 성경을 날마다 적용하려는 노력에 대해 말하기보다 성경의 의미에 대해 말하는 편이 더 쉬운 듯하다. 우리는 다른 문화권이나 타 종교 출신의 새 친구와 친밀해지는 것은 고사하고 배우자나 자신, 혹은 하나님과도 친밀해지지 못할 수 있다. 자신의 불완전한 모습을 그대로 드러내는 대신 지식 뒤에 숨고 싶은 유혹을 강하게 받는다. 토저는 『하나님을 추구함』에서 "우리 그리스도인은 실제로 하나님의 놀라운 말씀 한가운데서 하나님을 잃어버릴 위험에 처해 있다"[1]라고 말한다.

기독교에 대한 이슬람의 가르침은 대체로 무슬림이 초기에 유대인이나 일탈한 그리스도인과 나눈 대화에 기초한다. 게다가 그리스도가 십자가에서 우리의 죄를 위해 속죄 제물이 되신 문제는 큰 오해를 받고 있다. 유대인들은 기본적인 성경의 개념들(하나님의 구속적 본질, 우리를 향한 하나님의 크신 사랑, 인류의 본질적인 죄된 상태, 우리 죄의 치명적 결과)을 하나님의 계시를 통해, 역사와 문화 및 의식의 많은 측면을 통해 이해했다. 그런데도 유대인들은 그리스도의 십자가 처형과 부활이라는 개념을 기분 나쁜 걸림돌로 생각한다. '십자가에 못 박힌 그리스도'는 헬라인들이 보기에도 어리석은 것이었다(고전 1:17-25).

무슬림도 아주 비슷한 반응을 보인다. 헬라인과 마찬가지로 성경에 대한 이해가 거의 없다. 그들은 그리스도가 십자가에서 제물로 자신을 드린 일에서 어떤 논리나 존엄성을 보지 못한다. 그들은 구세주가 대단히 필요하다는 것을 믿지 않는다. 그래서 종종 십자가 처형을 부인하거나 교묘히 설명하며 제거해 버린다. 그 개념을 마음에 받아들이기도 전에 머리로 거부해 버린다. 어떻게 하면 그들에게 하나님이 의와 사랑과 죄사함과 양자 됨을 은혜롭게 공급해 주셨음을 아는 깊은 기쁨을 누리게 할 수 있을까?

매력적인 증거

— 엮은이

헬라인들의 질문은 "왜 하나님이 사람이 되고, 죄 없는 삶을 살다가 부당한 죽음을 맞이하는 것같이 바람직하지 않고 비논리적인 일을 하시는가"였다. 무슬림들도 이와 비슷한 질문을 가지고 있으므로 좀 더 느린 속도로 접근하면 도움을 받을 것이다. 이렇게 되면 복음의 메시지에 빠져 있는 성경적 배경을 주의 깊게 채워 넣을 수도 있으며, 무슬림 친구들에게 우리의 생활 방식을 보여 주어 관찰하게 할 수 있을 것이다. 또한 이것은 무슬림들이 '기독교적' 사회에서 보는 바와 부합하지 않는 '논리와 진리 사이의 논증'을 주마간산 격으로 제시하는 것보다 더 구체적이고 매력적인 증거가 될 것이다. 많은 무슬림들은 진정한 그리스도인들이 공동체 내의 그들 곁에서 겸손하고 신실하게 섬기면서, 날마다 믿음을 삶으로 나타내기 위해 고군분투하는 모습을 보며 복음을 제대로 이해하고 우리 주님을 바라게 될 것이다. ❖

주

1. A. W. Tozer, *Pursuit of God*(Camp Hill,: Pa.: Christian Publications, 1993), 13쪽.『하나님을 추구함』(생명의말씀사).

그리스도 안에서 나아가는 중

때로 우리는 그리스도 안에 드러난 하나님의 모든 선하심은 신학적으로 믿음을 완벽하게 취한 이들에게만 주어질 것이라고 짐작한다. 예수님이 하나님이시며, 우리 죄를 위해 십자가에서 죽으시고 3일 만에 부활하셨음을 이해하고 고백하기 전에는 하나님의 가르침과 축복에 가까이 갈 수 없다는 짐작도 한다. 때로 우리와 다른 사람들을 바라볼 때, 안에 있는 사람과 밖에 있는 사람, 또는 같은 팀 옷을 입은 사람과 그렇지 않은 사람으로 나누는 실수를 저지르기도 한다.

우리 모두가 여행을 하고 있음을 기억한다면 얼마나 좋겠는가? 그리스도의 가르침이나 계시를 어떻게든 보거나 들을 때마다 우리는 어두운 데 있다가 그분의 빛과 진리 속으로, 그분의 아름다운 나라로 이끌려 들어간다. 그리스도는 우리에게 자신과 동행하라고, 자신에게서 배우라고, 우리 영혼에 간절히 필요한 치유와 사랑, 기쁨과 평안을 그리스도 안에서 발견하라고 청하신다. 복음은 우리가 예수님과 동행할 수 있다는 데 있다. 우리는 그분이 누구이며, 왜 먼저 찾아오셨는지 깨닫기 훨씬 전에도 그분에게 치유를 얻을 수 있다.

이 글은 Kate McCord, *In the Land of Blue Burqas*(Chicago: Moody Press, 2012), 132쪽에 실린 내용이다.

왜 무슬림을 포함한 모든 사람에게 복음을 나누는가?

왜 일부 그리스도인들은 무슬림 국가같이 호의적이지 않은 환경에서 자유와 목숨을 걸고 예수 그리스도에 대해 이야기하는가? 그렇게 하는 것이 옳은 일인가? 어떻게 그들은 국제적으로 인정된 권리인 종교적 자유를 허용하지 않는 나라에서조차 그 일에 열심을 품는가?

2004년 3월, 19개국의 55개 기독교 단체의 지도자들은 다음의 성명서에 서명하면서 우리의 동기와 방법에 대해 설명한다. 우리가 할 일은 어떤 정부나 문명을 대표하는 것이 아니라 예수 그리스도께 순종하고 따르는 일이다.

보편적 인권선언

먼저, 어디서 살든 어디를 방문하든 모든 사람은 자신의 믿음을 다른 사람들과 논할 수 있는 국제적 권리가 있음을 깨닫는 게 중요하다. 이에 국제 공동체가 동의한다. 151개국은 다음과 같이 단언하는 유엔의 '시민적·정치적 권리에 대한 국제규약'(International Covenant on Civil and Political Rights)을 비준했다.

모든 사람은 사상, 양심 및 종교의 자유를 누릴 권리를 가져야 한다. 이러한 권리는 스스로 선택하는 종교나 신념을 가지거나 받아들일 자유와 단독으로 또는 다른 사람과 공동으로, 공적 또는 사적으로 예배, 의식, 행사 및 선교에 의하여 그의 종교나 신념을 표명하는 자유를 포함해야 한다. 어느 누구도 스스로 선택하는 종교나 신념을 가지거나 받아들일 자유를 침해하게 될 강제를 받아서는 안 된다.[1]

이중 기준을 두면 안 된다. 서구의 무슬림들은 자신의 믿음을 표현하고 나누는 자유를 존중받는다. 무슬림 사회에 사는 예수님의 추종자들도 똑같이 그들의 믿음을 표현하고 나눌 자유를 존중받아야 한다.

하지만 왜, 어떻게 우리는 무슬림과 더불어 예수님에 대해 나누는가?

1. 우리는 예수님을 따르는 자들이다. 무슬림이 이싸 알마시라고 부르는 이는 '그분이 우리에게 최고로 중요한 분'이라는 의미다. 우리는 예

수님과 그분에 대한 복된 소식을 중심으로 살아가려고 애쓴다.[2]
2. 이 복된 소식은 무엇인가? 우리는 예수 그리스도의 죽음과 부활을 통해 하나님과의 평화, 우리 죄에 대한 용서, 영생에 대한 소망을 경험한다.[3]
3. 이 복된 소식을 다른 사람들과 나누는 것은 우리의 기쁨이다.[4] 세상의 모든 사람들과 이 복된 소식을 나누는 것은 우리의 의무이기도 하다. 예수님이 그렇게 하라고 명하셨기 때문이다.[5]
4. 그렇기 때문에 우리는 모든 곳에 있는 사람들에게 하나님 및 다른 사람들과 화해하라고 권하는, 화평케 하는 자로 이 세상을 살고자 애쓴다.[6]
5. 다양한 문화와 국가와 배경을 지닌 우리는 모

이슬람의 인권선언

'시민적·정치적 권리에 대한 국제규약'은 1976년 3월에 국제법이 되었으며 151개국의 비준을 받았다(361쪽의 "왜 무슬림을 포함한 모든 사람에게 복음을 나누는가?"를 보라). 1948년에 나온 UN 헌장의 일부인 '세계인권선언' 역시 제18조에서 종교의 자유를 강력히 찬성한다.

> 모든 사람은 사상, 양심, 종교의 자유를 누릴 권리가 있다. 이러한 권리는 스스로 선택하는 종교나 신념을 가지거나 받아들일 자유와, 단독으로 또는 다른 사람과 공동으로, 공적 또는 사적으로 예배, 의식, 행사 및 선교로 자신의 종교나 신념을 표명하는 일을 표명하는 자유를 포함한다.

종교 자유에 대한 이러한 국제적 약속들 외에도 이슬람협의회(런던)에서 '보편적 이슬람 인권선언'을 펴냈다. 그것은 이렇게 설명한다.

제12조 믿음과 사상과 담화의 자유
  a. 모든 사람은 법이 정한 한계 내에서 자신의 생각과 신념을 표현할 자유를 가진다. 하지만 어느 누구도 거짓을 유포하거나 공공 예절을 어길 수 있는 소문을 퍼뜨리거나 비방하거나 비꼬거나 타인의 명예를 훼손하는 중상모략을 할 권리가 없다.
  b. 지식을 추구하고 진리를 찾는 것은 모든 무슬림의 권리일 뿐 아니라 의무다.
  c. 억압에 저항하고 항쟁하는 것(법이 정한 한계 내에서)은 모든 무슬림의 권리이며 의무다. 설령 그것이 국가의 가장 높은 권위에 도전하는 것이라 할지라도 그러하다.
  d. 정보 유포가 사회나 국가의 안전을 위협하지 않거나 법이 정한 한계 내에 있다면 막아서는 안 된다.
  e. 누구도 다른 사람의 종교적 믿음을 경멸하거나 비웃거나 혹은 그들에 대한 적대감을 공개적으로 선동해서는 안 된다. 다른 사람의 종교적 감정을 존중하는 것은 모든 무슬림의 의무다.

제13조 종교 자유에 대한 권리
모든 사람은 자신이 믿는 종교에 따라 양심과 예배의 자유를 가질 권리가 있다.

출처_ alhewar.com; un.org.

든 사람에게 사랑으로, 존중하는 마음으로, 문화적 민감함으로, 강압이나 물질적 동기 없이 이 평화의 메시지를 제시한다.[7]

6. 우리는 오직 하나님만이 사람을 바꾸실 수 있다고 믿는다. 기독교와 이슬람은 이 점에 모두 동의한다.[8] 많은 사람들에게 '무슬림'과 '그리스도인'이라는 칭호는 외적, 문화적 정체성을 규정한다. 우리는 외적 호칭에 초점을 맞추는 대신에 무슬림을 포함해 모든 사람들이 예수님을 통해 내적 변화를 이루도록 권한다.[9]

7. 우리는 복음을 받아들인 신자에게 내적 변화가 일어날 때, 그들이 지역사회에 긍정적인 변화를 가져오는 것을 기뻐한다.[10]

8. 우리는 예수님을 따르는 자들로서 선행을 하려는 마음이 있다. 이렇게 해서 예수님을 본받고 하나님을 영화롭게 하고 상처받은 세상을 치유하고자 한다.[11]

9. 우리는 삶 전부를 예수님께 헌신한다. 그러므로 어디에 살든, 직업이 무엇이든 우리의 일은 증언하는 것이며 우리는 일터에서 증언한다.[12]

10. 예수님과 예수님에 대한 복된 소식은 너무나 귀하기 때문에 우리는 사람들에게 그분에 대한 복된 소식을 깨달을 기회를 주고자 기꺼이 희생하고 고난을 받는다.[13] ❖

주

1. 유엔의 세계인권선언은 더 단호한 어조로 이렇게 주장한다. "모든 사람은 사상, 양심, 종교의 자유를 누릴 권리가 있다. 이러한 권리는 스스로 선택하는 종교나 신념을 가지거나 받아들일 자유와, 단독으로 또는 다른 사람과 공동으로, 공적 또는 사적으로 예배, 의식, 행사 및 선교로 자신의 종교나 신념을 표명하는 자유를 포함한다." 출처: un.org/en/documents/udhr.

2. 빌 1:21; 갈 6:14.

3. 행 10:43; 롬 5:1, 6:23; 고전 15:1-4.

4. 고후 5:14; 엡 5:2.

5. 마 28:18-20.

6. 마 5:9; 고후 5:18.

7. 롬 12:17-18; 고전 16:14; 고후 8:2; 벧전 3:15.

8. 예수님은 이렇게 지적하신다. "나를 보내신 아버지께서 이끌지 아니하시면 아무도 내게 올 수 없으니"(요 6:44). 꾸란도 다음과 같이 동의한다. "하나님이 분명한 말씀을 계시하였노라"(꾸란 24:46; 35:8). 사실상 둘 다 모든 사람들을 위한 메시지를 가진 선교적 종교다(꾸란 3:20; 25:1; 38:87; 요 3:16). 두 종교 모두 최후의 사자가 있다고 주장한다(꾸란 33:40[선지자의 인; 라쑬룰라, 알라의 사자]; 히 1:1-2). 두 집단 모두 증인들이라고 불린다(꾸란 2:143; 마 28:19-20). 두 경전 모두 그들의 메시지만이 참되다고 분명하게 주장한다(꾸란 3:85; 요 14:6; 행 4:12). 하지만 둘 다 정중하고 친절하게 증언하라고 명한다(꾸란 16:125; 29:46; 벧전 3:15).

9. 겔 36:26-27; 요 3:3-7; 고후 5:17-20.

10. 역사적으로, 종교적 자원봉사 기관들은 비서구 국가들에서 국제개발에 매우 긍정적인 영향을 미쳐 왔다. 그런 기관들이 국제개발의 대략 70%를 책임진 것으로 추산된다. 예를 들어 아프리카와 아시아의 절반 이상의 대학과 병원을 그런 기관들이 설립했다(출처: Dr. Ralph D. Winter, William Carey International University).

11. 마 5:16; 행 10:38; 딛 2:7-8, 14; 3:14.

12. 고전 10:31; 골 3:17, 23.

13. 행 5:41; 빌 1:29.

신학적 차이

브루스 맥도웰, 아네스 자카

 무슬림과 그리스도인은 그들을 연합하게 해주는 것들을 긍정하고 감사할 수 있지만, 그들 사이에 몇 가지 중대한 차이가 있다는 것을 인정해야 한다. 무슬림은 꾸란에 대해 하나님이 인류를 향한 그분의 완전한 뜻을 최종적이고 결정적으로 계시하신 것이라고 증언한다. 그리스도인은 예수 그리스도가 인간의 형태를 입은 살아 계신 하나님의 말씀이라고 증언한다. 무슬림에게는 꾸란이 진리의 판단 기준인 반면, 그리스도인에게는 메시아이신 예수님 안에서 절정에 이른 성경의 증거 전체가 진리의 판단 기준이다. 이러한 것들은 무슬림과 그리스도인이 하나님, 사람, 구원, 인도, 의, 계시, 심판에 대해 무엇을 믿는지 결정한다.[1]

무슬림에게 사람의 성공과 구원은 하나님을 그의 하나님으로, 마으부드(예배, 경의, 충성, 순종의 대상)로 받아들이는 것에 달려 있다. 그리스도인이 그리스도의 계시를 하나님의 구속 행위라고 믿는 것처럼 무슬림은 무함마드의 계시가 하나님의 구속 행위라고 믿는다. 그리스도의 계시가 사람을 죄에 대한 속박에서 구속한 것처럼, 무함마드의 계시는 사람을 시르크(알라를 다른 신들과 연합시키는 것)와 쿠프르(불경함 혹은 믿음 없음)의 속박에서 구속해 주었다.[2]

이슬람과 기독교는 둘 다 하나님이 자비로우며 사랑의 하나님이라는 데 동의한다. 문제는 하나님이 얼마나 인간의 상황과 동등하게 되기로 선택하셨느냐 하는 데 있다. 하나님은 자신의 사

브루스 맥도웰은 템플 대학에서 이슬람을 연구했으며 미국 및 세계 여러 국가에서 무슬림 사역을 했다. 아네스 자카는 '장벽 없는 교회' 설립자이자 책임자이고, '이슬람 연구를 위한 성경연구소' 설립자이며 회장이다. 이 글은 Bruce A. McDowell and Anees Zaka, *Muslims and Christians at the Table*(Phillipsburg, NJ.: P & R Publishing, 1999), 149-150쪽에 나온 것으로, 허락을 받고 실었다. prpbooks.com.

랑과 자비를 어떻게 표현하시는가? 하나님의 자비는 이슬람에서 완전한 율법을 계시하는 것을 통해 가장 잘 표현된다. 기독교에서 하나님의 사랑은 메시아이신 예수님의 삶과 십자가 죽음과 부활에 계시된, 고난받는 구속의 사랑에서 가장 잘 표현된다. 이러한 차이점은 대단히 중대하다.[3]

기독교적 관점에서 볼 때, 하나님의 거룩하심과 인간의 죄성은 꾸란의 계시에 빠져 있는 중대한 두 가지 요소다. 이 두 가지 진리는 분리할 수 없다. 이 두 가지의 결합으로 생겨난 문제를 해결하고 구원을 받기 위해서는 의로우신 분이 죄인 대신 대속적 희생을 하셔야 된다. 하나님의 거룩하심이나 인간의 죄성 중 어느 하나를 축소하거나 간과하면 은혜로 구원받을 필요성이 사라지며 인간의 선행으로 구원받는 종교가 그럴듯 하게 여겨진다. 이슬람에서 볼 수 있는 것이 바로 이것이다.

무슬림이나 그리스도인이나 다음과 같은 사실에 동의할 수 있다. 즉 진리는 하나님으로부터 온 권위 있는 계시라는 것이다. 이러한 출발점은

변호 준비를 함

> 너희 마음에 그리스도를 주로 삼아 거룩하게 하고 너희 속에 있는 소망에 관한 이유를 묻는 자에게는 대답할 것을 항상 준비하되 온유와 두려움으로 하고 선한 양심을 가지라 이는 그리스도 안에 있는 너희의 선행을 욕하는 자들로 그 비방하는 일에 부끄러움을 당하게 하려 함이라(벧전 3:15-16).

무슬림 친구들이 "성경은 변질되었다", "삼위일체는 우상 숭배다", "예수는 하나님의 아들이 아니다", "하나님은 예수를 죽게 하지 않을 것이다"라고 반대를 제기할 때, 위의 말씀이 생각나는가? 우리가 가장 소중히 여기는 믿음이 부인될 때 심한 좌절감을 느끼는가? 우리가 신랄한 대답을 준비할 때 하나님의 영은 우리에게 온유와 두려움으로 대답할 것을 상기시키신다. 결국 그리스도는 우리에게 다른 뺨도 돌려 대라고 명하셨다. 성령은 속삭이신다. "오직 하나님만이 참으로 마음을 변화시키실 수 있다. 그리스도는 너를 위해 더 심한 모욕도 참으셨다." 우리는 그리스도의 은혜와 희생의 의미를 보여 주기 위해 불의를 당해야 할 수도 있다.

우리는 어떻게 대답하는가? 다른 번역에 표현된 대로 하면, 우리의 믿음을 위해 변호 혹은 논증하는가? 법정에서 피고 측 변호인은 소송 의뢰인의 사건을 부지런히 변호할 책임이 있다. 변호인이 판사와 싸운다면 그의 변호사 자격증은 취소되고, 고객은 새로 재판을 받아야 하며, 변호사는 심지어 감옥에 갈 수도 있다. 이 모두가 소송 의뢰인에게 적절한 변호를 제공하지 않았기 때문이다. 제대로 변호하기 위해 변호사는 그 사건의 자료들을 준비하고 관련법과 관련해 판사가 이전에 내린 판례와 판결들을 조사한다. 변호사는 피고의 관점에서 그 사건을 '논증'하는 것이 아니라 재판관이나 배심원의 관점에서 변호를 시작한다. 그러고는 한 걸음 한 걸음씩 결정자들에게 전혀 거슬리지 않게 소송 사건을 처리해 간다. 그런 가운데 배심원과 공감대가 형성되며, 재판관은 그 사건이 재판관 자신의 관점에서 볼 때 취할 만한 점이 있는지 그 가능성을 살펴볼 시간을 갖게 된다. 판결이 분명할 때에만 변호사는 피고의 운명을 재판관과 배심원에게 맡기고 판결을 내려 달라고 청한다.

예수 그리스도 안에 있는 우리의 소망은 형사 사건에서 피고가 가지는 소망보다 얼마나 더 큰가! 그러므로 우리는 복음을 위해 변호할 때 얼마나 더 온유하게 처리해야 하겠는가!(딤후 2:24-26)

출처_ *Encountering the World of Islam*.

또한 서로 다른 점이기도 하다. 계시의 말씀은 알라의 계시된 뜻과 함께 하늘에서 내려온 하나의 책인가, 아니면 성령의 영감을 받은 성경을 이해함으로써 우리에게 계시된 그리스도의 인격 안에서 가장 명백하게 나타난 것인가? 무슬림은 꾸란을 하늘에 보존되어 있는 영원하고 창조되지 않은 책으로 공경하며 숭배하다시피한다. 성경을 믿는 그리스도인은 성경을 하나님의 권위 있고 무오한 말씀으로, 우리의 구원을 위해 그리스도 안에서 하나님을 최고로 계시하는 것으로 믿는다. ❖

주

1. Bardu D. Kateregga and David W. Shenk, *Islam and Christianity: A Muslim and a Christian in Dialogue*(Grand Rapids: Eerdmans, 1981), 170쪽.
2. Isma'il Ragi al-Faruqi, *Christian Ethics*(Montreal: McGill University Press, 1967), 225쪽.
3. Kateregga and Shenk, *Islam and Christianity*, 169-170쪽.

긴급 변증학: 일반적 반대에 대한 대답

에드워드 J. 호스킨스

무슬림은 그리스도인을 처음 만날 때, 항상 그리스도인의 믿음에 대해 질문하고 반대를 제기한다. 그들의 단도직입적인 말투는 이런 식의 관계 형성에 익숙지 않은 서구인에게 무례하게 들릴 수 있다. 상대 그리스도인은 위협이나 불쾌함을 느낄 수 있으며, 보통은 그 질문에 대응해 복음을 철저하고 논리적으로 변호하려 한다. 대개 삐걱이는 대화가 계속되면서 양쪽 다 불편해지거나, 그리스도인이 자신의 논증을 마칠 수 없음에 좌절해 잠잠해지거나 둘 중 하나다. 그럴 경우 무슬림은 그리스도인의 소극적이고 용기 없는 모습에 의아해 한다. 이것은 우정이 싹트기에 좋은 조짐은 아니다!

여기 한 가지 대안이 있다. 나는 기독교에 대한 무슬림의 일반적 질문에 간략한 대답을 만들었다. 모두 미소를 띠며 말할 만한 것들이며, 대부분의 질문자를 만족시킬 것이다. 무슬림의 질문을 주의 깊게 들어 보면 그의 영적 수준을 상당 부분 알 수 있다. 그 질문은 겉보기와 달리 그저 당신의 믿음 이상의 것을 탐색하는 것일 수도 있다. 당신이 무슬림인 자신과 자신의 견해를 존중하는지 면밀히 알아보는 것인지도 모른다.

다음은 철두철미한 변증을 위한 답은 아니다. 그보다는 당신이 상대와 상대의 종교에 관심이 있고, 앞으로 대화를 나누고 싶어 함을 보여 주는 하나의 방편이다.

"당신은 무함마드를 어떻게 생각합니까?"

무슬림에게 무함마드는 세상에서 가장 귀한 사

호스킨스 박사는 미드웨스턴 대학에서 의학을 전공했으며 20년이 넘게 무슬림 사역에 종사했다. 박사와 그의 가족은 1980년대 초 레바논 베이루트에 살았다. 이 글은 Edward J. Hoskins, *A Muslim's Heart: What Every Christian Needs to Know to Share Christ with Muslims*(Colorado Springs: Dawson Media, 2003), 35-38쪽에 나온 것으로, 허락을 받고 실었다. *navpress.com*.

람이다. 이 질문에 대답하는 방식에 따라 앞으로 상대와 맺게 될 관계의 본질이 결정된다. 솔직하되 무함마드를 거론할 때는 존중하는 태도로 말하라. 당신도 무슬림 친구가 예수님에 대해 존중하는 태도로 말하길 바라듯 말이다.

대답: "제가 무함마드를 제 선지자로 믿지 않는다는 건 아시죠? 그는 당신이 믿는 선지자죠. 저는 무함마드에 대해 당신이 믿는 바대로 믿지는 않지만 그를 존경합니다. 정치적으로 그는 개혁가이고 정치가이며 국가적 지도자였지요. 종교적으로는 우상 숭배를 하던 사람들을 유일하고 참되신 하나님을 예배하도록 이끌었고요. 그는 제 주님이신 예수님에 대해 긍정적인 말을 많이 했습니다. 그래서 저는 그를 존경할 만한 위인이라고 생각합니다."

"당신은 꾸란을 어떻게 생각합니까?"

대답: "제가 그리스도인이기 때문에 꾸란을 믿지 않는다는 건 아실 겁니다. 꾸란은 당신이 믿는 책이지요. 그래도 저는 꾸란을 읽기는 합니다. 꾸란에 제 주님이신 메시아 예수에 대한 놀랍고 아름다운 말씀들이 많은 것을 감사하게 생각합니다."

"당신은 왜 무슬림이 되지 않았습니까?"

대답: "알다시피 저는 그리스도인입니다. 그것은 제가 당신의 종교와 선지자, 당신의 책을 따르지 않는다는 의미지요. 하지만 당신이 말하는 무슬림이 가장 참된 의미의 무슬림, 즉 복종하는 사람을 가리키는 것이라면 저는 하나님께 복종하는 자로서 이미 그런 사람입니다. 저는 하나님께 제 삶을 내드렸고, 메시아 예수의 강력한 피 제사를 통해 완전히 깨끗해졌습니다."

"성경에서는 무함마드를 예언했습니까?"

무슬림은 하나님이 아브라함을 부르신 때부터 시작해 무함마드가 올 것에 대해 성경이 예언하고 있다고 믿는다. "여호와께서 아브람에게 이르시되 너는 너의 고향과 친척과 아버지의 집을 떠나 내가 네게 보여 줄 땅으로 가라 내가 너로 큰 민족을 이루고 네게 복을 주어 네 이름을 창대하게 하리니 너는 복이 될지라 너를 축복하는 자에게는 내가 복을 내리고 너를 저주하는 자에게는 내가 저주하리니 땅의 모든 족속이 너로 말미암아 복을 얻을 것이라 하신지라"(창 12:1-3).

무슬림은 이 전 세계적 축복이 바로 이슬람의 도래라고 믿는다. 그들은 이 예언을 '하나님이 하갈과 그녀의 아들 이스마엘을 통해 큰 나라를 만드실 것'이라는 의미로 해석한다(창 17:20을 보라). 또한 신명기 18장 18절에서 하나님이 모세에게 이렇게 말씀하셨을 때 모세가 무함마드에 대해 예언한 것이라고 믿는다. "내가 그들의 형제 중에서 너와 같은 선지자 하나를 그들을 위하여 일으키고 내 말을 그 입에 두리니 내가 그에게 명령하는 것을 그가 무리에게 다 말하리라."

대답: "저는 하나님이 성경에서 장차 오실, 아주 특별한 선지자에 대해 예언하셨음을 믿습니다. 몇 가지 예언은 무함마드와 혼동될 수도 있겠지요. 하지만 300개 이상의 예언이 있는데 모두 대단히 구체적입니다. 그 예언들을 연구해 보았을 때, 각각의 예언을 성취할 수 있는 (그리고 성취하신) 이는 단 한 분이심을 믿습니다. 바로 마리아에게서 난 아들인 메시아 예수입니다. 언젠가 이 예언 중 몇 가지를 읽어 보지 않겠습니까?"

부드럽게, 미소 지으며 예수님과 성경으로 돌아가는 길을 보여 주라. 진리를 타협하지 않으며 일반적인 반대에 간결하고 예의 있게 대답하라. 우리의 목표는 논쟁에서 이기는 것이 아니라 친구를 얻고 복음을 듣게 하는 것이다. ❖

무슬림의 사고방식 안에서 시작하기

패트릭 O. 케이트

16억에 이르는 무슬림은 역사의 벽 때문에 예수 그리스도에 대한 믿음을 통해 맺을 수 있는 하나님과 인격적인 관계에 이르지 못하고 격리되어 있다. 이 글은 현존하는 문화적, 사회적, 가족적, 정치적, 언어학적 장벽 외에도 몇 가지 역사적, 신학적 벽들을 다룬다. 우리는 무슬림을 우리 구세주의 빛 가운데로 데려오는 데 기도와 사랑과 개인적인 관계를 대신할 만한 것이 없음을 계속 염두에 두고, 이런 일들에 우선적으로 시간와 에너지를 들여야 한다.

무슬림의 사고방식 안에서

무슬림의 사고방식 밖에서 시작해 그들이 단호하고도 적대적으로 거부하는 점을 납득시킨다는 것은 벽에 머리를 들이받는 것과 비슷하다. 무슬림이라는 벽의 창문과 문을 여는 데 전문가가 되려면 그들의 마음이 어디에 있는지, 즉 무엇을 거부하는지가 아니라 무엇을 받아들이는지부터 살펴보아야 한다. 처음부터 그들에게 바라는 목적지에서 시작하면 안 된다.

무슬림과 그리스도인이 서로 관계를 맺었던 14세기에도 같은 논증들이 계속해서 등장했다. 그리스도의 신성과 삼위 하나님, 그리스도의 아들 됨, 성경의 신빙성 등이다. 다메섹의 요한(740년)이나 초창기 때 무슬림과 토론을 벌였던 다른 많은 사람들에 대해 읽으면 유익할 것이다.

무슬림과의 대화는 종종 논리적인 논쟁으로

패트릭 O. 케이트는 크리스타의 특사이자 명예 총재이고 이슬람 전문 설교자, 교사, 선교사로 활동하고 있다. 크리스타는 70년 이상 20개국의 무슬림과 함께 일해 온 국제 복음주의 기독교 선교기관이다. christar.org. 이 글은 Patrick O. Cate, "Gospel Communication from Within", *International Journal of Frontier Missions* 11, no. 2(April 1994), 93-97쪽에 나온 것으로, 허락을 받고 실었다. *ijfm.org*.

십자가: 하나님의 주도권

흐를 수 있다. 그 대화는 무슬림이 이미 거부한 전제들을 근거로 이루어지고, 그 결과 이슬람에 대한 명백한 공격이 되기 때문이다. 때로 그 토론에서 무슬림들은 그 재판(그리고 죄명)의 본질을 진술하고 재판관이자 배심원이 되기도 하면서 그리스도인들을 수세에 몰아넣는다. 우리는 무슬림에게 먼저 예수 그리스도의 사랑을 전하면서 그들의 생각과 마음, 사고의 틀 내부에서부터 전도를 시작해야 한다. 기도하는 마음으로 그들의 사고방식을 이해하고, 그들을 향한 하나님의 진지한 사랑을 나누어야 한다. 무슬림이 거부하는 가설에서 시작하는 것이 아니라 그들이 있는 곳에서, 무슬림이 받아들이고 존중하는 바에서 시작하는 것이 매우 중요하다. 그럼으로써 복음에 대한 선입관을 극복하고 예수 그리스도를 믿음으로써 인격적으로 하나님을 알아 가도록 해야 한다. 우리는 무슬림에게 복음을 전할 때 다음과 같이 실제적이고 단계적으로 접근하도록 권한다. 그것은 핵심 영역에서 그들을 무장해제 시키고 복음에 대한 장애물을 낮추는 접근법이다.

그리스도의 신성

무슬림은 그리스도의 신성이라는 개념을 거부하도록 배웠다. 하지만 꾸란이나 성경을 인용하거나 '그리스도의 신성'이라는 말을 사용하지 않고도 무슬림이 이 개념에 마음을 열고 심지어 받

누가 사람의 구원에 책임이 있는가?

이슬람에서 사람의 구원은 그 자신의 어깨에, 그리고 그가 율법에 순종하는가에 달려 있는 반면, 기독교에서는 순전히 하나님의 은혜에 달려 있다. … 이슬람은 사람에게 구원을 얻기 위해 무엇을 해야 하는지 말한다. 기독교는 사람에게 구원을 주기 위해 하나님이 무슨 일을 하셨는지 말한다. … 이슬람은 순종하라는 요구다. 기독교는 하나님의 주도권을 선포하는 것이다.

출처_ James P. Dretke, *A Christian Approach to Muslims*(Pasadena, Calif.: William Carey Library, 1979), 38쪽.

투르크 종족의 세계

아들이게끔 할 수 있다.

내 경우, 친밀한 관계를 형성한 다음 영적인 주제, 특히 그리스도에 대한 주제로 대화의 방향을 돌린다. 무슬림 친구들에게 그리스도의 동정녀 탄생을 믿느냐고 곧잘 묻는데, 그들은 그렇다고 대답한다. 그러면 나는 이렇게 말한다. "그러면 그분에게는 아버지가 없고, 그러니 그분의 탄생은 고유하고 초자연적인 것이죠?" 때로 무슬림은 아담에게 인간 아버지나 어머니가 없었다는 점을 지적할 것이다. 나 역시 동의한다. 하지만 나는 그리스도라는 주제로 다시 돌아와 이렇게 말한다. "하지만 그분은 다른 사람처럼 아버지가 있지는 않았어요. 그렇죠? 그런 점에서 그분의 탄생은 고유하고 초자연적이죠?" 이것은 성경(마 1:23)과 꾸란(꾸란 3:45-47)에 분명하게 언급되어 있지만, 나는 보통 이 단계에서는 이를 인용하지 않는다.

그 다음에 나는 그리스도가 사랑과 친절, 긍휼히 여기는 마음으로 많은 기적을 베푸셨다고 말한다. 그분은 날 때부터 눈먼 사람들을 고치셨으며 그래서 그들은 볼 수 있었다. 그분은 날 때부터 저는 자들을 고치셨으며 그들은 기뻐 뛸 수 있었다. 그분은 문둥병자들을 고치셨으며, 심지어 죽은 자들을 다시 살리시기까지 했다(꾸란 3:49; 5:110). 그렇기 때문에 그리스도의 삶은 고유하고 초자연적이다. 때로 무슬림들은 이렇게 말할 것이다. "기적을 행한 사람은 예수 말고도 많습니다. 꾸란이야말로 무함마드의 기적이지요." 그러면 나는 이렇게 대답한다. "성경 역시 다른 사람들이 기적을 행했다고 말합니다. 하지만 예수 그리스도의 기적은 분명 초자연적이고 독특한 행동이었죠?"

복음의 증거

이제까지 말한 것은 이미 무슬림들이 믿는 것이고, 보통 나는 성경도 꾸란도 인용하지 않지만 그들은 일반적으로 그리스도에 대한 내 말을 받아들인다. 나는 이제 이를 바탕으로 그들이 대부분 받아들이지 않는 어떤 것을 간략하게 소개한다. "그리고 선지자 예수는 우리 죄를 사하기 위해 십자가에서 죽으셨고, 무덤에서 다시 살아나심으로 죽음을 정복하셨어요." 때로 그 순간 어떤 무슬림은 이 말에 반박할 것이다.

하지만 나는 그의 반박에 대답하지 않으려 애쓴다. 어쨌거나 무슬림들은 복음을 들어야 하기 때문이다. 한 무슬림이 예수님을 믿기까지 얼마나 여러 번 복음을 들어야 하는지는 잘 모르겠다. 하지만 미흡하나마 그 사람이 들어야 할 복음을 전하고 싶어 내 나름대로 잘 전하려고 애쓴다. 나는 이 사람을 다시는 보지 못할 수도 있다. 그래서 기회가 왔을 때 그에게 분명히 복음을 전하려는 것이다.

그 다음에 예수님에 대해 그들이 이미 믿는 바를 또 하나 소개한다. "그리고 선지자 예수는 하늘로 올라갔어요." 또 이렇게 덧붙인다. "그래서 그의 죽은 뼈를 예배할 수 있는 무덤이 없는 거죠. 그분의 삶만큼이나 끝도 정말 고유하고 초자연적이지 않나요?"(예수님의 승천에 대해 다루는 꾸란 3장 55절을 보라). 무슬림들의 뿌리와 정령신앙으로 흐르는 경향을 경고하고자 "우리에게는 그의 죽은 뼈를 예배할 수 있는 무덤은 없습니다"라는 말을 덧붙이는 것이다. 무슬림들은 무함마드의 뼈가 묻혀 있는 메디나에 기도하러 갈 뿐 아니라 무슬림권 전역에서 정령신앙이나 초자연적 능력에 매달린다. 죽은 성도들의 뼈를 숭배하면서 그것을 통해 기도가 응답될 수 있다고 믿는다. 이것은 하나님과 대등한 수준으로 올라가려 하는 것, 혹은 시르크로서 용서받을 수 없는 죄다. 이 단계에서 이런 설명을 상세히 하지는 않겠지만, 그럼에도 그것이 죄라는 사실은 자연스레 상기될 것이다.

아직은 그리스도의 죽음과 부활에 대한 이야기는 피하면서 이렇게 말한다. "그래서 그리스도 삶의 끝은 고유하고 초자연적이죠. 무덤과 시신으로 마무리되는 우리 삶의 끝과 절대 똑같지 않습니다." 나는 '그리스도의 죽음'이라는 말을 사용하지 않는다. 그리스도의 삶에 대한 논의의

투르크 종족

투르크 종족은 194개의 종족 집단으로 구성된 1억 7천만 명이 넘으며 중국과 러시아, 터키, 중앙아시아 전역에 퍼져 있다. 주로 이란, 이라크, 아프가니스탄, 아제르바이잔, 카자흐스탄, 키르기스스탄, 타지키스탄, 투르크메니스탄, 우즈베키스탄 등의 나라에 있다. 약 1억 6천만 명의 투르크인들이 무슬림이다. 불가리아, 프랑스, 마케도니아, 영국 등 10만 명이 넘는 터키 인구와 220만 명의 터키인이 살고 있는 독일을 비롯한 유럽 국가에서도 상당수의 투르크 종족이 공동체를 형성하고 있다.

구소련이 한때 투르크족의 고향인 여러 나라를 통치했기 때문에, 이 지역 주민들은 20세기 말 20년 동안 자치권을 획득한 이래로 믿을 수 없는 변화를 겪었다. 그런 나라 중 하나인 아제르바이잔은 1990년에 러시아에서 독립했다. 아제르바이잔에 사는 아제르바이잔인은 거의 700만 명에 이르고 훨씬 더 많은 1천 9백만 명이 이란에 산다. 아제르바이잔인의 87%가 무슬림이다.

아제르바이잔 수도인 바쿠는 발전된 도시 중심지다. 국제 석유 무역을 하기 때문에 그곳 주민들은 서구의 영향을 상당히 많이 받는다. 하지만 농촌 마을은 아제르바이잔식 전통 생활 방식과 풍습을 유지하는 경향이 있다. 1990년대 초 아제르바이잔이 이웃 나라 아르메니아와 전쟁을 하면서 아르메니아가 점령한 지역 출신의 아제르바이잔 농촌 난민들이 도시로 유입되었기 때문이다. 또한 바쿠에 있는 대학에서 공부하기 위해 많은 농촌 학생들이 이곳으로 몰려들었다.

아제르바이잔인은 그들이 물려받은 시와 음악의 유산을 자랑스럽게 여긴다. 바쿠의 어떤 거리는 유명한 시인의 이름을 따라 지어졌고, 많은 거대한 동상들이 유명한 작가들에게 경의를 표하기 위해 세워졌다.

많은 아제르바이잔인이 이슬람 관습과 고대 형태의 불 숭배를 혼합해 놓았다. 불 숭배는 그 지역에 많이 매장된 자연 가스로 인해 때때로 불이 땅에서 저절로 일어나기 때문에 생겼다.

출처_ imb.org; operationworld.org.

각 세 단계에서 이렇게 질문할 뿐이다. "그렇다면 그분의 탄생, 삶, 그리고 삶의 끝은 고유하고 초자연적이지 않나요?" 나는 그렇다는 대답을 들을 때까지 무슬림 친구들에게 이 질문을 계속해서 한다.

고유하고 초자연적인 탄생, 삶, 삶의 끝

이러한 사고 전개의 중대한 부분을 소개하기 위해 다시 한번 복습을 한다. "그러니 그리스도의 탄생과 삶, 삶의 끝은 고유하고 초자연적인 것이지요." 그 말은 곧 "선지자 예수는 일찍이 살았던 사람들 중 세 가지를 모두 가진 유일한 사람입니다. 그 세 가지란 고유하고 초자연적인 탄생, 고유하고 초자연적인 삶, 고유하고 초자연적인 삶의 끝을 말합니다. 그렇지 않나요?"라는 것이다. 때로 무슬림들은 몇 가지 예외적인 경우를 지적할 것이다. 그러면 물론 나는 이렇게 말한다. "그래요. 초자연적으로 탄생하고 기적을 행한 다른 사람들도 있었죠." 그러므로 '유일한', '모두'라는 말을 사용해 예수님의 고유성을 강조하는 것이 중요하다. 그리스도는 이 세 가지 모두에서 고유하고 유일한 단 한 분이었다.

나는 긍정적인 대답을 받아낼 때까지 이런 질문을 계속해서 한다. 나는 이렇게 묻는다. "선지자 예수는 고유하고 초자연적인 탄생과 삶, 삶의 끝을 가진 유일한 분이니 일찍이 살았던 사람들 중에서 가장 고유하고 초자연적인 사람이 아닐까요?" 최근 내가 한 무슬림과 여기까지 이야기했을 때, 그는 "그렇지요"라고 대답했다. 그는 반론을 중단하고 이렇게 물었다. "신약을 한 권 가져다주실래요? 읽어 보게요." 이처럼 토론하고 사고하는 가운데 '하나님', '신성', '하나님의 아들' 같은 말을 사용하지 않고도, 그리스도는 일찍이 살았던 사람들 중 가장 초자연적이고 고유한 분이라는 동의를 무슬림에게 얻어 낼 수 있다. 그것은 예수 그리스도의 신성을 인정하는 데 아주 가까이 접근하는 것이다.

그리스도의 중요성을 깨달음

언젠가 나는 미국에 있는 한 커다란 이슬람 사원 1층에서 많은 무슬림 친구들과 대화하면서 이런저런 질문을 주고받고 있었다. 그곳에는 신학교 학생인 우리 열 명 정도와 무슬림 학생 열 명 정도가 있었으며 대화는 갈수록 다소 뜨거워졌다. 하지만 나는 같은 질문을 계속했다. "그렇다면 그분이야말로 일찍이 살았던 사람들 가운데 초자연적이고 고유한 탄생과 삶, 그리고 삶의 끝을 가진 유일한 분이 아닐까요?" 그곳에 사는

지금 기도하라

1. 무슬림이 복음에 관한 질문을 할 때, 그리스도인들이 친절함과 존경을 담아 대답할 수 있도록 기도하라(벧전 3:15-16).
2. 그리스도에 관한 좋은 소식에 마음을 열고, 그들 중 무슬림 배경의 신자들에게 담대함을 주시는 등 무슬림 가운데 역사하시는 성령님을 인해 하나님을 찬양하라(고전 12:3b).
3. 무슬림이 그리스도의 용서를 받아들이고 다른 사람들을 용서할 수 있도록 기도하라(롬 5:6-8; 골 3:13).
4. 무슬림이 하나님의 나라와 그 의를 구하여 그들의 필요를 충족시키길 기도하라(마 6:31-33).

학자인 셰이크가 "그렇습니다"라고 대답할 때까지 나는 계속 질문을 던졌다. 그러자 대화는 기독교에 대한 공격에서 예수님에 대한 찬양으로 급격히 바뀌었다. 그렇다고 그들이 믿고 구원받았다는 것은 아니다. 하지만 그들은 공격을 중단했고, 이전에는 한 번도 생각해 보지 못했던 가능성에 마음을 열게 되었다.

이런 식의 접근과 사고가 갖는 한 가지 이점은 그것이 무슬림의 사고방식 안에서, 아는 것에서부터 모르는 것으로 진행된다는 것이다. 그들이 동정녀 탄생, 기적, 그리스도의 승천을 마음속으로 받아들일 준비가 되어 있다는 사실은, 그리스도가 일찍이 살았던 사람들 중 가장 고유하고 초자연적인 사람이라는 사실을 깨닫는 데 도움이 될 수 있다. 그리스도는 유일하게 그 세 가지 특성을 모두 소유한 분이기 때문이다. 무슬림들은 이전에는 그것들 전부를 결합해 보거나 그런 삶의 의의를 깨달은 적이 전혀 없었다. 무슬림을 사랑하는 다른 사람들도 이런 접근법을 시도해 볼 것을 제안한다.

하나님의 아들

무슬림과 대화를 나눌 때 '하나님의 아들'이라는 개념을 내놓고 논의하는 사람은 대부분 그리스도인이 아니라 무슬림이다. 그들은 그 개념을 절대적으로 거부하려고 꺼낸다. 하지만 나는 이것이 가장 대답하기 쉬운 것 중 하나임을 발견했다. 우선 "당신이 말하는 '하나님의 아들'이란 무슨 의미인가요?"라고 물을 필요가 있다. 보통 그들은 대답하지 않는다. 그래서 나는 좀 더 자세히 들어간다.

"하나님이 마리아와 결혼하거나 성관계를 가졌다는 의미인가요?"

그들이 그 말을 긍정하거나 인정하면 나는 그들이 표현한 것보다 더 격렬하게 "하람, 포쉬! 신성모독입니다"라고 말한다. 이 개념에 대해 그들이 느끼거나 표현한 것보다 훨씬 더 강하게 부인하는 것이다. 그들이 거부하는 것, 즉 하나님이 마리아와 성관계를 가졌다는 것을 그들보다 우리가 더 신성모독으로 여긴다는 사실을 그들이 듣고 깨닫는 것이 중요하다.

그렇다면 '하나님의 아들'이란 무엇을 의미하는가? 다시 한번 무슬림의 사고방식 안에서 시작해 한 단계씩 나아가는 것이 중요하다. 조금만 연구해 보면 상당히 도움이 될 수 있다. 모든 무슬림 전도자는 자신이 사용하는 무슬림 언어를 연구해 볼 것을 권한다. 아들, 아버지, 어머니, 딸, 자매 등에 해당하는 그 언어 속에서 은유적인 친족 관계 용어와 예화를 되도록 많이 찾기 위해서다. 나는 아랍어로 된 60개의 친족 비유와 페르시아로 된 5개의 비유 목록을 가지고 있다.

그들의 정의를 바로잡는 데 친족 비유를 사용함

아마 무슬림 언어에서 '~의 아들'이라는 말을 사용하는 가장 흔한 비유적 표현은 '이븐 이스 사빌'(Ibn is sabil)일 것이다. 이는 문자적으로 '길의 아들'이라는 뜻이다. 그 말은 아랍어로 '도보 여행자, 방랑자, 지나가는 사람, 여행자' 등의 의미로 쓰인다. 그것이 가장 보편적인 개념이 될 만한 이유는 꾸란에서 다섯 번이나 언급하고 있기 때문이다(꾸란 8:41; 9:60; 17:26; 30:38; 59:7). 꾸란은 그리스도에 대해 '하나님의 아들'이라는 호칭을 거부하며 '마리아의 아들'이라는 호칭은 받아들인다.

내가 이 말을 무슬림에게 사용하는 방법은 매우 간단하다. 나는 그냥 "이븐 이스 사빌이라는 말이 무슨 의미죠? 길이 결혼해서 여행자였던 아기 길을 낳았다는 의미인가요? 길이 결혼하고 성관계를 가져서 길의 아들을 낳았다는 의미인가요?"라고 무슬림에게 묻는다. 보통은 "아니, 아니, 아니요!"라고 대답한다. 그러면 나는 "그렇다면 대체 뜻입니까?"라고 묻는다. 대답은 보통 이런 식이다. "그냥 도보 여행자, 방랑자, 지나가는 사람, 아니면 여행자라는 뜻입니다." 그러면 나는 이렇게 말한다. "그러면 문자적이거나 육체적이거나 생물학적인 의미가 아니라 영적 혹은 비유적인 의미로 말하는 거로군요. 마찬가지로 성경에서 그리스도가 하나님의 아들이라고 말할 때, 하나님이 마리아와 결혼하고 성관계를 가져서 아기 예수를 낳았다는 의미가 아닙니다. 우리는 '아빠 하나님'과 '엄마 하나님'이 '아기 하나님'을 낳는다는 것을 믿지 않습니다. 그것은 그야말로 신성모독이죠!" 나는 보통 이렇게 말한다. "우리는 문자적이거나 생물학적이거나 육체적인 의미로 말하는 게 아니라 영적이거나 비유적인 의미로 말하는 것입니다." 나는 이런 접근법에서 사용하는 각각의 비유에서 '하나님의 아들'에 관한 질문과 대답을 반복한다.

일반적으로 알려진 이집트의 관용구로 "스핑크스는 아불 호울(Abul houl)"이라는 말이 있다. 이 말은 '공포의 아버지'라고 번역할 수 있다. 나는 이것이 무슨 뜻이냐고 물어본다. "스핑크스가 결혼을 해서 '공포'라는 아기 스핑크스를 낳았다는 의미인가요?" 그러면 그들은 이렇게 대답한다. "그렇지 않아요. 스핑크스는 사막과 피라미드를 호위해 주지요." 이에 나는 말한다. "그렇다면 그 말을 문자적, 물리적 혹은 생물학적 의미로 사용하는 게 아니라 영적이고 비유적인 의미로 사용하는 거로군요. 우리가 '그리스도는 하나님의 아들이다'라고 말할 때도 마찬가지예요. 성경에서 그 말을 문자적, 물리적, 생물학적으로 사용해 '아빠 하나님'이 '엄마 하나님'과 결혼

어떤 증거를 받을 것인가?

하여 '아기 하나님'을 낳았다는 의미로 사용하는 것이 아니라는 거죠. 영적이며 비유적으로 그 말을 사용하는 것입니다."

시아파 신도들은 종종 알리를 무함마드보다 더 숭배한다. 그래서 그들이 알리를 "과부의 남편, 고아의 아버지, 하나님의 검, 하나님의 손"이라고 말할 때, 나는 페르시아어로 똑같은 유추를 사용해 이런 식의 질문들을 던진다. "알리가 세상 모든 고아의 아버지가 된 건가요? 그렇지 않겠죠? 알리가 세상의 모든 과부들과 결혼했나요? 그건 맞지 않을 거예요! 네 번 결혼한 것으로도 충분하지 않나요? 과부들 모두와 결혼하는 것은 부도덕하지 않나요? 그렇다면 그 말은 무슨 의미인가요? 그 말을 문자적, 물리적, 혹은 생물학적 의미로 사용한 것인가요? 당신이 그

말을 문자적, 물리적, 혹은 생물학적 의미로 하지 않은 것처럼 우리의 '그리스도는 하나님의 아들이다'라는 말은 하나님이 마리아와 결혼해 성 관계를 가졌다는 의미가 아닙니다." 이것은 페르시아어와 아랍어에서 가져온 몇 가지 비유만 이야기해 본 것이다. 그중 많은 것들이 대단히 문화적이며, 다양한 각각의 무슬림 언어에서 서로 다른 관용구를 사용할 수 있을 것이다.

정확한 특성 묘사

그것은 하나님의 아들에 대한 무슬림들의 정의가 정확하지 않음을 깨닫도록 할 뿐만 아니라 긍정적인 정의를 제공하기 위해서도 중요하다. 우리는 그 개념이 무엇을 의미하는가 뿐만 아니라 무엇을 전달해야 하는가도 자문해 봐야 한다. 신학적으로 '하나님의 아들'이라는 문구는 몇 가지 중대한 개념을 전달한다. 그중 하나가 아들이 아버지를 계시한다는 것이다. 히브리서 1장 1-4절은 이 점을 나타낸다. 하나님은 "아들을 통하여 우리에게 말씀하셨으"며, "이는 하나님의 영광의 광채시요 그 본체의 형상"이시다.

우리는 계시라는 개념을 다루어야 한다. '계시하다'라는 말의 의미는 무엇인가? 때로 나는 시각 자료를 사용한다. 옆에 있는 창문의 커튼을 만지면서 이렇게 말하는 것이다. "제가 이 나라에 처음 왔는데 어두운 밤에 도착했고 커튼이 닫혀 있었다고 합시다. 아침이 밝으면 저는 커튼을 열겠지요. '휘장'이 제거되는 겁니다. 그러면 창밖이 계시되면서 저는 이 나라가 얼마나 아름다운지 보게 되겠지요. 마찬가지입니다. 우리는 하나님을 얼굴을 맞대고 볼 수 없습니다. 하지만 그분은 우리가 선지자 예수를 앎으로써 하나님을 더 잘 알 수 있도록 휘장을 제거하기로 하셨죠. 이 세상에서는 아들을 통해 그의 아버지를 볼 수 있습니다. 아들을 보면서 우리는 그의 아버지에 대해 어느 정도 알 수 있습니다. 설령 그의 아버지를 한 번도 만나 본 적이 없더라도 말입니다." 무슬림은 우리가 선한 사람에 불과한 선지자 예수를 하나님으로 만든다고 종종 생각한다. 우리는 무슬림의 사고방식, 그가 있는 곳과 그가 중요하게 생각하는 것에서 시작해 점차 진리로 그를 이끌 수 있다.

하나님의 선택: 예수님 안에서 자신을 계시하심

이슬람 역사와 신학에는 두 개의 선도 그룹이 있다. 아샤리 운동과 무타질라 운동이다. 사람의 자유의지와 인간의 책임을 신봉한 무타질라 운동은 하나님의 주권적인 자유의지를 신봉한 아샤리 운동에게 패배했다. 이 개념은 알라후 아크바르("알라는 가장 위대하시다!" 혹은 "가장 위대하신 분!")라는 부르짖음으로 유명해졌다. "알라후 아크바르", 곧 타크비르는 매일 다섯 번씩 모든 이슬람 사원의 첨탑에서 외치며 기도할 때마다 언급된다. 폭도들은 자기 정부를 향해 그 말을 외치면서 이렇게 극적으로 주장한다.

"우리는 하나님 편이고 당신들은 그렇지 않소. 우리는 하나님의 도우심으로 당신들을 타도할 거요!"

그 말은 하나님이 완전히 주권적이시며 우리는 그분께 복종해야 함을 분명히 보여 준다. 하나님은 자신이 원하는 일은 무엇이든 다 하실 수 있다. 오늘은 여기 있다가 내일은 사라지는 하잘것없는 존재인 우리는 하나님을 향해 '무엇은 하셔도 되고 무엇은 하시면 안 된다'고 말할 수 없다. 우리는 하나님더러 우리의 구원을 위해 선지자 예수의 모습으로 자신을 계시하실 수 없다고 말할 수 없다. 사람이 하나님이 된 것이 아니라, 우리의 구원을 위해 하나님이 장막을 제거해 선지자 예수의 모습으로 자신을 계시하기로 하신 것이다.

삼위일체

그리스도의 신성과 하나님의 아들이라는 개념을 다루는 것 외에 삼위일체 개념을 전달하는 데 도움이 되는 다양한 접근법이 있다. 이슬람 사상에서 나온 한 가지 접근법은 다시 모든 무슬림이 받아들이는 아샤리 신학으로 이끈다. 아샤리 운동은 두 가지의 기본적인 신학 요점을 고수한다. 하나는 하나님의 주권적인 자유의지다. 다른 하나는 꾸란이 영원한 과거에서부터 하나님의 마음속에 있었던, 즉 하나님의 창조되지 않은 말씀이라는 것이다.

보통 나는 이 주제를 끄집어내지 않는다. 하지만 무슬림이 그리스도인은 세 분의 신을 믿는다고 비난할 때 그들에게 이렇게 묻는다. "당신은 꾸란이 창조되었다고 믿나요, 창조되지 않았다고 믿나요?" 그들이 이 질문에 대답할 때까지 계속 묻는다. 그들이 꾸란은 창조되지 않았다고 주장하면 나는 이렇게 말한다. "그러면 꾸란은 영원하고 창조되지 않았고, 하나님 역시 영원하고 창조되지 않으셨습니다. 당신들에게는 두 개의 영원하고 창조되지 않은 존재 혹은 사물이 있군요. 신이 둘이라는 말이네요. 그렇죠?"

물론 그들은 그 말에 강하게 반박한다. 나는 또 다시, 어쩌면 심지어 세 번이나 같은 질문으로 돌아간다. 마지막으로 이렇게 말한다. "당신들은 영원하고 창조되지 않은 것이 두 가지 있는데도 하나님은 한 분이라고 말하고 있습니다. 우리에게도 두세 개의 영원하고 창조되지 않은 존재 혹은 사물이 있지만 오직 한 분 하나님만 계십니다"(요 1:1을 보라).

죄를 적절히 설명함

우리가 그리스도의 신성, 하나님의 아들 됨, 삼위일체 등을 입증할 수 있으면, 무슬림이 그 다음 단계로 넘어가 그리스도인이 될 것이라고 결론짓기 쉽다. 하지만 그렇지 않은 경우가 허다하다. 그리스도가 하나님이시며 하나님의 아들이심을 믿고 삼위일체를 믿는다고 해서 그 사람이 그리스도인이 되는 것은 아니다. 자신이 죄인임을 믿고 죄를 고백하고 회개하며 그리스도가 자기 죄를 위해 십자가에서 돌아가셨다는 사실을 믿어야 한다.

근본적인 문제는 무슬림이 피우는 연막이 아니라 그들이 부인하고자 하는 죄에 대한 성경적 정의와 그 죄의 실재다. 대부분의 무슬림에게 죄란 어린아이가 1학년이나 2학년 때 시험을 보다가 부정행위를 하는 것 같은 정도다. 한마디로 별것 아니다. 그것은 거룩하신 하나님께 도덕적으로 무례하게 구는 것이 아니다. 무슬림을 상대로 전도하는 우리가 해야 할 중요한 과업 중 하나는 그들이 죄인이라는 것과 하나님은 거룩한 분이시기 때문에 죄가 작은 문제가 아니라는 사실을 깨닫도록 돕는 것이다.

하지만 죄의 문제를 어떻게 전달할 수 있을까? 여기에 아주 깊은 문제들이 관련되어 있음을 알아야 한다. 무슬림은 스스로를 거룩하신 하나님을 욕보이는 죄인이라고 심각하게 생각하지 않는다. 그래서 자신들을 죄에서 구해 줄 구세주에 대해 그다지 신경 쓰지 않을 수도 있다.

널리 퍼지는 죄의 속성

죄라는 개념을 전달하는 방법 중 하나는 시각 자료를 통한 전달이다.

나는 무슬림 친구들에게 이렇게 묻는다. "바로 지금 따뜻한 차나 시원한 콜라가 한 잔 있으면 좋지 않을까요?" 친구는 대답한다. "맞아요. 그러면 정말 좋겠네요!" 하지만 그에게 그것을 주기 직전에 "잠깐만 기다리세요!"라고 말한다. 그러고는 독약이나 살충제 혹은 락스를 약간 넣는다. 유리컵에 부은 콜라에 액체 락스를 약간 넣으면 콜라 색이 변하며 시각적인 효과가 훨씬 더 커진다. 그 다음에 그것을 "드셔 보지 않을래요?"라며 친구에게 권한다. 친구가 마시지 않겠다고 하면 나는 이렇게 말한다. "독약은 아주 조금밖에 넣지 않았어요. 대부분이 아주 맛있는 차(혹은 시원한 콜라)예요. 그런데 왜 안 마시세요?"

그런 다음에 이렇게 질문한다. "아담이 죄를 몇 가지나 지었을 때 하나님과 교제가 끊어졌죠? 하나님이 아담에게 땅을 경작하라고 말씀하셔서 그는 땅을 경작했어요. 또 동물들의 이름을 지으라고 하셔서 동물들의 이름을 지었지요. 아담은 단 한 번 죄를 지었어요. 한 나무에서 열매를 땄을 뿐이지요. 하지만 아담은 그 한 가지 죄 때문에 하나님과의 교제를 잃어버렸습니다." 이때 나 자신은 한 가지보다 훨씬 더 많은 죄를 지었다는 사실을 지적한다. 상대방이나 다른 모든 사람들도 마찬가지라는 사실을 말한다.

하나님의 거룩함에 대한 문제

하나님은 거룩하시고 사람은 죄를 지은 존재다. 하나님은 하늘에 계시며, 그렇기 때문에 하늘에는 죄가 들어설 여지가 없다.

"하늘나라가 간음하는 자들이나 음란한 생각을 품는 사람들, 도둑질하거나 속이는 사람들, 불경건한 말과 생각을 하는 사람들, 진리를 말하지 않는 사람들로 가득 차 있다면 누가 그곳에 가고 싶겠어요? 하늘나라는 하나님으로 가득 차 있어요. 하나님은 거룩하고 순결하세요. 죄에서 완전히 분리되어 계시죠. 그래서 우리는 죄를 지닌 채 하늘나라에 갈 수 없어요. 차(혹은 콜라)를 조금 더 붓는다고 해서 컵 속의 독을 제거할 수 없는 것처럼, 선한 일을 조금 더한다고 해서 우리의 죄를 제거할 수 없는 노릇이죠. 그것이 바로 선지자 예수님에 대한 놀라운 사실입니다. 예수님은 우리의 죄를 속하는 완전한 희생 제물로 죽으셨어요. 그래서 우리는 예수님을 통해 죄를 완전히 사함받고, 죄에서 벗어나 하늘나라에 갈 수 있게 되는 겁니다."

무슬림은 정령신앙이 삶의 취약한 영역에 능력을 가져다준다고 믿기 때문에 그것에 끌린다. 하지만 정직한 무슬림이라면 개인의 죄에 대해 그들이 아무 능력이 없음을 곧 인정하게 될 것이다. 무엇보다도 무슬림은 그리스도가 죄를 용서해 주시고 죄의 권능을 이기고 승리하게 해주실 능력이 있다는 진리를 알 필요가 있다.

그리스도가 채울 수 있는 네 가지 진공 상태

예수 그리스도로부터 말미암았는데 이슬람이 가지고 있지 못한 네 가지가 있다. 이슬람은 사랑의 하나님, 인격적인 하나님, 죄사함에 대한 확신, 영생에 대한 확신을 강조하지 않는다. 먼저 하나님이 '사랑 많으신 인격적인 하나님'이라는 사실을 전달할 수 있는 방법에는 여러 가지가 있다. 우리는 '사랑'이 하나님의 99가지 이름 중 하나(601쪽을 보라)라는 사실을 기억해야 한다. 그것은 47번째 이름인 알와두드다.

이것은 이슬람에서는 그리 두드러진 개념이 아니다. 오히려 하나님의 정의, 주권, 위대하심, 하나 됨 등이 중심 개념이다. 그들은 하나님이 그들을 돌보시는 사랑 많은 분이라는 개념이 전혀 없으며, 인격적인 하나님이라는 개념도 분명 가지고 있지 않다. 그들에게 하나님은 초월적인 분이시다. 세상을 창조하셨으나 세상과 그들에게서 멀리 떨어져 계신다. 무슬림은 뭔가 개인적인 것을 원할 때, 죽은 성인들에게 기도하거나 점쟁이를 찾아가거나 정령신앙 의식으로 돌아가는 경우가 종종 있다. 하나님께 기도할 때는 암기한 기도문을 이용한다. 하지만 사랑 많고 인격적인 하나님과 개인적인 관계를 누리지는 못한다.

복음을 전할 수 있는, 그리고 하나님에 대해 바르게 알 수 있는 멋진 방법은 대화 후에 무슬림 친구를 위해 기도하는 것이다. 토론을 하면서 그가 무엇에 상처를 받고 있는지, 그의 문제가 무엇인지 분별해야 한다. 그래서 나는 종종 묻는다. "당신을 위해 기도해도 될까요? 우리 그리스도인들은 기도할 때 보통 눈을 감고 머리를 숙입니다." 그러고 나서 하나님께, 우리의 사랑 많으신 아버지께 그 친구가 가지고 있는 특정 문제들을 놓고 기도한다. 이것은 우리의 기도를 들으시는 사랑 많고 인격적인 하나님을 보여 준다. 시간이 어느 정도 흘러 고개를 들면 그들이 눈물을 흘리고 있는 것을 보게 된다. 생애 대부분 동안 이슬람을 신봉하던 사람들이 이렇게 말한다. "이렇게 나를 위해 기도해 준 사람은 당신이 처음입니다."

물론 아직은 죄사함이나 영생에 대한 확신이 없을 것이다. 하지만 이것은 그리스도가 약속하시고 하나님의 말씀이 가르치는 멋진 선물이다. 우리는 이 네 가지 영역을 매우 주의 깊게 사랑의 마음으로 가르쳐야 한다. 이 네 가지는 무슬림의 마음속에 있는 진공 상태들로서 그들이 어떻게 채워야 할지 모르는 부분이기 때문이다.

목표: 성경을 연구하는 무슬림

무슬림과 대화를 나눌 때 우리의 목표 중 하나는 그들을 설득해 성경을 읽게 하는 것이다. 그들의 언어로 된 복음서(나는 누가복음을 선호한다)를 읽어 보라고 주면 분명 도움이 될 것이다. 나는 이렇게 자주 물어본다. "하나님이 주신 책을 전부 다 읽어 보는 것이 지혜롭지 않을까요?" 대부분의 무슬림은 "네, 그게 좋을 것 같아요"라고 대답한다. 사실상 대부분의 무슬림은 복음서를 실제로 한 번도 읽어 보지 않았다. 나는 그들에게 "이건 선지자 예수의 전기입니다"라고 말하면서 읽겠다는 약속을 받아낸다. "이 책이 부적처럼 재앙을 막아 주지는(많은 무슬림들이 그렇다고 믿는다) 않지만, 선지자 예수 그리스도를 아는 데

결혼의 압력

굴자르는 대학생 때 그리스도를 믿게 되었으며 믿음이 급속도로 성장했다. 굴자르는 "너희는 믿지 않는 자와 멍에를 함께 메지 말라"(고후 6:14)는 하나님의 기준을 이해했으며, 남자친구인 루스탐에게 그리스도인이 되지 않는다면 결혼할 수 없다고 말했다. 루스탐은 굴자르에게서 뭔가 달라진 점을 보았으며 진리를 추구하기 시작했다. 마침내 루스탐은 그리스도께 나아왔고 세례를 받았으며 굴자르와 결혼했다.

그 즉시 이혼하라는 가족들의 압력이 거세졌다. 루스탐의 부모는 굴자르와 대립하면서 루스탐을 이슬람 전통에서 꾀어내어 딴 길로 가게 했다고 비난했다. 루스탐의 친구들은 그에게 다시 술을 마시라고 부추겼다. 마침내 루스탐은 다른 그리스도인들과의 교제를 중단했다. 그는 술을 마시는 날이면 아내에게 폭언을 퍼부었다. 하지만 때리지는 않았다. 굴자르는 루스탐을 사랑하며 그가 예수님을 안다고 믿는다. 하지만 그는 연약하고 굴자르가 죄와 맞설 때 한편이 되어 주지 않는다.

이 부부가 사는 사회에서는 결혼을 매우 중요하게 여겨 미혼인 상태로 사는 것보다 차라리 결혼했다가 이혼하는 편이 낫다고 생각한다. 많은 사람들에게 이것은 그리스도를 받아들이는 데 큰 장애물이 되고 있다. 그리스도인이 된다는 것은 결혼하지 않을 수도 있음을 의미하기 때문이다.

출처_ *The Uyghurs of Central Asia* (Littleton, CO: Caleb Project, 2003).

도움이 됩니다. 예수님은 당신의 기도에 응답하시고 당신의 삶에서 죄와 악을 이길 능력을 주실 수 있죠."

이때 그들의 언어로 된 '예수 영화'를 보라고 제안할 수도 있다. 기도하는 마음으로 노력해야 할 또 한 가지 목표는, 우리와 함께 성경을 읽고 연구하고 싶어 하는 사람들을 찾아내는 것이다. 이상적인 관계를 맺고 있다면 아마도 그리스도의 인격에 대해 누가복음을 가지고 면밀히 연구하거나, 무슬림이 받아들이는 구약 선지서를 가지고 면밀히 연구하거나 창세기부터 시작해 면밀한 연대기적 연구를 하게 될 것이다. 이러한 연구는 믿음을 뒷받침하는 탁월한 기초가 된다. 하지만 무슬림은 통상 성경의 권위를 거부하므로 보통 그들의 사고 안에서, 그들이 있는 곳에서, 그리고 서로가 받아들이는 신학적 개념에서 시작하는 것이 유익하다.

결론

다른 사람들도 여기에 제시된 아이디어와 실제적 단계를 기도하면서 시험해 보고 채택하길 권한다. 아마도 하나님은 이러한 접근법을 축복하사 많은 무슬림들이 그들을 사랑하고 그들을 위해 죽으신 세상의 구세주에 대한 멋진 소식에 마음과 생각을 열게 하실 것이다. 하지만 우리가 무엇을 하든, 그것을 어떻게 보든 무슬림에게 우리 구세주이신 주님을 소개할 때의 필수 조건은 사랑과 기도다. 영적인 것에 마음이 열려 있는 무슬림에게로 우리를 인도해 달라는 기도 말이다. 실로 하나님이 모든 무슬림 나라와 종족과 언어 가운데서 하나님 그분을 위한, 그분의 영광을 위한 한 사람을 구속하시길 기원한다. ❖

참고문헌

Nick Chatrath, *Reaching Muslims: A One-Stop Guide for Christians*(Oxford, UK: Monarch, 2005).

J. D. Greear, *Breaking the Islam Code: Understanding the Soul Questions of Every Muslim*(Eugene, OR: Harvest House, 2010). harvesthousepublishers.com.

Nabeel T. Jabbour, *The Crescent Through the Eyes of the Cross: Insights from an Arab Christian*(Colorado Springs, CO: NavPress, 2008). navpress.com.

Alexander Pierce, *Facing Islam, Engaging Muslims: Constructive Dialogue in an Age of Conflict*(Enumclaw, WA: WinePress Publishing, 2012). winepresspublishing.com.

Samy Tanagho, *Glad News! God Loves You My Muslim Friend*(Downers Grove, IL: InterVarsity Press, 2003). ivpress.com.

반드시 대답해야 할 질문

델 킹스리터

나는 전 세계, 심지어 언론 매체에서 다루지 않는 외진 곳까지 여행하면서 무슬림과 그리스도인 사이를 가로막은 엄청난 장애물의 벽을 발견한다. 10여 세기 동안 무슬림과 그리스도인은 서로 다른 언덕에 서서 마주보며 서로에게 소리쳤다. 상대방이 믿는 바를 제대로 검토하고 상대방의 질문에 대답할 수 있을 만큼 가까이 나아올 생각을 감히 하지 못했고, 그래서 상대방의 심장 박동 소리를 제대로 듣지도 못했다. 과거에 일어났던 사건들에 대해 혹은 심지어 현재에 일어나고 있는 사건들에 대해 비난의 화살을 돌려 봤자 아무 소용이 없다. 중요한 사실은 사랑과 이해로 메워야 하는 깊은 틈이 있다는 것이다. 감사하게도 이런 상황은 급속히 바뀌고 있다. 그리스도인과 무슬림은 서로의 믿음이 지닌 차이점들에 관심이 있을 뿐 아니라, 똑같이 하나님이 창조하신 사람들인 상대방에게도 관심을 가지기 시작했다. 이것은 좋은 일이며 되도록 격려할 일이다.

많은 오해들

그리스도인들과 대화를 해보면 많은 이들이 무슬림을 대단히 오해하고 있음을 종종 발견한다. 많은 그리스도인들이 무슬림과 너무 가까워지는 것을 두려워한다. 심지어 무슬림은 모두 테러리스트나 악당이라고 믿는 사람도 있다. 그러나 일반적으로 내가 경험한 바에 의하면, 무슬림은 종교에서든, 일상에서든 대단히 하나님을 의식하는 사람들이다.

델 킹스리터는 하나님의 성회 선교회 소속으로 케냐와 탄자니아 선교사로 일했으며 무슬림사역센터 설립에 도움을 주었다. 이 글은 Del Kingsriter, *Questions Muslims Ask That Need to Be Answered*(Springfield, Mo.: Center for Ministry to Muslims, 1991), 1-36쪽에 나온 것으로, 허락 받고 실었다. *cmmequip.org*.

키르기스 남자들은 매일 모여서 뉴스를 나눈다.

역으로, 무슬림과 대화를 나눌 때에도 그리스도인에 대해 같은 두려움과 의심을 가지고 있음을 발견한다. 하지만 그들은 또한 몇 가지 대단히 근본적인 질문들, 대답해야 할 질문들을 던지고 있다. 무슬림 친구들이 진지하게 관심을 보이는 분야 중 하나는 그리스도인의 성경이 변질되었다는 것이다.

성경은 변질되었는가?

하나님의 거룩하신 말씀은 대단히 중요하다. 무슬림이나 그리스도인이나 하나님이 어떻게 살아야 하고 하늘나라로 가는 길을 어떻게 발견해야 하는가에 대한 교훈을 주셨다고 믿는다. 그리스도인은 하나님이 성령을 통해 사람들에게 말씀하셨다고 믿으며, 성령이 저자들을 감동시키셨을 때 그들이 글을 썼다고 믿는다(벧후 1:19-21). 사도 바울은 "모든 성경은 하나님의 감동으로 된 것으로 교훈과 책망과 바르게 함과 의로 교육하기에 유익하니"(딤후 3:16)라고 말했다. 성경 자체가 설명하는 바에 따르면 성경은 하나님의 성령이 거룩한 사람들, 성령에 복종하는 사람들에게 '감동'하실 때 주어진 것이다.

다른 한편, 무함마드는 꾸란에 대해 천사 가브리엘이 자신에게 준 것이며 "하나님의 보좌에 있는 책들의 어머니"로, 기록된 그대로 주어졌다고 말했다. 무슬림은 꾸란이 인류에게 주신 하나님의 마지막 계시이며 이전의 모든 계시들을 폐한다고 말한다. 그리스도인은 꾸란보다 수십 세기 전에 주어진 성경이 온전한 하나님의 말씀이며 모든 사람에게 해당되는 신앙과 실천의 규칙이라고 주장한다. 성경은 하나님이 인류에게 주신 마지막 계시가 성경이라고 주장한다(계 22:18-19).

흥미롭게도 무함마드는 그 시절에 존재하던 성경의 신빙성을 굳게 믿었다. 자기 시대 이전에 나온 거룩한 책에 대한 무함마드의 확신은 꾸란에도 잘 나타나 있다. "일러 가로되 성서의 백성들이여 너희가 구약과 신약과 너희 주님으로부터 계시된 것을 준수할 때까지 너희는 아무런 인도됨을 받지 못할 것이라"(꾸란 5:68). "하나님이 그대 이전에 계시를 내린 선지자들도 사람이었거늘 백성들이여 너희가 알지 못한다면 메시지를 아는 이들에게 물어보라"(꾸란 21:7).

아크바르 압둘 하끄 박사는 『무슬림에게 당신의 믿음 나누기』에서 이렇게 말한다.

성경의 신빙성과 그것이 훼손되지 않는다는 꾸란의 분명한 가르침에 비춰 볼 때, 이슬람 최초의 학자들뿐 아니라 이후에 다른 많은 무슬림 학자들도 그 반대 주장을 받아들이지 않았다는 사실은 그리 놀랍지 않다. 그들의 입장은 꾸란에 나오는 중대한 구절로 더욱 강화된다. "그대 주님의 말씀이 진리와 정의로 완전함이니 그분의 말씀을 변경할 자 아무도 없노라"(꾸란 6:115). 또한 "하나님의 말씀을 변조치 아니하니 그것이 위대한 승리라"(꾸란 10:64).[1]

그리스도인들은 그 말에 "아멘"이라고 답할 수 있다. 덧붙여 말하면, 필자인 내가 꾸란을 사용한다고 해서 그리스도를 따르는 사람들이 꾸란의 권위를 받아들인다는 의미는 아님을 주목하기 바란다. 하지만 무슬림이 그 책을 권위 있는 것으로 여기므로 그리스도인은 꾸란의 증거가 성경이나 예수 그리스도의 신빙성에 대해 말할 때 그 증거를 받아들일 필요가 있다.

우리의 행동은 우리가 전하는 메시지만큼이나 중요하다.

언제 변질되었는가?

그리스도인은 무슬림 친구에게 이렇게 물어봐야 한다. "무함마드가 성경의 신빙성을 믿었고, 무슬림 학자들이 그것에 의문을 제기하지 않았다면, 성경은 언제 변질된 것인가?" 무함마드 시대보다 수백 년 전에 쓰인 신구약 사본들은 오늘날까지 박물관에 본래대로 보존되어 있다.[2] 이 원래 사본들은 성경의 내용에 신빙성을 부여한다. 그리스도인은 이런 식으로 질문할 수도 있다. "성경이 언제 변질되었습니까? 무함마드 생전입니까, 사후입니까?"

무슬림 친구가 "생전"이라고 대답하면 그는 진퇴양난에 빠지게 된다. 그렇게 되면 무함마드를 거짓 교사라고 비난하는 셈이기 때문이다. 이미 말했듯이 무함마드가 하나님의 말씀이라고 하는 꾸란은 성경을 가리켜 '우리가 순종하고 따라야 할 하나님의 말씀'이라고 분명히 언급하고 있다. 무슬림 친구가 "사후"라고 말해도 진퇴양난이기는 마찬가지다. 성경은 이미 여러 언어로 쓰였으며 세계 전역에 퍼졌기 때문이다.

그 다음에 그리스도인은 또 다른 타당한 질문을 몇 가지 더 던질 수 있다. "누가 성경을 변질시켰습니까? 언제 변질되었습니까? 어떻게 그런 일이 생겼을까요? 변질되기 전에는 성경을 무엇이라고 말했지요? 역사는 그런 역사적 사건을 기록하고 있습니까? 전 세계 기독교 공동체와 유대인 공동체 지도자들이 전부 모여 성경을 다시 썼다면 당연히 그런 기록이 남아야 하는 것 아닐까요?"

그리스도인은 그들의 성경을 사랑하며, 성경을 변경하려는 어떠한 시도에 대해 절대 동의하지 않을 것이다. 실제로 성경은 그 내용을 바꾸려는 사람이 누구든 대단히 중대한 벌을 받을 것이라고 약속한다(계 22:18-19). 유대인들은 그들의 구약과 율법서를 사랑하며, 절대로 그리스도인이나 어느 누구와도 협력해 이 내용을 바꾸려 하지 않을 것이다.

사본들은 옛날 것이다

최근 들어 고고학적 발견으로 2천 년 전 이상의 것으로 추정되는 오래된 사본들이 발굴되었다. 이 사본들에는 에스더서를 제외한 구약 모든 책의 일부가 포함되어 있다. 이사야서 전체도 발굴되었다. 이 고대 사본들을 보면 오늘날 우리가 소유한 성경과 크게 다르지 않다.

하지만 그 질문에 가장 설득력 있는 대답은 하나님이 주시는 것이어야 한다. "천지는 없어질지언정 내 말은 없어지지 아니하리라"(마 24:35).

꾸란에 나오는 예수님

무슬림은 예수님이 하나님의 아들이고 세상의 죄를 대신 지고 십자가에 죽으셨음을 믿지 않지만, 꾸란(특히 3장, 19장)은 그분의 고유한 특성을 확증한다. 다음의 본문을 연구하고 무슬림 친구에게 꾸란의 본문이 무엇을 의미하는지 한번 물어보라.

주제	꾸란의 참고문	비슷한 성경 참고문
하나님의 말씀, 복음	3:45; 5:46, 110; 57:27	막 1:14-15; 요 1:1-18
성령	4:171	롬 8:9-17
메시아	3:45; 4:171; 5:17, 72, 75	요 4:25-42
아담의 형상	3:59	고전 15:22, 45
동정녀에게 나심	3:47; 19:20-22; 21:91; 66:12	마 1:18-25; 눅 1:26-38
표적	3:49; 19:21; 21:91	눅 2:8-35; 요 20:30-31; 행 10:38
영광을 받음	3:45	눅 1:32; 빌 2:5-11
하나님의 종	4:172; 19:30	사 42:1-4; 49:1-6; 50:4-9; 52:13-53:12; 막 10:42-45
모든 사람을 그분 자신에게 이끄심	4:172	막 13:26-27
선지자 혹은 하나님의 사자	3:49; 6:85; 19:30; 57:27	요 5:30; 6:38; 7:29; 8:25-30, 42; 9:4; 10:36; 17:8; 21; 20:21
병자를 고치심	3:49; 5:110	마 4:23-24; 눅 17:11-19; 요 9:1-11
하늘로 올라가심	3:55	막 16:19-20; 눅 24:50-53; 요 10:14-18; 빌 2:8-11
기적을 행하심	2:253; 5:112-115	요 10:32
죽은 자를 살리심	3:49; 5:110	마 8:18-26; 눅 11:17-44; 요 11:1-44
성령에 의해 강해짐	2:253	마 3:13-17
하나님께 계시를 받음	3:48; 5:110; 19:30-34	요 7:16-18
죽으심	3:55; 5:117; 19:33-34	마 27:32-54; 요 19:1-37
죽은 자 가운데서 살아나심	3:55; 19:33-34	행 1:9; 2:24; 빌 2:9-10
지혜로 오심	5:110; 43:63	엡 1:2-14
그분의 재림은 심판 도래의 표적이 될 것임	43:61	마 25:31-46
창조하는 능력	5:110	요 1:3; 골 1:13-23; 히 1:1-14
우리를 위해 중보하심	6:70; 19:87; 43:86	롬 8:34-39; 딤전 2:1-6; 히 7:22-28
흠과 죄가 없으심	19:19	히 4:14-16

참고문헌

Don McCurry, *Stepping Stones to Eternity: Jesus from the Qur'an to the Bible*(Colorado Springs, CO: Ministry to Muslims, 2011).
Geoffrey Parrinder, *Jesus in the Qur'an*(Oxford, UK: Oneworld Publications, 2013).

누가 성경을 변질시켰는가에 관한 진지한 질문에 하나님의 말씀으로 대답해야 한다. "내 말은 없어지지 아니하리라." 하나님의 말씀은 영원하며, 그분은 절대로 자신의 거룩한 말씀이 변경되도록 내버려 두지 않으실 것이다. 그것은 매우 중요해서 우리는 성경을 읽고 순종하며 "영혼을 능히 구원할"(약 1:21) 하나님의 순전한 말씀으로 받아들인다. "또 어려서부터 성경을 알았나니 성경은 능히 너로 하여금 그리스도 예수 안에 있는 믿음으로 말미암아 구원에 이르는 지혜가 있게 하느니라"(딤후 3:15).

여러 번역본 때문에 혼란이 생기는가?

구약은 원래 주로 히브리어로 쓰였고 일부는 아람어로 쓰였다. 신약은 그리스어로 쓰였다. 많은 성경 사본들은 지금도 이 언어들로 되어 있다. 예수 그리스도의 복음 메시지가 여러 나라로 전파되면서 성경은 그 나라의 언어들로 번역되었다. 어떤 무슬림은 여러 성경 번역 때문에 혼란에 빠질 수도 있을 것이다. 이 부분에 대해서는 설명을 해주는 것이 좋다. 예를 들어 영어성경인 흠정역(King James Version)은 1611년에 나온 것으로 지금도 여전히 널리 사용된다. 하지만 사람들이 사용하는 언어가 이후로 바뀌었으므로 좀 더

복음을 막는 장애물

무슬림 여성들에게 문맹과 여성의 영성에 대한 이슬람적 견해는 복음을 전하는 데 가장 큰 두 개의 장애물이다. 어떤 나라에서는 여성의 85%가 문맹이다.[1] 대부분의 무슬림 여성들은 여성 영혼의 가치와 영적인 일을 이해하는 그들의 능력을 모독하는 문화적 사고에 둘러싸여 있다.

무슬림 남성들은 그리스도인과 접촉할 수 있는 공공장소에 좀 더 자주 갈 수 있으며, 역사적으로 그리스도인들은 주로 글로 복음을 제시했기 때문에, 무슬림 배경의 신자들(MBB)은 주로 교육받은 남녀인 경우가 많다. 그러나 애석하게도 이러한 접근법은 많이 배우지 못한 여성들을 소외시킨다. 믿는 여성들 중 많은 이들이 제대로 배우거나 제자 훈련을 받지 못해 성숙하지 못한 상태에 머물고 있다.

게다가 결혼한 그리스도인 여성들은 주로 자녀를 돌보는 일에 집중하느라 복음을 접할 기회가 줄어들 수 있다. 남성들은 형제, 삼촌, 조카, 친구들과 믿음을 나누지만 아내, 어머니, 누이, 이모, 조카, 딸 등에게는 거의 전하지 않는다. 여성은 열등하고 노력할 만한 가치가 없다는 오랜 통념을 남성 MBB들이 기독교에까지 가지고 온다.

하지만 무슬림 여성들에게 복음을 전할 수 있는 틈이 있다는 인식이 점차 커지면서 변화가 일어나고 있다. 무슬림 여성들에게 구두로 그리스도를 가르치는 방법이 사용되고 있다. 그리스도인들은 남성 MBB들의 제자훈련에 여성이 평등한 가치와 능력, 하나님께 나아갈 자격이 있다는 성경의 가르침을 더 많이 포함시킨다. MBB 가족들은 무슬림 친구들에게 그리스도인다운 결혼이 무엇인지 본을 보여야 한다. 여성들에게 복음을 전하고 가르치는 일은 교회 설립과 제자훈련의 필수적인 특징이 되고 있다.

1. A. H., "Discipleship of Muslim Background Believers", *Ministry to Muslim Women: Longing to Call Them Sisters*, ed. Fran Love and Jeleta Eckheart(Pasadena, Calif.: William Carey Library, 2000), 151쪽.

출처_ Annee W. Rose, frontiers.org.

성경을 쉽게 읽을 수 있도록 개정판들이 나왔다. 이러한 번역본들은 원문에서 나온 것이므로 의미상 차이는 없다.

그리스도인은 꾸란에도 여러 학자들의 여러 번역본이 있음을 지적할 수 있다. 그것들은 여러 면에서 다르다. 내 서재에는 다우드, 유수프 알리, 아베리, 피크탈이 번역한 꾸란이 있다. 각 번역본은 꾸란이 지닌 원래의 의미에 충실하려 애쓰지만 서로 다르다.

결론적으로 나는 그리스도인과 무슬림이 서로의 말에 귀 기울일 것을 호소한다. 정말로 필요한 것은 서로 의견이 다르고 오해가 있는 이 중대한 문제들에 대해 마주앉아 허심탄회하게 토론하는 것이다. 그렇다. 서로 바짝 다가앉아 상대방의 믿음을 제대로 검토하는 것이다. 사랑과 이해의 정신으로 상대방의 질문에 대답하는 것이다. 당신이 상대방을 더 잘 이해하게 될 뿐 아니라 하나님 그리고 인류를 향하신 그분의 계획을 더 깊이 인식하게 되길 기도한다. ❖

주

1. Abdiyah Akbar Abdul-Haqq, *Sharing Your Faith with a Muslim*(Minneapolis: Bethany, 1980). 페이지는 인용되어 있지 않다.
2. 시나이 사본은 *codexsinaiticus.org/en*에서 볼 수 있고, 바티칸 사본에 대해서는 *newadvent.org/cathen/04086a.htm*에서 배울 수 있다.

참고문헌

John Gilchrist, *Facing the Muslim Challenge*(Cape Town, South Africa: Life Challenge Africa, 2002).

하나님의 아버지 되심에 대한 이슬람과 기독교의 견해

R. C. 스프라울, 압둘 살리브

살리브의 관점

기독교 신앙에서 가장 중요한 개념 중 하나는 하나님의 아버지 되심이다. 예수님은 주기도문에서 하나님을 "하늘에 계신 우리 아버지"(마 6:9)라고 부르라고 가르치셨다. 그리스도인은 그렇게 친밀한 용어로 하나님과 이야기 나눌 수 있는 것을 '특권'이라고 느낀다. 또한 그리스도를 믿음으로써 하나님의 양자가 될 수 있다고 믿는다. 그리스도인은 무슬림에게 이에 대해 말할 때, 자신들이 복된 소식을 전해 주고 있다고 믿으며 무슬림의 귀에 그 말이 끔찍한 소식으로 들린다는 사실을 이해하지 못한다. 하나님을 우리의 아버지로, 우리를 그분의 자녀로 생각한다는 것은 무슬림에게 신성모독으로 들린다.

또한 그리스도인은 이슬람과 기독교 모두 유일신 신앙을 가지고 있기에 서로 공유하는 것이 많음을 이해할 필요가 있다. 그리스도인과 무슬림은 하나님이 한 분이라는 것, 하나님이 의로우시다는 것, 하나님이 주권적이시라는 것, 하나님이 다스리신다는 것, 하나님이 용서하신다는 것을 믿는다. 하나님은 선지자들을 보내셨고 여러 계시를 주셨다. 일치되는 부분들이 많이 있지만 대단히 근본적인 차이점이 있다는 사실 역시 무시할 수 없다.

이는 전 세계 수많은 무슬림들이 매일 기도

R. C. 스프라울은 저명한 저자이며, 낙스 신학대학교 등 여러 주요 신학교에서 신학과 변증학 교수로 재직했고, 세인트 앤드류 채플 담임목사로서 오랫동안 말씀을 전했다. 압둘 살리브는 무슬림 국가에서 태어나고 자랐으며, 유럽에서 공부할 때 기독교로 개종한 후 미국 내 무슬림을 대상으로 사역하는 선교사다. 이 글은 R. C. Sproul and Abdul Saleeb, *The Dark Side of Islam*(Wheaton, Ill.: Crossway Books, 2003), 25-33쪽에 나온 것으로, 허락을 받고 실었다. *crossway.org*.

때 암송하는 꾸란 112장으로서 무슬림의 매일 기도에서 필수적인 부분이다. "일러 가로되 하나님은 단 한 분이시고 하나님은 영원하시며 성자와 성부도 두지 않으셨으며 그분과 대등한 것은 세상에 없노라."

이슬람은 하나님의 절대적 주권을 대단히 강조한다. "하나님께서는 아들을 가질 필요가 없노라 그분께 영광이 있으소서 그분이 어떤 것을 원하실 때 말씀을 내리시니 있어라 그러면 있느니라"(꾸란 19:35). 이 구절에 대한 각주에서 압둘라 유수프 알리는 이렇게 쓴다.

> 아들을 낳는다는 것은 사람의 동물적 본성의 필요에 의존한 육체적 행위다. 지극히 높으신 알라는 모든 욕구에서 독립해 있으시며, 그분이 그런 행동을 했다고 보는 것은 그분의 명성을 실추시키는 것이다. 그것은 이교의 잔재이며 의인화된 물질주의적 미신에 불과하다.[1]

이러한 믿음은 꾸란 자체에 기원을 둔다. 하나님을 우리의 아버지라고 말하는 것은 성관계를 암시하며, 하나님이 그런 일을 했다고 보는 것은 옳지 않다는 것이다. "하나님이 하늘과 땅을 창조하셨음이라 그분께는 배우자가 없는데 어떻게 자손이 있느뇨 그분이 만물을 창조하셨으니 그분이 모든 것을 아심이라"(꾸란 6:101).

꾸란 2장 116절은 이렇게 되어 있다. "그들은 하나님이 아들을 낳았으니 그분께 찬미를 드리라고 말하나 그렇지 않노라 천지의 모든 것이 하나님께 있으며 이 모두가 하나님께 순종하노라." 이 구절에 대한 각주에서 유수프 알리는 이렇게 말한다. "알라가 사람이나 짐승 같은 아들을 낳는다고 말하는 것은 알라의 영광을 떨어뜨리는 것이다. 이는 사실상 신성모독이다."[2]

물론 우리 그리스도인은 이렇게 말한다. "그리스도인이 믿는 건 그런 게 아니다. 하나님이 아버지시고 우리가 하나님의 아들이라고 말할 때, 하나님이 성적 행위를 했다고 말하는 게 아니다." 하지만 무슬림은 그렇게 이해한다. 유수프 알리는 이어서 이렇게 말한다. "이 점에서 특히 기독교 교리를 거부해야 한다. 그 말에 어떤 의미가 있다면 알라가 육체적 성질, 그리고 '성'이라는 하급의 동물적 기능을 가지고 있다는 의미일 것이다."[3] 그래서 무슬림은 하나님을 "하늘에 계신 우리 아버지"라고 친밀하게 부르는 것을 신성모독으로 듣는다.

나는 그냥 '아버지'라는 말을 사용한다. 하지만 성경에는 팔에 양을 안고 있는 목자, 부정한 아내인 이스라엘 민족을 따라다니는 상처받은 남편 등 하나님에 대해 다른 이미지들이 대단히 많이 나온다. 그리스도는 자신의 교회인 신부에게 오시는 신랑으로 나타난다. 하나님 및 인류와 하나님의 관계에 대한 미묘한 이미지들이 많이 있다. 하지만 꾸란과 이슬람에서 주로 나타나는 하나님의 이미지는 '주인'이며, 우리와 하나님의 관계는 종과 주인의 관계다. 이슬람은 인류와 하나님이 조금이라도 친밀하다거나 우리가 하나님을 "우리의 하나님 아버지"라고 부르는 것을 허용하지 않는다. 우리 그리스도인은 무슬림의 사고방식, 그리고 그들이 "하늘에 계신 아버지" 혹은 "하나님의 아들" 등의 말을 어떻게 이해하는지 제대로 알아야 한다.

스프라울의 대답

앞에서 나타냈듯이 정통 기독교는 이러한 무슬림의 신성모독 견해에 사실상 다 동의할 것이다. 그리스 로마 신화에 나오는 것처럼 신적 존재가 육체적으로 자녀를 번식한다는 어리석은 개념을 완전히 거부한다는 점에서 그렇다. 신들이 인간들과 성관계를 맺는다는 개념 자체가 이슬람 교의와 전혀 맞지 않는 것처럼 유대 기독교 교의에도 전혀 맞지 않는다.

분명 기독교가 하나님의 아버지 되심, 하나님

의 아들, 하나님의 자녀에 대해 말할 때, 육체적이고 생물학적인 번식이라는 개념을 전달하려는 것이 아니다. 특정 사이비 종교에서 그런 개념을 만들어 내지만, 사실 모든 기독교 교단은 자유주의적이든 보수주의적이든 다 그것을 거부해 왔다.

우리는 구약, 그리고 특히 신약이 하나님의 아버지 되심 및 사람들의 형제 됨을 어떤 식으로 분명히 표현하는지 주의 깊게 살펴볼 필요가 있다. 주목할 만한 20세기의 학자 요아킴 예레미아스(Joachim Jeremias)는 하나님의 아버지 되심에 대해 연구했다. 그는 유대교에서 '아버지'가 어떻게 하나님을 부르는 호칭으로 쓰이게 되었는지 살펴보기 위해 구약뿐 아니라 탈무드, 랍비들의 글, 20세기까지 현존하는 모든 유대 본문 등 모든 문헌을 연구했다. 그런데 구약 어느 곳에서도, 아니면 랍비들의 글 어느 곳에서도 유대인이 기도할 때 하나님을 직접 아버지라고 부르는 것을 찾을 수 없었다. 이것은 무슬림 학자들이 지적한 것처럼 친밀성이 없는 것에 해당되는 듯하다.

사실상 예레미아스는 유대인이 가장 먼저 하나님을 직접 '아버지'라고 부른 때는 10세기라는 결론을 내렸다. (하지만 복음서에 기록된 나사렛 예수님의 모든 기도에서는 한 번만 빼고 하나님을 아버지라고 부른다.) 예레미아스에 따르면, 유대인에게는 그들이 받아들일 만한 호칭 목록이 있었다고 한다. 그 목록은 예배 때나 개인 기도 때 사용할 수 있으며, 하나님의 영광과 엄위를 조금도 훼손하지 않을 만한 것이었다. 그 목록에는 분명 '아버지'라는 호칭이 빠져 있다. 드문 경우에 하나님을 간접적으로 인류의 아버지라고 언급한다. 인류의 창조주라는 의미에서 그런 것이다. 하지만 무슬림이 반대하는 것처럼 혹은 그리스도인이 하나님의 아버지 되심을 이해하는 것처럼 언급된 적은 없다.

예레미아스의 논제는 오늘날 기독교 공동체 사람들이 일상적으로 하나님을 아버지라고 부른다는 것이다. 주기도문은 우리가 드리는 공동 예배의 필수적인 부분이다. 그리고 그리스도인 무리가 기도하는 소리를 들어보면 분명 그들의 입술에서 나오는 가장 흔한 호칭은 '아버지'다. 이는 기독교 문화에 너무 널리 퍼져 있기 때문에 우리는 종종 그것을 당연하게 여긴다.

예레미아스는 예수님이 하나님을 '아버지'라고 부른 것은 유대 전통에서 근본적으로 떠난 것이라고 주장하고 있다. 당시 사람들은 이러한 근본적 혁신이 지닌 의미를 눈치챘다. 사실상 그것은 예수님의 원수들을 격노케 했다. 하나님과 이같은 친밀한 관계를 지니고 있다는 예수님의 주장은 그들에게 안하무인에다 대담무쌍하다는 느낌을 주었을 것이다.

게다가 그 관계는 신약에서 다른 관점으로 나타난다. 하늘에서 "이는 내 사랑하는 아들이요 내 기뻐하는 자니"(마 17:5)라는 하나님의 말씀이 들린다. 그리고 예수님은 대단히 주의 깊고 신중하기는 하지만 '하나님의 아들'이라는 호칭을 가지고 계신다. 그리스도가 하나님의 아들로 불릴 때 모노 제네시스(monogenesis)라고 불리는데, 그리스어로 아버지의 '독생자'라는 의미다. 교회는 이 말이 그리스도가 시간의 흐름 속에서 처음 시작된 순간이 있었다는 식의 의미가 아님을 아주 이른 시기부터 이해했다. 아버지가 출산을 통해 아들을 얻거나 낳았다는 개념은 여기에 전혀 없다.

성경의 아들 됨에 대한 말은 생물학적 세대에 대한 말일 뿐 아니라 순종의 관계에 대한 묘사이기도 하다. 예수님이 사람들을 자유케 하는 것에 대해 말씀하셨을 때, 바리새인들은 "우리가 아브라함의 자손이라 남의 종이 된 적이 없거늘 어찌하여 우리가 자유롭게 되리라 하느냐"(요 8:33)라고 말하면서 화를 냈다. 예수님은 "너희가 아브라함의 자손이면 아브라함이 행한 일들을 할 것이거늘"(39절)이라고 대답하셨다. 하나님의 자녀라고 불린다는 것은 하나님에게 순종하는 사람이 된다는 의미였다. 여기에서 아들 됨은 생물학적 견지가 아니라 윤리적 견지에서 규정된다. 그런 의미에서 신약은 아버지께 완전하게 순종하는 분이신 그리스도의 고유한 관계에 대해 말한다.

하지만 예수님은 그러고 나서 자기 제자들에게 "하늘에 계신 우리 아버지"(마 6:9)라고 기도하라고 말씀하신다. 급진적인 말이다. 처음 들은 사람들에게는 정말 놀라운 말이었다. 무슬림들이 그 말에 기분이 상하는 게 당연하다. 정통 유대인들 역시 기분이 상할 것이다. 그들의 전통에서 심각하게 벗어난 말이기 때문이다. 사실 타락 이후로 구약 전체를 통틀어, 죄 때문에 인간을 하나님과 분리시키는 벽이 이어져 내려왔다. 우리가 하나님과 친밀한 관계를 맺는 것을 막기 위해 화염검을 든 천사가 낙원 입구를 지키고 있었다(창 3:24).

로마서 8장에서 바울은 우리가 성령의 사역으로 하나님 아버지의 양자가 되었다는 개념을 사용한다. 우리가 하나님의 가족으로 입양되었으므로 성령님은 이제 '아바(Abba), 아버지'라고 말할 수 있는 권리와 권한을 주신다(15절). 우리는 이제 하나님을 아버지라고 부를 권리를 가지고 있다. 그리스도의 사역과 속죄 이전에 우리의

무슬림과 복음을 나누는 또 다른 비결들

1. 동성끼리 있을 때만 이야기를 꺼내라. 이슬람에서는 보통 남자와 여자를 분리하고 기독교에서 그렇듯 경건함과 순결함을 존중한다. 여자들은 항상 정숙한 옷차림을 하고 남자들만 있는 모임에는 가지 않는다. 남자들은 집 안에 다른 남자가 한 명도 없으면 그 집에 들어가지 않는다.
2. 토론이나 논쟁을 피하라. 논쟁에서 이기는 것이 아니라 영혼 구원을 목표로 삼으라. 우리의 메시지는 종교와 의식법, 철학 체계에 관한 것이 아니라 그리스도를 통해 하나님과 관계 맺음에 관한 것이다. 하나님이 당신을 위해 해주신 일에 대한 감사를 표하고 그것을 나누라.
3. 꾸란이나 무함마드 혹은 이슬람을 모욕하지 않도록 하라. 창피를 주면 사람들은 멀어진다. 하지만 예수님과 그분의 사역에 대해 말하면 호소력을 갖게 되고 상대방이 믿음에 더 가까이 다가오게 될 것이다.
4. 어떻게 앉거나 먹는지, 어떻게 집에 들어가는지 등 무슬림 친구들의 관습에 민감하라. 우리의 문화적 습관이 그들에게 거슬릴 수 있다.
5. 이슬람의 관습을 알아 두라. 성경을 바닥에 놓거나 그 위에 다른 물건을 올려놓거나 성경 본문에 표시를 하면 그들의 마음을 상하게 할 수 있다.
6. 그리스도인들끼리 서로 모욕하면 안 된다. 다른 그리스도인들이나 그들의 사역을 비판하는 일을 삼가라.
7. 복음과 복음에 대한 믿음을 단순하게 만들라.
8. 일관된 생활 방식을 유지하라. 그리스도의 복음은 우리를 죄에서 구원하고 죄의 권능에서 해방시키기 위해 하나님으로부터 오는 능력이라는 사실이 우리의 생활 방식을 통해 드러나야 한다.
9. 구원 문제에 대해서는 성령님이 진정 역사하시도록 기도하라. 성령님은 예수님을 따르는 자들을 구하고 굳게 지키시는 분이다. 문제는 사람의 결단이 아니다. 당신은 하나님이 당신을 사용하시도록 하고 있는가?

출처_ Fouad Masri, crescentproject.org.

관계를 규정지었던 소외의 관계는 이제 끝났다. 벽은 제거되었다. 하나님은 자비로우셔서 우리의 죄를 사해 주실 뿐만 아니라 가족 구성원의 친밀한 교제로 우리를 초청하셨다. 날 때부터 그분의 자녀가 아닐지라도 입양되어 그분의 자녀가 된다.

그리스도와 우리의 관계로 인해 우리는 이제 하나님의 가족 안에 포함된다. 이 관계는 이슬람에 있는 어떤 관계와도 현저히 다르다. 이것은 이슬람에 결여되어 있는 몇 가지 중 하나다. 이슬람은 하나님과 우리가 부자 관계로, 그 친밀한 관계로 회복될 수 있는 길이 없다. 원래 우리가 관계를 위해 창조되었는데도 말이다. 이러한 입양이라는 개념은 우리가 당연하게 여겨서는 안 되는 구속(redemption)이라는 개념을 온전히 이해하는 데 매우 중요하다.

요한은 요한일서에서 이에 대해 쓸 때, "보라"라는 말로 시작한다. 그것은 빨간 불빛이 깜박거리는 철도 건널목 표시와도 같다. 멈추라. 보라. 그리고 들으라. 바로 거기에 멈춰 서서 주의를 기울이라. 뭔가 중요한 것이 오고 있다. "보라 아버지께서 어떠한 사랑을 우리에게 베푸사 하나님의 자녀라 일컬음을 받게 하셨는가"(요일 3:1). 1세기의 사도들까지도 그리스도의 사역으로 우리가 하나님과 부자 관계를 맺게 된다는 사실에 놀라고 압도되었다.

살리브의 도전

하나님의 아버지 되심에 대해 무슬림과 이야기할 때, 하나님의 육체적 번식에 대해 이야기하는 것이 아님을 알고 이를 강조하는 것이 중요하다. 그리고 아들 됨을 정의할 때 순종의 측면을 강조하는 것이 매우 중요하다. 또한 우리는 이슬람이 이교의 맥락에서 등장한 것임을 알 필요가 있다. 그래서 사실상 원래 꾸란은 하나님의 아버지 되심과 사람들이 그분의 자녀라는 이교의 견해를 탄핵했다. 이슬람은 그런 배경 속에서 등장했다. 하지만 후에 이슬람 신학은 거기서 중단되고 하나님과 인류의 관계를 친밀함과 관계라는 견지에서 발전시키지 못했다.

최근 풀러 신학교는 이전에 무슬림이었다가 그리스도인이 된 600명을 대상으로 설문 조사를 실시했다.[4] 이전에 무슬림이었던 이 사람들의 회심과 관련된 한 가지 요소는, 하나님의 사랑 및 신자들이 하늘 아버지이신 하나님과 누릴 수 있는 친밀함의 강조였다. 이것이 이전에 무슬림이었던 이들을 그리스도께로 이끈 중요한 힘이다. 우리는 모든 무슬림에게 이 진리를 제시해야 한다. ❖

주

1. Abdullah Yusuf Ali, *The Meaning of the Holy Qur'an* (Beltsville, Md.: Amana Publication, 1989), 751쪽.
2. 앞의 책, 49쪽.
3. 앞의 책.
4. 더들리 우드베리와 러셀 슈빈의 "무슬림이 말하다: 나는 왜 예수님을 선택했는가"라는 설문조사 보고서는 576쪽에서 읽을 수 있다.

참고문헌

Timothy George, *Is the Father of Jesus the God of Muhammad?*(Grand Rapids: Zondervan, 2002). *zondervan.com*.

우리의 믿음을 무슬림과 나눔

찰스 마시

 무슬림에게 복음을 전할 때 몇 가지 일반 원리를 지침으로 사용해야 한다.

1. 이슬람을 정죄하거나 무함마드를 경멸하는 어조로 말하는 것을 피해야 한다. 이슬람을 비판하는 대신 무슬림의 입장에서 이해하도록 애써야 한다. 그들이 선지자로 존경하는 사람의 생애나 성품에 대해 절대 논쟁을 벌이지 않는 것이 지혜롭다. 우리의 목표는 무슬림에게 그리스도가 살아 계신 분으로서 구원자시며 그들의 마음을 만족케 하실 수 있는 분임을 보여 주어 그들이 주 예수님께 끌리도록 하는 것이다.

주님은 제자들에게 중요한 가르침의 원리를 알려 주셨다. "가시나무에서 무화과를, 또는 찔레에서 포도를 따지 못하느니라"(눅 6:44). 논쟁이라는 가시와 찔레는 사람들을 쫓아 버리지만 열매에는 누구나 끌린다는 것을 예수님은 암시하셨다.

이슬람의 부족한 부분들을 지적하면 무슬림의 반감을 사게 된다. 일부 그리스도인들은 무슬림에게 이슬람이 행위의 종교이며, 사람은 하나님의 은혜로만 구원받을 수 있다고 말한다. 그들은 무슬림의 기도 형식은 전혀 참된 기도가 아니라고 주장한다. 하나님은 겸손하고 참회하는 마음을 원하시지 그저 몸만 엎드리는 것을 원하지 않으시기 때문이라는 것이다. 그들은 무함마드가 참된 선지자였다면 아내를 여러 명 두지 않았을 것이라고 말한다. 그런 그리스도인들의 메시지는 부정적이고 비판적이다. 무슬림은 가시에 찔려 멀리 가 버리고 말 것이다.

찰스 마시는 오랫동안 알제리 개척 선교사였으며, 차드공화국 선교사로 번역가로도 섬겼다. 1968년부터 알제리와 차드를 여행하면서 무슬림에게 복음을 전할 사람들을 훈련시키고 있다. 이 글은 Charles R. Marsh, *Share Your Faith with a Muslim*(Chicago, Ill.: Moody Press, 1980), 8-13쪽의 내용을 정리한 것으로, 허락을 받고 실었다.

우리의 목표는 참된 포도나무이신 주님을 긍정적으로 제시해 무슬림이 스스로 복음의 열매를 거두고 싶어 하도록 만드는 것이다. 우리는 그들이 보복하기 위해 논쟁하도록 만들기를 원하지 않는다.

2. 무슬림이 유일하며 참되신 하나님과 그분의 율법을 믿는 신자임을 반드시 기억해야 한다. 무슬림의 인식은 잘못되었을지 모르지만, 묵주를 돌리면서 하나님의 99가지 이름을 주의 깊게 암송하는 모습은 그들이 유일하며 참되신 하나님을 믿고 예배함을 보여 준다. 하나님의 많은 속성은 꾸란뿐 아니라 성경에서도 볼 수 있다. 그렇기 때문에 언제나 하나님에 대해, 그분의 존재와 능력과 심판과 신실하심과 거룩하심에 대해 말할 수 있다. 무슬림은 하나님이 편재하시며 전능하시고 전지하심을 안다. 그들을 이교도, 불가지론자 혹은 우상 숭배자로 대해서는 절대 안 된다.

3. 모든 참된 무슬림의 마음속에는 하나님을 경외하는 마음이 있다. 이것이 우리 접근법의 강점이다. 무슬림은 하나님을 이론적으로 믿을 뿐 아니라 마음속 가장 깊은 곳에서 자신들이 하나님의 심판을 받게 되리라는 것을 안다. 무슬림은 자신의 결점과 실패를 안다. 그들은 지옥이 있다는 것을 알며 자신들이 거기에 떨어질까 봐 두려워한다.

무슬림이 주인 앞에 선 종처럼 기도하고 예배할 때 엎드리는 것은 경외감의 표현이다. 하나님을 하늘에 계신 아버지로 아는 그리스도인의 마음가짐과는 정반대지만, 하나님에 대한 그들의 진정한 두려움 혹은 경외는 양심에 호소하는 기초가 된다. 하나님을 경외하여 존중하거나 두려워하는 모습은 오늘날 미국에서는 부족하지만 많은 무슬림 국가에서는 지금도 찾아볼 수 있다. 어떤 사람들은 미신이라고 말할지 모르나, 무슬림 사역을 하는 모든 기독교 사역자들은 그것이 잠재적으로 지닌 장점을 알고 있다.

4. 대부분의 무슬림은 죄를 명확히 인식하고 있다. 무슬림은 보통 죄에 대한 깊은 자각은 없지만, 하나님이 요구하시는 기준에 자신들이 도달하지 못했음을 깊이 인식한다. 이슬람은 어느 정도 양심에 호소하며, 또 하나님의 율법(무슬림은 자신이 율법을 범했다는 사실을 안다)에 호소한다. 그들은 날마다 기도를 드리면서 죄사함을 구하며 "알라의 용서를 구하나이다"(아스타그피룰라)라는 말을 계속 반복한다. 무슬림은 자신들이 잘못했을 때 그것을 알며, 하나님의 자비를 통해 죄사함 받길 소망한다. 하지만 그들은 자신들의 종교가 죄사함의 확신이나 죄 용서를 제공하지 않는다는 것도 충분히 안다. 그저 바라기만 할 뿐이다. 하지만 죄사함을 바라는 마음은 그들 마음속 깊이 존재하고 있으며 우리는 이것을 사용할 수 있다.

무슬림은 성경이 '육신' 혹은 '죄'라고 말하는 악한 성품이 뭔지 이해하는 데 별 어려움을 느끼지 않는다. 사람마다 서로 다른 말로 다양하게 표현하겠지만 모든 독실한 무슬림은 자기 내면에 있는 악을 민감하게 인식한다. 자신의 본성이 악하다는 것을 안다. 그들은 선을 행하고자 하나 그렇게 하지 못한다. 자신들의 도덕적 규약을 따르고자 진지하게 노력하지만 실패한다. 그들은 이것이 자신의 악한 마음 때문임을 안다. 그리스도 한 분만이 영혼의 깊은 필요에 대한 대답이다.

5. 앞서 말한 이유들 때문에, 우리는 무슬림의 종교적 정체성을 일단 제쳐 놓고 그들이 우리와 마찬가지로 인간이고 죄인이라는 사실을 기억해야 한다. 죄인에게는 구세주가 필요하다. 그리고 우리에게는 이 필요를 채울 수 있는 메시지가 있다. 무슬림은 기독교와 이슬람의 차이에 호소하면서 그들의 종교를 논하려 할 것이다. 우리는

그런 토론을 피하면서 계속해서 그들에게 구세주가 필요하다는 사실을 일깨워 주어야 한다. 그러자면 먼저 그들의 지성이 아니라 양심에 호소해야 한다. 물론 우리의 믿음이 논리적임을 보여 주어야 한다. 모든 사람에게 영향을 끼쳐야 하며 신학적 문제들을 반드시 다루어야 한다. 하지만 일차적으로는 그들의 마음과 양심에 호소해야 한다.

무슬림의 한 가지 특징은 자신이 무엇을 믿는지 이야기할 때 전혀 부끄러워하지 않는다는 것이다. 그들은 자신의 확신을 언제나 대단히 명백하게 진술할 것이다. 그들은 주저 없이 우리에게 무함마드에 대한 증거(샤하다)를 반복하고 우리를 이슬람으로 개종시키려 할 것이다. 그들은 그런 열심과 솔직함(공개적인 신앙고백)을 가진 사람이 있으면 칭찬한다. 성경의 진리들을 감추거나 완곡하게 만들거나 무슬림의 신앙에 맞추려고 해선 안 된다.

이슬람과 기독교는 정반대다. 따라서 기독교 메시지를 무슬림의 사고에 맞추어 공통의 믿음을 추구하기란 불가능하다. 무슬림은 예리하고 통찰력 있으며 진리를 가리거나 타협하려는 모든 노력을 재빨리 탐지해 낸다. 새뮤얼 즈웨머 박사는 사랑으로 미소를 머금고 말한다면 무슬림에게 어떠한 말이든 할 수 있다고 조언했다. 그들은 무슬림 반대자 무리 한가운데서 홀로 확신을 가지고 주저 없이 진리를 말할 수 있는 용감한 사람을 존경한다. 하지만 일관된 삶을 통해 이같이 큰소리로 말한 확신을 뒷받침하는 것이 대단히 중요하다.

6. 우리가 전하는 메시지는 전하는 자의 성품으로 판단받는다. 사실 처음 접근할 때 전하는 사람이 누구인가 하는 것은 전하고자 하는 메시지만큼이나 중요하다. 과거에는 전하는 자가 그리스도를 닮지 않아 무슬림이나 그 밖의 사람들이 메시지를 들으려 하지 않는 경우가 너무 많았다. "성령의 열매는 사랑과 희락과 화평과 오래 참음과 자비와 양선과 충성과 온유와 절제니"(갈 5:22-23). 이러한 미덕이 모여 그리스도를 닮은 성품이 되며, 그런 열매들은 성령님에 의해서만 우리 안에 생겨날 수 있다.

성경은 '중요한 것은 종의 성품'이라고 일관되게 가르친다. 중요하면서도 존중받는 자질들은 다음과 같다. 무슬림이 증오하고 빈정대는데도 끊임없이 사랑하며, 오래 참고, 온유하고, 모든 것을 참고, 모든 것을 믿고, 모든 것을 바라고, 모든 것을 견디는 사랑, 반대와 핍박에도 불구하고 다시 일어나는 주님 안에서의 기쁨, 무슬림이 그처럼 진심으로 바라는 하나님과의 평화, 계속 나아가는 끈기 있는 인내, 무슬림이 논쟁으로 반박할 수 없는 실제적인 선함, 무슬림 친구가 온전히 의지할 수 있도록 약속 꼭 지키기, 거만함 앞에서도 굽히지 않는 온순함, 몰상식한 논쟁 속에서도 마음을 평정을 잃지 않는 절제 등이다.

이러한 모범적인 성품에 공손한 태도와 침착함이 반드시 수반되어야 한다. 무슬림은 일부 그리스도인들이 보여 주는 '아무 근심 걱정 없고 평안한 마음'을 이해하지 못한다. 하나님의 사람은 즐겁고 기쁘다. 동시에 침착하고 공손해야 한다. 특히 하나님의 진리들에 대해, 하나님과 그 메시지에 대한 자신의 살아 있는 믿음에 대해 이야기할 때 더욱 그렇다.

이제 이 정도 말했으니 우리의 접근법과 가르침에서 가장 중요한 원리를 단언할 수 있겠다.

7. 무슬림이 하나님 말씀의 진리를 받아들이도록 그들도 이미 아는 진리를 사용할 필요가 있다. 무슬림이 믿고 있고 이미 알고 있는 것들을 조사하면 많은 접촉점을 발견할 수 있다. 그들은 하나님이 빛이시며 그분 안에는 어두움이 전혀 없음을 안다. 그들은 그리스도가 마리아의 아들이라는 것을 안다. 그들은 꾸란에 나와 있는 예수님의 호칭 중 하나가 하나님의 말씀(칼리마툴

라)라는 것과 예수 그리스도가 다스리기 위해 곧 다시 오실 것임을 안다. 그들은 또 사람들이 기도로 하나님께 다가갈 때 순결해야 한다는 것을 안다. 무슬림은 이러저러한 많은 방식으로 희미하게나마 진리를 알고 있다. 이에 대해 하나님께 감사하며, 무슬림이 알고 있고 믿고 있는 것을 축하하고, 계속해서 그들을 더 깊은 진리로 이끌도록 애써야 한다. 처음에는 받아들이지 않을지 모르지만 그들은 그것을 곰곰이 묵상할 것이다.

결론적으로 다음의 두 가지 부수적 원리를 지침으로 삼아야 한다.

8. 무슬림은 사랑에 반응을 보인다. 무슬림은 우리가 정말로 그들을 인격적인 존재로 대하며 관심을 가진다는 것, 그들을 사랑하며 그들에게 (영혼에 대해서만이 아니라) 진심으로 관심이 있다는 것을 느껴야 한다. 무슬림이 회심한 경우를 보면 대부분이 먼저 그리스도인의 사랑에 영향을 받았다.

시 메바렉은 이슬람 사원에서 남학생들에게 경전 암송을 가르치는 젊은 꾸란 연구자였다. 그는 오랫동안 주일학교에 참석했다. 하지만 그 가르침에 아무 영향을 받지 않았다. 그는 복음에 대해 마음이 완악했고 선생들을 조롱했다.

그가 18세가 되어 이슬람 지식에 대한 자부심이 넘쳐날 때, 한 여자 선교사의 집에 가서 아랍어로 된 복음서를 하나 달라고 하면서 그 책을 꼭 다시 읽고 싶다고 말했다. 여자 선교사는 감격했다. 그것은 그녀에게 기도 응답이었다. 한 젊은이가 주님을 찾고 있는 것이다. 그런데 시 메바렉은 복음서를 손에 들더니 한 번 바라본 후 반항적인 표정을 지으며 갈기갈기 찢어서 땅에 던지고는 발로 밟아 뭉개 버렸다.

시 메바렉은 자신이 하나님의 말씀을 그렇게 취급한 것에 대해 호된 꾸중을 들을 것이라고 예상했다. 그러나 꾸중을 듣는 대신 하나님의 종이 눈물을 흘리는 것을 보았다. 여자 선교사는 말할 수 없는 슬픔으로, 하지만 진정한 사랑으로 한마디 말도 없이 돌아서서 그를 위해 기도하기 위해 집으로 들어갔다.

시 메바렉은 집으로 향했다. 하지만 그리스도의 인내하는 사랑, 그 선교사의 온유함과 부드러운 표현이 그의 마음을 움직였다. 한 시간도 안 되어 그는 선교사의 집으로 다시 돌아왔다. 이번에는 죄를 깨닫고 구원받고자 하는 죄인으로 온 것이다. 예루살렘을 향해 오신 분의 단순한 사랑 표현은 오랜 가르침이 이루지 못했던 일을 이루었다. 사랑이 많은 전도자는 전하고자 하는 메시지만큼이나 중요하다.

바로 이 점에서 그리스도인들은 오랜 세월 동안 실패했다. 특히 십자군 시대부터 지금까지 그랬다. 일부 선교사들은 지금도 논쟁하고 욕하고 조롱하면서 이슬람과 계속 전쟁을 하고 있다. 실제로 진정한 사랑을 보이는 것은 매우 중요하며, 그러한 태도에 장애물들이 하나 둘 무너져 내린다. 무슬림 친구들을 반드시 미소로 맞이하라. 정치적 긴장이 고조될 때에도 그래야 한다.

무슬림이 병에 걸리거나 사별했을 때 찾아가 위로하라. 작은 일에도 마음을 다해 섬기라. 그들을 집으로 초청하고 그들이 초청하면 기꺼이 응하라. 사업상의 모든 거래에서 꼼꼼하게 정직한 모습을 보이라. 삶의 아주 작은 부분에서 그리스도인다운 모습을 보여 주라. 무슬림 가게 주인이 거스름돈을 잘못 거슬러 주면 그 사실을 반드시 그에게 알리라. 상대방을 존중하며, 존경할 만한 점에 대해서는 존경하는 마음을 보이라.

그들의 관점을 이해하려고 애씀으로 당신이 무슬림을 사랑한다는 것을 보여 주라. 그들의 말을 잘 들어 주라. 하나님이 노년에 내게 가르쳐 주신 것이 하나 있다면, 다른 사람의 말을 끈기 있게 경청하는 지혜다. 상대방이 영국인 십대이든 고집불통 무슬림이든 상관없다. 그들이 말하는 것 가운데 긍정할 수 있는 사람이 단 한 명이라도 있다면 반드시 그렇게 해야 한다. 우리는 진지해야 한다. 무슬림은 우리를 하나의 책처럼 읽을 수 있으며, 그들이 여러 선교사들과 다른 사람들에게 붙여 주는 별명은 언제나 매우 적절하다. 참된 사랑은 진리를 가리지 않으며, 우리에게는 전달할 생명의 메시지가 있다는 사실을 기억하라. 하지만 무슬림은 그 진리를 받아들이고 우리 주님을 사랑하기 전에, 우리를 사랑하는 법부터 배워야 한다. 그들이 우리 주님을 신뢰하기 전에, 우리부터 신뢰할 수 있어야 한다. 하나님의 방식은 사랑이다.

9. 마지막으로, 우리는 성령의 역사에 전반적으로 의지해야 한다. 무엇을 말할지 가르쳐 주시고 그들이 죄를 깨닫고 그리스도를 믿게 해달라고, 새 생명을 창조해 달라고, 그들에게 평화의 확신을 달라고 성령님께 온전히 의지해야 한다. 성령의 역사가 없다면 우리의 믿음을 무슬림과 나누려는 모든 노력은 완전히 헛된 것이 되고 만다(요 16:8-14을 보라). ❖

8과를 위한 교재 읽을거리를 끝냈다면 397쪽의 '추천 도서와 활동'을 보라.

온라인 읽을거리는 *encounteringislam.org/readings*에서 볼 수 있다.

토론 문제

1. 이슬람과 기독교 모두에서 찾아볼 수 있는 용어나 개념 중 매우 다른 의미와 함축, 또는 전제를 가진 것은 무엇인가?

2. 은행 직원은 진짜 지폐를 연구함으로써 위조지폐를 가려내는 법을 훈련한다. '진짜' 기독교란 무엇인가? 로마서 5장 1-11절을 읽으라.

- 우리의 행동을 묘사하는 동사들을 열거하라.
- 하나님의 행동을 묘사하는 동사들을 열거하라.
- 그리스도가 우리를 구원하시기 전과 후의 우리 삶을 대조해 보라.
- 본문을 연구하면서 새롭게 깨닫게 된 것이 있다면 무엇인가?
- 이번 주에 본문을 묵상하며 더 깊은 방식으로 하나님의 진리를 마음에 새기라. 하나님의 사랑에 흠뻑 젖은 당신을 통해 그 사랑이 다른 사람들에게 스며들도록 하라.

추천 도서와 활동

읽기	Chawkat Moucarry, *The Prophet and the Messiah*(Westmont, IL: InterVarsity Press, 2002). 『알라를 찾다가 예수를 만나다』(나빌 쿠레쉬 지음, 박명준 옮김, 새물결플러스, 2016). Robert Scott, *Questions Muslims Ask*(Downers Grove, IL: InterVarsity Press, 2011). Mike Shipman, *Any-3: Anyone, Anywhere, Anytime*(Monument, CO: WIGTake Resources, 2013).
보기	보스니아와 세르비아 간의 전쟁 영화를 보라. 〈세이비어〉(Savior, 피터 안토니제빅 감독, 1998), 〈피와 꿀의 땅에서〉(In the Land of Blood and Honey, 안젤리나 졸리 감독, 2011), 〈노 맨스 랜드〉(No Man's Land, 다니스 타노비치 감독, 2001).
기도하기	적어도 하루에 다섯 번 무슬림의 규정 시간에 그들을 위해 기도하라. 동트기 전 기도(파즈르), 정오 기도(주흐르), 오후 기도(아스르), 저녁 기도(마그립), 밤 기도(이샤). salah.com과 같은 웹 사이트에 무슬림 기도 시간이 지역별로 나와 있다.
만나기	우호적인 대화로 무슬림과 관계를 맺으라. 집에 초청해 식사하거나 차를 마시라.
검색하기	*answering-islam.org/testimonies*

* 그 밖의 유용한 정보와 자료는 *encounteringislam.org/learnmore*를 보라.

9과

복음 증거 접근 방식

깊이 생각해 보기

- 지난 수세기 동안 교회는 무슬림에게 어떻게 복음을 전했으며 그 결과는 무엇인가?
- 무슬림이 다수인 국가에 이미 존재하는 기독교 교회들과 어떻게 협력해야 하는가?
- 무슬림은 왜 다른 무슬림이 그리스도께로 돌이키면 화를 내는가?

이 과의 목표

1. 새로운 목표: 무슬림에게 사용할 수 있는 다양한 전도법에 대해 설명한다.
2. 새로운 목표: 다른 환경 속에서 각 전도 접근법이 지닌 강점과 약점을 밝힌다.
3. 앞 과에 기초한 목표: 무슬림에게 다가가 전도할 때 자신이 가지고 있는 약점과 오해를 인정한다.
4. 앞 과에 기초한 목표: 다양한 전도 접근법에 대한 무슬림의 반응을 살핀다.
5. 앞 과에 기초한 목표: 다른 사람들의 전도 접근법에 영향을 준다.
6. 앞 과에 기초한 목표: 존중하는 태도로 정중하게 무슬림에게 다가간다. .
7. 앞 과에 기초한 목표: 무슬림과의 관계를 시작하고 유지한다.
8. 앞 과에 기초한 목표: 무슬림에게 복음을 나눈다.
9. 앞 과에 기초한 목표: 통찰과 긍휼, 성경적인 건전성을 갖추어 무슬림을 위해 기도한다.

핵심 요점

1. 무슬림을 향한 교회의 노력이 부족했다.
2. 역사상 신실했던 증인들의 예
3. 소수의 그리스도인들이 다수의 무슬림 집단에 전도하러 들어가는 방식은 종종 효율성이 떨어진다.
4. 토론에 지나치게 의존하고 변증론을 논쟁적으로 사용할 때 일어나는 일
5. 대중 매체의 효율성 증가
6. 개종자들이 추방되고 박해가 광범위하게 일어나 복음의 증인들이 줄어들었다.
7. 그 어느 때보다 많은 무슬림들이 그리스도께 돌아오고 있다.

과제

본 강좌에 포함된 세 번째 퀴즈가 9과에 나온다. 제시된 주제를 자신에게 적용하고 고찰하면서 이 퀴즈를 충분히 활용하라. 피상적으로 답하는 수준을 넘어서야 배움이 더 풍성해지고 경험치가 자랄 것이다.

계속해서 *encounteringislam.org/readings*에 나와 있는 온라인 읽을거리를 읽고 온라인 토론회에 글을 올리라.

더 많은 정보를 위해서는 31-41쪽의 강좌 소개와 *encounteringislam.org*를 찾아보라.

이 과의 읽을거리

 교재 서론
무슬림 전도에 대한 온정적 접근법
새뮤얼 즈웨머
기독교 박해지수
무슬림에 대한 태도 선언
무슬림 여성은 왜 그리스도에게 끌리는가?
열매 맺는 사역

 온라인 우리의 신념에 담긴 용기(Courage in Our Convictions, 제이 스미스) – 대립적인 접근법으로 무슬림과 관계를 맺다.
회심의 트라우마(The Trauma of Conversion, 던 맥커리) – 예수님을 따르는 삶을 고려하는 무슬림은 심각한 결과를 맞게 될 수 있다.

서론

무슬림 세계에서 복음을 증거한 교회의 기록을 보면 어떠한가? 우리는 그런 기록에 어떻게 반응해야 하는가? 오늘날 무슬림에게 복음을 전할 때, 교회가 과거에 쏟은 노력들이 많은 유익이 되고 있다. 하지만 과거에 했던 실패와 잘못 역시 우리가 기꺼이 인정하고 바로 잡아야 한다.

무함마드 시대로부터 그리스도인이 무슬림에게 복음 전하는 일을 얼마나 소홀히 했는지 살펴보면 정말이지 부끄럽다. 유감스럽게도 무슬림은 그나마 복음 전도가 이루어진 곳에서조차 우리의 사역을 영토 확장, 제국주의 등과 연결지어 생각했다. 그들은 교회가 재정 원조와 고용을 이용해 가난한 사람들에게서 돈을 지불해 가며 회심을 '사고' 있다고 비난한다.

무슬림으로 자란다는 것

사실 그리스도인의 전도 동기가 순수하지 못한 때가 종종 있었다. 십자군 전쟁이 끝난 지 오랜 후에도 계속 정치적, 상업적 선교 전략이 형성되었다. 오늘날에도 무슬림들은 선의에서 비롯된 많은 복음 전도 활동을 식민주의 및 서구의 문화적 지배와 연결짓는다. 문화적으로 우월하다는 태도가 우리의 선행을 질 나쁜 것으로 만들어 버린다. 그 '증거'로 무슬림들은 서구의 요란한 군사적 행동이 그리스도 종들의 조용한 노력을 훼손하고 있다고 주장한다. 하지만 오늘날에는 불과 30년 전보다 많은 복음 전도 사역이 이루어지고 있으며, 복음 증거도 이런 잘못된 인식을 바꾸려 애쓰고 있다. 그러니 우리에게는 큰 소망이 있다.

과거 대부분의 복음 전도는 관계 중심이 아니었다. 사역자들은 전도책자를 나눠 주었지만, 실제로 무슬림과 함께 살거나 그들을 집으로 초청하거나 그들의 도움에 의지하지 않았다. '이슬람은 이단적 이데올로기'라고 논쟁적으로 공격하며 예수 그리스도의 특별한 점을 강조하기보다는 무슬림에게 이슬람의 오류와 열등함을 확신시키려 애썼다. 하지만 사역 초기에 이슬람을 말로 공격했던 사람들 중 일부는 나중에 무슬림과 친구가 되어 그들을 이해하고 그들의 진가를 인정하며 성육신적 증거를 옹호하게 되었다(그중에서 가장 유명한 사람이 새뮤얼 즈웨머다).

과거 무슬림 공동체에 가서 사역했던 몇 안 되는 용감한 선교사들 중에서 많은 사람들이 소수 집단 그리스도인들과 다른 비무슬림 집단들, 이를테면 터키의 아르메니아 사람들에게 초점을 맞추었다. 선교사들은 이들 현지 그리스도인들을 동원해 주위의 무슬림들에게 복음을 전하길 기대했다. 몇몇 경우에는 그런 접근법이 유용했으나 일반적으로 효과가 있지는 않았다. 소수 집단의 교회들이 갖가지 장애에 직면했다. 핍박, 자신과 무슬림의 인종 차별, 순교에 대한 두려움, 자기와 같은 문화적 이미지를 가진 회심자를 만들려는 인간적 경향 등이 그것이다. 전통적인 그리스도인들은 문화적으로나 지리적으로 무슬림들 가까이에 살고 있었으나 계속 별도의 공동체를 형성했다. 많은 경우 무슬림들과 관계 맺는 것을 의도적으로 피했다. 그 결과 대부분의 선교사들은 소수 집단 교회들이나 인근의 무슬림 공동체에 거의 영향을 미치지 못했다. 오늘날 전도 전략을 수립할 때, 기존의 교회들을 무시할 수 없다. 하지만 또한 우리가 기존의 교회를 일으켜

다원주의와 다양성

정치적 올바름을 추구하는 시대에 복음주의자들은 관용, 다양성, 다원주의 같은 용어에 신경을 곤두세울 수 있다. 이런 용어는 신학적 상대주의와 보편주의 이미지를 떠올리게 한다. 우리는 탈 기독교 문화에서 나온 관용과 다양성에 관한 주장으로 인해 개탄스러운 가치를 어쩔 수 없이 받아들이거나 사회에 성경적인 목소리를 내지 못하게 될 것을 우려한다. 동시에 우리는 언젠가 모든 부족, 언어, 민족, 국가의 구성원을 포함하게 될 세계적이고 보편적인 그리스도의 교회를 믿는다. 교회마다 세례, 영적 은사, 예배 형식, 리더십 형태, 종말에 대한 견해, 그 밖의 문제에 의견이 다를지라도 기독교가 포괄적임을 알기 때문이다. 우리는 세속적 논쟁에서 관용을 지키며 서로를 사랑으로 받아들이라는 성경의 가르침을 받아들일 수 있는가?(엡 4:1-3) 세계의 요구에 전체적으로 대응하는 데 필요한 접근 방식의 다원성을 존중할 수 있는가? 그리스도의 왕국이 오길 기도하고 함께 일하는 우리에게는 선택권이 있다. 교회의 다원주의와 다양성을 칭송할 것인가, 아니면 기독교 양식을 사람들에게 강권할 것인가? 레슬리 뉴비긴은 그의 책 『다원주의 사회에서의 복음』에서 교회가 오늘날에도 기독교의 사명을 담는 그릇이 될 것을 요구한다.[1] 그리스도인은 그리스도의 유일성과 권위를 과감히 선포하는 데 자신감을 잃어서는 안 된다. 뉴비긴은 사과에 초점을 맞추기보다 그리스도인과 다른 신앙인 간의 열린 대화를 옹호한다. 우리의 초점은 그리스도인이 사랑으로 복음을 선언할 수 있는 개방적이며 신뢰할 만한 의사소통을 발전시키는 데 있다.

1. Lesslie Newbigin, *The Gospel in a Pluralist Society* (Grand Rapids, MI: Eerdmans, 1989). 『다원주의 사회에서의 복음』(IVP).

출처_ *Encountering the World of Islam*.

세우려고 노력하면 그들이 무슬림 이웃들에게 전도하게 될 것이라고 추정할 수도 없다.

이슬람이 생겨난 후 처음 14세기 동안 무슬림을 대상으로 사역해 열매를 얻은 그리스도인이 드물지만 있기는 하다. 한때 무슬림 국가 내 기독교 선교의 근간을 이루었던 제도적 접근으로, 많은 무슬림 국가에 최초의 현대식 대학과 병원이 설립되었다. 하지만 이러한 제도들이 충실하게 일생 동안 지역사회에 존재했더라도 반드시 그로 인해 복음이 전해진 것은 아니다. 이 기간에 그리스도께 나아온 얼마 안 되는 무슬림들은 가족의 핍박을 받으면 가족을 떠나고 이름도 바꾸라는 권면을 받았다. 심지어 세례를 받으려면 무함마드를 저주하고 꾸란 위에 올라서라는 지시를 받는 사람도 있었다. 오늘날까지도 무슬림에게 복음을 전하는 데 걸림돌이 되는 것은 예수님이나 십자가가 아니라, 신자가 고국의 문화에 등 돌리고 자신이 속한 공동체에서 이방인이 되어야 한다는 인식이다. 회심은 가족과 자기 고장에 대한 충성을 거부하는 것으로, 그리스도를 통해 내적으로 변화되는 것이라기보다는 공동체에 반역하고 관계를 끊는 것으로 여겨진다.

하지만 무슬림에게 예수님을 전하기 위해 역사적으로 사용한 많은 방법이 오늘날에도 효과가 있다. 기독교 학교, 병원, 고아원 등은 더 이상 전략적 초점이 되지 못하지만, 무슬림은 여전히 그들의 방언으로 된 하나님의 말씀을 가질 필요가 있다. 무슬림 중 '평화의 사람'(눅 10:5-9)과 대화를 나누고 오랫동안 맺은 관계를 통해 예수 그리스도를 믿는 무슬림 배경의 신자 공동체를 만들 수 있다. 과거 기독교 선교사들은 종종 인간의 환경, 인권, 종교 자유 등을 개선하고자 세계인들의 지지를 호소했다. 오늘날 그리스도인들은 그들의 본을 받아들이고 개선해야 한다. 1967년에 있었던 아랍과 이스라엘 간의 6일 전쟁, 1973년에 있었던 석유수출국기구(OPEC)가 이끈 유가(油價) 위기, 1979년의 이란 혁명 후 이슬람은 세계 무대에 등장했다. 또한 1970년대에 일어난 몇 가지 사건들로 무슬림을 대상으로 한 그리스도인들의 증거에 변화가 일어났다. 세계 복음화를 위한 로잔대회(1974년), 무슬림 복음화를 위한 글렌이리대회(1978년), 즈웨머 무슬림연구소 설립(1979), 파이오니아(1979년)와 프론티어스(1982년)를 포함한 몇 개의 새로운 선교단체 설립 등이 그것이다. 이러한 사건들이 일어난 이후로 무슬림을 대상으로 한 그리스도인들의 전도는 보다 광범위하고 적극적으로 이루어졌다. 아직도 드물기는 하지만 오늘날 무슬림은 과거 어느 때보다 예수님에 대해 적절한 증거를 듣게 될 가능성이 더 많아졌다.

무슬림 사역을 하던 초기 선교사들의 모범과 유산을 기꺼이 존중하자. 그들의 용기와 신실함은 지금도 우리에게 영감을 주며, 오늘날의 풍성한 열매는 그들이 그리스도의 고통을 기꺼이 짊어진 결과로 맺은 것이다. 그들은 섬겼고 고난받았으며 심지어 그리스도를 위해 죽기도 했다(골 1:24을 보라). 무슬림이 믿는 것을 보기 위해 그리스도가 피를 쏟았듯 그들도 피를 흘렸다. 동시에 하나님은 우리 선조들의 실수를 평가하라고 명하신다(언젠가 우리 후손들이 우리의 실수를 평가하게 될 것처럼). 우리는 그들의 믿음을 본받고, 그들의 일에서 배우고, 그들의 전제들을 면밀히 검토해 그들이 빠졌던 함정에 빠지지 않고 문화적으로나 성경적으로 적절하게 무슬림을 섬겨야 한다. ❖

— 엮은이

주

1. Todd Johnson, "North American Mission from Judsons to Global Christianity," *Mission Frontiers*, May-June 2012, p.12. missionfrontiers.org.

참고문헌

Colin Chapman, *Islam and the West: Conflict, Coexistence, or Conversion*(Carlisle, UK: Paternoster, 1998).

무슬림 전도에 대한 온정적 접근법

벤자민 헤게만

> 예수께서 그들을 보시며 이르시되 사람으로는 할 수 없으되 하나님으로는 그렇지 아니하니 하나님으로서는 다 하실 수 있느니라 (막 10:27).

주후 630년 이후로 교회는 오직 하나님만 이루실 수 있는, 도저히 불가능해 보이는 임무를 마주하고 있다. 바로 무슬림을 하나님나라로 안내하는 임무다. 하나님이 우리를 통해 이 일을 이루고 계시며 앞으로도 이루실 테지만, 그리스도인은 무슬림에게 어떻게 접근해야 하는지, 이 접근법이 하나님의 계획에 어떻게 들어맞는지 등에 관한 관점에서 확연히 의견을 달리한다.

각 접근 방식은 각기 독특한 방식으로 복음을 나눌 뿐 아니라 그 안에 세계관이 깊이 스며들어 있다. 그러므로 이 문제를 다루려면 신약성경을 깊이 있게 연구해야 한다. 바울은 갈라디아 성도에게는 유대식 율법주의를, 골로새 성도에게는 초기 영지주의를, 로마 성도에게는 무율법주의를, 고린도 성도에게는 혼합주의를 분별하고 없애라고 권면했다. 우리는 각각의 '온정적' 접근법에서 없애야 할 면이 무엇인지 질문하는 것이 현명하리라고 본다.

이제 무함마드의 이슬람에 대한 그리스도인의 접근법 열 가지를 살펴보려 한다. 대개 상황에 따라 혼합된 사역 방식으로 나타나는데, 역사적으로 출현했던 순서에 따라 살펴보겠다.[1]

벤자민 헤게만은 프랑스령 서아프리카 사헬 지역에 위치한 북부 베냉에서 SIM과 동역하며 20년 넘게 섬겼다. 호튼 대학에서 이슬람학을 가르치고 있으며, 북부 베냉에 있는 바아토누 언어성경학교에서 학과장으로 일하고 있다. 이 글은 "A Painful Divide: Facing an Impossible Task," June 3, 2013 at *Bridging the Divide Consultation*(Houghton College, New York)에 나온 것으로, 허락을 받고 실었다. btdnetwork.org.

1. 무슬림이 느끼는 필요를 온정적으로 돌보기 (615년)
2. 무함마드의 메시지에 대해 세련되게 질문하기 (630년)
3. 무슬림 앞에서 그리스도의 침묵법 사용하기 (635년)
4. 무슬림에 대해 종말론적으로 경고하기(644년)
5. 이슬람의 오류를 기독교 진리와 정중하게 대조하기(740년)
6. 그리스도의 우월성을 무슬림에게 납득시키기 (740년)
7. 무슬림과 평화를 가져오는 대화 시작하기(1218년)
8. 무슬림 가운데 상황화라는 다리 놓기(1460년)
9. 예수님에 대한 개인의 증거만 나누기(1930년)
10. 인내심을 가지고 내부자 운동 보존하기(1938년)

이상적으로 말해 위의 접근법은 각기 다른 방식으로 무슬림에 대한 사랑을 표현하며, 다음의 질문에 대응하고 있다.

- 이 접근법이 처음 사용된 것은 언제이며, 그 이유는 무엇인가?
- 이 접근법은 그리스도의 성품과 행동을 어떻게 본받고 있는가?
- 이 접근법은 그리스도인들 사이에 얼마나 널리 실행되었는가?
- 무슬림은 이 접근법에 어떻게 반응했는가?
- 이 접근법의 약점은 무엇인가?
- 이 접근법의 선교학적 가치는 무엇인가?

1. 무슬림이 느끼는 필요를 온정적으로 돌보기

처음 어떻게 사용되었는가?(768년 사망한 이븐 이스학을 인용한) 아랍의 학자 이븐 히샴(Ibn Hisham)은 83명의 무함마드 추종자들이 박해를 받다가 주후 165년에 메카로부터 아비시니아로 도망쳤던 사건을 기술한다.[2] 당시 아비시니아의 왕 니거스는 이 아랍 유일신론자들의 망명을 허락해 주었다. 무함마드의 가르침에서 아비시니아 전통 교리를 발견한 그는 그들이 믿을 만한 신자들이라고 선포한다.[3] 네구스의 온정적인 반응과 영성을 공유하려는 태도는 후대의 에큐메니컬 운동과 같이 종교 간에 다리를 놓으려는 움직임에 영향을 미친다. 이들은 무슬림과의 영적 교감을 추구한다.

이러한 접근법은 무슬림의 침략과 점령으로 인해 700년 후에는 거의 사라지다시피 한다. 그리스도인이 딤미와 같이 예속된 상태에 들어가면서 그리스도인 지도자들이 긍휼과 온정, 자비를 베풀 기회가 없어진 것이다. 그리스도인의 온정이 위축된 것은 무엇보다 그들의 사회적 지위가 낮아졌기 때문이다.

그리스도를 어떻게 본받고 있는가? 열 가지 반응 중에 이보다 더 다음과 같은 예수님의 성품과 가르침을 쉽게 드러내는 방식은 없을 것이다. "그러나 너희 듣는 자에게 내가 이르노니 너희 원수를 사랑하며 너희를 미워하는 자를 선대하며 너희를 저주하는 자를 위하여 축복하며 너희를 모욕하는 자를 위하여 기도하라"(눅 6:27-28). 사도행전 10장 38절에서 베드로는 다음과 같이 설교했다. "그(예수)가 두루 다니시며 선한 일을 행하시고 마귀에게 눌린 모든 사람을 고치셨으니." 바울은 이렇게 썼다. "너희를 박해하는 자를 축복하라 축복하고 저주하지 말라"(롬 12:14).

얼마나 널리 실행되었는가? 이러한 온정적 접근법을 부활시킨 그리스도인의 예로 프란시스회 회원으로서 튀니지 무슬림을 대상으로 사역했던 레이몬드 룰(1316년 사망), 영국 성공회교도 학자로서 영국령 인도에서 희생적으로 섬겼으며 기독교 초등교육의 후원자였던 헨리 마틴(1812년 사망), '무슬림의 사도'라고 불린 미국 장로교인 새뮤얼 즈웨머(1952년 사망)[4] 등이 있다.

무슬림은 어떻게 반응했는가? 지난 2세기 동안 거대한 무슬림 세계는 필요에 대한 온정적 접근법을 목도해 왔다. 기독교 단체의 자선, 의료, 교육, 개발 사업, 우정 전도 등에 대한 이들의 반응은 수동적이고 유순한 관용인데, 이는 무함마드가 명령한 반응이기도 하다. "믿는 자들이여 유대인과 기독교인들을 친구로 그리고 보호자로서 택하지 말라 그들은 서로가 친구들이라 그들에게로 향하는 너희가 있다면 그는 그 무리의 일원이거늘 하나님은 이 우매한 백성들을 인도하지 아니하시리라"(꾸란 5:51).

약점은 무엇인가? 온정적 접근법은 주로 (병자, 어린이, 여성, 장애인, 시민권을 박탈당한 자 등) 소외된 계층을 대상으로 하며, 이른바 '라이스 기독교인'(rice Christian, 물질적 이익을 얻기 위해 기독교로 입문한 사람-옮긴이)을 양산하는 쪽으로 변질되기 쉽다. 인지된 필요 접근법은 무슬림의 박해로부터 안전한가에 의존하며, 그리스도인이 식민 강대국이나 민간 기업, 또는 오늘날 세계화된 조약으로부터 보호받는 곳에서만 실행이 가능하다. 일부 독실한 무슬림은 그리스도인을 '책의 사람들', 자비를 베푸는 자원봉사자로 여기면서도 기독교 사역을 서구 세계관이나 이교도 제국주의의 협력자라고 여긴다. 기독교로 개종하는 것은 곧 그들 이슬람 세계에서 적대적으로 인식된 세계관을 지지하는 것을 의미한다.

선교학적 가치는 무엇인가? 20세기에서 21세기 초반까지 복음주의 선교는 사회 과학적 연구와 전체론적 사역에 바탕을 둔 인지된 필요 접근법을 지원했다. 서구 국가들에서 강력한 자원봉사 운동이 전개되면서 이 접근법은 무슬림에 대한 직접적이고도 매력적인 선교 방식으로 떠올랐다. 의료 선교와 에이즈 전문 의료 기관 등은 저항이 강한 지역에 들어갈 수단을 제공해 주었다. 기독교 초등학교는 많은 무슬림 가정이 선호하는 교육기관이 되었다. 성경 번역가들은 그들의 언어학적 연구와 읽고 쓰는 법 교육에 대한 헌신 때문에 환영받는다. 난민과 개발 사업에 초점을 둔 구호 단체들은 다른 어떤 방식보다 더 많은 선교사들을 후원해 왔다.

2. 무함마드의 메시지에 대해 세련되게 질문하기

처음 어떻게 사용되었는가? 예멘의 네스토리우스 교파 사절단은 메디나에 있던 무함마드를 방문했다(630-631년). 무함마드에게 질문을 던져 이슬람이 기독교에 견줄 만한지 판단하려 했던 것이다. 무함마드는 그들에게 이싸(예수)를 존중하는 대답을 들려주었다. 하지만 사절단은 이슬람과 기독교 모두 참된 아브라함 신앙이라고 주장하고 있지만 둘은 결코 양립할 수 없다는 결론을 내렸다. 이에 무함마드는 깊은 모욕감을 느꼈다. 그가 어떻게 반응했고 제자들에게 무엇을 명령했는지는 꾸란 3장에 기록되어 있다.

그리스도를 어떻게 본받고 있는가? 세련된 질문법은 하나님이 우리 양심과 정신을 일깨울 때 사용하시는 전략적이고도 애정 어린 방식을 본받는다. 성경에는 3,200개가 넘는 질문이 나오는데 대부분 하나님이 던지신 질문이다. 바울이 디모데에게 권면한 내용은 관계에서 지혜로운 수완을 발휘한다. "주의 종은 마땅히 다투지 아니하고…거역하는 자들을 온유함으로 훈계할지니 혹 하나님이 그들에게 회개함을 주사 진리를 알게 하실까 하며"(딤후 2:24-25). 베드로 역시 이렇게 가르쳤다. "너희 속에 있는 소망에 관한 이유를 묻는 자에게는 대답할 것을 항상 준비하되 온유와 두려움으로 하고 선한 양심을 가지라 이는 그리스도 안에 있는 너희의 선행을 욕하는 자들로 그 비방하는 일에 부끄러움을 당하게 하려 함이라"(벧전 3:15b-16).

얼마나 널리 실행되었는가? 식민지 이후 세계화 시대가 되면서 정중한 질문법이 다시 각광받고 있다. 그리스도인들은 세련되고 친절하게 소통하는 가운데 무슬림의 마음에 이슬람의 여러 주장에 대한 질문을 던지고 그리스도가 그들에게 나타나시길 간절히 기도하고 있다.

무슬림은 어떻게 반응했는가? 임종의 자리에서 무함마드는 제자들에게 예멘의 그리스도인들과 맺은 불가침 조약을 파기하고 그들을 공격하라고 지시한 것으로 보인다. 그 후 문명 간에 충돌이 이어진 1,300년 동안 기독교는 아랍 세계에서 큰 고난을 겪으면서 질문은 거의 할 수 없게 되었다. 그러나 이제 무슬림 세계가 새롭게 개방되면서 이러한 접근법이 실행 가능해지고 있다. 현대화된 학교와 광장 등에서 무슬림들은 그리스도인들을 친구로 만나고 있다. 디지털 시대의 세계화된 문화 속에서는 새로운 대화가 가능하다.[5] 온갖 형태의 인터넷 소통의 장은 세련된 대화를 나눌 놀라운 기회를 제공한다.

약점은 무엇인가? 이슬람은 조사하고 탐구하는 서구 학문 스타일의 질문에 저항감을 가지고 있다. 이슬람은 샤리아 법과 정통 실천(orthopraxy)을 둘러싼 규정하기 어려운 연합을 추구하는 종교이기 때문이다. (특히 "왜"로 시작하는) 질문은 극히 세속적이라 거슬리게 느끼기 쉽다. 이러한 접근법을 사용하는 그리스도인은 그 영향에 대해 고민해야 한다. 의도하지 않은 반응을 촉발시키지 않으려면 어떤 질문을 해야 하는가? 그들에게 수치심을 안기지 않으려면 어떻게 질문을 해야 하는가? 세속적인 방식이라고 느끼지 않게

복음의 증인이 꾸준히 감소하고 있다

지난 10년 동안 무슬림 배경의 신자들(MBB)이 95% 감소한 이유는 다음과 같다.

- 핍박을 피하거나 취업을 하고자, 혹은 자기 아버지와 문화를 미워해 타국으로 이주함
- 불신자와 결혼하느니 차라리 집을 떠나거나 독신으로 살기로 함
- 외국인과 결혼해 이민감
- 국외로 추방된 사역자들이 데려감(취업, 교육을 위해)
- 집안에서 정한 무슬림과 결혼함. 이렇게 가정을 꾸린 사람은 대개 자녀를 무슬림으로 키운다. 그러지 않으면 집안이나 정부에 자녀를 빼앗기기 때문이다.
- 순교와 핍박이 두려워서 침묵하거나 믿음을 부인함
- 복음 증거 아닌 다른 이유로 순교함

모두 50-70%가 빠져 나갔으며, 80%에 달하는 사람들이 나라 밖에서 교육을 받고, 60%에 달하는 사람들이 외국인과 결혼했다. 단지 5%의 무슬림 배경의 신자들만이 자기 문화권에서 복음을 증거하고, 다음 세대 신자들을 제자 훈련하며, 자녀와 함께 믿음의 가정을 꾸리고 있다.

출처_ Nik Ripken, *nikripken.com*.

하려면 어떤 질문을 해야 하는가?

선교학적 가치는 무엇인가? 지혜롭게 사용될 때 이 접근법은 무슬림이 자기 신앙을 점검하도록 도울 수 있다. 많은 무슬림 배경의 신자(MBB)들은 그리스도를 만나기 전에 자신이 받은 사려 깊은 질문의 위력에 대해 증거한다. 올바른 질문이 하나님으로부터 오는 선물임을 그들이 증명하는 셈이다. 세련된 질문은 씨앗을 뿌리며 논란이 되는 주제는 뒤로 미룬다. 예를 들면 다음과 같다. "경건한 무슬림으로서 ~에 대해 어떻게 생각하세요?" "~라는 단어를 어떤 뜻으로 사용하고 있나요?"

1952년 사우디아라비아 다란

3. 무슬림 앞에서 그리스도의 침묵법 사용하기

처음 어떻게 사용되었는가? 침묵과 고요한 대화는 다마스쿠스(635년)와 예루살렘(638년)이 무슬림에게 점령당한 이후 사용되기 시작했다. 칼리프들의 공격적인 정책으로 기독교가 심한 압박을 받았기 때문이다.[6] 이들의 공격적 정책에는 여타의 종교와 문화를 굴복시키려는 의지가 포함되어 있었다.

그리스도를 어떻게 본받고 있는가? 성경에서도 바로 그러한 때에는 침묵하라고 강조한다. 아모스 선지자는 이렇게 말했다. "그러므로 이런 때에 지혜자가 잠잠하나니 이는 악한 때임이니라"(암 5:13). 하나님은 이스라엘 민족에게 바로 군대 앞에서 잠잠하라고 명령하셨다. 예수님은 산헤드린 공회과 빌라도 총독 앞에서 거의 침묵으로 대응하셨다. 침묵은 또한 말씀에 순종하는 방편이 되기도 한다. "보라 내가 너희를 보냄이 양을 이리 가운데로 보냄과 같도다 그러므로 너희는 뱀 같이 지혜롭고 비둘기 같이 순결하라"(마 10:16). 사랑은 때로 긴 시간 침묵하는 것을 의미한다.

얼마나 널리 실행되었는가? 초기 가톨릭 신자들과 그리스 정교회 수도사들은 노골적으로 복음을 전하기보다 조용히 자선 활동에 매진하며 무슬림이 자신들의 선행을 보고 감동받아 기독교의 진리에 관심을 갖길 기대했다. 이러한 접근법을 따르는 많은 사람이 이슬람 신앙과 경건을 존중하지만 기독교에 대한 고요한 증거가 말보다 더 크게 하나님의 사랑을 전파하길 소망한다.

개신교인에게 침묵법은 사우디아라비아, 이란, 아프가니스탄, 예멘, 소말리아, 와하비나 헤즈볼라와 같이 수용력이 없는 곳에서 조심스럽게 사용되어 왔다.

무슬림은 어떻게 반응했는가? 무슬림이 그리스도인을 통치하는 곳에서는 이 접근법을 사용할 수밖에 없다. 우마르 조약(637년)은 예속당한 딤미 그리스도인들에게 다음과 같이 침묵할 것을 강요했다.[8] "우리 그리스도인들은 공개적으로 종교를 드러내거나 누구도 회심시켜서는 안 된다. 우리는 우리 친족이 이슬람으로 개종하는 것을 막아서는 안 된다."

약점은 무엇인가? 박해의 공포와 침묵의 신중함은 구분하기가 어렵다. 두려움은 무슬림과 대치하고 있는 그리스도인의 주된 적이다. 두려워한다는 것은 366건에 이르는 성경의 명령 "두려워하지 말라"를 거역하는 것이며, 그것은 모두가 복음을 들어야 한다는 사실을 무시한다. 딤미의 침묵은 증언과 선언을 꺼리는 세계관을 반영한다. 그러나 예수님은 말씀하셨다. "오직 성령이 너희에게 임하시면 너희가 권능을 받고 예루살렘과 온 유대와 사마리아와 땅 끝까지 이르러 내 증인이 되리라 하시니라"(행 1:8). 바울은 물었다. "그런즉 그들이 믿지 아니하는 이를 어찌 부르리요 듣지도 못한 이를 어찌 믿으리요 전파하는 자가 없이 어찌 들으리요"(롬 10:14-15).

선교학적 가치는 무엇인가? 교육, 재난 구조, 난민 캠프 현장에 있는 많은 개발 자선단체들은 우선 침묵법에 의존해야 일을 시작할 수 있다. 이것은 자비량 선교를 하는 그리스도인, 대사관 직원, NGO 단체 직원들에게도 지혜로운 방식이 될 것이다. 애정 어린 선행과 고요한 기도로 현존하는 것만으로도 하나님의 사랑을 효과적으로 증거할 수 있다.

4. 무슬림에게 종말론적으로 경고하기

처음 어떻게 사용되었는가? 무함마드가 죽고 얼마 뒤, 아랍의 침략으로 예언이 이루어졌으며, 이는 세계의 종말을 뜻한다고 설명하는 저작들이 출판되기 시작했다. 이슬람을 적그리스도의 자리에 앉힘으로써 저자들은 이슬람이 기독교의 땅을 휩쓸어 버린 이유와 무슬림이 기독교로 개종하지 않는 이유를 설명하려 애썼다.

그리스도를 어떻게 본받고 있는가? 신약 성경은 사탄의 비밀스런 계획이 얼마나 강력한지 드러냄으로써 하나님의 백성을 보호하는 것을 지지한다. 예수님은 바리새인의 주장에 공개적으로 맞서셨다. "너희는 너희 아비 마귀에게서 났으니 너희 아비의 욕심대로 너희도 행하고자 하느니라"(요 8:44). 바울은 여타 종교와 이단을 통해 들어오는 사탄의 공격에 대해 경고한다(고후 11:14-15; 살후 2:9-12). 요한은 이에 대해 가장 강력한 경고를 남겼다. "거짓말하는 자가 누구냐 예수께서 그리스도이심을 부인하는 자가 아니냐 아버지와 아들을 부인하는 그가 적그리스도니"(요일 2:22). "미혹하는 자가 세상에 많이 나왔나니 이는 예수 그리스도께서 육체로 오심을 부인하는 자라 이런 자가 미혹하는 자요 적그리스도니"(요이 1:7).

얼마나 널리 실행되었는가? 종말론적 신앙에 고무되어 이 '애정 어린 경고' 접근법을 공개적으로 실행했을 때, 대부분이 무슬림 당국에 의해 순교를 당했다.[9] 그러한 소식은 삽시간에 퍼져나가 중세 유럽에 트라우마를 안겼다.[10] 1095년에 교황 우르바노 2세가 무슬림에게 빼앗긴 땅을 되찾아야 한다고 요청하자, 이는 무함마드를 맹렬히 비난하고 십자군을 모집해 "적그리스도를 물리쳐야 한다"[11]는 숱한 설교로 이어졌다. 마르틴 루터(1546년 사망)는 (요일 2:12의 주해에서) 무함마드를 적그리스도로 규정했다. 그러나 장 칼뱅과 개혁주의자들은 교회가 하나님의 말씀이 아닌 검을 휘둘러서는 안 된다고 경고했다. 1979년 이란에서 이슬람 신정주의가 부활하고 서구에 대한 와하비의 공격이 증가하자 이러한 접근법은 조지 오티스 주니어, 로버트 스펜서, 조엘 로젠버그, 레자 사파, 마크 가브리엘, R. C. 스프라울 등과 같은 기독교 저자들 사이에 다시 논의되었다.

무슬림은 어떻게 반응했는가? 이슬람이야말로 사탄이 종말의 때에 사용하는 도구라고 담대히 주장하는 것보다 더 적대적인 반응을 끌어내는 접근법은 없다. 무슬림은 꾸란에 의하면 사탄에 속고 있는 쪽은 무슬림이 아니라 그리스도인이라고 대응한다.

약점은 무엇인가? 온정적인 종말론적 경고는 열매를 거의 맺지 못했다. 무슬림 신앙은 사탄이 종말의 때 사용하는 도구일 뿐이라는 말을 듣고 하나님께 나아오는 무슬림은 거의 없었다. 이 접근법은 신학적이라기보단 정치적이다. 그리고 이스라엘-팔레스타인 분쟁이나 이슬람 극단주의자들을 상대할 때와 같이 이슬람의 위협이 임박할 때면 예외 없이 부각된다. 이 접근법은 정치적 시오니즘과 목적을 같이하며 밧 예올, 이븐 와라크, 대니얼 파이프스 등과 같은 보수주의 저자들과 협력하는데, 진보 지식인들은 이를 가리켜 '이슬람 포비아'(이슬람 공포증)라고 부른다.

선교학적 가치는 무엇인가? 꾸란에 대한 군사적 해석, 군사적이고 정치적인 무슬림의 염원, 충격적인 반유대주의, 이스라엘과의 예견된 충돌 등에 대해 이 접근법보다 더 잘 설명하는 방식

그리스도 안에서 온전해짐

오마르는 젊은 시절 베두인 공동체에서 하루의 대부분을 염소와 낙타를 돌보며 지냈다. 오마르의 아버지는 사막 생활에 미래가 없음을 깨닫고는 가족들을 데리고 도시로 이사 가서 아들들에게 정식 교육을 받게 했다. 오마르는 그의 부족 가운데서 처음으로 대학에 들어갔다. 독실한 무슬림인 그는 이내 청년 이슬람당의 지도자가 되었다. 그리고 몇 년 동안 한 그리스도인의 애정 어리고 끈질긴 전도를 받았다. 그 그리스도인은 오마르에게 죽을 정도로 맞고 난 뒤에도 계속 관심을 쏟았다. 오마르는 성경을 읽어 보라는 그리스도인의 도전에 응해 성경을 읽은 후 그리스도를 알게 되었다.

오마르는 변화된 후 가족들에게 핍박받고 사형 선고를 받아 투옥되었다. 기적처럼 풀려 난 후 다른 나라로 망명 오라는 초청을 받았고, 한 성경학교에서 장학금을 제공받아 학위를 마친 후에 안수를 받았다. 오마르는 현재 아랍어를 사용하는 두 교회의 목사다.

오마르는 처음에는 무슬림에게 원한을 가졌으나 하나님은 그에게 무슬림 가족과 친구들을 사랑하라고 도전하기 시작하셨다. 오마르는 자신을 속였다고 느낀 사람들을 용서하고자 애썼다. 그렇게 순종하자 이내 하나님은 오마르 주변의 무슬림들에게 엄청난 사랑을 부어 주셨다. 이후로 그는 여러 곳을 다니며 다양한 나라에서 무슬림 출신의 많은 신자들을 가르치고 제자 훈련하고 있다. 오마르는 그리스도가 그들을 위해 행하신 일에 감사함으로 무슬림들을 용서하고 그들에게 복음을 전하라고 권면하며 훈련시킨다. 먼 길을 돌아 제자리에 온 오마르는 성숙함의 모범을 보이고 있다.

"우리가 그를 전파하여 각 사람을 권하고 모든 지혜로 각 사람을 가르침은 각 사람을 그리스도 안에서 완전한 자로 세우려 함이니"(골 1:28). "내 형제들아 너희가 여러 가지 시험을 당하거든 온전히 기쁘게 여기라 이는 너희 믿음의 시련이 인내를 만들어 내는 줄 너희가 앎이라 인내를 온전히 이루라 이는 너희로 온전하고 구비하여 조금도 부족함이 없게 하려 함이라"(약 1:2-4).

출처_ Annee W. Rose, *frontiers.org*.

은 없을 것이다. 정치적 사건들과 대 테러전은 영적 전투를 보여 주는 징후다. 많은 복음주의자들은 이슬람이 종말의 때에 사탄의 대리인으로 보이는 것에 대해 두려워하고 있으며, 무슬림에게 이 무서운 진실을 경고하고 그들이 그리스도를 영접함으로 구원받게 되길 갈망한다.

5. 이슬람의 오류를 정중하게 기독교 진리와 대조하기

처음 어떻게 사용되었는가? 그리스 교회 마지막 교부이자 최초로 이슬람을 연구했던 다마스쿠스의 성 요한(749년 사망)은 자신이 만든 이단 목록에 이슬람을 포함시켰다. 그는 정중한 편은 아니었다. 그가 보기에 이슬람은 하나의 새로운 종교가 아니라 구약의 이스마엘 자손 쪽에서 나온 이단이었다.[12]

그리스도를 어떻게 본받고 있는가? 예수님은 이렇게 경고하신다. "삼가 바리새인과 사두개인들의 누룩을 주의하라"(마 16:6). 사도들은 교회 지도자들에게 율법주의와 같은 이단적 교리를 맹렬히 비판해 하나님의 백성을 보호하라고 가르친다. 사랑 많은 목자라면 바울의 경고에 귀 기울여야 한다. "사나운 이리들이 여러분 가운데로 들어와서, 양 떼를 마구 해하리라는 것을 나는 압니다. 바로 여러분 가운데서도, 제자들을 이탈시켜서 자기를 따르게 하려고, 어그러진 것을 말하는 사람들이 나타날 것입니다. 그러므로 여러분은 깨어 있어서"(행 20:29-31, 새번역). 사랑은 보호한다.

얼마나 널리 실행되었는가? 이슬람에 대한 성 요한의 글은 비잔틴 제국과 가톨릭계에 빠른 속도로 퍼졌다. 또한 그는 토마스 아퀴나스가 이슬람에 대한 저술들을 남기는 데 강력한 영향을

믿음을 위한 값비싼 대가

알리는 에티오피아 반군에 관여하다가 체포되었다. 도망갈 때 총에 맞아 생긴 흉터가 지금도 남아 있다. 다른 나라로 도망간 알리는 거기에서 SIM 선교사를 몇 명 만났다. 그리고 영어로 제작된 예수 영화를 보고 매혹되었으며, 모국어로 제작된 예수 영화를 발견하고는 더 많은 친구들을 초대해 함께 보았다. 마침내 알리는 자신이 신자임을 선포했다.

바로 그때부터 알리의 고생이 시작되었다. 무슬림 이웃들은 알리의 전 재산을 가져다가 불태워 버렸다. 그들은 알리를 집에서 쫓아냈으며, 그와 가족들은 진흙벽과 판지로 된 은신처로 피난을 갔다. 그러나 핍박자들이 기어코 그를 찾아냈다. 그들은 알리의 목에 밧줄을 걸고 공개된 장소로 끌고 가서 의식을 잃을 정도까지 발로 차고 때리고 곤봉으로 내리쳤다. 그러고는 알리를 길 한가운데 눕힌 채 그의 등에 커다란 바윗돌을 얹어 놓고 떠나 버렸다. 지나가던 사람이 알리를 경찰에게 데려갔는데, 경찰은 알리가 이슬람에서 기독교로 개종한 사실을 알고는 도와주지 않으려 했다. 결국 몇몇 친구들이 알리를 선교사의 집으로 데려갔다.

복음을 진리로 확신하게 된 무슬림 모함메드는 알리의 이야기를 들었다. 그는 자신도 그리스도인이 되면 알리와 같은 고난을 받아야 하는가 생각했다.

출처_ Howard Brant, sim.org

끼쳤고, 이 저서들은 제2차 바티칸공의회(1963년)가 열릴 때까지 가톨릭계의 지침 역할을 했다. 개혁주의자들 또한 이슬람은 그저 무함마드가 거짓으로 꾸민 이야기이고,[13] 무슬림은 참된 신자가 아니라는 초기 저자들의 주장을 되풀이 한다. 이 접근법은 계몽주의 시대에 들어 쇠퇴의 길을 걷는다.

무슬림은 어떻게 반응했는가? 이슬람 신학자들은 똑같은 방식으로 대답한다. "기독교라는 거짓 종교는 쇄신만이 필요할 뿐이다.…그들은 그리스도 사후에 하나의 종교를 꾸며 그리스도의 종교로 바꾸었다."[14] 무슬림은 이슬람이 기독교를 대신하고 있으며, 성경에 나오는 주장은 전혀 근거가 없다고 주장한다.[15]

약점은 무엇인가? 이 접근법은 무슬림에 의해 금세 묵살되었으며, 최근에 이 접근법을 통해 회심하는 경우는 거의 없다. 이 접근법에서는 무함마드의 교리가 기독교 이단의 가르침에서 나왔거나 무함마드가 단순히 이슬람을 만들어 냈다고 가정하는데, 두 주장 모두 무슬림이 들으면 충격을 받을 만한 이야기다. 이 접근법에서는 그리스의 철학적 논거를 사용해 무슬림 이단자들과 논쟁을 벌이기도 한다.

선교학적 가치는 무엇인가? 신비한 힘, 악마의 요새, 진리로 포장된 거짓 등 이슬람 속에 감추어진 진정한 위험성을 이 접근법보다 잘 다루는 방식은 없을 것이다. 이 접근법을 사용할 때 그리스도인들은 성경 구절을 인용해 꾸란에 대답하며, 하나님의 특별한 계시와 무함마드에게 주어진 계시를 비교한다. 이 '충격 접근법'은 아랍어에 익숙하며 중동과 무슬림 문화를 잘 이해하는 중동 무슬림 배경의 신자(MBB)들이 사용할 때 때로 효과를 발휘했다.

6. 그리스도의 우월성을 무슬림에게 납득시키기

처음 어떻게 사용되었는가? 비잔틴 제국 황제 레오 3세(740년 사망)는 독실한 우마이야 칼리프 우마르 2세의 군대와 맞섰을 뿐 아니라(717-720년) 이슬람이야말로 더 위대한 신앙이라는 우마르의 주장에 대답했다. 레오의 대답은 이러했다. "그렇지 않소. 기독교가 더 우월하오." 다른 예로 레이몬드 룰, 헨리 마틴, 칼 판더 등이 있다.

그리스도를 어떻게 본받고 있는가? 우리 주 예수님, 베드로, 바울은 헤롯당, 바리새인, 사두개인 등과 공공장소에서 논쟁을 벌일 때 매우 능숙하게 논쟁을 펼쳤다. 교회를 향한 악의적인 비난에 맞서는 데 논쟁은 필수적이다. 바울은 이렇게 설명한다. "하나님 아는 것을 대적하여 높아진 것을 다 무너뜨리고 모든 생각을 사로잡아 그리스도에게 복종하게 하니"(고후 10:5). 사랑은 진리와 함께 기뻐한다.

얼마나 널리 실행되었는가? 200년이 넘는 기간 동안 정중하면서도 뛰어난 설득자들이 그리스도의 우월성을 주장했다. 복음주의자들이 이러한 방식을 이어받았으나 20세기 초에 열매가 부족한 탓에 자취를 감추었다가 1980년대에 보트로스 신부, 로버트 더글라스, 존 길크리스트, 아니스 쇼로쉬, 제이 스미스 등의 노력으로 활기를 되찾았다.

무슬림은 어떻게 반응했는가? 최근 들어 무슬림 당국에서는 기독교 옹호자들과 공개적인 토론의 장을 마련하기도 한다. 중동 무슬림 배경의 신자들은 인권을 존중하는 안전한 자리에서 벌이는 토론이 유용한 접근법이라고 생각한다. 정중한 그리스도인 토론자는 상대편 무슬림 토론자의 존경을 받는다.

약점은 무엇인가? 서양인들은 이 접근법이 다소 편협하다고 생각하는 반면, 무슬림들은 토론자가 백인일 경우 이 접근법이 서구적이라고 생각한다. 무슬림은 토론을 좋아하지만 권위 있는 자료를 인용하는 것이 아니라 논리를 따지는 현대적 논쟁으로는 좀처럼 설득당하지 않는다. 그리스도인 토론자가 무함마드의 메시지나 꾸란, 또는 하디스를 비판한 현대의 글을 인용할 때 무슬림들은 충격에 휩싸인다. 그들에게 이슬람의 계시는 철저한 검토의 대상이 아니기 때문이다. 대부분의 무슬림은 그들이 속한 공동체의 일반적인 사고방식(그 이슬람이 문화적이든 종족적이든 대중적이든 세속적이든 신비주의적이든 간에)에 지배를 받기 때문에 이성적 추론이나 오류의 지적에 크게 영향받지 않는다.

선교학적 가치는 무엇인가? 이 접근법은 정중하게 사용된다면, 무슬림이 이슬람과 꾸란에 부여한 우월성에 대해 질문을 던지는 데 도움이 된다. 무슬림들이 기독교를 배우도록 독려한다. 일부 아랍 무슬림들이 이 접근법을 통해 그리스도께 나아온 사례가 있는데, 특히 서구가 아닌 중동 출신의 그리스도인이 이 방식을 사용했을 때 더 효과를 발휘했다.

7. 무슬림과 평화를 가져오는 대화 시작하기

처음 어떻게 사용되었는가? 메디나의 무함마드를 방문한 예멘 사절단은 질문을 하고 나서 그들의 차이점에 대해서도 대화했다. 그리고 양쪽 모두 이슬람과 기독교는 양립할 수 없다는 결론을 내렸다. 전쟁이 한창인 13세기 무렵 아시시의 성 프란시스(1226년 사망) 또한 술탄 말리크와 논쟁이 아닌 평화로운 대화와 우정을 나누었다.

그리스도를 어떻게 본받고 있는가? 예수님은 화평케 하는 사람들을 축복하셨고(마 5:9) 이는 바울도 마찬가지였다. "할 수 있거든 너희로서는 모든 사람과 더불어 화목하라"(롬 12:18). 우리가 이해하기로 타종교와의 대화는 구약이나 신약에 등장하지 않는 반면에 평화를 나누는 모습은 등장한다. 이 접근법은 성령의 열매인 화평, 위로부터 오는 화평의 지혜, 그리고 예수님이 배우러 나온 자들에게 보여 주신 부드러운 성품 등을 내보인다.

얼마나 널리 실행되었는가? 트리폴리의 윌리엄, 윌리엄 템플 게어드너, 콘스탄스 패드윅 등과 같은 기독교 학자들은 회유적 언어와 꾸란과 이슬람의 영적 생활에 대한 존중으로 타종교 간의 대화를 장려했다.[16] 오늘날 대부분의 서구 정치인, 세속 지식인, 대중 매체 등이 지지하는 학문적 견해는 모든 아브라함 계통 종교가 같은 하나님을 예배한다는 것이다. 이맘, 랍비, 목회자들 사이에 이러한 대화가 활발히 이루어지고 있다. 보다 최근의 예를 들자면 콜린 채프만, 케네스 크렉, 조셉 커밍스, 데이비드 솅크, 미로슬라브 볼프 등이 있다. 포스트모던 시대 그리스도인들은 타종교 간의 대화에 매우 개방적인 태도를 가지고 있다.

무슬림은 어떻게 반응했는가? 의미 있는 대화를 나누었음에도 불구하고, 로마 가톨릭이 대화에서 물러난 결과(2006년에서와 같이) 무슬림 공동체 내의 그리스도인 박해가 증가했다. 무슬림 학자들은 이러한 대화가 그리스도인을 이슬람으로 초대하는 수단일 뿐이라고 여긴다.

약점은 무엇인가? 많은 세계교회주의 종교간 대화는 신학 전반을 포괄하고 다원론적 종교관을 가지고 있다. 이들은 모든 아브라함 계열 유일신교는 진정한 믿음을 갖고 있기에 회심도, 개종도 필요하지 않다고 믿는다. 이러한 가정은 세계복음주의연맹(World Evangelical Alliance)이 낸 성명과 대조된다. 이러한 성격의 대화를 통해 무슬림이 그리스도인이 되는 경우는 드물다.

선교학적 가치는 무엇인가? 복음에 대한 평화적 선포는 무슬림이 정중하고 공손한 그리스도인으로부터 그리스도의 독특성에 대해 들을 기회를 제공한다. 정치적 지원이 부족하거나 소수 종교가 억압받는 환경에 있는 그리스도인이라면 이 접근법을 사용할 만하다. 대화는 또한 복음을 들려달라는 초청으로 이어지기도 해서 복음 전도로 나아가는 전 단계 역할을 할 때가 있다.

8. 무슬림 가운데 상황화라는 다리 놓기

처음 어떻게 사용되었는가? 야히야 빈 아디(Yahya bin Adi, 974년 사망)는 이슬람과 꾸란을 연구해 이를 무슬림과의 대화와 자신의 책에 반영했다. 여기서 그는 이성적 토론과 꾸란 인용 방식을 상황화했다. 이후로 레이몬드 마티니(1285년 사망)와 리콜도 다 몬테크로크(1320년 사망)도 아랍어와 이슬람의 신학과 철학 등을 연구함으로써 상황을 고려해 이슬람을 이해하고자 애썼다. 물론 때로 이슬람과 기독교 사이에 다리를 놓는 것보다는 기독교를 높이는 데 초점을 둔 면이 있다.

그리스도를 어떻게 본받고 있는가? 바울은 이렇게 말했다. "더 많은 사람을 얻고자 함이라 유대인들에게 내가 유대인과 같이 된 것은 유대인들을 얻고자 함이요 율법 아래에 있는 자들에게는 내가 율법 아래에 있지 아니하나 율법 아래에 있는 자 같이 된 것은 율법 아래에 있는 자들을 얻고자 함이요 율법 없는 자에게는 내가 하나님께는 율법 없는 자가 아니요 도리어 그리스도의 율법 아래에 있는 자이나 율법 없는 자와 같이 된 것은 율법 없는 자들을 얻고자 함이라"(고전 9:19b-21). 이 구절은 사람들을 그리스도께로 인도하기 위해 하나님이 준비하신 문화 형태와 상황화를 통해 다리를 놓으려는 접근법의 근거가 되었다. 이에 대해 성경적으로 변호하면서 릭 러브는 이렇게 썼다. "하나님은 문화를 초월하는 그분의 모든 진리를 인간의 언어와 문화 속에 상황화하셨다."[17] 하나님은 상황화하시는 분이다.

얼마나 널리 실행되었는가? 지난 60년간 선교사들은 꾸란과 성경을, 이싸와 예수를, 이슬람의 동떨어진 타우히드 사상과 성부의 주권적인 사랑을, 무슬림 공동체와 예수님의 공동체를 연결하는 데 초점을 맞추었다. 그들의 목표는 진실하고 상황화되고 토착화된 접근법, 성육신화된 선교학, 선교사들의 집중적 헌신이다. 이와 함께 언어학자 유진 나이다(2011년 사망)는 역동적 대응 성경 번역을 연구해 이를 발전시켰다.[18]

이는 무슬림 언어, 풍습, 민족, 관례 등에 대한 새로운 연구뿐 아니라[19] 상황화에 대한 뜨거운 논의로 이어졌다. 로잔대회(1974년) 이후 푸아드 아카드, 랄프 윈터, J. 더들리 우드베리[20] 등과 같이 상황화에 민감한 선교학자들이 새롭게 출현했다. 그 결과 문화적 내부자, 즉 자신을 무슬림 문화 공동체와 동일시하는 그리스도인들이 생겨났다. 하지만 필 파샬과 돈 맥커리 등과 같은 개척자들은 종교적 내부자로 알려져 있으면서도 그리스도를 이슬람의 종교 관습에 상황화하길 거부한다.

무슬림은 어떻게 반응했는가? 무슬림은 이러한 상황화에 매력을 느낀다. 그러나 아무리 많은 다리를 놓는다 해도 하나님, 예수님, 성경, 구원, 성경의 핵심 교훈에 대해 이슬람이 가지고 있는 잘못된 전제를 제거할 수는 없다. 오히려 독실한 무슬림은 상황화하려는 모든 노력을 물거품으로 만들곤 했다. "수건이 그 마음을 덮었도다"(고후 3:15). "그런즉 그들이 [지금껏 잘못 들어온 이를 어떻게 믿고, 또] 믿지 아니하는 이를 어찌 부르리요"(롬 10:14).

약점은 무엇인가? 이 접근법은 서구화와 기독교계 모두 토착 종교와 문화라는 상황을 철저히 배제하는 파괴적인 이데올로기로 비친 것을 반성하는 분위기에서 재출현했다.[21] 다리를 놓는 데 초점을 맞추는 선교학자들은 기존의 접근법이 둔감하고 편협하며 제국주의적이고 파괴적이라고 비판했다. 이를 바로잡기 위해 그들은 어쩔 수 없이 성경보다 새로운 사회과학적 연구에 무게를 실을 수밖에 없었다. '또 하나의 아브라함 계통 종교'로 이슬람을 다루는 이들은 상황화의 성공에 도취된 나머지 혼합주의에 빠진 것은 아닌지 분별하지 못할 때가 있다.

전통적인 위치에 있는 선교사들은 '내부자 운동' 지지자들만큼이나 문화적으로 상황화를 했다. 그러나 후자와는 달리 그들은 종교적 상황화는 단호히 거부했다. 데이비드 보쉬는 고린도전서 9장 19-21절에 드러난 바울의 주된 의도는 복음을 전하기 위해 그가 치른 희생의 정도를 설명하려는 것이지 그리스도인이 각 종교에 맞추어 카멜레온처럼 상황화해야 한다는 뜻이 아니라고 주장한다.[22]

선교학적 가치는 무엇인가? 상황화의 다리를 놓는 것은 모든 족속, 모든 언어, 모든 나라에 복음을 전해야 한다는 세계화 강령을 지지하며, 각 무슬림 문화 속에서 역동적 대응 번역을 하려는 시도를 장려한다. 다리 놓는 사람들은 무슬림 속에서 교회를 개척하는 가장 중요한 수단으로 가정 성경공부 모임을 성공적으로 시행했다. 새로운 무슬림 배경의 신자(MBB)들은 문화적으로 민감하고 낮은 자세를 취하며 비제도적 환경이 그들에게 도움이 되었다고 고마워한다. 최근 교회개척운동이 괄목할 만한 성장을 거둔 것은 이와 같이 분권화된 방식 덕분일 것이다.

9. 예수님에 대한 개인의 증거만 나누기

처음 어떻게 사용되었는가? 무슬림권에서 일어난 세계적인 사건(1914-1945년)과 기독교와 이슬람의 비교 시도로 인해 열매가 극히 줄어들자 선교사들은 비교를 통한 접근 방식을 버리고 그들이 개인적으로 알고 있는 것에 대해 이야기하기 시작했다. 예수님과 그분과의 인격적인 만남에 대한 간증, 자기 삶에 일어났던 놀라운 변화 등에 대해 이야기를 나눈 것이다. 이러한 관점을 옹호한 사람으로 미국 장로교 선교사인 J. 크리스티 윌슨(1973년 사망)이 있다.

그리스도를 어떻게 본받고 있는가? 이는 고린도에서 바울이 취한 전략이기도 하다. "형제들아 내가 너희에게 나아가 하나님의 증거를 전할 때에 말과 지혜의 아름다운 것으로 아니하였나니 내가 너희 중에서 예수 그리스도와 그가 십자가에 못 박히신 것 외에는 아무것도 알지 아니하기로 작정하였음이라"(고전 2:1-2).

얼마나 널리 실행되었는가? 이슬람 세계를 방문한 그리스도인 중에 특히 이슬람을 공부해 본 적 없는 사람이라면 이 접근법을 취하려 할 것이다. 자신에게 낯선 것을 피하고 오로지 자신의 증거의 힘에 의존할 수 있기 때문이다. 이러한 접근법에서 목표는 무슬림의 회심이 아닐 수 있다. 이 방식의 지지자들은 교회와 삼위일체 같은 논의를 회피함으로써 이슬람과 기독교 사이의 충돌을 방지한다. 오늘날 연대기적 성경연구 계획을 통해 청취자들을 창세기에서 시작해 예수님께로 인도하려는 라디오 방송 진행자들이 이 접근법을 실행하고 있다. 연대기적 연구 방식은 가정에서 모이는 제자훈련과 교회개척운동에서 널리 사용되고 있다. 이슬람에 대한 언급은 피한 채 예수님에 대해서만 설교하는 것은 기독교 대중 매체 설교에서 취하는 가장 보편적인 형식이다.

무슬림은 어떻게 반응했는가? 무슬림 신학자들은 그리스도인들이 그들에게 요구하는 것처럼 과거를 잊거나 용서하려 하지 않을 것이다. 그들은 답하기 어려운 문제와 기독교 신앙에 대해 토론하길 원한다. 그리스도에 대한 우리의 간증에 감화되기보다는 이슬람의 우월성을 증명하고 싶어 한다. 게다가 그리스도인들이 반복해서 회피하는 모습을 보면서 그들이 약점이 드러날까 봐 두려워한다고 생각한다.

약점은 무엇인가? 예수님에 대한 이야기 외에 다른 모든 대화를 거부하는 것은 그가 미국인이라는 인상만 줄 뿐 이슬람이라는 전 세계적인 도전에는 적합하지 않다. 또한 무슬림의 필요에 대한 깊은 이해를 반영하지 못한다. 이 접근법으로는 새로운 제자들이 그들의 생각, 공동체, 나라를 급진적으로 변화시키도록 그들을 준비시키지 못한다. 또한 우리는 이런 질문을 해보아야 한다. 이 접근법은 우리가 우리의 유산, 역사적 순례, 그리스도 안에서의 전 세계적 연합 등을 부끄러워하고 있다는 메시지를 주고 있지는 않은가?

선교학적 가치는 무엇인가? 이 접근법은 대립을 일으키지 않기 때문에 다른 접근법을 보완하는 역할을 할 수 있다. 이 접근법을 사용하는 사람은 역사적 논란거리는 접어둔 채 예수님을 선포하는 쪽으로 대화를 이끌어 갈 수 있다. 이 접근법을 선호하는 많은 사람(주로 영어를 사용하는 복음 전도자)들은 이 방식이 가장 그리스도답다고 확신한다.

10. 인내심을 가지고 내부자 운동 보존하기

처음 어떻게 사용되었는가? 지난 몇 세기 동안, 특히 무슬림이 기독교 지역을 점령한 경우,[23] 그리스도인들은 비밀 신자로서 이중적인 종교 정체성을 가지고 있었다. 이들은 자유를 찾을 때까지 이슬람 속에 숨어 지냈다. 근동지역기독교회의(Near Eastern Christian Council, 베이루트, 1938년)는 심지어 회심자들에게 이슬람 내부에 남아 있으면서 스스로를 그리스도인으로 칭하지 말라고 제안하기도 했다. 이러한 접근법의 열매는 극히 적었지만, 1974년 로잔대회 이후 이들에게 다시 비전이 생겼다.[24] 이들은 안전을 위해 도망치기보다는 그 안에서 증가되길 원한다.

그리스도를 어떻게 본받고 있는가? 내부자 운동(Insider Movement, IM)을 연구하는 선교학자들은 성경에서 하나님이 각 개인을 독특하게 다루시는 것과 그들이 원래 종교 공동체에 남아 있게 허락하시는 놀라운 방식에 대해 연구했다. 예를 들어 이스마엘에 대한 축복("내가 그에게 복을 주어")은 미래에 유대 신앙 밖에서 하나님의 뜻을 이루실 것을 암시한다(창 17:20). 니고데모는 예수님의 비밀 제자로서 이중 신앙을 가지고 있었다(요 3:1-21). 바울은 그리스 지역 그리스도인들에게 하나님이 부르신 공동체에 남아 있으라고 권면한다(고전 7:17-24). 내부자들은 모든 참된 신자들이 속한 하나님나라가 기성 교회보다 더 큰 공동체라는 사실을 우리에게 일깨운다. 내부자들은 예수님을 따르는 무슬림이라면 이슬람에 남아야 한다고 믿는데, 이는 많은 복음 전도자들에게 놀라운 결말이 아닐 수 없다.

얼마나 널리 실행되었는가? 최근 들어 국제 내부자 운동은 로마 가톨릭, 진보적 세계교회주의, 동방정교회 선교사들보다 복음주의[25] 선교단체[26]의 지지를 더욱 얻고 있다. 내부자들은 하나님이 많은 공통된 진리로 세상을 축복하셨음을 일깨우는데 이슬람에서도 이 진리들을 발견할 수 있다. 내부자들은 이를 면밀히 연구하고 있으며 무슬림 세계에 존재하는 다양한 정체성에 대해 가장 잘 이해하고 있다.

이들은 매우 적대적인 지역에서도 그들이 이슬람, 꾸란, 무함마드, 무슬림의 정체성을 존중하고 다룰 때마다 예수님에 대한 놀라운 반응이 나타났다고 지적한다. 이러한 상황에서 예배하는 각 공동체는 근처에 있는 전통적인 기독교 공동체와 협력하는 방법을 택할 수 있다. 이슬람 원주민 공동체와 연결되어 있는 것은 거기에서 빠져나와 외국인 기독교 분파에 들어가는 것보다 더욱 가치 있는 일이다.

무슬림은 어떻게 반응했는가? 내부자 운동 지지자들은 인간의 종교에는 하나님-준비된 진리-수용체 등의 개념이 있는데, 여기에 새로운 성경적 의미를 부여할 수 있다고 생각한다. 언어학자들이 역동적 대응법을 사용할 때와 같은 방식이다. 그러나 예수님께 기도하는 무슬림들을 너그럽게 관용하는 이슬람 공동체가 많아지고는 있지만, 여전히 경계를 늦추지 않는 공동체나 열성적인 이맘이 예수님의 제자들을 고발하고 박해하는 것을 막을 수단은 없다. 그들은 신정주의를 신봉하는 순수주의자들에게 손쉬운 표적이 된다. 열성적인 무슬림 지도자들에게 내부자들은 하나님의 아들이라는 주 예수에게 기도하면서 신실한 신앙인들을 중죄(시크르)에 빠뜨리

여성의 권리

이슬람에서 여성의 권리는 꾸란, 하디스, 샤리아 법, 지역 관습에 의해 형성된다. 여성의 이혼권 문제에 대해 꾸란과 하디스는 특정한 상황일 때 이혼을 허용한다. 하지만 여러 율법 학파들은 그런 상황이 언제인지 서로 다르게 해석하며 각 나라의 전통에 따라 조건들을 시행하거나 개정한다. 꾸란은 여성의 할례를 재가하지 않지만 몇몇 하디스는 이를 언급한다. 샤리아 법을 보면 의무로 정하지는 않았지만 금하지도 않는다. 아프리카에서는 여성 할례가 이슬람이 생기기 전부터 있었으며 문화적인 이유로 오늘날까지 남아 있다.

어떤 이슬람주의 집단은 현지 관습과 협소하게 해석한 이슬람 율법에 따라 여성에게 교육과 취업의 권리를 부여하지 않기도 한다. 이슬람 여성해방론자와 온건론자들은 이 같은 엄격한 견해에 대해 사람들이 꾸란보다 설득력이 부족한 하디스와 문화적 전통에 더 의지하고 있다고 믿고 그것을 거부한다. 그들은 "꾸란으로 돌아가자"는 운동을 펼친다. 꾸란이 여성에게 관대한 견해를 가지고 있다고 믿기 때문이다. 그들은 무함마드를 '여아 살해를 금하고 여성들에게 이슬람 이전의 아라비아에서는 들어 보지 못한 특전을 준 여성해방자'로 여기며 찬양하고 존경한다.

이러한 권리에는 여성이 재산을 소유하고, 교육을 받고, 스스로 돈을 벌고 관리하며, 결혼 조건을 협상하고, 남편의 부양을 받고, 남편의 모든 아내들이 평등한 대접을 받고, 남편에게 성적 만족을 느끼고, 이혼할 수 있는 권한이 포함된다.

당연히 꾸란의 가르침과 각 사회가 그것을 적용하는 방식에는 일치하지 않는 점들이 있다. 결혼과 가정과 개인의 자유 면에서 이슬람의 이름으로 여성의 권리가 오용되는 경우가 있다. 사우디아라비아에서는 남녀를 격리하는 일이 극에 달했다. 여성의 운전을 허용하지 않는데 운전면허증 사진을 찍을 때 베일을 벗어야 한다거나 차 사고가 나면 남성 교통경찰과 접촉하게 된다는 것 혹은 남성 보호자의 감독을 받지 않을 수 있다는 이유에서다.

많은 무슬림 국가들이 새로운 자세를 취하려고 애쓰고 있다. 이슬람 율법을 지키면서도 동시에 율법이 불공정하게 적용됨으로써 생기는 사회적 문제들을 더욱 민감하게 다루려고 한다.

출처_ Fran Love, *frontiers.org*.

는 자일 뿐다. 그러한 신학적 이단은 속임수이자 가짜 이슬람으로 비칠 수 있다.[27]

약점은 무엇인가? 내부자 운동 지지자들은 포스트모더니즘과 사회과학적이고도 세속적인 개념을 사용해 이슬람에 접근한다. 그러나 선교학자 바빙크는 어떤 종교에 대해 평가하려면 로마서 1장에서 시작해야 한다고 주장한다. "모든 사람은 불의하다. 그들은 진리를 막는다. 그들은 하나님의 영광을 우상으로, 진리를 거짓으로, 순리를 역리로 바꾼다." 내부자 운동 비판자들은 인간의 종교는 결코 중립적 수용체가 될 수 없다고 주장한다. 하나님의 계시에 반기를 드는, 불경하고 사악한 세계관을 가지고 있기 때문이다.

우리가 고민해야 할 어려운 질문이 있다. 과연 내부자 운동은 하나님의 지혜에 더 의존하는가, 아니면 실용주의와 공리주의라는 현대 이데올로기에 더 의존하는가? 내부자 운동은 분명 효과를 발휘하고 있으나 여기에 하나의 문제점이 있다. 20세기 기독교는 복음이라는 좁은 길보다는 종교적 명목주의, 율법주의, 신비주의, 애국주의 등이 훨씬 대중적임을 여실히 드러내고 있다. 사하라 사막 이남 지역의 교파에서 그 예를 찾을 수 있는데, 이들은 "하나님 아버지 앞에서 깨끗하고 순수한 신앙"(약 1:27, 현대인의성경)보다 종교적 혼합주의(bidah, 비드아)가 더 큰 파장을 일으킬 수 있음을 보여 준다. 수적 성공은 때로 진정한 믿음이 부족함을 드러내는 지표가 되기도 한다.

선교학적 가치는 무엇인가? 내부자 운동 지지자들은 하나님이 마침내 무슬림 가운데서 역사를 일으키는 접근법을 계시하셨다고, 이는 저항력이 강한 이슬람 곳곳에서 나오는 특별한 반응을 보면 알 수 있다고 말한다. 이 접근법은 무슬림에게 공동체를 떠나거나 공개적인 선언을 하지 않고도 성령의 지배를 받을 자유를 준다. 내부에 있기를 선택한 사람들은 박해의 위험성에 명민하게 반응해 왔다. 무슬림으로 남아 있으면서 이들은 예수님에 대한 신앙을 나눌 기회를 얻을 뿐 아니라 무슬림 공동체에서 추방당할 위험을 피할 수 있다.

결론

지금까지 이슬람에 대한 열 가지 온정적 접근법에 대해 간단히 살펴보았다. 이 접근법들은 보통 혼합된 방식으로 사용되고 있다. 열 가지 방식 모두 복음 전도자들이 사용하고 있으며 성경적인 방식으로 옹호할 수 있다. 각 접근법마다 분명한 한계가 있기에 우리는 각 접근법을 지지하거나 비판할 때 보다 너그러운 필요가 있다.

우리의 부족함에도 불구하고 우리를 통해 이전보다 더 많은 무슬림이 그리스도께 돌아오고 있다. 하나님은 무슬림 가운데 초자연적인 역사를 일으키신다. 우리와 아예 무관하게 역사하기도 하시고 우리의 온정적 노력을 간접적으로 사용하기도 하신다. 하나님은 많은 현대적 접근법을 축복하신다. 그분께 유일하게 선택받은 접근법은 없다. 이 모든 접근법을 잘 익혀서 지혜롭게 사용하자. ❖

주

1. 다른 접근법들을 확인하려면 데이비드 커(David Kerr)와 샘 쉴로르프(Sam Schlorff)를 보라.
2. Ibn Ishaq, *The Life of Muhammad: Sirat Rasul Allah*, trans. A. Guillaume(Oxford University, 1955), 146쪽.
3. Wim Raven, "Texts on the Negus of Abyssinia," *Journal of Semitic Studies* 33, 2(Autumn, 1988), 201쪽.
4. Samuel Zwemer, *The Moslem World*, vol. 1(Jan. 1911). Warren Larsen in *The Zwemer Journal*, vol. 1, no. 1(2007)에서 인용했다.
5. Alan Kirby, *Digimodernism: How New Technologies Dismantle the Postmodern and Reconfigure Our Culture*(New York: Continuum, 2011).
6. *Kitab al tarikh wa al-Maghazi*(Book of War Cam-

paigns), Ibn Waqid al-Aslami(748-822년)가 썼다.
7. Benjamin Kedar, *Crusade and Mission: European Approaches Towards the Muslims*(Princeton University Press, 1992), 5쪽.
8. Medieval Sourcebook, *The Status of Non-Muslims Under MuslimRule*, fordham.edu/halsall/source/pact-umar.asp에서 검색할 수 있다.
9. Daniel J. Sahas, *John of Damascus on Islam*(Leiden: Brill, 1972), 54, 68쪽. Theophanes, Chronographia ann. 734를 보라: "The Passion of St. Peter of Capitolia."
10. J. M. Gaudeul, *Encounters and Clashes: Islam and Christianity in History*, I, II(Pontifico Instituto di Studi Arab e d'Islamistica: Rome, 2000), 61쪽. Kedar 16-17쪽을 보라.
11. Carole Hillenbrand and Thomas Madden, "Why the Crusades Still Matter," *National Catholic Reporter*(Feb. 2006), 12-14쪽.
12. David A. Kerr, "Christian Mission and Islamic Studies: Beyond Antithesis," *International Bulletin of Missionary Research*(Jan. 2002), 8-13쪽. 또한 Daniel J. Sahas, *John of Damascus: "The Heresy of the Ishmaelites"*(Leiden: Brill, 1972)와 Richard J. H. Gottheil, "Apocalypse of Bahira: 'A Christian Bahira Legend,'" *Zeitschrift für Assyriologie* 13(1898), 189-242쪽을 보라.
13. Adam Francisco, *Martin Luther and Islam: A Study in Sixteenth Century Polemics and Apologetics*(Leiden: Brill, 2007), 225쪽.
14. Thomas Michel, A *Muslim Theologian's Response to Christianity: Ibn Taymiyya's Al-Jawab Al-Sahih*(Ann Arbor, MI: Caravan Books, 1984), 143쪽.
15. 참조. "그분이 복음과 진리의 종교를 선지자에게 보내어 그것을 모든 종교 위에 있도록 하셨으니 불신자들이 또한 증오하더라"(꾸란 9:33). 또한 꾸란 3장 85절을 보라.
16. William H. T. Gairdner, "Moslem Tradition and the Gospel Record: The Hadith and the Injil," *Moslem World* 5(Oct. 1915), 349-379쪽.
17. Rick Love, Muslims, *Magic and the Kingdom of God*(Pasadena, CA: William Carey Library, 2000), 10쪽.
18. Eugene Nida, *Customs, Culture, and Christianity*(Wheaton, IL: Tyndale, 1963).
19. Kenneth Cragg, "Islamic Theology: Limits and Bridges," in *The Gospel and Islam: A 1978 Compendium*, ed. Don M. McCurry(Monrovia, CA: Missions Advanced Research and Communications Center, 1979), 196-207쪽.
20. 이러한 확신을 가진 제자들을 더 들자면 릭 러브, 케네스 베일리, 롤랜드 뮬러, 앤 쿠퍼, 키스 스와틀리, 티모시 조지, 하미드 알가, 그렉 리빙스턴, 데이비드 브라운 등이 있다.
21. Sam Schlorff, *Missiological Models in Ministry to Muslims*(Upper Darby, PA: Middle East Resources, 2006), 16쪽.
22. David Bosch, *Transforming Mission*(New York: Maryknoll, 1990).
23. Philip Jenkins, *The Lost History of Christianity*(New York: HarperCollins, 2009).
24. 특히 찰스 크래프트(Charles Kraft, 1932년 출생)와 존 와일더(John Wilders, 2011년 사망)의 선교학적 리더십 아래에서 더욱 그러했다. Schlorff, op. cit., 79.
25. 릭 브라운, 스튜어트 콜드웰, 폴-고든 챈들러, 케비 히긴스, 레베카 루이스, 조슈아 마시, 존 트래비스, 더들리 우드베리.
26. 위클리프 성경번역선교회, 프론티어스, 네비게이토, 풀러신학교.
27. Chuck Lawless and Adam W. Greenway, *The Great Commission Resurgence: Fulfilling God's Mandate in Our Time*(Nashville, TN: B&H Academic, 2010), 192쪽.

새뮤얼 즈웨머

루스 A. 터커

19세기 말부터 전 세계에 퍼져 나가기 시작한, 교육받은 젊은 학생 자원자들은 그들의 분명한 특징이었던 '열렬함'으로 기독교에 격렬히 저항하는 이슬람 선교에 박차를 가했다. 무슬림을 대상으로 한 최초의 중대한 기독교 선교는 13세기 레이몬드 룰이 한 것이었다. 그는 당시 그리스도인 중에서 거의 유일하게 무슬림과 싸우기보다 그들을 복음화하는 데 관심을 쏟았다. 스티븐 닐에 따르면, 그 다음 몇 세기 동안 "무슬림 국가들은 기독교 선교에서 생산적인 선교지에 비해 소홀히 여겨졌다."[1]

그러나 19세기 말에 상황이 바뀌었다. 그때는 "예수 그리스도의 믿음과 무함마드의 믿음 사이에 진정한 조우가 일어났던"[2] 시기다. 1860년에 영국 국교도들이 그 지역으로 들어갔으며, 다른 교단들도 머뭇거리며 뒤를 따랐다. 하지만 무슬림 선교 활동을 조정하고, 무슬림 및 그들이 그리스도를 믿어야 할 필요에 세계의 주의를 집중시킨 사람은 새뮤얼 즈웨머다. 그는 처음에 교단의 지원을 받지 않았던 학생 자원자였다. 템플 게어드너, 폴 해리슨 박사, 윌리엄 보든 등을 포함한 다른 학생 자원자들도 가장 어려울 뿐 아니라 보상이 돌아가지 않는 무슬림 선교에 헌신했다.

'이슬람의 사도'인 새뮤얼 즈웨머는 1867년, 미시간 홀랜드 부근에서 열다섯 명의 형제 중 열셋째로 태어났다. 아버지는 개혁교회 목사였다. 새뮤얼은 자라면서 자연스레 기독교 사역을 하려는 생각을 가지게 된 듯하다. 살아남은 다섯 형제 중 네 명도 사역에 발을 내디뎠으며, 누이 넬

루스 A. 터커는 칼빈 신학교에서 가르치는 선교 역사가이며 13권 이상의 책을 썼다. 이 글은 Ruth A. Tucker, *From Jerusalem to Irian Jaya: A Biographical History of Christian Missions* (Grand Rapids: Zondervan, 1983), 276-280쪽에 나온 것으로, 허락을 받고 실었다. zondervan.com. 『선교사 열전』(복있는사람)

새뮤얼 즈웨머(1867-1952년)

리 즈웨머는 40년 동안 중국 선교사로 일했다. 즈웨머가 해외 선교의 긴급함을 느끼게 된 때는 호프대학 재학 시절이었다. 4학년 때 로버트 와일더(존 모트와 '헐몬 산의 100명'을 각성시킨 선교 동원가)의 설득력 있는 설교를 들었고, 즈웨머와 일곱 명의 학우 중 다섯 명이 해외 선교에 자원했다.

교단의 후원이 없고 진전은 느림

즈웨머와 동료 신학생 제임스 캔틴은 신학교 공부와 의학 훈련을 마친 뒤 아랍권에서 일하고자 개혁위원회에 신청했으나 거절당했다. 그런 선교는 '비실제적'이라는 믿음이 당시에 널리 퍼져 있었기 때문이다. 열심이 강점이었던 두 친구는 굴하지 않고 자기들끼리 미국 아랍선교회를 만들어 후원금을 모으기 시작했다. 즈웨머는 약 6,400킬로미터를 여행했으며, "오하이오 서부에 있는 우리 교단의 거의 모든 교회"를 방문했다.

한편 캔틴은 동부를 여행했다. 그들의 파견 방법은 독특했다. 자신을 위한 기금을 모아 달라고 호소하지 않았다. 즈웨머는 캔틴의 후원금을, 캔틴은 즈웨머의 후원금을 모금했다. 즈웨머는 "목사들의 무기력함이 대단히 큰 장애물이다"라고 썼다. 하지만 사소한 골칫거리들도 있었다. "지난 안식일 오후에 선교에 대해 설교했다. 주일이라는 이유로 내가 만든 차트를 거는 것이 허용되지 않았지만! 그 교회는 예배 후에 젊은이들을 위한 찬양 학교를 열었다. 참 대단한 일관성이다. 하지만 하나님이 도우시면 나는 차트 없이 말할 수 있으며 실제로 그렇게 했다."[3]

캔틴의 모금 여행은 1889년에 끝났으며, 그는 아라비아로 배를 타고 떠났다. 즈웨머는 1890년에 뒤를 따랐다. 그들의 결단과 헌신은 교회 지도자들의 눈에 띄었다. 1894년 그 선교회는 미국 개혁교회와 합치라는 권유를 받았다. 일이 느리게 진전되고 사역 초기에 페르시아만에서 반대에 직면했지만 즈웨머는 낙심하지 않았다. 그저 자신이 예상했던 것이 입증되었을 뿐이었다. 처음에 즈웨머와 캔틴은 영국 성공회 선교사들과 함께 살았다. 하지만 그 영국 성공회 부부가 다른 곳으로 옮기자 그들만 남았다. 그들과 동역하러 온 젊은 시리아인 회심자 한 명이 더 있을 뿐이었다. 그 회심자가 도착한 지 여섯 달도 안 되어 불시에 죽자 사역은 힘겨운 좌절을 겪게 되었다.

아내를 "사다"

1895년, 5년간 독신 선교사로 외롭게 지낸 끝에 즈웨머는 에이미 윌크스와 사랑에 빠졌다. 에이미는 영국에서 온 간호 선교사로 영국 성공회 교회선교회의 후원을 받고 있었다. 하지만 그의 복음 전도 사역과 마찬가지로 즈웨머의 구애와 결혼 역시 장애물이 있었다. "선교회에 소속된 젊은 여자 선교사가 남자친구를 사귀는 것에 대한 대단히 엄격한 규칙"을 피하는 것 자체가 호된 시련이었다. 하지만 결혼은 더욱 큰 장애물에 직면했다. 특히 재정이 한정된 젊은 선교사에게는 더욱 그랬다. 즈웨머의 전기 작가는 이렇게 썼다.

> 교회선교회가 자신들의 재산을 호락호락 내주지 않은 것은 사실이다. 대부분 선교회의 관습이 그렇듯 새로 파송된 사람이 일정 기간 선교지에 남아 있지 않으면 선교지까지의 운임비 일부를 반환해야 했다. 이 규칙을 준수해야 했기 때문에 새뮤얼 즈웨머는 그야말로 동양식으로 자기 아내를 사야 했다.[4]

역경 속에서도 참고 견딤

즈웨머 부부는 1897년 안식년을 위해 미국으로 배를 타고 갔다가 바레인 섬의 무슬림을 대상으로 사역하고자 페르시아만으로 돌아왔다. 그들은 거리에서 전도지를 나눠 주고 집집마다 방문하며 복음을 전했다. 하지만 복음을 받아들이는 사람은 거의 없었다. 생활 조건이 여의치 않아 성공적으로 사역하기가 더욱 힘들었다. 에어컨이 없던 당시, 뜨거운 날씨는 거의 견딜 수 없을 정도였다. 가장 시원한 베란다조차 섭씨 42도였다. 가정의 비극 또한 사역을 방해했다. 네 살과 일곱 살이었던 즈웨머의 어린 두 딸이 8일 간격으로 죽었다. 그런 고통과 역경에도 불구하고 즈웨머는 사역에 만족했으며 50년 후 이 시기를 돌아보면서 이렇게 말했다. "그 모든 일로 느꼈던 순전한 기쁨이 되살아납니다. 다시 하라면 기쁘게 다시 할 겁니다."[5]

1905년까지 즈웨머의 아랍선교회는 네 개의 선교 기지를 설립했다. 회심자들은 수적으로 매우 적었지만 남다른 용기로 새로 가지게 된 믿음을 고백했다.

무슬림 선교를 위한 여행과 선교사 모집

1905년 즈웨머는 무슬림 선교를 위해 여행하며 강연을 했다. 그는 적극적으로 기금을 모금했으며, 재정적 필요를 알리지 않는다는 허드슨 테일러의 철학을 피했다. 이듬해 1906년 카이로에서 모인 제1차 이슬람선교총회 의장으로 일했다. 즈웨머는 미국에 있는 동안 학생 자원자운동 순회 총무가 되어 달라는 긴급한 요청을 수락했는데, 그 일은 즈웨머에게 잘 맞았다. 동시에 개혁 교

어떻게 계속 증거할 수 있는가?

무슬림 배경의 한 젊은 신자가 베이루트 근방의 우리 집에 앉아 이렇게 말했다. "데이비드 형제님, 어떻게 하면 주 예수님을 계속 증거할 수 있을까요? 저는 친구 세 명을 예수님께 인도했는데 각각 다 자기 가족에게 살해되었습니다. 제 가족도 저를 세 번이나 죽이려 했지만 그때마다 주님은 저를 도망치게 해주셨죠." 나는 그저 그와 함께 울면서 주님의 지시를 따르고 그분의 말씀에 순종하며 성령님의 인도하심에 자신을 맡기라고 격려할 수밖에 없었다.

출처_ David King, *International Mission Board of the Southern Baptist Convention*, imb.org.

단 해외 선교부에서 현장 총무로 일했다. 그래서 여행을 하고 강연을 하는 일에 많은 시간을 들였다. 무슬림을 대상으로 한 즈웨머의 사역과는 달리 이 사역은 열광적인 반응을 이끌어 냈으며 많은 학생들이 해외 선교사로 나가라는 부르심에 응했다. 그럼에도 즈웨머는 아라비아의 선교지로 돌아가길 간절히 원했다. 그래서 1910년에 에든버러 선교대회를 마치고 미국에 갔다 온 다음 사역을 계속해서 하고자 배를 타고 바레인으로 갔다.

즈웨머의 아내와 어린 두 자녀가 걸프 지역으로 돌아가는 그와 동행했다. 하지만 그들은 거기에 오래 남아 있지 못했다. 고국에 있는 큰아이의 생활 조건이 만족스럽지 못했고, 선교지에 있는 두 어린 자녀의 교육도 마찬가지였다. 그래서 에이미는 가족들을 돌보고자 미국으로 돌아갔다. 이러한 상황으로 그의 가족은 (즈웨머가 말한 바에 따르면) '세 가지 딜레마에 빠졌다. 도무지 해결책이 보이지 않았다.

> 아내가 아이들과 고국으로 가면, 어떤 사람들은 선교사가 자기 아내를 그렇게 보낼 정도로 아내를 사랑하지 않는다고 말할 것이다. 자녀들을 고국에 남겨 두고 오면, 부모가 그들을 방치한다고 생각할 것이다. 남편과 아내가 둘 다 고국에서 좀 더 오랫동안 안식년을 보내면 현지 일을 소홀히 한다고 비난할 것이다."6

선교지로 돌아온 즈웨머는 사역에 복귀하기가 어렵다는 사실을 알게 되었다. 여기저기서 그의 지도력을 요구했으며 수련회 계획 수립과 강연 약속 때문에 자리를 자주 비워야 했다. 1912년, 그는 이집트에 있는 연합장로교선교회의 초청을 받았다. 그 선교회는 이집트에 있는 교회선교회의 후원을 받는 단체였다. 그들은 그에게 카이로로 와서 이슬람 사회 전체를 위한 선교 사역을 맡아 달라고 요청했다. 무슬림에게 문서를 나눠 주는 것으로 유명했던 나일선교 출판사 역시 그 요청에 응했으며 YMCA와 카이로 아메리카 대학도 합류했다. 즈웨머는 수락 말고는 달리 선택의 여지가 없었다.

카이로 사역

즈웨머는 카이로에서 훨씬 더 열린 집단을 만났다. 교육받은 젊은이들은 서구에서 온, 인상적인 지성인 선교사의 말에 열심히 귀를 기울였다. 그는 매주 대학 캠퍼스들을 돌면서 많은 시간을 보냈고 셔우드 에디에 따르면, "심지어 알아즈하르 무슬림 대학의 자존심 강하고 영향력 있는 지도자들까지 만났다."7 때로 2천 명이나 되는 무슬림들이 참석하는 모임을 주관하기도 했다. 하지만 실제로 사람들이 회심하는 경우는 드물었으며 반대는 여전히 심했다.

한번은 대학생들에게 불법으로 전도책자들을 나눠 주었다는 이유로 카이로를 강제로 떠나야 했다. 하지만 그 사건으로 학생들 중 한 명이 회심하게 되었다. 학생들 앞에서 격노한 교수가 즈웨머의 전도책자 중 한 권을 갈가리 찢어 버렸는데, 왜 작은 책자 하나가 한 사람을 그렇게 격분시키는지 궁금해진 한 학생이 그 조각들을 한데 맞춰 보고는 그 후에 기독교로 회심한 것이다.

즈웨머가 카이로에 머문 첫 해에 윌리엄 보든이 합류했다. 보든은 예일 대학 학생 자원자 출신으로 즈웨머의 설교를 듣고 프린스턴 서약에 서명한 사람이다. 자전거를 타고 푹푹 찌는 카이로 거리를 누비면서 전도책자를 나눠 주는 보든의 겸손과 열심을 보면, 그가 부유한 집안 출신이며 막강한 보든 가(家)의 상속자라는 사실이 믿기지 않을 정도였다. 실제로 보든은 선교지에 나오기 전에 과감히 여러 기독교 기관에 수십만 달러를 헌금했으며, 동시에 자동차 한 대를 사고 싶은 유혹마저 물리쳤다. 차는 '도저히 정당화할 수 없는 사치품'이라고 생각했던 것이다. 그의 한 결같은 목표는 선교사로 헌신하는 삶이었다. 기간은 짧았지만 그는 목표를 이루었다. 그는 카이로에서 넉 달간 있다가 척수막염에 걸려 죽었다.

즈웨머는 17년 동안 카이로를 본부로 활동했다. 그곳을 기점으로 전 세계에 다니면서 여러 수련회에 참석하고, 기금을 모으고 인도와 중국과 인도차이나와 남아프리카에 있는 무슬림을 대상으로 사역을 펼쳐나갔다. 즈웨머의 복음 전도 방법은 전통적인 복음 전도와 학생 자원자들의 특징인 '나눔'이라는 현대적 개념을 결합한 것이었다. 즈웨머는 무슬림을 자신과 대등한 존재로 대했다. 언제나 그들을 극진히 존중하면서 그들의 믿음에 대해 더 알고 싶어 했고, 자신의 믿음(대단히 보수적인 신학)을 나누었다. 회심자의 수는 매우 적었지만(약 40년 동안의 사역 기간에 회심자는 12명이 채 되지 않았다) 즈웨머는 그리스도인이 이슬람 사람들에게 복음을 전해야 할 필요성을 자각하게 하는 데 큰 진척을 이루었다.

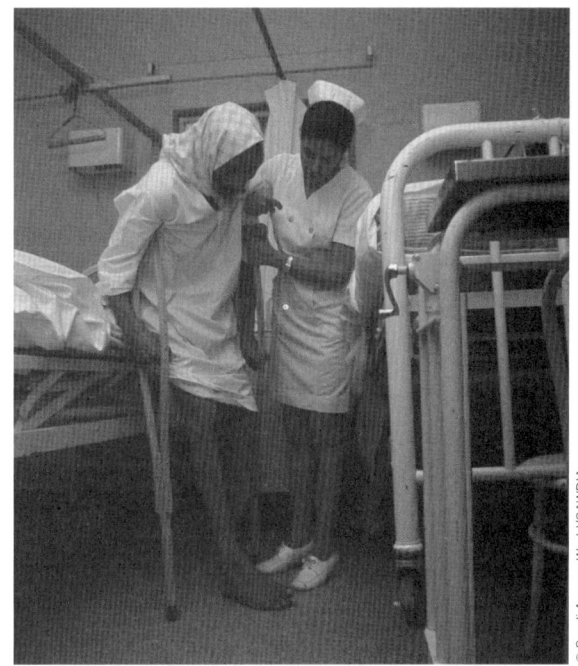
그리스도인이 세운 병원을 무슬림권에서 많이 볼 수 있다.

필요를 선언함

1918년 즈웨머는 프린스턴 신학교에 교수로 와 달라는 솔깃한 제안을 받았다. 하지만 카이로의 사역이 너무 긴급해 그 요청을 거절했다. 1929년에 사역이 제대로 자리를 잡았다. 그때 다시 프린스턴에서 요청이 왔으며, 그는 선한 양심을 가지고 카이로를 떠나 종교 역사 및 기독교 선교학과장으로 새로운 일을 시작했다.

즈웨머의 남은 생애는 가르치는 일 외에도 강연과 저술로 가득 찼다. 40년 동안 〈무슬림 월드〉(Moslem World, 허버트 케인[8]에 따르면 "영어권에서 나온, 동종의 잡지 중에서 가장 명성이 높았다")의 편집자로 일했고, 수백 개의 소책자와 약 50권에 달하는 책을 썼다. 즈웨머는 늘 강렬한 에너지와 그칠 줄 모르는 정신 활동으로 가득 차 있었다. 즈웨머와 함께 여행하던 한 동료는 그와 하룻밤을 보낸 다음 투덜댔다.

그는 한번에 30분 넘게 침대에 누워 있지 못했다. 불을 켜고 침대에서 내려와 종이와 연필을 잡고 몇 문장을 쓰더니 다시 침대로 들어갔다. 내 눈꺼풀이 다시 무거워질 때쯤 그는 다시 일어나 불을 켜고 몇 줄 더 썼다. 그러고 나서 다시 침대에 누웠다.[9]

즈웨머는 일평생 비극과 역경을 당했다. 어린 딸들, 가까운 친지들, 두 명의 아내(첫 번째 아내는 1937년에, 두 번째 아내는 1950년에)의 죽음을 겪었다. 하지만 즈웨머는 항상 놀랄 만큼 행복하고 낙관적이었으며 즐겁게 농담할 여유가 있었다. 한번은 미시간 그랜드 래피즈의 한 식당에 갔는데, 그의 농담이 너무나 "웃기고 시끌벅적해서" 홀 매니저가 와서 조용히 해달라고 부탁해야 했다. 즈웨머는 인생의 밝은 면에 한껏 감사했으며 그의 성품은 여러 면에서 이슬람권이라는 힘든 땅에서 오랫동안 수고하기에 딱 들어맞았다. ❖

주

1. Stephen Neill, *A History of Christian Missions*(New York. Penguin, 1964), 366쪽.
2. 앞의 책.
3. J. Christy Wilson, Jr., *The Apostle to Islam: A Biography of Samuel M. Zwemer*(Grand Rapids: Baker, 1952), 23쪽.
4. 앞의 책, 47쪽.
5. 앞의 책, 43쪽.
6. 앞의 책, 234쪽.
7. 저자가 출처를 밝히지 않음.
8. 저자가 출처를 밝히지 않음.
9. 앞의 책, 81쪽.

기독교 박해지수

오픈도어

최상위 50개국의 기독교 박해지수(World Watch List, WWL)는 개인, 가족, 사회, 국가, 교회라는 다섯 가지 생활 영역에서 이루어지는 박해를 고려해 작성되었다. 기독교 신앙에 대한 박해는 가족과 사회, 정부로부터 극심한 '억압' 형태로도, 물리적인 '폭력' 형태로도 올 수 있다. 기독교 박해지수는 생활 전반에서 종교의 자유를 방해하는 두 가지 형태 모두를 조사해 작성된다. 최상위 15개국 중 11개국이 무슬림 국가다 (볼드체로 표시된 나라).

최상위 15개국

1. 북한
2. **사우디아라비아**
3. **아프가니스탄**
4. **이라크**
5. **소말리아**
6. **몰디브**
7. **말리**
8. **이란**
9. **예멘**
10. 에리트레아
11. **시리아**
12. **수단**
13. **나이지리아**
14. **파키스탄**
15. 에티오피아

오픈도어는 『하나님의 밀수꾼』(죠이선교회)의 저자 브라더 앤드류가 설립한 선교단체로, 예수 그리스도를 믿는 믿음 때문에 구속과 박해 아래 살거나 이에 직면한 그리스도인들을 강하게 하고 온전케 하는 일에 헌신하고 있다. 이 글은 World Watch List(Open Doors, April 2013)에 나온 것으로, 허락을 받고 실었다. *worldwatchlist.us*.

다른 나라들

앞서 나열하지 않는 나머지 35개국 중 25개국이 무슬림 국가다. 우즈베키스탄, 리비아, 투르크메니스탄, 카타르, 오만, 모리타니, 이집트, 아랍에미리트, 브루나이, 알제리, 튀니지, 쿠웨이트, 요르단, 바레인, 팔레스타인, 아제르바이잔, 모로코, 코모로, 말레이시아, 지부티, 타지키스탄, 인도네시아, 카자흐스탄, 키르키즈스탄, 니제르다.

최상위 10개국

사우디아라비아에는 종교의 자유가 거의 없다. 모든 시민이 이슬람을 고수해야 하며 다른 종교로 개종하면 사형에 처한다. 그리스도인은 공개적으로 예배드리는 것이 금지되어 있다. 예배를 드리다 발각되면 투옥, 채찍질, 강제 추방, 고문 등의 위험을 감수해야 한다. 무슬림에게 복음을 전하거나 비무슬림 관련 자료를 배포하는 것도 불법이다. 기독교로 개종한 무슬림은 '명예 살인'을 감수해야 하며 외국 그리스도인 노동자들도 고용주의 학대에 노출되어 있다.

아프가니스탄에서는 정부의 지하교회 박해와 더불어 가정과 사회의 압박이 강해지고 있다. 이들은 무슬림 출신의 모든 회심자들을 아주 적대적으로 대한다. 이러한 박해 때문에 그리스도인은 공개된 장소에서 모일 수 없다. 가정에서 사적으로 모이는 것조차 극도로 조심해야 한다. 해외에서 온 거주자조차 교회 건물을 세울 수 없다. 외국 그리스도인들은 납치, 유괴, 살인 등의 위험에 처해 있으며 해외로 도망쳐야 하는 상황이다. 탈레반은 권력을 되찾고 난 후 외국인이든 현지인이든 가리지 않고 모든 그리스도인들을 아프가니스탄에서 추방하겠다고 맹세했다.

이라크의 그리스도인들은 당장에라도 추방당할 위험에 처해 있다. 박해당하던 많은 그리스도인들이 해외로, (최근까지) 비교적 안전한 쿠르드 지역으로 도망쳤다. 그곳에서 이들은 일자리를 구할 수 없으며 교육이나 의료, 주거 등 복지 혜택을 받지 못하는 상황이다. 교회는 여러 도전에 직면해 있다. 신자들은 살해당하거나 납치당했고 역량 있는 지도자도 부족하다. 중부와 남부 이라크에서는 무슬림 배경의 신자(MBB)들뿐 아니라 전통적인 그리스도인들도 눈에 띈다는 이유로 고통을 당하고 있다. 2012년 5월, 모술에 있는 그리스도인 20개 가정이 협박을 당하고, 다른 그리스도인의 집이 불탔다.

엄격한 이슬람 국가인 소말리아에서 그리스도인이 공개적으로 모이는 것은 극도로 위험하다. 알샤바브와 같은 테러 집단은 기독교 회심자들을 테러 대상으로 삼고 그들을 없애기 위해 총력을 기울인다. 그리스도인이든 비그리스도인이든 국제 구호원들은 언제든 납치될 위험이 도사리고 있어 철저한 보안이 필수다. 2012년에는 새로운 의회와 대통령이 선출되어 보다 합법적인 정부를 위한 체제가 갖추어졌다. 그러나 임시 정부 역시 종교의 자유를 허락하지 않는 상황이기 때문에 박해의 위협 아래 있는 그리스도인들의 미래는 여전히 암울하다.

몰디브는 지구상에서 모든 국민에게 무슬림이 될 것을 요구하는 유일한 나라다. 다른 종교로 개종하는 것은 법으로 엄격히 금지되어 있으며, 개종자는 가족과 사회로부터 극심한 박해를 당하고 때로는 국외로 추방까지 당한다. 정부 당국은 국민이 이슬람에서 벗어나는 것을 방지하기 위해 광범위한 통제력을 발휘한다. 교회 건물이나 모임도 없다. 이곳의 종교는 탈레반이 믿고 있는 데오반디 이슬람(Deobandi Islam, 이슬람 복고주의 운동 중 하나) 쪽으로 기울고 있다. 이들의 사명은 다른 모든 영향력으로부터 이슬람을 깨끗케 하는 것이다. 이곳에는 극소수의 토착민 그리스도인들이 있다.

최근까지 말리는 온건주의 무슬림이 많은, 비교적 안전하고 세속적 성격의 국가였다. 그러나

2012년 3월, 군사 쿠데타가 일어난 후 이슬람주의 반군과 투아레그족이 북부 지역을 점령해 독립 국가를 선언하고 냉혹한 이슬람 정권을 수립했다. 많은 그리스도인들을 포함해 수만 명의 말리 주민이 남부로 도망치거나 나라를 떠났다. 2013년 봄 이후 프랑스군과 아프리카군이 북부 말리를 되찾기 위해 애쓰고 있지만 이 지역은 여전히 불안정한 상태다.

이란 당국은 그리스도인의 수가, 특히 가정교회를 중심으로 증가하는 상황이 두려운 나머지 그리스도인들의 행동을, 특히 교회가 무슬림에게 접근하는 것을 철저히 감시하기 시작했다. 복음을 전하거나 성경을 가르치거나 이란어 성경을 출판하는 것은 불법이다. 그리스도인이 구금되는 것은 흔한 일이다. 무슬림 배경의 신자들이 가장 강력한 압박을 받는데 어떤 무슬림이든 이슬람을 떠나면 사형을 당하거나 국외로 추방을 당한다. 2012년 9월, 나다르카니 목사는 배교했다는 이유로 3년 동안 구금되었다가 풀려났다.

예멘은 외국인에게 어느 정도 종교의 자유를

예수님의 죽음

무슬림이 일반적으로 받아들이는 견해는 예수님이 인간처럼 죽지 않고 하늘나라에서 육체로 살아 계시다는 것이다.¹ 가장 대중적인 이론은 예수님이 십자가에서 죽지 않으시고 다른 누군가가 그분 대신 죽었다는 것이다. 예수님이 십자가에 달리시기는 했지만 죽지는 않았다고 하거나(졸도설), 십자가 처형이 전설이라고 주장하는 이들도 있다(8과 온라인 읽을거리 "예수님의 십자가 죽음"을 보라).

> 마리아의 아들이며 하나님의 선지자의 예수 그리스도를 우리가 살해하였다라고 그들이 주장하더라 그러나 그들은 그를 살해하지 아니하였고 십자가에 못 박지 아니했으며 그와 같은 형상을 만들었을 뿐이라 이에 의견을 달리하는 자들은 의심이며 그들이 알지 못하고 그렇게 추측을 할 뿐 그를 살해하지 아니했노라 하나님께서 그를 오르게 하셨으니 하나님은 권능과 지혜로 충만하심이라(꾸란 4:157-158).

이 문맥에서 '그들'이란 유대인을 말한다. 꾸란은 자신들이 예수님을 죽였다는 유대인들의 주장을 논박한다. 꾸란의 다른 구절들은 예수님이 죽으셨음을 시사하는 듯하다.

> 당신께서 저에게[예수] 명령한 것 외에는 그들에게 말하지 아니했으니 나의 주님이요 너희의 주님인 하나님만을 경배하라 하였으며 제가 그들과 함께 있음에 저는 그들에게 증인이 되었고 당신이 저를 승천시킨 후에는 당신께서 그들을 지켜보고 계시나니 당신은 모든 것의 증인이십니다(꾸란 5:117).

> 하나님이 말씀하사 예수야 내가 너를 불러 내게로 승천케 한 너를 다시 임종케² 할 것이라 불신자들로부터 세례하며 너를 따르는 자 부활의 그날까지 불신자들 위에 있게 하리라 그런 다음 너희는 내게로 돌아오나니 너희가 달리한 것에 대해 가름을 하여 주리라(꾸란 3:55).

---

1. Abdullah Yusuf Ali, *The Meaning of the Holy Qur'an*(Beltsville, Md.: Amana Publication, 1989), 236쪽, 주석 각주 664번을 보라.
2. 대부분의 다른 번역가들은 아랍어 동사 '마우트'(maut)를 번역하지 않으려 한다. 그 말은 문자적으로 '죽다, 멸망하다'라는 의미다.

출처_ Annee W. Rose, *frontiers.org*.

준다. 남부의 항구 도시 아덴에는 수천 명의 외국인 그리스도인과 난민들을 위한 공식 교회가 몇 군데 있다. 그러나 북부 지역에는 어떠한 교회 건물도 세울 수 없다. 이 나라는 매우 불안정하고 많은 외국인들이 그 나라를 떠난 상황이다. 복음 전도도, 개종도 금지되어 있다. 예멘 국민이 이슬람을 떠날 경우 사형에 처한다. 무슬림 출신의 그리스도인들이 수백 명 정도 있는데 정부와 가족에게 박해를 받고 있으며, 극단주의 집단들은 개종을 철회하라고 이들을 위협한다.

에리트레아에 있는 모든 복음주의 교회들은 2012년에 문을 닫았다. 정교회, 루터교, 로마 가톨릭, 이슬람을 제외한 모든 종교 단체를 정부에서 금하기 시작했기 때문이다. 비전통적 그리스도인을 박해하는 정부도 문제지만 정교회 신자들 또한 복음주의 신자들에 대해 보고하고 있으며, 무슬림 극단주의자들은 정부가 손을 떼는 곳은 언제든 장악할 준비가 되어 있다. 그리스도인은 발각되는 순간 투옥되고 군사 수용소 내의 운송용 컨테이너에 갇히기도 한다. 2012년에 적어도 105명의 그리스도인이 수감되어 있고, 31명의 그리스도인이 수감 중 사망한 것으로 보고되었다.

시리아는 내전이 일어나기 전에는 비록 감시를 받기는 해도 공식 모임이 있었고 그리스도인이 사회적으로 존중받았다. 그러나 이러한 상황은 급변하고 있다. 무슬림 배경의 신자들은 가족과 친구들, 이제는 외국인 극단주의 전사와 용병들의 반대에 직면하고 있다. 이전에 그리스도인들은 정부를 지지한다거나 같은 편을 들지 않는다는 이유로 박해를 받았다. 이제는 외국인 근본주의자들의 유입으로 종교적 동기가 더욱 분명해졌다. 많은 그리스도인이 납치되거나 물리적 해를 입거나 죽임을 당했으며 교회는 부서지거나 파괴되었고 수만 명의 그리스도인은 박해를 피해 도망쳤다. ❖

무슬림에 대한 태도 선언

국제선교전략협회

현재의 통계 수치를 보면, 서구 선교사들 중 무슬림 대상의 기독교 사역에 종사하는 이들의 비율은 전체 선교사의 8% 이하다. 이러한 불균등한 분배는 무슬림 사회에 대한 일반적인 오해에서 비롯된 것으로 보인다. 이러한 오해들은 특히 1990-1991년의 걸프전, 인질 위기, 테러리스트의 공격 등으로 더 심해졌다. 여론 매체와 종교계에 널리 퍼진 이미지를 보면, 무슬림은 적군이며 예수 그리스도의 복음을 도무지 받을 수 없는 사람이라는 결론을 내리게 된다.

성경은 모든 사람을 사랑하라고 명한다. 여기에는 물론 무슬림도 포함된다. 예수 그리스도의 제자인 우리에게 마태복음 28장 18-20절에 나오는 지상 대명령은 예외나 판단 기준 없이 모든 사람에게 그리스도의 복음을 효과적으로 전달할 책임을 부여한다.

우리는 세계선교에 얼마큼 노력을 쏟아 왔든 상관없이 무슬림 사회에 예수 그리스도의 복음을 적절하게 전달하는 데 필요한 자원을 제공하지 못했다. 앞으로 우리는 무슬림 사회에 예수 그리스도가 십자가에서 모든 인류에게 보이신 것과 동일한 사랑을 보이기 위해 반드시 노력할 것이다. 예수 그리스도의 제자인 우리는 세계의 모든 종족에게 예수 그리스도의 복된 소식을 전하는 것이 일차적 책임이라고 믿으며 다음과 같이 고백한다.

1. 우리는 무슬림 종족들의 여러 정서적 문제(특히 이스라엘 국가에 관한)가 지닌 의미를 이해하지 못했다.

국제선교전략협회(AIMS)가 이슬람에 초점을 맞춘 AIMS 회원 기관과 협력하여 쓴 초안이다. *aims.org*. 이 글은 Accelerating International Mission Strategies, "Declaration on Christian Attitudes Towards Muslims", *International Journal of Frontier Missions*, 13, no. 3(July-September 1996), 117쪽에 나온 것으로, 허락을 받고 실었다. *ijfm.org*.

2. 우리는 잘못된 인식과 이해의 부족으로 무슬림 종족들에 대해 잘못된 태도를 가졌고 자비심을 보이지 않았으며 그들의 고통을 줄이려고 애쓰지 않았다.
3. 우리는 무슬림 종족들에 대한 오해와 편견, 때로는 적의와 노골적인 증오를 믿었으며 영구화하는 죄를 지었다.
4. 우리는 성령님이 무슬림의 마음을 움직여 참된 기독교를 알고자 하는 열망을 이 나라들에 주셨을 때, 주님의 때를 깨닫지 못했다. 우리의 태도에도 불구하고 성령님은 그리스도인들의 증거와 직접적인 계시를 통해 무슬림 종족들 가운데서 역사하고 계신다.

우리는 지금까지 무슬림에게 보인 냉담하고 적대적인 태도를 회개한다. 회개는 마음의 변화를 가져오는 결심이며 마음의 변화는 우리를 목적과 행동의 변화로 이끈다. 우리가 회개하는 것은 화해를 이루기 위함이다. 화해를 위한 노력의 일환으로 우리는 다음과 같이 서약한다.

1. 모든 무슬림 종족들이 예수 그리스도의 복음을 받아들일 수 있도록 진심을 다해 헌신적으로 기도한다.
2. 예수 그리스도를 따르는 사람들이 무슬림들을 긍휼과 사랑, 용서의 태도로 대할 수 있도록 온 마음을 다해 헌신적으로 기도한다.
3. 개인적으로 영향을 미칠 수 있는 영역 내에서, 기독교 공동체 안에서 볼 수 있는 그릇된 태도를 꾸짖는다.
4. 무슬림을 위해 기도하고 구제하고 개발을 도울 것을 진심으로 주창한다. 무슬림 중 일부는

하나님이 당신에게 하신 일을 나누라

내가 유럽의 한 나라에서 신약을 나눠 주고 있을 때, 칼레드라는 한 젊은이가 신약성경의 유효성과 이슬람의 우월성에 대해 논쟁을 걸어 왔다. 나는 하나님이 얼마나 능력이 있으신지 설명했다. "하나님은 자신의 메시지인 인질(Ingil)과 그분의 메신저인 이싸(Isa)를 보내 주셨습니다. 어떻게 사람이 하나님의 허락 없이 그분의 말씀을 바꿀 수 있단 말입니까?" 칼레드가 논쟁을 계속할 때 나는 지혜를 달라고 조용히 기도한 후, 함께 콜라를 한 잔 마시지 않겠느냐고 물었다. 칼레드는 음료수를 마시면서 자기는 꾸란을 두 번째로 읽고 있다고 말했다. 나는 예수님에 대한 나의 체험을 말했다. 내가 팔레스타인인과 이스라엘인을 둘 다 미워했지만, 그리스도가 어떻게 내 증오를 녹여 그들을 위해 기도하는 마음을 내 안에 일으키고 화평케 하는 자가 되게 하셨는지 말했다. 그 다음에 그리스도께 나의 구세주가 되어 달라고 어떻게 청했는지, 어떻게 그분이 나를 죄에서 구속해 주셨는지 말했다.
"나는 꾸란을 계속 읽었지만 죄에 대한 해결책은 전혀 찾지 못했습니다." 칼레드는 고백했다. "그건 예수님이 해결책이기 때문입니다." 내가 설명했다. "그리스도의 십자가 구속만이 죄악에 물든 자연을 치유하고, 죄의 형벌을 면할 수 있는 유일한 해결책입니다." 칼레드는 나를 바라보더니 물었다. "저도 그 신약성경을 한 권 가질 수 있을까요?"
내가 그에게 콜라를 사 주면서 대화를 자연스럽게 개인 간증으로 바꾸지 않고 계속해서 논쟁을 벌였다면 어떻게 되었을까? 무슬림과 믿음을 나눌 때는 주님이 당신에게 해주신 일을 생각하게 해달라고 구하라. 그것은 응답받은 기도일 수도 있고, 위안이 되는 성경 구절 혹은 실패했을 때의 자비로운 인도일 수도 있다. 그것을 간증하라.

출처_ Fouad Masri, *crescentproject.org*.

매우 가난하다. 교육을 거의 받지 못했으며 의료 혜택도 거의 못 받는다. 그들은 폭력의 가장 큰 희생자다.

5. 이미 무슬림 사회에서 일하고 있는 형제자매들에게 기도와 재정 후원을 해서 그들을 헌신적으로 돕는다.

6. 모든 무슬림이 예수 그리스도의 복된 소식을 알고 반응할 기회를 갖게 하기 위해 우리 개인이 어떤 역할을 해야 할지 기도하며 하나님의 뜻을 구한다. 한 가지 분명한 방법은 같은 지역 및 전 세계에 사는 무슬림들과 관계를 맺고 우리의 믿음을 나누는 것이다. ❖

무슬림 여성은 왜 그리스도에게 끌리는가?

미리엄 애드니

 무슬림 여성들이 그리스도께 나아오는 것에 대한 글을 쓰면서 이슬람을 폄하할 생각은 없다. 나는 무슬림과 지내면서 하나님의 본질에 대한 그들의 숭고한 개념, 기도에 충실한 삶, 공동체 강조, 믿음의 공공성에 대한 주장, 사회 내 윤리에 대한 관심 등을 고맙게 생각한다. 재삼재사 이슬람은 우리에게 창조주를 가리키고 있다.

하지만 어떤 믿음이 그리스도 안에서 우리를 하나님께로 이끌지 않는다면 뭔가 핵심이 빠져 있는 것이다. 하나님은 그리스도 안에서 인간의 모습으로 이 지구를 방문하셨다. 그리스도의 죽음에서는 인간이 느끼는 고통의 깊이를 체험하셨다. 그리스도의 부활에서는 새로운 시작과 삶의 변혁을 위한 권능을 창출하신다. 무슬림은 하나님을 항상 "자비롭고 자애로우신 분"이라고 말한다. 하나님은 바로 그리스도 안에서 이러한 특질을 가장 충분하게 나타내셨다. 그 때문에 무슬림 여성들은 그리스도께 나아온다. 그들이 멀리서 불완전하게 알았던 하나님은 그리스도를 통해 그들 각각의 아버지가 되신다.

무슬림 여성이 구체적으로 주 예수 그리스도께 나아오는 방법은 가지각색이다. 어떤 이들은 복음 이야기를 읽다가 나아오고, 어떤 이들은 환상이나 꿈에서 예수님을 보고 나아온다. 또 어떤 이들은 마귀나 영들과 싸우다가 예수님의 이름을 부르자 해방과 도움을 얻는다.

어떤 이들은 역기능 관계에서 학대를 당해 왔는데 예수님이 그들을 치유해 주시고 존귀하게 대해 주셨다. 어떤 이들은 의로움이라는 이상을

인류학 박사인 미리엄 애드니는 시애틀 퍼시픽 대학의 세계선교 및 도시선교 부교수다. 이 글은 Miriam Adeney, *Daughters of Islam: Building Bridges with Muslim Women*(Downers Grove, Ill.: InterVarsity Press, 2002), 18-21쪽에 나온 것으로, 허락을 받고 실었다. ivpress.com. 『이슬람의 딸들』(IVP)

배웠으며 그들 사회에 정의가 실현되길 갈망하는데 주 예수 안에 그렇게 할 수 있는 능력이 있음을 발견한다. 또 어떤 이들은 그리스도가 여성들을 받아 주셨기에 나아온다. 성적으로 문란하게 살던 어떤 이들은 자기 삶을 받쳐 줄 도덕적 기초를 소리 높여 요구한다. 어떤 이들은 죽음을 두려워하며 낙원에 갈 수 있다는 확신을 간절히 원한다. 내가 면담한 두 여성은 어린아이 시절부터 일편단심으로 하나님을 갈망했다. 자기 가족이 그리스도를 따르기로 결정했기 때문에 나아오는 사람도 많다.

무슬림 여성들도 인간이며 그들이 그리스도께 나오는 동기는 복잡다단하다. 하지만 이러한 여정에서 서너 개의 지표가 계속 되풀이해서 나타난다. 그것은 성경, 영적 능력 대결, 그리스도인의 사랑, 성과 미의 문제, 사회 정의의 문제 등이다.

무슬림 여성 사역에 대한 속설

대중의 생각이나 인류학 연구에서 선교사들은 종종 '온정주의적이고 판단하기 좋아하며 생색내며 제국주의적인' 사람들로 낙인 찍혀 왔다. 한 예로 에드워드 사이드는 그의 책『오리엔탈리즘』에서 선교사들과 대영제국 시대 국외로 이주한 사람들이 서구의 렌즈를 통해 무슬림의 역사, 문화, 윤리를 보았다고 주장한다. 그러므로 그들의 보고는 불완전했다.[1]

그 말에는 일말의 진리가 들어 있다. 다음은 1866년 최초의 미국 여성 선교기관지에 실린 글이다.

> 기독교 국가들은 동양의 여러 지역에서 여성이라는 성이 격하되어 있음을 충분히 고려하지 않는다. 이곳에서 여성은 인간을 이성적이고 종교적인 존재로 구분지으며 삶을 지탱하는 데 필수불가결한 듯한 거의 모든 축복을 전혀 가

친절하고 신실한 사람들

옌니가 수마트라의 한 작은 도시에서 자랄 때 아는 유일한 그리스도인들은 중국인이었다. 청년기에 들어선 옌니는 그리스도인들이 자신이 아는 많은 사람들과 다르다는 것을 발견했다. 그들은 담배를 피우지 않고 술도, 마약도 하지 않았다. 옌니 자신은 이 세 가지를 모두 하고 있었다. 옌니는 특히 그리스도인들이 서로를 매우 사랑하는 모습에 감명을 받았다. 하지만 그들의 하나님에 대해 알고 싶다는 생각은 한 번도 하지 않았다. 옌니의 동족은 어디까지나 무슬림이었다.

인도네시아에서 온 세 명의 그리스도인에게 머물 곳이 필요했을 때, 옌니의 가족은 그들에게 방 한 칸을 세 주었다. 그 외부인들이 두 달간 머무는 동안 옌니는 그들에게서 뭔가 다른 점을 발견하고 그것에 아주 매혹되었다. "그들은 대단히 친절하고 신실했어요"라고 옌니는 설명한다. 세 명은 모두 인종이 달랐지만 서로 돌보고 사랑으로 상대방을 대했다. 그들 중 누구도 술이나 담배나 마약을 하지 않았다. 그로 인해 옌니는 자신의 삶을 돌아봐야겠다는 도전을 받았.

그들은 그 도시를 떠나기 전에 옌니에게 예수님을 주님으로 받아들이는 기도를 하자고 청했다. 옌니는 자신이 기도한 내용을 대부분 이해하지 못했지만 하나님께 진리를 보여 달라고 청했다. 며칠 동안 기도했을 때, 하나님은 옌니에게 예수 그리스도가 진리라는 확신을 주셨다. 옌니는 말한다. "이제 나도 이싸 알마시, 메시아 예수님을 따르는 사람입니다."

출처_ 수마트라인 신자와 나눈 대화

무슬림 여성과 대화를 나누고 있다.

지고 있지 못하다.²

"이교도 여성들의 통탄할 만한 상태", "아주 미개한", "혜택받지 못한 자매들", "애처롭고, 가련하며, 유린된" 등과 같은 문구들은 일반적인 선교, 특히 여성 선교의 '위대한 세기'였던 19세기에 흔히 들을 수 있는 말이었다. 분명 무슬림 국가에도 다른 곳과 마찬가지로 학대받는 여성들이 있었다. 오늘날 사랑이 넘치는 무슬림 가정이 늘어났다 해도 학교 교육과 보건 혜택, 돈을 벌 수 있는 기술, 특히 복음의 말씀이 필요한 여성들은 여전히 많다.

하지만 다른 문화의 약점에 초점을 맞출 때, 그 문화의 강점과 아름다움을 놓칠 수 있다. 또한 우리의 문화가 가지고 있는 죄도 놓칠 수 있다. 예를 들어 무슬림은 서구 가정에서 일어나는 낙태, 문란한 성생활, 부모 불공경, 노인 방치 등에 대해 들으면 소스라치게 놀란다. 어쨌든 대영제국 시대의 전성기에도 여자 선교사들은 종종 현지 여성들과 함께 살고 밀접한 관계를 맺으며 사역했다. 여성 사역이 그저 지성에만 호소한 적은 결코 없었다. 여성 사역은 언제나 육체와 마음과 영혼을 모두 포함하는 총체적인 것이었다.

여성들은 함께 일하고 함께 쉬고 함께 웃고 울면서 서로의 정서를 이해하고 받아들였다. 선교사가 어떤 이데올로기를 가지고 있든 자매애가 문화를 초월해 여성들을 하나로 묶어 주었다.³

일부 초기 여성 선교사들은 자신들의 문화와 복음을 명확히 구분했다. 1903년 이란에서 위너프리드 웨스트레이크 박사는 이렇게 썼다. "우리가 페르시아 여성들을 영국화하려는 것은 아니지 않은가? 그렇다. 우리가 그들을 이슬람의 속박에서 자유케 하고 그리스도의 복음의 빛 안에 두는 데 쓰임 받는다면 그들은 하나님이 뜻하시는 데로 발전해 갈 것이다. 그들이 하나님의 영광을 위해 무엇을 할지 누가 알겠는가?"⁴

오늘날에는 무슬림 여성을 대상으로 사역하는 것과 관련해 새로운 가정과 속설들이 있다. 어떤 것은 사역 전략에 초점을 맞추는데 그런 속설은 우리를 잘못 인도할 수 있다.

속설 1: 무슬림 여성은 수동적이고 순종적이다. 스스로 생각하거나 지도력을 크게 발휘하는 경우가 거의 없다.

속설 2: 무슬림 여성은 대부분 남편이 신자가 되지 않으면 그리스도께 나아와 그리스도 안에서 성장하지 못한다.

속설 3: 무슬림 가족은 아들이나 남편이 그리스도를 믿는 것보다 딸이나 아내가 그리스도를 믿을 때 더 위협감을 느낀다.

속설 4: 무슬림 여성과 남성은 같은 전략과 같은 성경 본문을 사용해 함께 효과적으로 복음화시키고 제자훈련을 할 수 있다.

속설 5: 무슬림 여성은 남성을 복음화할 수 있는 그리스도인 남성이 있을 때까지 복음화되어서는 안 된다. 인력 관리가 제대로 되지 않기 때문이다. 여성은 모임을 오랫동안 이끌지 못한다.

속설 4와 5를 생각해 보자. 여성은 남성과 똑같이 복음화되고 제자화될 수 있는가? 여성에게 복음을 전할 때 남성을 전도하는 방식을 그대로 따라야 하는가? 간단히 말하면 "때로는 그렇다." 온 집안이 함께 예수님을 따르는 것은 얼마나 아름다운 일인가? 대부분의 중요한 결정을 공동으로 내리는 곳에서 그것은 얼마나 자연스러운 일인가? 그러나 유감스럽게도 이슬람은 예수님의 주권에 극심하게 저항한 나머지 설령 일가친척이 처음에 함께 복음을 듣는다 해도 더 가까이 가지 못하게 식구들이 서로를 말릴 수 있다.

그럴 경우 구도자 개개인은 사적으로 은밀히 진리를 추구해야 한다. 때로 남성들에게 말할 기회를 가지기 전에 여성들에게 말할 기회가 생긴다. 때로 그리스도인 남성들이 전도 활동을 하기 전에 그리스도인 여성들이 같은 일을 할 기회가 생길 수 있다. 때로 여성들이 학대를 받아 왔기 때문에, 혹은 반대로 여성들의 세계가 너무나 풍성하기 때문에 성별에 따라 접근할 필요가 있다.

하갈은 분명 이 말에 공감했을 것이다. 모진 환경에서 아이를 양육하고 사막 생활에 익숙하며 영적으로 깨어 있고 사시나무 떨듯 취약했던 하갈은 자기 아들의 미래를 위한 관계망을 구축해 갔다. 이들 모자는 광야에 있는 하나님의 우물에서 물을 마신 후 소생했다. 아이는 자라서 강한 사냥꾼이 되었다. 때가 되자 하갈은 애굽에서 그에게 아내를 얻어 주었으며 그는 아들딸을 낳았다. 그 아들 중 몇 명은 이사야가 종말의 때 하나님의 보좌 주위를 행진하는 대행진을 환상으로 보았을 때 등장한다. 하갈의 첫 번째 손자인 느바욧과 또 다른 손자인 게달이 그 행렬에서 행진한다. 그들은 더 이상 외인이 아니다. 하나님은 그들의 후손들을 받으신다(사 60:7). 하갈의 딸들도 거기에 있을 것이다. ❖

주

1. Edward Said, *Orientalism: Western Conceptions of the Orient*(London: Penguin 1995).
2. Judith MacLeod, *Woman's Union Missionary Society: The Story of a Continuing Mission*(Upper Darby, Pa.: Interserve, 1999), 12쪽.
3. Erik Freas, "Muslim Women in the Missionary World", *The Muslim World*(April 1998), 141-164쪽과 Guli Francis-Dehqani, "CMS Women Missionaries in Persia: Perceptions of Muslim Women and Islam, 1884-1934", in *The Church Mission Society and World Christianity 1799-1999*, ed. Kevin Ward and Brian Stanley(Grand Rapids: Eerdmans, 1999), 91-119쪽을 보라.
4. Francis-Dehqani, "CMS Women Missionaries", 118쪽. (웨스트레이크 박사는 현재는 선호되지 않는 용어인 "무함마드교"라는 용어를 사용한 것으로 인용된다[1903년]. 여기서는 그 말을 '이슬람'이라고 바꾸었다.)

어린양을 따름

하나님을 신뢰함으로, 우리의 방법을 복음의 평화로운 내용과 조화시키는 것이 무슬림에게 복음을 전하는 최선의 길임을 믿을 수 있는가? 복음의 본질 자체가 우리를 취약하게 만들고 희생하게 한다. "어린양이 어디로 인도하든지 따라"(계 14:4) 갈 수 있겠는가?

출처_ Gordon D. Nickel, *Peaceable Witness among Muslims*(Scottdale, Pa.: Herald Press, 1999), 106쪽.

열매 맺는 사역

돈 앨런, 레베카 해리슨, 에릭·라우라 애덤스 부부, 밥 피쉬, E. J. 마틴 편집

 이 글은 수년에 걸쳐 다수의 단체와 함께 진행한 귀납적 연구의 결과다. 여기서 '열매 맺는 사역'이란 무슬림 배경 신자들의 모임을 만들고 활성화하거나 증가시킨 활동을 의미한다. 우리는 무슬림 세계 현장에서 이루어진 갖가지 시도에 대해 연구했고, 현역 선교사들이 무슬림 내 공동체 형성에 기여했다고 판단하는 요인들을 알아보았다.

조사와 분석

처음에 우리는 무슬림권에서 섬기는 13개 단체의 사역자 5,800명을 대표하는 팀들과 면담하는 것으로 조사를 시작했다. 그러다가 총 100회의 면담을 실시했고, 25개의 토론 그룹으로부터 자료를 수집했다. 이를 통해 30개 이상의 단체를 대표하며 개척 모임을 해본 각 개인으로부터 300여 개의 응답을 이끌어 냈다. 이들 중 3분의 2는 무슬림권에서 그리스도를 중심으로 한 공동체가 세워지는 것을 적어도 한 번은 목격했다고 대답했다.

하나님과 협력하기

모든 진정한 사역은 하나님의 역할과 우리의 역할 모두를 수반한다. 우리가 마음을 변화시킬 수는 없다. 그것은 하나님의 역할이다. 그러나 우리는 복음을 나누고 그리스도의 사랑을 내보일 수 있다. 이것이 바로 우리의 역할이다(이러한 역학에 대한 생생한 설명이 고전 3:5-7에 나온다). 이 글은 무슬림을 예수님께 초청하려는 우리의 역할을 어떻게 감당해야 하는지 아는 데 도움이 될 것

이 글은 Don Allen, Rebecca Harrison, Eric and Laura Adams, Bob Fish, and E. J. Martin, "Fruitful Practices: A Descriptive List," *International Journal of Frontier Missions* 26, no. 3(Fall 2009), 111-122쪽에서 나온 것으로, 허락을 받고 실었다. ijfm.org.

이다. 여기에 나오는 실천 사례들은 하나님이 자신의 목적을 이루기 위해 특정 원칙과 실행을 통해 반복적으로 역사하셨음을 보여 준다.

이 목록을 읽을 때 다음과 같은 사실을 염두에 두라.

- 이 글은 현상에 대한 설명이지 명령이 아니다. 따라야 할 공식도 아니다. 그 대신 우리는 의미 있는 원리를 기술하고자 한다.
- 우리는 지금도 발전하고 있다. 이 목록은 우리가 지금까지 배워 온 경험을 대변한다. 지금도 어떤 것이 효과적인지 발견하는 과정에 있다. 완전한 길은 결코 없다.
- 전체를 바라보는 관점이 필요하다. 제시된 실천 사항들은 서로를 보강하고 있다. 각 사항은 서로 밀접한 관계에 있으며 특정 범주 내에 있는 실천 사항이라면 더욱 그렇다. 제시된 다른 사항은 무시한 채 그저 여기저기서 실천 사항들을 골라내기만 한다면 결코 열매를 맺지 못할 것이다.
- 하나님이라는 요인을 기억하라. 이 목록은 하나님이 여러 팀을 통해 역사하시는 많은 방식을 요약하고 있다. 이 팀들은 여기 제시된 실천 사항을 통해 하나님과 동역하는 데 도움을 얻었다.

사회와 관련된 사역

- 열매 맺는 사역자는 문화적으로 적절한 방식으로 행동함으로써 상대에게 존중을 표현한다. 방문 국가에 대한 한 사역자의 태도는 강력한 메시지를 전달한다. 중요한 문화 영역에는 의복과 음식, 특히 접대가 포함된다. 반드시 해당 지역의 관례를 모조리 흡수해야 하는 것은 아니지만, 그 지역의 분위기를 민감하게 살피는 것이 중요하다.
- 열매 맺는 사역자는 복음을 표현하는 수단으로 그 지역사회의 필요를 다룬다. 방문 국가에서 사역자들이 좋은 평판을 얻는 데 선행이 도움이 될 때가 있다. 열매 맺는 사역자는 자신의 선행이 복음을 실제로 표현하는 것이 될 수 있음을 분명히 해야 한다. 그렇지 않으면 지역 주민들은 그가 그저 좋은 사람이거나 종교적 이익을 챙기려 든다고 생각할 것이다.
- 열매 맺는 사역자는 현지인과 관계를 맺을 때 해당 지역의 성역할을 존중한다. 성역할과 그와 관련된 금기 사항은 무슬림 세계에서 중요한 문제다. 열매 맺는 사역자는 이 문제에 대한 성경적 관점을 유지하면서도 지역 상황 속에서 성역할을 이해하고 그 사회의 규범을 존중하는 태도를 보인다.
- 열매 맺는 사역자는 자신을 위해 광범위하고 집중적으로 중보 기도해 줄 사람들을 모은다. 이 일이 사람들을 해당 지역에 방문 초청하는 것만큼이나 중요함을 알기 때문이다.
- 열매 맺는 사역자는 능숙하게 언어를 구사하기 위해 노력한다. 방문 국가의 언어로 자유롭고 명확하게 의사소통할 수 있는 사역자는 열매 맺기가 쉽다. 이들은 단어 선택에 유의하며 질문을 개발한다. 이 말이 현지어인지 교역어인지, 종교적 언어인지 세속적 언어인지 살펴야 한다. 언어를 배우면 자연스레 문화에 대한 이해도 깊어진다. 언어 구사 능력은 다른 여러 면에서도 효과를 높이는 중요한 문제다.
- 열매 맺는 사역자는 사역 형태를 결정하기 위해 사전 조사와 현장 조사 결과를 활용한다. 열매 맺는 사역은 민족지학, 언어학, 역사를 포함한 여러 종류의 정보에 도움을 받아 형태를 갖춘다. 자신이 직접 조사를 하든, 다른 이들의 조사를 적극 반영하든, 현장에 나가기 전에 하든, 나간 후에 하든 이러한 사역자들은 출신 국가에서 미리 구상한 사역 유형에 의지해 사역하는 이들보다 더 풍성한 열매를 맺기 쉽다.

- 열매 맺는 사역자는 현지 지도자들과 긍정적인 관계를 맺는다. 비그리스도인을 포함해 지역 당국과 민감하고 세심하게 관계를 맺으면서 방문 지역에서 좋은 평판을 얻는다. 현지 지도자들과 좋은 관계를 맺으려 노력하는 사람들은 보다 풍성한 열매를 맺기 쉽다.

구도자와 관련된 사역

- 열매 맺는 사역자는 담대하게 증거한다. 여기서 담대함이란 여러 다른 상황에서 다른 의미를 가진다. 어떤 이들은 위험한 환경에서 사는 용기가 필요할 때가 있다. 어떤 이들은 적대적인 상황에서 공개적으로 변론하는 용기가 필요할 때도 있다. 열매 맺는 사역자는 무모한 행동으로 자신이나 다른 사람들을 위험에 빠뜨리지 않는다. 다만 말과 행실로 예수 그리스도를 담대히 드러내기 위해 박해 앞에서도 하나님의 능력을 힘입을 줄 안다.
- 열매 맺는 사역자는 복음을 확증하기 위해 하나님의 초자연적인 개입을 위해 기도한다. 하나님의 능력 개시는 많은 무슬림들이 예수 그리스도에 대한 믿음을 갖게 하는 데 유용한 요인이 되어 왔다. 이를 알고 있기에 많은 열매 맺는 사역자는 하나님께 꿈, 치유, 악한 영으로부터의 구원, 복음의 진실성을 입증하는 명확한 표적을 통해 초자연적으로 개입해 달라고 분명히 기도한다.
- 열매 맺는 사역자는 개인적으로 기도할 뿐 아니라 친구를 만난 그 자리에서 기도해 줌으로써 그들에게 공감하고 있음을 표현한다. 하나님이 어떻게 응답하시든 공개적으로 기도하는 사역자는 하나님이 매일의 필요에 관심을 가지고 계시며, 그분이야말로 축복과 온전함의 원천이심을 보여 준다.
- 열매 맺는 사역자는 사회적 네트워크를 통해 복음을 나눈다. 집단적인 반대는 어떤 종류든 사회적으로 변화하는 데 심각한 걸림돌이 될 수 있다. 반대로 집단적인 지지는 많은 사람이 믿음을 갖는 데 중요한 기폭제가 될 수 있다. 많은 사람이 신앙을 갖게 된 일부 지역에서는 새 신자가 자기 신앙을 가족과 지역사회에 나누면서 사역자가 처음 나눈 증거가 널리 퍼진 경우를 볼 수 있다.
- 열매 맺는 사역자는 믿음으로 나아가는 과정 중 하나로서 구도자를 제자훈련하기 시작한다. 그들은 모든 구도자가 성숙한 예수님의 제자가 되지는 않음을 안다. 적절한 수준으로 경고하는 지혜가 필요하겠지만, 열매 맺는 사역자는 예수님에게 관심을 보이는 이들이 그분을 따르는 것이 어떤 의미인지 듣고 관찰하도록 돕는다. 이는 예수님의 본을 따르는 것이기도 하다.
- 열매 맺는 사역자는 하나님이 그들 안에서 하신 일을 나누도록 격려한다. 수가성 우물가의 여인은 즉시 마을 사람들에게 예수님에 대해 나누었다(요 4:28-29). 열매 맺는 사역자는 구도자가 하나님이 자신을 위해 무엇을 하고 계신지 주위 사람들에게 나누고 "와서 보라"고 초청할 자연스러운 방법을 찾도록 격려한다.

신자와 관련된 사역

- 열매 맺는 사역자는 의도를 가지고 제자를 훈련한다. 예수님은 제자들에게, 제자를 훈련할 때는 예수님의 모든 명령에 순종하게 해야 한다고 하셨다. 제자는 태어나는 것이 아니라 만들어진다. 제자는 우연히 만들어지지 않는다. 열매 맺는 사역자는 의도를 가지고 인도하고 격려하며 훈계함으로써 그 제자가 성숙하고 순종하는 단계에 이르도록 해야 한다.
- 열매 맺는 사역자는 현지에 적절하고 재현 가능한 방식으로 제자를 양육한다. 제자들은 현지에서 구할 수 있는 모든 책, 도구, 자료 등을

이용해 자기 믿음을 나누고 새로운 제자를 양육하려 할 것이다. 열매 맺는 사역자는 해외에 주문해야 하는 제자 훈련 교재, 제자들이 살 수 없는 전자 장비, 또는 외부에서만 가능한 훈련 등은 되도록 지양한다. 그들의 전략은 앞으로 외부인의 지원 없이 제자 양육이 가능하게 만드는 것이다.

- 열매 맺는 사역자는 적합한 환경에서 제자를 훈련한다. 제자를 만날 때 열매 맺는 사역자는 장소, 시간, 환경 등에 세심한 신경을 쓴다. 이러한 요인이 제자의 반응을 이끌어 내는 데 중요하다는 것을 알기 때문이다. 예를 들어, 여성이 여성 제자를 양육하려면 낮에 집에서 만나는 것이 좋다. 사역자들은 계획되었든 그렇지 않든(시장에서 같이 쇼핑을 하든, 성경공부 모임에서 만나든) 모든 만남의 기회를 이용한다. 마지막으로 그들은 한 번에 여러 제자를 함께 만나는 방법도 찾는다.

- 열매 맺는 사역자는 구도자와 신자를 도와 지역사회 내에서 자기 정체성을 수립할 방법을 찾도록 한다. 그들은 이들이 여러 선택 사항을 고려할 수 있게 질문을 던진다. 그리고 자신이 앞서 예수님의 제자로서 가지는 정체성을 결정해 주지 않도록 주의한다.

- 열매 맺는 사역자는 신자들을 도와 그들이 사회적 네트워크 안에 머물 방법을 찾게 한다. 구도자와 신자 대부분이 가족, 사회, 종교라는 끈끈한 관계망 안에 살고 있다. 신앙이 기존의 관계망을 통해 뻗어 갈 때 복음은 보다 빠르게 퍼져 나갈 수 있다. 열매 맺는 사역자는 구도자와 신자가 이러한 관계를 유지하면서 자기 믿음의 여정을 가족과 친구들에게 나누고 새로운 구도자와 신자들을 이 사회적 네트워크 안으로 흡수시키도록 격려한다.

- 열매 맺는 사역자는 신자들이 다른 신자들과 건강한 관계를 가지도록 격려한다. 구도자와 신자들은 그들이 속한 사회나 가족 내에서 예수님을 따르는 유일한 사람이 아님을 알 필요가 있다. 열매 맺는 사역자는 그들이 "서로 사랑하라", "서로 종노릇하라", "서로 존귀하게 여기라", "서로 비판하지 말라"(롬 12:10, 16; 13:8; 14:13; 갈 5:13; 엡 4:32 등)와 같은 신약 말씀에 순종해 다른 신자들과 연합하고 건강한 관계를 맺도록 격려한다. 또한 신자들이 복수, 시기, 험담과 같이 분열을 초래하는 습관과 태도를 멀리하도록 돕는다.

- 열매 맺는 사역자는 예수님을 본받아 의도를 가지고 신자들과 관계를 맺는다. 그들은 제자 훈련이 관계적인 과정임을 알고 있다. 구도자나 신자와 많은 시간을 보내는 동안 그들은 그들 나름대로 믿음의 여정을 드러낸다. 카페에서 차를 마실 때나 병자를 위해 기도할 때나 열매 맺는 사역자는 관련된 성경 이야기나 예수님의 가르침을 나눌 방법을 찾는다. 그들의 목표는 변함없이 예수님을 따르는 제자로서 자신이 가지고 있는 생생한 믿음을 보여 주고, 구도자와 신자 역시 그런 삶을 살도록 가르치는 것이다.

- 열매 맺는 사역자는 신자들이 그들의 상황에 성경을 적용하는 데 성령의 인도하심을 따르도록 격려한다. 성경 본문에 대한 자신의 해석과 적용을 강요하는 대신에 구도자와 신자가 성경의 진리를 묵상하고 자기 상황에 적용할 때 하나님의 도우심을 구하도록 돕는다. 그들은 구도자와 신자가 하나님께 도우심을 구할 때 그분이 응답하심을 신뢰하도록 격려한다.

- 열매 맺는 사역자는 신자들이 신앙을 나누도록 격려한다. 제자가 되는 과정에는 증거가 포함된다는 것을 이해하기에 열매 맺는 사역자는 구도자와 신자가 자기 삶에 하나님이 하고 계신 일을 나누도록 동기를 부여한다. 믿음의 여정 초기부터 신자들은 새로운 제자를 삼고, 성경에서 무엇을 배웠는지, 하나님이 자기 기도에 어떻게 응답하셨는지, 그리고 예수님께

소수의 무슬림으로 중국에서 자라고 있는 아이들

제자를 삼는다. 예를 들어 그룹별로 모여 예수 영화를 본다든지, 치유 기도를 경험한다든지, 성경공부 모임에 참여한다. 열매 맺는 사역자는 여러 상황에서 사용할 접근법과 자료들을 개발한다.

무엇을 배우고 있는지 나누고 싶어 할 것이다.

- 열매 맺는 사역자는 신자들이 자기 신앙을 설명할 수 있도록 그들을 준비시킨다. 구도자와 신자는 사회 관계망 내에 있는 다른 이들에게 자기 신앙을 나누다가 회의적인 시각과 반대 주장에 부딪혀 마음에 의심이 들 때도 있다. 사역자는 이들의 반대를 미리 염두에 두었다가 성경, 과학적 증거, 꾸란을 이용해 어떻게 반응해야 하는지 나눈다. 사역자의 목표는 제자가 자기 믿음을 개인적으로 소유하는 것이다.

- 열매 맺는 사역자는 신자들에게 섬김의 본을 보이고 그들 또한 섬겨야 한다는 것을 가르친다. 그리고 일상의 모든 상황 속에서 사람들을 섬긴다. 이것이 예수님의 제자로 살아가는 방식임을 설명해 준다. 그들은 구도자와 신자 또한 같은 삶을 살아야 한다고 격려하면서 믿음과 선행이 함께 있어야 한다고 설명한다. 교훈과 실천을 통합함으로써 제자들이 공동체 앞에서 진실하게 살도록 돕는다. 그럴 때 이를 지켜보던 공동체 역시 예수님의 선하심을 경험할 것이다.

- 열매 맺는 사역자는 다양한 수단을 사용해 제자를 삼는다. 예를 들어 그룹별로 모여 예수 영화를 본다든지, 치유 기도를 경험한다든지, 성경공부 모임에 참여한다. 열매 맺는 사역자는 여러 상황에서 사용할 접근법과 자료들을 개발한다.

- 열매 맺는 사역자는 무슬림 출신의 다른 신자가 베푸는 세례를 장려한다. 세례를 주는 가장 흔한 방식은 무슬림 배경의 신자들과 때로는 구도자들이 지켜보는 가운데 예식을 거행하는 것이다. 다른 문화권에서 온 사역자들은 대개 세례를 시행하지 않고 다만 옆에 있어 주기만 한다. 열매 맺는 사역자는 세례가 신자들 사이에 공동체 의식을 강하게 해준다는 사실을 알고 있다. 새로 형성된 모임에서 가장 흔한 세례 방식은 물에 들어갔다가 나오는 방식이다.

- 열매 맺는 사역자는 문화적으로 적절하고 성경적인 방식으로 죄를 다룬다. 그들은 마태복음 18장 15-17절과 갈라디아서 6장 1-2절에 기술된, 죄를 바로잡고 회복시키는 성경적 원칙이 현지 문화의 상황과 세계관에 적용되어야 한다는 점을 이해한다. 성경적 교훈을 적용하는 과정에서 열매 맺는 사역자는 명예와 수치, 성역할, 지역사회의 기준, 가족과 씨족의 지위, 사회적 평판 등과 같은 현지 문화의 역동성을 고려한다.

지도자와 관련된 사역

- 열매 맺는 사역자는 믿음의 공동체를 세우는 과정에서 새로이 부상하는 지도자들을 인정하다. 자기 문화권의 지도자에 대한 관점을 기

반으로 지도자를 선택하기보다는 해당 공동체에서 인정받는 이들을 지지한다.

- 열매 맺는 사역자는 지도자들의 멘토 역할을 감당하며, 이어서 이들이 다른 이들의 멘토 역할을 감당하게 돕는다. 멘토란 성장하는 지도자에게 기술, 성품, 지혜를 전수하는 사람이다. 열매 맺는 사역자는 디모데후서 2장 2절에 묘사된 것처럼 자신에게 멘토링 받은 지도자가 같은 방식으로 다른 이들을 멘토링하도록 가르친다.

- 열매 맺는 사역자는 경건한 성품에 기초해 지도력을 발휘하도록 격려한다. 열매 맺고 성장하는 공동체의 지도자들은 디모데전서 3장과 디도서 1장에 묘사된 성품에 초점을 둔 기준에 부합해야 한다. 그런 공동체에서 지도자를 선택할 때, 열매 맺는 사역자는 그 공동체가 경건한 성품을 가진 사람을 찾도록 지지하고 격려한다.

- 열매 맺는 사역자는 지도력을 성장시키는 데 목적을 두어야 한다. 목표는 지도력 성장이지만 그 방식은 때로 비형식적이다. 열매 맺는 사역자는 공식 모임보다는 일대일의 자연스런 상황에서 개인적으로 지도자의 성장을 돕는다.

- 열매 맺는 사역자는 지도력 성장의 주된 원천으로 성경을 사용한다. 그들을 지도자로 키우는 과정에서 외부 자료에 의존하지 않는다. 외부 자료는 현지 특성에 맞지 않을뿐더러 쉽게 공수할 수 없고 성경적 권위가 부족하기 때문이다. 그 대신에 지도력 성장을 위해 성경을 사용한다. 이를 효과적으로 수행하려면 현지 문화에 대한 철저한 이해가 필요하다.

- 열매 맺는 사역자는 지도자를 현지에서 키우는 편을 선호한다. 지리적으로 그 지역 내에서 지도자를 훈련시키는 것이 불가능한 경우, 그 지역 문화와 지역사회 규범 내에서 지도자를

중국의 무슬림들

무슬림은 13억이 넘는 중국 인구의 2%밖에 되지 않지만, 그 수는 2천 5백만 명 이상이며 위구르족, 카자흐족, 우즈벡족, 키르기스족, 타지크족, 타타르족, 살라족, 동향족, 후이족 등 다양한 인종 집단으로 이루어져 있다. 수적으로 많음에도 불구하고 중국의 무슬림은 인도의 무슬림과 마찬가지로 그들의 나라에서 소수 집단이다.

후이족은 중국 최대의 무슬림 인종 집단으로 1,150만 명 이상이나 된다. 이 집단에 속한 사람들은 중국의 모든 성(省)에 살고 있으며 일부 성에는 좀 더 많이 살고 있다. 후이족은 북부 중국 황해 연안에 있는 닝샤 후이족 자치구 인구의 35%를 차지한다. 이 지역에서는 인구의 34%가 다수 종교인 이슬람을 따른다.

후이족은 몽골과 중국의 무슬림 상인의 후손이다. 그들은 표준 중국어인 만다린어를 사용하지만, 많은 사람들이 도시 중심부에 밀집되어 있는 공동체 내에서 그들만의 문화를 유지하고 있다. 농촌 지역에서 후이족은 가축을 키우고 농사를 짓고 이곳저곳 다니며 장사를 해서 먹고산다. 후이족 인구는 이주, 다른 종족과의 결혼, 심지어 입양을 통해 늘어났다. 후이족 가족들은 한족(중국의 다수 종족)의 아이들을 입양해 후이족으로 키운다.

후이족은 인종적 소수 집단으로 사회적 차별을 겪기도 하지만 정부에서 주는 여러 자격과 특권을 누리기도 한다. 이를테면 소고기와 양고기, 이슬람 사원 재건을 위한 보조금 및 이슬람 문서를 출판하고 팔 수 있는 허가권 등을 받는다.

출처_ operationworld.org..

훈련시키는 것이 효과적이다. 지도자들이 현지 상황 밖으로 나와 훈련받을 경우에 돌아가기가 어려울 수 있다. 훈련이 현지에서 멀리 떨어진 곳에서 이루어질수록 이들이 현지로 복귀해 적응하기가 더 어려워진다.

하나님과 관련된 사역

- 열매 맺는 사역자는 하나님과의 친밀한 동행을 연습한다. 하나님과의 친밀한 관계를 중시하며 하나님에 대해 민감해지려고 노력한다. 이것은 바쁘고 긴장된 상황에서도 마음을 나누는 수준에서 양방향 의사소통이 이루어지는 것을 의미한다. 하나님과 그들의 관계는 종교 행위가 아닌 하나님에 대한 매일의 정직한 반응에 기초한다.
- 열매 맺는 사역자는 정기적으로 자주 기도한다. 공적으로든 사적으로든 기도가 그들에게 중요한 가치임을 증언한다. 그들은 시간을 들여 기도에 집중한다.
- 열매 맺는 사역자는 어려움과 고난 중에서도 인내한다. 어려움과 고난을 견디며 현지 주민들 곁에 머문다.

의사소통 방식과 관련된 사역

- 열매 맺는 사역자는 하나님의 메시지를 전달하기 위해 문화적으로 적절한 성경 본문을 사용한다. 성경은 하나님의 메시지를 전달하는 데 가장 중요한 역할을 한다. 그러나 성경을 효과적으로 사용하려면 문화적 통찰력이 필요하다. 열매 맺는 사역자는 그들의 문제와 가장 관련성이 높은 성경 본문을 찾도록 돕는다. 우리 삶에 성경의 진리를 효과적으로 적용하려면 하나님의 말씀에 대한 철저한 지식과 그분이 주시는 지혜에 끊임없이 의지하는 자세가 필요하다.

- 열매 맺는 사역자는 적절하지 않은 상황일 때를 제외하고는 마음의 언어(현지어)를 사용해 복음을 전달한다. 대부분의 상황에서 마음의 언어는 복음을 의미 있게 전달하는 최선의 방법이다. 그러나 한 가지 이상의 언어가 공용어로 사용되는 지역에서, 어느 하나를 사용해야 할 경우에 유형을 반복할 때도 있다. 열매 맺는 사역자는 언어 사용에 대한 지역적 유형을 이해하고, 그에 맞는 의사소통 전략을 세우기 위해 노력한다.
- 열매 맺는 사역자는 복음을 나누기 위해 다양한 접근법을 사용한다. 복음을 전달하는 그 어떤 방식도 모든 필요를 채우거나 언제나 가장 효과적이라고 할 수 없다. 복음을 나누는 최선의 방식은 청중과 상황에 달려 있다. 열매 맺는 사역자는 다양한 방식의 접근법을 환경에 맞게 사용하는 법을 연구한다.
- 열매 맺는 사역자는 현지에 맞게 재생산된 도구나 방법을 이용해 복음을 나눈다. 믿음의 공동체가 장애물 없이 성장하기 위해 공동체의 구성원들은 그들 지역의 상황에서 필요한 모든 도구를 사용할 수 있어야 한다. 그래서 열매 맺는 사역자는 현지 공동체에서 언제든 이용 가능한 도구와 자료만으로 복음을 나누는 법에 초점을 맞춘다.
- 열매 맺는 사역자는 씨를 넓게 뿌린다. 어떤 땅에서 열매가 맺힐지 미리 알기란 불가능하다. 열매 맺는 사역자는 씨를 광범위하게 뿌리고 어디에 시간을 들여야 할지 아는 지혜를 달라고 기도한다. 그들은 말씀의 씨앗을 광범위하게 뿌리는 작업과 시간을 들여 개인적 관계를 쌓는 작업 사이에서 균형을 유지한다.
- 열매 맺는 사역자는 복음을 나누는 수단으로 성경공부 모임을 만든다. 하나님의 말씀을 공부할 때 구도자는 자신을 향한 하나님의 진리를 깨달을 수 있다. 예를 들어, 한 사역자가 구도자와 함께 성경을 읽다가 떠오르는 질문

에 대답해 주는 경우가 있다. 또 다른 예로, 성경 이야기를 들려주고 질문을 던지면서 구도자가 이 이야기를 자기 삶에 어떻게 적용할지 발견하도록 돕는 경우도 있다.

- 열매 맺는 사역자는 청중이 선호하는 학습법에 맞춰 복음을 나눈다. 서구 국가 출신은 문서에 상당히 의존하는 경향이 있으나 세계의 다른 지역 사람들은 구두로 의사소통을 하는 데 익숙하다. 의사소통을 잘하는 사람은 청중이 선호하는 방식을 이해하고 그에 맞게 의사소통 전략을 짠다.
- 열매 맺는 사역자는 성경의 복음을 나누는 다리로 꾸란을 사용한다. 복음을 나눌 때 꾸란의 일부 구절을 효과적으로 사용할 수 있다. 다만 부적절하게 인용할 경우, 오히려 원전에 대한 구도자의 믿음을 입증할 수 있으므로 신중하게 사용해야 한다. 일반적으로 꾸란을 다리로 이용하는 방식은 이미 꾸란을 잘 알고 있는 구도자에게 적용하는 것이 가장 좋다. 열매 맺는 사역자는 장황하게 꾸란을 설명하기보다는 성경의 복음을 나누기 위한 다리 역할로 꾸란의 다양한 구절을 사용한다.

열매 맺는 팀과 관련된 사역

- 열매 맺는 팀은 공동 비전으로 연합해 있다. 그들은 공동 목표와 전략을 공유하는 사람들로 구성되어 있다. 이는 사람들이 제각각 다른 종족, 다른 결과에 초점을 맞추고 다른 목표를 추구하는 팀과는 다르다.
- 열매 맺는 팀은 사랑 안에서 서로를 세워 준다. 그들은 서로 생명을 주는 관계를 발전시켜 나간다. 이러한 팀은 서로의 은사와 노력을 인정하고 존중하는 법, 정직하게 갈등을 해결하는 법, 서로의 짐을 나누어 지는 법을 함께 배운다.
- 열매 맺는 팀에는 효과적인 지도력이 있다. 건강한 지도력이라는 역동성을 가진 팀은, 지도자가 팀원의 다양한 은사를 촉진시켜 팀원들이 팀의 목표를 향해 효과적으로 동역할 수 있도록 돕는다.
- 열매 맺는 팀은 팀원의 다양한 은사를 사용해 과업에 기여하게 한다. 팀원의 다양한 은사를 인정하며 그 은사를 꽃피우도록 격려한다. 각 팀원의 은사가 그들의 선교 비전에 가장 잘 기여하는 역할과 기능에 동원될 때, 팀원은 보다 많은 열매를 맺을 수 있다.
- 열매 맺는 팀은 앞선 사역에 대한 평가와 새로운 정보에 기초해 방법을 택한다. 자신의 진행 상황에 대해 계속해서 평가할 때 팀은 열매 맺을 확률이 높다. 필요하다면 전략을 수정할 자세가 되어 있다. 그들은 현지 전문가의 경험과 하나님나라를 세우고자 하는 노력을 바탕으로 방법을 택한다.
- 열매 맺는 팀에는 언어 능력이 탁월해 현지어를 구사할 수 있는 사람이 적어도 한 명 이상 있다. 그러한 팀의 모든 구성원은 해당 언어를 사용하는 공동체에 더 깊이 들어가기 위해 노력하며 적어도 한 명 이상은 해당 언어를 능숙하게 구사한다.
- 열매 맺는 팀은 기도와 금식을 통해 함께 하나님의 길을 구하는 데 우선순위를 둔다.
- 열매 맺는 팀은 모든 팀원이 복음을 나누는 일에 참여하길 기대한다. 열매 맺는 팀에 소속된 모든 팀원은 스스로가 하나님의 진리와 사랑을 현지 주민에게 전달하는 하나님의 도구임을 인식한다. 구성원들은 다양한 개성과 은사를 가지고 있고, 어린 자녀를 둔 어머니로부터 사업가에 이르기까지 직업도 다양할 것이다. 그러나 현지 주민과의 관계에서 가장 중요한 것은 하나님께 반응하고 성품과 증거를 통해 예수 그리스도를 드러내는 능력이다. 이는 일부 팀원만 복음 전도 사역을 수행하길 기대하는 팀과 대조를 이룬다.

- 열매 맺는 팀은 사역 현장에서 없어서는 안 될 동료로 여성 팀원의 가치를 인정하며, 그들의 적극적인 참여를 격려한다. 그들은 여성이 여성에게 복음을 가지고 다가가는 것이 중요함을 인식하고 있다. 그들은 여성 팀원들이 시간과 에너지를 들여 관계를 쌓고 은사를 나누도록 돕는다. 이는 남성 팀원만을 주요한 사역자로 대하는 팀과 대조를 이룬다.

열매 맺는 믿음 공동체의 특징과 관련된 실천

- 열매 맺는 믿음 공동체는 생명, 성장, 선교의 핵심 원천으로 성경을 사용한다. 다른 많은 책이 신성시되는 문화에서, 열매 맺는 공동체는 하나님을 이해하고 예수님의 제자로서 어떻게 살아야 할지 도움을 얻는 가장 중요한 원천이 성경이라고 생각한다.
- 열매 맺는 믿음 공동체는 토착민의 표현 양식을 사용해 예배를 구성한다. 그들은 토착 문화의 유산을 반영하는 음악과 다른 여러 형식을 사용한다. 여기에는 기도 자세, 좌석 배치, 성찬식 때 나누는 음식의 종류 등도 포함된다.
- 열매 맺는 믿음 공동체는 세례를 시행한다. 세례는 세계 곳곳에서 다양한 방식으로 이해되며 시행되고 있다. 몸 전체를 물속에 잠기게 하든, 물을 뿌리든 믿음의 여정을 시작할 때, 또는 여정 중에라도 열매 맺는 믿음 공동체는 공통적으로 세례를 베푼다.
- 열매 맺는 믿음 공동체는 서로의 관계망을 중시한다. 그들 공동체가 그리스도의 몸의 일부임을 이해하고 있기에 다른 믿음 공동체와 신뢰를 쌓는 일에 가치를 둔다. 각 공동체의 상황은 다양하지만 열매 맺는 공동체는 함께 지도자를 훈련시키거나 서로를 위해 기도하는 등 동역할 방법을 찾는다.
- 열매 맺는 믿음 공동체는 대가족처럼 서로에게 헌신되어 있으며, 성경의 명령을 따라 '서로'를 대한다. "내가 너희를 사랑한 것같이 너희도 서로 사랑하라"는 예수님의 명령은 믿음 공동체가 혈연 가족을 뛰어넘어 서로를 그리스도 안에서 형제자매로 이해하도록 도전한다. 열매 맺는 믿음 공동체는 공동체 안에서 관계를 쌓을 때 이 명령을 가슴에 품고 실천한다.
- 열매 맺는 믿음 공동체는 전통적인 축제와 의식을 되살린다. (결혼식과 장례식, 출생과 죽음을 둘러싼 전통 등과 같이) 생활 주기와 관련된 의식,

지금 기도하라

1. 무슬림 사역을 할 때, 당신의 약점을 극복하도록 도우시는 하나님을 찬양하라. 전 세계 무슬림에게 다가가는 일에 교회가 무관심한 것에 대해 용서를 구하라(고후 12:9-10).
2. 사우디아라비아, 브루나이, 소말리아, 몰디브, 우즈베키스탄 등지에서 박해를 받는 무슬림 배경의 신자들을 위해 기도하라(요 15:18-19).
3. 구술 문화에서 성경 이야기를 포함해 모든 언어 집단에 성경이 들어갈 수 있도록 기도하라(롬 10:17).
4. 믿음, 문화, 정치, 경제에 관한 상반된 메시지를 경험하는 이슬람 청년들에게 하나님이 미래와 희망을 가져다주시길 기도하라(렘 29:11).

현지 문화의 역사적 정체성에서 중요한 사건을 기념하는 축제 등은 모든 사회 조직에서 중요한 의미를 가진다. 열매 맺는 공동체는 모든 전통을 없앤다든지 전통 축제에 참여하지 못하게 하기보다는 예수님 안에서 그들의 믿음을 표현하는 수단으로 이런 의식을 되살리는 방식을 찾는다.

- 열매 맺는 믿음 공동체는 함께 식사를 하고 손님을 대접한다. 이는 어느 문화에서든 존경받을 만한 행동인데, 예수님은 이것이 더 나아가 서로를 사랑하고 이웃을 사랑하는 방식이라고 말씀하셨다. 열매 맺는 믿음 공동체는 따뜻한 교제와 후한 대접을 통해 다른 이들을 축복하고 예수님의 사랑을 증거하기 위해 노력한다.
- 열매 맺는 믿음 공동체는 문화적으로 적절한 방식으로 성찬식을 행한다. 그들은 해당 문화의 상황에서 가장 받아들이기 쉬운 요소를 사용하고 방식을 채택한다. 이미 많은 곳에서 빵과 포도주가 널리 사용되고 있다. 그러나 어떤 문화권에서는 빵을 구하기 어렵고 포도주는 금지되어 있다. 이와 마찬가지로 식사 중간에 하든, 따로 분리된 의식으로 진행하든 빵과 포도주를 나누는 방식도 여러 가지다.
- 열매 맺는 믿음 공동체는 보다 넓은 의미의 공동체를 축복하려고 노력한다. 복음의 진리를 증거하고 신뢰를 쌓는 한 가지 방법은 공동체를 축복하는 여러 방식을 찾는 것이다. 열매 맺는 공동체는 주위의 필요를 돌아보고 공동체의 외부 사람들을 축복하려 애쓴다. 이는 우물 파기, 아이 돌봄 제공, 의료 서비스 시행 등 다른 여러 방식으로 이루어진다.
- 열매 맺는 믿음 공동체는 문화적으로 적절한 사역 형태로 여성을 참여시킨다. 주님이 남성과 여성 모두를 사역에 참여시키길 원하신다는 것을 알기에 문화적 상황에 적절한 방식으로 여성을 참여시키려고 애쓴다. 어떤 지역에서는 이것이 손님 대접으로 제한된다. 또 어떤 지역에서는 여성이 성찬식을 준비하거나, 성경공부 모임에서 다른 여성들을 인도하는 것이 가능한 경우도 있다.
- 열매 맺는 믿음 공동체는 예배와 사역에 아이들의 참여를 이끌어 낸다. 아이들은 믿음 공동체의 미래뿐 아니라 현재를 의미하기도 한다. 열매 맺는 믿음 공동체는 아이들에게 본을 보이고, 예배와 사역을 통해 제자로 성장할 기회를 준다.
- 열매 맺는 믿음 공동체는 구성원들이 문화적으로 적절하고 효과적인 방식으로 믿음을 나누도록 준비시킨다. 신자들은 다양한 방식으로 믿음을 나눈다. 어떤 문화에서는 효과적인 방식이 다른 문화에서는 그렇지 않은 경우도 있다. 열매 맺는 믿음 공동체는 구성원들이 믿음을 나누도록 격려하되 그들의 상황에 적절한 방식으로 나누도록 준비시킨다.
- 열매 맺는 믿음 공동체는 그들 스스로 공동체를 운영한다. 공동체의 방향, 지도력, 우선순위, 실천 등에 대해 스스로 결정을 내린다. 그들은 믿음 공동체를 세우고 다스릴 책임이 있다. 물론 그들에게 코치나 상담이 필요하겠지만 열매 맺는 사역자는 여러 명의 현지 지도자들이 지도력을 맡을 준비를 끝내자마자 현장에서 직접 지도력을 발휘하도록 한 걸음 뒤로 물러선다.
- 열매 맺는 믿음 공동체는 재정 사용에 대해 보고하는 구조를 가지고 있다. 재정이 외국이나 국내 어디서 조달되었든 열매 맺는 믿음 공동체는 재정 사용에 대해 직접 책임을 진다.
- 열매 맺는 믿음 공동체는 일반적으로 가정이나 다른 여러 편안한 분위기에서 서로를 만난다. 열매 맺는 믿음 공동체의 주된 표지는 재생산 능력에 있다. 일단 공동체의 구성원이 어느 정도 정해지고 나면 중요한 것은 신자들이 모이는 장소가 아니라 그들이 함께하는 데 있

다. 특정 건물에서 순서에 따라 예배를 드리거나 공부하는 것도 좋지만 열매 맺는 공동체는 편안한 분위기에서 서로 만나는 것을 격려한다. ❖

참고문헌

J. Dudley Woodberry, ed., *From Seed to Fruit: Global Trends, Fruitful Practices, and Emerging Issues Among Muslims*, 2nd ed.(Pasadena, CA: William Carey Library, 2011). 『씨앗에서 열매로』(좋은씨앗)

E. J. Martin, ed., *Where There Was No Church: Postcards From Followers of Jesus in the Muslim World*(Learning Together Press, 2010).

 9과를 위한 교재 읽을거리를 끝냈다면 449쪽의 '추천 도서와 활동'을 보라.

 온라인 읽을거리는 *encounteringislam.org/readings*에서 볼 수 있다.

토론 문제

1. 과거 무슬림 사역에서 행한 접근법에서 어떤 원리들을 배웠는가?

2. 무슬림에게 복음을 전하려는 역사적인 노력들을 평가해 볼 때 어떤 본을 계속 따르고 싶은가? 다르게 하고 싶은 부분은 무엇인가?

3. 무슬림을 배경으로 그리스도를 믿는 신자들 대부분은 그 신앙 때문에 고난을 당한다. 그로 인해 목숨을 잃는 사람도 있다. 당신과 당신의 공동체에서 '그리스도를 위한 고난'은 무엇을 의미하는가?

추천 도서와 활동

읽기 　　『베이루트에서 예루살렘까지』(토머스 L. 프리드만 지음, 장병옥 외 옮김, 창해, 2003).
David James, *Sixteen Seasons*(Pasadena, CA: William Carey Library, 2011). *missionbooks.org*.
William Miller, *My Persian Pilgrimage*, 2nd ed.(Pasadena, CA: William Carey Library, 1995). *missionbooks.org*.

보기 　　무슬림 사회를 묘사한 헐리우드 영화, 이를테면 〈바벨〉, 〈캡틴 필립스〉, 〈네 얼간이〉, 〈히달고〉, 〈사막의 라이온〉, 〈루킹 포 코미디 인 더 무슬림 월드〉, 〈신과 인간〉, 〈사막에서 연어 낚시〉, 〈시리아나〉, 〈바람과 라이온〉 등을 보라. 이 책에서 배운 내용에 비춰 볼 때 이 영화들이 무슬림을 표현하는 방식이 어떻게 느껴지는가?

기도하기 　　금요일 정오에 그리스도인 친구들을 모아 무슬림을 위해 기도하라.

주문하기 　　saudiaramcoworld.com에서 〈사우디 아람코 월드〉 지를 무료로 구독 신청해서 이슬람 세계에 대해 자세히 알아보라.

＊ 그 밖의 유용한 정보와 자료를 위해 *encounteringislam.org/learnmore*를 보라.

4부 이슬람에 대한 우리의 반응

10과

교회개척운동

깊이 생각해 보기

- 많은 무슬림들이 그리스도를 따르게 하려면 어떻게 해야 하는가?
- 교회란 무엇인가?
- 교회는 어떻게 시작되는가?

이 과의 목표

1. 새로운 목표: 우리의 목표이자 전략인 교회개척과 교회개척운동에 대해 설명한다.
2. 새로운 목표: 가난, 전쟁, 강제 이주, 트라우마, 격변 속에서 교회개척운동을 할 때 따르는 어려움을 설명한다.
3. 새로운 목표: 교회에 가지고 있던 오해를 밝히고, 교회에 대한 주위 사람들의 이해를 바로잡는다.
4. 앞 과에 기초한 목표: 존중하는 태도로 정중하게 무슬림에게 다가간다.
5. 앞 과에 기초한 목표: 무슬림과의 관계를 시작하고 유지한다.
6. 앞 과에 기초한 목표: 무슬림에게 복음을 나눈다.
7. 앞 과에 기초한 목표: 통찰과 긍휼, 성경적인 건전성을 갖추어 무슬림을 위해 기도한다.

핵심 요점

1. 교회, 교회개척, 교회개척운동(CPM)
2. 복음 전도는 교회개척운동의 한 요소일 뿐이다.
3. 교회개척 전략의 필요성
4. 교회 증식 운동을 향한 노력
5. 하나님이 교회개척운동을 일으키신다.

과제

본 강좌의 정점으로 이 과에서는 기말 보고서를 작성해야 한다. 직접 강좌를 듣는 학생이라면 구두로 보고하고, 온라인 강좌를 듣는 학생이라면 서면으로 제출해야 한다. 이 과제는 본 강좌를 통해 당신의 가치관과 태도, 행동 등이 얼마나 변화되었는지 나누며, 무슬림에게 복음을 전하기 위한 개인의 사역 계획을 서술하는 것이 목표다. 당신의 가치관과 태도에 어떤 변화가 있었는지 기술하고, 하나님이 당신을 부르신 특별한 상황 속에서 자신의 은사과 재능을 어떻게 사용할지 실제 예를 적어 보라. 다른 학생들의 이야기에 귀 기울이고 자신의 계획을 나눔으로써 서로 격려하고 책임지는 관계가 될 뿐 아니라 새로 얻은 지식과 통찰을 당신의 세계관과 생활방식에 접목하는 기회가 될 것이다.

계속해서 *encounteringislam.org/readings*의 온라인 읽을거리를 읽고 온라인 토론회에 글을 올리라. 더 많은 정보를 위해 31-41쪽의 강좌 소개와 *encounteringislam.org*를 찾아보라.

이 과의 읽을거리

 교재
서론
오늘날 선교를 위한 가정교회의 사도적 전략
21세기 무슬림 세계를 향한 새로운 교회개척운동
교회개척운동이란 무엇인가?
교회개척의 새로운 유형
교회 증식의 요소
교회개척운동은 지도력 운동이다
무슬림 여성을 포함하는 교회개척

 온라인
무슬림 사역의 주요 모델(The Major Model of Muslim Ministry, 로저 L. 딕슨) – 하나님이 동자바의 교회를 어떻게 성장시키셨는지, 그것을 우리의 노력에 어떻게 적용하실 수 있는지 살펴본다.
교회개척운동의 장애물(Obstacles to Church Planting Movements, 데이비드 개리슨) – 성공적인 교회개척을 방해하는 주요 장벽을 연구한다.
교회개척의 두 가지 패러다임(Two Church Planting Paradigms, 테드 에슬러) – 선포 모델과 교회개척운동을 비교한다.
마음을 사로잡는 이야기(Telling Stories That Grip the Heart, 트루디 크로포드) – 복음을 생생하게 나누는 이야기 방식을 찾는다.

서론

모든 나라, 종족, 민족, 그리고 언어로부터 온 무슬림이 하나님의 어린 양, 그리스도와 보좌 앞에 서서 "구원하심이 보좌에 앉으신 우리 하나님과 어린 양에게 있도다"(계 7:9-10)라고 외치려면 무엇을 해야 하는가? 대부분의 무슬림이 그리스도인을 알지 못한다면, 그래서 복음을 들을 수 없다면 어떻게 믿을 수 있겠는가? 그들에게 복음을 나눠 줄 사람이 없다면 그들이 어떻게 들을 수 있겠는가? 이것이 바로 로마서 10장 14-15절에서 바울이 말한 요점이다.

마태복음 28장 18-20절에 나오는 대사명은 우리에게 모든 민족, 즉 모든 종족 집단을 제자로 삼으라고 명령한다. 우리는 어떻게 한 종족 집단을 제자 삼을 수 있는가? 다행히 예수님은 계속해서 다음과 같이 설명하셨다. "아버지와 아들과 성령의 이름으로 세례를 베풀고 내가 너희에게 분부한 모든 것을 가르쳐 지키게 하라." 한 종족 집단이 제자가 되면 그것은 어떤 모습일까? 사도행전과 초대교회에서 보듯 박해받는 가정교회 운동과 비슷할까?

중국의 둔간족 여성

한 지역사회 안에 살면서 관용구와 속담, 비유적 표현 등을 이용하는 등 현지어를 사용하는 성육신화된 증거를 하려면 그저 되는 대로 복음 전도를 할 때와 달리 많은 노력이 필요하다. 사람들은 경제 활동을 위한 교역어뿐 아니라 각 가정에서 사용하는 마음의 언어(heart language, 모국어)로 복음을 들어야 한다. 대중 매체를 포함한 여러 접근 방식을 통해 복음을 전한다 하더라도

인격적이고 관계적인 복음 전도와 제자도를 대신할 수는 없다. (서로 단절된 각 개인이 아니라) 종족 '집단'을 제자로 삼으려면, 복음은 예측불허의 모든 일상을 함께하는 지속적인 관계 속에 존재해야 한다. 누군가 세례를 받으면 그는 그리스도뿐만 아니라 그의 몸이자 신부인 교회와 동일한 존재가 된다.

교회를 개척하려면 온갖 박해와 세월의 흐름에도 지속될 수 있는 제자들 사이의 유대감이 형성되어야 한다. 무슬림이 복음 안에서 제자가 되길 바란다면 강하고 토착적이며 증식하고 자립하는 교회를 각 무슬림 집단 안에 세우는 것이 가장 중요하다. 아웃리치(outreach) 선교에 대한 많은 접근법이 서로를 보강하듯 교회를 개척한다고 해서 아웃리치에 대한 필요성이 없어지는 것은 아니다. 우리는 제자를 삼고 세례를 주며 가르쳐 지키게 한다(마 28:19-20).

신자들은 교회가 생겨남에 따라 성육신화와 핍박이라는 긴장에 어떻게 응답할지에 대해 성령님의 인도와 격려를 받아야 한다. 그 지역에 끝까지 남아 있을 사람들은 바로 그들이기 때문이다. 결국 토착 교회가 자조 자립해 독자적으로 복음을 전할 수 있어야 한다.

하지만 외국의 자본과 영향력으로 교회를 형성한 탓에 교회가 이국적인 이미지를 풍기는 경우가 너무 많다. 예를 들어 우리가 좋아하는 노래를 새로운 교회에 그대로 가져다 쓰지 말라. 우리에게는 낯설더라도 현지의 음악과 예배 형태를 개발하도록 노력해야 한다. 런던의 한 다인종 모임에 참석한 적이 있다. 으레 하듯 찬송가와 찬양 합창곡을 섞어 불렀다. 하지만 서양인들이 떠나고 펀자브 신자들만 남자 남아시아의 대중적 악기인 하모니움이 등장했다. 그곳은 내가 일찍이 보았던 어느 곳과도 달리 예배의 권능과 열정으로 들썩였다.

게다가 수천 혹은 수백만 명의 종족 집단 안에 무슬림 배경의 신자들 모임 하나만 두는 것도 충분하지 않다. 분명 하나님은 복된 소식을 모든 무슬림 종족에게 전하려는 계획을 가지고 계신다. 예수님이 보내신 사람 낚는 어부로서 우리는 그물을 내리면서 전 가족, 전체 공동체, 심지어 수천 명의 사람들이 한 번에 구원받기를 꿈꾸지 않는가? 그렇게 하려면 하나님이 무슬림을 사랑하신다는 사실을 믿어야 한다. 또한 그들의 구원을 요구하는 담대한 믿음이 필요하다. 그 믿음은 기도와 더불어 시작된다.

더 나아가 우리는 무슬림을 그리스도께 돌아오게 하는 대중 운동을 통해 하나님이 영광 받으시길 바란다. 무슬림 전체 사회 구석구석에 교회를 증식시키는 것이다. 비록 드물기는 하지만 1960년대 이후에 알제리, 방글라데시, 중앙아시아, 에티오피아, 가나, 인도네시아, 이란 등에서 이런 일이 70회 정도 일어난 적이 있다. 하나님의 은혜로 이런 일이 일어나도록 함께 노력하자. 다음과 같은 외침을 들어보라.

> 오래전 범선을 타던 시절에는 바람이 불지 않으면 배는 어디로든 움직일 수 없었다. 바람이 잔잔할 때 선원들이 할 수 있는 일은 단 한 가지, 돛을 세워 가능한 한 많은 활대에 묶는 것이었다. 그들이 바람을 불게 할 수는 없었다. 그러나 그들은 바람이 불 때를 기다리며 준비했다.…요한복음 3장은 성령님을 바람으로 묘사한다. 우리가 성령의 바람을 불게 할 수는 없다. 성령의 바람은 성령님이 원하실 때 불어온다. 우리는 어떤 운동도 만들어 낼 수 없다. 오직 성령님만이 하실 수 있다. 그러나 적어도 우리는 사역이라는 돛을 세우기 위해 방향을 잡을 수는 있다. 성령의 바람이 불면 함께 앞으로 나아갈 준비를 하는 것이다.[1]

교회개척운동(CPM)은 새로운 접근법이 아니다. 그것은 예수님의 사역과 사도행전에 나오는 초대교회의 공통된 특징을 실행해야 한다는 것을 재차 강조하고 있다. 교회개척운동 전략가들은 교회 구조에서 비본질적인 요소는 없애고 단순하고 재생산 가능한 제자화 모델에 초점을 맞추려 애쓴다. 각 집단이 외부의 지도나 지원에 의존하지 않고 그리스도를 발견하고 그분께 순종하도록 준비시킬 때, 우리의 인도와 가르침의 방식에 대해 재고해야 한다.

교회개척운동을 하다가 국외로 추방된 한 사역자는 끝내 선교 대상 종족의 본국 영토로 들어가지 못했다. 하지만 얼마 안 되는 기간에 수천 명의 무슬림이 그리스도께 나아왔고 수십 개의 교회가 지어졌다. 이는 그 선교사가 이 종족 집단의 소규모 사람들에게 오랫동안 집중해서 자신이 알고 있는 예수님에 대해 빠짐없이 가르친 결과였다.

이야기는 다른 교수법에 비하면 읽고 쓰는 능력이 필요 없으며 문화적 장벽을 더 쉽게 뛰어넘는다. 드라마와 이야기는 텔레비전과 라디오를 통해 매스컴에 적합하게 각색된다. 이야기는 실생활을 즉각 파고든다. 사실 성경은 대부분이 이야기로 되어 있다. 내가 최초로 무슬림을 만난 것은 케냐 몸바사 밖 빈민가의 어수선한 오두막에서였다. 나는 숙련된 한 사역자가 어느 소말리아 난민 지도자와 함께 성경을 읽고 토론하는 것을 들었다. 사역자는 인내심을 가지고 온유하게 임했다. 그는 이 소말리아 사람을 존중했으며 매주 그와 함께 시간을 보냈다. 그리고 창세기에서 시작해 신약에 이르기까지 성경을 천천히

교회개척 모델 비교

	선포 모델	교회개척운동 모델
제자화	제자화는 교회라는 상황 속에서 일어난다. 건강한 교회가 건강한 제자를 양산한다.	교회는 제자화라는 상황 속에서 일어난다. 건강한 제자가 건강한 교회를 양산한다.
교수법	훈련이 가장 중요하다. 하나님의 말씀을 제대로 다루는 사람이 필요하다.	학습과 학습자가 가장 중요하다. 성령님은 모든 사람을 가르치실 수 있다.
선교사 역할	선교사들은 성육신적으로 참여하는 사역에 임한다. 즉 가르치고 제자화하고 인도한다.	선교사들은 옆에서 보완하는 촉매 역할을 한다. 즉 구성하고 안내하며 지도한다.
메시지 전달	설교 방식으로 직접 전달한다.	스스로 깨닫도록 소크라테스식 질문법을 사용한다.
학습 스타일	(일반 원칙을 이해하고 특정 본문에 적용하는) 연역적 방식을 강조한다. 신학 구조에 의존한다는 비판을 받는다.	(특정 본문을 이해하고 삶에 적용하는) 귀납적 방식을 강조한다. 지나치게 주관적이라는 비판을 받는다.
교회 형태	보다 형식화된 교회 체제를 선호한다. 안정적이고 조직화, 제도화된 교회를 세우려 애쓴다.	덜 형식화된 교회 체제를 선호한다. 덜 구조화되고 일시적인 교회를 세우려 애쓴다.
성장	수적 성장을 위해 복음 선포를 통한 전도를 강조한다.	수적 성장을 위해 발견성경공부(DBS)와 연대기적 가르침을 강조한다.
시간표	직선적 성장을 위해 준비한다.	단계적 성장을 위해 준비한다.

* 10과 온라인 읽을거리에 제공된 "교회개척의 두 가지 패러다임"을 읽으라.

읽어 나갔다. 이 과에서 보겠지만 이야기는 여러 무슬림 문화권에서 복된 소식을 선포하는 훌륭한 방법이다. 이는 씨를 뿌릴 때나 제자를 삼는 과정 모두에 해당한다.

이 책에는 처음부터 많은 교회개척운동 전략이 소개되어 있다. 이 책에 나오는 모든 내용이 학습자 중심의 귀납적 발견을 이끌어 내도록 계획되었다. 당신의 적극적인 참여를 기대하기 때문이다. 당신은 이 내용을 교실에서 다른 학생들과 나눌 수 있고 온라인 토론회에 참여할 수도 있다. 그저 수동적으로 교사 중심의 학습 모델에 머물지 말라. 각 과에서 우리는 친히 사랑과 섬김의 본을 보이신 예수님을 본받으라고, 그리스도를 위해 기꺼이 오해와 고난을 감당하는 삶을 시작하라고 요청한다.

이번 10과의 초점은 외부의 지원에 의존하지 않도록 자연스럽게 재생산하는 건강한 가정교회를 세우는 방법을 찾는 데 있다. 이를 위해 이 책에서 이미 다룬 교회개척운동의 구성 요소에 대해 부연 설명을 하고자 한다. 예를 들면 다음과 같다.

1과와 2과에서는 무슬림 종족 집단을 아브라함, 하갈, 이스마엘에 대한 하나님의 축복으로 돌아가게 하시려는 하나님의 계획을 살펴보았다. 그리고 당신이 무슬림과 이슬람의 설립자 및 역사를 이해하고 존중하도록 격려했다. 우리는 무슬림의 반응과는 상관없이 모든 민족이 그리스

이슬람의 집에 부는 바람

오늘날 29개국 70여 개 지역에서 무슬림 출신의 제자들 사이에 새로운 운동이 일어나고 있다. 각 지역에서 적어도 100군데 이상의 교회가 세워지거나 1천 명 이상의 교인이 세례를 받았는데, 이들 모두 지난 20여 년 사이에 그리스도께 돌아왔다. 어떤 지역에서는 이 새로운 운동을 통해 수만 명이 주님께 돌아오기도 했다.

이슬람 창시 후 첫 1,200년 동안에는 기독교로 강제적인 회심이 조금 있었을 뿐 자발적인 움직임이 없었다. 그러다 19세기 말이 채 되지 않아 우리는 1천 명이 넘는 무슬림이 그리스도 신앙으로 개종하는 자발적인 운동을 목격했다. 먼저, 19세기 말과 20세기 초 인도네시아와 에티오피아에서 사드락 운동과 셰이크 자카리아스가 이끄는 운동이 일어났다. 이후에는 1965년 집단 학살의 영향을 받아 200만 명의 인도네시아인이 기독교로 회심하는 역사가 그 뒤를 이었다(10과의 온라인 읽을거리에서 "무슬림 사역의 주요 모델"을 읽으라). 그러다 20세기의 마지막 20년 동안 11건의 운동이 추가로 일어났다. 이 운동은 이란(2건), 알제리, 불가리아, 알바니아, 서아프리카, 방글라데시(2건), 중앙아시아(3건) 등에서 발생했다. 무함마드가 죽고 1,368년이 흐른 20세기 말까지 무슬림이 예수님에 대한 믿음으로 개종하는 운동이 총 13건 일어난 것이다.

길고 긴 좌절의 역사가 있었다. 수백만의 그리스도인이 무슬림 세계로 흡수되는 것을 역사가 지켜보았다. 그렇기에 현재 일어나는 현상이 더욱 놀랍게 느껴진다. 21세기의 첫 12년 동안에만 적어도 1천 명 이상의 세례 교인이 생겼고 100개의 새로운 예배 공동체를 포함한 69건의 운동이 일어났다. 이들 21세기 운동들은 지구촌 어느 한 지역에만 국한된 일이 아니라 사하라 사막 이남 아프리카, 페르시아권, 아랍권, 투르케스탄, 남아시아, 동남아시아 등 이슬람의 집 전역에서 일어나고 있다. 뭔가 역사적이고 예측하지 못한 일이 일어나고 있는 것이다.

이 글은 David Garrion, *A Wind in the Hose of Islam* (Monument, CO: WIGTake Resources, 2014)에 나온 것으로, 허락을 받고 실었다. church-plantingmovements.com.

도를 예배하도록 하기 위해 그리스도의 긍휼과 사랑을 신뢰하고 따라야 한다.

3과에서는 이슬람의 교리와 종교적 관습을 살펴보며 무슬림을 어떻게 이해해야 하는지 논의했다. 꾸란을 이용해 그리스도 안에 있는 우리 소망을 어떻게 나누어야 할지, 무슬림이 그들 스스로 성경에서 그리스도를 조우하도록 어떻게 도울지 살펴보았다. (3과에는 영어 개정증보판의 기존 내용에 김아영 교수의 "한국 이슬람의 시작과 발전 그리고 전망"이 추가되었다.-편집자주)

4과에서는 오늘날의 무슬림을 살펴보았다. 그들은 불확실성, 폭력, 변화, 상실의 시대에 절망적인 상태를 자주 경험하고 있다. 이 과에서는 공동체를 이루려는 그들의 노력이 실패하고 있는 현실과 그리스도의 복음을 내보일 수 있는 기회를 강조했다.

5과에서는 무슬림의 일상생활을 들여다보았다. 우리가 현지어를 사용하는 원래의 가족과 공동체가 기초가 된 모임 안에서 그리스도를 나누기 위해 애쓰고 있음을 이야기했다.

6과에서는 무슬림의 영적 세계에 존재하는 영적 존재와 능력을 알아보았다. 성령님과 하나님의 주권, 치유, 환상, 꿈, 기적, 표적, 기사 등과 같은 그분의 초자연적 행위에 의지해야 한다는 것을 강조했다.

7과에서는 넘어야 하는 장벽들에 대해 요약했다. 비밀리에 이질적인 형태의 예배를 드리는 게 아니라 현지에 맞게 토착된 형태로 그리스도를 예배할 때 부딪힐 수 있는 문화적, 역사적, 정치적 걸림돌에 대해 다루었다.

8과에서는 개인 혼자서는 복음과 하나님나라에 대한 누구의 신학적 오해도 극복할 수 없다는 것을 인식했다. 우리는 그런 경지에 '이르지' 못했다. 함께 성경을 연구하고 말씀에 순종하며 그리스도의 온전한 지혜에 이르고자 하는 여정에 당신을 초대한다.

9과에서는 복음 증거 접근 방식이라는 주제 아래서 열매 맺는 사역들을 요약했다. 그리고 각 과에서 강조한 풍부한 복음 전도 방식을 실행할 것을 격려했다. 그리스도에 대한 우리의 믿음을 담대하게 내보이고, 어떤 반응을 보이든 상관없이 무슬림을 축복하며, 우리를 환영하고 성경공부에 열린 태도를 보이는 사람들과 함께하며 이미 일하고 계신 하나님을 발견하려는 것이다. (10과에는 영어 개정증보판의 기존 내용에 이현수 선교사의 "21세기 무슬림 세계를 향한 새로운 교회개척운동"이 추가되었다.-편집자주)

11과에서는 당신이 지금까지 발견한 내용을 구체적으로 적용해 이슬람에 대한 우리의 반응을 정리해 보라고 도전할 것이다.

기도에 온전히 의지하는 것이야말로 무슬림 전도의 주된 전략이며, 이는 각 과에 반영되어 있다. 그러므로 **12과에서는** 무슬림 세계를 위한 기도에 초점을 맞추며 이 과정의 막을 내리고자 한다.

당신은 어쩌면 지금까지 우리가 무슬림의 입장에서 그들 속으로 들어가 그들의 문화와 세계관, 역사, 신앙에 대해 살펴본 것이 다름아닌 교회개척운동의 전략에 해당하는 것이냐고 물을지도 모르겠다. 지데로, 게리슨, 헌트는 교회개척운동과 관련해 그들의 특정한 접근법을 강력히 주장한다. 우리는 교회개척운동에 관한 다양하고도 폭넓은 이해를 나누는 대화에 불을 붙이고 싶다. 교회개척자들은 교회개척운동에 대해 "역동적이고 저절로 계속되는 교회 증식 과정이며, 여기에는 다양한 사역 방식이 포함된다"라고 정의한다. 영혼을 변화시키는 것은 하나님의 특권이다. 예수 그리스도를 주님으로 고백하는 전 세계 공동체에 함께 참여함으로써 말과 행동으로 무슬림에게 복음을 전하고, 그들을 제자 삼은 다음, 무슬림 배경의 신자를 동역자로 신뢰하며 환영하는 것은 우리의 책임이다. ❖

— 엮은이

주

1. Steve Smith and Ying Kai, *T4T: A Discipleship Re-Revolution*(Midlothian, VA: WIGTake Resources, 2011), 73-74쪽.

참고문헌

Roland Allen, ed., *Missionary Methods: St. Paul's or Ours?*(Downers Grove, IL: InterVarsity Press, 2012).

Matt Kirkas, *Growing a Mustard Tree: The Amazing Story of Sundanese Muslims Coming to Faith in Christ*(Sundanese Christian Fellowship, 2013). partnersintl.org.

Trent Rowland and Vivian Rowland, *Pioneer Church Planting*(Littleton, CO: Caleb Project, 2001). give.pioneers.org/products.aspx.

Tom A. Steffen, *Passing the Baton: Church Planting That Empowers*(La Habra, CA: Center for Organizational & Ministry Development, 1997).

오늘날 선교를 위한 가정교회의 사도적 전략

래드 지데로

 하나님은 오늘날 세계 전역에서 교회를 변화시키고 계신다. 어떻게? 교회를 간소화시켜 보다 성경적이고 효과적인 공동체가 되게 하신다. 기본 계획 원칙은 '기능'과 '형식'이 상호 의존한다는 점이다. 둘 중 하나를 바꾸면 나머지 하나 역시 바뀌게 된다. 불행하게도 오늘날 많은 교회가 이 점을 이해하지 못하고 있다.

4세기만 하더라도 교회와 국가가 병합되어 있었기에[1] 우리는 '대성당' 모델을 물려받았다. 이 모델은 다섯 가지 신화를 특징으로 한다. 즉 특별한 사람이 특별한 돈을 받고 특별한 날 특별한 건물에서 특별한 예배를 진행하는 것이다. 그러나 이 모델은 복잡하고 비효율적이고 비용이 많이 들며 비성경적이다.

오늘날 그리스도의 제자를 길러 내기 위해 우리는 기능과 형식을 적절하게 연결하는 접근법을 발견해야 한다. 가정교회 증식이라는 사도적 전략의 형태, 권위, 그리고 효율성이 오늘날 선교에 시사하는 점을 짧게 서술하고자 한다.

사도적 전략의 형태

1세기 교회는 형태의 복잡성을 최소화해 기능의 효율성을 극대화했다. 그 결과 예수님의 제자들은 천하를 어지럽게 했다(행 17:6). 그들은 성령의 권능을 받고 기본에 충실하며 비용이 적게 들며 재생산이 가능한 가정교회 운동을 했다.[2] 초대 교회의 기능과 형태를 면밀히 살펴보자.

래드 지데로 박사는 토론토 병원 기반의 연구팀을 이끌었으며, 『세상을 뒤흔드는 작은 교회』(좋은씨앗)의 저자다. 이 글은 Rad Zdero, "The Apostolic Strategy of House Churches for Mission Today," *Evangelical Missions Quarterly* 47, no. 3, 346-353 쪽에 나온 것으로, 허락을 받고 실었다. emqonline.com.

개시하다: 사도들

1세기경 복음을 퍼뜨리기 위한 '개시' 기능은 '사도'의 형태로 실행되었다.[3] 세상은 예수 그리스도를 통해 하나님과 화해해야 했고(행 4:12), 그러자면 진리를 좇아야 했다. 이러한 상황에서 성령님의 인도를 받아 신자들은 먼저 세상 속으로 들어가 제자를 삼고 회심자에게 세례를 주며 그들을 가르쳐 따르게 했다(마 28:18-20; 행 1:8). 이는 하나님이 먼저 그들을 찾아오셨던 것과 같다(요 3:16; 요일 4:19).

이렇듯 사도들은 먼저 새로운 지역, 문화, 언어적 토양에 복음의 씨앗을 뿌렸다. 그들은 새로운 제자를 양산하는 공동체를 개시할 긴급한 필요를 느꼈다(행 13:1-3; 고전 9:16-17; 딤전 2:7). 둘 혹은 셋이 한 팀이 되어 이동하며 사역했고 필요한 경우에는 재정적 지원을 받았다(눅 10:7; 고전 9:6-15; 요삼 1:5-8).

그들은 '평화의 집' 접근법을 사용했다. 예수님이 미래의 지도자들을 훈련할 때 보여 주신 방식이다(막 3:14; 눅 10:1-11). 그들은 접촉할 사람을 찾아내 하나님나라를 위한 영향력의 구심점과 충돌시켰다(행 10:1-48; 16:13-15). 이들은 메시지에 반응해 새로운 믿음의 공동체를 형성했다. 사도들은 개인적으로 찾아가거나 편지를 써서 지도했다(행 8:14-15; 15:36; 20:17-20; 요이 1:12; 요삼 1:13-14).

통합하다: 가정교회

1세기 신자들을 믿음의 공동체로 흡수하기 위해 '통합' 기능이 '가정교회'라는 형태로 실행된다.[4] 초대교회는 사람들이 서로 협력하며 세워 주고 책임지는 상황에서 영적으로 가장 활발하게 성장한다는 것을 알고 있었다(히 10:25).

교회는 하나님의 집(엡 2:19; 벧전 4:17)이자 신령한 집의 산 돌(벧전 2:5), 그리스도의 몸(롬 12:4-5), 그리스도의 신부(요 3:29; 엡 5:22-32; 계 18:23; 19:7; 21:2; 9; 22:17), 하나님의 권속(요 1:12-13; 엡 2:19; 갈 6:10)이요, 제자들의 모임(마 18:20)이다.

그러므로 사도들은 가장 넉넉하고 자연스러운 장소, 즉 신자들의 집에 사람들을 모이게 했다. 가정 모임은 첫 세기에 그리스도인들의 모임이 이루어진 주된 방식이다(행 2:46; 5:42; 8:3; 16:14-15, 29-34; 18:4-8; 20:20; 롬 16:3-5; 고전 16:19; 골 4:15; 몬 1:2).

이들 모임의 구성원은 대개 서른 명이 넘지 않았는데, 이는 1세기 지중해 연안 지역의 가옥이 지닌 물리적 한계 때문이었다.[5] 많은 모임이 예수님의 열두 제자 정도의 규모였을 것으로 추정된다. 이렇듯 가정 중심으로 모이는 유형은 가난이나 박해 때문이라기보다는 교회가 초기에 성장하는 한 국면일 뿐이다.[6]

참여하다: 참여적인 모임

1세기 신자들이 그들의 영적 은사와 참여적 기능을 사용하도록 격려하기 위해 '참여' 기능이 '참여적 모임'[7]의 형태로 실행되었다. 신자들의 기술, 능력, 경험, 성령님의 격려 등이 하나님으로부터 나와 그리스도의 몸을 유익하게 한다(롬 7:4; 고전 10:16-17; 12:4-30; 엡 4:11).

모든 백성이 그분의 가족이라는 견해(벧전 2:5, 9)는 그들이 영적 전문가(예를 들면 레위 족속 제사장직)에게 의존하는 상태 너머로 나아가도록 허락한다. 이 견해의 기원은 바로 예수님이 본을 보이셨던, 철저히 반문화적인 '열린 식탁'의 교제에서 찾을 수 있다(눅 7:34; 8:21; 14:12-24; 19:1-10).

그러므로 사도들은 교회란 성령의 인도를 따라 참여하는 모임이어야 한다고 가르쳤다(고전 14:26; 엡 5:19-20; 골 3:16; 히 10:25). 이들의 모임이 때로는 지나치게 즉흥적이었던 탓에 질서를 유지하기 위해 주의가 필요하기도 했다(고전 14:27-33). 뿐만 아니라 교회가 가지고 있는 참여적이고 집단적인 성격을 상징화하기 위해 가정교회는 식사 시간에 주의 만찬을 나누기도 했다(눅 22:14-20; 고전 11:17-34).

가르치다: 장로들

1세기 가정교회의 건강성과 생명력 유지를 보장하기 위해 '가르침' 기능이 장로라는 형태를 통해 실행되었다.[8] 사도들은 일단 새로운 교회의 기초를 놓고 나면 다른 지역에서 그 과정을 반복하기 위해 그곳을 떠났다(행 16:12; 18:11; 19:8, 10; 20:3, 6, 31; 21:4, 27; 24:27; 딤전 1:3-7; 4:12; 딛 1:5). 그러나 남아 있는 가정교회는 계속해서 가르침과 보살핌이 필요했다(행 15:36, 20:28-32; 고후 11:28).

이에 사도들은 사례를 받지 않는 지역 출신의 공동 지도자들을 각 집단에 세웠다(행 14:23; 20:17-28; 21:18; 딤전 4:14; 5:17; 딛 1:5-11; 약 5:14).[9] 이들을 '장로'라고 부른다. 핵심 구절들을 교차 비교하고 사용된 헬라어들을 살펴볼 때, 장로, 감독, 목사 등은 위계적인 지도 체제를 가리키기보다는 동등한 개념이었음이 분명하다(행 20:17, 28-30; 엡 4:11; 딤전 3:1-13; 딛 1:5-9; 약 5:14; 벧전 5:1-3).[10]

장로들은 전문화된 성직자 체제의 일부가 아니었다. 그들은 평범하고도 성숙한 신자들로서 가정교회의 영적 아비이자 재정 후원자였다(행 20:33-35).[11] 장로들이 주요한 역할을 감당했으나 그들뿐 아니라 지역 신자들을 양육하는 목자들

교회란 무엇인가?

'교회' 하면 무엇이 떠오르는가? 무엇이 교회이고 교회가 아닌지는 어떻게 판단할 수 있는가?

- 주로 주일에 사용하는 특별한 건물?
- 유급 직원을 채용하는 곳?
- 정부로부터 세금을 면제받는 기관?

자신의 경험이나 문화가 아닌 신약 성경에서 교회의 개념을 가져온다면 어떨까? 신약 성경에 등장하는 교회를 가리키는 첫 단어는 에클레시아(ekklēsia)로서 이는 여러 사람의 모임을 가리킨다. 건물과는 아무 관계가 없다. 교회와 관련해 언급된 건물들은 모두 누군가 일주일 내내 살고 있는 평범한 가정집들이다.

사도행전 2장 41-47절은 초대교회가 예루살렘의 3천 명이 넘는 새 신자 집단과 함께 어떻게 하나님나라의 삶을 살아 냈는지 묘사하고 있다. 가정에서 이루어진 그들의 모임에는 총 네 가지 요소가 언급된다. 42절에 나와 있듯이 사도들의 가르침, 교제, 떡을 뗌, 기도다. 부가적인 요소는 다음 구절들에 묘사되어 있다.

예수님은 이렇게 말씀하셨다. "두세 사람이 내 이름으로 모인 곳에는 나도 그들 중에 있느니라"(마 18:20). 그렇다면 이것이 교회일까? 출발이 좋다. 그러나 그 배경을 살펴보면 교회를 주제로 이야기하기 전에 이미 네 사람을 포함하는 과정이 묘사되어 있다. 신약은 교회를 구성하는 최소 인원을 명시하지 않는다. 다만 우리는 예수님이 교회가 네 명 이상이 되길 기대하셨음을 알 수 있다. 신약 성경의 초점은 수에 있지 않다. 바로 그 집단 안에서 일어나고 있는 일, 즉 하나님이 그들 안에서 그들을 통해 하고 계신 일에 초점을 맞춘다.

스티브 스미스는 "소그룹이 교회가 되도록 돕는 기본 핵심: 교회개척운동에 쓰이는 네 가지 도움"[1]이라는 글에서 "교회 건강성 지도 제작"이라는 작업을 제안한다. 이 작업을 통해 각 그룹은 교회 생활의 모든 요소를 갖추고 있는지 스스로 평가할 수 있다. 이 접근법은 각 그룹이 성경 본문에서 시작해 교회에 대한 분명한 시각을 발전시키고 하나님이 교회인 자

도 그러했다(살전 5:12-13). 그들은 중요한 결정을 앞두고 방향을 제시하는 전략가이기도 했다(행 15:2-6, 22; 히 13:7, 17).

연결하다: 지리적 관계망

1세기 신자들 사이에 연합의 신학에 충실하기 위해 '연결' 기능이 '지리적 관계망'[12]이라는 형식으로 실행되었다. 그리스도의 몸은 다양한 신자들로 이루어져 있으며 이들은 각각 공동선에 기여한다(롬 12:4-5; 고전 10:16-17; 12:12-27; 엡 1:22-23; 4:4-5). 그리스도인들이 나뉘는 것은 그리스도의 몸이 나뉘는 것과 같다(고전 1:10-13).

그렇기에 사도들은 신자들이 세상에서 그들의 자리를 변화시키기 위해 협력하도록 격려했다. 한 도시 내에 있는 수많은 가정교회들이 관계망을 형성했다(행 2:41-47; 20:20; 롬 16:3-16). 사도들은 항상 이들에게 편지를 쓸 때 한 도시의 '교회들'이 아닌 '교회'라고 불렀다(행 8:1; 11:26; 고전 1:2; 고후 1:1; 살전 1:1; 살후 1:1). 지역 지도자 팀은 도시 전체에 퍼져 있는 교회를 보살피고 운영하는 역할을 감당했다. 때때로 한 도시 내에 있는 모든 가정교회가 모여 서로 물자를 나누고 선교팀을 파송하기도 했다(행 2:41-47; 4:32-35; 13:1-3; 15:22, 36; 20:17-21; 딛 1:5).

신에게 무엇을 원하시는지 깨닫도록 격려한다.

데이비드 왓슨은 자신의 블로그에 "교회는 언제 교회가 되는가?"라는 글을 썼다.

> 우리는 모두 자신의 경험에 기반을 둔 교회에 대한 관점으로 다른 이들을 규정/제한/투사하는 경향이 있다. 우리는 올바른 일을 하고 있길 바란다. 우리가 올바르다면 모든 사람이 우리가 하는 방식대로 교회를 꾸려야 하지 않겠는가? 하지만 새로운 교회에 올바른 요소와 100년 된 교회에 올바른 요소는 매우 다를 수 있다. 나는 때때로 교회를 어떻게 정의하는지 스스로에게 묻는다. 그에 대한 답은 이렇다. 즉 교회란 주 예수 그리스도를 믿는 세례받은 신자의 집단으로서 예배를 위해 정기적으로 만나 서로를 양육하고(서로 먹이고 성장시키고) 교제를 나눈다(성경의 "서로"와 관련된 구절을 실천하며). 이러한 모임의 목적은 그리스도의 모든 명령에 순종해 각 개인, 가족, 공동체를 변화시키는 것이다.

신약 성경에 등장하는 지도력과 정체성이라는 요소를 왓슨의 강력한 정의에 덧붙여 나는 다음과 같이 요약해 보려 한다. 교회란 예수님의 제자들이 모인 집단으로서 한 교회(에클레시아)라는 정체성을 가지고 정기적으로 모이며, 머리 되신 그리스도 아래 지도력을 인정하고, 하나님을 예배하며, 그분의 모든 명령을 지키도록 서로 격려한다(세례와 성찬을 포함하지만 이에 국한되지 않는다). 무엇보다 우리가 문화적으로 한정된 가정(假定)이 아니라 신약 성경을 통해 형성된 교회에 대한 시각을 갖는 것이 중요하다.

1. Steve Smith, "The Bare Essentials of Helping Groups Become Churches: Four Helps in CPM," *Mission Frontiers* (September-October 2012), 4-5쪽.
2. David Watson, "When is a Church a Church?" (December 3, 2009).

자료 제공_ L. D. Waterman

가정교회에 오신 것을 환영합니다!

여러 지역에 흩어져 있는 도시 간에도 사도들의 방문이나 편지 등을 통해 관계망이 형성되었다(행 14:23; 15:36; 골 4:16; 요이 1:12; 요삼 1:3, 7, 13; 참조. 계 2, 3장). 로마 제국 전역의 네트워크를 통해 위기에 빠진 신자들을 위한 재정적인 지원도 이루어졌다(행 11:27-30; 롬 15:25-28; 고전 16:1-4; 고후 9:1-15; 갈 2:9-10).

사도적 전략의 권위

사도들은 교회 기능과 형태에 대한 자신들의 전략이 선택 사항이 아니라 신적 권위가 있는 것으로 보았다.[13]

첫째, 바울은 신실한 교회를 칭찬하면서 다음과 같이 말했다. "너희가 모든 일에 나를 기억하고 또 내가 너희에게 전하여 준 대로 그 전통을 너희가 지키므로 너희를 칭찬하노라"(고전 11:2). 그는 신자들에게 "굳건하게 서서 말로나 우리의 편지로 가르침을 받은 전통을 지키라"(살후 2:15)고 권한다.

여기서 전통이란 사고 또는 행동 방식을 말하는데, 예수님이 비난하셨던 인간이 만든 전통(막 7:5-14)과 동일시해서는 안 된다. 이는 헬라어로 조례, 관습, 계율 등을 뜻하는 파라도시스(paradosis)도 아니고, 가르침, 교리, 학습 등을 뜻하는 디다스칼리아(didaskalia)도 아니다. 여기서 전통은, 사도들이 교회에 주입시켰던 실천을 의미한다.

둘째로 살펴볼 본문은 여성의 머리 덮개라는 지금 현실과 동떨어진 주제를 다루고 있다. "논쟁하려는 생각을 가진 자가 있을지라도 우리에게나 하나님의 모든 교회에는 이런 관례가 없느니라"(고전 11:16). 여기서 바울이 강조하는 점은 모든 교회에 공통으로 존재하는 관례의 원칙이 있다는 것이다. 다른 선택 사항은 없다.

셋째로, 바울은 교회 모임이 성령의 인도를 따라 참여하는 것이어야 한다고 썼다(고전 14:1-35). 그런 다음 자신의 가르침이 자신만의 생각이 아니라 교회를 향한 하나님의 의도라는 점을 주지시킨다. "하나님의 말씀이 너희로부터 난 것이냐 또는 너희에게만 임한 것이냐 만일 누구든지 자기를 선지자나 혹은 신령한 자로 생각하거든 내가 너희에게 편지하는 이 글이 주의 명령인 줄 알라 만일 누구든지 알지 못하면 그는 알지 못한 자니라"(고전 14:36-38).

넷째로, 바울은 교회가 바울 자신의 삶, 가르침, 실천을 통해 본 바를 실행에 옮기길 기대했다. "너희는 내게 배우고 받고 듣고 본 바를 행하라 그리하면 평강의 하나님이 너희와 함께 계시리라"(빌 4:9). 분명 여기에는 바울이 교회를 조직한 방식 또한 포함되어 있었을 것이다.

다섯째로, 주 예수님은 사도들에게 권한을 위임했음을 분명히 하셨다. "너희 말을 듣는 자는 곧 내 말을 듣는 것이요 너희를 저버리는 자는 곧 나를 저버리는 것이요 나를 저버리는 자는 나 보내신 이를 저버리는 것이라 하시니라"(눅 10:16). 1세기 신자들은 사도들의 말과 실천에 충실하기 위해 기능과 형식 면에서 가능한 한 완전히 그것들을 실행하려고 노력했다.

여섯째로, 1세기 신자들은 스스로에게 다음과 같이 묻지 않았다. "우리는 사도들이 했던 것과 같은 방식으로 교회를 조직해야 하는가?" 또는 "사도들의 실천 외에 다른 대안이 있는가?" 그 대신에 그들은 이렇게 자문했다. "우리는 왜 다른 방식으로 교회를 조직하려 하는가?" "어떻게 하면 사도들의 전략에 충실할 수 있는가?"

사도적 전략의 효용성

가정교회와 소그룹을 증대시키는 사도들의 전략은 교회사를 통틀어, 그리고 오늘날까지 다양한 교회와 상황에 성공적으로 적용되어 왔다.[14]

종교개혁이 일어나기 오래 전, 성 파코미우스(290-346년)는 가정에 기반을 둔 열두 명의 수도승 집단의 관계망을 조직했다. 성공회의 도덕적 방종과 교리적 경직성에 대항하기 위해서였다. 프리실리안(340-385년)과 그의 제자들은 스페인, 프랑스, 포르투갈에서 가정에 기반을 둔 '형제단'을 키웠다.

아일랜드 켈트족 선교운동은 패트릭(390-460년)에 의해 시작되었다. 이 운동으로 꾸려진 선교 여행 팀들은 수세기 동안 스코틀랜드, 잉글랜드, 프랑스, 독일, 벨기에에 복음을 들고 다녔다. 피터 왈도(1150-1206년)와 왈도파는 서구 기독교 인구의 3분의 1이 그들의 공적 모임과 가정 모임에 매력을 느끼게 했다.

종교개혁 이후에 가정교회와 소그룹 운동 역시 부활했는데 이 운동은 루터, 츠빙글리, 칼뱅의 주류 개혁파보다 더 근본적(radical - 라틴어로 radix는 뿌리로 돌아가자는 의미를 갖고 있다)인 성격을 띠었다. 중부 유럽의 재세례파(1520년경)는 80년 동안 수만 명의 집단으로 성장했다. 영국 퀘이커교도(1650년경)는 첫 5년 동안 2천 명의 새로운 구성원을 모았다. 모라비아 교도(1750년경)는 세계 다양한 나라에 3천 명의 선교사를 파송했다. 영국과 미국의 감리교도(1750년경)는 1791년까지 10만 명의 회원과 1만 개의 가정 모임으로까지 그 규모가 증가했으며 이들은 1차, 2차 대각성운동을 일으키는 기폭제가 되었다.

오늘날 교회개척운동이 폭발적으로 일어나면서 선교학자들은 선교에 대해 재고하고 있다. 곳곳에서 일어나는 교회개척운동의 공통된 열 가지 요인은 다음과 같다.[15]

- 기도
- 복음의 씨앗을 풍성하게 뿌리기
- 의도된 교회개척
- 교리, 교회 조직, 삶에 대한 성경의 권위 인정
- 현지 지도력
- 평신도 지도력
- 교회 건물보다는 가정교회
- 교회를 개척하는 교회
- 교회의 빠른 재생산
- 예배, 복음 전도, 제자화, 사역, 교제 등을 특징으로 한 건강한 교회

결론

1세기 사도들의 전략은 가정교회 운동을 일으켜 교회 형식의 복잡성을 최소화하고 기능의 효율성을 극대화하는 것이었다. 역사적이고 현대적인 가정교회개척운동의 빠른 증식 현상은 이 모델의 효과를 입증한다. 한 교회 역사가가 지난 시대를 뼈아프게 관찰한 내용으로 글을 끝맺겠다.

사도 시대 교회 역사에 일어났던 사건들은 사도행전에 선별, 기록되어 교회에 대한 영원한 유형을 제공하고 있다. 이 유형에서 멀어지면서 처참한 결과가 야기되었다. 역사상 모든 부흥과 회

복 운동은 바로 성경의 유형과 원칙으로 돌아갈 때 일어났다.¹⁶ ❖

주

1. Rad Zdero, ed., *Nexus: The World House Church Movement Reader*(Pasadena, CA: William Carey Library, 2007), 182-193쪽.
2. Robert Banks, *Paul's Idea of Community*(Peabody, MA: Hendrickson Publishers, 1994), 26-36쪽. 『바울의 공동체 사상』(IVP)
3. Zdero, *Nexus*, 102-118쪽.
4. 앞의 책, 46-69쪽.
5. Banks, 35-36쪽; Del Birkey, *The House Church: A Model for Renewing the Church*(Scottdale, PA: Herald Press, 1988), 55쪽.
6. Rad Zdero, *The Global House Church Movement*(Pasadena, CA: William Carey Library, 2004), 21-24쪽. 『세상을 뒤흔드는 작은 교회』(좋은씨앗); Zdero, *Nexus: The World House Church Movement Reader*, 143-150쪽.
7. 앞의 책, 71-72, 84-92쪽.
8. 앞의 책, 93-101쪽.
9. 앞의 책, 93-101쪽; Banks, 139-148쪽.
10. Cowen(2003), 5-16쪽.
11. Zdero, *Nexus*, 93-101쪽; Roger W. Gehring, *House Church and Mission: The Importance of Household Structures in Early Christianity*(Peabody, MA: Hendrickson Publishers, 2004), 226쪽.
12. Zdero, *Nexus*, 126-129쪽.
13. 앞의 책, 151-157쪽.
14. Edmund H. Broadbent, *The Pilgrim Church*(1931; Grand Rapids, MI: Gospel Folio Press, 1999). 『순례하는 교회』(전도출판사); Peter Bunton, *Cell Groups and House Churches: What History Teaches Us*(Ephrata, PA: House to House Publications, 2001); John Driver, *Radical Faith: An Alternative History of the Christian Church*(Kitchener, ON: Pandora Press, 1999); Zdero, *Global House*, 59-69쪽; Zdero, *Nexus*, 161-381쪽.
15. David Garrison, *Church Planting Movements: How God Is Redeeming a Lost World*(Monument, CO: WIGTake Resources, 2012), 171-198쪽. 『하나님의 교회 개척 배가 운동』(요단출판사).
16. Broadbent, *The Pilgrim Church*, 26쪽.

지금 기도하라

1. 무슬림 가운데서 효과적이고 건강한 교회개척운동이 일어나는 것에 대해 하나님을 찬양하라. 그 일에 당신이 어떤 역할을 해야 할지 보여 달라고 간구하라(딤후 2:1-7).
2. 시리아, 팔레스타인, 수단, 모리타니, 나이지리아와 같은 분쟁 지역에 살고 있거나 무슬림 난민 가운데서 교회개척을을 하는 이들을 위한 통찰과 지혜를 구하는 기도를 하라(시 9:9).
3. 고향에서 멀리 떨어진 도시와 국가로 이주해서 사는 무슬림들이 예수님을 따르는 사람들과 만나게 되길 기도하라(마 25:34-40).
4. 무슬림의 마음에 복음의 씨앗이 뿌려지고 무성하게 자라나길 기도하라(눅 8:8).

21세기 무슬림 세계를 향한 새로운 교회개척운동

이현수

20세기에 들어서기 전, 서양 기독교 세력과 이슬람 제국들은 서로 적대시하면서도 공존하는 시간을 보냈다. 특히 십자군 전쟁을 통해 서로에 대한 적대적 감정이 여과 없이 표출되었고, 지난 300년이 넘는 식민 통치를 통해 서구 기독교 세력이 이슬람권의 수많은 무슬림을 지배했다. 이러한 관계 속에서 복음은 그 시대의 모습이 투영된 상태로 전해졌고, 결과적으로 이슬람 선교는 13세기 동안 거의 진보를 이루지 못한 것이 현실이다. 더욱이 이슬람 세계는 종교 공동체인 움마를 유지해 오고 있기에, 내부에서는 수많은 균열과 다양성을 보여도 외부에서는 여전히 복음이 뚫고 들어가기 어려운 지역이다.

그럼에도 많은 선교사들이 "근래 40년 동안 하나님은 지난 모든 세기를 통틀은 것보다 더 많은 무슬림을 그분의 왕국으로 부르고 계신다"라고 말한다. 그것은 공허한 메아리가 아니다. 실제로 수많은 무슬림이 주님의 왕국으로 돌아오는 놀라운 일이 일어나고 있다. 지난 세기와 21세기에 하나님이 무슬림 세계에 새로이 일으키고 계신 운동을 여기서 나누고자 한다.

먼저, 지난 세기에 하나님이 어떻게 무슬림을 부르셨는지를 돌아보고, 이런 운동이 어떻게 전개되었는지 알아보겠다. 또한 이 운동에 쓰인 다양한 전략과 적용 방식, 복음주의 선교 공동체에 미치는 영향에 대해서도 살펴보겠다.

근대 이전 무슬림 세계의 복음 증거와 돌파

무함마드 이전, 즉 이슬람 이전에는 아라비아 반

이현수 선교사는 트리니티 복음주의신학교에서 목회학 석사를 마치고, 5년간 남가주사랑의교회에서 선교 목사로 섬긴 후, 1997-2003년까지 6년간 북코카서스 지역에서 무슬림 교회 지도자 훈련과 다게스탄과 체첸 종족을 위한 교회개척에 참여했다. 2004년 국제선교회인 프론티어스 한국 지부를 설립하고 지금까지 대표로 있고, 현재 이슬람파트너십 대표이자 국제 미전도종족 네트워크인 에뜨네와 선교한국 실행위원으로 섬기고 있다.

도에서 다신을 믿고 있는 베두인들과 비잔틴 제국 간에 복음의 만남이 거의 없었다. 간헐적으로 있었다 해도 그것만으로 베두인들이 예수 그리스도의 복음을 분명히 알기에는 역부족이다. 무함마드에게는 아랍어로 기록된 성경이 없었다. 그가 무학(無學)인가 아닌가에 대해서는 학자들 간에 이견이 있지만, 적어도 그가 새로운 이슬람 운동을 전개할 때에는 아랍어 성경이 없었다는 것이 확실하다.

무함마드 사후에는 무슬림 공동체가 비잔틴 제국의 기독교와 만났다 하더라도, 그것은 무력 충돌이었지 복음을 나눌 만한 만남이 아니었다. 이슬람 군대에게 정복당한 많은 비잔틴의 동방 그리스도인들이 점차 이슬람이라는 새로운 종교 운동을 접하기 시작했다. 그들 눈에 비친 이슬람은 이단과 같았다. 비잔틴 제국을 비롯해 아라비아 반도 주위의 다양한 그리스도인들은 이 같은 이해에 영향을 받아 이슬람에 대한 그들의 태도를 정하게 되었다. '제국'이라는 시대적 패러다임 또한 자연스레 제국의 종교적 갈등을 수반하면서 무슬림에게 복음을 가지고 다가가기가 더욱 힘들어졌다.

비잔틴 제국과 이슬람 제국이 비록 복음의 적대적 관계에 있기는 했지만, 그 안에 거주하던 딤미들은 이슬람 세계에서 무슬림에게 다가가 교회와 예수에 대해 말할 수 있는 유일한 존재였다. 칼리프들과 일반 무슬림들은 이들과의 교류를 통해 기독교를 기본적으로 이해하게 되었을 것이다. '딤미'라고 불린 일부 그리스도인들이 복음을 '진주'라고 표현하며 이슬람 제국 내에 적극적으로 전파하려고 노력한 사실을 역사 속에서 확인할 수 있다.

이슬람 세계에 복음을 전하려는 시도는 훗날 십자군 전쟁 기간 중 아시시의 성 프란시스에 의해 행해졌다. 비록 십자군 시대의 정신에서 벗어나지는 못했지만 그런 시도가 십자군과 무슬림 간의 적대감이 극도에 달한 상황에서 전개되었다는 점은 시사하는 바가 크다. 프란시스 이후에 레이몬드 룰은 복음을 보다 구체적으로 아랍 무슬림들에게 나누기 위해 무슬림 선교 훈련 센터를 세우고 언어를 배우는 등 그 시대에 아무도 하지 않았던 선교적인 시도를 한다. 기독교 역사학자인 루스 터커는 "룰의 인생과 사역은 교회 역사의 가장 암울한 시대에도 기독교 진리가 살아 있음을 보여 주는 생생한 간증이다"라고 평가했다.

개척자들의 헌신과 노력에도 불구하고 무슬림 세계는 그리스도의 복음을 충분히 듣지 못했고 그들만의 토착 교회를 가지지 못했다. 19세기에 이르기까지 이슬람 세계에서 복음 증거는 서구 선교사들에 의해 간헐적으로 진행되다가 식민지 시대에 서구 열강이 많은 이슬람 제국과 국가를 식민 통치하게 되면서 많은 서구 선교사들이 자연스럽게 이슬람 지역에 들어가 복음을 나누기 시작했다. 이들의 시도 가운데 특별히 주목할 만한 선교운동이 나타나기 시작한다. 이 새로운 운동은 여러 요인에 힘입어 전개된다.

자바 무슬림을 향한 교회개척운동

인도네시아에서 사드락 수라프라나타(Sadrach Surapranata)는 생전에 7,500명의 무슬림 회심자들을 하나님나라로 이끌었고, 이를 통해 당시 2만 명의 자바 무슬림들이 복음 안으로 들어오는 운동이 일어난다. 사드락은 유능한 복음 전도자일 뿐 아니라 성공적으로 상황화된 토착 교회를 지향한 인도네시아 무슬림 회심자들의 지도자였다. 그는 모든 교회 지도자를 이맘이라고 불렀고, 자바식 관습을 따라 바닥에 앉아 예배를 드렸으며, 성경을 번역할 때는 '이싸'와 '알라' 같은 용어를 사용했다.

네덜란드 개혁 선교사들은 이런 시도를 몹시 비난하며 사드락을 "죄의 반석"이라고 부르고, 그의 운동을 "기독교 색깔이 섞인 새로운 이슬람 종파"로 규정했다. 그런 상황에서도 자바 무슬림을 향한 교회개척운동이 있었다는 것은 참으로 놀라운 일이다.

다마스쿠스 무슬림을 향한 교회개척운동

1868년경 시리아 다마스쿠스에서도 무슬림을 향한 새로운 교회개척운동이 일어났다. 다마스쿠스 빈민촌에서 압드 엘 카림 마타르(Abd el Karim Matar)가 이끄는 샤즐리 무슬림에게 일어난 집단 회심이었다. 40여 명의 무슬림들이 "신의 보좌 앞에서 경험하는 깨달음"을 얻기 위해 매일 기도를 했는데, 어느 날 저녁 모두가 잠든 가운데 집단적으로 꿈속에서 예수 그리스도를 보았다. 집단적인 꿈은 한 번 더 나타났고, 그들은 그 꿈에 대해 말해 줄 사람을 찾았다.

마침내 그들은 프랭크 포너와 리차드 버튼의 도움으로 새로운 지역으로 이주했다. 이러한 집단 회심 운동은 터키 중앙 정부의 엄청난 핍박을 초래했고, 그로 인해 많은 선교사들이 죽음을 맞이했다.

에티오피아 무슬림을 향한 교회개척운동

1892년 에티오피아 무슬림 셰이크 자카리아스(Shaikh Zakaryas)에 의해 일어난 운동도 신비로운 비전을 통해 사람들을 주님께 이끈 사례다. 1920년 그가 사망하기 전까지 그의 사역을 통해 7천여 명의 무슬림들이 주님께 돌아왔다.

20세기 이후 이슬람권 교회개척운동

하나님은 우리 시대에 어떤 일을 하고 계신가? 이제까지 우리 모두의 마음속에 '무슬림 선교는 일생을 바쳐도 한 명의 회심자도 찾기 힘든 일이 아닌가?'라는 질문이 자리잡고 있지 않았는가? 무슬림 선교는 비록 쉽지 않아도 불가능한 일은 아니다. 실제로 14세기 동안 돌아온 무슬림 회심자들보다 지난 40년간 돌아온 무슬림 회심자들이 더 많다는 보고가 여기저기서 나오고 있다.

이슬람 세계에서 사역해 온 많은 선교사와 선교단체들이 이슬람 세계 안에 이전에 경험하지 못했던 예수 운동과 하나님의 교회가 세워지는 놀라운 일을 경험하기 시작했다. 2000년대에 들어오면서 보고되고 있는 교회개척운동이다.

데이비드 개리슨은 『이슬람 집에서 부는 성령의 바람』(A Wind in the House of Islam)에서 현재 9개의 이슬람 세계에 불고 있는 성령의 바람을 소개한다. 지난 13세기 동안 그리스도를 향한 운동은 13건에 불과했지만, 21세기에 들어와 이슬람의 9개 인종 언어 지역에서 69건의 운동이 진행중에 있다고 발표했다.

그 지역은 다음과 같다. 1) 인도-말레이권 2) 동아프리카권 3) 북아프리카권 4) 동남아시아권 5) 페르시아권 6) 터키권 7) 서아프리카권 8) 서남아시아권 9) 아랍권. 이 지역들에서 무슬림을 향한 급속하고도 재생산 가능한 토착 교회 운동이 일어나고 있다.

아시아권

아시아권의 교회개척운동과 부흥은 특별한 노력으로 이루어졌다. 앞서 이야기한 것처럼, 인도네시아를 중심으로 아시아권에서는 아랍화되어 있는 이슬람 가운데서 보다 더 현지에 상황화된 복음 증거와 교회의 모습을 통해 많은 무슬림들이 복음을 듣게 되었고, 상황화된 교회를 통한 운동이 일어나기 시작했다. 인도네시아는 사드락 사역의 연장선상에서 자바 무슬림들이 현지화되고 상황화된 복음을 통해 예수 그리스도를 듣고 믿게 되었다. 이러한 시도는 내부자 운동으로 전개되면서 급속도로 복음 전파가 일어났고, 동시에 세계 교회 선교 사역자들의 많은 우려를 불러일으켰다.

뒤에서 잠시 다루겠지만, 내부자 운동은 선교 사역의 중요한 이슈를 다룰 기회를 선교계에 던져 주었다. 인도네시아 내 무슬림을 향한 아웃리치 시도는, 아주 상황화된 '내부자' 운동에서부터 지난 수년간 수만 명의 무슬림을 주님께 인도한 복음 전도법인 'Any-3'에 이르기까지 다양하고도 의도적으로 전개되었다. 수많은 교회들이 이와 같이 다양한 방법으로 복음 전파와 교회개척을 이루어 가고 있다.

중앙아시아에서도 카자흐스탄을 중심으로 급속한 교회개척운동이 1990년대 이후에 일어나고 있다. 러시아의 침례교회 연맹과 동유럽 교회들이 존재했지만 무슬림 가운데 들어간 사람들은 종족 접근을 통해 복음 전도를 행했던 사역자들이다. 이들은 보다 토착적이고 상황화된 사역을 통해 교회개척운동을 시작했다. 이 사역을 통해 수만 명의 카자흐스탄 무슬림이 주님을 믿고 300여 개의 토착 교회가 개척되었다.

북인도와 방글라데시에서도 새로운 교회개척운동이 무슬림 가운데 일어나고 있다. 초기 이들은 C4의 상황화를 보이는 교회개척운동이었지만 시간이 지나면서 C5의 내부자적 관점과 모습을 보였다. 이러한 접근을 통해 많은 무슬림들이 복음을 들었고, 그들의 공동체인 움마를 떠나지 않고도 예수 그리스도를 따르는 제자가 되었다. 또한 상황화된 성경을 통해 많은 무슬림들이 거부감 없이 성경에 접근한 덕분에 주님께 돌아올 수 있었다. 방글라데시는 비록 C4를 통해 무슬림들이 주님께 나아왔지만, C5 접근을 통해 더 많은 무슬림들이 복음을 듣게 되었다는 보고가 있다.

페르시아권

페르시아권에서도 엄청난 복음 운동이 이란을 중심으로 일어나고 있다. 더들리 우드베리는 무슬림 회심자들이 어떻게 주님을 따르게 되었는지 설문조사를 한 적이 있다. 이 설문조사에서 나온 세 가지 원인 중 하나가 "이슬람으로부터의 탈출과 혐오"였다.

이 원인은 특히 이란에서 두드러졌다. 1979년 이란 내에 이슬람 혁명이 일어나면서 정치, 사회, 문화적으로 큰 공백이 생겼고, 많은 이란의 무슬림들이 영적 추구를 위한 탈출을 시작한 것이다. 이란 혁명 이후에 아르메니아 교회의 주교 하이크 호브세피안 메흐르와 이란의 무슬림 회심자 메호디 디바즈의 결연한 순교도 이러한 새로운 영적 헌신에 불을 붙였다.

미국으로 이주했던 이란의 그리스도인들이 조국을 위해 수많은 방송 사역을 시작하면서 매일 많은 이란 무슬림들이 방송을 통해 복음을 접하고 자신의 삶을 주님께 드리게 되었다. 지금도 이란 내의 수많은 가정교회에서 주님을 예배하고 있다. 이런 형태의 교회는 복음이 가족 내에 급속히 퍼져 나갈 수 있는 좋은 도구가 되었다. 보고에 의하면 많은 무슬림들이 꿈과 환상을 통해 주님을 경험하고 있다. 이것은 이슬람 전역에서 나타나고 있는 기적적인 현상이다. 꿈속에서 예수 그리스도를 만나고, 가정교회에 속한 그리스도인들과 수없이 들어 온 신약 성경을 통해 그들은 주님을 알아 가고 있다.

현재 이란 내의 그리스도인들이 얼마나 되는지, 몇 개의 가정교회가 존재하는지 정확한 통계는 없다. 그래도 100만 명이 넘는 그리스도인들이 지하에서 핍박 가운데 예수 그리스도를 따르고 있는 것은 확실하다.

서아프리카권

오랫동안 식민 지배를 받아 온 서아프리카에서도 그리스도를 향한 운동이 일어나고 있다. 서아프리카는 전통적으로 종교와 정치가 분리된 국가 시스템을 지향해 기독교와 이슬람이 혼용되어 있는 곳이다. 지역에 따라서 기독교가 강한가 하면 이슬람이 지배적일 수 있는데, 다른 지역과의 차이를 보면 오랜 기독교 전통이 있는 곳보다는 기독교가 최근에 들어온 곳이 더 역동적인 모습을 보인다.

반면 이슬람은 테러로 만신창이가 된 듯하다. 나이지리아의 보코하람은 오늘날에도 반인륜적인 테러와 범죄를 저지르고 있어 이슬람 테러 집단이기 전에 그저 범죄 집단으로 보일 정도다. 이곳에서 역동적인 무슬림 회심 운동은 기독교 지역, 대중 이슬람, 강력한 무슬림 지역에서 고루 일어나고 있다. 이들은 핍박을 받으면서도 이슬람 공동체를 떠나지 않고 가족들에게 복음을 전하고 있다. 이곳에서는 무슬림들이 마술과 주술에 많은 영향을 받고 있기 때문에 강력한 능력 대결이 일어나기도 한다.

이슬람 내의 새로운 복음 운동

지난 40년, 아니 20년 동안 수많은 무슬림 배경의 신자 공동체가 세워지고 있는 모습을 보면 가슴이 두근거린다. "두 해 동안 이같이 하니 아시아에 사는 자는 유대인이나 헬라인이나 다 주의 말씀을 듣더라"(행 19:10). 2천 년 전 사도 바울의 사역을 통해 에베소를 중심으로 아시아 지역에 말씀이 퍼져 나간 것처럼 오랫동안 닫혀 있던 이슬람권이 복음에 반응하고 있다. 그렉 리빙스턴은 "우리가 지난 40년 동안 무슬림 지역에 더 많이 선교사를 보내고, 현지에 있는 그리스도인들이 다양한 방법으로 무슬림에게 복음을 나누었기 때문에 더 거둘 수 있었다"라고 말한다.

이와 같이 전례 없는 복음의 진보를 보는 것이 흥분되기는 하지만, 지난 15년간 이슬람 선교를 하는 복음주의 선교단체들이 이슬람에 대한 이해와 무슬림 사역에 대한 전략적 접근 방식에서 많은 논쟁을 해오고 있는 것도 사실이다. 조셉 커밍스는 "이슬람으로 인해 복음주의 진영이 이렇게 첨예하게 나뉜 적이 없었다"라고 토로할 정도다.

이 같은 논쟁은 현재 복음 전도를 통해 '생겨나는'(emerging) 무슬림 회심자들의 교회가 어떠한 정체성과 모습을 가져야 하는가에 대한 서로 다른 견해로 인해 서로 비난하는 지경에 이르렀다. 우리는 이런 비난에 앞서 하나님이 하시는 일을 파악하고, 복음을 접한 무슬림 회심자들이 어떤 삶을 선택하는지 살펴봐야 한다. 무슬림 회심자들도 성령의 음성을 듣고 스스로가 내려야 하는 결정 앞에서 깊이 기도하고 말씀을 연구해야 한다. 외부자, 즉 선교사나 서구 혹은 한국에서 온 성경 교사가 정해 주는 대로 따를 게 아니라 성령님이 직접 보여 주시는 방향을 찾아가야 한다.

지난 시간 서구의 선교는 복음과 함께 이질적인 서구 기독교 문화를 선교지에 열심히도 심어 왔다. 그로 인해 현지에 세워진 무슬림 배경의 회심자 교회라 할지라도 다른 무슬림들이 가까이 하기에는 문화적으로 거리가 너무 멀었다. 물론 존 트라비스가 말하듯 무슬림 문화 안에 비무슬림적인, 특히 이국적인 요소가 많이 가미된 교회에 가서 예배를 드리는 것도 '내부자'의 선택이 될 수 있다.

내가 섬겼던 현지 무슬림 배경의 신자 교회도 모국어가 아닌 지역의 공용어로 예배를 드렸고, 가족들을 주님 앞으로 인도하기는 했지만 무슬림 문화를 거의 담지 못한 예배를 드렸다. 그래도 핍박 속에서 건강한 교회의 순수성을 갖추려고 많이 기도하고 애썼던 기억이 있다. C1 교회라고 해서 잘못된 교회가 아님을 개인적으로 경험했다.

그와 같은 교회는 시간이 지나면서 공용어와 예배 형태, 무슬림과 함께 상황화되지 못한 이유로 점차 국제교회, 즉 다양한 인종이 모이는 예배 형태로 변해 간다. 원래 종족 안에서 예수 그리스도를 향한 교회개척운동이나 더 많은 무슬림들이 복음으로 돌아오는 것이 힘들게 되는 것이다. 하나님이 첫 교회를 허락하실 때에는 반드시 그 교회를 통해 그 민족과 지역에 교회가 충만하길 기대하신다(롬 15:18-20; 행전 19:10).

"예수를 따르려는 모든 무슬림들은 '이슬람'을 떠나야 하는가"라고 존 트라비스는 질문한다. 이 질문 이후로 그는 여러 차례에 걸쳐 필 파샬과 더불어 상황화된 정도에 대한 논쟁을 벌인다. 존 트라비스는 가능한 모든 방법을 통해 혼합주의(Syncretism)를 피하면서 무슬림 회심자들이 자신의 정체성과 공동체를 떠나지 않고도 예수를 따를 수 있을 것이라고 주장한 한 반면에, 필 파샬은 "너무 멀리 나가지 않았는가?"라고 물으며 무슬림 회심자들이 '무슬림'이라는 정체성을 버리고, '이싸를 따르는 자'로서 궁극적으로는 무슬림 공동체에서 나와야 한다고 주장했다.

유대인으로서 예수를 따르는 이들을 '메시아적 유대인'이라고 부르듯 우리는 무슬림으로, 그리고 무슬림 공동체를 떠나지 않고서도 예수를 믿는 이들을 '메시아적 무슬림'이라고 부르기도 한다. 현재 무슬림 회심자 공동체에는 다양한 모습의 정체성을 가리키는 이름과 공동체가 나타나고 있다. 이러한 다양한 시도가 아직 신학적으로나 선교학적으로 모든 공동체, 즉 무슬림 회심자 공동체, 현지 그리스도인 교회, 선교사, 세계 교회 간에 의견 일치를 보지 못하는 것은 그것이 아직 진행중이기 때문이라고 본다.

성령님이 우리를 말씀 안에서 인도하듯 또한 우리를 놀라게도 하신다고 믿는다. 새 술에 새 부대가 필요하듯 무슬림 회심자들을 위한 새로운 정체성과 공동체가 어떻게 나타나야 하는지를 보려면 성령님이 하시는 일을 더 많이 살펴야 한다. 아프리카에서는 지나친 상황화로 인해 세워진 교회가 없어지는가 하면, 방글라데시에서는 혼합적 요소들로 인해 수많은 시행착오가 거듭되고 있다. 한편 동남아시아에서는 비교적 안정적인 교회 재생산이 일어나고 있다.

나가는 말

지난 20년간, 이슬람 세계에서 일어나고 있는 무슬림 배경 회심자들의 교회 재생산 운동은 마지막 때 하나님이 약속하신 대로 "각 나라와 족속과 백성과 방언에서 아무도 능히 셀 수 없는 큰 무리가…"(계 7:9) 보좌 앞에서 주님을 예배하는 광경을 연출하기 위한 전조라고 확신한다. 앞으로 더 많은 무슬림들이 주님 앞으로 돌아오게 될 것이다.

이 일을 위해 복음주의 선교단체 안에서 상황화 논쟁을 중지하고 무슬림을 향한 모든 시도를 동원해 복음 전파에 힘쓰길 바란다. "하나님이 세상을 이처럼 사랑하사" 독생자를 주셨는데, 아직 예수 그리스도를 알지 못하고 죽어 가는 수많은 무슬림들을 향해 복음의 씨앗을 더 많이 뿌려야 한다. 그렇게 해서 생겨난 수많은 무슬림 회심자들의 교회를 주님이 인도하시리라 믿는다. 우리에게는 성령님이 영감을 불어넣으신 성경이 있고, 오늘도 믿는 자 가운데 역사하시는 성령님이 계신다. 성령님이 말씀하시고 이해시켜 주시는 음성을 무슬림 회심자들이 들을 수 있도록 선교사들이나 비무슬림 지역의 교회들이 기도해야 한다.

더 많은 무슬림 지역에 아직도 교회와 선교사가 없다. 우리는 선교사가 많은 곳으로 갈 것이 아니라 선교사가 없는 도시와 마을에 들어가 그들에게 지금 하나님이 무슬림 세계에 하고 계신 일을 말해야 한다. 무슬림이 주님께 돌아오고 있다고 말이다. 더 많은 선교사와 동역을 통해 무슬림 지역에 지금 일어나고 있는 운동이 가속화되고 지속될 것이다. ❖

참고문헌
Christianity Today, 34:2 Oct. 1998
Christine Mallouhi, *Waging Peace on Islam*(IVP, 2002).
Cities(Baker, 1993).
Colin Chapman, *Islam and The West*(Paternoster Press, 1998).
David Garrison, *A Wind In The House Of Islam: How God Is Drawing Muslims Around The World To Faith In Jesus Christ*(Wigtake Resources LLC, 2014).
Greg Livingstone, *Planting Churches in Muslim* Phil Parshall, *The Last Great Frontiers*(Open Doors with Brother Andrew, 2000).

Samuel H. Moffett, *A History of Christianity in Asia* Vol.1, NY, Orbis Books,

St. John of Damascus, *The Fathers of Church*(The Catholic University of America Press, 1958).

데이비드 개리슨,『하나님의 교회개척 배가운동』(요단, 2005).

랄스 윈터, 스티브 호돈,『퍼스펙티브스』(예수전도단, 2010).

루스 터커,『선교사 열전』(복있는사람, 2015).

제리 트라우스데일,『무슬림, 기적이 되다』(예수전도단, 2013).

조슈아 링겔,『크리슬람』(종교문화연구소, 2014).

필 파샬,『무슬림 전도의 새로운 방향』(예루살렘, 2003).

교회개척운동이란 무엇인가?

데이비드 개리슨

1998년 남침례교 해외선교부(IMB)의 해외 리더십 팀은 다음과 같은 비전 선언문을 채택했다. "우리는 모든 민족 사이에 교회개척운동을 주도, 양성하여 잃어버린 자들이 예수 그리스도로 말미암는 구원받은 믿음으로 나아오게 할 것이다." 이러한 비전 선언문을 따라 거의 5천 명에 가까운 IMB 선교사들이 전 세계 150여 개국에 흩어져 섬기고 있다.

서문

교회개척운동(CPM)이란 간단히 말해 특정 종종 집단 또는 인구 집단 전역에 걸쳐 교회들을 개척하는 토착 교회를 급속한 속도로 증식시키는 것이다.

이러한 정의에는 몇 가지 요소가 포함된다. 첫째, 속도가 아주 빠르다. 교회개척운동을 통해 새로운 교회가 급속도로 증가하고 있다. 수세기 동안 이루어져 온 침투적 교회개척 모델도 훌륭하지만 CPM만큼 검증되지 않았다.

둘째, 증식력 있게 성장한다. 이는 매년 몇 개의 교회가 생기는 식으로 증가하는 것을 의미하지 않는다. 이는 두 개의 교회는 네 개로, 네 개의 교회는 여덟 개 내지 열 개 등 복리로 증가하는 것을 말한다. 증식력 있는 증가는 교회개척 전문가나 선교사에 의해서가 아니라 교회 스스로 새로운 교회를 개척할 때에만 가능하다.

마지막으로, 이들은 토착 교회다. 이것은 이 교회가 외부가 아니라 내부에서 발생되었음을 의미한다. 그렇다고 해서 복음이 종족 그룹 내에

데이비드 게리슨은 미국 남침례교 해외선교부의 글로벌 전략가다. 이 글은 *Church Planting Movements*(Midlothian, VA: WIGTake, 2004)에서 각색한 것으로, 허락을 받고 실었다.

서 직관적으로 싹틀 수 있다는 말은 아니다. 복음은 언제나 외부에서 들어온다. 이것은 선교사의 역할이다. 그러나 교회개척운동은 빠르게 토착화되어 운동의 주도권과 추진력이 외부인이 아닌 종족 집단 내에서 발생한다.

이러한 정의가 충분하지 않다면 교회개척운동이 아닌 것을 명확히 가려내는 건 어떨까? 교회개척운동은 '교회를 낳는 복음 전도' 이상을 의미한다. 교회를 낳는 복음 전도는 교회개척운동에 포함되지만 최종 비전에서는 차이가 난다. 교회개척자는 한 곳 또는 몇 군데 교회를 개척하는 목표를 이루고 나면 자족할지 모른다. 그러나 교회가 교회를 개척해 결국 종족 전체에 이르는 운동을 목격할 수는 없을 것이다.

교회개척운동은 또한 기존 교회의 부흥 이상을 의미한다. 부흥은 매우 바람직한 현상이지만 교회개척운동과는 다르다. 복음주의 운동과 증거 프로그램을 통해 수천 명이 그리스도께 돌아오는 놀라운 일이 벌어질 수 있으나 이조차 교회개척운동과 같지는 않다. 교회개척운동은 급속도로 재생산되는 교회가 특징이다.

교회개척운동과 가장 가까운 것을 꼽자면, 물론 이것도 교회개척운동이라 할 수 없지만, 현지 교회개척자들이 훈련을 받아 자기 민족 내에서 많은 교회를 개척하는 것이다. 이것은 특정 종족 집단, 또는 인구 집단 전역에 교회를 퍼뜨리는 매우 생산적인 방식이다. 그러나 이 경우 추진력이 새로 시작된 각 교회의 핵심이 아니라 교회개척 전문가라는 소수 집단의 손에만 머무른다는 한계가 있다.

마지막으로, 교회개척운동 자체가 우리의 목표는 아니다. 우리 모든 노력의 목표는 하나님이

동료이자 동역자, 그리고 형제

영광받으시는 것이다. 이는 각 개인이 예수 그리스도로 말미암아 하나님과 올바른 관계에 들어갈 때 일어난다. 하나님과 올바른 관계에 들어갈 때 사람들은 교회에 포함되며, 그곳에서 한 마음을 가진 신자들과 은혜 가운데 성장하게 된다. 누군가 예수 그리스도 안에서 새 생명을 얻을 때 하나님이 영광을 받으신다. 교회가 개척될 때마다 (누가 그 일을 했든) 기쁨의 장이 마련되는 것이다.

그렇다면 교회개척운동이 그토록 특별한 이유는 무엇인가? 많은 사람이 그리스도 안에서 새 생명을 얻고 믿음의 공동체로 들어가 하나님을 영화롭게 하는 일에 대한 가장 큰 잠재력이 이 운동에 있기 때문이다.

그러나 교회개척운동은 단순히 교회 수의 증가만을 의미하지 않는다. 이 또한 긍정적인 현상이기는 하지만 말이다. 교회개척운동은 교회가 교회를 개척하는 비전이 선교사와 교회개척 전문가로부터 교회 자체에 퍼질 때 가능해진다. 이를 통해 교회는 잃어버린 자들을 얻고 재생산하는 것이 교회 자체의 본성임을 알게 된다.

이제 몇 가지 핵심 요점을 살펴보자. 선교사는 준비된 개척자들이다. 그러나 언제나 그 수는 한정되어 있다. 오히려 현지 교회개척자들에게

무슬림에게 교회의 문을 열어 주는 것은 무엇인가?

기대를 거는 편이 좋을지 모른다. 동원할 수 있는 인력이 더 많기 때문이다. 교회개척운동에는 더 큰 잠재력이 있다. 교회개척이 교회 자체에 의해 이루어지기 때문이다. 다름 아닌 이 운동을 통해 새로운 교회가 가장 많이 탄생할 것이다.

열 가지 보편적 요소

세계 전역에 일어나는 교회개척운동을 조사한 후, 우리는 이 모든 운동 안에 적어도 열 가지 요소가 있음을 발견했다. 이러한 요소 없이도 교회개척운동이 일어날 수는 있으나 현재까지 그런 사례는 찾지 못했다. 교회개척운동을 목표로 하는 선교사라면 다음 열 가지 요소를 고려해야 한다.

1. 기도

기도는 우리가 살펴본 모든 교회개척운동의 기본이었다. 기도는 목표 종족 그룹에 도달하기 위한 전략가들의 종합 계획에서 늘 첫 번째 기둥을 담당했다. 선교사 개인의 삶에 나타나는 생명력 있는 기도는 새로운 교회와 지도자들이 따르는 모범이 된다. 기도가 능력의 원천임을 처음부터 드러낼 때 선교사들은 사역의 가장 큰 자원을 효과적으로 나눌 수 있다. 이처럼 능력의 원천을 나누는 것은, 비전과 추진력이 선교사로부터 새로운 현지 기독교 지도자로 옮겨 가는 데 매우 중요하다.

2. 복음의 씨앗을 풍성하게 뿌리기

우리는 복음 전도가 거의 없거나 아예 없는 교회개척운동이 출현하는 것을 보지 못했다. 모든 교회개척운동은 복음의 씨를 풍성하게 뿌릴 때 일어난다. 추수의 법칙은 여기서도 적용된다. 씨를 많이 뿌려야 열매를 많이 거두는 법이다. 교회개척운동에서는 수백, 아니 심지어 수천 명이 예수 그리스도의 복음을 듣는다. 이렇듯 씨 뿌리는 작업은 때로 대중 매체를 통한 복음 전도에 의존할 때가 있으나 복음이 가지고 있는 능력을 생생하게 증거하는 개인 전도를 대신할 수는 없다.

추수의 법칙과 반대되는 경우 또한 진실이다. 정부나 사회적 권력이 그리스도인의 증거를 위협하거나 억압할 때, 교회개척운동은 사실상 불씨가 꺼진다.

3. 의도된 교회개척

모든 교회개척운동 사례에서 누군가는 운동을 시작하기 전에 신중한 전략을 세웠다. 모든 상황적 요소가 잘 준비된 사례도 있었지만 선교사들은 대개 교회개척운동을 이끌어 갈 기술이나 비전이 부족했다. 그러나 이 모든 요소들이 한데 섞였을 때 그 결과는 놀라울 정도였다.

교회는 결코 저절로 생기지 않는다. 다양한 방식을 통해 수천 명이 그리스도께 돌아왔으나, 이것이 많은 교회의 성장으로 이어지지 않은 경우도 있었다. 이러한 상황에서 의도된 교회개척 전략은 복음에 눈뜬 이들을 본격적인 교회개척운동에 참여시킬 수 있다.

4. 성경의 권위

읽고 쓸 줄 모르는 종족 집단 속에서도 성경은 교리, 교회 조직, 삶 자체를 인도하는 원천이 되었다. 성경이 모국어로 번역되지 않은 종족 집단에서 교회개척운동이 일어난 경우도 있으나, 대부분의 경우 구술로든 문자로든 모국어로 된 성경이 있다. 모든 사례에서 성경은 교회 생활의 지도 원리를 제공했으며 그 권위가 의심받은 경우는 없었다.

5. 현지 지도력

교회개척운동에 참여하는 선교사들은 스스로 교회개척 사역을 하기보다는 교회개척자들을 멘토링하기 위해 절제가 필요하다고 입을 모은다. 일단 선교사가 주요한 교회개척자나 목사로 자기 정체성을 확립하고 나면 다시 뒤로 물러나기가 쉽지 않다. 그렇다고 해서 교회개척에서 선교사 역할이 중요하지 않은 것은 아니다. 현지 교회개척자는 선교사들이 비그리스도인 구도자들과 어떻게 참여적 성경공부를 하는지 옆에서 관찰하면서 최고의 훈련을 받는다. 현지 교회개척자들과의 동행이야말로 현지 지도력을 육성하고 확고히 하는 첫 번째 단계다.

6. 평신도 지도력

교회개척운동은 평신도 지도자들에 의해 진행된다. 평신도 지도자들은 대개 두 가지 직업을 가지고 있으며, 목표로 하는 종족 집단에서 평범한 조건을 갖추고 있다. 달리 말해, 종족 집단이 대개 문맹이라면 이 지도자들 역시 이러한 특징을 가지고 있다. 사람들이 대개 어부라면 평신도 지도자들도 그러하다. 이 운동이 진행되는 과정에 사례를 받는 성직자가 출현하는 경우도 있다. 그러나 대부분의 경우 이 운동은 성장 단계에 이를 때까지 평신도 지도자나 이중 직업을 가진 지도자들이 이끌어 왔다.

이처럼 평신도 지도력에 의존할 때, 잠재적 교회개척자와 소그룹 인도자 등에 동원할 인력이 많아진다. 문맹 사회에서 신학교 출신의 목회자에 의존한다면 머지않아 지도자 부족이라는 문제에 부딪히게 될 것이다.

7. 셀 또는 가정교회

교회개척운동에서 교회 건물이 지어지는 경우도 있다. 하지만 대부분 교회는 집이나 점포 안에서 10명이나 30명 규모의 재생산이 가능한 작은 셀 교회를 유지한다.

셀 교회와 가정교회 간에는 차이가 있다. 셀 교회들은 구조화된 네트워크 안에서 서로 연결되어 있다. 때로 이 네트워크는 하나의 커다란 교회 정체성에 연결되기도 한다. 서울의 순복음교회가 가장 유명한 셀 교회의 사례다. 이 교회에는 무려 5만 개가 넘는 셀이 존재한다.

가정교회는 얼핏 셀 교회와 비슷해 보이지만, 대개 하나의 권위 아래 조직되어 있지 않다. 자주적인 연합체로서의 가정교회는 셀 교회가 가지고 있는 연합의 구조가 부족하다. 그러나 대개는 보다 역동적이다. 둘은 각각의 장점을 가지고 있다. 셀 교회는 교리적 일치를 위한 지도가 쉬우나, 가정교회는 적대적인 정부의 억압에 덜 취약하다.

8. 교회를 개척하는 교회

대부분의 교회개척운동에서 첫 교회는 선교사나 선교사에 의해 훈련받은 교회개척가들이 세운다. 그러나 운동이 재생산이 증식되는 단계에 이르면 교회들은 스스로 새로운 교회를 개척하기 시작한다. 이런 일이 일어나려면 교회 구성원들은 재생산이 자연스러운 것이며, 새로운 교회를 시작하는 데 외부의 도움이 필요하지 않다는 믿음을 가져야 한다. 교회개척운동에서 현지 신자들이 잃어버린 자들을 얻고, 새로운 셀 교회를 스스로 개척하는 것을 그 무엇도 막을 수 없다.

다마스쿠스의 한 이슬람 사원 밖에서

황에 가장 중요한 요소는 아웃리치 선교일 것이다. 교회개척운동을 중심으로 하는 교회에서 아웃리치 선교는 하나의 자극이 되어 오랫동안 해외 선교를 방해한 장애 요소를 뛰어넘어 복음을 멀리 떨어진 종족 집단에까지 확장하게 만든다.

열 가지 공통된 요인

9. 교회의 빠른 재생산

교회개척운동에서 빠른 재생산의 필요성에 의문을 제기한 사람들이 있었다. 하지만 그 누구도 모든 교회개척운동 사례에서 나타난 그 증거를 부인하지는 못했다. 이러한 운동에 참여했던 교회개척자들은 빠른 재생산이 운동 자체에 필수적이라고 입을 모은다. 빠른 재생산은 그리스도에 대한 믿음으로 돌아가는 일의 긴급성과 중요성을 드러낸다. 빠른 재생산이 일어나면 교회에서 부차적인 요소는 없어지고, 평신도들은 권능을 받아 하나님의 이러한 사역에 동참하게 된다.

10. 건강한 교회

교회 성장 전문가들은 최근 교회의 특징을 광범위하게 연구했다. 그들 대부분은 건강한 교회라면 다음 다섯 가지 목적을 실행해야 한다는 데 동의한다. 1) 예배, 2) 복음 전도와 아웃리치 선교, 3) 교육과 제자 양육, 4) 목회, 5) 교제. 우리가 연구한 교회개척운동의 각 사례에서 이들의 다섯 가지 핵심 기능을 모두 확인할 수 있었다.

상당수의 교회개척자들은 다섯 가지 건강 지표를 모두 충족하는 교회라면 성장하지 않을 수 없다고 지적했다. 건강한 교회의 지표 각각에 대해 더 이야기할 수 있겠지만 무엇보다 선교적 상

모든 교회개척운동에 나타나는 열 가지 보편적 요소 외에 보편적이지는 않으나 자주 나타나는 열 가지 특징이 있다. 목록의 순서는 중요하지 않다. 우리는 교회개척운동 사례에서 아래에 제시된 요소들을 전부는 아니더라도 대부분 발견할 수 있었다.

1. 모국어로 드리는 예배

아직 성경이 모국어로 번역되지 않아 예배도 교역어로 드리는 경우가 있었다. 그러나 이처럼 드문 사례라 하더라도 기도하거나 찬양할 때, 설교 중 예화를 들거나 적용을 할 때에는 대개 모국어가 사용되었다. 공통된 모국어로 예배를 드릴 때 공동체의 모든 구성원이 예배를 보다 쉽게 이해하며 새로운 교회의 형식에 참여하게 된다. 해당 민족의 모국어를 알고 받아들인 선교사들은 교회개척운동을 일으킬 준비가 되었다고 볼 수 있다. 모국어를 친숙하게 아는 것만큼 한 종족 집단의 세계관을 알아낼 방법도 없을 것이다. 교역어로 사역하기로 선택한 선교사들은 현지인들의 마음과 자신 사이에 커튼을 치고 사역을 시작하는 것과 같다.

2. 가족 중심의 복음 전도

서구 기독교에서 개인적이고 인격적인 헌신을 강조하는 것과 달리 교회개척운동은 대개 가족과 사회적 관계에 크게 의지하는 경향이 있다. 교회개척운동 선교사들은 이 점을 인지하고 새 신자들이 거미줄처럼 연결된 가족 관계를 통해 새로운 신자들을 믿음의 공동체로 데려오도록 촉구한다(행 16:31-32을 보라). 많은 사례에서 교회는 가족들의 연합체로 구성되어 있으며 각 가족의 지도자들에게 지도를 받는다.

3. 회심자들이 곧바로 교회 사역에 편입됨

대부분의 교회개척운동에서 장황한 제자의 요건을 맞추느라 세례가 연기되는 일은 없다. 반대로 제자 삼는 사역은 회심보다 앞서 시작되어 무기한 계속된다. 세례를 아직 받지 못했다 하더라도 새 신자들은 즉각 복음의 증인이 될 수 있다. 이들 새로운 제자들은 다른 이들을 제자 삼을 수도 있으며 심지어 교회개척에 동참할 수도 있다. 인도에는 교회개척운동을 통해 그리스도께 돌아온 한 노인이 있었는데, 그는 믿음을 가진 첫 해에 42개의 교회를 개척했다. 이 운동을 외부로 성장시키기 위해 교회개척운동 전문 선교사들은 새 신자들이 단순히 기존 모임의 횟수를 늘리기보다는 새 교회를 시작하는 일에 동참하도록 격려한다.

4. 열정적이고 두려움 없는 믿음

교회개척운동은 구원의 중요성과 회심의 필요성을 열정적이고도 절박하게 증거하는 것이 특징이다. 새 신자들은 박해받는 상황에서도 담대함을 잃지 않았다. 두려움이나 공포의 영은 교회개척운동의 불씨를 끄고 만다. 담대함으로 인해 박해를 받을지는 몰라도 교회개척운동은 더욱 활활 타오를 것이다(수 1:6을 보라).

5. 그리스도인이 되기 위해 대가를 치름

교회개척운동은 때로 어려운 상황에서 일어나기도 한다. 예수 그리스도의 복음으로 회심하는 일이 흔하지 않을뿐더러 사회적인 불이익을 감

멀리 계시지 않는 하나님

"저는 경건한 무슬림이었어요." 아이제는 말했다. "지옥에 관한 책을 한 권 읽은 후 무서워서 종교에 매달리는 사람이 되었지요. 하지만 이슬람의 하나님은 너무 멀리 계신 분이었어요." 그때 한 친구가 아이제에게 인질(복음서)을 한 권 주며 읽어 보라고 권했다. "저는 성경을 읽은 지 나흘 만에 그리스도인이 되었습니다!"

아이제는 성경을 읽으면서 자기 스스로 하나님을 아는 것이 가능하다는 사실을 알게 되었다. "성경의 하나님은 그렇게 멀리 계시지 않았어요. 탕자의 이야기에서 제 모습을 볼 수 있었지요. 하나님은 제가 다시 돌아온 것을 환영하시는 하늘의 아버지세요."

어떤 사람들은 무슬림을 그리스도께 돌아서게 하는 단 하나의 효과적인 방법은 그들의 손에 성경을 쥐어 주는 것이라고 말한다. "하나님의 말씀은 살아 있고 활력이 있어 좌우에 날선 어떤 검보다도 예리하여 혼과 영과 및 관절과 골수를 찔러 쪼개기까지 하며 또 마음의 생각과 뜻을 판단하나니"(히 4:12).

출처_ *Turkey: A Time for Harvest*(Littleton, Colo.: Caleb project, 1997).

수해야 하는 곳도 있다. 많은 사례에서 회심으로 인해 극심한 박해를 받거나 심지어 죽는 경우도 있었다. 이러한 박해를 목전에 두고도 신자들은 예수 그리스도와 신약 교회에 대한 증거에 강하게 의지했다(마 10:17-25을 보라). 박해는 헌신하지 않은 자들을 걸러 내고 구성원들의 헌신도를 더욱 높이는 역할을 한다.

6. 불안정한 사회 분위기
한 국가나 종족 집단이 전쟁이나 자연 재해, 또는 추방 등으로 인해 지도자의 부재나 영적 공허함을 경험할 때, 이는 교회개척운동을 위한 절호의 기회가 된다. 빠르게 변화하는 세상에서 사회적 붕괴는 점차 흔한 현상이 되고 있으며 이는 교회개척운동에는 좋은 징조다. 오랫동안 지켜 온 안정과 안전이라는 상징을 잃을 때 사람들은 영원이라는 중요한 문제를 다시 생각하게 된다.

7. 현장에서 이루어지는 지도자 훈련
교회 수가 급속히 증가하면서 효과적인 지도자 훈련은 이 운동의 성공에 매우 중요한 요소가 되었다. 새로운 교회 지도자가 신학 훈련을 받으러 교회를 떠난다면 이 운동의 추진력은 사라지고 말 것이다. 이와 동시에 교회 성장에 너무나 중요한 요소를 무시해서도 안 된다. 가장 유익한 훈련 방식은 되도록 현장과 가장 가까운 곳에서 교육하는 것이다. 사역과 병행하며 실용 교육에 중점을 둔 신학연장교육(TEE, Theological Education by Extension)은 교회개척운동을 강력히 보완하는 수단으로 그 역할이 입증되었다.

이렇듯 현장에서 이루어지는 훈련의 형태는 지역마다 매우 다양하다. 그러나 대개 단기 훈련이 연속으로 이루어지는 특징이 있다. 복음 전도, 교회개척, 목양 사역 등의 주요 과업에 방해되지 않게 하기 위해서다. 선교사들은 또한 교회개척운동이 계속해서 성장, 발전하기 위해서는 지속적인 지도자 훈련이 중요함을 강조한다.

8. 지도자의 권한 분산
교파와 교회의 구조가 권위주의적인 성격을 띠거나 관료적인 의사 결정을 요구한다면, 이는 교회개척운동의 역동성을 다루기에 적합하지 않다. 모든 셀 또는 가정교회 지도자는 복음 전도, 목회, 새로운 교회개척 등의 사역을 진행하는 데 필요한 모든 권한을 가져야 한다. 일일이 상부의 허락을 구하는 일은 없어야 한다.

9. 외부인이 앞에 나서서 행동하지 않음
교회개척운동에 몸담았던 선교사들은 운동을 개시, 육성할 때 앞에 나서서 행동하지 않는 것이 중요하다고 지적한다. 여기서 핵심은 이질성을 최소화하고 토착화를 장려하는 것이다. 선교사들은 새 신자들이 스스로 지도력을 드러낼 때까지 기다리기보다는 무대 뒤에서 참여적인 성경공부와 멘토링을 통해 새 신자들의 지도력을 끌어내야 한다.

10. 선교사들이 고난받음
교회개척운동에 참여해 온 선교사 명단을 보다 보면 마치 재난 목록을 읽는 것 같다. 많은 이들이 질병과 조롱과 수치를 겪었다. 어떤 사례에서는 고난이 자기 파괴적인 행동 때문일 때도 있다. 또 다른 사례에서는 고난이 압제자로부터 온 것일 때도 있다. 교회개척운동을 배우는 학생들은 이 고통이 어둠을 물리치는 데 필요한 값비싼 영적 대가와 관련되어 있다고 추측한다(계 12:12). 원인이 무엇이든 교회개척운동에 참여하고 있는 선교사들이 상대적으로 큰 고난을 겪고 있다는 점은 주목할 만하다. 교회개척운동에 열중하고 있는 선교사들은 경계하고 지켜보고 싸우며 기도하는 것이 현명하다. ❖

참고문헌
데이비드 개리슨, "교회개척운동의 장애물", 10과의 온라인 읽을거리.

교회개척의 새로운 유형

데이비드 헌트

제도적이고 전통적인 모델에서 교회개척자는 때로 슈퍼맨 또는 슈퍼우먼이 되어야 한다. 교회 개척자는 높은 헌신도, 학문적 훈련 과정 이수, 풍부한 경험 등을 이유로 선택되어 큰 지역 교회 또는 교파 본부의 파송을 받는다. 그리고 많은 이들을 회심시키고 새 교회를 개척해 교파를 확장시키는 목표를 달성해 가는 일원이 된다. 일반적으로 새로운 교회는 파송 교회의 복제품에 가깝다. 교회개척자는 적은 예산으로 짧은 기간 내에 그럴 듯한 건물을 지어 활기찬 프로그램, 살아 있는 예배(또는 찬양), 보다 나은 삶의 보장 등으로 사람들을 교회로 끌어다 앉힐 것이라는 기대를 받는다. 그런 후 교회개척자는 대부분 목회자의 삶에 정착한다. 더 세련된 프로그램, 더 나은 시설, 훈련받은 전임 사역자를 둔 더 큰 규모의 교회를 지으며 다음 몇 년을 보낸다. 증식은 보통 이 방정식에 포함되지 않는다. 아웃리치 프로그램이 추가된다 하더라도 재생산하려는 노력이나 기대는 거의 없다.

반면 새로운 패러다임에서의 교회개척자는 완전히 다른 기능을 가진 전혀 다른 사람이다. 그는 전문적인 신학 훈련을 받거나 교회 운영에 탁월하지 않아도 된다. 대신 예수님에 대한 열정적인 사랑, 사람들을 섬기겠다는 마음, 말씀에 순종해 온 경험이 있어야 한다.

동아프리카에는 두 가지 형태의 교회개척자가 존재한다. 첫째로 사도적 교회개척자로 불리는 외부에서 온 교회개척자다. 사도적 교회개척자는 스스로 재생산하는 교회를 개척하겠다는 바람을 가지고 문화의 장벽을 넘거나 적어도 다

데이비드 헌트는 '도시 팀사역을 위한 북미교회개척 사역'의 부원장으로 활동하고 있다. 이 글은 David F. Hunt, "A Revolution in Church Multiplication in East Africa: Transformational Leaders Develop a Self-sustainable Model of Rapid Church Multiplication"(D.Min. dissertation, Bakke Graduate University, 2009), 88-92쪽에 나온 것으로, 허락을 받고 실었다.

른 마을에서 건너온 외부자다. 둘째로, 자기가 살고 있는 지역사회에서 교회를 개척하는 현지 교회개척자다. 두 경우 모두 촉매제 역할을 담당한다. 즉 교회개척자는 자기가 이상적으로 생각하는 교회를 위해 미리 결정한 계획을 따라 교회를 실현시키지 않는다. 사람들이 예수님의 제자가 되어 새로운 공동체를 만들도록 복음의 씨를 뿌리고 권한이나 통제, 자금을 가진 위치가 아니라 영향력을 미치는 위치에서 일한다.

예수님과 바울의 본

예수님은 이 땅에 아기로 오셨다. 가장 무력한 위치로 오신 것이다. 그분은 한때 집 없는 난민이셨다. 그분의 고향은 천대받는 곳이었다. 예수님의 사역은 종처럼 섬기는 것이었다. 그분은 어떤 단체도 조직하지 않으셨다. 사무실도 없었다. 그분은 어떠한 직함도 거절하셨다. 그분은 인가를 받지도, 학위를 얻지도 않으셨다.

바울도 어떤 자격증이나 학위 등을 내세우며 스스로를 변호하지 않았다. 오히려 자신을 고난받는 종이자 인간의 관점에서 무력한 자라고 말했다. 그는 두들겨 맞고 난파당하고 옥에 갇혔다. 그는 그리스도를 위해 희생하는 것을 특권으로 여겼다. 그는 단체를 조직하지도, 직함이나 위치를 갖지도, 개척하는 데 공을 세운 교회를 소유하지도 않았다.

예수님과 바울의 특징은 무엇인가? 이들은 지위에서 오는 권력이 아니라 영향력을 통해 사람들을 이끌었다. 이는 모든 교회개척자가 본받아야 할 특징이다. 이들 및 다른 사도들의 영향력은 그리스도의 제자 공동체를 확산시켜 결국 세상 끝까지 퍼지게 했다. 말 그대로 세상을 변화시켰다. 교회개척자들의 목표는 자기 제자를 모으는 것이 아니라 멘토링과 제자화 과정을 통해 제자들을 지도자로 변화시켜 그들이 자신을 향한 하나님의 부르심을 행하도록 내보내는 데 있다.

사도적 교회개척자의 특징

그렇기에 급속한 교회 증식 모델에서 교회개척자의 주요 기능은 사람들을 지도자로, 즉 예수님처럼 겸손히 섬기는 지도자로 훈련시키는 것이다. 이러한 지도자 훈련은 교실 안이 아니라 다른 이들을 섬기고 복음의 씨를 뿌리는 기능을 함께 감당하는 일상 속에서 주로 이루어진다. 사도적 교회개척자들은 때로 자급자족한다. 그들은 사업가, 목축업자, 교사, 공무원 등의 신분으로 지역사회에 들어가 위협적이지 않은 방식으로 현지 지역사회를 알아가고 주민들과 관계를 쌓는다. 그들은 일상 가운데서 하나님에 대한 대화를 나눌 방법을 찾는 것이야말로 주된 관심사임을 잊지 않는다.

누가복음 11장의 모델을 따르자면, 교회개척자의 첫 번째 목표는 평화의 사람을 찾는 것이다. 평화의 사람이란 영적으로 민감한 사람으로서 하나님이 이 지역사회에 복음의 문을 열기 위해 예비하신 자다. 사도적 교회개척자들은 정기적으로 복음을 전하지만 복음 전도가 주된 사명은 아니다. 그들은 또한 자기 손으로 교회를 개척하지 않는다. 그들의 초점은 평화의 사람 또는 평화의 가정을 제자로 삼는 것이다. 그 가정을 통해 복음이 지역사회에 퍼져 나가 결국 신자들의 새로운 몸이 출현할 것이다.

교회개척자는 목회자가 아니다. 그의 역할은 사람들에게 하나님의 말씀을 어떻게 연구해야 하는지 가르치고, 그들 스스로 하나님께 어떻게 순종해야 하는지 깨닫도록 돕는 것이다. 처음부터 목표는 교회가 교회개척자에게 의존하지 않고 기능하도록 만드는 것이다. 교회개척자에게 의존한 채 세워진 교회는 충분히 성숙하지도 토착화되지도 못하며, 결국 이웃 사회에 재생산될 가능성도 낮아진다.

전임으로 일하는 사도적 교회개척자 중에는 여러 지역사회에서 동시에 교회를 개척하는 이들도 있다. 이는 한 지역사회에서 전임으로 일하는 것보다 추천할 만한 방식이다. 교회개척자가 이렇다 할 생계 수단 없이 특정 지역에서 너무 많은 시간을 보내면 의심을 받을 수 있다. 게다가 교회개척자가 늘 함께 있는 상황에서는 새 신자들이 새 교회에 대한 책임감을 덜 가질 가능성이 높다.

새로운 현지 신자들을 가르치는 일은 매우 중요하다. 그러나 교회개척자들은 모든 상황에 대한 답을 주고 싶은 유혹에서 벗어나야 한다. 대신 그들이 증인으로서 자기 삶을 향한 하나님의 뜻을 스스로 발견하도록 훈련시키는 데 초점을 맞추어야 한다. 여기서 설교는 크게 강조되지 않는다. 교회개척자는 하나님을 이해하는 주된 원천이 아니기 때문이다. 그 이해의 중심은 성경에 있다. 교회개척자의 목표는 훈련을 통해 현지 신자를 독립시키는 것이다.

예수님과 열정적인 사랑에 빠진 어떤 새 신자들은 새로운 지역에 복음을 들고 가길 원할 것이다. 자신이 직접 경험했던 것처럼 영적이고 경이로운 공동체가 재생산되는 일에 일원이 되길 원하는 것이다. 이들 중에는 예수님에 대한 진리를 나누고픈 설렘과 기쁨으로 지체 없이 나가는 사람들도 있다. 아니면 "그래요, 당신이 교회를 개척하는 게 좋겠어요"라는 말을 들어야 할 사람들도 있다. 이들이 바로 현지 교회개척자다. 하나님의 부르심과 믿음의 공동체의 지원에 힘입어 이들은 농부, 상점주인, 장인 등의 직업을 가지고 옆 마을 또는 같은 도시의 다른 공동체로 복음을 들고 간다. 그들은 그 공동체에서도 평화의 사람을 찾는 같은 패턴을 따른다. (여기서 공동체는 때론 지리적인 지역이 아니라 친숙한 집단을 의미하기도 한다.) 이들은 보통 훈련시켜 다음 공동체로 파송할 사람들도 데리고 간다. 동아프리카 프로젝트의 대다수 교회가 이러한 방식으로 개척되고 있다.

세계 전역의 많은 무슬림들이 가난하게 산다.

교회개척자의 마지막 의무

떠나야 할 때를 아는 것은 교회개척자에게 핵심적인 문제다. 제도적이고 전통적인 모델에서 많은 교회가 영적으로 성숙한 단계에 이르지 못하는 것은 교회개척자가 떠나지 않기 때문이다. 이로 인해 현지 지도자가 배출되지 못하고 교회는 그 지역 너머로 나아가지 못한다. 교회개척자는 씨를 뿌리기 위해 존재한다. 교회가 온전히 성장할 때까지 머무는 존재가 아니다. 교회를 충분히 성숙시키는 것은 성령님이 하실 일이다. 일단 교회가 세워지고 사람들이 예수님께 순종하고 그분을 따르는 법을 배우고 있다면, 교회개척자는 성령님이 이들 안에서 역사해 하나님이 원하시는 교회로 성숙시키실 것임을 신뢰하며 떠나야 한다. 이후에 교회개척자는 새로운 공동체 지도자들과 정기적으로 만나 멘토링을 하면서 교회의 생명과 기능에 대한 성경의 가르침을 연구할 수 있다. 돌봄과 인도가 필요한 심각한 문제가 발생할 경우 이에 대해 함께 고민할 수도 있다. ❖

교회 증식의 요소

스티븐 스테인하우스

 교회개척운동(CPM)을 위한 기하급수적인 제자 삼기 접근법의 핵심 요소를 간략히 소개하겠다. 이것은 결코 교회개척운동을 위한 비결이 아니고(물론 이 과정을 따르다 보면 자연스레 교회개척운동이 실현될 것이다), 다만 기하급수적인 제자 삼기 운동을 촉진하는 데 없어서는 안 되는 기본 요소들이다.

1. 지역사회에서 존경을 얻으며 당신이 영적인 사람임을 드러내는 방식으로 살라

총체적인 복음 전도는 성육신적 삶을 통해 일어난다. 즉 (현지인이든 외국인이든) 복음 전도자가 해당 문화를 배우고 다가가 그 문화 안에서 복이 되려고 노력하는 곳에서 복음 전도가 이루어진다. 이웃의 가정을 방문하거나, 지역 공동체 봉사 활동을 통해 도움의 손길을 제공하거나, 지역사회 행사와 필요에 자금을 조달하거나, 아픈 사람을 위해 기도하거나, 장례식에 참석하거나, 심지어 차를 천천히 운전하면서 가볍게 고개를 끄덕이며 미소 짓는 것만으로도 우리는 어울리기 편안하고 영적인 사람이라는 인상을 심어줄 수 있다. 이 모든 행동을 통해 하나님은 우리에게 지역사회에 다가가며 능력과 사랑이 만날 기회를 제공해 주신다. 그러한 만남을 통해 우리는 하나님이 준비하신 평화의 사람에게 인도될 것이다.

2. "평화의 사람"을 찾으라(눅 10:6)

예수님은 (12명이든 70명이든) 제자들을 보내실 때마다 비슷한 지시를 내리셨다(마 10:11-16; 막 6:1-15; 눅 9:1-6; 10:1-16을 보라).

스티븐 스테인하우스는 파이오니아의 현장 사역자로서 동남아시아에서 가족과 함께 17년 동안 무슬림을 섬기고 있다. 이 글은 Steven Steinhaus, "Exponential Disciple-Making: A Fresh Approach to Church Planting Movements," *Seedbed* 25, no. 2(2012), 5-17쪽에 나온 것으로, 허락을 받고 실었다. pioneers.org.

그 지시에서 가장 중요한 대목은 "평안을 받을 사람"(눅 10:6), 즉 복음 전도자를 자기 집으로 맞아들일 사람을 찾는 것이다. 카슨은 이 구절이 "단기사역 여행의 안내서이자 앞으로 다가올 장기선교의 패러다임"[1]이라고 설명한다. 그가 지적한 대로 이 모델은 많은 사도행전 이야기(고넬료, 루디아, 빌립보의 간수 등)에서도 확인할 수 있다.

1세기 유대인이 팔레스타인으로 전도 여행을 떠나는 것과 21세기 그리스도인이 타문화 사역을 떠나는 것 사이에 문화적 차이가 많이 있음을 나 역시 알고 있다. 그러나 카슨이 '패러다임'이라고 묘사한 예수님의 수많은 명령들, 그리고 사도행전의 예시에 비추어 보았을 때, 이러한 전도 여행 접근법을 오늘날에도 적용하는 것이 무리는 아닐 것이다. 물론 이것이 유일한 방식은 아니지만 분명 신중하게 고려할 가치가 있는 방식이다.

3. 오이코스에 모인 사람들에게 복음을 전하라

신약 시대에 '오이코스'라는 단어는 가족을 의미했다. 고대의 가족은 핵가족보다 훨씬 넓은 개념이다. 고대의 가족에는 대가족뿐 아니라 종, 종

결혼과 이혼

꾸란은 무슬림 여성이 자기 뜻에 반해 결혼하는 것을 명확히 금한다. 결혼 시 무슬림 여성은 아버지의 권위 아래서 남편의 권위 아래로 옮겨 간다. 육체적으로도 남편 가정의 집으로 옮겨 간다. 종종 아내는 꽤 많은 지참금을 받기도 한다. 이는 결혼 계약의 조건 중 하나로서 이혼하거나 과부가 되었을 경우 살아가기 위한 돈을 마련하기 위해서다.

꾸란의 두 본문은 아내들에게 깊은 영향을 미친다. 즉 남성은 여성과 네 명까지 결혼할 수 있지만 그들을 모두 공정하게 대하는 경우에만 그렇게 할 수 있다는 것(꾸란 4:3)과 아내가 행실이 좋지 않을 경우 남편이 아내를 때릴 수 있다는 것이다(꾸란 4:19, 34). 무함마드는 이같이 허용에서 오는 부정적인 결과를 최소화했다. 남편은 모든 아내를 공정하게 대우할 수 없으므로(꾸란 4:129) 적어도 그들에 대한 의무를 다해야 하며, 때리는 것은 다른 해결책이 효과를 모두 상실한 다음에만 할 수 있다고 주장했다. 그럼에도 이 구절들은 남성들이 이기심을 마음껏 채우도록 해주었으며 많은 여성들에게 슬픔과 해악을 끼쳤다.

여성은 간음하다 잡히면 채찍을 100대 맞아야 하며 남성도 그렇다(꾸란 24:2). 여성은 처벌 전에 자신의 범죄를 입증할 수 있는 네 명의 증인을 요구하는 조항으로 보호를 받게 되어 있다(꾸란 4:15). 하지만 강간을 당했다 해도 그로 인해 임신을 하면 그것이 그녀의 부정을 입증하는 '증거'가 될 수 있다.

결혼 생활 중에 심각한 문제가 제기될 때 아내와 남편은 가족 중에서 그들의 화해를 도울 중재인을 정해야 한다(꾸란 4:35). 화해하지 못할 경우 남편은 아내의 지참금을 돌려주어야 한다. 아내는 몇 가지 경우 남편과 이혼할 수 있다(돈을 벌어다 주지 않는다든가 아내를 버린다든가 하는 경우). 하지만 남편이 이에 동의해야 한다. 이혼 절차는 대개 남성 편에서 시작한다.

이슬람과 기독교 둘 다 행위에 대한 규칙이 정해져 있다. 하지만 죄악에 물든 우리의 마음은 그런 규칙을 존중하지 않는다. 성경적인 결혼은 교회에 대한 그리스도의 사랑과 하나님 아버지에 대한 그리스도의 순종에서 볼 수 있다. 그리스도를 따르는 자들은 무조건적인 사랑과 순종을 가능케 하는 성령의 능력을 얻을 수 있다.

출처_ Fran Love, frontiers.org.

이었다가 자유를 얻은 사람, 상호간의 이익을 위해 해당 가족과 연관된 사람 등까지 포함된다.[2] 오늘날 세계의 많은 곳에서 사람들은 여전히 대가족, 하녀, 도우미, 고아, 과부 등과 함께 살고 있다. 평화의 사람이 복음 전도자를 자기 집으로 불러들일 때 가족 전체와 관계를 맺는 것은 문화적으로 적절한 일이었을 뿐 아니라 안전한 일이기도 했다. (당시에는 가족이 함께 모여 앉아 이야기를 나누며 여유로운 시간을 함께 보냈는데 이는 연장자를 예우하는 일이기도 했다.) 길에서 사람들에게 복음을 나누는 것은 혼란을 야기하며, 진실한 결정을 내릴 능력을 약화시키고(일반적으로 혼자서 결정을 내리지 않았으므로), 반기독교 급진주의자들을 자극할 위험이 있었다. 일단 집 안에서는 의심을 일으키지 않고 가족의 보호 아래 복음을 나눌 수 있었다.

일부 교회개척운동가들은 어디서든 평화의 사람을 전도해서 그에게 오이코스로 초청해 달라고 부탁하면 된다고 이야기한다. 그러나 이는 개인의 결정을 요청하는 것으로 가족이 함께 하나님의 깊은 비밀에 대해 고민할 시간을 주지 않게 된다. 래드 지데로는 앞서 소개한 오이코스 접근법이 초대교회의 표준 관행이었다고 말한다. "그들은 예수님이 미래 지도자들을 훈련시키며 본으로 보이신 '평화의 집' 접근 방식을 사용했다(막 3:14; 눅 10:1-11). 그들은 새로운 지역에서 접

우리 주위의 무슬림들

"우리 동네에는 무슬림이 없다. 그렇게 많지 않다." 유감스럽게도 우리 그리스도인들은 주위에 있는 무슬림 이민자, 학생, 개종자들을 제대로 보지 못하는 경우가 많다. 어떻게 무슬림을 알아보고 그들에게 복음을 전할 수 있을까?

- 무슬림들을 위해 시간을 정해 놓고 정기적으로 기도하라(예를 들어, 매주 금요일 정오).
- 당신이 살고 있는 지역을 두루 다니며 기도하라. 무슬림 이웃을 새로 발견하면 반갑게 맞이하라. 교제하며 그들에게 당신의 신앙을 보여 주라.
- 무슬림이 운영하는 식당과 사업체에 자주 들러라. 지역 정보지나 인터넷에서 무슬림 이름을 찾아내 인근에서 멋진 문화 체험을 할 수 있는지 알아본다.
- 무슬림에게 식품을 조달하는 식품점이나 마트에 가서 무슬림이 좋아하는 요리법을 물어보라. 이야기를 나누는 가운데 친구를 사귀고 맛있는 음식을 먹게 될 수도 있다!
- 종교 관련 소셜 미디어 사이트를 방문하라. 많은 무슬림들이 정보에 소외되어 있다. 그들은 사랑하고 공감할 줄 알며 재치 있는 그리스도인들과 정보를 공유할 필요가 있다.
- 상처받은 사람들을 도와주라. 많은 무슬림들이 고국의 전쟁과 혼란을 피해 온 난민들이다. 각 지역 기관과 비영리 단체에서 이들을 도울 자원봉사자를 구하고 있다.
- 외로운 사람들의 친구가 되어 주라. 무슬림 중 다수가 유학생이다. 그들에게 방학은 가장 외로운 때인 동시에 우리가 그들을 초청하기에 가장 좋은 때다!
- 기독교에서 이슬람으로 회심한 사람들과 사귀라. 왜 그들이 회심했는지 알아볼 수 있다. 교제하는 가운데 그들이 가지고 있는 성경에 대한 부정확한 이해나 그리스도인에 대한 부정적인 견해를 바로잡아 줄 수 있다.

출처_ Fouad Masri, *crescentproject.org*.

촉자를 찾아 하나님나라를 위한 영향력의 구심점으로 삼았다."[3] 지데로는 평화의 사람이 열린 사람과 같지 않다는 점을 분명히 한다. 평화의 사람은 자신의 오이코스를 복음 전도자에게 개방할 접촉자다.

데이비드 헌트는 아프리카에서 이 원리를 사용해 교회개척운동을 급성장시켰던 경험에 대해 다음과 같이 썼다. "동아프리카에서 교회가 수립되고 재생산되는 패턴은 가족 관계라는 자연스러운 망을 통해 이루어졌다. 예전에는 복음에 관심을 보이는 사람을 공동체에서 빼내는 패턴이었는데, 이런 경우 교회개척 과정은 진행될 수 없었다. 대신 가족에 초점을 맞출 경우 복음 전도 과정은 느리게 진행될 수 있으나 이후에 더 많은 사람이 복음을 받아들이는 결과를 낳았다."[4]

4. 발견 접근법을 사용한 연대기적 성경공부를 통해 제자를 양육한다.

미전도된 곳에서 복음 전도는 빠르거나 공격적이거나 개인적으로 이루어지지 않는다. 이러한 접근법은 서구 사회에서 더 유용할 것이다. 미전도 종족은 복음을 이해할 맥락이 필요하다. 그들은 하나님의 이야기를 처음부터 보고 타락의 결과와 그에 대한 하나님의 처방을 받아들여야 한다. 예수님을 자기 죄에 대한 대속물로 받아들이기 위해서는 사람들이 먼저 죄가 심각한 문제이고 그 문제를 해결할 방법은 예수님이 십자가에서 죽으셔서 구약의 제사 제도를 완성하는 길밖에 없음을 깨달아야 한다. 이러한 기본 이해가 부족한 이들에게 예수님의 십자가 죽음은 무의미하다.

이처럼 이야기를 공부하는 긴 과정이 비성경적이며 불필요한 시간 낭비라고 반대하는 이들도 있다.[5] 그러나 예수님도 제자들과 매일 함께 계셨음에도 불구하고 그들에게 복음을 진정으로 이해시키는 데 몇 년이나 걸리셨다. 뿐만 아니라 크레이그 오트는 예수님이 니고데모(요 3:1-21)와 사마리아 여인(요 4:1-26)에게 '발견 접근법'을 사용하셨으며, 바울은 베뢰아 사람(행 17:11)에게 성경공부 접근법을 사용했음을 지적한다. 오트는 계속해서 이렇게 말한다. "우리는 또한 복음 전도를 하나의 과정으로 이해해야 한다. 거듭남은 특정한 순간에 일어나지만 그 지점까지 가려면 과정이 필요하다.…단순히 그리스도를 영접하는 데만 초점을 맞추면 오해에서 비롯되거나 잘못된 동기에서 출발한 피상적인 회심으로 이끌 위험이 있다."[6]

이러한 교회개척운동 모델에서 복음 전도자는 몇 달 동안 적어도 일주일에 한 번 이상 평화의 사람 집을 방문해 그의 가족과 함께 성경을 공부한다. 성경공부는 교사 중심이 아니라 귀납적인 방식으로 이루어진다. 복음 전도자는 질문을 던져 사람들이 스스로 하나님의 진리를 발견하도록 도울 뿐이다. 나눔과 기도의 시간까지 가지고 나면 이 가족은 매우 단순한 성경공부 방식을 배운 셈이다. 기억하기 쉽고 재생산이 가능한 이 방식은 다음과 같이 진행된다.

1. 이야기를 읽는다.
2. 이야기를 몇 차례 바꾸어 말한다.
3. 이야기가 하나님에 대해 무엇을 가르치고 있는지 질문한다.
4. 이야기가 인류에 대해 무엇을 가르치고 있는지 질문한다.
5. 이야기를 듣고 하나님이 자신에게 무엇을 원하신다고 믿게 되었는지 묻는다.
6. 이야기를 듣고 하나님이 자기 가족에게 무엇을 원하신다고 믿게 되었는지 묻는다.
7. 이 이야기를 누구에게 들려줄 수 있겠는지 묻는다.

몇 차례 공부를 하고 나면 가족들은 이 질문을 자연스레 익히며 복음 전도자 없이 자기들끼리도 공부를 하고 싶은 마음이 들 것이다. 이제 복음 전도자는 다른 시간을 내어 평화의 사람(또는 이 그룹 내에서 자연스럽게 생긴 다른 지도자)을 제자 훈련한다. 다음 이야기를 공부하기 전에 오이코스를 따로 만나 잘 지내는지 묻고 지도력과 관련된 질문을 던진다. 전도자가 이 성경공부 모임에서 빠지는 것은 의도치 않게 외부 문화를 전달하는 것을 미연에 방지하기 위해서다. 때론 적대 세력으로부터 이 그룹을 보호하기 위해 반드시 그렇게 해야 할 때도 있다.

5. 이 그룹이 다른 사람들에게 이 이야기를 즉시 들려 주며, 새로운 평화의 사람을 찾는 대로 다른 모임을 시작하도록 격려하라

이는 재생산과 함께 참된 제자화를 향한 지름길이다. 행동하지 않거나(말씀에 대한 순종), 복음에 대해 이야기하지 않는(증거) 사람은 참된 제자가 될 수 없다. 그러나 놀랍게도 심지어 회심하기 전에라도 불신자들조차 발견 성경공부 모임을 만들 수 있다. 이것은 단순한 이론이 아니라 오늘날 세계 여러 곳에서 이미 일어나고 있는 일이다. 오트는 이렇게 강조한다. "복음 전도와 제자 삼기를 향한 스토리텔링 접근법에는 새 신자들이 배운 성경 이야기를 다른 사람들에게 쉽게 이야기할 수 있다는 장점이 있다. 그 결과 이 방식은 현지에서 재생산되며 교회 증식(multiplication)으로 이어진다."[7] 이는 친밀한 그룹에서 단순히 성경 이야기를 말할 뿐 아니라 그 이야기를 귀납적으로 연구하는 곳에서 실제로 일어나고 있다.

6. 이 그룹이 함께 그리스도를 따르기로 결정한다면, 그들이 하나의 교회가 되어 그리스도의 모든 명령에 순종하도록 지도하라

몇 주 또는 몇 달간 이어지는 성경공부의 정점은 믿음을 천명하고 함께 세례를 받도록 도전하는 것이다. 때로 이를 준비하기 위해 성경공부 시간이 추가로 필요할 수 있다. 세례 의식은 비밀리에 이루어지는 것이 아니라 복음 전도자와 오이코스 모두가 모인 자리에서 이루어진다. 이 의식은 자기를 온전히 헌신하는 과정이 포함되기에 때론 가슴이 벅찬 순간이 될 것이다(롬 6:16-19; 갈 3:26-29). 세례 후에 박해가 이어지는 상황이라면 후속 조치가 필요하다.

교회개척운동 모델에서 세례는 그리스도를 구주와 주로 고백하고 삶을 드린 첫 순간에 즉시 행한다. 스티브 스미스는 그의 책 『T4T: 교회를 세우는 지도자 재혁명』에서 그리스도에 대한 믿음을 공개적으로 시인하는 표징으로 즉각적인 물세례를 주어야 한다고 열렬히 주장한다. 그는 세례란 "당신이 기독교 신앙 안에서 완전히 자랐다는 것이 아니라 기독교 신앙을 확신한다는 표징이다. 그것은 새 신자와 주위 사람들에게 자신이 그리스도를 분명히 따르고 싶어 한다는 표징 역할을 한다"[8]라고 말한다.

귀납적인 발견 성경공부를 지속함으로써 우리는 이제 신자 그룹이 된 이 그룹이 계속해서 복음에 초점을 맞춘 말씀을 공부하도록 격려해야 한다. 말씀을 함께 공부하면서 그들은 곧 예배의 다른 요소를 발견할 것이며, 이를 그들의 초보 교회에 흡수할 것이다. 그러므로 복음 전도를 위한 모든 노력의 목표는 성경적으로 올바르고 문화적으로 적절하며 빠르게 재생산하고 그룹의 나머지 사람들을 전도하는 교회를 개척하는 것이다. 이는 궁극적으로 지역사회의 변화로 이어질 것이다. ❖

주

1. D. A. Carson, "Matthew" in Frank E. Gaebelein, ed., *The Expositor's Bible Commentary*(Grand Rapids, MI: Zondervan, 1984), 242쪽.
2. David J. Hesselgrave, *Communicating Christ Cross-Culturally*, 제2판(Grand Rapids, MI: Zondervan, 1991), 485쪽.
3. Rad Zdero, "The Apostolic Strategy for House Churches Today," *Evangelical Missions Quarterly* 47,

no. 3(2011), 348쪽.
4. David F. Hunt, "A Revolution in Church Multiplication in East Africa: Transformational Leaders Develop a Self-Sustainable Model of Rapid Church Multiplication"(D.Min. dissertation, Bakke Graduate University, 2009), 121쪽.
5. 우리 모델에서는 창조에서 시작해 새로운 탄생으로 끝나는(요 3장) 30편의 이야기를 사용한다.
6. Craig Ott and Gene Wilson, *Global Church Planting: Biblical Principles and Best Practices for Multiplication*(Grand Rapids, MI: Baker Academic, 2011), 218쪽.
7. 앞의 책, 221쪽.
8. Steve Smith and Ying Kai, *T4T: A Discipleship Re-Revolution*(Midlothian, VA: WIGTake Resources, 2011), 238쪽. 『T4T: 교회를 세우는 지도자 재혁명』(요단출판사).

참고문헌

Steve Smith and Ying Kai, *T4T: A Discipleship Re-Revolution*(Midlothian, VA: WIGTake Resources, 2011).

교회개척운동은 지도력 운동이다

스탠 파크스

오늘날 전 세계를 살펴보면, 가장 역동적인 교회개척운동(CPM)은 가난과 위기, 혼란, 박해 등이 있으나 그리스도인은 거의 없는 지역에서 시작되고 있다. 반대로 평화와 부, 안전 등과 함께 많은 그리스도인이 존재하는 지역에서 교회는 때론 능력이 부족하며 쇠퇴의 길을 걷고 있다.

이유가 무엇인가?

위기 속에서 우리는 하나님을 바라보게 된다. 자원이 부족할 때 우리는 대개 프로그램이 아니라 하나님의 능력에 의지한다. 그리스도인이 몇 명 안 된다는 것은 문화적, 교파적 전통이 약하다는 것을 의미하며, 이는 전략과 원칙의 원천으로 성경만을 의지하게 만든다.

전통 교회는 이 같은 하나님의 새로운 운동에서 무엇을 배울 수 있는가?

다른 많은 교훈을 배울 수 있겠지만(그리고 배워야 하겠지만), 가장 중요한 교훈은 지도력과 관련되어 있다. 척박한 지역에서 우리는 추수할 일꾼을 찾고 있지만 새 신자들은 일어서서 그들의 미전도 종족 집단에게 도달할 길에 나서고 있다.

교회개척운동은 많은 면에서 교회 지도력 증식과 개발 운동이다. 교회개척운동과 기존의 개척 및 유지 운동 간의 차이점은 대개 지도력 개발과 연결되어 있다. 얼마나 많은 교회가 개척되는가와 관계없이 문화적 내부인이 지도자가 되지 않는 한 교회는 이질적인 성격에서 벗어나지 못할 것이다. 그러다 느리게 재생산하거나 초대 지도자에게 부담이 과중될 즈음 정체기를 맞게

스탠 파크스와 그의 가족은 1994년부터 동남아시아에서 섬기고 있다. 그는 선교단체 액트 비욘드(Act Beyond)의 글로벌 전략부의 부부장이다. 이 글은 Stan Parks, "A Church-Planting Movement is a Leadership Movement," *Mission Frontiers*, July-August, 2012, 24-26쪽에 나온 것으로, 허락을 받고 실었다. *missionfrontiers.org*.

될 것이다.

빅터 존은 북인도의 보즈푸리어를 사용하는 1억 명 넘는 종족 집단에서 대규모 교회개척 운동을 이끄는 지도자 중 한 사람이다. 이 지역은 원래 "현대 선교의 묘지"로 알려진 곳이었다. 거의 2천 년을 거슬러 올라 사도 도마 시대에 인도에 교회가 세워졌음에도 불구하고 91%의 인도인이 여전히 복음을 듣지 못했다고 존은 강조한다! 그는 이것이 주로 지도력 개발의 부족 때문이라고 믿는다.

존은 4세기 초에 초기 동방교회에서 지도자들을 불러와 시리아어로 예배드리는 교회를 세웠다고 말한다. 16세기 로마 가톨릭은 현지어를 사용했으나 현지 지도자를 세우는 것은 꿈도 꾸지 못했다. 18세기 초가 되어 개신교인들이 현지 지도자를 임명했으나 서구 방식으로 훈련한 탓에 현지 지도자들에 의한 재생산이 이루어지지 않았다. "토착형 지도자 준비는 거대한 이익의

무슬림이 그리스도께로 나아오다

이전 1,300년 동안보다 최근 50년 동안 더 많은 무슬림들이 예수 그리스도를 믿게 되었다. 1960년대 200만 명의 자바 무슬림이 그리스도인이 된 사건이나 1979년 이란에서 일어난 이슬람 혁명 후 방대한 수의 이란인이 그리스도인이 된 사건에서 보듯이 이러한 개종은 주로 사회적 격동기에 일어난다. 뿐만 아니라 방글라데시, 에티오피아, 가나, 북아프리카의 베르베르족 등에서 수백에서 수십만 명에 이르는 사람들이 그리스도께 나아왔다. 발칸 반도, 터키, 중앙아시아, 그 밖의 여러 지역에 토착 무슬림 배경의 신자들로 구성된 현지 공동체가 생겼다. 이전에는 없던 일이다. 이슬람 세계의 심장부에서 여러 가정 모임이 개인적으로 큰 위험을 감수한 채 이루어지고 있다.

오늘날 이러한 일이 일어나는 이유는 무엇인가? 우리는 지금이 하나님의 때이기 때문이라고 믿는다. 이와 관련된 다른 요인을 살펴보자면 다음과 같다.

- 무슬림들이 거의 전 세계적으로 경제적으로 궁핍하며 정치적으로 억압하는 체제 아래서 고통받고 있다.
- 세계복음화를 위한 로잔대회(1974년) 이후 선교 정신을 가진 교회들 가운데 미전도 종족에 대한 인식이 높아졌다.
- 프론티어스와 파이오니아 같은 더 많은 선교단체가 무슬림을 비롯한 여러 미전도 종족의 필요에 특별히 중점을 두고 사역하고 있다.
- 아프리카, 인도, 한국, 남미, 이집트 등 비서구권 교회에서 무슬림 사역 선교사들을 파송했다.
- 예수 영화와 같은 멀티미디어 도구의 사용이 보편화되었다.

특히 기도가 더 많아졌다. 해마다 발행되는 『무슬림을 위한 30일 기도』와 같은 도구를 사용해 라마단 금식 기간 동안 무슬림을 위해 기도했으며, 무슬림이 이슬람 사원에서 예배하는 매주 금요일 정오에 그들의 영원한 필요를 올려 드리는 훈련을 하기도 했다. 이런 일들은 무슬림들이 초자연적인 꿈, 환상, 기적, 치유 등을 경험한 뒤 그리스도께로 돌아오는 일에 분명히 기여했다.

그리고 그들은 다음과 같은 새 노래를 불렀다. "새 노래를 불러 이르되 두루마리를 가지시고 그 인봉을 떼기에 합당하시도다 일찍이 죽임을 당하사 각 족속과 방언과 백성과 나라 가운데서 사람들을 피로 사서 하나님께 드리시고"(계 5:9).

자료 제공_ 데이비드 개리슨, 그렉 리빙스턴, 돈 맥커리

충돌 속에서 이루어졌다. 어떤 현지인도, 국민도, 현지 노동자도 선교사로 불릴 수 없었다. 그 직함은 오직 백인들을 위한 것이었다. 이러한 선교단체들은 운동이나 성장이 아니라 기존 지도력의 대체에만 초점을 맞추었다."2

선교 현장이든 고국이든 어디나 오늘날 교회에서도 우리는 기존의 지도력을 대체하는 데만 열을 올린다. 하나님이 새로운 제자와 교회를 탄생시키도록 돕기보다는 기존의 단체를 영구화하는 데만 초점을 맞춘다. 새로운 교회가 잃어버린 사람들에게 다가가는 데 훨씬 더 효과적이라는 압도적인 증거가 있음에도 불구하고, 많은 교회가 새로운 교회를 시작하기보다 더 성장하는 데 열중한다. 신학교 역시 새로운 교회를 개척하도록 학생들을 훈련하는 것이 아니라 기존의 교회를 운영하려는 태도를 강화하면서 이 같은 현상을 부추기고 있다. 우리는 영원한 지옥을 향해 가고 있는 사람들은 무시한 채 자신의 안락을 추구하는 데 막대한 시간과 자원을 들이기로 선택한다(일반적인 교회에서는 예산의 95%를 자국민을 위해 쓰고 있다).

현대의 교회개척운동을 들여다보면서 지도력

연합, 순종, 공동체

서로 돌아보아 사랑과 선행을 격려하며 모이기를 폐하는 어떤 사람들의 습관과 같이 하지 말고 오직 권하여 그날이 가까움을 볼수록 더욱 그리하자(히 10:24-25).

이슬람이 연합(타우히드), 하나님께 대한 복종(압드), 공동체(움마)를 강조하기 오래전에 하나님은 연합, 순종, 공동체라는 특성의 본을 보일 수 있도록 교회를 세우셨다.

그리스도는 우리의 하나 됨을 위해 기도하셨다. 하나님이 그리스도를 보내셨다는 사실을 세상이 알게 하기 위해서였다. "내게 주신 영광을 내가 그들에게 주었사오니 이는 우리가 하나가 된 것같이 그들도 하나가 되게 하려 함이니이다 곧 내가 그들 안에 있고 아버지께서 내 안에 계시어 그들로 온전함을 이루어 하나가 되게 하려 함은 아버지께서 나를 보내신 것과 또 나를 사랑하심같이 그들도 사랑하신 것을 세상으로 알게 하려 함이로소이다"(요 17:22-23).

우리가 하나님께, 다른 그리스도인들에게, 인간 권위에 순종하면 그리스도를 증거하게 된다. "하나님이 교만한 자를 물리치시고 겸손한 자에게 은혜를 주신다 하였느니라 그런즉 너희는 하나님께 복종할지어다"(약 4:6-7). "그리스도를 경외함으로 피차 복종하라"(엡 5:21). "인간의 모든 제도를 주를 위하여 순종하되"(벧전 2:13).

서로 사랑하는 사람들이 함께 모이는 것처럼 즐거운 일은 없다. 우리는 기독교 공동체를 통해 하나님을 예배한다. 우리는 그리스도가 명하신 것처럼 서로 교제하며 서로를 섬긴다. 우리가 추구하는 이상은 초대교회에 나타나 있다.

그들이 사도의 가르침을 받아 서로 교제하고 떡을 떼며 오로지 기도하기를 힘쓰니라 사람마다 두려워하는데 사도들로 말미암아 기사와 표적이 많이 나타나니 믿는 사람이 다 함께 있어 모든 물건을 서로 통용하고 또 재산과 소유를 팔아 각 사람의 필요를 따라 나눠 주며 날마다 마음을 같이하여 성전에 모이기를 힘쓰고 집에서 떡을 떼며 기쁨과 순전한 마음으로 음식을 먹고 하나님을 찬미하며 또 온 백성에게 칭송을 받으니 주께서 구원받는 사람을 날마다 더하게 하시니라(행 2:42-47).

출처_ *Encountering the World of Islam*.

증식과 개발에 대한 몇 가지 명확한 원칙을 발견할 수 있었다. 이러한 원칙을 살피기 전에 지도력 개발은 처음부터 시작된다는 점을 아는 것이 중요하다. 복음 전도, 제자 삼기, 교회 형성 등이 이루어지는 과정에서 지도력도 함께 성장해야 하는데, 이는 지도력이 지속적으로 발전해 가는 무대가 된다.

비전 있는 지도력

교회개척운동의 촉매제 역할을 하는 사람들은 미전도 종족 집단, 도시, 지역, 나라 전체에 복음이 도달할 수 있으며 도달할 것이라는 믿음으로 시작한다. 그들은 "내가 무엇을 할 수 있을까?" 대신에 "운동이 시작되려면 무슨 일이 이루어져야 할까?"라고 묻는다. 이러한 질문은 그들과 새 신자들이 하나님께 정확히 집중하도록 도우며 불가능한 일을 이루시는 하나님을 의지하게 한다. 첫 외부인의 중요한 역할은 추수 작업을 함께할 동역자들에게 비전을 제시하는 것이다. 일어나 해당 집단에게 복음을 전할 초기의 시도를 함께할 가까운 이웃이나 내부인 신자를 찾는 것이 외국 외부인에게 매우 중요하다. 내부인 지도자들이 출현해 증식할 때 그들은 같은 하나님의 비전을 품게 될 것이다.

무슬림 배경의 신자 교회는 어떤 모습으로 비치는가?

기도는 열매 맺기 위한 기초(요 14:13-14)

교회개척운동에서 열매를 맺은 교회개척자들을 조사한 결과, 그들은 매우 다양한 배경과 개성을 가지고 있었다. 가장 큰 공통점은 모두 하루에 2-4시간을 기도로 보냈으며, 매주 또는 매달 팀원들과 함께 금식하며 기도했다는 점이다. 이들은 사례를 받는 사역자가 아니었고 모두 평범한 직업을 가지고 있었다. 그러나 그들은 자신의 결실 유무가 기도에 달려 있음을 알았다. 교회개척자가 기도에 헌신할 때 이는 새 신자에게 고스란히 흡수된다.

모든 사람을 위한 훈련

인도에서 교회개척운동 지도자 훈련을 받는 한 여성이 이렇게 말했다. "사람들이 내게 교회개척에 대해 나누라고 하는 이유를 모르겠어요. 나는 글을 읽을 줄도 쓸 줄도 모릅니다. 내가 할 수 있는 일은 아픈 사람을 고치고 죽은 자를 살리고 성경을 가르치는 것뿐이에요. 난 그저 100여 개 교회를 개척했을 뿐입니다." 우리 모두는 스스로 부족하다는 그녀만큼 되길 바라지 않는가?

교회개척운동에서 기대하는 바는 모든 사람이 훈련을 받고 즉시 다른 이들을 훈련하는 것이다. 어떤 국가에서는 지도자들을 훈련시켜 달라는 요청을 받았지만 보안 문제 때문에 30명의 지도자밖에 만날 수 없었다. 그러나 이 그룹은 같은 성경 훈련 자료를 사용해 매주 150명의 사람들을 훈련시켰다.

성경을 훈련 교재로 사용하라

불필요한 부담을 피하는 최선의 방법 가운데 하나는 성경을 훈련 교재로 사용하는 것이다. 교회개척운동 지도자들은 다른 지도자들을 성장시킬 때 그들이 지도자가 아닌 성경과 성령을 의지하도록 돕는다. 새 신자가 질문하면 교회개척자는 이렇게 대답한다. "성경에서는 뭐라고 말하고 있나요?" 그런 다음 그들이 좋아하는 성경 구절뿐 아니라 다양한 성경 구절을 찾도록 안내한다. 이는 교회개척자가 훈계하거나 가르치면 안 된다는 말이 아니다. 그러나 직접 답을 주지 않고 새 신자가 스스로 답을 찾도록 도울 수 있다. 제자 삼기, 교회 형성, 지도력 성장은 모두 성경을 중심으로 한다. 이것이야말로 제자, 교회, 지도력이 그토록 효율적으로 재생산되는 핵심 이유다.

순종이 기초가 되어야 한다 (요 14:15)

성경적인 훈련은 강력한 힘을 발휘한다. 단순히 지식에 초점을 두는 것이 아니라 각 사람이 배운 대로 순종하길 기대하기 때문이다. 너무나 많은 전통 교회에서 지식을 지나치게 강조하고 있다. 가장 많은 지식(교육)을 갖춘 사람이 지도자가 된다. 성공이란 더 많은 교인을 모아 더 많은 정보를 가르치는 것을 의미한다. 그러나 교회개척운동에서는 얼마나 많이 알고 있느냐가 아니라 얼마나 많이 순종하느냐에 초점을 맞춘다. 그룹으로 모여 성경을 공부할 때 그들은 "나/우리는 이 말씀에 어떻게 순종해야 할까?"라고 질문한다. 다음에 함께 모였을 때 그들은 "너/우리는 이 말씀에 어떻게 순종했는가?"라고 질문한다. 성경에 순종함은 제자와 지도자들이 성숙으로 나아가는 가장 빠른 지름길이다.

주된 전략과 모델은 복음서와 사도행전에

성경에는 명령뿐 아니라 모범과 모델 또한 담겨있다. 1990년대에 미전도 종족 가운데 사역하는 다양한 사람들이 누가복음 10장에서 선교의 모범을 발견하고 이를 따랐다.[3] 우리가 알기로 (외국인이든 내국인이든) 외부인 모범을 사용한 모든 교회개척자들이 둘씩 짝지어 나갔다. 그들은 자신의 가정과 오이코스(가족/집단)를 개방해 줄 평화의 사람을 찾았으며, 오이코스 전체가 예수님께 헌신하도록 하기 위해 노력했다. 오이코스가 (개개인을 억지도 붙여놓은 부자연스러운 집단이 아니라) 자연스런 집단인 덕분에 지도력이 보다 자연스럽게 형성되었다.

지도하면서 지도자가 된다

당연하게 들리는 이 말을 간과할 때가 있다. 이에 대한 한 예를 교회개척운동의 "발견" 모델에서 찾을 수 있다. 이 모델에서 관심을 보이는 오이코스는 모두 성경공부 모임에 초대된다. 창조에서 그리스도에 이르기까지 하나님의 이야기를 공부하는 이들을 제자로 삼기 위해 여러 핵심 질문들이 사용된다.[4]

이러한 교회개척운동에서 외부인은 결코 질문을 하면 안 된다. 대신에 내부인을 따로 만나 질문을 하도록 유도해야 한다. 답은 물론 성경에 있다. 하지만 이 과정을 통해 질문을 하는 사람은 학습과 순종의 과정을 촉진하는 법을 배운다. 이에 대한 예가 『T4T: 교회를 세우는 지도자 재혁명』에 나온다. 이 책에서는 새로운 제자들이 다른 사람들을 훈련시키고 지도력 역량에서 성장하면서 무엇을 배웠는지 나누도록 가르친다. 이 같은 원리는 지도력 개발 과정이 지속될 때에도 적용된다. 사람들은 전통 교회에 있을 때보다 더 빨리 실습하고 훈련할 기회를 얻는다.

지도력에 대한 성경의 기준

지도자들이 생기고 임명될 때 디도서 1장 5-9절

에 나오는 새로운 교회 지도자의 요건과, 디모데전서 3장 1-7절에 나오는 이미 설립된 교회 지도자의 요건 같은 성경의 기준이 사용된다. 지도자의 역할과 의무는 지도력과 관련된 본문을 종합적으로 연구하면서 발견, 적용한다. 이렇게 함으로써 사람들은 성숙한 교회를 향한 각 단계마다 다양한 성품과 기술이 요구됨을 깨달으며, 성경에 나오지 않는 지도자에 대한 이질적인 기대나 요구를 피할 수 있다.

선입견을 버리고 열매에 초점을 맞추라 (마 13:1-18)

지도자들은 그들의 가능성이나 인격, 스타일이 아닌 열매로 판단받는다. 교회개척운동 훈련가들에게 처음 사람들을 훈련할 때 누가 열매를 가장 많이 맺을지 어떻게 알 수 있는지 물으면, 그들은 아마 웃음을 터뜨릴 것이다. 우리는 누가 열매를 맺을지 모른다. 우리는 모든 사람을 훈련한다. 가장 가망 없어 보이던 사람이 가장 많은 열매를 맺는가 하면, 가장 유능해 보이던 사람이 오히려 아무 결과를 내지 못할 때가 있다. 지도자는 사람들에게 다가가 그들을 제자 삼을 때 비로소 지도자가 된다. 더 많이 열매 맺는 사람에게 더 많은 시간이 주어질 때 그들은 더 많은 열매를 생산한다. 주중/주말 특별 훈련, 매년 열리는 훈련 컨퍼런스, (때론 모바일을 통한) 집중 훈련 프로그램 등의 방식을 통해 열매 맺는 지도자를 성장, 구비시킬 수도 있다.

지도자가 많을수록 좋다 (행 13:1)

교회개척운동이 일어나는 대다수 교회에는 많은 지도자가 존재한다. 이들은 또 다른 지도자들을 성장시킬 뿐 아니라 교회의 안정성을 보장하기도 한다. 지도자들은 기존의 직업을 유지하면서 이 운동에 참여하는데 덕분에 이 운동은 평범한 신자들을 통해 퍼질 수 있고 외국의 재정에 의존하지 않을 수 있게 된다. 지도자가 많을수록 지도자의 의무 이행이 보다 쉬워지고, 더 나은 지혜를 모으고 서로 지지할 수 있다. 증식하는 교회 간에 서로 배우고 지지하는 것 역시 각각의 교회가 살아남도록 돕는 핵심 요소다.

새로운 교회에 초점을 맞추라

지도자를 임명하고 성장시키는 것은 꾸준히 새로운 교회를 개척하기 위해서다. 그러나 이 일이 자연스럽게 일어나는 것은 아니다. 새로운 교회가 개척되어 주님을 향한 열정으로 차오르면 그들을 구원해 준 이 패턴을 반복하라는 요청을 받는다. 그들은 자신의 관계망 안에서 잃어버린 자들을 찾아 얼마 전 자신이 직접 경험했던 복음 전도와 제자 양육 과정을 반복하면서 재생산하는 법을 훈련한다. 이러한 내부인 지도자들은 자신의 교회를 이상적인 교회(행 2:37-47)로 이끌어 가는 법을 배운다. 그때 외부인 지도자들은 새로운 민족에게 나아가는 온전한 교회의 본을 보이며 그들을 준비시킨다.

결론

하나님이 탄생시키신 이 새로운 운동 속에서 우리는 그분에 대해 무엇을 배울 수 있는가? 그동안 소중히 여겨 온 문화적이고 교파적인 선입견을 버리고 지도자 출현과 발달에 대한 주요 안내서로 성경을 사용할 용의가 있는가? 성경이 말하는 권한과 패턴을 따르고 성경이 말하지 않는 지도자 요건을 버린다면, 우리는 지도자가 더 많이 배출되고 잃어버린 자들이 더 많이 전도되는 모습을 보게 될 것이다. 그 대가는 얼마나 작고 사소한가! 진정 잃어버린 자들을 위해 이를 희생할 준비가 되어 있는가? ❖

주

1. 교회개척운동은 역사상 일어난 많은 기독교 운동을 가리키는 현대적인 표현일 뿐이다. 이 운동은 2천 년이 지난 후에 재발견된 것이 아니라 수많은 시대를 거치며 발견되고 잊혀졌다가 다시 발견되었다. 역사상 일어난 기독교 운동

의 예를 들자면 다음과 같다. 사도행전, 교회가 탄생하고 첫 200년 동안 로마 제국에 있었던 많은 신자들, 지중해에서 중국과 인도까지 뻗어나간 기독교 공동체를 세웠던 동방교회, 250년 동안 북유럽 곳곳에서 이루어진 아일랜드 복음화 운동, 모라비아 선교운동, 감리교, 버마 부족들을 휩쓸었던 운동, 중국 교회의 마지막 60년 등.

2. Victor John, "The Importance of Indigenous Leadership," *The CPM Journal*, January-March, 2006, 59-60쪽.
3. 또한 마가복음 6장, 누가복음 9장, 마태복음 10장을 보라. 이와 같은 유형은 사도행전에서 다양하게 적용된다.
4. 1) 그들이 감사하는 점은 무엇인지, 2) 그들이 겪는 어려움과 친구와 가족이 겪는 어려움은 무엇인지 질문한 후, 이야기를 함께 읽고 몇 차례 바꿔서 이야기를 하게 한다. 그 다음 3) 이 이야기가 하나님에 대해 무엇을 가르치고 있는지, 4) 우리 자신과 다른 사람들에 대해 무엇을 가르치고 있는지, 5) 하나님이 우리 각자와 소그룹에게 무엇을 원하신다고 생각하는지, 6) 누구에게 이 이야기를 들려줄 수 있을지 질문하라.

무슬림 여성을 포함하는 교회개척

프랜 러브

집은 지혜로 말미암아 건축되고 명철로 말미암아 견고하게 되며 또 방들은 지식으로 말미암아 각종 귀하고 아름다운 보배로 채우게 되느니라(잠 24:3-4).

남편과 내가 인도네시아에서 교회를 개척하고 있을 때, 나는 그것이 지혜와 명철로 건축되는 것이라 생각했다. 그리고 위의 말씀에 나오는 "귀하고 아름다운 보배"는 무슬림 여성들이라고 생각했다. 무슬림에게 20년 동안 선교한 경험과 동료 선교사들과의 토론을 통해 많은 교회개척 전략이 무슬림 여성들을 계산에 넣지 않고 있다는 결론을 내리게 되었다. 그렇게 결론짓게 된 것은 이른바 '젠더블라인드 선교학'(genderblind missiology, 성에 대한 이해가 없는 선교학) 때문이다. 이 이론에 따르면 교사들은 가장과 지도자들에게 영향을 미쳐야 한다. 그러면 그들이 자기 가족과 자기 권위 아래 있는 사람들을 데려올 것이기 때문이다. 이는 언약의 지혜에 기초하고 있으며 일반적으로는 맞는 말이다. 그러나 성경적으로나 실제적인 이유에서 불완전한 관점을 드러내고 있다.

먼저, 전형적인 남성 위주의 문화적 인습과는 반대로 세상에는 하나님이 전략적인 복음의 다리로 사용하시는 루디아 같은 사람들이 있다(사도행전 16장을 보라). 둘째로, 이슬람권에서 경험한 바로 보건대 복음은 언제나 하나님께로 이르는 남성 다리들을 따라 전달되지는 않는다. 무슬림

프랜 러브는 인도네시아에서 나고 자랐다. 외국에서 살다가 후에 남편과 함께 인도네시아로 돌아왔다. 무슬림과 함께 살면서 그들에게서 배우고, 예수님이 그들을 위해 가지고 계신 사랑과 능력을 알고 경험하도록 돕기 위해서였다. 현재는 영국에 거주하고 있다. 이 글은 Fran Love, "Church Planting that Includes Muslim Women", *International Journal of Frontier Mission* 13, no. 3.(July-September 1996), 135-138쪽에서 나온 것으로, 허락을 받고 사용했다. ijfm.org.

여성들을 의도적으로 선교에 포함시켜야 한다.

가운데서 교회를 개척하는 것에 적용해 볼 때 이 관점은 부적절하다. 그것은 거의 오로지 남성에게만 복음을 전하는 전략들을 지지하며, 그래서 성에 대한 이해가 없는 선교학이라는 호칭이 딱 들어맞는다.

남성들이 예수 그리스도에게 자신의 삶을 드리고, 그 다음에 새로운 기쁨과 사랑으로 예수님을 자기 가족 내 여성들에게도 전한다면 얼마나 멋진 일이겠는가? 그러나 유감스럽게도 많은 나라에서 언제나 그렇지는 못하다. 예멘, 방글라데시, 중국, 모리타니, 터키 등지에서 일하는 사역자들이 사역 보고를 할 때, 남성들은 그리스도인이 되었으나 여성들은 그렇지 못했다고 전한다. 그러면서 몇 가지 이유를 든다.

왜 여자들은 거의 회심하지 않는가?

먼저, 많은 무슬림 남성들은 여성이 영적인 일에 어울리지 않으며 관심이 없다고 생각한다. 왜 아내를 그리스도인 모임에 데려오지 않느냐고 무슬림 회심자에게 물으면, 대부분이 "아내는 여자인걸요. 이해하지도 못할 텐데요"라고 말할 것이다. 유감스럽게도 우리 선교사들, 특히 여성 선교사들은 무슬림 여성들이 하나님에 대해 말하는 데 관심이 없다고 불평하면서 이러한 고정관념을 마음속 깊이 더 뿌리박는다. 무슬림 여성들과 대화를 나누다가 하나님에 대한 이야기를 꺼내려 하면 좌절만 겪게 된다고 말한다. 무슬림 여성들이 채소 가격, 요리, 육아, 산아 제한법 등에 대해서만 이야기하려 하기 때문이라는 것이다.

둘째로, 무슬림 여성들에게 부여된 종교적 역할에서 좋은 무슬림이 되는 것이란 곧 좋은 아내와 딸이 된다는 의미임이 강조되기 때문이다. 남성의 종교적 실천(하나님에 대한 복종)은 하나님과 그 남성의 문제인 반면에, 여성의 종교적 실천은 여성의 남편 또는 가족 내 다른 남성과의 문제가 된다. 즉 아버지, 남편, 형제, 삼촌 등에게 복종하는 것이다. 무슬림 여성의 삶은 자기 가족에게 얼마나 명예를 가져다주는가로 그 가치가 측정된다.[1] 심지어 새로 회심한 남성들까지 이러한 마음가짐을 가지고 있다. 자신의 아내나 딸이 하나님과 독립적으로 관계 맺는 것을 별로 중요하게 생각하지 않는다. 그저 그들이 명예를 가져다주는 데 만족한다.

셋째로, 남성들이 하나님께 진지하게 집중하는 것을 방해하는 존재가 바로 여성이라는 인식 때문이다. 파티마 메르니시는 그의 책 『베일을 넘어서』에서 남편과 아내의 관계에 대해 이렇게 말한다. "여성들의 참여가 남성이 알라에게 충성하는 데 직접적인 위협이 된다. 알라에 충성하려면 그의 모든 에너지와 감정을 하나님께 무조건 투자해야 하기 때문이다."[2] 이런 이유로 (대부분의 무슬림 국가에서) 종교 문제의 경우 남성과 여성을 엄격하게 분리하는 관례가 널리 시행되고 있다. 여성들은 이슬람 사원 예배에 거의 참석하지 않으며, 참석할 때는 칸막이 뒤에 앉는다. 종교적 토론은 남성들 사이에서만 이루어진다. 여성들

사이에서는 거의 하지 않고 남성과 여성 사이에서는 절대 하지 않는다.

넷째로, 회심한 남성들의 개인적인 두려움 때문이다. 남성 신자는 처가에서 아내에게 이혼하라는 압력을 넣을까 봐 두려워할 수 있다. 또한 가족 내 여성들이 영적 보복을 할까 봐 두려워한다. 무슬림 여성들 중 많은 비율이 정령신앙이나 사이비 종교 관습에 깊이 관여하고 있기 때문에 그럴 가능성이 없지 않다. 그는 아내가 회심하면, 그 즉시 가족이 그리스도인으로 분류되어 배척과 경제적 압력, 자녀의 교육 기회 제한 등과 같은 고통스러운 결과가 뒤따르게 될 것을 우려한다.

필요한 것: 포괄적인 전략

이 네 가지 이유만으로도 미전도 무슬림 세계의 숨겨진 절반인 많은 여성들이 복음을 들을 기회를 빼앗겨 왔다. 나는 젠더블라인드 선교학의 악영향에 무지한 교회개척자들의 전략을 보충해 주고자 이 글을 썼다. 일단은 남성에게 복음을 전하는 것이 주된 범례이기는 하지만 우리에게는 무슬림 여성을 포함시키는 포괄적인 전략이 필요하다.

점점 더 많은 선교사들이 이러한 불공평을 인식하면서 세 가지 방편으로 이를 의도적으로 바로잡고 있다. 첫째, 남성 선교사들이 하나님의 말씀을 가르치고 개인적으로 모범을 보임으로써 새로운 남성 회심자들에게 도전을 준다. 둘째, 선교사의 아내들이 여성들에게 개인적으로 관심을 기울이고 사역한다. 셋째, 팀이 의도적으로 무슬림 여성들을 전도하기 위한 전략에 초점을 맞춘다.

남편이나 아버지가 신자가 되더라도 무슬림 여성이 자동으로 신자가 된다거나 궁극적으로 신자가 되는 것은 아님이 분명하다. 그러므로 우리는 새로 회심한 남성들이 기꺼이 그 모든 힘든 일을 하리라는 기대를 버려야 한다. 우리의 무슬림 사역은 지혜와 지식과 명철이 뒷받침되어야 한다(잠 24:3-4을 보라). 내 경험과 의견으로는 많은 무슬림 사역자들이 사용해온 교회개척 모델은, 새 교회를 귀하고 아름다운 보배인 무슬림

육체와 영혼의 치유

4년 전 이브라힘은 심한 병에 걸려 니제르의 갈미 병원으로 왔다. 이브라힘이 치료받을 때 선교사인 의사가 예수님의 복음을 전했으며 그에게 하우사어 성경을 빌려 주었다. 니제르인 직원들과 선교사들은 최근 무슬림들이 자주 하는 질문들에 성경적 관점으로 대답한 내용을 담은 카세트테이프를 만들었다. 이브라힘은 그것을 반복해서 들었으며 퇴원할 때 성경과 카세트테이프를 집에 가져가도 되냐고 물었다.

4년 후 이브라힘은 선교사 친구가 돌아왔다는 이야기를 듣고 다시 병원을 방문했다. 간신히 개인적으로 이야기를 나눌 기회가 왔을 때, 이브라힘은 하도 많이 들어 테이프가 닳아 버렸지만 예수님이 참된 길임을 확신하게 되었다고 말했다. 이브라힘은 어떻게 하면 예수님을 따르는 자가 될 수 있는지 설명해 달라고 청했다. 그는 곧 머리를 숙이고 자기 삶을 그리스도께 내어 드렸다. 그리고 이웃에게 들려줄 새로운 카세트테이프를 들고 마을로 돌아갔다.

출처_ sim.org.

여성들로 채울 수 있는 지혜로운 계획을 선교사들에게 가르쳐 주고 있다.

이 모델을 바탕으로 다음 단계들은 교회개척 팀이 처음 사역을 시작하고 스스로 증식한 다음, 사역지를 떠나는 것까지 보여 준다.[3] 이는 선교 단체가 교회개척 과정에서 각 팀을 단계별로 편성하는 데 하나의 잣대가 되어 줄 것이다. 선교사들이 다음에 취해야 할 단계를 구상하는 데 지침이 되기도 한다. 나 자신이나 다른 사람들의 예를 들면서 무슬림 여성을 위한 선교사들에게 도움이 될 만한 전략적인 사고와 태도, 활동(다른 사역들을 보완하는)을 각 단계에서 강조했다. 이는 남성 동료들과 함께 '무슬림 남성과 여성이 함께하는 교회'를 세우고자 애쓰는 여성들을 지원하기 위함이다.

팀의 시작

우선 가장 중요한 활동은 불쌍히 여기는 마음을 갖고자 기도하는 것이다. 무슬림 여성들은 베일에 가리고 폐쇄된 생활 환경 속에 있어 접근이 불가한 것처럼 보일 수 있다. 그러나 그들에게 복음을 전할 수 있을까 하는 염려는 이슬람 문화가 여성들에게 가했던 상처를 이해하고 공감할 때 사라진다. 그 상처란 열등한 지위, 일부다처제, 쉬운 이혼, 여성 할례, 강요된 베일 쓰기(근본주의자들이 다스리는 지역에서), 강간당했다는 이유로 투옥되고 이혼당하는 것, 심지어 명예 살인에 이르기까지 다양하다.

눈물의 선지자 예레미야는 우리가 이렇게 긍휼히 여기는 마음을 갖도록 만든다. "내 눈에 흐르는 눈물이 그치지 아니하고 쉬지 아니함이여 여호와께서 하늘에서 살피시고 돌아보실 때까지니라 나의 성읍의 모든 여자들을 내 눈으로 보니 내 심령이 상하는도다"(애 3:49-51).

씨 뿌릴 준비

여성 선교사는 이 두 번째 단계에서 가정과 팀이 요구하는 일을 균형 있게 하면서 한편으로는 새로운 문화에서 가정을 꾸려 가느라 열심히 노력한다. 이렇게 살아남으며 이해하고 이해받으려 애쓸 때 무수한 의무들에 짓눌릴 수 있다. 하지만 무슬림 사역을 하는 여성들에게는 이 단계에서 훨씬 더 중요한 일이 있다. 그것은 계발하지 않으면 시간이 지날수록 그들의 사역을 갉아먹는 것으로서 무슬림 가족들, 특히 남성들이 신뢰할 수 있는 명예로운 여성답게 행동하는 것이다. 여성 사역자들이 그 지역사회가 명예롭고 옳다고 생각하는 것에 어떻게 따르는가 하는 문제는 무슬림 여성을 대상으로 한 사역이 얼마나 효율적으로 장기간 지속될 수 있는가를 결정하는 열쇠다. 신뢰성을 높이고 전달하는 가장 좋은 방법에는 옷차림, 공적 행동, 남성들 앞에서 정숙하게 행동하기 등이 있다. 우리의 문화 전통들로 인해, 때로는 그리스도 안에서 우리가 가지고 있다고 생각하는 자유 때문에 정숙함에 대한 성경의 분명한 가르침(딤전 2:9-10; 벧전 3:3-4)에 둔감한 경우가 너무 많다. 전신을 거의 다 가리는 무슬림 여성의 베일과 옷은 아무런 의미가 없으며 따라하지 않아도 된다고 생각하는 사람들이 많다. 그러나 우리가 이슬람 문화를 제대로 인식하거나 존중하지 않으면, 그리스도 안에서의 자유라는 메시지가 아니라 성적 자유라는 메시지를 전달하게 될 것이다.

한 미국인 여성 사역자가 무슬림 여성 한 명을 집에 초대한 이야기를 해주었다. 여성 사역자는 그 여성이 남편을 데려올 것이라고는 미처 생각하지 못했다. 그 무슬림 여성은 왠지 저녁 내내 쌀쌀맞게 굴면서 시선을 피했고 대화조차 하지 않으려 했다. 여성 사역자는 당황해서 그 친구의 태도가 왜 그렇게 변했는지 짐작해 보려 애썼다. 그러다 마침내 자신이 청바지를 입었으며 외간남자가 왔는데도 보다 더 정숙한 옷으로 갈아입지 않아 친구가 언짢아졌음을 깨달았다. 그 친구는 다시 오지 않았다.

아시아에 처음 선교사로 갔을 때 나는 미국 여성들이 기분 전환을 위해 흔히 하듯이 무슬림 여성들에게 함께 물건을 구경하고 맛있는 것을 먹으러 시내에 나가자고 했다. 무슬림 아내들은 간신히 용기를 내어 자기 남편이 화가 났다는 사실을 말해 주었다. 명예를 아는 여성이라면 집안일을 하거나 아이들을 돌보아야 할 낮 시간에는 절대 집 밖으로 나가지 않는다는 것이다. 남편들은 내가 여성들을 꾀어내어 경솔하고 흐트러진 행동을 하게 만든다고 생각하며 내 의도를 의심했다.

씨 뿌리기

무슬림 사역을 하는 선교사들은 무슬림 여성들이 하나님에 대해 이야기하고 싶어하지 않는다는 말을 종종 한다. "영적 갈망이 전혀 없는 사람에게 어떻게 복음을 전할 수 있겠어요?" 한 남성 동료는 무슬림 여성을 구원하는 일이 하나님과 종교에 대해 토론하기를 좋아하는 무슬림 남성을 전도하는 것보다 훨씬 어려워서 매우 유감스럽다고 말했다. 나는 남성들은 하나님에 대해 이야기하는 것을 즐길지 모르지만, 여성들은 삶에 대해 이야기하는 것을 즐긴다고 대답해 주었다. 이것은 여성들에게 유리하게 작용한다. 성경은 삶에 대해 아주 많은 것을 말해 주고 있기 때문이다. 이 세 번째 단계에서 가장 중요한 과제는 하나님을 무슬림 여성의 일상생활로 끌어들이는 것이다.

여성 선교사들은 기술을 가르치는 강습, 함께 활동하고 공동체 일에 참여하기, 자선 사역, 상담, 소리내어 기도하기, 같이 있어 주기 등 갖가지 창조적인 방법으로 복음을 전해 왔다. 도시화가 확대되면서 전통적인 가족의 가치관에서도 무슬림 여성의 익명성과 독립성이 커짐에 따라 우리의 씨 뿌리는 기회들은 확대될 것이며 심지어 대단히 현대적으로 보일 것이다. 우리는 학대받는 여성들에게 쉼터를 제공하고, 위기에 처한 가정(특히 자녀의 약물 남용과 성적 방종으로 인해)을

문맹과 빈곤에 대한 반응

방글라데시에서 문맹과 극한 가난은 늘 공존한다. 지역사회 개발 프로젝트 쿠시티아(CDPK, Community Development Project Kushtia)는 한 가지 해결책을 제공한다. 한 번에 25명이 6개월 동안 월요일부터 토요일까지 날마다 읽고 쓰며 수학을 공부한다. 훈련이 끝날 때 그들은 저축 협동조합을 만든다. 협동조합의 마을 사람들이 기금을 내서 다른 회원들에게 소액 대부를 해준다. 돈을 빌린 사람은 인력거, 재봉틀, 사탕수수 압착기, 소점포를 세울 만한 상품 등을 사는 데 투자한다. 대부분 여자들이 그룹을 만드는데, 그들의 새로운 수입원은 가족의 삶에 극적인 변화를 가져오고 있다. 그런 그룹이 89개가 있고 5천 명 이상이 혜택을 받고 있다. 10개 그룹이 벌써 CDPK의 감독 아래서 졸업했다. 이 그룹들 중 일부는 이제 자신이 배운 것을 새로운 그룹에게 전수해 주고 있다. 이런 일에 필요한 읽고 쓰는 능력과 재정 관리 훈련은 성공 보장에 도움이 된다. 채무 불이행은 매우 드물다. 그 모습을 한번 그려 보라!

출처_ *sim.org*.

상담하고, 직업 안내를 해주고, 일과 가정의 요구 사이에서 스트레스를 받는 여성들을 돕는 등의 일을 하기 때문이다.[4]

그들의 개인 세계에 하나님을 소개하고 현실에 대한 그들의 인식이 새로이 바뀌는 만큼 우리의 사역은 효과적일 것이다. 우리는 그들의 남편이 더 어린 아내들과 결혼할 수도 있다는 사실을 바꿀 수는 없다. 하지만 그들에게 하나님이 어떻게 그들을 사랑하시며 결혼을 어떻게 생각하시는지 보여 줄 수 있다.

모로코의 한 여성 선교사에게 하나님을 일상의 대화에 끌어들이는 독특한 방법에 대해 들었다. 이웃에 사는 서너 명의 여성들을 사귄 선교사는 그들에게 이러이러한 문제를 어떻게 생각

꾸란이 말하는 이상적인 여성

이상적인 여성은 바로의 아내와 예수님의 어머니 마리아가 그렇듯이 신실하고 정숙하다.

하나님께서 믿는 사람들을 위해 파라오의 아내를 비유하셨나니 보라 그녀가 말하였노라 주여 저를 위하여 당신 가까이 천국 안에 궁궐을 지어 주소서 그리고 파라오와 그의 행위로부터 저를 구하여 주시고 사악한 자들로부터 저를 구하여 주소서 순결을 지킨 이므란의 딸 마리아가 있었노라 그래서 하나님은 그녀의 몸에 그분의 영혼을 불어넣었더니 그녀는 주님의 말씀과 계시의 진리를 증언하고 순종하는 자 중에 있었노라(꾸란 66:11-12).

여성은 노아의 아내와 롯의 아내와는 달리 하나님과 남편에게 순종해야 한다.

하나님께서 불신자들을 비유하사 노아의 아내와 롯의 아내를 비유하셨나니 그들 둘은 하나님의 의로운 종들 밑에 있었으나 그들은 그들의 남편들을 배반하였으매 그들의 행위로 말미암아 하나님으로부터 아무것도 얻지 못한 채 너희는 다른 사람들이 들어가는 지옥으로 함께 들어가라는 말밖에는 얻은 것이 없었노라(꾸란 66:10).

그래야 여성이 훌륭한 아내가 되도록 남편이 잘 도울 수 있기 때문이다.

남성은 여성의 보호자라 이는 하나님께서 여성들보다 강한 힘을 주었기 때문이라 남성은 여성을 그들의 모든 수단으로써 부양하나니 건전한 여성은 헌신적으로 남성을 따를 것이며 남성이 부재시 남편의 명예와 자신의 순결을 보호할 것이라 순종치 아니하고 품행이 단정치 못하다고 생각되는 여성에게는 먼저 충고를 하고 그 다음으로는 잠자리를 같이하지 말 것이며 셋째로는 가볍게 때려 줄 것이라 그러나 다시 순종할 경우는 그들에게 해로운 어떠한 수단도 강구하지 말라 진실로 하나님은 가장 위대하시니라(꾸란 4:34).

하지만 여성이 남편과의 관계에서 어려움을 겪는다면 그 불만을 알라에게 가져가야 한다.

하나님은 그녀의 남편에 관하여 그대에게 변론하고 하나님께 호소한 그녀의 진술을 수락하사 너희 쌍방 간의 진술을 듣고 계시나니 실로 하나님은 들으심과 지켜 보심으로 충만하심이라(꾸란 58:1).

이상적인 여성은 신자의 어머니라고 불리는 선지자 무함마드의 아내들에게 열심히 배워야 한다.

예언자는 자기 자신들보다 믿는 사람들을 더 사랑하시며 그의 아내들은 그들의 어머니들이요 그들 서로 간의 혈육 관계는 하나님의 율법에서 믿는 사람들과 이주자들이 형제 관계보다 더 가까운 인간관계라 그러나 가까운 동료들에

하느냐는 질문을 받았다. 선교사는 문화적 관점에서 지혜롭게 대답했다. "저는 그냥 여성일 뿐이에요. 제가 무얼 생각하는지는 중요하지 않아요. 하지만 저의 선지자가 이 문제에 대해 뭐라고 말씀하시는지는 알지요." 이 대목에서 선교사는 잠시 말을 멈추었다. 여성들은 흥미를 느껴서 선지자가 뭐라고 말하는지 들려 달라고 했다. 그런 일이 몇 번 있은 후 여성들은 선교사에게 이혼, 결혼 관계 등 모든 여성들에게 영향을 미치는 매우 개인적인 문제들에 대해 선교사의 선지자가 뭐라고 말하는지 묻기 시작했다.

게 자선을 베풀라 그것도 하나님의 율법에 기록되어 있노라(꾸란 33:6, 참조 33:32-34).

이상적인 여성은 정숙하다.

꾸미는 여성들에게 일러 가로되 그녀들의 시선을 낮추고 순결을 지키며 밖으로 나타내는 것 외에는 유혹하는 어떤 것도 보여서는 아니되니라 그리고 가슴을 가리는 머릿수건을 써서 남편과 그녀의 아버지 남편의 아버지 그녀의 아들 남편의 아들 그녀의 형제 그녀의 형제의 아들 그녀 자매의 아들 여성 무슬림 그녀가 소유하고 있는 하녀 성욕을 갖지 못한 하인 그리고 성에 대한 부끄러움을 알지 못하는 어린이 외에는 드러내지 않도록 하라 또한 여성이 발걸음 소리를 내어 유혹함을 보여서는 아니 되나니 믿는 사람들이여 모두 하나님께 회개하라 그리하면 너희가 번성하리라 (꾸란 24:31).

이상적인 여성은 경건해 알라와 그의 사도인 선지자 무함마드의 모든 율법들을 성취한다.

실로 무슬림 남녀에게 믿음이 있는 남녀에게 순종하는 남녀에게 진실한 남녀와 인내하는 남녀에게 두려워하는 남녀와 자선을 베푸는 남녀에게 단식을 행하는 남녀와 정조를 지키는 남녀에게 하나님을 염원하는 남녀에게 하나님은 관용과 크나큰 보상을 준비하셨노라(꾸란 33:35).

그의 상이 하늘에서 크다.

하나님께서 신앙인들에게 아래로 강이 흐르는 천국을 약속하사 그곳에서 영생할 것이며 에덴의 천국에는 아름다운 주거지와 하나님의 보다 큰 기쁨이 있나니 그것이 위대한 승리라(꾸란 9:72).

하지만 알라에게도, 그의 사도에게도 순종하지 않는다면 그는 지옥에서 불탈 것이다.

남자 위선자가 그렇고 여자 위선자가 그러하거늘 금기한 것은 행하고 의무화한 것은 실천치 아니하며 그들의 손들을 움켜쥐고 하나님을 망각하니 그분도 그들을 생각지 아니하시더라 실로 위선자들은 해악을 끼치는 자들이라(꾸란 9:67).

출처_ Fran Love, *frontiers.org*.

제자 훈련하기와 교회 시작하기

각각의 신자들을 제자 훈련하고 그들을 모아 교제 모임을 만드는 것이 네 번째 단계의 과제다. 이 단계는 제자 그룹이 교회가 되고 무슬림 여성들이 참여하는 데 대단히 중요하다. 주로 미혼 남성들로만 구성되어 있어 매번 모일 때마다 화제가 비슷하기 때문에 교제 모임이 활기를 유지하기가 어렵다. 여성들이 회심해 남성 신자들이 그리스도인 아내를 구할 수 있도록 기도해 달라는 요청이 들어온다. 그리스도인의 결혼은 교회에 안정을 가져다준다. 또 온 가족이 그리스도께 나아와 이제 막 시작하는 불완전한 교제 모임이 확고하고 완전한 교회로 변모할 수 있게 된다.

이 단계에서 선교사들은 남녀 간의 상호 관계에서 지역 문화의 현실을 반영하는 교회론, 여성들이 교회에서 맡을 수 있는 사역 역할에 대한 성경적 해석, 실제적인 여성 사역 신학을 형성할 필요가 있다. 문제는 이것이 교회 설립에서 가장 중요한 단계라고 말하면서도 여성들을 어떻게 참여시킬지에 대해서는 전략적인 사고를 거의 하지 않는다는 점이다. 남성들만 장로와 목사로 세우는 서구 교회론을 자동으로 적용하는 것은 남녀가 한데 모여 종교 집회를 갖지 않는 문화권에서는 부적절하다.

스리랑카에서 일하는 한 사역자가 남성들과 같은 방에 있지 않겠다는 나이 든 여성들을 어떻게 해야 할지 물어 왔을 때, 기독교 모임에서 무슬림 남성과 여성을 한군데 있게 하는 것과 관련된 문제들이 제기된 적이 있다. 혹은 남성에

10단계로 이야기하기

1. 성경적 원리를 선택하여 명확하고 간단하게 만들라.
2. 선택된 종족 집단에게 알맞은 이야기를 선택하고 어떻게 전할지 알기 위해 그들의 세계관을 고려하라.
3. 그 종족 집단의 세계관에 적절한 다리와 장벽, 연결점이 뭔지 파악하라. 그래야 그들에게 이야기하는 방식을 정할 수 있다.
4. 그 종족 집단에게 이러한 원리나 개념을 전달하기에 적합한 성경 이야기를 고르라.
5. 적절한 화법으로 이야기를 다듬으라. 성경 이야기가 그들의 중요한 세계관 문제를 어떻게 다루는지 가르쳐 주라.
6. 적절한 문화적 방식으로(이야기, 춤, 노래, 실물 교수 등을 포함해) 이야기를 들려 주라.
7. 후속 대화를 나누라. 보통은 이 시간에 청중이 이야기에 담긴 진리를 깨닫고 적용하도록 도울 수 있다.
8. 청중이 이야기의 성경적 원리를 실제로 적용하도록 지도하여 생활 속에서 실천하며 살아갈 수 있게 하라.
9. 청중 집단이 서로 책임지고 성경적 원리에 순종하도록 돕게 하라.
10. 청중이 자기 삶에서 성경적 원리의 본을 보이고 그 이야기를 다른 사람들에게 들려 줌으로써 그 원리를 널리 알리도록 장려하라.

- 보다 자세히 알려면 이 과의 온라인 읽을거리 "마음을 사로잡는 이야기"를 읽으라.
- 에이버리 윌리스 주니어는 버지니아 리치몬드에 있는 남침례교 해외선교부 선임 부회장이다. 인도네시아에서 14년간 선교사로 섬겼다.

출처_ Dr. Avery T. Willis, *Following Jesus series*(2003). International Mission Board (IMB)의 허락을 받고 사용함. imb.org.

참고문헌_ one-god-one-message.com, goodseed.com.

게 세례를 받아야 한다는 이유로 그리스도인이 되기를 거부하는 여성들도 있다. 혹은 남성들과 어울리거나 저녁 모임을 가지기 불편해하는 여성들이 한낮에 여성들끼리만 모이자고 요구하기도 한다.

이러한 필요 때문에 우리는 교회개척 과정을 새로 생겨나 완전히 자리 잡기까지의 연속체로 보아야 한다. 그리고 그 과정 어딘가에서 여성들만으로 이루어진 모임을 만들어야 한다. 그런 모임은 다른 모든 교회와 마찬가지로 양육하고 개발해야 하며, 남성들과 여성들로 구성된 더 큰 집단에 자연스럽게 동화될 수 있도록 해야 한다.

성경 본문을 해석하면서 성경에 나오는 여성들의 삶에 주의를 면밀히 기울여야 한다. 이스라엘의 종교 체계니 초대교회에 나타난 바울의 교회개척 사역에서 여성들은 어떤 사역을 했는가? 당시 여성들에 대한 문화적 견해는 오늘날 이슬람 문화권에서 볼 수 있는 견해와 놀랄 만큼 비슷하다. 경건한 여성들이 그 당시에 그와 같은 일을 할 수 있었다면 오늘날 여성 회심자들도 그런 일을 할 수 있으리라고 기대해야 한다. 루디아, 브리스길라, 뵈뵈, 유니아, 유니게, 로이스, 도르가 등과 같은 여성들이 일어나길 기도하라(행 9, 16, 18장; 롬 16장; 딤후 1장).

네 번째 단계에서 여성들의 절실한 필요를 다룬 결과로 무슬림 여성을 위한 실천 신학이 개발되어야 한다. 이것은 성경을 그들의 삶에 적용하는 것 이상이다. 이는 그들이 안전하고 편안하게 느끼면서 은사 면에서나 주님과 동행하는 면에서 자랄 수 있는 교회 제도와 사역을 마련하는 것을 의미한다. 이런 환경은 가정교회에서 가장 잘 형성된다. 대부분의 무슬림 상황에서는 가정교회가 표준이 되지만 유감스럽게도 많은 현지 선교사들은 그런 가정교회를 설립해 본 경험이 전혀 없다. 그들은 전통적인 교회 구조의 사역을 재현하려고 애쓰거나 그런 사역을 한다. 결과적으로 가정교회 모델이 보다 빨리 깊이 있게 영적 성장(특히 여성들에게)에 제공하는 많은 기회들을 놓치고 있다.

가정교회 구조는 무슬림 여성들에게 많은 이점을 제공한다. 가정교회는 보통 가정이라는 연계망을 중심으로 형성되어 있으며 여성들이 가장 편안하게 느끼는 곳이다. 그들은 낯익은 환경 속에서 아는 사람들과 함께 있으면서 안전함을 느낀다. 가정교회는 한 명의 교사에게 의지하기보다는 서로 참여하는 토론에 더 의지하기 때문에 여성들이 질문을 던지고 통찰을 나누도록 권장하는 분위기다. 가정교회는 교회 예배 의식보다 삶을 바꾸는 변혁 사역에 더 초점을 맞춘다.

이런 맥락에서 무슬림 여성은 삶의 어떤 영역에서든 질문을 던지고 도움을 받을 수 있다. 그러면서 남편이나 자녀, 그 밖의 식구들도 동일한 관심과 도움을 받게 된다. 한 가지 가장 중요한 이점은 가정교회가 여성들에게 교회 증식에 필요한 은사와 지도력을 개발할 수 있는 자연스런 환경을 제공한다는 것이다.

우리가 여성들을 제자 훈련하고 개발하기 위해 사용한 한 가지 실제적인 방법은 어린이 사역이다. 이는 가정교회의 자연스럽고 위협적이지 않으며 필수적인 측면이다. 여성들, 특히 어머니들은 자녀들의 영적 교육을 위한 책임을 맡고 있다. 그들은 자녀에 대한 타고난 사랑으로 기도하고 성경 이야기를 가르치며 함께 성경 본문을 외우는 법을 배우기 위해 모여들었다.

지도자 훈련과 물러남

이 단계에는 지도자를 발굴하고 훈련하며 임명함으로써 교회를 완성시키는 일이 포함된다. 흔히들 남성 장로들이 지도력을 발휘하게 될 때 교회가 완성된다고 말한다. 남성 장로직은 중요하다. 하지만 무슬림 가운데 자급적이고 성장하는 교회를 세우기 위해 필요한 지도력은 그것만이 아니다. 젊은 여성들을 교훈하는 나이 든 여성들 역시 제자리에 있어야 한다(딛 2:3-5). 그들의 지도력 역할과 책임(장로로서, 목사로서, 선임 목자로서, 감독으로서)이 무엇인지는 선교사들의 신학적 확신에 따라 다를 것이다. 바라건대 호칭과 직무를 넘어 무슬림 여성들에게 가장 좋은 교회 지도력이 무엇인지 생각해 보기를 바란다. 그것은 남성과 협력해 여성이 여성을 인도하는 것이다.

우리가 인도네시아에 설립한 교회의 목사가 안수를 받았을 때 그의 아내도 함께 안수를 받았다. 분명 처음부터 그들은 한 팀이었으며 둘 다 사역을 위임받았다. 몇 년 전 그들은 이 단계를 심사 숙고한 끝에 신약에 나오는 브리스길라와 아굴라 모델을 연구하고 채택했다. 심지어 그들이 팀을 이루어 지도력을 발휘한다는 것을 나타내기 위해 아들의 이름을 '아굴라'로 짓기도 했다.

요약하면 새로 생겨나는 교회에 무슬림 여성들을 포함시키는 문제는 교회개척의 7단계 각각에 제시된 구체적인 태도와 활동을 통해 해결할 수 있을 것이다. 즉 무슬림 여성에게 공감하기 위해 기도하고, 명예로운 여성답게 행동해 신뢰를 쌓고, 무슬림 여성의 일상생활에 하나님을 소개하고, 적절하고 유용한 교회론과 실제적인 사역 신학과 성경적인 제자 훈련 모델을 개발하고, 여성 지도자를 발굴 및 임명하는 것이다. ❖

주

1. Christine Mallouhi, *Miniskrits, Mother, and Muslims: modeling Spiritual Values in Muslim Culture*(UK: Spear Publications, 1994). 『미니스커트, 어머니 그리고 모슬렘』(예수전도단).
2. Fatima Mernissi, *Beyond the Veil: Male-Female Dynamics in Modern Muslim Society,* 개정판(Indianapolis: Indiana University Press, 1987), 8쪽.
3. Dick Scoggins and Jim Rockford, "Is Planting Churches in the Muslim World 'Mission Impossible'?" *Evangelical Missions Quarterly* 33, no. 2(April 1997), 156-165쪽.
4. Bob Hitching, *McDonalds, Minarets, and Modernity*(UK: Spear Publications, 1996).

 10과를 위한 교재 읽을거리를 끝냈다면 509쪽의 '추천 도서와 활동'을 보라.

 온라인 읽을거리는 encounteringislam.org/readings에서 볼 수 있다.

토론 문제

1. 무슬림 배경의 새신자들이 직면하게 될 문제들을 몇 가지 생각해 보라. 그런 상황에서 당신은 어떤 조언을 해줄 수 있는가? 아내를 여럿 둔 남성이 그리스도인이 되면 한 명만 남겨 놓고 나머지와 모두 이혼해야 하는가? 고린도전서 7장 17-24절을 보라. 어떤 원리를 적용해야 하는가? 세계 여러 곳의 남성들이 알코올중독자이고 그로 인해 가족 모두가 고통을 받고 있다. 남편이 알코올중독자인 여성 신자는 어떻게 해야 하는가?

2. 신자 혹은 신자 집단이 만나게 될 다른 도전에 무엇이 있을지 생각해 보라.

추천 도서와 활동

읽기   Jerry Trousdale, *Miraculous Movements*(Nashville, TN: Thomas Nelson, 2012).
Craig Ott and Gene Wilson, *Global Church Planting: Biblical Principles and Best Practices for Multiplication*(Grand Rapids, MI: Baker Academic, 2011).

보기   CNN이나 그 밖의 뉴스 방송을 들을 때 무슬림과 관련된 항목에 주의를 기울여라. 뉴스를 보도하는 방식에서 어떤 편견을 느낄 수 있는가?

기도하기   〈세계를 품는 경건의 시간 GT〉(지티엠) 같은 기도 정보지를 구독해 매일의 기도 제목을 보라.

나누기   우정의 표시로 무슬림 개인이나 그의 가족에게 이슬람 혹은 기독교 절기를 기념하는 선물을 주라. *when-is.com*에서 절기를 확인할 수 있다.

검색하기   *churchplantingmovements.com* – 전세계에서 실행되고 있는 사역의 좋은 예들을 소개한다.

* 그 밖의 유용한 정보와 자료를 위해 *encounteringislam.org/learnmore*를 보라.

11과
이슬람에 대한 우리의 반응

깊이 생각해 보기

- 지상 대명령(제자를 삼는 것)과 대계명(하나님과 이웃을 사랑하는 것) 중에 무엇을 따르는 것이 더 중요한가?
- 무슬림 친구와의 관계에서 예수님 안에 있는 생명의 선물을 언제쯤 제시하는 것이 적절한가?
- 무슬림이나 다른 사람들에게 당신의 신앙에 대해 이야기할 때 어떤 면에 그들이 관심을 갖고 귀 기울이는가?

이 과의 목표

1. 새로운 목표: 무슬림의 역사, 믿음, 다양성, 세계관, 영적 원동력, 현재 사건, 문화적 장벽, 무슬림 전도에 대한 기독교의 접근 방식, 교회개척 등에 대한 이해를 결합해 나만의 기도, 관계, 무슬림 전도 계획을 만들며 가족과 친구와 교회에 영향을 준다.
2. 앞 과에 기초한 목표: 앞으로도 계속 무슬림에 대해 갖고 있던 나의 약점과 오해를 극복한다.
3. 앞 과에 기초한 목표: 앞으로도 계속 존중하는 태도로 정중하게 무슬림에게 다가간다.
4. 앞 과에 기초한 목표: 앞으로도 계속 무슬림과의 관계를 시작하고 유지한다.
5. 앞 과에 기초한 목표: 무슬림에게 복음을 나눈다.
6. 앞 과에 기초한 목표: 앞으로도 계속 통찰과 긍휼, 성경적인 건전성을 갖추어 무슬림을 위해 기도한다.

핵심 요점

1. 강의 없음: 참가자들과 서로 사역에 대한 계획을 나눈다.
2. 개인의 성장을 적용하고 실행 계획을 세운다.
3. 이러한 헌신에 대해 나누며 서로 격려하고 책임지는 관계가 된다.
4. 무슬림에게 다가간 보통 사람들의 이야기
5. 복음 전도는 하나의 방법론이 아니라 매일의 선택이다.
6. 앞으로 평생 신실한 삶에 헌신한다.

과제

본 강좌의 마지막 두 과에는 강의가 없다. 11과는 무슬림 사역에 대한 계획을 수립하고 나누는 데 초점을 맞추며, 12과는 무슬림 세계를 위해 기도하는 데 중점을 둔다. 강의실에서 12과를 위한 수업을 진행한다면 함께 무슬림 종족 집단의 필요와 무슬림 사역을 위해 기도하라. 온라인 강의를 듣는 학생이라면 기도 모임을 기획하고 실행하라.

본 강좌의 마지막 두 과를 진행하면서 기도에 전념할 때 지금까지 배운 모든 것이 조화를 이루고, 무슬림을 부르시는 하나님의 마음과 계획에 집중하게 될 것이다.

계속해서 encounteringislam.org/readings에 나와 있는 온라인 읽을거리를 읽고 온라인 토론회에 글을 올리라.

이 과의 읽을거리

 교재 서론
섬김으로 복음 전하기
간격을 메움: 부르심에 응답한 신혼부부
홈스테이에서 만난 무슬림 학생들
어느 무슬림 구도자의 편지
갈망하는 이슬람의 마음속으로
증거 형태: 여기서 나는 어떻게 그리스도를 나누고 있는가?
현장에 들어가기 전 준비 단계, 고국에서의 사역
나는 왜 무슬림 선교사가 되었는가?

 온라인 "나더러 선교사가 되라고요?": 한 여성의 시각("Me, Be a Missionary?: A Woman's Perspective", 카렌) – 터키에 처음 가게 된 선교사가 어떻게 장애물을 극복하고 생명을 사랑하게 되었는지 나눈다.

비즈니스 선교와 대사명(Business as Mission and the Great Commission, 마이클 데이비드) – 비즈니스 선교를 소개한다.

서론

너희는 세상의 소금이니 소금이 만일 그 맛을 잃으면 무엇으로 짜게 하리요 후에는 아무 쓸데없어 다만 밖에 버려져 사람에게 밟힐 뿐이니라 너희는 세상의 빛이라 산 위에 있는 동네가 숨겨지지 못할 것이요 사람이 등불을 켜서 말 아래에 두지 아니하고 등경 위에 두나니 이러므로 집 안 모든 사람에게 비치느니라 이같이 너희 빛이 사람 앞에 비치게 하여 그들로 너희 착한 행실을 보고 하늘에 계신 너희 아버지께 영광을 돌리게 하라(마 5:13-16).

인도에는 1억 7천 2백만의 무슬림들이 살고 있다.

혹시 그리스도께 나아오는 무슬림이 거의 없는 이유는 그리스도의 참된 제자를 만나 본 무슬림이 거의 없기 때문이 아닐까? 대부분의 사람들과 마찬가지로 무슬림들은 진실한 말과 행동이 수반된 우정에 적극적으로 반응을 보인다. '인카운터 이슬람' 강좌는 우리가 이론에 강하되 또한 효과적으로 실천하고, 소금과 빛이 되라는 부르심에 응답하도록 돕기 위한 것이다. 이제 복음을 전하기 위한 우리의 계획은 무엇인지 물을 때다. 지금까지 배운 모든 것에 비추어 어떻게 반응하는 것이 정당하고 적절할까?(딤전 2:2-3)

인간에 대한 단순하지만 멋진 사실이 있다. 모험을 피하면 배우지 못한다는 것이다. 우리는 현재 처한 곳의 무슬림들과 관계를 맺음으로써 우리가 새로 이해한 바를 적용하고 구체화할 수 있다. 어떤 사람은 나중에 언젠가 무슬림 공동체 안에서 살 수 있게 되길 바란다. 하지만 편안하고 자연스런 관계 속에서 불신자들과 자연스레 어울리지 못한다면 어떻게 후에 낯선 환경에서 그렇게 하리라고 기대할 수 있단 말인가?

오늘 당신이 가지고 있는 것으로 시작하라! 어떤 것이든 좋다. 뭐든 필요하다. 세탁을 해야 하는가? 새로 사귄 친구와 함께 세탁을 하러 가라. 자녀의 축구 연습에 참석하고 있는가? 다른 나라에서 온 유학생을 데리고 가라. 어떤 그리스도인 여성은 남성들이 보지 않는 곳에서 살을 빼고 건강을 되찾고 싶어서 여성 전용 운동 모임을 만들어 시작했다. 얼마나 멋진 아이디어인가! 그리고 무슬림 여성들이 얼마나 끌리겠는가!

텍사스 휴스턴에서 '인카운터 이슬람' 과정을 마친 졸업생들이 난민들을 대상으로 일하기 시작했다. 일부는 난민들이 처음 자리 잡은 아파트 단지로 이사했다. 예수님도 그와 비슷한 일을 하셨을 것이다! 그런 지역에 살다보면 차가 찌그러지고 재산을 도둑 맞는 일을 당할 수 있다. 하지만 교회가 세워지고 있으며 영원한 목적의 향기가 그들의 삶에서 퍼져 나온다. 그들은 밤새 참된 친구들과 맛있는 음식을 나눠 먹으며 웃고 이야기를 나눈다. 멋지게 들리지 않는가?

그리스도처럼 된다는 것은 대담해지는 것이다. 말만 대담하게 할 뿐 아니라 다른 사람들이 주저하는 이 모든 노력을 시도한다는 점에서 그렇다. 자신의 이력에 불리한 선택을 하는 것, 혹은 너무나 분명한 필요가 있어 전도하지 않는 것이 오히려 더 이상한 지역에서 사는 것 등은 기독교가 흔히 취하는 길이 아니다. '인카운터 이슬람' 과정을 마친 또 다른 졸업생이 자기 동네의 한 무슬림 피자 가게 주인과 사귀었으며, 파키스탄과 인도 출신의 그리스도인들과 함께 기도하고 예배를 드리기 시작했다. 그들은 그에게 아시아 악기를 연주하는 법을 가르쳐 주었고 예배팀에 합류하라고 권했다. 유감스럽게도 그의 행동은 대부분의 교회 사람들이 보기에 너무 급진적이었다. 때론 우리가 속한 기독교 공동체의 오해가 주요 장애물이 될 수 있다.

단념하지 마라. 실제로 다른 신자들을 데리고 가라. 그들은 무슬림과 시간을 보내는 것이 얼마나 기분 좋은 일인지 맛보기 전까지는 복음을 전할 생각을 하지 못할 수 있다. C. S. 루이스는 그의 책 『영광의 무게』에서 그런 사람들은 바닷가에서 휴가를 한 번도 보낸 적 없는 도시 아이들과 같다고 말한다. 바다로 휴가 갈 기회를 주려 해도 그들은 계속해서 뜨거운 도시의 거리에서 진흙이나 뭉치고 노는 편을 택할 것이다. 그들은 시원한 바닷바람이 무엇인지 상상도 하지 못한다.[1] 우리는 하나님이 "믿는 우리에게 베푸신 능력의 지극히 크심"(엡 1:19)을 맘껏 사용해 예수님을 만나야 할 사람들에게 사역할 수 있는데, 친구들(혹은 우리 자신들)이 제한된 상상력에만 매달려 있게 할 수는 없다.

1900년대 초 보든 가(家)의 낙농업 상속자이자 예일대 졸업생인 윌리엄 보든은 무슬림 선교사가 되었다. 보든은 가업도, 남들이 부러워하는 직장도 마다하고 선교지에 갔는데 언어를 공부하던 중에 척수막염으로 죽고 말았다. 충격을 받은 보든의 학우들은 이러한 죽음을 헛된 것으로 생각했을지 모르지만, 보든은 자신의 성경에 이렇게 써 놓았다. "보류도 후퇴도 후회도 없다."[2]

예수님을 따르는 제자들 중 너무 많은 사람들이 단조로운 인생의 쳇바퀴에서 같은 산의 같은 돌을 반복해서 굴리면서 절반쯤만 살아서 지낸다. 이것은 그리스 신화에 나오는 지옥의 이미지가 아닌가! 이 이미지를 내가 만난 한 목사와 대조해 보라. 그 목사는 천식을 앓고 있었으나 치료를 받지 않았다. 그는 런던의 벵골인들이 사는 가난한 지역에 제 발로 들어가 살고 있었다. 전에 그는 무함마드를 모욕했다는 거짓 소문이 퍼지는 바람에 무슬림들에게 얻어맞고 병원 신세를 졌다. 하지만 우리가 이 지역을 함께 걸어 다닐 때 사람들은 그에게 자주 인사를 보내고 그를 따뜻하게 맞이했다. 그는 이렇게 말했다. "나의 신학교 친구들은 '조용한 도시에서 목회하면서 아침에는 자유롭게 공부도 하는 게 어때?'라고 말합니다." 그럴 때 그는 친구들의 말에 이렇게 대답한다고 한다. "뭐라고? 그러느니 사람들이 예수님을 알게 되는 걸 보는 게 더 낫지!"

우리는 혹시 너무 바쁘게 살고 있지는 않은가? 가족에 대한 책임 때문에 망설이고 있지 않은가? 재정적인 빚이 있는가? 은사가 부족한가? 우리는 이 모든 관심사를 사랑 많으신 우리 하나님 앞에 가져갈 수 있다. 그럴 듯해 보이는 많은 변명들이 사실은 그리스도를 신뢰하지 않으려는 마음에 뿌리를 두고 있다. 우리는 수줍어서 전하지 못한다. 성령의 권능이 부족해서가 아니라 두려움과 경험 부족을 핑계로 관여하지 않으려고 발을 빼기 때문이다. 이해한다. 나 역시 내 안에서 그리스도의 임재를 느끼지 못하면 당혹스러웠다. 설령 나와 함께 있는 무슬림들이 내 안에서 그리스도를 느낀다 해도 말이다. 우리가 죄와 수치와 두려움에서 완전히 자유로워졌다면 왜 입을 다물고 있겠는가?

우리를 비롯해 모든 곳의 모든 사람들은 목자 없는 양같이 공격을 받고 무력하다(마 9:37을 보라). 양이라고 불리는 것은 칭찬이 아니다. 양은 영리한 짐승이 아니기 때문이다. 양은 넘어지면 굶어 죽을 것이다. 혼자 힘으로는 일어서지도 못하기 때문이다. 우리 그리스도인들은 '대단히 똑똑한 양'이 아니다.

다만 우리에게는 목자가 있고, 우리의 일은 선한 목자를 따르는 것이라는 점이 중요하다. 그렇게 할 때 다른 양들도 우리에게 합류할 것이다! 목자를 따르는 일에는 지성이나 은사나 경험이 필요하지 않다. 사자가 오는지, 길이 좋은지, 골짜기가 깊은지 살피는 것은 우리의 일이 아니다. 우리는 그저 목자를 따라가면 된다. 목자를 따르면 그 결과가 언제나 우리의 기대보다 더 좋다. 푸른 초장 근처의 샘에서 시원한 물을 마시는 것처럼 기운이 솟아난다.

'인카운터 이슬람' 과정을 마친 사람들은 저마다의 지역사회에 들어가 이웃의 경제적 필요를 채울 수 있는 간단한 방법을 찾아내고, 화해가 필요한 사람이나 억압받는 사람들을 위해 정의를 추구한다. 그들의 이야기를 들으면 나는 가슴이 두근거린다! 뿐만 아니라 "저는 아직 멀었습니다. 그저 여전히 무슬림들을 사랑하려고 애쓰고 있지요. 하지만 그들을 향하신 하나님의 사랑이 이제 보이기 시작합니다. 하나님께 '저를 변화시키사 하나님의 마음을 보다 완전하게 반영하게 해달라'고 기도하고 있습니다. 저를 위해 기도해 주시겠어요?"라는 간증을 듣는 것도 기쁘다. 이 역시 솔직하고 칭찬할 만한 반응이다.

우리는 이런 일을 해낼 수 있다! 우리는 구세주가 "잘하였도다, 착하고 충성된 종아"라고 말씀하시는 것을 듣고, 무슬림 배경의 신자들이 하늘나라에서 우리를 영접해 들이는 기쁨을 알 수 있다. 우리는 시간을 들여 이웃과 사랑의 관계를 맺을 수 있다. 우리에게 주신 예수님의 가장 큰 명령은 이것이다.

"예수께서 이르시되 네 마음을 다하고 목숨을 다하고 뜻을 다하여 주 너의 하나님을 사랑하라 하셨으니 이것이 크고 첫째 되는 계명이요 둘째도 그와 같으니 네 이웃을 네 자신같이 사랑하라 하셨으니 이 두 계명이 온 율법과 선지자의 강령이니라"(마 22:37-40).

그리스도인들은 사람들을 사랑하고 돌보는 것이 그들에게 복음을 전하는 것과 동일한 일이라고 믿는다. 사람들을 사랑한다고 말하면서 그에 따른 행동을 하지 않는다면 과연 그들을 사랑하는 것인가? 무슬림들은 우리가 그저 하나의 프로젝트를 완수하기 위해 그들과 우정을 쌓으려는 것인지, 아니면 정말로 그들을 친구로 여기는지 알 것이다. 우리가 정말 그들을 사랑하는 모습을 볼 때, 그들은 또한 하나님의 사랑이 드러나는 것을 보게 될 것이다. 그럴 때 그들은 비로소 마음을 열어 예수 그리스도를 통한 하나님

의 사랑과 구원을 받아들일 것이다. "많이 맡은 자에게는 많이 달라 할 것이니라"(눅 12:48). ❖

― 엮은이

주
1. C. S. Lewis, *The Weight of Glory and Other Addresses*(New York: Touchstone, 1996), 26쪽.
2. Mrs. Howard Taylor, *Borden of Yale*(Minneapolis: Bethany House, 1988).

맨체스터의 다양한 사람들에게 예수님 드러내기

2009년에 나는 북아프리카에서 영국으로 돌아갔다. 거의 20년 만에 처음 가는 것이었다. 이전에 무슬림 공동체에 선교하러 간 적도 있지만 나는 맨체스터에서 처음부터 다시 시작하기로 했다. 복음 전도자로의 부르심, 가난한 자들을 섬기라는 부르심, 어쩌면 무슬림과 함께 사역하라는 부르심에서 다시 시작하는 것이었다. 그런데 이 마지막 부르심에 대해 생각하면 할수록 점점 이해하기 어려웠다. 하나님은 왜 누군가가 무슬림인지 아닌지에 그토록 관심이 많으실까? 무슬림이 된다고 해서 하나님으로부터 더 멀어지거나 덜 멀어지는 것도 아니지 않은가? 다른 종교를 가질 때보다 하나님 눈에 더 선해지거나 악해지는 것도 아니지 않은가? 그렇다면 이 부르심에는 어떤 의미가 있을까?

나는 파키스탄 출신의 친구와 함께 성경을 판매하러 시장에 나갔다. 이제는 이슬람 사원으로 바뀐 교회 바로 앞이었다. 사람들이 가판대로 몰려와 이야기를 들었다. 대부분이 아시아인이나 아랍인이었고 과거에 무슬림이었던 사람도 있었다. 아프리카인, 아시아인, 유럽인 등이 끊이지 않고 우리를 보러 왔다. 대부분은 잃어버린 자이자 무슬림이었다. 그곳에서 나는 하나님이 나를 불러 무슨 일을 하게 하신지 이해되었다. 그것은 사람들에게 예수님을 드러내는 일이었다.

우리는 정치, 이슬람, 다른 종교에 관한 논쟁은 피하려 애썼다. 사람들이 자기 이야기를 꺼내도록 했으며 예수님에 대해서도 들려 주었다. 그들은 우리를 찾아왔다. 그날 무슬림에게 판매한 성경은 총 여덟 권이었다. (영어, 벵골어, 쿠르드어, 우르두어, 아랍어 등 다양한 번역본이 판매되었다.) 이 사역을 진행한 3년 동안 대부분 무슬림인 100여 명이 가판대에 몇 차례 와서 이야기 나누는 모습을 보았다. 그중 일부는 교회에 나왔으며 몇 사람은 세례를 요청했다.

내 친구들 중에는 아랍어를 할 줄 아는 이들도 있다. 그러나 예수님께 돌아오는 일에 정말 관심 있다고 해서 모두 나와 친구가 되는 것은 아니다. 우리가 맡은 일은 그저 하나님이 이미 그 안에서 역사하고 계시는 사람을 찾는 것이다. 그들이 우리를 만나기 전부터 그들의 삶에는 다른 어떤 일이 진행되고 있었다.

몇 달 전부터 나는 시장 가까이에 있는 작은 교회를 인도하기 시작했다. 그 교회는 이민자 전도에 헌신하고 있었다. 이 사역을 하면서 느끼는 기쁨이라면, 사람들에게 예수님을 드러내는 일이 성경 구절을 가르치는 것만으로 이루어지지 않는다는 점이다. 물론 우리는 성경을 가르친다. 사람들에게 예수님을 드러낸다는 것은 그들에게 사랑을 보여 주고, 그들을 예배의 자리로 인도하며, 다른 방식으로 사는 삶으로 초대하는 것이다. 사실 그리스도께로 돌아서는 데 관심을 보이는 무슬림들(또는 예전에 무슬림이었던 이들)은 대개 처음에는 메시지보다는 다른 방식으로 살 수 있다는 가능성에 매력을 느낀다. 영국에서 가장 역동적이고 변화가 많으며 다문화인 지역 한가운데 세워진 교회로서 우리의 역할은 사람들에게 전혀 다른 방식의 삶을 제시하는 것이다. 이것은 우리에게 위대한 도전이다. 하지만 우리가 본 가장 깊은 회심은 교회 공동체가 자신의 가정과 삶을 사람들에게 열어 보였을 때 일어났다. 이런 곳이야말로 사도적이며 예수님을 대변하는 교회가 아닐까? 이와 다른 방법을 나는 아직 찾지 못했다.

이 글은 John Brett, "Showing Jesus to the Diverse Community of Manchester," *New Wine* 58(Summer 2013), 8쪽에 나온 글을 각색했다. new-wine.org.

섬김으로 복음 전하기

제리 트라우스데일

 와심은 여러 해 동안 자신의 나라에서 가장 중요한 족장의 역할을 감당할 준비를 해왔다. 그것은 그가 유업으로 물려받은 권리였다. 그는 장남으로서 훌륭한 무슬림 교육을 받았다. 그는 아랍어를 말하고 읽을 줄도 알았다. 그의 앞에는 남은 평생 자신의 종족을 이끌며 사는 길이 보장되어 있었다. 그러나 와심의 삶이 전혀 예상치 못한 방향으로 변화되는 일이 일어났다. 그는 그리스도인이 되었다. 2006년에 그는 제자 삼기 운동(DDM)에서 훈련을 받았고 조국에 복음을 전하기로 결심했다.

때때로 와심은 자신이 과연 새로운 신앙을 가족에게 알리고 물려받은 족장의 지위를 거절하기까지 결심을 지킬 수 있을지 염려했다. 그러나 아버지가 돌아가시고 그 자리를 물려받을 날이 되자 그는 이렇게 말해 가족과 공동체 전체를 깜짝 놀라게 했다. "나는 이 자리를 물려받을 수 없습니다." 그 말과 함께 그가 기독교 신앙을 가지고 있음이 완전히 드러났고, 사람들은 그가 외국 종교 때문에 동족을 배반했다고 느꼈다. 그의 결심으로 인해 많은 문제가 생겼다.

와심은 결국 자기 종족을 떠나 알지 못하는 지역으로 가서 교회개척자가 되었다. 그는 새로운 장소에 가서야 고향에서 겪는 문제에서 벗어나 다시 보통 사람으로 살 수 있었다. 하지만 그곳에서 겪은 어려움은 고향에서 겪은 것 못지않게 심각했다. 새로운 지역은 무슬림의 비율이 97%였기 때문이다. 와심은 그동안 성경공부를 하며 배운 것을 하나님이 사용하길 원하심을 느꼈다. 그는 마을 주변의 여러 지역사회에서 제자 삼기 운동을 시작하기로 했다. 그는 주변 지역을 조사하기 시작했다. 그리고 목사 신분으로는 무

제리 트라우스데일은 시티팀 인터내셔널의 국제사역 책임자다. 수년간 서아프리카 무슬림 가운데서 교회개척자로 사역했고, 기독교 출판 분야에 일했으며, 미국 캘리포니아주와 테네시주에서 지역교회 목회자로 섬겼다. 이 글은 Jerry Trousdale, *Miraculous Movements*(Nashville, TN: Thomas Nelson Inc., 2012), 83-87쪽에 나온 것으로, 허락을 받고 사용했다. 『무슬림, 기적이 되다』(예수전도단)

슬림 마을에 들어갈 수 없음을 깨달았다. 그는 또다시 '자격증'을 한쪽에 치워둔 채 그들에게 친구로 다가가야 했다.

그렇게 그의 조사는 시작되었다. 그는 매일 걸으면서 시간을 보냈다. 그가 살고 있는 마을에서 50킬로미터나 떨어진 곳까지 걸어가 복음을 전할 장소를 답사하기도 했다. 자동차나 오토바이, 심지어 자전거조차 없었다. 그는 자신의 교통수단을 "뚜벅이-모바일"이라고 불렀다. 와심은 결국 자신이 살고 있는 마을에서 30킬로미터 떨어진 곳의 한 지역 공동체를 발견했다. 그곳은 딱 알맞은 장소로 보였다. 그는 거기서 대부분의 시간을 보냈다. 그는 그곳 사람들을 좋아했다. 그런데 그들과 함께 시간을 보내면서 한 가지 사실을 알게 되었다. 그 마을은 너무나 외진 곳에 있어 마을 사람들이 편안하게 사는 데 필요한 기본 물자조차 구하기가 힘들었다. 마을이 너무 외져서 주민들이 고통을 겪고 있었다.

조건적인 사랑

무슬림은 하나님을 사랑 많고 자비롭고 자애로우며 긍휼이 많은 분이라고 여기지만 친밀하거나 인격적인 분으로 인식하지는 않는다. 그들은 조건부 축복을 통해 그분의 사랑을 경험한다. 꾸란은 하나님의 사랑을 말하지 않는다.

> 모든 사람이 행하였던 선과 행하였던 악이 나타나는 그날에 각자는 그것과 그것 사이에 굉장한 공간의 거리가 있었으면 하고 바랄 것이라 하나님은 그분의 벌로써 너희에게 경고하시니 하나님은 그의 종복들에게 은혜로 충만하심이라 일러 가로되 너희가 하나님을 사랑한다면 나를 따를 것이라 그리하면 하나님께서 너희를 사랑하사 너희의 죄를 사하여 주시니 하나님은 용서와 자비로 충만하시니라 하나님과 그분의 선지자에게 순종하라 하였으니 이를 거역하는 자 하나님은 이 불신자들을 사랑하지 아니하시니라(꾸란 3:30-32).

꾸란의 다른 구절들도 하나님의 조건적인 사랑을 보여 준다.

> 하나님께서 너에게 베풀어 준 것으로 내세의 안식처를 구하라 그리고 현세에서 너희 몫을 망각하지 말며 하나님께서 너에게 선을 베푸셨던 것처럼 선을 베풀되 땅 위에 해악을 퍼뜨리지 말라 실로 하나님은 해악을 퍼뜨리는 자를 사랑하지 아니하시니라(꾸란 28:77).

> 믿음을 거역한 자들은 불신에 대한 책임을 지게 될 것이며 선행을 실천한 신앙인들에게는 그들의 영혼을 위하여 보상이 있으리라 그것은 하나님을 믿고 선을 행하는 자들에 대한 그분의 풍성한 은혜의 보상이라 그분은 불신자들을 사랑하지 아니하시니라(꾸란 30:44-45).

> 이는 너희로 하여금 지나간 일들에 관하여 슬퍼하지 아니하고 너희에게 베푼 은혜에 관하여 자만하지 아니하도록 함이라 실로 하나님은 오만하고 자만하는 자를 사랑하지 아니하시니라(꾸란 57:23).

성경 역시 교만과 해악과 불신앙에 대해 경고한다. "우리가 아직 죄인 되었을 때에 그리스도께서 우리를 위하여 죽으심으로 하나님께서 우리에 대한 자기의 사랑을 확증하셨느니라"(롬 5:8). "우리는 미쁨이 없을지라도 주는 항상 미쁘시니 자기를 부인하실 수 없으시리라"(딤후 2:13).

출처_ Annee W. Rose, *frontiers.org*.

부르키나 파소의 풀라니족 목동

와심은 마을 사람들에게 필요한 물품들을 기억해 두었다. 그는 도시로 한참 동안 걸어 나가 수중의 적은 돈으로 필요한 물품을 구입해 마을로 돌아왔다. 왕복 60킬로미터였다. 그는 그 물품을 아주 적은 이익만 남기고 팔았다. 사람들이 물건을 사 갈 때마다 와심은 기분 좋게 웃으면서 말했다. "하나님이 정말 당신을 사랑하신다는 걸 아세요?" 도시까지 오랜 시간 걸어갔다 오기란 쉬운 일이 아니었다. 그는 물건을 팔아 번 돈으로 근근이 생활할 수밖에 없었지만 덕분에 많은 친구들을 사귀었다. 이 일을 시작하고 2-3주 후에는 사람들이 가격이나 편리함보다 그의 격려를 들으려고 찾아와 작은 물건이라도 사 가지고 갔다.

그는 제자 훈련을 받으며 배운 비결이 하나 있었다. 복음을 위해 무슬림에게 감동을 주고 싶다면 그들의 진실한 친구가 되어야 한다는 것이다. 우리는 하나님께 그들을 위한 순수한 관심을 달라고 청해야 한다. 무슬림을 단지 회심의 대상자가 아니라 하나님이 사랑하시는 사람으로 보게 해달라고 기도해야 한다. 우리 역시 그들을 그렇게 사랑해야 한다. 와심은 그 일을 잘 해냈다. 마을 사람들은 아주 행복해졌다. 주변 마을 사람들도 이 마을의 친구가 되어 준 친절한 한 남자를 만나려고 찾아왔다. 시간이 지난 후 마을 족장이 깊은 감명을 받고 와심을 찾아왔다.

"그동안 당신을 지켜보았소. 당신은 우리와 함께했소. 우리는 당신을 알지 못하오. 어디서 왔는지도 모르오. 하지만 당신은 우리가 문제를 극복하도록 돕기 위해 하나님이 보내신 사람 같소. 우리가 무엇을 해야 하오?"

와심은 하나님이 과연 자신을 위해 이 마을에서 돌파구를 마련해 주실까 하는 의구심이 있었다. 그는 몇 주 동안 그러한 일이 일어나길 기도해 왔는데 이제 그 문이 열리고 있는 것이다. 그는 이렇게 대답했다. "저는 오직 당신과 당신의 종족에게 제가 섬기는 하나님에 대해 말할 기회를 가지고 싶습니다. 천지 창조로부터 시작해 하나님에 대한 참된 이야기를 들려주는 것입니다."

그러자 족장은 말했다. "좋소. 내일 우리 종족 앞에서 이야기할 기회를 주겠소. 사람들이 이야기를 들으려 한다면 허락하겠소."

다음 날 아침 족장은 마을 사람들을 재판소에 불러 모으고 와심에게 말할 기회를 주었다. 와심은 창조 이야기를 하기 시작했다. 그리고 사람들에게 자신이 나눈 이야기에 대해 생각할 시간을 주었다. 청중은 이것이 단순한 이야기가 아니라는 것을 알았다. 와심은 자신의 이야기가 참되다면 그것이 그들의 삶에 어떤 의미가 있을지 생각해 보라고 요청했다. 마침내 그는 이렇게 물었다. "하나님은 아담에게 이렇게 말씀하셨습니다. '동산 각종 나무의 열매는 네가 임의로 먹되 선악을 알게 하는 나무의 열매는 먹지 말라 네가 먹는 날에는 반드시 죽으리라.' 그러나 아담은 죄를 지었습니다. 그런데도 죽지 않았지요. 그렇다면 여러분은 하나님이 그렇게 말씀하셨음에도 아담과 하와를 즉시 죽이지 않으신 이유가 뭐라고 생각하십니까?"

마을 사람들은 이 문제에 대해 자기들끼리 토론한 다음에 답을 하나 내놓았다. "하나님이 우리를 사랑하시기 때문입니다." 그러자 와심은 말했다. "제가 누구였든 간에 이 마을에 와서 여러분과 함께 머물게 된 것 역시 그 사랑 때문입니다." 그는 성경 이야기를 계속 전하면서 사람들이 이 같은 발견 과정을 거쳐 성경 속 하나님의 본질을 더 깊이 이해하도록 도왔다. 그리고 그들이 새로운 진리를 발견할 때마다 하나님에 대해 배운 모든 것에 순종해야 한다고 권고했다.

마침내 예수님에 대한 성경 이야기를 할 순간이 되었다. 사람들은 이제 인류에 대한 사랑 때문에 하나님이 그분의 아들 예수를 보내어 자신들을 위해 죽게 하셨음을 이해할 준비가 되어 있었다. 와심은 사람들이 예수님께 자기 삶을 드리면 그분이 그들을 자유롭게 하실 것임을 이해하도록 도왔다.

그때 무슬림 족장이 일어나 말했다. "나와 내 공동체는 예수님께 우리의 삶을 드리려 하오." 다른 사람들도 똑같이 말했고, 그날 총 68명의 남녀가 세례를 받았다. 그들은 제자 훈련을 받으면서 기도와 금식, 모든 일에 하나님께 순종하는 법을 배웠다. 글을 읽고 쓰는 법을 모르는 이들까지 구술 성경 이야기로 특별 훈련을 받고 강력한 제자들이 되었다. 오늘날 이 교회는 매우 튼튼한 교회로 성장했고 다른 일곱 개의 교회를 개척했다. 이렇게 총 여덟 개의 교회는 한 사람이 족장이 되길 거부하고, 또 다른 한 족장이 자기 마을에 온 낯선 사람을 받아들이면서 세워질 수 있었다.

와심은 제자를 삼고 많은 지도자를 훈련하는 일을 잘 감당했다. 그는 결국 매우 어려운 무슬림 지역으로까지 이동했다. 그곳에서는 복음을 전하거나 이슬람을 떠나는 것 모두 엄격히 금지되어 위반시 둘 다 사형을 당할 수도 있었다. 그곳에서 와심과 동료들은 다른 여러 기독교 사역 단체를 지도했는데, 그 단체들은 그 지역에 들어가 사역을 시도했으나 미흡한 성공만을 겨우 거둔 상황이었다.

와심은 한때 그들의 상황을 이렇게 묘사했다. "그들은 우리가 지도하기 전에 이 지역에서 노력했지만 성공을 거두지는 못했다. 그들은 충분한 성과를 내지 못했다. 우리는 그들에게 이렇게 말했다. '여러분은 무슬림을 적으로 보고 있습니다.' 그리고 무슬림을 결코 적으로 봐서는 안 된

지금 기도하라

1. 복음을 위해 동역하는 특권을 누리는 것에 대해 하나님을 찬송하라(빌 1:5).
2. 하나님이 어떻게 당신을 무슬림과의 특별한 교제에 부르고 계신지 보여 달라고 기도하라(롬 12:3-8). 개인적으로 어떻게 행동할지 계획을 세우며 기도하라.
3. 무슬림과 교제하는 가운데 그리스도를 나눌 수 있는 기회와 지혜를 달라고 기도하라(골 4:2-6).
4. 세계 각지에서 살며 일하는 무슬림들이 그곳의 그리스도인들과 친구가 되어 예수님의 복음을 듣게 되길 기도하라(레 19:34).

다고 말해 주었다. 무슬림이 예수님을 따르길 원한다면, 그들에게 가서 그들과 함께 살고 여러분이 그들을 진심으로 사랑한다는 것을 알게 해야 한다. 그들에게 사랑을 보일 때 마음이 변화된 평화의 사람들을 찾게 될 것이다."

또한 그는 이렇게 덧붙였다. "우리가 지도하는 교회와 사역단체들이 무슬림 공동체에 사랑을 보여 주며 이 내용을 실천하기 시작했다. 그러자 절대 불가능하다고 생각했던 몇몇 공동체에 들어갈 수 있었다. 또한 그들은 그 공동체에서 발견성경공부(DBS, Discovery Bible Study)를 시작했다. 사역 초기부터 눈에 보이는 교회를 세울 수는 없지만 발견성경공부가 결국 교회의 모태가 될 것이다. ❖

간격을 메움: 부르심에 응답한 신혼부부

프론티어스

윌 조던과 제이미 조던이 피닉스에 본부를 둔 '리빙스턴 인턴십'에 들어왔을 때는 겨우 신혼 9개월째였다. 그들은 프론티어스의 전문 사역자들과 함께하는 1년의 훈련 기간이 그들의 장기 목표인 미전도 무슬림 종족을 위해 해외에서 복음의 증인으로 섬기는 일을 이루는 데 도움이 되리라고 믿었다.

조던 부부는 주로 난민들이 모여 사는 작은 아파트 단지를 찾았다. 이 부부는 무슬림 이웃과 진정한 관계를 맺고 그들을 이해하려 애쓰며, 곧 새 친구들을 초대해 다과와 저녁을 대접했다. 손님들은 호의에 답례했다. 이 부부는 사역비를 마련하려고 일반 직업을 가졌다. 윌은 짐 나르는 일을 했고, 제이미는 탁아소에서 일했다.

매주 조던 부부와 다른 인턴들은 프론티어스 코치들과 만나서 예배드리고 함께 기도했다. 윌과 제이미는 매주 무슬림들을 만나 성경공부를 한 일에 대한 보고서를 써야 했다. 성품 문제가 제기되고 좋지 않은 습관이 드러났을 때, 프론티어스 지도자들은 이 영역에서 성장하기 위한 목표를 세우라고 그들을 도전했다. 2001년 9월, 조던 부부는 인턴십을 잘 마치고 해외 선교지를 적극적으로 찾기 시작했다. 그들은 친구들에게 이렇게 편지를 썼다. "이제 미국인 억양 없는 중동의 문화를 체험할 때가 왔어."

윌과 제이미의 기다림은 길지 않았다. 9·11 사건이 일어나면서 그 여파가 중앙아시아의 한 나라에 중대한 변화를 가져왔고, 그 결과 큰 필요가 생겼기 때문이다. 전쟁이 대부분 끝났을 때, 조던 부부는 서너 명의 미혼자와 두 부부로 구성된 '갭 팀'(Gap Team)을 이끌었다. 그들은 인도주의적 원조 사업을 통해 현저한 무슬림 국가인 이곳 사람들의 즉각적인 필요를 채우는 일에 6개월 이상 헌신한 사람들이었다. 윌과 제이미는

프론티어스가 간절히 바라는 바는 모든 무슬림 미전도 종족 가운데 교회를 개척해 하나님께 영광을 돌리는 것이다. "Filling the Gap: One Couple's Diary During Six Months in Central Asia", *Frontiers Frontlines* 4, no. 3(September-October 2003), 1쪽, 3-6쪽에 나온 것으로, 허락을 받고 실었다. *frontiers.org*

평소 함께하는 시간을 통해 전도의 가능성이 열린다.

이 나라에 '부르심' 받은 것에 대해 훗날 한 소식지에 이렇게 썼다. "바로 이 일을 위해 우리는 지난 1년간 준비해 왔습니다. 굶주린 나라에 음식을 가져다 달라는 사역자들의 호소를 듣고 어떻게 모른 척할 수 있을까요?"

7월 – 매 순간을 즐기기!

조던 부부와 갭 팀은 그 나라에 도착한 후, 재빨리 장기 사역자들과 제휴하여 이미 시작된 개발 사역에서 할 일을 찾았다. 윌과 제이미는 매일 네 시간씩 자신들이 맡은 새로운 역할에 대해 배우고, 그 도시에서 할 일을 개척했다. 다른 네 시간 동안은 집중해서 어학 강좌를 들었다.

갭 팀은 언제나 전형적으로 정숙한 옷차림에 주의를 기울였다. 제이미는 늘 머리에 스카프를 둘렀다. 갭 팀은 다행히 몇몇 현지 가정의 도움을 받을 수 있었다. 그중에는 요리사인 타비타도 있었는데, 그녀는 제이미를 안아 주면서 이렇게 말했다. "당신 어머니는 멀리 떨어진 곳에 계시니 여기선 나를 어머니라고 생각해요. 나도 당신을 딸처럼 대할 테니." 운전사 아흐메드도 큰 도움이 되었다. 그는 그들을 위해 싼 값에 식료품을 사다 주고 그 밖에 여러 모로 도움을 주었다.

처음 며칠이 지난 후에 윌은 집으로 이메일을 보냈다. "열네 살 된 남자아이가 어제 제게 이곳의 바지 입는 법을 가르쳐 주었어요. 문화적으로 우리는 다섯 살짜리와 다름없습니다. 우리는 매 순간을 즐기고 있답니다. 매일의 삶이 여전히 모험이에요. 그런 마음이 결코 변치 않길 바라고 있습니다."

8월 – 상실을 겪음

조던 부부가 현지에 도착하고 얼마 지나지 않아 제이미의 할아버지가 미국에서 돌아가셨다. 고국에 가서 장례식에 참석할 수 없었기 때문에 제이미는 상실감이 더 컸다. 팀은 제이미와 함께 추모 예배를 드렸고 제이미는 애도할 수 있었다. 비슷한 시기에 제이미는 아침마다 메스꺼움을 느끼면서 자신이 임신했음을 알게 되었다. 윌은 여학생이 포함된 1천 명의 아이들을 위해 두 개의 학교 건물 짓는 일을 감독하기 시작했다. 제이미는 교수들에게 영어를 가르쳤으며, 교수들은 그렇게 배운 것을 다른 사람들에게 가르쳤다. 윌은 나머지 팀원들과 함께 절망에 빠진 마을들을 위해 20개의 우물을 파기 시작했다.

9월 – 비용을 계산함

제이미는 집에 이렇게 편지를 써서 보냈다.

하나님 아버지는 이전에 한 번도 경험하지 못했던 방식으로 참된 위안이 되어 주셨어요. 제게 어떤 힘과 기쁨이 넘쳤는데, 그건 외부에서 오는 게 아니라는 걸 잘 압니다. 아이를 잃은 건 너무 힘든 일이었지만, 그 일을 통해 이곳 여자들과 보다 더 마음을 나눌 수 있게 되었어요. 한 마을에서 낸시가 현지 여성에게 자녀가 몇 명인지 묻더군요. 그 여자는 열 명이라고 대답했어요. 낸시는 수년 동안 이곳에 살아 온 사람답게 그중 몇 명이나 지금까지 살아 있는지 물었어요. 그 여자는 "아들 하나요"라고 대답했어요. 낸시는 그중에 유산된 아이들이 있느냐고 물었지요. 그 여자는 열 명을 낳았고, 몇 명은 유산되었다고 말했어요. 낸시는 그녀가 무슨 의학적 문제가 있어 건강한 아이를 낳을 수 없는 것이냐고 의사에게 물었어요. 의사는 그렇지 않다면서 이곳의 아이들은 어릴 때 죽는 경우가 많다고 했어요. 수인성 질환이나 영양 실조, 전쟁 등이 원인이죠.

10월 – 수질 정화

윌은 이렇게 썼다.

저는 마을 전체(약 1,500명)를 위한 상수도를 설계하고 만드느라 애쓰고 있습니다. 현재 마을 사람들은 물이 흐를 때는 용수로와 개방된 연못에서, 그렇지 않을 때는 얕은 우물에서 물을 긷고 있습니다. 두 수질원 모두 하수와 다른 질병 유발원으로 심하게 오염되어 있습니다. 우리는 다른 기관의 도움을 받아 아주 깊은 우물을 파서 거기에 펌프와 급수탑을 설치하고 있습니다. 그 급수탑에서부터 지하에 묻힌 파이프와 거리마다 있는, 그리고 언젠가 집집마다 있게 될 수도꼭지로 물을 가져다줄 테지요. 필요한 부품과 도구 찾기가 철물점에서 자동차 부품을 찾는 것만큼이나 어렵지만 저는 그런 도전을 즐기고 있습니다.

11월 – 새 친구들과 잔치를 벌임

갭 팀과 현지 친구들은 함께 무슬림식으로 추수감사절을 기념했다. 팀은 27명의 손님을 위해 칠면조 두 마리를 요리하고 양탄자 위에 여러 다양한 요리들을 차려 놓았다. 마을 사람 한 명이 이탈리안 드레싱이 담긴 대접을 입에 대고 마시기 시작했다. 그것을 스프라고 생각했던 것이다. 그는 약간 얼굴을 찡그리면서 정중하게 미소를 짓더니 그것을 다음 사람에게 넘겨 주었다.

제이미는 이렇게 썼다. "식사가 끝난 후 팀의 사역자 한 명이 추수감사절에 대해 이야기하고 나서 그들은 무엇에 대해 감사하는지 물어보았습니다. 몇몇 현지 친구들은 자신들이 개발 사업을 하게 되어 얼마나 기쁜지 모른다며 우리를 가족처럼 생각한다고 말했습니다."

12월 – 한 걸음 더 사람들 속으로

31일간에 걸친 무슬림 금식 기간인 라마단이 끝날 때, 이드라는 한 해의 가장 큰 축제일이 시작된다. 윌은 이렇게 썼다. "이드는 크리스마스처럼 인기 있고 영적으로 중요합니다. 사실 제 생각에는 훨씬 더 재미있습니다."

전통에 따라 조던 부부는 사흘 간의 휴일 동안 많은 집을 방문해 사탕을 먹고 차를 마시며 그 집 주인에 대해 어떤 것이 제일 감사한지 서로 나누었다. 이 문화권 사람들은 전통적으로 새 옷을 입는데, 이전 달에 했던 금식을 통해 영적으로 깨끗하게 되었음을 나타내기 위해서다. 조던 부부는 휴가 동안 겨우 아홉 집을 방문했는데, 이는 현지인들이 보기에 충분하지 못한 횟수다.

하지만 제이미는 이렇게 썼다. "우리는 매일 잠자리에 들면서 더 이상 설탕 넣은 아몬드는 단한 개도 더 먹을 수 없을 것 같다고 느꼈다. 휴일 동안 기온은 영하였으며, 어떤 창문에는 유리가 없었다. 뜨거운 차가 있고, 냉기를 막아 줄 따뜻한 옷이 있어 정말 기뻤다. 나는 한 다섯 겹은 껴 입었던 것 같다. 아무리 초라한 집에서도 융숭한 대접을 받는 느낌이었다. 손님 대접이야말로 이 종족의 두드러진 특징이다."

새해

6개월 간의 헌신을 마치고 조던 부부와 서너 명의 팀원들은 2003년 4월까지 그곳에 머물기로 결정했다. 장기 사역자들의 마을 원조 사업을 계속 돕기 위해서였다. 이번 여름에 윌과 제이미는 자동차 사고를 당했는데 기적처럼 목숨을 구했다. 시속 90킬로미터로 달리다가 불법 유턴을 하는 다른 차량과 충돌한 것이다. 진료 보조원들은 조던 부부가 가벼운 부상만 입고 살아난 것을 보고 깜짝 놀랐다. 제이미는 코가 부러졌고, 윌은 갈비뼈 하나에 금이 갔다.

그들은 후에 과실을 범한 운전자에 대해 이렇게 썼다. "우리가 병원에 있는 동안 그에게 평안을 줄 기회가 있었습니다. 그 평안은 전혀 우리 것이라고 볼 수 없었습니다. 하나님의 평강이 초자연적으로 임했고 큰 위로가 되었습니다."

그들은 후에 이곳 중앙아시아에서의 경험이 그들에게 가장 어려운 시기였으나, 또한 최고의 때였다고 말했다. 하나님은 설레는 관계들과 침체된 순간들, 팀원 간의 갈등과 평화, 성공한 사업과 실패한 계획, 그 모든 상황을 통해 그들 안에서 놀라운 일을 행하셨다. 그러한 경험으로 조던 부부는 변화되었다.

조던 부부와 다른 사람들은 다시 중앙아시아로 가서 그들이 사랑했던 사람들과 함께 수년간

그리스도 신앙을 가지고 돌아오다

전쟁으로 피폐해진 아프가니스탄에서 지하 기독교 운동이 확산되고 있다. 탈레반 정권 이전에 아프가니스탄은 세계에서 가장 전도되지 않은 지역 중 하나로 아프간 신자는 3천 명이 채 안 되었다. 그런데 수백만의 난민들이 돌아오면서, 그 중 일부가 떠날 때는 없었던 뭔가를 가지고 돌아오고 있다. 바로 그리스도 신앙이다.

"파키스탄에 있을 때 얼마나 많은 사람들이 주님을 발견했는지 놀라울 정도입니다"라고 한 구호사업가는 〈카리스마 매거진〉과의 인터뷰에서 말했다. "많은 사람들이 초자연적인 꿈을 꾸었는데, 예수님이 그들에게 나타나 자신이 진리임을 계시해 주셨습니다. 다른 사람들은 멀리 산지에 있는 파키스탄 신자들을 통해 그리스도께 나아왔습니다."

아프가니스탄 교회의 정보를 얻기는 어렵다. 그 나라에서 일하는 대부분의 외국인 그리스도인들은 자신들의 사역에 피해가 오거나 아프간 신자들을 위험에 빠트릴 수도 있는 정보를 내어 주길 꺼려한다. 그럼에도 불구하고 복음 전도는 계속되고 있다.

"아프간 사람들에게 하나님에 대해 이야기하지 않는 것이 오히려 어색합니다." 한 기독교 사역자는 설명했다. "그들은 자신들이 과거에 소유했던 것을 가지고서는 앞으로 나아갈 수 없음을 알고 새로운 뭔가를 찾고 있습니다. 나는 그들에게 매일 예수님에 대해 이야기합니다. 그들이 물어보니까요. 아주 간단합니다."

출처_ 〈Charisma Magazine〉의 글을 각색함. *charismanow.com*.

지내면서 교회를 세우고 인도주의적 원조를 더하려는 계획을 세우고 있다. 그들은 이 종족에 크게 영향을 미치기 위해서는 시간과 노력과 장기간의 우정이 필요함을 깨달았다. 그곳에서 1년을 보내면서 조던 부부는 중앙아시아의 한 무슬림 종족 가운데서 살며 증거하고 섬기는 일의 냉엄한 현실과 하늘이 주신 가능성에 눈뜰 수 있었다. 그들은 현재 팀을 모집하고 있으며, 프론티어스 미국 사무소에서 중동으로 가는 팀을 뽑는 일을 하고 있다. ❖

참고문헌

Marti Wade, *Through Her Eyes: Perspectives on Life from Christian Women Serving in the Muslim World*(Downers Grove, IL: InterVarsity Press, 2004).

홈스테이에서 만난 무슬림 학생들

조엘 월

 1993년에 우리 가족은 국제학생을 집에 묵게 해달라는 부탁을 처음 받았다. 미나는 일본 출신으로 원래 3주간 우리와 함께 지내기로 되어 있었다. 미나는 결국 3년 하고도 반 년을 더 우리와 함께 지냈다. 이후로 국제학생을 집에 묵게 하는 우리의 긴 여정이 시작되었다. 지금까지 우리는 세계 각지에서 온 160여 명의 학생들을 집에 맞아들였다. 이 일을 시작할 때 나는 어린 세 자녀를 키우느라 고등학교에서 영어와 사회 과목을 가르치던 일을 쉬고 있었다. 이제 우리 자녀들은 다 성장해 집을 떠났지만 우리 집은 아직도 학생들로 북적인다. 현재 우리 집에는 사우디아라비아에서 온 세 명의 아랍 남학생들이 살고 있다.

처음 7년 동안 우리는 주로 십대 후반에서 이 십대 초반의 아시아 학생들을 데리고 있었다. 그들의 종교는 불가지론에 아주 가까웠다. 부모의 종교는 그들의 삶에 거의 드러나지 않았다. 그들은 성경공부에 상당히 마음이 열려 있었고, 그들 중 많은 이들이 그리스도께 나아오는 모습을 보며 우리는 너무나 기뻤다.

2000년 이후부터는 거의 아랍 청년들을 손님으로 맞이했다. 많은 사람들이 아랍 청년에 대해 가지고 있는 선입견과는 정반대로 그들은 예의 바르고 공손하며 싹싹했다. 그들은 매주 열리는 성경공부에 기꺼이 참석했다. 우리는 100명이 넘는 무슬림 학생들을 맞이했는데, 그중 단 한 명만 성경공부를 정중히 사양했다. 이 학생은 우리가 처음 만난 무슬림이었다. 시간이 흐른 뒤 나는 나도 모르게 그가 존경하는 선지자 무함마드

조엘 월과 그의 가족은 지난 20여 년 동안 160명의 국제학생들에게 거처를 제공했다. 초등학교 교사인 조엘은 야외에 나가는 것을 좋아한다.

를 거스르는 말을 했음을 깨달았다. 그와 대화하면서 내가 배운 모든 지식을 행복하게 나누었는데, 그중에는 무함마드 개인의 삶에 대한 불쾌한 정보가 들어 있었던 것이다. 이런 일은 무슬림에게 좋은 첫인상을 남기는 데 전혀 도움이 되지 않는다! 초반의 실수에도 불구하고 그는 우리와 2년을 넘게 함께 살았고 우리 가족의 특별한 구성원이 되었다. 그는 정기적인 성경공부에 참석하지는 않았지만 복음을 전해 듣고 몇 차례 우리와 함께 교회에 가기도 했다.

우리는 함께 사는 무슬림 한 명 한 명과 복음을 나누는 영광을 누렸다. 우리 집에 처음 온 손님과 복음을 나눌 때 통역을 해준 학생들도 있었으니 복음을 지겹도록 들은 학생도 많았다. 처음 학생들에게 성경공부를 제안할 때, 나는 영어 실력을 키우고 미국의 삶과 역사를 더 알기 위해 성경을 공부할 생각이 있는지 묻는다. 그리고 그들에게 예수님에 대한 복음서인 인질 및 토라와 함께 내 성경책을 보여 준다. 무슬림들은 이 책들이 그들의 거룩한 책에 포함되어 있다고 고백하기 때문이다. 첫 번째 무슬림 학생을 제외하고 나는 단 한 번도 거절당하지 않았다. 성경을 공부하면서 우리는 알라와 하나님을 바꿔서 언급하며 이슬람과 기독교가 공통으로 가지고 있는 부분을 강조했다.

미국에 온 아랍인들은 간혹 극심한 향수병을 앓기도 한다. 무슬림 가족들은 서로 긴밀히 연결되어 있다. 가정생활은 그들에게 모든 것을 의미한다. 남학생들이 특히 엄마를 그리워하는데, 이것이 내가 그들에게 엄마처럼 끈끈한 관계로 다가갈 수 있는 기회가 된다. 그러다 보면 그들은 나를 보호해 주고 상당히 존중해 준다. 그들 중에 나를 "엄마"라고 부르는 학생도 있었다. 나중에 미국을 다시 방문할 기회가 있으면 갑자기 우리 집 현관 앞에 나타나 나를 놀래키기도 한다. 오랜만의 만남은 언제나 큰 기쁨을 준다.

처음 이 일을 시작했을 때 우리는 어학원을 비롯해 우리 지역에 있는 몇몇 대학의 학생들을 맞이했다. 지금은 아랍인들 가운데서 주로 구두로 추천이 들어온다. 우리가 받는 학생들은 예전에 우리와 함께 살았던 아랍인의 친척이나 친구들이다. 예를 들면, 예전 학생이 전화를 걸어 자기 사촌이 우리와 함께 살 수 있는지 묻는다. 아시아 학생들을 받을 때 우리는 주로 한 번에 두 명을 받았다. 하지만 많은 가정이 아랍 청년에게 거처를 제공하길 원치 않기 때문에 요즘은 한 번에 셋 또는 네 명까지 받을 때가 있다. 사실 지난 여름에는 사우디아라비아에서 온 학생을 다섯 명이나 받기도 했다.

작년 크리스마스이브에는 택시 한 대가 우리 집 앞에 섰다. 한 아랍 청년이 무거운 슈트 케이스를 들고 내리더니 우리 집 현관 앞으로 왔다. 문을 열자 그는 우리가 국제학생들을 받는 것이 사실이냐고 물었다. 사우디아라비아에 있는 한 친구가 그에게 우리의 이름과 주소를 주면서 친절한 주인이라고 소개했다는 것이다. 그는 즉시 우리 집으로 들어왔다. 우리는 하나님의 손이 우리 집으로 올 학생들을 선택하신다고 굳게 믿는다. 그러한 이유로 우리는 그 누구도 돌려보낸 적이 없다.

우리 자녀들은 성장하면서 다양한 인종과 관습에 노출된 덕분에 사람을 그냥 사람으로 본다. 같은 열망과 공포, 기쁨과 고통을 경험하는 똑같은 사람으로 본다. 2001년 9월 11일 아침, 당시 우리는 아랍 청년 네 명과 함께 살고 있었다. 아랍 청년들은 그 사건으로 인해 우리만큼 큰 충격을 받았고 괴로워했다. 몇 주가 지나지 않아 대중버스를 타면 우리 학생들이 단순히 국적 때문에 놀림과 위협을 받는 일이 종종 일어났다. 우리 자녀들은 그 끔찍한 비극을 모든 무슬림의 탓으로 돌리는 것이 너무나 부당하고 몰상식한 일이라고 말했다. 사우디아라비아 대사관에서 그들을 귀국 조치했을 때 우리는 친구들과 헤어지는 큰 슬픔에 잠겼다. 그들 모두가 떠나고 텅 빈

방을 들여다보며 내가 이 청년들을 진짜 아들들처럼 사랑했음을 처음으로 뼈저리게 느꼈다.

우리 집에 온 무슬림 중에 그리스도께 헌신한 학생은 없지만 우리는 이미 씨앗을 뿌렸고 성령님이 언젠가 물을 주시리라고 확신한다. 그들은 우리와 이별할 때 적어도 그리스도인으로 사는 것의 의미에 대해 완전히 달라진 시각을 가지고 떠났을 것이다. 대부분의 아랍인들은 할리우드 영화에서 보고 들은 내용을 토대로 기독교를 이해한다. 우리는 이것이 진실과 완전히 다를 수 있음을 그들이 깨닫도록 돕는다. 우리는 또한 그들의 무슬림 신앙과 관습에 깊은 존경심을 드러냈고, 성경공부를 하는 동안 그들의 관점에 진지하게 귀 기울였다. 그들은 아담, 하와, 노아, 아브라함에 대한 그들의 이야기가 우리의 이야기와 어떻게 다른지 들려 주었고, 진지하게 경청하는 우리의 자세를 보았다. 우리는 우리가 그리스도인과 무슬림 사이의 관계를 개선하기 위해 일하고 있다고 믿는다. 한 번에 한 학생씩 말이다. 우리는 또한 사랑과 상호 존중이라는 유업을 쌓고 있다. ❖

어느 무슬림 구도자의 편지

필립 얀시

칼럼의 마감 기한은 9·11 사건 직후였다. 칼럼에 쓸 만한 내용 10여 가지가 마음 속을 스쳐 지나갔다. 결국 나는 비극이 일어난 하루 뒤인 9월 12일, 팩스로 내게 온 한 통의 편지로 칼럼의 지면을 채우기로 했다. 그 내용은 보통 세계적 견지에서 논의되는 충돌을 인격적이고 개인적인 면에 초점을 맞추어 보게 해주고, 교회에 중대한 도전을 제기한다. 나는 이 편지를 읽고 나서 세계에서 일어나고 있는 모든 일을 다른 관점으로 보게 되었다.

얀시 선생님께

어제 이 나라에서 일어난 끔찍한 비극을 생각하면, 지금이 개인사를 쓰기에 적합한 때인지 모르겠습니다. 하지만 아무래도 어제 일어난 일 때문에 이 편지를 써야겠다는 생각이 들었습니다. 이제 저는 이 세상에 악이 실제로 존재한다고 확신합니다.

파키스탄에서 자란 저는 적당히 종교적인 무슬림입니다. 지난 몇 달 동안 제 생애에서 일어난 몇 가지 사건들을 보며 하나님에 대해 생각하게 되었지요. 한 친구가 뇌종양에 걸렸는데, 그 때문에 저는 너무 괴로웠고 "왜?"라는 질문의 답을 찾아 헤매게 되었습니다. 저는 무함마드 선지자와 이슬람 신앙에 대해 서양학자들이 쓴 책을 몇 권 읽었습니다. 제 종교에 대해 전혀 알지 못했던 많은 것을 알고 충격을 받았지요. 배신당한 느낌이었고(지금도 그런 느낌입니다) 상처를 받았

필립 얀시는 〈크리스채너티 투데이〉의 전 칼럼니스트이고 골드 메달리언 상을 수상한 작가다. 저서로 『내가 고통당할 때 하나님은 어디 계십니까?』(생명의말씀사), 『하나님, 당신께 실망했습니다』(좋은씨앗), 『고통이라는 선물』(두란노) 등이 있다. 이 글은 Phillip Yancey, "The Back Page: Letter from a Muslim Seeker", *Christianity Today* 45, no. 15(December 2001), 80쪽에 나온 것으로, 허락을 받고 실었다. christianitytoday.com.

누가 당신의 이웃이 될 것인가?

슬림은 구세주라는 개념과 한 사람이 모든 사람의 죄를 위해 죽는다는 것, 그리고 그냥 그를 믿기만 하면 된다는 것 등을 대단히 웃기는 일이라고 생각합니다. 솔직히 말해 저 역시 이런 개념이 다소 이상하다고 생각합니다.

이슬람은 예수의 동정녀 탄생을 믿지 않으며, 예수가 하나님의 선지자 그 이상도 이하도 아니라고 생각합니다. 또한 예수가 하나님에 의해 들어 올려졌으며 십자가에서 처형당한 게 아니라고 말합니다. 유대인들만 자기들이 예수님을 십자가에 못 박았다고 생각한다는 것입니다. 이슬람은 심지어 예수의 재림도 믿습니다. 그런데 어느덧 제 자신이 가족들에게 기독교 신앙을 변호하는 모습을 보게 되었습니다. 십자가 처형은 역사적인 사실이며, 동정녀에게서 탄생하실 만큼(그리고 심지어 세상에 다시 오실 만큼) 특별한 분이 그냥 하나님의 선지자일 리 없다고 주장하면서 말이지요.

습니다. 파키스탄같이 폐쇄된 사회에서는 이슬람에 대해 조금이라도 비판하면 사형을 당할 수 있습니다. 그래서 믿음에 대해 편견 없는 견해를 가질 수 없습니다.

이슬람에 대해 마냥 찬성할 수만은 없는 일들을 발견하면서 저도 모르게 기독교 신앙에 이끌리게 되더군요. 그래서 그냥 미국 어느 곳의 목사님에게 전화를 걸었습니다. 지난 몇 달 동안 저는 그 목사님과 정기적으로 만났고 그때마다 많은 질문을 했습니다. 매번 그 목사님은 제게 읽을 책을 주었습니다.

무슬림이 기독교 신앙에 관심을 가진다는 건 생각할 수도 없는 일입니다. 우리 가족과 저는 이슬람의 구원 개념(행위를 통한 것)과 기독교의 구원 개념 같은 문제에 대해 이야기했습니다. 무

하지만 제가 이슬람 신앙에서 발견한 가장 가슴 아픈 일은 호전성에 대한 이슬람의 개념입니다. 저는 이것이 언제나 광신자들이 이슬람에 뒤집어 씌운 오명이라고 생각했습니다. 분명 이슬람은 죄 없는 여자와 어린아이를 죽이는 것을 허락하지 않습니다. 그러나 제가 발견한 바에 따르면, 이슬람의 가르침은 다른 뺨도 돌려대라고 하신 예수의 가르침과는 상당히 다릅니다. 제가 알기로 이슬람에는 강력한 폭력의 선례가 있습니다. 어제 이 나라에서 일어난 끔찍한 비극은 "눈에는 눈, 이에는 이"라는 가르침의 논리적인 결과인 듯 보입니다. 제 생각에는, 하나님의 나라가 이 세상에 속한 것이 아니라 저 세상에 속한 것임을 믿기보다 하나님의 뜻을 현세에 강요하려 할 때 그런 일이 일어나는 것 같습니다.

제 어머니는 큰 비탄에 잠겨 있습니다. 어머니는 제게 무슬림 신앙을 버리지 말라고 애원하고 있지요. 저는 어머니를 매우 사랑합니다. 하지만 어떻게 옳지 않은 것처럼 보이는 것을 믿으라고 강요할 수 있겠습니까? 저는 기독교 신앙에 대해 아직 질문할 것이 많습니다. 제가 회심하면 주변 사람들이 무척 슬퍼할 것이라는 것도 압니다. 친척들이 모두 저를 배척하겠지요. 또한 이 나라에서 제 법적 신분은 다음 해에 끝납니다. 지금 이슬람에 대한 제 견해를 생각해 볼 때 (그리고 기독교 신앙에 대해 동조하는 마음과 우호적인 견해에 비추어 볼 때) 파키스탄으로 다시 돌아간다는 건 상상도 할 수 없습니다.

제가 교회 안에서 사랑이 많고 마음이 열린 친구들을 찾을 수 있다고 생각하세요? 누군가 제게 방어벽을 치며 남인도 종족에 속한 다른 사람들과는 얽히고 싶지 않다고 말한다면 공평한 처사일까요? 자기와 피부색이 다르고 억양이 다르다는 이유로 말이죠.

정말로 혼란스럽고 어찌할 바를 모르겠습니다. 부디 제가 어떻게 해야 하는지 말씀해 주세요. 하나님의 축복이 함께하시길 바랍니다. ❖

갈망하는 이슬람의 마음속으로

에리히 브릿지스

 에스더의 빛나는 얼굴을 들여다보면서 무슬림 사회에서 하나님 사역의 미래가 어떠할지 조금이나마 엿보라. 에스더는 젊은 아랍 여성으로 중동의 소수 전통적 그리스도인 집단에서 태어났다. 지적이며 좋은 교육을 받은 에스더는 그 지역의 부유한 한 나라에서 산다. 원한다면 거기에서 혹은 어디에서든 세속적인 성공을 추구할 수 있었을 것이다.

하지만 에스더에게 그리스도를 선포하는 것은 쇠락한 역사적 유산을 넘겨 받는 것을 넘어서는 일이었다. 그녀는 그리스도인들을 핍박하기로 소문난(특히 다수 집단인 무슬림에게 예수 그리스도에 대해 말하면) 나라에 혼자 이사하기로 계획했다. 거기에서 그녀는 대학에 다닐 것이다. 그리고 무슬림에게 예수 그리스도에 대해 말할 작정이다. 경솔하게 들리는가? "아무것도 모를 때는 모든 것에 대해 하나님을 신뢰해야죠"라고 에스더는 웃으며 설명한다.

사실 에스더는 자신이 가려는 나라에 대해 약간 알고 있기는 하다. 에스더는 거주하며 공부할 곳을 찾기 위해 그곳을 여행했다. 돌아와 거기에 정착하기까지 누구에게도 그리스도를 믿는 믿음에 대해 이야기하지 않을 생각이었다. 하지만 에스더는 몇몇 무슬림 가정에서 머물렀는데, 닫힌 문 뒤에서 사람들이 조용히 에스더에게 예수님에 대해 물었다. 심지어 '수염을 기른 남자들'(보수적인 무슬림들)도 물었다. "배고픈 사람이 음식을 달라고 하는 건 당연합니다." 에스더는 말한다. "그들은 매우 갈급해 있습니다. 그들에게는 이슬람이 있지만, 그것으로는 갈급함을 해

에리히 브릿지스는 남침례교 해외선교부의 글로벌 특파원으로서 1981년부터 선교와 국제 현장을 다루고 있다. 이 글은 Erich Bridges, "Into the Hungry Heart of Islam", *TC Online*(International Mission Board, January-February 2003)에 나온 것으로, 허락을 받고 실었다. imb.org.

결하지 못하고 있습니다."

에스더는 어둠의 세력들이 영적 양식을 나눠 주지 못하도록 자신을 막는 것을 느꼈다. "밤이 되면 죽을 만큼 피곤했어요. 그런데 뭔가가 와서 저를 깨웁니다." 에스더는 회상한다. "그것이 제 목을 조르는 것을 느꼈어요. 예수님의 이름조차 부를 수 없었지요."

하지만 사람들은 에스더에게 계속 물었고 그녀는 용기 있게 말했다. 그리스도를 통해 하나님이 그들에게 열정적인 사랑을 보이셨음에 대해 말했을 때, 그 말을 들은 사람들 중 일부가 단언했다. "이제야 알겠습니다!" 그들은 기쁨과 안도의 눈물을 흘렸다.

에스더의 영적 모험은 몇 년 전부터 시작되었다. 그때 그녀는 왜 더 많은 아랍 그리스도인들이 함께 살고 있는 무슬림들에게 전도하지 않을까 하는 의문이 들었다. "저는 하나님께 '무슬림을 사랑합니다'라고 말했습니다. 그런데 하나님은 제 죄를 깨닫게 하셨지요. 하나님은 제게 '너는 그들을 사랑하지 않는다. 아니, 좋아하지도 않는다'라고 말씀하셨습니다. 우리는 실제로 그렇습니다. 정말 사랑한다면 더 많은 아랍 그리스도인들이 무슬림에게 복음을 전했을 테지요. 우리는 그들을 사랑하지 않습니다. 오히려 두려워합니다. 좀 솔직해지자고요. 우리는 이슬람이라는 거인을 두려워하고 있습니다."

에스더는 이슬람을 집중적으로 연구하기 시작했으며 중동, 북아프리카(심지어 인도)의 무슬림

새롭게 문을 열고 있는 대중매체

국경을 넘나드는 AM 라디오가 보급되면서 기독교 대중매체 사역이 급속도로 퍼졌다. 처음으로 많은 무슬림 국가에서 분명하고도 직접적인 복음의 메시지를 광범위하게 도달하는 방식으로 듣게 된 것이다. 1960년, 1970년, 1980년대에 수십 만의 무슬림들이 각자 자기 언어로 그리스도에 대해 들을 수 있었다. 많은 아랍 무슬림 국가에서 이들 방송을 통해 국가교회(national church)의 탄생을 위한 기초를 다진 셈이다.

1990년대에는 위성 텔레비전이 보급되면서 다음 돌파구가 마련되었다. 이젠 시청자들이 자기 집 안방에서 예수 영화를 보게 된 것이다. 뿐만 아니라 여성과 아이들이 그들의 이해 수준에 맞게 제작된 프로그램을 볼 수 있게 되었다. 1990년대 후반에는 인터넷이 등장하면서 인접 국가에 있는 사람들의 글을 읽고 의사소통을 할 수 있게 되었다. 청년들은 인터넷 카페에 들어가 그들의 언어와 문화로 그리스도를 소개하는 콘텐츠를 접할 수 있게 되었다. 엄격히 통제된 국가여도 온라인에서 교회를 형성하고 만남을 가지는 것은 가능하다. 익명을 유지한 채 그리스도에 대한 믿음을 나누는 것이다.

최근 몇 년 사이 복음을 나누는 데 휴대폰의 잠재성이 발견되어 개발중에 있다. 컴퓨터를 구매할 형편이 되지 않는 수백만 사람들에게 휴대폰을 보급한 후, 그리스도의 사랑 이야기를 담은 메시지를 휴대폰으로 전송하는 것이다. 자국어로 된 성경 수입을 엄격히 통제하는 한 국가에서는 3개월 동안 다운로드된 디지털 성경의 수가 지금까지 그 국가에 배포된 성경의 권수를 넘어섰다! 무슬림들은 더 알기를 원한다. 기술이 발달하면서 그들에게 그러한 지식을 전달할 새로운 문이 열렸다. 대중매체는 세계 전역에 있는 무슬림 종족 집단에게 그리스도를 분명히 알리는 하나님의 도구로 성령님께 쓰임을 받고 있다.

출처_ *Encountering the World of Islam.*

본거지를 여행했다. 그리고 한 아랍 국가에서 어려운 상황 속에서도 오랜 세월 동안 헌신적으로 사람들을 사랑하고 섬겨 온 남침례교 선교사와 친구가 되었다. 하지만 그 선교사가 아무리 헌신하고 노력해도 에스더는 그가 그 나라의 언어와 사람들을 결코 에스더 자기만큼 잘 이해하지는 못할 것이라는 생각이 들었다. 그러한 깨달음은 선교사가 되겠다는 그녀의 소명을 확인시켜 주었다.

"우리(아랍 신자들)는 아랍어를 압니다. 문화를 이해하지요. 우리는 이슬람도 알고 꾸란도 압니다. 하지만 우리는 다음 단계로 나아가야 합니다." 에스더는 다음 단계가 행동(무슬림을 사랑하고, 그들에게 하나님의 위대한 구원에 대해 말해 주는 것)이라고 생각한다. 문화적 장애물, 오랜 의심과 두려움, 새로운 핍박의 위협에도 불구하고 행동하는 것이다.

에스더는 바로 그 일을 하고 있다. 그리고 다른 아랍 그리스도인들에게도 함께 가자고 도전한다. 에스더는 앞에 놓인 어려움들에 대해 환상을 가지고 있지 않다. 하지만 그리스도께로 인도한 무슬림들의 얼굴에 순전한 기쁨이 나타나는 걸 본 후로는 그 길을 포기할 수 없다.

일부 복음주의 전략가들은 아랍 사회의 소수 그리스도인들이 너무 전통에 매몰되어 있고, 수적으로도 너무 적으며, 너무 무시당하며, 오랜 세월 핍박을 받아 두려움에 빠져 있기 때문에 무슬림들에게 복음으로 중대한 영향을 미치기가 어렵다고 생각한다. 이 생각에 일부 아랍 그리스도인들은 자신들의 말과 행동 혹은 행동하지 않음으로 동의하는 듯하다. 하지만 에스더는 그렇지 않다. 그녀는 하나님을 따라 이슬람의 핵심부로 들어가고 있다. 그리고 다른 사람들도 자신과 같이 가기를 바란다. 하지만 누가 따라오든 따라오지 않든 에스더는 자신의 길을 가고 있다. 그녀는 말한다. "하나님이 쓰시도록 나를 내어드릴 때 기적을 보게 될 것입니다." ❖

증거 형태: 여기서 나는 어떻게 그리스도를 나누고 있는가?

J. 더들리 우드베리 편집

무슬림들은 수많은 관점을 표현하며 갖가지 다양한 필요를 드러낼 수 있다. 여기서 우리는 여러 문화권 출신의 여성과 남성 현역 사역자들에게서 복음 증거에 대한 실제적인 시사점을 끌어내려 한다. 모든 내용은 진실한 우정과 경청 가운데 진행된 그들의 나눔에 바탕을 두었으며, 일상생활에서 겪는 실제 문제에 대한 그들의 증거와 관련되어 있다.

선교사들은 때로 무슬림과 오직 영적인 수준에서만, 예를 들어 성경공부 같은 시간을 통해서만 관계를 맺을 수 있는 것처럼 인식된다. 그러나 무슬림 문화권 출신의 첫 번째 필자는 커피숍이야말로 사람들에게 영향을 미치기에 가장 전략적인 장소라고 말한다. 그곳은 사회의 모든 부분으로 이어지는 거미줄의 중심 같은 곳으로 의사소통을 위한 자연스러운 관계망을 제공한다.

무슬림 세계의 여성들은 때로 공적 생활의 많은 영역으로부터 격리되어 있다. 두 번째 필자는 무슬림 여성들이 속한 지역의 신앙과 관습을 포함해 그들의 상황 속에서 어떻게 그들과 관계를 맺어야 하는지 이야기하면서 예수님이 여성들과 소통한 방식에서 우리가 배울 점을 보여 준다.

이러한 여성들은 서구적 상황에 들어올 때 새로운 필요, 특히 우정에 대한 필요를 인식하게 된다. 처음에는 무슬림권에서, 지금은 서구권에서 사역하고 있는 세 번째 필자는 자신이 우정

J. 더들리 우드베리는 무슬림에 대한 사랑과 그들의 믿음과 문화에 대한 지식으로 오래전부터 인정받아 왔다. 레바논, 파키스탄, 아프가니스탄, 사우디아라비아에서 활동한 그는 이슬람을 연구하는 대표적인 기독교 학자로 꼽힌다. J. Dudley Woodberry, ed., "Forms of Witness: Here Is How I Share," *Muslims and Christians on the Emmaus Road*(Monrovia, CA: Missions Advanced Research and Communications Center, 1989), 195–210, 214–218쪽을 각색한 것으로, 즈웨머 무슬림연구소의 허락을 받고 썼다.

파키스탄인 멘토에게 문화에 관한 조언을 듣고 있다.

나는 내 사무실이나 다름없는 마가에서 매일 오전 9시부터 11시까지 시간을 보냈다. 이곳은 우리 사역의 중심지이자 복음 전도를 위한 전초 기지 같은 곳이다. 이 시간이 하루 중에서 가장 중요하다. 한가하게 오전 시간을 때우거나 시간을 낭비하러 그곳에 간 것이 아니다. 여기서 나는 물고기를 잡을 그물을 쳤다.

마가에서는 사회의 각계각층을 볼 수 있다. 한 주 동안 나는 대학교 학과장, 노동자, 교사, 학생, 사회당 당원, 무슬림형제단 지도자를 만났다.

그들의 마음을 얻으려면 그이들의 일상생활과 관련된 주제를 폭넓게 알아야 한다. 내가 깊이 있게 토론할 수 있는 주제가 오직 종교뿐이라면 사람들은 대부분 금방 지루해할 것이다. 그래서 나는 요즘의 사회적 이슈와 주요 사건들에 대해 이야기하면서 사이사이에 기독교 세계관과 철학을 끼워 넣었다. 진리의 영이 계속해서 빛을 비추실 것이다. 이러한 대화를 통해 나의 믿음을 함께 탐구할 길이 열릴 것이다.

나는 여러 무슬림 국가에서 공통된 문제를 하나 발견했는데 많은 주민들이 나와 비슷하게 느꼈다고 말해 주었다. 그것은 선교사들이 성경공부 같은 영적 분야를 통해서만 무슬림과 접촉한다는 사실이다. 선교사들은 보통 다른 사회적 기능은 거의 감당하고 있지 않다. 현지인들은 선교사들이 자신의 일상과 동떨어져 살고 있기에 자신의 문제를 이해할 수 없다고 느낀다. 커피숍은 일상생활의 중심 같은 곳이다. 이곳은 아랍의 역사를 만드는 데 주요한 영향을 미쳐 왔다. 여러 쿠데타와 혁명이 이곳에서 시작되었다. 한 예로

에 대한 필요를 어떻게 느꼈는지, 그리고 절기와 이야기의 의미를 통해 이러한 필요를 나누는 자연스러운 방법을 어떻게 사용했는지 보여 준다.

무슬림 사역 선교사인 네 번째 필자는 무슬림의 회심에서 공통된 현상인 꿈과 환상에 대해, 그리고 한 사람과의 관계가 어떻게 그의 대가족으로까지 이어지는지 묘사한다.

다섯 번째 필자는 인도네시아의 이슬람 신봉자들을 주요 세 그룹으로 나눈다. 그리고 그들의 사고방식, 그들에게 중요한 체계, 복음을 나누는 가장 효과적인 7가지 방식을 실증한다.

커피숍에서 _ 하산 알가잘리

진정한 친구가 되어 호의적인 분위기에서 그리스도를 나누고 문화적 인식을 높이는 데 커피숍, 즉 마가(magha)만큼 알맞은 곳이 또 있을까?

새 정부 출범에 대한 공식 성명서도 이곳에서 작성되었다.

이곳에서 사회 지도자들이 제자들을 훈련시키고, 상거래가 이루어지며 학생들이 공부한다. 이곳은 거미줄의 중심과 같다. 이곳에서 당신은 사회 각 부분으로 향하는 네트워크에 접촉할 수 있다. 이곳은 사람들에게 영향을 미치기 위한 가장 전략적인 장소다.

내가 사는 도시에서는 마가마다 자주 드나드는 고객층이 다르다. 교사, 상인, 경찰, 학생 등을 위한 커피숍이 존재한다. 내가 다니는 마가를 애용하는 사람들은 주로 대학 교수, 고등학교 교사, 비밀경찰 등이다. 매일 만나다 보니 우리는 서로 가족처럼 끈끈해졌고 관계가 자라면서 어느새 깊은 수준의 개인 문제까지 나누게 되었다. 나는 총 여섯 사람에게 기독교 관련 주제로 학위 논문을 쓰도록 설득했다. 몇 사람은 기독교로 회심했으며 많은 사람이 성경을 읽고 있다. 성경에 대한 질문을 듣지 않고 한 주를 보내는 경우는 거의 없다.

이어지는 단계

커피숍에서 토론을 하고 나면 우리는 더 깊은 대화를 위해 사람들을 집으로 초대한다. 그러나 커피숍에서 핵심 메시지를 나누는 것이 매우 중요하다. 또한 공적인 곳에서나 사적인 곳에서나 늘 같은 언어를 사용해야 한다. 공적인 곳에서는 애매모호하게 말하다가 사적으로 만나 종교적인 주제로 이야기할 때에만 마음을 연다면 의심의 눈초리를 받기 쉽다. "왜 저 사람은 마가에서는 그렇게 말하지 않았을까?" "저 사람의 진짜 동기가 뭘까?" 우리는 회심자들에게 담대하라고 가르쳐야 한다. 그러려면 그들이 회심하기 전부터 만날 때마다 그러한 본을 보여야 한다.

경찰들은 우리의 행동이나 동기에 의구심을 품지 않는다. 그들은 우리가 적극적인 그리스도인임을 알고 있다. 그들은 길거리에서나 집에서나 같은 이야기를 들을 것이다. 그 이야기가 달갑지는 않겠지만 우리에게 정치적인 의도가 있다거나 심지어 우리를 전임 선교사라고 의심하지 않는다. 나는 사업가라는 확실한 신분이 있다. 복음 증거는 나 개인의 믿음을 자연스럽게 표현하는 것에 불과하다. 전문 직업인인 나는 전임 선교사와는 거리가 멀다. 그래서 지나치게 '종교적'으로 보이지 않을까 염려할 필요가 없다. 무슬림들은 신앙인이라면 자기 믿음에 대해 나누어야 한다고 생각한다. 실제로 그들은 우리에게 그렇게 한다.

어느 날 아침 마가에서 나는 한 교사와 레바논 내전에 대해 이야기를 나누고 있었다. 내가 그리스도를 따른다고(나는 '그리스도인'이라는 단어는 사용하지 않는다) 말하는 순간 이야기가 갑자기

성경을 외워서 말하기

서너 명의 무슬림 여성들과 사귄 첫날부터 나는 외워 둔 성경 본문을 섞어서 대화하는 기쁨을 누렸다. 이 친구들은 내게 지혜로운 조언을 기대한다. 그들이 보기에 내가 하나님의 말씀을 알고 있으며 그것을 일상생활에 광범위하게 적용하는 것이 분명하기 때문이다.

출처_ Julia Colgate, *Invest Your Heart: A Call for Women to Evangelize Muslims*(Mesa, Ariz.: Frontiers, 1997), 29쪽.

중단되었다. "뭐라고요? 나는 오래전부터 기독교에 대해 배우고 싶었어요. 학생들이 제게 기독교 신앙에 대해 물어보거든요. 우리가 아는 것은 그리스도인들에 대해 전해 들은 이야기뿐입니다. 나는 그리스도인들이 무엇을 믿는지 그들에게 직접 듣고 싶습니다." 나는 한 친구와 함께 그를 우리 집으로 초대했고, 그들은 새벽 2시까지 이야기를 들으며 공책에 기록했다.

우리에게 관심을 보이는 사람을 만나면 우리는 그들의 집을 방문해 가족과도 우정을 나눈다. 우리는 가정 단위에 중점을 둔다. 구도자 혼자 가정에서 떨어져 나오지 않도록 주의한다. 일단 친구가 되고 나면 그의 가족을 성경공부 모임에 초청하고 예수 영화를 보도록 권한다.

가족 전체가 우리와 친구가 되는 것이 중요하다. 그래야 그들이 구도자와 우리의 관계를 의심하지 않고 우리와 만나는 것을 반대하지 않기 때문이다. 그렇게 얻은 첫 회심자는 한 젊은 여성이었는데, 처음에는 그녀의 남편과 가족의 심한 반대에 부딪혔다. 그러나 그들 역시 우리와 친구가 되고 나서는 더 이상 우리와 만나는 것을 반대하지 않았다. 우리는 계속해서 이 가정을 방문해 복음을 증거하고 그녀를 격려하고 있다. 그녀의 가족은 여전히 우리의 종교를 거부하고 있다. 하지만 우리가 우정을 나누며 딸의 인생에 좋은 영향을 미치고 있는 것에 대해서는 고마워한다.

그녀의 오빠는 대학 졸업생으로 알할라즈에 대한 논문을 썼다. 알할라즈는 위대한 무슬림 수피였으나 이슬람을 거부하고 그리스도가 죽은 방식 그대로 죽기를 자청했다. 사람들은 알할라즈를 기둥에 못 박았다. 그녀의 오빠는 동생에게 그리스도를 믿을 권리가 있다고 변호해 주고 있다. 그는 우리와 가족을 연결하는 통로가 되어 주었다. 나는 그를 마가에서 만났다. 그는 현재 예수님을 믿고 있으며 대학에서 가르치는 일을 하고 있다.

가족 내에서 새 신자를 향한 지지를 얻을 수 있다면 그는 굳건한 믿음을 유지하는 데 필요한 안정감을 얻을 것이다. 어린 신자를 붙들어 줄 교회가 없는 곳에서는 더욱 가족 전도가 중요하다. 아랍권에서 기존의 교회는 무슬림 회심자들에게 가족이 되어 주지 못하고 있다. 결과적으로 많은 청년들이 그리스도를 따르다가 중도에 포기하고 만다.

정기적인 커피숍 방문의 중요성을 요약하자면, 커피숍은 현재 그 지역의 소식을 들을 뿐 아니라 모든 사회 계층과 만나며 상대에 대해 친밀히 알아 가고(유대감을 형성하기에 좋은 장소다) 문화에 대해 배우기에 최적의 장소다. 마가의 일원이 되지 않는다면 아랍 사회의 일원이 되는 데 실패할 것이며, 결과적으로 복음 전도를 위한 가장 전략적인 기회를 잃고 말 것이다.

동양 여성들과 함께 _ D. 스미스

미혼이든 기혼이든 두 상태 모두 여성과 여성이 서로 만나 사회적, 영적 고민을 나누는 특별한 연결고리가 된다.

아랍 국가에서 18년 동안 교사로 일하는 동안 나는 내가 가르친 학생들과 그들의 가족을 통해 문화적 사고 유형과 전통에 대해 배웠다. 한편 그들 역시 나를 주의 깊게 관찰하면서 나의 신앙과 실천에 대해 질문했다. 나는 그들에게 복음을 나누는 것이 내 삶 전체, 즉 내 말과 행동과 생각까지 수반하는 일임을 깨달았다. 이러한 배경 가운데 관찰하기와 질문하기를 통해 나는 무슬림 여성 전도에 대한 나만의 접근 방식을 발전시켰다.

아랍권에서 내가 만난 여성들은 대부분 호기심이 많았다. 나 역시 그들의 삶에 궁금한 점이 많았으므로 우리는 마주 앉자마자 질문과 대답을 쏟아냈다. 그들은 복잡하게 얽힌 가족 관계를 소중히 여긴다. 그렇기에 나는 이름, 숫자, 친척에 관한 명칭에 주의를 기울여야 한다. ('aunt'라는 단어가 언니의 시어머니를 가리킬 때도 있다!) 그들은 또한 나의 가족에 대해서도 알고 싶어 한다.

중년이 되도록 미혼인 나를 보며 그들은 적잖이 충격을 받는다. 나는 이 주제를 하나님에 대한 이야기를 하는 통로로 삼는다. 하나님은 나를 지키고 보호하신다. 하나님은 결혼과 직장이라는 결정 가운데 나를 인도하신다. 나는 또한 여성을 성적 충족의 대상으로 여기는 사회 속에서 미혼으로 남아 있는 것이 하나님의 형상으로 창조된 하나의 인격으로서 여성의 가치를 드러내는 방식이라고 믿는다. 이와는 다른 관점에서, 결혼한 동료들은 인격의 가치에 대한 또 다른 그림을 보여 준다. 서로 순종하고 존경하고 사랑하는 남편과 아내의 관계는 남성과 여성, 그리고 하나님에 대한 심오한 진리를 나타낸다.

그들이 내 생활방식에 대해 묻는 질문 중에는 기도와 관련된 것도 포함된다. "기도를 하세요?"라는 질문에 대답하면서 나는 그들의 외적 정결 의식과 그리스도의 보혈을 통해 하나님이 주시는 내적 정결을 비교한다. 때때로 나는 아브라함의 아들을 위해 양이 준비되어 있었던 사건에 대한 그들의 지식을 끌어온다. 거룩한 하나님, 깨끗한 마음, 언제든 하나님께 나아갈 수 있는 자

전도하기

한 경험 많은 선교사는 38년 동안 무슬림 사역을 하면서 많은 무슬림 여성들이 복음을 이해하려면 150번 이상 들어야 한다는 사실을 알게 되었다. 복음을 전해도 될 만큼 견고한 우정의 다리를 만들려면 시간과 헌신이 요구된다. 무슬림 여성에게 전도하기 위해 튼튼한 우정의 다리를 놓는 방법들을 생각해 보자.

- 배우는 자가 되라. 경청하는 자가 되라. 무슬림 여성의 가족과 문화, 언어, 심지어 좋아하는 음식 요리법까지 배우라. 그러면 두 사람 모두 축복받을 것이다.
- 다른 방식으로 배울 수 있음을 인정하라. 많은 무슬림 여성들이 글을 읽거나 쓰지 못한다. 할 수 있다 해도 읽기의 가치를 모르거나 즐기지 않으며 읽기에 기초한 가르침을 좋아하지 않을 수 있다. 많은 사람들이 말로 정보를 전달하는 세계에 살고 있으며 들으면서 배운다.
- 당신이 예수님의 가르침을 따르는 자임을 밝히라. 이슬람과 기독교가 공통되게 믿는 점들을 밝히고, 하나님이 당신의 삶에 어떻게 역사하시는지, 당신의 기도에 어떻게 응답하시는지, 당신의 필요를 어떻게 채우시는지 나누라.
- 이야기를 들려 주라. '연대기적으로 성경 이야기하기'는 복음을 제시하는 매우 효과적인 방법이다.[1] 시, 노래, 드라마 등을 통해 예술적 상상력을 표현하라.
- 친구에게 뭔가 필요하거나 위기가 닥쳤을 때 도움을 주라. 그녀가 아플 때 차로 병원에 데려다 주거나 식사를 준비해 주거나 심부름을 해주거나 언어 공부나 자녀의 학교 숙제 등을 도와주라.
- 함께 기도하라. 구체적인 필요가 무엇인지 알아내고 그 문제를 하나님께 내어 드리라. 하나님이 꿈과 환상과 치유를 통해 계시해 주실 것을 믿으며 표적과 기사를 구하라.

1. A.H. "Discipleship of Muslim Background Believers", *Ministry to Muslim Women: Longing to Call Them Sisters*, ed. Fran Love and Jeleta Eckheart(Pasadena, Calif.: William Carey Library, 2000), 146쪽.

출처_ Annee W. Rose, frontiers.org.

유 등에 대해서도 이야기한다. 내가 이야기한 것을 기도를 통해 보여 줄 때도 있다. 함께 기도하면서 하나님을 찬양하고 죄를 고백하며 다른 이들을 중보하는 것이다. 이 모든 것을 통해 나는 아버지의 거룩한 이름을 여전히 경외하지만 그분께 언제든 나아갈 수 있음을 나누고 싶다.

한 걸음, 한 걸음

이러한 여성 사역을 개인적으로 준비하는 시간은 정말이지 중요하다. 기도, 독서, 묵상은 내가 매일 맞이하는 일상의 일부다. 무슬림 친구들과 나누는 생각들은 나 개인의 관심과 질문, 깨달음을 통해 얻은 것들이다. 먼저, 나는 하나님께 악한 세력을 묶으시고 여성들의 마음을 자유롭게 하셔서 그들이 말씀을 듣게 해달라고 기도한다. 나는 한 여성을 놓고 하나님 앞에서 기도하면서 앞으로 나누어야 할 진리를 하나님이 그 여성에게 드러내 주시길 기다린다. 그리고 아랍어 성경에서 관련 구절을 공부하고, 그 여성에게, 가령 그녀의 삶과 관심 등에 그 구절을 어떻게 적용할지 묵상한다. 무슬림 친구를 만나기 전에 나는 이 만남을 하나님께 올려 드리고, 그녀가 한가한 시간에 우리 집으로 와서 함께 이야기를 나눌 수 있길 기도한다. 마침내 그녀와 그녀의 가족을 만나면 나는 하나님이 역사하시길 신뢰하면서 편안히 즐긴다.

무슬림 친구들과 함께 있는 동안 대부분 나는 듣는 편이다. 그들의 종교적 관점에 대해 많이 들었다 하더라도 이러한 관점이 이 여성에게 얼마나 중요한지 파악하고, 그녀를 익숙한 세계로부터 영적 진리로 데려올 틈을 찾으려고 노력한다. 나는 진리의 씨를 뿌리며, 그녀가 드러내는 온갖 형태의 의에 대한 갈망을 격려하길 원한다.

어떤 여성이 관심을 보일 때 나는 (읽고 쓰는 능력 여부에 따라 구두로 하든 교재를 사용하든) 귀납적 성경연구를 시작한다. 그녀가 말씀과 직접 상호작용할 수 있도록 여러 질문을 한다. 나는 이 여성이 하나님과 관계를 맺는 가운데 내게 의존하지 않는 법을 처음부터 배우길 바란다. 질문을 통한 가르침은 그녀가 성경을 어느 정도 이해하고 있는지 판가름하는 데 도움이 된다. 본문을 개인에게 적용하도록 이끌기 전 필요한 경우에는 설명을 덧붙이기도 한다.

인지된 필요

한 젊은 여성이 날마다 말씀을 읽도록 돕고자 할 때, 우리는 그녀에게 가장 적당한 시간이 다른 모든 가족이 TV를 보는 저녁 뉴스 시간이라는 결론을 내렸다. 다른 많은 여성들과 마찬가지로 온종일 가족의 필요를 채우느라 정신없는 그녀가 성경연구와 묵상의 중요성을 깨닫고 자신의 가정 상황에 적용하도록 돕고 싶었다. 얼마

무슬림의 마음에 다가가는 법

무슬림의 마음에 다가가는 가장 가까운 길은 객관적인 연구보다는 주관적인 연구에서 찾아볼 수 있다. 장애물은 무슬림의 마음뿐 아니라 선교사의 마음에도 있을 수 있다. 선교사는 최고의 공감대를 개발하고 우리가 무슬림과 공유하는 모든 위대한 근본 진리를 인식해야 한다.

출처_ Samuel Zwemer, *The Muslim Christ*(London: Oliphant, Anderson, and Ferrier, 1912), 183쪽.

후 이 친구는 우리의 귀납적 접근 방식을 통해 말씀을 적용하기 시작했다. 그녀는 복잡하고 관료적인 상황 속에서 자신이 중보자를 찾는 경험을 통해 그리스도를 어떻게 묵상했는지 자발적으로 설명했다.

몇몇 여성들은 외국인 교사이자 친구인 내게 자기 자신과 가족에 대한 정보를 마음껏 털어놓았다. 내가 숨은 동기를 가지고 있거나 배신하지 않는, 안전한 사람이라고 여겼기 때문이다. 그들이 털어놓는 비밀들(주로 이혼, 사생아, 질병, 죽음 등으로 인한 비통함, 슬픔, 상한 마음)은 그들과 상담하고, 그리스도 안에 있는 하나님의 사랑과 용서와 공급 등을 나누는 기회가 된다. 이러한 대화는 그들을 위해 함께 기도하거나 집으로 초대하는 일로 이어지기도 한다.

젊은 여성들이 현대 사회에서 자기 역할에 대해 토론하는 것을 들으면서 나는 그들의 확신과 소망과 두려움 등에 대해 많이 배운다. 그리고 여성을 창조하신 하나님의 목적에 대한 생각을 전달하려 애쓴다. 우리가 죄인이기에 겪는 실패뿐 아니라 우리의 책임에 대해서도 언급한다. 젊은 여성들은 종종 사회를 비난하면서 변화시키고자 하는 소망을 표현하기도 한다. 그러나 그들은 인류의 이기심과 죄성에 대해서는 거의 인식하지 못하고 있다. 한 친구는 수년 동안 여성 운동에 참여한 후에야 비로소 내가 인류의 마음에 변화가 필요하다는 기독교 가르침을 강조한 이유를 이해하게 되었다고 말한다.

성경적 진리 사용

되도록 나는 그리스도가 여성과 대화를 나누시는 본문을 살펴보려고 노력한다. 그분은 여성을 경멸하지도, 성적 대상으로 대하지도 않으셨다. 오히려 여성들에게 영생과 용서와 치유와 가치 등을 약속하셨다. 그리스도의 여러 기적과 비유 또한 여성의 관심사나 상황과 연관지을 수 있는 본문이다. 나는 빵, 물, 의복 등 매일의 삶과 관련된 기본 항목을 이용해 성경의 진리를 설명하는 것이 좋다. 그 이야기를 들은 여성이 일상으로 돌아가 그것을 볼 때마다 성경 구절과 우리의 대화를 떠올리지 않겠는가?

동료 중 한 명은 방문 가정의 아이들에게 구약 성경 이야기를 들려주곤 한다. 하루는 노아 이야기 그림을 그리고 이와 관련된 노래를 가르쳤다고 한다. 얼마 후 그녀는 그 집 양동이가 넘치는 바람에 온 집이 물바다가 되었다는 이야기를 들었다. 덕분에 노아의 홍수 이야기는 오래오래 기억될 것이다! 그녀는 보통 아이들에게 성경 이야기를 들려 주고 나면 여성들과 이야기를 나눈다. 그렇게 대화를 나누다가 진리의 흔적이 느껴지면 그것을 북돋아 준다. 그녀가 생각해 볼거리를 잘 던지는 덕분에 (나와) 여성들은 그 질문의 의미가 무엇인지 생각하면서 몇 시간을 보내곤 한다. 그러면서 하나님과 그분의 의에 대한 인식이 더 넓어진다.

가끔 나는 하나님의 속성에 대한 토론을 벌인다. 이러한 주제의 책을 읽거나 묵상하다가 친구들이 하나님을 어떻게 생각하는지 나누기에 적절한 주제를 끌어낸다. 가령 우상숭배라는 주제는 그 누구도, 그 무엇도 하나님과 연관짓지 않는 이슬람의 관점과 관련이 있다. 나는 이 주제를 다른 관점에서 나누고 싶다. 우리가 가족, 소유물, 지위 등을 삶의 중심에 두면서 하나님을 한쪽으로 밀어두는 식으로도 우상숭배를 할 수 있다는 것이다.

여성들이 가지고 있는 대중 이슬람에 대한 강한 애착과 그것이 조장하는 정령신앙의 관습이야말로 그리스도의 복음을 전하는 데 장애물이 되고 있음을 거듭 확인한다. 탄생에서부터 죽음에 이르기까지 미신적 관습은 그들을 영에 묶어 놓는다. 어떤 여성은 무슬림 성인의 무덤을 찾아가 아이를 달라고 간청한다. 그러고 나서 아이가 태어나면 서약을 이행하려고 다시 무덤을 찾는다. 자녀들을 흉안으로부터 보호하기 위해 각

종 부적을 동원하기도 한다. 마술로 결혼이 성사되기도 하고 깨지기도 한다. 아픈 사람들은 죽은 '성인들'의 기도로 치유를 받는다. 집을 세우고 밭을 갈고 학위를 얻는 등 모든 것이 성인들의 무덤(마라부트)에서 나오는 능력으로 이루어진다고 믿는다.

조상의 전통을 극진히 지키는 이 여성들의 속박을 무너뜨리기 위해 예수 그리스도의 강력한 이름을 통한 승리를 선포해야 한다. 그들은 내게 이러한 관습에 대해 털어놓는다. 나는 그들의 구원을 갈망하지만 개인적으로는 돌파구를 거의 찾지 못했다. 현재 내 관심사는 기도와 승리의 복음 선포에 집중하는 것이다. 무슬림권 여성들의 삶에 구원의 메시지를 적용할 때, 하나님이 지혜와 능력을 주시길 간절히 바란다.

서양 여성들과 함께 _ 앨버타 스탠디쉬

대부분 무슬림 여성들에게 이야기, 은유, 시, 연상 등을 통해 그리스도의 인격을 드러내고 진정한 우정을 나누는 것이 복음을 지적이고 신학적으로 제시하는 것보다 적절하다.

약 8억 명의 무슬림 여성이 전 세계에 흩어져 살고 있다. 그들은 인종적 배경이 다양하고 폭넓은 종류의 필요를 가지고 있다. 그들 중에는 고등교육을 받은 사람도 있고 교육을 받지 못한 사

북미의 무슬림들

북미의 무슬림 인구는 1960년대 이후 급격히 증가했다. 퓨리서치센터의 2010년 세계종교지도 보고서에 따르면 미국에 270만 명의 무슬림이 거주하고 있다.

캐나다에는 70만 명이 조금 넘는 무슬림이 있으며, 멕시코는 1만 명이 채 안 된다. 캐나다의 무슬림 인구는 2010년 인구의 2.8%에서 2030년에는 6.6%로 증가할 것이 예상된다. 세계에서 인종이 가장 다양한 도시라는 토론토에는 무슬림 인구가 약 5%로 추산되는데, 이는 북미 도시들의 무슬림 인구 비율 중에서 가장 높다.[1]

미국의 많은 무슬림들은 아랍계(26%) 또는 남아시아계(16%)다. 많은 수가 미국에서 태어났거나 귀화한 시민들이다. 하지만 아랍계나 남아시아계 이민자들이 모두 무슬림인 것은 아니다. 상당수의 아랍계 미국인들은 그리스도인이며, 많은 남아시아계 이민자들은 힌두교도와 시크교도다. 미국에는 또한 적어도 50만 명의 이란인들이 살고 있다. 2011-2012년도에 미국에 온 76만 명의 국제학생 중 10만 명 이상이 이슬람 다수 국가 출신이지만, 2001년 9월 11일 이후 중동의 이슬람 학생 수가 현저히 감소했다.

북미 무슬림 모두가 최근에 이민 온 사람들은 아니다. 미국의 무슬림 중 약 20%가 아프리카계 미국인이다. 퓨재단의 연구에 따르면, 이슬람교로 개종한 미국인의 59%는 아프리카계 미국인이고, 34%는 백인이며, 7%는 다른 인종 출신이다. 하지만 다른 연구에 따르면 이슬람으로 개종한 많은 사람들이 이슬람에 오래 남아 있지 않는다.

1. torontomuslims.com.

출처_ operationworld.org; pewresearch.org; www12.statcan.gc.ca; people-press.org; census.gov; iie.org.

참고문헌
Roy Oksnevad and Dotsey Welliver, *The Gospel for Islam: Reaching Muslims in North America* (Wheaton, IL: Evangelical Missions Information Service, 2001).
J. D. Payne, *Strangers Next Door: Immigration, Migration, and Mission* (Downers Grove, IL: InterVarsity Press, 2012).

람도 있으며 부자도, 빈자도, 기혼 여성도, 미혼 여성도 있다. 전통적인 가정주부도, 현대의 직장 여성도 있다. 그런데 이들 삶의 많은 부분이 불안과 두려움, 즉 질병, 죽음, 거절, 영적 세계에 대한 두려움이라는 특징을 보인다. 그들은 영적 세계를 두려워하면서도 그 세계가 능력과 통제력을 준다고 생각한다. 그들은 자신에게 필요하다고 느끼는 능력과 통제력을 주는 마법을 유용하게든 해롭게든 사용할 것이다.

여성인 그들이 인지한 필요는 신학적, 심리적, 지적이기보다는 관계적이므로 그들은 충분히 이해받을 필요가 있다. 그들은 자신들의 필요와 동떨어져 있지 않은 그리스도의 사랑과 능력을 깨달아야 한다. 복음에 대한 지적이고 신학적인 접근은 대개 그들에게 통하지 않는다. 변증 역시 마찬가지다.

니제르에 오신 것을 환영합니다.

관계

복음을 나눌 때 반드시 알아야 할 것이 있다. 우리가 전하는 메시지는 우리가 경험한 한 인격에 대한 것이지 어떤 교리나 체계, 종교나 책 또는 교회에 대한 것이 아니다. 우리는 관계를 맺고 있는 한 인격을 전해야 한다. 무슬림 여성들은 관계에 관심이 많으면서도 전능하신 하나님과 관계를 맺을 수 있음은 알지 못한다. 그들은 하나님을 멀리 계시며 경외해야 할 대상이라고만 생각한다. 또 우리가 알아야 할 것은, 무슬림 여성들이 대부분 서양의 직선적 논리를 따르지 않고 동양적인 방식으로 사고한다는 점이다. 그러므로 은유, 시, 연상 등을 통해 진리를 소통하는 법을 배워야 한다.

무슬림 문화에서 관계는 매우 중요하다. 그리고 무슬림 여성들과의 관계는 서두른다고 되지 않는다. 그들에게는 시간이 필요하다. 의심과 불신의 벽을 인내와 사랑으로 무너뜨려야 한다. 그러자면 그들의 언어, 관습, 음식 등에 대해 배워야 한다. 여성들이 보내는 삶의 많은 부분이 음식 준비를 중심으로 돌아간다. 음식 준비는 한 여성을 아내와 엄마로서 가치 있게 만들어 준다. 무슬림 여성에게 현지 음식 만드는 법을 직접 배워 보라. 무슬림 문화권에서 사람들은 서로의 집을 방문하며 시간을 보낸다. 당신이 우정을 나누고 싶은 사람과 함께 무슬림 여성의 집을 정기적으로 방문해 보라.

무슬림 여성의 실제적 필요를 섬기는 것은 장애물을 무너뜨리는 또 하나의 방법이다. 무슬림 여성의 영혼뿐 아니라 그녀 자체에 관심을 보이라. 관계의 중요성은 개인이 위기에 처했을 때 드러난다. 위기는 누구에게나 찾아온다. 그럴 때 당신이 무슬림 친구와 신뢰의 관계를 맺고 있다면, 하나님이 복음 증거를 향한 많은 문들을 여실 것이다. 푸아드 아카드는 이렇게 말했다. "진리의 무게를 견딜 만한 관계의 다리를 세우라."

인생 이야기 나누기

나는 그리스도 안에 있는 내 인생 이야기, 즉 내가 하나님과 가졌던 친밀하고도 인격적인 관계를 나누는 것이야말로 하나님의 사랑과 돌보심, 그분이 우리와 맺고 싶어하시는 관계를 효과적으로 표현하는 방법임을 배웠다. 이를 위해서는 우리가 그리스도를 어떻게 알게 되었는지 들려주면서 우리의 감정, 생각, 기도 등에 대해 자세히 이야기해야 한다. 가능한 한 상대방이 이해할 수 있는 용어와 진리를 동원해야 한다(예를 들어 "나는 하나님이 한 분이고, 그분 외에 다른 신은 없다고 믿어요"). 뿐만 아니라 (성탄절과 부활절 같은) 절기가 개인적으로 어떤 의미가 있는지, 하나님이 우리 기도에 어떻게 응답하셨는지, 하나님이 개인적으로 어떻게 예비하고 보호해 오셨는지 나눌 수도 있다.

라마단과 이드 알아드하(희생제)는 우리 무슬림 친구들의 집을 방문하거나 경우에 따라 선물을 주며 관계를 돈독히 하기에 더없이 좋은 시간이다. 이러한 절기를 통해 영적 문제에 대해 토론

그들의 손에 성경을

우리는 하나님 말씀의 능력을 믿는다. 많은 무슬림 배경의 신자들의 간증을 들어보면 그들이 스스로 성경을 읽기 시작하는 시점이 반드시 있다. 어떻게 해야 무슬림에게 하나님의 말씀이라는 선물을 주고, 그들로 하여금 그 능력을 발견하게 할 수 있을까?

- 기도하라. 하나님이 적절한 순간을 마련해 주실 것을 참을성 있게 기다리면서 성령님이 당신의 마음을 움직여 친구들에게 성경을 주게 하실 때를 기다리라.
- 누구나 다 글을 잘 읽는 것은 아님을 알고 이 장애물을 극복할 준비를 하라. 친구가 읽는 법을 배우도록, 혹은 성경 녹음과 비디오를 구하도록 도우라.
- 친구가 쓰는 언어로 번역된 성경을 준비해서 선물하라. 인터넷이나 그 밖의 자료를 검색해 그런 성경을 구하라. 외국어 성경을 읽느라 쩔쩔매는 친구의 모습을 한번 그려 보라. 아무리 외국어에 능통해도 그 뜻을 결코 마음으로 이해하지 못할 것이다.
- 성경을 어디서부터 읽기 시작하면 가장 좋을지 친구에게 알려 주라. 대개는 누가복음이 좋다. 복음서에서 특정한 이야기 혹은 비유 찾는 법을 보여 주라.
- 어떤 이야기를 나누거나 구절을 찾을 때 친구와 나란히 앉아 함께 읽으라. 친구에게 성경을 잡게 하고 큰소리로 읽으라. 친구가 거룩한 책을 읽는 것, 혹은 만지는 것을 불편하게 느낄 수 있으므로 친절하게 시범을 보이는 것이 좋다.
- 성경에 나오는 낯선 단어들을 모아 목록을 만들어 보라고 친구에게 권하라. 그런 다음 그 단어들을 함께 살펴보라. 대부분의 무슬림들에게 이브라힘과 아윰처럼 아브라함이나 욥보다 더 자연스러운 이름을 가르쳐 주라.
- 당신이 권한 본문들을 친구가 읽었는지 확인하라. 누구나 바쁘다보면 잊을 수 있다.
- 친구가 성경을 읽게 해달라고 계속 기도하라. 많은 간증에 따르면 사람들은 성경을 받고 몇 년 후에야 읽기 시작한다.

출처_ *Encountering the World of Islam*.

할 기회를 얻을 수도 있다. 특히 이드 알아드하 때는 아브라함이 자기 아들을 희생했던 성경 이야기를 나누는 것도 좋다.

이야기 나누기

예수님은 전문 이야기꾼이셨다. 우리는 그분의 예에서 많은 것을 배울 수 있다. 시간을 들여 미리 생각하고 준비한다면 예수님의 많은 예화에 이슬람의 옷을 입혀 전달할 수 있을 것이다. 여성과 관련된 예수님의 성경 이야기들도 매우 효과적이다. 예를 들어, 예수님이 과부의 아들을 살리신 사건(눅 7장), 혈루증을 앓던 여인을 치유하신 사건(막 5장), 안식일에 여인을 치유하신 사건(눅 13장) 등이 있다. 이 이야기들은 하나같이 무슬림 여성들에게 매우 중요한 주제(독생자의 죽음, 월경, 정령 등)를 다루고 있어 그 의미가 특별하다. 영적 진리를 드러내는 다른 훌륭한 이야기들을 수집하는 습관을 가지라.

무슬림 문화에서는 때로 대화 중에 깊은 감정을 드러내는 것을 수치스러워하기도 한다. 그러나 시나 노래에서 그러한 감정을 표현하는 것은 허용된다. 이는 영적 진리를 표현할 때에도 마찬가지다. 그러니 발전이 더 필요한 영역인 셈이다. 연극 역시 마찬가지다. 예수님의 비유, 예수님과 여성들이 만난 이야기 등을 연극으로 보여 준 다음 이에 대해 토론해도 좋다.

기도

무슬림 친구들과 함께 그들의 특별한 필요를 놓고 기도할 때 우리는 그들에게 사랑을 표현하고, 우리와 하나님 사이의 친밀한 관계를 드러내며, 그리스도의 능력이 그들 삶에 흐르게 할 수 있다. 예수님은 하나님나라가 귀신을 쫓아내고 치유하는 것과 함께 임한다고 말씀하셨다(마 12:28). 무슬림 여성의 세계관에 초자연적 요소가 많기 때문에 우리는 그리스도가 꿈, 환상, 기적, 사탄을 이기시는 능력 등을 통해 자신을 드러내시길 기도할 필요가 있다.

대부분의 지역에서 무슬림 여성이 그리스도께 나아오는 경우가 드물다. 그럴 때 우리는 "이유가 무엇인가?"를 물어야 한다. 나는 그 이유 중 하나가 그동안 교회가 그들을 간과했기 때문이라고 믿는다. 교회는 그들의 남편이나 아버지에게 접근했던 방식 그대로, 보다 지적으로 복음을 전달하는 방식으로 여성들에게 접근하는 것을 당연하게 여겼다.

이제 성령 충만하고 창의적인 그리스도인 여성들이 무슬림 자매들의 마음을 열 열쇠를 찾아야 할 때다. 새뮤얼 즈웨머는 이에 대해 다음과 같이 말한다. "무슬림 세계 여성들에게 가장 필요한 것은 그리스도인 자매들의 자기 희생적인 섬김이다."

친척들을 통해 _ 레이 레지스터

어느 무슬림 시골 마을 주민인 무함마드는 병원을 방문했다가 나를 갈릴리 바다 근처에 있는 그의 텐트로 초대했다. 그곳에서 그의 가족들은 양을 치며 살고 있었다. 소년 시절 그는 하늘에서 천사들이 노래하는 꿈을 꾸었다고 했다. "지극히 높은 곳에서는 하나님께 영광이요 땅에서는 하나님이 기뻐하신 사람들 중에 평화로다"(눅 2:14). 훗날 그는 병원에서 만난 그리스도인 기술자로부터 성경을 구입해 그 구절을 찾는다. 이후 몇 번의 만남을 통해 우리의 우정은 깊어졌다.

무함마드는 아버지가 돌아가시고 나서 자신의 열두 자녀와 함께 어머니의 열두 자녀까지 책임지게 되었다. 장례식을 치르고 며칠 후 아버지가 그의 꿈에 나타나 이렇게 말씀하셨다. "카시스(목사) 말을 따르렴. 그가 네게 올바른 길을 안내해 줄 거야."

대가족에게 다가가다

무함마드는 무슬림 축제 기간에 나와 함께 다른

네 마을에 사는 자신의 여동생과 처제들을 방문했다. 나는 기독교 영화를 가져와 식사를 마친 후 가족들에게 보여 주었다. 얼마 전 그의 친척들 중 한 명이 사는 마을에 갔는데, 그때 젊은 무슬림 여성을 만났다. 그녀는 미국에서 공부할 때 예수님을 영접했다고 말했다. 아내와 나는 개인적으로 그녀를 만나 기도하면서 제자 양육을 하고 있으며, 그녀는 물론 그녀의 남편과도 상담을 하고 있다.

내 친구는 이슬람을 완전히 버리고 그리스도인이 되기로 용단을 내리지는 않았다. 그가 앞으로 어떻게 할지는 확신할 수 없다. 그런 일은 문화적으로 급격한 변화가 필요하다. 그는 나와 함께 『무슬림 그리스도인의 7가지 신조』라는 소책자를 공부하고 난 후 개인적으로 신앙을 고백했다. 지금은 성경을 혼자 연구하고 있다. 그는 이슬람 사원에서 기도하지 않는다. 하지만 나는 이슬람 사원을 방문한 적이 있으며, 내 친구의 집에서 젊은 셰이크와 함께 몇 차례 이야기를 나누기도 했다.

고난받을 자유

"사랑하는 자들아 너희를 연단하려고 오는 불 시험을 이상한 일 당하는 것같이 이상히 여기지 말고 오히려 너희가 그리스도의 고난에 참여하는 것으로 즐거워하라 이는 그의 영광을 나타내실 때에 너희로 즐거워하고 기뻐하게 하려 함이라"(벧전 4:12-13). 우리는 고난을 성경적으로 이해할 필요가 있다. 우리는 고난이 그리스도인 삶에서 정상이라는 말을 듣지만 그리스도인의 증거에 필요한 요소로 환영하는 경우는 거의 없다. 그 결과 세계 다른 곳에서 핍박받는 교회의 증거를 귀하게 여기지 못한다.

왜 비서구인들만 예수님을 위해 고난받고 죽는가? 서구인들은 비서구 교회들이 그랬던 것처럼 기꺼이 불 가운데로 걸어갈까? 예수님은 "갈지어다 내가 너희를 보냄이 어린 양을 이리 가운데로 보냄과 같도다"(눅 10:3)라고 말씀하셨다. 무슬림들이 그리스도께 삶을 드릴 때 핍박받을 것은 거의 확실하다. "종이 주인보다 더 크지 못하다 한 말을 기억하라 사람이 나를 박해하였은즉 너희도 박해할 것이요"(요 15:20)라고 가르치셨다. 무슬림 출신의 1세대 신자들이 그리스도를 믿는 믿음을 위해 살고 고난받고 죽는 것처럼 그들의 아들과 딸들이 다음 세대의 신자가 되기 위해 제자 훈련을 받아야 한다. 중국과 구소련에서 2세대 신자들이 부모의 신앙을 이어 받은 결과 교회는 핍박 속에서도 번성했다. 연구에 따르면 기독교는 신자들이 제자 훈련의 일환으로 자신들이 왜 고난을 받는지 배울 때 핍박 속에서도 성장한다.

무슬림 사역에 경험이 많은 닉이 수년 동안 투옥당했던 한 무슬림 배경의 신자와 인터뷰를 했다. 그 신자는 이렇게 말했다. "저는 당신이 켄터키에서 자유롭게 그리스도를 전할 수 있도록 제 나라 감옥에서 고난을 받는 것이 매우 기뻤습니다." 닉은 울면서 말했다. "그 은혜는 너무 커서 도저히 받을 수 없습니다." 그 신자는 큰 고난을 받은 사람다운 특유의 부드러움으로 대답했다. "그것이 십자가의 은혜이고 하나님 백성의 하나 됨이지요. 당신이 자유롭게 그리스도를 선포할 때 저는 비록 감옥에 있지만 자유롭습니다. 교회의 일부이기 때문입니다. 제가 핍박을 받는다면 당신도 제 핍박에 동참하는 것입니다. 그러니 자유로운 교회도, 핍박받는 교회도 없습니다. 단지 예수 그리스도의 교회만 있을 따름입니다. 제 기쁨을 빼앗지 마세요. 저는 당신이 자유롭게 선포할 수 있도록 자유롭게 고난을 받았습니다."

출처_ Annee W. Rose, frontiers.org.

그는 워낙 신중한 탓에 외국인 그리스도인과 어울려 다니는 일로 다른 마을로부터 박해를 받고 있지는 않다. 그러나 그는 이따금 복음주의 모임에 참석해 강력한 설교를 누린다. 그는 무슬림들에게 복음을 증거하라는 부르심을 받았다고 느끼는 젊은 아랍 그리스도인들을 선택하는 데 도움을 준다. 겉보기에 그는 소박하고 교육받지 못했으며 보잘것없는 팔라흐(농부를 가리키는 아랍어)다. 그는 시골 사람들이 베두인과 다른 민족들에게 가지고 있는 전형적인 선입견을 가지고 있다. 그러나 최근 가계도를 공부하다가 뜻하지 않은 새로운 세계로 들어섰다.

무함마드는 친척들이 요르단 서안 지구에 흩어졌다가 사우디아라비아에도 들어갔음을 알게 되었다. 최근 6개월 동안 우리는 이 친척들을 만나기 위해 서안지구의 여러 마을을 수차례 방문했다. 일반적으로 그들은 갈릴리 작은 마을에 사는 내 친구와 가족보다 훨씬 더 영향력 있는 삶을 살고 있었다. 그들은 비공식적으로 나를 그들의 부족원으로 입양했다! 그들은 일상적인 대화를 하며 복음을 나누는 데 마음이 열려 있다. 나는 최근에 함마드의 갈릴리 친척들보다 이들을 더 자주 만나고 있다. ❖

현장에 들어가기 전 준비 단계, 고국에서의 사역

조슈아 마세이

 오늘날 선교사로 임명된 사람들은 해외로 나가기 전에 타문화 사역을 상당히 경험할 수 있는 놀라운 기회를 가진다. 더 많은 불교 탑, 힌두교 성전, 시크교 구루드와라(gurudwara, 시크교 사원), 이슬람 사원들이 북미 전역에 계속 건설되고 있다. 하나님은 열방을 우리 안에 가져다놓으셨다. 이러한 대량 이민은 더 이상 도시 중심지에만 국한되지 않는다. 이민자들이 전혀 살지 않는 도시는 점차 찾아보기 힘들어지고 있다. 이러한 동향은 하나님이 열방의 대사로 준비시키고 계신 사람들에게 엄청난 기회가 되고 있다.

1987년에 우리 교회의 한 장로님이 내가 남아시아의 무슬림에게 복음을 전하는 비전에 대해 말하는 것을 한참 가만히 듣더니 물었다. "그렇군요. 그럼 우리 지역의 무슬림에게는 어떤 사역을 하고 있나요?"

"글쎄요." 나는 다소 당황하며 대답했다. "사실 여기에 있는 무슬림들은 그렇게 많이 알지는 못합니다. 이집트인 무슬림 친구가 있기는 하지만 요즘에는 자주 만나지 못했어요. 이곳에서는 학교와 교회에서 하는 일이 워낙 많아 아는 무슬림 친구들이 있다 해도 그들과 함께 보낼 시간이 넉넉할지는 잘 모르겠네요."

장로님은 부드럽게 다시 물었다. "남아시아 무슬림 가운데서 할 교회개척 사역을 여기서 더 잘 준비할 수 있는 방법은 무엇일까요? 소그룹 성경공부를 인도하는 것(내가 수년간 해온 일이다)일

조슈아 마세이는 문화인류학자이자 언어학자, 선교학자로 1985년부터 아시아 무슬림 가운데서 일하고 있다. 교회개척운동에 관한 선교 기사와 대중 이슬람 의식에 관한 민속지학적인 글을 다수 썼다. 이 글은 Joshua Massey, "Hometown Ministry as Prefield Preparation", Evangelical Missions Quarterly 38, no. 2(Wheaton, Ill.: Evangelical Missions Information Service, April 2002), 196-201쪽에 나온 것으로, 허락을 받고 실었다. billygrahamcenter.org/emis

까요, 아니면 이 지역의 무슬림에게 우정 전도를 하는 것일까요?" 당혹스럽지만 답은 분명했다.

장로님은 바로 여기, 내 고향에 있는 남아시아 무슬림들에게 인도해 달라고 하나님께 기도할 것을 권했다. 나는 그의 조언을 따라 기도했다. 며칠 지나지 않아 거의 기적처럼 곳곳에서 무슬림들이 눈에 띄기 시작했다! 정치학 강의실에서는 쉐드를 만났다. 전에는 그가 거기에 있다는 사실을 전혀 몰랐다. 대학 캠퍼스에 턱수염을 기른 한 남자가 걸어가고 있었는데, 그는 남아시아 출신의 무슬림이 틀림없어 보였다. 다음 학기에는 생물학 강의실에서 한 젊은 무슬림 여성을 만났으며, 어느 날 밤 그녀와 남편을 집에 초대해 저녁 식사를 대접했다. 그녀의 남편은 내가 캠퍼스에서 본 그 턱수염 학생이었다! 주유소에서, 마트에서, 심지어 우리 동네에서 남아시아 무슬림들이 눈에 들어오기 시작했다. 그들은 어디에나 있었다! 하나님은 기도에 대한 응답으로 내 눈을 열어 주셨다. 지금도 풀리지 않는 한 가지 의문은 어떻게 내가 이전에는 그토록 눈이 멀어 있었는가다.

눈이 먼 이유

내가 주변의 엄청난 기회에 눈이 멀었던 것은 '선교'란 고국이 아니라 해외에서 하는 일이라는 잘못된 생각 때문이었다. 교회와 선교회 지도자들은 선교사 지원자들에게서 해외로 가기 전에 모종의 '사역 경험'을 하도록 요구한다. 하지만 현지로 가기 전에 이곳에서 의미 있는 타문화 경험을 기대하는 지도자들은 거의 없다. 역사적으로 보면 그럴 만한 상당한 이유가 있다. 무슬림, 힌두교도, 시크교도, 불교도 이민자들이 오늘날처럼 이곳에서 상당한 수를 이루고 있지 않았기 때문이다.

1900년대 초 북미에 사는 대부분의 외국 태생 이민자들은 유럽 출신이었다. 유럽 이민자들은 1910년에서 1970년까지 꾸준히 감소했으나 1980년에는 전환점을 맞이했다. 현재 인구조사 보고서에 따르면, 미국 내 외국 태생 이민자 가운데 절반 이상이 지난 18년 동안에 이곳에 왔다. 오늘날 미국에 사는 외국 태생자들은 얼마나 될까? 10%에 이른다! 미국 내 열 명 중 한 명은 타지에서 태어난 사람들이다. 외국에서 태어난 이민자들은 현재 중국, 인도, 베트남(불교도, 힌두교도, 무슬림, 시크교도 인구가 가장 많은 중심지들)에서 점차 더 많이 오고 있다.

오늘날 하나님은 무엇을 하고 계시는가? 나는 하나님이 '선교하다'라는 말의 의미에 대한 잘못된 개념을 고치고 계신다고 믿는다. 개척선교는 해외에서만 이루어진다는 생각을 버려야 한다. 하나님은 수많은 미전도 종족 집단 사람들을 우리 곁에 데려와 함께 살게 하셨다.

교회 내 사역은 주로 신자들에게 사역할 선교사를 준비시킨다. 하지만 개척교회 설립자는 주로 불신자들에게 사역하는 것에서부터 시작해야 한다. 그 과업에 더해 언어와 문화를 배워야 하는 의사 소통상의 도전이 따른다. 미전도 개척 지역에 가는 많은 사람들이 상당한 시간을 기존의 교회 신자들에게 사역하면서 보내는 것도 무리가 아니다. 반면에 고국에서 미전도 무슬림, 힌두교도, 불교도, 시크교도 등을 대상으로 타문화 사역을 한 경험이 있는 신참 선교사는 개척교회를 세우는 데 필요한 도전들을 훨씬 더 잘 뚫고 나갈 것이다.

지금 시작할 때 얻는 유익

하나님이 내 고향에서 살고 있는 남아시아 무슬림들을 볼 수 있는 눈을 열어 주셨을 때, 나는 하나님이 어떻게 그런 관계들을 사용해 해외에서 열매 맺는 사역을 하도록 준비시키실지 꿈조차 꾸지 못했다.

나는 최근 사귀게 된 남아시아 친구들과 연장

자, 또래, 젊은이에게 언어뿐 아니라 적절한 문화 예절도 배우기 시작했다. 그들에게 이야기, 일화, 이슬람 속담 등을 배웠는데, 그것은 무슬림이 문화적 교양을 평가하는 중요한 부분이다. 나는 맵고 짠 음식과 아시아 음악에 점차 익숙해졌다. 남아시아의 영화, 유머, 소일거리 등은 그들의 세계관에 대해 매우 많은 점을 가르쳐 주었으며, 그들의 문화적 전통에 뿌리를 둔 예화를 개발하는 데 필요한 소소한 것들을 축적하는 데 유용했다. 우리가 남아시아로 떠날 날이 가까웠을 때 한 무슬림 친구가 이슬람 기관의 대표 한 명이 공항에서 우리를 마중나오도록 주선해 주었다. 그는 또한 우리를 다른 무슬림들에게 소개해 주었는데, 그들은 우리가 집을 구할 때까지 자기들 집에 머물게 해주었다.

우리가 무슬림 공동체로부터 받은 따뜻한 대접은 더욱 중요한 열쇠가 되었다. 우리는 소속된 기관에서 그 도시에 파견한 최초의 선교사여서 현지에서 도움을 청할 동료가 한 명도 없었기 때문이다. 그 도시에는 미국인이 몇 명 있었지만 아내와 나는 우리가 무슬림 친구들의 도움에 더 의지할수록 그들과의 관계가 깊어지고 더 많은 무슬림 친구들을 알게 되리라고 믿었다. 우리가 미국 내에 있는 그들의 무슬림 친구들과 친척들을 안다는 사실 덕분에 우정의 끈이 더욱 강해졌다.

하나님은 미국에서 우리가 보낸 시간을 사용해 남아시아에 들어오는 길을 준비시키셨다. 현지에 도착하기도 전에 벌써 우리를 기다리고 있는 무슬림 친구들이 있었다. 그 친구들은 가정과 마음을 열고 내 이야기에 귀 기울일 또 다른 사람들을 소개해 주었다. 첫 번째 사역 기간에 우리는 우정을 통해 신뢰를 형성한 다음에 복음을 전하는 기회를 수없이 가졌다.

첫 번째 사역 기간이 끝날 무렵, 한 친한 무슬림 친구가 공항에 가기 전에 자기 집에 들렀다 가라고 강권했다. 놀랍게도 25명이 넘는 그의 온 가족이 작별 인사를 하기 위해 도시 곳곳에서 와서 모여 있었다. 우리는 모두 바닥에 앉아 마지막 저녁 식사를 했고, 식사 후에 그들은 늘 하던 대로 기도를 해달라고 부탁했다. 음식에 대해 하나님께 축복해 달라고 구하고 우리를 좋은 친구들에게로 인도해 주신 것에 감사하는 기도를 드렸다. 하나님이 그토록 짧은 시간에 하신 일들을 보면 놀라지 않을 수 없다. 우리는 그곳에 겨우 2년 반밖에 있지 않았다! 하나님은 어떻게 그분의 복된 소식을 전할 친밀한 무슬림 친구들을 그렇게 많이 허락해 주셨는가? 내가 남아시아로 가기 몇 년 전에 무슬림 친구들과 우정을 나눌 수 있는 놀라운 기회를 보도록 눈을 열어 주심으로써 그렇게 하셨다.

너무 바빠서 준비하지 못한다고?

무슬림 안에 하나님나라가 확장될 기회에 대해 학생들에게 이야기하려고 국내 이곳저곳의 성경대학을 방문할 때면, 1980년에 내가 겪은 것과 똑같은 눈먼 상태가 오늘날 하나님의 사람들을 여전히 괴롭히고 있음을 발견한다. 하나님이 내 눈을 열기 위해 어떻게 격려하셨는지 나누면 어떤 사람은 이렇게 대답한다. "저는 전임으로 일하고 있습니다! 그런데 어떻게 지금 제가 사는 곳의 미전도 종족들에게 의미 있는 사역을 할 수 있죠?" 나는 묻는다. "해외에서는 크게 다를 것이라고 생각하세요? 자비량 사역을 하면서 생계를 꾸리려면 시간에 많이 쫓길 것입니다. 여기에 있으면서도 그곳에 있는 것처럼 전략적으로 생각해야 합니다. 바로 여기에서 외국인들에게 복음 전하는 일을 시작하세요. 일주일에 단 몇 시간이라도 말입니다."

교회개척 선교사가 될 사람이 현지에 가기 전에 종교가 다른 외국인들과 친밀한 우정을 쌓으면서 의미 있는 준비를 하지 못한 채 책으로만 그들에 대해 연구할 경우, 정작 현지에 가서 '이제 뭘 해야 하지?'라는 생각이 자주 들 것이다.

이런 예를 생각해 보라. 현지에서 사역하는 한 신참 선교사가 무슬림 친구를 찾아간다. 그 친구는 기도 시간이니 잠깐 실례하겠다고 말한다. 그러면 신참 선교사는 난감해지기 시작한다. '난 뭘 해야 하지? 이슬람 사원에 가서 그와 같이 기도해야 하나? 여기에서 여자들과 이야기나 나누면서 기도하지 않는 그리스도인처럼 보여야 하나? 손을 씻고 기도 카펫을 달라고 해서 예루살렘을 향해 엎드려 기도해야 하나? 그냥 나가서 음료수나 한 잔 마시고 올까? 뭘 해야 하지?' 이것은 마치 지속적인 선교 학습 과정에서 '고급반'에 들어가야 할 사람이 현지에 오기 한참 전에 거쳤어야 할 '기초반'에서 시작하는 것과 같다.

책에서 온갖 이론을 배웠을지는 모르나 해외 파송 전에 고국의 무슬림들에게 그 이론을 적용해 보지 않고, 언어와 문화를 배우기에도 급급한 선교 최전선에 가서야 그 일을 하려는 경우가 종종 있다. 현장에서만 배울 수 있는 교훈이 많은 것은 사실이다. 하지만 하나님이 우리를 보내실 그곳의 사람들을 지금 이곳에서 찾아내고, 그들과 진정한 우정을 나누는 가운데 현지 준비를 훨씬 더 잘 할 수 있게 하시는 것도 사실이다. 하나님은 우리를 특정한 지리적 장소로 부르시는 것이 아니라 특정한 사람들에게로 부르신다.

자연스러운 접근

최근에 나는 잠시 선교 담당 목사로 섬겼는데, 그러다 보니 해외 사역에 최소한의 신실함을 보이지 않은 후보자는 선교단체에 추천하기 어렵다는 생각이 들었다. 진정한 겸손, 종의 마음, 기본적인 인내심도 사역에 큰 도움이 되겠지만, 선교 사역을 준비하는 수년 동안 무슬림 친구를 단 한 명이라도 사귀는 데 전혀 시간을 할애하지 않은 선교사 후보생을 무슬림 선교사로 해외에 파송하는 것도 뭔가 이상했다.

지금 자기가 살고 있는 지역에서 미전도 종족에게 복음을 전하는 능력을 보여 준 선교사를 개척교회 설립 선교사로 파송한다면 얼마나 마음 가쁜 일이겠는가. 파송 교회의 입장에서는 검증된 후보자를 위임하는 것이 당연하다. "우

가기 전에 준비하라

해외 사역을 앞둔 많은 이들이 전임 사역을 하기 전에 '현장과 비슷한' 경험을 해보는 것이 요즘 추세다. 이 프로그램은 단순한 인턴 과정과 달리 수습 과정이라고 표현하는 것이 더 적절해 보인다. 사역 경험을 쌓을 뿐 아니라 타문화권과의 관계 속에서 지속적인 훈련과 멘토링을 받기 때문이다. 모든 과정은 현장 팀과 매우 흡사한 작은 공동체 환경 속에서 이루어진다. 무슬림과 교회개척운동 중심의 사역을 앞두고 있다면 다음과 같은 과정이 마련되어 있다.

- NYC 이큅(New York City Equip)
- 파송을 위한 정규 수습 훈련(Training Ordinary Apprentices to Go, TOAG) – *toag.net*
- 이머지: 타문화 수습 훈련(Immerge: Cross-cultural Apprenticeships) – *immergecca.org*
- 세계 추수 선교 수습 훈련(World Harvest Mission Apprenticeships) – *whm.org*

출처: *Encountering the World of Islam*.

리는 이 사람(혹은 가족)이 이곳에서 신실하게 사역하는 것을 보았습니다. 이들은 가난한 캄보디아인 가족들을 섬기고, 힌두 공동체를 대상으로 사역했으며, 보스니아 난민들을 돌보고 무슬림들과 오랫동안 애정 어린 대화를 나누었습니다. 수많은 베트남 난민들에게 복된 사역을 하기도 했습니다. 이제 우리는 하나님이 명백히 이들에게 은사로 주신 그 일을 계속하도록 이들을 아시아로 파송합니다."

이민자가 단 한 명도 없는, 세계의 드문 지역 중 하나에 살고 있다 해도 당신은 여전히 도시의 '어두운' 곳, 즉 교도소, 고아원, 마약재활센터, 매 맞는 아내와 자녀를 위한 쉼터 같은 곳에서 형편이 어려운 사람들을 위해 일하면서 경험을 쌓을 수 있다. 미전도 종족들 가운데서 교회를 개척하는 일에 보다 더 준비를 잘 하려면 안전한 교회 밖에 있는 '불편한' 장소에 가 보라. 그것만으로도 충분하다. 우리 주변에는 하나님나라의 삶을 살라고 도전하는 것들이 온통 널려 있다.

준비를 위한 실제 제안

하나님은 우리가 살고 있는 고국에 수많은 미전도 종족을 데려다 놓으셨다. 이는 단지 하나님의 교회가 하나님과 협력해 아들이신 예수님께 열방을 인도하는 특권을 누리게 하기 위해서만이 아니라, 해외의 미전도 종족들이 큰 무리를 이루어 사는 지역에서 사역하도록 우리를 준비시키시기 위함일 것이다. 무슬림, 힌두교도, 불교도, 시크교도 가운데서 교회를 개척할 준비를 하고 있다면, 그곳에 가기 전에 그런 사람들과 적어도 1천 시간 정도 친밀한 우정을 나누길 바란다. 주변에 그런 사람들이 보이지 않는다면 그들을 보여 달라고 하나님께 기도하라. 그런 다음 눈을 크게 뜨고 주유소 직원, 직장 동료, 학교 친구, 가게 주인(특히 도시에서 당신이 잘 방문하지 않는 지역에 있는 사람들)을 찾아보라. 그들은 늘 당신 주변에 있다!

당신이 살고 있는 지역에 그들을 대상으로 사역하는 데 도움이 될 만한 기독교 '프로그램'이 없더라도 염려하지 마라. 사실 그런 프로그램이 있다 해도 직장 동료, 학교 친구, 단골 식당이나 가게 주인들과 자연스러운 관계를 맺는 데 초점을 맞추는 편이 더 나을 수 있다. 자연스럽게 생겨나는 관계들이 유지하기가 훨씬 더 쉽기 때문이다. 계속해서 신경 쓰면서 의도적으로 관계를 유지하라.

대부분의 경우 우리가 해외에 갔다고 해서 그곳 현지인들이 찾아와 우리 집 문을 두드리면서 친구가 되자고 하지는 않을 것이다. 우리는 새로운 친구들을 찾고 사귀는 과정에 익숙해져야 한다. 다른 나라에 간다고 해서 갑자기 마술 같은 일은 일어나지 않는다. 비행기에서 내리는 순간 우리가 갑자기 슈퍼 선교사로 변하는 것도 아니다. 하나님이 무슬림, 힌두교도, 불교도, 시크교도에게 복음을 전하라고 당신을 부르셨다면 지금 시작하라. 왜 기다리는가? ❖

나는 왜 무슬림 선교사가 되었는가?

E. J. 마틴

예멘에 있는 지블라 병원의 의료진 네 명이 아침 모임을 하다가 총에 맞아 쓰러졌다. 보니 위더랄은 레바논 시돈에 있는 산부인과 진료소로 가는 길에 총을 맞았다. 헤더 머서와 데이나 커리는 예수님의 생애를 담은 비디오를 보여 주었다는 이유로 아프가니스탄에서 체포되었다. 마틴 번햄은 필리핀에서 납치, 살해되었다. 4개국에서 몇 달 사이 다섯 명의 선교사가 살해당하고 두 명이 억류되었다. 이 목록은 최근 미국 신문의 표제를 장식한 북미인 중 일부만 말한 것이다.

무슬림 사역 선교사가 되는 것이 갑자기 위험한 일처럼 보이지 않는가? 사실 이것은 어제 오늘의 일이 아니다. 무슬림 국가만 위험한 것도 아니다. 하지만 최근 일어난 여러 잔혹한 행위들에 비추어 볼 때, 왜 우리 무슬림 선교사들이 이 사역을 계속하려 하는지 묻는 것이 타당하다.

먼저, 배제할 수 있는 몇 가지 이유가 있다. 전부 그런 것은 아니지만 많은 무슬림 국가들이 말로만 인권을 이야기하는 억압적 체제 아래에 있다. 물론 나는 종교의 자유라는 기본 인권에 특히 관심이 있다. 유엔의 세계인권선언문을 보면 다음과 같다. "모든 사람은 사상, 양심, 종교의 자유를 누릴 권리가 있다. 이러한 권리는 스스로 선택하는 종교나 신념을 가지거나 받아들일 자유와, 단독으로 또는 다른 사람과 공동으로, 공적 또는 사적으로 예배, 의식, 행사 및 선교로 자신의 종교나 신념을 표명하는 일을 표명하는 자유를 포함한다." 이에 반대하는 사람들은 인권 및 믿음과 표현의 자유라는 가장 근본적인 원리

마틴은 교육학 학위를 가지고 있으며 한 무슬림 국가에서 수년간 사역했다. 그녀의 남편은 그 나라에서 기독교 문서를 배포했다는 이유로 고소를 당해 몇 달간 투옥되었다. 이 글은 E. J. Martin, "Why Am I a Missionary to Muslims?" *Mission Frontiers*(September-Octoer 2003), 12-13쪽에 나온 것으로, 허락을 받고 실었다. *missoinfrontiers.org*.

를 부정하는 것이다. 그리스도인들은 무슬림이 될 자유가 있는 것처럼 보인다. 하지만 무슬림들은 자신의 종교를 바꿀 자유를 전혀 누리지 못한다. 이러한 위선이 섬뜩하기는 해도 그렇다고 정치적 변화를 이루는 것은 나의 목표가 아니다.

나는 서구가 말하는 이른바 '문명의 충돌에서 확실히 이기는 법'에는 관심이 없다. 그런 충돌에서는 승자가 있을 수 없다고 믿기 때문이다. 나는 궁핍한 사람들을 꾀어 영혼을 식량과 맞바꾸는 일을 하려고 선교사가 된 것은 아니다. 첫째, 이런 비난은 인도주의적인 도움을 주기 위해 고국의 안락함을 뒤로하고 떠나는 그리스도인들이 상당히 비열한 동기를 가지고 있다고 전제한 것이다. 둘째, 그것은 그런 '회심'에 조금이라도 진정한 의미가 있을 것이라고 추정하는 것이다. 마지막으로, 그같이 우스꽝스러운 시나리오는 무슬림의 지성을 모욕하는 것이다. 외적 유인이 영적 변화를 이끌지 않을 것이며 당사자는 누구나 이런 사실을 안다. 이것은 미혹케 하고 혼란에 빠뜨리려는 냉소적 방관자들의 책략이다.

나는 순교자 콤플렉스 때문에 선교사가 된 것은 아니다. 위험하다는 것은 인식하지만 최근에 죽은 동료들이 치른 것과 같은 대가를 치르고 싶지는 않다. 우리는 이글거리는 눈을 부릅뜨고 무모하게 목숨을 내던지는 기인들이 아니다. 우리는 스스로를 보호하기 위해 타당한 예방책을 강구하지만(가명으로 글쓰기 등) 우리가 하는 일에는 원래 위험이 따른다.

선교사의 생활 방식에는 나름의 특전이 있다. 우리는 모험과 여행을 할 수 있고 새로운 장소와 음식을 체험할 수 있다. 우리 자녀들은 여러 문화에 노출됨으로써 유익을 얻는다. 우리는 대체로 새로운 언어와 문화를 배우는 도전을 즐긴다. 하지만 어떤 일에 심취할 때 대부분 그렇듯 모험의 매혹은 순식간에 시들해지고 감사하게도 더 깊은 애정이 뿌리를 내린다.

예를 들어, 나는 무슬림 친구들이 많기 때문에 무슬림 선교사로 살아가는 삶을 즐긴다. 그들의 시각으로 세계를 봄으로써 나는 더 풍성해진다. 나는 그들 안에서 인간으로서 지닌 공통점을 발견했다. 그들은 내가 그렇듯 사랑하고 소망하고 두려워하며 꿈을 꾼다. 나는 심지어 이슬람에서 거룩하신 하나님에 대해 동의할 수 있는 개념들을 많이 발견했다.

우리는 서로를 알아감으로써 각각의 문화가 서로에게 씌운 잘못된 고정관념을 깨뜨린다. 나는 그들처럼 이른바 기독교적인 서양이 보여 주는 도덕적 타락을 나 역시 거부한다는 사실을 그 친구들이 알길 간절히 바란다. 한편 그들은 무슬림이라고 해서 모두 테러리스트가 아니라는 사실을 내가 깨닫길 간절히 바란다. 뉴스를 장식하는 일부 잔혹한 행위들이 이슬람의 대의를 위한다는 테러리스트들이 저지른 일이기는 하지만 말이다. 모든 이슬람 성전(聖戰) 옹호주의자들에도 불구하고 동료들과 나는 평화롭고 사랑이 많은 무슬림 친구들을 훨씬 더 많이 두고 있다.

그러나 이러한 것들은 왜 나와 동료들이 선교사가 되기로 했는지에 대한 질문에는 충분한 답이 되지 못한다. 예수 그리스도는 이 땅에 계실 때 우리에게 그 이유를 주셨다. "남에게 대접을 받고자 하는 대로 너희도 남을 대접하라"(눅 6:31). 내가 예멘이나 요르단에 살며 매우 가난하다면 누군가 와서 내가 아기를 안전하게 분만할 수 있게 도와주고 싶어하지 않겠는가? 일이 너무나 하고 싶지만 직업에 필요한 기술이나 소규모 사업을 시작할 자본이 없다면, 누군가 와서 내가 배우도록 도와주고 자립할 때까지 돈을 좀 빌려 주길 원하지 않겠는가? 또 깨끗한 마실 물이 없다면 누군가가 집 근처에 우물 파는 일을 도와주길 원하지 않겠는가?

예수님은 또한 말씀하신다. "무릇 많이 받은 자에게는 많이 요구할 것이요"(눅 12:48). 나는 한 소도시의 다정한 부모님 아래서 자랐다. 식탁에는 음식이 풍성하게 차려졌다. 나는 대단히 좋은 교육을 받았으며 좋은 직업과 여가를 누렸다. 나는 전형적인 보통 미국인이었다. 하지만 내 삶을 세계 나머지 사람들과 비교해 보았을 때, 내가 얼마나 예외적으로 부유한지, 얼마나 많이 받았는지 알게 되었다. "너희도 남을 대접하라." 우리 사회는 황금률을 더 이상 이해하지 못하고 있는 건 아닌가?

"내가 무슬림들을 회심시켰는가?" 내 무슬림 친구는 이 점에서 꾸란이 성경에 동의한다고 말한다. 하나님은 자신이 뜻하시는 사람을 회심시키신다는 것이다(꾸란 42:13을 보라). 내 힘으로는 사람을 회심시킬 수 없다. 하지만 역사를 통해 전해 내려왔고 내 마음을 감동시킨 똑같은 메시지를 말하지 않을 수 없다. 거룩한 하나님과의 친밀한 교제는 우리가 보류할 수 없는 최고의 잔치다. 그래서 전할 수밖에 없다.

나는 친구들에게 이 최고의 잔치에 대해 말해 왔다. 메시아 예수를 통해 하나님의 죄사함을 받을 수 있다. 외적 환경과 상관없이 풍성한 삶, 나를 만드신 창조주와 함께 하늘에서 누리는 삶에 대한 약속이 주어졌다. 나를 그 약속 가운데로 초대해 주신 하나님께 감사한다. 내 삶은 완전히 좋은 쪽으로 바뀌었다. 나는 다른 사람들의 삶이 바뀌는 것을 보는 특권을 누렸다. 그리고 거부와 투옥과 고문을 당하면서도 예수님과 함께 하는 삶이 이런 대가를 치를 만한 것임을 발견한 무슬림들의 손을 잡아 주었다.

우리 선교사들은 최근에 일어난 잔인한 살인 사건들 때문에 고향으로 돌아갈 것인가? 예수님의 메시지에 대한 이런 폭력적 반응은 새삼스럽지 않다. 감옥에 갇히고 해당 지역 종교 관리에게 예수님에 대해 잠잠하라는 경고를 들었던 사람을 기억하는가? 사도 베드로의 반응은 어땠는가? "하나님 앞에서 너희의 말을 듣는 것이 하나님의 말씀을 듣는 것보다 옳은가 판단하라 우리는 보고 들은 것을 말하지 아니할 수 없다"(행 4:19-20). ❖

참고문헌

Steve Bell, *Grace For Muslims? The Journey from Fear to Faith*(Milton Keynes, U.K.: Authentic Media, 2006).

Shirin Taber, *Muslims Next Door: Uncovering Myths and Creating Friendships*(Grand Rapids, MI: Zondervan, 2004). zondervan.com.

Tony Payne, *Islam In Our Backyard*(Kingsford, Australia: Matthais Media, 2002).

11과를 위한 교재 읽을거리를 끝냈다면 558쪽의 '추천 도서와 활동'을 보라.

온라인 읽을거리는 *encounteringislam.org/readings*에서 볼 수 있다.

토론 문제

'인카운터 이슬람' 강좌를 들은 후 당신이 취할 행동을 쓰고 다른 사람들에게 말해 보라. 예를 들면 다음과 같다.

1. 이 과에서 배운 내용을 내가 다니는 교회 지도자들에게 말한다.
2. 무슬림을 변호하는 사람이 되거나 우리 교회가 일단의 무슬림들을 영적으로 입양하도록 돕는다.
3. 무슬림 학생, 가족, 친구를 식사에 초대한다.
4. 무슬림 종족이 사는 곳으로 단기 선교를 간다.
5. 선교단체와 서신을 교환한다.
6. 무슬림을 위해 기도하는 모임을 시작한다.
7. 교회의 선교위원회에 들어가거나 그런 모임을 만든다.
8. 무슬림 사역 선교사에게 재정 후원을 시작한다.
9. '인카운터 이슬람' 강좌를 같이 들은 사람들과 계속 연락하면서 무슬림이 하나님나라에 들어가는 것을 보자고 서로 격려한다.
10. 무슬림이 운영하는 가게에서 물건을 산다.

추천 도서와 활동

보기 〈Born in the USA: Muslim Americans〉(아흐메드 솔리만 감독, 2003)
〈The Muslims Are Coming!〉(네긴 파르세드, 딘 오베이달라 감독, 2013). *themuslimsarecoming.com*.

기도하기 인터넷이나 지역 정보지를 이용해 당신이 사는 지역의 이슬람 사원이나 무슬림이 운영하는 사업체를 찾으라. 그곳에 가서 당신을 소개하고, 그들을 위해 기도해도 될지 물어보라.

방문하기 인근 이슬람 사원이나 이슬람 센터에 전화를 해서 방문 시간을 물어보라.

유머 David A. Cross, *Mondays in the Middle East: The Lighter Side of Arabian Nights*(Camarillo, CA: Xulon Press, 2006).
Sue Eenigenburg, *Screams in the Desert: Hope and Humor for Women in Cross-Cultural Ministry*(Pasadena, CA: William Carey Library, 2007).

* 그 밖의 유용한 정보와 자료를 위해 *encounteringislam.org/learnmore*를 보라.

12과

무슬림 세계를 위한 기도

깊이 생각해 보기

- 많은 무슬림들이 예수 그리스도를 믿는 것을 보려면 어떻게 해야 하는가? 누가 그 일을 완수할 수 있는가?
- 무슬림 친구들에게 필요한 것은 구체적으로 무엇인가? 그 필요를 누가 채울 수 있는가?
- 우리 그리스도인과 교회는 왜 무슬림과 무슬림 사회를 위해 신실하게 구체적으로 기도하는 것을 어려워하는가?

이 과의 목표

1. 앞 과에 기초한 목표: 기도하는 가운데 지금까지 가지고 있던 무슬림에 대한 오해와 약점을 확인한다.
2. 앞 과에 기초한 목표: 주위 사람들이 무슬림을 위해 기도하도록 인도하며 통찰과 긍휼, 성경적인 건전성을 갖추어 무슬림을 위해 기도한다.
3. 앞 과에 기초한 목표: 앞으로도 계속 존중하는 태도로 정중하게 무슬림에게 다가간다.
4. 앞 과에 기초한 목표: 앞으로도 계속 무슬림과의 관계를 시작하고 유지한다.
5. 앞 과에 기초한 목표: 무슬림에게 복음을 나눈다.
6. 앞 과에 기초한 목표: 무슬림의 역사, 믿음, 다양성, 세계관, 영적 원동력, 현재 사건, 문화적 장벽, 무슬림 전도에 대한 기독교의 접근 방식, 교회개척 등에 대한 이해를 결합해 나만의 기도, 관계, 무슬림 전도 계획을 만들며 가족과 친구와 교회에 영향을 준다.

핵심 요점

1. 강의 없음: 실제로 기도하기 vs 기도에 대해 이야기하기
2. 기도는 본을 따라 연습해야 한다.
3. 모든 기회를 활용해 기도한다.
4. 기도에 전념한다.
5. 우리의 원수는 무슬림이 아니라 사탄이다.
6. 그리스도의 십자가와 부활 사건이 승리를 보장한다.

과제

마지막 퀴즈는 이번 마지막 과에 나온다. '인카운터 이슬람' 강좌의 과제를 마치면서 시간을 내어 퀴즈 질문에 대한 당신의 답을 고민해 보라. 공부한 내용과 당신의 마음을 돌아보며 주님이 가르쳐 주신 것을 접목하는 데 집중하라.
더 많은 정보를 위해서는 31-41쪽의 강좌 소개와 *encounteringislam.org*를 찾아보라.
계속해서 온라인 토론회에 글을 올리라.

이 과의 읽을거리

 교재 서론
기도를 통해 무슬림에게 전도함
무슬림이 말한다: "나는 왜 예수님을 선택했는가?"
무슬림 여성을 위한 기도
기도와 예배: 이슬람에 반응하는 우리의 도구
아랍 무슬림에게 전도하는 이베로-아메리칸
천 년의 증오를 넘어

 온라인 무엇으로 무슬림의 마음을 얻을 것인가?(What Will It Take to Win Muslims?, 패트릭 O. 케이트) - 무슬림이 그리스도께 나아오는 데 필요한 핵심 요소에 대해 말한다.

서론

아무것도 염려하지 말고 다만 모든 일에 기도와 간구로, 너희 구할 것을 감사함으로 하나님께 아뢰라 그리하면 모든 지각에 뛰어난 하나님의 평강이 그리스도 예수 안에서 너희 마음과 생각을 지키시리라 (빌 4:6-7).

많은 경우 우리의 기도는 지나치게 단순하다. 우리는 좀처럼 하나님께 깊이 있거나 강력하거나 겉보기에 불가능한 것에 대해 구체적으로 구하지 않고, 그저 우리와 우리 친구들을 안전하고 건강하게 지켜 달라고만 기도한다. 무슬림 사회를 위해 끈기 있게 기도하려면 하나님의 임재를 계속 경험하고, 그분과 협력해 하나님의 뜻을 행하며 하나님나라에 초점을 맞춘 기도에 전념하는 것이 얼마나 감격스러운 일인지 알아야 한다. 그런 기도를 한 번 경험하면 다시 하고 싶어질 것이다!

이 아이의 미래를 축복해 달라고 하나님께 기도하라.

'인카운터 이슬람' 강좌는 영적 전쟁에 대한 성경의 비유적 표현에 그다지 초점을 맞추지 않았다. 과거에 그런 이미지들은 무슬림을 적으로 규정하기 위해 때로 부적절하게 사용되었다. 하지만 실상 우리는 무슬림과 똑같이 거짓과 속임수에 넘어간 악과 억압의 희생자였다. 우리 모두는 하나님의 역사하심이 필요하다. 이 세상의 어둠과 사탄, 그의 세력들, 우리를 얽어매는 죄를 극복하기 위해서 말이다. 그런 점에서 전쟁이라는 이미지가 타당하다.

기도는 아마 '언급은 가장 많이 하면서 실천은 가장 적게 하는' 영적 훈련일 것이다. 우리는 기도가 우선이라고 주장하지만 우리의 분주한 삶을 정직하게 평가해 보면 그렇지 않다는 사실을 알 수 있다. 자신이 뭘 하고 있는지 확고한 믿음 없이 뻔하고 습관적으로 기도하고 있지는 않은가? 개인적으로 절망적인 상황에 직면해 어쩔 수 없이 깊은 기도를 해야 하기 전까지 기능상 무신론자로 살아 오지는 않았는가? 혹시 허약하고 제한된 기도만 드리는가? 그래서 지루하고 생명력이 없는 것인가? "기도는 왜하지? 도대체 뭘 구해야 하지?"라든가 "그저 내가 계속 기도해 온 거야"라고 말한 적이 있는가?

기도는 그런 게 아니다! 진짜 기도는 언제나 설레고 스릴이 있다. 더구나 그것은 우리의 값진 특권이다! 주식이나 귀금속에 투자하는 사람은 외환 시장에서 자신의 투자 종목에 어떤 일이 일어나고 있는지 적극적으로 관심을 기울인다. 하나님나라에 투자했는가? 그렇다면 기도할 때 당연히 생생하게 주의를 기울여야 하지 않겠는가?

먼저 우리 자신에게 초점을 맞추어야 한다. 하나님이 우리를 용서하시고 우리의 마음을 바꾸시도록, 분주함과 산만함을 넘어 잠잠히 기다릴 곳으로 우리를 인도하시도록 기도할 필요가 있다. 어려워 보이지만 처음 몇 분간 온전히 의지하면 우리의 태도와 기도에 집중하는 데 매우 효과적이다. 하나님이 우리를 통해 중보하시도록 요청하지 않는다면 우리의 기도는 목적과 깊이가 결여되어 있는 것이다. 하나님이 믿을 만한(응답하실 수 있으시며 기꺼이 응답하실) 분이심을 믿으면서 우리의 불신을 변화시켜 달라고 구한다면 우리의 담대한 기도 요청들을 확신 있게 제시할 수 있다.

그렇다. 많은 이들이 이렇게 기도하는 법을 아직 체험하지 못했다. 너무 바쁘고 그동안 몸에 밴 나쁜 습관이 기도 생활을 방해하기 때문이다. 우리는 기도를 처음 시작할 때 성령님이 우리 마음과 생각을 주관하시게 하길 소홀히 한다. 새로운 경험을 하면 우리가 하나님께 쉽게 접근하는 기쁨과 우주의 왕이시며 전능한 창조주이신 우리 하나님 아버지께 이야기하는 기쁨이 되살아날 것이다! 다른 신자들과 함께 모여 예배에 집중하고 새롭게 기도하면 처음의 저항은 극복되고 우리의 기도에 힘이 실리게 된다.

내가 기도하면서 가지게 된 가장 좋은 만남은 함께 모험을 감행하고 섬기는 사역팀과의 만남이다. 우리는 하나님과 팀원 서로에게 의존했다. 팀 동료가 "우리가 이렇게 기도했잖아요. 그런데 어떤 일이 일어났는지 아세요? 아마 상상도 못할 거예요!"라고 말하면 얼마나 기뻤는지 모른

왜 무슬림을 위해 기도하는가?

이슬람에 대한 모든 지식, 무슬림에 대한 모든 감정과 이해, 심지어 충분한 성경 지식을 갖추었다고 해서 우리가 전도 사역을 하러 나갈 만반의 준비가 된 것은 아니다. 중요한 것은 순종하는 사랑 많은 종들을 위해 하나님이 행하시는 일이다. 하나님의 능력, 사랑, 긍휼이 우리 안에서 역사할 때 비로소 우리는 그분의 증인이 된다. 그러나 그분의 임재 안에서 살아야 우리가 어떤 사람이고 어떤 말을 하는지가 우리 안에 심겨진다.

출처_ Gerhard Nehls, *Muslim Evangelism*(Cape Town, South Africa: Life Challenge Africa, 1991), 245쪽.

다. 그런 섬김이야말로 당신의 목적, 곧 담대하게 기도하고 하나님이 어떻게 역사하시는지 배우는 가장 좋은 방법이 아니겠는가?

무슬림들은 기도에서도 부정적인 경험을 한다. 그래서 대부분의 무슬림들은 규정된 이슬람식 기도를 따르지 않는다. "예수님의 이름으로" 처음 기도한 무슬림은 나중에 적잖이 놀란다. "정말 이루어지는군요!" 이것이 많은 무슬림 배경의 신자들이 하는 간증이다. 어떤 사람이 예수님의 이름으로 그들을 위해 기도할 때, 혹은 그들 자신이 기도하면서 하나님께 "도와 달라, 고쳐 달라, 말씀해 달라" 혹은 "하나님이심을 보여 달라"고 구할 때, 그 기도는 삶을 변화시키는 권능으로 명확하게 응답된다.

내가 어떤 사람의 기도를 부러워하고 그 때문에 혼란에 빠진다는 사실을 고백해야겠다. 하나님은 필요한 것을 공급해 주시고 기적을 베풀어 달라는 그들의 넉살 좋은 호소에 너무나 자주 응답해 주신다! 그들은 하나님의 응답하심에 대한 공공연한 비결을 발견했다. 그 비결이란 하나님나라에 집중하는 것이다. 주기도문은 간단하지만 기품 있는 하나님나라의 기도 모델이다. "나라가 임하시오며 뜻이 하늘에서 이루어진 것같이 땅에서도 이루어지이다."

기억하라. 우리는 신적 권능을 부여 받은 영적 무기를 가지고 하나님의 원수를 겨냥해 하늘의 영역에서 싸우고 있다(고후 10:3-5와 6과를 보라). 하나님은 주권자이고 적법한 통치자로서 자신의 권위를 행사하고 능력을 사용하실 수 있다(엡 1:18-20). 그분은 우리의 기도에 응답하심으로 자신의 이름이 영광을 받도록 하실 수 있다. 우리의 마음과 정신이 순종하는 마음으로 주님께 집중할 때, 주님은 우리를 통해 이 강력한 전쟁 무기를 사용하겠노라고 약속하신다. ❖

— 엮은이

참고문헌
Jean-Marie Gaudeul, *Called from Islam to Christ*(London: Monarch, 1999).

신실한 증인

국제 선교단체 '순교자의 목소리'(Voice of the Martyrs)의 책임자 톰 화이트는 파키스탄을 여행하던 중 한 노신사를 만났다. 노신사는 괜스레 미안해하며 조용히 다음과 같이 간증했다.

매일 아침 저는 버스를 탑니다. 버스가 움직이기 시작하면 통로를 지나면서 전도지를 나눠 줍니다. 전도지에는 우리 구세주 예수님이 누구시며 무엇 때문에 이 세상에 오셨는지에 대한 간단한 메시지가 적혀 있습니다. 별로 하는 일 없이 버스 안에 앉아 있던 사람들은 그 전도지를 받아서 읽습니다. 가끔 무슬림 남자들이 저를 때리기도 합니다. 보통 그때쯤이면 나눠 주는 일을 마치고 버스 뒷문 쪽에 와 있지요. 고맙게도 그들은 저를 문 밖으로 쫓아냅니다. 피를 흘리는 경우도 있지만 손수건이 있어 괜찮습니다. 그리고 저는 다른 버스를 타고 같은 일을 다시 시작합니다.

박해받는 교회의 용감한 교인들(자신의 믿음을 전하기 위해 목숨을 거는 그리스도인들)은 따로 복음을 가르치며 전도할 필요가 없다. 그들의 삶이 이미 증거가 되고 있다.

출처_ globalinitiativeinfo.com.

기도를 통해 무슬림에게 전도함

크리스티 윌슨 주니어

 패트릭 존스톤은 이렇게 말한다.

복음을 위한 무슬림 세계의 개방은 인간의 노력이나 책략이 아니라 오직 기도로만 준비될 수 있다. 우리의 무기는 육적인 것이 아니라 영적인 것이다. 중보자들의 군대가 일어나도록 기도하라. 중국과 구소련에서 일어난 것처럼 결정적이고 갑작스런 돌파가 무슬림 세계에서도 일어나도록 말이다.[1]

전 세계에서 아직 복음화되지 않은 약 7,000개의 종족 집단 중 2,000개 가량이 이슬람이다. 우리 주님은 약속하셨다. "이 천국 복음이 모든 민족(혹은 모든 종족들)에게 증언되기 위하여 온 세상에 전파되리니 그제야 끝이 오리라"(마 24:14). 같은 본문에서 그리스도는 또 말씀하신다. "천지는 없어질지언정 내 말은 없어지지 아니하리라"(마 24:35). 그래서 세계복음화는 절대적으로 확실하다. 하지만 무슬림 종족 집단들에게 어떻게 복음을 전할 것인가? 대답은 무엇보다 '특별한 기도'를 통해서다.

기도, 부흥의 첫 단계

에드윈 오어는 각성의 역사에 대한 자신의 책에서 모든 참된 부흥에는 네 단계가 있음을 지적했다.[2] 이것은 사도행전에서도 해당되며 계속 이어지는 교회사에서도 그렇다. 첫 단계는 기도와 그리스도인들 사이의 화해다. 둘째 단계는 잃어버린 자를 주님께 돌아오게 하는 복음 전도다.

크리스티 윌슨 박사는 고든 콘웰 신학교 세계복음화 명예교수이고 23년간 중앙아시아에서 선교사로 섬겼다. 이 글은 J. Christy Wilson Jr., "Undergirding the Effort with Prayer: Muslims Being Reached Foremostly through Extraordinary Prayer", *International Journal of Frontier Missions*, 11, no. 2(April 1994), 61-65쪽에 나온 것으로, 허락을 받고 실었다. *ijfm.org*.

암스테르담에서 새로운 친구를 찾고 삶에 적응하다.

각성 운동에 영향 받은 사람들

1858년의 각성과 그 후에 일어난 일에서 어느 정도 이러한 모습을 볼 수 있다. 각성 운동은 도시 선교사 찰스 피니의 회심에서 시작되었다. 제레마이어 랜피어는 1857년 뉴욕 시에 사는 근로자와 사업가들을 위해 풀턴가 수요 정오 기도회를 시작했다. 여섯 달이 채 되지 않아 매일 정오에 약 1만 명이 기도를 하기 위해 모였다. 이 부흥으로 인해 그 다음 2년 동안 미국 교회에 100만 명 이상의 회심자가 더해졌다. 영국 제도뿐만 아니라 미국에서도 이루어진 이 각성 운동의 가장 대표적인 지도자 중 한 명이 D. L. 무디다. 그의 최측근 동료 중 하나인 루벤 토레이는 무디가 설교자보다 기도의 사람으로 훨씬 더 위대했다고 말한다. 여기서 다시 우리는 대각성에서 중보가 반드시 필요하다는 사실을 확인하게 된다. 무디는 전도에 참여해 그의 메시지를 통해 수많은 사람들을 그리스도께 이끌었을 뿐만 아니라 북미에 YMCA가 설립되는 것을 도왔고, 남학교와 여학교를 시작했으며, 무디성경연구소와 현재 무디출판사라고 불리는 기독교 출판사를 설립했다.

셋째 단계는 세계복음화에 참여하는 선교이며, 넷째 단계는 그리스도에 대한 섬김을 행동으로 나타내는 것이다. 이웃을 자신과 같이 사랑하고 그들의 육체적, 지적, 사회적, 영적 필요를 공급해 주는 것이다. 과거 대부분의 부흥은 한 지역에 국한되었다. 교통과 의사소통의 어려움 때문이다. 그러나 이제 우리는 바야흐로 세계적인 각성이 일어나는 시점에 와 있다(욜 2:28-32를 보라). 이것은 사도 베드로가 인용한 요엘의 예언이 성취된 것이다.

> 하나님이 말씀하시기를 말세에 내가 내 영을 모든 육체에 부어 주리니 너희의 자녀들은 예언할 것이요 너희의 젊은이들은 환상을 보고 너희의 늙은이들은 꿈을 꾸리라 그때에 내가 내 영을 내 남종과 여종들에게 부어 주리니 그들이 예언할 것이요 또 내가 위로 하늘에서는 기사를 아래로 땅에서는 징조를 베풀리니 곧 피와 불과 연기로다…누구든지 주의 이름을 부르는 자는 구원을 받으리라 하였느니라(행 2:17-19, 21).

이 부흥은 전 세계를 복음화하라는 그리스도의 지상대명령을 성취하며, 미전도 무슬림 종족들을 그리스도께로 나아오게 하는 핵심이 될 것이다.

또한 아서 피어슨 같은 친구들을 통해 참된 부흥의 또 다른 단계인 선교에 관여했다. 피어슨은 "이 세대에 세계복음화를"이라는 문구를 대중화시킨 사람이다. 이에 관해 무디는 이렇게 말했다. "그 일은 이루어질 수 있습니다. 그 일은 이루어져야 합니다. 반드시 이루어져야 합니다."³ 1886년 여름 무디는 피어슨을 아도니람 저드슨 고든과 함께 초청해, 그가 매사추세츠에 세운 마운트 헐몬 남학교 251명의 학생 리더들 앞에서 강연하도록 했다. 그 학생들 중 한 명이 프린스턴 대학 4학년을 갓 마친 로버트 와일더였다. 와

일더는 부모가 선교사로 사역하던 인도에서 태어났다. 그와 누이 그레이스는 마운트 헐몬 수련회에서 100명의 학생이 해외 선교를 위해 헌신하도록 신실하게 기도했다.

그들의 중보에 대한 응답으로 정확히 100명이 "하나님이 도우시면 나는 해외 선교사가 되고자 합니다"라는 서원서에 서명했고, 이로써 학생자원자운동이 탄생했다.

기도의 결과: 무슬림 선교

그 다음 학년도인 1886-1887년에 로버트 와일더와 신학생인 존 포맨이 미국 전역과 캐나다의 캠퍼스들을 방문하면서 그 비전을 퍼뜨렸다. 2천 명 이상의 학생들이 선교사가 되겠다고 서원했다. 그중 한 명이 미시건의 화란 호프 대학에 다니던 새뮤얼 즈웨머였다. 즈웨머는 역사상 가장 위대한 무슬림 선교사가 된다.

즈웨머는 하나님이 자신을 세계에서 가장 어려운 선교지인 아라비아의 이슬람 사람들에게로 부르신다고 믿었다. 어떤 선교국도 즈웨머를 파송하지 않으려 했다. 선교국 사람들은 즈웨머가 살해당할 것이 분명한데 그 일에 책임지고 싶지 않다고 말했다. 그래서 즈웨머와 제임스 캔틴 박사는 직접 아랍선교회라는 선교단체를 만들었다. 즈웨머 박사는 이렇게 말했다. "하나님이

유럽 이민자들

이주자와 난민들이 유럽 대륙으로 몰려들면서 로마, 파리, 런던, 암스테르담 같은 유럽의 여러 대도시들은 여러 문화와 언어가 공존하는 곳이 되었다. 2차 세계대전 이후 유럽의 재건을 돕기 위해 이주해 온 수많은 외국인 노동자들이 결국 자기 가족들을 데려와 여러 도시에 정착했다. 많은 난민들이 전쟁과 기근, 가난, 그 밖의 어려움을 피해 여전히 유럽에 밀려들고 있다.[1]

2010년 현재 유럽연합(EU)에는 4,730만 명의 외국인 거주자가 있으며, 2011년 30만 명이 망명을 신청했다. 이렇게 새로 이주해 오는 사람들 중에는 무슬림이 많다. 그들은 주로 중동, 북아프리카와 사하라 사막 이남 아프리카, 서남유럽(주로 보스니아, 알바니아, 터키) 출신이다. 유럽에서 이슬람은 이주뿐 아니라 높은 출산율을 통해 계속 성장하고 있다. 이슬람은 이제 유럽에서 두 번째로 큰 종교가 되었다.[2]

많은 유럽 토박이들은 그렇게 새로 온 사람들을 외부인으로 여기며 그들이 도시에 문제를 일으킨다고 종종 부당하게 비난한다. 토머스 프리드먼은 유럽이 "점차 많아지는 무슬림 소수 집단인들을 통합하고 고용"하는 데 성공하지 못했으며, "그중 많은 사람들이 깊은 소외감을 느끼고 있다"고 비난한다.[3]

브뤼셀에 사는 알제리 출신의 한 젊은 무슬림 남자는 많은 이민자들이 느끼는 고충을 표현한다. "나는 어디에도 속해 있지 않습니다. 우리는 휴가 때 북아프리카에 가지만 아랍어를 잘 못해서 놀림을 당하지요. … 유럽의 집으로 돌아오면 '더러운 아랍인' 취급을 받는답니다."[4]

1. *Immigrants and Refugees: The New Faces of Europe*(Littleton, Colo.: Caleb Project, 2003), 2쪽.
2. Patrick Johnston and Jason Mandryk, *Operation World*, 21st Century Edition(Waynesboro, Ga.: Paternoster USA, 2001), 54쪽.
3. Thomas Friedman, "War of Ideas, Part 6", *New York Times*(25 January 2004), 15쪽.
4. *Immigrants and Refugees*, 5쪽.

출처_ epp.eurostat.ec.europa.eu; operationworld.org.

우리의 마음을 변화시켜 달라고 하나님께 기도하라.

을 받았으며, 우리가 신실하다면 수많은 무슬림들이 그리스도께 나아와 과적한 배처럼 교회에 그들을 수용할 장소가 없게 될 것이라고 말했다. 케직 사경회에 모인 사람들은 대단히 감동을 받아 즈웨머 박사에게 자신들이 무엇을 할 수 있는지 물었다. 이에 그는 대답했다. "기도하십시오!" 이것이 무슬림을 위한 기도회의 시작이다. 이후로 그들은 계속해서 특별한 중보 시간을 가지고 있다.4 예를 들어, 무슬림을 위한 기도의 날이 현재 필라델피아와 로스앤젤레스 지역에서 1년에 서너 번씩 열리고 있다. 그들은 기도를 권면하는 문서를 만들어 배부하기도 한다.

부르셨는데 선교국이 당신을 파송하지 않으려 한다면 벽을 뚫고서라도 가십시오." 그들은 아라비아 반도 전체를 한 바퀴 답사한 다음 무스카트, 쿠웨이트, 바레인, 바스라에 선교 기지를 설립했다.

즈웨머는 무슬림권에서 25년 동안 일한 후, 영국에서 열린 케직 사경회 강사로 초청받았다. 그는 다음의 말씀을 본문으로 사용했다.

> 선생님 우리들이 밤이 새도록 수고하였으되 잡은 것이 없지마는 말씀에 의지하여 내가 그물을 내리리이다 하고 그렇게 하니 고기를 잡은 것이 심히 많아 그물이 찢어지는지라 이에 다른 배에 있는 동무들에게 손짓하여 와서 도와 달라 하니 그들이 와서 두 배에 채우매 잠기게 되었더라(눅 5:5-7).

즈웨머는 이어서 자신과 동료들이 무슬림권에서 밤새도록 수고했지만 얻은 것이 거의 없다고 말했다. 무슬림 회심자들은 손에 꼽을 정도였다. 하지만 우리는 순종하라는 그리스도의 명령

기도: 부름받은 자들의 도구

윌리엄 밀러(1892-1993년) 박사가 선교에 헌신하도록 영향을 미친 것도 학생자원자운동이었다. 윌리엄 밀러는 신학교에 다닐 때 세계 지도를 기숙사 방에 걸어 놓았다. 그러고는 침대맡의 지도 앞에서 무릎을 꿇고 "주님, 주님을 위해 이 세상 어디라도 가겠습니다. 어디로 가야 할지 보여 주십시오"라고 기도했다. 그때 즈웨머 박사가 무슬림권에 대한 도전을 나눈다는 이야기를 들었다. 하나님은 즈웨머를 통해 빌 밀러를 아프가니스탄 국경 근처에 있는 동부 이란 마샤드로 보내셨다.

빌 밀러는 "그러므로 추수하는 주인에게 청하여 추수할 일꾼들을 보내 주소서 하라"(마 9:38)는 그리스도의 명령에 따라 선교사들을 보내 달라고 구하는 기도 모임을 날마다 열었다. 기도를 통해 100명 이상의 선교 헌신자들을 모을 수 있었다. 그중에는 엘리자베스 엘리엇의 아버지인 필립 하워드 박사도 있었다. 엘리자베스의 남편

인 짐은 아우카 인디언에게 살해당했다. 필립 하워드는 남미 콜롬비아 선교사였던 데이비드 하워드의 아버지이기도 했다. 그는 어바나 학생선교대회를 두 번이나 이끌었고, 태국 파타야에서 열린 로잔회의의 책임자였으며, 그 후 세계복음주의회의 총무가 되었다. 후에는 데이비드쿡재단의 부총재를 맡았다. 빌 밀러의 도전을 통해 나의 부모님 역시 이란 선교사로 헌신하셨다. 그래서 우리는 1858년 대각성 이후 기도를 통해 무슬림권에 어떤 결과가 일어났는지 볼 수 있다.

아프가니스탄을 위한 기도의 결과

나는 부모님이 선교사로 섬기던 이란에서 태어났다. 어렸을 때 나는 그리스도인이 전혀 없는 동쪽의 한 나라를 위해 기도하는 소리를 들었다. 그 나라는 아프가니스탄이었다. 나는 기억이 잘 나지 않았지만, 어머니는 이란인 목사인 스티븐 쿠비야르가 내게 자라서 뭐가 되고 싶으냐고 물은 일에 대해 말씀해 주셨다. 나는 아프가니스탄 선교사가 되고 싶다고 말했다고 한다. 목사님

무슬림 친구에게 예수님을 믿으라고 권면하기

우리는 무슬림 친구들이 예수 그리스도를 믿기 원하며 오직 하나님만이 그것을 결정하실 수 있음을 안다. 하지만 이 일에서 우리의 역할은 무엇인가? 우리는 권면하고 기도하며 질문에 대답하고, 심지어 결정을 내리도록 자상하게 설득하고 격려하기까지 한다. 하지만 궁극적으로는 예수님께 의지하고 우리의 친구들을 예수님께 맡긴다. 그리스도와 그분의 주권적인 뜻을 확신하면 우리는 자유로워져서 건설적이고 인내심 있는 친구가 되어 줄 수 있을 것이다.

- 기도하라! 하나님은 마음을 돌이키실 수 있다.
- 하나님이 어떻게 당신을 변화시키고 계시는지 나누라.
- 그들의 필요를 위해 그들과 함께 기도하라.
- 당신과 함께 그들의 친구들을 위해 기도할 것을 권하라.
- 그들의 질문을 주의 깊게 들으라.
- 하나님이 당신에게 지혜로운 대답을 주시도록 기도하라.
- 그들에게 성경을 읽으라고 권면하라.
- 그들이 하나님의 말씀을 이해할 수 있게 해달라고 기도하라.
- 자비와 은혜를 베푸시겠다는 하나님의 약속을 끈기 있게 주장하라.
- 그들이 그리스도를 통해 새 생명이라는 선물을 받게 해달라고 하나님께 기도하라.

많은 경우 우리는 친구들에게 예수님을 믿기를 원하느냐고 잘 물어보지 못한다. 괜히 물어봤다가 예수님과 우리의 우정을 거절하는 답이 돌아올까 봐 두려워서 질문을 계속 미룬다. 그 결과 우리는 그리스도를 제시하고 복음을 나누고 간증을 하면서도, 막상 복음의 선물을 그들에게 제공하고 그것을 받아들이라고 요구하는 일은 소홀히한다. 어색하고 두려울지라도 그리스도 안에서 평화를 경험한 우리는 당연히 다른 사람들에게 믿으라고 권해야 한다. 성령님의 촉구하심을 믿으며 "예수 그리스도를 당신의 주님과 구세주로 영접하고 싶으신가요?"라고 물으라.

출처_ *Encountering the World of Islam.*

은 그 나라는 선교사의 입국을 허용하지 않는다고 대답했다. 나는 바로 그 때문에 그곳의 선교사가 되고 싶다고 말했다.

이란의 선교사들과 그리스도인들은 닫힌 나라 아프가니스탄을 위해 기도했을 뿐 아니라 그 나라 국경 지방과 인도, 후에는 파키스탄과 러시아에 있는 헌신된 하나님의 사람들을 위해서도 중보했다. 예를 들어, 스코틀랜드 출신의 플로라 데이비슨은 북서쪽 국경지대 도시 코하트에 있는 2층짜리 벽돌집에 살고 있었다. 데이비슨은 멀리 아프가니스탄 산이 내다보이는 창 앞에 작고 긴 의자를 가져다 놓았다.

거기서 그는 하나님께 그 나라에 복음의 문이 열리게 해달라고 몇 시간씩 무릎을 꿇고 기도했다. 또한 아프가니스탄을 위한 기도 모임을 시작했다. 그는 그 나라를 그리스도께 인도하는 데 관심 있는 신자들에게 중보기도 제목들을 정기적으로 나눠 주었다. 후에 윌리엄 밀러의 형수인 마가렛 하인즈가 코하트에서 데이비슨과 함께 일했다. 데이비슨은 〈아프가니스탄 국경지대 선교〉라는 계간 기도 소식지를 편집하고 발행하기도 했다. 그는 건강이 안 좋아져 필라델피아에 돌아와서도 계속 아프가니스탄을 위해 중보기도를 하라고 권면했으며, 수년간 아프간 사역을 위한 월간 기도 편지를 발행했다.

내가 공부를 마친 후에도 아프가니스탄은 여전히 정식 선교사에게 문을 열지 않았다. 그래서 나는 워싱턴 DC에 있는 아프간 대사관으로 갔

산책 기도를 위한 조언

"방 안에 둘러앉아 같은 주제에 집중하는 것은 힘든 일일 수 있다"라고 스티브 호돈과 그래함 켄드릭은 말했다.[1] 그럴 때는 기도의 필요성을 눈으로 확인하며 거리를 걷는 것도 좋은 방법이다. 관심과 집중력이 높아지기 때문이다. "이름과 얼굴을 아는 특정한 가족을 위해 기도할 때 더 구체적이고 예리한 기도가 나온다. 인식이 제고되기 때문이다. 그래서 훨씬 더 하나님 영의 인도하심을 받을 수 있다."[2]

'산책 기도'는 이웃을 돌아보며 그들에게 조용히 사역할 수 있는 방법이다. 그것은 또한 하나님나라가 영광을 받고 있지 못한 곳으로 가서 영광을 올려 드림으로써 영적 장애물들을 무너뜨린다. 산책 기도는 진일보한 사역의 기반이 된다. 호돈과 켄드릭은 산책 기도를 위해 다음과 같이 조언한다.

시작하기 전에
1. 마음을 가다듬고 집중해서 하나님의 인도하심을 구하라.
2. 다른 사람들과의 관계가 올바른지 확인하라.
3. 기도 팀을 만들라(보통 둘이나 세 명씩).
4. 산책할 지역, 길, 장소를 표시하라. 지도를 보면 도움이 된다.
5. 보고를 위해 정한 시간에 다시 모이라.
6. 당신의 기도를 북돋아 줄 기초 지식과 성경 말씀을 검토하라.

하는 동안
1. 눈에 들어오는 것들을 위해 기도하고 하나님의 눈으로 이 지역을 보게 해달라고 기도하라.

다. 그리고 그 나라에서 영어를 가르치기로 계약했다. 1951년 아프간에 도착한 후, 성경을 읽다가 내가 하고 있는 일이 사도 바울이 한 일임을 보게 되었다(행 18:1-4). 나는 바울을 본받아 자비량 선교사가 되었다.

아내 베티와 함께 카불에 도착했을 때, 우리의 주된 사역은 기도였다. 우리는 또한 다른 그리스도인 교사들을 만나 중보기도를 했다. 이런 식으로 우리 집에서 가정교회가 시작되었다. 나는 내가 가르치는 국립학교의 아프간 무슬림 학생들을 위해 매일 기도했다. 내가 중보기도해 주던 학생 중 한 명이 공부를 더 하기 위해 해외로 나갔다. 그는 아프가니스탄 왕족이었다. 후에 그 학생에게서 자신이 어떻게 예수 그리스도를 구세주로 믿게 되었는지 전하는 편지를 한 통 받았다. 그는 복음적인 교회에 다녔으며 주일학교 교사가 되어 젊은이들을 가르쳤다. 그는 아프가니스탄에서 이루어지는 하나님의 사역을 돕는 데 써달라고 수표를 동봉했다.

응답된 기도: 표적과 기사

무슬림을 위한 기도는 전도에 효과적이다. 그들의 절실한 필요를 놓고 그들과 함께 기도하는 것도 표적과 기사가 될 수 있다. 그들은 기도가 응답되는 것을 보면서 예수 그리스도를 주님과 구세주로 받아들이게 될 수 있다. 한번은 한 아프간 친구가 백내장 수술을 받아야 하는 삼촌과

2. 소리 내어 기도하라. 그래서 당신과 짝을 이룬 사람(들)이 당신의 기도를 듣고 "아멘" 할 수 있도록 하라. 그렇다고 거리에 있는 다른 사람들의 주의를 끌기 위해 기도하지는 마라.
3. 서로의 기도 소리를 듣고 "아멘"으로 응답하며 함께 기도하라. 한 주제에서 다른 주제로 건너뛰지 말고 대화식으로 서로 반응하면서 기도하라. 짧은 기도가 도움이 된다.
4. 성경 말씀을 가지고 기도하라. 성경의 단어들을 사용하여 기도하라.
5. 눈에 들어오는 사람과 장소를 민감하며 살피며 기도하라. 그들을 위해 당신이 무엇을 하길 주님은 원하시는가?

마친 후
1. 기도 제목을 다른 사람들과 나누라. 일정한 유형이 있는지 찾아보고 기도한 내용을 기록하라.
2. 당신의 산책 기도를 평가해 보라. 다음에는 어떤 것을 좀 다르게 하고 싶은가?
3. 당신이 보고 기도한 것을 돌아보고, 그것이 후에 사역할 때 어떤 의미를 가질지 생각해 보라. 하나님이 계시해 주신 것이 있는가?
4. 어떻게, 언제, 어디서 산책 기도를 계속할지 결정하라.[2]

---

1. Steve Hawthorne and Graham Kendrick, *Prayerwalking: Praying On Site with Insight*(Lake Mary, Fla.: Creation House, 1993), 37쪽.
2. 같은 책, 38쪽.

출처_ *Encountering the World of Islam*.

참고 문헌_ Steve Hawthorne and Graham Kendrick, *Prayerwalking: Praying On Site with Insight*(Lake Mary, Fla.: Creation House, 1993), 23-39쪽.

함께 내게 왔다. 그들은 한 정부 병원에 갔다가 거절당하고 오는 길이었다. 그 병원은 앞으로 석 달간은 자리가 없어 수술하기 위해 입원을 할 수 없다고 했다.

내 친구는 상황이 아주 어렵게 되었다고 설명했다. 그의 삼촌은 중부 고지에서 왔는데 가는 길만 해도 사나흘은 걸린다는 것이다. 그 때문에 집에 갔다가 석 달 후 다시 오기가 어려웠다. 한편 그가 수도 카불에서 가족과 떨어져 석 달을 지내는 것도 매우 어려운 일이었다. 그는 내게 병원 고위직에 아는 사람이 있는지 물었다. 나는 그렇다고 대답했다. 그러자 그는 상황을 설명하는 편지를 써 줄 수 있는지, 그 편지가 있으면 삼촌이 좀 더 일찍 입원해 수술을 받을 수 있을지

낙원과 지옥

꾸란은 사람들에게 하나님을 믿으라고 요구한다. 하나님이 심판하실 것이며 낙원 혹은 지옥을 약속하신다고 한다. 의와 복종이 사람을 낙원의 동산으로 이끈다.

그러나 믿음으로 선을 행한 그에게는 실로 하나님은 보상이 헛되지 않게 하리라 그리하여 에덴의 천국이 그들의 것이 되리니 그들 밑에는 강들이 흐르며 그들은 그 안에서 금팔찌로 장식을 하고 섬세하고 초록색 실크와 능라로 몸을 두르고서 높은 권자에 기대도다 얼마나 큰 보상이며 얼마나 안락한 곳이뇨(꾸란 18:30-31).

낙원은 육체적, 감각적 즐거움을 주는 장소인 반면에 지옥은 불과 심한 고통이 있는 장소다.

그러나 성실한 하나님의 종들은 제외이며 그들을 위해서는 알려진 일용할 양식이 있으니 기쁨의 과일들과 명예와 존엄이 그것이라 그들은 가장 축복받은 천국에서 옥좌에 앉아 서로 마주보고 앉아서 흐르는 샘물에서 잔으로 순배를 들게 되나니 그것은 수정같이 하얗고 마시는 이들에게 맛이 있더라 그것은 머리가 아프지 아니하고 취하지도 않더라 그들 주위에는 순결한 여성들이 있나니 그녀의 눈은 잘 보호되었고 눈은 크고 아름다우매 마치 잘 보호받은 달걀과 같더라(꾸란 37:40-49).

의로운 자들에게 약속된 천국을 비유하사 그곳에 강물이 있으되 변하지 아니하고 우유가 흐르는 강이 있으되 맛이 변하지 아니하며 술이 흐르는 강이 있으니 마시는 이들에게 기쁨을 주며 꿀이 흐르는 강이 있으되 순수하고 깨끗하더라 그곳에는 온갖 과일이 있으며 주님의 자비가 있노라 이렇게 사는 자들이 지옥에 살며 끓는 물을 마셔 그들의 내장이 산산조각이 되는 그들과 같은 수가 있느뇨(꾸란 47:15).

그러나 불신자들에게는 쇠사슬과 명예와 타오르는 불지옥을 준비하였고(꾸란 76:4).

꾸란에는 임종 시의 회개를 위한 규정은 없다.

그러나 죄악을 계속 저지른 자의 회개는 효용이 없나니 그들 가운데는 죽음에 도래하여 말하길 저는 지금 회개하였나이다라고 말하나 그들은 불신자들로 죽음을 맞게되나니 하나님은 그들에게 고통스러운 벌을 준비하시니라(꾸란 4:18).

출처_ Annee W. Rose, *frontiers.org*.

물어보았다. 나는 편지를 쓸 필요 없이 그 병원에서 제일 높은 분에게 직접 말하면 된다고 대답했다.

친구는 그의 이름이 뭐냐고 물었다. 나는 "주 예수 그리스도입니다. 그분이 모든 병원의 제일 높은 분이지요"라고 대답했다. 그리고 "이제 그분에게 말씀드립시다"라고 제안했다. 나는 그들의 언어로 기도하면서 주님께 상황을 설명하고 도움을 청했다. 그런 다음 그들에게 정부 병원으로 다시 가라고 일렀다. 하지만 그들은 다시 돌아가길 꺼렸다. 방금 거절당하고 나왔기 때문이다. 나는 그들에게 "병원의 제일 높은 분에게 말해 달라고 했잖아요. 그렇게 했으니 이제 다시 가 보세요"라고 말했다. 마침내 그들은 다시 한 번 병원에 가 보기로 했다.

몇 시간 후 돌아온 그 친구는 완전히 흥분해서 소리쳤다. "그 병원에서 제일 높은 분을 정말 아시는군요!" 그들이 다시 병원으로 가자마자 한 환자가 방금 퇴원했으며, 병원 측이 그의 삼촌을 즉시 받아 빈 병실에 입원시켜 주었다는 것이다. 그의 삼촌은 곧 필요한 수술을 받게 되었다. 친구는 예수 그리스도를 자신의 주님과 구세주로 믿는 신자가 되었다.[5]

유럽에서 그리스도께 회심한 한 무슬림은 기도가 효과적인 전도 수단임을 발견했다. 그는 사람들이 어떤 필요를 가지고 있는지 알아내어 예수님께 도움을 청하는 기도를 하게 했다. 주님의 기도 응답에서 그들은 표적과 기사를 본다. 그런 다음 많은 무슬림들이 자신의 죄를 용서해 달라고 기도하며 예수님을 구세주와 주님으로 받아들인다.

우리의 전투 무기

사도 바울이 상기시키듯 "우리의 싸우는 무기는 육신에 속한 것이 아니요 오직 어떤 견고한 진도 무너뜨리는 하나님의 능력"(고후 10:4)이다. 그는 에베소서에서도 이 사실을 분명히 밝힌다.

> 끝으로 너희가 주 안에서와 그 힘의 능력으로 강건하여지고 마귀의 간계를 능히 대적하기 위하여 하나님의 전신 갑주를 입으라 우리의 씨름은 혈과 육을 상대하는 것이 아니요 통치자들과 권세들과 이 어둠의 세상 주관자들과 하늘에 있는 악의 영들을 상대함이라(엡 6:10-12).

우리의 진짜 원수는 사탄과 그의 모든 악한 군대다. 마찬가지로 예수 그리스도는 주기도문에서 우리를 '악'(tou ponerou, 마 6:13)에서 구해 달라고 날마다 기도할 것을 가르치셨다. 바울이 우리의 씨름은 혈과 육 혹은 사람에 대한 것이 아니라고 말한 것을 주목하라. 우리는 무슬림 친구들을 끊임없이 사랑해야 한다. 우리 주님은 그들을 무한히 사랑하시며, 그들을 위해 죽으셨을 뿐 아니라 죄사함과 영생의 복된 소식을 그들에게 전해 주라고 명하셨다. 우리는 사실 이슬람 배후에 있는 영적 권세와 대항하고 있음을 알아야 한다. 이런 이유로 그 본문에서는 주 안에서와 그 힘의 능력으로 강건해져서 마귀를 대적하는 것과 함께 "모든 기도와 간구를 하되 항상 성령 안에서 기도"(엡 6:18)해야 한다고 덧붙인다.

우리의 진짜 원수

일부 사교(邪敎)들은 특별한 사자(천사 혹은 하나님이 보내셨다고 주장하는)에서 시작한다. 이는 매우 흥미롭다. 예를 들어, 몰몬교도들이 선지자로 따르는 조셉 스미스는 모로니 천사가 그에게 나타나 명령을 세 번 주었다고 주장했다.[6]

통일교를 시작한 문선명은 예수 그리스도가 1936년 부활절에 한국에서 자신에게 나타나 특별한 사자가 되도록 부르셨다고 주장한다.[7] 사도 바울은 우리에게 때로 "사탄도 자기를 광명의 천사로 가장"(고후 11:14)한다고 경고한다.

사도 요한은 성경에서 "하나님의 아들이 나타나신 것은 마귀의 일을 멸하려 하심이라"(요일 3:8절)고 말한다. 그는 또한 "오직 영들이 하나님께 속하였나 분별하라"(요일 4:1)고 말한다. 그러고는 그 영들이 어디에서 온 것인지 알아 내는 시험 기준을 보여 준다. "이로써 너희가 하나님의 영을 알지니 곧 예수 그리스도께서 육체로 오신 것을 시인하는 영마다 하나님께 속한 것이요 예수를 시인하지 아니하는 영마다 하나님께 속한 것이 아니니 이것이 곧 적그리스도의 영이니라"(요일 4:2-3). 다시 말해, 참된 신적 계시는 그리스도의 성육신을 인정한다. 꾸란은 처음부터 끝까지 예수님이 하나님이라는 것, 혹은 하나님의 아들이라는 것을 부인한다. 게다가 이슬람은 그리스도가 우리 죄를 위해 십자가에서 죽으신 것도 부인한다.

하지 술탄 무함마드는 진정한 죄사함을 추구하다가 예수님을 구세주로 영접하게 되었다. 그는 『나는 왜 그리스도인이 되었는가』[8]라는 소책자에 자신의 간증을 써 놓았다. 이슬람 지도자이자 학자이며 메카 순례를 한 그는, 마침내 그리스도의 죽음 안에만 자신의 죄를 위한 속죄가 이루어진다는 결론에 도달했다.

열방이 주님의 것임을 선포함

조지 오티스는 그의 책 『마지막 거인』(The Last of the Giants)에서 여호수아와 그의 군대가 약속의 땅을 차지하기 전에 대규모 전사들과 싸워야 했던 것처럼, 오늘날 우리도 세계복음화를 방해하는 두려운 군대와 싸워야 한다는 점을 지적한다. 그는 이러한 거인들 중 가장 큰 것이 이슬람이라고 말한다.[9] 존 윔버는 예수 그리스도가 세계복음화를 위한 싸움에서 이기셨으나 우리는 그분의 힘을 통해 적을 완전히 소탕하고 전투에서 이겨야 한다고 말한다. 우리는 우리 자신의 힘을 통해서가 아니라 여호수아가 했던 것처럼 여호와 군대 장관께 기도하는 것을 통해 그렇게 할 수 있다(수 5:15-18).

현재 전 세계적으로 기도의 부흥이 크게 일어나고 있다는 사실에 우리는 많은 용기를 얻는다. 기도운동으로 모든 대륙에서 신실한 중보자 그룹들이 생겨나고 있다. 피터 와그너 박사는 "세계복음화를 위한 진정한 전쟁은 영적 전쟁임이 분명해지고 있다"[10]라고 썼다. 한국의 김준곤 박사는 "주 예수님은 누구도 닫을 수 없는 것을 여는 열쇠를 가지고 계신다. 나는 앞으로 10년 안에 역사상 가장 큰 부흥이 일어날 것이라고 믿는다"[11]라고 말했다. 1993년 이후 매년 『무슬림을 위한 30일 기도』(30 Days Prayer Network)가 37개 국어로 번역되어 수백만의 그리스도인들이 사용하고 있다.[12]

성부 하나님은 성자 하나님께 약속을 주신다. "내게 구하라 내가 이방 나라를 네 유업으로 주리니 네 소유가 땅 끝까지 이르리로다"(시 2:8). 우리는 무슬림 종족들을 위해서도 이 약속을 주장할 수 있다. 우리 주님이 말씀하셨듯이 "지금까지는 너희가 내 이름으로 아무것도 구하지 아니하였으나 구하라 그리하면 받으리니 너희 기쁨이 충만하리라"(요 16:24). 조나단 에드워즈가 말한 "종교의 부흥을 위한 하나님 백성들의 엄청난 기도와 이 땅에 그리스도 나라의 진보가 명백하게 합치되고 눈에 보이게 결합"[13]함을 통해 전 세계적으로 각성이 일어날 것이다. 이렇게 무슬림 종족들을 포함한 모든 미전도 종족들에게 복음이 전해질 것이다. 그때에 성경에서 약속한 것처럼 "물이 바다를 덮음같이 여호와의 영광을 인정하는 것이 세상에 가득함"(합 2:14)을 보게 될 것이다. ❖

주

1. Patrick Johnstone, *Operation World*, 제5판(Grand Rapids: Zondervan, 1993), 72쪽.
2. J. Edwin Orr, *The Eager Feet, Evangelical Awaken-*

ings, 1792 and 1830; *The Fervent Prayer, Evangelical Awakenings, 1858-; The Flaming Tongue, Evangelical Awakenings, 1900-*(Chicago: Moody Press, 1975, 1974, 1973). 이에 대한 구체적인 언급은 *The Fervent Prayer*, 160쪽에 나온다.
3. Luis Bush, ed., *AD 2000 and Beyond Handbook*, 제3판(Colorado Springs: AD 2000 and Beyond Movement, 1993), 속표지.
4. Fellowship of Faith for North America 주소는 P.O. Box 65214, Toronto, Ontario, Canada M4K 3Z2이다. 그들은 무슬림권에서 필요할 때마다 몇 달에 한 번씩 기도 소식지를 발행한다.
5. 또 다른 비슷한 기사들을 보려면, J. 더들리 우드베리가 편집한 *Muslim and Christians on the Emmaus Road*(Monrovia, Calif.: Missions Advanced Research and Communications Center, 1989), 323-336쪽에 내가 쓴 글을 보라.
6. *The Pearl of Great Price, Writings of Joseph Smith*, sect. 2, vv. 29-54.
7. J. Isamu Yamamoto, *The Puppet Master*(Downers Grove, Ill.: InterVarsity Press, 1977), 16쪽.
8. Sultan Mohammed Paul, *Why I Became A Christian*(Bombay, India: Gospel Book House, n.d.).
9. George Otis Jr., *The Last of the Giants*(Tarrytown, N.Y.: Chosen Books, Fleming Revell, 1991).
10. Bush.
11. Bush.
12. 이 자료는 *30-days.net*에서 볼 수 있다.
13. Jonathan Edwards, *A Humble Attempt to Promote Explicit Agreement and Visible Union of God's People in Extraordinary Prayer for the Revival of Religion and the Advancement of Christ's Kingdom on Earth*(New York, 1844).

무슬림이 말한다: "나는 왜 예수님을 선택했는가?"

J. 더들리 우드베리, 러셀 슈빈

전 세계적으로 이슬람의 영향력이 점차 강해지고 있다. 이슬람의 상징이 세계 곳곳을 차지하고 있다. 아프리카에서 인구가 가장 많은 주를 포함해 나이지리아의 9개 주가 샤리아, 즉 이슬람법을 채택했다. 자신이 이슬람에 헌신했음을 공공연히 밝히는 일이 전 세계적으로 일어나고 있다. 누군가 그러한 헌신을 신실한 기도로 드러낼 때, 이는 그의 만족감과 충성심이 높다고 판단하는 충분한 근거가 된다.

그러나 세계의 거의 모든 지역에서 무슬림 출신들이 그리스도에 대한 믿음으로 나아오고 있다. 정확한 숫자는 파악하기 어렵다. 어떤 지역에서는 엄청난 규모의 사람들이 믿음을 담대히 공개적으로 드러내며 기독교로 개종하고 있다. 다른 많은 지역에서 기독교 신자들은 매우 억압된 삶을 살고 있다. 그들은 누군가에게 자신이 속한 믿음의 공동체를 밝힐 때 극도로 신중할 수밖에 없다. 신실한 제자들이 정기적으로 비밀리에 모이는 소그룹도 널리 펴져 있다. 이들은 새로 찾은 이 신앙을 가족에게조차 숨겨야 할 때도 있다. 이러한 두 극단 사이에서 이싸(꾸란에서 예수님을 가리키는 호칭)의 제자들은 다양한 환경 아래 모여 다양한 형태의 예배를 드리고 있다. 많은 정부가 타 종교로 소속을 바꾸지 못하게 하는 데다가 이렇듯 은밀히 신앙생활을 하는 자들이 있기에 얼마나 많은 사람이 그리스도에 대한 믿음을 갖게 되었는지 파악하기가 매우 어렵다.

그러나 이들이 가지고 있는 믿음의 핵심은 같

J. 더들리 우드베리의 무슬림을 향한 사랑, 그들의 신앙과 문화에 대한 지식은 오래 전부터 정평이 나 있다. 그는 레바논, 파키스탄, 아프가니스탄, 사우디아라비아에서 섬겼다. 러셀 슈빈은 〈미션 프론티어스〉의 편집자다. 이 글은 J. Dudley Woodberry and Russell G. Shubin, "Muslims Tell: 'Why I Chose Jesus,'" *Mission Frontiers*, March 2001, 28-33쪽에 나온 것으로, 허락을 받고 실었다. missionfrontiers.org.

다. 그들은 혼자 왔든 가족 단위로 왔든 인자이신 예수 그리스도께 이끌려 나왔다. 무엇보다 성경을 통해 영적인 지도를 받고 있다. 성경 전체를 읽은 한 일본인의 고백은 산상수훈에 대한 많은 이들의 생각을 그대로 반영하고 있다. "그리스도인의 삶이 이와 같다면 나는 그리스도인이 되고 싶습니다."

빠르게 성장하는 종교

여러 측면에서 볼 때 연간 1.9%로 성장하는 이슬람의 성장 속도가 1.2%로 성장하는 기독교의 성장 속도를 앞지른 것이 분명하다(단, 복음주의의 성장 속도는 2.6%로 이보다 높다). 다만 여기서 이슬람교 성장의 96%가 생물학적 성장, 즉 무슬림 가정에서 태어난 아이들 때문임을 지적하지 않을 수 없다. 기독교가 전통적인 기반을 갖춘 지역에서는 인구 성장이 둔화되거나 아예 멈추었다. 그러므로 겉으로 드러나는 숫자 너머를 보지 않으면 이슬람이 기독교보다 더 빨리 성장하고 있다고 믿기 쉽다.

개종 인구를 살펴보면 정반대 상황을 만날 수 있다. 『세계 기독교 백과사전』(World Christian Encyclopedia) 2000년도 판에 나온 자료에 따르면, 연간 95만 명이 타 종교에서 이슬람교로 개종한 반면, 타 종교에서 기독교로 소속을 바꾼 사람은 270만 명이었다.

이보다 두드러진 현상은 무슬림이 지배하는 지역에 사는 사람들이 그리스도 신앙을 갖기 위해 큰 대가를 치른다는 사실이다. 특히 가족 구성원들이 새 신자에게 가하는 압박은 엄청나다. 그러한 대가를 고려할 때 자연스럽게 떠오르는 질문이 하나 있다. 예수님이나 기독교 신앙에서 무엇을 발견했기에 그들은 그토록 큰 대가를 기꺼이 치르는 걸까? 예수님이 따를 가치가 있는 분임을 깨닫게 하는 데 성령님은 무엇을 사용하신 걸까?

풀러 신학교의 선교대학원에서는 지난 10년간 600여 명의 무슬림 배경의 신자들(또는 이들을 잘 알고 있는 사람)을 대상으로 대규모 설문 조사를 진행했다. 다음의 자료는 대표 표본 120명에게서 얻은 결과다. 응답자들은 총 39개국 50여 민족 집단에서 왔다. 그들은 이슬람에서 그리스도께로 돌아온 사람들의 마음과 생각을 들여다보는 넓은 창을 제공한다. 이 조사에서 얻은 응답들을 통해 선교사들이 생각했던 바가 입증되는 경우가 많았다. 반면 어떤 경우에는 전혀 기대하지 못한 요소로 새 신자들의 마음이 움직였음을 알고 깜짝 놀라기도 했다. 조사 결과를 확인하면서 가장 자주 느낀 감정은 경외감이었다. 사람들을 십자가에 죽고 부활하신 구주에 대한 믿음으로 이끄는 데 성령님이 사용하신 여러 도구들을 직접 확인할 수 있었기 때문이다.

이제 이 조사에 대한 요약 보고서를 소개하려 한다. 개종자들의 마음을 들여다보는 기회가 될 것이다. 그들이 왜 기독교에 이끌려야 했는지가 아니라 그들이 생각하는 바 기독교에 이끌린 이유에 집중하고자 했다. 개종에 영향을 미친 주요 요인들은 대부분이 서로 밀접한 관계가 있다. 이 요인들은 상호 보완하는 가운데 그리스도와의 관계를 도저히 거부할 수 없게 만들고 있다.

구원의 확신

이 문제는 인간성과 깊은 관계가 있다. 자신의 영원한 운명에 대한 질문은 자기가 죄의 형벌에서 구원받았는지 분명히 알기 원하고 천국의 소망을 바라는 많은 사람의 뇌리에 가득하다. 꾸란은 구원이 "믿음으로 선행을 행하는 자"에게 속해 있으며, 그런 자들은 "천국의 주인이 되어 그곳에서 영생"할 것이라고 말한다(꾸란 2:82). 그러면서도 꾸란은 하나님이 뜻하는 자를 용서하시고 그에게 자비를 베푸신다고 말한다(꾸란 2:284). 실제로 가장 헌신적인 무슬림들조차 구

"나는 생명의 떡이니"(요 6:35).

원에 대한 분명한 소망은 먼 이야기인 셈이다.

한 인도네시아 여성은 천국으로 가는 다리가 머리카락처럼 가늘다고 그의 이슬람 가족에게 배웠다고 한다. 이 전승은 하디스에서 찾을 수 있다. 그녀가 배운 바에 의하면 아무리 선행을 해도 그 다리를 안전하게 건넌다는 보장이 없다. 머리카락처럼 가는 다리는 건너기에 어렵고도 위험하다. 그녀가 그리스도에 대한 믿음을 갖게 된 주된 요인은 그리스도의 보혈이 아니면 스스로를 구원할 수 없다는 깨달음이었다.

서아프리카의 한 여성은 자신이 죄

기도로 마음을 준비하라

무슬림의 영혼을 위해 기도를 시작했다면, 하나님 앞에서 우리의 삶을 돌아보고 내려놓아야 한다. 하나님나라가 무슬림 세계에 능력으로 임하게 해달라고 기도할 때, 먼저 우리 삶의 모든 영역에서 그리스도가 주 되심을 인정하고 회개하라. 먼저 "옛 사람을 벗어 버리고…새 사람을 입으라"(엡 4:17-5:20). 겸손히 순종하는 자세를 갖추었다면, 이제 다음의 기도를 시작하라.

- 모든 민족을 향한 하나님의 사랑, 그들 모두를 부르시려는 하나님의 계획, 그것을 친히 성취하시는 하나님의 은혜를 찬양하라.
- 믿음 부족, 이기심, 깨진 관계, 영적 교만 등 하나님을 따르는 데 방해되는 것들을 회개하라.
- 세상 모든 민족 가운데서 하나님이 행하신 일과 앞으로 행하실 일에 감사하라.
- 무슬림에 대한 비전과 열정, 긍휼한 마음을 새롭게 해달라고 구하라.
- 그리스도의 몸 안에서 진정한 화해와 연합이 일어나게 해달라고 기도하라.
- 우리의 마음에 더 큰 믿음, 자유, 사랑, 평안이 일어나도록 성령님을 초청하라.
- 성경 말씀이 우리 마음의 빛이 되고 기도의 길이 되게 해달라고 기도하라.

개인의 영적 각성을 통해 우리는 하나님의 말씀과 세상을 구원하시려는 그분의 목적에 우리를 맞출 수 있다. 또한 우리가 무엇을 구하길 하나님이 원하시는지 알 수 있다. 무슬림을 위해 기도할 때 그리스도를 아는 지식에 더 가까이 나아가야 한다. 그런 다음 그분의 마음을 따라 기도하라.

계속해서 다음과 같이 기도하라.

를 용서받고 깨끗해졌는지 분명히 알고 싶어했다. 미국으로 망명한 한 페르시아인은 그리스도를 믿고 두려움에서 해방되자 이렇게 대답했다. "네, 저는 용서받았다고 느낍니다. 용서를 확신합니다." 이들은 그리스도 안에서 영원하고 안전한 피난처를 발견했다. 한 이집트 남성은 무슬림이 기독교에 매력을 느끼는 주된 원인은 구원의 확신이라고 보다 명백하게 대답했다. 한 일본인 남성은 간단히 말했다. "예수님을 영접하고 나서 제 인생의 마지막에 대한 확신이 생겼습니다."

예수님

그리스도는 모든 무슬림 회심자들이 새로 찾은 신앙의 중심 요소임이 분명하다. 예수님의 인격은 그들의 마음을 움직인 특별한 원인이자 가장 큰 매력으로 인식된다. 간단히 말해, 그리스도의 성품 자체에 거부할 수 없는 매력을 느낀 무슬림들이 많다. 파키스탄에서 미국으로 이민온 한 남자는 그리스도가 학대를 당할 때도 보복하길 거절하신 점에 특히 매력을 느꼈다. 그는 이렇게 말한다. "그분은 고통을 감내하셨습니다. 결코 보복하지 않으셨죠."

무슬림들은 대부분 그리스도가 십자가에 못 박히지 않았다고 믿는다.[1] 하지만 꾸란에서는 적대자들이 그리스도를 죽이려 했으며 그리스도가 기꺼이 죽으려 하셨다는 점은 인정한다. 한 페르시아인은 자신이 기독교에 매력을 느끼기

- 하나님을 향한 당신의 사랑에 불을 붙여 달라고 기도하라.
- 하나님을 영화롭게 하지도, 올바른 일을 행하지도 못한 죄에 대해 용서를 구하라.
- 우리의 필요와 연약함을 깨달아 온전히 하나님만 의지하게 해달라고 기도하라.
- 죄악, 불신, 선입견, 이기심 등 하나님을 따르지 못하게 하는 모든 것을 회개하는 기도를 하라.
- 하나님이 행하신 모든 것에 감사하는 마음과 복음을 내 안에 가두기만 한 죄를 회개하는 기도를 하라.
- 우리의 세계관을 새롭게 하시고 하나님의 목적에 대한 열정을 달라고 기도하라.
- 무슬림을 긍휼히 여기는 마음과 승리를 기대하는 낙관적인 마음을 구하라.
- 교회가 세계를 향한 하나님의 목적에 눈뜨게 해달라고 기도하라.
- 교회에 화해의 영을 주셔서 그리스도인들이 회개와 용서, 믿음 가운데 연합하게 해달라고 기도하라.
- 그리스도의 몸 안에 분열된 부분을 치유하셔서 우리가 서로 사랑하는 모습을 세상이 보고 복음을 신뢰하게 해달라고 기도하라.
- 무관심, 선입견, 믿음 부족 등 교회의 복음 전파를 막는 장벽을 깨뜨려 달라고 기도하라.
- 교회를 지배하는 돈의 영향력을 깨뜨려 달라고 기도하라.
- 가난한 자들을 도우시고 억압받는 자에게 정의를 실현해 달라고 기도하라.
- 세상이 지켜보는 가운데 하나님의 영광을 드러내 달라고 기도하라.

출처_ *Encountering the World of Islam.*

전부터 그리스도에게 끌렸다고 말했는데, 이는 무슬림들에게 이례적인 일이 아니다. 그리스도는 이슬람 세계에서 존경을 받는다. 많은 본문에서 그 의미를 두고 논란이 일고 있지만 적어도 그리스도를 선지자로 이해하고 있다(꾸란 19:30-31).

서아프리카의 한 남성은 그리스도의 겸손과 죄에 물들지 않으심을 깨닫고 이끌렸다. 자주 언급되지는 않지만 꾸란에서 그리스도는 흠 없는 자로 묘사된다(꾸란 19:19). 반대로 무함마드는 자기 죄에 대해 용서를 구하라는 말을 듣는다(꾸란 40:55; 47:19; 48:2). 기독교의 어떤 가르침에 매력을 느꼈냐는 질문에 이집트의 한 남성은 간단히 말했다. "십자가에 달리신 메시아입니다."

거룩한 책: 성경의 능력

무슬림은 토라, 시편(자부르), 복음서(보편적으로 신약으로 이해함)를 거룩한 책으로 여긴다. 성경의 내용을 잘 아는 사람은 많지 않지만 일단 성경을 읽기 시작하면 거부할 수 없는 매력을 느낀다. 레바논 출신의 한 무슬림에게 그리스도의 산상수훈은 그가 회심하는 가장 강력한 도구로 작용했다. 북아프리카의 한 신자는 가난한 사람, 압제받는 사람, 버림받은 사람들에 대한 그리스도의 사랑에 감동을 받았다. 그리스도의 제자들에게서 이러한 성품을 발견하고 매력을 느낀 사람도 있다. 그는 그리스도인들만이 가난하고 압제받는 자들을 위한 정의에 깊은 관심을 보인다고 보았다.

어떤 사람들은 성경에서 타당해 보이는 진리를 발견한다. 파키스탄 출신의 한 신자는 성경을 연구하다가 자신을 괴롭혀 온 많은 문제에 대한 답을 얻었다. 성경에 대한 이해가 커지면 성경이 변질되었다고 가르쳐 온 사람들에게 속았음을 느꼈다.

한 북아프리카인은 성경의 가르침이 진실하게 느껴졌으며 그 가르침에서 지적인 만족을 경험했다. 그리스도를 믿게 된 한 이집트인은 성경에서 하나님의 참된 성품을 보았다고 했다. 그는 꾸란을 읽을 때는 의심이 커졌지만, 성경은 "힘이 있고 만족감을 주었다"고 말했다. 이와 유사하게 한 이란인은 이렇게 말했다. "성경은 이해하기 쉽습니다. 합리적이고 논리 정연합니다. 내 삶과 연관되어 있으면서도 특정한 문화에 얽매이지 않습니다."

"나는 꿈을 꾸었습니다"

무슬림 배경의 신자들을 직접 만나 보지 못한 사람이라면 그들이 예수님께 돌아오는 데 꿈과 환상이 얼마나 강력한 역할을 하는지 보고 충격을 받을 것이다. 대부분의 서구인이 개종하기로 결심하는 데 꿈이 차지하는 역할은 미미할 것이다. 하지만 이번 조사에서 4분의 1이 넘는 사람들이 그리스도께로 돌아오고 어려운 시기를 견디는 데 꿈과 환상이 핵심 역할을 했다고 강조했다. 프론티어스의 국제 총재였던 릭 러브도 이러한 점을 잘 알고 있다. "바울을 회심시키는 데 환상을 사용하신 하나님은 지금도 꿈과 환상을 통해 무슬림들에게 자신을 계시하신다. 복음을 듣기 전에 환상을 통해 고넬료를 준비시키신 하나님은 지금도 수많은 무슬림들이 복음에 반응하도록 준비시키신다."[2]

기니 출신의 한 신자는 꿈에 한 사람을 보았는데 시간이 흐른 뒤 그가 그리스도였음을 알게 되었다고 진술한다. 흰 옷을 입은 그 사람이 자기에게 오라고 말했다. 그는 이와 비슷한 꿈을 또 꿨는데 같은 사람이 그를 향해 팔을 뻗었다고 회상한다. 무슬림 사이에서는 이러한 종류의 꿈이 하나의 모형처럼 인식되고 있다. 약간의 차이는 있지만 흰 옷을 입은 그리스도는 꿈을 꾸거나 환상을 본 사람들에게 반복해서 나타나는 이미지다. 이와 유사하게 말레이 출신의 한 무슬림 여성은 돌아가신 그리스도인 부모님을 환상으로 본 후 예수님을 믿었다. 부모님이 하늘나라에서 다른 사람들과 더불어 기뻐하는 모습을 본 것이다. 그리고 흰 옷을 입은 예수님이 이렇게 말씀하셨다. "내게 오길 원한다면 주저하지 말고 나오라." 그녀는 하나님께 닿기 위해 일평생 애썼으나 줄곧 실패했다고 느꼈는데 이제는 하나님이 예수님을 통해 자신에게 닿기 위한 노력을 시작하셨음을 깨달았다.

중동 출신의 한 회심자는 병든 아들을 위해 기도한 후 극심한 두통에 시달리며 침대에 누워 있었다. 그때 갑자기 아름답고 평화로운 얼굴의 한 남자가 나타났다. 흰 옷을 입은 그는 침대 머리맡으로 걸어와 그의 머리에 세 차례 손을 얹었다. 다음날 아침 두통이 말끔히 사라지고 아들의 병 역시 깨끗이 나았다. 당연히 그는 확신에 차서 이렇게 말한다. "나는 그리스도의 이름으로 드리는 기도의 힘을 믿습니다."

대다수의 꿈은 크게 두 부류로 나눌 수 있다. 첫째는 준비를 위한 꿈이다. 흰 옷을 입은 그리스도가 나타나는 경우에서 보듯 환상을 통해 그리스도나 기독교 신앙에 대해 들은 내용을 확신하게 되는 것이다. 둘째는 힘을 북돋우는 꿈이다. 여기서 꿈이나 환상은 주로 박해를 목전에 둔 사람들에게 힘이 된다. 또는 신자들이 담대하게 증언할 수 있는 힘을 실어 주기도 한다.

준비를 위한 꿈

아라비아 반도 출신의 한 순니파 여성은 꿈에 누군가가 나타나 그녀가 알고 있는 한 그리스도인 여성을 찾아가라고 말했다. 나중에야 그가 그리스도였음을 믿게 되었지만 꿈에 나타난 그 사람은 이 여성이 가르쳐 줄 것이라고 말했다. 한 페르시아 남성은 회심하기 전에 자신이 캄캄한 가운데 벼랑에서 떨어지고 있는데 밝은 빛이 나타나 등을 받쳐 주는 꿈을 꾸었다.

꿈과 잠을 사용하시는 하나님의 매력적인 반전 가운데 한 알제리 여성은 곤히 잠자던 무슬림 할머니가 이렇게 말하는 것을 들었다. "예수님은 살아 계셔. 예수님이 여기 계시다는 걸 네게 말해 주고 싶구나." 서아프리카의 한 남성은 회심하기에 앞서 단순하고도 강력한 환상을 보았다고 회상한다. 그는 지옥에 독실한 무슬림이 있는데 하늘나라에 있는 가난한 그리스도인이 그에게 팔을 뻗어 보지만 닿지 못하는 장면을 보았다. 그때 어떤 목소리가 들리면서 이러한 차이는 예수님에 대한 믿음 때문에 생겼다고 설명했다.

힘을 북돋우는 꿈

북아프리카의 한 신자는 믿음 때문에 투옥된 동안에 꾼 꿈으로 큰 힘을 얻었다. 꿈에서 그는 통제된 자기 나라에서 수천 명의 신자들이 거리로 나와 믿음을 공개적으로 선포하는 장면을 보았다. 감옥에 있으면서 그는 여러 고문을 당했다. 몇 시간 동안이나 거꾸로 매달려 있고 전기 막대기로 맞고 사형을 당할 것이라는 위협을 되풀이해서 받았다. 언젠가 동족들이 거리로 나와 공개적으로 자기 믿음을 선언하는 날이 올 것이라는 꿈은 그에게 가장 힘겨운 시간을 견디는 힘이 되었다.

만남

엄밀히 말해 꿈이나 환상은 아니더라도 많은 무슬림 배경의 신자들이 초자연적 만남을 통해 예수님께 돌아왔다. 이집트의 한 무슬림이 인질(복음)을 읽을 때였다. 그는 누가복음 3장, 즉 성령이 비둘기처럼 예수님께 내려오는 장면을 읽고 있었다. 본문에서 하나님은 이렇게 말씀하신다. "너는 내 사랑하는 아들이라 내가 너를 기뻐하노라"(22절). 이 말씀을 읽는 순간 거센 바람이 방 안에 몰아쳤다. 그리고 한 목소리가 들렸다. "나는 네가 미워하는 예수 그리스도다. 나는 네가 찾고 있는 구세주다." 그는 그 자리에서 예수님을 받아들이며 흐느꼈다고 회상한다.

꿈, 환상, 믿음의 여정에 대한 개인의 시각이 각기 다를 수 있다. 그러나 하나님이 독특해 보이는 수단을 통해 사람들을 부르고 계심을 인식하지도 받아들이지도 않은 채 무슬림 사역에 참여하기란 쉽지 않다.

"그중에 제일은 사랑이라"

가장 많은 무슬림을 그리스도에게 돌아오게 만든 가장 강력한 이유는 바로 사랑의 힘이다. 무슬림 출신의 많은 신자들은 바울처럼 "그중에 제일은 사랑"(고전 13:13)이라고 고백한다. 신앙의 소속을 바꾼 무슬림 전체의 절반 가량이 하나님의 사랑이 자신의 결정에 가장 중요한 이유였다고 단언한다. 여기서 사랑은 두 가지 세부 범주로 나눌 수 있다. 하나는 본으로 드러나는 사랑이고, 다른 하나는 성경에서 증거하고 하나님이 직접 드러내신 사랑이다.

"너희가 서로 사랑하면 이로써 모든 사람이 너희가 내 제자인 줄 알리라"

한 요르단인 신자는 자신의 회심이 "무조건적인 사랑과 평화롭고 자족하는 분위기" 덕분이었다고 말한다. 프랑스로 망명한 한 아랍인은 그리스도인 지인들이 얼마나 다정했는지 묘사하면서 이렇게 말한다. "그들은 그리스도의 아름다움을 발산하고 있었습니다." 그녀보다 먼저 이민을 와서 그리스도께 자기 삶을 드린 이 친구들은 직장을 구하는 그녀의 기도에 응답해 달라고 하나님께 기도했다. 그녀는 당시를 이렇게 회상한다. "하나님이 계속 기도에 응답해 주셔서 얼마나 놀랐는지 모릅니다." 이 젊은 순니파 무슬림 여성은 믿음의 친구들과 친밀하고 다정한 우정을 나누면서 하나님 역시 자신의 친구가 되어 주고 영생을 주실 수 있음을 믿게 되었다.

하나님의 사랑

물론 신자들에게 나타나는 사랑의 본과 하나님 사랑에 대한 성경의 증거를 분리하기란 어렵다. 한 벵골 남성은 이렇게 말한다. "나는 하나님의 위대한 사랑, 나 자신의 죄인 됨, 나를 위한 그리스도의 엄청난 희생에 대한 계시에 압도되었습니다." 잠비아에서 온 한 서아프리카인은 간단히 설명했다. "하나님은 나를 있는 모습 그대로 사랑하십니다." 그는 자신이 경험한 이슬람은 "하나님께 엄격히 복종하는 삶"이었다고 묘사한다. 그는 스스로는 하나님을 기쁘게 할 수 없다고 느꼈다. 그는 예수님에 대한 믿음 때문에 돌에 맞기도 했지만 여전히 그리스도 안에서 새 생명을 누리며 살고 있다.

하나님의 사랑은 특히 다른 무슬림들에게 억압당한 경험이 있는 무슬림에게 커다란 감동으로 다가간다. 한 시아파 남성은 하나님이 온 민족을 사랑하시며 그를 인격적으로 사랑하고 보호하신다는 진리에 마음이 끌렸다. 이와 유사하게 한 서아프리카인은 하나님이 모든 인종과 민족, 심지어 원수까지 사랑하신다는 것에 깜짝 놀랐다. 이슬람 세계에서 그가 경험한 바에 의하면 아랍 무슬림은 아프리카계 흑인들을 차별했다. 슬프게도 그는 "아랍인들이 이슬람을 이용해 비아랍인들을 억압한다"고 설명했다.

"내가 너를 친구라 불렀노라" – 하나님과의 관계

무슬림 배경의 신자 중에 10%는 하나님과의 관계야말로 그들이 회심하는 데 가장 강력한 요인이었다고 말한다. 앞서 언급한 알제리인 망명자는 하나님이 친구이자 아버지가 되신다는 사실에 마음이 움직였다. 이와 유사하게 북아프리카의 한 회심자는 하나님과 직접 관계를 맺을 수 있는 기회에 마음이 끌렸다. 그가 느끼기에 이슬람에 부족한 부분은 하나님께 가까이 다가갈 수 없다는 점이었다. 하나님과 동행할 여지가 전혀 없었던 것이다. 그리스도 안에서 그가 느낀 강력한 매력은 주님과 그

모든 민족의 목자 되신 그리스도께 기도하라.

분의 백성 간에 직접적인 교제가 가능하다는 것이었다. 분리의 장막이 걷히는 느낌이었다.

이집트의 한 신자는 기독교에 매력을 느낀 두 가지 이유를 설명했다. 하나는 우리가 하나님의 자녀로 입양된다는 점이고, 다른 하나는 성령이 자녀 안에 거하신다는 점이다. 이는 한 인도네시아인이 이슬람에 대해 남긴 부정적인 평가에 그대로 반영된다. "이슬람의 하나님은 보편자시고 가족이 없으시죠. 하나님이 어떤 분이신지 우리는 알 길이 없습니다."

북미의 복음주의는 개인의 경험을 강조하는 것으로 비판을 받아 왔다. 무슬림 배경의 신자들의 증언을 토대로 볼 때, 하나님과 개인적인 관계를 맺을 기회는 미국인들에게만 매력적인 것 같지 않았다. 무슬림 배경의 신자들이 보여 주는 이러한 단면에서 우리는 신의 열애, 즉 교회를 향한 그리스도의 사랑, 자기 백성과 교제하길 원하시는 하나님의 갈망이 사람들에게 보편적인 매력으로 작용한다는 교훈을 얻을 수 있다.

"의를 위하여 박해를 받은 자는 복이 있나니"

어떤 이들은 이 말씀을 팔복 중 하나라고 생각한다(마 5:10). 또 어떤 이들은 앞서 나온 복대로 살면 얻게 될 결과라고 여긴다. 그 말씀을 어떻게 해석하든 무슬림권에서 믿음을 갖게 된 사람들은 서구권의 신자보다 박해와 친해질 확률이 높다.

서아프리카의 한 신자는 가족들에 의해 칼에 찔리고 몸에 불이 붙기까지 했다. 목숨을 잃지는 않았으나 가족은 그를 죽은 사람 취급한다. 신체적 고통도 엄청나지만 죽은 사람 취급을 당하며 받는 심리적 고통 또한 다 헤아릴 수 없다. 북아프리카의 한 남성은 거절당하고 맞고 집에서 쫓겨나는 것이 그에게 얼마나 큰 아픔이었는지 말로 다 표현할 수 없다고 했다. 슬프게도 국가교회(national church) 역시 그를 받아주지 않았다.

한 레바논 무슬림은 회심한 후에 교사로서 누리던 모든 특권을 잃고 결국 살해당했다. 존경받으며 살아온 다른 전문 직업인들도 그리스도를 따르기로 선택한 결과 사람들에게 업신여김을 당하며 충격을 받는다. 북아프리카의 한 아랍인이 2년 동안 수감되고 심문당하고 경찰서에 붙들려 있는 과정을 지켜본 한 사람은 이것이 트라우마가 될 정도라고 설명했다.

출신 민족을 이유로 박해당하던 사람들은 새로 갖게 된 믿음을 이유로 박해를 당한다 해도 크게 놀라지 않는다. 아니 이러한 박해를 통해 이전의 신앙을 떠나려는 결심을 더 확고히 하기도 한다. 지인들 중 그리스도인들만이 유일하게

인종차별주의자가 아님을 깨달았던 한 북아프리카인은 극심한 박해에 익숙해진 상황이었다. 그의 형제와 가까운 친구들은 이미 살해되었다. 서아프리카의 한 남성은 집에 불이 났으며 자신과 가족을 죽이겠다는 사람들에게 쫓기고 있다. 필리핀의 한 어부는 사람들이 그의 배를 훔치고 그물을 자르더니 자녀들마저 괴롭히는 등 점차 거세지는 박해를 경험했다. 그러나 그를 가까이서 지켜본 사람은 말했다. "그는 전혀 흔들리지 않습니다."

박해를 당하면서도 흔들리지 않는 모습은 부분적이지만 박해가 어떤 역할을 하는지 설명해 준다. 박해를 통해 수적 성장이 일어나지는 않더라도 박해를 당하는 그 영혼은 분명 성장한다. 무슬림이 다수인 사회에서 끔찍한 대우를 당하면서 더 성숙한 그리스도인이 되는 것이다. 박해를 당하는 절실한 순간에 성경은 그에게 심오한 위로를 준다. 한 일본인 형제는 마태복음 5장 11절에서 박해를 대면할 용기를 얻었다. "나로 말미암아 너희를 욕하고 박해하고 거짓으로 너희를 거슬러 모든 악한 말을 할 때에는 너희에게 복이 있나니." 그는 이 가르침을 듣고 박해를 축복으로 여기기 시작했다. 그는 자신이 그리스도께 나아온 것도 마태복음 5장 11절 설교 덕분이었다고 회상했다.

한 이집트 신자는 침 뱉음과 죽음의 위협을 당할 때 성경에서 비슷한 위로를 받았다. 사람들은 신앙심 없는 형을 두었다며 그의 막내 동생을 조롱했다. 그러나 복음서를 읽으면서 그는 하나님의 사랑과 예수님의 임재를 느꼈다. 꾸란의 가르침과는 반대로 그는 복음서에 진정한 능력과 만족이 있음을 발견했다.

하나님이 일하고 계신다

우리는 하나님이 인류의 아주 넓은 단면 가운데서 어떻게 일하고 계신지 짧게 살펴보았다. 그리고 그분의 마음이 극적인 방식으로 전달되고 있음도 확인했다. 하나님이 꿈과 환상을 사용하시는 것은 어쩌면 무슬림에게 복음의 능력을 직접 설명할 그리스도의 증인이 부족하기 때문이 아니겠는가? 앞서 살펴본 그리스도를 위한 증인들의 증거야말로 하나님이 일하고 계심을 보여 주고 있다. 그리스도의 사랑에 대한 계시를 충분히 받은 무슬림들은 그리스도와 함께하는 삶에 눈을 뗄 수 없을 것이다. 결국 은혜를 거부할 수 없기 때문이다. ❖

주
1. 이는 꾸란 4:157-159에 기초한다.
2. Rick Love, *Muslims, Magic, and the Kingdom of God* (Pasadena, CA: William Carey Library, 2000), 156쪽.

무슬림 여성을 위한 기도

킴 그레이그

무슬림 여성을 위한 효과적인 기도의 첫 걸음은 하나님의 눈으로 그들을 보는 것이다. 당신과 나와 마찬가지로 모든 무슬림 여성은 하나님께 사랑받는 자들이다. 뻔한 이야기 같지만 너무나 많은 사람들이 두려움과 무지 때문에 무슬림을 위해 기도하거나 예수님의 사랑을 들고 그들에게 다가가길 주저해 왔다. 모든 무슬림 여성은 하나님이 보시기에 독특하고 멋지다. 그들 모두가 같은 존재라고 추정해서는 안 된다. 다음에 소개하는 주요 영적 문제들은 그들을 위해 보다 효과적으로 기도하는 데 도움이 될 것이다.

살피시는 하나님

하갈의 이야기를 통해 우리는 하나님이 무슬림 여성들을 어떻게 살피시는지 이해할 수 있다. 창세기 16장에서 하갈이 아브람의 아들 이스마엘을 임신한 후 광야로 도망가는 이야기가 나온다. 그곳 광야에서 주의 천사가 그녀에게 나타나 여주인 사라에게 돌아가라고 말한다. 하갈은 그곳의 이름을 "브엘라해로이"라 하는데 이는 "나를 살피시는 하나님"이라는 뜻이다. 오늘날 무슬림 여성들은 하나님이 멀리 계시고 비인격적인 분이라고 알고 있다. 알라는 그들을 살피지 않는다. 그러나 하나님의 진실한 모습은 그들을 살피

킴 그레이그는 1979년부터 남아시아와 중동에서 무슬림을 대상으로 섬겨 왔다. 킴과 그의 남편 키스는 '무슬림을 위한 30일 기도'으로 알려진 국제기도사역의 국제 책임자다. 이 사역은 매년 전 세계 3천만 이상의 그리스도인이 참여하는 교회 역사상 가장 큰 기도운동 중 하나다. 이 글은 Kim Greig, "Praying for Muslim Women," *From Fear to Faith*, ed. Mary Ann Cate and Karol Downey(Pasadena, CA: William Carey Library, 2002), 89-90쪽에 나온 것으로, 허락을 받고 실었다. *missionbooks.org*.

평온, 기품, 정숙함이 무슬림 여성의 특징이다.

에 지나지 않는다. 무수한 규칙과 규정에 매여 열등한 위치에서 벗어나지 못한다. 그러나 이러한 무슬림 여성들을 위해 기도할 때 남성들이 원수가 아님을 알아야 한다. 진정한 원수는 여성들로부터 그리스도 안에서의 정체성과 가치를 빼앗아 간 사탄이다(요 10:10).

두려움의 진

두려움은 무슬림 여성에게 가장 강력한 진(陣) 가운데 하나다. 그들은 남편에게 학대당하고 맞고 이혼당할까 봐 두려워한다. 불임, 시어머니, 소문, 종교 지도자, 종교 경찰 등을 두려워한다. 이슬람 여성으로서 너무나 상처받기 쉬운 처지에 있기에 그들은 죽은 무슬림 성인들에게 기도하거나 삶의 많은 부분을 통제한다고 여겨지는 악한 영들을 달래는 등 대중 무슬림의 관습에서 안식을 찾으려 한다.

여종의 신분에서

갈라디아서 4장 22절은 이스마엘이 여종의 아들로 태어났다고 소개한다. 이슬람은 굴복을 의미한다. 무슬림 여성은 자신이 알라의 종이자 남편의 종이요, 남자형제와 아들의 종이라고 생각한다. 무슬림은 오로지 종의 위치에서 하나님과 관계를 맺을 뿐이다. 무슬림은 선행을 통해 구원을 얻어야 한다. 그리스도인인 우리는 하나님이 구주 예수님을 보내 주신 덕분에 종에서 하나님의 아들과 딸로 신분이 바뀌었다(갈 4:7). 무슬림들은 갈보리 십자가에서 일어난 은혜의 사역으로 인해 회개를 통한 용서가 가능해졌음을 이해해야 한다.

실 뿐 아니라 사랑하시고 그들에게 귀 기울이시며 그들을 위해 눈물을 흘리신다. 그 누구도 멸망하길 원치 않으신다.

또한 우리는 언제나 무슬림 여성들에게 하나님의 마음을 드러내지는 못했음을 솔직하게 인정해야 한다. 우리는 하나님과 달리 그들의 말을 들어 주지도 않고 그들을 살피지도 않았다. 우리는 기도를 시작하기에 앞서 그동안 무슬림을 대하던 우리의 태도를 회개해야 한다. 긍휼히 여기는 마음으로 믿음 안에서 기도해야 한다.

정체성과 가치

무슬림 여성들은 예전보다 자유로운 생활을 누리고 있지만 아직도 많은 이들이 오로지 아버지나 남편을 통해 자기 정체성을 얻고 있다. 그녀가 속한 세상은 남성의 지배를 받는다. 남성들의 권위가 전방위적으로 그녀의 삶을 둘러싸고 있다. 그녀가 두른 베일은 그러한 권위에 순종하고 있음을 드러낸다. 무슬리 여성은 얌전하게 옷을 입음으로써 가족, 특히 남성 가족에 대한 존경심을 지킨다. 그녀에게 스스로에 대한 정체성은 없다. 그녀의 가치는 남성의 가치에 비교하면 절반

딸의 신분으로

무슬림 여성이 하나님을 아버지로 생각하기란 매우 어려운 일이다. 예수님이 하나님의 아들이라는 생각 자체도 그들에게는 모욕적이다. 하나님 아버지에 대한 개념은 오직 성령의 계시를 통해서만 충분히 이해할 수 있다. 이슬람에는 알라를 부르는 99개의 이름이 있지만, 그중에 '아버지'는 없다. 무슬림 여성들이 아버지이신 하나님을 알게 해달라고 기도하자. ❖

기도와 예배: 이슬람에 반응하는 우리의 도구

존 헤인즈

 무슬림 이웃에게 믿음을 증언하는 데 그 유용성이 검증된 도구 중 하나가 '기본적인 것'이다. 무슬림에게 복음을 전하는 사람들은 내가 재차 발견하는 이 사실에 동의하리라 믿는다. 가장 필요한 도구는 기도다.

다듬지 않은 나무로 물체를 하나 만들려 한다고 생각해 보라. 당신은 미리 계획하고 디자인을 구상해 놓은 상태에서 일에 착수할 것이다. 그것이 디자이너의 마음이다. 우리의 디자이너는 하늘에 계신 아버지시다. 하나님은 그분이 우리 앞에 데려다 놓으시는 사람 안에서 우리의 노력이 최종적으로 어떤 모습으로 나타날지를 정하신다. 우리는 성령의 기술로 그들과 함께 일한다. 하나님은 또한 제작 과정에 필요한 개별 도구들도 고안하셨다. 이것이 성경에 나와 있는 복음 전도의 원리다.

기도에서 우리는 전체 계획과 방법, 두 가지 모두를 발견한다. 다른 도구들은 우리가 이 기본 도구를 어떻게 효과적으로 쓰는가에 달려 있다. 기도가 없으면 마지못해 열의 없이 일을 시작하게 된다.

이슬람의 예배 개념

기도의 핵심은 예배에 대한 성경적 개념에 있다. 우리는 위대하고 거룩한 하나님이신 우리 아버지 앞에 엎드린다. 우리는 무슬림 친구들을 대신해 하나님 앞에 나아간다. 그러고 나서야 비로소 말을 한다. 하지만 우리의 의사 전달은 거의 즉시 위험에 빠지게 된다. 이슬람과 기독교에서 가

존 헤인즈는 아내 마지와 함께 32년 이상 무슬림에게 복음을 선포해 왔다. 그들은 1970년 북아프리카에 있는 AWM(Arab World Ministries)와 함께 사역을 시작했다. 이후에 프랑스의 무슬림 이민자들을 섬기고 있다. 이 글은 John Haines, *Good News for Muslims*(Upper Darby, Pa.: Middle East Resources, 1998), 17-25쪽에 나온 것으로, 허락을 받고 사용했다. awm.org.

지고 있는 예배 개념이 매우 다르기 때문이다.

무슬림 신조는 모든 무슬림이 믿는 기본이다. 그것은 이렇게 되어 있다. "나는 알라 외에는 하나님이 없으며, 무함마드는 하나님의 사도임을 증언한다." 꾸란의 다른 구절과 마찬가지로 여기서도 하나님의 이름과 무함마드의 이름이 나란히 나온다. 이슬람에서는 다른 어떤 이름에도 그런 영예를 부여하지 않는다. 하지만 내 무슬림 친구는 하나님 아래서 모든 선지자들이 평등함을 믿는다고 주장한다. 이렇게 무함마드의 이름을 하나님의 이름과 연결짓는 것을 꾸란에서 종종 볼 수 있다.[1] 실제로 대중 이슬람에서 이 신조를 사용하는 것은 무슬림에게 위험할 정도로 시르크(다른 존재를 유일하신 하나님과 연관시키는 일)에 가까이 가게 할 수도 있다.

성경적 예배 개념

그렇다면 우리는 예배의 본질에 대해 진지하게 생각해 보아야 한다. 우리의 예배 개념이 함축하는 바는 무엇인가? 아니면 무슬림의 실제 예배 관습이 함축하는 바는 무엇인가? 하나님은 역사가 처음 시작될 때부터 우리가 하나님과 그분의 아들 예수 그리스도를 예배하도록 하셨다.

요한은 그리스도의 신성을 강조한 사도였다. 요한은 그의 글의 절정인 요한계시록에서 예수님의 신성을 매우 분명하게 보여 준다. 우리는 요한계시록 4장에서 보좌 위에 앉으신 영원한 하나님을 향하게 된다. 그분께 예배를 드린다. 그리고 5장에서 갑자기 장면이 바뀐다. 이제 어린양이신 예수님이 보좌 한가운데 앉아 계시는데 그

무슬림 과부가 하나님의 약속을 바라보고 나아오다

작은 교회에서 설교해 달라는 부탁을 받았다. 예배는 잘 마쳤지만 자동차 타이어에 펑크가 나는 바람에 출발이 늦어졌다. 수리가 다 되기를 기다리는 동안 나이 든 무슬림 과부가 고아인 두 손자와 함께 수줍어하며 교회로 들어왔다. 그녀는 예수님을 찾으러 왔으며 몇 주 전에 특이한 두 개의 꿈을 꿨다고 말했다.

첫 번째 꿈에서 그녀는 다른 무슬림들과 함께 기도하고 있었는데 한 사람이 꾸란을 펼쳤다. 그런데 그리스도인들이 강 저편에서 성경을 들고 와서 하나님의 말씀을 들으라고 손짓하며 부르는 것이 보였다. 그녀는 강을 건너고 싶었으나 무슬림들이 강을 건너가면 집안과 마을에서 쫓아내겠다고 협박했다. 그래도 그녀는 강을 건너 그리스도인들에게 갔다. 뒤를 돌아보았는데 꾸란이 완전히 백지로 변해 있었다. 그리스도인들은 그녀에게 하나님의 말씀을 나누었다. 무슬림들이 그녀를 찾았지만, 그녀는 그리스도인들 가운데서 안전하게 거할 수 있었다.

하루를 마치는 기도를 한 다음 잠이 들자마자 과부는 두 번째 꿈을 꾸었다. 모자를 쓴 한 사람이 막대를 들고(전형적인 목자의 모습) 그녀에게 다가왔다. 목자는 기도해 줄 수 있게 자기 옆으로 오라며 그녀를 불렀다. 목자가 뭐라고 말하는지 알아들을 수 없었지만 도처에 밝은 빛이 있었으며 그녀는 깊은 기쁨을 느꼈다. 그 목자는 메시아 예수임이 틀림없다는 생각이 들었다.

그녀는 그 꿈을 시동생에게 들려주었다가 아이들과 함께 집에서 쫓겨났다. 쫓겨난 그들은 오늘 아침 우연히 교회 앞을 지나게 되었고 그녀는 지금이야말로 예수 그리스도께 나아올 때라고 결심했다. 그녀는 예수님을 구세주로 영접했다! 앞으로 혼자 어떻게 살아갈지 모르겠지만 꿈속에서 나타나신 분에게 신실할 것이라고 그녀는 말한다.

출처_ G. Johnson, *sim.org*.

분 역시 예배를 받으신다(계 5:12-14). 인류의 모든 재능과 업적이 그분께 부어진다. 마리아가 예수님의 발에 향유를 부은 것과 같다.

헬라어 문장을 보면 갑자기 한 단어가 튀어나온다. "합당하도다"(Axion)라는 말이다. 예수님은 합당하시다. 왜 그런가? 그분은 죽임을 당하셨기 때문이다(5:9). 다른 어떤 선지자도 이것을 주장할 수 없다. 우리 주 예수 그리스도는 12절에 나오는 일곱 가지 제물을 받을 만한 분이시다. 그분은 "능력과 부와 지혜와 힘과 존귀와 영광과 찬송"을 받으신다. 우리가 그리스도를 더욱 성숙하게 예배하여 날마다 그분의 발 앞에 이런 제물을 바칠 때 우리는 사역을 위한 영적 전신갑주를 입는 것이다. 우리의 마음은 예배드리는 가운데 그리스도께 집중된다. 그 다음에 우리는 기도하며 행동을 취한다.

기도 목표는 무엇인가? 우리는 무슬림 이웃들의 시야에 그리스도가 중심에 있지 않음을 보았다. 무슬림들이 그리스도를 중심으로 삼을 때 비로소 그리스도는 중대한 영적 초점이 될 것이다. 예수님만이 하나님의 어린양으로서 중심에 계시기에 합당하기 때문이다. 예수님의 증인인 우리는 예배와 중보로 하나님께 나아온다. 그러면 성령님이 무슬림 친구들의 굳은 마음밭을 갈아서 일구신다.

우리를 보호하는 예배와 기도

어느 해 여름에 한 청년팀이 한 대도시의 많은 무슬리들에게 전도할 준비를 하러 모였다. 매일 아침 우리는 성경공부와 기도 시간을 가지며 영적 전쟁에 필요한 전신 갑주를 입으려 했다. 하지만 우리가 대단히 판에 박힌 상태에 빠져들고 있음을 깨달았다. 성경공부는 언제나 정한 시간을 채우거나 넘기는 반면에 예배와 중보기도는 그 시간이 점점 더 줄어들었다.

하지만 '항상 기도하는 것'은 에베소서 6장 10-18절에서 언급하는 마지막 무기다. 지상대명령 자체를 보라. 마태복음을 보면 그 앞에 자발적이며 성령님이 인도하시는 예배 시간이 먼저 나온다(마 28:17). 어떻게 그 핵심을 놓쳤던 걸까? 우리는 핵심을 놓쳤고 지금도 그렇다. 우리 삶에서 예배의 무너진 벽을 회복하는 것 역시 대단히 중요하다.

아내와 나는 8년간 프랑스 그르노블에 있었다. 나는 우리 교회 장로 중에 유일하게 프랑스인이 아니었다. 우리는 몇 가지 일상의 관심사에 대한 부담을 가지고 월요일 저녁 기도 모임에 나간 적이 여러 번 있었다. 우리는 때로 의견 차이가 나기도 했다. 하지만 공개적이고 지속적으로 연합을 깬 적은 한 번도 없었다. 기본적으로 예배드릴 때 성령님이 우리를 그리스도께로, 그리고 서로에게로 이끄셨기 때문이다. 처음 경배하는 시간에 그리스도가 우리 마음을 녹여 하나로 만들어 주실 때가 아주 많았다.

예배는 그리스도의 중심성을 지키는 파수꾼

유럽과 그 밖의 곳에서 일하는 우리의 여러 무슬림 사역팀들은 의도적으로 적절하게 예배 드리는 시간을 가진다. 그럼으로써 우리 삶과 증거의 중심에 그리스도를 둔다. 사도 요한은 어린양이 받으시기에 합당하다고 말한 후, 이것이 정확히 무엇을 의미하는지 일곱 가지로 세세하게 말한다. "죽임을 당하신 어린양은 능력과 부와 지혜와 힘과 존귀와 영광과 찬송을 받으시기에 합당하도다"(계 5:12).

예배 가운데 하늘 아버지 앞에서 기다릴 때, 종종 어떤 행동을 취해야 할지 인도하심을 받는다. 예를 들어 우리의 재물이 올바른 방식으로 사용되지 않고 있음을 인식하게 된다. 다른 사람을 대하는 우리의 태도가 주님께 영광을 돌리고 있지 않았음을 깨닫기도 한다. 하나님은 우리에게 무슬림 친구들과 관계를 발전시키는 새로운 지혜를 주시기도 한다.

예배는 영적인 문을 열어 준다. 하나님의 아들 예수님을 예배하는 법을 새로 배우라. 그 예배는 무슬림에게로 이어질 수밖에 없다. 그들은 하나님이 섭리 가운데 당신의 문 바로 앞에 두신 사람들이다.

이제 이 광대하고 성경적인 기도 교리의 세 측면을 강조하고자 한다. 나는 이것이 내가 하려는 우정 전도 사역에 적절함을 발견했다.

기도에 따르는 갈등

이런 경험을 해본 적이 있는가? 이제 막 기도 장소에 왔다. 주님과 교제를 시작하려고 기대하고 있는데 문득 얼른 해야 할 다른 작은 일이 기억난다. 아니면 마음속의 성가신 음성이 잊기 전에 뭔가를 기록해야 한다고 말한다. 그러면 그것이 무엇인지 미처 알기도 전에 마음이 흐트러지기 시작한다. 그 순간 자신이 하릴없이 딴 생각에 빠져 있음을 깨닫는다. 우리는 모두 날마다 그러한 경험을 한다. 왜 그럴까?

그 답을 에베소서 6장에서 찾을 수 있다. 바울은 우리와 "하늘에 있는 악의 영들"(12절)인 사탄의 세력 간에 벌어지고 있는 대전투를 묘사한다. 그 싸움에서 승리하려면 우리에게 주어진 전신 갑주를 입어야 한다. 또한 "모든 기도와 간구를 하되 항상 성령 안에서 기도"(18절)해야 한다. 중보기도를 하려 할 때 정신이 산만해지는 것은 원수의 의도적인 공격이다.

기도는 갈등을 수반한다! 무슬림 친구의 마음속에 자리한 사탄의 견고한 진을 대적할 때 얼마나 쉽게 긴장이 풀리곤 하는가? 수많은 좋은 활동에 정신이 팔려서 정작 가장 본질적인 기도는 뒷전으로 밀려난다. 주 예수 그리스도는 날마다 끊임없이 일어나는 영적 전쟁에서 우리 각각을 그분의 '좋은 군사'로 만드셔야 한다. 그럴 때 우리는 이렇게 말한 바울과 같이 된다. "내가 너희…들을 위하여 얼마나 힘쓰는지를 너희가 알기를 원하노니"(골 2:1).

기도 사역

우리 각자는 주님께 실제로 쓰임받기를 간절히 바란다. 그러면서도 기도가 정말 중요할까 하는 생각을 한다. 솔직히 말해 보라. 당신은 하나님의 보좌 앞에서 보내는 시간을 하나의 사역으로 생각하고 있는가?

바울의 친구 중에 그다지 알려지지 않은 에바브라를 기억할지 모르겠다. 바울은 에바브라가 골로새 교회를 위해 "항상…애써 기도하"고 "많이 수고"했다고 말한다(골 4:12-13). 그는 쇠락하는 소아시아 작은 성읍의 신자들에게 특별한 부담을 가지고 있었다. 그래서 그들을 위해 열심히 기도했다. 그때 바울은 어디에 있었는가? 안락한 사무실에? 그렇지 않다. 그와 에바브라는 로마 감옥에 갇혀 있었다. 그렇다고 그들이 제한된 환경에 막혀 골로새인들에게 아무 사역도 하지 못했는가? 그렇지 않다. 사실 하나님의 종들은 감옥 안에서도 대단히 실제적이고 중요한 일을 했다. "우리도…너희를 위하여 기도하기를 그치지 아니하고 구하노니 너희로 하여금…채우게 하시고"(골 1:9). 바울과 에바브라는 기도로 견고하고 지속적인 사역을 신실하게 수행했으며 하나님의 위대한 일이 이루어지는 것을 보았다.

윌리엄 캐리는 사역지 인도를 가리켜 자신이 발굴하려는 영적 금광이라고 말했다. 하지만 그는 "고국에 있는 여러분이 밧줄을 잡고 있어야 합니다"라고 재빨리 덧붙였다. 무슬림 친구에게 당신이 증언하는 것은 금을 캐내거나 잃어버린 보물을 찾는 일과 같다. 하지만 그 일은 기도로 시작되어야 한다. 기도야말로 진정한 사역이다. 아무리 주위 사람들의 눈에 보이지 않을지라도 말이다. 그것은 분명 시간 낭비도, 헛된 일도 아니다.

"내가 문 밖에 서서 두드리노니"(계 3:20).

기도의 보상

우리는 종종 기도로 시간을 보내는 것은 별로 대단치 않은 일이라고 생각하고 싶은 유혹을 받는다. 우리가 시간을 들여야 하는 다른 많은 일들이 있다. 하지만 우리의 대제사장은 우리가 그분을 통해 하나님께 나아갈 때 많은 배당금을 주신다. 그중 큰 것은 하나님이 우리의 기도에 응답하시는 것을 실제로 보는 엄청난 기쁨이다. 1964년 카사블랑카로 처음 항해하기 며칠 전, 아내와 나는 묵상지 〈매일의 빛〉(Daily Light)을 함께 읽고 있었다(4월 16일자). 우리는 기도 응답에 대한 구약의 세 가지 엄청난 예를 보았다. 잠시 야베스, 솔로몬, 아사에 대해 생각해 보자.

야베스는 기도했고 하나님은 그를 원수로부터 보호해 주시고 약속의 땅에서 그의 분깃을 크게 해주셨다. 솔로몬은 기도했고 하나님은 그에 응답하사 인류 역사상 누구도 따라올 수 없는 지혜를 그에게 주셨다. 아사는 기도했고 하나님은 그의 앞에서 강력한 구스(에티오피아) 군대를 물리쳐 주셨다.

응답에 대해 말해 보라! 우리의 기도는 종종 너무 나약하고 믿음 없는 것처럼 보인다. 그때 우리는 하나님이 구체적으로 기도에 계속 응답해 주심을 반복해서 보면서 기분 좋게 깜짝 놀란다. 아마 하나님은 그때 우리가 자신을, 그리고 하나님을 너무 낮게 평가했음을 보면서 웃음 지으실 것이다.

예배와 기도를 통해 가지게 된 하늘의 관점 없이는 이슬람의 크고 견고한 진에 대항해 효과적인 복음 전도를 할 수 없다. 무슬림 이웃의 삶에서 일어나고 있는 영적 갈등의 경우가 특히 그렇다. 그리스도가 적절한 위치에 자리하지 못하면 사람의 마음 깊은 곳에는 공허함이 생기고, 다른 어떤 사람이나 무언가가 그 공허함을 채우려고 달려들 것이다.

그렇다면 첫 번째 필수 도구는 설계자이신 하나님의 마음을 살피는 것이다. 우리는 기도를 통해 우리 하늘 아버지의 마음속에 무엇이 있는지 발견한다. 다른 사람들을 위한 기도 사역을 새롭게 시작한다. 하나님이 기도의 영역에서 당신에게 맡기신 일이 진정한 사역임을 기억하라. 그것은 당신이 꿇었던 무릎을 일으켜 무슬림 친구에게 다가갈 때 주신 사역과 마찬가지로 진정한 사역이다. ❖

주

1. 예를 들어, 꾸란 9장에서 알라 와 라쑬리히(하나님과 그의 선지자), 곧 무함마드라는 표현을 종종 볼 수 있다.

아랍 무슬림에게 전도하는 이베로-아메리칸

스티븐 다우니

"북아프리카 경찰의 출두 명령을 받으면 바로 짐을 싸야 합니다. 운이 좋으면 24시간 안에 그 나라를 빠져나올 수 있지만 그렇지 않으면 감옥에 갇히고 말지요."

남미의 선교기관인 국제협력선교회(PMI, Partners International)를 이끄는 마르코스 아마도 목사는 카를로스에 대해 이야기하고 있었다. 그는 북아프리카의 한 나라에서 장애인 야구팀을 만든 PMI 소속 선교사였다.

"이곳에 더 이상 있기는 틀린 것 같아." 카를로스가 수도의 경찰서장에게 출두해야 하는 날이 왔다. 서장은 카를로스에게 그 나라에서 일하고 있느냐고 물었다. 카를로스는 그렇다고 대답했다. 서장은 장애인들을 돕고 있느냐고 물었다. 카를로스는 다시 그렇다고 대답했다. 경찰서장은 말했다. "내 딸이 그 프로그램의 도움을 받고 있습니다. 고맙다는 말을 하고 싶어서 이렇게 당신을 불렀습니다."

카를로스는 도저히 믿을 수 없었다. 거주 허가서 문제로 골머리를 앓고 있었는데, 다음날 경찰 한 명이 오더니 허가서를 건네 주었다. 카를로스는 알바니아에서 짐바브웨에 이르기까지 100개 이상의 나라에서 일하고 있는 6,500명의 '이베로-아메리칸'(남미인, 포르투갈인, 스페인인, 북미에 사는 남미계 사람) 중 한 명이다. 하지만 9.11 사건 이후 아마도 이베로-아메리칸 선교사들이 일하는 가장 주요한 장소는 무슬림이 다수 집단인 나라일 것이다. 일부는 인도처럼 이슬람이 다수 종교는 아닌 나라 내의 무슬림 종족 집단을 위해 일하고 있다.

스티븐 다우니는 스웨덴 스톡홀름에 있는 국제물제휴(Global Water Partnership)의 커뮤니케이션 책임자다. *gwp.org*. 이 글은 Steven Downey, "Ibero-Americans Reaching Arab Muslims", *World Pulse* 38, no. 5(Wheaton, Ill.: Evangelical Missions Information Service, March 2003), 1쪽과 3쪽에 나온 것으로, 허락을 받고 실렸다. *lausanneworldpulse.com*.

아랍 무슬림 사역에 적절함

이베로-아메리칸들은 무슬림들과 적어도 겉보기에는 비슷하다. 이베로-아메리칸의 인종적 외관은 북미인이나 유럽인보다는 아랍인에 더 가깝다. 문화적으로도 시간 인식이라든가 가족에 대한 개념, 집단의 중요성(개인주의와 대비해), 물질 세계보다 영적 세계를 더 높이 산다는 점에서 아랍인에 더 가깝다.

"남미에 있는 것이 요르단이나 튀니지에 있는 것과 똑같다고 말할 수는 없습니다. 하지만 일반적으로 말해 대부분의 라틴계 사람들은 서구 사람들보다는 아랍 무슬림 문화에 더 가깝지요"라고 아마도는 말한다.

이베로-아메리칸 선교 사역을 동원하는 이베로-아메리칸 선교협력(COMIBAM)의 협력 훈련 진행자 휴고 모랄레스는 역사적, 식민지적, 경제적 이유도 있다고 생각한다. 주후 711년 북아프리카의 무슬림들은 지브롤터 해협을 건너 침략을 감행해 이베리아 반도 대부분을 7세기 이상 차지했다. 이베리아 반도의 식민지적 유대는 남미까지 이어진다. 남미는 미국과 서구 유럽 같은 초부유 국가들보다는 북아프리카와 생활수준이 비슷하다. 결정적으로 "이베로-아메리칸은 미국 시민들처럼 초강대국 지위라는 정치적 짐을 지고 있지 않습니다"라고 모랄레스는 말한다.

모랄레스는 이러한 유사점들로 인해 이베로-아메리칸 선교사들이 북아프리카 문화권에 들어가는 것이 비교적 더 쉽기는 하지만 오래 머물수록 그들도 다른 모든 선교사들과 비슷하게 큰 도전을 받는다는 사실을 깨닫게 된다는 지적도 빠뜨리지 않는다. 언어를 배우고 문화적 실마리를 이해하고 적대감을 허물고 자녀를 교육하는 등의 문제들이다.

부분적으로 이러한 이유 때문에 PMI는 타문화 몰입 훈련을 개발했다. "저도 이 훈련을 거쳤습니다"라고 아마도는 말한다. "다섯 달 동안 그 사람이 앞으로 일하게 될 나라에서 사는 것입니다. 그 지방의 무슬림 가족들과 함께 살면서 혼자 여행하고 하루에 4-5시간씩 언어를 공부하지요. 힘든 훈련이지만 그만한 가치가 있습니다. 어떤 선교사들은 내게 그 나라에 다섯 달밖에 있지 않았는데 어떻게 그 많은 것을 배웠느냐고 묻습니다. 하지만 일부 선교사들은 택시나 버스를 한 번도 탄 적이 없고 그 나라를 여기저기 여행해 본 적도 없는걸요."

집중 훈련은 그만한 값을 한다. 이베로-아메리칸 선교사들이 평균 50% 정도가 3년 이상 사역지에 머무는 반면 PMI 선교사들은 90%가 그렇게 한다. 1999년에 아마도는 최초의 '이베로-아메리칸 이슬람 연구소'를 만드는 데 앞장섰다. 그것은 18개의 선교단체가 연합해 스페인어를 사용하는 선교사를 훈련시키는 프로그램이다.

이베로-아메리칸 선교의 뿌리

남미를 선교 대상지에서 선교사 파송국으로 변화시킨 운동의 뿌리는 COMIBAM 87(Congreso Missionero Ibero-Americano)로 거슬러 올라간다. 이 운동은 지금도 이베로-아메리칸 교회들을 세계선교에 동원하는 데 도움이 되고 있으며, 현재 이베로-아메리카에서 대부분의 자원을 받아 운영되고 있다. 1996년에는 3,900명 이상의 이베로-아메리칸 선교사들이 있었다. 현재는 6,500명이 있다. OC 인터내셔널의 테드 림픽의 말에 따르면 무슬림권에서 500명, 힌두교도들을 대상으로 92명, 불교 국가에서 87명이 일하고 있다. 대부분의 무슬림 다수 국가들은 선교 사역을 금하고 있기 때문에 자비량 선교가 가장 좋다. 선교사가 어떤 유형의 일을 하는가에 따라 사역 대상 집단이 결정된다. "직업이 엔지니어인 한 PMI 사역자가 좋은 예입니다. 그는 빈곤 지역에 들어가 수질 정화 시스템을 설계합니다." 아마도의 말이다. "이 일로 그는 사회의 여러 계층(주로 빈곤 계층)을 만나 믿음을 나눌 기회를 갖습니다."

PMI는 빈곤한 나라에서 사역하기 위해서는 총체적 증거를 해야 한다는 점을 안다. 하지만 아마도는 말한다. "우리가 지역사회의 개발 사업에 관여하는 것은 그 일을 빌미 삼아 무슬림 국가에 들어갈 기회를 얻기 때문만은 아닙니다. 그 일이 그리스도인이 받은 사명의 일부라고 믿기 때문에 관여합니다. 동시에 그리스도에 대해 말하지요."

지역사회 빈곤 구호 센터, 우물, 직업 훈련 등과 같은 PMI의 총체적 사업들은 PMI 및 다른 사람들의 기금으로 운영된다. PMI는 남미에서 후원을 받는데 아마도는 그것이 점점 더 큰 문제가 되고 있음을 인정한다. "남미의 경제는 대단히 불안정합니다. 교회들이 더 노력하고 있지만 화폐 가치의 하락을 따라잡기가 어렵습니다"라고 아마도는 말한다. 그는 최근에 적자를 메꾸기 위해 타고 다니던 차를 팔았다.

이러한 경제적, 영적 도전에도 불구하고 이베로-아메리칸들 간의 선교운동은 왕성하게 이루어지고 있다. PMI는 또 다른 북아프리카 나라들, 중앙아시아, 사하라 사막 이남 아프리카, 인도 등지에 다른 팀들을 투입했으며 파키스탄과 니제르에서 사역을 시작할 것을 기대하고 있다.

모랄레스는 새로운 동향을 지적한다. 이베로-아메리칸들이 인도에, 특히 불가촉천민들에게 가라는 하나님의 부르심을 듣고 있다는 것이다. "우리는 암암리에 존재하는 계급 제도로 빈곤과 억압의 지배를 받고 있다고 알려진 대륙에 사는 불가촉 천민들의 영적, 물질적 곤경을 이해하고 그들에게 다가갈 수 있습니다. 이베로-아메리칸들은 세계의 어려운 곳에서 선교해야 한다는 인식을 하고 있습니다." ❖

손님 대접

야자나무 숲으로 아침 산책을 하는 길에 미소 띤 얼굴들이 내게 인사한다. 가난한 아프리카의 한 나라에 있는 사막 소도시 베두인 여성들의 얼굴이다. 한 여성이 과수원에서 일하다가 괭이에 기대며 내게 인사를 보낸다. 우리는 아침의 선선함이 사라지는 것을 느끼며 날씨 이야기를 주고받았다. 우리는 둘 다 말라흐파(malahfa)를 입고 있었다. 말라흐파는 머리부터 발까지 감싸는 2.4미터짜리 무명천으로 열기를 거의 차단하지 못한다. 나는 괜히 미적거리며 그녀가 자신의 텐트로 나를 초대하지 않을 수 없게 만들었다. 나는 텐트에 들어가 바닥에 깔린 멍석과 방석에 기대었으며, 그녀가 즈리그(zrig)를 준비하는 동안 이야기를 나누었다. 즈리그는 요구르트 대신 값비싼 통조림 우유로 만든 것인데, 그녀는 즈리그에 따뜻한 물과 설탕을 섞어 염소 가죽 병에 담아 내게 따라 주었다.

무슬림 문화권에서는 친절함, 손님 대접, 관대함 등에서 나오는 행동을 대단히 높이 산다. 무슬림 가정에 방문하는 일은 잊을 수 없는 경험이다. 손님은 왕족 같은 대우받으며 그 가족이 제공할 수 있는 가장 좋은 것을 대접받는다. 무슬림과 사귀면 그런 대접을 받을 기회가 많이 생기며 그에 대한 보답으로 그들을 초청할 기회도 많이 생긴다.

여자 손님들은 다른 여자들이 집에서 어떻게 행동하는지 잘 보고 따라하면서 정숙하게 행동해야 한다(109쪽의 '히잡'을 보라). 우리가 옷차림 때문에, 혹은 남자들과 적절하지 못한 대화를 주고받아 믿을 만하지 못한 여자라는 판단을 받으면, 그들은 우리의 말을 듣지 않을 것이며 무슬림 가정에 초대조차 받지 못하게 된다.

출처_ Annee W. Rose, frontiers.org.

참고문헌_ Joy Loewen, *Woman To Woman: Sharing Jesus With a Muslim Friend*(Grand Rapids, MI: Chosen Books, 2010).

천 년의 증오를 넘어

루이스 부시

 미나는 이스라엘의 경건한 유대교 가정에서 태어났다. 미나의 부모는 예수라는 이름을 입 밖에 절대 내지 못하게 했다. 또 아랍인들은 유대인들을 해치는 믿을 수 없는 존재라고 가르쳤다. 20대 초반, 미나는 1년 동안 남아프리카를 여행했다. 여행이 끝날 무렵 그녀는 자신의 삶을 예수 그리스도께 내드렸다. 하이파에 있는 집으로 돌아오자마자 카멜회에 가입했고 이후로 주님 안에서 성장했다.

8년 후 그녀는 취직을 했다. 집집마다 방문하며 화장품을 파는 일이었다. 방문하는 집 중에는 아랍인의 집들도 꽤 많았다. 놀랍게도 많은 아랍인들이 미나를 환영했다. 미나는 새로운 아랍인 친구를 사귀기까지 했다. 하지만 신앙이 전투적인 무슬림과는 잘 사귀지 못했다. 서로의 종교를 불신하는 마음과 영의 충돌로 미나는 대단히 불편했다.

어느 날 기도하던 중에 그녀는 주님께 고백했다. "주님, 저는 무슬림들이 싫어요. 다시는 그들을 보지 않았으면 좋겠어요." 그러나 주님은 모든 사람을 사랑해야 한다는 사실을 분명하게 깨닫도록 그녀를 인도하셨다. "정말 제가 모든 사람을 사랑하기 바라신다면 성령의 능력으로 그렇게 되게 해주세요. 저 혼자 힘으로는 그렇게

아르헨티나에서 태어나고 브라질에서 자란 루이스와 그의 아내 도리스는 엘살바도르의 한 지역교회에서 목회했다. 루이스는 COMIBAM에서 이베로-아메리칸 선교동원 운동을 이끌었고, 이후에 국제협력선교회(PMI)의 CEO와 '기독교 21세기 운동'의 국제 디렉터로 섬겼으며, 지금은 Transform World Connection의 국제 진행자로 섬기고 있다. 이 글은 AD 2000 & Beyond Movement, "One Person's Journey: Mina's Story", *Shalom-Salam: The Pursuit of Peace in the Biblical Heart of the 10/40 Window*(Colorado Springs: AD 2000 & Beyond Movement, n.d.), 7쪽에 나온 것으로, 허락을 받고 실었다. ad2000.org/shalom1.htm.

할 수 없어요."

1년 후 주님은 미나를 예루살렘에 있는 이스라엘 성경대학으로 이끄셨다. 어느 날 미나가 구시가지를 지날 때 놀라운 일이 일어났다. 미나는 한 무슬림 상인과 다른 사람이 다투는 소리를 우연히 들었다. 미나는 그 상인에게 다가가 왜 소리를 지르는지 물어보았다.

상인은 "저 사람이 나한테 물건을 사고 싶지 않다잖아요!"라고 말했다. 미나는 상인에게 다시 한번 물어보았으나 상인은 말없이 미나를 노려보았다. 미나는 상인의 눈 속에서 그들의 고국을 갈라놓고 있는 온갖 문화적, 종교적 증오를 보았다. 상인은 안절부절 못하며 제자리를 빙빙 돌았다. 그러고는 호통을 쳤다. "언젠가 당신 나라를 끝장내고 말겠어!"

미나 안에 있는 이스라엘인의 심성은 두려움으로 가득 찼다. 하지만 놀랍게도 성난 상인에 대한 연민과 주님의 사랑도 마음속에 쏙 들어왔다. 미나는 그 상인을 따라가며 말했다. "저는 당신을 미워하지 않아요. 그런데 왜 저한테 그렇게 말씀하세요? 정말 마음이 아파요." 미나의 눈 속에서 친절함을 본 상인은 이내 화를 누그러뜨렸다. "마음을 아프게 해서 정말 미안합니다. 내 이름은 이브라힘입니다." 미나도 자신을 소개한 다음 다시 만나러 오겠다고 말했다.

그날 주님은 모든 사람을 사랑하게 해달라는 미나의 기도에 응답하셨다. 주님의 사랑은 수십 세대에 걸친 증오와 불신을 끊어 버렸다. 이브라힘은 한 이스라엘 여성의 눈에서 빛나는 그리스도의 사랑에 눈을 뜨게 되었다. 미나의 마음은 무슬림을 포함한 아랍인들에 대한 경건한 사랑으로 가득 찼다.

이 만남을 통해 미나는 고국에 가득한 문제들의 답을 발견할 수 있었다. 그것은 바로 하나님의 사랑이 지닌 위대한 능력이었다. 미나는 말한다. "아랍인과 유대인이 연합할 수 있는 유일한 길은 주 예수 그리스도를 믿는 믿음입니다. 우리는 더 많은 무슬림과 유대인이 그리스도를 알게 되길 기도할 뿐입니다."

 12과를 위한 교재 읽을거리를 끝냈다면 598쪽의 '추천 도서와 활동'을 보라.

 온라인 읽을거리는 *encounteringislam.org/readings*에서 볼 수 있다.

지금 기도하라

1. 하나님이 무슬림을 향한 은혜와 긍휼한 마음을 그분의 교회에 채우시길 기도하라(고후 5:16-21).
2. 하나님이 그리스도의 증인을 다음의 각 민족에게 보내시길 기도하라(막 16:15).
    - 아랍족: 아랍, 베르베르, 베두인
    - 유라시아족: 알바니아, 보스니아, 체첸
    - 페르시아-메디아족: 쿠르드, 파슈툰, 페르시아, 타직
    - 사하라 사막 이남족: 풀라니, 하우사
    - 중국족: 후이
    - 말레이족: 자와, 말레이, 순다
    - 남아시아족: 벵골, 펀자브, 딘디, 우르두
    - 투르크족: 아제르바이잔, 터키, 위구르, 우즈벡
3. 하나님이 무슬림을 불러 복음에 반응하게 하시도록 간구하라(요 6:44-45).
4. 아브라함의 언약이 성취될 것에 대해 하나님을 찬양하라(갈 3:8, 14).

토론 문제

정말 기도에 힘썼던 때 생각해 보라. 그런 상황에서 기도에 집중하는 데 무엇이 도움이 되었는가?

추천 도서와 활동

읽기	J. Christy Wilson, *More to Be Desired Than Gold*, 제4판(South Hamilton, Mass.: Gordon-Conwell BookCentre, 1998).
	『어느 이슬람 여인의 회심』(I Dared to Call Him Father, 빌퀴스 셰이크, 좋은씨앗, 2014).
	Fatima Mernissi, *Dreams of Trespass: Tales of a Harem Girlhood*(New York: Perseus Books, 1995).
	David LeCompte, *Beyond the Crescent Curtain: God Revealing Himself to People of the Middle East*(In His Fields Publications, 2010).
보기	이슬람 단체가 있는 나라에 관한 비디오. *prayercast.com*
기도하기	『세계 기도 정보』(Operation World, 죠이선교회출판부, 2011)나 *operationworld.org*의 정보를 보며 무슬림 국가들을 위해 기도하라.
방문하기	무슬림 친구를 집에 초청해 다과를 대접하라.
검색하기	*globaldayofprayer.com*
	globalprn.com
	joshuaproject.net/prayer-cards.php

* 그 밖의 유용한 정보와 자료를 위해 *encounteringislam.org/learnmore*를 보라.

부록

가장 아름다운 하나님의 이름 99가지

무슬림이 대부분 외우고 있는 이 명단은 "한 분 하나님 외에 다른 신은 없다"라는 말로 시작된다. 성경이 말하는 하나님의 속성을 무슬림 친구들이 하는 말과 비교해 보라.

	속성	아랍 이름	관련 꾸란 구절	관련 성경 구절
01	은혜로우신 분(The Gracious)	아르라흐만	1:1	시 103:8
02	자애로우신 분(The Merciful)	아르라힘	1:1	시 86:16
03	주권적이신 분(The Sovereign King)	알말리크	59:23	슥 14:9
04	거룩하신 분(The Holy One)	알꾸두스	59:23	겔 39:7
05	평화의 원천(The Source of Peace)	앗쌀람	59:23	사 9:6
06	믿음의 수호자(The Guardian of the Faith)	알무으민	59:23	애 3:22-23
07	보호자(The Protector)	알무하이민	59:23	요 10:1-18
08	강한 친구(The Mighty Friend)	알아지즈	59:23	시 24:8
09	전능자(Omnipotent)	알잡바르	59:23	대하 20:6
10	가장 위대하신 분(The Most Great)	알무타캅비르	59:23	신 33:26
11	창조주(The Creator)	알칼리끄	59:24	창 1:1
12	창시자(The Originator)	알바리	59:24	말 2:10
13	형성자(The Fashioner)	알무사위르	59:24	골 1:15-20
14	죄를 사하시는 분(The Forgiver)	알가파르	38:66	대하 7:14
15	정복자(The Subduer)	알까하르	12:39	신 9:3
16	수여자(The Bestower)	알와합	3:6-8	단 2:21-23
17	공급자(The Provider)	알라자끄	51:58	시 127:2
18	여시는 분(The Opener)	알파타흐	34:26	계 3:7-8
19	전지자(Omniscient)	알알림	6:71	시 139:1-2
20	억제자, 묶으시는 분(The Withholder, The Binder)	알까비드	2:245	계 3:7-8
21	확장하시는 분(The Expander)	알바시트	2:245	요 36:16
22	낮추시는 분(The Abaser)	알카피드	58:5	시 94:10, 마 7:22-23
23	높이시는 분(The Exalter)	아르라피	40:15	삼상 2:7
24	영광을 주시는 분(The Honorer)	알무이쯔	3:26	삼상 2:30
25	굴욕을 주시는 분(The Dishonorer)	알무질	3:26	고전 1:27
26	모든 것을 들으시는 분(The All-Hearing)	앗사미	2:127	사 59:1
27	모든 것을 보시는 분(The All-Seeing)	알바시르	17:1	신 11:12
28	재판관(The Judge)	알하캄	22:69	시 7:11

29	의로우신 분(The Just)	알아들	6:115	신 32:4
30	친절하신 분(The Kind One)	알라티프	6:103	롬 2:4
31	살피시는 분(The Aware One)	알카비르(al-Khabir)	6:18	창 16:13
32	참으시는 분(The Forbearing)	알할림	2:225	렘 15:15
33	강하신 분(The Mighty One)	알아짐	2:255	렘 32:18
34	모든 것을 사하시는 분(The All-Forgiving)	알가푸르	2:225	단 9:9-10
35	지극히 높으신 분(The Most High)	알알리유	2:255	삼하 22:14
36	선행에 보상하시는 분(The Appreciator)	앗샤쿠르	35:30	롬 2:29
37	위대하신 분(The Great One)	알카비르(al-Kabir)	34:23	시 145:5
38	보존하시는 분(The Preserver)	알하피즈	11:57	요 10:28
39	유지하시는 분(The Sustainer)	알무끼트	4:85-88	시 136:25
40	계수하시는 분(The Reckoner)	알하시브	4:6-7	히 11:18
41	숭고하신 분(The Sublime One)	알잘릴	55:78	출 15:11
42	관대하신 분(The Bountiful One)	알카림	82:6	신 28:12
43	지켜보시는 분(The Watchful)	알라끼브	4:1	창 28:15
44	[기도에] 응답하시는 분(The Responsive [to prayers])	알무지브	11:61-64	요 14:14
45	모든 것을 포용하시는 분(The All-Embracing)	알와시	5:54	요 3:17
46	지혜로우신 분(The Wise)	알하킴	59:24	고전 1:25
47	사랑 많으신 분(The Loving)	알와두드	11:90	고후 13:11
48	가장 영광스러우신 분(The Most Glorious)	알마지드	11:73	유 1:25
49	부활자(The Resurrector)	알바이스	22:7	요 11:25
50	증인(The Witness)	앗샤히드	4:33	계 1:5
51	진리(The Truth)	알하끄	22:6	요 14:6
52	수탁자(The Trustee)	알와킬	4:81	창 1:16
53	가장 강하신 분(The Most Strong)	알까위	11:66	잠 18:10
54	확고하신 분(The Firm One)	알마틴	51:58	시 102:25
55	보호하시는 친구(The Protecting Friend)	알왈리	3:68	요 15:15
56	찬양받으실 만한 분(The Praiseworthy)	알하미드	14:1	계 19:5
57	화해자(The Reconcilor)	알무흐시	19:93-95	고후 5:18
58	창시자(The Originator)	알무브디	10:34	창 1:1
59	회복시키시는 분(The Restorer)	알무이드	10:34	눅 6:10
60	생명을 주시는 분(The Giver of Life)	알무히	10:34	요 11:26
61	죽음을 주시는 분(The Giver of Death)	알무미트	2:28	삼상 2:6
62	살아 계신 분(The Alive)	알하이	2:255	계 1:17-18
63	스스로 존재하시는 분(The Self-Subsisting)	알까이윰	2:255	요 17:5,24
64	발견자(The Finder)	알와지드	16:45-46	시 89:20
65	고상하신 분(The Noble)	알마지드	85:15	요 22:12
66	유일하신 분(The Unique One)	알와히드	12:39	요 1:14
67	한 분이신 분(The One)	알아하드	112:1	엡 4:6
68	영원하신 분(The Eternal)	앗사마드	112:2	창 21:33
69	능력자(The Able [Capable])	알까디르	30:54	렘 32:17

70	결정하시는 분(The Determiner)	알무끄타디르	54:42	행 2:23-24
71	촉진하시는 분(The Expediter)	알무깟딤	하디스	사 10:5-7
72	늦추시는 분(The Delayer)	알무왁키르	71:4	벧후 3:8-9
73	처음이신 분(The First)	알아우왈	57:3	사 44:6
74	마지막이신 분(The Last)	알아키르	57:3	계 2:8
75	드러나시는 분(The Manifest)	아즈자히르	57:3	롬 1:17-20
76	숨겨지신 분(The Hidden)	알바틴	57:3	골 1:26
77	통치자(The Governor)	알왈리	13:11	시 66:5, 7
78	가장 높임 받으시는 분(The Most Exalted)	알무타알리	13:9	빌 2:9
79	모든 선함의 원천(The Source of All Goodness)	알바르	52:28	시 84:11
80	회개를 받으시는 분(The Acceptor of Repentance)	앗타왑	2:37	롬 2:4
81	복수하시는 분(The Avenger)	알문타낌	32:22	시 94:1
82	용서하시는 분(The Pardoner)	알아푸	4:43	미 7:16
83	긍휼이 많으신 분(The Compassionate)	아르라우프	2:143	시 116:5
84	왕의 왕(The King of Kings)	말리쿨 물룩	3:26	딤전 6:15
85	엄위하고 관대하신 주(The Lord of Majesty and Bounty)	둘 잘랄리 왈 이크람	55:78	시 8:1
86	공평하신 분(The Equitable)	알무끄시트	3:18	잠 11:1
87	모으시는 분(The Gatherer)	알자미	3:9	사 56:8
88	자족하시는 분(The Self Sufficient)	알가니	60:6	시 50:9-10
89	부요케 하시는 분(The Enricher)	알무그니	9:28	골 1:27
90	예방하시는 분(The Preventor)	알마니우	5:24-26	말 3:11
91	호의적이신 분(The Propitious)	안나피	10:107	창 6:8
92	괴롭게 하시는 분(The Distresser)	앗다르	2:155-157	삿 2:15
93	빛(The Light)	안누르	24:35	사 60:19
94	인도자(The Guide)	알하디	25:31	요 16:13
95	천지를 창조하신 분(근원되시는 분) (The Purpose Setter [the Originator])	알바디	2:117	롬 8:28
96	영원하신 분(The Everlasting)	알바끼	55:27	시 102:27
97	상속자(The Inheritor)	알와리스	15:23	수 13:33
98	바른 길로 인도하시는 분(The Guide to the Right Path)	아르라시드	11:78	시 25:9
99	인내하시는 분(The Patient One)	앗사부르	하디스	딤전 1:16

참고문헌

Abdullah Al-Qadi, *The Lost Names of God*, encounteringislam.org/readings.

David Bentley, *The 99 Beautiful Names Of God: For All People Of The Book*(Pasadena, CA: William Carey Library, 1999).

J. K. Mellis, *Abu Sharif: The Mystery of the Hundredth Name*(Netherlands: Goël Publishing, 2000).

연대순으로 꾸란 읽기

꾸란이나 성경을 읽을 때 그 흐름과 내용에 익숙하지 않다면 연대순으로 배열되지 않은 구절들을 제대로 읽기 어려울 수 있다. 일반적으로 합의된 시간표가 있는 것은 아니지만, 그리스도인이 꾸란에 보다 쉽게 다가갈 수 있도록 각 장(수라)을 연대순으로 정리해 보았다.

메카 초기 주후 610-612년				메카 중기 주후 613-614년		메카 후기 주후 615-621년		메디나기 주후 622-623년	
1.	96장	25.	99장	1.	54장	1.	32장	1.	2장
2.	274장	26.	82장	2.	37장	2.	41장	2.	98장
3.	111장	27.	81장	3.	71장	3.	45장	3.	64장
4.	106장	28.	53장	4.	76장	4.	16장	4.	62장
5.	108장	29.	84장	5.	44장	5.	30장	5.	8장
6.	104장	30.	100장	6.	50장	6.	11장	6.	47장
7.	107장	31.	79장	7.	20장	7.	14장	7.	3장
8.	102장	32.	77장	8.	26장	8.	12장	8.	61장
9.	105장	33.	78장	9.	15장	9.	40장	9.	57장
10.	92장	34.	88장	10.	19장	10.	28장	10.	4장
11.	90장	35.	89장	11.	38장	11.	39장	11.	65장
12.	94장	36.	75장	12.	36장	12.	29장	12.	59장
13.	93장	37.	83장	13.	43장	13.	31장	13.	33장
14.	97장	38.	69장	14.	72장	14.	42장	14.	63장
15.	86장	39.	51장	15.	67장	15.	10장	15.	24장
16.	91장	40.	52장	16.	23장	16.	34장	16.	58장
17.	80장	41.	5장	17.	21장	17.	35장	17.	22장
18.	68장	42.	70장	18.	25장	18.	7장	18.	48장
19.	87장	43.	55장	19.	17장	19.	46장	19.	66장
20.	95장	44.	112장	20.	27장	20.	6장	20.	60장
21.	103장	45.	109장	21.	18장			21.	110장
22.	85장	46.	113장					22.	49장
23.	73장	47.	114장					23.	9장
24.	101장	48.	1장					24.	5장

이 책에 수록된 여성 관련 내용

20년 넘게 '인카운터 이슬람' 강좌를 개발하는 동안 우리는 계속 무슬림과 그리스도인 여성 모두를 존중하고 끌어안기 위해 노력해 왔다. 강사와 자료 제공자가 되어 줄 여성을 적극적으로 찾았다. 여성을 특별한 경우로 취급하며 한 과에 묶어 두는 대신, 강좌 전반에 여성과 가족에 관한 글을 포함시키고자 했다. 여성에 관한 내용을 따로 다룰 경우, 남성들이 자칫 무슬림에 대한 본질적인 시각을 놓칠 위험이 있기 때문이다. 무슬림 여성의 세계와 관련해 통합된 자료를 찾고 싶다면 다음의 색인을 활용하라.

여자는 여자와, 남자는 남자와(과제 '무슬림과의 만남'에 대한 안내) 38
이슬람 사원 견학(여성이 준비해야 할 것) 38-39
당신은 선지자 무함마드에 대해 어떻게 생각하는가_ 스와틀리(무함마드의 여성에 대한 대우) 55
차 한 잔(여성과 관계 맺기) 64
이슬람은 어떻게 시작되었는가 _ 밀러
결혼(무함마드의 첫 번째 아내 카디자) 65
무슬림 공동체의 발달(무함마드가 총애한 아내 아이샤) 68
메디나의 유대인을 공격함(유대인 여자와 어린아이들이 노예로 팔림) 74
무함마드의 아내들(무함마드의 다른 아내들) 74-75
히잡_ 로즈(여성들의 머리 덮개) 109
무슬림에게 주신 하나님의 약속_ 맥커리(성경에 나오는 하갈 이야기) 113
먼저 다가가 말을 걸라_ 마스리(여성들과의 우정) 140
금지된 것은 무엇인가 _ 로즈(상스럽고 음란한 것을 금지함) 158
가족과 자녀_ 로즈(가족 구조와 기대) 160
과거를 극복하다_ 스미스(한 무슬림 여성의 십자가에 대한 관점) 186
여성과 기독교에 관한 견해_ 러브(서구 문화와 관련된 그리스도인 여성들) 191
무슬림의 사회적 관행_ 파살
 출산 관습(출산 관습과 기대) 231-233
 결혼 관습(결혼 관습과 기대) 233-234

명예를 보호하는 여성_ 로즈(명예와 수치에 기반한 여성에 대한 기대) 235
금식과 축제_ 웨이드(친구와 친척을 집에 초대함) 238
용서하는 법 배우기_ 웨이드(한 무슬림 출신 신자가 용서하는 법을 배움) 240
전통적 가족에 대한 묘사_ 갈렙 프로젝트(아제르바이잔 여성들을 위한 전통 인사법) 245-246
수치와 사회적 문제_ 갈렙 프로젝트(아제르바이잔 기혼 여성에 대한 기대) 247-248
캄풍에서의 결혼_ 갈렙 프로젝트(아체 전통에 따른 결혼식 이야기) 249-250
젊은 세대_ 갈렙 프로젝트(오늘날 아체의 젊은 세대) 253-254
베이루트의 여러 얼굴_ 수잔 몰너(특권 계층의 생활 방식 vs 중산 계층의 염려) 256-260
민속 이슬람_ 무슬림사역센터(여성과 초자연적 능력) 271-277
여성과 능력_ 베넷(여자들의 영적 신념과 태도) 273
누가 북인도에 복음을 전할 수 있는가?_ 웨이드(여성들과 관계 맺기) 323
여성의 눈을 통해_ 프론티어스(여성 잡지에서 찾은 여러 관점에 대해) 344
결혼의 압력_ 갈렙 프로젝트(한 무슬림 여성의 결혼 이야기) 379
복음을 막는 장애물_ 로즈(여성들이 그리스도를 알지 못하게 막는 장애물) 385

무슬림과 복음을 나누는 또 다른 비결들_ 마스리(전도할 때 성별 문제 존중하기) 390

여성의 권리_ 러브(이슬람에서 여성의 권리) 418

아내를 "사다"_ 터커(새뮤얼 즈웨머의 결혼) 422-423

무슬림 여성은 왜 그리스도에게 끌리는가_ 애드니(무슬림 여성 대상 사역에 대한 논의) 434-437

친절하고 신실한 사람들(어느 여성의 회심 이야기) 435

열매 맺는 사역_ 앨런, 해리슨, 애덤스 부부, 피쉬, 마틴 신자와 관련된 사역(여성을 제자 양육하기) 441

    열매 맺는 팀과 관련된 사역(여성 팀원의 가치를 인정하는 팀) 445-446

    열매 맺는 믿음 공동체의 특징과 관련된 사역(문화적으로 적절한 형태로 사역에 참여하는 여성) 446-447

멀리 계시지 않는 하나님_ 갈렙 프로젝트(그리스도께 돌아온 한 여성 이야기) 481

결혼와 이혼_ 러브(결혼생활과 이혼절차) 487

무슬림 여성을 포함하는 교회 개척_ 러브(교회개척 각 단계 가운데 여성에게 다가가고 제자 훈련하는 법) 499-508

꾸란이 말하는 이상적인 여성_ 러브(꾸란에 묘사된 여성에 대한 기대) 504-505

9월-비용을 계산함_ 프론티어스(결혼한 지 얼마 안 된 그리스도인 여성이 비용을 계산함) 524-525

홈스테이에서 만난 무슬림 학생들_ 윌(아랍 청년들을 집에 맞아드린 한 여성 이야기) 528-530

전도하기_ 로즈(무슬림 여성과 우정을 나누는 방법) 541

동양 여성들과 함께_ 스미스(동양에서 여성들에게 복음을 전하는 법) 540-544

서양 여성들과 함께_ 스탠디쉬(서양에서 여성들에게 복음을 전하는 법) 544-547

무슬림 여성을 위한 기도_ 그레이그(여성들을 위해 기도하는 법) 585-587

무슬림 과부가 하나님의 약속을 바라보고 나아오다_ 존슨(그리스도께 나아온 과부) 589

손님 대접_ 로즈(손님 대접에 대한 문화적 기대) 595

천 년의 증오를 넘어_ 부시(무슬림을 사랑하게 해달라는 유대인 여성의 기도) 596-597

온라인 전문 읽을거리

* 전문 읽을거리는 encounteringislam.org/readings에서 볼 수 있다.

무슬림 세계관_ 파샬(여성을 대하는 무슬림 세계관) 225

민속 이슬람의 흉안, 정령, 그리고 부적(여성과 민속 이슬람의 관습들) 265

하나님의 가족으로 살기_ 말루히(여성이 참여하는 공동 예배) 305

마음을 사로잡는 이야기_ 크로포드(여성의 마음을 사로잡는 이야기 들려주기) 455

선교사가 되라고요, 내가?_ 카렌(자기 인생을 향한 하나님의 부르심을 따른 어느 여성 이야기) 513

추천 자료 및 활동

Abdel-Fattah, Randa. *Does My Head Look Big in This?* New York: Scholastic Paperbacks, 2008.

Adeney, Miriam. *Daughters of Islam: Building Bridges with Muslim Women*. Downers Grove, IL: InterVarsity Press, 2002. 『이슬람의 딸들』(IVP).

Ahmed, Leila. *Women and Gender in Islam*. New Haven, CT: Yale University Press, 1993.

Ali-Karamali, Sumbul. *The Muslim Next Door: The Qur'an, the Media, and That Veil Thing*. Ashland, OR: White Cloud Press, 2008.

〈암리카〉(Amreeka, 쉐리엔 다비스 감독, 내셔널지오그래픽, 2009.

〈중매보다 연애〉(Arranged, 다이안 크레스포, 스테판 쉐퍼 감독, 2007).

〈블리스〉(Bliss, 압둘라 오구즈 감독, 2007).

Brooks, Geraldine. *Nine Parts of Desire: The Hidden World of Islamic Women*. New York: Anchor Books, 2004.

Cate, Mary Anne, and Karol Downey. *From Fear to Faith: Muslim and Christian Women*. Pasadena, CA: William Carey Library, 2002.

Cohen, Barbara, and Bahija Lovejoy. *Seven Sons and Seven Daughters*. New York: HarperCollins Publishers, 1994.

Colgate, Julia. *Invest Your Heart: A Call for Women To Evangelize Muslims*. Mesa, AZ: Frontiers, 1997.

Crawford, Trudie. *Lifting the Veil: A Handbook for Building Bridges Across the Cultural Chasm*. Colorado Springs, CO: Apples of Gold, 1997.

Eenigenburg, Sue. *Screams in the Desert: Hope and Humor for Women in Cross-Cultural Ministry.*

Ferna, Elizabeth W. *Guests of the Sheik: An Ethnography of an Iraqi Village.* New York: Doubleday, 1965.

Goode, Reema. *Which None Can Shut: Remarkable True Stories of God's Miraculous Work in the Muslim World.* Carol Stream, IL: Tyndale House Publishers, 2010.

〈피와 꿀의 땅에서〉(In the Land of Blood and Honey, 안젤리나 졸리 감독, 2011).

〈레몬 트리〉(*Lemon Tree*, 에란 리클리스 감독, 2008).

Loewen, Joy. *Woman to Woman: Sharing Jesus with a Muslim Friend.* Grand Rapids, MI: Chosen Books, 2010.

Love, Fran, and Jeleta Eckheart, editors. *Ministry to Muslim Women: Longing To Call Them Sisters.* Pasadena, CA: William Carey Library, 2000.

Mallouhi, Christine A. *Waging Peace on Islam.* Downers Grove, IL: InterVarsity Press, 2002.

———. *Miniskirts, Mothers, and Muslims.* Oxford: Monarch Books, 2004.『미니스커트 그리고 어머니 그리고 모슬렘』(예수전도단).

Maufroy, Muriel. *Rumi's Daughter.* London: Rider Books, 2005.

McCord, Kate. *In the Land of Blue Burqas.* Chicago: Moody Press, 2012.

Mernissi, Fatima. *Dreams of Trespass: Tales of a Harem Girlhood.* New York: Basic Books, 1995.

Parshall, Phil and Julie Parshall. *Lifting the Veil: The World of Muslim Women.* Waynesboro, GA: Authentic Media, 2002.

〈페르세폴리스〉(Persepolis, 빈센트 파로노드, 마르잔 사트라피 감독, 2007).

〈씨민과 나데르의 별거〉(A Separation, 아쉬가르 파르하디, 2011).

Shaaban, Bouthaina. *Both Right-and Left-Handed: Arab Women Talk about Their Lives.* Bloomington and Indianapolis, IN: Indiana University Press, 2009.

Sheikh, Bilquis. *I Dared To Call Him Father.* Grand Rapids, MI: Chosen Books, 2003.『어느 이슬람 여인의 회심』(좋은씨앗).

Smith, Marti. *Through Her Eyes: Perspectives on Life from Christian Women Serving in the Muslim World.* Downers Grove, IL: InterVarsity Press, 2004.

Strong, Cynthia A., and Meg Page, eds. *A Worldview Approach to Ministry Among Muslim Women.* Pasadena, CA: William Carey Library, 2006.

〈시리아인 신부〉(The Syrian Bride, 에란 리클리스 감독, 2004).

Taber, Shirin. *Muslims Next Door: Uncovering Myths and Creating Friendships.* Grand Rapids, MI: Zondervan, 2004.

Thompson, Craig. *Habibi.* New York: Pantheon Books, 2011.

〈Turning Muslim in Texas〉(케이티 아이작스 감독, 유튜브, 2003). *youtube.com*.

〈Veiled Voices〉(브리지드 마허 감독, 2009). *veiledvoices.com*.

〈르벨〉(War Witch, 킴 누엔, 2012). *rebelle-lefilm.ca*.

〈Where Do We Go Now?〉(나딘 라바키 감독, 2011).

인터넷 자료

aaila.org
annisaamag.wordpress.com
azizahmagazine.com
emel.com
sisters-magazine.com
womensvoicesnow.org

용어 풀이

다른 언어를 영어로 음역하는 경우 철자가 변형된다. 예를 들어 많은 단어가 mulla나 mullah와 같이 a 또는 ah로 끝날 수 있다. 그 밖에 a, u / al, ahl / al, ul / d, t / h, t / i, e / k, q / u, i / u, w / y, i가 서로 변형되어 쓰일 수 있다. 여러 음역이 주어지는 경우 다른 책이나 매체에서 접할 수 있는 철자로 대체했고, 그중 일부는 저자가 글에서 원래 쓴 표기법을 따랐다. Kaʿba, Qurʾan, shariʿa, Shiʿa, daʿwa, duʿa, jamʿa를 제외하고 아랍어 분음 기호는 표기하지 않았다. 이슬람은 지리적으로 넓은 지역에 퍼져 있어 용례가 다양하다. 그러므로 한 단어에 둘 이상의 의미가 있을 수 있으며, 어떤 단어는 공통된 정의를 가지고 있다(예를 들어 아단[adan], 아잔[azan]). 자주 나오는 단어에는 † 표시를 해두었다.

ㄱ

†가브리엘(Gabriel) - 참고: 지브릴.

가산 왕조(Ghassanid) - 기독교 아랍부족. 이슬람 이전의 시리아와 아라비아 경계 지역에 위치한 완충국. 비잔틴 제국의 보호를 받았다. 라흠 왕조와 경쟁 관계에 있었다. 후에 강제로 이슬람에 복종했으며, 비잔틴 제국과 페르시아 제국을 멸망시키기 위해 경쟁자들과 동맹을 맺었다.

가장 좋은 공동체(the best community[nation]) - "너희는 가장 좋은 공동체의 백성이라"(꾸란 3:110). "이슬람은 이 세상 최고의 경제, 사회, 종교, 법률, 정치 체제다." 252쪽의 "무슬림 공동체"를 보라.

가즈나의 마흐무드(Mahmud of Ghazna) - (1030년 사망). '우상 분쇄자' 마흐무드가 펀자브(북서인도)를 침공해 이슬람권을 넓혔고, 라호르(1000년경)에 무슬림 정부가 세워졌다.

가지(ghazi) - 지하드에서 돌아온 전사.

감염 주술(contagious magic) - 어떤 사람의 몸에서 나온 머리카락이나 손톱을 이용해 그를 저주함.

강요(compulsion) - "종교를 강요하지 말라"(꾸란 2:256). 꾸란 9장 5절에 의해 폐지됨. 참고: 배교의 율법.

개찬, 가필(interpolation) - 기존 문서에 자료를 추가로 삽입해 의미를 바꾸거나 위조해 원래 의미를 변질시키는 것. 참고: 인질, 타브딜, 타흐리프.

†거룩한 도시(Holy City) - 메카.

†거룩한 집(Holy House), **알라의 집** - 카아바.

†거룩한 흑석(Holy Black Stone) - 알하자르 알아스와드. 참고: 카아바.

게달(Kedar) - 아라비아 사막의 한 부분. 113쪽의 "무슬림에게 주신 하나님의 약속"을 보라.

구쓸(ghusl, ghusul) - 온전한 세정식(목욕). 중대한 부정을 정결케 하려고 규정된 방식으로 몸 전체를 물에 담금. 참고: 우두.

굴(ghul) - 파괴함. 진(Jinn)의 일종으로 그 공격의 결과로 묘사된다.

권능의 밤(Night of Power) - 참고: 라일랏 알까드르.

근본주의(Fundamentalism) - 참고: 이슬람 근본주의. 201쪽의 "폭력에 이르는 단계"를 보라.

†기독교 국가(Christendom) - 1. 지리적 실재로서의 기독교. 2. 교황이 영적 관할권을 행사할 수 있는 서구 유럽.

까다르(qadar), **까드르**(qadr), **자브르**(jabr) - 운명. 운이 모든 사건들을 사전에 결정한다. 그 사건들은 알라의 정확한 지식에 따라 일어나며 알라는 까다르의 배후에 있는 능력이다.

까다아(qadaa), **끼스마**(qisma) - 측량. 알라가 모든 것을 결정함. 하디스에 표현된 바 선악간의 판결. 예정에 대한 이슬람의 이해 및 교리, 즉 시간을 초월한 알라의 신적 예지(마크툽, 타크디르). 314쪽의 "무슬림은 왜 '인샤알라'라고 말하는가?"를 보라.

까디(qadi) - (복수: quada) 재판관. 이슬람 종교법정과 민간 법정의 종교 재판관. 샤리아 준수를 강조한다. 종종 울라마로 구성된다. 참고: 파트와, 푸까하, 푸크흐, 이즈마, 이맘.

까디리(Qadiri) - 수피의 주요 네 종단 중 하나.

까리나(qarina, 여성), **까린**(qarin, 남성) - (복수: qarinat) 연합한 자. 인간 아기가 태어날 때 초자연적 세계에 태어나 그와 쌍을 이루거나 대응하는 영.

까린(Qarin) - 핫즈 알끼란을 행하는 사람.

까시다(qasida) - 아랍의 전통 시(詩). 대개는 엄격하게 3부로 나뉜다. 선지자를 칭송하는 내용으로 절기 예배 때 사용된다. 참고: 알미르가니. 마울리드 알나비.

까왈리(qawwali) - 음악. 참고: 바렐비.

†**꾸라이쉬**(Quraysh, Quraish) - 아브라함의 아들 이스마엘의 후손들. 이슬람 이전에 메카에서 재정적으로 우위에 있던 부족. 선지자 무함마드의 부족. 카아바를 맡아서 책임졌다. 67쪽의 "꾸라이쉬 가계도"를 보라.

†**꾸란**(Qur'an), **코란**(Koran) - 암송. 거룩한 책. 이슬람의 신성한 경전. 창조되지 않았고 최종적이고 완전하며 오류가 없는 것으로서 영감을 받은 알라(하나님)의 말씀. 인류를 향한 마지막 계시로서 다른 모든 계시를 대신하며 "인도하심과 자비"가 되기 위해(꾸란 16:64) 하늘로부터 내려온(tanzil) 것이다(꾸란 15:9). 23년에 걸쳐 천사장 가브리엘이 선지자 무함마드에게 전달했고, 하늘에 있는 영원한 원본(혹은 그것의 일부)과 완벽하게 같다. 아랍어로 된 본문은 신성하며(꾸란 16:103) 그 정확하고 완벽한 의미는 번역으로는 파악할 수 없으므로 이를 번역이라 하지 않고 해석 또는 주석이라고 부른다. 무함마드의 동료들이 모은 것을 초대 칼리프 아부 바크르 시대(634년)에 무함마드의 조수 자이드가 책의 형태로 만들었다. 공식본은 657년에 인증되었다. 꾸란에 내재된 보호 바라카의 힘이 강력하다고 알려졌다. 참고: 바티니, 이자즈 알꾸란, 마스하프, 무으지자, 자히르, 54쪽의 "꾸란은 뭐라고 말하는가?"와 138쪽의 "허용된 것은 무엇인가?"를 보라.

꾸르반(qurban) - 순례자들이 메카 아라파트 산에 선 다음날 이드 알아드하에서 지내는 제사. 참고: 이드 알아드하. 244쪽의 "희생제"를 보라.

꾸트브(qutb) - 영적 지식을 얻은 사람을 통해 신적 양심이 인간의 모습으로 나타나는 것(한 시대에 한 번만). 수피 분파의 셰이크로 상징된다. 모든 거룩한 사람을 가리키기도 한다.

꿉바 알사크라(Qubbat al-Sakhra) - 참고: 사크라.

끼블라(qibla) - 뭐든 반대되는 것. 살라트나 중요한 의식을 행할 때 향하는 방향. 메카의 카아바 쪽을 향한다. 이슬람 사원의 끼블라 벽에 있는 미흐랍(벽감)으로 정해진다.

끼스마(qisma) - 나눔. 운명. 숙명. 운. 참고: 키즈밋, 까다아, 와다르, 마크툽. 314쪽의 "무슬림은 왜 '인샤알라'라고 말하는가?"를 보라.

끼야스(qiyas) - 유추에 의한 추론. 새로운 규칙을 추론하기 위해 이성과 유추적 판단에서 끌어낸 법리. 보통 과거의 사례에서 유추한 원리를 적용한다. 라이 혹은 비체계적인 의견에 의지하지 않는다. 샤리아의 네 번째 원천이다. 참고: 하나피, 말리키.

ㄴ

나끄쉬반디(Naqshbandi) - 수피 이슬람의 주요 네 종단 중 하나(인도).

나디르(nadhir) - 경고자. 메카와 카아바에서 하나님 한 분이 아닌 다른 우상들을 계속 숭배한다면 무서운 결과가 올 것이라고 예언한 무함마드.

나마즈(namaz) - 기도. 인도에서 매일 드리는 살라트.

나비(nabi, nebi) - 선지자. 알라가 자신의 메시지를 들려 보낸, 또는 자신의 뜻을 알리려고 보낸 정보 제공자. 참고: 나비 이싸, 누르 이 무함마드, 라쑬룰라.

나비 이싸(Nabi Isa) - 선지자 예수를 일컫는 말. 참고: 이사.

나시크(nasikh) - 폐기하는 것. 폐기된 것은 만수크.

나자렛인(Nazarenes) - 꾸란 5장 82절에서 언급된 그리스도인들. "성서의 백성들이여 너희들은 왜 진심과 허위를 혼동시키며 알고 있으면서도 그 진실을 감추려 하느뇨." 그 시대에 무슬림은 이들에게 우호적이었다.

나자르(nazar) - 흉안을 물리치려고 몸에 차거나 매다는 청안 유리 복제품(민속 이슬람). 274쪽의 사진을 보라.

나키르(Nakir) - 문카르와 함께 사후에 사람들의 믿음에 대해 무섭게 질문하는 두 천사(꾸란 47:27). 참고: 야움 알아키르.

†낙원(Paradise) - 죽음 후의 보상. 천국. 선한 사람의 영혼이 죽은 후에 가는 곳. 젠나. 잔치가 열리고 공손한 하녀들을 거느리는 정원(꾸란 2:82, 3:133-136, 42:22). 참고: 야움 알아키르. 572쪽의 "낙원과 지옥"을 보라.

†네스토리우스교(Nestorian Church of the East) - 이슬람이 일어나기 직전에 페르시아에서 융성한 기독교 종파(가장 큰 종교 소수집단이었다). 아라비아, 인도, 투르키스탄, 중국에 주로 복음을 전파했다. 그리스도가 신성과 인성을 개별적으로 가지고 있다는 교리를 믿었다. 5세기 콘스탄티노플의 대주교 네스토리우스의 이름을 따서 명명되었지만, 정작 네스토리우스 자신은 이러한 견해를 배척했다. 참고: 칼케돈 학파, 단성론자.

네즈란(Nejran) - 현재 예멘인 남부 아라비아 지역. 무함마드 시대에 남부 아라비아의 기독교 중심지였다.

노아(Noah) - 참고: 누흐.

누르 무함마디(Nur Muhammadi) - 무함마드의 빛. 알라의 첫 창조물. 신적 양심의 표현. 무함마드 이전의 선지자들이 각각 무함마드의 빛에서 자신들의 예언 능력을 이끌어 내어 어느 정도 보여 준 것. 수피와 시아 우주론에 나오는 개념이다. 참고: 나비, 라쑬.

누르 알누르(Nur al-Nur) - 빛의 빛. 알라의 이름(꾸란 24:35). 신적 인도를 말한다(꾸란 5:44-46). 603쪽의 93번째 이름을 참고하라.

누쑵(nusub) - (복수: nasab) 장로, 성자, 천사, 영 등으로부터 은총을 얻거나 그들에게 영광을 돌리기 위해 제사를 지낼 때 사용하는 돌 제단.

누흐(Nuh) - 노아. 참고: 라쑬.

느겔무(ngelmu) - 참고: 케바티난.

†능력 대결(power encounter) - 기도를 통해 눈에 보이는 방식으로 악의 능력에 대결하는 것. 주로 치유, 축사, 징표, 이적, 환상, 꿈을 통해 사탄에 맞서는 하나님의 능력이 나타난다.

니스프 샤반(Nisfu Shaban) - 샤반 중순. 샤반월 15일인 알바라(al-Barea). 232쪽의 "무슬림 달력"을 보라.

니자리(Nizari) - 참고: 아사신, 하샤신, 이스마일리, 호자스.

니자미야 학파(Nizamiyah School) - 참고: 알아샤리.

니카흐(nikah) - 합동. 이슬람 율법에 따라 결혼이 유효함을 인정하는 법적 결혼 계약 또는 사회 종교 의식.

ㄷ

†다르 알이슬람(Dar al-Islam), 다룰 이슬람(darul-Islam) - 이슬람 영토. 평화의 집. 무슬림이 주권을 행사하는 지역. 원칙상 어떤 전쟁도 허용되지 않는 지역. 한 번 이슬람 국가가 되면 그 국가는 신성하며 언제나 이슬람 정부를 두어야 한다.

†다르 알하릅(Dar al-Harb), 다룰 하릅(Darul-Harb) - "아직 무슬림이 아닌 집". 현재 이슬람 주권 밖에 있는 지역. 이교도(비무슬림)의 영토로 지하드가 허용된 곳, 또는 무슬림과 전쟁 중인 지역.

다신론(polytheism) - 하나 이상의 신을 경배함. 그리스도인은 성부, 성자, 성령 세 하나님을 예배하는 다신론자로 여겨졌다. 참고: 이교도, 시르크, 무슈리쿤, 쿠프르, 죄.

†다와(da'wa, da'wah) - 초청. 1. 모든 사람들이 신적 인도를 받도록 알라의 길로 부르는 것. 2. 무슬림의 선교 사역.

다우드(Dawud, Daoud) - 다윗. 참고: 라쑬, 자부르.

달라일 알카이랏(Dalail al-Khayrat) - 축복의 표지. 시인 알재줄리의 기도문. 무함마드를 무슬림과 알라 사이의 유일한 중보자요 의사소통 통로로 높이고 격찬한다. 마울리드 알나비 축일에 널리 사용된다.

†단성론자(Monophysite) - 예수 그리스도의 인성과 신성이 분리될 수 없는 하나의 본성이라고 믿는 사람. 에티오피아는 무함마드 시대에 단성론국가였다.

닷잘(Dajjal) - 거짓말쟁이. 속이는 자. 종말의 때에 나타날 적그리스도, 또는 유사 메시아의 이름. 하디스에 두드러지게 나오지만 꾸란에서는 언급되지 않는다.

대순례(Greater Pilgrimage) - 참고: 핫즈.

†대중 이슬람(Popular Islam) - 보통 무슬림을 위한 능력 문제를 다루는 일반적 관습. 민속 무슬림이라고도 부른다. 공식적인 믿음과 성직자들이 매일 겪는 문제, 두려움, 절실한 필요를 다루는 데 실패했기에 각 지방에서 접할 수 있는 대중 이슬람의 술사들이 대리 권세를 행한다. 그들은 대안 능력과 영적 존재를 조종, 통제할 수 있는 능력이 있다고 알려졌다. 그들은 인과관계에 대해 복잡하고 포괄적인 설명을 하면서 보호 수단(부적, 호부, 혹은 다른 형태의 예방 조처)을 요구하고, 점을 쳐서 문제를 진단하고 저주를 내리기도 한다. 지역 신화, 민간전승, 전통, 관례 의식, 정령신앙 관습 등이 여기에 포함된다. 정통 이슬

람이나 꾸란의 세계관보다 비윤리적이며 책임도 없는 하디스 세계관을 가지고 있다. 270쪽의 "믿음과 관습", 273쪽의 "여성과 능력", 280쪽의 "마술의 종류"를 보라.

데르비시(dervish) - 빙빙 도는 춤. 황홀경. 알라의 이름과 속성을 노래하거나 영창하는 일을 종종 하는 수피 신비주의자.

동료들(Companions) - 아스합 알나비, 또는 사하바. 무함마드 생전에 그와 가장 친했던 사람들. 무함마드가 받은 구전 계시를 암송하고 글자로 옮겨 썼으며, 후에 이를 모아 문서화하여 된 권위 있는 꾸란본을 만들었다. 하디스도 보존했다. 참고: 하피즈.

동족 결혼(endogamy) - 대가족 내 결혼. 친사촌을 선호함. 재물을 가족의 통제 내에 두는 방법으로 흔히 사용된다.

†**두아**(du'a) - (복수: adiya) 부르다. 1. 간구. 비공식적인 기도. 특별한 기도(종종 치유를 위함). 주술적인 말과 상징을 사용한 마술적 처방. 2. 이런 기록된 규정을 만드는 전문가와 두아 쓰는 사람이 작성한 부적. 254쪽의 "무슬림을 위한 기도"를 보라.

두 알힛자(Dhu al-Hija, Dhul-Hija) - 12번째 달(7일에서 10일까지). 공식 순례 여행인 핫즈를 위해 구별된 때. 이드 알아드하는 11일이다. 232쪽의 "무슬림 달력"을 보라.

두쿤(dukun) - 참고: 샤만, 케바티난.

드루즈(Druze) - 이스마일리 분파. 알다라지의 이름을 따서 지었다. 정통 신앙에서 너무 벗어나 더는 무슬림이라고 볼 수 없다. 10세기에 한 파티마 통치자를 신격화했고 꾸란을 거부했으며 배타적인 교리를 채택했다. 레바논과 시리아에 세워졌다.

디크르(dhikr, zhikr) - 기억하기. 1. 알라와 하나(타우히드, 타리카, 하끼까)가 되기 위한 수피파의 영적 훈련. 알라와 신비하게 하나되기 위해, 모든 존재의 하나됨을 인식하기 위해 알라의 이름 혹은 속성 중 하나에 집중하면서 그를 기억한다. 2. 열렬한 마음으로 낭송 형태로 영창한다.

딘(deen, din), **알딘**(al-din) - 종교. 일반적으로는 종교이고, 특별하게는 꾸란과 하디스에 나오는 믿음의 다섯 기둥을 말한다. 선행, 완전한 생명의 길 등을 포함한 무슬림의 종교적 의무에 대한 신앙과 실천. 158쪽의 "금지된 것은 무엇인가?"를 보라.

딘 와 다울라(Deen wa dawla) - 종교와 국가(혹은 교리), 생활, 정치 연합. 개인의 삶과 국가의 삶이 모두 포함된다. 모든 것을 포함하는 포괄적 이슬람 체계. 무슬림 근본주의의 특징이다.

†**딤미**(dhimmi), **아홀 알딤마**(ahl al-dhimmah) - 사람들, 언약의 사람, 유대인과 그리스도인, 유일신론자, 이슬람 정부 아래서 보호받는 국민(아만)으로 살면서 연례 공물세(지즈야, 카라즈)를 내는 사람들. 이러한 보호는 꾸란에 규정되어 있으며, 우마르 조약에 성문화되어 있다. 참고: 아홀 알키탑, 책의 사람들.

ㄹ

†**라마단**(Ramadan), **라마잔**(Ramazan) - 신성한 싸움(saum), 곧 금식의 달(이슬람 음력의 9월로, "모든 달 중 최고의 달"). 무함마드에게 꾸란이 계시되기 시작한 달이다. 참고: 라일랏 알까드르. 세 번째 기둥인 싸움을 하는 달로서 무슬림은 그동안 일출에서 일몰 때까지 금식을 해야 한다. 라마단은 굉장히 더운 날을 의미하는데, 원래 처음 시작된 달이 여름이었을 것이다. 라마단 마지막 10일은 알라가 직접, 또는 천사장 가브리엘을 통해 누군가의 끼스마(운명)를 바꿔 달라는 요청을 듣는다고 생각한다. 참고: 타라위. 232쪽의 "무슬림 달력"을 보라.

라미(ramy) - 자므라 때 미나에서 조약돌을 던지는 것.

†**라쑬**(rasul) - (복수: rusul) 사도. 사자. 계시를 가지고 하나님께 보냄받은 사자로서의 선지자. 꾸란 2:136; 3:84; 6:83-86; 4:163-165. 무슬림 전승에 보면 12만 4천 명의 선지자들을 열거하고 있으나 대여섯 명만이 유명하다. 그들은 하나님의 사도, 선지자들의 마지막, 무함마드, 하나님의 설교자 노아, 하나님의 친구 아브라함, 하나님과 함께 말하는 자 모세, 하나님의 말씀이며, 책의 선지자 예수 등이다. 어떤 사람은 하나님의 택함을 받은 자 아담, 이삭, 이스마엘, 야곱, 요나, 다윗, 솔로몬을 여기에 추가한다. 참고: 책, 하나님의 책, 나비, 누르 무함마디, 아르르쑬.

라쑬룰라(Rasul-ullah) - 알라의 사자. 무함마드.

라우자 카니(Rawzah Khani) - 이맘 후사인의 순교 이야기. 이맘 및 다른 사람들의 기일 행사 때 읽는다. 카르발라에서 죽은 순교자의 수난극도 여기에 포함된다. 참고: 아슈라.

라이(Ray) - 이슬람 법에 대한 비체계적인 추론, 또는 개인 의견. 참고: 하나피, 이스티흐싼, 말리키, 끼야스.

라 이크라하 핏딘(La ikraha fi-din) - "종교에는 강요가 없다." 꾸란에 나오는 말(꾸란 2:256). 강요하고 가르치려는 정통파의 관행에 대한 이슬람의 정서를 나타낸다.

라 일라하 일랄라(La ilaha illa Allah) - 신앙고백 또는 신조 암송. 전례적 표현인 샤하다. "알라 외에는 하나님이 없다"의 첫 부분.

라일랏(Lailat, Laylat) - 참고: 라일랏 알바라, 라일랏 알미라즈, 라일랏 알까드르.

라일랏 알까드르(Lailat al-Qadr) - 권능의 밤. "능력과 탁월함의 밤." 무함마드가 알라에게 첫 번째 계시를 받은 날. 그때 가브리엘이 무함마드에게 받은 계시를 암송하라고 명했다(꾸란 96:1-5). 라마단월 27일. 232쪽의 "무슬림 달력"을 보라.

라일랏 알미라즈(Lailat al-Miraj) - 승천의 밤. 알이스라. 선지자 무함마드가 메카에서 부라끄를 타고 예루살렘으로 가고, 그 다음 라자브월 17일에 "일곱째 하늘"(꾸란 17:1, 하디스)로 승천(미라즈, 사다리, 올라가는 길)한 밤의 여행. 이슬람과 유대교와 기독교의 연속성을 확증한다. 예루살렘은 이슬람의 세 번째로 거룩한 도시가 되었다. 알이스라 알미라즈로 기념하면서 기도하고 설교를 듣는다. 마지막에 가족들은 밤새워 연회를 열고 아이들은 달콤한 것을 먹는다. 참고: 알아끄사, 하람, 예루살렘, 사크라.

라일랏 알바라(Laylat al-Barrah) - 해방의 밤. 샤반월 15일. 니스프 샤반. 232쪽의 "무슬림 달력"을 보라.

†라카트(rakat) - (단수: rakah, raka) 일련의 기도 의식. 특별한 예배를 구성하는 살라트 과정 전체, 또는 일련의 기도 의식(알라에게 영광 돌리기, 암송, 절하기[루쿠], 엎드리기[수주드]로 구성된 다양한 움직임과 동작). 매일 총 17번의 라카트를 행한다. 147쪽의 "무슬림의 기도 자세"를 보라.

라크씨(raksi) - 아랍어 인명에 쓰인 철자 수의 값을 더해 셈한 것. 남편감과 아내감을 짝짓는 것과 같은 점치기에 사용되었다(말레이 반도).

라말(ramal) - 타와프를 처음 세 바퀴 때 남자들(여자들은 아님)이 빨리 걷는 것.

라팔(rapal) - 기도를 마술처럼 사용하는 것(자바).

라흠 왕조(Lakhmid) - 이슬람 이전 남부 이라크의 기독교 부족국가. 완충국. 가산 왕조와 경쟁 관계에 있었고, 페르시아 제국의 보호를 받았다. 후에 이슬람 아래서 경쟁자와 동맹을 맺고 페르시아 제국과 비잔틴 제국을 멸망시키는 일에 참가했다.

레반트(Levant) - 동지중해 지역(오늘날 이스라엘, 레바논, 시리아와 터키 일부)의 이전 이름.

레이몬드 룰(Raymond Lull, 1232-1316년) - 무슬림 사역을 한 최초의 기독교 선교사. 80세가 넘어 순교했다.

루라(lurah) - 시장과 보안관을 결합한 지위를 가진 캄퐁 관리(인도네시아).

루시디 사건(Rushdie Affair) - 영국 작가 살만 루시디의 소설『악마의 시』가 1988년에 출간되자마자 논란이 된 사건. 1989년 호메이니가 그에게 사형을 요구하는 파트와를 공표했다(1990년대에 철회함).

루쿠(ruku) - 기도 자세. 엎드리는 것. 절한다는 뜻의 '라카'에서 유래한다. 살라트를 구성하는 라카트의 일부다. 147쪽의 "무슬림의 기도 자세"를 보라.

루큰(Rukn) - 핫즈 때 행하는 필수 의식들.

리다(rida) - 핫즈에 참석하는 남자 순례자들이 윗몸에 두르는 솔기 없는 흰 천. 참고: 이흐람, 이자르.

리드완(Ridwan) - 낙원을 지키고, 도움을 청할 수 있는 천사.

ㅁ

마가(magha) - 커피숍(인도).

마그렙(Maghreb, Maghrib) - 일몰. 1. 아랍어로 서쪽을 의미함. 일반적으로 알제리, 모로코, 튀니지 중심의 북서아프리카를 말한다. 2. 마그립. 네 번째 혹은 일몰 살라트. 105쪽의 지도 "중동은 어디인가?"를 보라.

마깜 이브라힘(Maqam Ibrahim) - 아브라함과 이스마엘이 카아바를 건설할 때 아브라함이 서 있었던 신성한 돌.

마나시크 알핫즈 왈우므라(Manasik al-Hajj wal-Umrah) - 핫즈 혹은 우므라와 관련된 의식 행위 전체. 참고: 이흐람, 타와프, 싸이, 자므라.

†마드라사(madrasa, madrasah) - 학교. 원래는 정경 율법 학교, 그 다음은 중등학교. 일반적으로 이슬람 학교, 곧 꾸란 연구를 강조하는 아이와 어른들을 위한 이슬람 학교를 말한다. 119쪽의 사진을 보라.

마드합(madhhab) - (복수: madhabib) 종교 생활과 공동체 생활의 질서를 위한 사법 제도 또는 의식. 법학파 또는 해석학파. 각 집단에 수니파, 시아파, 수피파가 있다. 2004년에 50여 개국 이슬람학자 200여 명이 모인 회의에서 공식적으로 하나피(수니파), 말리키(수니파), 샤피(수니파), 한발리(수니파), 자파리(시아파), 자이디(시아파), 이바디(카와리즈파), 자히리(수니파) 8개의 법학파를 인정했다.

마라부트(marabout) – 알라에게 연합한 자. 수피의 거룩한 사람. 대단한 영적 능력을 가진 북아프리카나 서아프리카의 성직자. 이미 죽었거나 살아 있는 종교 성자. 무슬림 분파의 카리스마 있는 지도자. 간청하면 그에게 바라카(축복)를 받을 수 있다. 참고: 무라비트, 피르, 왈리.

마리드(marid) – 희생자를 죽이려 하는 매우 강하고 공격적인 진(Jinn).

마리암(Maryam) – 예수의 어머니 마리아(꾸란 19장은 마리아 장으로 불린다).

마리온주의자(Marionites) – 시리아와 레바논에 있는 로마 가톨릭교회의 동부 분파.

마믈룩(Mamluk) – 이집트 왕조(약 1390년). 이때부터 카이로가 무슬림권의 중심지가 되었다.

마샤알라(Ma sha Allah) – "알라가 뜻하시면." 1. 사람들을 흉안에서 보호하고자 사용하는 표현. 모든 칭찬이나 성공에 대해 선언하기 위해, 진정성을 입증하기 위해, 혹시 있을지 모르는 저주를 무효화하기 위해 덧붙인다. 2. 진을 현혹하고자 갓난아이에게 붙이는 보호용 대리 이름. 참고: 인샤알라.

마슈하드(mashhad) – 순교의 땅(이란). 순교자를 기념해 세운 신전. 참고: 마자르.

†**마스지드**(masjid) – 이슬람 사원. 절하는 곳. 무슬림이 예배드리는 곳. 참고: 바이툴라, 자마아.

마스하프(Mashaf) – 수기(手記) 형태의 꾸란을 이르는 또 다른 이름.

마울라나(mawlana) – 이슬람 신학에 정통한 관리. 정통 성직자단의 신학자. 종교적 가르침을 베풀도록 고용되었다.

마울리드(maulid, mawlid) – (성자 혹은 선지자의) 생일. 연례 경축행사는 특히 피르 신전에서 이루어진다.

마울리드 알나비(Maulid al-Nabi, Mawlid al-Nabi) – 선지자의 생일. 1. 세 번째 달인 라비 알아우왈월 12일인 무함마드의 생일을 축하하는 행사. 2. 선지자의 생일 축하 때 낭독되는 유명한 알미르가니의 시. 까시다.

마오리파(marifah) – 내적 경험의 지식에 대한 교리. 황홀경 체험에서 나온 영적 진리(수피). 일므의 반대.

마오부드(mabud) – 하나님을 하나님으로, 예배의 충성과 순종의 적절한 대상으로 받아들임.

마자르(mazar) – 순례 여행 장소. 종교 방문지. 보통은 무슬림 성자의 무덤에 있는 신전. 참고: 마슈하드, 투르바.

마즈눈(majnun) – 사로잡힘. 1. 진으로부터 피해를 입는 상태를 가리키는 포괄적 용어. 2. 미치거나 기묘하거나 광기에 찬 사람을 가리키는 조롱의 말.

마즈마 알다으와트(Majma al-daawat) – 기원 모음집. 꿈의 의미와 해석을 다룬 책. 무함마드 이븐 키야스 알딘(Muhammad ibn Kiyas al-Din)이 편찬했다.

마지막 날(Last Day) – 심판의 날. 야옴 알아키르. 참고: 이만.

마크툽(maktub) – 기록된. 운명론. 결정론. 숙명론. 재앙에 대한 책임을 나타낸다. 공식 이슬람은 무슬림의 존재 양식이 정해져 있다고 주장한다. 그들은 실천적 행위를 통해 자신의 운명을 다시 쓰고자 한다. 참고: 인샤알라, 키즈밋, 까다아, 끼스마. 314쪽의 "무슬림은 왜 '인샤알라'라고 말하는가?"를 보라.

마트루쉬(matrush) – 진에게 잡힌 상태.

마튼(matn) – 하디스 본문. 책 형태로 되어 있다. 참고: 하디스.

†**마흐디**(Mahdi, al-Mahdi) – 올바르게 인도받은 자. 앞으로 올 이맘. 온 세상을 의로 채우고 그 세상이 이슬람을 받아들이도록 하고자 다시 오거나 나타날 메시아 같은 세계적 지도자. 수니파는 아직 오지 않은 그를 기다리는 반면에, 시아파는 874년(혹은 878년)에 사라진 마지막 이맘 무함마드 알무타자르가 언젠가 마흐디로 다시 나타날 것이라고 주장한다. 참고: 아흐마디.

마흐르(mahr) – 일종의 지참금으로 결혼 계약의 통상적인 규정이다. 가족이 지불한다.

만수크(mansukh) – 폐기된 것. 폐기하는 것은 나시크.

말라크(malak) – (복수: al-malaik, malaikah) 권위를 가진 자들. 천사들. 불에서 창조되었으며 알라의 신실한 종. 참고: 천사장.

말레이 종족(Malay peoples) – 206쪽의 "말레이 종족"과 지도 "동남아시아"를 보라.

말리크(Malik) – 지옥문을 지키는 천사. 그에게 도움을 호소할 수 있다.

말리키(Maliki, Malik) – 마드합. 율법학파 혹은 기본적으로 라이와 특히 메디나에 있던 무함마드의 가장 가까운 동료들이 쓴 끼야스를 사용한 하디스에 본질적으로 기초한 사법 제도. 말리크 이븐 아나스 알아스바히(Malik ibn Anas alAsbahi, 795년)가 창시했다. 136쪽의 "꾸란, 하디스, 샤리아"를 보라.

말비(malvi) - (복수: malvis) 무슬림 교사.

†**메디나**(Medina) - 알메디나. 메디나 알나비. 선지자의 도시. 이전에는 야스립. 무함마드는 이 도시로 도망쳐 온 후(히즈라 622년) 이슬람 국가를 세웠고 이슬람 사원의 둥근 지붕 아래 묻혔다. 메카에서 북쪽으로 460킬로미터 떨어져 있다. 이슬람에서 두 번째로 거룩한 도시다.

메소포타미아(Mesopotamia) - 오늘날 이라크의 고대 이름.

메시히(messehy) - 그리스도인. 무핫다딘(중생한 자들, 아마도 신자들의 이름인 듯하다).

†**메카**(Mecca) - 사우디아라비아에 있는 무함마드 탄생지. "도시들의 어머니"(꾸란 42:7). 이슬람에서 가장 거룩한 도시. 카아바가 있는 곳. 신체적, 재정적으로 능력이 되는 무슬림들은 적어도 일생에 한 번은 핫즈나 우므라 때 이곳을 방문해야 한다.

명예(honor) - 무슬림이 자기 정체성에서 높이 평가하는 가치. 보통은 하나님의 인정을 나타낸다고 여겨니다. 여성의 정숙함, 가족 간 유대, 흠모할 만한 개인의 문화적 특질 등으로 입증된다. 참고: 수치. 180쪽의 "명예와 수치", 191쪽의 "여성과 기독교에 관한 견해", 181쪽의 "그림으로 보는 무슬림 세계관", 235쪽의 "명예를 보호하는 여성"을 보라.

모세(Moses) - "무사"를 보라.

†**모스크**(mosque) - 무슬림이 특히 금요기도회 때 예배하고 기도하는 집. 아랍어 '마스지드'의 서구식 표현.

몽골(Mongol) - 1. 몽골에 살면서 13세기에 몽골 제국을 건립한 유목민족의 일원. 2. 몽골, 몽골족 혹은 그들의 문화 및 언어와 관련된. 참고: 바부르, 칭기즈칸, 무굴 제국, 티무르 랑.

무굴 제국(Moghul Empire) - 우르두어로 무갈, 페르시아어로 바부르(몽골 혈통)가 설립한 제국. 1526년에 인도의 일부를 다스렸고, 1857년 영국이 마지막 황제를 폐위할 때까지 다스렸다. 이슬람 문화, 특히 건축술이 탁월한 것으로 유명하다. 참고: 칭기즈칸, 티무르 랑.

무나사(meunasah) - 기도하고 이슬람을 가르치고 주민이 모이는 데 사용하는 마을 건물(아체, 인도네시아). 참고: 캄풍. 245쪽의 "공동체와 풍습"을 보라.

무나잣(munajat) - 무릎을 꿇고 팔을 부분적으로 올리는 기도 자세. 147쪽의 "무슬림의 기도 자세"를 보라.

무나피꾼(Munafigun) - 위선적인 무슬림들. 무함마드가 관대히 묵인해 준 메디나 무리.

무라비트(murabit) - 알라에게 결합한 자. 살아 있는 성자. 참고: 마라부트, 왈리.

무르쉬드(murshid) - 인도자. 하나님과 연합을 이루고 그런 사람이 되기를 갈망하는 사람들의 교사인 수피의 영적 인도자(특히 파키스탄과 인도). 참고: 피르, 타리카, 우스태드.

무리드(murid) - 수피 초심자나 후보자. 무르쉬드의 인도 아래 있는 사람. 또는 모든 문제에 대해 인도해 주는 피르가 설립한 수피 형제단 또는 타리카 일원.

무바흐(mubah) - 법이나 도덕적으로 허용할 수 있는 행동. 참고: 자이즈.

무사(Musa) - 모세. 하나님과 말하는 사람(꾸란 19:51). 하나님의 책인 타우랏을 받은 사람(꾸란 17:2, 23:49). 참고: 라쑬.

무사 이븐 우꼬바(Musa Ibin Uqba) - 무함마드를 이상화하는 과정을 의도적으로 가속시킨 제3세대 전기 작가.

무슈리꾼(mushrikun) - 알라 외의 다른 권세를 숭배하며 이슬람을 거부하는 사람들. 다신론자. 이교도. 우상숭배자. 불신자. 참고: 카비라, 카피르, 쿠프르, 시르크, 죄.

무스타파 케말(Mustafa Kemal) - 참고: 아타투르크.

무슬리문 이싸위윤(Muslimun Issawiyun) - 예수를 찬양하는 무슬림을 가리키는 단어. "예수파"로 번역할 수 있다.

†**무슬림**(Muslim) - 복종하는 사람. 알라에게 복종하는 사람. 이슬람을 따르는 사람. 알라와 선지자 무함마드를 믿는 사람. 때로는 모슬렘이라고 쓴다.

무슬림 배경의 신자들 - 참고: MBB.

무슬림연맹(Muslim League) - 1906년 "파키스탄의 영적 설립자"인 인도 무슬림의 정치적 열망에 부응하기 위해 조직되었다.

무슬림형제단(Muslim Brotherhood) - 참고: 이크와눌 무슬리문.

무아위야 이븐 아비 수피얀(Muawiyah ibn Abi Sufyan) - 우스만의 친척으로 시리아의 통치자이며 우마이야

부족의 지도자(611년 제4대 칼리프가 살해된 당시). 수니파에 의해 제5대 칼리프로 추대되었고, 이로 인해 이슬람에 큰 분열이 일어났다. 시아파, 즉 알리의 추종자들이 우마이야에서 떨어져 나와 대항했기 때문이다. 제국 시대로 넘어가는 전환점이 되면서 그는 다마스쿠스에서 우마이야 칼리프 제도를 절대 군주정으로 확립했다(661-750년). 680년에 사망한 후, 그의 아들 야지드(Yazid, 680-683년)가 뒤를 이었다. 67쪽의 "꾸라이쉬 가계도"를 보라.

무앗딘(muadhdhin) - 아단을 부르는 자. 기도하라고 부르는 사람. 참고: 미나렛, 무에진.

무어족(Moors) - 북서아프리카의 베르베르족. 711년에 이베리아 반도를 정복했다.

무에진(muezzin) - 이슬람 사원 첨탑에서 기도하라고 부르는 선창자. 참고: 아단 혹은 아잔, 무앗딘.

무우셈(moussem) - 모로코에서 열리는 주술 축제. 사탄의 표적과 각종 기사를 구한다. 초자연적 묘기를 선보이고 피 제사를 지내며 바라카를 받는다.

무으민(mumin), (mumina, 여성) - 신자. 불신자인 카피르와 대조되는 말.

무으지자(mujiza) - 사명을 확증하기 위해 선지자에게 주어지는 특별한 기적. 참고: 이자즈 알꾸란.

†**무자히드**(mujahid) - (복수: mujahideen, mujahidin) 믿음을 위해 진력하는 무슬림. 특히 성전(지하드)의 전사.

무잣디드(mujaddid) - 믿음을 새롭게 하는 것. 하디스에 따르면, 무슬림 관습을 바로잡고 그것을 자유롭게 혁신하기 위해 각 세기마다 한 명이 온다.

무잣다딘(mujedadiin) - 새 생명을 얻은 사람들. MBB의 일반적 정체성을 나타낸다. 참고: 메시히.

무즈타히드(mujtahid) - (복수: mujtahidun) 꾸란과 순나를 독자적으로 추론해 입증된 이슬람 율법 해석만 따르는 종교 율법학자.

무지의 시대(Period of Ignorance) - 참고: 자힐리야.

무프티(mufti) - 고위 재판관. 수니파에 맞게 이슬람 율법을 해석하는 사람.

무타끼(muttaqi) - (복수: muttaqun) 알라를 경외하고 사랑하는 의로운 사람. 선행을 많이 하고 악을 삼간다.

무타질라(Mutazilah) - 어떤 행동이 올바른 것인지 결정하는 기준에서 아샤리를 반대함. 사람이 자유 의지와 인간적 책임을 가지고 있다고 주장했다. 무조건적 주권을 가진 하나님의 자유 의지와는 반대로 이슬람 신학에서 철학적 방법론을 발전시킨 합리적인 인물이다. 어근인 'italaze'는 '탈퇴하다'라는 의미다.

무트아(mutah, muta) - 초기 이슬람의 임시 결혼. 특히 전쟁으로 먼길을 떠나는 병사들을 위한 임시 결혼. 특정한 지침을 따른 계약으로 마련되었다. 꾸란의 효력이 있는 것으로 시아는 인정한다(꾸란 4:28). 다른 사람들은 폐기되었다고 생각한다.

무하르람(Muharram) - 금지된 것. 그래서 신성한 것. 이슬람 달력의 첫 번째 달. 설날 축제는 무하르람월 1일에 열린다. 참고: 하람, 후사인, 타지야. 232쪽의 "무슬림 달력"을 보라.

무하지르(Muhajir, Muhajirun) - 이민. 1. 무함마드와 함께 가거나 그의 생전에 메카에서 야스립으로 간 사람들. 2. 알라를 위해 이주한 사람들 혹은 알라가 금한 모든 것을 포기한 사람들.

†**무함마드**(Muhammad, 570-632년) - 마호메트. 모함마드. 찬양받는 자. 선택된 자. 알라의 사도. 선지자. 이슬람 창시자. 무슬림은 카탐 알안비야, 선지자들의 마지막 보증이며 가장 위대한 선지자(꾸란 33:40), 혹은 마지막 알라의 사자(라쑬룰라)로 여긴다. 참고: 아흐마드, 마울리드 알나비, 나비, 나디르, 알라의 선지자, 꾸라이쉬, 라쑬. 67쪽의 "꾸라이쉬 가계도", 78쪽의 "무함마드의 생애"를 보라.

무함마드주의(Mohammedanism) - 무슬림과 이슬람을 가리키는 잘못된 호칭. 이슬람이 무함마드를 숭배하는 종교라는 잘못된 생각에 기초한다. 무슬림은 이러한 생각에 강하게 반발한다.

묵주(prayer beads) - 수브하. 기도를 반복할 때 수를 세거나 하나님의 99가지 이름을 암송할 때 사용하는 도구. 266쪽의 사진을 보라.

문카르(Munkar) - 나키르와 함께, 사후에 사람들의 믿음에 대해 무섭게 질문하는 두 천사(꾸란 47:27). 참고: 야움 알아키르.

문화(Culture) - 173쪽의 "문화에 대한 도해"를 보라.

†**물라**(mullah, mulla) - 1. 페르시아, 이란, 북인도, 파키스탄의 주요 성직자들. 2. 시아 무슬림 종교 지도자. 3. 대중 이슬람에서 마술을 부리고 위기 모면 의식을 시행하는 사람들.

물타잠(multazam) - 달라붙는 것. 순례자들이 껴안으면서 달라붙으려 애쓰는 카아바 벽의 일부.

미까트(miqat) - (복수: mawaqit) 핫즈나 우므라를 준비하는 데 필요한 사전 의식을 수행하기 위해 정해진 장소들. 메카로 가는 길에 있다.

미나(Mina) - 메카 바깥 아라파트로 가는 길에 있는 순례지. 참고: 자므라.

†**미나렛**(minaret) - 이슬람 사원의 탑. 여기서 무에진이 기도하라고 부른다(아잔).

미르자(mirza) - 정복자 무굴족과 함께 인도에 온 조상들을 가리키는 호칭.

미전도 종족(unreached) - 1. 복음을 자기 종족에게 나눌 수 있는 적절한 인구와 자원을 가진 현지 기독교 공동체가 없고 공통된 정체성을 지닌 인종언어학적 종족. 2. 이슬람에서 '전도받지 못한 사람들'. 아직 올바른 길을 보지 못해 하나님의 명령을 따를 의무가 없다. 153쪽의 "이슬람 믿음의 기본 조항들"을 보라.

미카엘(Michael) - 아즈라엘, 가브리엘, 이스라펠과 함께 네 천사장 중 하나.

미흐랍(mihrab) - 이슬람 사원 내부의 중앙 벽면을 우묵하게 파서 만든 공간(벽감). 메카를 가리키는 방향(끼블라)을 향해 나 있다.

민바르(minbar) - 이슬람 사원 끼블라 벽에 있는 강단. 여기서 금요일 설교를 전한다.

†**민속 이슬람**(folk Islam) - 참고: 대중 이슬람.

†**믿음의 다섯 기둥, 이슬람의 다섯 기둥** - 이슬람에서 지키는 다섯 가지 종교적 의무로서 신조, 기도, 금식, 구제, 순례를 가리킨다. 1. 신조를 증거하거나 암송함: 샤하다. 2. 하루에 정해진 때 다섯 번 기도함: 살라트. 3. 라마단 동안 금식함: 싸움. 4. 수입의 2.5%를 가난한 사람들이나 종교적인 일을 위해 헌금함: 자카트. 5. 일생에 적어도 한 번은 메카와 그 주위를 순례함: 지하드, 곧 믿음을 위한 투쟁 혹은 거룩한 전쟁이 여섯 번째 기둥으로 추가된다. 참고: 아르칸 알이슬람, 샤하다.

밀라트 이싸위(Millat Issawe) - 예수 교제권으로서의 교회. 참고: 이싸와, 무슬리문 이싸위윤.

ㅂ

바누 까이누까(Banu Qainuaqa) - 야스립에 살던 유대 부족으로 무슬림들에게 패한다.

바누 꾸라이자(Banu Qurayza) - 무함마드 선지자가 도착했을 때 야스립에 살던 유대 부족으로 후에 무슬림들에게 패한다. 남자들은 죽임을 당하고 여자와 아이들은 종으로 팔려 갔다..

바누 나디르(Banu Nadir) - 무함마드 시대에 야스립에서 86킬로미터 떨어진 카이바르에 살던 유대 부족으로 무슬림들에게 패한다.

바누 하심(Bani Hashim) - 무함마드의 가족으로 꾸라이쉬 부족에 속한다. 참고: 하심.

바드르 전투(Battle of Badr) - 624년에 메디나 남쪽 480킬로미터 떨어진 곳에서 벌어진 이슬람 역사상 최초의 대전투. 무함마드가 이끄는 300명의 무슬림이 메카의 꾸라이쉬 950명을 물리쳤다. 무함마드가 자신의 대의를 위해 최초로 검을 사용한다. 그는 이 승리가 곧 자신이 선지자임을 알라가 입증해 준 것이라고 해석했다. 73쪽을 보라.

바라카(baraka, barakat) - 1. 축복. 궁극적으로는 알라의 특별한 능력과 결과를 가져오는 영적 능력자의 특징인 카리스마. 마라부트가 소유함. 2. 거룩한 사람, 장소, 또는 물체에서 얻을 수 있는 적극적인 마술 능력. 접촉함으로써 얻거나 전달한다. 흉안의 치료책으로 구하기도 한다. 사람, 사업, 인생 전반에 영향을 끼치는 데 사용된다. 대중 이슬람과 수피 이슬람에서 찾아볼 수 있다. 반대는 하사드. 289쪽의 "바라카가 왜 필요한가?"를 보라.

바렐비(Barelvi) - 까왈리와 그들의 피르가 드리는 중보를 포함해 수피의 관습을 신봉하는 사람들(인도 아대륙).

바부르(Babur, 1483-1530년) - 인도의 무굴 왕조 초대 통치자(1526-1530년). 티무르 랑(아버지 쪽)과 칭기스칸(어머니 쪽)의 후예다. 참고: 몽골.

바브 앗쌀람(Bab as-Salaam) - 평화의 문. 순례자들이 그 문을 통해 메카 카아바 주위의 신성한 지역 하람으로 들어간다.

바위의 돔(Dome of the Rock) - 꿉바 알사크라. 참고: 알아끄사, 하람. 예루살렘.

바이툴 미드라쓰(Bait-ul-Midras) - 한 장소. 메디나에 있는 유대인 중심지.

바이툴라(Baitullah, Bayt al-Lah, Beit-Allah) - 알라의 집, 모스크, 마스지드. 모스크를 종종 바이툴라라고 부른다. 참고: 알아끄사, 예루살렘에 있는 대사원인 알마스지둘 아끄사, 사크라. 또한 메카에 있으며 카아바가 있는 대사원인 알마스지둘 하람.

바티니(batini) - 문자적이고 명백한 의미인 자히르의 반대말. 꾸란에 나오는 알라의 말씀에 비밀스럽게 숨겨져 있거나 내적인 의미.

바하이교(Bahai Faith) - 평화주의적이고 세계주의적인 분파로서 19세기 중반에 독자적인 비무슬림 종교가 되었다. 미국에 추종자가 많으며 무슬림들은 그들을 이교로 간주한다.

바히라(Bahira) - 사막 도시 바스라(시리아로 가는 꾸라이쉬족의 대상로가 있는 곳)에 살던 네스토리우스교 수사. 무함마드가 선지자라는 것과 그의 가르침이 유대교 및 기독교 성경과 연속성이 있음을 인정했다고 한다.

밤의 여행(Night Journey) - 참고: 알미라즈.

배교의 율법(Law of Apostasy) - 정통 이슬람이 우세한 나라들에서 무슬림이 기독교로 회심하는 것을 제지한다. 꾸란 적용(4:88-89, 5:57; 16:106)을 주장하면서 그리스도인을 다른 이교도들처럼 수감하고 고문하고, 심지어 죽이기까지 한다. 참고: 강요.

번역(translations) - 무슬림들은 꾸란 번역본이 신성한 아랍어 본문보다 열등하다고 생각한다. 다양한 성경 번역본은 단지 서로 모순될 뿐이라고 많은 사람들이 생각한다. 참고: 타브딜, 타흐리프.

범이슬람(Pan Islam) - 19세기 말 유럽 식민주의의 전파와 더불어 나타나 모든 무슬림들을 정치적, 사회적으로 결속시킨 이데올로기. 기독교적인 서구와 식민주의에 연합해 반대할 것을 강조한 정치 개혁주의자 자말 알딘 알아프가니(Jamal al-Din al-Afghani, 1839-1897년)가 이끌었다.

†**베두인**(Bedouin) - 유목 생활을 하는 사막의 아랍족. 대개는 목자들이다.

베르베르족(Berbers) - 북아프리카에 사는 무슬림 종족.

†**복음**(gospel) - 예수님의 메시지. 인질. 참고: 아홉 알키탑, 책의 사람들.

복음서(Gospels) - 사복음서. 신약의 마태복음, 마가복음, 누가복음, 요한복음(꾸란 21:7). 참고: 성서. 인질, 책의 사람들. 108쪽의 "거룩한 책"을 보라.

부라끄(Buraq) - 선지자 무함마드가 승천할 때 타고 간 날개 달린 짐승인 라일랏 알미라즈. 화장을 하고 장식을 단 아름답고 화려한 옷을 입었으며 베일을 쓰지 않은 여성의 얼굴을 하고 있다.

부르카(burqa, burka) - 참고: 아바야, 차도르, 히잡, 질밥.

†**부적**(amulet) - 호부. 부적. 해악으로부터 보호해 주고 공격적인 마술을 무효화시키거나 질병을 뒤엎는 것으로 간주된다. 유형으로는 우드하(보호하기 위해), 하자브(커튼처럼 가려 줌), 하리즈(악에 대항해 지켜 줌), 나파라(피하다), 와드하(구별하다), 타미마(완전하다)가 있다. 참고: 두아, 흉안, 파티마의 손, 나자르, 술레이만의 일곱 언약, 274쪽의 사진, 282쪽의 "또 다른 능력의 근원", 280쪽의 "마술의 종류"를 보라.

부활(Resurrection) - 야움 알아키르.

부활절(Easter) - 이드 알끼야마. 244쪽의 "희생제"를 보라.

북미의 무슬림들(Muslims in North America) - 544쪽의 "북미의 무슬림들"을 보라.

비드아(bida) - 혁신. 이교. 엄밀히 말해 이즈티하드가 그쳤을 때 샤리아를 율법의 범위 밖에서 해석한다. 이즈마로 대체되었다.

비르르(birr) - 의(義). 무슬림에게는 순종하는 믿음, 관대함, 의식과 요구 사항에서 일관된다. 그리고 역경 속에서 고요하고 인내함.

†**비스밀라**(Bismillah, Basmahah) - "비스밀라 알라흐만 알라힘"(자비로우시고 자애로우신 하나님의 이름으로), 꾸란의 각장(9장 제외) 서두에 나오는, 알라에게 도움을 기원하는 일반 문구. 사업을 시작할 때, 기록된 문서를 시작할 때나 보호를 위한 관용적인 표현으로 종종 쓰인다. 54쪽의 "꾸란은 뭐라고 말하는가?"와 289쪽의 "바라카가 왜 필요한가?", 601쪽의 1번과 2번을 보라.

†**비잔티움**(Byzantium) - 1. 현대 이스탄불 자리에 있는 고대 헬라 도시 트라키. 2. 무함마드 시대 이전에 페르시아, 에티오피아와 경쟁하던 비잔틴 제국. 참고: 칼케돈 학파.

†**비잔틴 제국**(Byzantine Empire) - 후기 로마 제국의 그리스어를 사용하던 동부 지역. 콘스탄틴이 비잔티움을 콘스탄티노플로 개명한 330년부터 콘스탄티노플이 오스만 터키에 멸망한 1453년까지 존재했다. 76쪽의 지도 "6세기 아라비아 반도와 주변 지역"을 보라.

빈(bihn, ibn) - ~의 아들

빈트(bint, bent) - ~의 딸.

ㅅ

사다카트(sadakat) - (단수: sahagah, sadawat, sadaga). 참

된. 진정성 있는. 알라를 섬기기 위해 구별한 모든 것들. 자선. 가난한 사람들에게 주는 자발적인 구제금. 정부가 요구하는 의무적인 세금. 공로를 얻기 위해 낸다. 참고: 와끄프, 자카트.

사라센(Saracens) – 1. 이슬람 이전에 시리아-아라비아 사막에서 살던 유목 민족. 2. 십자군 시절 이전에 아랍인과 무슬림을 이르는 용어.

사랑(Love) – 참고: 알와두드. 애정을 품은 자. 알라의 47번째 이름. 602쪽을 보라.

사산 왕조(Sasanid) – 페르시아(현재의 이란) 왕조(224-651년). 주 행정 수도는 이라크의 크테시폰이다. 사산 제국은 로마 제국과 경쟁했고, 이슬람 군대에 의해 멸망했다(636년). 76쪽의 지도 "6세기 아라비아 반도와 주변 지역"을 보라.

사이드(Sayyid, Seyyed) – 주님. 1. 무함마드의 시아파 후손인 아홀룰 바이트, "집의 사람들"을 가리키는 말. 영적, 사회적으로 우월한 것으로 간주되었다. 참고: 샤리프. 2. 자르의 영에 사로잡혀 있는 사람(보통 그 영을 쫓아내지 않는다).

사크라(Sakhra), **꿉바 알사크라**(Qubbat al-Sakhra) – 예루살렘의 성스러운 바위에 세워진 바위의 돔. 우마르 사원 알아끄사 혹은 알마스지둘 아끄사 옆에 있다. 여기서 무함마드가 승천했다고 한다(라일랏 알미라지). 그의 발자국이 찍혀 있다고 주장된다.

사탄(Satan) – 참고: 샤이탄, 이블리스.

사파비(Safavid) – 페르시아에 있는 무슬림 제국.

사하라(sahhara) – 마술사. 대중적 술사(특히 아프리카).

사하라 사막 이남 종족(sub-Saharan peoples) – 331쪽의 "사하라 사막 이남 종족"을 보라. 332쪽의 지도 "사하라 사막 이남 아프리카의 무슬림 인구 비율"을 보라.

사하바(sahaba) – 참고: 동료들.

사헬(Sahel) – 사하라 사막 이남 동북부 중앙아프리카의 반건조 지대. 105쪽의 지도 "중동은 어디인가?"를 보라.

사후르(sahur) – 라마단 금식 기간 동안 동트기 전에 먹는 식사. 또 다른 의미도 있는 수후르(suhur)라고 쓰기도 한다.

사흔(sahn) – 이슬람 사원의 개방된 공간 혹은 뜰.

사히흐 알부하리(Sahih al-Bukhari) – 참고: 알부하리.

산두끄 알누드르(sanduq al-nudhur) – 맹세를 위한 상자. 성자의 신전에 있는 상자로서 거기에 탄원자의 맹세를 글로 써서 넣는다.

산스크리트(Sanskrit) – 인도의 고전 문학 언어.

살라딘(Saladin, Salah al-Din, Salah Eddin, 1137-1193년) – 탁월한 쿠르드족 수니 무슬림 장군. 갈릴리해 부근 하틴에서 십자군을 격퇴하고 예루살렘을 점령했다(1169년).

†**살라트**(salat, salaat, salah) – 기도 의식. 예배 형식으로 총 17개의 고정된 기도 동작과 자세. 하루에 다섯 번씩 해야 하며(파즈르, 주흐르, 아스르, 마그립, 이샤) 이슬람 사원에서든 개인적으로든 메카를 향해 한다. 믿음의 다섯 기둥 중 두 번째 기둥. 참고: 두아, 이까마툿 살라트, 147쪽의 "무슬림의 기도 자세"를 보라. 330쪽을 보라.

살라트 알이스티카라(salat al-istikhara) – 은총을 얻기 위한 기도. 꿈을 통해 유리한 미래를 점쳐 달라는 특별한 기도.

살라트 알주므아(salat al-jumah) – 기도 모임. 금요일 정오의 회중 기도.

살라피(Sallafi) – 뿌리로 돌아가자는 개혁 운동. 12세기 초에 일어났다. 침체 극복을 강조했으며, 타끌리드를 이즈티하드로 바꾸었다. 176쪽의 "무슬림의 다양성: 분석"을 보라.

쌀람(salam) – '안전하다'라는 의미의 살리마에서 나온 말. 기도 의식을 행할 때 무릎을 꿇으면서 "평화가 그대와 함께 그리고 알라의 자비와 함께"라고 말한다. 의식 기도를 마치는 시점으로, 예배하는 사람이 암송한다. 147쪽의 "무슬림의 기도 자세"를 보라.

†**살와르 카미즈**(salwar kameez) – 헐렁한 바지와 긴 여성용 상의로 머리 스카프나 숄과 함께 입는다. 파키스탄 여성의 옷.

삼위일체(Trinity, Tri-unity) – 하나님은 한 분이신데 성부, 성자, 성령으로 나타나신다는 기독교 교리. 무슬림이 기독교를 반대하는 주요 이유이며 시르크로 간주된다(꾸란 9:30-32). 꾸란은 그리스도인이 하나님, 마리아, 예수 이렇게 세 명을 믿는다고 주장한다(꾸란 4:17). 참고: 연관, 파트너, 와히드.

†**상황화**(contextualization) – 다양한 문화 환경 속에서 우리의 신앙 전체를 적용시키는 과정. 목표는 성경적이면서도 문화적으로 적절하게 그리스도를 증거하는 것이다. 성경의 가르침에 따라 문화의 모든 측면을 새로운 틀에 맞춘 성경적 가치관, 믿음, 실천으

로 세심하게 개혁하는 일이 포함된다. 324쪽의 "상황화란 무엇인가?"를 보라.

새뮤얼 즈웨머(Samuel Zwemer, 1867-1952년) – "이슬람의 사도." 학생자원자. 교회에 무슬림 전도의 필요성에 눈을 뜨게 해준 사람. 421쪽 루스 터커의 글 "새뮤얼 즈웨머", 542쪽의 "무슬림의 마음에 다가가는 법"을 보라.

생략(omissions) – 원본에서 일부 구절을 제거해 본문의 의미를 훼손하는 것.

샤(Shah) – 왕이라는 뜻의 페르시아어. 파키스탄과 인도의 무굴 제국에서도 사용한다.

†샤리아(Shari'a, Shari'ah, Sharia) – 올바른 길. 이상적인 이슬람 율법. 규칙과 원리를 법전화한 것. 이슬람의 근본 율법. 이슬람 공동체의 헌법. 신의 뜻을 모든 일상생활에 적용했다. 꾸란, 하디스, 선지자의 순나, 무함마드로부터 나왔다. 지마 혹은 공동체를 대표하는 재판관들의 일반적인 합의와 선례를 유추해서 추론한 원리인 끼야스다. 136쪽의 "꾸란, 하디스, 샤리아"를 보라.

샤리프(sharif) – 선지자 무함마드의 직계 후손인 수니 무슬림. 아홀룰 바이트, "집의 사람들". 무함마드의 바라카를 물려받은 사람. 그래서 고상한 혈통인 사람. 참고: 사이드.

샤만(shamans), **샤머니즘**(shamanism) – 주술사나 마법사 등과 같은 민속 이슬람 술사. 샤머니즘은 그런 전문가의 활동이며 마술, 성자들에 대한 기도, 부적과 호부, 저주와 주문 등을 사용한다. 참고: 두쿤, 케바티난. 280쪽의 "마술의 종류"를 보라.

샤이탄(Shaytan) – 대적, 반대하는 자. 사탄. 이블리스. 마귀라는 말과 상호 교환해 사용된다. 학자들은 그 말이 적어도 악의 원리(의인화는 아니라 해도)를 나타낸다고 주장한다. 참고: 자므라, 알샤이타눌 카비르. 275쪽의 "꿈에서 그를 보았습니다"와 289쪽의 "바라카가 왜 필요한가?"를 보라.

샤야틴(shayatin) – 샤이탄의 복수. 악마, 마귀, 악한 영. 술레이만(솔로몬)은 샤야틴을 지배할 수 있는 그들의 주(主)로 알려졌다(꾸란 38:37).

샤파하(shafaah) – 변호인. 정의를 위한 중보자.

샤피(Shafi) – 중보자. 질병의 경우에는 치유를 위한 중보자. 보통 무슬림과 알라의 매개자인 성자. 무함마드에게는 중보자가 될 수 있는 특별 허가권(다른 사람들에게 넘겨 줄 수 있는)이 주어졌다. 꾸란에서 그를 "인류에 대한 자비"라고 부르기 때문이다.

샤피(Shafi'i) – 마드합 또는 율법학파. 무함마드 이븐 이드리스 이븐 알아바스 이븐 우스만 이븐 샤피(Muhammad ibn Idris ibn al-Abbas ibn Uthman ibn Shafi'i, 819년 사망)가 설립했다. 꾸란을 보다 자유롭게 해석하고, 이즈마(합의) 및 파트와를 공표하는 울라마에 의해 결정되는 움마의 권리를 강조한다. 무함마드가 직접 말했다고 전해지는 하디스를 더 선호한다. 참고: 까디. 136쪽의 "꾸란, 하디스, 샤리아"를 보라.

†샤하다(Shahada, Shahadah, Ash-Shahadah) – 증거. 증거하다. 증인. 믿음의 고백 혹은 예배 의전으로 신조인 샤하다를 암송한다. "라 일라하 일알라 무함마드 라쑬룰라"(La ilaha illa Allah, [wa] Muhammad rasul Allah, 알라 외에는 아무 신이 없고[예배 받을 권리가 있는 자가 아무도 없고] 무함마드는 알라의 선지자[사도, 사자]다). 믿음의 다섯 기둥 중 첫 번째로, 이슬람 입교 전에 두 증인 앞에서 이 고백을 한다. 살라트에서 반복. 참고: 타샤후드.

샤히드(shahid, shaheed) – (복수: shuhada) 증인, 순교자. 믿음을 위해 싸우다 죽임을 당함. 죽음으로 증거함.

샴스 알마으리팔 쿠브라(Shams al-Maarif al-Kubra) – 알부니(1225년 사망)의 안내서. 아랍권 마술 관습에 계속 영향을 미치고 있다.

서구 문화(Western culture) – 174쪽의 "서로 다른 가치관", 191쪽의 "여성과 기독교에 관한 견해", 308쪽의 "가시 철조망", 309쪽의 "구도자를 외면하는 문화적, 사회적 장벽들"을 보라.

서남아시아(Southwest Asia) – 현대의 이라크, 이스라엘, 요르단, 레바논, 팔레스타인, 시리아로 구성된 지역. 참고: 중동. 105쪽의 지도 "중동은 어디인가?"와 106쪽의 "중동은 어디인가?"를 보라.

서 있는 집회 의식(standing ceremony) – 우끄프. 규정된 기도를 드리기 위해 멈춰 서 있는 핫즈 의식. 알라의 임재를 느끼고 죄사함 얻기 위해 아라파트 산 골짜기에서 거행한다.

선교학(missiology) – 교회가 위임받은 일, 메시지, 사명을 연구하는 실용 신학. 특히 선교의 본질을 연구함. 신학, 문화인류학, 역사, 지리학, 소통법, 방법론, 변증학 등이 포함된다.

†선지자(prophet) – 신적 영감을 받은 사람. 경고자(꾸

란 43:23). 선지자들(꾸란 2:136; 3:84). 무슬림은 구약 선지자들과 예수를 여기에 포함시킨다. 참고: 라쑬, 아르라쑬. 384쪽의 "꾸란에 나오는 예수님"을 보라.

선지자 예수(Prophet Jesus) - 참고: 이싸. 293쪽의 "좋은 질문을 하라"를 보라.

선지자의 이름(Names of the Prophet) - 선지자들의 고상한 이름. 100개 이상을 꾸란과 하디스에서 뽑았다. 참고: 아흐마드, 알아민, 알무스타파.

성서(Holy Book) - 꾸란. 무슬림이 받아들이는 다른 "거룩한 책들"로 율법(토라, 타우랏), 선지서(시편, 자부르)가 있다(꾸란 5:68; 21:78). 참고: 아홀 알키탑, 인질, 책의 사람들. 108쪽의 "거룩한 책"을 보라.

성육신적(incarnational) - 그리스도의 복음을 따라 살기 위해 한 공동체의 일원이 되고 생활양식을 변경하며 한 민족의 언어와 문화를 받아들이는 것. 290쪽의 "성육신적 복음 증거"와 327쪽의 "상황화와 공동체"를 보라.

성지 순례(Pilgrimage) - 핫즈.

†**세계관**(worldview) - 가치 체계로 삶에 대한 어떤 사람(혹은 집단의) 일반적이고 포괄적인 개념과 진술되지 않은 전제 또는 그 세계의 기본 구성에 대한 견해. 173쪽의 "문화에 대한 도해", 172쪽의 "당신은 세상을 어떻게 보는가?", 181쪽의 "그림으로 보는 무슬림 세계관", 226쪽의 "일상생활에 표현된 세계관", 293쪽의 "좋은 질문을 하라". 506쪽의 "10단계로 이야기하기"를 보라.

세정식(ablution) - 참고: 구쑬. 우두.

셈족(Semite) - 셈어를 구사하는 사람. 아랍어, 암하라어, 아람어, 히브리어가 포함된다.

셰이카(shaykha) - 여성 학자나 원로. 참고: 셰이크.

†**셰이크**(sheik, sheikh, shaikh, shaykh) - 노인, 족장, 우두머리, 지도자. 1. 무슬림 지도자에 대한 존칭. 2. 부족, 수피 종단, 종교 단체의 지도자 혹은 대중 이슬람의 능력 있는 술사. 참고: 셰이카.

소순례(Lesser Hajj) - 작은 규모의 순례. 참고: 우므라.

소집일(Day of Atonement) - 욤 키푸르. 금식과 기도와 죄의 속죄를 위한 유대인의 거룩한 날.

수난(sunan) - 선례들. 참고: 알까즈위니, 알시지스타니(아부 다우드).

†**수라**(Sura, Surah, Surat) - 열(列). 시리즈. 일련의 계시 중 하나. 꾸란의 장(章)으로서 114개의 장이 있다. 구절 혹은 아야(aya)로 나뉜다.

수브하(subha) - 하나님의 아름다운 이름 99가지를 암송하도록 돕는 묵주. 점을 치거나 이스티카라에서 더 흔하게 사용된다. 266쪽의 사진을 보라.

수브하날라(Subhan Allah) - "알라가 영광을 받으시도다."

수주드(sujud) - 엎드림. 기도 자세. 라카트의 일부. 기도 의식인 살라트의 주요 대목. 147쪽의 "무슬림의 기도 자세"를 보라.

수치(shame) - 명예를 위협하는 어떤 것으로 인해서든 생긴 강렬한 치욕감. 160쪽의 "가족과 자녀", 180쪽의 "명예와 수치", 235쪽의 "명예를 보호하는 여성"을 보라.

수트라(sutra) - 뭔가를 감추는 물건. 메카를 향해 기도하는 사람 앞에 놓이는 물품. 불신자나 악한 영에 의해 기도가 무효화되는 것을 예방하기 위해 사용한다.

†**수피**(Sufi) - (복수: Sufis) 이슬람 신비주의자(피르, 우스태드). 세상에 대한 애착을 끊고 알라와의 직접적인 교통, 체험, 영적 연합을 추구하고 주장한다. 황홀경에 빠지는 것을 통해 일련의 특별한 의식과 타고났지만 잠재된 감정적, 영적 기능을 각성시킨다. 정통 이슬람 유일신론과는 달리 범신론(알라는 만물 안에 있다), 연합(알라와 하나가 됨), 지크르, 타우히드, 무함마드 신격화 등의 경향을 띤다(초기 금욕주의자들이 입었던 거친 양털로 만든 망토인 '수프'에서 이름을 가져왔다). 참고: 하끼까, 마으리파, 무리드, 무르쉬드, 나끄쉬반디, 까디리, 수라와디, 타리카.

수후르(Suhur) - 1. 금식 기간 동안 새벽에 먹는 식사. 참고: 사후르. 2. 마법, 마술.

수후프(Suhoof, Suhuf) - 아브라함의 책. 참고: 하나님의 책.

수흐라와르디(Suhrawardi) - 수피 이슬람의 네 주요 종단 중 하나(이란).

†**순나**(Sunna, Sunnah) - 말하다. 관습. 1. 선지자 무함마드의 법적 질서, 관습, 행동(구체적 실례)에 기초한 규범 전례. 전승되어 하디스에 기록되었다. 이 전승들을 모은 하디스는 따라야 할 권위 있는 모범이자 꾸란의 보완서로 여겨진다. 즉 순나는 하디스에 표현된바 이슬람 공동체가 따르는 올바른 길, 삶의 방식, 믿음과 행동의 길이다. 참고: 알사히흐. 2. 소문자로 쓰인 순나(sunna)는 실천이나 관습을 말한다.

†**수니**(Sunni) - 이슬람의 다수 정통 분파(약 87%). 자기 선조들의 순나를 따르는 사람들. 시아와는 달리 무함마드의 참된 지도력이 아부 바크르, 우마르, 우스만, 알리, 이 네 명의 칼리프에게만 계승되었다고 믿는다.

술레이만(Sulayman, Suleiman) - 솔로몬. 선지자. 샤야틴의 지배자. 마귀와 진에 대적하는 능력이 두드러진다. 참고: 술레이만의 일곱 언약.

술레이만의 일곱 언약(Seven Covenants of Suleiman) - 부적. 악으로부터 보호해 주고, 사랑을 얻게 해주고, 사업을 축복해 주고, 건강과 번영을 가져다준다고 전해진다. 진니야, 움므 알수브얀은 선지자 술레이만을 위해 자신이 아담의 아들들과 하와의 딸들을 손대지 않겠다는 언약 조항을 진술한다.

술탄(Sultan) - 참고: 오스만.

숨겨진(occult) - 감춰진. 마술 혹은 마법의 초자연적 영역. 수피 이슬람과 대중 이슬람에서 시행된다.

숨기기(occultation) - 감추기. 참고: 이맘, 시아, 열두 이맘파.

쉐마(Shema) - 예배 의전에 쓰이는 유대인의 신조. "이스라엘아 들으라 우리 하나님 여호와는 오직 유일한 여호와이시니"(신 6:4).

†**시르크**(shirk) - 알라와 다른 신들과 연합시키거나 다른 신을 예배함으로 하나님 알라의 절대적 유일성과 하나됨을 배격하는 것. 이슬람에서 용서할 수 없는 죄로서 다신론, 범신론 또는 삼위일체설이 이에 해당한다(꾸란 9:30-32). 참고: 카비라, 쿠프르, 무슈리쿤.

†**시아**(Shi'a) - (복수: Shi'i) 추종자. 알리(제4대 칼리프)의 열성 지지자라는 '시아트 알리'에서 유래한 이름. 이슬람 소수 분파(10%). 수니와는 달리 무함마드의 진정한 지도력은 무함마드의 사위이자 친사촌인 알리와 알리의 후손인 열두 이맘들에게만 계승된다고 주장한다. 아샤리(이스나 아샤리야), 열두 이맘파(이란, 이라크, 시리아, 예멘, 파키스탄, 레바논)라고도 부른다. 다른 시아로는 제7대 이맘인 이스마일(그들은 그가 마흐디로 다시 올 것이라고 믿는다)을 따르는 사람들인 이스마일리(인도와 동아프리카) 또는 이마마트가 제4대 이맘인 알리의 둘째 아들 자이드에게 넘겨졌다고 주장하는 다섯 이맘파가 있다.

슈크르(shukr) - 감사. 슈크르를 부인하는 것은 쿠프르, 즉 알라에 대한 불신이다.

슬라마탄(slamatan) - 악한 영들로부터 보호하기 위해 사용하는 의식상의 식사(자비).

시리아(Syria) - 서남아시아 지중해 동부 연안의 국가. 고대 시리아(로마 제국, 비잔틴)에는 레바논, 현재의 이스라엘과 요르단 대부분, 이라크 일부, 사우디아라비아가 포함되어 있다. 7세기 시리아에 이슬람이 도입되기 전에 단성론자들이 많았다.

시리아어(Syriac) - 시리아의 고대 아람어(3-13세기). 일부 동방 기독교 교회에서 예배 때 사용한다.

시어트 연대기(Chronicle of seert) - 네스토리우스교의 역사서. 9세기에 무명의 저자가 썼다.

시편(Psalms) - 참고: 자부르.

시하흐 싯타(Sihah Sittah) - 하디스 편집자 여섯 명의 여섯 모음. 참고: 알쿠툽 앗싯타, 싯타, 앗싯타.

식민주의(Colonialism) - 서구 나라들이 자국의 이익을 위해 무역을 발전시키면서 외국(식민지)에 통제권을 행사하고 자신의 문화를 강요하는 것. 174쪽의 "서로 다른 가치관"을 보라.

†**신드**(Sind) - 파키스탄 남동부 인더스 강 하류 지역.

†**신자**(Believers) - 유일신론자. 꾸란에서는 알라를 믿는 사람들.

신자들의 어머니(Mothers of the Believers) - 무함마드의 아내들(꾸란 33:6; 53b). 504쪽의 "꾸란이 말하는 이상적인 여성"을 보라.

†**신조**(Creed) - 참고: 샤하다.

실크로드(Silk Road) - 유럽과 중동에서 중앙아시아를 지나 중국, 인도 인도네시아(보다 정확히는 중앙유라시아)에 이르는 고대 무역로. 다국적화, 이슬람화를 촉진하고 인도 및 중국과 서구 간에 사상과 상품을 교환하는 주요 통로가 되었다.

심판의 날(Judgment Day) - 마지막 심판의 날. 마지막 날. 참고: 문카르, 나키르, 이만, 야움 알아키르. 138쪽의 "허용된 것은 무엇인가?"를 보라.

십자군(Crusades) - 중세 서유럽 제국의 기독교가 거룩한 땅, 특히 예루살렘을 무슬림들로부터 탈환하기 위해 일으킨 대원정군. 1200년대부터 1300년대까지 이루어졌다.

싸움(Saum, sawn) - 금식. 믿음의 네 번째 기둥. 새벽 이전부터 일몰 때까지 라마단 기간과 그 밖의 때에 시행된다. 금욕 및 거기서 유래된 도덕적 영감을 나타낸다.

싸이(Say) - 핫즈나 우므라 동안 하갈과 이스마엘에게 경의를 표해 사파산과 마르와산 사이를 일곱 번 뛰는 의식. 이곳에서 하갈은 하나님이 잠잠 우물에서 물이 솟아나게 하실 때까지 하나님께 탄원했다.

†쌀람(salaam) - 평화. 평화의 인사. "앗쌀람 알라이쿰 와 라흐마툴라"(As-salaam alaikumm Wal rahmat-ul-Lah, 당신에게 알라의 평화와 자비가 있기를). 그 대답은 "와 알라이쿰 앗쌀람"(Wa alaikum al-salaam, 당신에게도 알라의 평화가 있기를)이다. 참고: 쌀람. 289쪽의 "바라카가 왜 필요한가?"를 보라.

씨라(Sirah), 씨라트(Sirat) - 1. 무함마드가 전쟁 때 한 행동과 활동에 대한 기사. 그의 동료들이 가장 먼저 기록했다. 이후로 전도와 교육, 정책 목표 강화에 사용하기 위해 다양한 형태로 계속 발간되었다. 2. 무함마드, 그의 동료들, 성자들의 전기를 나타내는 문학 장르.

씨라트(sirat, seerat) - 지옥을 건너가는 다리로서 칼보다 더 날카롭고 머리카락보다 더 얇다. 비유적으로 하늘나라에 이르는 좁은 길을 말한다. 선행을 충분히 하지 않았다고 판단되는 사람들은 낙원에 이르는 이 다리를 건너지 못하고 지옥에 떨어진다.

씨진(Sijjin) - 감옥에서 유래한 말. 악한 자들의 행동을 기록하는 책을 보관하는 깊은 웅덩이.

ㅇ

아가 칸(Aga Khan) - 니자리 이스마일리 이맘들의 칭호. 초대 시아 이맘인 알리와 파티마의 직계 후손. 참고: 호자스.

아가페(agape) - 순전하고 헌신적인 사랑. 보상을 요구하거나 기대하지 않는다. 102쪽의 "아가페 사랑"을 보라.

아끼까(aqiqa) - 출생 후 7일째 되는 날에 행하는 (대속적 의미의) 희생 제사 또는 기념식.

아끼다(aqida) - 종교적 믿음에 대한 진술. 교의적 주장.

아나톨리아(Anatolia) - 지금의 터키를 가리키는 지명. 105쪽의 지도 "중동은 어디인가?"와 106쪽의 "중동은 어디인가?"를 보라.

아단(adan, adhan) - 이슬람 신자들에게 하루 다섯 번, 기도할 시간이 되었음을 알려 주는 것. 이슬람 사원에서 무에진(무앗딘)이 시행한다.

아닷(adat, adah) - 관습법으로 이루어진 토착 제도 또는 현지 지침. 법적 효력을 지닌 관습들. 의식, 전통, 통과 의례 등에 적용된다. 참고: 커자웬.

아드하(adha) - 희생. 성경은 예수님이 죄를 위해 희생된 진정한 아드하, 하나님의 어린 양이라고 가르친다. 참고: 이드 알아드하. 244쪽의 "희생제"를 보라.

†아라비아(Arabia) - 홍해와 페르시아만 사이에 있는 서남아시아 반도. 76쪽의 "6세기 아라비아 반도와 주변 지역"을 보라.

아라파트(Arafat) - 메카 외곽의 산. 참고: 핫즈, 우므라, 우끄프, 미나, 자므라.

†아랍어(Arabic) - 수많은 방언이 있는 셈어. 아라비아, 요르단, 시리아, 이라크, 레바논, 이집트, 북아프리카 일부의 주요 언어. 꾸란의 언어. 수세기 동안 고대의 지혜를 담아 온 과학적인 언어다.

†아랍인(Arabs) - 아랍어를 모국어로 사용하는 사람. 아라비아의 셈어족으로, 그들의 언어와 이슬람 종교는 7세기부터 서남아시아와 북아프리카로 널리 퍼져 나갔다. 참고: 104쪽의 "아랍어권"과 지도 "아랍어권"을 보라.

아르라쑬(al-rusul) - 사도들. 선지자들. 알라의 사도들에 대한 교리는 주로 그들과 초자연적 세계와의 상호 작용을 다룬다. 많은 이들에게 선지자는 천사보다 더 호소력이 있다. 그들이 알라 가까이에서 중재한다고 보기 때문이다.

아르라프(arraf), (arrafa, 여성) - 아는 사람, 점쟁이, 예언가.

아르라흐만(ar-Rahman) - 은혜로운 자. 자비로운. 아름다운 하나님의 이름 99가지 중 1번. 601쪽을 보라.

아르라힘(ar-Rahim) - 자비로운 자. 아름다운 하나님의 이름 99가지 중 2번. 601쪽을 보라.

아르랍(al-Rabb) - 주(Lord). 알라에 대해 가장 흔하게 사용되는 칭호. "온 우주(세계)의 주님"이라는 표현에서 종종 볼 수 있다.

아르루꼬아(ar-ruqyah) - 질병을 치료하는 수단. 꾸란의 특정 장을 암송하며(신의 말씀) 환자에게 침이 섞인 입김을 분다.

아르칸 알이슬람(arkan al-Islam) - (이슬람) 믿음의 기둥들. 다섯 가지 종교적 의무.

아름다운 이름들(beautiful names) - 참고: 하나님의 99가지 이름들.

아리우스주의(Arianism) - 예수님이 하나님과 같은 본체가 아니고 단지 피조물 중 최고의 존재라고 주장한다. 188쪽의 "솔직한 대면: 무슬림 움마, 기독교 교회"를 보라.

아만(aman) - 무슬림 공동체가 법령으로 정한 외국 거주민들의 (일신상, 재산상) 안전. 참고: 딤미, 지즈야, 카라즈.

아므르(amr) - 천명. 알라의 명령.

아미나(Amina) - 선지자 무함마드의 어머니.

아밀(amil) - (복수: amalah) 자카트를 걷고 분배하는 일을 감독하는 관리.

아바야(abaaya) - 여성 의복으로 머리에서 발목까지 닿는 검은색 겉옷. 참고: 부르카, 차도르, 히잡, 질밥.

아방안(abangan) - 인도네시아의 덜 정통적인 무슬림들. "붉은 종족."

아부(abu) - ~의 아버지.

†**아부 바크르**(Abu Bakr), **아부 바크르 알시디크** - 무함마드 선지자의 가장 친한 친구이며 동료. 무함마드는 그의 딸 아이샤와 결혼했다. 아부 바크르는 수니파에 추대되어 초대 칼리프(632-634년)가 되었다. 참고: 꾸란, 알시디크, 자이드. 100쪽의 "인용문들"을 보라.

아부 탈립(Abu Talib) - (619년 사망) 무함마드의 삼촌. 꾸라이쉬 부족 하심의 족장. 소년 무함마드의 아버지 압둘라가 죽은 후 무함마드를 양육했다. 67쪽의 "꾸라이쉬 가계도"를 보라.

아브라함(Abraham) - 참고: 이브라힘.

아비시니아(Abyssinia) - 현대의 에티오피아. 참고: 단성론자.

아사신(Asasassins) - 참고: 하샤신.

아샤리(Ashari), **이스나 아샤리**(Ithna Ashari), 알아샤리즘 - 반(反) 무타질라 운동. 알아샤리의 이름을 따서 명명됨. 오늘날 이슬람에서 인간의 자유 의지에 대해 널리 보급되어 있는 관점이다. 아샤리는 꾸란이 하나님의 창조되지 않은 말씀이라고 주장한다. 참고: 이맘, 이마마트, 이마미, 시아, 열두 이맘파.

아슈라(Ashura) - 열 번째. 무하르람월 10일. 시아들이 후사인의 순교를 애도하는 날이다. 참고: 카르발라, 라우자 카니, 타지야.

아스르(asr) - 오후 혹은 세 번째 기도. 살라트.

아스타그피룰라(astaghafr Allah) - "알라의 용서를 구하나이다." 무슬림이 기도할 때 날마다 죄사함을 바라는 마음에서 되풀이하는 관용적 표현.

아스합 알나비(Ashab al-Nabi) - 참고: 친구들, 동료들.

†**아야**(aya, ayah, iyah) - (복수: ayat, iyat) 1. 알라의 표적. 증거들. 자연 현상. 자연에 나타난 그의 능한 행동. 꾸란 본문에 계시된 알라의 신적 자비의 증거인 기적들. 2. 꾸란의 절(節).

†**아야톨라**(Ayatollah, Ayatullah) - 알라의 표적. 1. 시아파 고위 율법학자를 이르는 경칭. 2. 이슬람 율법 준수에 대해 고등교육을 받은 권위자. 울라마에서 선발한다.

아울리야(awliya) - 참고: 왈리.

아윱(Ayyub) - 욥.

†**아이샤**(Aisha, Ayisha) - 무함마드가 가장 총애한 세 번째 아내. 아부 바크르의 딸로서 일곱 살에 결혼했다. 62쪽의 "이슬람은 어떻게 시작되었는가?"와 67쪽의 "꾸라이쉬 가계도"를 보라.

아인(ayn[']) - 아랍어 분음 부호로서 Ka'aba처럼 목 뒤에서 나는 압축된 소리를 나타낸다. 아인슈타인(Einstein)의 경우처럼 장음 i로 발음된다.

아잔(azan, azawn) - 무슬림의 기도하라는 외침. 참고: 아단, 미나렛, 무에진, 무앗딘.

아즈라엘(Azrael) - 가브리엘, 이스라펠, 미카엘과 함께 네 천사장 중 하나. 참고: 천사.

아지마(azima) - 주문. 어떤 사람이 이름 없는 진의 공격을 받을 때(병에 걸렸을 때) 가장 자주 사용하는 귀신 쫓기.

아지마 비흐타란(az ma bihtaran) - "우리보다 나은 존재들." 진을 자극하지 않기 위해 그들을 언급할 때 흔히 사용하는 언급(이란).

아크레(Acre) - 북부 팔레스타인의 항구 도시. 십자군 전쟁 동안 주인이 여러 번 바뀌었다.

아타투르크(Ataturk) - '투르크족의 아버지', 무스타파 케말 아타투르크(Mustata kemal Ataturk, 1881-1938년). 현대의 공식적인 세속 터키공화국 설립자(1922년). 전에는 오스만의 장군이었고 칼리프 제도를 폐지했다.

아프리카의 뿔(Horn of Africa) - 아프리카 동부 해안에서 아덴만, 아라비아해, 인도양을 향해 돌출되어 있는 지역. 케냐, 에티오피아, 지부티, 소말리아, 에리트레아, 수단 등이 포함된다. 역사적으로 에티오피아의 지배를 받았는데 자원과 땅을 놓고 무슬림과 그 밖의 유목민들, 그리스도인 농부들이 다투었다. 105

쪽의 지도 "중동은 어디인가?"와 331쪽의 "사하라 사막 이남 종족"을 보라.

아프릿(afrit) - '먼지에서 구르다'라는 의미의 어근에서 나옴. 진의 일종으로 그 공격의 결과로 규정된다.

아프카르 알우맘(afkhar al-umam) - 열국 중 가장 고상한 나라. 자신의 조상에 대한 아랍의 개념.

아하드(ahad) - 알라의 하나 됨과 절대적 유일성. 모든 사물과 존재 중 알라와 비슷한 것은 없다. 아하드는 삼위일체의 3과 같은 다른 어떤 숫자도 부정하며, 알라와 관련해 어떤 조력자나 동료가 있음도 부정한다. 참고. 와히드, 타우히드. 602쪽의 "가장 아름다운 하나님의 이름 99가지"의 67번을 보라.

아흐마드(Ahmad) - 무함마드의 또 다른 이름(꾸란 61:6). 참고: 선지자의 이름들.

아흐마디(Ahmadi), **아흐마디야**(Ahmadiya, Ahmadiyya) - 인도 펀자브 지방에서 생겨난, 작지만 의견 표현이 분명한 이슬람의 이교 분파 및 인물 숭배(1889년). 창시자 미르자 굴람 아흐마드 알카디아니(Mirza Gholam Ahmad al-Qadiani, 1835-1908년)의 이름을 따서 명명되었다. 자신이 무함마드를 대신한다고 주장했으며, 추종자들은 그를 마흐디와 메시아로 여겼다. 아흐마디는 수니 이슬람에 대한 현대적이고 점진적인 해석을 따르지만, 대부분의 무슬림들은 그들이 또 다른 선지자, 두 당파인 까디아니(Qadiani), 라호리(Lahori)를 믿기 때문에 정통 신앙으로 여기지 않는다. 4과의 온라인 읽을거리 "무슬림 움마 내에 존재하는 다양성"을 보라.

아흘룻 딤마(Ahl al-Dhimmah) - 참고: 딤미.

아흘룰 바이트(Ahl al-Bayt) - 집의 사람들. 참고: 사이드, 샤리프.

아흘룰 키탑(ahl al-Kitab) - 책의 사람들. 꾸란에서 유대인들과 그리스도인들, '거룩한 책을 가지고 있는 사람들'을 가리키는 말. 참고: 아만, 딤미, 지즈야.

안사르(Ansar) - 돕는 자들. 후원자들. 야스립 주민으로서 무슬림이 되었으며 무함마드 선지자에게 와서 함께 살자고 청했다. 메디나의 무함마드 동료와 추종자들.

알가잘리(al-Ghazali, 1058-1111년) - 수니 신학자로서 "이슬람의 증인"이라고 불린다. 정통 신학과 신비주의적 가르침을 통합시키는 주된 촉매가 되었다. 주요 저서로 『종교 과학의 부흥』(The Revival of Religious Science)이 있고 수피에 헌신했다.

알니싸이(al-Nasai, 830-915년) - 선례 모음집인 하디스의 여섯 편찬자 중 한 명. 참고: 알쿠툽 앗싯타, 알사히흐, 앗싯타.

알리프(alif[']) - 아랍어의 발음 부호. Qur'an[kohr-aahn]의 경우처럼 소리를 늘인다. 42쪽의 "아랍어 발음 안내"를 보라.

알마스지둘 아끄사(Al-Masjid al-Aqsa) - 예루살렘에 있는 우마르의 대사원. 참고: 알아끄사, 바위의 돔, 하람, 사크라.

알마스지둘 하람(Al-Masjid al-Haram) - 메카에 있는 대사원. 하람 내부에 카아바가 있다.

알마시(al-Masih) - 꾸란에서 말하는 "그리스도". 참고: 이싸. 행 10:38.

알메디나(Al-Madina), **메디나 알나비**, **메디나 아르라쑬** - 선지자의 도시 메디나. 참고: 야스립.

알무스타파(al-Mustafa) - 선택받은 자. 선지자 무함마드의 알려진 이름 중 하나. 참고: 선지자의 이름들.

알무슬림(al-Muslim) - 무슬림 이븐 알하자지 알나사부리(Muslim ibn al-Hajjaj al-Nisaburi, 817-875년). 최초이며 최고의 두 하디스 편찬자 중 한 명. 알부하리와 함께 알사히한(올바른 두 사람), 또는 알셰이칸(두 명의 셰이크)이라고 부른다. 그가 편찬한 『사히흐 알무슬림』에는 12,000개의 하디스가 담겨 있다. 참고: 알쿠툽 앗싯타, 알사히한, 앗싯타.

알무탈립(al-Muttalib) - 여섯 살이던 무함마드를 여덟 살 때까지 키운 친할아버지 압드 알무탈립(Abd al-Muttalib, 578년 사망)으로부터 이어지는 그의 가족. 67쪽의 "꾸라이쉬 가계도"를 보라.

알미르가니(Al-Mirghanni) - 『까시다, 마울리드 알나비』(qasida Maulid al-Nabi)의 저자. 부제는 "가장 존경할 만한 인간의 탄생에 대한 신적 비밀들"이다.

알바이다위(al-Baydawi), **압둘라**(Abd Allah) - 샤피 법학자이자 아샤리 신학자. 꾸란에 대한 모든 주석서 중 표준이 되고 가장 권위 있는 것으로 평가되는 주석의 저자(13세기 말에 사망함).

알부하리(al-Bukhari), **사히흐**(Sahih) - (810-870년) 하디스의 두 최고 편찬자 중 한 명. 그는 60만 개 이상의 잠재적 하디스를 검토하고, 『사히흐 알부하리』라고 알려진 7,397개(97개의 장으로 나누어짐)를 확실히 믿을 만한 것이라고 결정했다. 알무슬림과 함께 알셰이칸(두 명의 셰이크) 또는 알사히한(올바른 두 명)으로 알려졌다. 참고: 알쿠툽 앗싯타, 앗싯타. 100쪽의 "인용문들"을 보라.

알사우드(al-Saud) – 사우드의 집. 아라비아의 유력한 가문. 족장인 무함마드 빈 사우드(Muhammad bin Saud)는 무함마드 이븐 압둘 와하브(Muhammad ibn Abd al-Wahhab)의 후원자였다. 사우디아라비아는 '사우드가에 속한 아라비아'라는 뜻이다.

알사히한(al-Sahihan) – 참고: 알셰이크.

알사히흐(al-sahihah) – 진실된. 입증된. 무슬림 학자들은 신뢰성 있는 것을 가짜나 열등한 것과 구별하기 위해 하디스가 알사히흐인지 평가한다. 참고: 알부하리, 알무슬림.

알샤이타눌 카비르(al-Shaytanul-Kabir) – 대마귀. 사탄을 나타내는 기둥. 여기서 돌을 일곱 개 던지는 것이 순례 여행의 필수 과정이다. 참고: 핫즈, 이블리스, 자므라.

알셰이칸(al-Shaykan) – 하디스를 편찬한 두 명의 최고 편찬자 알부하리와 알무슬림. 이슬람의 문학적 유산의 측면에서 그들의 권위를 강조한다는 의미에서 알사히한(올바른 두 명)이라고도 부른다. 참고: 시하흐 싯타, 앗 싯타.

알시디크(al-Siddiq, Siddiqun) – 진실한. 순교자이자 의인인(꾸란 4:69a) 아부 바크르 알시디크처럼 제일 먼저 선지자들을 믿었던 선지자 추종자들.

알시지스타니(al-Sijistani), **아부 다우드**(Abu Daud, 817-888년) – 여섯 명의 하디스 편찬자 중 한 명. 그의 하디스를 『수난』(sunan)이라고 부른다. 참고: 알쿠툽 앗싯타, 알사히흐, 시하흐 싯타. 앗싯타.

알아끄사(al-Aqsa), **알마스지둘 아끄사** – 예루살렘에 이는 바위 돔(사크라) 옆의 우마르 사원. 무슬림에게 세 번째로 중요한 순례 여행 목적지. 무함마드가 승천한 곳으로 전해진다(라일랏 알미라즈). 참고: 하람.

알아민(al-Amin) – 믿음직한. 무함마드는 이 이름으로 알려졌다. 참고: 선지자의 이름들.

알아샤리(al-Ashari) – (935년 사망) 니자미야 학파를 창시했다.

알아즈하르(al-Azhar) **대학과 모스크** – 카이로에 있는 유명한 이슬람 대학으로 970년에 세워졌다. 대학과 모스크는 믿음의 수호자로 여겨진다.

알와두드(al-Wadud) – 애정을 품은 자. 알라의 47번째 이름. 참고: 602쪽을 보라.

알와히(al-wahy) – 신적 계시. 알라가 그의 선지자들을 영감시킴.

알와히드(al-Wahid) – 하나. 단 하나의. 단독의. 하나인(두 번째는 없다). "모든 사람들을 위한 동일한 하나님." 때로는 아하드와 상호 교환해 사용된다. 이슬람에서는 하나 이외에 삼위일체의 3과 같은 다른 모든 숫자들을 부인한다. 알라와 관련해 어떤 조력자나 동료가 있음도 부정한다. 602쪽의 66번을 보라.

알웃자(Al-Uzza) – '무지의 시대'에 경배를 받은 이교 여신. 꾸라이쉬 부족이 가장 공경하던 우상으로서 인신 제사를 받았다.

알이스라 알미라즈(al-Isra al-Miraj) – 가브리엘이 무함마드를 알마스지둘 하람에서 알마스지둘 아끄사(예루살렘)로 데려간 때인 라일랏 알미라지를 기념하는 축전. 꾸란 17장 1절.

알이스마(al-isma), **알후스나**(al-husna), **알아스마**(al asma) – 가장 멋진 이름들. 하나님의 99가지 아름다운 이름들(혹은 속성). 주로 꾸란에서 나왔다. 많은 무슬림들이 이 이름을 주술용으로 사용한다. 참고: 수브하. (100개가 넘는 무함마드의 고상한 이름들과는 구별된다.) 601쪽을 보라.

알잘릴(al-Jalil) – 가장 위엄 있는 자. 알라의 이름 중 하나. 602쪽의 "가장 아름다운 하나님의 이름 99가지"의 41번을 보라.

알재줄리(al-Jazuli) – 기도문 『달라일 알카이랏』을 쓴 시인.

알지하드(al-Jihad) – 참고: 자마아트 알지하드.

알카리시(al-Karisi) – 붉은 색. 진니야의 이름(터키).

알카에다(al-Qaeda) – 근거지. 오사마 빈 라덴이 이슬람 근본주의 발전을 위해 만든 국제 테러 조직. 비 수니파 무슬림, 비무슬림 및 카피르로 간주되는 대상을 공격했다. 유엔, 나토, 유럽연합에 의해 테러조직으로 규정되었다. 참고: 이슬람 근본주의. 198쪽의 "이슬람 근본주의: 선교에 대한 시사점"을 보라.

알까즈위니(al-Qazwini), **이븐 마흐자**(Ibn Majjah, 822-887년) – 하디스의 여섯 편찬자 중 한 명. 참고: 알쿠툽, 알사히흐, 앗싯타.

알쿠툽 앗싯타(al-Kutub as-Sittah) – 참고: 시하흐 싯타.

알키탑(al-Kitab) – 꾸란.

알티르미디(al-Tirmidhi, 824-892년) – 권위 있는 하디스

모음의 여성 편찬자 중 한 명. 그의 모음집은 『자미 알티르미디』라고 불린다. 참고: 알쿠툽 앗싯타, 알사히흐, 앗싯타.

†**알파티하**(al-Fatihah, all Fatiha) – 시작. 꾸란의 첫 장. 매일 해야 하는 다섯 번의 기도 시간 살라트 때마다 서너 번씩 암송한다. 흉안으로부터 보호받기 위해, 이것이 본래 지닌 강력한 바라카를 받기 위해서다. 꾸란의 근본 원리가 압축되어 있다. 참고: 비스밀라. 54쪽의 "꾸란은 뭐라고 말하는가?"를 보라.

알하수드 라 야수드(al-Hasud la yasud) – "시기하는 자는 이기지 못할 것이다." 각운을 맞춘 글귀. 흉안에 대한 일종의 보호 수단으로 쓰인다.

알하자르 알아스와드(al-Hajar al-Aswad) – 거룩한 흑석. 내세 혹은 신적 임재의 상징. 검은 운석으로 메카에 있는 정육면체 신전 카아바의 바깥 동쪽 모퉁이에 있다. 핫즈 순례자들은 카아바 신전을 돌 때 흑석에 입 맞추거나 인사하는 의식을 치러야 한다.

알할라즈(al-Hallaj) – 이슬람을 부인한 위대한 무슬림 수피. 그리스도가 죽으신 것처럼 죽게 해달라는 요청으로 십자가 처형을 당했다.

알함두릴라(Al-hamdu-lil-lah) – "알라에게 찬양을". 감사에 대한 표현.

알핫즈(Alhaji, Al-haji) – 참고: 핫즈.

알히즈르(Al-hijr) – 메카에서 무함마드가 그의 밤의 여행인 라일랏 알미라즈. 혹은 승천을 시작한 지점. 핫즈의 종착지.

†**알라**(Allah, Ullah) – 하나님, 참되신 한 분 하나님. 만물의 창조주이자 유지자. 무슬림에게 최고의 존재. '알라'는 아랍어에서 '하나님'을 뜻하는 유일한 단어다. 이슬람이 일어나기 전에 카아바의 소유자인 꾸라이쉬 부족의 주요 신이었다. 한 분 참되신 하나님은 카아바에서 우상으로 표현되지 않은 유일한 신이었다. '알라'라는 용어는 페르시아의 많은 아랍 부족들이 인정한 모든 최고신을 일반적으로 나타내는 데도 사용되었다. 참고: 알라, 라쑬룰라. 70쪽의 "그리스도인들은 성경 번역에서 '알라'라는 말을 사용해야 하는가?"와 139쪽의 "알라는 하나님인가?"를 보라.

알라 알하이(Allah al-Hayy) – 살아 계신 알라. 지크르 의식에서 사용되는 감탄사. 602쪽의 62번을 보라.

알라 와 라쑬리히(Allah wa rasulihi) – "알라와 그의 선지자."

알라의 선지자(The Prophet of Allah) – 무함마드. 알라의 사자(꾸란 33:40; 53:1-18). 참고: 라쑬룰라.

†**알라후 아크바르**(Allahu Akbar) – 타크비르. 1. "알라는 가장 위대한 분이시다" 혹은 "하나님은 위대하시다"라는 의미로서 기도 의식 처음에 말하며 그 의식의 일부로 반복하는 말. 2. 긍정하는 말로, 혹은 저항을 표현하는 표어로 사용될 수 있다. "하나님은 주권적이시다. 우리는 그분의 편이다!"(그리고 당신들은 그렇지 않다)

알리가르(Aligarh) **무슬림 대학** – 사이드 아흐마드가 인도에서 설립했다.

알림(alim) – 지식인 또는 종교적 학자.

압둘라(Abd Ullah, Abd Allah) – 알라의 종. 꾸라이쉬 부족의 하심 사람으로 선지자 무함마드의 아버지. 67쪽의 "꾸라이쉬 가계도"를 보라.

압드(abd, abdal, abdu, abduhu) – 종 또는 노예. 복종. 알라를 경배하는 자. 그의 종. 이름에 흔히 들어가는 전치사. 494쪽의 "연합, 순종, 공동체"를 보라.

압드 알무탈립(Abd al-Muttalib) – 참고: 알무탈립.

아바스 왕조(Abbasid Dynasty) – 알아바스(750-1258년)가 세웠다. 두 번째 이슬람 왕조로 바그다드에서 다스렸고 이슬람의 황금기를 이루었다. 67쪽의 "꾸라이쉬 가계도", 99쪽의 "아바스 왕조의 강화기(732-1250년)"를 보라.

앗싯타(as-Sittah) – 여섯 명의 하디스 편찬자. 알부하리, 알무슬림, 알티르미디, 아부 다우드 알시지스타니, 알니싸이, 알까즈위니. 그들의 여섯 모음집을 알쿠툽 앗싯타 혹은 시하흐 싯타라고 부른다.

야곱(Yacoub) – 야곱. 무슬림에게는 선지자.

야곱의 교회(Jacobites) – 시리아의 6세기 단성론자. 시리아 정통 교회.

야낀(yaqin) – 완전한 절대적 믿음.

†**야스립**(Yathlib) – 히즈라의 목적지. 무함마드가 도착한 이후 메디나로 이름이 바뀌었다.

야움 알아키르(Yawm al-Akhir) – 마지막 날. 정의의 날. 심판의 날. 야움 알딘. 부활의 날. 야움 알끼야마. 세상이 끝나고 죽은 자들이 부활하며, 기록된 행동에 따라 마지막 심판이 있을 때 상(낙원, 천국)이나 벌(지옥, 영원하지 않은)을 받는다. 참고: 이만, 젠나, 문카르, 나키르. 138쪽의 "허용된 것은 무엇인가?"를 보라.

야움 알주므아(Yawm al-Juma) – 모임의 날, 금요일.

에미르(emir), **아미르**(amir) – 군주. 지도자. 아미르 알무미닌(amir all-muminin). 신자들의 지도자. 칼리프의 호칭.

†**에스네**(ethne, 헬), **고이**(goyey, 히) – 모든 열방, 종족 집단, 이방인들, 방언, 언어, 종족, 씨족, 땅의 족속 (창 12:1-3, 18:18, 22:18, 26:4, 28:14; 시 67편; 사 49:6; 단 7:14, 마 24:14, 28:19-20; 갈 3:8; 계 5:9-10, 7:9-10, 15:4). 별개의 인종 집단으로서 언어적, 문화적으로 구별되고, 각각은 행동과 가치관과 믿음 체계를 포함하는 독특한 세계관을 가지고 있다.

에티오피아(Ethiopia) – 이전에는 아비시니아. 무함마드 시대의 단성론자 제국. 무함마드 시대 전에 페르시아 및 비잔티움과 겨루었다. 최초의 무슬림들 일부가 메카에서 핍박을 피해 도망했던 곳이기도 하다. 참고: 아프리카의 뿔.

연관(associate) – 참고: 파트너, 시르크, 와히드. 최악의 죄는 다른 신이나 신들을 알라와 연관시키는 것이다.

열두 이맘파(Twelvers) – 참고: 아샤리, 이맘, 이마마트, 이스나 아샤리, 시아.

예루살렘(Jerusalem) – 이슬람이 세 번째로 거룩하게 여기는 도시. 십자군 전쟁의 중심지. 무슬림이 메디나에서 유대인과 완전히 단절하고 꾸라이쉬의 호의를 얻기 위해 메카를 향하기 시작했던 히즈라 2년까지 기도할 때 향하던 곳이다. 참고: 알아끄사, 꿉바 알사크라, 바위의 돔, 하람, 살라딘.

예멘(Yemen) – 서남아라비아 끝에 있는 나라. 7세기에 아랍 무슬림에게 정복되었다. 전에는 네즈란이었다.

예수아(Yesua, Yesuua, Yesus) – 예수님의 이름. 그리스어에서 음역한 것. 이싸는 꾸란에 나오는 예수님의 이름이다. 꾸란에서는 예수님을 가르치는 선지자로 여긴다. 참고: 아드하.

오마르(Omar) – 우마르.

오마르 카얌(Omar Khayyam) – (1131년 사망) 수학자. 천문학자. 철학자. 시(詩) '루비야트'(Rubaiyat)의 저자로 유명하다. 정확한 달력을 만들었다.

†**오스만 제국**(Ottoman Empire) – 터키 무슬림 술탄의 영토(1250-1700년에 절정에 이름)는 13세기 후반 아나톨리아에서 확립되었다. 동쪽의 비잔틴 제국의 지위를 빼앗고 결국 서남아시아, 북서아프리카, 동남유럽으로까지 확장되었다. 수도 이스탄불은 이전에 콘스탄티노플이었다. 1922년 무스타파 케말 아타투르크에 의해 종식되었다. 99쪽의 지도 "오스만 제국의 부활기(1250-1700년)", 100쪽의 "인용문들"을 보라.

오이코스(oikos) – 그리스어로 신약 성경에서 권속, 집 또는 가족에 해당한다. 직계가족과 친척은 물론 그 집안에 속한 고용인, 방문객까지 포함한다. 486쪽의 "교회 증식의 요소"를 보라.

와실라(wasilah) – 알라의 은총을 얻어 그에게 다가가거나 가까움을 얻는 수단.

와이라카(Walaka) – "네게 화가 있을지어다!"라는 뜻의 아랍어 감탄사.

와집(wajib) – 강제적인 의무(파르드)를 생략함.

와끄프(waqf) – ~에게 바치다. 무슬림이 죽을 때 특별한 구제 목적으로 남기는 기부금. 터키에서는 에브카프(evkaf)라고 한다. 이슬람 국가에서 와끄프부(部)는 구제금을 관리하고 기부금을 감독하는 제도로 확립되었다. 참고: 사다카트, 자카트.

†**와하비**(Wahhabi) – (복수: Wahabiyin) 수니 이슬람의 보수 분파(아랍 셰이크, 무슬림 개혁자인 무함마드 이븐 압둘 알와하브가 1703-1792년 창시). 이슬람 율법을 엄격하게 해석하는 일에 전념하고, 특별히 엄격한 사회 규약을 가지고 있다. 이슬람권 전역의 강력한 현대 개혁 운동, 이를테면 무슬림형제단(이집트)과 이슬람 소사이어티(파키스탄) 같은 운동을 이끌었다. 오늘날 거룩한 도시 메카와 메디나(사우디아라비아)는 와하비의 통제 아래 있다. 참고: 한발리.

와히 가이르 마틀룹(wahy ghayr matlub) – 읽히지 않은 계시. 무함마드가 받은 것으로서 이를 근거로 그는 권위 있는 선포를 할 수 있었고 이 선포들은 후에 하디스가 되었다.

왈리(wali) – (복수: awliya) 가까운 자. 보호자, 후견인. "하나님의 친구". 알라의 성자들(꾸란 10:62). 성자숭배, 신전 방문, 성자에게 맹세하는 것은 이슬람에서 중요하다. 또한 중보자(샤피), 지혜로운 사람(피르), 마라부트, 알라와 제휴한 자(마라비트), 인도자(무르쉬드). 참고: 바라카, 타구트.

왈리(wali) – 셰이크.

욥(Job) – 참고: 아윱.

우끄프(Wuquf) – 알라 앞에 서 있는 것. 핫즈 혹은 우미라 의식에서 가장 중요한 단계로 제9일에 행한다. 서 있는 의식. 아라파트 광야에서 기도를 위해 잠시 멈춰 서는 의식.

우두(wudu) - 세정식. 제한된 정결 의식으로서 기도하기 전이나 카아바를 걸으면서 돌기 전에 의무적으로 해야 한다. 손과 팔꿈치까지, 발, 머리, 얼굴, 귀, 코, 입, 머리카락을 물이나 모래로 씻는다. 145쪽의 사진을 보라.

우드하(Udha) - '보호하다'에서 유래함. 보호용 부적.

†우마르 이븐 알카탑(Umar, Omar, Umar ibn al-Khattab) - 꾸라이쉬족에서 가장 용감하고 중요한 사람 중 한 명으로 이슬람의 초기 개종자이며 무함마드의 장인이다(그의 딸 하프샤가 무함마드와 결혼했다). 초대 칼리프 아부 바크르의 주요 고문이기도 했다. 후에 수니에 추대되어 제2대 칼리프(634-644년)가 되었다. 그는 정복 지역을 크게 확장시켰으며 이슬람의 행로에 영향을 미쳤다. 특히 권위 있는 많은 하디스들을 후세에 전했고, 꾸란을 최초로 성문화하는 모임을 허가했다. 참고: 우마르 조약, 알아끄사, 알마스지둘 아끄사, 꿉바 알사크라, 사크라. 100쪽의 "인용문들"을 보라.

우마르 조약(Covenant of Umar[Omar]) - 이슬람 지배 하에 있는 딤미(그리스도인과 유대인)의 지위를 상술하려는 최초의 포괄적 시도로 보인다. 종속의 조건, 공물세, 지즈야를 분명히 설명해 놓았다. 참고: 아만, 카라즈.

우마이야(Umayyad, Umayyid. 661-750년) - 최초의 이슬람 왕조. 제4대 칼리프 알리가 659년에 살해된 후, 수니의 권력이 이 부족과 우마이야 가문의 수장인 무아위야(제5대 칼리프, 661-680년)에게 돌아갔다. 그는 다마스쿠스에 칼리프 제도를 확립했다(661년). 우마이야 왕조는 750년까지 다스리다가 아바스 왕조에 의해 무너졌다. 99쪽의 "아바스 왕조의 강화기(732-1250년)", 67쪽의 "꾸라이쉬 가계도"를 보라.

우므라(Umrah) - 소규모 핫즈. 의무적으로 핫즈를 행하도록 지정된 달(두 알힛자)이 아닌 때에 메카를 방문하는 것. 타와프와 싸이를 이행한다. 참고: 이흐람, 마나시크 알핫즈 왈우므라.

†우스만 이븐 아판(Uthman ibn Affan) - 무함마드의 사촌, 우마이야 부족의 일원, 최초의 무슬림 신자 중 한 명이다. 제3대 칼리프이고, 알리(644-656년)가 그의 뒤를 이었다. 우스만 치하에서 꾸란을 최종적으로 정경으로 편찬했다. 무함마드의 딸들인 루까이야와 움므 쿨숨과 결혼했다. 67쪽의 "꾸라이쉬 가계도"를 보라.

우스태드(ustadh) - 참고: 무르쉬드, 피르, 타리카.

우후드 전투(Battle of Uhud, 625년) - 무함마드와 무슬림 군대가 칼리드 이븐 알왈리드가 이끌던 메카 군대에 패한 전투.

†울라마(ulama, ulema) - (단수: alim) 학자들. 1. 시아파에게는 신학과 율법 훈련을 받은 이슬람 학자 집단. 이슬람 교리 관리자들. 공동체를 위해 법리 해석을 하며(공동체의 삶을 규정하기도 한다), 꾸란을 해석하는 일시적 권위를 가지고 있다. 이란에서는 울라마에게 권력이 집중되어 있다. 2. 수니파에게는 무슬림 학자들의 합의에 의해 결정되는 이슬람 신학과 율법의 권위 있는 원리들. 3. 오늘날은 종교적 학문의 훈련을 받았으며 이슬람 사원과 마드라사에서 일하는 이맘을 가리킨다.

†움마(umma, ummah) - 공동체. 하나로 통합되고 평등한 이슬람 사람들. 전 세계적 무슬림 공동체. 모든 무슬림의 본질적인 연합과 이론적인 평등성(꾸란 6:159). 알움 마 알이슬라미야(al-Umma al-Islaamiya) 혹은 무슬림 국가와 같이 움마 둔 알나스(umma dun al-nas), "다른 사람들과 구별되는 독특한 공동체"(꾸란 3:104)다. 181쪽의 "그림으로 보는 무슬림 세계관", 494쪽의 "연합, 순종, 공동체"를 보라.

움므(um, umm) - ~의 어머니.

움므 알수브얀(Umm al-Subyan) - 지명된 진니야. 역겹고 눈에 보이지 않는 여성 진니야. 그녀가 나타나면 파괴가 일어난다. 술레이만의 일곱 언약(부적)에서 주된 음성.

윌리엄 캐리(William Carry, 1761-1334년) - 영국의 침례교 목사. 선교사로 41년 간 인도에서 사역하며 성경을 번역했다.

유대 부족들(Jewish tribes) - 참고: 바누 나디르, 바누 까이누까, 바누 꾸라이자.

†이교도(pagans) - 다신론자. 무슈리쿤.

이까마툿 살라트(Iqamat-as-Salat) - 선지자 무함마드가 했던 것과 똑같은 방식으로 하루에 다섯 번 행하는 살라트. 147쪽의 "무슬림의 기도 자세"를 보라.

이끄라(iqra) - 암송하다. 신의 계시를 암송함.

이드 알끼야마(Eid al-Qiyama) - 부활절에 해당하는 아랍어. 참고: 아드하. 244쪽의 "희생제"를 보라.

†이드 알아드하(Eid al-Adha, Eid al-Adha) - 희생제. 이

슬람의 나흘에 거친 주요 절기. 열두 번째 달인 두 알힛자월 11일에 핫즈의 끝을 알린다. 능력이 되는 무슬림이라면 누구든 의무적으로 드려야 하는 제물인 꾸르반(수양이나 그 밖의 짐승)은 아브라함이 알라에게 자기 아들 이스마엘을 제물로 바친 것과, 알라가 그 대신 수양을 공급해 주신 것을 기념한다. 핫즈 의식의 일부로서 모든 무슬림 공동체에서 행하며 고기는 가난한 사람들과 함께 나눈다. 또한 이드 알꾸르반 혹은 이드 알카비르(대축제), 이드 알핫즈(순례자의 축제), 바르크 이드(인도), 꾸르 반 바이람 혹은 부유크 바이람(터키). 232쪽의 "무슬림 달력"과 244쪽의 "희생제"를 보라.

†**이드 알피트르**(Eid al-Fitr) – 금식을 깨는 것. 금식을 깨는 축제로 열 번째 달 샤왈 첫날 라마단이 끝날 때 금식의 끝을 알리는 3일 동안 열린다. 또한 이드 알싸기르(소규모 축제), 이드 알사다까(자선 축제), 세카르 바이람(슈가 홀리데이, 터키), 이둘 피트리(인도네시아). 232쪽의 "무슬림 달력"을 보라.

이마마트(Imamate, 영어) – 종교 정치적 지도력. 알라가 무함마드에게 준 것과 동일한 지식과 빛이 "올바르게 인도받는 무죄한 지도자 이맘들의 계승을 통해 계속된다는 시아파의 믿음. 지금은 숨어 있는 이 지도자들만이 꾸란의 숨겨진 의미를 이해하고 있다고 한다. 한편 종교를 해석하는 일시적인 권위는 울라마의 법학자 푸까하에게 있다.

이마미(Imami) – 이스나 아샤리. 열두 이맘. 알리를 통해 이마마트가 계승된다는 것을 받아들이고 열두 번째 이맘(939년에 숨어 버림)이 이 세상에 신적 통치를 제정하기 위해 마흐디(메시아 같은 지도자)로 다시 올 것임을 받아들이는 시아파. 이스나 아샤리는 이상적인 무슬림 공동체를 설립하기 위해 한 이맘이 필요하다고 믿는다.

이만(Iman) – 확신. 믿음. 무슬림 신조. 무슬림의 실천인 딘과 구별되는 (알라, 천사, 선지자, 마지막 심판날에 대한) 공식적인 믿음. 293쪽의 "좋은 질문을 하라"를 보라.

†**이맘**(imam) – 지도자. 1. 평신도 종교 지도자. 혹은 무슬림 공동체나 이슬람 사원의 전문 성직자. 금요일 살라트(정오 회중 기도)를 인도한다. 이맘 카팁은 설교인 쿠트바를 전하는 성직자다. 아랍 시아파는 항상 그들의 종교적 권위자들을 이맘이라고 불렀다. 북미에는 종교적 지위를 나타내는 호칭이다. 2. 수니파의 저명한 율법학자. 신학파를 창시하는 권위 있는 학자.

†**이맘**(Imam) – 지도자. 시아파에게는 순수하고 죄가 없으며 신적 임명을 받은 지도자(통치자, 칼리프, 이슬람 율법의 다스림을 받는 영적, 정치적 지도자 연합), 무함마드의 후계자. 알라가 무함마드에게 준 것과 똑같은 신적 지식과 빛을 부여받았다. 꾸란의 숨겨진 의미를 해석할 수 있는 유일한 권위를 가지고 있다. 시아파는 이마마, 곧 선지자로부터 이어져 내려오는 이맘들의 계승을 받아들인다. 열두 번째 이맘은 몸을 숨겼다. 그리고 권위의 원천은 이슬람 법학 전문가인 푸까하 혹은 숨겨진 이맘을 집단적으로 대표한다고 간주되는 울라마 법학자들에게 옮겨 갔다. 참고: 마흐디.

이바다(ibadah) – (복수: ibida) 예배. 이슬람의 경건 의식을 수행하기 위해 요구되는 예배 행위. 믿음의 다섯 기둥 중 마지막 네 개를 알이바다라고 부른다.

이바디(Ibadi) – (복수: ibadah) 참고: 카리지.

이브라힘(Ibrahim) – 아브라함. 알라의 친구(친한 친구, 꾸란 3:67)이자 선지자(꾸란 4:163) 칼릴룰라. 무슬림은 무함마드의 계보를 하갈이 낳은 이스마엘을 통해 "참된 자 아브라함"(Abraham the True, 하니프, 꾸란 2:135)로까지 거슬러 올라간다. 그들은 아브라함이 사라가 낳은 아브라함의 아들 이삭이 아니라(창 22:1-19) 이스마엘을 제물로 바치려 했다고 믿는다(꾸란 37:99-113). 또한 아브라함과 이스마엘(꾸란 37:99-113)이 원래 아담이 같은 장소에 세웠던 단을 다시 세웠고, 그것이 메카의 카아바가 되었다고 믿는다. 참고: 하나님의 책, 수후프. 113쪽의 "무슬림에게 주신 하나님의 약속", 244쪽의 "희생제"를 보라.

이븐(ibn, bin) – ~의 아들

이븐 아비 탈립 알리(Ibn Abi Talib Ali) – 무함마드의 친사촌. 하산과 후사인의 아버지 아부 탈립의 아들. 선지자의 막내딸 파티마와 결혼했다. 시아는 알리를 무함마드의 참된 후계자로서 그로부터 이맘들이 계승되었고, 그를 첫 번째 이맘으로 인정했다. 그는 수니파의 제4대 칼리프였다(655-659년, 661년에 암살됨). 우마이야의 무아위야에 의해 저지되었다. 67쪽의 "꾸라이쉬 가계도"를 보라.

이븐 이스학(Ibn-Ishaq) – 최초이며 가장 믿을 만한 무슬림 무함마드 전기 작가(8세기).

이브눗 싸빌(Ibn is sabil) - 길의 아들. 도보 여행자. 방랑자. 통행인. 여행자.

이블리스(Iblis) - 마귀. 사탄. 모든 악과 유혹의 원천. 꾸란에서 마귀를 가리킨다(디아볼로스에서 온 말). 샤이탄과 상호 교환해서 쓸 수 있다. 참고: 자므라, 앗샤이타눌 카비르. 289쪽의 "바라카가 왜 필요한가?"를 보라.

†이싸(Isa) - 예수를 나타내는 아랍어. 마리아의 아들(이싸 이븐 마리암). 꾸란(3:42-63; 4:156-159; 5:46-48; 마리아장 19장)에 나온다. 예수님은 칼리마툴라(하나님의 말씀), 이싸 알마시(메시아 예수), 이로운 선지자, 표적, 하나님으로부터 온 영, 기적으로 잉태된 "하나님의 호흡"(꾸란 3:45), "책의 선지자"(꾸란 19:30)라고 불리며, 무슬림은 그를 대여섯 명의 진정한 선지자(라쑬) 중 한 명, 혹은 선지자 예수(나비 이싸), 위대한 영적 지도자, 선생으로 여긴다. 그리스도인에게 예수님은 하나님의 아들이지만, 무슬림은 그 점을 매우 불쾌하게 생각하며(꾸란 19:35), 꾸란은 그런 개념과 예수님의 십자가 죽음과 부활을 부인한다(꾸란 9:30, 4:157-158; 예외는 3:55, 5:117). 꾸란은 그리스도의 주된 사명이 그의 앞에 있었던 선지자들의 율법을 확증하고, 오는 사도 아흐마드, 곧 무함마드를 선포하는 것이라고 주장한다(꾸란 61:6). 참고: 예수아. 139쪽의 "알라는 하나님인가?", 244쪽의 "희생제", 275쪽의 "꿈에서 그를 보았습니다", 384쪽의 "꾸란에 나오는 예수님", 429쪽의 "예수님의 죽음"을 보라.

이싸 알마시(Isa al-Masih) - 메시아 예수.

이싸와(Isawa), **이싸위스**(Isawiss, 이싸의 제자들) - 북부 나이지리아의 이슬람 분파 중 하나. 예수님을 높인다. 참고: 밀랏 이싸위, 무슬리문 이싸위윤.

이샤(Isha) - 저녁 식사. 하루 중 다섯 번째 기도 의식 시간. 일몰 후 한 시간 반 이후부터 자정까지의 늦은 저녁 시간.

이스나 아샤리(Ithna Ashari) - 참고: 아샤리, 이맘, 이마마트, 시아, 열두 이맘파.

이스나드(isnad) - 선지자 무함마드의 전승을 (구전이나 기록으로) 전수해 온 증인들 또는 일련의 권위자들. 하디스를 전달한 사람들.

이스라펠(Israfel) - 가브리엘, 미카엘, 아즈라엘과 함께 네 천사장 중 하나.

이스마(isma, ismah) - 보존. 특히 선지자들을 모든 죄에서, 혹은 적어도 주요한 죄에서 보존하는 것. 신적 명령에 대한 그들의 신실함, 결함 없음, 무오함.

†이스마엘(Ishmael) - 이스마일. 하나님이 들으신다(창 16:11). 아랍인의 조상이며, 아브라함이 아내의 몸종인 이집트의 하갈을 통해 낳은 첫째 아들(창 16:1-16; 17:18-27; 21:9-21). 무슬림은 이삭이 아니라 이스마엘이 하나님이 아브라함에게 약속하신 아들이었다고 믿는다(창 22:1-19; 꾸란 37:100-107). 그리고 이스마엘과 그의 어머니가 메카 골짜기로 가서 아브라함과 만나 카아바를 재건했다고 믿는다. 113쪽의 "무슬림에게 주신 하나님의 약속", 244쪽의 "희생제"를 보라.

이스마일(Ismail) - 이스마엘.

이스마일리(Ismaili, Ismailiya, Ishmaeli) - 시아의 한 분파로서 일곱 이맘파라고도 부른다. 이들은 제7대 이맘의 정체를 놓고 갈라졌다. 이맘 자파르 알사디끄(765년 사망)의 장자인 이스마일을 따라 이름을 지었다. 두 분파 중 하나(다른 하나는 무스탈리)인 니자리는 아가 칸을 그들의 이맘이라고 부른다. 호자스라고 부르기도 한다.

이스티흐싼(istihsan) - 법률적 선호. 대중의 관심사를 위해 엄격하거나 문자적인 법적 추론에 예외를 허용하는 원리. 이슬람 율법을 개혁하는 데 사용된다. 참고: 하나피, 라이.

이스티카라(istikhara) - 은총을 구하는 것. 1. 특정한 모험에서 알라의 인도를 호소하는 살라트. 2. 꾸란을 아무데나 펼치거나 묵주(수브하)를 세는 점술법.

이스학(Ishak) - 이삭. 무슬림에게는 선지자.

이슬람(Islam) - 평화, 순결, 복종, 순종, 알라의 뜻에 순종 또는 복종함.

†이슬람(Islam, al-Islam) - 복종. 이슬람은 무함마드에게 계시되고 꾸란에 나오는 대로 무슬림의 유일신론적 믿음과 실천이다. 공식적, 신학적, 윤리적, 조직적인 표현과 함께 광범위하고 실용적, 토착적, 비공식적인 신앙과 실천의 개념을 둘 다 포함한다. 참고: 대중 이슬람.

이슬람 근본주의(Islamic Fundamemtalism) - 이슬람 무장 운동. 샤리아 법에 근거해 정통 이슬람 종교와 국가의 연합으로 돌아갈 것을 주장하며 교리, 정치, 생활에서 재기 또는 혁명을 꾀한다. 선거권 박탈, 세속화, 서구화에 대응해 일어났고, 이상주의적인 개혁이나 반정부, 광신과 교조주의, 적대주의 등의 모습을 드러냈다. 참고: 이슬람주의자, 무슬림 형제단, 와하비. 198쪽의 "이슬람 근본주의: 선교에 대한 시사점"을 보라.

이슬람 국가(Nation of Islam) - 미국 내의 흑인 민족주의자 운동. 대부분이 말콤 X를 따르는 수니 이슬람을 지향한다.

이슬람 달력(Islamic lunar calendar) - 태음력. 622년에 A.H. 1년으로 시작된다. 참고: 히즈라.

†**이슬람주의자**(Islamist) - 급진적인 이슬람 정치·사회적 행동주의자. 198쪽의 "이슬람 근본주의: 선교에 대한 시사점"을 보라.

이자즈 알꾸란(ijaz al-Quran) - 꾸란의 불가사의함. 꾸란은 무함마드의 선지자직을 확증하고(꾸란 10:37-39), 시간 속에서 창조되지 않았으며, 복제할 수 없고, 본문은 신성하다는 교리다(꾸란 16:103). 그래서 정확한 의미가 감춰져 있으며 정확하게 번역될 수 없다고 한다. 참고: 무으지자.

이주(emigration) - 참고: 히즈라.

이즈테마(ijtema) - 타블리기 자마아트. 복음 전도자와 믿음의 생명력을 회복하는 사람들의 모임. 무슬림에게 핫즈 다음으로 규모가 크다.

†**이즈마**(ijma, ijmaa) - 1. 무슬림 율법학자들의 합의. 8세기에 법적 이론과 실천을 표준화하기 위해 도입되었다. 독자적 추론인 이즈티하드의 반대. 2. 현재는 이슬람 교리를 알고 공동체를 대표하는 이슬람 재판관 집단의 일반적 합의. 3. 꾸란과 하디스에 이어 이슬람 율법의 세 번째 원천.

이즈티하드(ijtihad) - (형용사: ijtihadi) 노력하다. 노력을 발휘하다. 이즈마 혹은 타끌리드와는 반대로 어떤 무슬림 학자의 독자적인 추론 혹은 믿음의 교의들에 대한 개인의 해석. 참고: 무즈타히.

이크와눌 무슬리문(Ikhwan al-Muslimun) - 이슬람 내에서 일어난 현대의 개혁 운동. 하산 알반나(Hasan al-Banna, 1906-1974년)가 이집트에서 시작했다. 참고: 무슬림형제단, 와하비.

이자르(izar) - 허리에 둘러 무릎까지 내려오는 흰 옷. 솔기가 없다. 핫즈나 우므라 때 남자 순례자들이 입는다. 참고: 이흐람, 리다.

이프타르(iftar) - 라마단 한 달 동안 해가 지고 금식이 풀릴 때 먹는 고기. 이웃과 나눠 먹을 때가 많다.

이흐람(Ihram) - 1. 핫즈나 우므라(이때는 특정한 어떤 행동을 금한다)를 수행하는 순례자가 갖게 되는 자신 및 다른 사람들과의 의식상 정결과 평화. 2. 핫즈 혹은 우므라 때 지다(사우디아라비아 해안에 위치한 도시. 메카에서 6킬로미터 떨어져 있다)에 도달했을 때 모든 남자 순례자들이 걸치는 (여자들에게는 정숙한 옷) 두 개의 솔기 없는 홑이불 같은 천 이자르와 리다.

이흐싼(Ihsan) - 올바르고 적절한 행동. 이슬람이 요구하는 도덕적 의무. 개인이 알라를 보거나 알라가 그를 보듯 성취하고자 애쓰는 완전함.

인샤알라(Insha Allah, insha-al-Lah) - "알라의 뜻이라면." 계획을 세우거나 장차 어떤 일이 일어나기를 바라는 마음에서 흔히 하는 말로서 알라의 뜻이 아니면 아무 일도 일어나지 않음을 상기시킨다(꾸란 6:125; 76:30-31). 참고: 키즈밋, 마크툽, 마샤알라, 까다아, 끼스마. 314쪽의 "무슬림은 왜 '인샤알라'라고 말하는가?"를 보라.

†**인질**(Injil, Indjil, Injeel) - 보통은 그리스도인의 종교책인 현재의 신약, 때로는 사복음서를 말한다. 보다 정확히 말하자면 하나님이 예수에게, 예수를 통해 계시하신 본래의 변질되지 않은 복음으로서(꾸란 3:84; 5:46-48) 예수가 가르쳤고 지금은 분실되었다고 무슬림은 이해한다. 현재 그리스도인이 신약이라고 알고 있는 인질은 대단히 변질된 본문이 되었다고 믿는 것이다(타브딜, 타흐리프. 마음대로 새 어구를 삽입함으로써). 인질 샤리프 혹은 거룩한 복음이라고도 부른다. 참고: 책, 하나님의 책, 성서, 책의 사람들.

인티파다(intifada) - 민중봉기. 1987년 이스라엘에 대항해 팔레스타인 사람들이 시작했다. 팔레스타인 국가와 고국을 설립하기 위한 것이다.

인피델(infidel) - 불신자. 다신론자. 우상 숭배자. 이슬람 종교를 믿지 않는 사람. 참고: 다르 알하룹, 무슈리쿤.

일곱 이맘파(Seveners) - 참고: 이스마일리, 시아.

일므(ilm) - 지식. 신학에 대한 지적 지식. 내적 체험 지식인 마으리파(수피 이슬람)와 반대된다.

일므 알타비르(ilm al-tabir) - 해석학. 특히 해몽에 의한 예언.

ㅈ

자르(zar) - 1. 어떤 사람을 속박하고 있는 영. 보통 축사

(逐邪)를 해도 나가지 않고 일상생활과 의사결정에 영향을 미친다. 대중 이슬람에서 여성의 영적 체험 형태를 결정한다. 참고: 사이드. 2. 이집트에서 흔히 시행되는 것으로서 축사와 연관된 의식.

자마아(jam'a) - 모스크. 무슬림이 예배하는 집. 참고: 바이툴라, 마스지드.

자마아트 알지하드(Jamaat al-Jihad), **알지하드**(al Jihad) - 1970년대 후반에 설립된 이집트의 근본주의자 이슬람 집단. 상(上)이집트 도시에서 활동했다. 이슬람 공동체(알자마아 알이슬라미야, 1980년). 참고: 무슬림 형제단.

자마아티 이슬라미(Jammat-i Islami) - 이슬람 정당. 1941년 파키스탄이 분할되기 전에 부흥당으로 설립되었다. 이슬람을 개혁하고 교육하며 부흥하고자 했다.

자므라(Jamra) - (복수: Jamrat, Jimar) 핫즈 동안 미나에서 벌어지는 행사. 이블리스와 그의 유혹을 나타내는 세 개의 작은 돌기둥에서 빼낸 조약돌을 던지는 의식. 아브라함이 이스마엘을 희생 제물로 바치지 말라는 마귀의 제안을 뿌리친 것을 상기시킨다. 참고: 이블리스, 샤이탄, 앗샤이타눌 카비르.

자부르(Zabur) - 시편. 하나님이 선지자 다윗에게 계시하신 성경(혹은 책)에 해당하는 이름. 무슬림은 '선지서'라고 부른다. 참고: 꾸란 21:105, 시편 37:29. 108쪽의 "거룩한 책"을 보라.

자비량 선교(tentmaking) - 기업인이 전문 기술과 교육을 통해 지역사회에 혜택이 돌아가게 하고 선교 문을 여는 해외선교 방법. 참고: BAM. 11과의 온라인 읽을거리 "비즈니스 선교와 대사명"을 보라.

자선행위(alms) - 참고: 자카트.

†**자이드**(Zaid, Zayd), **자이드 이븐 하리사**(Zayd ibn-Haritha) - 무함마드의 자유케 된 종이자 입양된 아들. 무함마드는 자이드의 아내 자이납(무함마드의 사촌)을 일곱 번째 아내로 맞이했다(꾸란 33:37-40). 자이납과 그녀의 귀족 가문은 이전에 종이었던 자이드를 열등하게 여겨 그와 이혼했다.

자이드 이븐 사비트(Zayd ibn Thabit) - 무함마드의 조수이며 서기관. 초대 칼리프인 아부 바크르 시대에 무함마드에게 주어진 최초의 성문화된 계시와 여기저기 흩어진 자료(주로 동료들의 기억)에 의지해 최초로 꾸란의 본문을 만들었다(634년). 참고: 하피즈.

자이즈(jaiz) - 법이나 도덕적으로 허용할 수 있는 행동. 무바흐.

†**자카트**(zakat, zakah, zakeet) - 자라다. 순결하다. 정화. 영혼을 정결케 하고 하나님의 공급하심에 감사를 표함. 법으로 정한 종교적 헌금이나 구제세. '빈민 지급금'으로 연 수입의 총 2.5%가 되어야 한다. 이슬람과 가난한 자들을 위해 쓰였고, 무슬림이 계속 사용하고 있는 속죄 방법이다. 믿음의 다섯 기둥 중 네 번째. 참고: 사다카트. 126쪽의 사진을 보라.

자한남(Jahannam) - 지옥. 지옥불. 죽은 후 영원한 벌을 받는 장소. 참고: 심판의 날. 572쪽의 "낙원과 지옥"을 보라.

자히르(zahir) - 꾸란의 문자적인, 또는 명백한 의미로서 숨겨진 의미를 뜻하는 바티니와 반대되는 말.

자힐리야(Jahiliyyah) - 무지. 무지의 시대. 이슬람 이전, 즉 무함마드에게 알라의 계시가 임하기 전의 이교적이고 다신론적이었던 유목 아라비아를 가리킨다. 또는 당시 존재했으며 그 시대로부터 내려온 관습. 참고: 후발, 알웃자.

잘라비아(jallabiya, djellaba) - 아랍 국가에서 남녀가 입는 긴 옷.

잠잠(Zamzam) - 메카의 대사원에 있는 알마스지둘 하람 마당의 신성한 우물. 모든 핫즈 순례자들이 마시거나 조금 가져가고 싶어 한다. 전통적으로 하갈과 그의 아들이 광야에서 방황할 때 하나님이 주셔서 그들의 생명을 구해 주신 샘물이다. 거룩한 것으로 여겨지는 잠잠 우물물은 여러 정결 의식에 쓰인다. 참고: 싸이.

†**전승**(Traditions) - 하디스.

점술(divination) - 무슬림이 널리 시행하던 것으로서 복잡한 우주에서 자신의 생명을 지휘하고 보호하기 위한 초자연적인 시도. 원인과 치료책 및 미래를 발견하기 위한 노력. 참고: 이스티카라, 대중 이슬람.

†**정령신앙**(animism) - 1. 모든 피조물은 사람, 사물, 장소에 깃든 영의 지배를 받는데 무당, 주술사, 영매 등을 통해 그 영과 접촉하거나 영을 통제할 수 있다는 종교적 신념. 참고: 대중 이슬람. 2. 대체로 두려움이나 어떤 사람의 삶을 통제하려는 욕구에 기초한다. 또한 영을 숭배하는 모습으로 나타난다.

젠나(jannah) - 낙원. 평화가 거하는 곳. 하늘나라에 대한 이슬람의 이해. 아담과 하와가 처음 살았고 알라의 참된 종들이 돌아갈 곳. 참고: 야움 알아키르.

조로아스터교(Zoroastrianism) - 선지자 조로아스터가 설립한 고대 페르시아 종교. 경전은 『아베스타』가 남아 있고, 창조신이자 유일신인 아후라 마즈다를 중심으로 선악의 세계가 구분된다. 이슬람에 의해 거의 완전히 축출되었다. 참고: 팔라비, 사산 왕조.

죄(sin) - 이슬람에는 원죄가 존재하지 않는다. 죄는 알라의 경계를 넘어서지만 선행으로 상쇄할 수 있다. 유일하게 용서받을 수 없는 죄는 시르크다. 참고: 아드하, 핫드, 카피르, 카비라, 쿠프르, 무슈리쿤. 244쪽의 "희생제"를 보라.

주흐르(zuhr) - 정오의 살라트. 하루 중 두 번째 기도 의식.

주므아(Juma, Jumah, Jumuah) - 금요일 정오에 드리는 회중 기도. 기도 모임(살라트 알주므아). 모임 날(얌 알주므아).

주즈으(juzw) - 꾸란을 암송하기 위해 서른 부분으로 균등하게 나눈 것의 하나.

중국의 무슬림들(Muslims of China) - 443쪽의 "중국의 무슬림들"을 보라.

†**중동**(Middle East) - 서남아시아. 이라크, 이스라엘 요르단, 레바논, 팔레스타인, 시리아에 이르는 지역. 105쪽의 지도, "중동은 어디인가?"와 106쪽의 "중동은 어디인가?"를 보라.

증인(The Witness) - 참고: 샤하다.

지브릴(Jibril, Jibrieel) - 가브리엘. 알라가 그를 통해 꾸란을 무함마드에게 보냈다고 한다(꾸란 2:97-98). 무함마드의 수호자(꾸란 66:4).

지야라(ziyara) - 방문. 무함마드 혹은 다른 성자의 무덤을 방문하는 것.

지옥(hell) - 참고: 자한남.

지즈(zij) - 천문표.

지즈야(jizyah) - 공물, 세금. 유대인과 그리스도인 혹은 이슬람 국가에 살면서 그 나라의 보호를 받는 비무슬림에게 부과되는 인두세(아만, 딤미, 카라즈).

†**지하드**(jihad) - 믿음을 위한 투쟁. 1. 알라를 기억하려는 내적 투쟁 혹은 그의 길을 가려는 노력. 여기에는 진과의 전투도 포함된다. 2. 이슬람의 종교적 혹은 거룩한 전쟁(작은 지하드). 곧 움마를 확장하고자 알라의 원수나 불신자에 맞서 알라를 위해 말이나 검으로 싸우는 것. 때로는 믿음의 여섯 번째 기둥으로 여겨진다. 꾸란 2:135, 190-193; 9:29. 209쪽의 "지하드란 무엇인가?"를 보라.

†**진**(jinn, jinni; 남) (jinniya; 여) (복수: jinn) - 천사 밑에 있고 인간 위에 있는 별개 종류의 영들로서 알라가 불에서 창조했다. 어떤 것은 마귀처럼 악하지만 유용한 것도 있다. 대중 이슬람의 강력한 구성 요소인 진은 인간을 매우 시기해서 해칠 기회를 찾는다. 인간의 영역에 거하고 담당 구역이 명확히 있다. 겉모습을 변형시킬 수 있으며 사람이나 사물에 들어갈 수 있는 미묘한 몸을 가지고 있다. 그가 미치는 영향으로 묘사되기도 한다(카피: 숨겨진 자, 그훌: 파괴하는 자, 아프릿: 먼지에 구르는 자, 가쉬: 기절케 하는 자). 사람이 홀렸는가의 여부에 따라 묘사되기도 한다(마드룹, 마즈눈, 마크루, 마끄유스, 마리드, 마스쿤, 마스꾸트, 마트루쉬, 무샤르). 아니면 특정한 이름을 갖기도 한다(알카리시, 움므 알수브얀). 참고: 아지마 비흐타란, 하둑 알나스. 273쪽의 "여성과 능력", 289쪽의 "바라카가 왜 필요한가?"를 보라.

진디끄(zindiq) - (복수: zanadigah) 무신론자.

†**진리 대결**(truth encounter) - 성경으로 불신자와 대결하는 것.

질밥(jilbab) - 꾸란의 지시에 따라 입는 여자의 겉옷. 싸개, 숄 등을 일컫는 총칭이다(꾸란 33:59). 참고: 아바야, 차도르, 부르카.

ㅊ

차도르(chador, cahdris) - 1. 스카프나 숄. 이란에서 여자들이 머리에 쓰는 것. 2. 사우디아라비아 여성들이 입는 발끝까지 오는 길이의 옷. 참고: 아바야, 부르카, 히잡, 질밥.

책(Book) - 1. 꾸란. 알키탑. 2. 꾸란에 나오는 히브리 성경을 가리킨다. 예를 들면 "모세와 선지자들에게 주어진 책"(꾸란 3:84) 같은 경우. 3. 이 구절은 "예수에게 주어진 책" 혹은 인질도 인용한다. 참고: 책의 사람들, 타우랏. 108쪽의 "거룩한 책"을 보라.

†**책의 사람들**(People of the Book) - 꾸란에 나오는 문구인 아홀 알키탑을 번역한 말. "거룩한 책"(꾸란 5:68, 21:7)을 가지고 있으며, 처음에는 친구로 여겼던(꾸란 5:82) 유대인과 그리스도인을 가리킨다. 참고: 아만, 딤미, 지즈야, 타브딜, 타흐리프. 108쪽의 "거룩한 책"을 보라.

처가 거주 사회(matrilocal) - 새로운 가족을 이루면 아내의 친족 집단과 함께 사는 사회.

천국(heaven) – 참고: 낙원.

천사(angel) – 하나님의 사자. 인간을 지키는 수호자. 천사론은 무슬림이 도와달라고 호소할 수 있는 존재가 어떤 것인지 입증한다. 일부 전통 무슬림은 천사에 대한 믿음을 신앙의 한 조항으로 주장한다. 참고: 천사장. 아즈라엘, 가브리엘, 이스라펠, 미카엘.

천사장(archangel) – 아즈라엘, 이스라펠, 가브리엘, 미카엘 넷 중 하나. 참고: 천사.

축제(festival) – 절기. 이슬람에 대한 헌신을 공적으로 확언하는 것. 무슬림의 일상생활의 필요를 채운다. 규정된 것은 이드 알피트르와 이드 알아드하이며, 마울리드 알나비는 선택사항이다.

칭기즈칸(Genghis Khan) – (1227년경) 몽골족과 투르크족을 연합해 북부 중국, 북부 이란, 남부 러시아, 무굴 제국을 정복한 군대를 만들었다. 후손인 바부르와 티무르 랑이 지중해에서 태평양까지 그 정벌을 더욱 촉진했다. 참고: 무굴 제국.

ㅋ

카디야(kudiya) – 여자 술사. 해몽가.

†**카디자**(Khadija, Khadijah) – 무함마드의 첫째 아내(결혼할 당시 무함마드는 25세였고, 카디자는 40세 과부였다)이며 무함마드는 카디자가 죽기 전에 다른 아내를 얻지 않았다. 무함마드를 선지자로 처음 믿었고, 그가 가져온 알라의 메시지를 받아들였다. 둘 사이의 두 아들은 유년기에 사망했으며, 네 딸은 카디자보다 오래 살았다.

카라즈(kharaj) – 이슬람 지배 하에 사는 비무슬림이 내는 토지세. 참고: 아만, 딤미, 지즈야.

카라마(karama) – 기적. 성자임을 입증하는 표적.

†**카리스마파**(charismatic) – 개인의 종교 체험과 초자연적 은사(신유, 예언, 방언)를 강조하는 기독교 종파.

카리지(Khariji) – (복수: Khawarij) 최초의 엄격하고 호전적인 이슬람 분파. 분리주의자. 압둘라 빈 이바디(Abdullah bin Ibad)의 이름을 따라 지은 이바디는 그들의 후손으로 훨씬 더 온건한 견해를 가지고 있다.

카르발라(Karbala) – 이라크에서 시아 이슬람의 중심지. 순교한 이맘 후사인의 무덤이 있는 장소. 어떤 시아들은 메카가 아닌 카르발라로 핫즈를 간다. 참고: 아슈라.

카를 마르텔(Charles Martel) – 프랑스 푸아티에와 투르에서 이슬람의 진격(프랑스에서 스페인으로)을 막은 프랑스 장군.

카비라(kabira) – 큰 죄들. 참고: 핫드, 쿠프르, 무슈리쿤, 시르크, 죄.

†**카아바**(Ka'aba, Ka'bah, Ka'ba) – 정육면체. 메카에 있는 큰 이슬람 사원인 알마스지둘 하람 안의 정육면체 모양 신전. 바이툴라. 그 안에는 알하자르 알아스와드, 즉 거룩한 흑석이 동쪽 모퉁이에 있다. 무함마드가 입을 맞춘 이후에 핫즈로 순례 여행을 오는 무슬림도 흑석에 입을 맞춘다. 알라의 거룩한 이 집을 아담이 건설했고 아브라함과 이스마엘이 수리했다고 믿는다. 무슬림은 카아바를 우주의 중심으로 여기기 때문에 그곳을 향해 기도한다.

†**카이로**(Cairo) – 알까히라(승리를 거둔). 이집트 수도. 아랍과 이슬람 세계의 주요 문화 및 교육 중심지. 참고: 알아즈하르.

카탐 알안비야(khatam al-Anbiya) – 끝. 봉인. 최후의 선지자이자 모든 선지자들 중에서 가장 위대한 자 무함마드(꾸란 33:40).

카팁(khatib) – 쿠트바를 전하는 성직자.

†**카피르**(kafir) – (복수: kuffair) 감사하지 않는 자. 불신자. 이교도. 이슬람의 메시지를 거부하거나 모독하는 사람. 무으민, 즉 신자의 반대말. 참고: 무슈리쿤.

카피야(kaffiyeh) – 일반적으로 무명으로 만들어진 아라비아의 전통적인 머리장식. 보통 아랍 남자들이 착용한다.

칼리드 이븐 알왈리드(Khalid Ibn al-Walid) – 우후드 전투에서 무슬림을 격퇴시킨(625년) 메카의 위대한 장군. 후에 이슬람으로 개종했으며 가장 유명한 무슬림 장군 중 한 명이 되었다.

칼리마(kalimah) – 말. 증거함. 칼리마 알샤하다와 같은 이슬람의 신조 또는 신앙고백. 참고: 믿음의 다섯 기둥, 샤하다.

칼리마툴라(Kalimat Allah, Kalam Allah) – "하나님의 말씀". 꾸란에서 예수(이싸)의 호칭 중 하나. 무슬림이 성경을 가리킬 때 사용하는 용어는 아니다.

칼릴룰라(Khalil Ullah) – 알라의 친구(꾸란 4:125). 아브라함. 대하 20:7; 사 41:8; 약 2:23. 113쪽의 "무슬림에게 주신 하나님의 약속"을 보라.

†**칼리프**(caliph, khaliph, kalifah) – 대표하는. 1. 알라의 부섭정(꾸란 2:30). 알라의 행정 대리인. 신의 이름과

속성을 반영하고 그 뜻을 이행하기 위한 지상의 대리인. 모든 무슬림의 통치자. 2. 무함마드의 친한 동료 혹은 그의 후손이었던 이전의 정치적, 영적 이슬람 통치자. 무슬림 공동체의 수장인 무함마드의 후계자. 3. 정치적으로 초대 칼리프 아부 바크르(632-634르)로부터 1924년까지 세속적 권위를 누린 무슬림 통치자들. 참고: 칼리프 제도, 이맘.

칼리파(khalifah, khaliph) - 참고: 칼리프.

†칼리프 제도(Caliphate) - 칼리프가 이끄는 무슬림 국가. 마지막 칼리프 제도는 1924년 무스타파 케말 아타투르크에 의해 폐지되었다. 오스만 제국의 붕괴와 세속화된 유럽의 일부가 되고자 하는 터키의 시도 때문이었다. 4과의 온라인 읽을거리 "무슬림형제단과 칼리프 제도의 재수립"을 보라.

칼케돈 학파(Chalcedonian) - 예수님이 한 인격 안에 연합된 두 본성(인성과 신성)을 가지고 있다고 믿은 정통 기독교 분파. 참고: 비잔티움 단성론자, 네스토리우스교.

캄사(khamsa) - 다섯. 보호하는 동작에 사용되는 다섯 손가락. 흉안의 잠재적 가해자를 향해 뻗는다.

캄풍(kampung) - 이웃(인도네시아). 공동체. 지원. 책임의 원천. 도시일 수도 있고 농촌일 수도 있다. 참고: 루라.

커자웬(kejawen) - 자바인의 아닷. 관습법.

케바티난(kebatinan) - 내적 생활을 단련함. 자바인의 비공식 믿음 체계. 정령신앙과 갖가지 영에 대한 믿음과 두쿤(무당)이 이에 해당한다. 독특한 특징은 자연과 초자연 사이의 관계를 탐구하는 느겔무의 실천이다. 이는 영적 권능에 이르는 길을 제공하는 것으로 여겨진다.

코란(Koran) - 꾸란보다 덜 선호되는 철자.

코카서스 산지(Caucasus Mountains) - 흑해와 카스피해 사이에 있다. 268쪽의 "코카서스 산지"와 269쪽의 "유라시아 종족"을 보라.

†콘스탄티노플(Constantinople) - 1930년에 바뀐 이스탄불의 이전 이름. 북서 터키의 보스포러스 양쪽에 있는 도시. 기원전 660년경에 비잔티움으로 설립되었는데, 이를 동로마 혹은 비잔틴 제국의 수도로 만든 콘스탄틴이 자신의 이름으로 바꾸었다. 1204년에 십자군의 공격을 받았고, 1453년에 투르크족에게 점령당했다.

콥트(Copts) - 콥틱 교회. 이슬람 이전 이집트에 있었던 콥틱 교회의 정통 그리스도인. 무함마드의 아내 중 한 명인 마리아는 한 이집트인 통치자가 그에게 준 콥틱 교회의 그리스도인 종이었다.

쿠드 알바라카 미날 마울리드(khudh al-baraka mi-nal-mawlid) - "마울리드의 탄생으로 복받기를 바랍니다." 거룩한 사람의 생일이나 기일을 기념함.

쿠므라(khumrah) - 엎드려 살라트를 하는 동안 얼굴과 손이 닿는 데 까는 무릎 매트.

쿠트바(khutbah) - 이맘 카팁이 보통 금요 기도회 때 전달하는 설교. 참고: 이맘.

쿠프르(kufr, kufur) - 신성모독. 하나님과 그분의 표적, 이슬람 믿음이 어떤 조항도 믿지 않는 궁극적인 악. 불경함 또는 믿음 부족. 계시 거절, 감사하지 않음, 무신론, 배교 또는 불신앙. 참고: 핫드, 카비라, 카피르, 무슈리쿤, 시르크, 죄.

쿠피(kufi) - 두개골 상부.

키마르(khimar) - 머리와 목을 가리기 위해 여자가 두르는 천. 참고: 아바야, 차도르, 부르카, 질밥.

키아이(kiai) - 무슬림 지도자이자 교사.

키즈밋(kismet, Turkey) - 운명. 참고: 끼스마, 마크툽, 까다아, 인샤알라. 314쪽의 "무슬림은 왜 '인샤알라'라고 말하는가?"를 보라.

키탄(khitan) - 할례. 통과 의례.

키탑(kitab) - (복수: kutub) 책. 종교적인 책. 알키탑, 꾸란. 알라의 책에 대한 교리는 무슬림 사이에서 대체로 서적 숭배 관습으로 바뀌었다.

ㅌ

타구트(taghut) - 알라 외에 경배의 대상이 되는 모든 것. 모든 거짓 신들. 모든 거짓된 신들, 성인들, 묘지들, 지도자들을 거짓으로 숭배하고 따랐다고 생각하는 사람들이 있다. 참고: 바라카, 왈리.

타끄디르(taqdir) - 모든 인류와 역사가 알라에게 복종함. 참고: 마크툽, 까다아.

타끄와(taqwa) - 경건. 경건한 혹은 덕이 높은 성품으로 신을 경외함.

타끌리드(taqlid, taqlidi) - 문자 그대로의 접근. 전례를 아무 의문을 제기하지 않고 그대로 따름. 현대화하는 개혁 운동의 접근법과는 반대된다.

타끼야(taqiyya) - 위가 평평하고 둥글게 생긴 챙없는 모

자. 무슬림 남성들이 주로 쓴다.

타끼야(taqiya) - 위장(僞裝). 시아파가 수니 다수파의 주기적인 박해(꾸란 3:28; 16:106)로부터 보호하기 위해 자신의 종교를 숨기는 관행.

타라위(tarawih) - 라마단 동안 20가지 순서에 따라 저녁 때 행하는 특별 선택 기도. 대개는 공동으로 한다.

타리카(tarika, tariga), (복수: turuk) - 길. 신에 대한 완전한 복종. 알라를 직접 체험하기 위해 따르는 수피의 명령이나 길. 하끼까.

타브딜(tabdil, taghyr) - 변경. 특히 본문 변경 혹은 성경 본문의 변질. 타흐리프. 참고: 인질.

타블리기 자마아트(Tablighi Jamaat) - 인도의 개혁(개인적 믿음과 종교적 관습) 운동 또는 전도 운동. 1927년에 설립되었으며, 지금은 국가를 초월해 이슬람과 무슬림 소수집단을 변호할 것을 요구한다. 참고: 이즈테마.

타비으(Tabi) - (복수: al-Tabiun) 후계자들. 선지자의 동료를 만났거나 동행한 사람들. 하디스를 전달하는 데 중요한 역할을 담당했다.

타샤후드(tashahhud) - 증거. 간증. 샤하다. 신앙고백. 신조. 믿음의 첫 번째 기둥.

타스미(tasmi) - 서 있는 기도 자세. 147쪽의 "무슬림의 기도 자세"를 보라.

타슬리야(tasliya) - "살라 알라 알라히 와 쌀람"(알라의 축복과 평강이 그에게 임하기를). 선지자를 언급할 때 사용하는 말. 참고: s.a.w.

타와프(Tawaf) - 핫즈나 우므라 동안 카아바를 일곱 번 도는 의식.

타와프 알이파다(Tawaf al-Ifadah). **타와프 알와드**(Tawaf al-Wad) - 핫즈나 우므라를 수행한 후 메카를 떠나면서 시행하는 타와프. 순례 여행이 끝났음을 알린다.

타우랏(Taurat, Tawrat 혹은 Torah) - 율법. 유대인의 성경에서 나온 것으로서 무슬림은 이것이 모세를 통해 하나님으로부터 온 참된 계시라고 간주한다. 구약이나 모세오경은 아니다. 참고: 타브딜, 타흐리프.

†**타우히드**(tawhid. tauhid) - 유일신 알라의 존재와 연합됨을 표현하는 데 사용하는 용어. 이슬람의 유일신론, 그 근본적인 기초. 이슬람 용어에서 알라의 하나 됨을 선포하는 것(꾸란 12장). 무슬림에게 구원은 이 믿음의 순수성 혹은 총체성, 알라의 뜻 아래 개인적, 사회적으로 통합되었다는 뜻이다. 여기에는 믿음의 세 측면, 즉 '주 되심의 단일성, 예배, 알라의 이름과 속성에 대한 믿음'이 포함된다. 수피 이슬람에게는 알라에게 흡수됨 또는 연합됨, 한 분 하나님을 깨닫는 수단으로 사람들끼리 연합하는 것이다. 참고: 아하드, 알와히드. 494쪽의 "연합, 순종, 공동체"를 보라.

타을림(talim) - 이맘을 통해 신적 영감을 받은 가르침. 알라를 이해하는 데 인간의 추론이 부적절함을 상쇄한다.

타지야(taziya) - 위로. 1. 시아파가 카르발라에서 후사인의 순교를 기념해 매년 행진하고 수난극을 하는 것. 기념식 참가자는 타지야스. 2. 무하람 절기에 행렬을 지어 운반하는 후사인의 모형 관.

타크비르(takbir) - 찬미. 살라트에서 알라를 높이는 것. "알라후 아크바르"(Allahu Akbar), "알라는 가장 위대하시다"를 암송하는 것.

타크비르 앗시즈다(Takbir as-Sijdah) - 엎드림. 무릎을 꿇고 팔을 접는 기도 자세. 147쪽의 "무슬림의 기도 자세"를 보라.

타크비르 이 타리마(Takbir i-Tahrimah) - 팔을 부분적으로 올리고 서 있는 기도 자세. 147쪽의 "무슬림의 기도 자세"를 보라.

타프시르(tafsir, tafseer) - 설명하기. 해설. 무함마드의 생애, 특히 꾸란에 대한 주석 및 해석의 기준. 언어적, 사법적, 신학적 분야에서 시행한다.

타흐리프(tahrif) - 성경 변질론. 유대인과 그리스도인이 그들의 성경인 타우랏과 인질의 원래 본문을 변질시켰다고 한다(새 어구를 삽입함으로). 타브딜은 이슬람의 교리.

탄질(tanzil) - 내려보냄. 1. 꾸란을 무함마드에게 축어적으로 하늘로부터 계시함(꾸란 15:9). 2. 아담으로부터 "선지자들의 보증"인 무함마드에게까지 선지자들을 통한 신적 인도.

탈라끄(talaq) - 이혼의 형태. 보통 일정 기간에 걸쳐 특정한 조건 하에 수행된다. 하지만 남편이 "이제 가시오"라고 세 번 반복해서 말해야 한다.

탈레반(taliban) - 파키스탄, 사우디아라비아, 아랍에미리트에서 외교적 인정을 받은 아프가니스탄의 이슬람 근본주의 운동. 샤리아 법에 대한 엄격한 해석과 준수를 강요한다. 427쪽의 "기독교 박해지수", 526쪽의 "그리스도 신앙을 가지고 돌아오다"를 보라.

태음력(lunar calendar) - 참고: A.H. 232쪽의 "무슬림 달

력"을 보라.

토라(Torah) - 히브리 성경의 처음 다섯 책. 꾸란(5:46; 61:6)은 토라 원본이 복음서와 꾸란에 우선하는 참된 계시라고 간주한다. 그러나 무슬림은 지금의 타우랏은 완전하지 않고 변질되었다고 생각한다. 참고: 타브딜, 타흐리프.

투르(Tours) - 참고: 카를 마르텔.

투르바(turba) - 무덤. 참고: 마자르.

투르크 종족(Turkic peoples) - 371쪽의 지도 "투르크 종족의 세계"와 372쪽의 "투르크 종족"을 보라.

투아레그(Tuareg) - 하나님께 버림받은 자. 유목 무슬림으로 사하라 사막에 사는 종족.

트랜스옥사니아(Transoxania) - 76쪽의 "6세기 아라비아 반도와 주변 지역"을 보라.

트렌치 전투(Battle of the Trench, 627년) - 무함마드 군대가 메카 군대와 용병을 이긴 전투. 용병의 지도자는 우후드와 바드르 전투에서 강력한 장군이었던 아브 수프얀(Abu Sufyan)이다. 무슬림은 진지 앞에 도랑을 파서 무력으로 무함마드를 저지하려는 이 마지막 시도를 막아 냈다. 62쪽의 "이슬람은 어떻게 시작되었는가?"를 보라.

티무르 랑(Timur Lang, 1336-1405년) - "절름발이 티모르" 또는 타메를란(Tamerlane). 모험을 즐기는 부족 족장으로 현지 무슬림 지도자의 후원을 받았다. 군사력으로 이란에서 권좌에 올랐고, 후에 북인도, 아나톨리아, 북부 시리아를 손에 넣었다. 종교 지도자들을 정부에 참여시켰다. 참고: 바부르, 칭기즈칸, 몽골, 무굴 제국.

ㅍ

파끼르(faqir, fakir) - (복수: fuqara) 가련한 방랑자. 이슬람의 이름으로 구걸하는 종교인, 또는 가난한 사람. 수피파의 탁발 수사(스리랑카).

파끼흐(faqih, faqi) - (복수: fugaha) 신학자. 종교적 판결을 내릴 수 있는 성직자 혹은 셰이크. 이슬람 법학자로서 울라마를 구성한다. 대중 이슬람에서는 점을 치고 민간 요법을 다루는 탁발 수사(수단).

파르드(fard), **파르드 아인**(fard ain) - 의무적인. 각 개인에게 부과된 교회법 의무 혹은 믿음의 의무. 참고: 와집.

파르드 키파야(fard kifayah) - 공동의 의무. 한 명이 이행하면 모든 사람에게 충분하다.

파르시(Farsi) - 9세기부터 시작된 페르시아어. 아랍 문자에 기초한 체계로 쓰였다. 현대 이란어.

파사드(fasad) - 부패, 손상됨. 정치적 무질서.

파시끄(fasiq) - 위반자. 신에게 버림받은 자.

파즈르(fajr) - 첫 번째 살라트 혹은 하루에 다섯 번 드리는 기도. 새벽이나 일출 전에 드리는 것.

파타와(fatawa) - 궤변. 행동이 옳은지 잘못되었는지 판단하는 윤리적 규칙들. 파트와와 혼동하면 안 된다.

파트너(partner) - 알라는 파트너나 동료가 없다(꾸란 2:135; 9:30-32; 28:68-70; 30:40; 42:21). 참고: 시르크, 와히드.

†**파트와**(fatwa) - (복수: fatawi) 교회법 문제에 대한 법적 판결 혹은 전문학자. 무프티 혹은 이슬람 당국이 내린 모든 종교적 법령. 참고: 샤피.

†**파티마**(Fatima) - 무함마드와 그의 첫째 아내 카디자의 딸. 제4대째 칼리프인 알리의 아내. 무함마드의 여자 친척으로 알라와의 잠재적 중재자로 여겨진다. 참고: 파티마의 손. 67쪽의 "꾸라이쉬 가계도"를 보라.

파티마 왕조(Fatimid Dynasty, 909-1171년) - 이집트와 북아프리카 일부에 있는 이스마일리(시아, 파티마의 후손) 제국, 종교적 정치적 패권을 놓고 아바스와 경쟁했다.

파티마의 손(Hand of Fatima) - 손자국 혹은 모양으로 만든 보호용 부적. 종종 자잘한 장신구의 경우처럼 손바닥에 눈이 있거나 표면에 무늬를 칠한다. 악을 쫓기 위해 사용한다. 참고: 파티마.

팔라비(Pahlavi) - 1. 이슬람 이전 페르시아 사산 왕조 치하에서 사용된 학문적 언어. 이때는 조로아스터교가 국교였다. 2. 이란의 팔라비 왕조.

팔라흐(fellah) - (복수: fellahin) 아랍 국가에서 노동자 계급의 일원. 이집트의 농부들.

†**페르시아**(Persia) - 서남아시아 고대 제국의 잔재(주전 500-300년, 한때 동지중해에서 동쪽으로 뻗어나가 현재의 파키스탄에서는 인더스 강까지). 무함마드 시대에는 현재의 이란과 이라크. 224-651년까지 사산 왕조가 점령하고 있었다. 가장 큰 종교 소수집단은 네스토리우스파였다. 76쪽의 지도 "6세기 아라비아 반도와 주변 지역"을 보라.

폐지된, 폐지(abrogated, abrogation) - 꾸란에 보면 더 새로이 주어진 계시들이 이전의 계시들을 상쇄(철회 혹은 폐지)한다. 참고: 만수크, 나시크.

평화의 사람(person of peace) - 공동체 지도자나 대가족 또는 사회망에서 영향력 있는 사람. 그리스도인을 환영하고 다른 사람들을 데려올 만한 사람(눅 10:5-9).

포스(pos) - 캄풍 젊은 남자들의 중요한 모임 장소. 작고 높은 오두막(인도네시아).

푸다(purdah) - 커튼 혹은 베일. 여자들을 사춘기 때부터 보호하기 위해 만든 다양한 은둔 관습을 말한다. 가까운 친척과 동성 친구들 외에 다른 사람들과 섞이지 않도록 하기 위함이다. 이슬람 경전의 지지를 받으며 율법에서도 이를 지지한다. 하지만 여자들이 교육을 받고 경제적 기회가 생겨나면서 점차 거부하고 있다.

피끄흐(Fiqh) - 이슬람 율법 해석. 법학 집성. 참고: 이즈마, 마드합, 샤리아.

†**피르**(pir) - 장로. 지혜로운 사람. 거룩한 사람. 수피 성자. 영적 인도자. 주술사. 수피형제단 창설자(특히 파키스탄과 인도에서). 중보하고 바라카를 주는 역할을 한다. 지위가 종종 세습된다. 참고: 마라부트, 무르쉬드. 우스테드. 294쪽의 "어떤 피르를 따르세요?"를 보라.

피트라(fitrah) - 자연적으로 정결한 상태. 또는 알라의 뜻이나 율법에 복종하는 상태. 모든 사람들이 탄생 시에 소유하고 있는 선천적이고 순수한 본성. 알라가 만물을 창조한 유형(꾸란 30:30). 참고: 죄.

ㅎ

†**하갈**(Hagar) - 아랍족의 선조인 이스마엘의 어머니. 113쪽의 "무슬림에게 주신 하나님의 약속"을 보라.

하끼까(haqiga) - 신적 진리. 수피의 목표는 자신의 존재를 하끼까 혹은 타리카 혹은 궁극적 존재에 결합하는 것이다.

하나님의 99가지 이름들(ninety-nine names of God) - "가장 아름다운 하나님의 이름들"로 하나님의 완전하심을 묘사하며 꾸란 7:180, 17:110, 20:8과 하디스에서 뽑은 것이다. 묵주의 도움을 받아 암송한다. 참고: 라힘, 라흐만, 알와두드. 601쪽을 보라.

†**하나님의 사자**(The Messenger of God) - 무함마드(꾸란 33:40, 53:1-18). 선지자. 이슬람의 사도. 아라비아의 사도. 사자나 선지자를 라쑬 또는 나비라고 한다.

하나님의 이름(Names of God) - 참고: 하나님의 99가지 이름들.

하나님의 책(Books of God) - 하나님이 사람에게 내려보낸 다섯 권의 책. 아브라함을 통해 계시된 수후프는 분실되었다. 다른 네 개는 타우랏, 자부르, 인질, 꾸란이다. 참고: 탄질.

하나피(Hanafi), **하니프** - 가장 이른 시기에 생겼으며, 가장 널리 퍼진 마드합 혹은 율법학파. 꾸란에 대해 상대적으로 자유로운 해석을 한다. 율법을 형성하는 데 유추적 추리, 의견, 선호 등을 강조한다. 알누만 이븐 타빗 이븐 주타 아부 하니파(al-Numan ibn Thabit ibn Zutu Abu Hanifah, 767년 사망)가 설립했다. 136쪽의 "꾸란, 하디스, 샤리아"를 보라.

†**하니프**(hanif) - 초기의 믿음. 이슬람 이전 아랍의 유일신론자, 사상가, 경건한 지성인으로 이교의 우상숭배와 파벌에 불만을 품었고만족하고, 아랍 영토의 정치적 종교적 상황에 관심이 있었다. 하니프들은 아브라함을 자신들의 조상이며 최초의 하니프로 간주한다. 시리아어에서 나온 아랍어 형태로 이교적, 거부당한, 분리주의자라는 의미다.

하다라(hadara, hadr) - '곧 내려뜨리다'에서 나온 것. 1. 알라의 예배자들이 지크르의 능력을 통해 그를 기억할 때, 알라를 그들에게 내려뜨림. 2. 자르, 영에 사로잡힌 경배자들이 추는 황홀경 상태의 춤. 3. 진에게 사로잡힌 것으로부터 치유를 비는 수피의 춤 의식.

하다스(hadath) - 기도 의식을 무효화시키는 일종의 더럽히기.

히다야(hidayah) - 선지자들을 통해 인류에게 계시하신 알라의 신적 인도 혹은 지침.

하두크 알나쓰(haduk al-nas) - "거기 있는 사람들, 진을 자극하지 않기 위해 그들을 간접적으로 언급할 때 흔히 사용하는 말.

†**하디스**(hadith, Hadith) - (복수: ahadith) 말. 선지자의 전승. 무함마드의 순나("전달된 것", 말했다)를 표현하고, 꾸란을 보완하며 어깨를 나란히한다. 무슬림은 무함마드가 읽지 않은 계시, 즉 와히 가이르 마틀룸을 받았다고 믿는다. 그 계시에 의해 그는 권위 있는 선포들을 했다. 방대한 양의 선지자 무함마드의 말, 가르침, 실천, 승인 및 그가 자신이 말하거나 행한 것으로 직접 승인한 것들은 그의 사후에 그와 함

께한 동료들에 의해 구승되었다. 이후에 글로 써서 (본문) 무슬림 당국이 더 큰 수집물인 하디스로 편찬했다. 그 결과 서로 모순되는 부분, 불일치하는 부분, 진정성에 대한 혼란 등이 있었다. 점차 여섯 권의 책 『시하흐 싯타』나 『쿠틉 알싯타』 등이 보편적으로 인정되고 권위를 인정받았다. 하디스는 꾸란의 각 부분을 해설하고 독특한 신학적 강조점을 표현하며 적절한 행동을 규정함으로써 이슬람을 해석한다. 또한 대중 이슬람의 우주론을 강화하고 많은 대중적 관습들을 정당화한다. 참고: 알부하리, 알무슬림, 시하흐 싯타. (하디스는 영어로 단수이며 또한 집합명사다.)

하라캇 알무까와마 알이슬라미야(Harakat al-Muqawamah al-Islamiyya) – HAMAS. 이슬람 저항 운동.

†**하람**(haram) – 불법적인, 금지된 것. 1. 샤리아가 금하고 벌하는 것. 교회법이 금하는, 신성 모독적인 행동. 참고: 핫드. 2. 나쁜 소식에 대한 절규. "하람!"은 "하나님 맙소사!"라는 의미다. 158쪽의 "금지된 것은 무엇인가?"를 보라.

하람(Haram) – 신성한. 신성하게 된 지역. 특히 메디나, 메카(하람 혹은 대사원, 알마스지둘 하람, 예루살렘, 알마스지둘 아끄사, 꿉바 알사크라, 바위의 돔) 유적 주위. 둘 다 하람 알샤리프, 곧 고상한 울타리 안에 있다. 참고: 할랄, 무하람.

하람, 포쉬(Haram, fosh!) – "하나님 맙소사, 신성모독이다!"

하사드(hasad) – 시기. 흉안을 통해 전달되는 전형적인 악한 세력(꾸란 113:5).

†**하산**(Hasan, Hassan), **알하산**(al-Hasan) – 알리의 장자. 무함마드의 손자. 후사인의 형. 알리가 살해된 후 시아의 제2대 이맘이 되었다. 수니에게는 제4대 칼리프이며, 661년 제5대 칼리프 무아위야에 의해 강제로 직위에서 물러났다. 67쪽의 "꾸라이쉬 가계도"를 보라.

하샤신(Hashashian) – 참고: 아사신.

하심(Hashemite) – 하심가(家) 하쉬의 또 다른 이름. 하심 아랍족은 자신들이 무함마드의 후손이라고 주장한다.

하심(Hashim), **하쉬미**(Hashimi) – 바누 하심. 무함마드의 가족. 꾸라이쉬 부족에 속하고, 무함마드의 증조부 압둘라의 조부다. 67쪽의 "꾸라이쉬 가계도"를 보라.

후리(houri) – (복수: hur) 알라의 여성 피조물로 특별히 낙원이 있는 무슬림 남성이 성적으로 즐기도록 주어졌다(꾸란 56:22-23, 35-37, 38:50-53, 44:51-54, 55:71-76, 52:17-20).

하피즈(hafiz) – (복수: huffaz) 수호자. 1. 계시를 암송한 무함마드의 동료들. 2. 꾸란 전체를 암송한 사람들에게 주어지는 존칭. 3. 암송 전문가.

한발리(Hanbali) – 네 번째의 가장 작고 가장 보수적인 마드합 혹은 율법학파. 문자적인 꾸란과 하디스 이외의 혁신은 거부한다. 아부 압딜라 아흐마드 이븐 한발(Abu Abdillah Ahmad Ibn Hanbal, 780-855년)이 설립했다. 현대의 와하비는 한발리 학파에 속해 있다. 136쪽의 "꾸란, 하디스, 샤리아"를 보라.

한 분 참되신 하나님(One True God, the) – 참고: 알라.

†**할랄**(halal) – 1. 느슨하게 된 허용된. 꾸란이나 하디스에서 특별히 금하지 않는다면 제한받지 않는다. 2. 허용된. 샤리아 아래에서 적법한 것. 참고: 핫드. 3. 알라의 이름으로 적절하게 도살한 고기(꾸란 22:34). 짐승의 머리는 메카를 향하고 그 목은 길게 베어 피가 다 빠지게 한 것. 참고. 하람. 138쪽의 "허용된 것은 무엇인가?"를 보라.

함자(hamza, [ʼ]) – 성문폐쇄음(성문에서 멈추거나 억누르는 것)을 나타내는 아랍어 분음 부호. 스코틀랜드 억양의 영어에서 t를 대신하는 말로 나타난다. 예를 들어, 비터(bitter) 대신 비어(biʼer), 혹은 스코티쉬(Scottish) 대신 스코이쉬(Scoʼish).

핫드(hadd) – (복수: hudud) 한계. 금지된. 합법적인 것(할랄)과 불법적인 것(하람), 혹은 알라의 권리들을 반대하는 것에 대한 알라의 경계선이다. 꾸란에 규정된 벌. 참고: 죄.

†**핫즈**(Hajj) – 출발. 메카로 가는 대순례로 모든 무슬림이 신체적으로 재정적으로 능력이 된다면 평생 한 번은 해야 한다. 믿음의 다섯 번째 기둥. 보통 핫즈를 위해 구별해 놓은 열두 번째 두 알힛자월 7일에서 10일 사이에 시작한다. 꾸란 2장에 기술되어 있다. 참고: 핫즈, 이흐람, 마나시크 알핫즈 왈우므라, 루큰, 우므라. 232쪽의 "무슬림 달력"을 보라.

핫지(Hajji), **알핫즈**(Alhaji) – 명성을 얻는 원천인 메카 순례를 마친 사람들에게 해당되는 존칭. 알핫자(Al-hajjah)는 핫즈를 완수한 여자에 대한 존칭이다.

핫즈 마부르(Hajj Mabrur) – 선지자 무함마드의 순나에 따라, 그리고 합법적으로 번 돈으로 완벽하게 수행되었다고 알라가 인정하는 핫즈.

핫즈 알끼란(Hajj-al-Qiran) – 우므라와 핫즈를 함께 수행하려는 의도로 이흐람을 입고 메카에 들어가는 순례. 참고: 까란.

핫즈 알이프라드(Hajj-al-Ifrad) – 핫즈만 수행하기 위해 이흐람을 입고 메카에 들어가는 순례.

해시시(hashish) – 마리화나 식물에서 정련한 마약으로 피우거나 씹는다.

헤나(henna, hinna) – 무슬림 여성이 특히 특별한 행사 때 머리카락과 손에 종종하는 염색.

헤자즈(Hejaz, Hijaz) – 아카바만과 홍해 선상에 있는 아라비아 북서 해안 지역으로 대상로와 연결되어 있으며 순례의 도시인 메카와 메디나를 포함했다. 이슬람의 통제 아래 놓인 최초의 지역이다.

헤즈볼라(Hezbollah, Hizbullah) – 레바논에 근거지를 둔 시아파 무장단체와 정당. 레바논의 준군사조직은 아랍권 곳곳에서 저항운동으로 간주되고 있다. 256쪽의 "베이루트의 여러 얼굴"을 보라.

헨리 마틴(Martin Henry, 1781-1812년) – 영국 목사. 동인도 회사의 사목으로 인도에 갔다(1805년). 탁월한 언어학자로 5년도 채 안 되어 신약을 우르두어와 페르시아어로 번역했으며 아랍어 성경 번역을 감독했다. 아르메니아에서 겨우 31세에 비극적인 죽음을 맞이했다. 그의 삶은 선교에 대한 소명과 번역과 학문을 고취시켰다.

헬레니즘(Hellenistic) – 고전파 후기 그리스 역사와 문화. 알렉산더 대왕의 죽음에서 아우구스투스까지.

호메이니(Ayatollah Ruhollah Khomeini, 1900-1989년) – 아야톨라 루홀라 호메이니. 이란의 시아파 성직자로서 이슬람 혁명(1979년)을 이끌었다. 전통적인 사회 관습과 샤리아 법의 엄격한 시행을 강조했다. 살만 루시디에게 파트와를 공표했다(1989년).

호자(hoja, hodia) – 1. 투르크 족의 주요 성직자. 2. 대중 이슬람에서 마을의 마술사.

호자스(Khoias) – 참고: 아사신, 이스마일리, 니자리. 명의상 수장은 아가 칸이다.

후다(huda) – 인도하심. 사람을 인도하는 계시.

후다이비야(Hudaibiyya, Hudaybiyah) – 메카의 꾸라이쉬 족과 무슬림 움마 간에 맺은 협정(협정을 맺은 장소에 따라 이름을 붙였다). 무슬림이 메카에 순례 여행을 가도록 허락했다.

후두드(hudud) – 참고: 후드.

후발(Hubal) – 모압의 조상(彫像) 혹은 우상. 이슬람 이전 무지의 시대에 카아바에 있던 많은 신들의 우두머리다. 참고: 자힐리야, 알웃자.

†**후사인 이븐 알리**(Husayn ibn Ali, Husain, Hussein) – 무함마드의 손자이자 알리의 작은아들. 알리의 장남 하산이 시아에게 살해된 후 제3대 이맘이 되었다. 후사인은 그의 아들 및 동료들과 함께, 제5대 칼리프인 무아위야의 아들이자 후계자인 야지드 군대에게 카르발라에서 살해되었다(680년). 시아는 아슈라(무하르람월 제10일)에 그의 순교를 깊이 애도하는 타지야 행사를 하며 카르발라에 있는 그의 무덤으로 순례 여행을 한다. 후사인의 죽음은 시아에게 고난받는다는 느낌을 주었으며, 사회적 불의에 대항해 정치적으로 저항하고 종말론적 소망을 갖도록 이끌었다. 참고: 마흐디. 67쪽의 "꾸라이쉬 가계도"를 보라.

흉안(evil eye) – 악을 가져오는 시기의 눈초리. 대중 이슬람에서는 재앙과 삶의 붕괴를 가져오는 데 영적 능력이 잠재적으로 기여한다고 여긴다. 소중한 사람이나 물건은 다른 사람의 부러움이나 질투로 인한 해악 또는 파괴에 취약하다. 그런 질투는 그저 바라보기만 해도 투사된다. 소금기 있는 눈(구제 불능), 나쁜 눈 혹은 부정한 눈(둘 다 일시적임) 등 여러 유형이 있다. 참고: 바라카, 나자르. 273쪽의 "여성과 능력"과 274쪽의 사진을 보라.

흑석(Black Stone) – 참고: 거룩한 흑석.

희생제(Feast of Sacrifice) – 참고: 이드 알아드하, 이드 알피트르.

히라(Hira) – 메카 근처의 산. 그곳의 동굴에서 무함마드는 천사장 가브리엘에게 꾸란 계시를 처음으로 받았다. 혹은 그 동굴 자체.

히잡(hijab) – 커튼. '보이지 않도록 숨기다' 혹은 '가리다'의 히자브에서 유래함. 1. 베일, 이슬람에서 여성을 위한 옷차림. 2. 머리부터 발까지 몸 전체를 덮도록 규정되어 있는 긴 옷. 참고: 아바야, 부르카, 차도르, 질밥. 109쪽의 "히잡"을 보라.

헤지라(Hegira) – 참고: 히즈라. A.H. 232쪽의 "무슬림 달력"을 보라.

히즈라(Hijra, Hijrah), **헤지라** – 방향을 바꿈. 이주. 1. 무함마드가 622년에 메카에서 야스립 메디나로 도피

한 것. 이슬람 음력은 이 해의 처음부터 시작되며, A.H.(Anno Hegirae)로 표기한다. 이때부터 이슬람이 하나의 국가와 운동체로 시작되었다. 2. 알라를 위해 자신이 살던 장소를 떠나는 것. 232쪽의 "무슬림 달력"을 보라.

히즈브 알타흐리르(Hizb al-Tahrir) - 이슬람 해방당(1953년). 이슬람 국가를 재건하고 샤리아 율법의 지배를 받으며 식민주의의 잔재를 몰아내고, 칼리프 제도를 지지하기 위해 설립되었다.

A~Z

A.H. - 히즈라 이후. 아노 헤지레(anno Hegirae). 무슬림 음력에서 그 해를 나타내는 약자. 무함마드의 도피 혹은 히즈라(622년 7월 16일) 이후로 날짜를 세는 데 사용된다. 우마르가 설정했다. 참고: 헤지라, 히즈라. 232쪽의 "무슬림 달력"을 보라.

BAM(Business as Mission) - 비즈니스 선교. 사업이 필수 요소인 복음 전도. 참고: 자비량 선교. 11과의 온라인 읽을거리 "비즈니스 선교와 대사명"을 보라.

COMIBAM(Cooperacion Misionera Iberoamericana) - 중남미와 북미 히스패닉, 이베리아 반도 선교사들 간의 협력과 네트워크 증진을 위한 선교연합 기구. 593쪽의 "아랍 무슬림에게 전도하는 이베로-아메리칸"을 보라.

CPM(church planting movement) - 교회개척운동. 역동적이고 영속적인 교회 증식 과정으로 다양한 사역 방법을 포함한다. 456쪽의 10과 서론, 458쪽의 표 "교회개척 모델 비교", 476쪽의 "교회개척운동이란 무엇인가?", 10과의 온라인 읽을거리 "교회개척의 두 가지 패러다임"을 보라.

HAMAS(Harakat al-Muqawamah al-Islamiyya) - 이슬람 저항 운동의 머릿글자. 1987년 12일, 팔레스타인 폭동 혹은 반 이스라엘 저항이 일어나기 시작했을 때 팔레스타인 이슬람 운동이 탄생했다.

MBB(Muslim-background believer) - 무슬림 배경의 신자. 57쪽의 수 3번, 385쪽의 "복음을 막는 장애물", 546쪽의 "그들의 손에 성경을"을 보라.

PBUH(Peace be upon him) - 타슬리야 "살라 알라 알라히 와 쌀람"(Salla Allah al-ayhi wa sallam, s.a.w)의 약자. 문자적으로 "알라의 축복과 평강이 그에게 임하기를" 혹은 "그에게 평화가 있기를"이라는 의미의 문구다. 무함마드나 다른 선지자 이름이 언급될 때, 영어권 무슬림들이 사용한다. PBUH는 충분한 의미를 전달하지 않으므로 어떤 사람들은 글을 쓸 때 s.a.w.를 사용할 것을 권한다.

s.a.w. - 타슬리야 "살라 알라 알라히 와 쌀람"의 약자. 무함마드의 이름에 첨부되는 존경과 인사의 말로서 문자적으로 "알라의 축복과 평강이 그에게 임하기를"이라는 뜻이다. 참고: pbuh(Peace Be Upon Him의 약자. "그에게 평화가 있기를"이라는 뜻이다).

※ 용어 풀이를 위한 참고문헌

Accad. Fouad Elias. *Building Bridges: Christianity and Islam.* Colorado Springs: NavPress, 1997.

Ali Abdullah Yusuf, translator. *The Meaning of the Holy Our'an.* Beltsville: Amana Publications, 2001.

The American Heritage Dictionary of the English Language 4th ed. Boston: Houghton Mifflin, 2000.

Esposito, John L. editor, *The Oxford Dictionary of Islam.* New York: Oxford University Press, 2003.

―――, editor, *The Oxford History of Islam.* New York: Oxford University Press, 1999.

Farah, Caesar E. *Islam.* New York: Barron's, 2003.

Geisler, Norman L. and Abdul Saleeb. *Answering Islam: The Crescent in the Light of the Cross.* Grand Rapids: Baker 2002.

Kateregga, Badru D. and David W. Shenk. *A Muslim and a Christian in Dialogue.* Scottdale, Pa.: Herald Press, 1997.

Livingstone, Greg. *Planting Churches in Muslim Cities.* Grand Rapids: Baker, 1993.

McCurry, Don M. editor, *The Gospel and Islam.* Monrovia. Calif. Missions Advanced Research and Communications Center, 1979.

McDowell, Bruce A. and Anees Zaka. *Muslims and Christians at the Table.* Phillipsburg, NJ: P & R Publishing Co., 1999.

Musk, Bill. *The Unseen Face of Islam.* Grand Rapids: Monarch Books, 2003,

Parshall, Phil. *Beyond the Mosque.* Grand Rapids:

Baker, 1985.

———, *Muslim Evangelism: Contemporary Approaches to Contextualization*. Waynesboro, GA.: Authentic Media, 2003.

Saal, William, *Reaching Muslims for Christ*. Chicago: Moody, 1991.

Shorrosh, Anis A, *Islam Revealed: A Christian Arab's View of Islam*. Nashville: Thomas Nelson, 1988.

Woodberry, J. Dudley, editor. *Muslims and Christians on the Emmaus Road*. Monrovia, Calif: Missions Advanced Research and Communications Center, 1989.

* 온라인 이슬람 용어 사전 웹사이트

http://dictionary.al-islam.com
http://www.usc.edu/dept/MSA/reference/glossary.html

참고문헌

5 Broken Cameras. Directed by Emad Burnat and Guy Davidi. Kino Lorber, 2011.

A. H. "Discipleship of Muslim Background Believers." In *Ministry to Muslim Women: Longing To Call Them Sisters*. Edited by Fran Love and Jeleta Eckheart. Pasadena, CA: William Carey Library, 2000.

Abdalati, Hammudah. *Islam in Focus*. Beltsville, MD: Amana Publications, 1998.

Abdel-Fattah, Randa. *Does My Head Look Big in This?* New York: Scholastic Paperbacks, 2008.

———. *Where the Streets Had a Name*. New York: Scholastic Press, 2010.

Abdul-Haqq, Abdiyah Akbar. *Sharing Your Faith with a Muslim*. Minneapolis, MN: Bethany House, 1980.

Accad, Fouad Elias. *Building Bridges: Christianity and Islam*. Colorado Springs, CO: NavPress, 1997.

Adeney, Miriam. *Daughters of Islam: Building Bridges with Muslim Women*. Downers Grove, IL: InterVarsity Press, 2002.

Ahmed, Leila. *Women and Gender in Islam*. New Haven, CT: Yale University Press, 1993.

Ajami. Directed by Scandar Copti and Yaron Shani. Inosan, 2009. *kinolorber.com/ajami*.

Akhter, Javeed. "Schisms and Heterodoxy Among Muslims: An Etiological Analysis and Lessons from the Past." *International Strategy and Policy Institute*, November 23, 2003. ispi-usa.org/schisms.htm.

Ali, Abdullah Yusuf, translator. *The Meaning of the Holy Qur'an*. Beltsville, MD: Amana Publications, 2001.

Ali, Mir Ahmad, translator. *Qur'an*. Elmhurst, NY: Tahrike Tarsile Qur'an, Inc., 2005.

Ali, Muhammad Maulana, translator. *The Holy Qur'an*. Dublin, ON: Ahmadiyya Anjuhan Ish'at Islam Lahore, 2002.

Ali, Shah, with J. Dudley Woodberry. "South Asia: Vegetables, Fish, and Messianic Mosques." *Theology, News, and Notes*. Fuller Theological Seminary (March 1992): 12-13. *fuller.edu*.

Ali-Karamali, Sumbul. *The Muslim Next Door: The Qur'an, the Media, and That Veil Thing*. Ashland, OR: White Cloud Press, 2008.

Allen, Don, Rebecca Harrison, Eric and Laura Adams, Bob Fish, and E. J. Martin. "Fruitful Practices: A Descriptive List." *International Journal of Frontier Missions* 26, no. 3 (Fall 2009): 111-122. *ijfm.org*.

Allen, Roland, ed. *Missionary Methods: St. Paul's or Ours, a Study of the Church in the Four Provinces*. Downers Grove, IL: InterVarsity Press Academic, 2012.

Allport, Gordon. *The Nature of Prejudice*. New York: Doubleday Anchor Books, 1958.

Amreeka. Directed by Cherien Dabis. National Geographic, 2009.

Anderson, John D. C. "The Missionary Approach to Islam." *Missiology* 4, no. 3 (1976): 295. *asmweb.org*.

Andrew, Brother, and Al Janssen. *Secret Believers: What Happens When Muslims Believe in Christ*. Grand Rapids, MI: Revell Books, 2007.

Ansary, Tamim. *Destiny Disrupted: A History of the World Through Islamic Eyes*. New York: Public Affairs, 2010.

Arranged. Directed by Diane Crespo and Stefan C. Schaefer. Cicala Filmworks, 2007. arrangedthemovie.com.

Babel. Directed by Alejandro Gonzalez Inarritu. Paramount Pictures, 2006.

Barrett, David B., George T. Kurian, and Todd M. Johnson, editors. *World Christian Encyclopedia*. Oxford: Oxford University Press, 2001.

Bell, Steve. *Grace for Muslims? The Journey From Fear to Faith*. Milton Keynes, UK: Authentic Media, 2006.

Bennett, Amy. "The Evil Eye, Jinn, and Amulets in Folk Islam." Unpublished paper, last modified August 2, 2004. Microsoft Word file. christar.org.

Bentley, David. *The 99 Beautiful Names of God: For All People of the Book*. Pasadena: CA: William Carey Library, 1999.

Blincoe, Robert. *Ethnic Realities and the Church: Lessons from Kurdistan*. Pasadena, CA: Presbyterian Center for Missions Studies, 1998.

Bliss. Directed by Abdullah Oguz. Kenda Film, 2007.

Blood Diamond. Directed by Edward Zwick. Warner Bros., 2006.

Born in the USA: Muslim Americans. Directed by Ahmed Soliman. Ahmed Soliman Productions, 2003.

Bourke, Dale Hanson. *The Skeptic's Guide to the Israeli-Palestinian Conflict: Tough Questions, Direct Answers*. Downers Grove, IL: InterVarsity Press, 2013.

Brant, Howard. "High Cost of Believing." *Serving In Mission Together* 100 (2002): 9. sim.org.

Brett, John. "Showing Jesus to the Diverse Community of Manchester." *New Wine* 58 (Summer 2013): 8. new-wine.org.

Bridges, Erich. "Into the Hungry Heart of Islam." *TC Online*. January-February, 2003.

Briffault, Robert. *Rational Evolution: The Making of Humanity*. New York: MacMillan, 1930.

"Bringing Home New Faith in Christ." *Charisma Magazine* January 29, 2004.

Brooks, Geraldine. *Nine Parts of Desire: The Hidden World of Islamic Women*. New York: Anchor Books, 2004.

Budrus. Directed by Julia Bacha. Just Vision, 2009.

Bukhari, Sahih. *The Collection of Hadith*. Translated by M. Muhsin Khan. Vol. 1, bk. 57, no. 19.

Burge, Gary M. *Jesus and the Land: The New Testament Challenge to "Holy Land" Theology*. Grand Rapids, MI: Baker Academic, 2010.

Bush, Luis. "One Person's Journey: Mina's Story." In *Shalom-Salam: The Pursuit of Peace in the Biblical Heart of the 10/40 Window*. Colorado Springs, CO: AD 2000 & Beyond Movement, 1999. ad2000.org/shalom1.htm.

Caleb Project. *A Prayer for Indonesia*. Littleton, CO: Caleb Project, 1993.

―――. *The Cross and the Crescent*. Littleton, CO: Caleb Project, 1993.

―――. *The Azerbaijanis: A Cultural Description and Strategy Report*. Littleton, CO: Caleb Project, 1995.

―――. *The Madurese of Indonesia*. Littleton, CO: Caleb Project, 1996.

―――. *Turkey: A Time for Harvest*. Littleton, CO: Caleb Project, 1997.

―――. *Hope and a Future for Azerbaijan*. Littleton, CO: Caleb Project, 1999.

―――. *Immigrants and Refugees: The New Faces of Europe*. Littleton, CO: Caleb Project, 2003.

―――. *The Uyghurs of Central Asia*. Littleton, CO: Caleb Project, 2003.

Camp, Lee C. *Who is My Enemy? Questions American Christians Must Face About Islam―And Themselves*. Grand Rapids, MI: Brazos Press, 2011.

Captain Phillips. Directed by Paul Greengrass. Scott Rudin Productions, 2013. captainphillipsmovie.com.

Cate, Mary Anne, and Karol Downey. *From Fear to Faith: Muslim and Christian Women*. Pasadena, CA: William Carey Library, 2002.

Cate, Patrick O. "What Will It Take To Win Muslims?" *Evangelical Missions Quarterly* 28, no. 3. (July 1992): 230-34. *emqonline.com*.

———. "Gospel Communication from Within." *International Journal of Frontier Missions* 11, no. 2 (April 1994): 93-97. *ijfm.org*.

Catherwood, Christopher. *Christians, Muslims, and Islamic Rage*. Grand Rapids, MI: Zondervan, 2003.

Center for Ministry to Muslims. "Folk Islam: The Muslim's Path to Supernatural Power." *Intercede* 18, no. 5 (September-October 2002): 1, 4-5.

Chacour, Elias. *Blood Brothers*. Grand Rapids, MI: Chosen Books, 2003.

Chapman, Colin. "Biblical Foundations of Praying for Muslims." In *Muslims and Christians on the Emmaus Road*. Edited by Dudley Woodberry. Monrovia, CA: Missions Advanced Research and Communications Center, 1989.

———. *Islam and the West: Conflict, Co-Existence, or Conversion?* Carlisle, U.K.: Paternoster, 1998.

———. *Whose Promised Land?* Grand Rapids, MI: Baker Books, 2002.

———. *Cross and Crescent: Responding to the Challenge of Islam*. Downers Grove, IL: InterVarsity Press, 2007.

Chatrath, Nick. *Reaching Muslims: A One-Stop Guide for Christians*. Grand Rapids, MI: Monarch Books, 2011.

Cohen, Barbara, and Bahija Lovejoy. *Seven Sons and Seven Daughters*. New York: HarperCollins Publishers, 1994.

Colgate, Julia. *Invest Your Heart: A Call for Women To Evangelize Muslims*. Mesa, AZ: Frontiers, 1997.

———. "Muslim Women and the Occult: Seeing Jesus Set the Captives Free." In *Ministry to Muslim Women: Longing To Call Them Sisters*. Edited by Fran Love and Jeleta Eckheart. Pasadena, CA: William Carey Library, 2000.

Conn, Harvie. "A Muslim Convert and His Culture." In *The Gospel and Islam: A Compendium*. Edited by Don McCurry. Monrovia, CA: Missions Advanced Research and Communications Center, 1979.

"Contextualising Islam in Britain: Exploratory Perspectives." *Centre of Islamic Studies, University of Cambridge* in association with the Universities of Exeter and Westminster (October 2009). *cis.cam.ac.uk/assets/media/cibpreportweb.pdf*.

Cooper, Anne, and Elsie Markwell. *Ishmael, My Brother: A Christian Introduction to Islam*. Grand Rapids, MI: Monarch Books, 2003.

Crawford, Trudie. *Lifting the Veil: A Handbook for Building Bridges Across the Cultural Chasm*. Colorado Springs, CO: Apples of Gold, 1997.

"The Creed of Saint Athanasius." *The Book of Common Prayer*. New York: Church Publishing Incorporated, 2007. *episcopalchurch.org/sites/default/files/downloads/book_of_common_prayer.pdf*.

Crider, Caleb, Larry McCrary, Rodney Calfee, and Wade Stephens. *Tradecraft for the Church on Mission*. Portland, OR: Upstream Collective, 2013.

Cross, David A. *Mondays in the Middle East: The Lighter Side of Arabian Nights*. Camarillo, CA: Xulon Press, 2006. *davidcross.name*.

Detwiler, Gregg. "Honoring Strangers." *Discipleship Journal* 137 (2003): 31. *navpress.com/dj*.

"Declaration on Christian Attitudes Towards Muslims." *International Journal of Frontier Missions* 13, no. 3. (July-September 1996): 117. *ijfm.org*.

Dixon, Roger L. "The Major Model of Muslim Ministry." *Missiology: An International Review* 30, no. 4 (October 2002): 443-54. *asmweb.org*.

Downey, Steven. "Ibero-Americans Reaching Arab Muslims." *World Pulse* 38, no. 5 (March 2003): 1, 3. *lausanneworldpulse.com*.

Dretke, James P. *A Christian Approach to Muslims*. Pasadena, CA: William Carey Library, 1979.

Eenigenburg, Sue. *Screams in the Desert: Hope and*

Humor for Women in Cross-Cultural Ministry. Pasadena, CA: William Carey Library, 2007.

Elass, Mateen. *Understanding the Koran: A Quick Christian Guide to the Muslim Holy Book*. Grand Rapids, MI: Zondervan, 2004.

Esler, Ted. "Two Church Planting Paradigms." *International Journal of Frontier Missions* 30, no. 2. (April 2013): 67-73. *ijfm.org*.

Esposito, John L. *What Everyone Needs To Know about Islam*. London: Oxford University Press, 2002.

———, editor. *Oxford Dictionary of Islam*. Oxford: Oxford University Press, 2003.

Esposito, John L. and Dalia Mogahed. *Who Speaks for Islam?* Washington, D.C.: Gallup Press, 2008.

Evans, Wendell. *Church Planting in the Arab-Muslim World*. Upper Darby, PA: Arab World Ministries, 1986.

Fagerland, Dale. "Another Source of Power." *Intercede* 17, no. 1 (January-February 2001): 5. *globalinitiativeinfo.com*.

"Faithful Witness." *Intercede* 19, no. 2 (March/April 2003): 4. *globalinitiativeinfo.com*.

Farah, Caesar E. *Islam*. Hauppage, NY: Barrons Educational Service, 2003.

al Faruqi, Ismail R. *Islam*. Beltsville, MD: Amana Publications, 1998.

Fellure, Jacob M. *The Everything Middle East Book: The Nations, Their Histories, and Their Conflicts*. Avon, MA: F+W Publications, 2004.

Ferna, Elizabeth W. *Guests of the Sheik: An Ethnography of an Iraqi Village*. New York: Doubleday, 1965.

"Filling the Gap: One Couple's Diary During Six Months in Central Asia." *Frontiers Frontlines* 4, no. 3 (September-October 2003): 1, 3-6.

Flemming, Dean. *Contextualization in the New Testament: Patterns for Theology and Mission*. Downers Grove, IL: InterVarsity Press, 2005.

Four Lions. Directed by Christopher Morris. Film4, 2010. *four-lions.co.uk*.

Friedman, Thomas L. *From Beirut to Jerusalem*, rev. ed. New York: Farrar, Straus, and Giroux, 1991. *us.macmillan.com*.

———. "War of Ideas, Part 6." *New York Times* (25 January 2004): 2. *nytimes.com*.

Fry, C. George, and James R. King. *Islam: A Survey of the Muslim Faith*. Grand Rapids, MI: Baker, 1982.

Gagne, Robert M. and Walter W. Wager, Katharine Golas, and John M. Keller. *Principles of Instructional Design*. Stamford, CT: Cengage Learning, 2004.

Garrison, David. *Church Planting Movements*. Richmond, VA: International Mission Board, 1999.

———. *Church Planting Movements: How God Is Redeeming a Lost World*. Midlothian, VA: WIGTake Resources, 2004.

———. *A Wind in the House of Islam*. Monument, CO: WIGTake Resources, 2014.

Gaudeul, Jean-Marie. *Called from Islam to Christ*. London: Monarch, 1999.

"GDP per capita (Current US$)." *The World Bank* (2014). *worldbank.org*.

Geisler, Norman L., and Abdul Saleeb. *Answering Islam*. Grand Rapids, MI: Baker Books, 2002.

George, Timothy. *Is the Father of Jesus the God of Muhammad?* Grand Rapids, MI: Zondervan, 2002.

Ghattas, Raouf and Carol B. Ghattas. *A Christian Guide to the Qur'an: Building Bridges in Muslim Evangelism*. Grand Rapids, MI: Kregel Publications, 2009.

Ghosh, Aparisim. "Inside the Mind of an Iraqi Suicide Bomber." *Time* (June 26, 2005): 19.

Gilchrist, John. *Facing the Muslim Challenge*. Cape Town, South Africa: Life Challenge Africa, 2002.

Gilliland, Dean S. "Modeling the Incarnation for Muslim People: A Response to Sam Schlorff." *Missiology: An International Review* 28, no. 3 (2000): 332-33. *asmweb.org*.

Goldschmidt, Arthur, Jr. and Lawrence Davidson. *A Concise History of the Middle East*. Boulder, CO: Westview Press, 2006.

Goode, Reema. *Which None Can Shut: Remarkable True Stories of God's Miraculous Work in the Muslim World.* Carol Stream, IL: Tyndale House Publishers, 2010.

"Grace and Truth: Towards Christlike Relationships with Muslims: An Exposition." *International Journal of Frontier Missions* 26, no. 4 (October 2009): 189-194. ijfm.org.

Greear, J. D. *Breaking the Islam Code: Understanding the Soul Questions of Every Muslim.* Eugene, OR: Harvest House, 2010.

Greenlee, David H. *One Cross, One Way, Many Journeys.* Colorado Springs, CO: Biblica, 2007.

Greenlee, David H., ed. *From the Straight Path to the Narrow Way.* Colorado Springs, CO: Biblica, 2006.

———. *Longing for Community: Church, Ummah, or Somewhere in Between?* Pasadena, CA: William Carey Library, 2013.

Greig, Kim. "Praying for Muslim Women." In *From Fear to Faith.* Edited by Mary Ann Cate and Karol Downey. Pasadena, CA: William Carey Library, 2002.

Haile, Ahmed Ali. *Teatime in Mogadishu: My Journey as a Peace Ambassador in the World of Islam.* Harrisonburg, VA: Herald Press, 2011.

Haines, John. *Good News for Muslims.* Upper Darby, PA: Middle East Resources, 1998.

Hawthorne, Steve, and Graham Kendrick. *Prayerwalking: Praying On Site with Insight.* Lake Mary, FL: Creation House, 1993.

"Healing for Body and Soul." *Serving In Mission Together* 102 (2003): 4. sim.org.

Hegeman, Benjamin. "A Painful Divide: Facing an Impossible Task." Paper presented at the Bridging the Divide Consultation, Houghton College, New York, June 3, 2013. btdnetwork.org/btd-2013

Hesselgrave, David J. *Communicating Christ Cross-Culturally.* Grand Rapids, MI: Zondervan, 1991.

Hewly, Debra. "Hosting amongst Muslim Homes." *Al Jumuah* 13, no. 4 (July 2001): 14-15. asmweb.org.

Hidalgo. Directed by Joe Johnston. Touchstone Pictures, 2004.

Hiebert, Paul G. *Anthropological Insights for Missionaries.* Grand Rapids, MI: Baker, 1985.

"History of Islam Timeline." historyofislamtimeline.com.

The Holy Bible, English Standard Version. Wheaton, Illinois: Crossway, 2001.

The Holy Bible, New King James Version. Nashville, TN: Thomas Nelson, 1982.

The Holy Bible, New Revised Standard Version. New York, NY: Harper Bibles, 2009.

The Holy Bible, Revised Standard Version. New York, NY: Plume, 1974.

Hoskins, Edward J. *A Muslim's Heart.* Carol Stream, IL: Tyndale House Publishers, 2007.

"Human Development Report 2013." (2013). New York: United Nations Development Programme. hdr.undp.org/sites/default/files/reports/14/hdr2013_en_complete.pdf.

Hunt, David F., "A Revolution in Church Multiplication in East Africa: Transformational Leaders Develop a Self-sustainable Model of Rapid Church Multiplication." D.Min. dissertation, Bakke Graduate University, 2009.

Iqbal, Muhammad. *The Reconstruction of Religious Thought in Islam.* New Delhi, India: Kitab Bhavan, 2000.

In the Land of Blood and Honey. Directed by Angelina Jolie. GK Films, 2011.

Inside Mecca. Directed by Anisa Mehdi and Taghi Amirani. National Geographic, 2003. youtube.com.

Islam: Empire of Faith. Directed by Robert H. Gardner. PBS Home Video, 2001. pbs.org.

Islamic History of Europe, An. Directed by Paul Sapin. BBC, 2009. bbc.co.uk.

Jabbour, Nabeel T. "Islamic Fundamentalism: Implications for Missions." *International Journal of Frontier Missions* 11, no. 2 (April 1994): 81-86. ijfm.org. Updated by the author August 2013.

———. *Unshackled and Growing: Muslims and Christians on the Journey to Freedom.* Colorado

Springs, CO: Dawson Media, 2006.

———. *The Crescent Through the Eyes of the Cross: Insights from an Arab Christian.* Colorado Springs, CO: NavPress, 2008.

James, David. *Sixteen Seasons: Stories from a Missionary Family in Tajikistan.* Pasadena, CA: William Carey Library, 2011. *missionbooks.org.*

Jenkins, Philip. *The Lost History of Christianity: The Thousand-Year Golden Age of the Church in the Middle East, Africa, and Asia - and How it Died.* New York: Harper Collins Publishers, 2008.

Johnson, G. "Muslim Widow Arrives for Divine Appointment." *SIM Now* 96 (2001): 6. *sim.org.*

Johnson, Todd. "North American Mission from Judsons to Global Christianity." *Mission Frontiers,* May-June 2012: 12. *missionfrontiers.org.*

Johnstone, Patrick. *The Future of the Global Church: History, Trends and Possibilities.* Downers Grove, IL: InterVarsity Press, 2011.

Journey to Mecca: In the Footsteps of Ibn Battuta. Directed by Bruce Neibaur. Cosmic Picture and SK Films, 2009.

"Just Imagine." *Serving in Mission Together* 102 (2003): 6. *sim.org.*

Karen. "Pioneering in the Muslim World from a Woman's Perspective." *Frontiers,* Unpublished paper, n.d.

Kateregga, Badru D., and David W. Shenk. *A Muslim and a Christian in Dialogue.* Scottdale, PA: Herald Press, 1997.

Kingdom of Heaven. Directed by Ridley Scott. Twentieth Century Fox, 2009.

Kingsriter, Del. *Questions Muslims Ask That Need To Be Answered.* Springfield, MO: Center for Ministry to Muslims, 1991.

Kirkas, Matt. *Growing a Mustard Tree: The Amazing Story of Sundanese Muslims Coming to Faith in Christ.* N.p.: Sundanese Christian Fellowship, 2013. *partnersintl.org.*

Kite Runner, The. Directed by Marc Foster. DreamWorks SKG, 2007.

Klein, William W., Robert L. Hubbard, Jr. and Craig L. Blomberg. *Introduction to Biblical Interpretation.* Nashville, TN: Nelson Reference, 1993.

Kreeft, Peter. *Between Allah and Jesus: What Christians Can Learn from Muslims.* Downers Grove, IL: InterVarsity Press, 2010.

Kuhn, Mike. *Fresh Vision for the Muslim World.* Downers Grove, IL: InterVarsity Press, 2009.

Kwast, Lloyd E. "Understanding Culture." In *Perspectives on the World Christian Movement: A Reader,* 4th ed. Ralph D. Winter and Steven C. Hawthorne, eds. Pasadena, CA: William Carey Library, 2009.

Lai, Patrick. *Tentmaking: Business as Missions.* Colorado Springs, CO: Authentic Media, 2005.

Lawrence of Arabia. Directed by David Lean. Sony Pictures, 1962.

LeCompte, David. *Beyond the Crescent Curtain: God Revealing Himself to People of the Middle East.* N.p.: In His Fields Publications, 2010.

Lemon Tree, The. Directed by Eran Riklis. IFC Films, 2008.

Lewis, Bernard. *What Went Wrong? The Clash Between Islam and Modernity in the Middle East.* New York: Oxford Press, 2002.

Lewis, C.S. *The Weight of Glory and Other Addresses.* New York: Touchstone, 1996.

Lewis, Philip. "Being Church in a Muslim Area." Paper presented at the Forming Transforming Churches Conference, Tyseley, Birmingham, England, March 2013.

Life of Muhammad, The. Directed by Faris Kermani. PBS, 2013. *pbs.org.*

Lingenfelter, Sherwood G. and Marvin K. Mayers. *Ministering Cross-Culturally: An Incarnational Model for Personal Relationships.* Grand Rapids, MI: Baker Academic, 2003.

Lion of the Desert. Directed by Moustapha Akkad. Falcon International Productions, 1981.

"Literacy." *Serving in Mission Together* 102 (2003): 6. *sim.org.*

Little Mosque on the Prairie. Series. CBC: 2007-2012.

Livingstone, Greg. *Planting Churches in Muslim*

Cities: A Team Approach. Grand Rapids, MI: Baker Books, 1994.

Livingstone, Greg. "Why So Little Fruit?" Unpublished paper, last modified August 25, 2004. Microsoft Word file.

Loewen, Joy. *Woman to Woman: Sharing Jesus with a Muslim Friend*. Grand Rapids, MI: Chosen Books, 2010.

Looking for Comedy in the Muslim World. Directed by Albert Brooks. Seventh Picture Productions LLC, 2005.

Love, Fran. "Church Planting That Includes Muslim Women." *International Journal of Frontier Missions* 13, no. 3 (July-September 1996): 135-38. *ijfm.org*.

Love, Fran, and Jeleta Eckheart, editors. *Ministry to Muslim Women: Longing To Call Them Sisters*. Pasadena, CA: William Carey Library, 2000.

Love, Rick. "Power Encounter Among Folk Muslims: An Essential Key of the Kingdom." *International Journal of Frontier Missions* 13, no. 4 (1996): 193-95. *ijfm.org*.

———. *Grace and Truth: Toward Christ-like Relationships with Muslims*. Peace Catalyst International Publications, 2013. *peace-catalyst.net*.

———. *Muslims, Magic, and the Kingdom of God*. Pasadena, CA: William Carey Library, 2003. *wclbooks.com*.

Maalouf, Amin. *The Crusades Through Arab Eyes*. New York: Schocken Books, 1984.

Maalouf, Tony. *Arabs in the Shadow of Israel: The Unfolding of God's Prophetic Plan for Ishmael's Line*. Grand Rapids, MI: Kregel, 2003.

Madrigal, Carlos. *Explaining the Trinity to Muslims*. Pasadena, CA: William Carey Library, 2011.

Malcolm X. Directed by Spike Lee. Warner Studios, 1992.

Malick, Faisal. *Here Comes Ishmael: The Kairos Moment for the Muslim People*. Belleville, Ontario: Essence Publishing, 2005.

———. *10 Amazing Muslims Touched By God*. Shippensburg, PA: Ambient Press, 2012.

Mallouhi, Christine A. *Waging Peace on Islam*. Downers Grove, IL: InterVarsity Press, 2002.

———. *Miniskirts, Mothers, and Muslims*. Oxford: Monarch Books, 2004.

Mandryk, Jason. *Operation World*. 7th ed. Downers Grove, IL: InterVarsity Press, 2010.

Marsh, Charles R. *Share Your Faith with a Muslim*. Chicago, IL: Moody Press, 1980.

Marshall, Paul, Roberta Green, and Lela Gilbert. *Islam at the Crossroads*. Grand Rapids, MI: Baker Books, 2002.

Martin, E. J. "Why Am I a Missionary to Muslims?" *Mission Frontiers* (September-October 2003): 12-13.

———, ed. *Where There Was No Church: Postcards from followers of Jesus in the Muslim World*. Learning Together Press, 2010.

Masri, Fouad. *Ambassadors to Muslims: Building Bridges to the Gospel*. Colorado Springs, CO: Book Villages, 2011.

———. *Adha in the Injeel*. Colorado Springs, CO: Book Villages, 2012. Kindle edition. *crescentproject.org*.

Massey, Joshua. "Hometown Ministry as Pre-field Preparation." *Evangelical Missions Quarterly* 38, no. 2 (April 2002): 196-201. *emqonline.com*.

———. "Should Christians Use 'Allah' in Bible Translation?" *Serving in Mission Together* 104 (2003): 15. *sim.org*.

Massoud, Steven. *The Bible and the Qur'an: A Question of Integrity*. Waynesboro, GA: Authentic Lifestyle, 2001.

Maufroy, Muriel. *Rumi's Daughter*. London: Rider Books, 2005.

McCord, Kate. *In the Land of Blue Burqas*. Chicago: Moody Press, 2012.

McCurry, Don. *Healing the Broken Family of Abraham*. Colorado Springs, CO: Ministries to Muslims, 2001.

———. *Tales That Teach*. Colorado Springs, CO: Ministries to Muslims, 2009.

———. *Stepping Stones to Eternity: Jesus From*

the Qur'an to the Bible. Colorado Springs, CO: Ministry to Muslims, 2011.

McDowell, Bruce A., and Anees Zaka. *Muslims and Christians at the Table*. Phillipsburg, NJ: P&R Publishing, 1999.

"Media Reaches Restricted-Access Nations." *Intercede* 17, no. 5 (September/October 2001): 5. *globalinitiativeinfo.com*.

Mellis, J.K. *Sharif Abu: The Mystery of the Hundredth Name*. Netherlands: Goël Publishing, 2000.

Mernissi, Fatima. *Dreams of Trespass: Tales of a Harem Girlhood*. New York: Basic Books, 1995.

Message, The. Directed by Moustapha Akkad. Anchor Bay, 1977.

Miller, Roland. *Muslim Friends: Their Faith and Feeling*. St. Louis, MO: Concordia Publishing House, 1996.

Miller, William M. *A Christian's Response to Islam*. Phillipsburg, NJ: Presbyterian and Reformed, 1980.

———. *My Persian Pilgrimage*, 2nd ed. Pasadena, CA: William Carey Library, 1995. *missionbooks.org*.

Mims, Neill, with Bill Smith. "Church Planting Movements: What Have We Learned?" *Mission Frontiers* (March-April 2011): 7-8. *missionfrontiers.org*.

Moffett, Samuel H. *A History of Christianity in Asia*, vol. 1. New York: Orbis Books, 1998.

Moreau, A. Scott. *Contextualization in World Mission: Mapping and Assessing Evangelical Models*. Grand Rapids, MI: Kregel, 2012.

Moucarry, Chawkat. *Faith to Faith: Christianity & Islam in Dialogue*. Downers Grove, IL: InterVarsity Press, 2001.

———. *The Prophet and the Messiah: An Arab Christian's Perspective on Islam and Christianity*. Downers Grove, IL: InterVarsity Press, 2001.

Müller, Roland. *Honor and Shame: Unlocking the Door*. Philadelphia: Xlibris, 2000.

———. *Tools for Muslim Evangelism*. Belleville, ON, Canada: Essence Publishing, 2000.

———. *The Messenger, the Message, and the Community*. Altona, MB: CanBooks, 2010.

al Munajed, Mona. *Women in Saudi Arabia Today*. New York: St. Martin's Press, 1997.

Musharraf, Pervez. "A Plea for Enlightened Moderation." *Washington Post* (June 1, 2004): A23. *washingtonpost.com*

The Muslims Are Coming! Directed by Negin Farsada and Dean Obeidallah. Vaguely Qualified Productions, 2013.

Musk, Bill. *The Unseen Face of Islam: Sharing the Gospel with Ordinary Muslims at Street Level*, rev. new ed. Grand Rapids, MI: Kregel Publications, 2004.

———. *Touching the Soul of Islam: Sharing the Gospel in Muslim Cultures*. Oxford, U.K.: Monarch Books, 2005.

My Name is Kahn. Directed by Karan Johar. Dharma Productions, 2010.

Mystic Iran: The Unseen World. Directed by Aryana Farshad. Wellspring Media, 2002.

Nassar, Waleed. "Ten Stumbling Blocks to Reaching Muslims." *Ministry Today*, July-August 1994: 80. *ministriestoday.com*.

Naurath, Nicole. "Most Muslim Americans See No Justification for Violence." *Gallup: World* (August 2, 2011). *gallup.com*.

Nehls, Gerhard. *Muslim Evangelism*. Cape Town, South Africa: Life Challenge Africa, 1991.

Newbigin, Lesslie. *The Gospel in a Pluralist Society*. Grand Rapids, MI: Eerdmans, 1989.

Nichols, Laurie and Gary R. Corwin, eds. *Envisioning Effective Ministry: Evangelism in a Muslim Context*. Wheaton, IL: Evangelism and Missions Information Service, 2010.

The New American Standard Bible. La Habra, CA: The Lockman Foundation, 1997.

Nickel, Gordon D. *Peaceable Witness Among Muslims*. Scottdale, PA: Herald Press, 1999.

No Man's Land. Directed by Danis Tanovic. Fabrica Films, 2001.

Nubthar, Erik. "What I Learned By Keeping the Fast." *Evangelical Missions Quarterly* 32, no. 3 (July 1996): 309-10. emqonline.com.

Of Gods and Men. Directed by Xavier Beauvois. Why Not Productions, 2010. sonyclassics.com/ofgodsandmen.

Oksnevad, Roy, and Dotsey Welliver. *The Gospel for Islam: Reaching Muslims in North America*. Wheaton, IL: Evangelical Missions Information Service, 2001.

Olson, Pamela. "A Brief History of the Israeli-Palestinian Conflict" retrieved from *pamolson.org/BriefHistory.htm*.

Open Doors. "World Watch List." *Open Doors* (January 2004). opendoors.org.

Ott, Craig, and Gene Wilson. *Global Church Planting: Biblical Principles and Best Practices for Multiplication*. Grand Rapids, MI: Baker Academic, 2011.

Parks, Stan. "A Church Planting Movement is a Leadership Movement." *Mission Frontiers* July-August 2012: 24-26. missionfrontiers.org.

Parrinder, Geoffrey. *Jesus in the Qur'an*. Oxford, UK: One World Publications, 2013.

Parshall, Phil. "God's Communicator in the 80s." *Evangelical Missions Quarterly* 15, no. 4 (October 1979): 215-21. emqonline.com.

———. *Beyond the Mosque*. Grand Rapids, MI: Baker, 1985.

———. editor. *The Last Great Frontier*. Quezon City, Philippines: Open Doors with Brother Andrew, 2000.

———, *The Cross and the Crescent*. Waynesboro, GA: Gabriel Publishing, 2002.

———. *Understanding Muslim Teachings and Traditions: A Guide for Christians*. Grand Rapids, MI: Baker, 2002.

———. *Muslim Evangelism: Contemporary Approaches to Contextualization*. Downers Grove, IL: InterVarsity Press, 2003.

———. "Lifting the Fatwa." *Evangelical Missions Quarterly* 40, no. 3 (July 2004): 288-93. emqonline.com.

Parshall, Phil and Julie Parshall. *Lifting the Veil: The World of Muslim Women*. Waynesboro, GA: Authentic Media, 2002.

Payne, J. D. *Strangers Next Door: Immigration, Migration, and Mission*. Downers Grove, IL: InterVarsity Press, 2012.

Payne, Tony. *Islam in Our Backyard*. Kingsford, Australia: Matthais Media, 2002.

Persepolis. Directed by Vincent Paronnaud and Marjane Satrapi. Sony Classics, 2007. sonyclassics.com/persepolis

Pickthall, Mohammed Marmaduke, trans. *The Meaning of the Glorious Qur'an: Explanatory Translation*. Edited by Arafat Kamil El-Ashi. Beltsville, MD: Amana Publications, 1996.

Pierce, Alexander. *Facing Islam, Engaging Muslims: Constructive Dialogue in an Age of Conflict*. Enumclaw, WA: WinePress Publishing, 2012.

Piper, John. "Israel, Palestine, and the Middle East." Sermon given March 7, 2004. desiringgod.org/sermons/israel-palestine-and-the-middle-east

Poston, Larry A., with Carl F. Ellis Jr. *The Changing Face of Islam in America: Understanding and Reaching Your Muslim Neighbor*. Camp Hill, PA: Horizon Books, 2000.

Qureshi, Nabeel. *Seeking Allah, Finding Jesus: A Devout Muslim Encounters Christianity*. Grand Rapids, MI: Zondervan, 2014.

Racey, David. "Contextualization: How Far Is Too Far?" *Evangelical Missions Quarterly* 32, no. 3 (July 1996): 304-9. emqonline.com.

Ramadan, Tariq. *In the Footsteps on the Prophet: Lessons from the Life of Muhammad*. Oxford: Oxford University Press, 2009.

Reisacher, Evelyne A., ed. *Toward Respectful Understanding and Witness Among Muslims: Essays in Honor of J. Dudley Woodberry*. Pasadena, CA: William Carey Library, 2012.

"The Reconciliation Walk." *SOON Online Magazine* (May 6, 2003). soon.org.uk/page15.htm.

Riddell, Peter G., and Peter Cotterell. *Islam in*

Context: Past, Present, and Future. Grand Rapids, MI: Baker, 2003.

Rockford, Jim. "Is Planting Churches in the Muslim World 'Mission Impossible'?" *Evangelical Missions Quarterly* 33, no. 2 (April 1997): 156-65. emqonline.com.

Rodwell, John Medows, translator. *The Koran*. Whitefish, MT: Kessinger Publishing, 1909.

Rowland, Trent, and Vivian Rowland. *Pioneer Church Planting*. Littleton, CO: Caleb Project, 2001.

Royal Embassy of Saudi Arabia. "Islam and Knowledge." *Islam: A Global Civilization*. Washington, DC: The Royal Embassy of Saudi Arabia, n.d.

Russell, Jeffery Burton. *A History of Medieval Christianity: Prophesy and Order*. Wheeling, IL, 1968.

Sa'a, Yehia. *All the Prophets Have Spoken*. Durham, Canada: Good Seed International, 2001.

Saada, Tass and Dean Merrill. *Once an Arafat Man*. Carol Stream, IL: Tyndale House, 2008.

Salmon Fishing in Yemen. Directed by Lasse Hallstrom. CBS Films, 2011. cbsfilms.com/salmon-fishing-in-the-yemen.

Sarker, Abraham. *Understand My Muslim People*. Newberg, OR: Barclay Press, 2004.

Satrapi, Marjane. *Persepolis: The Story of a Childhood and The Story of a Return*. London: Vintage, 2008.

Savior. Directed by Predrag Antonijevic. Lions Gate Films, 1999.

Scoggins, Dick, and Jim Rockford. "Seven Phases of Church Planting: Phase and Activity List." *Evangelical Missions Quarterly* 33, no. 2 (April 1997): 156-65. emqonline.com.

Scott, Robert. *Questions Muslims Ask: What Christians Actually Do [and Don't] Believe*. Downers Grove, IL: InterVarsity Press, 2011.

Schlorff, Sam. *Missiological Models in Ministry to Muslims*. Upper Darby, PA: Middle East Resources, 2006.

A Separation. Directed by Asghar Fahadi. Asghar Fahadi, 2011.

Shaaban, Bouthaina. *Both Right-and Left-Handed: Arab Women Talk about Their Lives*. Bloomington and Indianapolis, IN: Indiana University Press, 2009.

Shakir, Mohammedali H., translator. *The Qur'an Translation*. Elmhurst, NY: Tahrike Tarsile Qur'an, Inc., 1999.

Shakir, Zaid. "Qur'an defeats Muslim Barbarism." *Emel*, Issue 75 (December 2010). emel.com.

Sheikh, Bilquis. *I Dared To Call Him Father*. Grand Rapids, MI: Chosen Books, 2003.

Shenk, David W. "Islam and Christianity: A Quest for Community." Unpublished paper, January 14, 1983.

———. "Conversations Along the Way." In *Muslims and Christians on the Emmaus Road*. Edited by J. Dudley Woodberry. Monrovia, CA: Missions Advanced Research and Communications Center, 1989.

———. *Journeys of the Muslim Nation and the Christian Church*. Scottdale, PA: Herald Press, 2003.

Shipman, Mike. *Any-3: Anyone, Anywhere, Anytime*. Monument, CO: WIGTake Resources, 2013.

Sidebotham, Bruce. *The Reveille Shofar* 6, no. 1 (First Quarter 2002).

Sizer, Stephen. *Zion's Christian Soldiers?: The Bible, Israel, and the Church*. Downers Grove, IL: InterVarsity Press, 2007.

Smith, Jay. "Courage in Our Convictions." *Evangelical Missions Quarterly* 34, no. 1 (January 1998): 28-35. emqonline.com.

Smith, Marti. "The Volga Tatars." *Echo Magazine*, Winter 1999.

———. *Through Her Eyes: Perspectives on Life from Christian Women Serving in the Muslim World*. Downers Grove, IL: InterVarsity Press, 2004.

Smith, Michael Llewellyn. "The Fall of Constantinople." In *History Makers*. London: Marshall Cavendish, Sidgwick & Jackson, 1969.

Smith, Steve, and Ying Kai. *T4T: A Discipleship Re-Revolution*. Midlothian, VA: WIGTake Resource, 2011.

Sproul, R. C., and Abdul Saleeb. *The Dark Side of Islam*. Wheaton, IL: Crossway Books, 2003.

Steffen, Tom A. *Passing the Baton: Church Planting That Empowers*. La Habra, CA: Center for Organizational & Ministry Development, 1997.

Steinhaus, Steven. "Exponential Disciple-Making: A Fresh Approach to Church Planting Movements." *Seedbed* 25, no. 2 (2012): 5-17. *pioneers.org*.

Strong, Cynthia A., and Meg Page, eds. *A Worldview Approach to Ministry Among Muslim Women*. Pasadena, CA: William Carey Library, 2006.

Syrian Bride, The. Directed by Eran Riklis. Koch Lorber Films, 2004.

Syriana. Directed by Stephen Gaghan. Warner Brothers, 2005.

Taber, Shirin. *Muslims Next Door: Uncovering Myths and Creating Friendships*. Grand Rapids, MI: Zondervan, 2004.

Talman, Harley, and John Jay Travis, eds. *Understanding Insider Movements: Disciples of Jesus Within Diverse Religious Traditions*. Pasadena, CA: William Carey Library, 2014.

Tanagho, Samy. *Glad News! God Loves You My Muslim Friend*. Downers Grove, IL: InterVarsity Press, 2003.

Taylor, Mrs. Howard. *Borden of Yale*. Minneapolis, MN: Bethany House, 1988.

Tennent, Timothy. "Followers of Jesus (Isa) in Islamic Mosques: A Closer Examination of C-5 'High Spectrum' Contextualization." *International Journal of Frontier Missions* 23, no. 3 (Fall 2006): 101-126. *ijfm.org*.

Terry, John Mark. "Approaches to the Evangelization of Muslims." *Evangelical Missions Quarterly* 32, no. 2 (April 1996): 168-73. *emqonline.com*.

Thomas, Lyndi Parshall. "The Valley of Decision." In *The Last Great Frontier*. Edited by Phil Parshall. Quezon City, Philippines: Open Doors with Brother Andrew, 2000.

Thompson, Craig. *Habibi*. New York: Pantheon Books, 2011.

Tozer, A. W. *The Pursuit of God*. Camp Hill, PA: Christian Publications, 1993.

Travis, John. "The C1 to C6 Spectrum." *Evangelical Missions Quarterly* 32, no. 3 (July 1996): 304-10. *emqonline.com*.

Trousdale, Jerry. *Miraculous Movements*. Nashville, TN: Thomas Nelson, 2012. *miraculousmovements.com*.

Tucker, Ruth A. *From Jerusalem to Irian Jaya: A Biographical History of Christian Missions*. Grand Rapids, MI: Zondervan, 1983.

Tunehag, Mats. "God Means Business! An Introduction to Business as Mission, BAM." (April 2008). *matstunehag.com*.

Turning Muslim in Texas. Directed by Katy Isaacs. Hosted on YouTube, 2003. *youtube.com*.

"The Universal Declaration of Human Rights." *United Nations*. un.org/en/documents/udhr.

VanderWerff, Lyle. "Mission Lessons from History: A Laboratory of Missiological Insights Gained from Christian-Muslim Relationships." *International Journal of Frontier Missions* 11, no. 2 (April 1994): 75-79. *ijfm.org*.

Veiled Voices. Directed by Brigid Maher. Typecast Releasing, 2009. *veiledvoices.com*.

"Voices from behind the Veil." *Christian Science Monitor* (December 22, 2001). *csmonitor.com*.

Volcan, Vamik. "Transgenerational Transmissions and Chosen Traumas: An Aspect of Large-Group Identity." Opening Address given at the XIII International Congress, International Association of Group Psychotherapy, August 1998. *vamikvolkan.com*.

———. "Chosen Trauma, The Political Ideology of Entitlement and Violence." Paper presented at the Berlin Meeting, Berlin, Germany, June 10, 2004. *vamikvolkan.com*.

———. "Shared Trauma, Transgenerational Transmission and Societal Well Being." Keynote speech given at the International Conference on Healing the Wounds of History: Addressing the Roots of Violence, Lebanese American University, Byblos, Lebanon, November 12, 2011. *vamikvolkan.com*.

War Witch. Directed by Kim Nguyen. Métropole Films Distribution, 2012. *rebelle-lefilm.ca*.

Watt, W. Montgomery. *Mohammad at Mecca*. Oxford: Oxford University Press, 1953.

———. *Muhammad: Prophet and Statesman*. Chicago, IL: Kazi Publications, 1996.

Weber, Timothy P. *On the Road to Armageddon: How Evangelicals Became Israel's Best Friend*. Grand Rapids, MI: Baker, 2004.

Where Do We Go Now? Directed by Nadine Labaki. Les Films des Tournelles, 2011.

"Which Pir Do You Follow?" *Serving in Mission Together* 102 (2003): 12. *archives.sim.org*.

Willis Jr., Avery T. "Storying in Ten Steps." *Following Jesus Series* (2003). *fjseries.org*.

Wilson, J. Christy. *More To Be Desired than Gold*, 4th ed. South Hamilton, MA: Gordon-Conwell BookCentre, 1998.

———. "Undergirding the Effort with Prayer: Muslims Being Reached Foremostly through Extraordinary Prayer." *International Journal of Frontier Missions* 11, no. 2 (April 1994): 61-65. *ijfm.org*.

Wind and The Lion, The. Directed by John Milius. Herb Jaffe, 1975.

With God on Our Side. Directed by Porter Speakman, Jr. Rooftop Productions, 2009. *withgodonourside.com*.

Woodberry, J. Dudley, ed. "Forms of Witness: Here Is How I Share." In *Muslims and Christians on the Emmaus Road*. Monrovia, CA: Missions Advanced Research and Communications Center, 1989.

———. "The Relevance of Power Ministries for Folk Muslims." In *Supernatural Forces in Spiritual Warfare: Wrestling with Dark Angels*. Edited by C. Peter Wagner. Destiny Image, 2012.

———, and Russell G. Shubin. "Muslims Tell: 'Why I Chose Jesus.'" *Mission Frontiers*, March 2001: 28-33. *missionfrontiers.org*.

———, ed. *From Seed to Fruit: Global Trends, Fruitful Practices, and Emerging Issues among Muslims*. 2nd ed. Pasadena, CA: William Carey Library, 2011.

Yancey, Phillip. "The Back Page: Letter from a Muslim Seeker." *Christianity Today* 45, no. 15 (December 2001): 80. *christianitytoday.com*.

Zdero, Rad. "The Apostolic Strategy of House Churches for Mission Today." *Evangelical Missions Quarterly* 47, no. 3 (July 2011): 346-353. *emqonline.com*.

Zeidan, David. *Sword of Allah: Islamic Fundamentalism from an Evangelical Perspective*. Downers Grove, IL: InterVarsity Press, 2003.

Zwemer, Samuel. *The Muslim Christ*. London: Oliphant, Anderson, and Ferrier, 1912.

인터넷 참고문헌

30-days.net
aaila.org
al-islam.org/life-muhammad-prophet-sayyid-saeed-akhtar-rizvi
alhewar.com
annisaamag.wordpress.com
answering-islam.org/testimonies
avaaz.org
azizahmagazine.com
beirutandbeyond.org
bridgingcultures.neh.gov/muslimjourneys
btdnetwork.org
census.gov
charismanow.com
christar.org
churchplantingmovements.com
crescentproject.org
crescentproject.tv
davidlwatson.org
desiringgod.org
ecre.org
emel.com

epp.eurostat.ec.europa.eu

ethnologue.com

fjseries.org

freedomhouse.org

frontiers.org

gapminder.org

globaldayofprayer.com

globalinitiativeinfo.com

globalprn.com

goodseed.com

historyofislamtimeline.com

hrw.org

iie.org

imb.org

immergecca.org

joshuaproject.net/prayer-cards.php

kwintessential.co.uk/resources/country-profiles.html

missionfrontiers.org

muslimheritage.com

muslimness.com

naqshbandi.org

news.bbc.co.uk

one-god-one-message.com

opendoors.org

operationworld.org

oprev.org

pamolson.org

patheos.com/Library/Islam.html

pbs.org/ampu/crosscult.html

pbs.org/muhammad

peace-catalyst.net

people-press.org

peoplemov.in

pewforum.org

pioneers.org

princeton.edu

quranproject.org

saudiaramcoworld.com

sim.org

sisters-magazine.com

soon.org.uk

thefutureoftheglobalchurch.org

toag.net

un.org

understand-islam.net

unhcr.org

unlockthetruth.net

unrwa.org

whm.org

womensvoicesnow.org

worldbank.org

worldwatchlist.us

www12.statcan.ca

성경색인

구약		출애굽기		여호수아		34:17-18	250
창세기		12:1-14	244	1:6	481	37:29	632
1:1	143, 601-602	15:11	602	5:15-18	574	50:9-10	603
3:7	230	20:16	59	13:33	603	63:4	163
3:24	390					66:5, 7	603
6:8	603	레위기		사사기		67편	627
12:1-3	113, 368, 630	19:18	60	2:15	603	78:54-61	344
15:1-19	113	19:34	138, 521			84:11	603
15:18	341			사무엘상		86:16	601
16:1-16	630	민수기		2:6	602	89:20	602
16:6-13	585	12:14	180	2:7	601	94:1	601
16:9-11	113			2:30	601	94:10	601
16:13	602	신명기		3:1-21	54-55	95:2	298
17:7-8	341-342	1:17	347	28:1-24	230	96:1-3	250
17:18-27	630	6:4	621			102:25	602
17:20	113, 368, 417	6:4-5	148	사무엘하		102:27	603
18:1-8	230	7:6	341	13:1-32	180	103:8	601
18:18	627	9:3	601	22:14	602	116:5	603
21:8-21	113	9:18	163			119:164	148
21:9-21	630	11:12	601	역대하		127:2	601
21:15-20	82	18:9-15	293	7:14	601	136:25	602
21:33	602	18:18	368	20:6	601	139:1-2	601
22:1-19	244, 629, 630	20:10-15	56	20:7	113, 634	145:5	602
22:18	627	24:17-22	187			146:6-9	187
25:13-16	113	26:1-13	243	시편		149:3-4	299
26:4	627	28:12	602	2:8	574	150:3-6	299
28:13	342	28:63	344	7:11	601		
28:15	602	32:4	602	8:1	603	잠언	
32:1-32	54-55	33:26	601	9:9	468	11:1	603
48:3-4	342			25:9	603	13:18	180

17:27	60	9:4-7	344	6:1-18	149		627
18:10	602	9:9-10	602	6:9	387, 390	28:20	59
24:3-4	499, 501			6:13	573		
		요엘		6:16-17	345	**마가**	
이사야		2:28-32	566	6:31-33	373	1:14-15	384
6:6-7	230	3:2	344	7:12	59	3:14	463, 488
9:6	601			7:22-23	601	5:25-32	547
10:5-7	603	**아모스**		8:11-12	345	6:1-15	486
10:5-13	344	5:13	409	8:18-26	384	6:1-56	498
41:8	634			9:14-15	148	6:13	278
42:1-4	384	**미가**		9:36	86	7:5-14	466
44:6	603	6:8	59, 187, 190	9:37	322, 516	9:14-29	278
49:1-6	384	7:16	603	9:38	568	10:27	405
49:6	627			10:1-42	498	10:42-45	384
50:4-9	384	**하박국**		10:11-16	486	12:29-30	148
52:13-53:12	384	2:14	574	10:16	409	13:26-27	384
56:8	603			10:17-25	482	14:61-62	345
59:1	601	**스바냐**		12:28	547	16:15	597
60:4	113	2:11	163	12:36	59	16:19-20	384
60:7	113, 437	3:17	298	13:1-18	497		
60:19	603			16:6	412	**누가**	
61장	113	**스가랴**		16:16-17	345	1:26-38	384
64:6	244	14:9	601	17:5	389	1:32	384
				18:15-17	442	2:8-35	384
예레미야		**말라기**		18:20	463	3:22	581
15:15	602	1:6	319	18:21-35	230	4:16-29	190
29:11	445	2:10	601	21:43	345	4:16-21	194
32:17	602	3:11	603	22:37	59	4:18-19	339
32:18	602			22:39	59	5:5-7	568
				22:37-40	516	5:17-26	278
예레미야애가		**신약**		24:4-14	190	6:10	602
3:22-23	601	**마태**		24:14	565	6:27-28	406
3:49-51	502	1:18-25	384	24:24-25	80	6:31	556
		1:23	371	24:35	383, 565	6:35	60
에스겔		3:13-17	339, 384	25:31-46	244, 384	7:11-17	547
36:26-27	363	4:23-24	384	25:34-40	468	7:34	463
39:7	601	5:9	60, 363, 414	27:32-54	384	8:8	468
		5:10	583	28:1-20	193	8:21	463
다니엘		5:11	584	28:17	590	8:41-56	278
2:21-23	601	5:13-16	514	28:18-20	363, 431, 456, 463	9:1-6	486
6:10	148	5:16	363			9:1-62	498
7:14	627	5:45	60	28:19-20	363, 457,	9:23	227

9:37-43	278	3:8	457	15:20	548	11:26	465
10:1-2	278-279	3:16	363, 463	16:8-14	396	11:27-30	466
10:1-11	463, 488	3:17	602	16:13	603	13:1	497
10:1-16	486	3:29	463	16:24	574	13:1-3	463, 465
10:1-21	278-281	4:1-26	489	17:5, 24	602	13:2-3	148
10:1-42	496	4:7	228	17:8, 21	384	13:26	189
10:3	548	4:24	146	17:22-23	494	13:46	60
10:4	279	4:25-42	384	18:36	97, 195, 346	14:3	60
10:5-9	46, 404, 638	4:28-29	440	19:1-37	384	14:11-12	71
10:6	486, 487	5:1-15	230	20:21, 30-31	384	14:23	464, 466
10:7	463	5:1-47	278			15:2-6	465
10:8-11	279	5:30	384	사도행전		15:22	465
10:9	282	6:35	578	1:8	410, 463	15:36	465, 463, 464
10:11	282	6:38	384	1:9	384	16:11-15	499, 507
10:16	467	6:44	363	2:17-19, 21	566	16:12	464
10:20-21	281	6:44-45	597	2:23-24	603	16:13-15	463
10:27b	60	7:16-18	384	2:24	384	16:14-15	463
10:29-37	60	7:29	384	2:37-47	497	16:29-34	463
11:1-54	484	8:25-30	384	2:41-47	465	16:31-32	481
11:5-6	234	8:32	270	2:42-47	494	16:31-34	250
11:17-44	384	8:33, 39	389	2:46	463	17:2, 17	60
12:30-31	195	8:42	341, 384	3:1	148	17:6	462
12:48	516, 556	8:44	410	4:11-12	71	17:11	489
13:10-17	547	9:1-11	384	4:12	57, 363, 463	17:16-34	290, 332
14:12-24	463	9:4	384	4:19-20	557	17:30-31	60
14:13-14	149	10:1-18	601	4:31	60	18:1-4	571
17:11-19	384	10:10	586	4:32-35	465	18:4-8	463
19:1-10	463	10:14-16	315	5:41	363	18:11	464
22:14-20	463	10:14-18	384	5:42	463	18:18-28	507
22:35-36	279	10:28	602	6:1-6	285	19:8	60, 464
23:34	339	10:32	384	8:1	465	19:10	464
24:50-53	384	10:36	384	8:3	463	19:8-39	281-285
		11:1-44	384	8:5-6	146	19:16	294
요한		11:25, 26	602	8:14-15	463	19:18-20	284
1:1	71, 377	13:35	102	9:27-28	60	20:3, 6, 31	464
1:1-18	384	13:34-35	252	9:32-43	507	20:17	464
1:3	384	14:6	363, 602	10:1-48	92, 463	20:17-20	463
1:12-13	463	14:13-14	495	10:4	149	20:17-21	465
1:14	71, 290, 602	14:14	602	10:34-36	189	20:17-28	464
3:1-36	491	14:15	496	10:38	276, 363, 384, 406, 624	20:20	463, 465
3:1-21	417, 489	15:15	602			20:28-30	464
3:3-7	363	15:18-19	445	10:43	363	20:28-32	464

20:29-31	412	13:8	441	14:1-35	466	3:26-29	113
20:33-35	464	14:13	441	14:15	285	4:7	586
21:4, 27	464	15:1-2	315	14:26	463	4:22	586
21:18	464	15:25-28	466	14:36-38	466	5:13	441
24:27	464	16:3-5	463	14:27-33	463	5:22-23	102, 394
		16:3-12	507	15:1-4	363	6:1-2	442
로마서		16:3-16	465	15:22, 45	384	6:10	463
1:13-15	332	17:28	332	16:1-4	466	6:14	363
1:17-20	603			16:14	363		
1:18-27	419	고린도전서		16:19	463	에베소서	
2:4	602, 603	1:2	465			1:2-14	384
2:24	318	1:10-13	465	고린도후서		1:10	195
2:29	602	1:17	310	1:1	465	1:17-23	281
3:21-26	230	1:17-25	360	2:14-15	281	1:18-20	564
4:13	346, 441	1:18-25	120	3:1-6	306	1:19	515
5:1	363	1:27	601	3:15	345	1:20-21	284
5:1-11	397	1:31	318	4:2	60	1:21	286
5:6-8	373	2:1-5	228, 311	4:6	29	1:22-23	465
5:8	519	2:1-2	416	5:14	363	2:10	250
5:10	60	2:2	59	5:16-21	597	2:12	346
5:17	133	3:5-7	438	5:17-20	363	2:13	146, 346
6:23	363	3:6	310	5:18	363, 602	2:19	146, 346, 463
7:4	463	3:6-9	324	5:18-19	61	3:6	83
8:9-17	384	3:21-23	346	5:18-21	339	3:15	163
8:15	230, 390	7:17-24	417, 509	6:3	315	4:1-3	403
8:28	603	7:24	290	6:14	379	4:4-5	465
8:34-39	384	8:1-13	138	8:2	363	4:4-6	148
9:6-7, 8	343	9:1-27	307	8:7	148	4:6	602
10:14	415	9:6-15	463	9:1-15	466	4:11	463, 464
10:14-15	410, 456	9:12	228, 244	10:3-5	268, 564	4:15	63
10:17	445	9:16-17	389	10:4	573	4:17-5:20	578
11:16	341	9:19-21	415, 416	10:5	413	4:32	441
11:17	346	9:19-23	290	11:14-15	410	5:1	120
11:25-32	340	10:16-17	463, 465	11:28	464	5:2	363
11:26	341	10:31	363	12:9-10	445	5:18-20	298
11:28	341, 345	11:2	466	12:12	291	5:19-20	463
12:3-8	521	11:16	466	13:11	602	5:21	494
12:4-5	463, 465	11:17-34	463			5:22-32	463
12:10, 16	441	12:3b	373	갈라디아서		6:10-12	573
12:14	406	12:4-30	463	2:9-10	466	6:10-13	83
12:17-18	363	12:12-27	465	3:8	627	6:10-18	590
12:18	414	13:13	582	3:14	597	6:11-12	281

6:12	268	5:17	148	빌레몬서		2:11-12	149
6:18	573	5:23	60	2	463	2:13	494
6:18-20	270					3:1	363
		데살로니가후서		히브리서		3:3-4	502
빌립보서		1:1	465	1:1-2	363	3:15	60, 83, 363
1:5	521	2:9-12	410	1:1-4	376	3:15-16	365, 373
1:21	363	2:15	466	1:1-14	384	4:12-13	548
1:29	363			2:3-4	281	4:13	279
2:3	31, 57	디모데전서		4:12	481	4:17	463
2:5-8	290	1:3-7	464	4:14-16	384	5:1-3	464
2:5-11	86, 384	1:16	603	4:15	135		
2:8-11	384	2:1-6	384	7:22-28	384	베드로후서	
2:9	603	2:2-3	514	7:26-27	339	1:19-21	382
2:9-10	384	2:7	463	10:4	244	3:8-9	603
3:1-14	187	2:9-10	502	10:19-22	230		
4:6-7	562	3:1-7	497	10:24-25	494	요한1서	
4:9	60, 466	3:1-13	464	10:25	463	2:12	410
		4:12	464	11:11, 17-19	113	2:22	410
골로새서		4:14	464	12:1	149	3:1	391
1:9	591	5:17	464	12:1-3	62, 180	3:8	295, 573
1:9-14	221	6:15	603	12:2-3	51	4:1-3	574
1:13-23	384			12:23	336	4:19	463
1:15-20	601	디모데후서		13:7, 17	465		
1:21	60	1:1-18	507			요한2서	
1:24	404	1:7	230	야고보서		7	410
1:26, 27	603	2:1-7	468	1:2-4	411	12	463, 466
1:28	411	2:2	443	1:17	120, 146		
2:1	591	2:13	519	1:21	385	요한3서	
2:15	279	2:24-25	407	1:27	146, 419	3, 7, 13	466
3:12-17	221	2:24-26	31, 365	2:1-29	120	5-8	463
3:13	373	3:5	146	2:19	149	13-14	463
3:16	463	3:15	385	2:23	113, 634		
3:17, 23	363	3:16	382	3:17-18	59	유다서	
4:2-6	315, 521			4:6-7	494	25	602
4:5	59	디도서		4:10	230		
4:12-13	591	1:5	464, 465	4:15	314	요한계시록	
4:15	463	1:5-9	464, 497	5:14	464	1:5	602
4:16	466	1:5-11	464			1:17-18	602
		1:6-9	443	베드로전서		2-3장	466
데살로니가전서		2:3-5	508	2:5	463	2:8	603
1:1	465	2:7-8, 14	363	2:6	230	3:7-8	601
5:12-13	465	3:14	363	2:9	339, 463	3:20	592

4:1-11	589	15:4	627
4:1-5:14	589-590	18:23	463
5:9	493, 590	19:5	602
5:9-10	627	19:7	463
5:12	590	21:2, 9	463
5:12-14	590	22:17	463
7:9-10	57, 456, 627	22:18-19	382, 383
12:12	482		
14:4	437		

꾸란색인

1:1-7 53-54	3:20 314	4:125 113, 630, 634	5:82 87, 609, 634
2:158, 196-203 150	3:28 636	4:129 487	5:93-94 158
2:22-24 162	3:30-32 519	4:156-159 630	5:110 371, 384
2:30 635	3:42-63 630	4:157 86, 89	5:112-115 384
2:30-34 157	3:45-47 371	4:157-158 429, 630	5:112-118 86
2:35-37 158	3:45 630	4:157-159 89, 584	5:116 86-87
2:75-79 154	3:47-49 384	4:163 629	5:117 429, 630
2:82 577, 610	3:49 86, 371	4:163-165 154, 611	6:70 384
2:87 89	3:55 89, 372, 384,	4:165 159	6:83-86 611
2:97-98 633	429, 630	4:171 86, 89, 384	6:84-87 154
2:116 388	3:59 384	4:172 384	6:85 384
2:135 152, 629,	3:67 629	5:1-20 89	6:91 154
633, 637	3:71 87	5:3-6 158	6:101 388
2:136 154, 611, 620	3:84 108, 154,	5:3 252	6:16:106 617
2:143 252, 314	611, 620, 631, 633	5:4 138	6:106-107 212
2:152 276	3:85 314, 420	5:5 78	6:115 382
2:158 150	3:104 159, 628	5:13-14 154	6:125 314, 631
2:170 161	3:110 252, 608	5:13-15 108	6:159 176, 628
2:172-173 158	3:133-136 610	5:16 159	6:165 157
2:183-188 238	4:3 233, 487	5:16-17 161	7:11 157
2:187 148, 238	4:15 487	5:17 384	7:162 87
2:190-191 210	4:17 618	5:21 159	7:180 638
2:190-193 152, 633	4:18 572	5:32 182	8:38-39 212
2:191-194 210, 212	4:19 487	5:41, 45 154	8:41 374
2:196-203 150	4:28 615	5:44-46 610	8:56-61 210
2:216-218 210	4:34 487, 504	5:46 384, 637	9:1-129 592
2:219 158	4:35 487	5:46-48 630, 631	9:5 77, 212, 608
2:253 89, 384	4:43 158	5:47 154	9:29 152, 212, 633
2:256 72, 77, 132,	4:69 625	5:51 87, 407	9:30 630
608, 612	4:82 162	5:57 617	9:30-31 89
2:284 577	4:88-89 617	5:68 382, 620, 634	9:30-32 618, 621, 637
3:1-200 89, 407	4:90 210	5:72, 75 384	9:33 420

9:60	374	19:35	388, 630	37:40-49	572	57:26-27	89
9:67	505	19:51	614	37:99-113	244, 629	57:27	384
9:71	252	19:87	384	37:100-107	630	58:1	504
9:72	505	20:8	638	38:37	619	59:7	374
9:73	73	20:117-122	158	38:50-53	639	61:6	85, 89, 630, 624, 637
10:9-10	159	21:7	382, 617, 634	38:87	314		
10:37-39	136, 631	21:17-18	157	40:55	580	64:1-3	157
10:62	627	21:19-20	154	41:41-44	162	65:3	156
10:64	382	21:78	620	41:43	154	66:4	633
10:94	108	21:91	384	41:46	156, 158	66:10	504
11:13-14	162	21:92-93	176	42:7	162, 614	66:11-12	504
12:109	161	21:105	632	42:13	154, 557	66:12	384
13:28	276	22:34	639	42:21	637	70:29-31	158
15:9	154, 162, 609, 636	22:39	105	42:22	610	74:38	158
		22:39-40	210	42:52-53	162	75:37	157
16:49-50	154	22:78	210	43:22-24	161	76:4	572
16:64	609	23:5-7	158	43:23	620	76:29-31	156
16:103	609, 631	23:49	614	43:36-37	276	76:30-31	314, 631
16:106	617, 636	23:52-53	176	43:57-65	89	82:6-8	157
16:125	159, 314	24:2	487	43:61, 63, 86	384	84:20-25	191
17:1	612, 625	24:30-33	158	44:51-54	639	96:1-2	65
17:2	614	24:31	109, 505	45:15	158	96:1-3	52
17:9	162	24:35	610	47:4	211	96:1-5	612
17:15	159	24:46	314	47:4-6	212	97:1-5	239
17:23-24	160	25:1	314	47:15	572	101:6-8	138
17:26	374	28:68-70	637	47:19	580	103:1-3	159
17:70-72	157	28:77	519	47:27	609, 615	112:1-4	388
17:88-89	162	29:46	314	48:2	580	113:5	639
17:90-95	157	30:30	157, 638	48:28	75		
7:110	638	30:38	374	49:15	210		
18:27	108	30:40	638	50:45	212		
18:29	156	30:44-45	519	51:56-58	157		
18:30	159, 161	33:6	505, 621	52:17-20	639		
18:30-31	572	33:32-34	505	53:1-18	88, 626, 638		
18:50	289	33:37-40	632	53:31-42	158		
19:1-98	85, 613, 630	33:40	314, 615, 626, 637, 638	53:33-62	156		
19:19	580			54:49	156		
19:19-22	384	33:35	505	55:14-15	289		
19:22-26	86	33:41-42	276	55:71-76	639		
19:30	630	33:53	621	56:22-23, 35-37	639		
19:30-31	580	33:59	633	56:80-81	161		
19:30-34	384	35:8	314	57:23	519		

주제색인

6일 전쟁, 259, 349-350, 404. 이스라엘-팔레스타인 분쟁도 보라.
9.11 사건/테러, 22, 186, 205, 218, 523, 529, 544, 593. 알카에다; 테러도 보라.
B. 워렌, 138, 285
COMIBAM(Missionero Ibero-Americano), 594-595
D. L. 무디, 566
D. 스미스, 540
E. J. 마틴(E. J. Martin), 438
G. 존, 589
L. D. 워터맨, 465
NYC 이큅, 553
R. C. 스프라울(R. C. Sproul), 387

ㄱ

가말 압델 나세르, 199
가브리엘, 54, 65, 66, 74, 161, 382, 천사도 보라.
가산 왕조, 83
가자 지구, 205, 350-351
가족. 무슬림 아래를 보라.
간접적 의사소통, 307-308
간증. 무슬림 배경의 신자 아래; 그리스도인의 복음 증거도 보라.
갈렙 프로젝트, 245
감리교도, 467
개인주의, 309, 333-334
개종: 기독교로, 189; 강요된, 77-78, 103, 186(이슬람 아래도 보라); 공동체의, 457, 490(복음주의 아래도 보라); 과정으로서, 489-490; 금지됨, 427-430; 영적인 일로서, 132; 요인, 577-582; 현재 비율, 577
거룩한 땅, 340-342, 348. 이스라엘; 팔레스타인도 보라.
거룩한 책. 성경; 꾸란을 보라.
거룩한 흑석, 63, 76, 82, 150, 183, 281. 핫즈; 카아바도 보라.
건축: 교회, 309; 무슬림, 126
걸프 지역. 아라비아 반도를 보라.
걸프전, 431
게달, 113
게하르트 넬스, 563
견학, 34, 38
결혼 관습: 그리스도인, 234, 309, 487, 504, 541; 무슬림, 233-234, 248, 249-250, 379, 418, 487
경제적 어려움(무슬림), 69, 112, 116, 203, 204, 227, 251, 503
계시. 무함마드 아래; 무슬림 믿음; 꾸란도 보라.
고난, 196. 그리스도인의 복음 증거에서, 394, 444, 449, 482, 515-516, 548, 564
고든 니켈, 437
고아. 무함마드 아래를 보라.
공동체: 그리스도인, 188-197(그리스도인의 복음 증거 아래도 보라); 무슬림(움마를 보라)
과학. 무슬림 문명을 보라.
관계. 그리스도인의 복음 증거 아래도 보라.
관습: 종교적(그리스도인; 무슬림 관습을 보라); 사회적(무슬림 아래를 보라)
관용, 403. 무슬림 아래; 꾸란; 복음 증거, 무슬림도 보라.
교육 제도, 127. 학교도 보라.
교회: 가정교회 운동, 456; 가정교회, 464, 467, 479, 482, 507; 건강성 지도 제작, 464; 건강성, 480; 건물, 448, 464; 교회개척자, 483-485; 성령의 인도, 466; 성장, 189, 191-192; 신약 개념, 464-465; 신학교, 288, 309, 482, 483, 494, 497; 연합, 221, 494, 590; 장로들, 464, 507; 재생산 가능한, 458-459; 전통, 466; 정의, 464-465; 참여적 모임, 463; 토착교회, 476
교회개척: 상황화, 324, 456-460; 여성 499-508; 역사, 467, 483, 492-494; 전략, 325, 501-502
교회개척운동: 69, 247, 416, 453-510; 기도, 468, 478; 두려움 없음, 481; 모델, 325, 458, 467, 483-485; 바울의 원리, 466-467; 사도적 전략, 462-468; 484-485; 선포 모델, 458; 성경, 485, 489, 492, 495-498; 순종, 494; 요소, 478-480; 요인, 395, 480-482; 원리들, 495-498; 일화, 467, 493, 518-522; 장애물, 492-494; 전략, 325, 460, 495-498, 502-505(평

화의 집; 평화의 사람도 보라); 정의, 460, 476-482; 증식, 476, 479, 486-491, 507; 지도력, 325, 479, 482, 483-485, 489, 492-498(그리스도인의 복음 증거 아래도 보라); 지리적 관계망, 465-466; 훈련, 479, 484, 495, 507

교회선교회(영국성공회), 422-423. 새뮤얼 즈웨머도 보라.

구루드와라, 550

구술. 무슬림; 그리스도인의 복음 증거 아래를 보라. 이야기하기도 보라.

구원, 328, 364-366, 370, 532, 586; 그리스도인의 확신, 577-579; 무슬림 믿음 아래도 보라.

국제선교전략협회(Accelerating International Mission Strategies), 431

국제협력선교회(PMI, Partners International), 593-595

그렉 디트와일러(Gregg Detwiler), 243

그렉 리빙스턴, 287, 473

그리스도인: 무슬림 통치에 대한 평가, 103; 건물, 309, 448, 464; 결혼 관습, 234, 309, 487, 505, 540; 공동체, 188-197(그리스도인의 복음 증거 아래도 보라); 금식, 309, 445; 나자렛인, 87; 네즈란에서, 77, 82; 다신교도, 77; 딤미로서, 96, 103; 만인 제사장, 339, 465; 무슬림 배경(무슬림 배경의 신자를 보라); 무슬림에 대한 오해, 381-382, 431, 435; 무슬림에 대한 적개심, 431; 무슬림에 대한 태도, 28-29, 431-434; 무함마드와의 교류, 77, 82-83; 베이루트에서, 256-258; 복음 증거(그리스도인의 복음 증거를 보라); 비밀 신자, 417; 선교사(선교사를 보라); 선행, 363; 성장, 360; 아라비아에서, 63; 아랍, 70, 83, 87, 534-

536; 연합, 221, 494, 590; 영생, 379; 예배, 588-590; 예언, 317-318; 용서, 240, 335, 339, 379, 411; 위선, 192-193, 318; 이교도의 영향, 70-71; 이슬람에 대한 무지, 319; 이슬람에 대한 반응, 451-598; 종교적 경험, 285; 책의 사람들로서, 86, 189, 407, 관습, 144, 148-149; 평화, 361-363; 하나님의 자녀로서, 60, 389, 391; 행위, 307

그리스도인-무슬림 관계. 무슬림-그리스도인 관계를 보라.

그리스도인의 복음 증거, 134-135, 140, 191, 193;, 207-208, 227-228, 243-244, 276, 278-286, 293, 32-326, 328-330, 333, 358-360, 365, 367-368, 369-380, 390, 392-396, 399- 449, 460, 503-505, 537-549, 569; 가르침, 281, 285, 334, 458, 543; 계획, 514; 고난, 394, 444, 449, 482, 515-516, 548, 564; 공동체, 188-197, 441-442, 446, 494, 525, 537-540; 과정으로서, 310; 관계, 36-39, 227-228, 306-307, 333-334, 359-360, 432, 456-457, 490, 514-515, 518-519, 528-530, 547-549, 550-554; 교리 질문, 407; 교회개척운동(교회개척운동을 보라); 구술 의사소통, 444-445, 539; 권위, 279-280; 그리스도 중심, 59, 141, 309, 361, 416;, 517, 590; 긍휼, 86, 243-244, 317-318, 325, 406, 432, 488; 기도, 254, 278-279, 315-316, 318, 378, 432, 440, 441, 444, 478, 480, 541, 546, 551, 570-571(기도 아래도 보라); 꾸란, 445; 꿈, 275(꿈도 보라); 논쟁, 413; 능력 사역(능력을 보라); 대화, 60, 386, 407,

414; 무슬림에 대한 개방성, 36-39, 93, 227, 488; 문화적 감수성, 36-39, 229-230, 307-308, 317-318, 327-336, 361-363, 438-440, 444, 447, 555; 미디어(미디어를 보라); 바울의 원리, 281-286, 325, 413; 발견적 접근, 440, 489, 496, 506, 521, 542; 변명, 516; 변증, 365, 367-368, 369, 390, 403, 412-413, 441, 544; 부족한 점, 402-404, 431-432; 분별력, 60, 284; 비유, 374-376; 사랑, 60. 102, 307, 359, 363, 394-396, 431, 445, 447, 519, 530, 582, 596-597; 상황화, 324, 456-460(상황화; 무슬림 배경의 신자 아래도 보라); 선행, 363; 성경, 444, 445, 479, 482, 485, 489, 496, 538, 539, 546; 성경공부, 379-380, 441, 444, 489, 528, 543, 546, 548; 성령의 역할, 197, 390, 396, 441, 457, 462, 530(성령도 보라); 성별, 38, 390, 436, 439;(젠더블라인드 선교학도 보라); 성육신적, 290, 330, 360, 402-403, 456-457, 486; 스토리텔링, 458, 490, 506, 520, 539, 544-547; 언어, 227, 374, 439, 444-445; 연대기적 접근, 358-360, 379, 489, 520, 541; 용기, 393, 409; 유연성, 279, 321, 우정(그리스도인의 복음 증거: 관계도 보라); 율법주의, 134, 172, 330; 음악, 298, 315, 446, 457; 이야기, 294, 312-316, 320-326, 329-330, 334-335, 337-338, 373, 395, 421-426, 433, 503-505, 514-515, 517, 523-530, 534-549, 564, 566, 569-571, 594, 596(무슬림 배경의 신자도 보라); 인권, 404; 자녀, 324, 322, 385, 424;(선교사 아래도 보라); 장애물, 70-

71, 124, 132-135, 186, 186-193, 267, 303-354, 367-368, 379, 404, 460, 499-501, 548, 550-552; 재정, 312-316, 320-321, 447, 497; 정의, 207, 308, 345; 정체성, 327-328; 제자화, 440, 458, 484, 489, 506-507, 520; 존중, 36-39, 361, 365, 390, 392, 407-408, 418-419, 460, 528-530; 종말론적 경고, 410-412; 지적인 삶, 322-325; 진실됨, 227-228; 청지기(종) 의식, 290, 484, 518-521, 523, 540, 546-547, 554, 594-595; 체계적 접근, 403-404, 406; 축사, 280, 281, 289, 291, 292; 치유, 254, 279, 282, 289-290, 440, 581; 통적적, 516, 517, 518-519, 524-525, 565-566, 594-595; 특성, 394, 435, 443, 503; 평화, 361-363; 현지 지도력, 324, 325, 439, 440, 444, 447, 458; 화해, 259-260, 337-338, 431-432, 596-597
극단주의자. 무장단체를 보라.
극동, 106, 214
근대주의. 이슬람 아래를 보라.
글렌이리대회, 404
금기. 무슬림 관습도 보라.
금식: 그리스도인, 309, 445; 무슬림, 146-149, 229, 231, 238-242. 이슬람의 기둥들; 라마단도 보라.
급진주의. 무장단체도 보라.
궁휼함. 그리스도인의 복음 증거 아래를 보라.
기도 묵주, 266, 276
기도 자세, 31, 147, 151, 316, 330
기도: 복음 증거의 중심, 588-592; 교회를 위해, 578-579; 그리스도인, 148, 254; 무슬림 여성을 위해, 585-587; 무슬림을 위해, 83, 120, 146, 187, 250, 281, 315, 373, 445, 468, 521, 597; 복음 증거에서(그리스도인의 복음 증거를 보라); 역으로서, 565-575, 592; 산책 기도, 488, 570-571; 성경, 570-571; 예수님의 이름으로, 563-564, 581; 우리의 영혼을 위해, 578; 운동, 574; 이슬람 안에서(무슬림의 기도를 보라); 하나님나라에 초점을 맞춘, 562-564, 578-579

기독교 박해지수, 427-430
기독교: 이슬람과 다른 점, 193, 196-197, 364-366, 367-368, 393, 397; 관계로서, 134; 그리고 이슬람, 301-450; 무슬림 관점, 195; 이상적인, 192; 페르시아, 81; 영적/세속적 분리, 194; 하나되지 못함, 87
기록의 밤, 230
기적, 371, 384. 능력; 꾸란; 그리스도인의 복음 증거도 보라.
까다아, 156, 179
까르마시안, 177. 무슬림: 교파와 운동도 보라.
까시다, 230. 시(詩)도 보라.
까왈리, 179. 바렐비; 음악; 수피즘도 보라.
꾸다, 140. 샤리아도 보라.
꾸라이쉬 가계도, 67; 무함마드와의 교류, 73-77; 이교도로서, 82
꾸란, 40-41, 114, 136-141, 234; 거룩한 책으로서, 108; 계시, 65-66, 239; 관습에 사용됨, 232, 235; 관용성, 134; 구조와 스타일, 136, 604; 그리스도인에 대한 태도, 87; 기독교의 견해, 85, 108, 136, 152; 기적, 92; 능력으로서, 232, 272, 274, 280; 라마단, 238; 라틴어 번역, 110; 무슬림들의 공부, 92, 232, 254; 번역, 40-41, 137, 385; 변질되지 않음, 154, 161; 복음에 이르는 다리로서, 445; 불신자의 심판, 105, 108; 비아랍어권 무슬림을 위해, 253; 삶의 지침, 136, 158, 487; 수학, 121; 신뢰성, 154; 아름다운, 136-137; 여성, 418, 504-505; 연대순으로 읽기, 604; 유대인에 대한 태도, 87; 유일한 권위로서, 114, 161-162; 정경성, 85-86; 지식, 118; 지하드, 105, 209-213; 폭력, 152, 209-210; 표적, 72, 136; 하나님의 말씀으로서, 160
꾸란의 시성(諡聖), 85
꾸르바니 이드, 229
꿈, 242, 268, 272, 275, 300, 434, 440, 471-472, 526, 538, 547, 580-581, 589; 힘을 받음, 581
끼블라, 144
끼야스, 139-140

ㄴ

나빌 자부어(Nabeel T. Jabbour), 198
나이지리아, 69, 331, 427, 468, 472. 사하라 이남 아프리카도 보라.
나자렛인, 87
나자르, 286; 그리고 흉안, 265, 273, 274, 286, 294, 543. 마술; 대중 이슬람도 보라.
낙원, 66, 149, 212, 435, 572
난민. 유럽 아래; 무슬림 종적; 팔레스타인도 보라.
남미, 593. 멕시코도 보라.
남아시아, 106, 133. 방글라데시; 불가촉천민; 인도; 몰디브; 파키스탄; 동남아시아 서남아시아도 보라.
내부자 운동, 416-419
냉전 시대, 194
네스토리우스교, 56, 64, 81-88, 407
네즈란, 64-66, 77, 82
노아, 150, 154
노예 무역, 108

논쟁, 413
느바욧, 437
능력: 조우, 288-291, 434, 571-573; 위계, 272; 사역, 276-277, 278-286, 287-295, 440; 물체, 283; 영적 힘으로서, 431-433. 이싸 아래; 무슬림 배경의 신자도 보라.
능력의 밤, 239
니거스, 406
니자미야 학파, 179
니제르, 428, 501. 사하라 이남 아프리카도 보라.
닉 립킨, 408

ㄷ

다르 알이슬람, 126, 168, 171, 189, 195
다마스쿠스의 요한, 412
다신교도, 77
다양성: 교회의, 403; 무슬림의, 176-187. 무슬림 종족 아래도 보라.
다와, 171, 189, 216
다원주의, 192, 403
다윗, 154
다윗 왕, 350
단성론자, 85, 87
대각성 운동, 467
대수학, 121
대순례. 핫즈를 보라.
대중 이슬람, 107-108, 266-295, 300, 545; 그리고 여성, 273; 두려움, 267; 271-277, 284, 287-288; 예, 272-275, 287-288; 정의, 266-267, 271-273; 정통과 비교해서, 267, 270-271
대화, 60, 381-382, 408-409, 414-415
더들리 우드베리(J. Dudley Woodberry), 28, 278, 537, 576
데오반디 운동, 179, 428. 탈레반도 보라.
데이비드 개리슨(David Garrison), 455, 471, 476, 493
데이비드 솅크(David W. Shenk), 188
데이비드 제이단, 194
데이비드 헌트(David F. Hunt), 483
데일 페이거랜드, 283
델 킹스리터(Del Kingsrite), 381
도덕성. 복음 증거, 무슬림 아래도 보라.
독일, 337, 372. 유럽도 보라.
돈 앨런(Don Allen), 438
동남아시아, 206. 동아시아; 마두라 무슬림; 브루나이; 말레이시아; 수마트라; 인도네시아; 아체 무슬림; 자바 무슬림; 태국도 보라.
동물 희생제사, 197, 231
동아시아, 105-106. 동남아시아; 둔간족 무슬림; 중국; 중국인; 키르기즈 무슬림; 타르타르족 무슬림; 태국; 필리핀인; 후이 무슬림도 보라.
동정녀 탄생, 85, 371, 374
돼지, 309, 315. 무슬림 관습 아래도 보라.
두 알힛자, 150, 229. 핫즈도 보라.
두려움. 무슬림; 대중 무슬림; 그리스도인의 복음 증거 아래도 보라.
두아, 144, 254. 기도, 무슬림도 보라.
둔간족 무슬림, 456. 중앙아시아; 중국인; 동아시아도 보라.
드루즈파, 256
디크르, 179, 276. 수피즘도 보라.
딘, 142, 158
딤미, 96, 103, 189, 406, 410, 470. 지즈야도 보라.

ㄹ

라마단, 57, 65, 73, 84, 146-149, 238-242, 546. 금식도 보라.
라이, 140. 샤리아도 보라.
라일랏 알까드르, 239. 라마단도 보라.
라일랏 알미라즈, 71, 144. 핫즈도 보라.
라일랏 알바라, 229-230
라일랏 알바라, 229-230
라흠족, 83
래드 지데로(Rad Zdero), 462
러셀 슈빈(Russell G. Shubin), 576
러시아, 69, 186, 214, 269, 372. 중앙아시아; 유라시아 종족; 유럽도 보라.
레바논, 256-260. 350. 아랍어권; 서남아시아도 보라.
레베카 해리슨(Rebecca Harrison), 438
레슬리 뉴비긴, 403
레오 3세, 413
레이몬드 룰, 406
로마, 83
로버트 와일더, 422
롤랜드 뮬러(Roland Müller), 327
루라, 250
루스 터커(Ruth A. Tucker), 421
루이스 부시(Luis Bush), 596
루쿠, 145. 무슬림의 기도도 보라.
르네상스, 96, 127, 180
리다, 150. 핫즈도 보라.
리더십. 교회개척운동; 그리스도인의 복음 증거 아래를 보라.
리비아, 200, 216, 318, 428. 아랍어권; 북아프리카도 보라.
릭 러브(Rick Love), 287
린디 파샬 토머스(Lyndi Parshall Thomas), 312

ㅁ

마가, 538-540
마귀, 230, 268-269, 275-276, 284, 288, 289, 291, 294-295, 434. 진; 샤이탄도 보라.
마그립, 139. 무슬림 기도도 보라.
마두라족, 114. 인도네시아; 말레이족도 보라.
마드라사, 127

마드합, 139
마라부트, 544. 대중 이슬람; 샤머니즘도 보라.
마르코스 아마도, 593
마르틴 루터, 410
마술, 272-275, 280, 284, 287-288, 292, 294. 부적; 저주; 흉안; 대중 이슬람; 샤이탄도 보라.
마운트 헐몬 수련회, 567. 학생자원 자원운동도 보라.
마울라나 아불 알라 마우두디, 115
마울리드 알나비, 229
마으리파, 297
마으부드, 364
마이클 르웰린 스미스, 100
마케도니아, 372. 유라시아 종족; 유럽도 보라.
마티 스미스. 마티 웨이드를 보라.
마티 웨이드(Marti Wade), 75, 124, 238, 240, 324
마틴(E. J. Martin), 438, 555
마흐무드, 105
말레이 종족, 206
말리, 282, 328. 사하라 이남 아프리카도 보라.
말리키 학파, 140
머리 덮개. 히잡을 보라.
메디나, 55, 63, 68, 72-75, 78, 84, 151, 195; 무함마드, 55, 72-78, 83-84, 137, 195, 414, 604
메시아, 182; 이싸로서, 276, 345, 384
메카, 55, 63, 67, 73, 75, 76, 79, 149-151, 170; 기도 방향, 73, 84, 121; 무함마드, 55, 67, 73, 137, 195, 604; 순례, 74-76; 항복, 77
멕시코, 544. 북미 무슬림을 보라.
명예-수치 세계관, 173-174, 180, 181, 209-210, 227-228, 230, 235, 247-248, 331
모라비아 교도, 467
모로코, 288, 428; 무슬림, 170. 아랍 어권; 북아프리카도 보라.
모리타니, 428. 사하라 이남 아프리카도 보라.
모세, 54, 68, 85, 124, 293, 368
모스크, 199, 495; 견학, 38-39, 305; 방문, 38-39, 305; 선지자의 사원, 79; 예배, 144-145; 최초, 72
몰디브, 427-428. 남아시아도 보라.
몽골 제국, 99
무굴, 99, 111
무나사, 249
무나잣, 145. 무슬림 기도도 보라.
무르쉬드, 297. 수피즘도 보라.
무리드, 297. 수피즘도 보라.
무슬림 교파, 176-187
무슬림 달력, 148, 232
무슬림 문명, 98-100; 건축, 126; 과학기술, 125-127; 광학, 122; 교육 제도, 127; 기하학, 121; 대수학, 96; 동물학, 125; 문화적 업적, 94-97, 110, 118-127; 물리학, 122; 미적분법, 121; 박물학, 124; 병원, 123; 삼각법, 121; 서구의 영향, 122-127; 수학, 120; 식물학, 124; 아라비아 숫자, 96; 약학, 123; 연금술, 125; 의학, 122-124; 전인의료, 123; 정신의학, 122; 지도제작, 125; 지리학, 125; 지식의 향연, 118; 천문학, 120; 천측구, 120; 태양력, 121; 학문 저술 번역, 119, 127; 해부학, 122; 화학, 125; 이슬람도 보라.
무슬림 믿음, 129-162; 구원, 157-158, 212, 577-578; 꾸란, 161(꾸란도 보라); 낙원, 66, 149, 212, 435, 572; 동정녀 탄생, 371; 믿음, 160; 선지자들, 153; 선행, 155, 240, 365; 성경과 계시, 154, 381-386; 심판날, 66, 138, 155, 212; 알라, 153, 156(알라도 보라); 예배, 156-157; 예수의 십자가 죽음, 158, 196, 429, 532; 용서, 393; 원죄, 157; 의심, 160; 이슬람 보편성, 157; 인간의 속성, 159-160; 인간의 위치, 157; 인생의 목적, 156; 자유, 157; 자유의지, 179; 전도받지 못한 사람, 159; 정의, 266-267, 271-273; 죄, 155, 157; 지옥, 155, 393, 481, 505, 572; 책임, 157-158; 천국, 155, 205, 572, 577-578; 천사들, 155, 234; 타우히드, 171, 191-195; 회개, 572
무슬림 배경의 신자, 459, 493, 577; 간증, 116, 186, 197, 240, 282, 294-295, 310, 335, 379, 391, 395, 411, 412, 435, 481, 501, 526, 546, 571-573, 589; 감소, 408; 공동체, 441-442; 교회, 308, 509; 꿈, 580-581; 내부자 운동, 415; 믿음 공동체, 446; 박해, 124, 411, 412, 419, 423, 427-430, 548, 577, 581, 584, 590; 복음주의, 414; 성비 불균형, 385, 408, 499-508; 세례, 292, 309, 404, 442, 446, 521; 어려움, 229-237, 292, 308, 334-336, 378, 404, 531-532; 여성, 434-437; 전통의 상황화, 229-232, 232-232, 234-237, 447; 정체성, 335, 440-441; 제자화, 440-444; 초자연적, 580-581; 추방, 324, 408; 하나님에 대한 견해, 139, 542
무슬림 성자, 272, 544. 피르도 보라.
무슬림 신조. 샤하다를 보라. 이슬람의 기둥들도 보라.
무슬림 예전, 144-145. 무슬림 관습도 보라.
무슬림 절기, 229-231, 525
무슬림 절기, 229-231, 525
무슬림 정복, 79, 81, 94, 105
무슬림 종족, 597; 나이지리아, 576; 남아시아, 133; 마두라족, 114; 말레이족, 206; 베두인, 181, 595; 베르베르족, 75; 보스니아, 269; 북미, 544; 사하라 이남 종족, 331; 수마트라, 206; 아랍어권, 104; 아제르바이잔, 245-249, 269, 372, 428.; 아체족, 206, 233, 249, 251, 253, 254; 안사리족, 132; 알바니아, 269; 우즈벡, 94; 유라시아 종족, 269; 유럽 이민자, 567; 이집트, 104; 인도, 514; 자바족, 109; 중국, 443; 체첸족, 269; 코카서스 산지, 268; 쿠르드, 247; 키르기즈, 283; 타타르, 443; 투르크 종족, 372; 투아레그, 104; 파키스탄, 538; 페르시아-메디아 종족, 247; 폴라니족, 331, 520; 후이족, 443

무슬림 청년, 253

무슬림: 가족, 160, 181, 191, 226-227, 241, 245-255; 개종, 67-68, 70, 72, 77, 96, 99, 105, 105, 108, 189, 488, 544; 개혁 운동, 114-117, 171, 179; 결혼 관습, 233-234, 249, 379; 경제적 어려움, 69, 115, 203, 204, 251, 503; 공동체 지도자, 250; 공동체(움마를 보라); 관용심, 105, 229-237; 교파와 운동, 176-187; 구술 전승, 249; 근본주의자, 328; 기독교에 대한 오해, 358; 다양성, 175-187, 254-255; 달력, 232; 두려움, 102, 280, 289, 545, 585-587; 무슬림형제단, 197; 무장단체, 182, 185-186, 212, 328, 411, 429, 532; 문명(무슬림 문명을 보라); 문화, 181, 223-262, 312-316; 민속 이슬람(대중 이슬람을 보라); 사회적 실천, 229-237; 사회적 정체성, 227, 230, 234, 250-251, 333; 서구, 329; 선교사, 94-97, 99, 106; 성직자, 236; 세계관, 181, 226-228, 230, 266, 272, 289; 손님 대접, 234, 238-239, 241; 수도원 제도, 297; 수치(명예-수치 세계관을 보라); 신조, 68, 143, 548, 589; 신비주의, 179, 185, 267, 296-299; 여성(여성 아래를 보라); 연합에 대한 열망, 105 171, 176, 187, 191, 221; 영적 영역, 263-300; 용서, 227-339; 이름의 기원, 68; 이혼, 487; 일상생활 223-262, 312-313, 234, 236, 245-255; 잇따른 분쟁, 177, 184; 장례 관습, 234-237; 절기, 229-231, 525; 정령신앙, 232, 266-267, 272, 287, 372, 378, 543(대중 이슬람도 보라); 정복, 77, 105-106, 111; 종교적 실천(무슬림 관습을 보라); 청년, 253; 출산 관습, 232-233, 272-273; 하나님 경험에 대한 열망, 267, 296; 하나님에 대한 두려움, 392-393; 헌신적인 경험, 285; 현대 사회에 대한 환멸, 172-173

무슬림-그리스도인 관계, 354; 문화적 장벽, 307-308; 사회적 장벽, 309; 쓴뿌리, 111; 역사적 장애물, 308, 381; 정치적 영향, 97; 평화적인, 110; 피해, 99-100; 초기, 56, 77, 82-88, 407, 409; 학자간의 파트너십, 118-119;

무슬림사역센터(The Center for Ministry to Muslims), 271

무슬림연맹, 115

무슬림-유대인 관계, 596-597; 이스라엘과 팔레스타인, 112-114; 초기, 56, 77, 82-88, 407, 409; 평화적인, 110; 피를 나눈 형제로서, 352-353; 이스라엘-팔레스타인 분쟁도 보라.

무슬림을 위한 30일 기도, 493, 574. 기도; 라마단도 보라.

무슬림을 위한 기도의 교제, 568

무슬림형제단, 107, 116, 180, 199, 200, 205-207, 538, . 하산 알반나도 보라.

무어족, 100, 110

무에진, 144. 무슬림 기도도 보라.

무역, 무슬림, 99, 106. 이슬람 아래도 보라.

무우셈, 288. 마술도 보라.

무장단체, 58, 152, 177, 182-183, 185-186, 212, 328, 411, 429, 532. 지하드; 카리지; 테러리즘; 폭력도 보라.

무찻다딘, 336

무지의 시대, 116

무타질라, 177, 179, 376. 무슬림 신비주의, 179, 185, 267, 296-299

무프티, 139

무하르람, 179. 시아도 보라.

무함마드 모르시, 205. 이집트; 무슬림형제단도 보라.

무함마드 압두흐, 115

무함마드 이븐 압둘 와하브, 114. 와하비즘도 보라.

무함마드 이븐 자카리야 알라지, 122

무함마드 이크발, 115

무함마드: 계시, 52-55, 65-66, 72-78, 80, 83, 136-137; 고아로서, 55; 공헌, 55, 56, 66, 367; 그리스도인과의 교류, 64, 77, 82-83; 그리스도인의 이해, 62-63, 90; 그의 부모, 63; 그의 후계자, 79; 기독교를 거부한 이유, 87-88; 동료들, 136-138; 메디나에서, 55-56, 72-79, 136, 195, 414, 604; 메시지, 66-67, 72, 77, 83; 메카에서, 55-56, 67-72, 76-77, 83-84, 136, 195, 604; 무슬림에 의한 평가, 55, 143, 588; 박해, 55-56, 66-67; 부상당한, 75-76; 생애, 63-78, 82-83; 선지자로서, 52, 65-66, 72, 80, 84, 87, 137, 154, 176, 588; 성경에 대한 견해, 72-73, 81, 85, 382; 성경의 선지자들, 368; 성경의 지식, 56, 65, 87; 순

례, 78; 아내들, 52, 55, 65, 74-75, 78, 151, 504-505; 연대기, 78; 예수에 대한 견해, 87-88; 위상, 66; 유대인-그리스도인 전통, 72-73; 이슬람의 모델로서, 137-138; 인간으로서, 72; 자녀, 65, 77; 적그리스도로서, 410; 종교 설립자, 55, 79-80; 죽음, 78; 참되신 한 분 하나님께 예배, 55, 66; 탄생절기, 229; 통치자로서, 68, 73, 77, 79, 84, 195-196; 하나님을 찾는 이로서, 65, 79-80

무함마드의 동료들, 136, 137, 140, 185

무함마드의 아내들, 52, 55, 65, 74-75, 78, 151, 504-505

무함마드의 전승, 162

묵주, 기도, 276, 393

문화: 가정(假定), 248; 무슬림, 181, 223-262; 편견, 51-52, 94-95, 172, 198, 207-208; 무슬림 문명; 무슬림-그리스도인 관계; 그리스도인의 복음 증거도 보라.

물라, 145. 이맘도 보라.

미국의 이슬람 선교, 421-422, 566-568

미디어: 그리스도인의 복음 증거에서, 207, 231, 408, 416, 458, 478, 493, 501, 535; 무슬림, 318; 서구, 207, 211, 253-254

미르자 굴람 아흐마드, 177

미리엄 애드니(Miriam Adeney), 434

미신, 114, 267. 마술도 보라.

미적분, 121

미전도 종족 집단. 무슬림 종족을 보라.

미흐랍, 144

민바르, 144

민속 이슬람. 대중 이슬람을 보라.

민족주의, 318

민주주의, 173-175

믿음 공동체, 446-447, 466

믿음. 기독교; 무슬림 믿음을 보라.

믿음의 기둥들(아르칸), 142-152

ㅂ

바누 까이누까 부족, 74

바누 꾸라이자, 74

바누 나디르, 74

바드르 전투, 73

바라카, 270, 274, 277, 288, 289; 바라카 되신 이싸, 270, 277

바레인, 190, 423-424, 428, 568. 아랍어종족; 서남아시아도 보라.

바렐비스, 177, 179

바믹 볼칸, 258

바부르, 99

바브 앗쌀람, 150

바울, 290, 291, 331-332, 484, 591. 그리스도인의 복음 증거 아래; 교회개척운동도 보라.

바하이교, 177, 182-183

바히라, 82

박해, 196, 210, 308, 409; 꾸란에서, 152; 그리스도인의, 82, 190, 286, 403, 427-430, 481-482(무슬림 배경의 신자 아래도 보라); 무슬림 교파의, 183, 185; 무함마드의, 55-56, 66, 68

반려견, 309

밤의 여행, 144, 151

밥 피쉬(Bob Fish), 438

배교법, 189

배교의 전쟁, 101

번역. 꾸란 아래를 보라.

번역. 알라; 성경; 선교사; 무슬림 문명; 꾸란 아래도 보라.

베냐민 네타냐후, 351. 이스라엘-팔레스타인 분쟁도 보라.

베두인, 181, 595. 아랍어권; 서남아시아도 보라.

베르베르족, 75. 북아프리카도 보라.

베이루트, 256-260. 아랍어권; 서남아시아도 보라.

벤자민 헤게만(Benjamin Hegeman), 405

벨푸어 선언, 348

변증론, 365, 367-368, 369-370, 390, 403, 412-413, 441, 543

병원, 123

보스니아 무슬림, 269. 유럽도 보라.

보편적 이슬람 인권선언, 362

보편적 인권선언, 361-363

보편주의. 이슬람 아래를 보라.

복음, 361-363; 인질도 보라.

복음주의: 과정으로서, 488; 그리스도인, 477(그리스도인의 복음 증거도 보라); 무슬림, 159, 183, 186, 393(그리스도인의 복음 증거도 보라); 세계관, 565-566;

부르카. 히잡을 보라.

부르키나 파소, 332. 사하라 이남 아프리카도 보라.

부적, 232, 267, 273-275, 282-283, 284, 292, 294-295

부활, 67; 이싸의, 372

부활절, 231-232, 242, 244

북미 무슬림, 544. 551. 미국도 보라.

북아프리카, 105-106, 140, 593. 알제리; 아랍어권 무슬림; 아랍; 베르베르; 이집트; 리비아; 모로코; 서남아시아; 사하라 이남 아프리카; 튀니지

불 숭배, 372

불가리아, 372. 유라시아 종족; 유럽도 보라.

불가촉천민, 595. 남아시아도 보라.

브루나이, 206, 428. 말레이족; 서남아시아도보라.

브루스 맥도웰(Bruce McDowell), 364

브루스 사이드보탐(Bruce Sidebotham), 98

비드아, 419

비밀 신자, 417

비스밀라, 54, 232, 271, 289
비잔틴 제국, 79, 98-99, 102, 110; 이슬람, 111-112; 몽골, 99; 오스만, 97, 99, 110-112, 123
비즈니스 선교, 514. 자비량 선교도 보라.
빅터 존, 493,
빌 머스크, 267
빌 클린턴, 351

ㅅ

사다카트, 145. 자카트도 보라.
사도, 462-463
사드락 운동, 470. 교회개척운동도 보라.
사랑. 알라; 그리스도인의 복음 증거 아래를 보라.
사우디아라비아, 115, 139, 150, 179, 219, 318, 409, 418, 427. 아랍어권; 서남아시아도 보라.
사우디아라비아 대사관, 118
사이드 아흐마드 칸, 115, 177, 180
사이드 칸 쿠르디스타니, 320
사이드 쿠틉, 116
사탄. 샤이탄도 보라.
사파비, 111, 123. 이슬람화; 제국도 보라.
사하라 이남 아프리카, 200, 331, . 부르키나 파소; 차드; 코모로; 에리트레아; 에티오피아; 풀라니 부족; 말리; 니제르; 나이제리아도 보라.
사회적 장벽. 무슬림-그리스도인 관계 아래를 보라.
산스크리트어, 119
살라딘, 111. 십자군 운동도 보라.
살라트, 144, 148, 183, 254. 두아; 무슬림의 기도; 이슬람의 기둥들도 보라.
살라피 운동, 177, 179, 180, 185. 근본주의; 와하비즘도 보라.
살만 루시디, 110, 117

삼각법, 121
삼위일체, 357, 358, 365, 377, 416. 무슬림의 거부
상황화: 성경의 예, 221, 330-332; 그리스도인의 증거에서. 그리스도인의 복음 증거 아래를 보라. 과정, 221, 329; 정의, 324; 이슬람에서, 75
새 어구 삽입, 109
새뮤얼 모펫(Samuel H. Moffett), 81
새뮤얼 즈웨머, 394, 403, 407, 421-426, 547, 567
샤 왈리 알라, 114
샤리아, 100, 116, 136, 139, 179, 200, 203, 408, 418, . 꾸란도 보라.
샤머니즘, 179, 230. 이싸 아래; 마술; 마라부트; 피르; 셰이크도 보라.
샤브 이 바랏, 230.
샤우캇 모우캐리, 347
샤이탄, 205, 232, 269, 275, 289; 대적자로서, 562, 573. 마귀도 보라.
샤피 학파, 140
샤하다, 68, 143, 148, 394. 이슬람의 기둥들도 보라.
서 있는 의식, 151. 핫즈도 보라.
서남아시아, 106. 아랍어권 무슬림; 아랍; 바레인; 베두인; 이란; 이라크; 요르단; 쿠르디스탄; 쿠웨이트; 레바논; 극동; 중동; 오만; 팔레스타인; 페르시아; 페르시아-메디아 종족; 카타르; 사우디아라비아; 시리아; 터키; 아랍에미리트; 예멘
선교: 정책, 404, 421-425, 431, 476-477, 593-595; 비즈니스로서, 540
선교사: 기독교, 56-57, 112-113, 207, 270, 294, 312-316, 320-326, 421, 476-477, 482, 493, 523-527, 534-536, 555-557, 566-573; 독신, 321, 540; 떠남, 485, 507-508; 무슬림, 94-96,

99-100(이슬람 아래도 보라); 선교사대회, 568-569; 성경 번역, 70-71; 수습 선교사, 553; 여성, 593; 운동, 467; 이베로-아메리칸, 593-595; 이야기, 320-324, 328-330, 334-336, 421-426, 502-503, 518-527, 534-536, 550-554, 566-573; 자녀, 324, 322, 385, 424; 자질, 483; 준비, 542, 550-554
선교학, 322-323. 젠더블라인드 선교학, 499
선입견, 198, 347, 431. 596. 인종차별주의; 고정관념도 보라.
선지자 의학, 122
선지자. 이싸; 이슬람; 무함마드; 무슬림 믿음도 보라.
성경. 교회개척운동 아래; 무슬림 믿음; 기도; 그리스도인의 복음 증거를 보라.
성경: 고대 사본, 383-385; 거룩한 책으로서, 81, 108, 580; 꾸란 속의, 384; 만족을 주는, 580, 584; 번역, 385-386, 415; 세계관, 268-269. 아랍어 번역 부족, 85, 87. 알라, 증거, 그리스도인 아래도 보라.
성금요일, 231
성령, 102, 276, 294, 330, 382, 432, 441, 457, 538. 교회; 그리스도인의 복음 증거 아래도 보라.
성례, 144
성별: 그리스도인의 복음 증거에서, 38, 390, 436, 439; 선교학, 499-501. 무슬림 배경의 신자도 보라.
성찬식, 463, 465
세계 복음화를 위한 로잔대회, 404, 415, 417, 493, 569
세계 추수 선교 수습 훈련, 553
세계관, 172, 234, 261, 327; 성경적, 268,-269; 무슬림, 181, 226-228, 266, 272, 289; 서구, 230. 명예-

주제색인

671

수치 세계관도 보라.
세계인권선언문, 362, 363, 555
세속주의. 이슬람 아래를 보라.
셰이크, 298. 부적; 이싸; 마술; 피르도 보라.
소말리아, 427-428, 458. 사하라 이남 아프리카도 보라.
소비에트연방, 194, 249. 중앙아시아; 유라시아 종족; 유럽; 러시아
소순례, 76. 핫즈도 보라.
소외, 201, 204
손님 대접, 230, 243-244, 333, 447, 528, 595
솔로몬, 592
수니, 177, 178, 179, 184, 206, 247, 269, 299. 시아도 보라.
수단, 331. 사하라 이남 아프리카도 보라.
수라, 54, 85, 136-137. 꾸란도 보라.
수마트라, 206, 435. 아체; 인도네시아; 말레이 종족
수잔 몰너(Suzann Mollner), 256
수주드, 145. 무슬림의 기도도 보라.
수치. 명예-수치 세계관을 보라.
수피즘, 107, 114, 179, 185, 276, 296-299
수학, 120-122
시르크, 192, 364, 372. (하나님에게) 상대자; 타우히드도 보라.
순 온라인 매거진, 337
순교자 헨리, 406, 413
순교자, 178, 179, 183, 205, 353, 408, 410, 472
순나, 115, 137, 178, 188. 딘도 보라.
순복음교회, 479
순종: 교회개척에서, 495-496; 무슬림 관습에서, 142
쉐마, 143
스탠 파크스(Stan Parks), 492
스티브 호돈, 570
스티븐 다우니(Steven Downey), 593

스티븐 스테인하우스(Steven Steinhaus), 486
스페인, 110-111, 123. 유럽도 보라.
시, 248-249, 547. 음악도 보라.
시리아, 65, 190, 247, 349, 427, 430. 아랍어권; 서남아시아도 보라.
시몬 페레스, 351. 이스라엘-팔레스타인 분쟁도 보라.
시아, 78, 116, 178, 182, 184, 257, 375. 수니도 보라.
시아트 알리. 시아를 보라.
『시어트 연대기』, 81
시오니즘, 348, 411. 이스라엘-팔레스타인 분쟁도 보라.
시편, 580
식물학, 124
식민주의. 서구; 제국주의; 무슬림 종족을 보라.
신학연장교육(TEE, Theological Education by Extension), 482
심판날, 66, 138, 155, 212
십자가 죽음, 365; 꾸란에서, 85-86; 그리스도인의 믿음에서, 197, 244; 무슬림의 믿음에서, 158, 196-197, 429, 532
십자가, 196-197; 309, 313, 328
십자군 운동, 56, 94, 99, 110-111, 126, 182, 308, 313, 318, 337, 339, 295, 410, 469, 470
싸움, 146, 148, 238. 이슬람의 기둥들; 라마단도 보라.
쌀람, 147-148. 무슬림의 기도도 보라.

ㅇ

아가 칸, 139, 182
아가페, 102
아끼까, 231-233
아나톨리아, 105-106. 터키도 보라.
아네 로제, 109, 138, 158, 160, 235, 289, 310, 314, 385, 411, 429, 519, 541, 548, 572, 595
아단, 144. 기도; 무슬림도 보라.

아담, 150, 157-158
아닷, 254
아대륙, 105, 106, 111. 남아시아도 보라.
아도니람 저드슨 고든, 566
아드하, 244. 이드 알아드하도 보라.
아라비아 반도, 69, 76, 83, 104, 106, 247, 470
아라비아 선교, 421-422, 566-568
아라비아 숫자, 96
아라비아: 이슬람 이전 시대, 62-63; 그리스도인, 63-64; 유대인, 63-64; 이슬람 치하, 101-102. 지도, 76; 사우디아라비아도 보라.
아라파트 골짜기, 151
아랍 그리스도인, 70-71, 536, 549,
아랍 반란, 348-349
아랍어: 성경(인질을 보라); 과학적 언어로서, 96, 120; 꾸란의 단일 어로서, 137, 161; 나라, 104; 수, 120-121; 확장, 105-106
아랍어권 무슬림, 104. 아라비아 반도; 아랍인; 북아프리카; 서남아시아도 보라.
아랍에미리트, 428. 아랍어권; 서남아시아도 보라.
아랍의 봄, 190
아랍인, 113. 아라비아 반도; 북아프리카; 서남아시아도 보라.
아르메니아, 247, 269, 유라시아 종족; 유럽도 보라.
아리엘 샤론, 351. 이스라엘-팔레스타인 분쟁도 보라.
아리우스주의, 189
아바스, 98, 108
아부 바크르, 67-72, 78-79, 100
아부 탈립, 64-65, 68
아브라함. 이브라힘도 보라.
아사, 592
아샤리즘. 아샤리파를 보라.
아샤리파, 179, 377
아스르, 139

아스타그피롤라, 393
아시시의 프란시스, 414, 470
아시아, 105-109. 남아시아; 동아시아; 동남아시아; 서남아시아; 중앙아시아도 보라.
아야톨라 루홀라 호메이니, 116-117, 200-202, 319. 근본주의자; 이란도 보라.
아웃리치. 복음주의; 그리스도인의 복음 증거도 보라.
아이샤, 68. 무함마드 아래도 보라.
아제르바이잔, 245-249, 269, 372, 428. 코카서스 산지; 투르크족도 보라.
아체족 무슬림, 206, 233, 249-255. 인도네시아; 말레이족; 수마트라 무슬림도 보라.
아프가니스탄, 247, 318, 371-372, 427-428, 526, 555, 569-571. 중앙아시아도 보라.
아프리카, 105-110. 알제리; 베르베르; 부르키나 파소; 차드; 코모로; 이집트; 에리트레아, 에티오피아; 풀라니족; 리비아; 말리; 모리타니; 모로코; 니제르; 나이지리아; 북아프리카; 소말리아; 사하라 이남 아프리카; 수단; 투아레그 무슬림도 보라.
아흐마디야, 170, 177
안사리족 무슬림, 132-133. 인도; 남아시아 종족도 보라.
안와르 사다트, 200. 이집트도 보라.
알아즈하르 대학, 28, 115, 139
알파티하, 53-54
알하자르 알아스와드, 63, 76, 82, 150, 183, 281. 핫즈도 보라.
알히즈르, 151
알라 에딘 카라파, 194
알라: 개념, 66, 155-156, 271, 387; 거룩한 이로서, 364, 377; 구속적 본질, 359, 364; 꾸란에 쓰인 용어의 기원, 85; 내재하는 이로서, 267, 271; 능력자로서, 272; 무슬림 믿음에서(무슬림 믿음 아래를 보라); 무한하신 이로서, 156; 사랑, 582, 585-586; 성경 번역에서, 70-71; 성경적 개념, 71; 신실함, 519; 아버지로서, 387-391, 434, 587-588; 알라를 가리키는 비아랍 용어, 70-71; 이름, 70-71, 276, 389, 601; 이슬람 이전의 믿음, 63; 조건적인 사랑, 519; 주권자로서, 269-270, 387-388; 참되신 한분, 66; 초월자로서 267, 271-272; 친밀하신 분, 388-391, 434, 443, 481, 542, 545, 582-583 알라의 사도, 52. 무함마드도 보라.
알렉산드리아, 119. 이집트도 보라.
알리 샤리아티, 182, 192, 195
알리 이븐 라반 알타바리, 122. 무슬림 문명도 보라.
알리, 177-178, 375. 무함마드의 계승자로서, 77-79
알리가르 무슬림 대학, 177, 180
알마스지둘 하람, 150
알바니아 무슬림, 269. 유럽도 보라.
알부하리, 137
알비루니, 121-122
알샤바브, 428. 무장단체; 테러리즘도 보라.
알아샤리, 179
알와두드, 378, 602. 하나님의 이름도 보라
알제리, 428. 베르베르족도 보라.
알지하드, 202-204. 근본주의도 보라.
알카에다, 116, 202, 205-207, 208, 212. 9.11; 테러리즘도 보라.
알코올, 96, 122
알콰리즈미, 121, 125
알할라즈, 540
알히즈르, 151
압둘 살리브(Abdul Saleeb), 387
압둘라 유수프 알리, 41, 388
앨버타 스탠디쉬, 544
야베스, 592
야세르 아라파트, 350-351. 이스라엘-팔레스타인 분쟁도 보라.
야스립, 메디나를 보라.
약속의 땅, 243, 340-347. 이스라엘; 팔레스타인도 보라.
어바나 학생선교대회, 569
언어. 아랍; 복음 증거, 그리스도 아래를 보라.
에드워드 호스킨스(Edward J. Hoskins), 367
에리트레아, 427 430. 사하라 이남 아프리카도 보라.
에리히 브렛지스, 534
에릭·라우라 애덤스(Eric and Laura Adams), 438
에바브라, 591
에이미 베넷, 265
에이버리 윌리스, 506
에티오피아, 사하라 이남 아프리카도 보라.
에후드 바락, 351
엘리아스 샤쿠르(Elias Chacour), 352
여성, 605; 그리스도인, 191, 605,; 읽고 쓸 줄 앎, 385, 407, 503, 541; 선교사, 323, 385, 499-508; 무슬림, 64, 109, 140, 160, 191, 233, 235, 261, 273, 344, 385, 418, 434-437, 487, 499-508, 537, 541, 540-543, 544-547, 585-587, 605. 기도; 그리스도인의 복음 증거 아래도 보라.
역사. 교회개척; 이슬람; 무슬림-그리스도인 관계 아래를 보라.
연금술, 96
연대기적 읽기. 꾸란; 그리스도인의 복음 증거 아래를 보라.
연대표. 이슬람 아래; 무함마드도 보라.
열두 이맘, 178

영국, 114, 348, 372

영생, 379

영적 전쟁, 51, 270, 279, 281, 292, 535, 562-564, . 이싸 아래; 능력도 보라.

영지주의, 297

예루살렘, 348, 351. 이스라엘; 이스라엘-팔레스타인 분쟁도 보라.

예멘, 190, 427, 430. 아랍어권; 서남아시아도 보라.

예배. 그리스도인; 무함마드; 무슬림 믿음; 무슬림 관습; 불 아래도 보라.

예수, 579-580; 고유한 이로서, 373, 577-580; 그리고 여성, 543, 547; 그림, 309, 313; 기적, 371; 꾸란과 비교, 193, 364-366, 368; 꾸란에서, 85, 153, 276, 371, 384, 394, 429, 574, 579; 꿈에서, 275, 580-581(꿈도 보라); 능력자로서, 269, 274-275, 283, 290, 544, 573-574; 뛰어난 이로서, 413; 메시아로서, 277, 345, 384; 명령, 516; 목자, 516; 무슬림의 시각, 315-316; 무함마드의 형제로서, 77; 바라카로서, 277,282-283; 복음 증거의 본으로서, 278-279, 290, 331, 484; 부활, 372; 선지자로서, 153-154, 158, 293, 505; 신성, 369-370, 589-590; 실제성, 192-193; 예배, 590; 이싸에 대한 반응, 307; 정치적 권력 거부, 196; 초자연자로서, 371, 532; 치유자로서, 254; 하나님의 아들, 374; 하늘 아버지를 드러내심, 376; 아드하로서, 244오마르 카이얌, 96, 121

예수 영화, 380, 412, 442, 493, 535, 540

오만, 247, 428. 아랍어권; 서남아시아도 보라.

오사마 빈 라덴, 115. 알카에다도 보라.

오스만 제국 91, 99-100, 111-112, 348. 이슬람 제국도 보라.

오슬로 협정, 350-351. 이스라엘-팔레스타인 분쟁도 보라.

오이코스, 487-489, 490, 496. 교회 개척운동도 보라.

옳은 길, 137, 153-154, 159

와끄프, 146. 자카트도 보라.

와라까 빈 나우팔, 53-58, 82

와실 이븐 아타, 179

와하비주의, 114, 179, 182, 185, 409. 근본주의; 무함마드 이븐 압둘 와하브도 보라.

왈리드 나사르(Waleed Nassar), 317

외인, 243-244

요르단, 106, 140, 205, 349-351, 428, . 아랍어권; 서남아시아도 보라.

요아킴 예레미아, 389

용서, 240, 335, 339, 379, 393, 411

우마르 조약, 82

우마르, 82, 85-86, 100

우마이야 왕조, 98, 119.

우스태드, 297. 수피즘도 보라.

우정. 무슬림; 그리스도인의 복음 증거 아래를 보라.

우즈베키스탄, 247, 372, 428. 사마르칸드, 119. 중앙아시아; 투르크족도 보라.

우후드, 74

운동: 교회; 교회개혁운동; 내부자 운동; 이슬람 선교사; 무슬림; 기도; 살라피 운동; 학생자원자운동; 타블리기 자마아트도 보라.

운명, 156, 314

울라마, 140. 샤리아도 보라.

움마, 105, 140, 170-171, 176, 188-197, 252, 334, 469, 472, 494, 494

원죄, 157

웨스트뱅크, 95

위선, 192-193, 318

윌리엄 몽고메리 와트, 87, 101

윌리엄 밀러(William M. Miller), 62, 568

윌리엄 보든, 421, 424, 515

유대인: 아라비아에서, 63; 아랍어권, 71, 87; 메디나에서, 55, 72-75; 무함마드의 시각, 87; 보호받는 대상으로서, 82; 유대인을 향한 폭력, 74

유대인-무슬림 관계. 무슬림-유대인 관계를 보라.

유라시아 종족, 269

유럽: 무슬림 난민을 향한 태도, 567; 이슬람에 대한 무지, 319; 이주민, 551-552, 567. 알바니아 무슬림; 아르메니아; 보스니아 무슬림; 불가리아; 체첸; 코카서스 산지; 프랑스; 조지아; 독일; 마케도니아; 러시아; 소비에트연방; 스페인; 터키; 영국도 보라.

유럽의 암흑기, 96, 98

유사권역. 아랍어권, 중국족, 유라시아족, 말레이족, 헤르시아-미디안족, 루크즈고, 나아시아족, 사하라 이남족을 보라

유월절, 244

유일신, 이슬람에서, 118, 191-192

율법주의. 그리스도인의 복음 증거 아래를 보라.

음력, 72, 148, 179, 238

음악, 298; 그리스도인의 복음 증거에서, 298, 315, 446, 457

의사, 122

의학, 122-125

『의학 백과사전』, 123

이교도, 70-71. 이슬람 아래; 꾸라이쉬 가계도도 보라.

이드 알아드하, 73, 229, 244, 546-547

이드 알피트르, 149, 229, 241

이라크, 106, 114, 141, 201, 205, 247, 318, 427, 428. 아랍어권; 서

남아시아도 보라.
이란, 104, 106, 111, 145, 152, 179, 188, 190, 199, 200, 247, 372, 410, 427, 429, 459, 472, 493, 샤리아 법, 139; 이슬람 혁명, 116. 페르시아; 서남아시아도 보라.
이마미, 178
이맘, 145, 178, 233-234, 250
이머징: 타문화 수습 훈련, 553
이바디, 177
이베로-아메리칸, 593-595
이베로-아메리칸 선교협력(CO-MIBAM), 594
이브라힘, 63, 73, 113, 150-151, 154, 197, 244, 341, 343, 346, 389, 501, 546
이븐 시나, 96, 122-123
이븐 알하이삼, 121
이븐 이스학, 82, 96
이블리스. 샤이탄을 보라.
이샤, 139. 기도, 무슬림도 보라.
이스나 아샤리, 178
이스라엘, 190, 112, 113, 173, 200, 202, 205, 207, 259, 317, 347, 431. 이스라엘-팔레스타인 분쟁; 팔레스타인도 보라.
이스라엘-팔레스타인 분쟁, 348-351, 411
이스마엘. 이스마일을 보라.
이스마일, 63, 82, 139, 151
이스마일리, 178, 182
이스티흐싼, 140. 샤리아도 보라.
이슬라믹 지하드, 116, 351. 무장단체; 테러리즘도 보라.
이슬람 개혁 운동, 115-117
이슬람 공동체. 자마아티 이슬라미를 보라.
이슬람 국가, 114
이슬람 근본주의, 198-208, 328, 502. 이슬람주의자도 보라.
이슬람 포비아 411
이슬람: 강요 없음, 160; 거룩한 책, 107(성경 아래도 보라).; 과학, 118-127; 기독교 이후의 운동으로서, 188-189; 기독교과 비교, 139-141, 142-145, 148-149, 188-189, 226-227, 229, 232-233, 244, 285, 387-388, 392; 기독교와 다른 점, 194, 196-197, 364-366, 367-368; 데오반디, 179, 428; 동물 제사, 197, 231; 모든 참된 선지자들의 믿음으로서, 189; 무력을 통한 확장, 55-56, 73-77, 83, 94, 101-108, 116, 177, 182; 무역을 통한 확장, 94-97, 105-106, 108; 문화적 편견, 94; 미신, 114(대중 이슬람도 보라); 믿음의 조항들, 153-162; 발전, 47-164; 번역학교, 137-139; 보편적 종교로서, 157; 불신자를 향한 태도, 72, 159; 선교를 통한 확장, 94-96, 189; 설립, 49-90; 성경과 대립, 73, 79-80, 86-87, 157-158; 세속적 모더니즘, 115; 수피즘을 통한 확장, 299; 수학, 120-122; 신의 방식, 157; 실천 지침, 137-139; 영지주의, 297; 외적 행위에 중점, 134; 유일신 교리, 118,191-192; 이교도에 대한 반응, 391; 이름의 기원, 68; 이성적인, 133-134, 157, 161, 179; 이슬람 국가, 170; 이슬람 내 보수주의, 139-141; 이슬람에 대한 반응, 103; 이슬람의 기둥들, 142-152; 이해, 133-134; 인도주의, 114; 자유주의, 115, 140; 정복, 84, 94, 98-99, 101-105, 111-113, 210-211; 정치 제도로서, 68, 111-113, 195-196; 지식, 118-127; 철학, 118-119; 초기 역사 연대표, 101-105; 포괄적인 제도로서, 153, 157, 200-202; 표현들, 165-449; 확장, 91-128, 184, 576-577; 황금시대, 98-99, 110, 114
이슬람식: 개혁운동, 114-117; 근본주의, 167-221; 제국적, 100-111; 제국주의, 100-111
이슬람의 기둥들, 142-152
이슬람의 확장. 이슬람 아래를 보라.
이슬람주의자, 100, 116, 418, 429. 근본주의도 보라.
이싸, 579-580; 고유한 이로서, 373, 577-580; 그리고 여성, 543, 547; 그림, 309, 313; 기적, 371; 꾸란과 비교, 193, 364-366, 368; 꾸란에서, 85, 153. 276, 371, 384, 394, 429, 574, 579; 꿈에서, 275, 580-581(꿈도 보라); 능력자로서, 269, 274-275, 283, 290, 544, 573-574; 뛰어난 이로서, 413; 메시아로서, 277, 345, 384; 명령, 516; 목자, 516; 무슬림의 시각, 315-316; 무함마드의 형제로서, 77; 바라카로서, 277,282-283; 복음 증거의 본으로서, 278-279, 290, 331, 484; 부활, 372; 선지자로서, 153-154. 158, 293, 505; 신성, 369-370, 589-590; 실제성, 192-193; 예배, 590; 이싸에 대한 반응, 307; 정치적 권력 거부, 196; 초자연자로서, 371, 532; 치유자로서, 254; 하나님의 아들, 374; 하늘 아버지를 드러내심, 376; 아드로서, 244
이자르, 150. 히잡도 보라.
이즈마, 139-140. 샤리아도 보라.
이즈티하드, 139, 179, 180, 185. 샤리아도 보라.
이집트, 111-112, 115-116, 123, 140, 177, 180, 190, 198-208, 349, 424; 카이로, 122, 200, 203, 424-425; 무슬림, 104
이츠하크 라빈 350-351. 이스라엘-팔레스타인 분쟁도 보라.
이크와눌 무슬리문. 무슬림형제단도 보라.

이혼, 487
이흐람, 150
인구. 무슬림 종족 아래를 보라.
인권, 190, 345, 361-361, 418, 555-556; 기독교의 복음 증거에서, 404
인도, 106, 133, 237, 306, 322, 493-494, 514, 595; 그리고 이슬람 의학, 122; 무슬림 정복, 105-106, 111; 무슬림 개혁, 114-115; 박물학, 124
인도네시아, 140, 190, 206, 245, 428, 459, 470-471. 아체족 무슬림; 부루나이; 동아시아; 자바족 무슬림; 마두라족 무슬림, 말레이시아; 수마트라도 보라.
인도주의. 이슬람 아래를 보라.
인도주의적인 섬김. 그리스도인의 복음 증거 아래를 보라.
인샤 알라, 314
인종차별주의, 171, 584, 선입견; 고정관념도 보라.
인질, 75, 107, 244, 293, 432
인티파다, 350; 2차, 351. 이스라엘-팔레스타인 분쟁도 보라.
일므, 297
읽고 쓸 줄 앎, 385, 407, 503, 541
임시 결혼, 178. 시아도 보라.

ㅈ

자녀. 선교사; 무함마드; 그리스도인의 복음 증거 아래를 보라.
자르, 284. 대중 이슬람도 보라.
자마아티 이슬라미, 115
자말 알딘 알아프가니(Jamal al-Din al-Afghani), 115, 199
자므라, 151. 핫즈; 샤이탄도 보라.
자바족, 70. 인도네시아; 말레이족도 보라.
자비량 선교, 410, 562, 571, 594. 비즈니스 선교도 보라.
자선행위. 자카트; 이슬람의 기둥을 보라.
자유의지, 179
자유주의. 이슬람 아래를 보라.
자이납, 74. 무함마드의 아내들도 보라.
자이드, 74. 무함마드의 아내들도 보라.
자이드 샤키르, 135
자카트, 145, 149. 이슬람의 기둥들도 보라.
자힐리야, 116
잠잠 우물, 151. 핫즈도 보라.
장 칼뱅, 410
장례 관습, 234-237
재세례파, 467
저주, 54, 272, 274, 281, 284, 287, 289, 294
적그리스도로서 무함마드, 410
접신학, 297
정령신앙, 232, 266, 262, 272-273, 372, 378, 501, 543. 대중 이슬람도 보라.
정숙함, 39, 109, 235, 315, 318, 327-328, 390, 502, 507. 히잡도 보라.
정의, 341, 345, 347; 그리스도인의 복음 증거에서, 207, 308, 345; 국제적으로, 186; 무슬림 믿음에서, 114, 155, 157
정체성. 무슬림; 무슬림 배경의 신자; 그리스도인의 복음 증거 아래를 보라.
정치. 이슬람 아래; 지하드; 무슬림-그리스도인 관계도 보라.
제2차 바티칸공의회, 413
제국주의. 이슬람화; 서구 아래를 보라.
제레마이어 랜피어, 566
제리 트라우스데일(Jerry Trousdale), 518
제이슨 맨드릭, 567
제임스 캔틴, 567
제임스 킹(James King), 142
제자화. 무슬림 배경의 신자; 그리스도인의 복음 증거 아래를 보라.
조로아스터교, 81, 183
조슈아 마세이(Joshua Massey), 550
조지 프라이(George Fry), 142
조지아, 269
존 브렛, 517
존 수브한, 297
존 파이퍼(John Piper), 340
존 헤인즈(John Haines), 588
존중. 그리스도인의 복음 증거 아래를 보라.
종교개혁, 467
종교의 자유, 60, 161, 174, 206, 361, 362, 427, 428, 555
종족 집단. 무슬림 종족을 보라.
죄, 151, .359, 364-365, 377, 432; 이슬람에서, 155, 157, 392; 원죄, 157. 구원도 보라.
주흐르, 139. 무슬림의 기도도 보라.
줄리아 콜게이트, 273
중국, 371-372. 중국인; 동아시아도 보라.
중국인, 228, 443, 456
중동, 105-106. 서남아시아도 보라.
중앙아시아, 106, 179, 247, 372. 아프가니스탄; 카자흐스탄; 키르기즈; 키르기즈스탄; 타지키스탄; 타타르; 투르크족; 투르크메니스탄; 우즈베키스탄도 보라.
즈웨머 무슬림연구소, 404
지다, 150, 217. 핫즈도 보라.
지도 제작, 125
지리학, 124-125
지부티, 428. 사하라 이남 아프리카도 보라.
지브릴, 54, 65, 66, 74, 161, 382
지상대명령, 193
지식. 무슬림 문명을 보라.
지옥, 66. 이슬람에서, 155, 393, 481, 505, 572

지즈, 120. 무슬림 문명도 보라.
지즈야, 103. 딤미도 보라.
지하드, 94, 105, 107, 116, 152, 209-212, 317; 정치적 동기로서, 211
진, 272, 273, 275, 289. 마귀도 보라.
질밥, 253. 히잡도 보라.

ㅊ

차드, 104. 사하라 이남 아프리카도 보라.
차별, 138, 201, 204, 582
찰스 마시(Charles R. Marsh), 392
참되신 한 분 하나님, 66, 86-87; 예배하는 이들, 63-64
처가 거주 사회, 250
천국, 155, 205, 572, 577-578
천문학, 120-121
천사: 능력자로서, 272; 무함마드 방문(무함마드 아래를 보라); 성경에서 방문, 55
천측구, 120
체첸족, 269
추방. 무슬림 배경의 신자를 보라.
축복, 270, 274, 282, 288-289, 338; 축복이 되신 이싸, 270, 277
축사(逐邪), 280-282, 288-289, 292
출산 관습, 무슬림, 231-233, 273
치유, 254, 279, 282, 289-290, 440, 581. 이싸 아래도 보라.
칭기즈칸, 107

ㅋ

카디자, 52, 55, 65-68, 74. 무함마드: 그의 아내들도 보라.
카라위인 이슬람 사원, 127. 대학도 보라.
카라즈, 103. 딤미도 보라.
카리지, 177, 179
카발라, 179. 후사인도 보라.
카아바, 63-65, 68, 73, 76, 82, 150-151, 183, 281 핫즈; 메카도 보라.
카이로, 123, 203, 424-425. 이집트도 보라.
카자흐스탄, 372, 428, 472. 중앙아시아; 중국인; 투르크족도 보라.
카타르, 141, 247, 428. 아랍어권; 서남아시아도 보라.
카팁, 144
카피르, 145
카를 마르텔, 79
칼리드 이븐 알왈리드, 101
칼리마, 183
칼리마 툴라, 394. 이싸도 보라.
칼리파, 79, 109-110, 136, 171, 179, 182. 칼리프 제도로 돌아감, 200, 205
칼리프, 79, 109-110, 136, 171, 179, 182. 칼리프 제도로 돌아감, 200, 205
캄풍, 249-255
캐나다, 544. 북미의 무슬림도 보라.
케이트 맥코드, 360
케직 사경회, 568. 새뮤얼 즈웨머도 보라.
코르도바, 126
코모로, 104, 428. 사하라 이남 아프리카도 보라.
코카서스 산지, 268
콜린 채프만(Colin Chapman), 101
쿠르디스탄, 247. 아랍어권; 서남아시아도 보라.
쿠웨이트, 428. 아랍어권; 서남아시아도 보라.
쿠프르, 364
퀘이커, 467
크리스마스, 188, 525
크리스티 윌슨 주니어(J. Christy Wilson Jr.), 565
키르기스스탄, 372. 중앙아시아; 중국인; 투르크족도 보라.
키르기스족 무슬림, 372, 443. 중앙아시아; 중국인; 투르크족도 보라.
키스 스와틀리(Keith Swartley), 24, 136, 209
킴 그레이그(Kim Greig), 585

ㅌ

타끌리드, 179, 185
타끼야, 178
타나가 달람, 291. 능력도 보라.
타문화 수습 훈련, 553
타문화 의사소통. 선교사; 무슬림-그리스도인 관계; 그리스도인의 복음 증거 아래를 보라.
타블리기 자마아트, 183. 이슬람; 교파와 운동도 보라.
타샤후드, 143
타스 사다, 335
타스미, 145, 147. 무슬림의 기도도 보라.
타와프, 150-151. 핫즈도 보라.
타우히드, 171, 191-195, 415, 494. 무슬림 믿음도 보라.
타지키스탄, 247, 372, 428. 중앙아시아; 투르크족도 보라.
타크비르 앗시즈다, 145, 147, 151. 무슬림의 기도도 보라.
타크비르 이 타리마, 145, 147. 무슬림의 기도도 보라.
타크비르, 376
타타르 무슬림, 중앙아시아; 중국인; 러시아도 보라.
탄지마트, 112
탈레반, 64, 428, 526. 근본주의; 무장단체도 보라.
태국, 206. 동남아시아도 보라.
터키, 139, 187, 247, 372. 서남아시아; 투르크족도 보라.
테러리즘, 33, 58, 115, 168, 194, 182-183, 201, 209, 211, 340, 349, 353, 381, 428, 431, 473, 556. 9.11도 보라.
테오도르 헤르츨, 348
토라, 70, 108
토마스 아퀴나스, 412
톨레미, 119

퇴거자, 177
투르크메니아, 428. 서남아시아; 투르크족도 보라.
투아레그, 104, 429. 사하라 이남 아프리카도 보라.
튀니지, 190, 428. 아랍어권; 북아프리카도 보라.
트라우마, 258
트렌치 전투, 75
티무르, 99
팀워크, 323-324, 445-446, 570-571; 간증, 333, 416-417, 432, 478, 547; 비전, 495; 신학적 문제, 355-397; 여성, 434-437, 445-446, 595

ㅍ

파사드, 183
파송을 위한 정규 수습 훈련 (TOAG), 553
파시끄, 182
파이오니아, 404
파즈르, 139. 기도, 무슬림도 보라.
파코미우스, 467
파키스탄, 69, 106, 114, 115, 133, 140. 427, 532, 538. 남아시아도 보라.
파트와, 204
팔라비, 119
팔라호, 637
팔레스타인, 140, 259, 352-353, 428. 팔레스타인 난민, 256, 259. 이스라엘-팔레스타인 분쟁도보라.
팔레스타인 자치정부, 351
패트릭, 467. 선교사도 보라.
패트릭 케이트(Patrick O. Cate), 369
팸 올슨(Pam Olson), 348
페르시아, 63, 81-84, 87, 102, 106, 118-119, 122; 페르시아-메디아 종족; 서남아시아
페르시아-메디아 종족, 247. 평화의 집; 오이코스도 보라.
평화, 340-341, 352-353; 그리스도인의 복음 증거에서, 361-363; 평화의 사람, 484, 486; 평화의 집, 463. 그리스도인의 복음 증거 아래도 보라.
평화의 집, 462-463. 오이코스; 평화의 사람도 보라.
포스, 249
폭력, 201, 204. 이슬람: 무력을 통한 확장도 보라. 유대인; 꾸란 아래도 보라.
푸아드 마스리, 85, 102, 140, 193, 244, 254, 333, 390, 432, 488
풀라니족, 331, 520. 사하라 이남 아프리카도 보라.
프랑스, 372. 유럽도 보라.
프랜 러브(Fran Love), 499
프론티어스, 287-288, 523
플로라 데이비슨, 570
피끄흐, 139
피르, 179, 294. 마술; 성자; 셰이크; 수피즘도 보라.
『피를 나눈 형제』, 352
피스메이킹, 61, 347, 352-353, 362, 413, 414, 432, 556
피터 왈도, 467
필 파샬(Phil Parshall), 169, 225, 229, 305, 320, 415, 474
필리핀, 206. 동아시아도 보라.
필립 얀시(Philip Yancey), 531

ㅎ

하갈, 82, 113, 151, 437, 585. 이스마일도 보라.
하나님: 개념, 66, 153, 156, 271, 387; 거룩한 이로서, 364, 376-377; 구속적 본성, 358-359; 꾸란에 나오는 용어의 기원, 85; 내재하시는, 267, 271; 능력자로서, 272; 무슬림 믿음(무슬림 믿음 아래를 보라); 무한하신, 156; 사랑, 582; 성경 번역에서, 70-71; 성경적 개념, 71; 신실함, 519; 아버지로서, 387-391, 434, 587; 이름, 70-71, 276, 389, 601; 이슬람 이전의 믿음, 63; 조건적인 사랑, 519; 주권자로서, 269, 387; 참되신 한 분, 66; 초월자로서, 267; 친밀한, 388-391, 434, 444, 542, 545, 582-583; 하나님을 가리키는 비아랍 용어들, 70-71
하나님나라, 194, 195
하나님의 말씀. 성경; 꾸란도 보라.
하나님의 이름, 70-71, 276, 298, 601
하나피 학파, 139
하니프, 63, 65, 82
하디스, 52, 108, 118, 122, 136-141, 418
하람, 158
하마스, 174, 351. 이슬람주의자; 이스라엘-팔레스타인 분쟁도 보라.
하산 알가잘리, 538
하산 알바사리, 179
하산 알반나, 115-116, 119. 무슬림형제단도 보라.
하산 알살라, 182
하샤신, 177, 182.
하심가(家), 82
하워드 브랜트, 412
학생자원자운동, 567-568. 새뮤얼 즈웨머도 보라.
학파. 한발리 아래; 하나피; 이슬람; 마드라사; 말리키; 니자미야; 샤피를 보라.
한발리 학파, 114, 141
할랄, 344
할례, 231-233, 309; 여성, 418
함무다 압달라티(Hammudah Abdalati), 153
핫즈, 78, 125, 149-150, 183, 197, 229. 이슬람의 기둥들도 보라.
해부학, 122

해외선교부, 476
행위. 그리스도인; 무슬림 믿음; 무슬림 관습 아래도 보라.
헌신. 그리스도인; 무슬림 아래를 보라.
헤라클리우스, 102
헤자즈, 151
헤즈볼라, 409. 무장단체; 시아도 보라.
헬레니즘, 179
호자, 145
호자스, 182. 아가 칸도 보라.
혼합주의, 416, 419, 474
화학, 125

화해자, 61. 평화 아래; 그리스도인의 복음 증거도 보라.
환상, 272, 434, 472, 493, 538, 541, 580-581. 꿈도 보라.
회개. 무슬림 믿음 아래도 보라.
후계자. 무함마드 아래; 무슬림도 보라.
후발, 83
후사인, 178
후이족 무슬림, 443. 중국인; 동아시아도 보라.
훈련자를 훈련함, 496-497
휴고 모랄레스, 594
흥안, 265, 273, 274, 286, 294, 543

흑석, 63, 76, 82, 150, 183, 281. 핫즈; 카아바도 보라.
희생제, 73, 178, 229, 231, 244, 546. 이드 알아드하도 보라.
히라산, 52, 54, 55
히잡, 109, 595
히즈라, 68, 72, 84, 112, 195-197. 핫즈도 보라.
히즈브 알타흐리르, 177, 182
힌두교, 179, 182-185, 206, 266, 323, 325

● 옮긴이

정옥배: 한국외국어대학교를 졸업하고 IVP 간사를 역임했으며, 합동신학대학원 미국 필라델피아 웨스트민스터 신학교, 파사디나의 풀러신학교에서 수학했다. 역서로 『IVP 성경배경주석: 구약』, 『IVP 성경배경주석: 신약』, 『로마서 강해』, 『하나님을 아는 지식』(이상 IVP), 『퍼스펙티브스』(예수전도단), 『구약, 어떻게 해석할 것인가』(죠이북스) 등이 있다.

김보람: 경북대 영어교육과를 졸업하고, 좋은씨앗 출판사를 거쳐 현재 전문번역가로 활동하고 있다. 역서로 『질문, 생각, 묵상, 하나님』, 『3호실의 죄수』, 『데이비드 브레이너드의 생애와 일기』(이상 좋은씨앗)가 있다.